आर. गुप्ता® कृत

पॉपुलर मास्टर गाइड

DSSSB–शिक्षक

PGT

राजनीति शास्त्र

भर्ती परीक्षा

RPH संपादक मंडल

द्वारा सम्पादित

2026
EDITION

रमेश पब्लिशिंग हाउस, नई दिल्ली

प्रकाशक

ओ.पी. गुप्ता, **रमेश पब्लिशिंग हाउस**

प्रशासनिक कार्यालय

12-H, न्यू दरियागंज रोड, ऑफिसर्स मेस के सामने,
नई दिल्ली-110002 ✆ 23275224, 23245124

E-mail: info@rameshpublishinghouse.com
For Online Shopping: www.rameshpublishinghouse.com

विक्रय केन्द्र

- बालाजी मार्किट, नई सड़क, दिल्ली-110006 ✆ 23282525 📱 9354373464
- 4457, नई सड़क, दिल्ली-110006

Book Code: R-1318

ISBN: 978-93-5012-017-0

मूल्य: ₹ 330

मुद्रकः दीपक ऑफसैट, दिल्ली

अनुक्रमणिका

Scheme of Examination

DSSSB will conduct **One Tier Exam** for PGT posts having two section:

Section-I

S.No.	Subject	Questions	Marks
1.	Mental Ability and Reasoning Ability	20	20
2.	General Awareness	20	20
3.	English Language & Comprehension	20	20
4.	Hindi Language & Comprehension	20	20
5.	Numerical Aptitude & Data Interpretation	20	20
	Total	**100**	**100**

Section-II

S.No.	Subject	Questions	Marks
1.	MCQs pertaining to Post-Graduation qualification and teaching methodology required for the post.	**200**	**200**

पिछले प्रश्न-पत्र

दिल्ली अधीनस्थ सेवा चयन बोर्ड (DSSSB)

PGT (राजनीति शास्त्र) भर्ती परीक्षा, 2025

(Exam held on 13-07-2025)

विषय ज्ञान – राजनीति शास्त्र एवं शिक्षण विधि

1. तुलनात्मक राजनीतिक विश्लेषण में, लोकतांत्रिक प्रणालियों में विधायिका का प्रमुख कार्य क्या है?

1. विदेश नीति वार्ताएँ संचालित करना
2. न्यायाधीशों की नियुक्ति
3. नागरिकों का प्रतिनिधित्व करना और कानून बनाना
4. सार्वजनिक सेवाओं का प्रत्यक्ष प्रशासन

2. नियम-अनुप्रयोग कार्य (rule-application function) में कार्यपालिका की प्राथमिक भूमिका क्या है?

1. कानूनों का क्रियान्वयन और प्रवर्तन
2. नए कानून बनाना
3. संविधान की व्याख्या करना
4. न्यायिक समीक्षा का संचालन

3. राजनीति को समझने के लिए तुलनात्मक राजनीतिक विश्लेषण क्यों महत्वपूर्ण है?

1. यह केवल स्थानीय राजनीति पर केंद्रित है।
2. यह राजनीतिक प्रणालियों के सार्वभौमिक प्रतिरूपों और विशिष्ट विशेषताओं की पहचान करने में सहायता करता है।
3. यह विभिन्न देशों की तुलना करने से बचता है।
4. यह केवल आर्थिक विकास का अध्ययन करता है।

4. सत्तावादी शासन में, कार्यपालिका आमतौर पर नियम-प्रवर्तन कार्य का प्रयोग किस प्रकार करती है?

1. प्रत्यक्ष जनमत संग्रह के माध्यम से
2. महत्वपूर्ण स्वायत्ता और सीमित जवाबदेही के साथ
3. विधानमंडल की कड़ी निगरानी के साथ
4. सभी शक्तियाँ, स्थानीय सरकारों को प्रत्यायोजित करके

5. डेविड ईस्टन (David Easton) द्वारा राजनीतिक सिद्धांत के पतन के लिए निम्नलिखित में से कौन-सा कारक उद्धृत नहीं किया गया है?

1. नैतिक सापेक्षवाद
2. विज्ञान और सिद्धांत के बीच संभ्रम
3. इतिहासपरतावाद
4. अति-मानकीयता

6. शास्त्रीय राजनीतिक सिद्धांत के सबसे प्रभावशाली दार्शनिकों में से एक किसे माना जाता है?

1. रूसो (Rousseau)
2. कार्ल मार्क्स (Karl Marx)
3. प्लेटो (Plato)
4. जॉन स्टुअर्ट मिल (John Stuart Mill)

7. कौन-सी प्रणाली कार्यपालिका को विधायिका से पृथक करती है?

1. धर्मतंत्र
2. अध्यक्षीय प्रणाली
3. संसदीय प्रणाली
4. सैन्य शासन

8. ओ.पी. गाबा के अनुसार, राजनीतिक सिद्धांत किन दो प्रमुख घटकों को संयुक्त करता है?

1. राजनीतिक अर्थशास्त्र और सांख्यिकी
2. साहित्य और अलंकार विद्या
3. राजनीति विज्ञान और राजनीतिक दर्शन
4. इतिहास और मानवविज्ञान

9. निम्नलिखित में से कौन-सा कथन राजनीति विज्ञान के परंपरागत विचार को सर्वोत्तम प्रकार से निरूपित करता है?

1. राजनीति विज्ञान में विशेष रूप से अंतर्राष्ट्रीय संबंधों का अध्ययन किया जाता है।
2. राजनीति विज्ञान, समाजशास्त्र का समानार्थी है।
3. राजनीति विज्ञान, जीव विज्ञान की एक शाखा है।
4. राजनीति विज्ञान राज्य और सरकार का अध्ययन है।

10. निम्नलिखित में से कौन-सा, राजनीतिक सिद्धांत के स्वरूप का सर्वोत्तम वर्णन करता है?

1. यह राजनीतिक अवधारणाओं और मूल्यों की एक मानकीय और दार्शनिक जाँच है।
2. यह राज्य की केवल प्रशासनिक संरचनाओं पर केंद्रित है।
3. इसमें नैतिक निर्णयों और वैचारिक वाद-विवाद को शामिल नहीं किया गया है।
4. यह केवल अनुभवमूलक अनुसंधान और सांख्यिकीय विश्लेषण से संबंधित है।

11. राजनीतिक विचारकों और उनके कार्यों का निम्नलिखित में से कौन-सा युग्म गलत सुमेलित है?

1. इसायाह बर्लिन (Isaiah Berlin) – स्वतंत्रता की दो अवधारणाएँ
2. जे.एस. मिल (J.S. Mill) – स्वतंत्रता का संविधान
3. आर.एच. टॉनी (R.H. Towney) – समानता
4. डी.डी. राफेल (D.D. Raphael) – राजनीतिक दर्शन की समस्याएँ

12. डेविड ईस्टन की आलोचना के अनुसार, जिसके कारण उत्तर-व्यवहारवाद का उदय हुआ, निम्नलिखित में से कौन-सा ''प्रासंगिकता के सिद्धांत'' (Credo of Relevance) का सबसे अच्छा सारांश प्रस्तुत करता है?

1. राजनीतिक विश्लेषण को विशेष रूप से S-R (उद्दीपन-प्रतिक्रिया) प्रतिमान का पालन करना चाहिए।
2. राजनीति विज्ञान को वैचारिक रूप से तटस्थ और पद्धतिगत रूप से रूढ़िवादी रहना चाहिए।
3. अनुसंधान वास्तविक दुनिया के मुद्दों से प्रासंगिक होना चाहिए और सामाजिक परिवर्तन पर केंद्रित होना चाहिए।
4. राजनीति में सैद्धांतिक अमूर्तता को व्यावहारिक सहभागिता पर प्रत्यादिष्ट होना चाहिए।

13. उत्तर-आधुनिक राजनीतिक सिद्धांत की एक प्रमुख विशेषता ______ है।

1. सार्वभौमिक मेटा-आख्यानों को अस्वीकार करना तथा स्थानीय, खंडित ज्ञान को समाविष्ट करना
2. व्यवहारवादी आंकड़ों और मात्रात्मक विधि पर ध्यान देना
3. सत्तावादी शासन का समर्थन करना
4. निश्चित राजनीतिक श्रेणियों और पहचान पर बल देना

14. राजनीति विज्ञान में उत्तर-व्यवहारवादी दृष्टिकोण की शुरुआत का श्रेय किसे दिया जाता है?

1. हेरोल्ड लासवेल (Herold Lasswell)
2. मैक्स वेबर (Max Weber)
3. रॉबर्ट डाहल (Robert Dahl)
4. डेविड ईस्टन (David Easton)

15. निम्नलिखित में से किसके द्वारा कार्यपालिका को उत्तरदायी ठहराने की अनुमति विधायिका को दी जाती है?

1. अध्यक्षीय प्रणाली
2. धर्मतंत्र
3. सैन्य शासन
4. संसदीय प्रणाली

16. मार्क्सवादी ढाँचे में, तुलनात्मक राजनीतिक विश्लेषण में राजनीतिक परिवर्तन का प्राथमिक चालक (driver) क्या है?

1. बुर्जुवा-वर्ग और सर्वहारा-वर्ग के बीच वर्ग संघर्ष
2. राजनीतिक दलों के बीच चुनावी प्रतिस्पर्धा
3. राज्य तंत्र के भीतर संस्थागत सुधार
4. समाजीय व्यवस्था में सांस्कृतिक बदलाव

17. निम्नलिखित में से कौन-सा कथन हितों की अभिव्यक्ति में राजनीतिक दलों की भूमिका को परिभाषित करता है?

1. सामाजिक आंदोलनों का दमन करना
2. सैन्य नेतृत्व प्रदान करना
3. विभिन्न हितों को एकत्रित करना
4. अर्थव्यवस्था पर नियंत्रण करना

18. किसी राजनीतिक व्यवस्था में नियम-निर्माण कार्य की प्राथमिक भूमिका क्या है?

1. कार्यपालिका शाखा के माध्यम से नीतियों का क्रियान्वयन
2. चुनावों का अनुवीक्षण
3. न्यायपालिका के माध्यम से कानूनों का प्रवर्तन
4. विधायिका के माध्यम से कानून और नीतियां बनाना

19. तुलनात्मक राजनीतिक विश्लेषण में, अधिकांश राजनीतिक प्रणालियों में कार्यपालिका का प्रमुख उत्तरदायित्व क्या है?

1. नीतियों का क्रियान्वयन और सरकारी कार्यों का प्रबंधन
2. चुनावों में नागरिकों को प्रतिनिधित्व
3. संसदीय अनुमोदन के लिए विधायी प्रारूपण
4. कानूनी विवादों का न्यायनिर्णायक

20. निम्नलिखित में से कौन-सी, उत्तर-आधुनिकतावादी राजनीतिक सिद्धांत द्वारा शास्त्रीय राजनीतिक परंपराओं के विरुद्ध की गयी समालोचना नहीं है?

1. भव्य आख्यानों और सार्वभौमिक सत्यों पर अत्यधिक बल
2. सत्ता के विकेंद्रीकरण और दृष्टिकोणों की बहुलता को प्राथमिकता
3. स्थानीय और संदर्भ-विशिष्ट ज्ञान की प्रासंगिकता का अस्वीकरण
4. राजनीतिक जांच के प्राथमिक उपकरण के रूप में तर्कसंगत, वस्तुनिष्ठ विश्लेषण पर बल

21. लूथर गुलिक द्वारा प्रस्तावित संक्षिप्त रूप POSDCORB निम्नलिखित में से किससे संबंधित है?

1. कार्यकारी प्रबंधन के कार्य
2. अधिकारी-तंत्र प्रबंधन
3. आकस्मिकता सिद्धांत
4. वैज्ञानिक प्रबंधन

22. सर्वोच्च न्यायालय के किस फैसले ने भारत में समलैंगिक संबंधों को अपराध की श्रेणी से बाहर कर दिया?

1. सुरेश कुमार कौशल बनाम नाज फाउंडेशन (2013)
2. नालसा (NALSA) बनाम भारत संघ (2014)
3. नवतेज सिंह जौहर बनाम भारत संघ (2018)
4. के.एस. पुट्टास्वामी बनाम भारत संघ (2017)

23. भारत जैसे लोकतांत्रिक देश में नियमित रूप से चुनाव संचालित कराने का मुख्य उद्देश्य क्या है?

1. सत्ता का शांतिपूर्ण अंतरण सुनिश्चित करना और व्यक्तियों की इच्छा का प्रतिनिधित्व करना
2. सरकारी कर्मचारियों की नियुक्ति करना
3. संविधान में परिवर्तन करना
4. सरकारी राजस्व में वृद्धि करना

24. निम्नलिखित में से कौन-सा, हेनरी फेयोल (Henri Fayol) के प्रबंधन के सिद्धांतों में से एक नहीं है?

1. आदेश की एकता (Unity of command)
2. सामाजिक विनिमय सिद्धांत (Social exchange theory)
3. प्राधिकार का केंद्रीकरण (Centralisation of authority)
4. कार्य विभाजन (Division of work)

25. निम्नलिखित में से कौन-सा कथन वुडरो विल्सन (Woodrow Wilson) द्वारा प्रस्तुत विभाजन मॉडल का सही वर्णन करता है?

1. निर्वाचित अधिकारियों को नीतियों का प्रत्यक्ष क्रियान्वयन करना चाहिए।
2. कार्यकुशलता और तटस्थता सुनिश्चित करने के लिए राजनीति और प्रशासन को अलग रखा जाना चाहिए।
3. प्रशासन को विधान को सीधे प्रभावित करना चाहिए।
4. राजनीति और प्रशासन को सभी स्तरों पर एकीकृत किया जाना चाहिए।

26. भारतीय लोकतंत्रीय राजनीतिक समुदाय में, राजनीतिक दलों को मुख्यतः निम्नलिखित में से किसके रूप में देखा जाता है?

1. विविध सामाजिक हितों के प्रतिनिधित्व एवं समूहन के साधन
2. सर्वसत्तावादी नियंत्रण के साधनों
3. सार्वजनिक जवाबदेही के बिना विशिष्ट समूह
4. केवल आर्थिक नीति से संबंधित संगठन

27. क्षेत्रीय राजनीतिक दलों और उनके गठन के वर्ष के बीच का निम्नलिखित में से कौन-सा मिलान गलत है?

1. शिव सेना – 1966
2. राष्ट्रीय जनता दल (RJD) – 1997
3. झारखंड मुक्ति मोर्चा – (JMM) – 1978
4. समाजवादी पार्टी – 1992

28. भारत में सामाजिक समानता पर बहस में निम्नलिखित में से कौन-सा केंद्रीय चिंता का विषय था?

1. विदेशी व्यापार नीतियों में समानता
2. नागरिकों के बीच सैन्य समानता
3. जातिगत भेदभाव का उन्मूलन और सामाजिक न्याय को बढ़ावा देना
4. सभी राज्यों के लिए समान आर्थिक विकास

29. प्रशासनिक सिद्धांत का मुख्य फोकस क्या है?

1. सार्वजनिक संगठनों के प्रबंधन के सिद्धांतों और प्रथाओं को समझना
2. सैन्य संगठनात्मक संरचना का अध्ययन
3. व्यवसायों के लिए विपणन रणनीतियां विकसित करना
4. न्यायिक निर्णय लेने की प्रक्रियाओं का विश्लेषण

30. निम्नलिखित में से कौन-सा, भारत में हाल ही के सामाजिक आंदोलनों का एक महत्वपूर्ण प्रभाव है?

1. लोकतांत्रिक भागीदारी में गिरावट
2. जाति-आधारित भेदभाव का पूर्ण उन्मूलन
3. पर्यावरणीय न्याय और स्वदेशी अधिकारों के मुद्दों के बारे में जागरूकता और लामबंदी में वृद्धि
4. सभी क्षेत्रीय पहचानों में कमी

31. प्रशासनिक सिद्धांत में नारीवादी दृष्टिकोण का प्राथमिक फोकस (primary focus) क्या है?

1. संगठनों में विविधता की अनदेखी करना
2. केवल आर्थिक दक्षता पर फोकस करना
3. पदानुक्रमित नौकरशाही को बढ़ावा देना
4. विश्लेषण करना कि लिंग, प्रशासनिक संरचनाओं और कार्यप्रणाली को किस प्रकार प्रभावित करता है

32. निम्नलिखित में से कौन-सी लोक प्रशासन (Public Administration) की परिभाषा है?

1. सैन्य रणनीतियों का विकास
2. केवल न्यायिक प्रणालियों का विश्लेषण
3. निजी क्षेत्र की प्रबंधन तकनीकों का अध्ययन
4. सरकारी नीतियों के क्रियान्वयन और प्रबंधन का अध्ययन

33. निम्नलिखित में से किसने प्रशासनिक सिद्धांतों को मिथक और कहावतें बताकर उन पर प्रश्न उठाया था?

1. एलडी व्हाइट (LD White)
2. हर्बर्ट साइमन (Herbert Simon)
3. चेस्टर बर्नार्ड (Chester Barnard)
4. डब्ल्यू.एफ. विलोबी (W.F. Willoughby)

34. निम्नलिखित में से कौन-सा उपागम भारतीय राजनीति में जाति एवं समुदाय के महत्व पर प्रकाश डालता है?

1. संस्थागत उपागम
2. सामाजिक-सांस्कृतिक उपागम
3. मार्क्सवादी उपागम
4. तर्कमूलक चयन उपागम

35. वेबर की नौकरशाही की नारीवादी आलोचना का मुख्य बिंदु निम्नलिखित में से कौन-सा है?

1. नौकरशाही लैंगिक असमानताओं को बढ़ाती है।
2. नौकरशाही लैंगिक समानता को बढ़ावा देती है।
3. नौकरशाही लैंगिक-तटस्थ नीतियाँ बनाती है।
4. नौकरशाही महिलाओं को नेतृत्व में सशक्त बनाती है।

36. औपनिवेशिक भारत (1983) में, किसान विद्रोह के प्राथमिक पहलू में किसान आंदोलनों का विश्लेषण करने के लिए मुख्यतः किस उपागम का उपयोग किया गया था?

1. सबाल्टर्न उपागम (Subaltern Approach)
2. व्यवहारवादी उपागम (Behavioural Approach)
3. संस्थागत उपागम (Institutional Approach)
4. मार्क्सवादी उपागम (Marxist Approach)

37. एक लोकतंत्रीय राजनीतिक समुदाय में राजनीतिक दलों की प्राथमिक भूमिका क्या है?

1. चुनाव लड़ना और लोगों का प्रतिनिधित्व करना
2. चुनाव आयोग की शक्ति को सीमित करना
3. सैन्य गठबंधन बनाना
4. धार्मिक प्रथाओं को लागू करना

38. भारत में निम्नलिखित में से किस सामाजिक आंदोलन ने मुख्य रूप से हाशिए पर पड़े दलित समुदायों के अधिकारों पर फोकस किया?

1. तेलंगाना आंदोलन
2. दलित पैंथर्स आंदोलन
3. चिपको आंदोलन
4. नर्मदा बचाओ आंदोलन

39. फ्रेडरिक टेलर (Frederick Taylor) द्वारा प्रस्तुत कौन-सी आधारभूत अवधारणा संगठनात्मक कार्यों के दक्षता पर जोर देती है?

1. वैज्ञानिक प्रबंधन (Scientific Management)
2. सिस्टम सिद्धांत (Systems Theory)
3. नौकरशाही प्रबंधन (Bureaucratic Management)
4. मानव संबंध सिद्धांत (Human Relations Theory)

40. प्रशासनिक सिद्धांत के संदर्भ में, संगठनों के प्रबंधन में मुख्य रूप से क्या शामिल है?

1. निर्णयन में कर्मचारियों की भागीदारी को सीमित करना
2. उत्पादों के लिए विपणन रणनीतियाँ विकसित करना
3. केवल लाभ अधिकतमीकरण पर फोकस करना
4. संगठनात्मक लक्ष्यों को प्राप्त करने के लिए संसाधनों, लोगों और प्रक्रियाओं का समन्वय करना

41. निम्नलिखित में से कौन-सा विकल्प, स्वतंत्रता के बाद से भारत की विदेश नीति के मूल सिद्धांत का सर्वोत्तम प्रतिनिधित्व करता है?

1. क्षेत्रीय विस्तारवाद
2. औपनिवेशिक गठबंधनों पर निर्भरता
3. सैन्य गुटों से गुटनिरपेक्षता
4. नाटो (NATO) के साथ रणनीतिक गुटबंदी

42. निम्नलिखित में से किसे न्याय दर्शन में प्रमाण (ज्ञान के साधन/उपाय) के रूप में स्वीकार नहीं किया गया है?

1. शब्द (Verbal Testimony)
2. अनुमान (Inference)
3. अर्थापत्ति (Postulation)
4. प्रत्यक्ष (Perception)

43. वह कौन-सी प्रक्रिया है, जिसके द्वारा व्यक्ति अपने राजनीतिक मूल्य प्राप्त करते हैं?

1. राजनीतिक समाजीकरण
2. राजनीतिक सहभागिता
3. राजनीतिक ध्रुवीकरण
4. राजनीतिक संचार

44. विश्व बैंक की ईज ऑफ डूइंग बिजनेस रिपोर्ट 2020 के अनुसार, वैश्विक अर्थव्यवस्थाओं में भारत कौन-से स्थान पर था?

1. 58
2. 72
3. 60
4. 63

45. निम्नलिखित विचारकों को उनके उन विचारों से सुमेलित कीजिए जिनके लिए वे सर्वाधिक प्रसिद्ध हैं।

(विचारक)	**(विचार)**
1. राममनोहर लोहिया	A. संपूर्ण क्रांति
2. जयप्रकाश नारायण	B. कट्टरपंथी मानवतावाद
3. एम.एन. रॉय	C. भूदान आंदोलन
4. विनोबा भावे	D. सप्त क्रांति

1. 1-D, 2-A, 3-B, 4-C
2. 1-A, 2-D, 3-C, 4-B
3. 1-B, 2-C, 3-A, 4-D
4. 1-A, 2-B, 3-D, 4-C

46. कालापानी, लिंपियाधुरा और लिपुलेख से जुड़ा क्षेत्रीय मुद्दा- जिसे हाल ही में एक राजनीतिक मानचित्र में दर्शाया गया है– भारत और किस पड़ोसी देश के बीच विवाद का मामला है?

1. भूटान
2. बांग्लादेश
3. नेपाल
4. चीन

47. निम्नलिखित में से कौन भारत का नाममात्र कार्यपालिका प्रमुख होता है?

1. राष्ट्रपति
2. प्रधानमंत्री
3. भारत के मुख्य न्यायाधीश
4. लोकसभा अध्यक्ष

48. निम्नलिखित में से कौन-सा, भारत में पहचान की राजनीति के परिप्रेक्ष्य को सबसे अच्छी तरह से दर्शाता है?

1. जाति, धर्म, जातीयता और भाषा के आधार पर राजनीतिक लामबंदी
2. क्षेत्रीय व्यापार सहयोग पर जोर
3. केवल केंद्रीकृत शासन को बढ़ावा देना
4. आर्थिक उदारीकरण नीतियों पर ध्यान केंद्रित

49. वी.डी. सावरकर के संबंध में निम्नलिखित कथनों को पढ़िए और सही विकल्प का चयन कीजिए।

कथन I: वी.डी. सावरकर जाति व्यवस्था के आलोचक थे और इसमें सुधार का आह्वान करते थे।

कथन II: वी.डी. सावरकर ने संस्कृत को भारत की राष्ट्रीय भाषा के रूप में बढ़ावा दिया।

1. कथन I और कथन II दोनों गलत हैं।
2. कथन I गलत है, लेकिन कथन II सही है।
3. कथन I सही है, लेकिन कथन II गलत है।
4. कथन I और कथन II दोनों सही हैं।

50. निम्नलिखित कथनों को पढ़िए और सही विकल्प चुनिए।

कथन I: आसियान-भारत कार्य योजना (2021-2025) का उद्देश्य राजनीतिक-सुरक्षा, आर्थिक और सामाजिक-सांस्कृतिक स्तंभों में आसियान-भारत रणनीतिक साझेदारी के लक्ष्यों को क्रियान्वित करना है।

कथन II: भारत ने समुद्री सुरक्षा सहयोग पर चिंताओं के कारण 2015 में आसियान के नेतृत्व वाली क्षेत्रीय व्यापक आर्थिक साझेदारी (RCEP) से बाहर निकलने का विकल्प चुना था।

1. कथन I और कथन II दोनों गलत हैं।
2. कथन I और कथन II दोनों सही हैं।
3. कथन I सही है और कथन II गलत है।
4. कथन I गलत है और कथन II सही है।

51. भारतीय राजनीति में निम्नवर्गीय परिप्रेक्ष्य (subaltern perspective) मुख्यतः निम्नलिखित में से किस बात पर जोर देता है?

1. राजनीतिक प्रक्रियाओं में हाशिए पर स्थित समूहों के अनुभव और एजेंसी
2. आर्थिक सुधारों में नौकरशाही की भूमिका
3. शासन कला की अभिजनवादी व्याख्याएं
4. भारतीय विदेश नीति पर बाह्य प्रभाव

52. नव-प्रकार्यवादी परिप्रेक्ष्य से, BIMSTEC जैसे क्षेत्रीय ब्लॉकों में भारत की भागीदारी के पीछे निम्नलिखित में से कौन-सा प्रमुख चालक हैं?

1. राजनीतिक प्रचार अभियान
2. ऐतिहासिक सैन्य समझौते
3. आर्थिक और तकनीकी सहयोग के माध्यम से प्रकार्यात्मक अधिप्लाव
4. सामरिक परमाणु भयावरोध

53. निम्नलिखित में से कौन-सा समझौता, शीत युद्ध के बाद भारत-अमेरिका संबंधों में महत्वपूर्ण विकास को चिह्नित करता है?

1. बांडुंग घोषणा
2. नेहरू-लियाकत समझौता
3. भारत-अमेरिका असैन्य परमाणु समझौता
4. ताशकंद समझौता

54. किस भारतीय विचारक ने अहिंसा और नैतिक नेतृत्व पर आधारित आध्यात्मिक मूल्यों और राजनीतिक कार्रवाई के संश्लेषण (synthesis) पर बल दिया?

1. एम.एन. रॉय
2. बी.आर. अंबेडकर
3. जवाहरलाल नेहरू
4. महात्मा गांधी

55. निम्नलिखित में से कौन-सा परिप्रेक्ष्य, भारतीय राज्य को पारंपरिक पहचानों और लोकतांत्रिक संस्थाओं के बीच मध्यस्थ के रूप में देखता है?

1. रुढ़िवादी राष्ट्रवाद
2. संरचनावाद
3. बहुलवाद
4. स्वतंत्रतावाद

56. निम्नलिखित कथन किसने कहा था?

"पराधीन राष्ट्र पर निर्भर, अव्यवस्थित हो जाता है, और क्षीण होकर अपनी शक्तियां खो देता है। इस कारण राष्ट्रीय विकास के लिए राष्ट्रीय स्वतंत्रता नितांत आवश्यक है। राष्ट्रीय स्वतंत्रता के बिना राष्ट्रीय विकास नहीं हो सकता है।"

1. श्री अरबिंदो
2. रबीन्द्रनाथ टैगोर
3. बाल गंगाधर तिलक
4. महात्मा गांधी

57. भारतीय राजनीतिक चिंतन में, निम्नलिखित में से कौन-सा परिप्रेक्ष्य व्यक्तिगत स्वतंत्रता और न्यूनतम राज्य हस्तक्षेप पर बल देता है?

1. उत्तर-औपनिवेशिक परिप्रेक्ष्य
2. गांधीवादी परिप्रेक्ष्य
3. मार्क्सवादी परिप्रेक्ष्य
4. उदारवादी परिप्रेक्ष्य

58. निम्नलिखित में से किसका संबंध मुख्यतः भारतीय राजनीतिक चिंतन में 'नव समाजवाद' से है?

1. एम.एन. रॉय
2. जयप्रकाश नारायण
3. आचार्य नरेंद्र देव
4. राम मनोहर लोहिया

59. जयशंकर द्वारा भारत की विदेश नीति के विकास को वर्गीकृत करने से 'आशावादी गुटनिरपेक्षता' से 'ऊर्जावान कूटनीति' की ओर बदलाव का संकेत मिलता है। यह बदलाव मुख्यतः क्या दर्शाता है?

1. वैश्विक बहुध्रुवीयता के बीच भारत का गुटनिरपेक्ष, मुद्दा-तटस्थ रुख की ओर लौटना
2. आर्थिक राष्ट्रवाद पर आधारित क्षेत्र-प्रथम नीति की ओर भारत का पुनर्संतुलन
3. महाशक्तियों को संतुलित करने के लिए बहुपक्षीय समूहों पर भारत की बढ़ती निर्भरता
4. आदर्शवादी रुख से व्यावहारिक वैश्विक जुड़ाव की ओर भारत का संक्रमण

60. निम्नलिखित कथनों को पढ़िए और सही विकल्प चुनिए।

कथन I: भारत ने 1971 में 'स्माइलिंग बुद्धा (Smiling Buddha)' नामक परमाणु परीक्षण किया था।

कथन II: भारत ने 1991 में 'ऑपरेशन शक्ति' नामक परमाणु परीक्षण किया था।

1. कथन I और कथन II दोनों गलत हैं।
2. कथन I और कथन II दोनों सही हैं।
3. कथन I गलत है, लेकिन कथन II सही है।
4. कथन I सही है, लेकिन कथन II गलत है।

61. निम्नलिखित में से किसे केवल लोकसभा में ही पेश किया जा सकता है, राज्यसभा में पेश नहीं किया जा सकता है?

1. धन विधेयक
2. गैर-धन विधेयक
3. संविधान संशोधन विधेयक
4. साधारण विधेयक

62. भारतीय संसद की संरचना कैसी होती है?

1. राष्ट्रपति के नेतृत्व वाली एकल सभा
2. लोकसभा और राज्यसभा वाली द्विसदनी विधानमंडल
3. तीन सदनों वाली त्रिसदनी विधानमंडल
4. केवल लोकसभा वाली एकसदनी विधानमंडल

63. भारतीय राजनीति के सामाजिक बुनियादी ढांचा में मुख्यतः क्या-क्या शामिल होता है?

1. सैन्य रणनीतियाँ और रक्षा तंत्र
2. जाति, धर्म और भाषा जैसे सामाजिक तत्व जो राजनीतिक गतिशीलता को आकार देते हैं
3. शासन में तकनीकी प्रगति
4. आर्थिक नीतियां और औद्योगिक विकास

64. 'निशा परिषद (Nocturnal Council)' की अवधारणा निम्नलिखित में से किस विचारक से संबंधित है?

1. प्लेटो (Plato)
2. हॉब्स (Hobbes)
3. अरस्तू (Aristotle)
4. रूसो (Rousseau)

65. निम्नलिखित में से कौन-सा कथन, नव-यथार्थवाद को शास्त्रीय यथार्थवाद से अलग करता है?

1. नव-यथार्थवाद, सत्ता की राजनीति की उपेक्षा करता है।
2. नव-यथार्थवाद, राज्य के व्यवहार के मुख्य कारण के रूप में अराजक अंतर्राष्ट्रीय व्यवस्था पर केंद्रित होता है।
3. शास्त्रीय यथार्थवाद, गणितीय मॉडलिंग पर निर्भर करता है।
4. शास्त्रीय यथार्थवाद संरचना पर जोर देता है, जबकि नव-यथार्थवाद नैतिकता पर जोर देता है।

66. IR में उत्तर-उपनिवेशवाद (Postcolonialism) मुख्यतः किस पर केंद्रित है?

1. आर्थिक वृद्धि के लिए नए उपनिवेशवाद को बढ़ावा देना
2. वैश्विक दक्षिण में शक्ति संतुलन
3. उपनिवेशवाद की विरासत किस प्रकार वैश्विक असमानता को आकार दे रही है
4. औपनिवेशिक साम्राज्यों का पतन

67. किस विद्वान ने भारतीय संविधान को 'सर्वप्रथम और सर्वोपरि एक सामाजिक दस्तावेज' के रूप में वर्णित किया?

1. एच.एम. सीरवाई (HM Seervai)
2. बी.आर. अंबेडकर (BR Ambedkar)
3. के.सी. व्हेयर (KC Wheare)
4. ग्रानविले ऑस्टिन (Granville Austin)

68. अंतर्राष्ट्रीय संबंध (IR) के अध्ययन में मार्क्सवादी दृष्टिकोण का मुख्य फोकस क्या है?

1. वैश्विक वर्ग संघर्षों और अंतर्राष्ट्रीय प्रणालियों को आकार देने में पूंजीवाद की भूमिका की जांच करना
2. राष्ट्रों के बीच सांस्कृतिक विनिमय को बढ़ावा देना
3. संप्रभु राज्यों के बीच शक्ति संतुलन का विश्लेषण करना
4. गुटनिरपेक्ष आंदोलन और राजनयिक तटस्थता का पक्षसमर्थन करना

69. अंतर्राष्ट्रीय संबंधों में 'संप्रभुता' शब्द का क्या तात्पर्य है?

1. धार्मिक समूहों को राजनीतिक दल बनाने का अधिकार
2. विदेश नीति निर्धारित करने की सेना की अनन्य शक्ति
3. IMF से किसी देश की वित्तीय स्वतंत्रता
4. बाह्य हस्तक्षेप के बिना स्वयं पर शासन करने की राज्य की निर्बाध शक्ति

70. निम्नलिखित में से कौन-सा विद्वान, अंतर्राष्ट्रीय संबंधों में दोषान्वेषी सिद्धांत (critical theory) को लागू करने में प्रमुखता से संबंधित है?

1. अलेक्जेंडर वेंडेट (Alexander Wendt)
2. हेडली बुल (Hedley Bull)
3. निकोलस ओनुफ (Nicholas Onuf)
4. रॉबर्ट कॉक्स (Robert Cox)

71. भारत की सामाजिक विविधता इसकी राजनीतिक संस्कृति को किस प्रकार प्रभावित करती है?

1. यह राजनीतिक सहभागिता को समाप्त कर देती है।
2. यह राजनीतिक संस्कृति को शहरी क्षेत्रों तक ही सीमित रखती है।
3. यह एक समान राजनीतिक विचारधारा का निर्माण करती है।
4. यह बहुलवादी राजनीतिक संस्कृति को बहु-दृष्टिकोण के साथ बढ़ावा देती है।

72. निम्नलिखित में से कौन-सा, अंतर्राष्ट्रीय संबंधों के अनुशासन को सर्वोत्तम रूप से परिभाषित करता है?

1. अंतःसरकारी राजकोषीय नीति का अध्ययन
2. भाषा और राजनय का अध्ययन
3. अंतर्राष्ट्रीय खेल प्रतियोगिताओं का अध्ययन
4. राज्यों के बीच राजनीतिक, आर्थिक और सुरक्षा अन्योन्यक्रियाओं का अध्ययन

73. केंद्र और राज्यों के बीच विवादों का निपटारा करने की सर्वोच्च न्यायालय की शक्ति _____ के तहत प्रदान की गई है।

1. अनुच्छेद 131
2. अनुच्छेद 132
3. अनुच्छेद 245
4. अनुच्छेद 265

74. केनेथ वाल्ट्ज (Kenneth Waltz) के नवयथार्थवादी परिप्रेक्ष्य के अनुसार, कौन-सी अंतर्राष्ट्रीय व्यवस्था वैश्विक राजनीति में अधिक स्थिरता सुनिश्चित करती है?

1. कई प्रमुख शक्तियों वाली व्यवस्था (बहुध्रुवीय)
2. मुख्यतः अंतर्राष्ट्रीय संस्थाओं द्वारा शासित संरचना
3. दो प्रभावी शक्तियों वाली व्यवस्था (द्विध्रुवीय)
4. एकल महाशक्ति (एकध्रुवीय) के नेतृत्व वाली विश्व व्यवस्था

75. निम्नलिखित में से कौन-सा, अंतर्राष्ट्रीय संबंधों में शास्त्रीय यथार्थवाद की केंद्रीय पूर्वधारणा है?

1. वैश्विक मामलों में सत्ता की राजनीति विसंगत है।
2. संस्थाओं के माध्यम से सहयोग सदैव संभव होता है।
3. अस्तित्व सुनिश्चित करने के लिए राज्य, स्वार्थी तरीके से कार्य करते हैं।
4. वैश्विक निगम, राज्य के व्यवहार को निर्देशित करते हैं।

76. निम्नलिखित में से कौन-सा कथन, अंतरराष्ट्रीय संबंधों को एक डिसिप्लिन के रूप में सर्वोत्तम रूप से परिभाषित करता है?

1. प्राचीन सभ्यताओं का अध्ययन
2. राज्यों और अन्य वैश्विक अभिकर्ताओं के मध्य संबंधों और अंतःक्रियाओं का अध्ययन
3. किसी एक देश की आंतरिक राजनीति का अध्ययन
4. किसी देश के भीतर आर्थिक सिद्धांतों का अध्ययन

77. भारतीय संघ को मुख्यतः 'राज्यों का संघ' इसलिए कहा जाता है क्योंकि _____।

1. यह स्वतंत्र इकाइयों का संघ है
2. संघ राज्यों के बीच हुई संधि के द्वारा बना था
3. संघ अविनाशी है और राज्यों को अलग होने का अधिकार नहीं है
4. राज्यों को संघ से अलग होने का अधिकार है

78. संसद के संयुक्त अधिवेशन का प्रावधान निम्नलिखित में से किस अनुच्छेद के अंतर्गत संयोजित किया गया है?

1. अनुच्छेद 110
2. अनुच्छेद 111
3. अनुच्छेद 112
4. अनुच्छेद 108

79. अंतर्राष्ट्रीय संबंधों में नारीवादी सिद्धांत मुख्यतः निम्नलिखित में से किस पर केंद्रित है?

1. आर्थिक परस्पर-निर्भरता
2. सैन्य रणनीति और राष्ट्रीय सुरक्षा
3. राज्य संप्रभुता
4. वैश्विक राजनीति में लिंग आधारित शक्ति संबंध और महिलाओं का सीमांतीकरण

80. किस सवैधानिक संशोधन द्वारा भारत में मतदान की न्यूनतम आयु 21 वर्ष से घटाकर 18 वर्ष कर दी गई?

1. 62वां संविधान संशोधन अधिनियम
2. 63वां संविधान संशोधन अधिनियम
3. 65वां संविधान संशोधन अधिनियम
4. 61वां संविधान संशोधन अधिनियम

81. निम्नलिखित में से कौन-सा विधान अनुसूचित क्षेत्रों में समुदायों की परंपराओं, रीति-रिवाजों, सांस्कृतिक पहचान और प्राकृतिक संसाधनों की सुरक्षा और संरक्षण के लिए ग्राम सभाओं के अधिकार को मान्यता देता है, जिससे स्थानीय स्वशासन सशक्त होता है?

1. लोकपाल और लोकायुक्त अधिनियम, 2013
2. सूचना का अधिकार अधिनियम, 2005
3. PESA, 1996
4. वन अधिकार अधिनियम (FRA), 2006

82. भारतीय संघवाद के विभिन्न रूपों और उनके संबंधित विचारकों का निम्नलिखित में से कौन-सा युग्म गलत है?

1. सहकारी संघवाद – ग्रैनविले ऑस्टिन
2. सौदामूलक संघवाद – मॉरिस जोन्स
3. अर्ध-संघीय – केसी व्हेयर
4. प्रतिस्पर्धी संघवाद – पॉल एप्पलबी

83. निम्नलिखित में से कौन-सा, एल्टन मेयो (Elton Mayo) के मानवीय संबंध सिद्धांत से संबंधित नहीं है?

1. जनसमूह (Rabble) परिकल्पना
2. दर-वर्धक
3. आर्थिकेतर प्रोत्साहन
4. सामाजिक मानव अवधारणा

84. लोक प्रशासन के अध्ययन में पारिस्थितिक दृष्टिकोण की शुरुआत ______ ने नहीं की थी।

1. फ्रेड डब्ल्यू. रिग्स (Fred W. Riggs)
2. रोस्को मार्टिन (Roscoe Martin)
3. एडवर्ड वीडनर (Edward Weidner)
4. रॉबर्ट डाहल (Robert Dahl)

85. दिए गए कथनों को ध्यानपूर्वक पढ़िए और सही विकल्प का चयन कीजिए।

कथन I: 1986 में, पंचायती राज संस्थाओं को मजबूत करने और आधारिक लोकतंत्र को बढ़ाने के लिए ढांचे का मसौदा तैयार करने हेतु एल.एम. सिंघवी के नेतृत्व में एक समिति गठित की गई थी।

कथन II: समिति ने पंचायती राज निकायों की सुरक्षा और निरंतरता सुनिश्चित करने के लिए उन्हें संवैधानिक दर्जा देने का पक्ष समर्थन किया था।

1. कथन I और कथन II दोनों गलत हैं।
2. कथन I और कथन II दोनों सही हैं।
3. कथन I सही है, लेकिन कथन II गलत है।
4. कथन I गलत है, लेकिन कथन II सही है।

86. निम्नलिखित में से कौन-सा संवैधानिक प्रावधान भारतीय संविधान के संघीय चरित्र को सबसे अधिक कमजोर करता है?

1. अनुच्छेद 263 2. अनुच्छेद 280
3. अनुच्छेद 3 4. अनुच्छेद 252

87. स्थानीय स्वशासन के प्रभावी कार्यप्रणाली के लिए निम्नलिखित में से कौन-सी स्थिति सबसे आवश्यक है?

1. बजटों पर केंद्रीकृत नियंत्रण
2. वित्तीय और प्रशासनिक शक्तियों का प्रत्यायोजन
3. संसद से पर्यवेक्षी प्राधिकार
4. सभी स्थानीय निकाय सदस्यों का अप्रत्यक्ष चुनाव

88. भारतीय संविधान का अनुच्छेद 243ZD किससे संबंधित है?

1. जिला योजना समिति
2. नगरपालिकाओं की शक्तियां, अधिकार और उत्तरदायित्वों
3. महानगरीय योजना समिति
4. नगरपालिकाओं के चुनाव

89. 'बैक टू विलेज (Back to Village)' अभियान निम्नलिखित में से किस भारतीय राज्य/केंद्र शासित प्रदेश ने शुरू किया?

1. हिमाचल प्रदेश 2. चंडीगढ़
3. जम्मू और कश्मीर 4. राजस्थान

90. भारत में, निम्नलिखित में से किस नागरिक समाज आंदोलन ने सूचना का अधिकार अधिनियम, 2005 के अधिनियम में महत्वपूर्ण भूमिका निभाई थी?

1. भारत भ्रष्टाचार विरोधी आंदोलन
2. नर्मदा बचाओ आंदोलन
3. जन अधिकार मोर्चा
4. मजदूर किसान शक्ति संगठन

91. निम्नलिखित में से कौन-सा आयोग, केंद्र-राज्य संबंधों में महत्वपूर्ण सुधारों की सिफारिश करने के लिए जाना जाता है?

1. निर्वाचन आयोग
2. प्रथम विधि आयोग
3. मंडल आयोग
4. सरकारिया आयोग

92. COVID-19 महामारी के दौरान राज्य-स्तरीय 'ई-लोक अदालत' शुरू करने वाला भारत का पहला राज्य कौन-सा था?

1. महाराष्ट्र
2. केरल
3. तमिलनाडु
4. छत्तीसगढ़

93. निम्नलिखित में से किसे प्रशासन के अध्ययन के लिए पारंपरिक उपागम माना जाता है?
   1. संरचनात्मक-कार्यपरक उपागम (Structural-functional approach)
   2. व्यवस्था उपागम (Systems approach)
   3. व्यवहारवादी उपागम (Behavioural approach)
   4. कानूनी-संस्थागत उपागम (Legal-institutional approach)

94. निम्नलिखित में से कौन-सा कथन भारत के नियंत्रक तथा महालेखापरीक्षक (CAG) की भूमिका का सर्वोत्तम वर्णन करता है?
   1. सिविल सेवा परीक्षाएँ आयोजित करता है
   2. मौलिक अधिकारों का प्रवर्तन करता है
   3. उच्च न्यायालयों में न्यायाधीशों की नियुक्ति करता है
   4. सरकारी खातों और व्यय की लेखा–परीक्षा करता है

95. निम्नलिखित में से किसका प्रयोग सामान्यतः विकसित देशों को विकासशील देशों से विभेदित करने के लिए किया जाता है?
   1. मानव विकास सूचकांक (HDI)
   2. भौगोलिक आकार
   3. ऐतिहासिक पृष्ठभूमि
   4. औद्योगिकरण और GNP जैसे आर्थिक संकेतक

96. 'POSDCORB' सिद्धांत का प्रतिपादन किसने किया था?
   1. मैरी पार्कर फोलेट (Mary Parker Follett)
   2. चेस्टर बर्नार्ड (Chester Barnard)
   3. लूथर गुलिक (Luther Gulick)
   4. हर्बर्ट साइमन (Herbert Simon)

97. निम्नलिखित में से कौन-सा, नव लोक प्रबंधन (NPM) का मूल सिद्धांत नहीं है?
   1. प्रशासनिक एजेंसियों पर केंद्रीकृत नियंत्रण को बढ़ावा देना
   2. अर्ध-बाजार और संविदा प्रणालियों के माध्यम से प्रतिस्पर्धा शुरू करना
   3. सार्वजनिक सेवा में निजी क्षेत्र की प्रबंध तकनीकों को अपनाना
   4. विकेंद्रीकरण के माध्यम से नागरिक सहभागिता पर बल देना

98. भारत के संविधान के किस संशोधन द्वारा मतदान की आयु 21 वर्ष से घटाकर 18 वर्ष कर दी गई?
   1. 61वें 2. 44वें
   3. 63वें 4. 42वें

99. निम्नलिखित में से कौन-सी, लोक प्रशासन में पारंपरिक दृष्टिकोण की एक कसौटी है?
   1. व्यक्तिगत व्यवहार पर केंद्रित
   2. औपचारिक संस्थाओं और कानूनी मानदंडों पर जोर
   3. अनुभवजन्य डेटा संग्रहण पर जोर
   4. प्रणाली सिद्धांत का उपयोग

100. निम्नलिखित में से कौन-सी, नवीन लोक प्रशासन की विशेषता नहीं है?
   1. सामाजिक समानता और न्याय पर केंद्रित
   2. सहभागी शासन को बढ़ावा देना
   3. प्रशासनिक दक्षता पर जोर
   4. प्रशासनिक शक्ति का विकेंद्रीकरण

101. वैश्विक मानवाधिकारों का मूलभूत पाठ (text) किस अंतर्राष्ट्रीय दस्तावेज को माना जाता है?
   1. जिनेवा कन्वेंशन
   2. मानव अधिकारों की सार्वभौमिक घोषणा (UDHR)
   3. वियना कन्वेंशन
   4. UN अधिकारपत्र

102. 'मल्टीकल्चरल सिटिजनशिपः अ लिबरल थ्योरी ऑफ माइनॉरिटी राइट्स (Multicultural Citizenship: A liberal Theory of Minority Right)' पुस्तक के लेखक का नाम क्या है?
   1. विल किमलिका (Will Kymlicka)
   2. चार्ल्स टेलर (Charles Taylor)
   3. भीखू पारेख (Bhikhu Parekh)
   4. माइकल वाल्जर (Michael Walzer)

103. नीरजा गोपाल के अनुसार, भारत में राजनीतिक दल _____ कार्य करते हैं।

1. राजनीतिक विचारों पर एकाधिकार रखने के लिए
2. विभिन्न सामाजिक हितों को एकत्रित करने और उनका प्रतिनिधित्व करने के लिए
3. अपने सदस्यों के बीच सख्त विचारधारा को लागू करने के लिए
4. व्यक्तिगत राजनीतिक महत्वाकांक्षाओं के साधन के रूप में

104. किस दस्तावेज को मानवाधिकारों के आधारभूत अंतर्राष्ट्रीय वक्तव्य के रूप में मान्यता प्राप्त है?

1. मानव अधिकारों की सार्वभौमिक घोषणा
2. मैग्ना कार्टा
3. मानव अधिकारों पर यूरोपीय कन्वेंशन
4. जिनेवा कन्वेंशन

105. नैतिक नेतृत्व में, 'साधन उतने ही महत्वपूर्ण हैं जितने साध्य' का सिद्धांत किस दार्शनिक से संबंधित है?

1. निकोलो मैकियावेली (Niccolo Machiavelli)
2. जॉन स्टुअर्ट मिल (John Stuart Mill)
3. इमैनुएल कांट (Immanuel Kant)
4. थॉमस हॉब्स (Thomas Hobbes)

106. सीमावर्ती शहर, _____ के संघर्ष का प्रतिनिधित्व करते हैं।

1. आर्थिक एकीकरण
2. वैचारिक मतभेदों
3. राजनीतिक संप्रभुताओं और सांस्कृतिक पहचानों
4. सैन्य शक्तियों और नागरिक शासनों

107. भारत में क्षेत्रीय और राज्य-आधारित दलों की एक विशिष्ट विशेषता क्या है?

1. इन्हें चुनावी सफलता नहीं मिलती।
2. ये राष्ट्रीय मुद्दों पर प्रमुखता से ध्यान केंद्रित करते हैं।
3. ये विशिष्ट क्षेत्रीय, सांस्कृतिक या जाति-आधारित हितों को निरूपित करते हैं।
4. ये गठबंधन की राजनीति से बचते हैं।

108. निम्नलिखित में से कौन-सा 'गोपनीयता' के उन प्रमुख आयामों में से एक नहीं था जिसे सर्वोच्च न्यायालय ने के.एस. पुट्टास्वामी (2017) मामले में मान्यता दी थी, जिसने 'गोपनीयता' को अनुच्छेद 21 के तहत एक मौलिक अधिकार के रूप में स्थापित किया था?

1. आर्थिक गोपनीयता (Economic privacy)
2. निर्णयात्मक गोपनीयता (Decisional privacy)
3. सूचनात्मक गोपनीयता (Informational privacy)
4. शारीरिक गोपनीयता (Bodily privacy)

109. नैतिक दुविधा तब होती है, जब _____ ।

1. कानून बदले जाते हैं
2. दो नैतिक विकल्पों के बीच संघर्ष होता है
3. नौकरशाहों को पदोन्नत किया जाता है
4. चुनाव होते हैं

110. भारतीय दलीय पद्धति की वह प्रमुख विशेषता क्या है, जो इसे पश्चिमी पद्धतियों से पृथक करती है?

1. राष्ट्रीय और क्षेत्रीय दलों के साथ बहुदलीय व्यवस्था
2. उच्च आंतरिक दलीय लोकतंत्र
3. उम्मीदवार चयन में राष्ट्रपति की प्राथमिकी
4. शुद्ध द्विदलीय पद्धति

111. निम्नलिखित में से कौन-सा, नागरिकता के उदारवादी सिद्धांत का सर्वोत्तम वर्णन करता है?

1. आधुनिक पूंजीवादी समाज में नागरिकता की धारणा को अस्वीकार करता है
2. राजनीतिक और सामाजिक अधिकारों का आधार बनाने वाले नागरिक अधिकारों पर केंद्रित होता है
3. नागरिकता को समुदाय के साथ सक्रिय राजनीतिक आबंध के रूप में मानता है
4. वर्ग संघर्ष के माध्यम से प्राप्त अधिकारों पर जोर देता है

112. सीमाओं को किस रूप में देखा जाता है?

1. पूरी तरह से कानूनी सीमाएँ
2. भौगोलिक सीमांकन
3. निश्चित भौतिक रेखाएँ
4. सामाजिक रूप से निर्मित और प्रवाही (fluid)

113. निम्नलिखित विद्वानों में से कौन, 'नागरिकता के कृत्यों' के विचार से निकटता से संबंधित है?

1. टी.एच. मार्शल (T.H. Marshall)
2. एंगिन इसिन (Engin Isin)
3. चार्ल्स टेलर (Charles Taylor)
4. जॉन रॉल्स (John Rawls)

114. निम्नलिखित में से कौन-सा विकल्प नागरिकता अधिनियमित करने का उदाहरण है?

1. सरकार को कर का भुगतान करना
2. पासपोर्ट प्राप्त करना
3. राष्ट्रीय जनगणना के लिए पंजीकरण करना
4. मतदान के अधिकार की मांग को लेकर विरोध प्रदर्शन में भाग लेना

115. अंतर्राष्ट्रीय राजनीति में सीमावर्ती शहरों की प्रमुख विशेषता क्या है?

1. प्रवासन का अभाव
2. आर्थिक विलगन
3. एकसमान शासन
4. सांस्कृतिक विनिमय और तनाव

116. भारतीय संसदीय प्रणाली में, विपक्ष की भूमिका को ______ में औपचारिक रूप से मान्यता दी गई है।

1. भारतीय दंड संहिता
2. भारतीय संविधान
3. संसद में विपक्षी नेता-वेतन और भत्ता अधिनियम, 1977
4. लोक प्रतिनिधित्व अधिनियम, 1951

117. असंतुष्ट नागरिकता (Dissident Citizenship) में, हॉलोवे स्पार्क्स (Holloway Sparks) ने नागरिकता की एक अवधारणा विकसित की है जो निम्न में से किस बात पर जोर देती है?

1. राज्य के प्रति वैध अनुपालन और आज्ञापालन
2. चुनावों में निष्क्रिय भागीदारी
3. नागरिक मूल्य के माप के रूप में आर्थिक उत्पादकता
4. असहमति और राजनीतिक साहस की नैतिकता

118. 'सिटीजनशिप एंड सोशल क्लास' पुस्तक किसने लिखी है?

1. माइकल वाल्जर (Michael Walzer)
2. टी.एच. मार्शल (T.H. Marshall)
3. एंथनी गिडेंस (Anthony Giddens)
4. डेविड हेल्ड (David Held)

119. 'बॉर्डर सिटीज एंड टेरिटोरियल डेवलपमेंटः रीजन्स एंड सिटीज' पुस्तक का संपादन किसने किया?

1. डेविड हार्वे (David Harvey)
2. एडुआर्डो मेडेइरो (Eduardo Medeiro)
3. सास्किया सासेन (Saskia Sassen)
4. डोरेन मैसी (Doreen Massey)

120. राष्ट्रीय पार्टी के रूप में मान्यता प्राप्त करने के लिए न्यूनतम कितने प्रतिशत वोट की आवश्यकता होती है?

1. 6% 2. 10%
3. 9% 4. 4%

121. वैश्विक सरकारों की सामान्य आलोचना क्या है?

1. वे व्यक्तिगत स्वतंत्रता को अति-विनियमित करते हैं।
2. उनके पास राष्ट्रों पर प्रवर्तन शक्ति का अभाव है।
3. वे केवल सांस्कृतिक संरक्षण पर कार्य करते हैं।
4. वे स्थानीय मुद्दों पर अत्यधिक केंद्रित होते हैं।

122. निम्नलिखित में से कौन-सी, कल्याणकारी राज्य की एक विशेषता है?

1. सार्वभौमिक स्वास्थ्य देखभाल प्रणालियाँ
2. करों का उन्मूलन
3. सभी सेवाओं का निजीकरण
4. शिक्षा तक पहुँच पर प्रतिबंध

123. सर्वसत्तावादी शासन-प्रणाली की विशेषता, निम्नलिखित में से कौन-सी है?

1. चुनावी प्रतिस्पर्धा का अभाव
2. नीति-निर्माण पर पूर्ण नियंत्रण
3. गठबंधन की गतिशीलता के कारण विखंडन
4. संवैधानिक मान्यता का अभाव

124. निम्नलिखित में से कौन-सा, 1980 के दशक में विशेष रूप से ऋणग्रस्त विकासशील देशों के लिए IMF, विश्व बैंक और US डिपार्टमेंट ऑफ ट्रेजरी जैसी संस्थाओं द्वारा व्यापक रूप से प्रचारित आर्थिक सुधार एजेंडे को सर्वोत्तम रूप से चित्रित करता है?

1. दोहा विकास एजेंडा (Doha Development Agenda)
2. वाशिंगटन सहमति (Washington Consensus)
3. ब्रेटन वुड्स समझौता (Bretton Woods Agreement)
4. नई अंतर्राष्ट्रीय आर्थिक व्यवस्था (New International Economic Order)

125. भारत में जेंडर अध्ययन के संदर्भ में 'ब्राह्मणवादी पितृसत्ता (Brahmanical patriarchy)' शब्द किसने गढ़ा?

1. अरुंधति रॉय
2. गौरी माँ
3. शर्मिला रेगे
4. उमा चक्रवर्ती

126. लिंग और वर्ग का अंतर्संबंध महिलाओं की विकास संसाधनों तक पहुंच को किस प्रकार प्रभावित करता है?

1. इससे असमानताएं पैदा होती हैं, तथा निम्न वर्ग की महिलाओं को अधिक बाधाओं का सामना करना पड़ता है।
2. यह वर्ग-आधारित असमानताओं को समाप्त करता है।
3. यह सभी महिलाओं के लिए समान पहुंच सुनिश्चित करता है।
4. यह पूरी तरह शहरी विकास पर केंद्रित है।

127. अंतर्राष्ट्रीय राजनीतिक अर्थव्यवस्था मुख्यतः किसका अध्ययन करती है?

1. वैश्विक स्तर पर राजनीति और अर्थशास्त्र के बीच अंतःक्रिया
2. अंतर्राष्ट्रीय कानून का विकास
3. वैश्विक व्यापार का इतिहास
4. वैश्वीकरण का सांस्कृतिक प्रभाव

128. IPE में नवउदारवाद किस पर जोर देता है?

1. वैश्विक व्यापार में कमी
2. मुक्त बाजार और निजीकरण को बढ़ावा देना
3. राष्ट्रीय सुरक्षा के लिए संरक्षणवादी नीतियाँ
4. अर्थव्यवस्था में राज्य नियोजन की भूमिका

129. निम्नलिखित में से कौन-सा अंतर्राष्ट्रीय समझौता, पर्यावरण शासन से संबंधित है?

1. उत्तरी अटलांटिक संधि
2. NDMA शिखर सम्मेलन
3. पेरिस समझौता
4. वर्साय की संधि

130. निम्नलिखित में से कौन-सा विकल्प, कल्याणकारी राज्य की नवउदारवादी आलोचना (neoliberal critique) का सर्वोत्तम वर्णन करता है?

1. कल्याण, व्यक्तिगत स्वतंत्रता और नवाचार को बढ़ावा देता है
2. कल्याण से आर्थिक वृद्धि बढ़ती है
3. कल्याण, श्रम उत्पादकता को बढ़ाता है
4. कल्याण, निर्भरता उत्पन्न करता है और बाजार की दक्षता को कम करता है

131. भारतीय राजनीतिक दलों के संदर्भ में, 'कैच-ऑल पार्टी (catch-all party)' शब्द क्या संदर्भित करता है?

1. उस पार्टी को जो विभिन्न समूहों और मुद्दों का प्रतिनिधित्व करती है
2. उस पार्टी को जो बिना किसी प्रतिस्पर्धा के राजनीतिक प्रभुत्व बनाए रखने का प्रयास करती है
3. उस पार्टी को जो केवल एक ही हित समूह का प्रतिनिधित्व करती है
4. राष्ट्रीय आकांक्षाओं वाली एक क्षेत्रीय पार्टी

132. कौन-सा नारीवादी सिद्धांत, पूंजीवाद में अंतर्निहित पितृसत्तात्मक संरचनाओं की आलोचना करता है और जेंडर के साथ-साथ वर्ग उत्पीड़न पर बल देता है?

1. मार्क्सवादी नारीवाद (Marxist feminism)
2. आमूल-परिवर्तनवादी नारीवाद (Radical feminism)
3. उत्तर-आधुनिक नारीवाद (Postmodern feminism)
4. उदार नारीवाद (Liberal feminism)

133. अंतर्राष्ट्रीय राजनीतिक अर्थव्यवस्था में, पर्यावरणीय शासन का प्राथमिक सरोकार क्या है?

1. वैश्विक संसाधनों का स्थायी प्रबंधन
2. मनोरंजन के लिए नई तकनीकों का विकास
3. सैन्य सहयोग में वृद्धि
4. सांस्कृतिक उत्सवों को बढ़ावा देना

134. वैश्विक संदर्भ में नागरिक समाज संगठन का एक उदाहरण निम्नलिखित में से क्या है?

1. राष्ट्रीय सेना
2. बहुराष्ट्रीय निगम
3. स्थानीय स्कूल बोर्ड
4. गैर-सरकारी संगठन

135. तमिलनाडु में एम. करुणानिधि ने किस क्षेत्रीय पार्टी की स्थापना की थी?

1. भारतीय जनता पार्टी (BJP)
2. द्रविड़ मुनेत्र कड़गम (DMK)
3. भारतीय राष्ट्रीय कांग्रेस (INC)
4. ऑल इंडिया द्रविड़ मुनेत्र कड़गम (AIADMK)

136. केनेथ वाल्ट्ज (Kenneth Waltz) के संरचनात्मक यथार्थवाद के अनुसार, अंतर्राष्ट्रीय व्यवस्था क्या है?

1. बिना किसी केंद्रीय प्राधिकरण के अराजक
2. धार्मिक कानून द्वारा शासित
3. अंतर्राष्ट्रीय न्यायालयों द्वारा नियंत्रित
4. सोपानिक एवं सहयोगी

137. अंतर्राष्ट्रीय राजनीतिक अर्थव्यवस्था के संदर्भ में कल्याणकारी राज्य का मुख्य लक्ष्य क्या है?

1. कॉर्पोरेट लाभ बढ़ाना
2. सैन्य गठबंधनों को बढ़ावा देना
3. वैश्विक व्यापार को सीमित करना
4. नागरिकों के लिए सामाजिक सुरक्षा और आर्थिक सहायता सुनिश्चित करना

138. ब्रेटनवुड्स काल (1945-1971) को प्रायः कल्याणकारी राज्य के उदय से जोड़कर देखा जाता है, क्योंकि _____ ।

1. इसने सामाजिक सुरक्षा को पूर्व-सैनिकों (millitary veterans) एक सीमित कर दिया था
2. इसने अर्थव्यवस्थाओं में न्यूनतम राज्य भूमिकाओं पर बल दिया था
3. इसने विश्व स्तर पर आय करों को समाप्त कर दिया था
4. इसने राज्य के नेतृत्व वाले विकास और घरेलू सामाजिक व्यय का समर्थन किया था

139. निम्नलिखित में से कौन-सा आंदोलन, वैश्विक सामाजिक सक्रियता को दर्शाता है?

1. पर्यावरणवाद (Environmentalism)
2. राज्य-केंद्रित राष्ट्रवाद (State-centric nationalism)
3. नवउदारवादी सुधार (Neoliberal reform)
4. सैन्य गठबंधन (Military alliances)

140. कार्ल पॉपर के अनुसार, कोई सिद्धांत तभी वैज्ञानिक होता है जब उसे _____ ।

1. गलत साबित किया जा सके
2. लोकप्रिय बनाया जा सके
3. समकक्षों द्वारा समीक्षा की जा सके
4. संदेह से परे सत्यापित किया जा सके

141. न्याय संबंधी बहस में जॉन रॉल्स के 'अज्ञानता का पर्दा (veil of ignorance)' का मुख्य विचार क्या है?

1. लोगों को अपने हितों को प्राथमिकता देनी चाहिए
2. लोगों को सांस्कृतिक परंपराओं पर ध्यान केंद्रित करनी चाहिए
3. लोगों को निर्णय लेने में न्याय की उपेक्षा करनी चाहिए
4. लोगों को अपनी सामाजिक स्थिति जाने बिना ही निर्णय लेनी चाहिए

142. निम्नलिखित में से कौन, नकारात्मक स्वतंत्रता की अवधारणा से संबंधित एक प्रमुख विचारक है?

1. जीन-जैक्स रूसो (Jean-Jacques Rousseau)
2. यशायाह बर्लिन (Isaiah Berlin)
3. जॉन लॉक (John Locke)
4. कार्ल मार्क्स (Karl Marx)

143. वैश्विक न्याय का कौन-सा सिद्धांत यह तर्क देता है कि वैश्विक न्याय के लिए व्यक्तियों के साथ समान व्यवहार आवश्यक है?

1. यथार्थवाद (Realism)
2. समुदायवाद (Communitarianism)
3. विश्ववाद (Cosmopolitanism)
4. राष्ट्रवाद (Nationalism)

144. अंतर्राष्ट्रीय राजनीतिक अर्थव्यवस्था में राज्य, नागरिक समाज से किस प्रकार अंतःक्रिया करता है?

1. गरीबी जैसे वैश्विक मुद्दों के समाधान हेतु सहयोग करके
2. इसकी मांगों की उपेक्षा करके
3. केवल स्थानीय मुद्दों पर ध्यान केंद्रित करके
4. इसके प्रभाव को पूरी तरह से सीमित करके

145. निम्नलिखित में से कौन-सा, वैश्विक व्यवस्था से संबंधित प्रवास का प्रमुख मुद्दा है?

1. मानवाधिकारों का सम्मान करते हुए सीमाओं का प्रबंधन
2. आर्थिक विकास की उपेक्षा करना
3. सांस्कृतिक संरक्षण
4. अंतर्राष्ट्रीय व्यापार को सीमित करना

146. एक उदार संवैधानिक निकाय में, न्यायपालिका की क्या भूमिका है?

1. विधायी निर्णयों को रद्द करना
2. शक्तिशाली व्यक्तियों के हितों का समर्थन करना
3. संविधान की व्याख्या करना
4. कार्यपालिका का समर्थन करना

147. वैश्विक न्याय में क्षमताओं का उपागम किस पर ध्यान केंद्रित करता है?

1. मानवाधिकारों की उपेक्षा करना
2. यह सुनिश्चित करना कि लोग एक संपूर्ण जीवन (fulfilling life) जीने में सक्षम हों
3. व्यक्तिगत स्वतंत्रताओं को सीमित करना
4. आर्थिक प्रतिस्पर्धा को बढ़ावा देना

148. लोकतंत्रीय राजनीतिक समुदाय किस पर बल देता है?

1. अल्पसंख्यक समूहों का अपवर्जन
2. एकल लीडर द्वारा शासन
3. निर्णय लेने में नागरिकों की भागीदारी
4. राजनीतिक अधिकारों की सीमा

149. ग्लोबर जेंडर गैप रिपोर्ट 2024 के अनुसार, निम्नलिखित में से किस देश में जेंडर वेतन अंतराल (gender pay gap) न्यूनतम है?

1. फिनलैंड
2. नॉर्वे
3. डेनमार्क
4. आइसलैंड

150. जे.एस. मिल की स्वतंत्रता की अवधारणा में, व्यक्तिगत स्वतंत्रता को केवल ______ के आधार पर प्रतिबंधित किया जा सकता है।

1. सांस्कृतिक या नैतिक मानकों
2. आंतरिक संघर्ष की उपस्थिति
3. दूसरों को क्षति से निवारण
4. आर्थिक असमानता

151. कौन-सा संगठन, आर्थिक क्षेत्र में वैश्विक शासन का एक उदाहरण है?

1. विश्व व्यापार संगठन (WTO)
2. विश्व स्वास्थ्य संगठन (WHO)
3. अंतर्राष्ट्रीय आपराधिक न्यायालय (ICC)
4. संयुक्त राष्ट्र शैक्षिक, वैज्ञानिक और सांस्कृतिक संगठन (UNESCO)

152. निम्नलिखित में से कौन-सा, नकारात्मक अधिकार का उदाहरण है?

1. सामाजिक सुरक्षा का अधिकार
2. स्वतंत्र वाक् का अधिकार
3. शिक्षा का अधिकार
4. स्वास्थ्य देखभाल का अधिकार

153. राजनीतिक सिद्धांत में समानता पर बहस में मुख्य प्रश्न (central question) क्या है?

1. क्या समानता को सांस्कृतिक विविधता को सीमित करनी चाहिए?
2. क्या समानता को सामाजिक न्याय की उपेक्षा करनी चाहिए?
3. क्या समानता को परिणामों या अवसरों पर केंद्रित होना चाहिए?
4. क्या समानता केवल आर्थिक प्रणालियों पर ही लागू होनी चाहिए?

154. जॉन रॉल्स द्वारा प्रस्तावित न्याय का प्रथम सिद्धांत निम्नलिखित में से कौन-सा है?

1. सभी के लिए स्वतंत्रता तक समान पहुंच
2. पूर्ण अधिकार के रूप में संपत्ति का अधिकार
3. धन का असमान वितरण
4. लोगों को अपनी क्षमताओ के आधार पर अर्जन करना चाहिए

155. चार्ल्स टेलर के अनुसार, एक लोकतांत्रिक राजनीतिक समुदाय को क्या सुनिश्चित करना चाहिए?

1. अल्पसंख्यक अस्मिताओं का दमन
2. साझा ढांचे के भीतर विविध सांस्कृतिक अस्मिताओं को मान्यता
3. धार्मिक तटस्थता और व्यक्तिगत अलगाव
4. सांस्कृतिक मूल्यों की पूर्ण एकरूपता

156. राजनीतिक सिद्धांत में समानता के साथ-साथ किस अवधारणा पर अक्सर बहस होती है?

1. प्रौद्योगिकीय उन्नति 2. सैन्य शक्ति
3. सांस्कृतिक विरासत 4. सामाजिक न्याय

157. ओ.पी. गाबा (O.P. Gaba) के अनुसार, निम्नलिखित में से कौन-सी, विधिसम्मत शक्ति नहीं है?

1. परंपरा द्वारा दी गई शक्ति
2. लोकप्रिय समर्थन से प्राप्त शक्ति
3. जोर-जबरदस्ती से प्राप्त शक्ति
4. कानूनी प्राधिकार द्वारा प्रयोग की जाने वाली शक्ति

158. वितरक न्याय का निम्नलिखित में से कौन-सा सिद्धांत, गरीबों के लिए संसाधनों के निष्पक्ष वितरण पर बल देता है?

1. समतावाद (Egalitarianism)
2. उपयोगितावाद (Utilitarianism)
3. रॉल्सियन सिद्धांत (Rawlsian Theory)
4. स्वेच्छातंत्रवाद (Libertarianism)

159. लोकतंत्र एक राजनीतिक समुदाय से क्या अपेक्षा रखता है?

1. राजनीतिक अधिकारों की सीमा
2. नागरिकों की सक्रिय भागीदारी
3. मुक्त वाक् का दमन
4. वैश्विक मुद्दों से अलगाव

160. लोकतंत्र का मूल विचार क्या है?

1. एकल लीडर द्वारा शासन
2. नागरिकों का निर्णयन से अपवर्जन
3. जनता द्वारा, जनता के लिए शासन
4. राज्य द्वारा केंद्रीकृत नियंत्रण

161. शीत युद्ध के बाद के काल में किस वैश्विक घटना ने भारत की विदेश नीति को प्रभावित किया?

1. क्योटो प्रोटोकॉल
2. मैग्ना कार्टा
3. सोवियत संघ का विघटन
4. वर्साय की संधि

162. भारत की हिंद महासागर नीति, ______ के साथ समुद्री मार्गों को सुरक्षित करने पर केंद्रित है।

1. भूमध्य सागर
2. दक्षिण अमेरिका
3. उत्तरध्रुवीय वृत्त
4. दक्षिण-पूर्व एशिया और पूर्वी अफ्रीका

163. निम्नलिखित में से कौन-सा, भारत में धार्मिक राष्ट्रवाद के उदय और उससे जुड़ी राजनीतिक हिंसा में योगदान देने वाला प्रमुख कारक है?

1. सभी समुदायों में धर्मनिरपेक्षता की समान स्वीकृति
2. जनसंख्या में धार्मिक विविधता का अभाव
3. धार्मिक पहचान का उपयोग करके सत्ता को सुदृढ़ करने हेतु राजनीतिक लामबंदी
4. शासन में धर्म और राजनीति का पूर्ण पृथक्करण

164. नीरजा गोपाल के अनुसार, भारतीय राजनीति में पहचान मुख्यतः ______ द्वारा निर्धारित होती है।

1. धार्मिक संबद्धता एवं आर्थिक वर्ग
2. सांस्कृतिक विरासत एवं ऐतिहासिक अनुभव
3. राजनीतिक विचारधारा एवं अंतर्राष्ट्रीय संबंध
4. परिवार एवं सगोत्रता नेटवर्क

165. भारत में यौन उत्पीड़न और बलात्कार के मामलों से निपटने में एक महत्वपूर्ण कानूनी चुनौती निम्नलिखित में से कौन-सी है?

1. अत्याधिक सख्त कानून जो रिपोर्टिंग को रोकते हैं
2. अत्यधिक दंड के कारण कम दोषसिद्धि
3. सहमति और जेंडर संवेदनशीलता के बारे में सामाजिक जागरूकता का अभाव
4. ऐसे अपराधों के लिए किसी भी कानूनों ढांचे का अभाव

166. वैज्ञानिक क्रांतियों की संरचना में, थॉमस कुह्न (Thomas Kuhn) ने प्रमुख वैज्ञानिक परिवर्तनों की प्रक्रिया को समझने के लिए किस अवधारणा को प्रस्तुत किया है?

1. प्रतिमान परिवर्तन (Paradigm shifts)
2. तार्किक निगमन (Logical deduction)
3. अनुभवजन्य सत्यापन (Empirical verificiation)
4. सार्वभौम विधि (Universal laws)

167. पूर्व की ओर देखो नीति का उद्देश्य निम्नलिखित में से किसके साथ संबंधों का मजबूत करना था?

1. दक्षिण पूर्व एशिया
2. पश्चिमी यूरोप
3. अफ्रीका
4. मध्य पूर्व

168. 'लोकतंत्र की अपर्याप्तता' की अवधारणा से क्या तात्पर्य है?

1. लोकतांत्रिक आदर्शों एवं वास्तविक कार्यप्रणाली के बीच का अंतर
2. लोकतंत्र में चुनावों का अभाव
3. लोकतांत्रिक व्यवस्थाओं में दलों का प्रभुत्व
4. राजनीतिक निर्णयों में जनता की अत्यधिक भागीदारी

169. निम्नलिखित में से कौन-सा परिदृश्य, लोकतांत्रिक ज्ञान उत्पादन के संदर्भ में ज्ञानात्मक हिंसा का सर्वाधिक सटीक उदाहरण प्रस्तुत करता है?

1. चुनावी कदाचार जिसके परिणामस्वरूप गरीब मतदाताओं को मताधिकार से वंचित किया जाता है
2. हाशिए पर पड़े समूहों की ऑनलाइन राजनीतिक सक्रियता पर सरकारी निगरानी
3. बड़े पैमाने पर विरोध प्रदर्शनों को दबाने के लिए पुलिस द्वारा अत्यधिक बल का प्रयोग
4. शैक्षणिक पाठ्यक्रम और नीति विमर्श से गैर-पश्चिमी और स्वदेशी ज्ञान प्रणाली का बहिष्कार

170. 'व्हाट इज साइंस (What is Science)' पुस्तक का लेखक कौन है?

1. दया कृष्ण
2. बी.के. मतिलाल
3. जितेंद्र नाथ मोहंती
4. सुंदर सरुक्कई

171. भारतीय लोकतंत्र में नारीवादी आंदोलनों के लिए एक चुनौती क्या है?

1. समाज में महिलाओं की कमी
2. पितृसत्तात्मक मानदंड और रूढ़धारणाएं
3. नारीवादी कार्यक्रमों के लिए अति-निधीयन
4. अत्यधिक प्रतिनिधित्व

172. निम्नलिखित में से किस समिति ने भारत में राजनेताओं, नौकरशाहों और अपराधियों के गठबंध पर चिंता व्यक्त की है?

1. शाह आयोग
2. वोहरा समिति
3. तारकुंडे समिति
4. लिब्रहान आयोग

173. भारत अपनी विदेश नीति कैसे संचालित करता है?

1. बहुपक्षीय सहयोग को बढ़ावा देकर
2. वैश्विक मंचों से बचकर
3. सैन्य शक्ति पर ध्यान केंद्रित करके
4. एकपक्षीय निर्णयों के माध्यम से

174. निम्नलिखित में से किस विद्वान ने यह तर्क दिया कि हिंदुत्व किसी पारंपरिक विचारधारा के बजाय एक आधुनिक राजनीतिक विचारधारा है?

1. क्रिस्टोफ जाफरलॉट (Christophe Jaffrelot)
2. आशीष नंदी (Ashis Nandy)
3. रोमिला थापर (Romila Thapar)
4. राजीव भार्गव (Rajeev Bhargava)

175. भारत की विदेश नीति की नींव के संरूपण में किसने महत्वपूर्ण भूमिका निभाई?

1. जवाहरलाल नेहरू
2. इंदिरा गांधी
3. अटल बिहारी वाजपेयी
4. नरेंद्र मोदी

176. क्रिस्टोफ जाफरलॉट के अनुसार, उत्तर भारत में निचली जातियों की राजनीतिक प्रतिभागीदारी का प्रमुख प्रेरक कारक क्या रहा है?

1. मीडिया प्रभाव
2. आर्थिक उदारीकरण
3. सकारात्मक कार्रवाई और चुनावी लामबंदी
4. वैश्वीकरण

177. पश्चिमी पाकिस्तानी शरणार्थी (WPR) किस भारतीय राज्य/संघ क्षेत्र में बसे हैं और ऐतिहासिक रूप से स्थायी निवासी का दर्जा और संबंधित अधिकारों की मांग करते रहे हैं?

1. चंडीगढ़
2. हिमाचल प्रदेश
3. पंजाब
4. जम्मू और कश्मीर

178. निम्नलिखित में से किस विद्वान ने भारत में सांप्रदायिक हिंसा को एक 'संस्थागत दंगा प्रणाली' के रूप में अवधारणाबद्ध किया, तथा राजनीतिक और आर्थिक हितों से जुड़ी इसकी योजनाबद्ध, सुनियोजित प्रकृति पर बल दिया?

1. आशीष नंदी (Ashis Nandy)
2. क्रिस्टोफ जाफरलॉट (Christophe Jaffrelot)
3. पॉल आर. ब्रास (Paul R. Brass)
4. रोमिला थापर (Romila Thapar)

179. निम्नलिखित में से किस घटना ने शीत युद्ध की आधिकारिक समाप्ति को चिह्नित किया, जिसके परिणामस्वरूप सोवियत संघ का विघटन हुआ?

1. INF संधि का हस्ताक्षर
2. वारसॉ संधि का विघटन
3. हेलसिंकी समझौते पर हस्ताक्षर
4. बर्लिन की दीवार का गिरना

180. किस समाज सुधारक ने जाति पदानुक्रम को कायम रखने वाली परंपराओं और प्रतीकों को खारिज करते हुए निम्नलिखित क्रांतिकारी बयान दिया?

'यदि ईश्वर हमारे पतन का मूल कारण है, तो उस ईश्वर का नाश कर दो। यदि वह धर्म है, तो उसे नष्ट कर दो। यदि वह मनु धर्म, गीता या कोई अन्य पौराणिक कथा (पुराण) है, तो उसे जलाकर राख कर दो। यदि वह मंदिर, तालाब या त्यौहार है तो उनका बहिष्कार करें। अंत में, यदि यह हमारी राजनीति है, तो इसे खुलकर स्वीकार करने के लिए आगे आओ।'

1. कांशीराम
2. बी.आर. अंबेडकर
3. पेरियार ई.वी. रामासामी
4. ज्योतिराव फुले

181. नये अनुभवों का आसानी से हमारे पहले से मौजूद स्कीमा (preexisting schemas) में फिट होने को ______ कहा जाता है।

1. अनुकूलन (adaptation)
2. आत्मसात्करण (assimilation)
3. योजना (scheme)
4. व्यवस्था आयोजन (organisation)

182. निम्नलिखित में से कौन-सा, प्रभावी शिक्षण तकनीक में शामिल है?

1. निष्क्रिय श्रवण (Passive listening)
2. जिज्ञासा का अभाव (Reducing curiosity)
3. स्पष्ट संचार (Clear communication)
4. उपेक्षित कक्षा-परिवेश (Marginalised classroom environment)

183. निःशुल्क एवं अनिवार्य बाल शिक्षा का अधिकार (RTE) अधिनियम, 2009 किसके लिए निःशुल्क एवं अनिवार्य प्रारंभिक शिक्षा का प्रावधान करता है?

1. इकलौती पुत्री
2. CWSN सहित 6 से 14 आयु वर्ग के सभी बच्चे
3. CWSN रहित 6 से 14 आयु वर्ग के सभी बच्चे
4. इकलौती संतान

184. प्रारंभिक बाल्यावस्था में बच्चे मूर्त पदार्थों के संबंध में चिंतन और तर्क क्षमता प्रदर्शित करते हैं। यह कथन निम्नलिखित में से किससे संबंधित है?

1. संवेगात्मक विकास
2. सामाजिक विकास
3. संज्ञानात्मक विकास
4. शारीरिक विकास

185. बुद्धि के किस सिद्धांत ने शिक्षा में कला और नाटक के समावेशन का अच्छा समर्थन किया है?

1. स्टर्नबर्ग का बुद्धि का त्रिआर्किक सिद्धांत (Sternberg's Triarchic Theory of Intelligence)
2. स्पीयरमैन का बुद्धि का दो कारक सिद्धांत (Spearman's Two Factor Theory of Intelligence)
3. थर्स्टन का बुद्धि सिद्धांत (Thurstone's Theory of Intelligence)
4. गार्डनर का बहु-बुद्धि सिद्धांत (Gardner's Theory of Multiple Intelligences)

186. पाठ योजना बनाने में पहला चरण कौन-सा होता है?

1. उद्देश्य का विवरण तैयार करना
2. निर्देशात्मक सामग्री तैयार करना
3. भाषा प्रवाह विकसित करना
4. ICT कक्षा तैयार करना

187. शिक्षण में काल-रेखा का उपयोग एक प्रभावी माध्यम है क्योंकि _____।

1. यह दो समयावधियों के बीच संबंध ज्ञात करने में सहायता करता है
2. यह विद्यार्थियों को अपनी स्वयं की काल रेखा बनाने के लिए प्रोत्साहित करने में सहायता करता है
3. यह किसी विशेष समय पर किसी दिए गए समाज में वास्तविक जीवन को दर्शाता है
4. यह एक ऐसे रूप में मात्रात्मक डेटा है जो विद्यार्थियों को मौलिक या विशिष्ट संबंधों को समझने में सक्षम बनाता है

188. निम्नलिखित में से किसे सामाजिक विज्ञान के अंतर्गत विषय नहीं माना जाता है?

1. अर्थशास्त्र 2. गणित
3. राजनीति 4. इतिहास

189. गंभीर श्रवण हानि वाले छात्रों की श्रवण सीमा _____ होती है।

1. 30-40 db 2. 60-75 db
3. 20-30 db 4. 90 db से अधिक

190. हर्बार्टियन उपागम (Herbartian approach) के सही चरणों की पहचान कीजिए जिसमें नीचे दिए गए बिंदु शामिल हैं।

(*a*) विद्यार्थियों का पूर्व अधिगम
(*b*) विद्यार्थियों का ध्यान आकर्षित करने एवं उन्हें प्रेरित करने के लिए उत्तरदायी कारक
(*c*) कौन-से अधिगम अनुभव प्रस्तुत किए जाने चाहिए और कितने

1. (*a*) और (*b*) – प्रस्तुति, (*c*) – तैयारी
2. (*a*) और (*b*) – तैयारी, (*c*) – प्रस्तुति
3. (*a*) और (*c*) – प्रस्तुति, (*b*) – साहचर्य
4. (*b*) और (*c*) – साहचर्य, (*a*) – तैयारी

191. योगात्मक मूल्यांकन का क्या कार्य है?

1. शिक्षण की गुणवत्ता में सुधार करना
2. प्रवेश व्यवहार जानना
3. विषयवस्तु में पारंगतता जानना
4. अधिगम कठिनाइयों को हल करना

192. निम्नलिखित में से किसे समाजीकरण का एक केंद्रित रूप माना जा सकता है जिसके माध्यम से विभिन्न लिंगों के बच्चों को उनकी जेंडर भूमिकाओं में समाजीकृत किया जाता है और सिखाया जाता है कि पुरुष या महिला होने का अर्थ क्या है?

1. मीडिया समाजीकरण (Media socialisation)
2. नैतिकता समाजीकरण (Moral socialisation)
3. सम-आयु समूह समाजीकरण (Peer group socialisation)
4. जेंडर समाजीकरण (Gender socialisation)

193. _____, आमतौर पर मैट्रिक्स या ग्रिड के रूप में एक उपकरण है जिसका उपयोग मानदंडों और मानकों के विरुद्ध विद्यार्थियों के कार्य की व्याख्या करने और ग्रेड के लिए किया जाता है।

1. रुबरिक (rubric)
2. विस्तृत उत्तरीय प्रश्न
3. निर्धारण मापनी (rating scale)
4. बहुविकल्पीय प्रश्न

194. स्कूली बच्चों के लिए NCF 2023 में सामाजिक विज्ञान के अध्ययन का उपागम अनुशासनात्मक ज्ञान पर आधारित एक अंतः विषय परिप्रेक्ष्य विकसित करना है जो विद्यार्थियों की सामाजिक प्रक्रिया की समझ को _____ में बढ़ाता है।

1. धार्मिक पद्धति
2. पूर्णतावादी पद्धति
3. सुस्पष्ट पद्धति
4. क्षेत्रीय पद्धति

195. निम्नलिखित में से क्या, सूक्ष्म नियोजन (micro planning) से संबंधित है?

1. योगात्मक मूल्यांकन (Summative assessment)
2. पाठ योजना (Lesson plan)
3. वार्षिक योजना (Year plan)
4. इकाई योजना (Unit plan)

196. पाठ्यक्रम में भाषा _____ ।

1. एक ऐसा उपागम है जो भाषा अधिगम को अन्य विषयों के अधिगम के साथ एकीकृत करता है
2. एक ऐसा उपागम है जो अंग्रेजी सीखना अनिवार्य बनाता है
3. केवल अंग्रेजी के माध्यम से सभी विषयों को सीखने का एक उपागम है
4. सभी स्कूलों विषयों को क्षेत्रीय भाषा के माध्यम से पढ़ाए जाने का उपागम है

197. सामाजिक और राजनीतिक जीवन अपनी विषयवस्तु मुख्यतः तीन विषयों से प्राप्त करता है। निम्नलिखित में से वे कौन-से हैं?

1. राजनीति विज्ञान, अर्थशास्त्र और समाजशास्त्र
2. समाजशास्त्र, अर्थशास्त्र और भूगोल
3. अर्थशास्त्र, सांख्यिकी और राजनीति विज्ञान
4. गणित, राजनीति विज्ञान और समाजशास्त्र

198. निम्नलिखित में से कौन-सा, जेंडर समानता (gender equality) सुनिश्चित करने का एक उदाहरण है?

1. लड़के और लड़कियों को असेम्बली के लिए अलग-अलग पंक्ति में खेड़े होने के लिए कहना
2. जेंडर की परवाह किए बिना विद्यार्थियों के नाम वर्णमाला क्रम के अनुसार लिखना
3. पहले लड़कियों का नाम लिखना, उसके बाद लड़कों का नाम लिखना और बाद में ट्रांसजेंडरों का नाम लिखना
4. लड़कियों को कक्षा की सफाई और लड़कों को बागवानी का काम सौंपना

199. पाठ्यचर्या योजना, विद्यार्थियों की वर्तमान जीवन में उभरती जरूरतों पर केंद्रित होती है। यह उपागम विद्यार्थियों को भविष्य के बजाय वर्तमान का सामना करने के लिए तैयार करता है। ये कथन _____ पाठ्यचर्या से संबंधित है।

1. शिक्षक-केंद्रित
2. शिक्षार्थी-केंद्रित
3. विषय-केंद्रित
4. सामग्री-केंद्रित

200. निम्नलिखित में से किसे तीन मूलभूत अनुदेशात्मक प्रक्रियाएँ माना जाता है?

1. लक्ष्य निर्धारित करना, उन्हें प्राप्त करने के लिए प्रयास करना और यह जाँचना कि वे कितनी अच्छी तरह से प्राप्त हुए हैं
2. लक्ष्य निर्धारित करना, मौन रहना और देखने के लिए एक वीडियो प्रदान करना
3. गतिविधि का परिचय देना, मौन रहना और व्याख्यान देना
4. लक्ष्य निर्धारित करना, उन्हें प्राप्त करने के लिए प्रयास करना और परीक्षा आयोजित करना

उत्तरमाला

1	2	3	4	5	6	7	8	9	10
3	1	2	2	4	3	2	3	4	1
11	**12**	**13**	**14**	**15**	**16**	**17**	**18**	**19**	**20**
2	3	1	4	4	1	3	4	1	2
21	**22**	**23**	**24**	**25**	**26**	**27**	**28**	**29**	**30**
1	3	1	2	2	1	3	3	1	3
31	**32**	**33**	**34**	**35**	**36**	**37**	**38**	**39**	**40**
4	4	2	2	1	1	1	2	1	4
41	**42**	**43**	**44**	**45**	**46**	**47**	**48**	**49**	**50**
3	3	1	4	1	3	1	1	3	3
51	**52**	**53**	**54**	**55**	**56**	**57**	**58**	**59**	**60**
1	3	3	4	3	1	4	4	4	1
61	**62**	**63**	**64**	**65**	**66**	**67**	**68**	**69**	**70**
1	2	2	1	2	3	4	1	4	4
71	**72**	**73**	**74**	**75**	**76**	**77**	**78**	**79**	**80**
4	4	1	3	3	2	3	4	4	4
81	**82**	**83**	**84**	**85**	**86**	**87**	**88**	**89**	**90**
3	4	2	4	2	3	2	1	3	4
91	**92**	**93**	**94**	**95**	**96**	**97**	**98**	**99**	**100**
4	4	4	4	4	3	1	1	2	3
101	**102**	**103**	**104**	**105**	**106**	**107**	**108**	**109**	**110**
2	1	2	1	3	3	3	1	2	1
111	**112**	**113**	**114**	**115**	**116**	**117**	**118**	**119**	**120**
2	4	2	4	4	3	4	2	2	1
121	**122**	**123**	**124**	**125**	**126**	**127**	**128**	**129**	**130**
2	1	2	2	4	1	1	2	3	4
131	**132**	**133**	**134**	**135**	**136**	**137**	**138**	**139**	**140**
1	1	1	4	2	1	4	4	1	1
141	**142**	**143**	**144**	**145**	**146**	**147**	**148**	**149**	**150**
4	2	3	1	1	3	2	3	4	3
151	**152**	**153**	**154**	**155**	**156**	**157**	**158**	**159**	**160**
1	2	3	1	2	4	3	3	2	3
161	**162**	**163**	**164**	**165**	**166**	**167**	**168**	**169**	**170**
3	4	3	1	3	1	1	1	4	4

171	172	173	174	175	176	177	178	179	180
2	2	1	1	1	3	4	3	4	3
181	**182**	**183**	**184**	**185**	**186**	**187**	**188**	**189**	**190**
2	3	2	3	4	1	1	2	4	2
191	**192**	**193**	**194**	**195**	**196**	**197**	**198**	**199**	**200**
3	4	1	2	2	1	1	2	2	1

व्याख्यात्मक उत्तर

1. लोकतांत्रिक प्रणालियों में विधायिका का प्रमुख कार्य नागरिकों का प्रतिनिधित्व करना और उनके हितों की रक्षा करना होता है। यह संस्था कानून बनाती है, जिससे समाज में व्यवस्था और न्याय कायम रहता है। इसके अलावा विधायिका सरकार की नीतियों की समीक्षा करती है और उसे जवाबदेह बनाती है। इस तरह यह जनता और सरकार के बीच सेतु का कार्य करती है।

2. कार्यपालिका का मुख्य कार्य नियम-अनुप्रयोग यानी कानूनों का क्रियान्वयन और प्रवर्तन करना है। विधायिका द्वारा बनाए गए कानूनों को व्यवहार में लाना कार्यपालिका की जिम्मेदारी होती है। यह विभिन्न प्रशासनिक संस्थाओं और एजेंसियों के माध्यम से नीतियों को लागू करती है। साथ ही यह सुनिश्चित करती है कि नागरिक और संस्थाएँ कानून के दायरे में रहें।

3. तुलनात्मक राजनीतिक विश्लेषण राजनीति को गहराई से समझने का एक वैज्ञानिक तरीका है। यह विभिन्न देशों और उनकी राजनीतिक व्यवस्थाओं की तुलना करके सार्वभौमिक पैटर्न और विशेषताओं की पहचान करता है। इसके माध्यम से हमें यह समझने में मदद मिलती है कि लोकतंत्र, सत्तावाद या अन्य व्यवस्थाएँ किस प्रकार कार्य करती हैं। साथ ही यह राजनीति की जटिलताओं को व्यापक दृष्टिकोण से समझने में सहायक होता है।

4. सत्तावादी शासन में कार्यपालिका अक्सर बिना जवाबदेही के कार्य करती है। ऐसी व्यवस्थाओं में कार्यपालिका को कानून लागू करने और नियंत्रण बनाए रखने के लिए अत्यधिक शक्ति मिलती है। विधानमंडल या न्यायपालिका जैसे संस्थानों की निगरानी बहुत सीमित या लगभग नगण्य होती है। इस प्रकार कार्यपालिका महत्वपूर्ण स्वायत्ता और सीमित जवाबदेही के साथ शासन करती है।

5. डेविड ईस्टन ने राजनीतिक सिद्धांत के पतन के लिए कई कारकों का उल्लेख किया है। इनमें नैतिक सापेक्षवाद, विज्ञान और सिद्धांत के बीच भ्रम, तथा इतिहासपरतावाद प्रमुख कारण थे। उनका मानना था कि इन कारकों ने राजनीति के वैज्ञानिक अध्ययन को कमजोर किया। लेकिन ''अति-मानकीयता'' को उन्होंने इस पतन का कारण नहीं माना।

6. शास्त्रीय राजनीतिक सिद्धांत के सबसे प्रभावशाली दार्शनिकों में प्लेटो (Plato) को माना जाता है। उन्होंने अपनी रचना "Republic" में न्याय, आदर्श राज्य और दार्शनिक-राजा की संकल्पना प्रस्तुत की। प्लेटो की विचारधारा पश्चिमी राजनीतिक दर्शन की नींव मानी जाती है। आज भी राजनीतिक विचारों की समझ के लिए प्लेटो का अध्ययन अत्यंत महत्वपूर्ण है।

7. अध्यक्षीय प्रणाली (Presidential System) वह शासन व्यवस्था है जिसमें कार्यपालिका और विधायिका को स्पष्ट रूप से पृथक किया जाता है। इस प्रणाली में कार्यपालिका प्रमुख (राष्ट्रपति) सीधे जनता द्वारा चुना जाता है और वह विधायिका के प्रति राजनीतिक रूप से जवाबदेह नहीं होता। यह व्यवस्था शक्तियों के पृथक्करण (Separation of Powers) के सिद्धांत पर आधारित होती है, जहाँ कार्यपालिका, विधायिका और न्यायपालिका – तीनों संस्थाएँ स्वतंत्र रूप से कार्य करती हैं। इसका सबसे प्रसिद्ध उदाहरण अमेरिका है।

8. ओ.पी. गाबा के अनुसार, राजनीतिक सिद्धांत राजनीति विज्ञान और राजनीतिक दर्शन के बीच सेतु का कार्य करता है। राजनीति विज्ञान अनुभवजन्य तथ्यों पर केंद्रित होता है, जबकि राजनीतिक दर्शन मूल्य, आदर्श और नैतिक प्रश्नों की पड़ताल करता है। राजनीतिक सिद्धांत

दोनों को एकीकृत करके राजनीतिक जीवन को गहराई से समझने का प्रयास करता है। इस तरह यह तथ्य और मूल्य दोनों दृष्टिकोणों का संयोजन है।

9. राजनीति विज्ञान के परंपरागत विचार के अनुसार यह राज्य और सरकार का अध्ययन है। इसका मुख्य फोकस यह समझना होता है कि राज्य कैसे संगठित होता है और सरकार किस प्रकार काम करती है। परंपरागत दृष्टिकोण संस्थाओं, कानूनों और संविधान पर अधिक जोर देता है। इसलिए राजनीति विज्ञान को लंबे समय तक राज्य-केंद्रित अध्ययन के रूप में देखा गया।

10. राजनीतिक सिद्धांत का सर्वोत्तम स्वरूप मानकीय (normative) और दार्शनिक जाँच है। यह राजनीतिक अवधारणाओं, मूल्यों और आदर्शों जैसे स्वतंत्रता, समानता, न्याय और लोकतंत्र की पड़ताल करता है। इसमें नैतिक और दार्शनिक बहसें भी शामिल होती हैं, जो राजनीति को केवल तथ्यों तक सीमित नहीं करतीं। इसलिए यह राजनीति के गहरे और मूल्याधारित पहलुओं को समझने का प्रयास है।

11. राजनीतिक विचारकों और उनके कार्यों को समझना राजनीतिक सिद्धांत की तैयारी में महत्वपूर्ण है। इसायाह बर्लिन ने ''स्वतंत्रता की दो अवधारणाएँ'' (Two Concepts of Liberty) लिखी, जो स्वतंत्रता की नकारात्मक और सकारात्मक व्याख्या पर आधारित है। आर.एच. टॉनी ने "Equality" (समानता) पर महत्वपूर्ण कार्य किया, और डी.डी. राफेल ने "Problems of Political Philosophy" लिखा। लेकिन जे.एस. मिल का प्रसिद्ध ग्रंथ "On Liberty" है, न कि ''स्वतंत्रता का संविधान''। इसलिए दूसरा युग्म गलत है।

12. डेविड ईस्टन ने व्यवहारवादी दृष्टिकोण की आलोचना करते हुए उत्तर-व्यवहारवाद की दिशा को आगे बढ़ाया। उनकी दृष्टि में ''प्रासंगिकता का सिद्धांत'' (Credo of Relevance) यह था कि अनुसंधान केवल अमूर्त और सांख्यिकीय नहीं होना चाहिए, बल्कि समाज की वास्तविक समस्याओं और चुनौतियों से जुड़ा होना चाहिए। इस सिद्धांत ने राजनीति विज्ञान को केवल सैद्धांतिक न रहकर व्यावहारिक सामाजिक परिवर्तन के साधन के रूप में कार्य करने पर बल दिया।

13. उत्तर-आधुनिक राजनीतिक सिद्धांत की प्रमुख विशेषता यह है कि यह सार्वभौमिक सत्य या मेटा-आख्यानों (grand narratives) को अस्वीकार करता है। इसके बजाय यह स्थानीय, खंडित और बहुस्तरीय ज्ञान पर ध्यान केंद्रित करता है। यह दृष्टिकोण बहुलतावाद, विविधता और सापेक्षवाद पर बल देता है। इस प्रकार यह आधुनिकता की कठोर संरचनाओं और सार्वभौमिक दावों को चुनौती देता है।

14. राजनीतिक विज्ञान में उत्तर-व्यवहारवादी दृष्टिकोण की शुरुआत का श्रेय डेविड ईस्टन को दिया जाता है। उन्होंने 1969 में इस विचारधारा को स्पष्ट रूप से प्रस्तुत किया और राजनीति विज्ञान में प्रासंगिकता, मानक मूल्यों और सामाजिक समस्याओं के अध्ययन पर जोर दिया। उनका मानना था कि राजनीतिक अनुसंधान को मात्रात्मक और व्यवहारवादी पद्धतियों तक सीमित नहीं रहना चाहिए। इस प्रकार उन्होंने राजनीति विज्ञान को अधिक मानवीय और व्यावहारिक दिशा दी।

15. संसदीय प्रणाली में कार्यपालिका विधायिका के प्रति उत्तरदायी होती है। प्रधानमंत्री और मंत्रिपरिषद संसद के बहुमत के विश्वास पर निर्भर करते हैं। संसद अविश्वास प्रस्ताव के माध्यम से सरकार को हटा सकती है। यह व्यवस्था विधायिका को कार्यपालिका को जवाबदेह ठहराने का अधिकार देती है।

16. मार्क्सवादी ढाँचे में राजनीतिक परिवर्तन का मुख्य चालक (driver) वर्ग संघर्ष है। मार्क्स के अनुसार समाज मुख्यतः दो वर्गों में बँटा होता है – बुर्जुवा वर्ग (उत्पादन साधनों के मालिक) और सर्वहारा वर्ग (मजदूर वर्ग)। इनके बीच हितों का टकराव ही ऐतिहासिक और राजनीतिक परिवर्तन का मूल कारण बनता है। इसलिए चुनावी प्रतिस्पर्धा या सांस्कृतिक बदलाव से अधिक, वर्ग संघर्ष को केंद्रीय तत्व माना गया है।

17. राजनीतिक दलों की भूमिका केवल सत्ता प्राप्त करना नहीं है, बल्कि वे समाज में बिखरे हुए विभिन्न हितों को संगठित और एकीकृत करने का कार्य करते हैं। वे अलग-अलग वर्गों, समुदायों और सामाजिक समूहों की मांगों को एक साझा नीति-एजेंडे में बदलते हैं। इससे नागरिकों की इच्छाओं को राजनीतिक व्यवस्था तक पहुँचाया जाता है। इस प्रकार वे हितों की अभिव्यक्ति और प्रतिनिधित्व के सेतु का कार्य करते हैं।

18. किसी भी राजनीतिक व्यवस्था में नियम-निर्माण कार्य का मुख्य कार्य कानून और नीतियाँ बनाना है। यह कार्य विधायिका के माध्यम से संपन्न होता है, जो नागरिकों के प्रतिनिधियों से मिलकर बनी होती है। विधायिका समाज की आवश्यकताओं और मांगों को ध्यान में रखते हुए नए कानून पारित करती है और पुरानों में संशोधन करती है। इस प्रकार यह शासन के लिए वैधानिक ढाँचा तैयार करती है।

19. तुलनात्मक राजनीतिक विश्लेषण में कार्यपालिका का प्रमुख उत्तरदायित्व नीतियों का क्रियान्वयन और सरकारी कार्यों का प्रबंधन करना होता है। विधायिका कानून बनाती है, लेकिन उन्हें लागू करने और प्रशासनिक ढाँचे के माध्यम से लोगों तक पहुँचाने की जिम्मेदारी कार्यपालिका की होती है। यह सार्वजनिक सेवाओं, कानून-व्यवस्था और शासन-प्रशासन का प्रत्यक्ष प्रबंधन करती है। इस तरह कार्यपालिका राज्य के दैनिक संचालन की धुरी है।

20. उत्तर-आधुनिकतावादी राजनीतिक सिद्धांत शास्त्रीय राजनीतिक परंपराओं की कई आलोचनाएँ करता है। इसमें कहा गया है कि शास्त्रीय परंपराएँ भव्य आख्यानों (grand narratives) और सार्वभौमिक सत्यों पर अत्यधिक बल देती हैं, जबकि वास्तविकता विविध और संदर्भ-विशिष्ट होती है। यह परंपराएँ स्थानीय ज्ञान की प्रासंगिकता को नजरअंदाज करती हैं और राजनीति के अध्ययन को केवल तर्कसंगत और वस्तुनिष्ठ विश्लेषण तक सीमित कर देती हैं। इसके विपरीत, उत्तर-आधुनिकतावाद सत्ता के विकेंद्रीकरण और दृष्टिकोणों की बहुलता को बढ़ावा देता है। इसलिए ''सत्ता के विकेंद्रीकरण और दृष्टिकोण ों की बहुलता को प्राथमिकता'' शास्त्रीय परंपराओं की आलोचना नहीं है, बल्कि उत्तर-आधुनिकतावाद का अपना प्रमुख सिद्धांत है।

21. लूथर गुलिक ने प्रशासन और प्रबंधन की प्रक्रिया को समझाने के लिए POSDCORB शब्द का प्रयोग किया। यह संक्षिप्त रूप Planning (योजना बनाना), Organizing (संगठन), Staffing (कार्मिक प्रबंधन), Directing (निर्देशन), Coordinating (समन्वय), Reporting (प्रतिवेदन) और Budgeting (बजटिंग) से मिलकर बना है। यह कार्यकारी प्रबंधन (Executive Management) के बुनियादी कार्यों को दर्शाता है। इसलिए इसे प्रशासनिक सिद्धांतों का व्यावहारिक रूप भी माना जाता है।

22. भारत के सर्वोच्च न्यायालय ने 2018 में नवतेज सिंह जौहर बनाम भारत संघ मामले में ऐतिहासिक निर्णय दिया। इस फैसले ने भारतीय दंड संहिता (IPC) की धारा 377 को आंशिक रूप से असंवैधानिक घोषित करते हुए सहमति से बने समलैंगिक संबंधों को अपराध की श्रेणी से बाहर कर दिया। यह फैसला व्यक्तिगत स्वतंत्रता, समानता और गरिमा के अधिकार की रक्षा के लिए महत्वपूर्ण माना गया। इस प्रकार यह भारत में LGBTQ अधिकारों की दिशा में बड़ा कदम था।

23. भारत जैसे लोकतांत्रिक देश में नियमित चुनाव का मुख्य उद्देश्य सत्ता का शांतिपूर्ण और वैधानिक अंतरण सुनिश्चित करना है। चुनाव जनता की इच्छा को व्यक्त करने और प्रतिनिधियों के चयन का माध्यम होते हैं। इनके जरिए नागरिक अपनी पसंद की सरकार बनाते हैं और लोकतंत्र की वैधता को बनाए रखते हैं। इस तरह चुनाव लोकतांत्रिक शासन का सबसे महत्वपूर्ण आधार हैं।

24. हेनरी फेयोल ने प्रबंधन के 14 सिद्धांत दिए थे, जिनमें आदेश की एकता (Unity of Command), कार्य विभाजन (Division of Work), और प्राधिकार का केंद्रीकरण (Centralisation of Authority) शामिल हैं। लेकिन ''सामाजिक विनिमय सिद्धांत'' (Social Exchange Theory) उनका सिद्धांत नहीं है। यह एक अलग समाजशास्त्रीय और मनोवैज्ञानिक दृष्टिकोण है, जिसे बाद में अन्य विद्वानों ने विकसित किया।

25. वुडरो विल्सन को सार्वजनिक प्रशासन का जनक कहा जाता है। उन्होंने राजनीति और प्रशासन के बीच स्पष्ट विभाजन का मॉडल प्रस्तुत किया। उनका तर्क था कि कार्यकुशलता और तटस्थता सुनिश्चित करने के लिए प्रशासन को राजनीतिक हस्तक्षेप से मुक्त रखा जाना चाहिए। इसलिए राजनीति नीति-निर्माण तक सीमित रहे और प्रशासन उन नीतियों को लागू करने पर केंद्रित हो।

26. भारतीय लोकतांत्रिक राजनीतिक समुदाय में राजनीतिक दलों को मुख्यतः सामाजिक हितों के प्रतिनिधित्व और समूहन के साधन के रूप में देखा जाता है। वे विभिन्न जातियों, वर्गों, क्षेत्रों और विचारधाराओं के हितों को एक मंच पर लाते हैं। दल इन विविध हितों को एक

संगठित नीति-एजेंडे में बदलकर नागरिकों और शासन के बीच सेतु का काम करते हैं। इस प्रकार दल लोकतंत्र के संचालन में केंद्रीय भूमिका निभाते हैं।

27. क्षेत्रीय राजनीतिक दल भारत में विशेष सामाजिक, सांस्कृतिक या क्षेत्रीय पहचान को राजनीतिक अभिव्यक्ति देने के लिए बने। शिवसेना की स्थापना 1966 में, राष्ट्रीय जनता दल (RJD) 1997 में और समाजवादी पार्टी 1992 में बनी। झारखंड मुक्ति मोर्चा (JMM) की स्थापना वास्तव में 1973 में हुई थी, न कि 1978 में। इसलिए JMM का मिलान गलत है।

28. भारत में सामाजिक समानता की बहस का केंद्रीय विषय जातिगत भेदभाव का उन्मूलन और सामाजिक न्याय की स्थापना रहा है। भारतीय समाज लंबे समय तक जाति-व्यवस्था से प्रभावित रहा, जिससे असमानताएँ गहरी हुईं। संविधान और नीतियों के माध्यम से सामाजिक न्याय को बढ़ावा देने, आरक्षण प्रणाली लागू करने और दलितों व पिछड़े वर्गों को समान अवसर देने की कोशिश की गई इसलिए यही बहस का मूल मुद्दा था।

29. प्रशासनिक सिद्धांत का मुख्य फोकस सार्वजनिक संगठनों के प्रबंधन के सिद्धांतों और प्रथाओं को समझना है। यह अध्ययन करता है कि सरकारी विभाग और प्रशासनिक इकाइयाँ कैसे अधिक कुशल, तटस्थ और जवाबदेह बन सकती हैं। इसमें संगठनात्मक संरचना, नेतृत्व, समन्वय, और निर्णय लेने की प्रक्रिया जैसे पहलुओं का विश्लेषण किया जाता है। इस प्रकार यह सार्वजनिक प्रशासन के लिए आधारभूत दिशा-निर्देश प्रदान करता है।

30. भारत में हाल के सामाजिक आंदोलनों का एक महत्वपूर्ण प्रभाव पर्यावरणीय न्याय और स्वदेशी अधिकारों के मुद्दों पर बढ़ती जागरूकता रहा है। आदिवासी अधिकारों, जल-जंगल-जमीन, जलवायु परिवर्तन और प्रदूषण जैसे विषयों पर व्यापक लामबंदी हुई है। इन आंदोलनों ने सरकार और समाज दोनों का ध्यान पर्यावरणीय स्थिरता और जनजातीय समुदायों के अधिकारों की ओर खींचा। इस प्रकार ये आंदोलन लोकतंत्र में भागीदारी और मुद्दों की विविधता को बढ़ाते हैं।

31. प्रशासनिक सिद्धांत में नारीवादी दृष्टिकोण का प्राथमिक फोकस यह विश्लेषण करना है कि लिंग (gender), प्रशासनिक संरचनाओं, निर्णय लेने की प्रक्रिया और कार्यप्रणाली को कैसे प्रभावित करता है। नारीवादी विद्वान मानते हैं कि पारंपरिक प्रशासनिक ढाँचे पितृसत्तात्मक होते हैं और महिलाओं की भागीदारी व प्रतिनिधित्व को सीमित करते हैं। यह दृष्टिकोण कार्यस्थलों में असमानताओं और लैंगिक पूर्वाग्रहों की पहचान करने पर केंद्रित है। इसका उद्देश्य प्रशासन को अधिक समावेशी और न्यायसंगत बनाना है।

32. लोक प्रशासन (Public Administration) का अर्थ है सरकारी नीतियों के क्रियान्वयन और प्रबंधन का अध्ययन। यह केवल नीतियाँ बनाने तक सीमित नहीं है, बल्कि यह देखता है कि नीतियाँ नागरिकों तक कैसे पहुँचाई जाती हैं और सरकारी संसाधनों का कुशल उपयोग कैसे किया जाए। इसमें योजना बनाना, संगठन करना, नियंत्रण रखना और जवाबदेही सुनिश्चित करना शामिल है। इस प्रकार लोक प्रशासन सरकार और नागरिकों के बीच पुल का कार्य करता है।

33. प्रशासनिक सिद्धांतों की कठोरता और सार्वभौमिकता पर हर्बर्ट साइमन ने सवाल उठाए थे। उन्होंने इन्हें ''मिथक और कहावतें'' (Proverbs of Administration) कहा। साइमन का मानना था कि प्रशासनिक सिद्धांत तार्किक और वैज्ञानिक नहीं हैं, बल्कि ये केवल कहावतों की तरह सामान्य मार्गदर्शन देते हैं। उनके आलोचनात्मक दृष्टिकोण ने प्रशासनिक अध्ययन में अनुभवजन्य और वैज्ञानिक पद्धतियों की ओर मोड़ दिया।

34. भारतीय राजनीति के अध्ययन में सामाजिक-सांस्कृतिक उपागम (Socio-Cultural Approach) जाति और समुदाय की भूमिका पर प्रकाश डालता है। यह उपागम मानता है कि भारतीय राजनीति केवल संस्थागत ढाँचों से नहीं समझी जा सकती, बल्कि सामाजिक संरचनाएँ, विशेषकर जाति और धर्म, राजनीतिक व्यवहार को गहराई से प्रभावित करते हैं। यह उपागम चुनाव, नेतृत्व और दलों के संगठन में जाति की भूमिका को प्रमुखता से विश्लेषित करता है।

35. वेबर की नौकरशाही की नारीवादी आलोचना का मुख्य बिंदु यह है कि नौकरशाही लैंगिक असमानताओं को बढ़ाती है। वेबर ने नौकरशाही को तर्कसंगत और औपचारिक ढाँचा माना था, लेकिन नारीवादी विद्वानों का तर्क है कि

यह ढाँचा पितृसत्तात्मक मूल्यों को बनाए रखता है। इससे महिलाओं के लिए नेतृत्व और निर्णय लेने में भागीदारी सीमित हो जाती है। इस प्रकार नौकरशाही लिंग-तटस्थ होने के बजाय लिंग असमानताओं को पुनरुत्पादित करती है।

36. औपनिवेशिक भारत (1983) में किसान आंदोलनों का विश्लेषण मुख्यतः सबाल्टर्न उपागम (Subaltern Approach) से किया गया। यह दृष्टिकोण उन वर्गों और समूहों पर केंद्रित है जिन्हें मुख्यधारा के इतिहास और राजनीति में अक्सर अनदेखा किया गया। किसान विद्रोहों को इस दृष्टि से समझा गया कि वे केवल आर्थिक या वर्गीय संघर्ष नहीं थे, बल्कि हाशिए पर पड़े समुदायों की अपनी स्वतंत्र राजनीतिक चेतना और प्रतिरोध के रूप भी थे। इसने किसानों को सक्रिय ऐतिहासिक एजेंट के रूप में सामने रखा।

37. एक लोकतांत्रिक राजनीतिक समुदाय में राजनीतिक दलों की प्राथमिक भूमिका चुनाव लड़ना और लोगों का प्रतिनिधित्व करना है। दल नागरिकों के विभिन्न हितों को एकत्रित कर उन्हें राजनीतिक मंच पर प्रस्तुत करते हैं। वे जनता और सरकार के बीच सेतु का कार्य करते हुए नीतियों को आकार देते हैं। इस प्रकार लोकतंत्र में राजनीतिक दल न केवल सत्ता प्राप्त करने का माध्यम हैं, बल्कि जनमत को अभिव्यक्त करने और संस्थागत ढाँचे में शामिल करने के उपकरण भी हैं।

38. भारत में दलित पैंथर्स आंदोलन (Dalit Panthers Movement) ने विशेष रूप से हाशिए पर पड़े दलित समुदायों के अधिकारों पर ध्यान केंद्रित किया। यह आंदोलन 1970 के दशक में उभरा और जातिगत भेदभाव, उत्पीड़न और सामाजिक असमानताओं के खिलाफ आवाज उठाई इसने दलित साहित्य, संस्कृति और राजनीति में नई चेतना का संचार किया। आंदोलन ने समानता और न्याय की मांग को केंद्र में रखकर भारतीय लोकतंत्र को अधिक समावेशी बनाने का प्रयास किया।

39. फ्रेडरिक टेलर ने वैज्ञानिक प्रबंधन (Scientific Management) की अवधारणा प्रस्तुत की, जो संगठनात्मक कार्यों की दक्षता पर जोर देती है। उन्होंने तर्क दिया कि कार्य को वैज्ञानिक ढंग से विभाजित और संगठित करने से उत्पादन क्षमता बढ़ाई जा सकती है। इसमें समय और गति अध्ययन (time and motion study), श्रम का मानकीकरण और श्रमिकों की दक्षता के आधार पर कार्य आवंटन शामिल था। इस सिद्धांत ने औद्योगिक प्रबंधन और आधुनिक प्रशासन की नींव रखी।

40. प्रशासनिक सिद्धांत में संगठनों के प्रबंधन का मुख्य उद्देश्य संसाधनों, लोगों और प्रक्रियाओं का समन्वय करके संगठनात्मक लक्ष्यों को प्राप्त करना है। यह सुनिश्चित करता है कि उपलब्ध मानव और भौतिक संसाधनों का कुशलतापूर्वक उपयोग हो। इसमें योजना बनाना, संगठन करना, नेतृत्व देना, और नियंत्रण करना जैसे कार्य शामिल होते हैं। इस प्रकार संगठनात्मक प्रबंधन केवल लाभ पर केंद्रित न होकर, दक्षता और प्रभावशीलता दोनों पर ध्यान देता है।

41. स्वतंत्रता के बाद भारत की विदेश नीति का मूल सिद्धांत गुटनिरपेक्षता (Non-Alignment) रहा है। पंडित जवाहरलाल नेहरू ने शीतयुद्ध के समय भारत को किसी भी सैन्य गुट का हिस्सा न बनने की नीति अपनाई। इसका उद्देश्य भारत की संप्रभुता बनाए रखना और स्वतंत्र विदेश नीति चलाना था। इस नीति ने भारत को शांति, सहअस्तित्व और स्वतंत्र निर्णय की राह पर अग्रसर किया।

42. न्याय दर्शन में प्रमाण (ज्ञान प्राप्त करने के साधन) के रूप में प्रत्यक्ष (Perception), अनुमान (Inference), उपमान (Comparison) और शब्द (Verbal Testimony) को मान्यता दी गई है। लेकिन "अर्थापत्ति" (जो यहाँ विकल्प में दिया गया है) न्याय परंपरा में प्रमाण नहीं मानी जाती। यह मीमांसा और वेदांत दर्शन में स्वीकार की जाती है। इसलिए न्याय दर्शन के संदर्भ में इसे अस्वीकार किया जाता है।

43. वह प्रक्रिया जिसके द्वारा व्यक्ति अपने राजनीतिक मूल्य, विश्वास और दृष्टिकोण प्राप्त करता है, उसे राजनीतिक समाजीकरण (Political Socializtion) कहते हैं। यह प्रक्रिया परिवार, विद्यालय, मीडिया, मित्र समूह, और सामाजिक संस्थानों के माध्यम से होती है। राजनीतिक समाजीकरण व्यक्ति को नागरिक के रूप में अपने अधिकारों और कर्तव्यों की समझ देता है। यह लोकतांत्रिक संस्कृति और राजनीतिक स्थिरता के लिए अत्यंत महत्वपूर्ण है।

44. विश्व बैंक की Ease of Doing Business Report 2020 के अनुसार भारत वैश्विक रैंकिंग में 63वें स्थान पर था। 2014 में भारत 142वें स्थान पर था, और लगातार सुधारों के कारण इसकी स्थिति बेहतर हुई व्यापार शुरू करने, निर्माण अनुमति, ऋण की सुविधा और कर भुगतान की प्रक्रियाओं में सुधार भारत की प्रगति का आधार बने। यह रैंकिंग भारत की वैश्विक आर्थिक प्रतिस्पर्धा क्षमता को दर्शाती है।

45. 1. राममनोहर लोहिया – (D) सप्त क्रांति (जाति उन्मूलन, लैंगिक समानता, आर्थिक न्याय आदि पर आधारित)।

2. जयप्रकाश नारायण – (A) संपूर्ण क्रांति (सामाजिक, आर्थिक व राजनीतिक क्षेत्रों में व्यापक परिवर्तन का विचार)।

3. एम.एन. रॉय – (B) कट्टरपंथी मानवतावाद (मानव स्वतंत्रता और वैज्ञानिक दृष्टिकोण पर बल)।

4. विनोबा भावे – (C) भूदान आंदोलन (भूमि दान कर भूमिहीनों को अधिकार दिलाने की पहल)।

सही मिलानः 1-D, 2-A, 3-B, 4-C।

46. कालापानी, लिंपियाधुरा और लिपुलेख से जुड़ा क्षेत्रीय विवाद भारत और नेपाल के बीच है। नेपाल ने हाल ही में अपने राजनीतिक मानचित्र में इन क्षेत्रों को शामिल किया, जिस पर भारत ने आपत्ति जताई यह विवाद मुख्यतः सीमांकन और ऐतिहासिक संधियों की व्याख्या को लेकर है। इस मुद्दे ने दोनों देशों के संबंधों में समय-समय पर तनाव पैदा किया है।

47. भारत का नाममात्र कार्यपालिका प्रमुख राष्ट्रपति होता है। संविधान के अनुसार सभी कार्यकारी शक्तियाँ राष्ट्रपति में निहित होती हैं, लेकिन वास्तविक शक्तियाँ मंत्रिपरिषद और प्रधानमंत्री के पास होती हैं। इसलिए राष्ट्रपति संवैधानिक प्रमुख होते हुए भी मुख्यतः प्रतीकात्मक और औपचारिक भूमिका निभाते हैं। इस प्रकार वे "नाममात्र कार्यपालिका" कहलाते हैं।

48. भारत में पहचान की राजनीति (Identity Politics) जाति, धर्म, जातीयता और भाषा के आधार पर राजनीतिक लामबंदी के रूप में देखी जाती है। राजनीतिक दल और आंदोलनों ने लंबे समय से इन पहचानों का उपयोग समर्थन जुटाने और राजनीतिक शक्ति प्राप्त करने के लिए किया है। यह राजनीति कभी-कभी सामाजिक न्याय को बढ़ावा देती है, तो कभी विभाजनकारी भी बन जाती है। फिर भी यह भारतीय राजनीति का एक प्रमुख आयाम है।

49. कथन I: वी.डी. सावरकर जाति व्यवस्था के आलोचक थे और उन्होंने इसके सुधार का आह्वान किया। यह सही है। रत्नागिरी में निर्वासन के दौरान उन्होंने अंतर्जातीय भोज आयोजित किए और दलितों के मंदिर प्रवेश का समर्थन किया। उनका लक्ष्य एक जातिविहीन और समानता-आधारित समाज का निर्माण करना था।

कथन II: वी.डी. सावरकर ने संस्कृत को भारत की राष्ट्रीय भाषा नहीं बताया। वास्तव में उन्होंने हिंदी (देवनागरी लिपि में) को राष्ट्रीय भाषा के रूप में बढ़ावा दिया। उनका मानना था कि हिंदी पूरे भारत को जोड़ने का माध्यम बन सकती है। उन्होंने नए हिंदी शब्द भी गढ़े ताकि अंग्रेजी शब्दों पर निर्भरता कम हो।

इसलिए सही विकल्प हैः कथन I सही है, लेकिन कथन II गलत है।

50. आसियान-भारत कार्य योजना (2021-2025) का उद्देश्य राजनीतिक-सुरक्षा, आर्थिक और सामाजिक-सांस्कृतिक स्तंभों में सहयोग को लागू करना है। यह कथन सही है। साथ ही, भारत ने 2019 में RCEP (Regional Comprehensive Economic Partnership) समझौते से बाहर निकलने का निर्णय लिया था, मुख्यतः आर्थिक असमानताओं और घरेलू उद्योगों की सुरक्षा को लेकर चिंताओं के कारण, न कि 2015 में और न ही केवल समुद्री सुरक्षा कारणों से। इसलिए दूसरा कथन गलत है।

51. भारतीय राजनीति में निम्नवर्गीय परिप्रेक्ष्य (Subaltern Perspective) मुख्यतः उन समूहों के अनुभव और एजेंसी पर जोर देता है, जो ऐतिहासिक रूप से हाशिए पर रहे हैं। इसमें दलित, आदिवासी, किसान, महिलाएँ और अन्य उपेक्षित वर्ग शामिल होते हैं। यह दृष्टिकोण कहता है कि राजनीति को केवल अभिजन या सत्ता के दृष्टिकोण से नहीं, बल्कि इन वंचित वर्गों की आवाज से भी समझना चाहिए। इस प्रकार यह भारतीय राजनीति को अधिक समावेशी और बहुआयामी बनाता है।

52. नव-प्रकार्यवादी परिप्रेक्ष्य (Neo-functional Perspective) के अनुसार BIMSTEC जैसे क्षेत्रीय ब्लॉकों में भारत की भागीदारी का प्रमुख चालक आर्थिक और तकनीकी सहयोग है। इस सहयोग के माध्यम से प्रकार्यात्मक अधिप्लाव (functional spillover) होता है, यानी आर्थिक सहयोग धीरे-धीरे राजनीतिक और सुरक्षा सहयोग की दिशा में विस्तार करता है। BIMSTEC भारत के लिए दक्षिण और दक्षिण-पूर्व एशिया के बीच पुल का कार्य करता है। इस दृष्टि से भारत की भागीदारी क्षेत्रीय एकीकरण और बहुपक्षीय सहयोग की दिशा में महत्वपूर्ण है।

53. शीत युद्ध के बाद भारत-अमेरिका संबंधों में सबसे महत्वपूर्ण विकास भारत-अमेरिका असैन्य परमाणु समझौता (2008) था। इस समझौते ने दोनों देशों के बीच रणनीतिक साझेदारी को नई ऊँचाई दी और भारत को अंतर्राष्ट्रीय परमाणु आपूर्तिकर्ता समूह (NSG) से सहयोग प्राप्त करने का मार्ग प्रशस्त किया। इससे भारत की ऊर्जा सुरक्षा और वैश्विक कूटनीतिक स्थिति को मजबूती मिली। यह समझौता भारत-अमेरिका संबंधों में ऐतिहासिक मोड़ माना जाता है।

54. अहिंसा और नैतिक नेतृत्व पर आधारित आध्यात्मिक मूल्यों और राजनीतिक कार्रवाई के संश्लेषण पर सबसे अधिक बल महात्मा गांधी ने दिया। उन्होंने सत्याग्रह, अहिंसा और नैतिकता को राजनीति का आधार बनाया। उनके विचार में राजनीतिक नेतृत्व केवल सत्ता प्राप्त करने के लिए नहीं, बल्कि नैतिक मूल्यों और सामाजिक न्याय की रक्षा के लिए होना चाहिए। गांधीजी के इस दृष्टिकोण ने भारतीय स्वतंत्रता आंदोलन को अनोखी दिशा दी।

55. बहुलवादी (Pluralist) परिप्रेक्ष्य भारतीय राज्य को पारंपरिक पहचानों और लोकतांत्रिक संस्थाओं के बीच मध्यस्थ के रूप में देखता है। भारत में जाति, धर्म, भाषा और क्षेत्रीय विविधताओं को राज्य लोकतांत्रिक संस्थाओं के माध्यम से समाहित करता है। बहुलवाद मानता है कि विभिन्न समूहों और पहचानों के बीच संतुलन बनाए रखना लोकतंत्र की स्थिरता के लिए आवश्यक है। इस तरह राज्य विविधताओं और लोकतंत्र के बीच एक सेतु का कार्य करता है।

56. यह कथन श्री अरबिंदो ने कहा था। उनके अनुसार, यदि कोई राष्ट्र पराधीन होता है, तो वह न केवल राजनीतिक रूप से, बल्कि आर्थिक और सांस्कृतिक रूप से भी कमजोर हो जाता है। अरबिंदो मानते थे कि राष्ट्रीय विकास तभी संभव है जब राष्ट्र स्वतंत्र हो और अपनी शक्तियों का स्वतंत्र उपयोग कर सके। इसीलिए उन्होंने राष्ट्रीय स्वतंत्रता को राष्ट्रीय पुनर्जागरण की पूर्वशर्त बताया।

57. भारतीय राजनीतिक चिंतन में उदारवादी परिप्रेक्ष्य (Liberal Perspective) व्यक्तिगत स्वतंत्रता और न्यूनतम राज्य हस्तक्षेप पर बल देता है। उदारवादी विचारक मानते हैं कि व्यक्ति की स्वतंत्रता सर्वोच्च है और राज्य का कार्य केवल कानून-व्यवस्था और बुनियादी सुरक्षा सुनिश्चित करना होना चाहिए। भारत में यह दृष्टिकोण आधुनिक लोकतांत्रिक संस्थाओं और व्यक्तिगत अधिकारों के आधार के रूप में विकसित हुआ। यह विचार आर्थिक और सामाजिक जीवन में भी व्यक्तियों की स्वायत्तता को महत्व देता है।

58. 'नव समाजवाद' (Neo-Socialism) का संबंध मुख्यतः राम मनोहर लोहिया से है। उन्होंने पारंपरिक समाजवाद को भारतीय परिस्थितियों के अनुरूप नया रूप देने की कोशिश की। लोहिया ने 'सप्त क्रांति' और समानता आधारित समाज की परिकल्पना की। उनका नव समाजवाद पश्चिमी समाजवाद से अलग था, क्योंकि इसमें भारतीय सामाजिक-सांस्कृतिक संदर्भ और जातिगत असमानता को भी ध्यान में रखा गया।

59. एस. जयशंकर द्वारा बताई गई भारत की विदेश नीति का विकास 'आशावादी गुटनिरपेक्षता' से 'ऊर्जावान कूटनीति' की ओर बदलाव का संकेत देता है। यह बदलाव इस बात को दर्शाता है कि भारत अब आदर्शवादी रुख से आगे बढ़कर व्यावहारिक वैश्विक जुड़ाव की ओर बढ़ रहा है। भारत आज महाशक्तियों के बीच संतुलन साधते हुए, मुद्दा-आधारित गठबंधन और रणनीतिक साझेदारी पर अधिक ध्यान दे रहा है। यह वैश्विक शक्ति संतुलन के बीच भारत की सक्रिय और आत्मविश्वासी विदेश नीति को दिखाता है।

60. कथन I: गलत है। भारत ने पहला परमाणु परीक्षण स्माइलिंग बुद्धा 18 मई 1974 को पोखरण, राजस्थान में किया था, न कि 1971 में। यह एक "शांतिपूर्ण परमाणु विस्फोट" के रूप में प्रस्तुत किया गया था।

कथन II: गलत है। ऑपरेशन शक्ति नामक परमाणु परीक्षण भारत ने मई 1998 में पोखरण-II के तहत किया था, न कि 1991 में। इसमें पाँच परमाणु बमों का परीक्षण किया गया था, जिसने भारत को पूर्ण परमाणु शक्ति के रूप में स्थापित किया।

इसलिए दोनों ही कथन गलत हैं।

61. भारतीय संविधान के अनुसार धन विधेयक (Money Bill) केवल लोकसभा में ही प्रस्तुत किया जा सकता है। इसे लोकसभा अध्यक्ष तय करते हैं कि कोई विधेयक धन विधेयक है या नहीं। राज्यसभा इस पर केवल सुझाव दे सकती है, लेकिन इसे अस्वीकार नहीं कर सकती। इसका कारण यह है कि वित्तीय मामलों पर निर्णय लेने का अधिकार प्रत्यक्ष रूप से जनता द्वारा चुनी गई लोकसभा को दिया गया है।

62. भारतीय संसद द्विसदनी विधानमंडल (Bicameral Legislature) है। इसमें लोकसभा (निचला सदन) और राज्यसभा (उच्च सदन) दोनों शामिल होते हैं, और राष्ट्रपति संसद का अभिन्न अंग माने जाते हैं। यह संरचना संघीय ढाँचे को दर्शाती है, जहाँ लोकसभा जनता का प्रतिनिधित्व करती है और राज्यसभा राज्यों का प्रतिनिधित्व करती है। इस व्यवस्था से लोकतांत्रिक और संघीय संतुलन दोनों बनाए रखते हैं।

63. भारतीय राजनीति का सामाजिक बुनियादी ढाँचा जाति, धर्म और भाषा जैसे तत्वों से निर्मित है। ये सामाजिक तत्व राजनीतिक गतिशीलता और राजनीतिक दलों की रणनीति को गहराई से प्रभावित करते हैं। भारत के चुनावों में जातिगत समीकरण, धार्मिक पहचान और भाषाई विविधता अक्सर निर्णायक भूमिका निभाते हैं। इसलिए राजनीतिक परिदृश्य को समझने के लिए इन सामाजिक आयामों का विश्लेषण आवश्यक है।

64. 'निशा परिषद' (Nocturnal Council) की अवधारणा प्लेटो से संबंधित है। प्लेटो ने अपने ग्रंथ Laws में निशा परिषद का उल्लेख किया। यह परिषद वरिष्ठ और बुद्धिमान नागरिकों की एक संस्था थी, जो रात के समय विचार-विमर्श कर राज्य को बौद्धिक और नैतिक मार्गदर्शन देती थी। इसका उद्देश्य कानूनों की समीक्षा करना और शासन की गुणवत्ता को ऊँचा उठाना था।

65. नव-यथार्थवाद (Neo-realism) और शास्त्रीय यथार्थवाद (Classical Realism) के बीच मुख्य अंतर उनके विश्लेषण के स्तर पर है। शास्त्रीय यथार्थवाद मानता है कि राज्य का व्यवहार मानवीय स्वभाव और नेताओं की महत्वाकांक्षाओं से प्रेरित होता है। जबकि नव-यथार्थवाद, जिसे केनेथ वाल्ट्ज ने विकसित किया, यह कहता है कि राज्यों का व्यवहार अराजक अंतर्राष्ट्रीय व्यवस्था (anarchic international system) की संरचना से निर्धारित होता है। इसलिए यह संरचनात्मक स्तर पर बल देता है, न कि केवल मानवीय स्वभाव पर।

66. अंतर्राष्ट्रीय संबंधों (IR) में उत्तर-उपनिवेशवाद (Post-colonialism) मुख्यतः इस बात पर केंद्रित है कि उपनिवेशवाद की विरासत आज भी वैश्विक असमानताओं को किस प्रकार आकार दे रही है। यह दृष्टिकोण बताता है कि उपनिवेशवाद खत्म होने के बाद भी वैश्विक दक्षिण के देशों पर असमान शक्ति संबंध, आर्थिक निर्भरता और सांस्कृतिक प्रभुत्व जारी है। इस तरह उत्तर-उपनिवेशवाद अंतर्राष्ट्रीय राजनीति को उपनिवेशी और साम्राज्यवादी प्रभावों के संदर्भ में समझने का प्रयास करता है।

67. भारतीय संविधान को ''सर्वप्रथम और सर्वोपरि एक सामाजिक दस्तावेज'' के रूप में ग्रानविले ऑस्टिन ने वर्णित किया था। उन्होंने तर्क दिया कि संविधान केवल राजनीतिक संस्थाओं का खाका नहीं है, बल्कि यह सामाजिक न्याय, समानता और स्वतंत्रता जैसे मूल्यों को साकार करने का साधन है। ऑस्टिन ने इसे भारत के सामाजिक परिवर्तन का मार्गदर्शक दस्तावेज बताया। इसलिए यह कथन भारतीय संविधान के सामाजिक आधार को रेखांकित करता है।

68. अंतर्राष्ट्रीय संबंध (IR) के अध्ययन में मार्क्सवादी दृष्टिकोण का मुख्य फोकस वैश्विक वर्ग संघर्ष और पूँजीवाद की भूमिका पर है। यह दृष्टिकोण मानता है कि पूँजीवाद केवल घरेलू स्तर पर नहीं, बल्कि अंतर्राष्ट्रीय प्रणाली में भी शोषण और असमानता पैदा करता है। इसमें विकसित देशों (वैश्विक उत्तर) और विकासशील देशों (वैश्विक दक्षिण) के बीच असमान शक्ति संबंधों की आलोचना की जाती है। इस प्रकार मार्क्सवादी दृष्टिकोण अंतर्राष्ट्रीय राजनीति को आर्थिक संरचनाओं के संदर्भ में समझाता है।

69. अंतर्राष्ट्रीय संबंधों में ''संप्रभुता'' (Sovereignty) का अर्थ है कि कोई राज्य बाहरी हस्तक्षेप के बिना स्वयं पर शासन करने की पूर्ण शक्ति रखता है। इसका मतलब यह है कि राज्य अपनी सीमाओं के भीतर सर्वोच्च अधिकार रखता है और अपनी विदेश नीति, रक्षा और आंतरिक मामलों को स्वतंत्र रूप से संचालित करता है। संप्रभुता अंतर्राष्ट्रीय कानून और वैश्विक व्यवस्था का एक मौलिक सिद्धांत है।

70. अंतर्राष्ट्रीय संबंधों में दोषान्वेषी सिद्धांत/आलोचनात्मक सिद्धांत (Critical Theory) को लागू करने से प्रमुख रूप से रॉबर्ट कॉक्स (Robert Cox) जुड़े हैं। उन्होंने पारंपरिक सिद्धांतों की आलोचना करते हुए कहा कि वे शक्ति संबंधों और यथास्थिति को बनाए रखने वाले उपकरण हैं। कॉक्स का दृष्टिकोण था कि सिद्धांत हमेशा किसी न किसी सामाजिक और ऐतिहासिक संदर्भ में निहित होता है। इस प्रकार उन्होंने अंतर्राष्ट्रीय संबंधों में परिवर्तन और सामाजिक न्याय की संभावना पर जोर दिया।

71. भारत की सामाजिक विविधता इसकी राजनीतिक संस्कृति को गहराई से प्रभावित करती है। जाति, धर्म, भाषा और क्षेत्रीय पहचान जैसे कारक राजनीति में विविध दृष्टिकोण लाते हैं। इस विविधता के कारण भारतीय राजनीति में बहुलवाद (pluralism) की झलक दिखाई देती है, जहाँ विभिन्न समूह अपने हितों को अभिव्यक्त और सुरक्षित करने का प्रयास करते हैं। इससे लोकतंत्र में बहु-दृष्टिकोण पर आधारित राजनीतिक संस्कृति को बढ़ावा मिलता है।

72. अंतर्राष्ट्रीय संबंध (IR) का अनुशासन राज्यों और अन्य अंतर्राष्ट्रीय अभिनेताओं के बीच राजनीतिक, आर्थिक और सुरक्षा संबंधों का अध्ययन करता है। यह युद्ध और शांति, कूटनीति, अंतर्राष्ट्रीय संगठन, वैश्विक आर्थिक व्यवस्था और शक्ति संतुलन जैसे विषयों पर केंद्रित है। IR हमें यह समझने में मदद करता है कि वैश्विक परस्पर निर्भरता और प्रतिस्पर्धा कैसे अंतर्राष्ट्रीय प्रणाली को आकार देती है।

73. भारतीय संविधान का अनुच्छेद 131 सर्वोच्च न्यायालय को केंद्र और राज्यों के बीच विवादों का निपटारा करने की शक्ति प्रदान करता है। इसे मूल अधिकारिता (Original Jurisdiction) कहा जाता है। इसमें वे मामले आते हैं जहाँ संघ और राज्य या राज्यों के बीच कानूनी विवाद उत्पन्न होते हैं। इस प्रकार अनुच्छेद 131 संघीय ढाँचे में न्यायिक संतुलन और विवाद समाधान का प्रमुख साधन है।

74. केनेथ वाल्ट्ज के नवयथार्थवादी परिप्रेक्ष्य के अनुसार द्वि-ध्रुवीय व्यवस्था (Bipolar System) वैश्विक राजनीति में सबसे अधिक स्थिरता सुनिश्चित करती है। शीत युद्ध के दौरान अमेरिका और सोवियत संघ के बीच शक्ति संतुलन को उन्होंने इसका उदाहरण माना। उनका तर्क था कि दो महाशक्तियों के बीच प्रतिस्पर्धा अधिक पूर्वानुमेय और स्थिर होती है, जबकि बहुध्रुवीय या एकध्रुवीय व्यवस्थाएँ अस्थिरता पैदा करती हैं।

75. शास्त्रीय यथार्थवाद (Classical Realism) की केंद्रीय पूर्वधारणा यह है कि राज्य अपने अस्तित्व को सुनिश्चित करने के लिए स्वार्थी तरीके से कार्य करते हैं। यह दृष्टिकोण मानवीय स्वभाव को मूल आधार मानता है, जहाँ शक्ति की खोज और संघर्ष अनिवार्य है। राज्य अंतर्राष्ट्रीय अराजकता में अपने राष्ट्रीय हित और सुरक्षा को सर्वोच्च मानते हैं। इस प्रकार सत्ता की राजनीति (Power Politics) शास्त्रीय यथार्थवाद की मूल पहचान है।

76. अंतरराष्ट्रीय संबंध (International Relations) एक अनुशासन के रूप में राज्यों और अन्य वैश्विक अभिकर्ताओं (जैसे अंतर्राष्ट्रीय संगठन, बहुराष्ट्रीय कंपनियाँ, NGO आदि) के बीच संबंधों और अंतःक्रियाओं का अध्ययन करता है। इसमें युद्ध और शांति, कूटनीति, वैश्विक आर्थिक संबंध, पर्यावरणीय मुद्दे और सुरक्षा की समस्याएँ शामिल होती हैं। इसका उद्देश्य वैश्विक व्यवस्था को समझना और उसके भीतर शक्ति संतुलन एवं सहयोग की संभावनाओं को पहचानना है।

77. भारतीय संघ को 'राज्यों का संघ' इसलिए कहा जाता है क्योंकि संघ अविनाशी है और राज्यों को अलग होने का अधिकार नहीं है। भारत का संविधान राज्यों को एक संघीय ढाँचे में संगठित करता है, लेकिन इसे अमेरिका जैसे पूर्ण संघ (federation) की तरह राज्यों के समझौते से नहीं बनाया गया। यहाँ संघ की स्थिरता सर्वोच्च है और राज्यों का अस्तित्व संघ से जुड़ा हुआ है।

78. संसद के संयुक्त अधिवेशन (Joint Sitting of Parliament) का प्रावधान भारतीय संविधान के अनुच्छेद 108 में किया गया है। जब लोकसभा और राज्यसभा किसी विधेयक पर असहमति की स्थिति में हों, तो राष्ट्रपति दोनों सदनों का संयुक्त अधिवेशन बुला सकते हैं। इस संयुक्त सत्र की अध्यक्षता लोकसभा अध्यक्ष करते हैं। इसका उद्देश्य विधायी गतिरोध को दूर करना है।

79. अंतर्राष्ट्रीय संबंधों में नारीवादी सिद्धांत (Feminist Theory) मुख्यतः इस बात पर केंद्रित है कि वैश्विक राजनीति में लिंग आधारित शक्ति संबंध कैसे काम करते हैं और महिलाओं को किस प्रकार हाशिए पर रखा जाता है। यह दृष्टिकोण पारंपरिक IR की आलोचना करता है क्योंकि उसमें सैन्य रणनीति और उच्च राजनीति पर अधिक बल होता है जबकि महिलाओं के अनुभव, सुरक्षा और समानता को नजरअंदाज किया जाता है। नारीवादी दृष्टिकोण इन मुद्दों को केंद्र में लाता है।

80. भारत में मतदान की न्यूनतम आयु 21 वर्ष से घटाकर 18 वर्ष 61वें संविधान संशोधन अधिनियम (1988) द्वारा की गई थी। इस संशोधन ने भारतीय लोकतंत्र को और अधिक समावेशी बनाया और युवाओं की राजनीतिक भागीदारी बढ़ाई। पहली बार 1989 के आम चुनाव में 18 वर्ष से ऊपर के मतदाताओं ने मतदान किया। यह कदम भारतीय लोकतंत्र को मजबूत बनाने की दिशा में ऐतिहासिक साबित हुआ।

81. अनुसूचित क्षेत्रों में ग्राम सभाओं को परंपराओं, रीति-रिवाजों, सांस्कृतिक पहचान और प्राकृतिक संसाधनों की सुरक्षा के अधिकार पंचायत (अनुसूचित क्षेत्रों तक विस्तार) अधिनियम, 1996 (PESA) द्वारा दिए गए हैं। इस कानून ने स्थानीय स्वशासन को मजबूत करने और आदिवासी समुदायों की भागीदारी सुनिश्चित करने का प्रयास किया। यह अधिनियम पंचायत राज प्रणाली को जनजातीय क्षेत्रों की विशेष परिस्थितियों और परंपराओं के अनुरूप बनाता है।

82. भारतीय संघवाद के विभिन्न रूपों के विचारकों में – सहकारी संघवाद (Granville Austin), सौदामूलक संघवाद (Morris Jones), और अर्ध-संघीय (KC Wheare) सही जोड़े हैं। लेकिन प्रतिस्पर्धी संघवाद (Competitive Federalism) का विचार Paul Appleby से नहीं जुड़ा है। वास्तव में यह अवधारणा हाल के दशकों में आर्थिक सुधार और नीति आयोग के संदर्भ में अधिक चर्चित हुई है। इसलिए यह युग्म गलत है।

83. एल्टन मेयो के मानवीय संबंध सिद्धांत से संबंधित नहीं है दर-वर्धक (Rate-buster)। यह अवधारणा फ्रेडरिक टेलर के वैज्ञानिक प्रबंधन सिद्धांत से जुड़ी थी और उन श्रमिकों के लिए प्रयुक्त होती थी जो समूह के मानकों से अधिक उत्पादन करते थे। मेयो का सिद्धांत इसके विपरीत सामाजिक मानव अवधारणा, आर्थिकेतर प्रोत्साहन, और अनौपचारिक समूह संबंधों पर केंद्रित था।

84. लोक प्रशासन में पारिस्थितिक दृष्टिकोण (Ecological Approach) की शुरुआत मुख्यतः **Fred W. Riggs, Roscoe Martin,** और **Edward Weidner** जैसे विद्वानों ने की थी। उन्होंने प्रशासन को उसके सामाजिक, आर्थिक और सांस्कृतिक परिवेश से जोड़कर देखने की जरूरत पर बल दिया। Robert Dahl ने लोक प्रशासन के वैज्ञानिक अध्ययन और व्यवहारवादी दृष्टिकोण की बात की थी, लेकिन पारिस्थितिक दृष्टिकोण की शुरुआत उनसे नहीं जुड़ी है।

85. एल.एम. सिंघवी समिति (1986) पंचायती राज संस्थाओं को मजबूत करने के लिए गठित की गई थी। इस समिति ने सिफारिश की थी कि पंचायतों को संवैधानिक दर्जा दिया जाए ताकि उनकी निरंतरता और स्थिरता सुनिश्चित हो सके। बाद में यह सिफारिश 73वें संविधान संशोधन (1992) के रूप में लागू हुई इसलिए दोनों कथन सही हैं।

86. भारतीय संविधान का अनुच्छेद 3 संसद को यह शक्ति देता है कि वह नए राज्यों का गठन कर सकती है और मौजूदा राज्यों की सीमाओं में बदलाव कर सकती है। यह प्रावधान संघीय ढाँचे को कमजोर करता है क्योंकि इसमें राज्यों की सहमति अनिवार्य नहीं होती। केवल राष्ट्रपति से राय मांगी जाती है, लेकिन राज्यों का अनुमोदन आवश्यक नहीं है। यही कारण है कि इसे संघीय चरित्र को सबसे अधिक कमजोर करने वाला प्रावधान माना जाता है।

87. स्थानीय स्वशासन की प्रभावी कार्यप्रणाली के लिए सबसे आवश्यक है कि उन्हें पर्याप्त वित्तीय और प्रशासनिक शक्तियाँ दी जाएँ। केवल चुनाव कराना या निकायों का गठन करना पर्याप्त नहीं होता, जब तक कि वे अपने बजट, योजनाओं और कार्यों के लिए स्वतंत्र रूप से निर्णय न ले सकें। वित्तीय संसाधनों और प्रशासनिक अधिकारों के बिना स्थानीय संस्थाएँ महज औपचारिक रह जाती हैं।

88. भारतीय संविधान का अनुच्छेद 243ZD जिला योजना समिति (District Planning Committee) से संबंधित है। इस समिति का कार्य जिला स्तर पर पंचायती राज और नगरपालिकाओं की योजनाओं का समेकन करना और जिला विकास की समग्र योजना तैयार करना होता है। यह प्रावधान 74वें संविधान संशोधन अधिनियम (1992) द्वारा लाया गया था ताकि स्थानीय स्तर की योजनाओं को जिला स्तर पर समन्वित किया जा सके।

89. 'Back to Village' अभियान जम्मू और कश्मीर में शुरू किया गया था। इसका उद्देश्य ग्रामीण क्षेत्रों में शासन को लेकर जागरूकता बढ़ाना, सरकारी अधिकारियों और आम जनता के बीच सीधा संवाद स्थापित करना और ग्रामीण विकास योजनाओं को तेजी से लागू करना था। इस कार्यक्रम के दौरान अधिकारी गाँवों का दौरा करके लोगों की समस्याओं और जरूरतों को समझते हैं।

90. भारत में सूचना का अधिकार अधिनियम, 2005 को लागू कराने में सबसे महत्वपूर्ण भूमिका मजदूर किसान शक्ति संगठन (MKSS) ने निभाई थी। अरुणा रॉय और उनके साथियों के नेतृत्व में इस आंदोलन ने पारदर्शिता और जवाबदेही की मांग उठाईं उन्होंने सरकारी रिकॉर्ड को सार्वजनिक करने के लिए जन सुनवाई और सामाजिक अंकेक्षण की शुरुआत की। यही आंदोलन बाद में RTI अधिनियम का आधार बना।

91. केंद्र-राज्य संबंधों में सुधार के लिए सबसे प्रसिद्ध आयोग सरकारिया आयोग (1983) था। इसे राज्यों और केंद्र के बीच शक्तियों और जिम्मेदारियों के वितरण की समीक्षा करने के लिए गठित किया गया था। इस आयोग ने सहकारी संघवाद को मजबूत करने, राज्यपाल की भूमिका को सीमित करने और अंतर-राज्यीय परिषद को सशक्त करने जैसी महत्वपूर्ण सिफारिशें दीं। इसकी रिपोर्ट भारतीय संघवाद को संतुलित करने में मील का पत्थर मानी जाती है।

92. COVID-19 महामारी के दौरान सबसे पहले छत्तीसगढ़ ने राज्य-स्तरीय 'ई-लोक अदालत' शुरू की। इसका उद्देश्य था कि लोग बिना अदालत में उपस्थित हुए, ऑनलाइन माध्यम से अपने मामलों का निपटारा करा सकें। यह पहल न केवल न्याय तक पहुँच को आसान बनाने वाली थी बल्कि महामारी के दौरान न्यायिक प्रक्रियाओं की निरंतरता सुनिश्चित करने का भी साधन बनी।

93. प्रशासन के अध्ययन के पारंपरिक उपागमों में सबसे महत्वपूर्ण कानूनी-संस्थागत उपागम (Legal-institutional approach) है। यह दृष्टिकोण प्रशासन को संस्थागत संरचनाओं, कानूनों और औपचारिक प्रक्रियाओं के माध्यम से समझता है। इसे प्रशासन विज्ञान का प्रारंभिक और शास्त्रीय दृष्टिकोण माना जाता है, जबकि अन्य जैसे व्यवहारवादी और तंत्र दृष्टिकोण बाद में विकसित हुए।

94. भारत के नियंत्रक एवं महालेखापरीक्षक (CAG) का मुख्य कार्य है कि वह केंद्र और राज्य सरकारों के खातों की लेखा-परीक्षा करे। CAG यह सुनिश्चित करता है कि सरकारी धन सही ढंग से खर्च हुआ है या नहीं और वित्तीय अनुशासन का पालन हुआ या नहीं। इस प्रकार यह संस्था वित्तीय पारदर्शिता और जवाबदेही की गारंटी देती है।

95. सामान्यतः विकसित और विकासशील देशों के बीच अंतर करने के लिए आर्थिक संकेतकों का उपयोग किया जाता है। इनमें औद्योगिकीकरण का स्तर और सकल राष्ट्रीय उत्पाद (GNP) जैसे सूचक सबसे प्रमुख हैं। हालाँकि अब मानव विकास सूचकांक (HDI) का भी व्यापक उपयोग होता है, लेकिन पारंपरिक रूप से आर्थिक मापदंड ही मुख्य आधार रहे हैं।

96. 'POSDCORB' सिद्धांत का प्रतिपादन लूथर गुलिक (Luther Gulick) ने किया था। यह संगठन और प्रशासन के कार्यों को समझाने के लिए एक संक्षिप्त रूप है— Planning, Organizing, Staffing, Directing, Coordinating, Reporting, और Budgeting। इसका उद्देश्य प्रबंधन और प्रशासन के कार्यों को व्यवस्थित और प्रभावी ढंग से समझाना है। यह लोक प्रशासन की शास्त्रीय परंपरा का एक महत्वपूर्ण योगदान माना जाता है।

97. नव लोक प्रबंधन (NPM) प्रशासन में निजी क्षेत्र की तकनीकों को अपनाने, प्रतिस्पर्धा को बढ़ावा देने और विकेंद्रीकरण के माध्यम से नागरिकों की सहभागिता सुनिश्चित करने पर जोर देता है। लेकिन यह केंद्रीकृत नियंत्रण को बढ़ावा देने के विपरीत है। वास्तव में, NPM का मूल उद्देश्य पारंपरिक नौकरशाही की कठोरता को तोड़ना और लचीलापन लाना है।

98. भारत में मतदान की आयु 21 वर्ष से घटाकर 18 वर्ष 61वें संविधान संशोधन अधिनियम (1988) द्वारा की गईं यह बदलाव लोकतांत्रिक भागीदारी को अधिक समावेशी बनाने के लिए किया गया था। इस संशोधन के बाद पहली बार 1989 के आम चुनाव में 18 वर्ष से ऊपर के युवाओं को मतदान का अधिकार मिला।

99. लोक प्रशासन में पारंपरिक दृष्टिकोण औपचारिक संस्थाओं, संरचनाओं और कानूनी मानदंडों पर जोर देता है। यह व्यक्तिगत व्यवहार या अनुभवजन्य अनुसंधान की बजाय संस्थागत व्यवस्था और विधिक प्रक्रियाओं के अध्ययन को महत्व देता है। इसलिए इसे कानूनी-संस्थागत दृष्टिकोण भी कहा जाता है।

100. नवीन लोक प्रशासन (New Public Administration) 1968 के मिनोब्रुक सम्मेलन से जुड़ा है। इसकी मुख्य विशेषताएँ हैं– सामाजिक समानता, सहभागिता, और विकेंद्रीकरण। लेकिन प्रशासनिक दक्षता पर इसका फोकस उतना नहीं है, क्योंकि यह पारंपरिक लोक प्रशासन की विशेषता थी। नवीन लोक प्रशासन मुख्यतः सामाजिक न्याय और समानता को प्रशासन का केंद्र बिंदु बनाता है।

101. वैश्विक मानवाधिकारों का मूलभूत पाठ मानव अधिकारों की सार्वभौमिक घोषणा (Universal Declaration of Human Rights] UDHR, 1948) को माना जाता है। इसे संयुक्त राष्ट्र महासभा ने 10 दिसंबर 1948 को अपनाया था। इसमें जीवन, स्वतंत्रता, समानता, शिक्षा और अभिव्यक्ति की स्वतंत्रता जैसे मौलिक अधिकारों को वैश्विक स्तर पर मान्यता दी गई यह दस्तावेज आधुनिक मानवाधिकार आंदोलन की नींव है।

102. "Multicultural Citizenship: A Liberal Theory of Minority Rights" पुस्तक के लेखक विल किमलिका (Will Kymlicka) हैं। यह पुस्तक अल्पसंख्यक अधिकारों, सांस्कृतिक विविधता और नागरिकता की अवधारणा को उदारवाद (liberalism) के संदर्भ में समझाती है। किमलिका का तर्क है कि आधुनिक लोकतंत्रों में बहुसांस्कृतिक अधिकारों की संवैधानिक मान्यता आवश्यक है।

103. नीरजा गोपाल के अनुसार, भारत में राजनीतिक दल समाज के विभिन्न हितों को एकत्रित करने और उनका प्रतिनिधित्व करने का कार्य करते हैं। भारत की सामाजिक विविधता-जाति, धर्म, भाषा और क्षेत्रीयता—राजनीतिक दलों के माध्यम से राजनीतिक प्रतिनिधित्व पाती है। इस प्रकार दल केवल सत्ता प्राप्ति के साधन नहीं हैं, बल्कि वे विभिन्न सामाजिक समूहों को लोकतांत्रिक प्रक्रिया में शामिल करते हैं।

104. मानवाधिकारों के आधारभूत अंतर्राष्ट्रीय वक्तव्य के रूप में भी मानव अधिकारों की सार्वभौमिक घोषणा (UDHR, 1948) को ही मान्यता प्राप्त है। यह घोषणा मानवता के साझा मूल्यों और अधिकारों का दस्तावेज है, जिसमें 30 अनुच्छेद हैं। इसे विश्वभर के संविधानों और मानवाधिकार कानूनों ने मार्गदर्शक सिद्धांत के रूप में अपनाया है।

105. 'साधन उतने ही महत्वपूर्ण हैं जितने साध्य' का सिद्धांत महात्मा गांधी से सबसे अधिक जुड़ा है, लेकिन दिए गए दार्शनिक विकल्पों में यह विचार इमैनुएल कांट (Immanuel Kant) की नैतिक दार्शनिकता से मेल खाता है। कांट ने कहा कि कार्यों का मूल्य साधनों की नैतिकता से तय होता है, न कि केवल उनके परिणामों से। इस प्रकार नैतिक कर्तव्य और साधनों की शुद्धता सर्वोपरि हैं।

106. सीमावर्ती शहर अक्सर राजनीतिक संप्रभुताओं और सांस्कृतिक पहचानों के संघर्ष का प्रतिनिधित्व करते हैं। ये शहर केवल भौगोलिक सीमाओं के प्रतीक नहीं होते बल्कि वहाँ राजनीतिक नियंत्रण, राष्ट्रीय सुरक्षा, सांस्कृतिक पहचान और आर्थिक हितों का टकराव भी दिखाई देता है। उदाहरण के तौर पर भारत-पाक सीमा पर स्थित शहर या भारत-चीन सीमा पर स्थित क्षेत्र इस संघर्ष को स्पष्ट रूप से दर्शाते हैं।

107. भारत में क्षेत्रीय और राज्य-आधारित दलों की एक विशिष्ट विशेषता यह है कि वे विशिष्ट क्षेत्रीय, सांस्कृतिक या जाति-आधारित हितों को निरूपित करते हैं। जैसे—शिवसेना (मराठी हितों), DMK और AIADMK (तमिल पहचान), या RJD और SP (जातिगत आधार पर राजनीति) करती हैं। इन दलों ने भारतीय लोकतंत्र में विविधता और बहुलतावाद को बढ़ावा दिया है।

108. के.एस. पुट्टास्वामी (2017) मामले में सर्वोच्च न्यायालय ने निर्णयात्मक गोपनीयता (Decisional Privacy), सूचनात्मक गोपनीयता (Informational Privacy) और शारीरिक गोपनीयता (Bodily Privacy) को गोपनीयता के प्रमुख आयामों के रूप में मान्यता दी। लेकिन आर्थिक गोपनीयता (Economic Privacy) को इस निर्णय में प्रत्यक्ष आयाम के रूप में शामिल नहीं किया गया। इसलिए यह विकल्प सही उत्तर है।

109. नैतिक दुविधा उस स्थिति को कहा जाता है जब दो नैतिक विकल्पों के बीच संघर्ष हो। उदाहरण के लिए, यदि किसी प्रशासक को सत्य बोलने और किसी की गोपनीयता बनाए रखने के बीच चुनाव करना पड़े, तो यह नैतिक दुविधा होगी। इसमें सही और गलत का निर्णय करना कठिन होता है क्योंकि दोनों विकल्पों के अपने-अपने नैतिक औचित्य होते हैं।

110. भारतीय दलीय पद्धति की प्रमुख विशेषता यह है कि यहाँ राष्ट्रीय और क्षेत्रीय दलों के साथ बहुदलीय व्यवस्था है। पश्चिमी देशों, विशेषकर अमेरिका और ब्रिटेन, में द्विदलीय प्रणाली अधिक स्पष्ट है, जबकि भारत में क्षेत्रीय दल राष्ट्रीय राजनीति में भी निर्णायक भूमिका निभाते हैं। यही कारण है कि भारत की पार्टी प्रणाली अधिक जटिल और बहुआयामी है।

111. नागरिकता के उदारवादी सिद्धांत का सर्वोत्तम वर्णन यह है कि यह राजनीतिक और सामाजिक अधिकारों का आधार बनाने वाले नागरिक अधिकारों पर केंद्रित होता है। उदारवादी दृष्टिकोण में नागरिकता का अर्थ है कि हर व्यक्ति को जीवन, स्वतंत्रता और संपत्ति जैसे मूल अधिकार प्राप्त हों। ये अधिकार आगे चलकर राजनीतिक अधिकारों (जैसे मतदान और प्रतिनिधित्व) तथा सामाजिक अधिकारों (जैसे शिक्षा और स्वास्थ्य) की नींव बनते हैं। यह सिद्धांत व्यक्तिगत स्वतंत्रता और कानून के शासन को सबसे अधिक महत्व देता है।

112. सीमाओं को अब केवल कानूनी या भौतिक रेखाओं के रूप में नहीं देखा जाता, बल्कि इन्हें सामाजिक रूप से निर्मित और प्रवाही (fluid) माना जाता है। सीमाएँ समय और परिस्थिति के अनुसार बदलती रहती हैं और सांस्कृतिक, सामाजिक और राजनीतिक संबंधों के आधार पर परिभाषित होती हैं। उदाहरण के लिए, यूरोपीय संघ में सीमाओं का खुलापन और आप्रवासन से जुड़ी नीतियाँ इसे स्पष्ट करती हैं।

113. 'Acts of Citizenship' (नागरिकता के कृत्य) का विचार एंगिन इसिन (Engin Isin) से निकटता से संबंधित है। इसिन का तर्क है कि नागरिकता केवल कानूनी स्थिति नहीं है, बल्कि यह नागरिकों द्वारा किए गए कार्यों—जैसे प्रतिरोध, आंदोलन, अधिकारों की मांग—के माध्यम से निर्मित होती हैं। यह विचार नागरिकता को एक गतिशील और क्रियाशील प्रक्रिया के रूप में प्रस्तुत करता है।

114. नागरिकता अधिनियमित करने का अर्थ है नागरिकों द्वारा अपने अधिकारों की सक्रिय मांग या उनके प्रयोग के लिए कदम उठाना। मतदान के अधिकार की मांग को लेकर विरोध प्रदर्शन में भाग लेना इसका उदाहरण है। यह दिखाता है कि नागरिक केवल राज्य द्वारा दिए गए अधिकारों को स्वीकार ही नहीं करते, बल्कि उन्हें सक्रिय रूप से परिभाषित और चुनौती भी देते हैं।

115. अंतर्राष्ट्रीय राजनीति में सीमावर्ती शहरों की प्रमुख विशेषता यह है कि वे सांस्कृतिक विनिमय और तनाव का केंद्र होते हैं। ये शहर प्रवासन, व्यापार और सांस्कृतिक संपर्क के हॉटस्पॉट बनते हैं, लेकिन साथ ही राजनीतिक और जातीय संघर्ष का भी केंद्र हो सकते हैं। जैसे भारत-पाक सीमा पर स्थित अमृतसर और लाहौर दोनों इस द्वैध प्रकृति को दर्शाते हैं।

116. भारतीय संसदीय प्रणाली में विपक्ष की भूमिका को औपचारिक रूप से संसद में विपक्षी नेता (वेतन और भत्ता) अधिनियम, 1977 के माध्यम से मान्यता दी गई इस अधिनियम ने संसद में विपक्ष के नेता के पद को संस्थागत दर्जा दिया और उसके वेतन-भत्तों को सुनिश्चित किया। इससे पहले विपक्ष की भूमिका केवल अनौपचारिक रूप से ही देखी जाती थी। यह कदम भारतीय लोकतंत्र में स्वस्थ बहस और जवाबदेही की दिशा में अहम साबित हुआ।

117. हॉलोवे स्पार्क्स (Holloway Sparks) ने असंतुष्ट नागरिकता (Dissident Citizenship) की अवधारणा प्रस्तुत की, जिसमें असहमति और राजनीतिक साहस की नैतिकता पर जोर दिया गया है। यह दृष्टिकोण मानता है कि सच्चा नागरिक होना केवल कानून पालन करना नहीं है, बल्कि अन्याय और असमानता के खिलाफ आवाज उठाना भी है। इस प्रकार, नागरिकता को सक्रिय प्रतिरोध और लोकतांत्रिक संघर्ष से जोड़ा जाता है।

118. "Citizenship and Social Class" पुस्तक टी.एच. मार्शल (T.H. Marshall) द्वारा लिखी गई है। इस पुस्तक में उन्होंने नागरिकता के तीन आयामों—नागरिक अधिकार, राजनीतिक अधिकार और सामाजिक अधिकार-की व्याख्या की। उनका तर्क था कि आधुनिक लोकतंत्र में सामाजिक अधिकार (जैसे शिक्षा, स्वास्थ्य) नागरिकता की पूर्णता के लिए आवश्यक हैं। यह रचना नागरिकता अध्ययन में एक क्लासिक मानी जाती है।

119. "Border Cities and Territorial Development: Regions and Cities" पुस्तक का संपादन एडुआर्डो मेडेइरो (Eduardo Medeiro) ने किया है। इस पुस्तक में सीमावर्ती शहरों और उनके विकास की राजनीतिक, आर्थिक और सांस्कृतिक चुनौतियों पर प्रकाश डाला गया है। यह क्षेत्रीय सहयोग और सीमा पार शहरीकरण की जटिलताओं को समझने में महत्वपूर्ण योगदान देती है।

120. भारत में किसी राजनीतिक दल को राष्ट्रीय पार्टी के रूप में मान्यता पाने के लिए उसे कम से कम 6% वोट राष्ट्रीय स्तर पर (लोकसभा या विधानसभा चुनावों में) प्राप्त करने होते हैं। इसके अतिरिक्त उसे लोकसभा में कम से कम 2% सीटें जीतनी चाहिए, और ये सीटें कम से कम तीन राज्यों से आनी चाहिए। यह मानक सुनिश्चित करता है कि राष्ट्रीय पार्टी वास्तव में पूरे देश का प्रतिनिधित्व करती है।

121. वैश्विक सरकारों की सामान्य आलोचना यह है कि उनके पास राष्ट्रों पर प्रवर्तन शक्ति का अभाव होता है। संयुक्त राष्ट्र या अन्य अंतर्राष्ट्रीय संस्थाएँ नियम और संधियाँ तो बनाती हैं, लेकिन उनके अनुपालन के लिए कोई प्रभावी प्रवर्तन तंत्र नहीं होता। अक्सर बड़े और शक्तिशाली देश इन संस्थाओं के निर्णयों को अनदेखा कर देते हैं। इससे वैश्विक शासन की प्रभावशीलता सीमित रह जाती है।

122. कल्याणकारी राज्य की प्रमुख विशेषता है सार्वभौमिक स्वास्थ्य देखभाल प्रणालियाँ। इसके अलावा, शिक्षा, सामाजिक सुरक्षा और रोजगार के अवसरों की गारंटी देना भी इसमें शामिल है। कल्याणकारी राज्य का उद्देश्य सामाजिक-आर्थिक असमानता को कम करना और नागरिकों के जीवन स्तर को सुधारना होता है। यह राज्य नागरिकों के अधिकारों के साथ-साथ उनके कल्याण का भी संरक्षक होता है।

123. सर्वसत्तावादी शासन-प्रणाली की सबसे प्रमुख विशेषता है कि इसमें नीति-निर्माण पर पूर्ण नियंत्रण होता है। इस व्यवस्था में सत्ता पूरी तरह एक व्यक्ति या दल के हाथों में केंद्रित होती है, जो राजनीतिक, आर्थिक, सामाजिक और सांस्कृतिक जीवन के सभी पहलुओं पर नियंत्रण रखता है। इस कारण नागरिक स्वतंत्रताएँ और लोकतांत्रिक प्रक्रियाएँ लगभग समाप्त हो जाती हैं।

124. 1980 के दशक में IMF, विश्व बैंक और अमेरिकी ट्रेजरी विभाग द्वारा प्रचारित आर्थिक सुधार एजेंडा वाशिंगटन सहमति (Washington Consensus) के नाम से जाना जाता है। इसमें निजीकरण, उदारीकरण, व्यापार उदारीकरण और वित्तीय अनुशासन पर जोर दिया गया। इसे ऋणग्रस्त विकासशील देशों में संरचनात्मक समायोजन कार्यक्रमों के हिस्से के रूप में लागू किया गया, लेकिन इसकी आलोचना सामाजिक असमानता बढ़ाने के लिए भी की गई।

125. भारत में जेंडर अध्ययन के संदर्भ में 'ब्राह्मणवादी पितृसत्ता' शब्द का प्रयोग उमा चक्रवर्ती ने किया। उन्होंने इस अवधारणा का उपयोग यह बताने के लिए किया कि जाति और पितृसत्ता आपस में गहराई से जुड़े हुए हैं। यह ढांचा खासकर महिलाओं के दमन को धार्मिक और सामाजिक प्रथाओं के माध्यम से वैध ठहराता है। उमा चक्रवर्ती का यह विश्लेषण स्त्रीवादी विमर्श में एक महत्वपूर्ण योगदान माना जाता है।

126. लिंग और वर्ग का अंतर्संबंध महिलाओं की विकास संसाधनों तक पहुंच को असमान रूप से प्रभावित करता है। उच्च वर्ग की महिलाओं को शिक्षा, स्वास्थ्य और रोजगार में अपेक्षाकृत अधिक अवसर मिलते हैं, जबकि निम्न वर्ग की महिलाओं को सामाजिक और आर्थिक दोनों स्तरों पर अधिक बाधाओं का सामना करना पड़ता है। इसका परिणाम यह होता है कि गरीबी और लैंगिक भेदभाव मिलकर दोहरी असमानता उत्पन्न करते हैं।

127. अंतर्राष्ट्रीय राजनीतिक अर्थव्यवस्था (International Political Economy - IPE) मुख्यतः वैश्विक स्तर पर राजनीति और अर्थशास्त्र के बीच अंतःक्रिया का अध्ययन करती है। यह देखती है कि वैश्विक व्यापार, निवेश, वित्तीय नीतियाँ और संस्थाएँ कैसे राज्यों के राजनीतिक निर्णयों को प्रभावित करती हैं। IPE यह भी समझाती है कि वैश्विक शक्तियाँ और आर्थिक संरचनाएँ किस प्रकार असमानता, निर्भरता और सहयोग के पैटर्न बनाती हैं।

128. IPE में नवउदारवाद (Neoliberalism) मुक्त बाजार और निजीकरण को बढ़ावा देने पर जोर देता है। यह मानता है कि राज्य का हस्तक्षेप न्यूनतम होना चाहिए और वैश्विक आर्थिक दक्षता तभी संभव है जब पूंजी, वस्तुओं और सेवाओं का मुक्त प्रवाह सुनिश्चित हो। इसके अंतर्गत उदारीकरण, व्यापार खुलापन और प्रतिस्पर्धा को विकास और समृद्धि के लिए आवश्यक माना जाता है।

129. पेरिस समझौता (Paris Agreement) एक प्रमुख अंतर्राष्ट्रीय समझौता है जो पर्यावरण शासन और जलवायु परिवर्तन से संबंधित है। 2015 में अपनाए गए इस समझौते का उद्देश्य ग्रीनहाउस गैस उत्सर्जन को कम करना और वैश्विक तापमान वृद्धि को 2°C से नीचे रखना है। इसमें सभी देशों से जलवायु कार्रवाई योजनाएँ बनाने और लागू करने की अपेक्षा की गई है।

130. कल्याणकारी राज्य की नवउदारवादी आलोचना यह कहती है कि कल्याण, निर्भरता उत्पन्न करता है और बाजार की दक्षता को कम करता है। नवउदारवादियों का मानना है कि अत्यधिक सामाजिक सुरक्षा और सरकारी हस्तक्षेप लोगों को आत्मनिर्भर बनने से रोकते हैं। साथ ही, यह नीतियाँ प्रतिस्पर्धा और नवाचार की भावना को भी कमजोर करती हैं, जिससे आर्थिक वृद्धि प्रभावित होती है।

131. भारतीय राजनीतिक दलों के संदर्भ में 'कैच-ऑल पार्टी (Catch-all Party)' उस पार्टी को कहा जाता है जो विभिन्न सामाजिक समूहों और मुद्दों का प्रतिनिधित्व करती है। यह पार्टियाँ केवल किसी विशेष जाति, वर्ग या क्षेत्र पर केंद्रित न होकर व्यापक मतदाता आधार को आकर्षित करने की कोशिश करती हैं। उदाहरण के लिए, कांग्रेस और भाजपा को अक्सर कैच-ऑल पार्टियों के रूप में देखा जाता है क्योंकि ये राष्ट्रीय स्तर पर विविध समूहों को जोड़ने का प्रयास करती हैं।

132. मार्क्सवादी नारीवाद (Marxist Feminism) पूंजीवाद में निहित पितृसत्तात्मक संरचनाओं की आलोचना करता है। यह सिद्धांत मानता है कि महिलाओं का शोषण केवल पितृसत्ता से नहीं, बल्कि वर्ग उत्पीड़न और पूंजीवादी उत्पादन प्रणाली से भी गहराई से जुड़ा है। इसमें जेंडर और वर्ग दोनों को असमानता और उत्पीड़न के मूलभूत स्रोत माना जाता है।

133. अंतर्राष्ट्रीय राजनीतिक अर्थव्यवस्था में पर्यावरणीय शासन का प्राथमिक सरोकार वैश्विक संसाधनों का स्थायी प्रबंधन है। इसका उद्देश्य जलवायु परिवर्तन, प्रदूषण और संसाधनों के अत्यधिक दोहन को रोकना है। इसके अंतर्गत अंतर्राष्ट्रीय समझौते, जैसे पेरिस समझौता, बनाए जाते हैं ताकि आने वाली पीढ़ियों के लिए पर्यावरण को सुरक्षित रखा जा सके।

134. वैश्विक संदर्भ में नागरिक समाज संगठनों का सबसे अच्छा उदाहरण गैर-सरकारी संगठन (NGO) हैं। ये संगठन सरकार से स्वतंत्र रूप से काम करते हैं और सामाजिक, पर्यावरणीय, मानवाधिकार तथा विकास संबंधी मुद्दों पर सक्रिय रहते हैं। उदाहरण के लिए, एमनेस्टी इंटरनेशनल और ग्रीनपीस अंतर्राष्ट्रीय स्तर पर प्रभावशाली NGOs हैं।

135. तमिलनाडु में एम. करुणानिधि ने द्रविड़ मुनेत्र कड़गम (DMK) की स्थापना की थी। DMK द्रविड़ आंदोलन से प्रेरित एक क्षेत्रीय पार्टी है, जिसने तमिल पहचान, सामाजिक न्याय और भाषा-संस्कृति के मुद्दों पर राजनीति की। यह पार्टी लंबे समय तक तमिलनाडु की राजनीति में प्रमुख शक्ति रही और करुणानिधि इसके प्रमुख नेता के रूप में जाने जाते हैं।

136. केनेथ वाल्ट्ज के संरचनात्मक यथार्थवाद (Structural Realism/Neo-realism) के अनुसार, अंतर्राष्ट्रीय व्यवस्था अराजक (Anarchic) होती है। इसका अर्थ है कि वैश्विक राजनीति में कोई केंद्रीय प्राधिकरण नहीं है जो राज्यों पर नियंत्रण रख सके। राज्य अपने अस्तित्व को सुनिश्चित करने के लिए शक्ति संतुलन और आत्म-सहायता (self-help) पर निर्भर करते हैं। यही अंतर्राष्ट्रीय संबंधों की अस्थिरता और प्रतिस्पर्धा की जड़ है।

137. अंतर्राष्ट्रीय राजनीतिक अर्थव्यवस्था के संदर्भ में कल्याणकारी राज्य का मुख्य लक्ष्य नागरिकों के लिए सामाजिक सुरक्षा और आर्थिक सहायता सुनिश्चित करना है। इसमें स्वास्थ्य, शिक्षा, पेंशन, बेरोजगारी भत्ता और गरीबी उन्मूलन जैसी नीतियाँ शामिल होती हैं। इसका उद्देश्य आर्थिक असमानता को कम करना और नागरिकों को न्यूनतम जीवन स्तर की गारंटी देना होता है।

138. ब्रेटनवुड्स काल (1945-1971) को कल्याणकारी राज्य के उदय से जोड़ा जाता है क्योंकि इसने राज्य के नेतृत्व वाले विकास और घरेलू सामाजिक व्यय का समर्थन किया था। इस अवधि में IMF और विश्व बैंक जैसे संस्थान बने, जिन्होंने आर्थिक स्थिरता और पुनर्निर्माण पर जोर दिया। साथ ही, कई देशों ने सामाजिक सुरक्षा योजनाओं और सार्वजनिक खर्च को बढ़ाया, जिससे कल्याणकारी राज्य की अवधारणा मजबूत हुई।

139. वैश्विक सामाजिक सक्रियता (Global Social Activism) का एक प्रमुख उदाहरण पर्यावरणवाद (Environmentalism) है। यह आंदोलन जलवायु परिवर्तन, जैव विविधता संरक्षण और प्रदूषण नियंत्रण जैसे मुद्दों पर वैश्विक स्तर पर जन-जागरूकता और नीतिगत दबाव बनाता है। ग्रीनपीस और Fridays for Future जैसे आंदोलनों ने इसे विश्व स्तर पर मजबूत किया है।

140. कार्ल पॉप्पर के अनुसार, कोई भी सिद्धांत तभी वैज्ञानिक होता है जब उसे गलत साबित किया जा सके (Falsifiability)। यानी, यदि कोई सिद्धांत ऐसा है जिसे किसी प्रयोग, साक्ष्य या अवलोकन द्वारा खंडित नहीं किया जा सकता, तो वह वैज्ञानिक नहीं माना जाएगा। पॉप्पर का यह विचार विज्ञान और छद्मविज्ञान (pseudoscience) के बीच अंतर करने का एक महत्वपूर्ण मानदंड है।

141. जॉन रॉल्स के 'अज्ञानता का पर्दा (Veil of Ignorance)' का मुख्य विचार यह है कि लोग किसी भी सामाजिक, आर्थिक या राजनीतिक व्यवस्था पर निर्णय इस प्रकार लें कि वे अपनी सामाजिक स्थिति, जाति, लिंग, धर्म या वर्ग को न जानते हों। इसका उद्देश्य न्याय और निष्पक्षता सुनिश्चित करना है। जब लोग अपनी स्थिति से अनजान होकर निर्णय लेते हैं, तो वे ऐसे नियम बनाएंगे जो सभी के लिए न्यायपूर्ण हों।

142. नकारात्मक स्वतंत्रता (Negative Liberty) की अवधारणा मुख्य रूप से यशायाह बर्लिन से संबंधित है। इसका अर्थ है – बाहरी बाधाओं से मुक्ति यानी व्यक्ति को अपनी पसंद के अनुसार कार्य करने की स्वतंत्रता, बशर्ते कोई और हस्तक्षेप न करे। यह स्वतंत्रता "किससे मुक्त?" के प्रश्न पर केंद्रित होती है।

143. वैश्विक न्याय का विश्ववादी (Cosmopolitanism) सिद्धांत यह तर्क देता है कि सभी व्यक्तियों के साथ समान व्यवहार होना चाहिए, चाहे वे किसी भी देश या संस्कृति से हों। यह विचार कहता है कि न्याय का दायरा केवल राष्ट्रीय सीमाओं तक सीमित नहीं है, बल्कि समूची मानवता तक विस्तारित है।

144. अंतर्राष्ट्रीय राजनीतिक अर्थव्यवस्था में राज्य, नागरिक समाज से गरीबी, असमानता और पर्यावरणीय संकट जैसे वैश्विक मुद्दों के समाधान हेतु सहयोग करता है। एनजीओ और सिविल सोसाइटी संगठनों के साथ मिलकर राज्य वैश्विक नीतियों और कार्यक्रमों को अधिक समावेशी बनाने का प्रयास करता है।

145. वैश्विक व्यवस्था में प्रवास (Migration) का एक प्रमुख मुद्दा यह है कि सीमाओं का प्रबंधन मानवाधिकारों का सम्मान करते हुए किया जाए। राज्यों को अपनी सुरक्षा सुनिश्चित करनी होती है, लेकिन साथ ही प्रवासियों और शरणार्थियों के मौलिक अधिकारों की रक्षा भी करनी होती है।

146. एक उदार संवैधानिक निकाय में न्यायपालिका का कार्य संविधान की व्याख्या करना है। यह सुनिश्चित करता है कि विधायिका और कार्यपालिका द्वारा बनाए गए कानून और नीतियाँ संविधान के अनुरूप हों। साथ ही यह मौलिक अधिकारों की रक्षा करती है।

147. वैश्विक न्याय में क्षमताओं का उपागम (Capabilities Approach) इस पर ध्यान केंद्रित करता है कि प्रत्येक व्यक्ति को ऐसा जीवन जीने की क्षमता मिले जिसे वह सार्थक और पूर्ण समझे। अमर्त्य सेन और मार्था नुसबाम ने इस दृष्टिकोण को विकसित किया। इसमें केवल संसाधनों की उपलब्धता नहीं, बल्कि उनका उपयोग कर पाने की क्षमता भी महत्वपूर्ण है।

148. एक लोकतांत्रिक राजनीतिक समुदाय का सबसे महत्वपूर्ण सिद्धांत है नागरिकों की निर्णय-प्रक्रिया में भागीदारी। लोकतंत्र केवल मतदान तक सीमित नहीं है, बल्कि इसमें नागरिकों की सक्रिय भागीदारी, विचार-विमर्श और नीति-निर्माण में योगदान आवश्यक है।

149. ग्लोबल जेंडर गैप रिपोर्ट 2024 के अनुसार, आइसलैंड वह देश है जहाँ जेंडर वेतन अंतराल (Gender Pay Gap) न्यूनतम है। आइसलैंड कई वर्षों से लगातार लिंग समानता के मामले में शीर्ष स्थान पर रहा है और इसे एक मॉडल देश माना जाता है।

150. जे.एस. मिल की स्वतंत्रता की अवधारणा में व्यक्तिगत स्वतंत्रता पर केवल तभी प्रतिबंध लगाया जा सकता है जब किसी के कार्य दूसरों को नुकसान (Harm Principle) पहुँचाते हों। यानी व्यक्ति को अपनी इच्छानुसार कार्य करने का अधिकार है, बशर्ते उसके कार्य से अन्य व्यक्तियों के अधिकार और स्वतंत्रता प्रभावित न हों।

151. आर्थिक क्षेत्र में वैश्विक शासन का प्रमुख उदाहरण विश्व व्यापार संगठन (WTO) है। यह संगठन सदस्य देशों के बीच व्यापार नियम निर्धारित करता है और विवादों का निपटारा करता है। WTO मुक्त और निष्पक्ष व्यापार को बढ़ावा देने के लिए कार्य करता है, ताकि देशों के बीच आर्थिक सहयोग और स्थिरता बनी रहे। इस तरह यह वैश्विक अर्थव्यवस्था के संतुलन में अहम भूमिका निभाता है।

152. नकारात्मक अधिकार वे अधिकार हैं जो व्यक्ति को राज्य या किसी अन्य बाहरी शक्ति से हस्तक्षेप से बचाते हैं। स्वतंत्र वाक् का अधिकार इसका उत्तम उदाहरण है क्योंकि यह व्यक्ति को अपनी राय स्वतंत्र रूप से व्यक्त करने की गारंटी देता है। इस अधिकार का सार यह है कि सरकार या अन्य संस्था व्यक्ति की अभिव्यक्ति पर रोक न लगाए। यह लोकतंत्र में नागरिक स्वतंत्रताओं का मूल आधार है।

153. राजनीतिक सिद्धांत में समानता पर बहस का केंद्रीय प्रश्न यह है कि समानता परिणामों पर केंद्रित होनी चाहिए या अवसरों पर। अवसर की समानता का अर्थ है कि सभी को सफलता पाने का समान मौका मिले। परिणाम की समानता यह सुनिश्चित करती है कि समाज में सबको बराबरी का लाभ और संसाधन मिलें। यह बहस न्याय और सामाजिक समानता की दिशा तय करती है।

154. जॉन रॉल्स का न्याय का प्रथम सिद्धांत सभी नागरिकों के लिए मौलिक स्वतंत्रताओं तक समान पहुंच पर जोर देता है। इसमें अभिव्यक्ति, धर्म, राजनीतिक भागीदारी और समान विधिक संरक्षण जैसी स्वतंत्रताएँ शामिल हैं। रॉल्स का मानना था कि न्याय तभी साकार हो सकता है जब ये अधिकार सभी को बराबरी से प्राप्त हों। यह सिद्धांत उनके "न्याय को निष्पक्षता के रूप में" विचार का आधार है।

155. चार्ल्स टेलर के अनुसार, लोकतांत्रिक राजनीतिक समुदाय को विविध सांस्कृतिक अस्मिताओं को मान्यता देनी चाहिए। इसका अर्थ है कि अलग-अलग भाषाई, धार्मिक और सांस्कृतिक समूह एक साझा ढांचे में अपनी पहचान सुरक्षित रख सकें। इससे न केवल बहुलतावाद को बल मिलता है, बल्कि लोकतंत्र में समानता और न्याय भी मजबूत होते हैं। यह विचार बहुसांस्कृतिक समाजों में विशेष रूप से प्रासंगिक है।

156. राजनीतिक सिद्धांत में समानता के साथ-साथ अक्सर सामाजिक न्याय पर बहस होती है। समानता यह सुनिश्चित करती है कि सभी को समान अवसर और अधिकार प्राप्त हों। वहीं सामाजिक न्याय यह देखता है कि समाज में वंचित और कमजोर तबकों को विशेष सुरक्षा और संसाधन मिले। इस तरह दोनों अवधारणाएँ मिलकर एक न्यायपूर्ण और संतुलित समाज की दिशा तय करती हैं।

157. ओ.पी. गाबा के अनुसार, विधिसम्मत शक्ति वह होती है जो मान्यता प्राप्त स्रोतों से आती है, जैसे परंपरा, लोकप्रिय समर्थन और कानूनी प्राधिकार। लेकिन जोर-जबरदस्ती से प्राप्त शक्ति को वैध शक्ति नहीं माना जाता है। जब शक्ति केवल बल प्रयोग या डर के आधार पर स्थापित होती है, तो उसमें वैधता की कमी होती है। इसलिए इसे विधिसम्मत शक्ति के दायरे से बाहर रखा जाता है।

158. वितरक न्याय के अंतर्गत, रॉल्सियन सिद्धांत गरीबों और कमजोर तबकों के लिए संसाधनों के निष्पक्ष वितरण पर बल देता है। जॉन रॉल्स ने "Difference Principle" के माध्यम से कहा कि असमानताएँ तभी उचित हैं, जब

वे समाज के सबसे वंचित वर्ग के लिए भी लाभकारी हों। यह सिद्धांत समानता और सामाजिक न्याय के बीच संतुलन स्थापित करता है। इसलिए इसे न्यायपूर्ण वितरण का आधार माना जाता है।

159. लोकतंत्र एक राजनीतिक समुदाय से अपेक्षा रखता है कि नागरिक शासन और नीति-निर्माण की प्रक्रिया में सक्रिय भागीदारी करें। यह केवल मतदान तक सीमित नहीं है, बल्कि विचार-विमर्श, आलोचना और समाज के सुधार में भी भागीदारी आवश्यक है। लोकतंत्र तभी मजबूत होता है जब नागरिक अपने अधिकारों के साथ-साथ कर्तव्यों का भी पालन करते हैं। इस प्रकार सहभागिता लोकतंत्र की आत्मा है।

160. लोकतंत्र का मूल विचार यह है कि शासन जनता का, जनता के द्वारा और जनता के लिए हो। इसमें नागरिकों को न केवल प्रतिनिधि चुनने का अधिकार है, बल्कि निर्णय प्रक्रिया पर भी अप्रत्यक्ष रूप से प्रभाव डालने का अवसर मिलता है। यह विचार समानता, स्वतंत्रता और न्याय के मूल्यों पर आधारित है। इसलिए लोकतंत्र को सबसे समावेशी और उत्तरदायी शासन प्रणाली माना जाता है।

161. शीत युद्ध के बाद सोवियत संघ का विघटन भारत की विदेश नीति को गहराई से प्रभावित करने वाली सबसे बड़ी घटना थी। सोवियत संघ भारत का प्रमुख सहयोगी था, और उसके टूटने के बाद भारत को अपनी विदेश नीति में नए विकल्प तलाशने पड़े। इसने भारत को बहुध्रुवीय विश्व की वास्तविकता स्वीकार करने और अमेरिका तथा अन्य देशों के साथ संबंध सुधारने की ओर प्रेरित किया। साथ ही, वैश्वीकरण और आर्थिक उदारीकरण ने भी इस बदलाव को गति दी।

162. भारत की हिंद महासागर नीति का मुख्य उद्देश्य दक्षिण-पूर्व एशिया और पूर्वी अफ्रीका के साथ समुद्री मार्गों को सुरक्षित करना है। हिंद महासागर भारत के व्यापार और ऊर्जा सुरक्षा के लिए अत्यधिक महत्वपूर्ण है। इसलिए भारत इस क्षेत्र में समुद्री सहयोग, नौसैनिक उपस्थिति और सामरिक साझेदारी पर ज़ोर देता है। यह नीति 'सागर' (Security and Growth for All in the Region) दृष्टिकोण से भी जुड़ी हुई है।

163. भारत में धार्मिक राष्ट्रवाद के उदय और राजनीतिक हिंसा का एक प्रमुख कारक है धार्मिक पहचान का उपयोग करके सत्ता को सुदृढ़ करने हेतु राजनीतिक लामबंदी। राजनीतिक दल और समूह धार्मिक भावनाओं का सहारा लेकर वोट बैंक तैयार करते हैं। इससे समाज में ध्रुवीकरण और तनाव बढ़ता है, जो कभी-कभी हिंसक रूप ले लेता है। यह प्रवृत्ति लोकतांत्रिक राजनीति की स्थिरता और सामाजिक सद्भाव के लिए चुनौती बनती है।

164. नीरजा गोपाल के अनुसार, भारतीय राजनीति में पहचान मुख्यतः धार्मिक संबद्धता और आर्थिक वर्ग से निर्धारित होती है। धर्म भारत में सामाजिक और राजनीतिक लामबंदी का बड़ा आधार है। साथ ही, आर्थिक वर्ग भी यह तय करता है कि लोग किन दलों और नीतियों के पक्ष में होंगे। इस प्रकार, भारतीय राजनीति की जटिलताओं को समझने के लिए इन दोनों पहलुओं का अध्ययन आवश्यक है।

165. भारत में यौन उत्पीड़न और बलात्कार के मामलों से निपटने की एक बड़ी कानूनी चुनौती है सहमति और जेंडर संवेदनशीलता के बारे में सामाजिक जागरूकता का अभाव। कानून तो मौजूद हैं, लेकिन कई बार पुलिस, वकील और न्यायपालिका स्तर पर संवेदनशीलता की कमी दिखाई देती है। इसके अलावा, समाज में पीड़िता को दोषी ठहराने की प्रवृत्ति भी रिपोर्टिंग और न्याय की राह में बाधा बनती है। इस कारण दोषसिद्धि दर बहुत कम रहती है।

166. थॉमस कुह्न ने अपनी प्रसिद्ध पुस्तक "The Structure of Scientific Revolutions" में प्रतिमान परिवर्तन (Paradigm Shifts) की अवधारणा प्रस्तुत की। उन्होंने बताया कि वैज्ञानिक प्रगति धीरे-धीरे नहीं होती, बल्कि एक प्रतिमान (वैज्ञानिक सोच और पद्धति का ढाँचा) अचानक बदलकर नए प्रतिमान में परिवर्तित हो जाता है। इसे वैज्ञानिक क्रांति कहा जाता है। यह अवधारणा विज्ञान के इतिहास और दर्शन को समझने का नया दृष्टिकोण प्रदान करती है।

167. भारत की ''पूर्व की ओर देखो नीति'' (Look East Policy) का उद्देश्य दक्षिण-पूर्व एशिया के देशों के साथ आर्थिक, राजनीतिक और सांस्कृतिक संबंध मजबूत करना था। 1990 के दशक में शुरू की गई इस नीति का

मुख्य मकसद था क्षेत्रीय सहयोग बढ़ाना और वैश्विक अर्थव्यवस्था में भारत की भागीदारी को बढ़ाना। इसके तहत आसियान देशों के साथ विशेष साझेदारी पर बल दिया गया। आज इसे Act East Policy के नाम से और आगे बढ़ाया गया है।

168. लोकतंत्र की अपर्याप्तता से तात्पर्य है कि लोकतांत्रिक आदर्शों और उनकी वास्तविक कार्यप्रणाली के बीच एक बड़ा अंतर होता है। यानी लोकतंत्र का ढाँचा मौजूद होता है, लेकिन उसमें पारदर्शिता, जवाबदेही और नागरिक अधिकारों का पूर्ण पालन नहीं होता। ऐसे में लोकतंत्र केवल औपचारिक रह जाता है, और उसके मूल मूल्यों की कमी महसूस होती है। यह अवधारणा लोकतंत्र की गहराई और उसके प्रभावी क्रियान्वयन को लेकर गंभीर प्रश्न उठाती है।

169. ज्ञानात्मक हिंसा (Epistemic Violence) का सर्वाधिक सटीक उदाहरण है गैर-पश्चिमी और स्वदेशी ज्ञान प्रणाली का शैक्षणिक पाठ्यक्रम और नीति विमर्श से बहिष्कार। यह स्थिति तब उत्पन्न होती है जब किसी समाज या समुदाय के ज्ञान को मान्यता नहीं दी जाती और केवल एक ही दृष्टिकोण को प्रमुख मान लिया जाता है। इससे हाशिए पर पड़े समूहों की आवाज दब जाती है। लोकतांत्रिक ज्ञान उत्पादन में यह बड़ी चुनौती है।

170. "What is Science" पुस्तक के लेखक हैं सुंदर सरुक्कई यह पुस्तक विज्ञान के दर्शन और ज्ञानमीमांसा (epistemology) पर केंद्रित है। इसमें यह समझाने का प्रयास किया गया है कि विज्ञान केवल तथ्यों का संग्रह नहीं, बल्कि एक सामाजिक और सांस्कृतिक प्रक्रिया भी है। सरुक्कई ने विज्ञान की सीमाओं, उसकी पद्धति और समाज से उसके संबंधों पर गहन चर्चा की है।

171. भारतीय लोकतंत्र में नारीवादी आंदोलनों के लिए सबसे बड़ी चुनौती पितृसत्तात्मक मानदंड और रूढ़ धारणाएं हैं। समाज में गहराई से जमी हुई परंपराएँ और लैंगिक असमानता महिलाओं के अधिकारों और समानता की राह में बाधक बनती हैं। राजनीतिक और सामाजिक स्तर पर निर्णय लेने की प्रक्रिया में महिलाओं की भागीदारी अक्सर सीमित कर दी जाती है। इस कारण, नारीवादी आंदोलन को समानता और न्याय की दिशा में लंबा संघर्ष करना पड़ता है।

172. भारत में वोहरा समिति ने राजनेताओं, नौकरशाहों और अपराधियों के गठबंधन (Nexus) पर गंभीर चिंता व्यक्त की। 1993 में गठित इस समिति ने अपनी रिपोर्ट में बताया कि राजनीति, अपराध और प्रशासन के बीच सांठगांठ लोकतंत्र और कानून व्यवस्था के लिए बड़ा खतरा है। इसने राजनीतिक प्रणाली में अपराधीकरण की समस्या को उजागर किया। यह रिपोर्ट आज भी राजनीति और अपराध के संबंधों पर चर्चाओं में संदर्भित की जाती है।

173. भारत अपनी विदेश नीति को मुख्यतः बहुपक्षीय सहयोग को बढ़ावा देकर संचालित करता है। भारत अंतर्राष्ट्रीय संस्थाओं और मंचों जैसे संयुक्त राष्ट्र, ब्रिक्स, आसियान, जी-20 आदि में सक्रिय भागीदारी करता है। इसका उद्देश्य वैश्विक शांति, आर्थिक सहयोग और सतत विकास को आगे बढ़ाना है। यह नीति भारत की "वसुधैव कुटुम्बकम्" की सोच को भी दर्शाती है।

174. क्रिस्टोफ जाफरलॉट ने यह तर्क दिया कि हिंदुत्व एक आधुनिक राजनीतिक विचारधारा है, न कि पारंपरिक विचारधारा। उनके अनुसार, हिंदुत्व उन्नीसवीं और बीसवीं सदी में राजनीतिक संदर्भों में विकसित हुआ, और इसका उद्देश्य हिंदू पहचान को एक राष्ट्रवादी ढांचे में बदलना था। यह विचार आधुनिक राजनीति और लोकतंत्र के साथ सामंजस्य बिठाने का प्रयास करता है। इस दृष्टिकोण से हिंदुत्व को एक वैचारिक परियोजना माना जाता है।

175. भारत की विदेश नीति की नींव रखने में जवाहरलाल नेहरू ने महत्वपूर्ण भूमिका निभाई। उन्होंने गुटनिरपेक्ष आंदोलन (NAM) का नेतृत्व किया और शांति, सहअस्तित्व और पंचशील के सिद्धांतों पर आधारित विदेश नीति को आकार दिया। नेहरू ने शीत युद्ध के दौर में भारत को किसी सैन्य गुट से न जोड़ते हुए स्वतंत्र कूटनीतिक रास्ता अपनाया। उनकी नीतियाँ आज भी भारत की विदेश नीति की मूल आधार मानी जाती हैं।

176. क्रिस्टोफ जाफरलॉट के अनुसार, उत्तर भारत में निचली जातियों की राजनीतिक भागीदारी का मुख्य प्रेरक कारक सकारात्मक कार्रवाई (आरक्षण) और चुनावी लामबंदी रहा है। मंडल आयोग की सिफारिशों के लागू होने से निचली जातियों को राजनीतिक प्रतिनिधित्व और सामाजिक पहचान मिली। इसके साथ ही क्षेत्रीय दलों ने इन वर्गों

को लामबंद किया और सत्ता संरचनाओं में उन्हें स्थान दिलाया। इसने लोकतंत्र को सामाजिक न्याय की दिशा में गहराई दी।

177. पश्चिमी पाकिस्तानी शरणार्थी (WPR) जम्मू और कश्मीर में बसे हैं। 1947 में विभाजन के समय बड़ी संख्या में लोग पाकिस्तान से यहां आए, लेकिन उन्हें स्थायी निवासी का दर्जा लंबे समय तक नहीं मिला। इस कारण वे भूमि अधिकारों, सरकारी नौकरियों और शिक्षा जैसे संवैधानिक अधिकारों से वंचित रहे। अनुच्छेद 370 और 35A हटने के बाद उनकी स्थिति में परिवर्तन आया।

178. भारत में सांप्रदायिक हिंसा को पॉल आर. ब्रास ने 'संस्थागत दंगा प्रणाली' के रूप में समझाया। उनके अनुसार, दंगे स्वतःस्फूर्त नहीं होते, बल्कि राजनीतिक और आर्थिक हितों से प्रेरित संगठित और योजनाबद्ध घटनाएँ होते हैं। उन्होंने बताया कि दंगे एक संरचित तंत्र के अंतर्गत घटित होते हैं, जहाँ नेताओं और संस्थानों की भूमिका महत्वपूर्ण होती है। यह दृष्टिकोण हिंसा को केवल भीड़ की प्रतिक्रिया मानने से आगे जाता है।

179. शीत युद्ध की आधिकारिक समाप्ति को चिह्नित करने वाली सबसे महत्वपूर्ण घटना बर्लिन की दीवार का गिरना (1989) थी। यह घटना पूर्व और पश्चिम जर्मनी के पुर्नएकीकरण का प्रतीक बनी और सोवियत संघ के कमजोर पड़ने का संकेत थी। इसके तुरंत बाद वारसा संधि और अंततः सोवियत संघ का विघटन हुआ। इसने वैश्विक राजनीति को एकध्रुवीय व्यवस्था की ओर मोड़ा।

180. उक्त क्रांतिकारी बयान पेरियार ई.वी. रामासामी ने दिया था। उन्होंने जाति-आधारित भेदभाव और ब्राह्मणवादी परंपराओं का कड़ा विरोध किया। पेरियार का आंदोलन सामाजिक समानता, तर्कवाद और आत्मसम्मान पर आधारित था, जिसमें धर्म और जाति के दमनकारी प्रतीकों को खारिज करने का आह्वान था। उनका यह रुख दक्षिण भारत में सामाजिक न्याय आंदोलनों की नींव बना।

181. जब नए अनुभव आसानी से हमारे पहले से बने मानसिक ढाँचे (schemas) में फिट हो जाते हैं, तो इसे आत्मसात्करण (Assimilation) कहा जाता है। जीन पियाजे ने इसे संज्ञानात्मक विकास की एक प्रमुख प्रक्रिया बताया है। इसमें व्यक्ति मौजूदा ज्ञान का उपयोग करके नई जानकारी को समझता है। यह प्रक्रिया सीखने और अनुभवों को व्यवस्थित करने में मदद करती है।

182. प्रभावी शिक्षण तकनीकों में स्पष्ट संचार (Clear Communication) एक केंद्रीय तत्व है। यह सुनिश्चित करता है कि छात्र विषय-वस्तु को सही तरह से समझें और उसमें सक्रिय रूप से भाग लें। जब शिक्षक स्पष्ट और सुसंगत तरीके से समझाते हैं, तो जटिल विषय भी आसानी से ग्रहण किए जा सकते हैं। इससे विद्यार्थियों में सीखने की जिज्ञासा और आत्मविश्वास भी बढ़ता है।

183. RTE अधिनियम, 2009 का उद्देश्य CWSN (Children With Special Needs) सहित 6 से 14 वर्ष के सभी बच्चों को निःशुल्क और अनिवार्य प्रारंभिक शिक्षा उपलब्ध कराना है। यह अधिनियम शिक्षा को मौलिक अधिकार के रूप में स्थापित करता है। इसमें समान अवसर, समावेशी शिक्षा और भेदभाव-रहित वातावरण पर विशेष बल दिया गया है। यह शिक्षा को सार्वभौमिक और सुलभ बनाने की दिशा में बड़ा क़दम है।

184. प्रारंभिक बाल्यावस्था में जब बच्चे ठोस वस्तुओं के बारे में सोचने और तर्क करने की क्षमता प्रदर्शित करते हैं, तो यह संज्ञानात्मक विकास (Cognitive Development) से संबंधित होता है। पियाजे ने इसे ठोस संक्रियात्मक अवस्था (Concrete Operational Stage) से जोड़ा है। इस अवस्था में बच्चे तार्किक सोच विकसित करते हैं, लेकिन यह अभी भी ठोस वस्तुओं तक ही सीमित रहता है। यह सीखने और समस्या समाधान का आधार बनता है।

185. गार्डनर का बहु-बुद्धि सिद्धांत शिक्षा में कला, संगीत, नाटक और अन्य रचनात्मक गतिविधियों के समावेशन का समर्थन करता है। गार्डनर ने कहा कि बुद्धि केवल भाषाई और तार्किक क्षमताओं तक सीमित नहीं है, बल्कि संगीत, शारीरिक, दृश्य-स्थानिक और अंतर्वैयक्तिक क्षमताएँ भी बुद्धि का हिस्सा हैं। यह सिद्धांत शिक्षा को अधिक समग्र और विविध बनाता है।

186. पाठ योजना बनाने का पहला चरण उद्देश्य का विवरण तैयार करना होता है। यह चरण यह स्पष्ट करता है कि शिक्षक छात्रों से किस प्रकार के अधिगम परिणामों की

अपेक्षा करता है। उद्देश्य स्पष्ट होने पर शिक्षक सामग्री, विधि और मूल्यांकन तकनीकों का चयन सही ढंग से कर सकता है। इस प्रकार यह पूरे शिक्षण-प्रक्रिया की नींव होता है।

187. शिक्षण में काल-रेखा (Timeline) का उपयोग प्रभावी है क्योंकि यह दो समयावधियों के बीच संबंध ज्ञात करने में सहायता करता है। इससे विद्यार्थियों को ऐतिहासिक घटनाओं के अनुक्रम को समझने और तुलना करने का अवसर मिलता है। काल-रेखा घटनाओं को व्यवस्थित ढंग से प्रस्तुत करती है, जिससे उनका आपसी संबंध स्पष्ट होता है। इस प्रकार यह समय और घटनाओं की अवधारणा को मजबूत करती है।

188. सामाजिक विज्ञान में वे विषय शामिल होते हैं जो समाज, राजनीति और अर्थव्यवस्था से संबंधित होते हैं, जैसे – अर्थशास्त्र, राजनीति और इतिहास। लेकिन गणित सामाजिक विज्ञान का विषय नहीं है। गणित को प्रायः विज्ञान और तर्कशास्त्र का हिस्सा माना जाता है, जबकि सामाजिक विज्ञान मानव समाज और उसकी संरचनाओं का अध्ययन करते हैं। इसलिए गणित को सामाजिक विज्ञान की श्रेणी में नहीं रखा जाता।

189. गंभीर श्रवण हानि वाले छात्रों की श्रवण सीमा 90 dB से अधिक होती है। इसका अर्थ है कि वे केवल बहुत तेज आवाजें ही सुन सकते हैं, और सामान्य बातचीत या हल्की ध्वनियाँ उनके लिए असंभव होती हैं। ऐसे छात्रों को विशेष उपकरणों, श्रवण यंत्रों और सांकेतिक भाषा जैसी सहायक विधियों की आवश्यकता होती है। इस श्रेणी में आने वाले छात्रों को शिक्षण में विशेष सहायता दी जाती है।

190. हर्बार्टियन उपागम (Herbartian approach) में तैयारी (Preparation) और प्रस्तुति (Presentation) महत्वपूर्ण चरण होते हैं। तैयारी में छात्रों के पूर्व अधिगम और ध्यान आकर्षित करने के कारकों पर जोर दिया जाता है। प्रस्तुति में नए अधिगम अनुभव प्रस्तुत किए जाते हैं। इस प्रकार (*a*) और (*b*) तैयारी से संबंधित हैं, जबकि (*c*) प्रस्तुति से संबंधित है।

191. योगात्मक मूल्यांकन (Summative assessment) का मुख्य कार्य विषय वस्तु में पारंगतता जानना है। यह मूल्यांकन आमतौर पर किसी अध्याय, इकाई या पाठ्यक्रम के अंत में किया जाता है। इसका उद्देश्य यह पता लगाना होता है कि छात्रों ने सीखी हुई सामग्री को कितना समझा और आत्मसात किया है। इस मूल्यांकन के आधार पर छात्रों को ग्रेड या अंक दिए जाते हैं।

192. समाजीकरण का एक केंद्रित रूप जेंडर समाजीकरण (Gender socialisation) है। इसके माध्यम से बच्चों को यह सिखाया जाता है कि समाज में पुरुष या महिला होने का क्या अर्थ है। इसमें उन्हें विशेष भूमिकाएँ, व्यवहार और अपेक्षाएँ सिखाई जाती हैं। यह प्रक्रिया परिवार, विद्यालय, मीडिया और समाज के अन्य संस्थानों के माध्यम से होती है।

193. रुबरिक (Rubric) एक ऐसा उपकरण है जिसका उपयोग छात्रों के कार्य को मानदंडों और मानकों के विरुद्ध आँकने के लिए किया जाता है। यह आमतौर पर मैट्रिक्स या ग्रिड के रूप में प्रस्तुत किया जाता है। रुबरिक से शिक्षकों को यह समझने में आसानी होती है कि छात्र ने कार्य को किस स्तर तक पूरा किया है। यह मूल्यांकन को अधिक पारदर्शी और न्यायसंगत बनाता है।

194. NCF 2023 (राष्ट्रीय पाठ्यचर्या रूपरेखा 2023) में सामाजिक विज्ञान की शिक्षा का दृष्टिकोण पूर्णतावादी पद्धति (Holistic approach) पर आधारित है। इसका उद्देश्य विद्यार्थियों को अनुशासनात्मक ज्ञान के साथ-साथ अंतः विषय परिप्रेक्ष्य (interdisciplinary perspective) प्रदान करना है। इस दृष्टिकोण से वे इतिहास, भूगोल, राजनीति और अर्थशास्त्र जैसे विषयों को जोड़कर सामाजिक प्रक्रियाओं की गहरी और समग्र समझ विकसित करते हैं। इससे विद्यार्थियों में आलोचनात्मक सोच, संवेदनशीलता और समाज के प्रति जागरूकता बढ़ती है।

195. सूक्ष्म नियोजन (Micro planning) का संबंध पाठ योजना (Lesson plan) से है। इसमें शिक्षक बहुत ही छोटे स्तर पर, प्रतिदिन की शिक्षण गतिविधियों को व्यवस्थित और योजनाबद्ध तरीके से तैयार करता है। इसका उद्देश्य है कि शिक्षण अधिक प्रभावी और लक्ष्य-उन्मुख हो। यह बड़े स्तर की योजनाओं जैसे वार्षिक योजना या इकाई योजना से भिन्न होता है।

196. पाठ्यक्रम में भाषा को एक ऐसे उपागम के रूप में देखा जाता है जो भाषा अधिगम को अन्य विषयों के अधिगम के साथ एकीकृत करता है। इसका अर्थ यह है कि भाषा केवल व्याकरण या शब्दावली सिखाने का साधन नहीं है, बल्कि गणित, विज्ञान, सामाजिक विज्ञान जैसे विषयों की समझ को भी विकसित करने का माध्यम है। यह दृष्टिकोण विद्यार्थियों को भाषा के प्रयोग में दक्ष बनाता है और उनकी समग्र शिक्षा को समृद्ध करता है।

197. सामाजिक और राजनीतिक जीवन (Social and Political Life) की विषयवस्तु मुख्य रूप से राजनीति विज्ञान, अर्थशास्त्र और समाजशास्त्र से ली जाती है। इन तीनों विषयों का समन्वय विद्यार्थियों को समाज, राजनीति और आर्थिक संरचनाओं की समझ प्रदान करता है। इससे वे लोकतांत्रिक मूल्यों, अधिकारों और कर्तव्यों, सामाजिक संस्थाओं और आर्थिक असमानताओं को गहराई से समझ पाते हैं।

198. जेंडर समानता सुनिश्चित करने का एक उदाहरण यह है कि विद्यार्थियों के नाम जेंडर की परवाह किए बिना वर्णमाला क्रम से लिखे जाएँ। यह तरीका सबको समान अवसर और स्थान प्रदान करता है तथा भेदभाव की भावना को कम करता है। इससे बच्चों में समानता, निष्पक्षता और समावेशिता की सोच विकसित होती है, जो शिक्षा में जेंडर न्याय की दिशा में महत्वपूर्ण है।

199. पाठ्यचर्या योजना जब विद्यार्थियों की वर्तमान जीवन की जरूरतों पर केंद्रित होती है, तो इसे शिक्षार्थी-केंद्रित कहा जाता है। इस दृष्टिकोण में विद्यार्थियों की वास्तविक परिस्थितियाँ, अनुभव और समस्याएँ शिक्षा का आधार बनती हैं। यह उन्हें केवल भविष्य के लिए तैयार नहीं करता, बल्कि वर्तमान चुनौतियों का सामना करने में सक्षम बनाता है।

200. तीन मूलभूत अनुदेशात्मक प्रक्रियाएँ हैं: लक्ष्य निर्धारित करना, उन्हें प्राप्त करने के लिए प्रयास करना और यह जाँचना कि वे कितनी अच्छी तरह प्राप्त हुए हैं। यह प्रक्रिया शिक्षण और अधिगम को प्रभावी बनाने का आधार है। इससे शिक्षक को योजना, क्रियान्वयन और मूल्यांकन—तीनों स्तरों पर दिशा मिलती है।

पिछले प्रश्न-पत्र (हल सहित)

दिल्ली अधीनस्थ सेवा चयन बोर्ड (DSSSB)

PGT (राजनीति शास्त्र) भर्ती परीक्षा, 2021*

पोस्ट स्पेसिफिक विषय-संबंधी प्रश्न

1. रूसो की सामान्य इच्छा (जनरल विल) की अवधारणा के संबंध में निम्नलिखित पर विचार करें :

1. रूसो ने सबसे पहले जनरल विल की अवधारणा के बारे में अपने राजनीतिक अर्थव्यवस्था पर व्याख्यान में लिखा था।
2. वह जोर देकर कहते हैं कि जनरल विल की व्यापकता संख्या की बात नहीं है जितनी कि आंतरिक गुणवत्ता और अच्छाई की है।
3. जनरल विल को संप्रभु और व्यक्तियों को जनरल विल में सहभागी बनाकर, रूसो ने स्वतंत्रता के साथ अधिकार को समेट लिया।
4. उन्होंने जोर देकर कहा कि जनरल विल हमेशा जनता की भलाई के लिए होती है और सभी की इच्छा से अलग होती है।

दिए गए कूट से सही उत्तर का चयन कीजिए :

A. 1 और 3 B. 1, 2, 3 और 4
C. केवल 4 D. 1 और 4

2. मार्क्सवादी द्वंद्वात्मक भौतिकवाद के तीन आयाम हैं। निम्नलिखित में से कौन उनमें से एक नहीं है?

A. विरोधों की एकता का नियम (विरोधाभास)
B. मात्रा के गुणवत्ता में परिवर्तन का नियम। इसका अर्थ है कि मात्रात्मक परिवर्तन गुणात्मक क्रांतिकारी स्थिति की ओर ले जाते हैं
C. निषेध के निषेध का नियम (थीसिस, एंटीथिसिस और सिंथेसिस)
D. यह नियम की सामग्री और आदर्श समान हैं और एकता का गठन करते हैं

3. 1936 में, बी.आर. अम्बेडकर ने बॉम्बे प्रांत के चुनाव में 17 सीटों पर चुनाव लड़ने के लिए एक राजनीतिक दल का गठन किया। राजनीतिक दल का क्या नाम था?

A. बैकवर्ड ब्लॉक
B. स्वतंत्र दलित आंदोलन
C. बैकवर्ड पीपल एसोसिएशन
D. इंडिपेंडेंट लेबर पार्टी

4. शास्त्रीय राजनीतिक सिद्धांत निम्नलिखित में से किससे मिलकर बनता है?

1. शास्त्रीय राजनीतिक सिद्धांत का उद्देश्य लोगों से संबंधित मामलों के बारे में विश्वसनीय ज्ञान प्राप्त करना, विश्वास के लिए एक तर्कसंगत आधार स्थापित करने के लिए दार्शनिक खोज करना, और कार्रवाई के लिए एक तर्कसंगत आधार स्थापित करने के लिए राजनीतिक रूप से प्रेरित प्रयास करना है।
2. इसने जनता के साथ राजनीति की पहचान करने की मांग की, सामान्य ग्रीक पोलिस, रोमन रेस पब्लिका, और मध्ययुगीन युग में कॉमनवेल्थ का उपयोग–सभी ने भागीदारों के रूप में लोगों के बीच आम बात को साझा करने का संकेत दिया।
3. स्वयं को राजनीतिक संपूर्णता से जोड़ते हुए, शास्त्रीय राजनीतिक सिद्धांत ने व्यवस्था, संतुलन, स्थिरता और सद्भाव पर जोर दिया। इसीलिए, इस प्रक्रिया में, यह संघर्ष, अराजकता, अस्थिरता और क्रांति जैसे शब्दों पर टिका रहा।

दिए गए कूट से सही उत्तर का चयन कीजिए :

A. केवल 1 और 2 B. केवल 2 और 3
C. 1, 2 और 3 D. केवल 1 और 3

5. निम्नलिखित में से किस तरीके से बी.आर. अम्बेडकर ने मार्क्सवाद की निंदा की?

1. उन्होंने सत्ता हथियाने के साधन के रूप में हिंसा की रणनीति की निंदा की और एक अच्छे समाज के निर्माण के लिए दृढ़ जन कार्रवाई का आह्वान किया।

*Exam held on 04-07-2021.

2. उन्होंने तर्क दिया कि इतिहास की आर्थिक व्याख्या जो राजनीतिक और वैचारिक संस्थाओं द्वारा निभाई जाने वाली महत्वपूर्ण भूमिका और राज्य के विलुप्त होने की अवधारणा को स्वीकार नहीं करती है।
3. उन्होंने तर्क दिया कि वर्गों के बीच कोई संघर्ष नहीं है और सामाजिक संबंधों में वर्ग-संघर्ष बहुत बड़ा है।
4. उन्होंने तर्क दिया कि एक अच्छा समाज उत्पादन के साधनों के व्यापक निजी स्वामित्व की मांग करता है।

दिए गए कूट से सही उत्तर का चयन कीजिए :

A. 2 और 4 B. 1 और 2
C. 1, 2, 3 और 4 D. 3 और 4

6. निम्नलिखित में से किसने बेंथम के पैनोप्टीकॉन को शक्ति की एक नई तकनीक के रूप में श्रेय दिया?

A. जॉन रॉल्स B. माइकल फौकॉल्ट
C. जे.एस. मिल D. किमलिका

7. निम्नलिखित में से किसने कहा कि "राजा को विद्रोही नेताओं के खिलाफ कार्रवाई शुरू करनी चाहिए क्योंकि ये वही नेता हैं जो विद्रोह को नेतृत्व प्रदान करते हैं। किसी भी हालत में उसे लोगों की भीड़ के खिलाफ बल प्रयोग नहीं करना चाहिए क्योंकि इससे व्यापक रक्तपात हो सकता है"?

A. मेकियावेली B. जॉन लॉक
C. कन्फ्यूशियस D. कौटिल्य

8. निम्नलिखित में से किसने लाला लाजपत राय को "समाजवाद के प्रति सहानुभूति रखने वाला एक बुर्जुआ राजनीतिज्ञ" कहा?

A. नेताजी सुभाषचंद्र बोस B. एम.एन. रॉय
C. दादा भाई नौरोजी D. सी.आर. दास

9. निम्नलिखित में से किस भारतीय राजनीतिक विचारक ने कहा कि "समाजवाद का सार, उत्पादन के साधनों का राज्य द्वारा नियंत्रण" में निहित है?

A. बी.आर. अम्बेडकर B. सरदार पटेल
C. महात्मा गांधी D. जवाहरलाल नेहरू

10. निम्नलिखित में से किसने निबंध लिखा है "पुरुषों में असमानता की उत्पत्ति क्या है, और क्या यह प्राकृतिक कानून द्वारा अधिकृत है?" ("What is the origin of inequality among men, and is it authorised by natural law?")

A. एडमंड बर्क (Edmund Burke)
B. एलेक्सिस डी टॉकविले (Alexis De Tocqueville)
C. इमैनुएल कांट (Immanuel Kant)
D. जीन जैक्स रूसो (Jean Jacques Rousseau)

11. नीचे दो कथन दिए गए हैं, एक को अभिकथन (A) और दूसरे को कारण (R) कहा गया है :

अभिकथन (A): प्लेटो के लिए राज्य संबंधों की एक ऐसी व्यवस्था है जिसमें प्रत्येक व्यक्ति अपना व्यवसाय करता है तथा जहाँ राज्य का कार्य ऐसे संबंधों को बनाये रखना तथा बढ़ावा देना है।

कारण (R): इसके अलावा, प्लेटो ने जोर देकर कहा कि लोगों को पूर्ण जीवन जीने में मदद करना सरकार का काम है।

नीचे दिए गए कूट से सही उत्तर का चयन कीजिए :

A. (A) गलत है, लेकिन (R) सत्य है।
B. (A) सत्य है, लेकिन (R) गलत है।
C. (A) और (R) दोनों सत्य हैं, लेकिन (R), (A) की सही व्याख्या नहीं है।
D. (A) और (R) दोनों सत्य हैं, लेकिन (R), (A) की सही व्याख्या है।

12. निम्नलिखित में से कौन-सी स्वतंत्रता उन विशिष्ट स्वतंत्रताओं में से एक नहीं है जो जे.एस. मिल ने अपनी पुस्तक 'ऑन लिबर्टी' में वकालत की?

A. विचार और अभिव्यक्ति की स्वतंत्रता
B. निजी संपत्ति अर्जित करने की स्वतंत्रता
C. साहचर्य की स्वतंत्रता
D. कार्य की स्वतंत्रता

13. जॉन लॉक के अनुसार, निम्नलिखित में से कौन प्रकृति की अवस्था में होने वाली असुविधाओं में से एक नहीं है?

A. यह लगातार युद्ध की स्थिति में है
B. कानून घोषित करने के लिए एक विधायिका प्राधिकरण की आवश्यकता
C. कानून के एक अवैयक्तिक निष्पादक की कमी
D. निष्पक्ष न्यायाधीश का कानून के उल्लंघन के मामलों का फैसला करना

14. निम्नलिखित में से कौन एक विज्ञान के रूप में राजनीतिक सिद्धांत का प्रस्तावक नहीं है?

A. लियो स्ट्रॉस B. जॉर्ज कैटलिन
C. डेविड ईस्टन D. रॉबर्ट डाल

15. नीचे दो कथन दिए गए हैं, एक को अभिकथन (A) और दूसरे को कारण (R) कहा गया है :

अभिकथन (A): 'कैरट एंड स्टिक' नीति एक दोहरी नीति है, जिसका उद्देश्य विपक्ष में उदारवादी और चरमपंथी तत्वों के बीच एक कील चलाना है।

कारण (R): सरकार नरमपंथियों को पुरस्कार और रियायतें दे सकती है लेकिन साथ ही वह चरमपंथियों के खिलाफ अपने सैन्य अभियान को जारी रख सकती है।

नीचे दिए गए कूट से सही उत्तर का चयन कीजिए :

A. (A) और (R) दोनों सत्य हैं, लेकिन (R), (A) की सही व्याख्या नहीं है।

B. (A) और (R) दोनों सत्य हैं, लेकिन (R), (A) की सही व्याख्या है।

C. (A) गलत है, लेकिन (R) सत्य है।

D. (A) सत्य है, लेकिन (R) गलत है।

16. सूची-I (पुस्तकें) और सूची-II (लेखक) का मिलान करें और नीचे दिए गए कोड से सही उत्तर चुनें :

सूची-I (पुस्तक)	**सूची-II (लेखक)**
(*a*) एन एस्से कनसर्निंग ह्यूमन अंडरस्टैंडिंग	1. अरस्तू
(*b*) लेवियाथन (Leviathan)	2. जॉन लॉक
(*c*) डिस्कोर्सेस ऑन द फर्स्ट टेन बुक्स ऑफ टाइटस लिवियस	3. निकोलो मेकियावेली
(*d*) राजनीति (Politics)	4. थॉमस हॉब्स

कूट :

	(*a*)	(*b*)	(*c*)	(*d*)
A.	1	2	3	4
B.	2	4	3	1
C.	3	2	1	4
D.	3	1	4	2

17. अंबेडकर ने सामुदायिक बंधन को बनाए रखने के लिए निम्नलिखित में से किसका सुझाव दिया था?

1. उन्होंने अंतर्जातीय विवाह का सुझाव दिया
2. उन्होंने अंतर्जातीय भोजन करने का सुझाव दिया
3. उन्होंने तर्क दिया कि 'वर्णाश्रमधर्म' की रक्षा करने वाले शास्त्रों को त्याग दिया जाना चाहिए क्योंकि वे न्यायसंगत हैं और समाज के वर्गीकृत संगठन को वैध बनाते हैं।

दिए गए कूट से सही उत्तर का चयन कीजिए :

A. केवल 2 और 3 B. 1, 2 और 3

C. केवल 1 और 3 D. केवल 1 और 2

18. सूची-I (कार्य) और सूची-II (वर्ष) का मिलान करें और नीचे दिए गए कोड से सही उत्तर चुनें :

सूची-I (कार्य)	**सूची-II (वर्ष)**
(*a*) एनीहिलेशन ऑफ कास्ट	1. 1923
(*b*) द प्रॉब्लम ऑफ रूपी	2. 1946
(*c*) वॉट कांग्रेस एंड गांधी हैव डन टू द अनटचेबल्स	3. 1945
(*d*) हू वेयर द शूद्रास?	4. 1936

कूट :

	(*a*)	(*b*)	(*c*)	(*d*)
A.	3	2	1	4
B.	1	2	3	4
C.	4	1	3	2
D.	2	4	3	1

19. नीचे दो कथन दिए गए हैं, एक को अभिकथन (A) और दूसरे को कारण (R) कहा गया है :

अभिकथन (A): अपनी पुस्तक सोशलिज्म : यूटोपियन एंड साइंटिफिक गें, एंगेल्स ने ऐतिहासिक भौतिकवाद को एक ऐसे सिद्धांत के रूप में परिभाषित किया है जो मानता है कि मानव इतिहास के पूरे पाठ्यक्रम को निर्धारित करने वाला अंतिम कारण समाज का आर्थिक विकास है।

कारण (R): मानव इतिहास के पूरे पाठ्यक्रम को उत्पादन और विनिमय के तरीकों में होने वाले परिवर्तनों के संदर्भ में समझाया गया है।

नीचे दिए गए कूट से सही उत्तर का चयन कीजिए :

A. (A) और (R) दोनों सत्य हैं और (R), (A) की सही व्याख्या है।

B. (A) गलत है, लेकिन (R) सत्य है।

C. (A) और (R) दोनों सत्य हैं, लेकिन (R), (A) की सही व्याख्या नहीं है।

D. (A) सत्य है, लेकिन (R) गलत है।

20. रक्ताकोरबी और मुक्ताधारा निम्नलिखित भारतीयों में से किसकी कृतियाँ हैं?

A. श्री अरबिंदो B. राजा राममोहन राय

C. रवींद्रनाथ टैगोर D. स्वामी विवेकानंद

21. 1974 का एक सामाजिक-राजनीतिक आंदोलन नवनिर्माण आंदोलन भारत के किस राज्य में आयोजित किया गया?

A. पश्चिम बंगाल B. राजस्थान

C. गुजरात D. उड़ीसा

22. एल.आई. रूडोल्फ और एस.एच. रूडोल्फ द्वारा भारत में राजनीति के संबंध में निम्नलिखित में से कौन-सा कथन सही नहीं है?

A. राज्य एक स्वायत्त निकाय के रूप में श्रम और पूंजी के बीच बातचीत करता है।

B. एक "पूंजीवादी राज्य" के रूप में भारतीय राज्य ने सार्वजनिक क्षेत्र और राज्य नियोजन की खोज में "पूंजीवाद" का आह्वान किया।

C. भारत में राजनीति मध्यमार्गी राजनीति है।

D. भारत में राजनीति एकवर्गीय राजनीति नहीं है।

23. निम्नलिखित में से किसने 'स्वतंत्र होने' को "दूसरों द्वारा हस्तक्षेप न किए जाने" के रूप में परिभाषित किया?

A. जे.एस. मिल B. जेरेमी बेन्थम

C. आइजिया बर्लिन D. जे.जे. रूसो

24. पुस्तक "हिंदू सोसाइटी एट क्रॉस रोड" किसके द्वारा लिखी गई थी?

A. सर्वपल्ली राधाकृष्णन B. ज्योतिबा फुले

C. वी.पी. मेनन D. के.एम. पणिक्कर

25. सापेक्ष अभाव सिद्धांत (रिलेटिव डेप्रीवेशन थ्योरी) के संबंध में निम्नलिखित में से कौन-सा सही नहीं है?

1. सापेक्ष अभाव को सक्रियकों की उनकी मूल्य अपेक्षाओं और उनके पर्यावरण की स्पष्ट मूल्य क्षमताओं के बीच विसंगति की धारणा के रूप में परिभाषित किया गया है।
2. सापेक्ष अभाव मॉडल उस स्थिति का वर्णन करता है जहाँ अपेक्षाएं स्थिर होती हैं लेकिन क्षमताओं में गिरावट आती है।
3. विरोध आंदोलनों के लिए सापेक्ष अभाव एक आवश्यक लेकिन पर्याप्त शर्त नहीं है।

दिए गए कूट से सही उत्तर का चयन कीजिए :

A. केवल 2 और 3 B. केवल 2

C. केवल 1 और 2 D. 1, 2 और 3

26. रॉबर्ट नोजिक की न्याय की उदारवादी अवधारणा निम्नलिखित में से किसका बचाव है?

A. यह समाजवादी समाज की रक्षा है

B. यह एक मार्क्सवादी शासन की रक्षा है

C. यह मुक्त बाजार पूंजीवाद की रक्षा है

D. यह जनता के नेतृत्व वाले कम्युनिस्ट सुधारों की रक्षा है

27. अखिल भारतीय अनुसूचित जाति संघ (एआईएससीएफ) का गठन किस वर्ष किया गया था?

A. 1935 B. 1951

C. 1947 D. 1942

28. निम्नलिखित में से कौन अधिकारों के निर्देशात्मक सिद्धांत का सबसे अच्छा वर्णन करता है?

A. इसे इतिहास के एक विशेष कालखंड में आर्थिक व्यवस्था के संदर्भ में समझा जाता है

B. इसका मतलब है कि राज्य द्वारा अधिकार दिए जाते हैं, अधिकारों के संबंध में एक दावे के रूप में जो राज्य की शक्ति लोगों को अनुदान देती है

C. यह राज्य को एक लंबी ऐतिहासिक प्रक्रिया के उत्पाद के रूप में मानता है

D. यह मानता है कि अधिकार सामाजिक कल्याण की शर्तें हैं

29. कहावत "वर्ग वर्चस्व कभी भी विशुद्ध रूप से 'आर्थिक' या विशुद्ध रूप से 'सांस्कृतिक' नहीं हो सकता है," किसके द्वारा कहा गया है?

A. राल्फ मिलिबैंड B. ए.आर. देसाई

C. कार्ल मार्क्स D. जी.एम. घुर्ये

30. अपनी आलोचना और उपयोगितावाद के विकल्प में, जॉन रॉल्स निम्नलिखित में से किससे प्रेरणा लेते हैं?

A. टी.एच. ग्रीन के नकारात्मक समानता के विचार से

B. मॉन्टेस्क्यू से

C. रॉबर्ट नोजिक के मानव के सर्वोपरि विचार के रूप में स्वतंत्रता पर तर्क से

D. इमैनुएल कांट के हर इंसान की स्वतंत्रता और समानता के नैतिक विचार से

31. निम्नलिखित कथनों पर विचार करें :

(*a*) लॉर्ड एक्टन और एलेक्सिस डी टोकेविल ने जोर देकर कहा कि समानता और स्वतंत्रता विरोधी हैं।

(*b*) कानून के शासन का मतलब है कि कानून संप्रभु है और कोई भी व्यक्ति, चाहे वह कितना भी महान हो या ऐसा सोचता हो, स्वयं को कानून से ऊपर घोषित नहीं कर सकता है क्योंकि यह मनमानी शासन के समान होगा

(*c*) मार्क्सवादी परंपरा में, यह दावा किया जाता है कि सभी मनुष्यों को अभ्यास द्वारा परिभाषित किया जाता है, अर्थात सभी मनुष्य जानकार, जागरूक और व्यावहारिक एजेंट हैं

(*d*) सकारात्मक समानता 'विशेषाधिकार की समाप्ति' से जुड़ी है, जबकि नकारात्मक समानता का अर्थ है 'अवसर की उपलब्धता'।

नीचे दिए गए कूट से सही कथनों का चयन कीजिए :

A. (*b*) और (*d*)   B. (*a*), (*b*), (*c*) और (*d*)
C. (*a*), (*b*) और (*c*)   D. (*c*), (*d*) और (*b*)

32. निम्नलिखित में से कौन-सा सामाजिक आंदोलन का घटक नहीं है?

A. विचारधारा   B. कार्यक्रम
C. शिक्षा   D. उद्देश्य

33. निम्नलिखित में से कौन-सा, युग्म घटना और उसके वर्ष के संदर्भ में सही सुमेलित नहीं है?

A. बोफोर्स घोटाला – 1989
B. लोकतंत्र बचाओ नारा – 1977
C. मंडल विवाद – 1981
D. गरीबी हटाओ नारा – 1971

34. निम्नलिखित में से किसने कहा, "राजनीतिक संस्थागत उपकरण के रूप में, सरकार का संसदीय स्वरूप, लोगों के ठोस लोकतांत्रिक अधिकारों को जारी रखने या उनका विस्तार करने के लिए अपर्याप्त साबित हुआ है?"

A. मरिओन कोजक   B. एम.एन. रॉय
C. ए.आर. देसाई   D. लियो पानीच

35. भारत में राजनीतिक दलों और दलीय व्यवस्था के संबंध में निम्नलिखित में से कौन-सा सही नहीं है?

A. राजनीतिक दल 1967 के बाद प्रकृति में पूंजीवादी हैं
B. भारत में पार्टी प्रणाली स्वतंत्रता के बाद से राज्य स्तर पर उभरी और विकसित हुई
C. 1967 से पहले भारत में पार्टी प्रणाली कांग्रेस के प्रभुत्व की प्रणाली के रूप में रही है
D. राष्ट्रीय स्तर पर दलीय व्यवस्था एक दलीय प्रभुत्व वाली व्यवस्था से बहु-दलीय व्यवस्था में बदल गई

36. संसाधन जुटाने के सिद्धांत (रिसोर्स मोबिलाईजेशन थ्योरी) के संबंध में निम्नलिखित में से कौन-सा सत्य है?

I. यह तर्कसंगत विकल्प सिद्धांत (रैशनल चॉयस थ्योरी) का परिणाम है।

II. यह इस धारणा पर आधारित है कि व्यक्तियों के कार्यों को यादृच्छिक रूप से प्रेरित किया जाता है न कि किसी वरीयता से।

III. सिद्धांत ने यह दिखाने के लिए कथित तौर पर कहा कि एक आंदोलन की सफलता उपयोग के लिए उपलब्ध संसाधनों पर निर्भर करती है।

A. I और II दोनों सही हैं
B. II और III दोनों सही हैं
C. केवल II सही है
D. I और III दोनों सही हैं

37. कावेरी जल विवाद भारत के किन दो राज्यों के बीच है?

A. तमिलनाडु और केरल
B. केरल और कर्नाटक
C. तमिलनाडु और कर्नाटक
D. आंध्र प्रदेश और कर्नाटक

38. निम्नलिखित में से कौन न्याय के सामाजिक सिद्धांत के प्रस्तावक हैं?

A. स्टीफन बार्कर   B. टी.एच. ग्रीन
C. विलियम मैटलैंड   D. जॉन रॉल्स

39. "स्टेट अगेंस्ट द पीपल" लेख किसके द्वारा लिखा गया है?

A. रजनी कोठारी   B. मॉरिस जोन्स
C. वी.के. रामास्वामी   D. पी.एन. भगवती

40. नकारात्मक स्वतंत्रता की रक्षा के लिए आइजिया बर्लिन निम्नलिखित में से कौन-सा तर्क देते हैं?

A. बर्लिन ने तर्क दिया कि एक स्वतंत्र व्यक्ति वह है जो अपनी शक्ति और बुद्धि से जो करने में सक्षम है, उसे वह करने में कोई बाधा नहीं है जिसे करने की उसकी इच्छा है
B. बर्लिन ने तर्क दिया कि स्वतंत्रता के सिद्धांत ने किसी की आत्म-संबंधित कार्रवाई के क्षेत्र में हस्तक्षेप नहीं किया
C. बर्लिन ने तर्क दिया कि स्वतंत्रता अपने नकारात्मक अर्थों में मुख्य रूप से नियंत्रण के क्षेत्र से संबंधित है, इसके स्रोत से नहीं
D. बर्लिन ने तर्क दिया कि धारणा, निर्णय, भेदभावपूर्ण भावना, मानसिक गतिविधि और यहां तक कि नैतिक वरीयता के मानवीय संकायों का प्रयोग केवल एक विकल्प बनाने में किया जाता है

41. निम्नलिखित में से कौन ''सिस्टम एंड प्रोसेस इन इंटरनेशनल पॉलिटिक्स' पुस्तक के लेखक हैं?

A. सुसन ईटन B. मॉर्टन कपलान

C. गॉर्डन एंडरसन D. डेविड ईस्टन

42. जनहित याचिका (पीआईएल) के संबंध में निम्नलिखित कथनों पर विचार करें :

(*a*) यह न्यायपालिका द्वारा विशेष रूप से समाज के कमजोर वर्गों को न्याय दिलाने के लिए उत्पन्न एक सामाजिक-आर्थिक आंदोलन है।

(*b*) जनहित याचिका का उद्देश्य एक व्यक्ति के दूसरे के खिलाफ अधिकार का प्रवर्तन है।

(*c*) जनहित याचिका का अधिकार देने से अदालतों में मुकदमेबाजी की भरमार हो गई है, जो न्यायपालिका द्वारा लोकतांत्रिक अधिकारों के विकास का संकेत है।

(*d*) यह विचार रोमन न्यायशास्त्र के 'एटियो पॉलुलरिस' से आया है, जिसने सार्वजनिक गलतियों के मामलों में प्रत्येक नागरिक और अदालत की पहुंच की अनुमति दी थी।

नीचे दिए गए कूट से सही कथनों का चयन कीजिए :

A. (*a*) और (*d*) B. (*a*) और (*b*)

C. केवल (*b*) D. केवल (*d*)

43. निम्नलिखित में से किस विद्वान ने सर्वप्रथम 'खेती सिद्धांत' (कल्टीवेशन थ्योरी) पर कार्य किया?

A. जेनिंग्स ब्रायंट B. जॉर्ज गार्बनर

C. डोनाल्ड शॉ D. डोरिना मिरोन

44. निम्नलिखित में से कौन-सा सामाजिक आंदोलन का सही महत्व है?

I. कारखानों और उद्योगों में उत्पादन बढ़ाना

II. 'वर्तमान' राजनीतिक शासन का विरोध करना

III. उस व्यवस्था को स्थापित करना जिसे वे 'आदर्श' मानते हैं और समाज की समस्याओं को हल करने में सक्षम हैं।

A. I, II और III

B. I और III दोनों सही हैं

C. II और III दोनों सही हैं

D. केवल I सही है

45. 'होमो-हिरार्किकस ऑन द इंडियन कास्ट सिस्टम' नामक पुस्तक किसके द्वारा लिखी गई है?

A. लुई ड्यूमॉन्टी B. गेराल्ड बेरेमैन

C. कांचा इलैया D. निकोलस डर्क्स

46. विद्वानों मेल्विन डी फ्लेर और सैंड्रा बॉल-रोकेजच ने निम्नलिखित में से कौन-सा सिद्धांत दिया?

A. विकास संचार सिद्धांत

B. स्पाइरल ऑफ साइलेंस सिद्धांत

C. मीडिया प्रणाली निर्भरता सिद्धांत

D. एजेंडा सेटिंग सिद्धांत

47. निम्नलिखित में से कौन-सा युग्म सही सुमेलित नहीं है?

A. इस्लामी आंदोलन – मध्य-पूर्व

B. तमिलियन आंदोलन – श्रीलंका

C. नाजी आंदोलन – जर्मनी

D. फासीवादी आंदोलन – वियतनाम

48. किस वर्ष यूरोपीय परिषद् गठित हुई थी?

A. 1952 B. 1949

C. 1950 D. 1951

49. वोहरा समिति की रिपोर्ट ने अध्ययन किया :

A. बहु-स्तरीय नौकरशाही प्राधिकरण

B. उच्च सिविल सेवाओं का प्रशिक्षण और भर्ती

C. भारत में अपराधियों, राजनेताओं और नौकरशाहों के बीच गठजोड़

D. भारत सरकार की तंत्र (मशीनरी)

50. 'द राइज एंड डिक्लाइन ऑफ नेशंस : इकोनॉमिक ग्रोथ, स्टैगफ्लेशन, एंड सोशल रिजिडिटीज, 1982' किसके द्वारा लिखा गया है?

A. जॉर्ज बर्नार्ड शॉ B. सैमुअल पी. हंटिंगटन

C. मांकुर ओल्सन D. हेराल्ड लासवेल

51. मंडल आयोग के संबंध में निम्नलिखित कथनों पर विचार करें :

(*a*) मंडल आयोग को आधिकारिक तौर पर सामाजिक और आर्थिक रूप से पिछड़ा वर्ग आयोग (एसईबीसी) के रूप में जाना जाता है।

(*b*) आयोग ने पिछड़े वर्गों की पहचान करने के लिए 11 मानदंड विकसित किए जिन्हें "अन्य पिछड़ा वर्ग" या ओबीसी कहा जाता था। मानदंडों को सामाजिक, आर्थिक और शैक्षिक के रूप में वर्गीकृत किया गया है।

(*c*) आयोग की अध्यक्षता संसद सदस्य वी.पी. मंडल ने की थी।

(*d*) आयोग ने 31 दिसंबर, 1980 को अपनी रिपोर्ट राष्ट्रपति को सौंप दी।

नीचे दिए गए कूट से गलत उत्तर का चयन कीजिए :

A. (*a*), (*b*) और (*c*) B. (*a*) और (*d*)

C. केवल (*c*) D. केवल (*d*)

52. राजेंद्र सिंह द्वारा संसाधन जुटाने के सिद्धांत के संबंध में निम्नलिखित में से कौन-सी धारणा सही है?

(*a*) सामाजिक आंदोलनों को सामूहिक कार्रवाई के संघर्ष मॉडल के रूप में समझा जाना चाहिए।

(*b*) संस्थागत और गैर-संस्थागत सामूहिक कार्यों, दोनों में संस्थागत सत्ता संबंधों की प्रणाली में निर्मित हितों के टकराव होते हैं।

(*c*) सामाजिक आंदोलनों में प्रतिस्पर्धी समूहों द्वारा हितों की तर्कसंगत खोज शामिल है।

A. दोनों (*b*) और (*c*) B. (*a*), (*b*) और (*c*)

C. दोनों (*a*) और (*c*) D. दोनों (*a*) और (*b*)

53. नीचे दो कथन दिए गए हैं, एक को अभिकथन (A) और दूसरे को कारण (R) कहा गया है :

अभिकथन (A): भारतीय राज्य व्यवस्था प्रभुत्वशाली जातियों द्वारा ऊर्ध्वाधर लामबंदी और जाति और वर्ण के नाम पर क्षैतिज गठजोड़ द्वारा शासित होती है।

कारण (R): औपचारिक लोकतंत्र की स्थापना इस बात की गारंटी देती है कि सभी नागरिकों को राजनीतिक प्रक्रियाओं में समान पहुंच और भागीदारी प्राप्त होगी।

नीचे दिए गए कूट से सही उत्तर का चयन कीजिए :

A. (A) सत्य है, लेकिन (R) गलत है।

B. (A) और (R) दोनों सत्य हैं, लेकिन (R), (A) की सही व्याख्या नहीं है।

C. (A) गलत है, लेकिन (R) सत्य है।

D. (A) और (R) दोनों सत्य हैं, लेकिन (R), (A) की सही व्याख्या है।

54. निम्नलिखित में से कौन-सा आंदोलन पर्यावरण से संबंधित नहीं है?

A. अप्पिको आंदोलन

B. उन्मूलनवादी आंदोलन

C. चिपको आंदोलन

D. नर्मदा बचाओ आंदोलन (एनबीए)

55. ''सामाजिक आंदोलन'' के संबंध में निम्नलिखित में से कौन-सी परिभाषा सही है?

I. किसी भी दिशा में और किसी भी तरह से परिवर्तन को बढ़ावा देने के लिए एक विमर्षित सामूहिक प्रयास जहाँ, हिंसा, अवैधता, क्रांति या 'यूटोपियन' समुदाय में वापसी का विकल्प भी छोड़ा नहीं जाता।

II. सामाजिक आंदोलनों को जीवन की एक नई व्यवस्था स्थापित करने के लिए सामूहिक उद्यमों के रूप में देखा जा सकता है।

III. सामाजिक-आंदोलन बहिष्कृत समूहों की ओर से, समाज की संरचना में परिवर्तनों को बढ़ावा देने या विरोध करने के लिए संगठित प्रयास हैं, जिसमें राजनीतिक भागीदारी के गैर-संस्थागत रूपों का सहारा शामिल है।

A. I, II और III B. केवल III सही है

C. केवल I सही है D. II और III दोनों सही हैं

56. नीचे दो कथन दिए गए हैं, एक को अभिकथन (A) और दूसरे को कारण (R) कहा गया है :

अभिकथन (A): भारत में आधुनिक न्यायपालिका अपने स्रोतों को संविधान से प्राप्त करती है, और विधायिका और कार्यपालिका के मनमाने निर्णयों पर एक रोक के रूप में कार्य करती है।

कारण (R): एक कार्यशील लोकतंत्र के लिए एक स्वतंत्र न्यायपालिका की आवश्यकता होती है, जो एक प्रभावी कार्यपालिका और एक जिम्मेदार विधायिका द्वारा समन्वितहो।

नीचे दिए गए कूट से सही उत्तर का चयन कीजिए :

A. (A) और (R) दोनों सत्य हैं, लेकिन (R), (A) की सही व्याख्या नहीं है।

B. (A) और (R) दोनों सत्य हैं, लेकिन (R), (A) की सही व्याख्या है।

C. (A) सत्य है, लेकिन (R) गलत है।

D. (A) गलत है, लेकिन (R) सत्य है।

57. 'द पैराडॉक्सिकल प्राइम मिनिस्टर : नरेंद्र मोदी एंड हिज इंडिया' यह किताब निम्न में से किसने लिखी है?

A. शशि थरूर B. राजदीप सरदेसाई

C. बरखा दत्त D. राहुल गाँधी

58. नीचे दो कथन दिए गए हैं, एक को अभिकथन (A) और दूसरे को कारण (R) कहा गया है :

अभिकथन (A): लोकतंत्र में लोक सेवा को लोकतंत्र की जरूरतों को पूरा करने के लिए अपने व्यवहार और कार्य करने की शैली को संशोधित करना पड़ता है।

कारण (R): देशव्यापी आधार पर पंचायती राज संस्थानों की स्थापना और इन नव-स्थापित संस्थानों को सिविलसेवा

प्रणाली के कुछ पारंपरिक कार्यों का हस्तांतरण सिविल सेवा प्रणाली में एक नई नीति प्रवृत्ति का गठन करता है। नीचे दिए गए कूट से सही उत्तर का चयन कीजिए :

A. (A) और (R) दोनों सत्य हैं, और (R), (A) की सही व्याख्या है।
B. (A) सत्य है, लेकिन (R) गलत है।
C. (A) और (R) दोनों सत्य हैं, लेकिन (R), (A) की सही व्याख्या नहीं है।
D. (A) गलत है, लेकिन (R) सत्य है।

59. गांधी की पद्धति को "संवादात्मक प्रतिरोध" कौन कहता है?
A. डेविड बेली B. लॉर्ड माउंटबेटन
C. कार्ल मार्क्स D. डेविड हार्डिमैन

60. सामाजिक आंदोलन के मार्क्सवादी दृष्टिकोण के संबंध में निम्नलिखित में से कौन-सा सही है?
A. पूर्वाग्रह सामाजिक आंदोलनों का केंद्रीय मूल है।
B. स्वतंत्रता सामाजिक आंदोलनों का केंद्रीय मूल है।
C. संघर्ष सामाजिक आंदोलनों का केंद्रीय मूल है।
D. प्रेम सामाजिक आंदोलनों का केंद्रीय मूल है।

61. आतंकवादियों को एक देश में एक से अधिक देशों में संचालित करने के लिए प्रशिक्षित किया जाता है, उसे कहा जाता है :
1. सीमा पार आतंकवाद
2. अंतर्राष्ट्रीय आतंकवाद
A. न तो 1 और न ही 2 B. केवल 2
C. केवल 1 D. 1 और 2 दोनों

62. परमाणु विस्फोट की संधियों के संबंध में निम्नलिखित में से कौन-सा सही नहीं है?
A. 1996 की व्यापक परीक्षण प्रतिबंध संधि।
B. 1976 शांतिपूर्ण परमाणु विस्फोट संधि।
C. 1972 थ्रेसहोल्ड टेस्ट प्रतिबंध संधि।
D. 1963 की आंशिक परीक्षण प्रतिबंध संधि।

63. रंगभेद (Apartheid) का संबंध किस देश से है?
A. इटली B. दक्षिण अफ्रीका
C. फ्रांस D. भारत

64. चीन के बारे में, किसने एक बार कहा था : "यह एक सोता हुआ दैत्य (जायंट) है, इसे सोने दो क्योंकि अगर यह जाग गया तो यह दुनिया को हिला देगा"?
A. जवाहरलाल नेहरू B. नेपोलियन
C. एलेक्जेंडर I जार D. लॉर्ड लिटन

65. चीन की पीपुल्स लिबरेशन आर्मी (पी.एल.ए.) के संबंध में निम्नलिखित में से कौन-सा सही है?
1. पी.एल.ए. का गठन वर्ष 1927 में हुआ था।
2. 1937 में जापानियों द्वारा चीन पर हमला करने के बाद इसे पी.एल.ए. नाम दिया गया था।
3. झू डे और माओ जेदोंग, पी.एल.ए. के मुख्य संस्थापक थे।
A. केवल 2 और 3 B. 1, 2 और 3
C. केवल 1 और 2 D. केवल 1 और 3

66. 'ट्रांसनेशनल रिलेशंस एंड वर्ल्ड पॉलिटिक्स' पुस्तक किसके द्वारा लिखी गई है?
A. रिडेल-डिक्सन B. केगली जूनियर
C. रॉबर्ट ओ केओहेन D. मैथ्यू इवेंजेलिस्टा

67. निम्न में से किसने कहा है कि 'मनुष्य एक राजनीतिक प्राणी है' (Man is a Political Animal)?
A. प्लेटो B. चाणक्य
C. सुकरात D. अरस्तू

68. आत्मनिर्णय की अवधारणा के संबंध में निम्नलिखित में से कौन-सा गलत है?
A. यह स्पष्ट है कि राष्ट्रवाद की अवधारणा के साथ यह अवधारणा, उपनिवेशवाद को समाप्त करने की प्रक्रिया में महत्वपूर्ण भूमिका निभाई
B. यह बहु-सांस्कृतिक समाजों के भीतर आत्मनिर्णय के सिद्धांत का अनुप्रयोग है जो सबसे जटिल है
C. उपनिवेशों की स्वतंत्रता आत्मनिर्णय के सिद्धांत की भूमिका के अंत का प्रतीक है
D. आत्मनिर्णय की अवधारणा क्षेत्रीय सीमाओं को परिभाषित करने के लिए आधारों की पहचान के लिए कोई प्रावधान नहीं करती है

69. निम्नलिखित में से कौन-सा जोड़ा सही नहीं है?
A. स्वेज नहर संकट – 1956
B. लेबनानी संघर्ष – 1958
C. कांगो संघर्ष – 1968
D. भारत-पाक संघर्ष – 1965

70. निम्नलिखित में से कौन आत्मनिर्णय के क्षेत्र में संयुक्त राष्ट्र की गतिविधियों का तत्व नहीं है?
A. दक्षिण अफ्रीका और रोडेशिया में नस्लीय समानता
B. गोवा को पुर्तगाली शासन से मुक्त करने के लिए सैन्य कार्रवाई

C. वि-उपनिवेशीकरण
D. ट्रस्टीशिप सिस्टम

71. तिब्बत के प्रति भारत की प्रारंभिक विदेश नीति के बारे में निम्नलिखित पर विचार करें :

1. भारत-चीनी मित्रता की नीति को जारी रखते हुए, भारत ने 23 मई, 1951 को चीन-तिब्बत समझौते पर हस्ताक्षर किए, जिसने तिब्बत के भाग्य को स्थायी रूप से सील कर दिया।
2. 1954 में जब भारत ने "चीन के तिब्बती क्षेत्र" के साथ व्यापार के लिए एक समझौते पर हस्ताक्षरकिए, तब नेहरू ने तिब्बत पर चीन का आधिपत्य स्वीकार करते हुए चीनी दावे को स्वीकार कर लिया था।
3. चीनियों को शांत करने के लिए, नेहरू ने 1954 में चाउ एन-लाई के साथ पंचशील (पांच सिद्धांत) समझौता किया, जो क्षेत्रीय अखंडता और संप्रभुता, गैर- आक्रामकता, आंतरिक मामलों में गैर-हस्तक्षेप, समानता तथा शांतिपूर्ण सह-अस्तित्व के आधार पर आपसी सम्मान के सिद्धांतों पर आधारित था।

निम्नलिखित कूट में से सही का चयन कीजिए :

A. 1, 2 और 3 B. केवल 1
C. केवल 3 D. 1 और 2

72. अंतर्राष्ट्रीय संबंधों को राष्ट्र-राज्यों के दृष्टिकोण से नहीं बल्कि व्यक्ति की सुरक्षा के दृष्टिकोण से देखने को कहा जाता है :

A. मानव खतरा B. मानव लाभ
C. मानवाधिकार D. मानव कर्तव्य

73. निम्नलिखित में से कौन-सा परमाणु अप्रसार संधि के बारे में सही नहीं है?

A. संधि हस्ताक्षरकर्ताओं को दो श्रेणियों में विभाजित करती है : जिसके पास परमाणु अस्त्र हैं और जिनके पास नहीं हैं
B. ABM संधि के बाद परमाणु हथियारों के प्रसार को रोकने के लिए डिजाइन किए गए एक प्रभावी अंतर्राष्ट्रीय शासन के निर्माण के लिए NPT दूसरा कदम था
C. यह गैर-हथियार राज्यों को परमाणु सामग्री के अपने होल्डिंग्स के निरीक्षण के लिए प्रतिबद्ध करता है
D. पहले मुख्य रूप से हथियार प्रणालियों, सामरिक समानता और संबंधित भू-रणनीतिक पर ध्यान केंद्रित किया गया था

74. निम्नलिखित में से किस वर्ष में भारत और पाकिस्तान के बीच शिमला समझौते पर हस्ताक्षर किए गए थे?

A. 1971 B. 1991
C. 1972 D. 1965

75. "शरणार्थी" शब्द को 1951 से संबंधित संयुक्त राष्ट्र सम्मेलन द्वारा परिभाषित किया गया है, जिसके अनुसार किसी भी व्यक्ति को 'शरणार्थी' कहा जायेगा जो ..... "शरणार्थी" है।

1. 1 जनवरी, 1951 से पहले यूरोप में घटी घटनाओं का शिकार हुआ था।
2. अपने मूल देश से बाहर था (जिस देश का वह राष्ट्रीय है)
3. उत्पीड़न के एक सुस्थापित भय के कारण अपने मूल देश वापस नहीं जा सका।

A. केवल 1 और 3 B. केवल 2 और 3
C. 1, 2 और 3 D. केवल 1 और 2

76. संगठन के गठन वर्ष के बारे में निम्नलिखित में से कौन-सा जोड़ा सही सुमेलित नहीं है?

A. मानवाधिकारों की सार्वभौम घोषणा (Universal Declaration of Human Rights (UDHR)–1948)
B. संयुक्त राष्ट्र (United Nation (UN)–1945)
C. नागरिक और राजनीतिक अधिकारों पर अंतर्राष्ट्रीय करार (International Covenant on Civil and Political Rights (ICCPR)–1966)
D. आर्थिक, सामाजिक और सांस्कृतिक अधिकारों पर अंतर्राष्ट्रीय करार (International Covenant on Economic, Social and Cultural Rights (ICESCR)–1956)

77. निम्नलिखित में से कौन राष्ट्रों के बीच असमानता का प्रमुख कारण नहीं है?

A. उभरते श्रम बाजार और कौशल अंतर
B. अंतर्राष्ट्रीय राजनीति में सत्ता का खेल
C. असमान अंतर्राष्ट्रीय आर्थिक प्रणाली
D. विकसित और विकासशील देशों के बीच व्यापार

78. निम्नलिखित में से कौन दूसरे विश्व युद्ध के बाद पूंजीवादी या मुक्त बाजार राष्ट्रों द्वारा गठित रक्षात्मक गठबंधनों में से एक नहीं है?

A. वारसा संधि B. सीएटो
C. नाटो D. सेंटो

79. भारत में दर्शन के आदर्शवादी पद्धति के बारे में निम्नलिखित में से कौन-सा सत्य नहीं है?

1. कौटिल्य दर्शन के आदर्शबादी पद्धति के पैरोकार थे।
2. उपनिषद हमें अहिंसा के सिद्धांत का आधार देते हैं जो आदर्शवादी परंपरा का आधार बनता है।
3. 1961 में गोवा में कार्रवाई, 1962 में चीनी आक्रमण और 1965, 1971 और 1999 के पाकिस्तानी आक्रमणों के दौरान भारत को इसकी कीमत चुकानी पड़ी, क्योंकि इस आदर्शवादी पद्धति की अपनी सीमाएं थीं।

A. केवल 1 B. 1, 2 और 3
C. केवल 2 D. केवल 3

80. निम्नलिखित में से कौन सैन्य मामलों पर विज्ञान और प्रौद्योगिकी के प्रभाव को दर्शाता है?

I. लंबी दूरी की मिसाइलों, विमानों और पनडुब्बियों ने एक राष्ट्र की भेद्यता के निर्धारक के रूप में भौतिक स्थान के महत्व को कम कर दिया है।
II. यह अंतर्राष्ट्रीय संबंधों पर सैन्य प्रौद्योगिकी में बदलाव के प्रयास का एक शानदार प्रदर्शन प्रदान करता है।
III. यह दो राष्ट्रों के बीच मित्रता को बढ़ाता है।

A. I और II दोनों सही हैं
B. I, II और III
C. II और III दोनों सही हैं
D. I और III दोनों सही हैं

81. जैसे-जैसे मानव व्यक्ति स्वयं को मानव के रूप में—एक व्यक्ति के रूप में और एक सामाजिक प्राणी के रूप में—अधिक से अधिक जागरूक होता जाता है :

A. वैसे-वैसे वह अपने प्रथम सिद्धांतों और एक मानव व्यक्ति के रूप में आने अधिकारों और कर्तव्यों के प्रति अधिक जागरूक हो जाता है
B. वैसे-वैसे वह अपने मानवीय नैतिक उपदेशों और एक मानव व्यक्ति के रूप में अपने अधिकारों और कर्तव्यों के प्रति अधिक जागरूक हो जाता है
C. वैसे-वैसे अपने मानवीय अंतर्संबंधों और एक मानव व्यक्ति के रूप में अपने अधिकारों और कर्तव्यों के प्रति अधिक जागरूक हो जाता है
D. वैसे-वैसे वह अपनी नैतिक चेतना और एक मानव व्यक्ति के रूप में अपने अधिकारों और कर्तव्यों के प्रति अधिक जागरूक हो जाता है

82. निम्नलिखित में से कौन-सा कथन गलत है?

A. वामपंथियों ने संयुक्त मोर्चा सरकार का समर्थन किया
B. भाजपा ने संयुक्त मोर्चा सरकार का समर्थन नहीं किया
C. कांग्रेस ने संयुक्त मोर्चा सरकार का समर्थन किया था
D. 1989 में संयुक्त मोर्चा सरकार सत्ता में आई

83. निम्नलिखित में से किसने कहा, "राज्य केंद्रित और संगठित रूप में हिंसा का प्रतिनिधित्व करता है। व्यक्ति के पास आत्मा होती है लेकिन राज्य एक निष्प्राण मशीन है; वह उस हिंसा से कभी मुक्त नहीं हो सकती जिसके कारण उसका अस्तित्व है।"

A. हेराल्ड लास्की B. एम.के. गांधी
C. बी.आर. अम्बेडकर D. कार्ल मार्क्स

84. "कानूनी संबंधों के साथ-साथ राज्य के रूपों को न तो स्वयं समझा जा सकता है, न ही मानव मन की तथाकथित सामान्य प्रगति द्वारा समझाया जा सकता है, लेकिन वे जीवन की स्थितियों में निहित है।" निम्नलिखित में से किसने यह कहा?

A. पीटर क्रोपोटकिन B. जॉन मेनार्ड कीन्स
C. कार्ल मार्क्स D. इरविंग फिशर

85. "स्वदेशी आबादी के खिलाफ भेदभाव की समस्या का अध्ययन" किसके द्वारा रिपोर्ट किया गया था?

A. जोस आर. मार्टिनेज B. एम.ए. कॉनरॉय
C. रॉबर्ट ओ. केओहेन D. रिडेल-डिक्सन

86. निम्नलिखित में से किसने संरचनात्मक रूपरेखा दृष्टिकोण (स्ट्रक्चरल फ्रेमवर्क एप्रोच) दिया?

A. मैक्स वेबर B. ग्रेब्रियल आलमंड
C. विलियम मिचेल D. टैल्कॉट पार्सन्स

87. थॉमस एक्विनास के अनुसार, "गंभीर वादों को हल्के में नहीं तोड़ा जाना चाहिए" जैसा सामान्य सिद्धांत निम्नलिखित में से किसका उदाहरण है?

A. तार्किक परिणाम B. स्वयंप्रमाण
C. मुट्ठी सिद्धांत D. स्व-परिणाम

88. नैतिकता एक दार्शनिक ग्रंथ है जो मानव व्यवहार का अध्ययन करता है और यह निर्धारित करने का प्रयास करता है कि सही या गलत व्यवहार क्या है। इसे .... भी कहा जाता है।

A. अनुभवजन्य ज्ञान B. क्रिटिकल ओन्टोलॉजी
C. व्यवहार दर्शन D. नैतिक दर्शन

89. चीन ने तिब्बत पर किस वर्ष कब्जा कर लिया?
A. 1958 B. 1949
C. 1955 D. 1950

90. कारेल वासक ने फ्रांसीसी क्रांतिकारी नारे .... – के अनुसार मानवाधिकारों के ऐतिहासिक विकास को वर्गीकृत करने की मांग की है।
A. स्वतंत्रता, समानता और धर्मनिरपेक्ष
B. संप्रभु, समाजवादी और धर्मनिरपेक्ष
C. न्याय, स्वतंत्रता और समानता
D. स्वतंत्रता, समानता और बंधुत्व

91. भारत ने किस वर्ष परमाणु उपकरण के परीक्षण के साथ छठे सदस्य के रूप में परमाणु क्लब में प्रवेश किया?
A. 1996 B. 1998
C. 1991 D. 1974

92. 1860 के दशक में, संयुक्त राज्य अमेरिका ने निम्नलिखित में से किस मुद्दे पर उत्तरी और दक्षिणी राज्यों के बीच गृह युद्ध देखा?
A. अलगाव B. गुलामी का उन्मूलन
C. बंदूक नियंत्रण कानून D. महिलाओं के अधिकार

93. निम्नलिखित में से किसने कहा कि "जीवन, समय में शरीर की निरंतरता, और स्वतंत्रता, शरीर की निर्बाध गति, दो सर्वोच्च नैतिक मूल्य बन गए"?
A. रामिन जहानबेग्लू B. उपेंद्र बक्सी
C. रॉबर्ट बेनेविक D. भीखू पारेख

94. निम्नलिखित में से कौन-सा 1993 में वियना में आयोजित मानवाधिकारों पर विश्व सम्मेलन का लक्ष्य नहीं था?
A. नागरिक और राजनीतिक अधिकारों और विकास के अधिकार के साथ सामाजिक और आर्थिक अधिकारों के लिए समान वैधता की स्थापना
B. मानव अधिकार की सार्वभौमिकता की पुष्टि
C. संप्रभु राज्य की जवाबदेही के क्षेत्र का विस्तार
D. संयुक्त राष्ट्र संघ के नेतृत्व में व्यक्तिगत और गैर-सरकारी संगठनों के प्रयासों के व्यापक रूप से अपेक्षित समन्वय

95. निम्नलिखित में से किसने कहा कि "आपातकाल के दौरान कार्यपालिका ने अपने राजनीतिक उद्देश्यों के लिए पुलिस का उपयोग किया है"?
A. रिबेरो समिति B. मलीमठ समिति
C. शाह आयोग D. राष्ट्रीय पुलिस आयोग

96. मानव चेतना के नैतिक होने के पीछे क्या कारण है?
1. वह लगातार खुद से सवाल पूछता रहा है कि वह क्या है?
2. क्योंकि वह मानव व्यक्ति के रूप में स्वयं के प्रति अधिक जागरूक हो जाता है।
3. क्योंकि जितना अधिक मानव व्यक्ति स्वयं बन जाता है उतना ही वह इस बात के प्रति सचेत हो जाता है कि उसे क्या होना चाहिए।

A. केवल 2 B. केवल 1
C. केवल 3 D. 1, 2 और 3

97. हाइपरग्लोबलिस्ट, वैश्वीकरण को निम्नलिखित में से किस रूप में परिभाषित करता है?
A. इतिहास का एक नया युग जिसमें पारंपरिक राष्ट्र-राज्य "वैश्विक अर्थव्यवस्था में अस्वाभाविक, यहाँ तक कि असंभव व्यावसायिक इकाइयाँ" बन गए हैं
B. वैश्वीकरण दुनिया को 'रूपांतरित' कर रहा है और इसे तेजी से सामाजिक, राजनीतिक और आर्थिक परिवर्तनों के पीछे एक प्रेरक शक्ति के रूप में देखें, जो आधुनिक समाजों और एक विश्व व्यवस्था को फिर से आकार दे रहे हैं
C. साम्राज्यवाद का एक नया रूप–वे इसे अपनी अर्थव्यवस्थाओं को क्रम में रखने के साथ-साथ 1970 और 80 के दशक के तेल संकट के बाद वैश्विक अवसाद को दूर करने के लिए उन्नत पश्चिमी देशों द्वारा प्रचलित नव-उदारवादी रूढ़िवादी नीतियों के विस्तार के रूप में देखते हैं
D. वैश्वीकरण की ताकतें स्वयं राज्यों को वैश्वीकरण, उदारीकरण और निजीकरण करने के लिए राष्ट्रीय सरकारों की नियामक शक्ति पर निर्भर है

98. निम्नलिखित में से किस सिद्धांत को पूंजीवाद के क्षमाप्रार्थी दृष्टिकोण को व्यावहारिक दृष्टिकोण में बदलने का श्रेय दिया जाता है?
A. मूल्य का श्रम सिद्धांत
B. तुलनात्मक लागत लाभ सिद्धांत
C. रोजगार, ब्याज और धन का सामान्य सिद्धांत
D. प्रतिस्पर्धी बाजार लाभ सिद्धांत

99. राज्य की उत्पत्ति के सिद्धांत के संबंध में निम्नलिखित में से कौन-सा जोड़ा सही नहीं है?
A. थॉमस हॉब्स – सर्वशक्तिमान राज्य
B. जॉन लॉक – सीमित राज्य

C. फ्रेडरिक एंगेल्स – प्राकृतिक सामाजिक विकास का उत्पाद

D. रूसो – लोकतांत्रिक राज्य

100. नैतिक व्यवस्था का तात्कालिक औपचारिक आधार क्या है?

A. प्यार B. मानव अंतर्संबंध

C. मुख्य क्षण D. नैतिक उपदेश

101. बेंथम ने .... में वेस्टमिंस्टर की शुरुआत की और वित्तपोषित किया।

A. 1823 B. 1824

C. 1822 D. 1820

102. राजनीतिक प्रक्रियाओं के संबंध में निम्नलिखित कथनों पर विचार करें :

(*a*) राजनीतिक प्रक्रियाओं को व्यक्तियों की वरीयताओं या व्यवहार में सीमित किया जा सकता है, लेकिन समूह कार्यों और बातचीत से भी वातानुकूलित हैं।

(*b*) ये समूह–उनकी एकजुटता और उनके संघर्ष–राजनीतिक परिणामों को निर्धारित करने में स्वतंत्र योगदान देते हैं।

(*c*) "प्रतिनिधित्व" ऐसे समूहों और आधिकारिक निर्णय लेने के बीच अनन्य महत्वपूर्ण संबंध है।

(*d*) यह संबंध पहचान योग्य और प्रतिलिपि प्रस्तुत करने योग्य सीमाओं के साथ विशेष, "कानूनी रूप से गठित" संगठनों के माध्यम से तेजी से संरचित है।

नीचे दिए गए कूट से सही उत्तर का चयन कीजिए :

A. (*b*) और (*d*) B. केवल (*a*)

C. (*b*) और (*c*) D. केवल (*d*)

103. नीचे दो कथन दिए गए हैं, एक को अभिकथन (A) और दूसरे को कारण (R) कहा गया है :

अभिकथन (A): राजनीतिक दल भारतीय राजनीति के केंद्र में बने हुए हैं।

कारण (R): भारत में जनमत सर्वेक्षणों ने बार-बार दिखाया है कि आमतौर पर लोग उम्मीदवार की तुलना में पार्टी को अधिक वोट देते हैं।

नीचे दिए गए कूट से सही उत्तर का चयन कीजिए :

A. (A) गलत है, लेकिन (R) सत्य है।

B. (A) सत्य हैं, लेकिन (R) गलत है।

C. (A) और (R) दोनों सत्य हैं, लेकिन (R), (A) की सही व्याख्या है।

D. (A) और (R) दोनों सत्य हैं, लेकिन (R), (A) की सही व्याख्या नहीं है।

104. 'पॉलिटिक्स इन इंडिया' नामक पुस्तक किसने लिखी है?

A. संजीब बरुआ B. लुई ड्यूमॉन्टी

C. अतुल कोहली D. रजनी कोठारी

105. 'द ब्यूरोक्रेटाइजेशन ऑफ द वर्ल्ड' नामक पुस्तक किसके द्वारा लिखी गई है?

A. हैरियट मार्टिनौ B. माइकल फौकॉल्ट

C. ब्रूनो रिज्जी D. हर्बर्ट स्पेंसर

106. पार्टी हित के प्रति पूर्वाग्रह निम्नलिखित में से किस प्रकार की नौकरशाही के कारण होता है?

A. जाति नौकरशाही B. संरक्षण नौकरशाही

C. संरक्षक नौकरशाही D. मेरिट नौकरशाही

107. निम्नलिखित में से कौन 15 सोवियत गणराज्यों में से पहला था जिसने अपनी आजादी की घोषणा की?

A. लिथुआनिया B. ताजिकिस्तान

C. लातविया D. एस्टोनिया

108. एन.ए.एम. (NAM) का पहला शिखर सम्मेलन किस वर्ष आयोजित किया गया था?

A. 1966 B. 1978

C. 1961 D. 1972

109. तेलंगाना आंदोलन की शुरुआत किस वर्ष हुई थी?

A. 1943 B. 1969

C. 1947 D. 1945

110. निम्नलिखित में से कौन भारत में ब्रिटिश शासन के लाभों में से एक नहीं है?

A. पूरे भारत को एक प्रशासनिक छत्र ने नीचे लाना।

B. रेलवे बिछाना

C. सामाजिक सुधारों को प्रोत्साहित करना।

D. ब्रिटिश सरकार के तहत नौकरियों को प्रोत्साहित करना।

111. अंतर्राष्ट्रीय महत्व की आर्द्रभूमि पर कन्वेंशन विशेष रूप से जलपक्षी आवास के रूप में किस वर्ष पुष्टि की गई?

A. 1974 B. 1971

C. 1973 D. 1972

112. निम्नलिखित में से किस व्यक्तित्व ने वर्ष 1972 में स्व-रोजगार महिला संघ (SEWA) की स्थापना की। उन्होंने टेक्सटाइल लेबर एसोसिएशन नामक गांधीवादी महिला ट्रेड यूनियन के साथ भी काम किया?

A. सुशीला गोपालन B. रघुबीर कौर

C. सी.के. जनु D. इला भट्ट

113. किस संशोधन ने भारतीय लोकतंत्र में सरकार के तीसरे स्तर की शुरुआत की?

A. 74वां संशोधन

B. 73वां और 74वां दोनों संशोधन

C. 67वां संशोधन

D. 73वां संशोधन

114. निम्नलिखित में से किसने 'विमेंस रोल इन इकनोमिक डेवलपमेंट' नामक पुस्तक लिखी है?

A. थॉमस रॉबर्ट माल्थस B. एस्टर बोसरुप

C. ओलिविया एस. मिचेल D. एलिनोर ओस्ट्रोम

115. ब्रिटेन में लोकतंत्र लाने वाला पहला प्रमुख सुधार निम्नलिखित में से कौन-सा है?

A. सुधार अधिनियम, 1822

B. सुधार अधिनियम, 1832

C. सुधार अधिनियम, 1852

D. सुधार अधिनियम, 1842

116. नर्मदा बचाओ आंदोलन का नेतृत्व किसने किया?

A. राजेन्द्र सिंह B. सुंदरलाल बहुगुणा

C. मेधा पाटकर D. बाबा आमटे

117. 1977 में, भारत सरकार ने निम्नलिखित गें रो किस कारण से अशोक मेहता समिति की नियुक्ति की?

A. पंचायती राज व्यवस्था को पुनर्जीवित और मजबूत करने के लिए

B. पंचायती राज व्यवस्था की शुरुआत कराने

C. जमीनी स्तर पर विकास का विश्लेषण करने के लिए

D. पंचायती राज के नियमित चुनाव के लिए

118. कम्युनिस्ट पार्टियों के संबंध में निम्नलिखित कथनों पर विचार करें :

(*a*) प्रारंभ में यूरोपीय कम्युनिस्ट पार्टियों का गठन समाजवादी पार्टियों की तर्ज पर किया गया था, लेकिन 1924 के बाद उन्होंने सोवियत कम्युनिस्ट पार्टी के पैटर्न का पालन किया।

(*b*) कम्युनिस्ट पार्टियां 'लोकतांत्रिक केंद्रीयवाद' के सिद्धांत का पालन करती हैं, जिसका अर्थ है पार्टी संरचना में सदस्यों की लोकतांत्रिक भागीदारी, लेकिन केंद्रीकृत निर्णय लेना और पर्यवेक्षण शामिल है।

(*c*) पार्टी में विभिन्न स्तरों पर चर्चा होती है, लेकिन नेतृत्व के निर्देशों का उल्लंघन या अवहेलना नहीं की जा सकती है।

(*d*) शायद फासीवादी पार्टियों को छोड़कर दुनिया में कहीं भी कोई अन्य पार्टी विचारधारा पर इतनी सख्ती से आधारित नहीं है जितनी कि कम्युनिस्ट पार्टियां हैं।

नीचे दिए गए कूट से सही उत्तर का चयन कीजिए :

A. (*a*) और (*b*) B. केवल (*c*)

C. (*a*) और (*d*) D. (*a*), (*b*), (*c*), (*d*)

119. किस वर्ष 'बामसेफ' (बैकवर्ड एंड माइनॉरिटी कम्युनिटीज एम्पलाइज फेडरेशन) का गठन हुआ?

A. 1972 B. 1974

C. 1978 D. 1976

120. सार्वजनिक नीति के संबंध में निम्नलिखित कथनों पर विचार करें :

(*a*) सार्वजनिक नीति एक ऐसी कार्रवाई है जो सरकारी प्राधिकरण को पसंदीदा मूल्य के समर्थन में संसाधनों को प्रतिबद्ध करने के लिए नियोजित करती है।

(*b*) यह शक्ति, अधिकार, संसाधन, सूचना और प्रलोभन के प्रबंधन और आवंटन के माध्यम से सार्वजनिक लक्ष्यों को प्राप्त करने की एक रणनीति है।

(*c*) सरकार के लोकतांत्रिक रूपों में, सार्वजनिक नीतियों का बड़ा हिस्सा संसद में विधायी प्रक्रियाओं के माध्यम से बनाया जाता है।

(*d*) सार्वजनिक नीति का क्षेत्र बहुत सीमित है और इसमें केवल वे मामले शामिल हैं जो रक्षा, कृषि और स्वास्थ्य से संबंधित हैं।

नीचे दिए गए कूट से गलत उत्तर का चयन कीजिए :

A. (*c*) और (*d*) B. केवल (*b*)

C. केवल (*d*) D. (*b*) और (*c*)

121. 1957 में .... राज्य में, कम्युनिस्ट पार्टी सत्ता में आई। यह दुनिया में पहली बार था, जब कम्युनिस्ट पार्टी की सरकार लोकतांत्रिक चुनावों के माध्यम से सत्ता में आई थी।

A. पंजाब B. केरल

C. पश्चिम बंगाल D. कर्नाटक

122. किसने तर्क दिया कि संप्रभुता एक सामाजिक अनुबंध का निर्माण है और संप्रभु वह व्यक्ति या सभा है जो सामान्य उद्देश्य के लिए वसीयत के लिए अधिकृत है?

A. जीन-जैक्स रूसो B. डेविड हेल्ड

C. जीन बोदाँ D. थॉमस हॉब्स

123. राष्ट्रपति संसद के दोनों सदनों को एक साथ कब संबोधित करते हैं?

A. हर सत्र में

B. किसी उद्देश्य के लिए बुलाए गए आपातकालीन सत्र के दौरान

C. प्रत्येक आम चुनाव के बाद पहला सत्र और प्रत्येक वर्ष का पहला सत्र

D. कोई भी सत्र

124. विकास का समाजवादी मॉडल संबंधित था :

A. संयुक्त राज्य अमेरिका से

B. यूरोप से

C. पाकिस्तान से

D. सोवियत संघ से

125. राज्य आर्थिक सामर्थ्य और विकास की सीमाओं के भीतर, काम पाने के, शिक्षा पाने के और बेरोजगारी, बुढ़ापा, बीमारी और निःशक्तता तथा अन्य अनर्ह अभाव की दशाओं में लोक सहायता पाने के अधिकार को प्राप्त कराने का प्रभावी उपबंध करेगा। यह किस अनुच्छेद में दिया गया है?

A. अनुच्छेद 40 B. अनुच्छेद 41

C. अनुच्छेद 47 D. अनुच्छेद 44

126. एक अमेरिकी जनरल, नॉर्मन श्वार्जकोफ ने इराक के खिलाफ संयुक्त राष्ट्र गठबंधन का नेतृत्व निम्नलिखित में से किस संयुक्त राष्ट्र ऑपरेशन में किया था?

A. ऑपरेशन ब्लैक कमांडो

B. ऑपरेशन टेरर फ्रीडम

C. ऑपरेशन इराक फ्रीडम

D. ऑपरेशन डेजर्ट स्टॉर्म

127. यूएनएफसीसीसी (UNFCCC) का विस्तार करें :

A. यूनाइटेड नेशंस फ्रेमवर्क कन्वेंशन ऑन क्लाइमेट कॉल

B. यूनाइटेड नेशंस फ्रेमवर्क कन्वेंशन ऑन क्लाइमेट चेंज

C. यूनाइटेड नेशंस फास्ट कन्वेंशन ऑन क्लाइमेट चेंज

D. यूनाइटेड नेशंस फ्रेमवर्क काउंटर ऑन क्लाइमेट चेंज

128. किस अनुच्छेद में कहा गया है कि राज्य आधुनिक वैज्ञानिक तर्ज पर कृषि और उद्योग को विकसित करने का प्रयास करेगा?

A. अनुच्छेद 48 B. अनुच्छेद 148

C. अनुच्छेद 39 D. अनुच्छेद 114

129. निम्नलिखित में से कौन एक प्रकार की संप्रभुता नहीं है?

A. निहित और स्पष्ट संप्रभुता

B. डिज्यूर और डिफैक्टो संप्रभुता

C. वास्तविक और नाममात्र की संप्रभुता

D. कानूनी और राजनीतिक संप्रभुता

130. संविधान के किस अनुच्छेद के तहत प्रत्येक निवासी, स्वस्थ दिमाग का वयस्क नागरिक, और अपराध, भ्रष्टाचार या अवैध व्यवहार के आधार पर कानूनी रूप से प्रतिबंधित नहीं होने वाला व्यक्ति, मतदाता के रूप में पंजीकृत होने का हकदार है?

A. अनुच्छेद 329 B. अनुच्छेद 225

C. अनुच्छेद 326 D. अनुच्छेद 224

131. इंदिरा गांधी ने कांग्रेस कार्यसमिति को दस सूत्री कार्यक्रम को अपनाने के लिए कब कहा था?

A. जुलाई, 1967 B. जून, 1967

C. अप्रैल, 1967 D. मई, 1967

132. भारत में पंचवर्षीय योजना का विचार कहाँ से अपनाया गया था?

A. संयुक्त राज्य अमेरिका

B. संयुक्त सोवियत समाजवादी गणराज्य

C. जापान

D. ऑस्ट्रेलिया

133. मार्क्स ने अपने विचारों के इतिहास में तीन मुख्य व्याख्याएं रखी हैं कि कैसे मानव समाज वर्षों में विकसित हुआ है। निम्नलिखित में से कौन उनमें से एक नहीं है?

A. आदर्शवादी व्याख्या B. भौतिकवादी व्याख्या

C. अध्यात्मवादी व्याख्या D. यथार्थवादी व्याख्या

134. ऑस्टिन की संप्रभुता की अवधारणा के बारे में निम्नलिखित में से कौन-सा कथन सही नहीं है?

A. व्यक्ति के अधिकार और स्वतंत्रताएं भी संप्रभु से समाप्त होती हैं और व्यक्तियों की संप्रभुता के संचालन को प्रतिबंधित नहीं करती हैं

B. संप्रभुता का निर्धारण होना चाहिए। यह एक व्यक्ति या व्यक्तियों के शरीर में रहता है। राज्य एक कानूनी व्यवस्था है जिसमें संप्रभुता बहुत स्पष्ट रूप से स्थित हो सकती है

C. संप्रभु राज्य में सर्वोच्च शक्ति है। वह राज्य में सभी प्राधिकरणों का स्रोत है। उसका अधिकार असीमित

और निरपेक्ष है। वह किसी से आज्ञा नहीं लेता क्योंकि किसी को भी उसे आज्ञा देने का अधिकार नहीं है

D. राज्य के लिए संप्रभुता आवश्यक है। संप्रभुता राज्य के चार तत्वों में एक है। संप्रभुता के बिना कोई राज्य नहीं हो सकता

135. राज्य के नीति-निदेशक तत्वों के बारे में निम्नलिखित में से कौन-सा कथन सही नहीं है?

A. मौलिक अधिकारों सहित संविधान की व्याख्या करते समय न्यायालयों को उनके द्वारा निर्देशित किया जाना है

B. ये सिद्धांत सीधे कानून अदालतों द्वारा लागू किए जा सकते हैं

C. संविधान राज्य को शासन में उन्हें मौलिक मानने और कानून बनाते समय उन्हें लागू करने का आदेश देता है

D. सामाजिक-आर्थिक परिवर्तन लाने में राज्य की एक अधिक प्रत्यक्ष सक्रिय भूमिका भारत के संविधान द्वारा राज्य के नीति-निदेशक सिद्धांतों के माध्यम से सौंपी गई थी

136. 1947 की शुरुआत में, हिंदुस्तान मजदूर सेवक संघ की स्थापना किसके साथ की गई थी?

A. बॉम्बे टेक्सटाइल वर्कर्स

B. कलकत्ता टेक्सटाइल वर्कर्स

C. साबरमती टेक्सटाइल वर्कर्स

D. अहमदाबाद टेक्सटाइल वर्कर्स

137. एक कानूनी कार्यवाही जिसके दौरान किसी व्यक्ति के किसी पद या सरकारी विशेषाधिकार को चुनौती देने के अधिकार को चुनौती दी जाती है, कहलाती है :

A. परमादेश की रिट B. प्रतिषेध रिट

C. उत्प्रेषण की रिट D. अधिकार पृच्छा की रिट

138. मेघालय को असम से अलग करके कब बनाया गया था?

A. 1973 B. 1972

C. 1971 D. 1970

139. 1946 में युद्ध के बाद अंतरिम सरकार के वित्त मंत्री कौन थे?

A. मौलाना अबुल कलाम आजाद

B. लियाकत अली खान

C. जॉन मथाई

D. जुल्फिकार अली भुट्टो

140. भारत की पहली प्रमुख विज्ञान नीति, वैज्ञानिक नीति संकल्प (एसपीआर) का मसौदा किस वर्ष तैयार किया गया था?

A. 1958 B. 1983

C. 1964 D. 1971

141. वह भारतीय नेता जो भारत रत्न पुरस्कार के पहले प्राप्तकर्ता हैं :

A. बलराज मधोक B. बी.आर. अंबेडकर

C. के.एम. मुंशी D. राजगोपालाचारी

142. 1974 की रेलवे हड़ताल का आह्वान जॉर्ज फर्नांडीस के नेतृत्व में किया गया था, जब वह .... के अध्यक्ष थे।

A. ऑल इंडिया रेलवेमेन फेडरेशन

B. रेल मजदूर संघ

C. रेलवे एम्प्लोयी यूनियन

D. भारतीय कामगार सेना

143. वर्ष 1997 में, प्रधानमंत्री के रूप में चुने गए श्री इंद्र कुमार गुजराल .... के सदस्य थे।

A. केरल से राज्य विधानमंडल के सदस्य

B. गुजरात के लिए राज्य विधानमंडल के सदस्य

C. लोक सभा

D. राज्य सभा

144. राजीव गांधी की हत्या कब हुई थी?

A. 21 जून, 1992 B. 20 मई, 1990

C. 30 मई, 1991 D. 21 मई, 1991

145. 19 मार्च, 2003 को, अमेरिका ने किस कोडनेम के तहत इराक पर अपना आक्रमण शुरू किया?

A. ऑपरेशन वॉर ऑन टेररिज्म

B. ऑपरेशन टेरर फ्रीडम

C. ऑपरेशन रेड

D. ऑपरेशन इराकी फ्रीडम

146. निम्नलिखित में से भारत के किस प्रधानमंत्री ने भारत की पहली गठबंधन सरकार का नेतृत्व किया?

A. मोरारजी देसाई B. चंद्र शेखर

C. चरण सिंह D. इंदिरा गांधी

147. मालदीव के राजनीतिक मामलों में किस पार्टी का दबदबा है?

A. मालदीव कम्युनिस्ट पार्टी

B. मालदीव लोकतांत्रिक पार्टी

C. मालदीव गणराज्य पार्टी
D. मालदीव समाजवादी पार्टी

148. संविधान के किस अनुच्छेद द्वारा राज्य सभा 2/3 बहुमत से विधेयक पारित कर सकती है और एक या अधिक अखिल भारतीय सेवाओं की स्थापना कर सकती है?

A. अनुच्छेद 256 B. अनुच्छेद 96
C. अनुच्छेद 356 D. अनुच्छेद 312

149. भारत के उपराष्ट्रपति :

A. संयुक्त राष्ट्र महासभा के वास्तव में भारत के प्रतिनिधि होते हैं
B. लोक सभा के स्पीकर होते हैं
C. राज्य सभा के पदेन सभापति होते हैं
D. वास्तव में राष्ट्रीय मानवाधिकार आयोग के अध्यक्ष होते हैं

150. अमेरिका में, जब राष्ट्रपति का पद रिक्त हो जाता है (इस्तीफा, मृत्यु, महाभियोग, आदि) तो निम्नलिखित में से कौन राष्ट्रपति का पदभार ग्रहण करता है?

A. उपराष्ट्रपति
B. वाशिंगटन राज्य के राज्यपाल
C. सुप्रीम कोर्ट के न्यायाधीश
D. रक्षा दलों के प्रमुख

151. निम्नलिखित में से कौन सिविल केस के दायरे में नहीं आता है?

A. अनुबंध का उल्लंघन
B. संपत्ति
C. लूट
D. पति और पत्नी के बीच तलाक

152. मध्य एशिया के किस देश ने दस वर्षों तक चले गृहयुद्ध को देखा?

A. उज्बेकिस्तान B. अजरबैजान
C. तजाकिस्तान D. तुर्कमेनिस्तान

153. निम्नलिखित में से किस वर्ष स्वतंत्र पार्टी का गठन किया गया था?

A. 1955 B. 1961
C. 1959 D. 1952

154. लाल साम्राज्य (USSR) निम्नलिखित में से किस वर्ष विघटित हुआ था?

A. 1993 B. 1989
C. 1991 D. 1992

155. पार्टियां निरपेक्षता की प्रवृत्ति के खिलाफ एक जांच के रूप में कार्य करती हैं जिसे और किस रूप में भी जाना जाता है?

1. तानाशाही 2. बोनापार्टवाद
3. बहु-दलीय

A. केवल 3 B. 1, 2 और 3
C. केवल 2 D. केवल 1

156. किस वर्ष तक भारत ने चुनावों में पूरी तरह से ईवीएम का उपयोग करना शुरू कर दिया था?

A. 1992 B. 1984
C. 2010 D. 2004

157. राजनीतिक विश्लेषण में .... सिद्धांत मानता है कि व्यक्ति उन कार्यों का उपयोग करते हैं जो उन्हें सर्वोत्तम परिणाम प्रदान करते हैं।

A. डैम्प सिद्धांत B. खेल सिद्धांत
C. रेस सिद्धांत D. ग्रे सिद्धांत

158. ट्रिगवे ली संयुक्त राष्ट्र के पहले महासचिव थे। वह निम्नलिखित में से किस देश से थे?

A. फ्रांस B. नॉर्वे
C. जर्मनी D. इटली

159. ईस्टन का वैचारिक ढांचा .... चरणों में विकसित हुआ।

A. 4 B. 2
C. 5 D. 3

160. लोक लेखा समिति में कितने सदस्य होते हैं?

A. 22 B. 20
C. 18 D. 24

161. MFN का पूर्ण स्वरूप है :

A. मोस्ट फॉरवर्ड नेशन B. मोस्ट फेवर्ड नेशन
C. मोस्ट फेवरेट नेशन D. मल्टी फेवर्ड नेशन

162. निम्नलिखित में से कौन भारत के संविधान में परिकल्पित तीन प्रकार की सेवाएं हैं?

A. सिविल सेवा, सैन्य सेवा और अर्धसैनिक सेवा
B. प्रथम श्रेणी सेवा, द्वितीय श्रेणी सेवा और तृतीय श्रेणी सेवाएं
C. नौसेना सेवा, वायु सेना सेवा और थल सेना सेवा
D. अखिल भारतीय सेवाएं, केंद्रीय सेवाएं और राज्य सेवाएं

163. निम्नलिखित में से किस मामले में, भारत के सर्वोच्च न्यायालय ने संविधान की मूल संरचना के सिद्धांत को प्रतिपादित किया?

A. गोपालन बनाम मद्रास राज्य
B. मिनर्वा मिल्स
C. केशवानंद भारती
D. गोलक नाथ

164. निम्नलिखित में से कौन-सा सिद्धांत राज्यों की उत्पत्ति के संबंध में नहीं है?

A. मार्क्सवादी सिद्धांत B. बल सिद्धांत
C. ब्रैड सिद्धांत D. दैवीय उत्पत्ति सिद्धांत

165. निम्नलिखित में से कौन-सा सामाजिक न्याय के दस सिद्धांतों में नहीं है?

A. मानव मर्यादा
B. एकजुटता
C. शांति का प्रचार
D. राजनीतिक विचारधारा का प्रचार

166. पुस्तक "रीजनेबलनेस ऑफ क्रिश्चियनिटी" .... में प्रकाशित हुई थी।

A. 1690 B. 1692
C. 1660 D. 1695

167. कल्याणकारी राज्य द्वारा नागरिकों को न्यूनतम .... की गारंटी दी जानी चाहिए।

A. जीवन-स्तर B. घर
C. संपत्ति D. जमीन

168. "हू वेयर शूद्रास" पुस्तक के लेखक कौन हैं?

A. बी.आर. अम्बेडकर
B. ए.पी.जे. अब्दुल कलाम
C. सलमान खुर्शीद
D. अटल बिहारी वाजपेयी

169. "भारतीय संविधान : राष्ट्र की आधारशिला" किसने लिखी है?

A. ग्रेनविल ऑस्टिन (Granville Austin)
B. जॉन रॉल्स (John Rawls)
C. अमर्त्य सेन (Amartya Sen)
D. हॉब्स (Hobbes)

170. मार्क्सवादियों के अनुसार समाज में अन्याय की मुख्य परीक्षा है :

A. शोषण B. दरिद्रता
C. धनवनता D. उत्पादन का साधन

171. जवाहर लाल नेहरू द्वारा 13 दिसम्बर, ... को संविधान सभा के पहले सत्र में उद्देश्य प्रस्ताव पेश किया गया था।

A. 1946 B. 1945
C. 1947 D. 1948

172. निकोमेकस राजा .... के दरबार में दरबारी चिकित्सक था।

A. अमीनटास III B. एलेक्जेंडर
C. सिराक्यूज D. जेनोक्रेट्स

173. ...... ने कहा है, मिल "खोखली स्वतंत्रता" का पैगम्बरहै।

A. अरस्तू B. ऑगस्ट कॉम्टे
C. बार्कर D. जॉर्ज सिमे

174. एक बार संसद में बजट पेश करने के बाद, सरकार को केंद्रीय बजट से संबंधित सभी धन विधेयकों को ...... के भीतर पारित करवाना होता है।

A. 90 दिन B. 30 दिन
C. 60 दिन D. 75 दिन

175. सर्वोच्च न्यायालय और उच्च न्यायालय के पास है :

1. न्यायिक समीक्षा शक्ति
2. महाभियोग की शक्ति
3. राज्यपाल को हटाने की शक्ति

A. केवल 2 B. केवल 3
C. केवल 1 D. 1, 2 और 3

176. लॉक का पहला आलेख .... के दौरान लिखा गया था।

A. 1679-1680 B. 1683-1684
C. 1685-1686 D. 1680-1681

177. फ्रेडरिक विल्हेम नीत्शे ने प्लेटोनिज्म को .... के बौद्धिक पक्ष के रूप में चित्रित किया।

A. इस्लाम B. यहूदी
C. ईसाई धर्म D. फर्जिक

178. लोक अदालत में आमतौर पर कौन-सा मामला नहीं आता है?

A. विवाह के मामले
B. मोटर दुर्घटनाओं से संबंधित मुआवजे के मामले
C. मजदूरों के मुआवजे के मामले
D. हत्या के मामले

179. एक पारराष्ट्रीय राज्य को .... के लिए जाना जाता है।

A. संयुक्त शक्ति B. विभाजित शक्ति
C. विभाजित संप्रभुता D. शक्ति का एकमात्र केंद्र

180. अरस्तू का जन्म उत्तरी यूनान के .... में हुआ था।

A. मैसिडोन B. काल्सी
C. स्टैगिरा D. एथेंस

181. हमारे बच्चे के लिए बेहतर शिक्षा नीति बनाने के लिए विशेषज्ञ बाल मनोवैज्ञानिक दिन-रात काम कर रहे हैं, पीएसआरएन भी इसी आविष्कार का एक हिस्सा है। बाल विकास में पीएसआरएन शब्द का तात्पर्य है :

A. केवल अवधारणात्मक कौशल
B. समस्या समाधान, तर्कशक्ति और अंकगणित
C. समस्या समाधान संबंध और संख्यात्मकता
D. अवधारणात्मक कौशल, तर्क और संख्यात्मकता

182. एक शिक्षक को हमेशा अपने छात्रों के बीच अच्छे व्यवहार और शिष्टाचार का विकास करना चाहिए। निम्नलिखित में से किसका उपयोग सही प्रतिक्रियाओं और उचित व्यवहार को बढ़ाने के लिए किया जाना चाहिए?

A. पुरस्कार B. शर्त
C. उद्दंडता D. प्रशंसा

183. हमारे शिक्षा विशेषज्ञों ने हमेशा गतिविधि आधारित शिक्षा पर पर्याप्त जोर दिया है। ये गतिविधि आधारित प्रश्न सामाजिक विज्ञान का पाठ बनाते हैं :

A. दुःखद B. व्यापक
C. अविस्तृत D. हर्षित

184. आपके अनुसार राजनीति विज्ञान के शिक्षक के रूप में उच्च प्राथमिक और माध्यमिक स्तर के लिए सामाजिक और राजनीतिक जीवन की पाठ्यपुस्तकों को विकसित करते समय निम्नलिखित में से किस दृष्टिकोण पर विचार किया गया है?

(*a*) तथ्यों और आंकड़ों के आधार पर प्रतिधारण के माध्यम से सीखना।
(*b*) ठोस उदाहरणों और अनुभवों के उपयोग के माध्यम से सीखना।

A. (*a*) और (*b*) दोनों B. न तो (*a*) न ही (*b*)
C. केवल (*a*) D. केवल (*b*)

185. निम्नलिखित में से कौन-सा कथन सत्य नहीं है?

A. सीखना व्यवहार परिवर्तन की एक प्रक्रिया है
B. विकास एक मात्रात्मक प्रक्रिया है
C. विकास एक जैविक प्रक्रिया है
D. शिक्षा एक लक्ष्योन्मुखी प्रक्रिया है

186. एक शिक्षक को हमेशा एक उचित पाठ योजना तैयार करनी चाहिए और हर बार उसका रिकॉर्ड रखना चाहिए। आपको हमेशा स्कूल में बच्चे के जीवन के जुड़ाव क्षेत्र को ध्यान में रखते हुए अपने पाठ की योजना बनानी चाहिए। राष्ट्रीय पाठ्यचर्या की रूपरेखा (2005) का सुझाव है कि सामाजिक विज्ञान को स्कूल में बच्चे के जीवन को इसके साथ जोड़ना चाहिए :

A. सिर्फ किताबी ज्ञान
B. रूढ़िवादी कक्षा के बाहर का जीवन
C. रूढ़िवादी कक्षा के अंदर का जीवन
D. शिक्षक की अपेक्षा

187. निम्नलिखित में से कौन बच्चे के शारीरिक विकास को इंगित करता है?

A. नकारात्मक B. तुलनात्मक
C. मात्रात्मक D. सकारात्मक

188. एक आधुनिक व्यक्ति को पहले वर्तमान की बेहतर शिक्षा के लिए अतीत को सीखने की जरूरत है। आपके अनुसार सामाजिक विज्ञान और EVS का अध्ययन .... के लिए आवश्यक है।

1. आधारभूत संरचना सुविधाओं के विकास
2. शैक्षिक समस्याओं की समझ
3. सामाजिक-सांस्कृतिक संरचना की समझ और पर्यावरण के साथ इसके संबंध जानने

A. केवल 2 B. 1, 2 और 3
C. केवल 3 D. केवल 1

189. MCQs के मामले में निम्नलिखित में से कौन-सा कथन सत्य नहीं है?

A. विकल्पों में से केवल एक ही सही उत्तर है
B. कंप्यूटर द्वारा त्रुटि मुक्त और त्वरित मूल्यांकन संभव है
C. एक अनुभवहीन शिक्षक भी आसानी से प्रश्न तैयार कर सकता है
D. सभी विकल्प प्रशंसनीय प्रतीत होते हैं

190. एक शिक्षक को मित्र, दार्शनिक और मार्गदर्शक मानाजाता है। उसे सभी प्रकार के सीखने के पहलुओं को ध्यान में रखते हुए अपने मूल्यांकन की योजना बनानी चाहिए। राजनीति विज्ञान के एक शिक्षक के रूप में, आपके अनुसार किस प्रकार का मूल्यांकन सीखने की कमियों और शिक्षार्थियों की कठिनाइयों की पहचान करता है?

A. निदानसूचक B. रचनात्मक
C. योगात्मक D. स्वीकारात्मक

191. निम्नलिखित में से कौन शैक्षिक क्षेत्र में रचनात्मक मूल्यांकन का उपकरण नहीं है?

A. परियोजना कार्य
B. MCQs (बहुवैकल्पिक प्रश्न)
C. मौखिक प्रश्न
D. संप्रेषण कौशल

192. राष्ट्रीय पाठ्यचर्या की रूपरेखा (2005) का सुझाव शिक्षा नीति के उन्नयन के लिए है ताकि इसे सबसे प्रभावी और सकारात्मक बनाया जा सके। आपके अनुसार बच्चे की वृद्धि और विकास का अध्ययन करने का सबसे अच्छा तरीका क्या है?

A. मनोविश्लेषणात्मक विधि B. गुणात्मक विधि
C. विकासात्मक विधि D. सामाजिक विधि

193. प्रारंभिक और प्राथमिक स्तर में मौलिक विषय EVS है, जो विज्ञान और सामाजिक विज्ञान का संयोजन है, लेकिन उच्च प्राथमिक स्तर पर इसे विभिन्न विषयों में वितरित किया गया है, इनमें से कौन-सा विषय शामिल नहीं है?

A. मनोविज्ञान B. राजनीति विज्ञान
C. इतिहास D. भूगोल

194. जैसे-जैसे लोग बड़े होते हैं, सीखने की .... में .... होती है।

A. मात्रा, गिरावट B. धाराप्रवाह, गिरावट
C. गति, गिरावट D. गुणवत्ता, गिरावट

195. एक अच्छे शिक्षक को शिक्षण प्रक्रिया को अधिक से अधिक फलदायी बनाने के लिए हमेशा विभिन्न प्रकार की शिक्षण सहायक सामग्री का उपयोग करने की आवश्यकता होती है। आपके अनुसार सामाजिक विज्ञान अधिगम में किस प्रकार की शिक्षण सामग्री सर्वाधिक उपयोगी है?

A. श्रव्य-दृश्य मदद B. संग्रहालय
C. चित्रकारी के उपकरण D. प्रतिभा

196. जॉन डेवी के अनुसार, स्कूलों में छात्रों को किसके लिए तैयार करना चाहिए?

A. भावी जीवन B. उद्यमिता
C. वर्तमान जीवन D. राजनीतिक व्यवसाय

197. हर बार विवादास्पद और विवादास्पद शिक्षण के समय स्थिति सवालों के घेरे में आ जाती है। आपके अनुसार सामाजिक विज्ञान की कक्षा में विवादास्पद विषयों को पढ़ाते समय हमेशा निम्न बातों का ध्यान रखना चाहिए :

A. उन्हें कभी-कभी उठाएं
B. एक सम्मानजनक चर्चा शुरू करने के लिए उन्हें उचित योजना के साथ उठाएं
C. टकराव से पूरी तरह बचें
D. संक्षिप्त चर्चा करें

198. एक उच्च प्राथमिक स्तर के शिक्षक के रूप में राजनीति विज्ञान के विशेष संदर्भ में एक परीक्षा का खाका तैयार करते समय निम्नलिखित में से किस एक को ध्यान में नहीं रखा जाता है?

A. विषयपरक ज्ञान B. वस्तु
C. निर्देशात्मक उद्देश्य D. पढ़ाने का समय

199. एक शिक्षक के रूप में आपको दो विकल्प दिए जाते हैं। एक प्राथमिक स्तर पर ईवीएस पढ़ाने के लिए और दूसरा उच्च प्राथमिक स्तर पर सामाजिक विज्ञान पढ़ाने के लिए। आपने सामाजिक विज्ञान को चुना है। आपके अनुसार सामाजिक विज्ञान में शामिल कक्षा प्रक्रियाएं किस विकास में मदद करती हैं?

A. कौशल
B. कौशल, ज्ञान और अभिव्यक्ति
C. अभिव्यक्ति
D. ज्ञान

200. प्राचीन काल में हमने कई कहानियों में सुना है कि "असफलता सफलता का स्तंभ है", "मनुष्य से गलतियाँ होती हैं" आदि।

ऐसा ही एक कथन है "व्यक्ति अपनी गलतियों से सीखता है"। यह आपके अनुसार किस अधिगम सिद्धांत पर आधारित है?

A. यंत्रीय अनुकूलन
B. बाहर की अंतर्दृष्टि
C. प्रयास करना और गलती करना
D. शास्त्रीय अनुकूलन

उत्तरमाला

1	2	3	4	5	6	7	8	9	10
B	D	D	C	B	B	D	B	D	D
11	12	13	14	15	16	17	18	19	20
C	B	A	A	A	B	B	C	A	C
21	22	23	24	25	26	27	28	29	30
C	B	C	D	B	C	D	C	A	D
31	32	33	34	35	36	37	38	39	40
C	C	C	C	A	D	C	D	A	C
41	42	43	44	45	46	47	48	49	50
B	C	B	C	A	C	D	B	C	C
51	52	53	54	55	56	57	58	59	60
A	B	A	B	A	A	A	C	D	C
61	62	63	64	65	66	67	68	69	70
B	C	B	B	B	C	D	C	C	B
71	72	73	74	75	76	77	78	79	80
A	C	B	C	C	D	D	A	A	A
81	82	83	84	85	86	87	88	89	90
C	D	B	C	A	B	B	D	D	D
91	92	93	94	95	96	97	98	99	100
D	B	D	D	C	B	A	C	C	B
101	102	103	104	105	106	107	108	109	110
B	A	D	D	C	B	A	C	B	D
111	112	113	114	115	116	117	118	119	120
B	D	B	B	B	C	A	D	C	C
121	122	123	124	125	126	127	128	129	130
B	D	C	D	B	D	B	A	A	C
131	132	133	134	135	136	137	138	139	140
D	B	D	A	B	D	D	B	B	A
141	142	143	144	145	146	147	148	149	150
D	A	D	D	D	A	B	D	C	A
151	152	153	154	155	156	157	158	159	160
C	C	C	C	A	D	B	B	D	A
161	162	163	164	165	166	167	168	169	170
B	D	C	C	D	D	A	A	A	A
171	172	173	174	175	176	177	178	179	180
A	A	C	D	C	A	C	D	C	C
181	182	183	184	185	186	187	188	189	190
D	D	D	D	B	B	C	C	C	A
191	192	193	194	195	196	197	198	199	200
A	C	A	C	A	C	B	D	B	C

पिछले प्रश्न-पत्र (हल सहित)

दिल्ली अधीनस्थ सेवा चयन बोर्ड

DSSSB-PGT (राजनीति शास्त्र) भर्ती परीक्षा, 2018*

विषय ज्ञान – राजनीति शास्त्र एवं शिक्षण विधि

1. पारंपरिक तानाशाही प्रणाली में, प्रबंधक निष्पादन के मानक और उसे प्राप्त करने के तरीके दोनों निर्दिष्ट करेगा। एक सहभागिता प्रबंधन प्रणाली में एक प्रबंधक द्वारा निम्नलिखित में से कौन-सा निर्दिष्ट किया जाएगा?

A. केवल निष्पादन के मानकों को प्राप्त करने के तरीके

B. न तो निष्पादन के मानक न ही उन्हें प्राप्त करने के तरीके

C. निष्पादन के मानक और उनको प्राप्त करने के तरीके दोनों

D. केवल निष्पादन के मानक

2. निम्नलिखित में से कौन-सा मैक्स वेबर के नौकरशाही मॉडल का लक्षण नहीं है?

A. कार्यालय अनुक्रम के रूप में व्यवस्थित किए जाते हैं

B. सभी संगठनात्मक सदस्य तकनीकी योग्यताओं के आधार पर चुने जाते हैं

C. नौकरशाह संगठन में नियंत्रण व्यक्तिगत रूप से अनुप्रयुक्त नियमों पर आधारित होते हैं

D. अधिकारी अपने कैरियर संगठन में ही बनाते हैं।

3. निम्नलिखित में से कौन-सा डेविड इस्टन के अनुसार व्यवहारवाद का एक आधार तत्व नहीं है?

A. मानव व्यवहार में अन्वेषण योग्य औपचारिकताएँ

B. मूल्य प्रतिबद्धता

C. अंतर-अनुशासनात्मक केंद्र

D. व्यवस्थापन

4. उत्कृष्टता सिद्धांत में निम्नलिखित में से किस तत्व की उपेक्षा की गई है?

A. औपचारिक ढाँचा B. प्रबंधकीय ढाँचा

C. अनौपचारिक पैटर्न D. संगठन के सिद्धांत

5. निम्नलिखित में से किसने प्रोफेसर ई. मेयो के मानव संबंध विचार को एक नए प्रबंधन के मानव संबंध मॉडल में संशोधित किया?

A. प्रिट्ज रॉथलिस्बर्गर B. रेन्सिस लिकर्ट

C. जेम्स मैकग्रेगर D. मेरी पॉर्कर फॉलेट

6. निम्नलिखित में से कौन-सा भागीदारी प्रबंधन का लक्षण है?

1. अतिव्यापकता
2. पार कार्यात्मक जुड़ाव
3. बहुदिशीय संप्रेषण
4. प्रभावी व्यक्ति से व्यक्ति संबंध

नीचे दिए गए कूटों का प्रयोग करके सही उत्तर चुनिए।

A. 1 और 2 B. 2 और 3

C. 1, 2 और 3 D. 1 और 4

7. निम्नलिखित में से कौन-सा मैक्स वेबर द्वारा प्रतिपादित नौकरशाही के आदर्श लक्षणों से नहीं बना है?

A. औपचारिक आदेश B. एक शासकीय प्रकार

C. अनुक्रम D. अनौपचारिक विधियाँ

8. निम्नलिखित में से कौन-सा एलटन मेयो के मानवीय संबंध आंदोलन का घटक नहीं है?

A. प्रथम जाँच B. हॉथार्न अध्ययन

C. दुकान प्रबंधन D. महान चमक

9. निम्नलिखित में से कौन-सा तरीका कार्यस्थल पर सामाजिक और मनोवैज्ञानिक कारकों पर अधिक जोर देता है जो बदले में कर्मियों का संतोष और संगठन का निर्गत निर्धारित करता है?

A. प्रणाली विधि B. व्यवहारात्मक तरीका

C. उत्कृष्ट तरीका D. मानव संबंध तरीका

*Exam held on 05-08-2018.

10. निम्नलिखित में से कौन-सा हॉथार्न अनुसंधान की एक महत्वपूर्ण विशेषता नहीं है?

A. नियमों पर जोर
B. अनौपचारिक संगठन
C. मानव संबंध तरीका
D. मानव की सामाजिक प्रकृति

11. एक संगठनात्मक प्रणाली प्राथमिक रूप से ______ से संबंधित है?

A. अन्योन्यक्रियाओं के निश्चित समुच्चय
B. जुड़े भागों के समुच्चय से
C. वह भूमिका जो व्यक्ति निभाता है
D. स्वतंत्र भाग और उनकी अन्योन्यक्रियाएँ

12. प्रणाली तरीके के बारे में निम्नलिखित में से कौन-सा सत्य नहीं है?

A. एक प्रणाली इसके भागों के योग से कहीं अधिक है
B. एक प्रणाली को खुला या बंद नहीं माना जा सकता
C. एक प्रणाली में सीमाएँ दृढ़, अभेद्य या बंद नहीं होती
D. यदि एक प्रणाली को गतिमान संतुलन प्राप्त करना है, अन्योन्यक्रिया तो उसे उसके पर्यावरण के साथ नहीं करनी चाहिए

13. संगठनात्मक डिजाइन के नौकरशाह रूप के संबंध में निम्नलिखित कथनों पर विचार कीजिए।

1. नौकरशाही की प्राथमिक शक्ति इसकी एक अत्यंत क्षमतावान तरीके से अमानकीकृत गतिविधियों के निष्पादन में निहित है।
2. नौकरशाही में, वरिष्ठ कार्यपालकों के स्तर के नीचे, नवोन्मेषी और अनुभवी निर्णय निर्माताओं के लिए थोड़ी आवश्यकता होती है।
3. नियमों और विनियमों की व्यापकता प्रबंधकीय विवेकशीलता का स्थान लेती है।

उपरोक्त में से कौन-सा कथन/नों सही है?

A. केवल 2 B. 2 और 3
C. 1 और 3 D. 1, 2 और 3

14. शब्द 'गैंग प्लैंक' हेनरी फेयोल द्वारा प्रयुक्त ______ से संबंधित है।

A. स्तर उछाल की आवश्यकता
B. अनुक्रम की अनुपालना
C. औपचारिकता पर जोर
D. लक्ष्यों की हार

15. निम्नलिखित में से कौन-सा हर्बर्ट साइमन के निर्णय निर्माता सिद्धांत का आधार है?

1. प्रशासनिक सिद्धांतों की गंभीरता से लेने की आवश्यकता।
2. प्रशासक की प्राथमिकताएँ और सामाजिक अनुकूलन।
3. वरिष्ठ अधिकारी का आदेश।

नीचे दिए गए कूटों का प्रयोग करते हुए सही उत्तर चुनिए।

A. केवल 1 B. 1 और 2
C. केवल 2 D. केवल 3

16. लोक सेवकों की अज्ञातता का सिद्धांत ______ के साथ आता है।

A. उदासीनता का सिद्धांत
B. मंत्रिमंडलीय उत्तरदायित्व का सिद्धांत
C. प्रतिबद्ध नौकरशाही का सिद्धांत
D. विवेकशील नौकरशाही का सिद्धांत

17. राजनीतिक उदासीनता है

A. सिविल सेवाओं में राजनीतिक पक्षपात की अनुपस्थिति
B. अतिरिक्त-पार्टी गतिविधियों की अनुपस्थिति
C. सरकार की प्रत्येक नीति को समर्थन देना
D. सिविल सेवाओं पर राजनैतिक प्रभावों की अनुपस्थिति और सरकार से वफादारी

18. वह चलन पहचानिए जो आधुनिक समय में कई देशों की सिविल सेवाओं में नहीं दिखता।

A. अधिकाधिक तकनीकी कार्मिकों और विशेषज्ञों की भर्ती द्वारा विविधता में वृद्धि
B. सिविल सेवा की शक्तियों का निरंतर विस्तार
C. सिविल सेवा की उदासीनता की संकल्पना में परिवर्तन
D. नैतिक और व्यावसायिक मानकों पर कमजोर देना

19. निम्नलिखित में से कौन राजनीति को बृहद नैतिक रिट के रूप में सम्मान देता है?

A. अरस्तू B. मैकियावेली
C. आइवर ब्राउन D. ब्लूंश्ली

20. निम्नलिखित में से कौन-सा तरीका व्यवहार्य तरीके के अनुभवजन्य विश्लेषण के साथ सरकार और विधायिका के प्रतिनिधि निकायों के लोकतांत्रिक रूप पर जोर देते हुए संस्थात्मक तरीके को संयोजित करता है?

A. ढाँचावादी तरीका B. विकासवादी तरीका
C. बहुलवादी तरीका D. उक्त में से कोई नहीं

21. कौन-सा तरीका राजनैतिक परिघटना की व्याख्या करने के लिए अध्ययन को मतदाताओं, दलों, निर्वाचन सर्वेक्षणों आदि के चुनावी व्यवहार के विश्लेषण में विशेषतः गणितीय और सांख्यिकीय आँकड़ों जैसे सारणियाँ, ग्राफ आदि के प्रयोग द्वारा आधार बनाती हैं?

A. प्रणाली सिद्धांत तरीका
B. मात्रात्मक या सांख्यिकीय तरीका
C. व्यवहारवादी तरीका
D. पाखंड तरीका

22. संरचनात्मक-कार्यात्मक तरीका और आगत-निर्गत तरीका ________ से व्युत्पन्न किया गया है।

A. राजनीतिक पाखंड तरीका
B. मात्रात्मक तरीका
C. सामान्य प्रणाली सिद्धांत तरीका
D. सामाजिक विज्ञानवादी

23. राजनीतिक उद्दीपन तरीके से व्युत्पन्न यह सिद्धांत व्यक्तियों या समूहों पर निर्णय निर्माण के लक्षणों का अध्ययन करता है, जो स्वयं निर्णय लेने की क्षमता रखते हों या नहीं परंतु निर्णय करने वालों को प्रभावित कर सकते हैं :

A. राजनीतिक उद्दीपन तरीका
B. खेल सिद्धांत तरीका
C. निर्णय निर्माण तरीका
D. राजनीतिक संप्रेषण तरीका

24. शक्तियों के पृथक्करण का सिद्धांत किसने प्रतिपादित किया?

A. जीन्स बोडिन B. मांटेस्क्यू
C. थॉमस हॉबस D. जॉर्ज वाशिंगटन

25. हाल के दिनों में अधिकांश संघीय देशों में :

A. केंद्र अधिक शक्तिशाली हो गया है
B. इकाईयाँ अधिक शक्तिशाली हो गई हैं
C. केंद्र अत्यंत कमजोर हो गया है
D. राज्य और केंद्र अत्यंत शक्तिशाली हो गए हैं

26. सरकार का संसदीय रूप सर्वप्रथम ________ में विकसित हुआ।

A. ब्रिटेन B. फ्रांस
C. ग्रीस D. स्विट्ज़रलैंड

27. निम्नलिखित में से कौन-सा सर्वसत्तावादी प्रणाली का एक लक्षण है?

A. एक कमजोर विधायिका
B. एकात्मक संविधान
C. विधिक मान्यताप्राप्त विपक्षी की अनुपस्थिति
D. केंद्रीकृत आर्थिक आयोजना

28. सरकार के राष्ट्रपतिवादी रूप में, सरकार का मुखिया :

A. विधायिका द्वारा चुना जाता है
B. विधायिका की चर्चा में भागीदारी करता है
C. अविश्वास प्रस्ताव में निर्णायक मत डालता है
D. विधायिका से पृथक रहता है

29. एक परिसंघ एक संघ से इस रूप में भिन्न होता है कि :

A. यह स्वतंत्र और संप्रभु राज्यों के बीच गठबंधन है
B. इसका एक उभयनिष्ठ केंद्र है
C. इसके सदस्य परिसंघ से अलग नहीं हो सकते
D. इसके सदस्यों को संप्रभु प्राधिकार प्राप्त होता है

30. राष्ट्रपतित्व और सरकार के संसदीय रूप के संलयन का एक प्रभावशाली उदाहरण ________ द्वारा दिया गया है।

A. स्विट्ज़रलैंड B. कनाडा
C. फ्रांस D. जर्मनी

31. निम्नलिखित में से कौन-सी संविधानवाद की पूर्व आवश्यकताएँ हैं?

A. सीमित शासन
B. लिखित संविधान
C. मौलिक अधिकारों की गारंटी
D. शक्तियों का पृथक्करण

32. निम्नलिखित में से कौन-सा शब्द 'सरकार' को सही परिभाषित करता है?

A. एक राज्य का प्रशासनिक तंत्र और राजनीतिक कार्यपालिका, विधायिका और न्यायपालिका से पृथक हो
B. राजनीतिक कार्यपालिका और प्रशासनों का संगठन
C. राजनीतिक कार्यपालिका, विधायिका और न्यायपालिका
D. राजनीतिक कार्यपालिका, प्रशासन, विधायिका और न्यायपालिका—सभी तत्वों से बना जटिल तंत्र

33. युद्ध के बाद के काल में कैबिनेट सरकार का _____ में रूपांतरण देखा गया है।

A. नौकरशाह तानाशाही
B. एक दलीय प्रबलता शासन
C. प्रधानमंत्री की सरकार
D. न्यायिक सर्वोच्चता

34. निम्नलिखित में से किस सिद्धांत ने कैबिनेट प्रणाली को राष्ट्रपति प्रणाली से पृथक किया है?

A. सरकार का निश्चित कार्यकाल
B. न्यायिक समीक्षा
C. विधायिका का कार्यपालिका से संबंध
D. सरकारी शक्तियों का केंद्रीकरण या विभाजन

35. दबाव समूह राजनीतिक दलों से इस रूप में भिन्न होते हैं कि

A. उनकी सदस्यता बड़ी होती है
B. वे चुनाव लड़ते हैं
C. वे बड़े लक्ष्यों को आगे बढ़ाते हैं
D. परिचालन का क्षेत्र अत्यंत सीमित है

36. एक राजनीतिक दल को "कुछ सिद्धांतों या नीतियों के समर्थन में संगठित एक मंडली है जो संवैधानिक तरीके से सरकार का निर्धारक बनाने का उद्देश्य रखती है" के रूप में _____ द्वारा परिभाषित किया गया।

A. मैक्ऐवर B. बार्कर
C. ब्राइस D. मैकियावैली

37. निम्नलिखित में से कौन-सा बोडिन के प्रभुसत्ता सिद्धांत की एक उचित व्याख्या है?

A. पूर्ण प्रभुसत्ता B. सीमित प्रभुसत्ता
C. राजनैतिक प्रभुसत्ता D. लोकप्रिय प्रभुसत्ता

38. निम्नलिखित में से किस विचारक ने ऑस्टेनियन के प्रभुसत्ता सिद्धांत की इस आधार पर आलोचना की, कि कानून प्रभुसत्ता का आदेश नहीं अपितु समुदाय की सही की समझ की अभिव्यक्ति है?

A. लॉस्की B. क्रैबी
C. ड्यूगिट D. गिर्के

39. संघ कथा पुरुष नहीं है अपितु वास्तविक व्यक्ति राज्य से अधिक प्राथमिक है। यह दृष्टिकोण _____ द्वारा प्रतिपादित किया गया।

A. हॉब्स B. हीगेल
C. ड्यूगिट D. गिर्के

40. निम्नलिखित में से किस विचारक के बारे में कहा जाता है कि राज्य का उनका सिद्धांत "प्राकृतिक अधिकारों और शारीरिक रूपकों का एक बेमेल मिश्रण है"?

A. ब्रेडले B. स्पेंसर
C. ब्लूंश्ली D. बुर्के

41. सूची-I को सूची-II से मिलाइए और सही चुनिए।

सूची-I	**सूची-II**
(*a*) बृहद रिट राज्य की आत्मा है	1. हीगल
(*b*) राज्य समन्वयकारी और समायोजनकारी है	2. वेबर
(*c*) राज्य के पास वैध भौतिक बल का एकाधिकार है	3. अर्नेस्ट बार्कर
(*d*) राज्य स्वानुभूति और स्व-वास्तविक व्यक्ति है	4. प्लेटो

कूट :

	(*a*)	(*b*)	(*c*)	(*d*)
A.	4	3	2	1
B.	3	2	1	4
C.	1	3	2	4
D.	4	2	3	1

42. सामाजिक संविदा का विचार द्वारा एक नए रूप के अंतर्गत हाल ही में पुनर्जीवित किया गया है।

A. नोजिक B. राल्स
C. ऑक्शॉट D. हाना अरेंट

43. सामाजिक संविदा का सिद्धांत प्राथमिक रूप से _____ की कोशिश करता है।

A. राज्य के ऐतिहासिक उद्भव को खोजने
B. राजनैतिक उत्तरदायित्व के आधार की व्याख्या करने
C. वर्तमान स्थिति को उचित ठहराने
D. क्रांति द्वारा समाज का मौलिक रूपांतरण करने

44. रूसो के बारे में निम्नलिखित में से कौन-सा कथन सत्य है?

A. उन्होंने सामाजिक संविदा के सिद्धांत को सही किया।
B. उन्होंने संविदा के सिद्धांत को एक-साथ ओत-प्रोत किया।
C. उन्होंने संविदा के सिद्धांत को राजनैतिक संलाप के एक आदर्श रूप में रूपांतरित कर दिया।
D. उन्होंने हॉब्स और लॉक के सिद्धांतों में उनके दृष्टिकोणों को जोड़ने के अतिरिक्त कुछ नहीं जोड़ा।

45. राज्य के उद्भव का ऐतिहासिक सिद्धांत _______ द्वारा प्रतिपादित किया गया।

A. सर हेनरी मेन
B. ट्रैएस्टस्के
C. ओपेनहेमर
D. डर्किम

46. निम्नलिखित में से कौन-सा सिद्धांत कहता है कि राज्य वर्ग प्रतिरोधों के कट्टर विरोधियों का एक उत्पाद और घोषणा है?

A. विकासात्मक सिद्धांत
B. अराजकतावादी सिद्धांत
C. मार्क्सवादी-लेनिनवादी सिद्धांत
D. गिल्ड-समाजवादी सिद्धांत

47. भौतिकतावादी व्याख्या सिद्धांत के अनुसार सामाजिक ढाँचे के निम्नलिखित परतों की प्राथमिकता का सही क्रम क्या है?

1. उत्पादन के संबंध
2. आदर्शवाद
3. उत्पादन के बल
4. विधिक एवं राजनैतिक संगठन

नीचे दिए गए कूटों का प्रयोग करते हुए सही उत्तर चुनिए :

A. 1, 3, 2, 4
B. 3, 1, 4, 2
C. 3, 4, 1, 2
D. 2, 3, 4, 1

48. निम्नलिखित में से कौन-सा राजनैतिक विचारक राज्यों के मुक्ति सिद्धांत का प्रथम प्रणेता था?

A. जॉन लॉक
B. टी.एच. ग्रीन
C. जीन जैकस रूसो
D. हॉब्स

49. "मुक्ति से मेरा अभिप्राय है ऐसे वातावरण का आतुर अनुरक्षण जिसमें व्यक्ति के पास अपना सर्वोत्तम ही पाने का अवसर हो"—लॉस्की।

निम्नलिखित में से कौन-सा एक उक्त कथन में निहित दृष्टिकोण को अभिव्यक्त करता है?

A. मुक्ति अवरोध की अनुपस्थिति है।
B. मुक्ति वह है जिसकी अनुमति कानून देता है।
C. मुक्ति अपनी इच्छानुसार कुछ भी करने की योग्यता है।
D. मुक्ति मानव व्यक्तित्व की वृद्धि के लिए परिस्थितियों का अनुरक्षण है।

50. कल्याणकारी राज्य के बारे में निम्नलिखित कथनों में से कौन-सा सत्य है?

A. एक कल्याणकारी राज्य एक समाजवादी राज्य के समान है।
B. कल्याणकारी राज्य उत्कृष्ट मुक्तिवाद के सिद्धांतों पर आधारित है।
C. कल्याणकारी राज्य एकीकरक राज्य है।
D. कल्याणकारी राज्य नवमुक्तिवाद के सिद्धांतों को धारण करता है।

51. निम्नलिखित में से किस विचारक ने कहा कि "मानव चेतना मुक्ति को अभिधारण करती है, मुक्ति में अधिकार शामिल हैं, और अधिकार राज्य की माँग करते हैं?"

A. हीगेल
B. ग्रीन
C. बोसांके
D. लॉस्की

52. "तथाकथित उपयुक्त अधिकार तथाकथित उपयुक्त कानून निर्माण है।"

अधिकारों की यह परिभाषा ______ से जुड़ी है।

A. हॉब्स
B. हीगेल
C. बेंथम
D. लॉस्की

53. प्राकृतिक अधिकारों का सत्व है कि

A. वे एक ऐतिहासिक राज्य से प्रकृति में व्युत्पन्न हैं।
B. वे प्राकृतिक स्थिति में उपस्थित थे और नागरिक समाज में अस्तित्व में नहीं थे।
C. वे भौतिक बलों के उत्पादन के रूप में प्रकृति द्वारा ग्रहण किए गए उत्पाद हैं।
D. वे न्याय और नैतिकता के सार्वभौमिक सिद्धांतों की अनुपालना में हैं।

54. निम्नलिखित में से किसने व्यक्ति की मुक्ति की धारणा के संबंध में "मुक्ति के लिए दबाव डाले गए" अभिव्यक्ति का प्रयोग किया?

A. रूसो
B. लॉक
C. ग्रीन
D. हॉबहाउस

55. संविधान का _______ अनुच्छेद ग्राम पंचायतें आयोजित करने के लिए आवश्यकताओं के बारे में बताता है।

A. 15
B. 55
C. 40
D. 48

56. 73वां संशोधन अधिनियम _______ से लागू हुआ।
A. जनवरी, 1980 B. अप्रैल, 1991
C. अप्रैल, 1993 D. अप्रैल 24, 1993

57. पंचायतों और नगरनिगमों के चुनाव कौन संचालित करता है?
A. राज्य सरकार B. केंद्र सरकार
C. राज्य चुनाव आयोग D. केंद्रीय चुनाव आयोग

58. भारत में स्थानीय सरकार की वित्तीय शक्तियों के संबंध में निम्नलिखित में से कौन-सा सत्य है?
A. स्थानीय सरकारों के पास संवैधानिक रूप से निर्धारित करारोपण शक्ति होती है।
B. स्थानीय सरकारों के पास ऐसे कर आरोपित करनेकी शक्ति होती है जिनकी कानून के अंतर्गत अनुमतिहै।
C. स्थानीय सरकारों के पास उनके हिस्से की गतिविधियों के भीतर हर समय प्रभार आरोपित करने की शक्ति होती है।
D. स्थानीय सरकारों के पास संबंधित विभाग की अनुमति के साथ कर आरोपित करने की शक्ति होती है।

59. निम्नलिखित में से कौन-सा त्रि-स्तरीय ढाँचे के शीर्षपर है?
A. पंचायत समिति B. ग्राम पंचायत
C. जिला पंचायत D. उक्त में से कोई नहीं

60. स्थानीय स्वशासन _______ में शामिल है।
A. राज्य सूची
B. संघ सूची
C. समवर्ती सूची
D. राज्यसूची व संघ सूची दोनों परंतु अंतिम शक्ति संघ सूची के पास है

61. भारतीय संविधान में कितने प्रकार के आपातों का उल्लेख है?
A. चार B. छह
C. पाँच D. तीन

62. भारत का संविधान इसका प्राधिकार ______ से प्राप्त करता है।
A. संविधान सभा जो समाज के सभी वर्गों का प्रतिनिधित्व करती है
B. भारत की स्वतंत्रता अधिनियम, 1947
C. भारत के लोग
D. राष्ट्रपति

63. वित्त आयोग _______ के बारे में सिफारिश करता है।
A. केंद्र और राज्यों के बीच करों की निवल प्राप्तियों का बंटन
B. व्यय में कटौती
C. शासित करने वाले सिद्धांतों के निर्धारण सहित अनुदान सहायता
D. B और C दोनों

64. नियंत्रक एवं महालेखा परीक्षक _______ की इसकी शक्ति के द्वारा राज्य के वित्त नियंत्रित करता है।
A. राज्यों को अनुदान सहायता के आबंटन की संस्तुति
B. उन रूपों को निर्दिष्ट करता है जिनमें राज्य के खाते आदि अनुरक्षित किए जाएं
C. राज्य के व्यय में कमी को लाने के लिए सुझाव देना
D. समय-समय पर केंद्र और राज्यों के बीच राजस्वों को पुनर्आबंटन

65. केंद्र और राज्यों के बीच राजस्वों के आबंटन के मामले में, संविधान बहुत बड़ी मात्रा में____ का अनुसरण किया है।
A. कनाडा का संविधान
B. अमेरिकी संविधान
C. भारत सरकार अधिनियम, 1935
D. स्विस संविधान

66. किसने कहा कि भारत का संविधान सहायक संघीय विशेषताओं के साथ एकल राज्य स्थापित करता है बजाय सहायक एकल विशेषताओं के साथ एक संघीय राज्य स्थापित करने के?
A. के. संथानम B. के.सी. व्हीयर
C. सर आइवर जेनिंग्स D. के.एम. पनिक्कर

67. निम्नलिखित में से किस घटना ने विनोबा भावे को भूदान आंदोलन शुरू करने के लिए प्रेरित किया?
A. नालगोंडा घटना B. श्रीकाकुलम घटना
C. नक्सलबारी घटना D. मधुबनी घटना

68. स्थानीय निकायों पर न्यायिक नियंत्रण का उद्देश्य _____ है।
A. यह सुनिश्चित करना कि वे विधि की सीमाओं के भीतर अपने उत्तरदायित्व पूर्ण करें
B. स्थानीय निकायों के कार्य में कार्यपालकों का अवांछित हस्तक्षेप रोकना
C. स्थानीय मामलों में राजनीतिक दलों का हस्तक्षेप न होना सुनिश्चित करना
D. उक्त में से कोई नहीं

69. उच्च न्यायालय में न्यायाधीश को उसके कार्यकाल के दौरान कार्यालय से _______ द्वारा हटाया जा सकता है।

A. राज्यपाल, यदि राज्य विधानमंडल दो-तिहाई बहुमत से एक संकल्प पारित कर दे

B. संसद द्वारा दो-तिहाई बहुमत से पारित एक संकल्प के आधार पर राष्ट्रपति

C. संसद की सिफारिश पर सर्वोच्च न्यायालय का मुख्य न्यायाधीश

D. उक्त में से कोई नहीं

70. भारतीय संविधान में न्यायिक समीक्षा _______ पर आधारित है।

A. कानून द्वारा स्थापित प्रक्रियाओं द्वारा

B. कानून की समुचित प्रक्रिया

C. कानून का नियम

D. दृष्टांत एवं परंपराएँ

71. सरकारिया आयोग _______ के बीच संबंधों की समीक्षा के लिए गठित किया गया है।

A. प्रधानमंत्री और राष्ट्रपति

B. कार्यपालिका और न्यायपालिका

C. विधायिका और कार्यपालिका

D. केंद्र और राज्यों

72. "कानून के नियम" का उल्लंघन अधिकांशतः _____ से उपजता है।

A. सीमित मताधिकार

B. हस्तांतरित विधायिका

C. रोक और संतुलन की कमी

D. उक्त में से कोई नहीं

73. खेल सिद्धांत में सही क्रम है :

A. खेल – पसंद – खिलाड़ी – संतुलन

B. भुगतान – रणनीति – प्रणाली – खेल

C. भुगतान – पसंद – खिलाड़ी – खेल

D. प्रणालियाँ – संतुलन – खेल – खिलाड़ी

74. निम्नलिखित में से कौन-सा कथन सत्य नहीं है?

A. कूटनीति विदेशी नीति का एक उपकरण है

B. मुख्य अंतर्राष्ट्रीय करार विदेश मंत्रियों द्वारा सामान्य वार्ता किए गए होते हैं

C. कूटनीतिज्ञ आज अंतर्राष्ट्रीय वार्ताओं में उतनी महान भूमिका नहीं निभा रहे हैं जितनी वे पहले निभाया करते थे

D. कूटनीतिज्ञों को आज 19वीं सदी की अपेक्षा अधिक ऊँचाई मिली है

75. निम्नलिखित में से कौन-सा अंतर्राष्ट्रीय सरकार के बनने में योगदान नहीं देता?

A. अंतर्राष्ट्रीय व्यापार का विस्तार

B. अंतर्राष्ट्रीय संगठन की स्थापना

C. अंतर-राज्यीय शत्रुता

D. संप्रेषण के माध्यम

76. मोर्गेंथाऊ के अंतर्राष्ट्रीय राजनीति के वास्तविकता सिद्धांत में उसका राजनीतिक पहलू के स्वशासन दर्शाता है

A. अंतर्राष्ट्रीय क्षेत्र में राज्य का स्वशासन

B. विधायिका के साथ-साथ निर्णय लेनेवालों का स्वशासन

C. अन्य विचारों के मानकों के पूर्ण अपमान में राजनैतिक कार्रवाई का स्वशासन

D. अन्य के साथ-साथ स्वशासन के नियम करनेवाले या सरकार के भाग

77. मार्क्सवादी अंतर्राष्ट्रीय राजनीतिक को .... के रूप में देखते हैं।

A. अंतर्राष्ट्रीय सर्वहारावाद की अपरिहार्य विजय की उम्मीद के साथ बुर्जुआ और समाजवादी प्रणालियों के बीच शक्ति का संघर्ष

B. दो राष्ट्रों और राष्ट्र के समूहों के बीच शक्ति का संघर्ष जो शक्ति के संतुलन द्वारा प्रबंधित किया जा सकता है

C. राज्यों के बीच अन्योन्यक्रिया जो शांतिपूर्ण हो

D. राज्यों के बीच अन्योन्यक्रिया जो उन राज्यों के नेताओं द्वारा मार्गदर्शित और ढाला गया है

78. निर्णय-निर्माता सिद्धांतवादी _______ पर ध्यान देते हैं।

A. एक राज्य द्वारा लिए गए विदेश नीति के निर्णय

B. विदेश नीति के निर्णयों पर घरेलू राजनीति का प्रभाव

C. विशिष्ट निर्णय-निर्माता जो एक राज्य के नाम पर बोलते और कार्य करते हैं

D. वास्तविक या वस्तुनिष्ठ पर्यावरण जो विदेश नीति के निर्णयों को प्रभावित करता है

79. निम्नलिखित में से कौन नव-वास्तविकतावाद सिद्धांत का प्रणेता है?

A. केनेथ वॉल्ट्ज B. हैंस मोर्गेंथाऊ

C. बैरी बुजारी D. राउल प्रेबिश

80. सकारात्मक–योग खेल में :

A. जो अभिनेता जीतता है वह दूसरा हारता है

B. लाभ और हानि का समान होना आवश्यक नहीं और दोनों तरफ लाभ हो सकता है

C. लाभ और हानि का समान होना आवश्यक है और दोनों तरफ लाभ हो सकता है

D. दोनों अभिनेताओं को हानि होती है

81. शीलिंग की 'मिश्रित-प्रेरणा खेल' की संकल्पना बहुतायत में ________ को धारण करती है।

A. राजनीतिक और आर्थिक दृष्टिकोण

B. सांस्कृतिक और आदर्शवादी दृष्टिकोण

C. मनोवैज्ञानिक और समाजवादी दृष्टिकोण

D. रणनीतिक और सैन्य दृष्टिकोण

82. इमैन्युअल वालेन्स्टेंन के कार्य की केंद्रीय विशेषता है :

A. विश्व प्रणाली B. राष्ट्र

C. क्षेत्रीय प्रणालियाँ D. अल्पविकास

83. निम्नलिखित में से किस विद्वान ने अंतर्राष्ट्रीय संबंधों के अध्ययन की ओर प्रणालीगत तरीके का प्रतिपादन किया है?

A. डेविड इस्टन B. गैब्रियल आलमंड

C. सी. मैक्कलेलैंड D. जे. डब्ल्यू. बर्टन

84. सूची-I को सूची-II के साथ मिलाइए और नीचे दिए गए कूटों का प्रयोग करके सही उत्तर चुनिए।

सूची-I (विद्वान)	सूची-II (सिद्धांत/तरीका)
(*a*) मोर्गेंथाऊ	1. सिस्टमस् थिअरि
(*b*) बर्नार्ड कोहन	2. गेम थिअरि
(*c*) मर्टन केपलॉन	3. डिसिसन मेकिंग अप्रोच
(*d*) इमाइल बर्ड	4. रिआलिस्ट स्कूल

कूट :

	(*a*)	(*b*)	(*c*)	(*d*)
A.	4	3	1	2
B.	2	1	3	4
C.	4	1	3	2
D.	2	3	1	4

85. निम्नलिखित में से कौन-सा अंतर्राष्ट्रीय राजनीति का तरीका या माध्यम एक कर्ता के रूप में राज्य की भूमिका को महत्व नहीं देता?

A. निर्भरता मॉडल

B. वास्तविकतावादी मॉडल

C. नव-वास्तविकतावादी मॉडल

D. अंतरनिर्भरता बहुलवादी मॉडल

86. किस देश को संयुक्त राष्ट्र संघ की उपनिवेशवाद भंगकर्ता समिति का अध्यक्ष नियुक्त किया गया?

A. यूएसए B. स्वीडन

C. भारत D. जापान

87. सामान्य प्रणाली सिद्धांत के संबंध में निम्नलिखित कथनों पर विचार कीजिए।

1. एक अनुभवजन्य अनुसंधान के दृष्टिकोण से सामान्य प्रणालियाँ अत्यंत आकर्षक हैं।
2. इस सिद्धांत की राजनैतिक शक्ति और प्रभाव जैसी संकल्पनाओं के पर्याप्त पोषण के लिए आलोचना की गई है।

नीचे दिए गए कथनों में से कौन-सा सत्य है?

A. केवल 1 B. केवल 2

C. 1 और 2 दोनों D. न तो 1 न 2

88. वह कौन-सा मॉडल है जो एक विरोधी स्थिति से संबंधित है जहाँ सभी विरोधियों को भिन्न मात्रा में लाभ होता है?

A. हानिकारक–विरोधाभासी स्थिति

B. हितकारी–विरोधाभासी स्थिति

C. शून्य–योग स्थिति

D. गैर शून्य–योग स्थिति

89. द वर्क एसेस ऑन नेशनेलिज्म के लेखक हैं :

A. हेरी हार्ट B. हाल फिशर

C. सी.जे. हेस D. उक्त में से कोई नहीं

90. मोर्गेंथाऊ के अनुसार संप्रभु राष्ट्र के समाज में शांति बनाए रखने का सर्वोत्तम माध्यम है :

A. राष्ट्र हित B. कूट नीति

C. विदेशी व्यापार D. स्वशासन

91. 'शहर राज्य' यह शब्द सामान्यतः इससे संबंधित है :

A. प्राचीन इजिप्त B. प्राचीन ग्रीस

C. प्राचीन चीन D. तीनों में से कोई नहीं

92. यह कथन जो कहता है राज्य एक नैतिक संस्था है जो मनुष्य के पूर्ण नैतिक विकास के लिए अनिवार्य है, यह इनका आरोपण है :

A. आदर्शवादी B. मार्क्सवादी
C. अराजकवादी D. व्यक्तिपरक

93. राज्य एक आवश्यक बुराई है, यह मत इनसे सम्बन्धित है :

A. मार्क्सवादी B. कुतर्की
C. अराजकवादी D. व्यक्तिपरक

94. 'कानूनी अधिसत्ता' की संकल्पना पहली बार किसने प्रस्तुत किया?

A. लॉक B. टी.एच. ग्रीन
C. रूसो D. हॉब्स

95. "यदि अधिसत्ता सम्पूर्ण नहीं है तो, कोई राज्य अस्तित्व में नहीं रहेगा", ऐसा किसने कहा?

A. हॉब्स B. जॉन लॉक
C. जीन बोडिन D. जॉन ऑस्टिन

96. विधित (De-jure) सर्वसत्ताक का मतलब है :

A. संविधान द्वारा एक व्यक्ति को पूरे अधिकार दिए गए हैं लेकिन वह सत्ता का उपयोग नहीं करता
B. राज्य का संविधानिक शासन
C. संसद द्वारा प्राधिकृत व्यक्ति द्वारा देश का शासन
D. एक व्यक्ति को शासन करने का और आज्ञाकारिता वश में रखने का कानूनी अधिकार

97. लोकतान्त्रिक प्रणाली को सरकार में लोक-अधिसत्ता इनमें रहती हैं :

A. सामान्यतया चुना गया प्रतिनिधि निकाय
B. निर्वाचक गण
C. लोग
D. ऊपरी सभी

98. हॉब्स के अनुसार प्रकृति का राज्य इसका युग था :

A. शांति और अभाव B. धार्मिक शासन
C. निरंतर संघर्ष D. शांति और समृद्धि

99. किसने कहा कि "आदमी जन्म के वक्त आजाद है और बाद में हर जगह जंजीरों में जकड़ा रहता है"?

A. रूसो B. लॉक
C. मार्क्स D. अरस्तू

100. किसने दावा किया था कि 'राज्य आखिरकार मुरझा जाएगा'?

A. अरस्तू B. गांधी
C. मार्क्स D. कांट

101. संसद और संविधान इसके उपकरण हैं :

A. आर्थिक न्याय B. सामाजिक न्याय
C. राजनीतिक न्याय D. कानूनी न्याय

102. कौन-सी योजना के प्रस्ताव से संविधान-सभा की स्थापना हुई?

A. द क्रिप्स मिशन प्लान B. द कैबिनेट मिशन प्लान
C. द माउंट बेटन प्लान D. इनमें से कोई नहीं

103. निम्न में से किसे संविधान का हिस्सा नहीं माना जाता?

A. दबाव गुट B. मूलभूत कर्तव्य
C. मूलभूत अधिकार D. प्रस्तावना

104. भारतीय संविधान में कुल अनुसूची हैं :

A. 11 B. 12
C. 6 D. 4

105. संविधान को कौन-से भाग में मूलभूत अधिकारों के बारे में जानकारी मिलती है?

A. भाग III B. भाग V
C. भाग II D. भाग I

106. हर वर्ष मानवाधिकार दिवस, इस दिन मनाया जाता है।

A. 10 दिसम्बर B. 10 नवम्बर
C. 30 दिसम्बर D. 20 जनवरी

107. मानव अधिकार के उत्पीड़ितों के लिए हॉट लाइन व्यवस्था इस प्रकार उपलब्ध है।

A. 18 घंटे B. 22 घंटे
C. 24 घंटे D. 20 घंटे

108. 'अर्थशास्त्र' के लेखक थे

A. कौटिल्य B. टी.एच. ग्रीन
C. प्लेटो D. अरस्तू

109. 'पोलिस' (Polis) का मतलब निम्न में से क्या है?

A. शहर-राज्य B. गाँव
C. राज्य D. देश

110. निम्न में से राज्य का मूल तत्व क्या है?

A. सेना B. राजा
C. खजाना D. सर्वसत्ता

111. सत्ता का पृथक्करण सिद्धान्त किसने प्रस्तुत किया?
A. कार्ल फेडरिक B. जे.एस. मिल
C. मांटेस्क्यू D. अरस्तू

112. लोकतन्त्र ऐसी शासन पद्धति है जिसमें अन्तिम सत्ता इनके हाथों में होती है
A. राजनीतिक B. लोक सेवा
C. जनता D. भीड़

113. सरकार का 'फोर्थ इस्टेट' किसे माना जाता है?
A. राजनीतिक दल B. दबाव गुट
C. जन मत D. अखबार

114. राजदूतों की नियुक्ति कौन करता है?
A. राष्ट्रपति B. रक्षा मंत्री
C. विदेश मंत्री D. प्रधानमंत्री

115. निम्न में से कौन-सा देश यू.एन. के सुरक्षा परिषद् का स्थायी सदस्य है?
A. यूके B. ब्राजील
C. ताइवान D. भारत

116. ''माई एक्सपेरिमेंट विद ट्रुथ'' किसने लिखी?
A. जे.पी. B. पटेल
C. एम.के. गांधी D. वी.पी. सिंह

117. भारत में पहला नगर निगम कहाँ स्थापित किया गया?
A. बंबई B. दिल्ली
C. मद्रास D. कलकत्ता

118. मंत्रिमंडल के प्रमुख कौन होते हैं?
A. गृहमंत्री B. प्रधानमंत्री
C. वित्तमंत्री D. राष्ट्रपति

119. राष्ट्रीय मानवाधिकार आयोग की स्थापना इस वर्ष हुई :
A. 1945 B. 1993
C. 1950 D. 1948

120. एकल हस्तांतरणीय मत पद्धति में प्रत्येक मतदाता :
A. जितनी सीटें भरी जानी हैं उससे एक कम पसन्द सूचित कर सकता है
B. जितने प्रतिनिधि चुनते हैं उतनी पसन्द सूचित कर सकता है
C. केवल एक पसन्द सूचित कर सकता है
D. केवल दो पसन्द दिखा सकता है

121. संविधान द्वारा प्रदत्त अधिकार _______ कहलाते हैं।
A. आर्थिक अधिकार B. वैकल्पिक अधिकार
C. सरकारी अधिकार D. मौलिक अधिकार

122. धर्मनिरपेक्षता का सर्वाधिक महत्वपूर्ण आयाम इसका धर्म का राज्य _______ है।
A. में सम्मिलित B. पृथक्करण
C. A और B दोनों D. इनमें से कोई नहीं

123. इतिहास में _______ के आधार पर वंचन, निष्कासन और अत्याचार के बहुत से उदाहरण मिलते हैं।
A. जाति B. कानून
C. धर्म D. निष्कासन

124. लोगों का समूह जो शक्ति के उभयनिष्ठ लक्ष्य को प्राप्त करने हेतु एक-दूसरे के निकट आता है, _____ कहलाता है।
A. तार्किक समूह B. हित समूह
C. राजनैतिक दल D. राजनैतिक नेतृत्व

125. निम्नलिखित में कौन-सा राजनैतिक दल का मुख्य घटक है?
A. नेता B. सक्रिय सदस्य
C. अनुयायी D. ये सभी

126. UPA का विस्तार है
A. United Progressive Alliance
B. Union Progressive Alliance
C. United Progressive Allowance
D. Union Protested Alliance

127. जब एक बहु-दलीय व्यवस्था में कई दल चुनाव लड़ने और शक्ति जीतने के उद्देश्य से साथ में हाथ मिला लेते हैं ______, कहलाता है।
A. समूह B. गठबंधन
C. एक दलीय व्यवस्था D. इनमें से कोई नहीं

128. निम्नलिखित में से कौन-सा भारतीय पुनर्जागरण का पिता कहलाता है?
A. स्वामी दयानंद सरस्वती
B. स्वामी विवेकानंद
C. ईश्वर चंद्र विद्यासागर
D. राजा राममोहन राय

129. लोकतांत्रिक समाजों में राज्य का समान धर्म से पृथक्करण के कारण होता है :
A. धार्मिक शिक्षा में बाधा हेतु

B. धर्म से बाहर जाने वाले व्यक्तियों की स्वतंत्रता की रक्षा हेतु
C. A और B दोनों
D. इनमें से कोई नहीं

130. एक राज्य बनाने के लिए वांछित तत्व कितने हैं?
A. तीन B. छह
C. पाँच D. चार

131. इतिहास की भौतिकतावादी व्याख्या के प्रतिपादक हैं :
A. मेन्शेविक B. लेनिन
C. बोल्शेविक D. इनमें से कोई नहीं

132. कौन-सा सिद्धांत यह प्रतिपादन करता है कि राज्य अंततः लुप्त हो जाएगा?
A. श्रमिक संघवाद B. साम्यवाद
C. फासीवाद D. फैबियन समाजवाद

133. संप्रभु और स्वतंत्र राज्यों का ऐच्छिक एकत्व ______ कहलाता है।
A. परिसंघ B. एकात्मक राज्य
C. संघ D. इनमें से कोई नहीं

134. अगेरिका की नींव रखने वालों द्वारा कौन-से राजनैतिक दार्शनिक को अधिक स्वीकार किया गया है और निजी संपत्ति के महत्व पर उसके विचार अमेरिकी संविधान के प्रारूप निर्माण और ऐतिहासिक विकास में परिलक्षित होते हैं?
A. रूसो B. थॉमस हॉब्स
C. जॉन लॉक D. इनमें से कोई नहीं

135. "एन एसे कन्सर्निंग ह्यूमन अंडरस्टैंडिंग" ______ द्वारा लिखा गया।
A. जे.जे. रूसो B. थॉमस हॉब्स
C. जॉन लॉक D. इनमें से कोई नहीं

136. शीर्षक स्टडीज इन हिस्ट्री एंड जूरीस्प्रिडेन्स जिसमें संविधान को कठोर और नम्य रूप में वर्गीकृत किया गया है, ______ द्वारा लिखी गई है।
A. टी.एच. ग्रीन B. गिलक्रिस्ट
C. लॉर्ड ब्राइसी D. इनमें से कोई नहीं

137. निम्नलिखित में से कौन-सी पुस्तक प्लेटो के दर्शन का प्रतिपाद्य दर्शाती है?
A. द रिपब्लिक B. द लॉज
C. द पॉलिटिक्स D. इनमें से कोई नहीं

138. "कानून न्याय के प्रशासन में राज्य द्वारा अनुप्रयुक्त और मान्यता दिए गए नियमों का निकाय है" यह ______ द्वारा कहा गया।
A. सामंड B. हॉलैंड
C. ग्रीन D. इनमें से कोई नहीं

139. अरस्तू के विचार पश्चिम में प्लेटो की अपेक्षा अधिक स्वीकार्य हैं क्योंकि उसने ______ को आगे बढ़ाया।
A. निरंकुशता B. लोकतंत्र
C. कानून का प्रशासन D. इनमें से कोई नहीं

140. अयूब खान द्वारा बनाई गई प्रथम राष्ट्रीय सभा में विपक्ष का नेता किसे नामित किया गया?
A. मौलाना तमिजुद्दीन खान
B. युसुफ खट्टक
C. मुमताज दोल्ताना
D. सरदार बहादुर खान

141. 1948 में कश्मीर पर प्रथम भारत पाकिस्तान युद्ध के दौरान भारत का गवर्नर जनरल कौन था?
A. महात्मा गाँधी B. लॉर्ड माउंटबेटन
C. जाहिर हुसैन D. कृष्णा मेनन

142. जॉन लॉक के अनुसार, सरकार का सर्वोत्तम रूप है :
A. कुलीन तंत्र B. तानाशाही
C. लोकतंत्र D. इनमें से कोई नहीं

143. प्लेटो के फासीवादी का जन्म चौथी शताब्दी ईसा पूर्व में हुआ जबकि आधुनिक फासीवाद पूर्व ______ का उत्पाद है।
A. 20वीं सदी B. 18वीं सदी
C. 19वीं सदी D. इनमें से कोई नहीं

144. प्लेटो के जीवन में मोड़ तब आया जब वह ______ था।
A. 28 वर्ष का B. 24 वर्ष का
C. 26 वर्ष का D. इनमें से कोई नहीं

145. कार्ल मार्क्स अपने ______ के सिद्धांत के लिए जाना जाता है।
A. इतिहास की भौतिकतावादी व्याख्या
B. बल राज्य का आधार
C. द्वंद्वात्मक आध्यात्मवाद
D. इनमें से कोई नहीं

146. किसने कहा "न्याय समानों के साथ समानता से और असमानों के साथ असमानता से व्यवहार करता है"?

A. जे.एस. मिल B. टी.एच. ग्रीन
C. अरस्तू D. इनमें से कोई नहीं

147. "विधिक संप्रभुत्वा" की संकल्पना पहली बार _____ द्वारा दी गई।

A. लॉक B. बेंथम
C. हॉब्स D. इनमें से कोई नहीं

148. 1973 संविधान में विधि निर्माण के लिए विषयों की सूचियों की संख्या है :

A. एक B. दो
C. तीन D. इनमें से कोई नहीं

149. वह सिद्धांत जो जर्मन आदर्शवाद, अंग्रेजी अर्थशास्त्र और फ्रांसीसी क्रांतिकारी और सामाजिक विचारों का जिज्ञासु मिश्रण है, _______ कहलाता है।

A. फासीवादी B. साम्यवाद
C. समाजवाद D. इनमें से कोई नहीं

150. संवरण का एक रूप जिसके अंतर्गत एक विधेयक खांचों में बाँटा जाता है और जिसके समूह का प्रतिदिन व्यवहृत होना आवश्यक हैं, _______ कहलाता है।

A. गुलीटीन संवरण B. साधारण संवरण
C. कंगारू संवरण D. इनमें से कोई नहीं

151. एक राज्य का कार्य चलाने के लिए आवश्यक सामान्य संहिता ______ कहलाती है।

A. संविधान B. अध्यादेश
C. संधिपत्र D. इनमें से कोई नहीं

152. "शक्ति भ्रष्टाचार लाती है और पूर्ण शक्ति पूर्ण भ्रष्टाचार लाती है" यह ________ द्वारा कहा गया प्रसिद्ध उद्धरण है।

A. लॉर्ड कर्जन B. लॉर्ड एक्टन
C. विस्टन चर्चिल D. इनमें से कोई नहीं

153. मार्क्स के अनुसार साम्यवाद के चरण में शासन का सिद्धांत होगा :

A. सब समान हैं परंतु कुछ अन्य से अधिक समान हैं
B. प्रत्येक की योग्यता के अनुसार से प्रत्येक के कार्य के अनुसार तक
C. प्रत्येक की योग्यता के अनुसार से प्रत्येक की आवश्यकता के अनुसार तक
D. इनमें से कोई नहीं

154. एक ________ एक संप्रभु राज्य का प्रकार है जिसके लक्षण आंशिक स्व-शासित राज्यों का संघ या एक केंद्र सरकार द्वारा जोड़े गए क्षेत्र हैं।

A. परिसंघ B. संघ
C. एकात्मक राज्य D. इनमें से कोई नहीं

155. वे जो राज्य के अस्तित्व के विरुद्ध सक्रिय रहते हैं, ________ कहलाते हैं।

A. अराजकतावादी B. फासीवादी
C. समाजवादी D. इनमें से कोई नहीं

156. "राजनैतिक विज्ञान राज्य के साथ शुरू और खत्म होता है" ________ द्वारा कहा गया।

A. प्रोफेसर गार्नर B. पॉल जेनेट
C. स्टीफन लीकॉक D. इनमें से कोई नहीं

157. असमानता के उद्भव और सामाजिक संविदा पर एक संभाषण ________ द्वारा प्रस्तुत किया गया।

A. रूसो B. हॉब्स
C. जॉन लॉक D. इनमें से कोई नहीं

158. "नैतिकता और विधायिका के सिद्धांतों से परिचय (1789)" ________ द्वारा लिखा गया।

A. जॉन लॉक B. जेरेमी बेंथम
C. जे.एस. मिल D. इनमें से कोई नहीं

159. 'राजद्रोह का कारण सदैव असमानता होता है' द्वारा कहा गया।

A. मैकियावेली B. अरस्तू
C. प्लेटो D. इनमें से कोई नहीं

160. निम्नलिखित में से कौन-सा भारत और यूएसए. में संघवाद का उभयनिष्ठ लक्षण नहीं है?

A. न्यायिक संगठनों के दो समुच्चय
B. सर्वोच्च न्यायालय का अस्तित्व
C. संघ और राज्यों के बीच शक्ति का विभाजन
D. लिखित संविधान

161. यूनिवर्सल अडल्ट फ्रेंचाइज का एक दोष है

A. वह समानता के सिद्धांत पर जोर देता है
B. वह अज्ञानियों से शासन कराने के ओर ले जाता है

C. वह अल्पसंख्यकों के अधिकारों की रक्षा करता है
D. वह आम आदमी को शासन के निर्णयों में शामिल होने का मौका देता है

162. निम्न में चुनाव का सबसे महत्वपूर्ण वैशिष्ट्य कौन-सा है?
A. शासन में शांतिपूर्वक बदलाव
B. लोकतंत्र के कार्य में आनेवाली बाधाएँ हटाना
C. नागरिकों को अपने अधिकार बनाए रखने में मंदद
D. बहु पक्ष पद्धति का निष्कासन

163. राजनीतिक दल गरीबों की मदद करता है जब तक वह :
A. उन्हें कानूनी सहायता मुहैया कराता है
B. उन्हें चुनाव लड़ने में सहायता करता है
C. बच्चों को निःशुल्क शिक्षा मुहैया कराता है
D. उन्हें मूलभूत सुविधाएँ मुहैया कराता है

164. राजनीतिक दल संविधानात्मक शासन की सही कार्यवाही में इस प्रकार योगदान देते हैं।
A. देश में शांति बनाए रखना
B. देश के सामने की समस्याओं के बारे में लोगों को शिक्षित करना
C. मंत्रिमंडल को बहुमत देकर समर्थन देना
D. गरीब उम्मीदवारों को चुनाव लड़ने में आर्थिक सहायता देकर

165. राजनीतिक दल इस प्रकार अलोकतांत्रिक होते हैं।
A. वे अधिकार में आते ही अपने कार्यक्रम को कार्यान्वित करते हैं
B. वे अपने सदस्यों को अपने विचार स्वतंत्रता से लोगों के सामने रखने की अनुमति नहीं देते
C. वे शासन की नीतियों की आलोचना करते हैं
D. वे चुनाव लड़कर अधिकार पाने की कोशिश करते हैं

166. प्रभाव समूह अपने सदस्यों का हित इस पर दबाव डालकर आगे बढ़ाता है :
A. संविधान B. अधिकारी
C. न्यायपालिका D. ऊपरी सभी

167. लोक-राय की अनेक धाराओं में अखबार एक महत्वपूर्ण भूमिका निभाता है। अखबार लोक-राय का प्रभावी माध्यम हो सकता है, यदि :
A. वह कमजोर वर्ग के उद्देश्यों का समर्थन करता है
B. वह सरकार की नीतियों का तीव्र आलोचक है
C. वह मुक्त और निष्पक्ष है
D. वह सरकार की नीतियों से बद्ध है

168. निम्न में से कौन-सा कथन सही है?
A. अंग्रेज विधिवक्ता ब्लॅकस्टोन नहीं मानता था कि, वाक् स्वातन्त्र्य के लिए सेंसर-व्यवस्था कोई अडंगा बन सकता है
B. उन्नीसवीं सदी का फ्रेंच तत्वज्ञानी नहीं मानता था कि, वाक् स्वातन्त्र्य के लिए सेंसर व्यवस्था कोई अडंगा बन सकता है
C. अमेरिकी कोर्ट यह नहीं मानता कि पूर्व सेंसर-व्यवस्था वाक् स्वातन्त्र्य के लिए कोई प्रतिबंध है
D. ऊपरी सभी मानते हैं कि सेंसर-व्यवस्था यह वाक्-स्वातन्त्र्य के लिए नियंत्रण है

169. आधुनिक उदारवाद शास्त्रीय उदारवाद से इस प्रकार अलग है :
A. वह मुक्त उद्योग की हिमायत करता है
B. वह विश्व को सर्व प्रकार की तानाशाही और शोषण से मुक्त देखना चाहता है
C. वह लोकतंत्र प्रणाली के बिरुद्ध है
D. वह व्यक्तिगत आजादी की हिमायत नहीं करता

170. आधुनिक व्यक्तिवाद जो तीव्र सामूहिकवाद की प्रतिक्रिया में उभरा, यह उन्नीसवीं सदी वाले व्यक्तिवाद से इस तरह अलग है :
A. वह देश के लिए अत्यधिक कार्य की हिमायत करता है
B. वह व्यक्ति को संपूर्ण आजादी के पक्ष में है
C. वह शासन के समाप्ति की वकालत करता है
D. वह व्यक्ति के बजाय समूह पर ध्यान डालता है

171. उपयोगितावाद, जो उदारवाद का और एक सिद्धांत है, का सम्बन्ध इस नाम से है :
A. लॉक B. ग्रीन
C. बेंथम D. हीगेल

172. विकासवादी समाजवाद विश्वास करता है कि :
A. वह शांतिपूर्ण तरीकों से बदलाव ला सकता है
B. वह क्रांतिकारी तरीकों से बदलाव ला सकता है
C. वह जैसे थे वैसी स्थिति रखना चाहता है
D. उपरोक्त में से कोई नहीं

173. समाजवादी नैसर्गिक स्रोतों का राष्ट्रीयकरण इस कारण चाहते हैं :

A. शोषण रोकने के लिए

B. उनका संपूर्ण उपयोग सुनिश्चित करने के लिए

C. उत्पादन बढ़ाने के लिए

D. उत्पादन व्यय कम करने के लिए

174. निम्न में से कौन-सा समाजवाद का विकासात्मक प्रकार नहीं है?

A. फोबिनिजम B. श्रेणी-समाजवाद

C. राज्य समाजवाद D. कम्युनिज्म

175. मार्क्स के अनुसार इतिहास इसका उत्पाद है :

A. राजनीतिक बल

B. भौतिक, धार्मिक और राजनीतिक बलों का संयोज्य

C. धार्मिक बल

D. भौतिक बल

176. मार्क्स के अनुसार, पूँजीवादी समाज में इस कारण क्रांति होती है :

A. 'है' और 'नहीं है' इनके बीच के बढ़ते विरोध से

B. शिक्षित लोगों का व्यवस्था के साथ नाराज होने से

C. पूँजीवादी विशेष श्रेणी को अधिक महत्व देने से

D. विदेशी हस्तक्षेप से

177. कम्युनिज्म जिसे मार्क्स और एंगेल ने प्रस्तुत किया और बाद के तत्वज्ञानियों ने परिष्कृत किया, इसमें विश्वास रखता है :

A. सभी उत्पादनों के साधन देश के अधीन

B. आर्थिक क्षेत्र में सम्पूर्ण आजादी

C. मिश्र अर्थव्यवस्था जहाँ महत्वपूर्ण उद्योग देश के नियंत्रण में

D. उपरोक्त में से कोई नहीं

178. निम्न में से कौन-सा कथन गलती से मार्क्स से जोड़ा गया है?

A. देश को चलाने वाले वर्ग की सुरक्षा और उनके हित को उन्नयन के लिए देश बल का उपयोग करता है

B. मानव समाज के सभी तथ्यों का मूल, जीवन के भौतिक स्थितियों में है

C. गरीब लोगों की सुरक्षा और उनके हित के उन्नयन के लिए देश बल का उपयोग करता है

D. देश यह मध्यमवर्गीयों की कार्यकारी समिति है

179. राजनीतिक क्षेत्र में फॉसिस्ट इसके लिए खड़े हुए :

A. द्वि-दल सरकार B. बहु-दल सरकार

C. एकल पक्ष सरकार D. दल रहित सरकार

180. फॉसिस्ट विभिन्न कारणों से लोकतंत्र के विरुद्ध थे। निम्न में से कौन-सा कारण गलती से सूची में डाला गया है?

A. क्योंकि वे मानव असमानता पर विश्वास करते थे

B. क्योंकि बहुसंख्यकों में मूर्ख होते हैं

C. क्योंकि वे सोचते थे कि आमलोग अपने आप पर शासन करने में असमर्थ थे

D. क्योंकि वे आदमी के स्वाभाविक मूल्य में विश्वास नहीं करते थे

181. "शिक्षा वह है जो व्यक्ति को आत्मनिर्भर और आत्महीन बनाती है" शिक्षा की यह परिभाषा _______ द्वारा दी गई।

A. उपनिषद B. ऋग्वेद

C. भगवद्गीता D. गाँधीजी

182. भारत में विभिन्न लाभार्थी समूहों को सामाजिक समानता के पोषण के लिए यूजीसी की महत्वपूर्ण योजनाओं में से एक है :

A. पीडब्ल्यूडी अधिनियम, 1995

B. पोस्ट-डॉक्टरल फेलोशिप

C. SET परीक्षा

D. एसएसए

183. 2011 जनगणना के अनुसार बिहार की महिला दलितों में साक्षरता दर है :

A. 38.5% B. 44.6%

C. 83% D. 62%

184. हॉइ की विद्यालयी संस्कृति की परिभाषा है, एक संगठन का :

A. विश्वास B. बौद्धिक

C. भावात्मक D. पर्यावरणीय

185. शिक्षक की पहचान और उसका निर्देश पर प्रभाव का अध्ययन 3 मुख्य प्रकार की जाँच से बना है? इनमें से कौन नहीं है?

A. पहचान बनाना

B. भौतिक प्रवृत्ति

C. शिक्षक की पहचान के लक्षण

D. पहचान नरेटिव

186. विद्यार्थी जनांककीय और परिरक्षण के संबंध ने संभाषण के अतिरिक्त शिक्षक प्रभावी शिक्षक के निष्पादन को परिभाषित करने के लिए ______ के संभाषण का भी प्रयोग करते हैं।

A. परिरक्षण
B. पोषण
C. विद्यार्थी जनांककीय
D. निष्पादन

187. शिक्षक की पहचान _______ के चश्मे से देखी जाती है, जो विद्यालयी संस्कृति से बड़ी निकटता से जुड़ी है।

A. सांस्कृतिक पहचान
B. विद्यार्थियों के मानक
C. कक्षा का वातावरण
D. सामुदायिक निर्वहन

188. यदि विद्यालय एक _____ विद्यालयी संस्कृति का विकास कर सकता है, तो वह अधिक सफल होगा।

A. नकारात्मक
B. सकारात्मक
C. अनुवादी
D. पुनःसक्रिया

189. विभिन्न प्रक्रियाओं पर तकनीक के प्रभाव में ______ शामिल नहीं है।

A. औद्योगिकीकरण
B. शहरीकरण
C. आधुनिकीकरण
D. मुक्तिकरण

190. अंतर्राष्ट्रीय विद्यालय परामर्शदात्री की जनवरी, 2015 की सूची के अनुसार भारत में कितने अंतर्राष्ट्रीय विद्यालय हैं?

A. 1340
B. 410
C. 820
D. 1000

191. बोर्ड परीक्षाएँ देने वाले अभ्यर्थियों के लिए अर्हता आयु कौन-सा निदेशक बताता है?

A. KSEEB, UGC, CBSE
B. KSERT, NCERT, KSEEB
C. UGC, NCERT एवं CBSE
D. KGC, UGC, NCTE

192. विद्यालयी संस्कृति _______ रणनीति के रूप में प्रस्तुत की जाती है।

A. निष्पादन
B. नागरिक
C. पुनर्निर्माण
D. आलोचनात्मक

193. कौन-सा प्रबंधन विद्यालयी संस्कृति का पूर्वानुमानी है?

A. मित्रता
B. मनोरंजन
C. नेतृत्व
D. जोखिम

194. अध्ययन की प्रक्रिया में वास्तविक अध्ययन चरण _____ पर जोर देता है।

A. एक लक्ष्य
B. एक उद्देश्य
C. अध्ययन स्थिति
D. लक्ष्यप्राप्ति में अवरोध

195. निम्नलिखित में से कौन-सा एक कारक है, जो अध्ययन को प्रभावित नहीं करता है?

A. पर्यावरण एवं अन्य कारक
B. अध्येताओं के वैयक्तिक मतभेद
C. अध्ययन एक नीरस प्रक्रिया है
D. कक्षा अध्ययन में शिक्षक का उत्साह

196. अध्येताओं के संज्ञानात्मक लक्षण ______ से संबंधित है।

A. अध्येता का व्यक्तिगत जीवन
B. अध्येता का शैक्षणिक निष्पादन
C. अध्येताओं का सामाजिक और भावनात्मक दृष्टिकोण
D. मस्तिष्क से संबंधित अध्येता का कौशल

197. ______ से संदर्भित है पूर्व में सीखे गए ज्ञान कौशल का एक नई अध्ययन स्थिति पर न तो प्रभाव नहीं बाधा।

A. सकारात्मक स्थानांतरण
B. नकारात्मक स्थानांतरण
C. पार्श्विक स्थानांतरण
D. शून्य स्थानांतरण

198. अध्यापन कला और अभ्यास में CPD का अर्थ है

A. कंटीन्यूइंग प्रोफेशनल डेवलपमेंट
B. क्लासरूम लर्निंग प्रोग्राम डिस्क्रिप्शन
C. कंपिटिटिव पर्सपेक्टिव डेटिरिओरेशन
D. कॉग्नीटिव पल्स डेवलपमेंट

199. अनुवर्ती क्रिया समीक्षा तब करनी चाहिए जब एक समय हो और कार्ययोजना में अन्य कार्य ______ के लिए चिह्नित किए गए हों।

A. समीक्षा को बढ़ावा देने के लिए
B. अध्ययन इकाई को पूर्ण करने
C. सामग्री के मूल्यांकन
D. लक्ष्यों पर पुनर्विचार

200. सफल प्रशंसाओं के कितने मानक सूचीबद्ध हैं?

A. 10
B. 8
C. 6
D. 18

उत्तरमाला

1	2	3	4	5	6	7	8	9	10
D	C	B	C	B	D	D	C	D	A
11	**12**	**13**	**14**	**15**	**16**	**17**	**18**	**19**	**20**
D	D	D	A	B	A	D	B	C	B
21	**22**	**23**	**24**	**25**	**26**	**27**	**28**	**29**	**30**
C	C	C	B	A	A	C	D	D	C
31	**32**	**33**	**34**	**35**	**36**	**37**	**38**	**39**	**40**
B	D	C	C	C	A	A	B	D	B
41	**42**	**43**	**44**	**45**	**46**	**47**	**48**	**49**	**50**
A	B	A	C	A	C	B	A	D	A
51	**52**	**53**	**54**	**55**	**56**	**57**	**58**	**59**	**60**
B	C	A	A	C	D	C	C	C	A
61	**62**	**63**	**64**	**65**	**66**	**67**	**68**	**69**	**70**
D	C	*	B	C	B	A	A	B	A
71	**72**	**73**	**74**	**75**	**76**	**77**	**78**	**79**	**80**
D	C	A	D	C	C	A	D	A	B
81	**82**	**83**	**84**	**85**	**86**	**87**	**88**	**89**	**90**
C	A	C	A	A	C	C	C	D	A
91	**92**	**93**	**94**	**95**	**96**	**97**	**98**	**99**	**100**
B	A	D	D	D	D	C	C	A	C
101	**102**	**103**	**104**	**105**	**106**	**107**	**108**	**109**	**110**
*	B	A	B	A	A	C	A	A	D
111	**112**	**113**	**114**	**115**	**116**	**117**	**118**	**119**	**120**
C	C	D	A	A	C	C	B	B	B
121	**122**	**123**	**124**	**125**	**126**	**127**	**128**	**129**	**130**
D	B	C	C	D	A	B	D	*	D
131	**132**	**133**	**134**	**135**	**136**	**137**	**138**	**139**	**140**
D	B	A	C	C	C	A	A	C	D
141	**142**	**143**	**144**	**145**	**146**	**147**	**148**	**149**	**150**
B	C	A	A	A	C	B	*	C	A
151	**152**	**153**	**154**	**155**	**156**	**157**	**158**	**159**	**160**
A	B	C	B	A	A	A	B	B	A
161	**162**	**163**	**164**	**165**	**166**	**167**	**168**	**169**	**170**
B	A	D	B	B	D	C	D	B	D
171	**172**	**173**	**174**	**175**	**176**	**177**	**178**	**179**	**180**
C	A	A	D	D	A	A	C	C	D
181	**182**	**183**	**184**	**185**	**186**	**187**	**188**	**189**	**190**
B	B	B	D	B	B	D	B	D	B
191	**192**	**193**	**194**	**195**	**196**	**197**	**198**	**199**	**200**
C	A	C	C	C	D	D	A	D	C

पिछले प्रश्न-पत्र (हल सहित)

दिल्ली अधीनस्थ सेवा चयन बोर्ड

DSSSB—PGT (राजनीति शास्त्र) भर्ती परीक्षा, 2015*

पोस्ट स्पेसिफिक विषय-संबंधी प्रश्न

1. 'नगर-राज्य' यह शब्द सामान्यतः इससे सम्बन्धित है:
A. प्राचीन इजिप्ट
B. प्राचीन ग्रीस
C. प्राचीन चीन
D. तीनों में से कोई नहीं

2. एक आदर्श राज्य की जनसंख्या प्लेटो ने इतनी निर्धारित की:
A. 1,900 व्यक्ति B. 5,040 व्यक्ति
C. 10,000 व्यक्ति D. 1,00,000 व्यक्ति

3. अरस्तू के अनुसार:
A. राज्य एक ईश्वरीय संस्था है
B. राज्य एक कृत्रिम सृष्टि है
C. राज्य बल की सृष्टि है
D. राज्य एक स्वाभाविक संस्था है

4. मार्क्सवादी मानते हैं कि:
A. राज्य एक वर्ग संरचना है
B. राज्य केवल मजदूरों का प्रतिनिधित्व करता है
C. पूरे समाज को राज्य प्रतिनिधित्व करता है
D. राज्य एक सत्ता पद्धति है

5. यह कथन जो कहता है राज्य एक नैतिक संस्था है जो मनुष्य के पूर्ण नैतिक विकास के लिए अनिवार्य है, यह इनका आरोपण है:
A. व्यक्तिपरक B. अराजकवादी
C. आदर्शवादी D. मार्क्सवादी

6. 'मनुष्य एक सामाजिक प्राणी है' ऐसा किसने कहा?
A. अरस्तू B. प्लेटो
C. रूसो D. लास्की

7. राज्य एक आवश्यक बुराई है, यह मत इनसे सम्बन्धित है:
A. व्यक्तिपरक
B. अराजकवादी
C. मार्क्सवादी
D. कुतर्की

8. राज्य यह परिवार का विस्तार है, ऐसा किसने कहा?
A. प्लेटो B. अरस्तू
C. लॉक D. न्यूटन

9. "मैं ही राज्य हूँ" ऐसा किसने कहा?
A. इंग्लैंड का जेम्स I
B. फ्रांस का नेपोलियन I
C. फ्रांस का लूई XIV
D. जर्मनी का हिटलर

10. सॉवरनिटी (सर्वसत्ता) शब्द लैटिन भाषा के इस शब्द से लिया गया है:
A. सुपरानस (Supranus)
B. सुप्रीम (Supreme)
C. सोविएट (Soviet)
D. स्टेच्युट (Statute)

11. किसने कहा था कि सर्वसत्ता राज्य की पूर्णता है?
A. ग्रीकों ने B. अंग्रेजों ने
C. रोमन ने D. भारतीयों ने

12. 'कानूनी अधिसत्ता' की संकल्पना पहली बार किसने प्रस्तुत किया?
A. हॉब्स B. रूसो
C. लॉक D. टी.एच. ग्रीन

* Tire-I Exam.

13. अनेकवादी इसमें विश्वास करते हैं?
A. कानूनी अधिसत्ता
B. राजनीतिक अधिसत्ता
C. सांकेतिक अधिसत्ता
D. सम्पूर्ण अधिसत्ता

14. "यदि अधिसत्ता सम्पूर्ण नहीं है, तो कोई राज्य अस्तित्व में नहीं रहेगा", ऐसा किसने कहा?
A. जॉन ऑस्टीन B. जीन बोडिन
C. हॉब्स D. जॉन लॉक

15. भारत में कानूनी अधिसत्ता इसके अधीन है:
A. संसद B. उच्चतम न्यायालय
C. राष्ट्रपति D. निर्वाचक-गण

16. विधित (De-jure) सर्वसत्ताक का मतलब है:
A. एक व्यक्ति को शासन करने का और आज्ञाकारिता वश में रखने का कानूनी अधिकार
B. संसद द्वारा प्राधिकृत व्यक्ति द्वारा देश का शासन
C. संविधान द्वारा एक व्यक्ति को पूरे अधिकार दिये गये हैं लेकिन वह सत्ता का उपयोग नहीं करता
D. राज्य का संविधानिक शासन

17. लोकतान्त्रिक प्रणाली की सरकार में लोक-अधिसत्ता इनमें रहती है:
A. सामान्यतया चुना गया प्रतिनिधि निकाय
B. निर्वाचक गण
C. लोग
D. उपरोक्त सभी

18. लास्की के अनुसार राज्य है,
A. समाज और संघ का अधिपति
B. समाज का सेवक
C. समाज के साथ समरूप
D. इनमें से कोई नहीं

19. आधुनिक समय में बल सिद्धान्त के बलिष्ठ समर्थक थे:
A. लेनिन B. हिटलर
C. विन्सटन चर्चिल D. महात्मा गांधी

20. मातृक सिद्धान्त के अनुसार परिवार का प्रमुख था:
A. सबसे बड़ा पुरुष सदस्य
B. सबसे बड़ी महिला सदस्या
C. राजा द्वारा नियुक्त किया गया
D. प्रमुख पुरोहित द्वारा नियुक्त किया गया

21. सामाजिक अनुबंध सिद्धान्त के तीन प्रमुख प्रतिपादक थे:
A. ऑस्टीन, बोडिन, हॉब्स
B. हॉब्स, लॉक, रूसो
C. मॅकइवर, लास्की, हॉब्स
D. जे.एस. मिल, स्मिथ, हॉब्स

22. सामाजिक अनुबंध सिद्धान्त इस पर आधारित है:
A. राष्ट्रीयता B. संविधानवाद
C. व्यक्तिवाद D. समाजवाद

23. सामाजिक अनुबंध सिद्धान्त इससे सम्बन्ध रखता है:
A. राज्य का स्वरूप B. राज्य का कार्य
C. राज्य का उद्देश्य D. राज्य का मूल

24. हॉब्स के अनुसार प्रकृति का राज्य इसका युग था:
A. शांति और समृद्धि
B. निरंतर संघर्ष
C. शांति और अभाव
D. धार्मिक शासन

25. लॉक के अनुसार प्राकृति के राज्य के लोग केवल इसका उपभोग करते थे:
A. ईश्वरीय अधिकार B. प्राकृतिक अधिकार
C. कानूनी अधिकार D. धार्मिक अधिकार

26. रूसो किस देश का रहनेवाला था:
A. ब्रिटेन B. जर्मनी
C. फ्रांस D. रूस

27. किसने कहा कि "आदमी जन्म के वक्त आजाद है और बाद में हर जगह जंजीरों में जकड़ा रहता है"?
A. अरस्तू B. मार्क्स
C. रूसो D. लॉक

28. आधुनिक राज्य को ऐसे वर्णित करते हैं:
A. पुलिस राज्य
B. एक कल्याणकारी राज्य
C. एक अहस्तक्षेप राज्य
D. एकतन्त्रीय राज्य

29. सामन्तशाही इसका प्रबल वैशिष्ट्य थाः

A. शहर राज्य

B. रोमन साम्राज्य

C. पवित्र रोमन साम्राज्य

D. सभी तीनों

30. किसने दावा किया था कि 'राज्य आखिरकार मुरझा जाएगा'?

A. कांट B. मार्क्स

C. अरस्तू D. गांधी

31. किसने कहा था कि "राज्य एक मशीन से बढ़कर कुछ नहीं है"?

A. मार्क्स B. लेनिन

C. स्टालिन D. एंगेल्ज

32. मार्क्स सिद्धान्त इसका समर्थन करता हैः

A. पूंजीवाद B. साम्यवाद

C. सामन्तवाद D. साम्प्रदायिकता

33. अधिशेष मूल्य का मतलब हैः

A. अत्यधिक मूल्य

B. अल्प मूल्य

C. उच्च मुनाफा

D. बिक्री प्राप्ति और वेतन का अन्तर

34. संसद और संविधान इसके उपकरण हैंः

A. कानूनी न्याय

B. राजनीतिक न्याय

C. आर्थिक न्याय

D. सामाजिक न्याय

35. संविधान हैः

A. देश का मूलभूत कानून

B. एक ऐतिहासिक दस्तावेज

C. एक सामाजिक-आर्थिक दस्तावेज

D. इनमें से कोई नहीं

36. भारतीय संविधान को किसने अधिनियम बनाया?

A. डॉ. बी.आर. अम्बेडकर

B. जवाहरलाल नेहरू

C. महात्मा गांधी

D. संविधान सभा

37. कौन-सी योजना के प्रस्ताव से संविधान सभा की स्थापना हुई?

A. द क्रिप्स मिशन प्लान

B. द केबिनेट मिशन प्लान

C. द माउंट बेटन प्लान

D. इनमें से कोई नहीं

38. भारत का संविधान हैः

A. सख्त

B. लचीला

C. बहुत सख्त

D. अंशतः सख्त और अंशतः लचीला

39. भारत के संविधान सभा की पहली बैठक किस दिन हुई?

A. 26 जनवरी, 1950

B. 26 नवम्बर, 1949

C. 9 दिसम्बर, 1946

D. 9 दिसम्बर, 1949

40. संविधान सभा के अन्तरिम अध्यक्ष कौन थे?

A. डॉ. राजेंद्र प्रसाद

B. डॉ. बी.आर. अम्बेडकर

C. डॉ. सच्चिदानंद सिन्हा

D. महात्मा गांधी

41. 'भारतीय संविधान के वास्तुकार' किसे माना जाता है?

A. डॉ. राजेन्द्र प्रसाद

B. डॉ. बी.आर. अम्बेडकर

C. बी.एन. राव

D. महात्मा गांधी

42. भारत का संविधान किस दिन से लागू हुआ?

A. 15 अगस्त, 1947

B. 26 नवम्बर, 1949

C. 26 जनवरी, 1950

D. 9 दिसम्बर, 1946

43. भारतीय संविधान का अनुच्छेद 1 भारत का वर्णन इस तरह करता हैः

A. अर्ध संघीय राज्य B. संघीय राज्य

C. ऐकिक राज्य D. राज्यों का संघ

44. निम्न में से किसे संविधान का हिस्सा नहीं माना जाता?

A. प्रस्तावना B. मूलभूत अधिकार
C. दबाव गुट D. मूलभूत कर्तव्य

45. भारतीय संविधान में कुल अनुसूचियां हैं:

A. 4 B. 6
C. 11 D. 12

46. भारत के वर्तमान उप-राष्ट्रपति कौन हैं?

A. डॉ. हामिद अंसारी B. प्रतिभा पाटिल
C. प्रणब मुखर्जी D. राजनाथ सिंह

47. भारत के नागरिक कुल कितने मूलभूत अधिकार का उपभोग करते हैं?

A. 5 B. 6
C. 7 D. 8

48. संविधान के कौन-से भाग में मूलभूत अधिकारों के बारे में जानकारी मिलती है?

A. भाग I B. भाग II
C. भाग III D. भाग V

49. हर वर्ष मानव अधिकार दिवस, इस दिन मनाया जाता है:

A. 20 जनवरी B. 30 दिसम्बर
C. 10 दिसम्बर D. 10 नवम्बर

50. कौन-से अधिकारों को 'दूसरी पीढ़ी का अधिकार' माना जाता है?

A. आर्थिक, सामाजिक और सांस्कृतिक अधिकार
B. मूलभूत अधिकार
C. नागरिक और राजनीतिक अधिकार
D. मानव अधिकार

51. मानव अधिकार पर पहला विश्व सम्मेलन यहाँ हुआ:

A. सेनेगल
B. नई दिल्ली
C. विएना
D. कोस्टा रिका में सेन जोस

52. मानव अधिकार के उत्पीड़ितों के लिए हॉट लाइन व्यवस्था इस प्रकार उपलब्ध है:

A. 20 घण्टे B. 24 घण्टे
C. 18 घण्टे D. 22 घण्टे

53. जातिसंहार है:

A. सामूहिक हत्या B. आत्महत्या
C. बच्चों की हत्या D. स्त्रियों की हत्या

54. भारत सरकार ने खाद्य मिलावट निवारण नियम इस वर्ष पारित किया:

A. 1934 B. 1944
C. 1954 D. 1964

55. आई.पी.सी. (IPC) का मतलब है:

A. इंडियन पिपल्ज् कोर्ट
B. इंडियन पीनल कोर्ट
C. इंडियन पीनल कोड
D. इंडियन पोस्टल कोड

56. पी.आई.एल. (PIL) का मतलब है

A. पब्लिक इंटरेस्ट लिटिगेशन
B. पुलिस इनवेस्टीगेशन लिमिटेड
C. पर्सनल इनफॉरमेशन लिमिटेड
D. पब्लिक इनफॉरमेशन लिमिटेड

57. लोक प्रशासन के पितामह कौन हैं?

A. एल.डी. व्हाइट B. वुड्रो विल्सन
C. लूथर गुलिक D. साइमन

58. 'POSDCORB' शब्द किसने बनाया?

A. जे.डी. मिलेट B. पिफीनर
C. लूथर गुलिक D. एल.डी. व्हाइट

59. ''अर्थशास्त्र'' के लेखक थे:

A. अरस्तू B. प्लेटो
C. कौटिल्य D. टी.एच. ग्रीन

60. प्रत्यक्ष लोकतंत्र के साधन यहाँ पाये जाते हैं:

A. स्विट्ज़रलैंड B. फ्रांस
C. इंग्लैंड D. अमेरिका

61. 'पोलिस' (Polis) का मतलब निम्न में से क्या है?

A. देश B. राज्य
C. नगर-राज्य D. गाँव

62. राजनीति विज्ञान इसकी एक शाखा है।

A. भौतिकीय विज्ञान
B. प्रकृति विज्ञान

C. पूर्ण विज्ञान
D. समाज विज्ञान

63. महात्मा गांधी ने इस पर विश्वास किया:
A. सत्ता राजनीति
B. साधनों की विशुद्धता
C. राज्य एकाधिकार
D. योजना और भारी उद्योग

64. राजनीति विज्ञान इससे सम्बन्धित है:
A. राजनीतिक सत्ता
B. आर्थिक सत्ता
C. सामाजिक सत्ता
D. सांस्कृतिक सत्ता

65. 'पोलिटिक्स' किताब के लेखक कौन थे?
A. हेगल B. सॉक्रेटिस
C. अरस्तू D. जे.एस. मिल

66. निम्न में से राज्य का मूलतत्व क्या है?
A. सर्वसत्ता B. खजाना
C. सेना D. राजा

67. पत्नियों के साम्यवाद की वकालत किसने की?
A. प्लेटो B. अरस्तू
C. सुकरात D. कार्ल मार्क्स

68. 'लेवियाथन' किताब किसने लिखी?
A. लॉक B. रूसो
C. हॉब्स D. सेंट थॉमस

69. शक्तियों का पृथक्करण सिद्धान्त किसने प्रस्तुत किया?
A. अरस्तू B. मांटेस्क्यू
C. कार्ल फेडरिक D. जे.एस. मिल

70. निम्न में से हिटलर ने किसकी वकालत की?
A. नाजीवाद B. फासीवाद
C. लोकतंत्र D. अराजकतावाद

71. निम्न में किसने 'सत्याग्रह' अपनाया?
A. नेहरू B. गांधीजी
C. अम्बेडकर D. पटेल

72. लोकतंत्र ऐसी शासन पद्धति है जिसमें अन्तिम सत्ता इनके हाथों में होती है:
A. भीड़ B. जनता
C. राजनीतिज्ञ D. लोक सेवक

73. पंचशील की प्रस्तावना किसने की?
A. शास्त्री B. इंदिरा गांधी
C. अम्बेडकर D. नेहरू

74. लाल बहादुर शास्त्री राष्ट्रीय प्रशासन अकादमी यहाँ स्थित है:
A. दिल्ली B. बेंगलुरू
C. मंगलोर D. मसूरी

75. आई.ए.एस. के लिए भर्ती एजेंसी कौन-सी है?
A. के.पी.एस.सी. B. बी.पी.एस.सी.
C. यू.पी.एस.सी. D. एम.पी.एस.सी.

76. लाइन एजेंसी का कार्य है:
A. सेवा करना
B. क्रियान्वित करना
C. प्रशिक्षित करना
D. इनमें से कोई नहीं

77. बजट स्वीकृति के लिए कौन जिम्मेदार है?
A. संसद B. कार्यकारिणी
C. न्यायपालिका D. राष्ट्रपति

78. बजट किसके द्वारा तैयार किया जाता है?
A. प्रधान मंत्री B. वित्त मंत्री
C. रक्षा मंत्री D. गृह मंत्री

79. कर्नाटक का 'प्रथम नागरिक' कौन है?
A. राज्यपाल B. मुख्यमंत्री
C. राष्ट्रपति D. मुख्य कार्यदर्शी

80. राज्य का 'चौथा स्तम्भ (Forth pillar)' किसे माना जाता है?
A. अखबार B. जनमत
C. राजनीतिक दल D. दबाव गुट

81. राजदूतों की नियुक्ति कौन करता है?
A. प्रधान मंत्री B. विदेश मंत्री
C. राष्ट्रपति D. रक्षा मंत्री

82. अतर्राष्ट्रीय सम्बन्ध को कहा जाता है?
A. विदेश नीति B. आर्थिक नीति
C. सामाजिक नीति D. देशीय नीति

83. एन.ए.एम. के वास्तुकार कौन थे?

A. नेहरू B. गांधी
C. पटेल D. जिन्नाह

84. यू.एन.ओ. का मुख्यालय कहाँ है?

A. वॉशिंगटन B. न्यूयॉर्क
C. हेग D. जापान

85. एस.ए.ए.आर.सी (SAARC) का मुख्यालय कहाँ है?

A. ढाका B. दिल्ली
C. काठमांडू D. कोलंबो

86. यू.एन.ओ. (U.N.O.) की स्थापना कब हुई?

A. 1945 B. 1946
C. 1947 D. 1948

87. निम्न में से कौन-सा देश यू.एन. के सुरक्षा परिषद् का स्थायी सदस्य है?

A. भारत B. ताइवान
C. यूके D. ब्राजील

88. 'हिन्द-स्वराज' किसने लिखी?

A. नेहरू B. गांधीजी
C. अम्बेडकर D. इंदिरा गांधी

89. निम्न में से कौन-सा इंग्लैंड का 'अपर हाउस' है?

A. हाउस ऑफ कॉमन्स
B. राज्य सभा
C. हाउस ऑफ लॉर्ड्स
D. सीनेट

90. "माई एक्स्पेरिमेंट विथ ट्रूथ" किसने लिखी?

A. वी.पी. सिंह B. एम.के. गांधी
C. जे.पी. D. पटेल

91. निम्न में से कौन-से भारत के राष्ट्रपति निर्विरोध चुने गये?

A. डॉ. राजेंद्र प्रसाद
B. डॉ. राधाकृष्णन
C. नीलम संजीव रेड्डी
D. के.आर. नारायणन

92. निम्न में से कौन-से रिट का मतलब अक्षरशः 'आपका अधिकार क्या है' होता है?

A. बन्दी प्रत्यक्षीकरण (Habeas Corpus)
B. उत्प्रेषण (Certiorari)
C. अधिकार पृच्छा (Quo Warranto)
D. परमादेश (Mandamus)

93. भारत में पहला नगर निगम कहाँ स्थापित किया गया?

A. कलकत्ता B. मद्रास
C. बंबई D. दिल्ली

94. मन्त्रिमण्डल के प्रमुख कौन होते हैं?

A. राष्ट्रपति
B. वित्त मंत्री
C. गृह मंत्री
D. प्रधान मंत्री

95. "हू आर शुद्रास" यह किताब किसने लिखी?

A. डॉ. बी.आर. अम्बेडकर
B. महात्मा गांधी
C. देवराज अर्स
D. जय प्रकाश नारायण

96. यू.डी.एच.आर. (UDHR) का विस्तार कीजिए:

A. यूनिवर्सल डिक्लेरेशन ऑफ ह्यूमन राइट
B. यूनिवर्सल डिक्लेरेशन ऑफ होम राइट
C. यूनाइटेड डिक्लेरेशन ऑफ ह्यूमन राइट
D. यूनिवर्सल डिसीजन ऑफ ह्यूमन राइट

97. मैग्ना कार्टा इस वर्ष पारित किया गया:

A. 1210 B. 1215
C. 1315 D. 1415

98. राष्ट्रीय मानव अधिकार आयोग की स्थापना इस वर्ष हुई:

A. 1948 B. 1950
C. 1945 D. 1993

99. राष्ट्रीय मतदाता दिवस हर वर्ष इस दिन मनाते हैं:

A. 26 जनवरी B. 15 अगस्त
C. 14 नवम्बर D. 25 जनवरी

100. लोक सभा के पहले अध्यक्ष कौन थे?

A. संजीव रेड्डी
B. बालयोगी
C. जी.वी. मावलंकर
D. बी.डी. जत्ती

उत्तरमाला

1	2	3	4	5	6	7	8	9	10
B	B	D	D	C	A	A	B	C	A
11	**12**	**13**	**14**	**15**	**16**	**17**	**18**	**19**	**20**
C	A	B	A	A	A	C	B	B	B
21	**22**	**23**	**24**	**25**	**26**	**27**	**28**	**29**	**30**
B	C	D	B	B	C	C	B	C	B
31	**32**	**33**	**34**	**35**	**36**	**37**	**38**	**39**	**40**
D	B	D	A	A	D	B	D	C	C
41	**42**	**43**	**44**	**45**	**46**	**47**	**48**	**49**	**50**
B	C	D	C	D	A	B	C	C	A
51	**52**	**53**	**54**	**55**	**56**	**57**	**58**	**59**	**60**
D	B	A	C	C	A	A	C	C	A
61	**62**	**63**	**64**	**65**	**66**	**67**	**68**	**69**	**70**
C	D	B	A	C	A	A	C	B	A
71	**72**	**73**	**74**	**75**	**76**	**77**	**78**	**79**	**80**
B	B	D	D	C	B	A	B	A	A
81	**82**	**83**	**84**	**85**	**86**	**87**	**88**	**89**	**90**
C	A	A	B	C	A	C	B	C	B
91	**92**	**93**	**94**	**95**	**96**	**97**	**98**	**99**	**100**
C	C	B	D	A	A	B	D	D	C

PGT

राजनीति शास्त्र

1. राजनीति विज्ञान का अर्थ तथा क्षेत्र

राजनीति विज्ञान का अर्थ

राजनीति विज्ञान समाज विज्ञान का वह हिस्सा है जो राज्य की स्थापना तथा सरकार के सिद्धांतों का अध्ययन करता है। **जे. डब्लू गार्नर** के अनुसार "राजनीति का प्रारम्भ और अंत राज्य के साथ होता है।" उसी तरह से **आर. जी. गैटेल** ने कहा है कि राजनीति के अध्ययन का संबंध मनुष्य के जीवन एवं एक संगठित राज्य से संबंधित है। इसलिए, समाज विज्ञान के रूप में, राजनीति विज्ञान, समाज में रहने वाले व्यक्तियों के उस पहलू का वर्णन करता है जो उनके क्रियाकलापों और संगठनों से संबंधित है और जो राज्य द्वारा बनाये गए नियम एवं कानून के अंतर्गत शक्ति प्राप्त करना चाहता है तथा मतभेदों को सुलझाना चाहता है।

राजनीति विज्ञान का बदलता अर्थ एवं क्षेत्र

राजनीति शब्द ग्रीक भाषा के 'पोलिस' शब्द से उत्पन्न हुआ है जिसका अर्थ होता है 'नगर-राज्य'। यही कारण है कि अनेक विशेषज्ञों ने राजनीति विज्ञान को राज्य या सरकार के संदर्भ में परिभाषित किया है। यद्यपि यह परिभाषा राजनीति के लिए पूर्ण नहीं है क्योंकि राजनीति का संबंध शक्ति से भी है। **लासवेल** और **कप्लान** ने राजनीति विज्ञान को परिभाषित करते हुए कहा है "यह सत्ता को आकार देने तथा उसमें भागीदारी का अध्ययन है।" एक शब्द में कहा जा सकता है कि राजनीति राज्य तथा सत्ता दोनों का अध्ययन करता है। राजनीति विज्ञान जिस शक्ति से संबंध रखता है वह प्रायः न्यायसंगत शक्ति है। क्योंकि जिस प्रकार विज्ञान किसी घटना का क्रमबद्ध परीक्षण तथा अवलोकन के द्वारा अध्ययन करता है उसी प्रकार राजनीति विज्ञान राज्य और शक्ति के प्रत्येक पहलुओं का अध्ययन करता है।

राजनीति विज्ञान का संबंध आनुभवित तथ्यों तथा नियामक समस्याओं दोनों से है। वास्तविकता "क्या है" के क्षेत्र में आता है तथा मूल्य "क्या होना चाहिए" के क्षेत्र में। उदाहरणार्थ अगर कोई कहता है कि भारत एक संसदीय लोकतंत्र है तो वह आनुभाविक तथ्य की बात कर रहा है। परंतु यदि कोई यह कहता है कि भारत को अध्यक्षात्मक लोकतंत्र को अपनाना चाहिए तो यह एक नियामक कथन होगा। राजनीति विज्ञान केवल क्रियाकलापों के वर्णन से संतुष्ट नहीं होता बल्कि यह उसको और अच्छा बनाना या परिवर्तन करना चाहता है। आनुभाविक कथन उसी प्रकार सही या गलत हो सकते हैं जैसा उन्हें अवलोकन कराया जाएगा। मूल्यांकनात्मक कथन वे नैतिक अनुभव हैं जो कभी भी असत्य या गलत नहीं हो सकते हैं। राजनैतिक दर्शनशास्त्र का संबंध औपचारिक कथन से है। राजनीति विज्ञान आनुभाविक कथन से संबंध रखता है और वर्तमान राजनीति संस्थाओं एवं व्यवहारों का मूल्यांकन करता है ताकि उन्हें बेहतर बनाया जा सके।

राजनीति विज्ञान तथा राजनीति में अंतर

राजनीति विज्ञान तथा राजनीति प्रायः एक दूसरे के स्थान पर प्रयोग होते हैं। इन दोनों शब्दों के बीच अंतर समझना जरूरी है। कुछ विद्वानों ने राजनीति को 'विज्ञान तथा सरकार की कला' कहा हैं जबकि यह राजनीति विज्ञान की व्याख्या का केवल एक हिस्सा है। आजकल 'राजनीति' शब्द का प्रयोग एक अथवा अनेक रूपों में जनता की समस्याओं को हल करने वाले तंत्र के रूप में होने लगा है। किसी भी समय में और आज भी शक्ति पाने तथा उसे बनाए रखने की तकनीक को राजनीति कहा जाता है।

अनेक राजनीतिक वैज्ञानिकों के अनुसार राजनीति विज्ञान के अध्ययन के अंतर्गत राज्य के सिद्धांत, संप्रभुता, शक्ति की अवधारणा, सरकारों का स्वरूप तथा कार्यप्रणाली, कानूनों के निर्माण तथा लागू करने की प्रक्रिया, चुनाव, राजनीतिक दल, नागरिकों के अधिकार एवं कर्तव्य, पुलिस की कार्यप्रणाली तथा राज्य एवं सरकार की कल्याणकारी गतिविधियाँ भी समाहित होती हैं। राजनीति का एक दूसरा पहलू भी है जिसे समझने की जरूरत है। कई बार राजनीति का अर्थ प्रायोगिक राजनीति से लगाया जाता है। राजनीति का प्रयोग राजनीति के अध्ययन से भिन्न है। व्यावहारिक राजनीति के अंतर्गत सरकार का गठन, सरकार की कार्यप्रणाली, प्रशासन, कानून एवं विधायी कार्य आते हैं। इसके अलावा राजनीति के अंतर्गत अंतर्राष्ट्रीय राजनीति जिसमें युद्ध एवं शांति, अंतर्राष्ट्रीय व्यापार, आर्थिक व्यवस्था

तथा मानव अधिकारों की रक्षा आदि आते हैं। जहां राजनीति विज्ञान की एक विषय के रूप में जानकारी अध्ययन से प्राप्त होती है, वहीं व्यवहारवादी राजनीति का कौशल राजनीति करके, चालाकी या धूर्तता से अथवा जातिवाद, धार्मिक निष्ठाओं और धार्मिक भावनाओं के शोषण करने से होता है। उदारवादी राजनीति को प्रायः आम आदमी की सोच में गंदा खेल और भ्रष्ट प्रक्रिया कहा जाता है।

परंतु हम जानते हैं कि शायद ही ऐसे मानव समूह अथवा समाज हों जो राजनीति से बचे हुए हों और शायद ही ऐसे व्यक्ति हों जो राजनीति के खेल की उलझनों या प्रभावों को न जानते हों। व्यवहारवादी राजनीति के कई सकारात्मक पक्ष भी हैं। आज के कल्याणकारी युग में इसके अनेक उदाहरण देखने को मिलते हैं जैसे—अस्पृश्यता-निवारण, भूमि-सुधार, बंधुआ मजदूरों की मुक्ति, मानव-श्रम के विक्रय पर प्रतिबंध, बेगार रोकना, न्यूनतम मजदूरी निर्धारण, रोजगार के अवसर प्रदान करने वाले कार्यक्रम, अन्य पिछड़ी जातियों का सशक्तीकरण, आदि। राजनीति, समाज तथा संस्थाओं में होने वाली वास्तविक घटनाओं की प्रक्रिया से संबंधित है जिसे राजनीति विज्ञान एक क्रमबद्ध तरीके से समझने का प्रयास करता है।

राजनीति विज्ञान का क्षेत्र

यहां हम राज्य की भूमिका, सरकार की कार्यप्रणाली तथा जनता के साथ इसके संबंधों का राजनीति विज्ञान के क्षेत्र के अंतर्गत अध्ययन करेंगे।

राज्य की भूमिका

'राज्य' शब्द का पहली बार आधुनिक संदर्भ में प्रयोग इटली के राजनीतिज्ञ मेकियावेली (1469-1527) ने किया था। उस समय से हर राजनीतिज्ञ विज्ञान का अध्ययन करते समय मुख्य रूप से राज्य का ही अध्ययन करता है।

राज्य के चार प्रमुख तत्व होते हैं। वे हैं—(क) जनता (ख) भू-भाग जहां जनता निवास करती है, (ग) सरकार जो जनता के लिए कायदे कानून बनाती है तथा (घ) संप्रभुता जिसके अंतर्गत निर्णय तथा मामलों को व्यवस्थित करने की स्वतंत्रता प्राप्त होती है।

राज्य का आधार तथा भूमिका के बारे में भिन्न-भिन्न धारणाएँ हैं। आधुनिक पश्चिमी उदारवादी विचारधारा ने सोलहवीं शताब्दी में पश्चिमी यूरोप में वाणिज्यिक क्रांति को बढ़ावा दिया तथा अठारहवीं शताब्दी में यह औद्योगिक क्रांति के रूप में प्रसिद्ध हो गई। इन क्रांतियों ने एक नई आर्थिक व्यवस्था को जन्म दिया जिसे पूंजीवाद के नाम से जाना जाता है।

ऐसे सामाजिक समूह के अंतर्गत व्यापारी, व्यवसायी तथा सौदागर आते हैं और फिर उद्योगपति आते हैं (जिन्हें बुर्जुवा वर्ग कहा गया) जो इस व्यवस्था के मुख्य लाभ भोगी हैं। उदारवादियों का मानना है कि जनता की राय लेना राज्य का मुख्य आधार है। प्रारंभिक उदारवादी विचारकों का कहना है कि राज्य एक 'आवश्यक' बुराई है। एक बुराई परंतु जो आवश्यक भी है ताकि व्यक्ति को बाहरी और आंतरिक शत्रुओं से बचाया जा सके। इस मत के अनुसार एक अच्छी सरकार वह है जो कम से कम शासन करती है। दूसरे शब्दों में राज्य को एक 'पुलिस राज्य' होना चाहिए परन्तु सीमित होना चाहिए। यह एक दूसरे अर्थ में भी सीमित होना चाहिए जैसा कि सत्रहवीं शताब्दी में मशहूर अंग्रेजी उदारवादी दार्शनिक जॉन लॉक ने कहा कि राज्य को केवल व्यक्ति के प्राकृतिक अधिकार जैसे—जीवन, स्वतंत्रता और संपत्ति की रक्षा करनी चाहिए।

इसके विपरीत मार्क्सवादी दृष्टिकोण का मानना है कि राज्य एक निष्पक्ष संस्था नहीं है। इस दृष्टिकोण वाले लोगों का मानना है कि सदियों से राज्य धनी लोगों के हाथों में एक हथियार है जिससे गरीबों का शोषण किया जाता है। दूसरी ओर गांधीवादी दृष्टिकोण का मानना है कि ''ट्रस्टीशिप'' की व्यवस्था द्वारा लोगों के अस्तित्व को बचाए रखना है। इसके द्वारा निर्धनतम पुरुष तथा स्त्रियों को सहायता प्राप्त होनी चाहिए। राज्य जनता के 'ट्रस्टी' के रूप में कार्य करता है अर्थात इसके पास जनता की शक्ति एक 'ट्रस्ट' के रूप में, जनता के कल्याण के लिए होनी चाहिए। इसे जनता को शक्तिहीन विषय नहीं समझना चाहिए बल्कि इन्हें शासन में सह-शासक समझना चाहिए।

शक्ति का तात्पर्य एक व्यक्ति की उस क्षमता से है जो दूसरे व्यक्ति की क्रियाओं एवं आचार-व्यवहार को प्रभावित करता है।

सरकार की शक्तियों के बारे में अध्ययन करते समय हम सरकार के विविध पक्षों पर ध्यान केंद्रित करते हैं। हम मंत्रियों की बात करते हैं जिनके पास अपने क्षेत्र संबंधी विभाग तथा उससे संबंधित शक्तियाँ होती हैं। जनता के ऊपर शासन करने के लिए नौकरशाही तथा विशाल सरकारी प्रशासन की भी व्यवस्था है। सरकार विभिन्न प्रकार के कानूनों का प्रावधान

प्रशासन द्वारा उन्हें हमारे जीवन पर नियंत्रण बनाए रखने के लिए करती है।

यहां एक बात ध्यान देने योग्य है कि शक्ति का अस्तित्व केवल उच्चस्तरीय सामाजिक जीवन से संबंधित लोगों, जैसे—सरकार, प्रशासन अथवा चुनावों, आदि में ही नहीं दिखाई देता बल्कि इसे छोटे स्तर पर परिवार जैसी इकाईयों में भी देखा जा सकता है।

एक अन्य विचारणीय बात यह है कि वैध तथा अवैध शक्ति में भी विभिन्नता को देखा गया है। कुछ ऐसी शक्ति होती है जिसे न्यायसंगत तथा उचित कहा जाता है। परंतु कुछ शक्ति ऐसी होती है जिसे न्यायसंगत नहीं कहा जाता। संवैधानिक सत्ताधारियों द्वारा प्रयोग की गई शक्ति को सत्ता कहते हैं। सत्ता में शक्ति तथा वैधता दोनों निहित होती है। इसलिए सत्ता शक्ति का वह रूप है जो न्यायसंगत तथा उचित है। यह शक्ति के साथ-साथ वैध भी है।

नागरिक और सरकार

सरकार राज्य का सर्वाधिक महत्वपूर्ण तत्व है जिसके द्वारा राज्य अपने उद्देश्यों की पूर्ति करता है। अपने तीनों अंगों अर्थात् व्यवस्थापिका, कार्यपालिका तथा न्यायपालिका के माध्यम से सरकार नियमों एवं कानूनों के निर्माण, विवादों के निपटारे तथा शांति एवं व्यवस्था बनाए रखने का कार्य करती है। यह देश की एकता एवं अखण्डता को भी सुनिश्चित करने का प्रयास करती है।

आधुनिक लोकतांत्रिक सरकारें नागरिकों और समाज के कल्याण एवं विकास के लिए अनेकानेक कार्य करती हैं। ऐसी प्रवृति विकासशील देशों में अधिक पाई जाती है जैसे कि भारत में। नागरिक एवं सरकार के बीच संबंध पारस्परिक हैं। नागरिक राज्य के सदस्य होते हैं। राज्य नागरिकों के अधिकारों को मान्यता देता है और इसके बदले नागरिकों से कुछ कर्तव्यों की अपेक्षा करता है। जहां तक नागरिकों के अधिकारों का प्रश्न है, ये तीन भागों में विभाजित किए जा सकते हैं—नागरिक, राजनीतिक एवं सामाजिक। नागरिक अधिकार वे हैं जो व्यक्ति की स्वतंत्रता के लिए आवश्यक होते हैं। इसके अंतर्गत जीवन एवं व्यक्तिगत स्वतंत्रता का अधिकार, भाषण देने की स्वतंत्रता का अधिकार, अपने विचारों को व्यक्त करने का अधिकार, संपत्ति रखने का अधिकार, समझौता करने का अधिकार, कानून के सामने समानता का अधिकार तथा कानून द्वारा समान सुरक्षा, आदि शामिल हैं। कानून के समक्ष समानता का अर्थ है कि सभी को एक समान समझना तथा विशेषाधिकार का नहीं होना। कानून की नजर में सभी व्यक्ति एक समान हैं। राजनीतिक अधिकारों का अभिप्राय, मत देने का अधिकर एवं चुनाव लड़ने का अधिकार से है। सामाजिक अधिकारों के अंतर्गत आर्थिक कल्याण, सुरक्षा तथा समाज में सम्मान की जिंदगी जीना आता है।

नागरिकों का प्राथमिक कर्तव्य है कि वे सरकार को कर दें। प्रत्येक नागरिक को विधि एवं नियम का पालन करके सरकार से सहयोग करना चाहिए तथा प्रतिरक्षण में मदद करनी चाहिए ताकि असाध्य बीमारियों को रोका जा सके। जनसंख्या विकास को रोकने के लिए छोटा परिवार की परंपरा अपनानी चाहिए। सार्वजनिक संपत्ति की रक्षा करनी चाहिए और असामाजिक तत्व एवं राष्ट्र के दुश्मनों को पकड़वाने तथा सजा दिलवाने में मदद करनी चाहिए। अलग-अलग जाति, धर्म, भाषा एवं क्षेत्र के नागरिकों को अपनी-अपनी समस्याओं का समझौता के द्वारा समाधान करना चाहिए, हिंसा द्वारा नहीं। ऐसा होने पर सरकार अपने संसाधनों एवं ऊर्जा को बचाकर सकारात्क कार्यों में लगा सकेगी।

स्वतंत्रता

स्वतंत्रता शब्द की उत्पत्ति लैटिन भाषा के 'लिबर' शब्द से हुई है, जिसका अर्थ है स्वतंत्रता। व्यक्ति के व्यक्तित्व के विकास में स्वतंत्रता का बहुत बड़ा महत्व होता है। प्राचीन समय में राजनीतिक चिंतकों का एक दल मानता था कि व्यक्ति की स्वतंत्रता का अर्थ है किसी प्रकार की बाधा न होना। इसे स्वतंत्रता का नकारात्मक अर्थ कहा गया है। इस नकारात्मक चिंतन वाले लोगों का मानना है कि व्यक्ति को कार्य करने के लिए पूर्ण स्वतंत्रता होनी चाहिए। **जॉन स्टुअर्ट मिल** जो एक ब्रिटिश राजनीतिक चिंतक थे, का मानना है कि 'बाधा एक बुराई है।' **मिल** राज्य एवं समाज की तरफ से आने वाली बाधाओं से विशेष चिंतित थे।

मनुष्य समाज में एक साथ रहता है इसलिए बाधाओं का बिल्कुल नहीं होना असंभव है तथा ऐसा जनहित में भी नहीं है। सकारात्मक चिंतक दल का मानना है कि व्यक्ति को वहीं तक स्वतंत्र होना चाहिए जहां तक उसकी स्वतंत्रता से दूसरे की स्वतंत्रता बाधित नहीं होती। व्यक्ति को सकारात्मक स्वतंत्रता की एक कानूनी सीमा रेखा के बीच ही स्वतंत्रता होनी चाहिए। कुछ स्वतंत्रता कानूनी रूप से प्रतिबंधित भी होती है। इस

धारणा का और आगे अर्थ यह हुआ कि व्यक्ति अपने आप में मालिक है। इस धारणा का **हैराल्ड जे. लास्की** ने समर्थन किया था। स्वतंत्रता वह अवसर है जिसके बिना व्यक्तित्व का विकास असंभव है। इतिहास इसका गवाह है। कुछ व्यक्तियों की स्वतंत्रता को कानून द्वारा सीमित करना पड़ता है ताकि अधिक से अधिक लोगों को स्वतंत्रता का लाभ मिल सके।

स्वतंत्रता की सुरक्षा

संविधान में व्यक्ति के अधिकारों की घोषणा को स्वतंत्रता का एक प्रमुख रक्षक माना गया है। इसके द्वारा लोगों की स्वतंत्रता को सरकारी हस्तक्षेप से बचाया जाता है। यह कहना उचित है कि निष्पक्ष न्यायपालिका स्वतंत्रता की प्रहरी है। इसके बिना व्यक्ति की स्वतंत्रता अर्थहीन है। शक्ति का विकेंद्रीकरण भी स्वतंत्रता की एक मुख्य सुरक्षा प्रणाली है। इतिहास में ऐसे प्रमाण मिलते हैं कि शक्ति के केंद्रीकरण ने निरंकुशता को जन्म दिया है।

कार्यपालिका, व्यवस्थापिका एवं न्यायपालिका के बीच शक्ति का विभाजन भी स्वतंत्रता की रक्षा का प्रमुख साधन है। **मान्टेस्क्यू** ने कहा है कि शक्ति पर नियंत्रण शक्ति द्वारा ही होना चाहिए।

कानून के नियम तथा कानून की दृष्टि में समानता भी स्वतंत्रता की रक्षा करते हैं। इन नियमों से जाति, वर्ग, धर्म एवं रंग के आधार पर भेदभाव समाप्त होते हैं। सामाजिक न्याय तथा आर्थिक समानता से स्वतंत्रता की रक्षा होती है। कुछ व्यक्तियों के विशेष अधिकारों के दुरुपयोग से बहुसंख्यक वर्ग की स्वतंत्रता की हानि होती है। इसके अतिरिक्त, सुसंगठित दलीय व्यवस्था तथा जागरुक राजनीतिक दलों की व्यवस्था से स्वतंत्रता की रक्षा होती है।

न्याय तथा राज्य और नागरिकों के लिए इसकी प्रासंगिकता

न्याय (जस्टिस) शब्द लैटिन भाषा के 'जस्ट' से उत्पन्न हुआ है, जिसका अर्थ होता है—बंधन। इसलिए न्याय शब्द का अर्थ हुआ जोड़ना। इस तरह कहा जा सकता है कि न्याय, स्वतंत्रता तथा समानता जैसे मूल्यों को जोड़ता है तथा इनका संश्लेषण करता है। **ई. बार्कर** ने न्याय को राजनीतिक मूल्यों का सामंजस्य तथा संश्लेषक कहा है। न्याय की सबसे साधारण और बढ़िया परिभाषा है कि सभी को जो कुछ मिलना चाहिए वह उन्हें मिले।

न्याय के पहलू

जब हम न्याय के व्यापक पक्ष को सोचते हैं तो न्याय के कई पहलू सामने आते हैं। उनमें से वितरक न्याय भी एक पहलू है, जिसका अर्थ है समाज के प्रतिष्ठित पदों एवं आय का सही-सही वितरण। वितरक न्याय के दो पक्ष हैं—'योग्यता' तथा 'समानता एवं आवश्यकता'।

योग्यता

एक पक्ष का मानना है कि प्रत्येक व्यक्ति के सामाजिक स्तर और संपत्ति का फैसला उसकी योग्यता के अनुसार होना चाहिए। जब लोग योग्यता के अनुसार जीवनवृत्ति तथा अवसर की समानता की बात करते हैं, तो उनके मन में योग्यता एक आधार होता है। परंतु प्रश्न यह उठता है कि योग्यता और क्षमता को कैसे तय किया जाए। उदारवादियों का मानना है कि मुक्त बाजार में जिसका मूल्य अधिक है वह दूसरे के लिए उतना ही मूल्यवान है। समाजवादी आलोचकों का मत है कि बाजार में स्थिति या आय, भाग्य तथा सामाजिक परिचय के आधार पर निर्धारित होती है तथा इसका योग्यता से कोई विशेष संबंध नहीं होता।

आवश्यकता और समानता

दूसरी विचारधारा का मत है कि व्यक्ति के आवश्यकता के आधार पर वस्तुओं और प्रतिष्ठा का निर्धारण होना चाहिए। परंतु आवश्यकता को कैसे स्पष्ट करें? रोटी, कपड़ा और मकान जैसी आवश्यकता पर सभी सहमत होते हैं। परंतु इसके अतिरिक्त लोगों में कोई सहमति नहीं है। मार्क्सवादियों के मत से दूसरे लोगों में सहमति नहीं है। मार्क्सवादियों का मत है कि प्रत्येक व्यक्ति को अपनी आवश्यकता का स्पष्टीकरण करना चाहिए तथा साम्यवाद के अंतर्गत पर्याप्त संसाधनों को पैदा किया जा सकता है जिससे सभी व्यक्तियों की सभी आवश्यकताओं की पूर्ति हो सके। यद्यपि दूसरे लोगों का मानना है कि आवश्यकताओं की पूर्ति दो संस्थाओं द्वारा की जा सकती है—कल्याणकारी राज्य तथा बाजार। कुछ ऐसी आवश्यकताएँ होती हैं जिनको कल्याणकारी राज्य पूरा कर सकते हैं तथा दूसरी आवश्यकताओं की पूर्ति बाजार द्वारा की जा सकती है।

संपूर्ण न्याय (पूर्णरूपेण न्याय)

न्याय के सिद्धांत का एक और पक्ष है जो योग्यता तथा आवश्यकता दोनों को अस्वीकार करता है। यह पक्ष समस्त परिणाम को

स्वीकार करता है। **जॉन राल्स** का सिद्धांत इस वर्ग में आता है। वह अपनी पुस्तक न्याय के सिद्धांत में लिखते हैं कि वस्तुओं के निर्धारण संबंधी असमानताएं उचित हैं यदि वे असमानताएँ समाज के पिछड़े सदस्यों के हित में कार्य कर रही हों। उदाहरणार्थ, एक प्रोफेसर का उच्च वेतन न्यायोचित है अगर वह प्रत्यक्ष या अप्रत्यक्ष रूप में पिछड़े सदस्यों को लाभ पहुँचाता है।

दूसरी तरफ, **नॉज़िक** जैसे विद्वान न्याय के परम्परागत अर्थ का समर्थन करते हैं जो कानून और अधिकार का आदर करता है। इस सिद्धांत के अनुसार व्यक्ति को सम्पत्ति रखने के अधिकार जैसे–प्राकृतिक अधिकार प्राप्त हैं। ये अधिकार व्यक्ति को दिए गए हैं क्योंकि प्रत्येक व्यक्ति एक मानव है। **नॉज़िक** का मानना है कि राज्य भी इस अधिकार को नहीं छीन सकता। **नॉज़िक** राज्य द्वारा अधिक कर वसूले जाने के खिलाफ हैं। उनका कहना है कि व्यक्ति को अपनी इच्छा से आमदनी को खर्च करने के अधिकार में कर बाधा पहुँचाता है। व्यक्ति की स्वतंत्रता में कर वसूली बाधक है।

न्याय एक परिवर्तनशील धारणा है। उसमें प्राचीन समय से लेकर अब तक बदलाव आ रहा है। इसलिए न्याय के बारे में अन्तिम शब्द कहना कठिन है। न्याय एक ऐसी धारणा है जो निरंतर विकसित होती रहती है।

न्याय तथा इसका स्वतंत्रता एवं समानता के साथ संबंध

लार्ड ऐक्टन और **एलेक्सी डी टॉकविले** जैसे उन्नीसवीं सदी के विद्वानों का मानना है कि स्वतंत्रता और समानता असंगत है। उनका सोचना है कि समानता के ऊपर विशेष बल देने से स्वतंत्रता का महत्व कम हो जाता है। बाद के कुछ विद्वानों का भी यही मानना है। कल्याणकारी राज्य द्वारा प्रगतिशील कर वसूली को संपत्ति वाले व्यक्तियों की स्वतंत्रता का उल्लंघन माना जाता है। चाहे वास्तव में कर द्वारा प्राप्त धन गरीबों, बेरोजगारों, जरूरतमंद विकलागों तथा बूढ़े लोगों की स्थिति सुधारने वाली योजनाओं में लगाया जाता हो। इन योजनाओं के द्वारा समानतावादी समाज की स्थापना होती है। परस्पर विरोध की स्थिति में उस समय की न्याय व्यवस्था यह तय करती है कि स्वतंत्रता तथा समानता का उचित मिश्रण क्या होगा। अतः स्वतंत्रता तथा समानता न्याय की दो धारणाएं हैं। वास्तव में स्वतंत्रता तथा समानता का उद्देश्य न्याय है।

2. राज्य

राजनीति विज्ञान के अध्ययन का केन्द्र बिन्दु राज्य है। परंतु इसे गलत तरीके से राष्ट्र, समाज और सरकार के पर्यायवाची की तरह प्रयोग किया जाता है। 'राज्य' शब्द का प्रयोग राज्य प्रबंधन तथा राजकीय सहायता आदि के लिए भी किया जाता है। जैसे कि भारतीय संघ के राज्य या अमेरिका को बनाने वाले 50 राज्य। परंतु राजनीति विज्ञान में हम इस शब्द का प्रयोग अलग तरह से करते हैं। इसका एक विशेष अर्थ होता है। राज्य की संकल्पना की कुछ परिभाषाएें निम्नलिखित हैं–

''राज्य एक निश्चित भू-भाग में रहने वाले राजनीतिक तौर पर संगठित लोगों का समुदाय है।''

–ब्लंशली

''राज्य एक ऐसे लोगों का समुदाय है, जो साधारणतया बड़ी संख्या में हों, जिसका एक निश्चित भू-भाग पर स्थायी अधिकार हो, जो बाहरी नियंत्रण से स्वतंत्र या लगभग स्वतंत्र हो और जिसकी आज्ञाओं का पालन अधिकांश जनता स्वभाव से करती हो।''

–गार्नर

''राज्य एक ऐसा क्षेत्रीय समाज है जो सरकारों तथा प्रजाओं में विभाजित है, चाहे वे व्यक्तिगत हों या उनके समूह तथा जिनके संबंधों को एक दमनकारी शक्ति के प्रयोग से मजबूत किया जाता है।''

–लास्की

''राज्य एक निश्चित भू-भाग में कानून द्वारा संगठित लोगों का समुदाय है।''

–वुड्रो विल्सन

''राज्य राजनीति विज्ञान की एक संकल्पना है, एवम् एक नैतिक वास्तविकता है जो सरकार के अंतर्गत एक निश्चित भू-भाग पर निवास करने वाले चन्द लोगों में निवास करती है। यह आंतरिक मामलों में लोगों की सम्प्रभुता व्यक्त करने वाला अंग है तथा बाह्य मामलों में अन्य सरकारों से स्वतंत्र है।''

–गिलक्रिस्ट

मनुष्य एक सामाजिक प्राणी है और अकेला नहीं रह सकता। जब लोग एक साथ रहते हैं तो अपनी सामाजिक आवश्यकताओं की पूर्ति करते हैं। परंतु प्रत्येक व्यक्ति अच्छा और दयालु नहीं होता। सभी प्रकार के पुरुष और महिलाएं होती हैं जो गर्व, द्वेष, लालच और स्वार्थ की भावनाओं को दर्शाते हैं। **बर्क** के अनुसार, ''कुत्सित समाज में केवल व्यक्ति विशेष के विभिन्न मनोभावों को ही नहीं वरन् सभी के भावों को एक नियंत्रण में रखने का प्रयत्न करना चाहिए। लोगों के विचारों को नियंत्रण में लाने का सबसे अच्छा तरीका राजनीतिक सत्ता है। इस प्रकार लोग एक सामान्य व्यवहार के नियमों में बंध जाते हैं। यदि इन नियमों का उल्लंघन किया गया तो उन्हें सजा मिल सकती है। समाज लोगों के साहचार्य की आवश्यकता को पूरा करता है और राज्य इस आवश्यकता से उत्पन्न समस्याओं को हल करने में।''

राज्य का अस्तित्व अच्छे जीवन के लिए है। यह एक प्राकृतिक और आवश्यक संस्था है जैसा कि **अरस्तू** ने कहा है–''राज्य का उदय जीवन की मूल आवश्यकताओं से होता है तथा यह अच्छे जीवन के लिए निरंतर अस्तित्व में रहता है।''

केवल राज्य के कारण ही कोई व्यक्ति सक्षमता के स्तर तक ऊपर उठ सकता है। यदि कोई सत्ता, संगठन या नियम न हों, तो समाज एक साथ नहीं रह सकता। राज्य भी वहीं अस्तित्व में आता है जहां लोग एक संगठित समाज में रहते हैं। कालान्तर में राज्य ने धीरे-धीरे सरल संस्था से अब एक जटिल संगठन का रूप धारण कर लिया है जैसा कि आज-कल दृष्टिगोचर है।

राज्य का सार उसके दमनकारी शक्ति के एकाधिकार में है। यह लोगों से आज्ञा पालन करने का अधिकार रखता है।

परंतु मार्क्सवादियों के अनुसार राज्य एक वर्ग संगठन है जिसकी रचना संपत्तिशाली वर्ग ने गरीबों को सताने और उनके शोषण के लिए किया है। वे राज्य को एक प्राकृतिक संस्था नहीं मानते। उनके अनुसार, संपत्तिशाली वर्ग ने राज्य की रचना की है और वे ही राज्य के स्वामी हैं। अतः राज्य शोषण का साधन मात्र है। वे एक वर्गविहीन या साम्यवादी समाज की परिकल्पना करते हैं जिसमें राज्य का अस्तित्व समाप्त हो जाएगा।

राज्य के घटक

राज्य के **चार** मूल घटक हैं। ये हैं–

1. जनसंख्या

राज्य एक मानव संस्था है। लोग ही राज्य का निर्माण करते हैं। अंटार्कटिका एक राज्य नहीं है क्योंकि यहां मानव जनसंख्या

नहीं हैं। जनसंख्या इस योग्य होनी चाहिए कि राज्य को वह चला सके। परंतु प्रश्न यह है कि जनसंख्या कितनी होनी चाहिए? **प्लेटो** और **अरस्तू** के आदर्श दो यूनानी शहर—एथेंस और स्पार्टा थे। **प्लेटो** ने एक आदर्श राज्य की जनसंख्या 5040 निर्धारित की। **अरस्तू** ने एक सामान्य विचार बताया कि किसी राज्य को न तो अधिक छोटा होना चाहिए न ही बहुत बड़ा; यह इतना बड़ा हो कि स्वःपोषित हो और इतना छोटा हो कि आसानी से शासित हो सके। **रूसो** ने यह संख्या 10,000 बताई। परंतु किसी राज्य में जनसंख्या का निर्धारण एक कठिन कार्य है। आधुनिक समय में भारत और चीन की जनसंख्याएँ अत्यंत विशाल हैं तथा सैन मैरीनो जैसे देशों की बहुत कम। **मुसोलिनी** जैसे तानाशाहों ने बड़ी जनसंख्या वाले राज्य को खुलकर प्रोत्साहन दिया।

अतः जनसंख्या पर कोई भी सैद्धांतिक या व्यावहारिक सीमा नहीं लगाई जा सकती। परंतु यह इतनी अवश्य होनी चाहिए कि इसमें शासक और शासित वर्ग हों, जो कि राजनीतिक संस्था को सहयोग दे सकें। जनसंख्या उपलब्ध भूमि और संसाधनों के समानुपाती होनी चाहिए। यह ध्यान में रहे कि जनसंख्या के अंतरों तथा अन्य साधनों के उतना ही रहने से राज्य के स्वरूप में कोई अंतर नहीं पड़ता।

जनसंख्या की गुणवत्ता भी महत्त्वपूर्ण है। एक अच्छे राज्य के नागरिक स्वस्थ, बुद्धिमान और अनुशासित होने चाहिए। उनमें तेजस्विता के गुण होने चाहिए। जनसंख्या की संरचना भी महत्वपूर्ण है। एक समान जनसंख्या वाले राज्य आसानी से शासित किये जा सकते हैं।

2. भू-भाग

जैसे प्रत्येक व्यक्ति राज्य से जुड़ा होता है वैसे ही प्रत्येक वर्ग गज जमीन भी। कोई भी राज्य बिना किसी निश्चित भू-भाग के नहीं होता। किसी क्षेत्र में एक साथ मिलकर रहना लोगों को बाँधता है। इस राज्य क्षेत्र के लिए प्रेम की भावना देशभक्ति उत्पन्न करती है। कुछ लोग इसे मातृभूमि और कुछ इसे पितृभूमि कहते हैं। परंतु अपने राज्य-क्षेत्र से सभी का एक निश्चित लगाव होता है।

भू-भाग को निश्चित होना चाहिए जिससे कि राजनीतिक सत्ता को अपना अधिकार क्षेत्र मिलता है। कबीलों में राजनीतिक सत्ता दिखती थी परंतु निश्चित भूमि न होने के कारण वे एक राज्य का निर्माण नहीं कर सके। यहूदी भी विभिन्न देशों में रह रहे थे और इस्राइल के निर्माण के बाद ही वे एक राज्य बनें जिसका एक निर्धारित भू-भाग है। निश्चित भू-भाग के बिना बाह्य मामलों का संचालन कठिन हो जाएगा। राज्य क्षेत्र यह पहचान करने के लिए आवश्यक है कि कौन-सा राज्य दूसरी राज्य की सीमा में घुसने का प्रयास कर रहा है।

भू-भाग छोटा भी हो सकता है और बड़ा भी। परंतु इसकी एक निश्चित भूमि होती है। यह 62 वर्ग किमी क्षेत्र वाले देश सैन मैरीनो के जितना छोटा भी हो सकता है और भारत, अमेरिका, रूस और चीन के जितना बड़ा भी। राज्य का आकार उसकी सरकार को भी प्रभावित करता है। उदाहरण के लिए, छोटे राज्यों में एकात्मक सरकार होती है और भारत तथा अमेरिका जैसे बड़े देशों में संघीय सरकार होना अधिक उचित है। भूमि की गुणवत्ता भी बहुत महत्त्वपूर्ण है। यदि भूमि खनिजों तथा प्राकृतिक संसाधनों से भरपूर है तो यह राज्य को आर्थिक रूप से शक्तिशाली बनायेगी। यह इस योग्य होनी चाहिए कि लोगों को पर्याप्त भोजन उपलब्ध हो सके। पश्चिमी एशिया के राज्य महत्त्वहीन थे परंतु तेल की खोज के बाद वे प्रसिद्ध हो गए। किसी राज्य का राज्य क्षेत्र बड़ा होने से उसे युद्ध के समय में युद्ध-नीति और सैन्य-संचालन में लाभ मिलता है। बांग्लादेश के निर्माण से पहले पाकिस्तान के दो क्षेत्र बहुत दूर थे। हवाई और अलास्का-अमेरिका के क्षेत्र प्रमुख राज्य क्षेत्र से बहुत दूर हैं।

भूमि, जल और वायु किसी राज्य के राज्य-क्षेत्र का निर्माण करते हैं। राज्य की संप्रभुता, पृथ्वी, नदियों, पहाड़ों और मैदानों तथा वायु क्षेत्र के ऊपर होती है। एक निश्चित सीमा तक समुद्र भी राज्य के राज्य-क्षेत्र का हिस्सा है।

3. सरकार

वह उद्देश्य जिसके लिए लोग एक साथ रहते हैं उसका अनुभव तब तक नहीं किया जा सकता जब तक कि वे ठीक प्रकार से संगठित न हों तथा निश्चित आचार-विचार का पालन न करते हों। वह संस्था जो इन नियमों और आचार-विचारों को लागू करके उनका पालन निश्चित करती है, सरकार कहलाती है। किसी निश्चित राज्य-क्षेत्र में रहने वाले लोगों के सामान्य उद्देश्य का केन्द्र-बिन्दु भी सरकार है। इसी माध्यम के द्वारा सामान्य नीतियों का निर्धारण किया जाता है और सामान्य रुचियों को बढ़ावा दिया जाता है। सरकार के बिना लोगों में संशक्ति और सामूहिक कार्य की भावना नहीं आएगी। सरकार की अनुपस्थिति

में गुटों और दलों के बीच युद्ध एवं अराजकता की स्थिति होगी। अतः एक सामान्य सत्ता की आवश्यकता होती है जहां पर लोग व्यवस्थित रह सकें। यह मानव जीवन की पूर्व शर्त है। सरकार के बिना राज्य न तो हो सकता है और न ही होता है। चाहे सरकार किसी भी रूप में हो। सरकार का होना एक नितांत आवश्यकता है। यह एक राजतंत्र भी हो सकता है जैसे कि ब्रिटेन में और एक गणतंत्र भी जैसे कि भारत में। भारत एवं ब्रिटेन की तरह इसकी सरकार का संसदीय रूप भी हो सकता है और अमेरिका की तरह सरकार का एक अध्यक्षीय रूप भी हो सकता है।

4. प्रभुसत्ता

राज्य-क्षेत्र के किसी निश्चित भाग में रहने वाले वे लोग जिनकी अपनी सरकार हो, राज्य नहीं बनाते जब तक कि उनके पास संप्रभुता न हो। 15 अगस्त 1947 से पहले भारत के पास संप्रभुता के अलावा राज्य के सभी घटक थे, इसलिए यह एक राज्य नहीं था। प्रभुसत्ता वह शक्ति है जिसके द्वारा राज्य उसके अंदर रहने वाले लोगों से राजनीतिक आज्ञा पालन की अपेक्षा करता है। राज्य को आतंरिक रूप से सर्वशक्तिमान या बाह्य नियंत्रण से मुक्त होना चाहिए। अतः प्रभुसत्ता के दो पहलू हैं, आतंरिक और बाह्य। आतंरिक प्रभुसत्ता राज्य की सीमाओं के अंदर राज्य का एकाधिकार है। यह सत्ता किसी अन्य राज्य के साथ बाँटी नहीं जा सकती। राज्य स्वतंत्र होता है और किसी बाहरी सत्ता की इच्छाओं से अप्रभावित रहता है। अतः प्रत्येक राज्य की एक जनसंख्या, भू-भाग, **सुगठित** सरकार और प्रभुसत्ता होती है। इनमें से किसी भी एक घटक की अनुपस्थिति इसे राज्य के दर्जे से वंचित करती है। अतः भारतीय गणतंत्र के 28 राज्यों या अमेरिका के 50 राज्यों के लिए इस शब्द का प्रयोग भ्रामक है। ये प्रशासनिक इकाईयाँ हैं।

राज्य और समाज में भेद

हमें राज्य और समाज में अंतर को स्पष्टतः समझना होगा अन्यथा हम मानव जीवन के बदलते हरेक पहलू पर राज्य के हस्तक्षेप को उचित मानते रहेंगे जिससे उसकी आजादी प्रभावित होती है। इन दोनों को परस्पर शब्द मान लेने से कई राजनीतिक और सामाजिक भ्रामक सिद्धांतों को बल मिलेगा। **मैकाइवर** कहते हैं: ''समाज (सामाजिक) को राज्य (अर्थात राजनीतिक) से अलग करके देखना सबसे बड़ी भ्रांति का शिकार होना है जो दोनों में से (राज्य या समाज) किसी को भी समझने में आपको पूर्णतया रोकता है।'' वास्तव में, प्राचीन यूनानी दार्शनिकों (सुकरात, प्लेटो और अरस्तू) ने राज्य और समाज के बीच कोई भेद नहीं किया। उन्होंने 'पोलिस' को समाज और राज्य दोनों का दर्जा दिया। 18वीं सदी के फ्रांस के राजनैतिक दार्शनिक **रूसो** जैसे आदर्शवादियों ने भी दोनों को एक ही माना।

राज्य और समाज के बीच के अंतर को निम्न प्रकार से स्पष्ट किया जा सकता है:

(क) राज्य एक राजनीतिक संगठन है। यह राजनीतिक रूप से गठित एक समाज है। दूसरी ओर समाज एक सामाजिक संगठन है जिसमें सभी प्रकार के संघ (सामाजिक, आर्थिक, धार्मिक, राजनीतिक और सांस्कृतिक) निहित हैं। समाज राज्य से विशाल भी है और संकीर्ण भी। यह विशाल है जब इसका प्रयोग मानव जाति के संपूर्ण समुदाय को व्यक्त करने में किया जाता है; यह संकीर्ण है जब इसे किसी गाँव के एक छोटे से समूह को वर्णित करने में किया जाता है।

(ख) उत्पत्ति के क्रम में समाज राज्य से पहले आता है। यह कहा जा सकता है कि समाज का जन्म मानव जीवन के उदय के साथ ही हुआ है। परंतु समाज के साथ ही राज्य का उदय नहीं हुआ; सामाजिक विकास के बाद के चरणों में इसका विकास हुआ। मनुष्य पहले एक सामाजिक प्राणी बना, इसके बाद राजनीतिक।

(ग) स्पष्टतः राज्य से पहले स्थान होने के कारण समाज एक प्राकृतिक और नैसर्गिक संस्था है। दूसरी ओर राज्य एक बनावटी और मानव निर्मित संस्था है, जिसे आवश्यकता पड़ने पर निर्मित किया गया है। यह भी एक कारण है कि हम राज्य को एक औपचारिक एवं वैधानिक संगठन की संरचना के रूप में पाते हैं। समाज भी एक संगठन है; संस्था है, परंतु यह राज्य की भांति औपचारिक नहीं हैं।

(घ) राज्य का अस्तित्व समाज के लिए ठीक उसी प्रकार है जैसे कोई साधन उसके साध्य के लिए। अतः राज्य एक साधन है तथा समाज उसका साध्य। सदैव साधन का अस्तित्व साध्य के लिए है न कि साध्य का अस्तित्व साधन के लिए।

(ङ) राज्य की अपनी प्रभुसत्ता होती है; बिना प्रभुसत्ता के राज्य नहीं हो सकता। समाज की अपनी प्रभुसत्ता नहीं होती; यह बिना संप्रभुता के होता है। संप्रभु होने के

कारण राज्य अपनी सीमाओं के अंदर सभी संगठनों, संघ और व्यक्तियों के ऊपर एक शक्ति रखता है; यह संप्रभुता ही राज्य को एक विशेष तथा स्वतंत्र अस्तित्व प्रदान करती है।

(च) राज्य का एक निश्चित भू-भाग होना चाहिए। निश्चित भू-भाग राज्य का एक आवश्यक घटक है। इस प्रकार राज्य तब तक एक क्षेत्रीय संगठन है, जब तक कि यह एक निश्चित क्षेत्र में हो। इसकी क्षेत्रीय सीमाएं निश्चित हों और स्थायी हों। समाज का भी एक क्षेत्र होता है परंतु वह स्थायी नहीं होता। इसका कार्य-क्षेत्र विस्तृत भी हो सकता है और सीमित भी। उदाहरण के लिए, मुस्लिम समाज राष्ट्रीय सीमाओं से बाहर तक फैला हुआ है। इसी तरह अन्य समाज भी।

(छ) राज्य के आचार के कुछ सामान्य नियम होते हैं जिन्हें कानून कहते हैं। समाज में भी आचरण के कुछ नियम होत हैं जिन्हें कर्मकाण्ड, मापदंड या आदतें आदि कहते हैं। राज्य के नियम लिखित, निश्चित और स्पष्ट होते हैं समाज के नियम अलिखित, अनिश्चित और अस्पष्ट होते हैं।

(ज) राज्य के नियम बाध्यकारी होते हैं। इन नियमों का उल्लंघन करने पर शारीरिक या अन्य या दोनों तरह की सजाएँ दी जा सकती हैं। जबकि सामाजिक नियम के उल्लंघन से सामाजिक बहिष्कार जैसी सजा दी जा सकती है। हम कह सकते हैं कि राज्य का क्षेत्र वह क्षेत्र है जहाँ आज्ञा के उल्लंघन के कारण राज्य कार्रवाई करता है। राज्य को बल प्रयोग का अधिकार प्राप्त है। वहीं दूसरी ओर, समाज का क्षेत्र ऐच्छिक सहयोग का क्षेत्र है तथा इसकी शक्ति सद्भाव एवं कार्यविधि लचीली है। इन अंतरों के बावजूद समाज एवं राज्य में अन्योन्याश्रय संबंध है। सामाजिक आचरण एवं समाज की संरचना राज्य के नियमों के अनुकूल होने चाहिए। वहीं दूसरी तरफ, राज्य को भी समाज की इच्छा के प्रति संवेदनशील होना चाहिए।

राज्य और सरकार

सरकार राज्य का एक घटक है। यह वह संस्था है जहां पर कानून बनाये और लागू किये जाते हैं और उन नियमों का उल्लंघन करने वालों को दंड मिलता है। यही राज्य का प्रत्यक्ष रूप है। इसमें राज्य के सभी लोग, संगठन और संस्थाऐं शामिल हैं जिनके द्वारा राज्य की इच्छा व्यक्त की जाती है और उसका प्रतिपादन भी होता है। यद्यपि राज्य अपनी सरकार के माध्यम से अपने विचार को व्यक्त करता है फिर भी दोनों में निम्न प्रकार से अंतर है :

(क) राज्य के पास इसके स्वाभाविक अधिकार है जबकि सरकार के पास नहीं। सरकार को यह शक्ति राज्य के अधिकारों, शक्तियों और संविधान द्वारा प्राप्त होती है। **मौलिक नियमों के संग्रह के रूप में संविधान वह मौलिक कानून है जिसके द्वारा किसी राज्य की सरकार सुसंगठित होती है।**

(ख) राज्य एक बड़ी इकाई है जिसमें इसके सभी नागरिक शामिल होते हैं सरकार एक छोटी इकाई है जिसमें सरकार को सुचारू रूप से चलाने वाले कर्मचारी होते हैं। हम सभी राज्य के नागरिक तो होते हैं परंतु सरकार के सदस्य नहीं होते। **गार्नर** लिखते हैं:

''सरकार राज्य का आवश्यक अंग है परंतु राज्य से बड़ा नहीं, वैसे ही जैसे किसी निगम का निदेशक समूह ही स्वयं निगम नहीं है।''

(ग) राज्य अमूर्त्त है। सरकार इस परिकल्पना का मूर्त रूप है। हम सरकार को देखते हैं परंतु राज्य को नहीं।

(घ) राज्य लगभग एक स्थायी संस्था है ऐसा इसलिए है क्योंकि यह तब तक कायम रहता है; जब तक कि इस पर आक्रमण करके इसे किसी अन्य राज्य का हिस्सा न बना लिया जाए। सरकार अस्थायी होती है क्योंकि यह बदलती रहती है आज जो शासक हैं वे कल शासक नहीं भी हो सकते। अन्य प्रकार से देखने पर राज्य सभी जगह एक जैसा हो सकता है परंतु सरकार का रूप एक से दूसरे राज्य में बदल सकता है। भारत, अमेरिका, ब्रिटेन और फ्रांस राज्य हैं। भारत और ग्रेट ब्रिटेन में जहाँ संसदीय सरकार है, वहीं अमेरिका में अध्यक्षीय सरकार है। **संसदीय सरकार वह सरकार है जहां सरकार का विधायी अंग इसकी कार्यकारिणी अंग से घनिष्ठता से जुड़ा होता है मंत्रिमण्डल इसी विधायी अंग से लिया जाता है जिसके प्रति वह उत्तरदायी होता है; मुख्यतः संसद के निचले सदन के प्रति। अध्यक्षीय सरकार वह सरकार है जहां सरकार का कार्यकारिणी अंग विधायी अंग से स्वतंत्र होता है; कार्यकारिणी का अलग अस्तित्व होता है और वह विधायिका के प्रति उत्तरदायी नहीं होता।**

(ङ) संप्रभु शक्ति राज्य के पास होती है। सरकार केवल शक्तियों का प्रयोग करती है। राज्य की शक्तियां वास्तविक और मौलिक होती हैं।

(च) राज्य का विरोध करना सरकार के विरोध करने से अलग है। हम सरकार की आलोचना करते हैं न कि राज्य की। राज्य की आलोचना विद्रोह है; सरकार की आलोचना विद्रोह नहीं है। हम किसी भारतीय से कभी नहीं सुनते कि भारत खराब है बल्कि अक्सर यह सुनने में आता है कि किसी राजनीतिक दल या गठबंधन की अगुवाई वाली सरकार की नीतियां खराब हैं। राज्य की निंदा एक अपराध है। यह एक कर्तव्य ही नहीं बल्कि अधिकार भी है कि कोई अपनी सरकार की आलोचना कर सकता है।

(छ) सरकार राज्य का केवल एक घटक है। यह राज्य का एक भाग है। भाग होने के कारण यह राज्य से बड़ी नहीं हो सकती। जब हम राज्य की बात करते हैं तो हम जनसंख्या, भू-भाग, सरकार और संप्रभुता की बात करते हैं, परंतु जब हम सरकार की बात करते हैं तो हम एक अंग की बात करते हैं; राज्य का एक मात्र घटक।

(ज) राज्य का क्षेत्र सदैव निश्चित होता है। यह बदलता नहीं है। सरकार का क्षेत्र कभी भी स्थायी नहीं होता। मुहम्मद तुगलक ने अपनी राजधानी बदलकर दौलताबाद कर दी थी। बहुत-सी सरकारों ने द्वितीय विश्वयुद्ध के समय जर्मनी के आक्रमण के डर के कारण अपनी राजधानी लंदन बना ली थी।

3. राजनीतिक सिद्धान्त

उदारवाद

उदारवाद राजनीतिक सिद्धांत का वह सिद्धांत है जो सामंतवाद के पतन के बाद राजनीति को बाजार अर्थव्यवस्था (Market Economy) के अनुरूप मोड़ने के लिए आया। प्रारम्भ में इसमें व्यक्ति को राजनीति का केन्द्रबिन्दु माना गया और व्यक्तिवाद (Individualism) को अपनाया गया। बाद में समूह को आधार मानकर बहुलवाद आया।

International Encyclopeadia of the Social Sciences में इसकी मान्यताएं हैं।

1. व्यक्ति के व्यक्तित्व की स्वतंत्र अभिव्यक्ति का महत्व।

2. उन संस्थाओं और नीतियों को कायम रखा जाए जो इस स्वतंत्र अभिव्यक्ति और स्वतंत्रता में विश्वास को बढ़ावा देती है।

अर्थात निरकुंश सत्ता को अस्वीकार कर मनुष्य की स्वतंत्र अभिव्यक्ति।

उत्पत्ति : सत्रहवीं शताब्दी के जान लॉक को उदारवाद का जनक माना जाता है और वहां की 1688 की गौरवपूर्ण क्रांति (Glorious Revolution) को उदारवाद की विजय के रूप में माना जाता है। लॉक ऐसा पहला विचारक था जिसने **जीवन, स्वतंत्रता और सम्पत्ति** के अधिकारों को प्राकृतिक अधिकार मानते हुए यह तर्क दिया कि सरकार की स्थापना इन्हीं अधिकारों की रक्षा के लिए हुई है जो एक न्यास (Trust) के रूप में है। सरकार अपने दायित्वों से बंधी होती है और इसमें विफल होने पर नागरिकों को अपनी सरकार के विरूद्ध क्रांति का अधिकार है। आगे चलकर इसके विकास में अनेक विचारकों ने योगदान दिया।

परम्परागत उदारवाद : उदारवाद का यह रूप इंग्लैंड में उभर कर सामने आया यह वैयक्तिक अधिकारों की संविधानिक गारंटियों की मांग तक सीमित था।

1689 में जिस उदारवाद को मान्यता दी जाती थी और उचित ठहराया जाता था उसका मूलतः स्वरूप नकारात्मक था जिसका उद्देश्य व्यक्तियों और समूहों को शासन की सत्ता से विशेषतः राजमुकुट के पारमाधिकारों से मुक्ति दिलाना था।

सिद्धांत विरोध का अधिकार, विधि का शासन, शक्तियों का पृथक्करण, लॉक की प्रमुख कृतियां Second Treatise of Government and American Declaration of Independence उदारवाद के इस दौर के महान स्मारक हैं। इसमें राज्य की नकारात्मक भूमिका पर बल दिया जाता है। **एडम स्मिथ** ने अपनी पुस्तक 'Wealth of Nations' में अहस्तक्षेप की नीति और व्यक्तिवाद का प्रबल समर्थन किया है। इसकी कुछ मान्यताएं थीं–

आर्थिक मनुष्य की अवधारणा : प्रत्येक व्यक्ति में व्यापार की सहज प्रवृत्ति होती है ताकि वह अधिक से अधिक लाभ अर्जित कर सके। इसमें सरकार, व्यापारी और मजदूर तीनों को फायदा होता हैं।

प्राकृतिक स्वतंत्रता की अवधारणा : स्मिथ उद्योग और व्यापार की स्वतंत्रता को प्राकृतिक स्वतंत्रता मानते हैं तथा सरकार को उद्योग व्यापार के मामले में अहस्तक्षेप (Laisses Faire) का अनुसरण करना चाहिए।

सरकार के तीन कार्य :

1. विदेशी आक्रमण से राष्ट्र की सुरक्षा;
2. न्याय का पर्वतन : प्रत्येक व्यक्ति को दूसरे व्यक्ति के अत्याचार से संरक्षण;
3. सार्वजनिक निर्माण के कार्य वे होंगे जिसमें लाभ के मुकाबले खर्च अधिक होता हैं।

बेन्थमः इस संबंध में बेंथम के उपयोगितावादी विचार भी काफी महत्वपूर्ण हैं जो उनकी किताब Introduction to the Principles of Moral and Legislation and Fragment on Government में मिलते हैं। बेन्थम का तर्क हैं कि परम अधिकार, परम सम्प्रभुसत्ता और परम न्याय जैसे विचार (Absolute Right, Absolute Sovereignty and Absolute Justice) सामाजिक जीवन के यर्थाथ से मेल नहीं खाते। अतः सार्वजनिक नीति को केवल एक ही कसौटी पर कसना चाहिए और वे हैं "अधिकतम लोगों का अधिकतम सुख"। (Greatest Happiness of the Greatest Number)

Hedonism (सुखवाद) प्रकृति ने मनुष्य को दो शक्तिशाली स्वामियों के नियंत्रण में रखा है–सुख और दुख (Pleasure and Pain)। मनुष्य सदैव सुख को पाना चाहता है। दुख से बचना चाहता है। जो बात सुख को बढ़ावा देती है और दुख को रोकती है उसे उपयोगिता कहा जाता हैं।

विधायिका का सिद्धांत अधिकतम लोगों के अधिकतम सुख का हिसाब लगाते समय प्रत्येक व्यक्ति को एक ईकाई मानना चाहिए किसी को एक से अधिक नहीं।

सरकार के कार्य लोगों की स्वतंत्र गतिविधियों के मार्ग में आने वाली बाधाओं को दूर करे ऐसे कानून बनाने चाहिए जिससे अधिकतम लोगों का अधिकतम सुख हो। लोगों पर उचित प्रतिबंध और अपराधियों को दण्ड देना भी सरकार का कार्य हैं। इस तरह अहस्तक्षेप व व्यक्तिवाद का समर्थक हुआ।

हरबर्ट स्पेन्सर : ने 'न्यूनतम शासन' के सिद्धांत के आधार पर माना है कि राज्य या समाज की ओर से दीन–दुखियों की सहायता के प्रयत्न सामाजिक विकास में बाधक है इसीलिए ऐसे प्रयत्न निंदनीय हैं।

स्पेन्सर डार्विन के सिद्धांत Survival of the Fittest के आधार पर कहता है कि प्रगति का अर्थ यह है कि जीवन संघर्ष में जो लोग पिछड़ जाएं उन्हें मर खप जाने दिया जाए। "समाज रूपी जीवन के जो अंग सुचारू रूप से कार्य न करें, उनके नष्ट हो जाने में ही समाज का कल्याण है।"

आधुनिक उदारवाद : 19वीं शताब्दि के आरम्भ में ही उदारवाद की नकारात्मक संकल्पना में परिवर्तन आया जिसमें यह माना गया कि 'प्रतिबन्धों का अभाव' ही स्वतंत्रता नहीं हैं अतः समाज के चहुमुखी विकास के लिए राज्य को अपनी सकारात्मक भूमिका का निग्रह करना होगा क्योंकि अब नगरो, उद्योग धन्धों और वाणिज्य व्यापार के राष्ट्रव्यापी और विश्वव्यापी विस्तार के फलस्वरूप भी उदारवाद में परिवर्तन आया।

इसके साथ ही पण्य वस्तुओं के स्वतंत्र व्यापार के भयानक परिणाम भी सामने आये थे। कच्ची उम्र के बच्चों को कारखानों में भयानक परिस्थितियों में काम करना पड़ता था। साथ ही मजदूरों को गंदी बस्तियों में रहना पड़ता था और माँस और गंदी शराब खुले आम बाजारों में बिकती थी।

जे. एस. मिल : प्रारम्भ में मिल भी अहस्तक्षेप और व्यक्तिवाद का समर्थक था परन्तु बाद में उसने राजनीतिक क्षेत्र में 'Constitutional and Representative Government' का समर्थन किया और आर्थिक क्षेत्र में उसने कल्याणकारी राज्य के विचार को बढ़ावा दिया।

टी. एच. ग्रीन : ग्रीन, कांण्ट और हीगल के विचारों के आधार पर 'कल्याणकारी राज्य' की दिशा में आगे बढ़ता है।

ग्रीन के अनुसार नैतिक स्वतंत्रता मनुष्य का उपयुक्त गुण हैं और सच्ची स्वतंत्रता नैतिक स्वतंत्रता की अवधारणा अधिकारों की मांग करती हैं। अधिकार मनुष्यों के नैतिक चरित्र से जन्म लेते हैं। किसी अनुभवातीत कानून से नहीं। चूँकि मनुष्य एक नैतिक प्राणी है। इसलिए सब मनुष्यों के आदर्श उद्देश्य एक जैसे होते हैं। अतः अधिकारों में द्वन्द्व नहीं होता है।

अधिकारों की प्रकृति : ग्रीन राज्य और समाज में अंतर करता है और कहता है कि अधिकार समाज की मान्यताओं पर आश्रित होते हैं न कि राज्य या कानून की। राज्य अधिकारों को मान्यता देता है उनका सृजन नहीं करता। राज्य का वास्तविक कार्य उन बाधाओं को दूर करना है जो मनुष्य के आदर्श उद्देश्यों के मार्ग में आती हैं

सम्पति सम्बंधी विचार : सम्पत्ति के अधिकार का भी समर्थन करता हैं क्योंकि सम्पति सामाजिक हित को बढ़ावा देती हैं। भूमि के स्वामित्व का विरोध करता हैं।

हॉबहाऊस : इसने उदारवाद व समाजवाद के उ संयोग को बढ़ावा दिया जिसका सूत्रपात मिल के चिंतन र हुआ था। हॉबहाउस के अनुसार राजनीति का लोकतंत्री आधार ही राज्य के कार्य क्षेत्र में विस्तार चाहता हैं।

हॉबहाऊस ने राज्य के दो कार्य बताए हैं। 1. ऐ परिस्थितियाँ पैदा करना जिनमें मनुष्य का मन और चरि अपना विकास कर सके। इसके लिए सार्वजनिक सेवा का विस्तार और शासनतंत्र का उपयोग आवश्यक हैं।

2. ऐसी परिस्थितियाँ पैदा करना जिनमें राज्य नागरिक अपने ही प्रयत्न से वह सब कुछ प्राप्त कर स जो पूरी, नागरिक कार्यकुशलता के लिए आवश्यक इसके लिए उपयुक्त कानून बनाने होगे ताकि स्वार्थी त व्यक्ति के अपने प्रयास में बाधा न डाल सके। दोनों त के कार्यों में राज्य के नियंत्रण का ध्येय स्वतंत्रता के का विस्तार होना चाहिए, उसे संकुचित करना नहीं।

लॉस्की : लास्की ने लिखा हैं कि पूँजीपतियों की शक्ति को समुदाय के हित में संयत करना जरूरी हो गया हैं। अन्यथा पूंजीवादी व्यवस्था मानवता के लिए विनाशकारी सिद्ध होगी। लास्की ने समाजवाद के ध्येय और लोकतंत्र की प्रणाली को एक साथ मिलाने का समर्थन किया और राज्य के कल्याणकारी कार्यों को विशेष महत्व दिया।

लोगों द्वारा संपत्ति अर्जित करने पर कोई प्रतिबंध नहीं होना चाहिए, परंतु संपन्न वर्गों पर भारी कर लगाकर आर्थिक विषमताओं (Economic Inequlities) को कम किया जाना चाहिए।

मैकाइवर : मैकाइवर अपनी पुस्तक **The Modern State** के अंतर्गत आधुनिक राज्य की उत्पत्ति और विकास पर विचार करते हुए यह तर्क दिया कि आधुनिक राज्य का कार्य विभिन्न साहचर्यों (Associations) के हितों में सामंजस्य स्थापित करना है। अपनी दूसरी पुस्तक **'The Webs of Government' :** (शासन तंत्र) इसमें कला, साहित्य, धर्म आदि में राज्य को हस्तक्षेप नहीं करना चाहिए तथा आर्थिक संबंधों को अपने आप समायोजित करना चाहिए।

मार्क्सवाद

लास्की का मानना है कि "मार्क्स ने समाजवाद को अव्यवस्थित रूप में पाया और इसको एक निश्चित आन्दोलन बना दिया।" मार्क्सवाद का उदय 19 वीं शताब्दी के मध्य हुआ जब परम्परागत उदारवाद पूरी तरह चरमोत्कर्ष पर था और पूंजीवाद पूरी तरह स्थापित हो चुका था। अतः ऐसे में मानव कल्याण और मानव स्वतंत्रता की मांग की पूर्ति न होने के कारण उदारवाद के विरोध स्वरूप मार्क्सवाद आस्तित्व में आया।

इस विचारधारा ने मानव समाज की समस्याओं को इतिहास के माध्यम से जानने का प्रयास किया और बताया कि इतिहास वास्तव में दो वर्गों के बीच संघर्ष की कहानी है। जिसमें एक वर्ग जिसके पास सभी साधन होते हैं शासक (Dominate) तथा दूसरा वर्ग जिसके पास कुछ भी नहीं होता शासित (Dependent) होते हैं। इन दोनों वर्गों में सामंजस्य स्थापित नहीं किया जा सकता यह संघर्ष पूर्ण विकसित उत्पादन प्रणाली की स्थापना तक चलता रहेगा। वर्तमान में पूंजीवाद इसका उदाहरण हैं और सर्वहारा मजदूर वर्ग इनके खिलाफ सशस्त्र विद्रोह करके इनको समाप्त कर देगा और सच्ची स्वतंत्रता की स्थापना कर देगा।

परम्परागत मार्क्सवाद

मनुष्य की गतिविधियों में उत्पादन सबसे महत्वपूर्ण है। अतः समाज मूलतः मनुष्य की भौतिक आवश्यकताओं की पूर्ति के प्रयास का परिणाम हैं। लेकिन उत्पादन प्रणाली की त्रुटियों के कारण व्यक्ति दुख दरिद्रता का जीवन बिताता हैं। और इस पीड़ा को मिटाने के लिए वह 'धर्म' का आश्रय लेता हैं। मार्क्स इस 'धर्म' को जनसाधारण का **'नशा'** कहता है क्योंकि इसमें कल्पनालोक का आनंद लेते हुए लोग स्वयं को बर्बाद कर लेते हैं।

मार्क्स ने न केवल अपने विचारों को क्रमबद्ध रूप से प्रतिपादित किया हैं। बल्कि यह भी बताया हैं कि इनको किस प्रकार लागू किया जा सकता हैं। कैटलिन के शब्दों में "मार्क्सवादी दर्शन बड़ा विस्तृत तथा सुसम्बद्ध है। यह प्रभावशाली इसलिए है, क्योंकि क्रान्तिकारी कार्यक्रम वर्ग संघर्ष के सिद्धांत पर निर्मित हैं, वर्ग संघर्ष अतिरिक्त मूल्य के आर्थिक सिद्धांत पर, आर्थिक सिद्धांत इतिहास की आर्थिक व्याख्या पर और यह व्याख्या मार्क्स, हीगल, के द्वन्द्ववाद पर और द्वन्द्ववाद भौतिकवादी आध्यात्मिक विद्या पर।" इस प्रकार मार्क्सवादी विचारधारा एक अविभाज्य इकाई के रूप में है जिसके चार आधार स्तम्भ हैं:

1. द्वन्द्वात्मक भौतिकवाद
2. इतिहास की भौतिकवादी व्याख्या
3. वर्ग संघर्ष का सिद्धांत
4. अतिरिक्त मूल्य का सिद्धांत

लेनिन के विचार : मार्क्स और एंजेल्स ने अपना चितंन 19 वीं सदी के उत्तरार्ध में प्रस्तुत किया था। उन्हें आशा थी कि पूंजीवाद अपनी चरम सीमा पर पहुँच कर सर्वहारा वर्ग की शक्ति और संगठन के हाथों परास्त हो जाएगा। लेनिन बीसवीं शताब्दी के आरम्भ में रूस की उत्पीड़नकारी व्यवस्था के विरूद्ध संघर्ष कर रहा था जहाँ पूंजीवाद अपनी चरम सीमा पर नहीं पहुँचा था। परंतु लेनिन को मार्क्स की शिक्षाओं में रूसी बोल्शेविकवाद का आधार मिल गया। लेनिन ने रूस में समाजवादी क्रांति लाने और समाजवादी व्यवस्था स्थापित करने के लिए मार्क्स एवं एंजेल्स के विचारों को प्रमाणित मार्गदर्शक के रूप में स्वीकार किया, परन्तु समाजवादी क्रांति के विचार को व्यवहारिक रूप देने के लिए लेनिन ने मार्क्सवादी सिद्धांतों की नई व्याख्या कर उनमें कुछ परिवर्तन अवश्य किये जो निम्न हैं :

1. विचारधारा संबंधी विचारः मार्क्स ने विचारधारा को 'मिथ्या चेतना' की संज्ञा दी हैं मार्क्स का मत है कि विचारधारा धनवान वर्ग समाज को वर्गों में विभाजित करके अपनी सत्ता को कायम रखता हैं तथा सर्वहारा वर्ग को केवल उपयुक्त चेतना की आवश्यकता होती हैं ना कि, मिथ्या चेतना की। लेकिन, लेनिन ने अपनी प्रसिद्ध कृति 'What is to be done' (1902) में लिखा हैं कि सर्वहारा वर्ग को भी विचारधारा की आवश्यकता होती हैं क्योंकि किसी भी वर्ग को अपने लक्ष्य को प्राप्त करने के लिए नीतियों तथा कार्यक्रमों की आवश्यकता होती है जिसकी पूर्ति विचारधारा द्वारा ही की जा सकती है। यदि सर्वहारा वर्ग के पास अपनी सुदृढ़ विचारधारा नहीं होगी तो वह पूंजीवादी विचारधारा से प्रभावित होकर अपना रास्ता भूल सकते हैं।

2. साम्यवादी दल संबंधी विचार : मार्क्स की मान्यता थी कि पूंजीवादी अवस्था में सर्वहारा वर्ग में वर्ग चेतना का आभास होगा और संगठित होकर पूंजीवादी व्यवस्था को स्वयं धाराशायी कर देगें लेकिन एक व्यवहारिक राजनीतिज्ञ के नाते लेनिन की यह मान्यता थी कि सर्वहारा वर्ग चूँकि बहुत बड़ा है और उसे सचेत होने में काफी समय लग सकता हैं और संगठित होने में तो उससे भी ज्यादा समय लग सकता हैं। अतः क्रांति की शक्तियों को सक्रिय बनाने के लिए सर्वहारा वर्ग के अधिक सचेत अधिक समर्थ और अधिक सूझबूझ वाले सदस्यों को आगे आना चाहिए, और क्रांति की बागड़ोर संभाल लेनी चाहिए। लेनिन ने स्वयं रूस में एक ऐसे संगठन की नींव रखी जिसे उसने '**साम्यवादी दल**' का नाम दिया। इसका प्रमुख कार्य सर्वहारा वर्ग को नेतृत्व प्रदान करना, क्रांति करना तथा क्रांति के बाद समाजवादी ढ़ंग से शासन चलाना। लेनिन ने साम्यवादी दल के लिए 'क्रांति की अग्रपंक्ति (Vanguard Revolution) की भूमिका निर्धारित की हैं।'

3. समाजवादी कार्यक्रम संबंधी विचार : लेनिन के मत में साम्यवादी दल जन समुदाय को अपना सदस्य बनाकर और उनमें अपनी विचारधारा का प्रचार करके उन्हें समाजवाद की ओर प्रेरित करेगा ताकि वे पूंजीवादी व्यवस्था को उखाड़ फेंकने में उनका साथ दे। लेनिन की मान्यता थी कि क्रांति के बाद जब साम्यवादी दल सत्ता संभाल लेगा, तब वह सर्वहारा का अधिनायक तंत्र कायम करेगा, उत्पादन के प्रमुख साधनों को सामाजिक स्वामित्व में रखेगा और अपनी सारी शक्ति तथा राज्य के सब संसाधनों का प्रयोग इस तरह से करेगा जिससे पूंजीवाद के अवशेषों को मिटाया जा सके, प्रतिक्रांतिकारी शक्तियों को कुचला जा सके और सभी व्यक्तियों के लिए श्रम को अनिवार्य बनाकर प्रोद्योगिकी को इतना उन्नत किया जा सके कि श्रम की उत्पादन क्षमता को उच्चतम स्तर पर पहुँचाया जा सके।

लेनिन का मत था कि सर्वहारा के अधिनायक तंत्र के अर्न्तगत केवल समाजवाद की स्थापना होगी, परंतु इसका ध्येय साम्यवाद की ओर बढ़ना हैं जब समाज वर्गहीन हो जाएगा और, स्वयं राज्य भी 'लुप्त' हो जाएगा।

माओत्से तुंग के विचार : माओ ने मार्क्सवादी विचारधारा में चीन की परिस्थितियों के अनुरूप परिवर्तन किए और 1949 में सफल क्रांति करके एक समाजवादी राज्य की स्थापना की। माओं ने भी मार्क्सवादी विचारधारा में काफी परिवर्तन किए जो कुछ इस प्रकार हैं:

निरन्तर क्रांति का सिद्धांत : माओ ने क्रांति के स्वरूप की विस्तृत चर्चा करते हुए मार्क्सवादी विचारधारा को आगे बढ़ाया है। माओ ने बोल्शेविकों के इस मताग्रहपूर्ण (Dogmatic) तर्क का खंड़न किया है कि भूलों से बचा जा सकता हैं। माओ का कहना हैं कि यह एक मार्क्सवाद विरोधी दृष्टिकोण हैं, क्योंकि यह 'परस्पर–विरोधी तत्वों की एकता' (Unity of Opposites) के नियम के विरूद्ध हैं।

माओ ने 'अंतर्विरोध के नियम' के रूप में द्वंद्वात्मक पद्धति की नई व्याख्या देने का प्रयत्न किया हैं। इसके अनुसार सही नीति (Correct Line) का निर्माण गलत नीति (Incorrect Line) के साथ संघर्ष करके होता है। अतः विरोध और संघर्ष समस्त ऐतिहासिक परिवर्तन के लिए अनिवार्य है। यह नियम सभी सामाजिक विन्यासों, वर्गों और व्यक्तियों पर लागू होता हैं, यहाँ तक कि यह स्वयं साम्यवादी दल पर भी लागू होता है। माओ ने अपनी प्रसिद्ध कृति 'On Contradictions' (1937) के अंतर्गत यह दर्शाया हैं कि समाजवाद या साम्यवाद की स्थापना हो जाने के बाद भी यह नियम समाप्त नहीं हो जाता। क्रांति कोई अंतिम समाधान नहीं हैं, बल्कि वह केवल अभीष्ट दिशा में प्रगति का एक चरण हैं। अंतर्विरोध निरंतर बने रहते हैं। एक अंतर्विरोध दूसरे को जन्म देता हैं; जब पुराने अंतर्विरोध सुलझ जाते हैं, तब नए पैदा हो जाते हैं। ऊपर

से कोई समाधान आरोपित करके अंतर्विरोध को समाप्त कर देने का प्रयास एक भूल हैं। फिर भी इन अंतर्विरोधों के प्रतिकार के लिए राज्य को ज्यादा–से–ज्यादा शक्तियाँ अपने हाथ में लेनी होंगी, अतः सर्वहारा की अग्रपंक्ति के रूप में साम्यवादी दल को अनिश्चित काल तक बने रहना होगा।

नवमार्क्सवाद

नवमार्क्सवाद उन विचारों का समूह हैं जो मार्क्सवाद (Marxism) से जुड़े हुए चिंतन में एक नए मोड़ का संकेत देता हैं। इस चिंतन–शैली की शुरूआत बीसवीं शताब्दी के पूर्वार्ध में इतावली मार्क्सवादी **एंटोनियो ग्राम्शी** और हंगेरियाई मार्क्सवादी **जार्ज ल्यूकाच** की विश्लेषण–पद्धति से हो गई थी। इसका विस्तृत विवेचन अधिकांशतः **'फ्रैंकफर्ट स्कूल'** की छत्रछाया में प्रस्तुत किया गया। जिसने राजनीति–चिंतन के अंतर्गत **आलोचनात्मक सिद्धांत** को बढ़ावा दिया। संक्षेप में, यह मार्क्सवाद की कुछ पुरानी मान्यताओं से हटकर नई दिशाओं में सोचने का ढंग हैं हालांकि यह किसी बँधे–बँधाए दृष्टिकोण के साथ नहीं बँधा हैं। देखा जाए तो मार्क्सवाद अपनी पुरानी मान्यताओं से हटकर जिन नई–नई दिशाओं में विकसित हुआ है, उन्हें सामूहिक रूप से नवमार्क्सवाद की संज्ञा दी जाती हैं। कुछ भी हो, यह मार्क्सवाद की कुछ बुनियादी मान्यताओं में अपना विश्वास कायम रखता हैं। उदाहरण के लिए यह समाज के वर्ग–चरित्र (Class Character) का खंड़न नहीं करता, परंतु वर्ग संघर्ष (Class Conflict) को केवल आर्थिक मुद्दों पर पूंजीपति और कामगार वर्गों का सीधा टकराव नहीं मानता। यह समकालीन समाज में विभिन्न स्तरों पर–जैसे कि आर्थिक, राजनीतिक, सांस्कृतिक और मनोवैज्ञानिक स्तरों पर–प्रभुत्व और पराधीनता के गूढ़ तरीकों का विश्लेषण करता हैं। यह पूंजीवाद का विरोधी हैं, और उसके निराकरण के लिए कृतसंकल्प हैं परंतु यह पूंजीवाद को केवल उत्पादन के साधनों के निजी स्वामित्व पर आधारित आर्थिक प्रणाली–के रूप में नहीं देखता, बल्कि एक विस्तृत आर्थिक, राजनीतिक, सांसकृतिक-प्रणाली के रूप में देखता है और इस विश्लेषण के संदर्भ में मनुष्य की स्वतंत्रता (Freedom) की समस्या पर विचार करता है।

पूंजीवादी विचाराधारा और संस्कृति के प्रभुत्व को क्षीण करने के लिए नवमार्क्सवाद एक विरोधी संस्कृति या प्रतिसंस्कृति के विकास को बढ़ावा देता है। फिर, इसमें परंगपरागत मार्क्सवाद से जुड़े हुए ऐतिहासिक भौतिकवाद से हटकर चेतना को मार्क्सवादी सामाजिक विश्लेषण के मुख्य घटक के रूप में देखा जाता है। कुछ नवमार्क्सवादी मार्क्स के चिंतन के उन तत्वों से प्रेरणा प्राप्त करते हैं, जो प्रत्यक्षतः **जी॰ड़ब्ल्यू॰एफ॰ हेगेल** (1770-1831) के विचारों पर आधारित हैं, जैसे कि अलगाव का विश्लेषण, द्वंद्वात्मकता की संकल्पना और एक महान् युग की और इतिहास की प्रगति–यात्रा। परंतु कुछ नवमार्क्सवादी मार्क्सवाद का हेगेल के विचारों से पृथक् करके अस्तित्ववाद और संरचनावाद की ओर ले जाते हैं, और इन्हीं को मार्क्सवाद की सही व्याख्या मानते हैं।

समकालीन नवमार्क्सवाद के व्याख्याकारों में **थ्योडोर एडोर्नो, मैक्स दूर्खाइमर, लुई आल्थ्यूजर, एरिक फ्रॉम, ज्यां पाल सार्त्र, हर्बर्ट मार्क्यूजे** और **युर्गेन हेबरमास** का योगदान विशेष रूप से उल्लेखनीय हैं।

वैयक्तिक न्याय

वैयक्तिक न्याय से हमारा तात्पर्य ऐसे न्याय से हैं जिसने प्रत्येक व्यक्ति को अपना चहुमुखी विकास करने का पूरा अवसर प्राप्त हो और उस पर किसी भी प्रकार का कोई बाह्य दबाव ना हो। चाहे यह दबाव सामाजिक, आर्थिक, राजनीतिक या सांस्कृतिक ही क्यों ना हो अतः इस विचार में यही धारणा बनती हैं कि मनुष्य पूर्णतः रूप से स्वतंत्र होना चाहिए और उस पर किसी भी प्रकार का प्रतिबंध अन्याय पूर्ण समझा जाएगा। इस संबंध में उदारवादियों तथा मार्क्सवादियों के अपने विशेष दृष्टिकोण हैं जिसमें पहले हम उदारवादी विचारकों का वर्णन करेंगें जिन्होने वैयक्तिक न्याय का समर्थन किया हैं इनमें जॉन लॉक, एड़म स्मिथ, स्पेन्सर, बेन्थम जैसे परम्परागत विचारकों के साथ बर्लिन, फ्रीड़मैन, हेयक तथा राबर्ट नौजिक जैसे समकालीन उदारवादियों का नाम भी लिया जा सकता हैं। इनका मानना है कि व्यक्ति को अगर प्रतियोगी समाज में खुला छोड़ दिया जाए तो वैयक्तिक न्याय की स्थापना हो सकती हैं। लॉक ने इस संबंध में अपनी कृति 'टू ट्रीटिजेस आफ सिविल गवर्नमेंट', 1689 के अंतर्गत अपने विचार दिए हैं। जिसमें अपने तर्क दिया हैं कि व्यक्ति को पूर्णतः

रूप से खुला छोड़ देना चाहिए और सरकारी सत्ता का स्वरूप एक न्याय (Trust) की तरह हैं। सरकार ऐसा संगठन है जिसको समुदाय अपनी सुरक्षा के लिए बनाता हैं अतः सरकार को व्यक्ति के निजी जीवन में निरर्थक हस्तक्षेप ना करके उसे स्वतंत्र छोड़ देना चाहिए क्योंकि अगर मनुष्य को स्वतंत्र रहने दिया जाता हैं तो वो अपना हित साधन करने में पूर्ण रूप से समर्थ होगा और वह व्यक्ति अपना पूर्ण विकास कर सकेंगे तो व्यक्तिगत न्याय की स्थापना हो जाएगी। लॉक का मानना हैं कि उन व्यक्तियों को सामाजिक जीवन में बाँधने के लिए यह जरूरी नहीं कि प्रभुसत्ताधारी उन पर अपने नियम लागू करें। उनकी धारणा थी कि व्यक्ति स्वयं न्याय और नियम परस्त हैं।

एडम स्मिथ ने अपने ग्रन्थ 'Wealth of Nation' (1776) में इस व्यक्तिवाद का प्रबल समर्थन किया हैं। एडम स्मिथ ने एक आर्थिक मानव का विचार प्रस्तुत करते हुए लिखा है कि प्रत्येक व्यक्ति में व्यापार की सहज प्रवृति पाई जाती है। जिसके तहत वो अपना अधिक से अधिक लाभ अर्जित करे। उनका मानना हैं कि उद्यमी व्यक्ति की स्वार्थ भावना अपने आप सामान्य हित को बढ़ावा देती हैं। अतः स्मिथ के अनुसार सरकार को उद्योग व्यापार के मामलों में अहस्तक्षेप की नीति का अनुसरण करते हुए व्यक्तिगत न्याय की स्थापना के लिए सिर्फ तीन ही कार्य करने चाहिए : 1. विदेशी आक्रमण से राष्ट्र की रक्षा; 2. न्याय का प्रवर्तन; और 3. सार्वजनिक निर्णय के कार्य। अतः व्यक्ति को पूर्ण स्वतंत्रता प्रदान करना सरकार का कार्य होना चाहिए।

बेन्थम ने अपनी कृति 'Introduction to the Principles of Morals and Legislation', (1789) में लिखा हैं कि किसी भी सार्वजनिक नीति को इस कसौटी पर कसा जाना चाहिए कि जिससे 'अधिकतम लोगों का अधिकतम सुख' हो सके इस अवधारणा में वैयक्तिक न्याय के साथ–साथ सामाजिक न्याय की स्थापना भी हो सकती हैं। इसका मानना है कि न्याय की स्थापना करते समय यह मूल्यांकन करना चाहिए कि इससे प्रभावित होने वाले व्यक्तियों को कितना सुख व कितना दुख मिल सकता हैं। बेन्थम का मानना हैं इसलिए सरकार का मुख्य कार्य ऐसे कानून बनाना हैं जो लोगों की स्वतंत्र गतिविधियों में किसी प्रकार का हस्तक्षेप ना कर सकें। इस नाते यह कहा जा सकता हैं कि बेथंम भी मूलतः रूप से अहस्तक्षेप की नीति तथा व्यक्तिवाद का समर्थक हैं।

हर्बर्ट स्पेन्सर ने व्यक्तिगत स्वतंत्रता का समर्थन करते हुए इसको चरम स्थिति पर पहुँचा दिया जिसमें उसने माना कि समाज रूपी जीव के जो अंग सुचारू ढ़ंग से कार्य न करे, उनके नष्ट हो जाने में ही समाज का कल्याण हैं स्पेंसर का मानना हैं कि राज्य या समाज की ओर से दीन–दुखियों की सहायता के प्रयत्न सामाजिक विकास में बाधक होंगे; इसलिए ऐसे प्रयत्न समाज को नहीं करने चाहिए जिससे किसी असहाय व्यक्ति की सहायता के लिए किसी के व्यक्तिगत जीवन में निरर्थक हस्तक्षेप किया जाए अगर ऐसा किया गया तो यह उसकी अपनी व्यक्तिगत स्वतंत्रता के लिए हानिकारक सिद्ध होगा और इससे वैयक्तिक न्याय की स्थापना में बाधा होगी अतः इसका तर्क यह हैं कि सामाजिक न्याय की स्थापना के लिए वैयक्तिक न्याय की बलि नहीं दी जानी चाहिए।

हेयक ने अपने इस संबंध में तर्क अपनी पुस्तक 'Law, Legislation and Liberty' (1976) में दिए हैं। जिसमें उसने कहा हैं कि, 'सामाजिक न्याय का विचार ही निरर्थक हैं।' न्याय वस्तुतः मनुष्य के आचरण की विशेषता हैं, कोई समाज न्यायपूर्ण या अन्यायपूर्ण नहीं हो सकता हैं। हेयक का मानना हैं कि न्याय की तलाश केवल प्रक्रिया का विषय हैं जिसका ध्येय सिर्फ स्वतंत्रता को बढ़ावा देना हैं। इसका तर्क इस संबंध में यह हैं कि सरकार को किसी तरह की सहायता या अवसरों की व्यवस्था नागरिकों के लिए 'स्वतंत्रता' के नाम पर नहीं करनी चाहिए, और व्यक्ति की असली स्वतंत्रता में कोई बाधा नहीं डालनी चाहिए।

मिल्टन फ्रीडमैन ने अपनी कृति 'Capitalisim and Freedom (1962) में यह तर्क दिया हैं कि व्यक्ति या परिवार की स्वतंत्रता किसी सामाजिक व्यवस्था को जाँचने की अंतिम कसौटी हैं। सरकार को केवल वही मामले अपने हाथ में लेने चाहिए जिन्हें बाजार व्यवस्था या तो बिल्कुल नहीं संभाल सकती, या फिर उन पर इतना ज्यादा खर्च आता हैं कि उनके लिए राजनीतिक व्यवस्था का उपयोग ही उत्तम होगा। सरकार का कार्य बाजार व्यवस्था को सहारा देना और उसके बचे–खुचे काम कर देना हैं; उस पर नियंत्रण रखना नहीं। अतः उसका मानना हैं कि व्यक्ति को पूर्ण रूप से स्वतंत्र होना चाहिए सरकार का उसके किसी भी क्षेत्र में प्रतिबंध सही नहीं होगा।

सामाजिक न्याय

न्याय की संकल्पना प्राचीन काल से ही राजनीतिक चिंतन का महत्वपूर्ण विषय रही हैं। परतुं आधुनिक युग तक आते–आते इसमें मौलिक परिवर्तन हो चुका हैं। परम्परागत दृष्टिकोण के अंतर्गत मुख्यतः न्यायपूर्ण व्यक्ति के स्वरूप या विचार किया जाता था परतु आधुनिक युग में समाजवादी चिंतन की प्रेरणा से यह सोचा जाता है कि 'न्यायपूर्ण समाज' कैसा होना चाहिए। अतः जहाँ परम्परागत दृष्टिकोण का मुख्य सरोकार व्यक्ति के चरित्र से था, वहाँ आधुनिक दृष्टिकोण का मुख्य सरोकार सामाजिक न्याय से है।

व्यापक अर्थ में **'सामाजिक न्याय'** शब्दावली से सामाजिक, आर्थिक और राजनीतिक तीनों तरह के न्याय का बोध हो जाता है। सीमित अर्थ में सामाजिक न्याय का तात्पर्य यह हैं कि सामाजिक जीवन में सब मनुष्यों की गरिमा स्वीकार की जाए, स्त्री–पुरूष, गोरे–काले या जाति, धर्म, क्षेत्र इत्यादि के आधार पर किसी व्यक्ति को बड़ा–छोटा या ऊँचा–नीचा न माना जाए, शिक्षा और उन्नति के अवसर सबको समान रूप से प्राप्त हो, और सब लोग मनुष्य–मनुष्य के नाते मिल जुलकर साहित्य, कला, संस्कृति और तकनीकी साधनों का उपयोग कर सकें।

न्याय के सामाजिक–आर्थिक आधारों की चर्चा हॉबहाऊस, बार्कर, मैकाइवर और लास्की जैसे सुधारवादी लेखक और कार्ल मार्क्स, ऐजेल्स तथा लेनिन के साथ नौजिक जैसे क्रांतिकारी विचारक समान रूप से करते हैं। इसके साथ ही प्राचीन विचारकों ने भी सामाजिक न्याय के विषय में बहुत कुछ लिखा हैं।

प्राचीन ग्रीक विचार

प्लेटो : प्लेटो के अनुसार सामाजिक न्याय वह स्थिति है, जो राज्य में प्रचलित हो, क्योंकि उनके अनुसार, सामाजिक व राजनीतिक में कोई विभाजन रेखा नहीं होती। उनके अनुसार तात्विक दृष्टि से सामाजिक न्याय समाज की वह स्थिति हैं जिसमें प्रत्येक व्यक्ति अपने स्वभाव के प्रधान तत्व के अनुसार निर्धारित अपने कार्य को करता हैं और जिसमें इस विशिष्टीकरण के कारण पारस्परिक निर्भरता से उत्पन्न एकता का महान बंधन रहता हैं। चूंकि प्लेटो को न्याय संबंधी यह विचार उनके द्वारा किये गये मानव आत्मा के त्रिसूत्रीय विभाजन पर आधारित हैं, जिसमें राज्य के तीन वर्ग सैनिक, शासक व उत्पादक वर्ग अपने कार्यों का अपनी विशिष्टता और योग्यता के अनुसार कार्य करते हैं और एक दूसरे के कार्यों में हस्तेक्षप नहीं करते हैं। अतः उनके न्याय के विचार का केन्द्र सार्वजनिक भावना से ओत प्रोत मनुष्य हैं। अतः इससे समाजिक एकता का भी सूत्रपात होता हैं।

इस प्रकार सामाजिक न्याय का सिद्धांत इस प्रकार विशिष्टीकरण, श्रम के विभाजन या पारस्परिक निर्भरता, सामाजिक चेतना तथा सामाजिक दृढ़ता का सिद्धांत है।

अरस्तू के विचार : अरस्तू के अनुसार न्याय का सरोकार मानवीय सबंधों के नियमन से हैं अरस्तु दो प्रकार के न्याय में अन्तर करता हैं। पहला : वितरण न्याय हैं, दूसरा : प्रतिवर्ती न्याय या परिशोधन न्याय प्रतिकारात्मक न्याय कहा जाता है।

अरस्तू के मत में पहले न्याय अर्थात वितरण न्याय का संबंध समाज में सम्मान या धन सम्पदा के वितरण से हैं। इसका मूल सिद्धांत हैं कि **समान लोगों के साथ समान व्यवहार किया जाए** अतः अरस्तू का विचार है कि सबको बराबर हिस्सा मिलना चाहिए।

उदारवादी विचार

हॉबहाऊस, बार्कर, मैकाइवर और लास्की जैसे सुधारवादी लेखक चाहते हैं कि वास्तविक समाज में पद और धन के आधार पर जो असमानताएं हैं उन्हें कम करने के लिए नए कानून बनाये जाने चाहिए परंतु ये लेखक पूंजीवादी लोकतंत्र के ढाँचे में उदारवादी न्याय प्रक्रिया में कोई मूलभूत परिवर्तन नहीं चाहते। लास्की भी कानून के शासन की उदारवादी प्रक्रिया के समर्थक हैं।

हॉबहाऊस के विचार : 'Elements of Social Justice' में हॉबहाऊस मानता है कि राजा अपने आप में 'सदजीवन' रूपी साध्य का साधन है न कि स्वयं साध्य, अतः राजा को दो कार्य करने चाहिए 1. ऐसी परिस्थितियाँ पैदा करना जिसमें राज्य के नागरिक अपने ही प्रयत्न से वह सब कुछ प्राप्त कर सके जो पूरी नागरिक कार्यकुशलता के लिए आवश्यक हैं उनके शब्दों में राज्य को अपने विकास के लिए सार्वजनिक नियंत्रण का ऐसा विस्तार करना चाहिए जो जीवन और मन की पूर्ण स्वतंत्रता में सहायक हो। 2.

सार्वजनिक सेवाओं का गठन करके राज्य अपने सदस्यों को स्वस्थ और कुशल नागरिक जीवन की यथेष्ट परिस्थितियाँ प्रदान करता हैं। इन परिस्थितियों में रहकर अपने व्यक्तित्व का विकास करना स्वयं व्यक्ति का काम हैं।

हेयक के विचार : 'The Road to Serfdom' में लिखा हैं कि सामाजिक न्याय के सारे मामले में सबसे बड़ा खतरा हैं कि यदि इसका हठपूर्ण ढंग से अनुसरण किया गया तो परिणामस्वरूप सर्वाधिकारवाद की स्थिति आ जाएगी क्योंकि यह अपेक्षा करता हैं कि लोगों के सामाजिक और आर्थिक जीवन में राज्य की अधिकाअधिक जबरदस्ती हो।

'The Constitution of liberty' में हेयक लिखता हैं कि आय की सभी गैर बाजारी कसौटी जैसे जो आवश्यकता पर आधारित है, आवश्यक रूप में आत्मपरक हैं और एक कठोर, दमनकारी और अनुदार समाज में कार्य कर सकती है।

इसी तरह के प्रक्रियात्मक न्याय के प्रवर्तकों में **हर्बर्ट स्पेंसर, मिल्टन, फ्रीडमैन** और **राबर्ट नौजिक** का नाम आता हैं।

राबर्ट नौजिक के विचार हर्बर्ट स्पेंसर से मिलते हैं जिसके अनुसार राज्य का कार्य (पुलिस) सिर्फ सुरक्षा व्यवस्था करना हैं अपने 'न्यूनतम रात्रि रक्षक राज्य' की संकल्पना में लिखता हैं यह ऐसी अवस्था हैं जिसका उद्देश्य लोगों को कत्ल, आक्रमण, प्रहार, चोरी, धोखाधड़ी से बचाना है। नौजिक Anarchy, State and Utopia में लिखता हैं कि अगर पुरस्कारों का समान वितरण किया जाएगा तो यह होगा कि अयोग्य लोगों को पुरस्कार देने के लिए योग्य लोगों से अनुचित ढंग से कराधान करना आवश्यक हो जाएगा अतः इसी आधार पर वह कहता हैं कि किसानों को दिए लाभ से होने वाली सार्वजनिक राजस्व की हानि को पूरा करने के लिए जिन लोगों पर कर बढ़ाये जाएगें, वे अपनी स्वतंत्रता से वंचित हो जाएगा।

आधुनिक राजनीतिक सिद्धांत में सामाजिक न्याय से संबंधित सबसे विस्तृत विचार जान रॉल्स ने अपनी पुस्तक 'A Theory of Justice,' 1971 में दिए हैं जिसमे वह अमरीकी रंगभेदी नीति का औचित्य और उसका विकल्प देने के लिए सामाजिक न्याय की स्थापना करता हैं। जिसमें वह मानता हैं कि समाजिक न्याय समाज में तभी स्थापित किया जा सकता हैं जब सब व्यक्तियों में पूर्ण प्राथमिक वस्तुओं (Primary Gods) का न्यायपूर्ण वितरण हो। ये प्राथमिक वस्तुए है अधिकार और स्वतंत्रताएँ, शक्तियाँ और अवसर, आय और संपदा तथा आत्मसम्मान। रॉल्स का मानना हैं कि अगर समाज में न्याय कि स्थापना करनी हैं तो इन वस्तुओं का वितरण समान रूप से किया जाना चाहिए और साथ ही अगर इनको किसी विशेष व्यक्ति के लिए दिया भी जाए तो उसका औचित्य यह होना चाहिए कि उससे सबसे हीनतम स्थिति वाले व्यक्ति का भी भला होना चाहिए।

भारतीय संदर्भ में सामाजिक न्याय : भारत में सामाजिक न्याय की स्थापना के लिए अनेक संवैधानिक व्यवस्थाएँ की गई हैं। संविधान के तीसरे भाग (मौलिक अधिकारों की व्यवस्था) व चौथे भाग (राज्य–नीति के निदेशक तत्वों का व्यवस्था) में लोगों की सामाजिक न्याय प्रदान किए जाने के अनेक उपायों का उल्लेख किया गया हैं। संविधान के भाग 3 का अनुच्छेद 14 भारत के सभी नागरिकों को कानून के सामने समानता व कानून के अधीन सुरक्षा प्रदान करता हैं। अनुच्छेद 15 में धर्म, मूल, वंश, जाति, लिंग या जन्म का आधार पर नागरिकों के साथ भेद–भाव की मनाही की गई हैं तथा अनुच्छेद 16 के अनुसार सब नागरिकों को राज्य के अधीन पदों पर नियुक्ति का समान अधिकार प्राप्त हैं। संविधान के अनुच्छेद 17 द्वारा छुआछूत को तथा अनुच्छेद 24 व 25 द्वारा बेगार व शोषण को गैर कानूनी घोषित कर दिया गया हैं। इस प्रकार संविधान के तीसरे भाग की व्यवस्था के द्वारा यदि एक ओर बाधाओं को दूर किया हैं, जो सामाजिक न्याय की उपलब्धि में बाधक हैं, तो उसके चौथे भाग की अनेक व्यवस्थाएँ द्वारा सामाजिक न्याय सब नागरिकों को सुलभ बनाने की व्यवस्था की गई हैं। भाग 4 का अनुच्छेद 41 यदि नागरिकों को कुछ दशाओं में काम, शिक्षा, स्पष्टायता पाने का अधिकार प्रदान करता हैं तो उसका अनुच्छेद 42 नागरिकों के लिए काम की उचित दशायें बनाये रखने के लिए राज्य को उत्तरदायी बनाता हैं। इसी प्रकार अनुच्छेद 44 द्वारा सबके लिए समान आचार संहिता की व्यवस्था, अनुच्छेद 45 द्वारा बालकों के लिए निःशुल्क व अनिवार्य शिक्षा की व्यवस्था, अनुच्छेद 46 द्वारा अनुसूचित व अन्य दुर्बल वर्गों की उन्नत करना राज्य का दायित्व बना दिया गया हैं।

परिवर्तन के सिद्धांत : लेनिन, माओ, गांधी

लेनिन तथा माओ : दोनों ही मार्क्सवाद के कट्टर समर्थक थे। लेकिन दोनों ने ही मार्क्सवादी विचारधारा को समय, काल और परिस्थितियों के अनुसार परिवर्तन करके स्वीकार किया जहाँ लेनिन ने मार्क्सवाद का रूसीकरण किया वहीं माओ ने मार्क्सवाद–लेनिनवाद चीनीकरण किया –

लेनिन और माओ में समानताएं :

1. दोनो मार्क्सवाद के प्रबल समर्थक थें
2. ऐतिहासक द्वन्द्ववाद एवं वर्ग संघर्ष के सिद्धांत में विश्वास रखते थे
3. क्रांति द्वारा पूंजीवाद की समाप्ति कर सर्वहारा वर्ग की तानाशाही का समर्थन करते थे
4. दोनों ही साम्यवादी दल के केन्द्रीकृत अनुशासन पूर्ण शासन में विश्वास करते थें
5. दोनों ही वर्ग विहिन राज्य विहिन समाज की स्थापना का आदर्श प्रस्तुत करते हैं

इतना सब होते हुए भी लेनिन और माओं के विचारों में काफी महत्वपूर्ण सिद्धांतों पर मतभेद या **असमानताएँ** विद्यमान हैं, जो निम्न हैं–

1. क्रांति का स्वरूप : मार्क्स एवं लेनिन का मानना था कि श्रमिक क्रांति शहरों से शुरू करेगें और उसके बाद उसका फैलाव गांवो की तरफ होगा क्योंकि पूंजीपतियों का बड़ा गुट शहरों में रहता था, जबकि माओं कि मान्यता थी कि सर्वप्रथम देहातों का संगठन कर लेने के बाद उनका प्रयोग शहरों को घेरने के लिए किया जाएगा क्योंकि सांमतवादी अधिकतर गांवों के इलाकों में निवास करते हैं।

2. क्रांति में मजदूर और किसान वर्ग की भूमिका: मार्क्सवाद का समर्थन करते हुए लेनिन क्रांति में श्रमिकों की भूमिका पर अत्यधिक जोर देता हैं। लेनिन की मान्यता थी कि सामाजिक परिवर्तन में श्रमिकों की भूमिका सबसे अधिक हैं। जबकि माओ कि मान्यता थी कि सामाजिक परिवर्तन तब तक सम्भव नहीं हैं जब तक कि समाज के मध्यम वर्ग और अन्य लोगों का विकास भी ना किया जाए। इसके लिए माओं किसान वर्ग की भूमिका को अधिक महत्व देता हैं।

3. क्रांति का नेतृत्व : क्रांति के नेतृत्व के संबंध में मार्क्स के विचार लेनिन और माओं दोनों से भिन्न हैं। मार्क्स के अनुसार क्रांति का नेतृत्व मजदूर वर्ग करेगें लेकिन लेनिन उसमें परिवर्तन करते हुए मानता हैं कि क्रांति के नेतृत्व की बागड़ोर साम्यवादी दल जिसे 'Vanguard of Revolution' कहा ज़ाता हैं करेगा, इसमें माओ परिवर्तन करते हुए क्रांति लाने में जनसाधारण की भूमिका को अहम मानता हैं। यही कारण हैं कि वह लोक यद्ध (People's War) की नई संकल्पना को मार्क्सवाद लेनिनवाद में जोड़ता हैं माओ के अनुसार "युद्ध में हथियारों का अपना महत्व हैं पर ये निर्णायक तत्व नहीं हैं, निर्णय मनुष्यों के द्वारा किया जाता हैं जड़ वस्तुओं द्वारा नहीं।"

4. संक्रमणकालीन अवस्था : मार्क्स के अनुसार क्रांति के बाद समाजवादी समाज की स्थापना होगी जिसमें सर्वहारा वर्ग की तानाशाही होगी और यह समाज राज्य को खत्म करने की दिशा में प्रयासरत होगा। लेकिन लेनिन ने कहा कि क्रांति सर्वहारा करेगें लेकिन साम्यवादी दल ही सर्वहारा वर्ग का नेतृत्व करेगा और वही शासन भी करेगा हालाँकि मार्क्स कि भाँति लेनिन भी मानता हैं कि साम्यवादी दल की सरकार की स्थापना के बाद वर्ग संघर्ष समाप्त हो जाएगा जबकि माओ संक्रमणकालीन व्यवस्था को नवीन लोकतंत्र **(New Democracy)** कहा जिसमें पूंजीवाद और समाजवाद का मिश्रित रूप दृष्टिगोचर होगा और जिसमें मजदूर, कृषक, लघु बुर्जुआ और राष्ट्रीय बुर्जुआ मिल जुलकर कार्य करेगें। यह व्यवस्था साम्यवाद का न्यूनतम कार्यक्रम चलायेगी और धीरे–धीरे अधिकतम द्वारा भविष्य में साम्यवादी व्यवस्था की स्थापना होगी नवीन लोकतंत्र में, साम्यवादी नेतृत्व, संयुक्त मोर्चा, जो सभी वर्गों से बना होगा, तथा मिश्रित अर्थव्यवस्था का बोलबाला होगा।

5. वर्ग-संघर्ष का अस्तित्व : मार्क्स और लेनिन दोनों कि मान्यता थी कि साम्यवादी समाज की स्थापना के बाद वर्ग संघर्ष समाप्त हो जाएगा लेकिन माओं इसको अस्वीकार करता है। माओं कहता हैं कि चूँकि वर्ग संघर्ष में सर्वत्र अंर्तविरोध व्याप्त हैं, इसलिए साम्यवादी राज्य की स्थापना के बाद भी वर्ग संघर्ष चलता रहेगा हालाँकि उसका स्वरूप बदल जाएगा।

6. शासन का स्वरूप : लेनिन ने सामाजिक परिवर्तन की दिशा में साम्यवादी दल के शक्तिशाली संगठन, तकनीक और कठोर अनुशासन पर अधिक बल दिया हैं और उसमें श्रमिकों और मध्यम वर्गीय बुद्धिजिवियों की भूमिका का

समर्थन किया हैं जबकि माओं ने सांस्कृतिक क्रांति और जनयुद्ध पर अधिक बल दिया है। उसमें जनसाधारण एवं कृषक की भूमिका को महत्वपूर्ण माना हैं।

7. पूंजीपतियों का स्थान : जहाँ मार्क्स और लेनिन क्रांति में और उसके बाद पूंजीपतियों की पूर्णतः समाप्ति की बात करते हैं, वहीं माओ क्रांति के बाद में शासन में भी छोटे पूंजीपतियों के सहयोग की बात भी करता हैं। माओ की मान्यता थी कि पूंजीपतियों को उचित प्रशिक्षण द्वारा समझाया जा सकता हैं और परिवर्तन हुई परिस्थितियों में उन्हें समाज का उपयोगी अंग बनाया जा सकता हैं। इस हेतु उन्होने सामूहिक विचार परिवर्तन का सुझाव दिया।

8. लेनिन संसदीय प्रणाली, प्रतिनिधि लोकतंत्र और पूंजीवाद का घोर विरोधी, माओवाद अपना इतना विरोध नहीं दिखाता था :

अतंत लेनिन और माओ ने मार्क्स के सामाजिक परिवर्तन संबंधी सिद्धांत में संशोधन किया उसमें अपने नये सूत्र जोड़े। जहाँ लेनिन ने मार्क्सवाद में अपने साम्राज्यवाद, क्रांति की अनिवार्यता, साम्यवादी दल का कठोर अनुशासन व शासन, प्रजातंत्रिक केन्द्रीयकरण, सर्वहारा का अधिनायक तंत्र जैसे सूत्र जोड़े वहाँ माओं ने असंतोष सिद्धांत, सांस्कृतिक क्रांति, जनयुद्ध, नवीन लोकतंत्र, क्रांति का साधन कृषक, राजनीतिक शक्ति का दर्शन आदि मौलिक सूत्र जोड़े लेकिन इतना सब होते हुए भी दोनों में से किसी को भी संशोधनवादी नहीं कहा जा सकता, क्योंकि दोनों की मार्क्सवाद में गहरी निष्ठा व श्रद्धा थी। वे मार्क्स के प्रत्येक वाक्य को वेद वाक्य समझते थें, दोनों ने मार्क्सवाद को अपने देश के परिस्थितियों के अनुकूल अपनाया, उसका विस्तार और विकास किया और उसे पूर्णतः एशियाई मॉडल में ढ़ाल दिया।

लेनिन, माओ और गांधी तीनों ही इस शताब्दी के महान पुरुष के रूप में याद किये जाते हैं जिन्होंने अपने देश के शोषित, पीड़ित और कुंठित जनमानस को अपने भाग्य का निर्माता स्वयं को बनाने की राह दिखायी तथा सम्पूर्ण व्यवस्था में बदलाव की वकालत की। ये तीनों ही महामानव अपने–अपने देश में परिवर्तन की लड़ाई लड़ रहे थे, जहाँ लेनिन रूस में जार के शासन के खिलाफ जनता को क्रांतिकारी लक्ष्यों को प्राप्त कराने के लिए प्रयासरत् थे, वहीं माओ चीन में राष्ट्रवादी सरकार और विदेशी ताकतों के साथ एक साथ लड़ रहे थें। जबकि गांधी भारत में अंग्रेजी शासन की बेड़ियों में जकड़ी गुलाम भारत को स्वतंत्रता प्रदान कराने का बीड़ा उठाये हुए थें। यद्यपि इन तीनों महापुरूषो के उद्देश्य एक थे लेकिन इनके साधनों में बहुत बड़ा फर्क था। तीनों ही देश के साथ–साथ विश्व के समाजों में सामाजिक, आर्थिक व राजनीतिक बदलाव लाना चाहते थे परंतु परिवर्तन का रास्ता तीनों ने ही अलग–अलग चुन रखा था।

माओ और गाँधी :

समानताएँ 1. दोनों ऐसे राजनीतिक चिंतक रहे हैं जिनका सिद्धांत राष्ट्रीय संघर्ष के बीच विकसित हुआ

2. दोनों के सामने समस्या अपने देश को साम्राज्यवादी चंगुल से छुड़ाने और समाज में रचनात्मक परिवर्तन की थी

3. दोनों ने इसके लिए अपने देश के विशाल जनसमूह को इक्ट्ठा किया और इनको साम्राज्यवादी शक्तियों के विरूद्ध लड़ने हेतु तैयार किया।

4. दोनों को इस क्षेत्र में व्यापक सफलता मिली

5. दोनों ही देश कृषि प्रधान देश थे, इसको समझते हुए इन्होंने कृषक वर्गों को ही अपनी लक्ष्य प्राप्ति का हथियार बनाया

6. दोनों ही देशों में बुद्धिजीवी वर्ग और मध्यम श्रेणी के लोग कुण्ठा और निराशा की स्थिति में थे और ऐसे नेताओं की खोज में थे जो उनकी समस्याओं को सुलझाने का मार्ग दिखा सके

7. दोनों को मुख्यतः बाहरी शत्रुओं से लड़ना था। इस कारण इन्होंने भीतरी विरोधों पर जोर देने की बजाय एक संयुक्त मोर्चा कायम करने का प्रयास किया

असमानताएँ : लेकिन इनमें सामानताएँ मूलत सतही हैं जबकि असानताएँ ठोस धरातल पर खड़ी नजर आती हैं जो निम्नलिखित हैं :

1. गांधीजी का कहना था कि साध्य और साधन दोनों पवित्र होने चाहिए बुरे साधनों से अच्छे साध्य को नहीं प्राप्त किया जा सकता। अनैतिक और अमर्यादित साधन साध्य की पवित्रता को नष्ट कर देते हैं चाहे साध्य कितना ही अच्छा क्यों न हो। जबकि माओ के अनुसार ध्येय की प्राप्ति के लिए बुरे अच्छे सभी साधनों को अपनाया जाना चाहिए।

2. जहाँ माओ व्यवस्था परिवर्तन के लिए हिंसा को अपरिहार्य मानता हैं वहीं गांधी सत्य और अंहिसा के द्वारा

समाज में परिवर्तन लाना चाहते हैं। माओ व्यवस्था परिवर्तन के लिये कृषक वर्ग और श्रमिक वर्ग को संगठित कर क्रांति का सहारा लेते हैं तो गांधी सत्याग्रह के द्वारा व्यवस्था बदलना चाहते हैं। सत्याग्रह के अस्त्र हैं असहयोग, सविनय कानून भंग, उपवास, हिजरत (देश त्याग) धरना, हड़ताल व सामाजिक बहिष्कार।

3. गांधी जी **धर्म** को मानव जीवन का आधार मानते हैं और धर्म को राजनीति के साथ जुड़े रहने की वकालत करते हैं। इनके अनुसार धर्म तो सत्य और न्याय के लिए संघर्ष करने का **उपदेश** देता हैं। इसके विपरीत माओ, मार्क्स के इस कथन में विश्वास रखते थे कि धर्म एक अफीम हैं जिसके नशे में लोग मदहोश रहते हैं। धर्म मानव को भाग्यवादी बना देता हैं। इसके चलते लोगों में अपने अधिकारों के लिए संघर्ष करने की क्षमता समाप्त हो जाती हैं।

4. माओ इस मार्क्सवादी तथ्य से सहमत हैं कि सृष्टि का एक मात्र मूल तत्व जड़ प्रकृति या मूल हैं इन्द्रियों से दिखाई देने वाला जड़ जगत हैं यही भौतिकवाद हैं। इस प्रकार माओ भौतिकवादी थे। जबकि गांधीजी ने ईश्वर की सृष्टि का आधार व नियंत माना उनके अनुसार सभी मनुष्य ईश्वर की संतान हैं और इस कारण समान हैं।

5. गांधीजी के अनुसार राज्य शक्ति के बल पर बना एक संगठन हैं। वे दार्शनिक, नैतिक, ऐतिहासिक व आर्थिक कारणों से राज्य की समाप्ति के पक्षधर हैं। वे पारस्परिक सहयोग, सत्य व अहिंसा पर आधारित समाज की कल्पना करते हैं जिसमें समाज श्रम आधारित होगा इसके विपरीत माओ राज्य की उत्पति का आधार शोषण मानते हैं और इसे संघर्ष व हिंसा के माध्यम से समाप्त कर देना चाहते हैं।

6. माओ सम्पत्ति पर समाज के स्वामित्व की बात करते हैं जबकि गांधीजी सम्प्रत्ति के एकाधिपत्य के विरूद्ध थे। माओ जहाँ पूंजीपतियों को ही खत्म करने की बात करते हैं वही गांधी पूंजीपतियों को उनकी आवश्यकता से अधिक की सम्पत्ति पर समाज के "ट्रस्टी" की भूमिका में देखना चाहते हैं।

7. गांधीजी राजनीतिक एवं आर्थिक शक्तियों के विकेन्द्रीकरण के पक्ष में थे क्योंकि उनके विचार में मनुष्य स्वतंत्रतापूर्वक एवं निर्भीकता से अपनी जीवन शैली का चयन तभी कर सकता हैं जब उसके पास अपनी राजनीतिक एवं आर्थिक शक्ति हो। इसके विपरीत माओ साम्यवादी समाज में अत्याधिक केन्द्रीयकरण की प्रवृत्ति पायी जाती हैं।

8. माओ और गांधी के बीच एक सबसे बड़ा अंतर यह था कि गांधीजी जहाँ अपने सिद्धांतों को साकार कर पाने में समय न मिल पाने की वजह से असफल रहे वहीं माओ ने चीन को अपनी सोच के खांचो में गढ़ा माओ ने चीन को न केवल साम्यवादी राज्य में बदल दिया वरन् 26 वर्षों तक उसका संचालन भी किया।

इन असमानताओं के होने के बावजूद यह कहा जा सकता हैं कि दोनों ही अपने–अपने देश के महान परिवर्तनवादी महापुरूष थे जिन्होंने अपने सिद्धांतों को उस देश के लोगों और वहाँ के पर्यावरण के अनुसार गढ़ा। दोनों ही व्यक्ति की समानता और स्वतंत्रता में विश्वास रखते थे लेकिन इस लक्ष्य को पाने के तरीके अलग–अलग थे।

4. राजनीतिक विचार

प्लेटो (427-347 B.C)

1. न्याय का सिद्धांत

ग्रीक राजनीतिक चिंतन के इतिहास में प्लेटो एक उच्चकोटि का आदर्शवादी राजनीतिक विचारक तथा नैतिकता का एक महान पुजारी था। प्लेटो की न्याय धारणा, एथेन्स की तत्कालीन सामाजिक एवं राजनीतिक बुराइयों, जिनमें लोकतंत्र के नाम पर धनिकतंत्र का प्रभाव एवं शक्ति राजनीति की उथल–पुथल की गम्भीर समस्याओं का आदर्शवादी समाधान हैं। चूँकि सुकरात की मृत्यु से प्लेटो का हृदय लोकतंत्र से भर गया था। अतः अपनी न्याय धारणा के आधार पर प्लेटो एक ऐसे शासनतंत्र की कल्पना करने लगा, जिसका संचालन श्रेष्ठ व्यक्तियों द्वारा होता हो। अतः न्याय क्या है? यह प्लेटो की मुख्य समस्या रही हैं और इसी समस्या के समाधान के लिए 40 वर्ष की अवस्था में प्लेटो ने 'The Republic' की रचना की, जिसका उप–शीर्षक है 'Concerning Justice' या "न्याय के संबंध में।"

प्लेटो ने आदर्श राज्य का निर्माण ही एक निश्चित उद्देश्य से किया, और वह उद्देश्य एक ऐसी राजनीतिक व्यवस्था की स्थापना करना हैं, जिसमें सभी वैयक्तिक, सामाजिक व राजनीतिक संस्थाएँ न्याय से अनुप्रमाणित हो। **इबन्स्टीन** के अनुसार, "प्लेटो के न्याय संबंधी विवेचन में उनके राजनीतिक दर्शन के सभी तत्व सम्मिलित हैं।''

'रिपब्लिक' में उनकी न्याय की खोज के दो रूप हो जाते हैं। पहला रूप उनका व्यक्तिगत न्याय का हैं और दूसरा रूप सामाजिक न्याय का हैं। इस प्रसंग में प्लेटो ने आलोचक व दार्शनिक दोनों के ही रूप में कार्य किया हैं, क्योंकि अपने से पूर्ववर्ती विचारकों के न्याय संबंधी विचारों की आलोचना करते हुए उन्होने न्याय के अपने सिद्धांत का प्रतिपादन किया है।

प्लेटो के अनुसार न्याय सामाजिक एवं व्यक्ति जीवन की केन्द्रीय समस्या है। इसलिए प्लेटो उन झूठे विचारों को जिन्हें सर्वसाधारणा की भूल से सोफिस्टो की शिक्षा ने कपटपूर्वक फैला रखा था, हटाकर सच्ची न्याय प्रतिष्ठा की स्थापना करता हैं जिसके लिए प्लेटो रिपब्लिक में वार्ता शैली के साथ–साथ Inductive Method का प्रयोग करके सभी परम्परागत सिद्धांतों की तर्क के आधार पर आलोचना करता है।

I. न्याय का परम्परागत सिद्धांत

'रिपब्लिक' में नाटकीय कथन के द्वारा न्याय क्या हैं? इसकी विवेचना की गई। नाटक में तीन पात्र–सुकरात, पोलीमारकस और सीफेलस होते हैं। सुकरात ने प्रमुख पात्र के रूप में प्रश्न किया कि न्याय क्या है? जिसके जवाब में सेफेलस अपने भाषणों एवं कार्यों में सच्चा होना तथा देवताओं एवं मनुष्यों के प्रति कर्ज को चुका देना ही न्याय हैं कहता है। इस वाद–विवाद को उठाकर सेफेलस इसका प्रतिनिधित्व अपने दत्तक पुत्र पोलीमारकस को देकर चला जाता हैं। **पॉलिमार्कस** के अनुसार, "मित्रों की भलाई करना एवं शत्रुओं से घृणा करना ही न्याय हैं।" न्याय एक कला हैं जिसके द्वारा मित्रों का हित एवं शत्रुओं के अहित को देखा और पहचाना जा सकता हैं। जब सुकरात पोलीमारकस से पूछता हैं कि शत्रु एवं मित्र किसे माना जाए और किन आधारों पर उनकी पहचान की जाए तो वह उत्तर देता है कि जो हमें हानि पहुँचाता हैं वह शत्रु है तथा जो लाभ पहुँचाता हैं वह मित्र हैं।

II. न्याय का क्रांतिकारी सिद्धांत

न्याय की इस धारणा के आगे बढ़ते वाद–विवाद का प्रतिनिधित्व अब थ्रेसीमेकस करता है, जिसे प्लेटो ने क्रांतिकारी सोफिस्ट के रूप में प्रस्तुत किया है।

थ्रेसीमेकस की मान्यता थी कि ''विभिन्न प्रकार की सरकारें जनतंत्री, कुलीनतंत्री तथा आततायीतंत्री कानून बनाती हैं, जिसका एकमात्र उद्देश्य केवल उनकी अपनी स्वार्थ–सिद्धि होता है। उन्हीं कानूनों को, जिनका पालन वे अपनी प्रजा से करवाती हैं, वे न्याय की संज्ञा देती हैं और जो उनकी अवहेलना करता है उसे अन्यायी और कानून का शत्रु कहकर दण्डित किया जाता हैं। मेरे ऐसा कहने का केवल यही अर्थ हैं कि सारे राज्यों में न्याय का एक ही सिद्धांत हैं, वह हैं–सरकार का हित। चूंकि सरकार के हाथ

में शक्ति होती हैं इसीलिए यह कहना अनुचित न होगा कि सर्वत्र न्याय का सिद्धांत एक ही है और वह हैं–सबल का हित और शक्तिशाली का स्वार्थ।"

क्रान्तिकारी सिद्धांत की प्लेटो द्वारा आलोचना :

1. **कलाकार अपनी 'कला' के अहित में कार्य नहीं करता :** प्लेटो, सुकरात के इस विचार से सहमत है कि "शासन एक कला है" और शासक तो कलाकार है और वह सदैव अपनी 'कला' के हित में ही कार्य करता है, जैसे–एक डाक्टर, एक अध्यापक कार्य करते हैं। अतः प्लेटो के अनुसार शासक का प्रत्येक कार्य नागरिकों के हित साधन के अतिरिक्त कुछ नहीं। प्लेटो की मान्यता है कि जिस प्रकार गड़रिये और ग्वाले अपनी भेड़ों और पशुओं के हित का ध्यान रखता है, ठीक उसी प्रकार राजा प्रजा के हित की चिंता करता है।

2. **अन्याय न्याय से अच्छा कभी नहीं हो सकता :** प्लेटो कहता हैं कि प्रत्येक वस्तु का अपना एक निश्चित कार्य होता हैं। जैसे–आँख देखने का काम करती हैं, कान सुनने का, आग जलने का और इसीलिए न्याय अन्याय से अच्छा नहीं हो सकता। अतः थ्रेसीकस के दूसरे मत के लिए प्लेटो का उत्तर यही हैं कि न्यायी हमेशा अन्यायी से बेहतर हैं और न्यायी आदमी अन्यायी व्यक्ति से अधिक विवेकी, बलवान और अधिक सुखी होता हैं क्योंकि वह अपनी कमजोरियाँ भी जानता हैं।

3. **प्रतियोगिता विनाश की पोषक :** प्लेटो का यह तर्क कि यद्यपि थ्रेसीकस समाज प्रतियोगिता को प्राकृतिक एवं न्यायिक मानकर प्रशंसा करता हैं परंतु जब प्रतियोगिता के लिए ही प्रतियोगिता की जाती हैं तो विनाश होता हैं और परिणाम न तो न्याय होता हैं और न ही अन्याय क्योंकि इस प्रकार की प्रतियोगिता कुछ नहीं सिखाती कि कहाँ रूका जाए जिससे असंतोष की भावना जागती हैं। इन्हीं आधारों पर प्लेटो थ्रेसीकस के न्याय सिद्धांत का खण्डन करता है।

III. न्याय का समझौतावादी सिद्धांत :

इस सिद्धांत के प्रतिपादक ग्लॉकान के अनुसार 'समाज एवं न्याय' दोनों समझौतों की देन हैं। प्राकृतिक अवस्था में दुर्बल व्यक्तियों ने जिनका बहुमत होते हुए भी असहनीय कष्ट उठाते थे, ऐसी स्थिति में इस आधार पर समझौता किया कि "वे न तो अन्याय करेंगे और न ही करने देंगे" इस प्रकार ग्लॉकान के अनुसार न्याय एक कृत्रिम वस्तु है और भय की सतांन है जो दुर्बल व्यक्तियों के हितों का समर्थन एवं शक्तिशाली के स्वाभाविक हितो का विरोध करता है।

न्याय के समझौतावादी सिद्धांत की आलोचना : प्लेटो ग्लॉकान के सिद्धांत की व्यापकता से जांच किए बिना ही उसे उत्तर देता हैं कि न्याय के चारों सिद्धांत एक बांझ वस्तु हैं जबकि न्याय व्यक्ति की अन्तर्रात्मा की आवाज हैं। अतः उसकी स्थापना हम किसी मनुष्यकृत समझौते से नहीं कर सकते। प्लेटो के अनुसार न्याय वह धारणा हैं जो मुनष्यों को कर्त्तव्यपरायण की भावना भर कर समाज को संगठित बनाए रखे, जिसका अनुसरण करके सभी व्यक्ति अपने भिन्न–भिन्न व्यवसाय करते हुए भी एकता के सूत्र में गुथे रहे और दूसरों को बिना हानि पहुंचाए अपने व्यक्तित्व का विकास कर सकें। इस संबंध में प्लेटो का विचार, जैसा **बार्कर** ने कहा हैं, यह है कि, "न्याय को अपनी उत्पत्ति के लिए किसी आकस्मिक सम्मेलन पर निर्भर नहीं माना जा सकता और न उसकी मान्यता को ही बाह्य शक्ति पर आधारित माना जा सकता है। इसके विपरीत वह शाश्वत से भी अधिक शाश्वत हैं और उसकी शक्ति मानव आत्मा की एक ऐसी न्यायपूर्ण अवस्था है, जो मनुष्य के लिए स्वाभाविक रूप से ही आवश्यकता है, यदि हम उसे उसके पूर्ण पर्यावरण के संदर्भ में (जैसा उसे देखा जाना चाहिए) देखें। न्याय इस प्रकार एक शाश्वत वस्तु बन जाती है।"

अतः प्लेटो को सिद्धांततः न्याय की कोई भी धारणा मान्य नहीं है। अब यह प्रश्न उठता है कि प्लेटो के अनुसार सही न्याय क्या है?

प्लेटो का न्याय सिद्धांत : प्लेटो के न्याय सिद्धांत को (*i*) सैद्धान्तिक और दार्शनिक कल्पना (Theortical and Philosophical Assumption) तथा (*ii*) वास्तविक निर्माणकारी न्याय (Actual Construction of Justice) में बांटा जा सकता है क्योंकि प्लेटो पहले इस बात को स्पष्ट करता है कि न्याय क्या है? और फिर उसे आदर्श राज्य में किस प्रकार से प्राप्त किया जा सकता है।

1. दार्शनिक तथा सैद्धांतिक आधार : रिपब्लिक का मूल विचार यह है कि 'सदगुण ही ज्ञान है' प्लेटो के अनुसार इसका अभिप्राय यह हैं कि संसार में कुछ वस्तुपूरक सत्य हैं जो सार्वभौमिक, अपरिवर्तनीय एवं भावात्मक हैं।

यह सम्पूर्ण ब्रह्माण्ड़ को क्रियांवित करने वाली केन्द्रीय बिन्दु हैं जिससे ब्रह्माण्ड में अनुरूपता, सामंजस्यता एवं भव्यता बनी रहती हैं। प्लेटो का कहना हैं कि हम सत्य को तभी समझ सकते हैं जबकि हमें सांसारिक वास्तविकता का नहीं, अपितु सामंजस्यता का ज्ञान हो। अतः सच्चा ज्ञान वह जो ब्रह्माण्ड की सामंजस्यता का ज्ञान दे सके और सदगुण वह हैं जो इस ब्रह्माण्ड़ की सामंजस्यता के ज्ञान को व्यक्तिगत एवं सामाजिक जीवन में लाकर सम्पूर्ण सामजस्यता की ओर पहुंचा सके।

इसी आधार पर प्लेटो कहता हैं कि न्याय मानवीय सद्‌गुण का अंग हैं और किसी मनुष्य में सद्‌गुण की वह विशेषता हैं जो उसे मानव बनाती हैं और उसे उत्तमतः प्रदान करती हैं। प्लेटो सद्‌गुणों में तीन मुख्य तत्त्वों 1. बुद्धि 2. साहस, और 3. वासना में बांटता हैं जिसमें बुद्धि ज्ञान का, साहस भावना का तथा वासना भूख का प्रतीक है। प्लेटो का कहना हैं कि यदि इन तीनों तत्त्वों का किसी व्यक्ति की आत्मा में समन्वय किया जाए तो वह व्यक्ति न्यायी बन जाएगा। अतः प्लेटो न्याय को बाह्य नहीं वरन् आत्मा की आंतरिक व्याख्या बताता हैं और कहता हैं कि न्याय आत्मा से संबंधित हैं, जो छोटे रूप में व्यक्ति की आत्मा में हैं और बड़े रूप में राज्य में। व्यक्ति की आत्मा के तीन गुणों 1. बुद्धि, 2. साहस, और 3. वासना के आधारों पर वह राज्य में तीन वर्ग बनाता हैं। 1. शासक (बुद्धि) 2. सैनिक (साहस) 3. उत्पादक (वासना) और अपने विचारों को विस्तारक रूप देते हुए न्याय के सिद्धांत का प्रतिपादन करता हैं।

2. न्याय के सिद्धांत का वास्तविक आधार : प्लेटो अपने इन तीनों वर्गों (गुणों) के आधार पर ही अपना न्याय दर्शाना चाहता हैं और इनको अपने–अपने कार्यों करते रहने का सिद्धांत बनाता हैं, वह उनको इस प्रकार विभक्त करता हैं–

1. शासक वर्ग : जो विवेकशील और बुद्धिमान व्यक्ति हैं वह शासक होगा और सर्वोपरि होगा जिसको भूत, भविष्य और वर्तमान का ज्ञान भी होगा अर्थात् एक दार्शनिक शासक होगा और समस्त जनता उसकी आज्ञा के अनुसार ही कार्य करेगी।

2. सैनिक वर्ग : वह कहता हैं कि जो व्यक्ति साहसी होंगे उनका कार्य सेना संबंधी होगा और अर्थात् वह सैनिक के रूप में राज्य और शासक की रक्षा करेंगे।

3. उत्पादक वर्ग : तीसरी श्रेणी में प्लेटो उन व्यक्तियों को रखता हैं जिन व्यक्तियों में नियंत्रण, संचयन का गुण होता हैं। यह वर्ग समाज में उत्पादक का काम करेगा।

प्लेटो आगे बताता हैं कि ये तीनों वर्ग एक–दूसरे के कार्यों में हस्तक्षेप किए बिना अपना–अपना कार्य करते रहेंगे और इन्हीं वर्गों के आधार पर समाज में श्रम का विभाजन होगा जो 'अहस्तक्षेप के सिद्धांत' पर होगा। **प्लेटो** के अनुसार "मनुष्य अपने कर्त्तव्यों का पालन अपनी योग्यताओं के अनुसार करता रहे यही न्याय हैं।" **बार्कर** इस पर अपने विचार प्रकट करते हुए लिखता हैं कि "अफलातून का न्याय सिद्धांत कहता है कि प्रत्येक व्यक्ति को अपने कर्त्तव्य के पालन में अपने तन, मन, धन से संलग्न कर देना चाहिए तथा उसे पड़ोसी के किसी कार्य में किसी भी प्रकार का हस्तक्षेप नहीं करना चाहिए।" दूसरे शब्दों में, उसके अनुसार न्याय प्रत्येक व्यक्ति के ह्रदय में विद्यमान हैं और यदि वह अपने कर्त्तव्य का उचित ढंग से पालन करता हैं तो वह न्यायप्रियता का ही परिचय देता हैं।

न्याय के रूप : न्याय के दो रूप हैं–सामाजिक तथा वैयक्तिक। इनका विवरण निम्न प्रकार हैं–

1. सामाजिक न्याय : सामाजिक रूप में न्याय समाज के विभिन्न अंगों से उनके कर्त्तव्यों का पालन करते हुए उनमें सामंजस्य तथा एकता बनाये रखता है। समाज के तीनों वर्ग–उत्पादक, सैनिक और शासक अपनी आवश्यकताओं के कारण एक होकर अपने निश्चित कर्त्तव्यों का पालन करते हुए समष्टि को बनाये रखते हैं। **सैबाइन** के शब्दों में, "न्याय वह बंधन हैं जो समाज के व्यक्तियों का ऐसा सामंजस्यपूर्ण संगठन बनाता हैं, जिसमें व्यक्ति अपनी योग्यता एवं प्रशिक्षण के अनुसार कार्य करते हैं।" व्यक्ति तथा समाज के लिए इससे अच्छी कोई व्यवस्था नहीं हो सकती, जिससे वे अपने कार्यों को पूरा करें।

2. वैयक्तिक न्याय- आत्मा में तीन तत्व–विवेक, उत्साह तथा काम (वासना) हैं। प्रत्येक व्यक्ति में विचार, भावनाएं तथा इच्छायें पायी जाती हैं। इनमें समन्वय बना रहना वैयक्तिक न्याय तथा मानवीय सद्‌गुण हैं। यदि विवेक की लगाम न रहे, भावना या इच्छा प्रबल हो तो व्यक्तित्व का संतुलन बिगड़ जाता हैं और वह विघटित होने लगता हैं। उसमें धर्मांधता और कामान्धता उत्पन्न होती हैं। न्याय का प्रयोजन आत्मा के तीनों तत्वों में साम्यावस्था, सामंजस्य

और व्यवस्था बनाये रखना हैं। यह सामंजस्य आत्मा के लिए उतना ही आवश्यक हैं, जितना शरीर के लिए स्वास्थ्य हैं।

इस प्रकार न्याय एक व्यक्तिगत सद्‌गुण भी हैं और सामाजिक सद्‌गुण भी, क्योंकि इसके द्वारा राज्य तथा इसके सदस्यों का समान रूप से हित–साधन होता हैं। इस प्रकार प्लेटो के अनुसार जो व्यक्ति स्वधर्म का पालन करता हैं वह न्यायोचित हैं, और जिस समाज में विभिन्न वर्गों के व्यक्ति अपने–अपने कार्य अपनी रूचि एवं योग्यता के अनुसार करते हैं, वह समाज या राज्य न्याय परायण हैं।

प्लेटो के न्याय सिद्धांत की प्रमुख विशेषताएं- प्लेटो की न्याय संबंधी अवधारणा की प्रमुख विशेषताएं निम्न प्रकार हैं–

1. आंतरिक न्याय : प्लेटो का न्याय बाह्य न होकर आंतरिक हैं। यह किसी बाह्य शक्ति द्वारा किसी पर आरोपित न किया जाकर व्यक्ति की आत्मा की प्रतिध्वनि है।

2. दूसरे के कार्य में अहस्तक्षेप का सिद्धांत : प्रत्येक वर्ग के कार्य निर्धारित हैं। प्रत्येक व्यक्ति से न्याय यह अपेक्षा करता है कि वह दूसरे वर्ग के व्यक्तियों के कार्यों में हस्तक्षेप न करे। **गैटल** के अनुसार–''अपना कार्य करना और दूसरों के कार्यों में हस्तक्षेप न करना ही न्याय है।''

3. कार्य विशिष्टीकरण का सिद्धांत- समाज में तीन वर्ग हैं। तीनों के विशिष्ट कार्य हैं। प्रत्येक व्यक्ति को अपना ही कार्य करना चाहिए और उसी में दक्षता प्राप्त करनी चाहिए। न्याय किसी का आदेश न होते हुए भी एक आदेश हैं। समाज में जो तीन वर्गो का वर्गीकरण किया गया हैं, वह कार्य की विशिष्टता के आधार पर किया गया हैं। **वेपर** के शब्दों में, ''व्यक्ति जिस कार्य को सर्वश्रेष्ठ रूप से कर सके, वही करता रहे–वही न्याय हैं।''

4. एकता का सिद्धांत- यद्यपि कार्यों और गुणों के आधार पर व्यक्ति तीन वर्गों में विभाजित किया गया हैं, परंतु यह वर्ग विभिन्नता के नहीं, एकता के प्रतीक हैं इन व्यक्तियों में एकता और सामंजस्य स्थापित करना न्याय का कार्य हैं।

5. सामाजिक एकता- प्लेटो का न्याय सामाजिक एकता का सिद्धांत हैं। कार्यों और गुणों के आधार पर विभाजित समाज के तीनों वर्गों में एकता और सामंजस्य स्थापित करना ही न्याय का कार्य है।

6. व्यवस्थित शिक्षाक्रम- प्लेटो के अनुसार न्याय–गुण की सम्प्राप्ति के लिए एक व्यवस्थित शिक्षा क्रम आवश्यक है जिसके अभाव में आदर्श नागरिक एवं आदर्श राज्य की स्थापना सम्भव नहीं होगी।

7. नैतिक- प्लेटो का राज्य एक नैतिक इकाई है। अतः उसका न्याय सिद्धांत भी एक नैतिक मान्यता है, यह कानूनी नहीं हैं।

8. कतिपय शर्तें- प्लेटो के आदर्श राज्य की स्थापना उसी समय सम्भव हैं जब वहां के शासक दार्शनिक हों। योग्य शासन के लिए सैनिक एवं शासक वर्ग में सम्पत्ति तथा स्त्रियों के साम्यवाद की व्यवस्था हो, जिससे वे निःस्वार्थ भाव से समाज की सेवा कर सकें।

अतः प्लेटो का यह सिद्धांत समाज के तीन सिद्धांतो पर आधारित हैं–

1. यह सिद्धांत हस्तक्षेप न करने का सिद्धांत हैं।
2. यह वृत्ति विशिष्टीकरण का सिद्धांत हैं।
3. यह मेलभाव का सिद्धांत हैं।

इस प्रकार प्लेटो के अनुसार न्याय समाज को एकसूत्र में समरसता पूर्वक बांधने वाली कड़ी हैं। प्लेटो के अनुसार यही सत्य हैं, जिस पर उसका सिद्धांत टिका हुआ हैं। इस प्रकार प्लेटो ने ऐथेन्स की तत्कालीन सामाजिक एवं राजनीतिक बुराइयों को श्रम विभाजन एवं कार्य विशेषीकरण के आधार पर समाप्त करने की असफल कोशिश की है।

2. शिक्षा का सिद्धांत

प्लेटो द्वारा रचित 'रिपब्लिक' के आदर्श राज्य का प्रथम ध्येय न्याय हैं अर्थात् प्रत्येक वर्ग द्वारा अपने उचित कर्त्तव्यों का पालन। इस ध्येय की प्राप्ति के लिए प्लेटो दो प्रकार के साधनों का सुझाव देते हैं। पहला, शिक्षा का सकारात्मक एवं आत्मिक तरीका और दूसरा, सम्पत्ति तथा पत्नियों के साम्यवाद का नकारात्मक एवं लौकिक। इन दोनों में प्लेटो शिक्षा को ही अधिक महत्व देते हैं।

प्लेटो की दृष्टि में शिक्षा ही वह भावात्मक साधन हैं जिसके द्वारा शासक समरसतापूर्ण राजा की स्थापना के लिए मानव प्रकृति को सही दिशा की ओर उन्मुख कर सकता हैं। प्लेटो ने 'रिपब्लिक' के दूसरे और तीसरे अध्यायों में शिक्षा का इतना विस्तार से विवेचन किया हैं और शिक्षा को इतना अधिक महत्व दिया हैं कि रूसो ने तो

इस ग्रन्थ को शिक्षा पर सर्वोत्कृष्ट कृति की ही संज्ञा दे दी हैं। उसके ही शब्दों में "रिपब्लिक' राजनीति पर लिखी हुई पुस्तक ही नहीं वरन शिक्षा पर लिखी गई एक ऐसी उत्कृष्ट रचना हैं जो कि इससे पहले कभी नहीं लिखी गई।" 'रिपब्लिक' की शिक्षा योजना जीवन के समूचे दृष्टिकोण को बदलकर बुराई की जड़ पर प्रहार करने और जीवन–यापन के गलत ढ़ंग में सुधार करने की चेष्टा हैं। यह मानसिक रोग को ठीक करने का मानसिक निदान हैं जिसमें सामाजिक पवित्रता तथा सत्य की अनुभूति प्राप्त होती हैं। शिक्षा का अभिप्राय है–आत्मा को उस परिवेश में लाना जो उसके विकास की प्रत्येक अवस्था में उसके उन्नयन के लिए सबसे अनुकूल हो।

प्लेटो की शिक्षा योजना को और भली प्रकार से समझने के लिए हंमें प्लेटो की शिक्षा विधि, उसकी विशेषताओं और उसके पाठ्यक्रम का अध्ययन करना होगा जो इस प्रकार हैं:

प्लेटो की शिक्षा विधि–प्लेटो की शिक्षा विधि एथेन्स और स्पार्टा की शिक्षा विधियों के समायोग का परिणाम हैं।

प्लेटो की शिक्षा पद्धति की विशेषताएं

इसकी विशेषताएं निम्न हैं :

1. राज्य नियंत्रित शिक्षा प्रणाली-प्लेटो की शिक्षा प्रणाली की पहली और सबसे मुख्य विशेषता यह थी कि प्लेटो अनिवार्य शिक्षा की राज्य नियंत्रित प्रणाली का आयोजन करते हैं। प्लेटो के लिए शिक्षा तो ऐसा सकारात्मक साधन हैं जिससे शासक नागरिकों के चरित्र को गढ़ लेता हैं और उसमें अपने–अपने कर्त्तव्यों के प्रति निःस्वार्थ निष्ठा पैदा कर देता हैं। प्लेटो शिक्षा जैसे परम महत्व के एक विषय को निजी मांग और वाणिज्यीकृत पूर्ति के लिए छोड़ नहीं सकते थे। प्लेटो की राज्य द्वारा नियंत्रित अनिवार्य शिक्षा की योजना शायद "एथेंनीय व्यवहार पर लाया हुआ सबसे मुख्य आधार था।"यहां प्लेटो पर स्पार्टा का प्रभाव सुव्यक्त था क्योंकि प्लेटो की योजना स्पार्टन व्यवहार को आदर्श बनाने से बढ़कर और कुछ नहीं था।

2. स्त्री और पुरुष दोनों के लिए समान शिक्षा-प्लेटो की शिक्षा योजना की एक अन्य विशेषता यह थी कि यह पुरुषों और स्त्रियों दोनों के लिए समान थी। यह भी एथेन्स की प्रणाली पर एक सुधार था जहां स्त्रियां किसी प्रकार की शिक्षा से वंचित की गई थी। क्योंकि प्लेटो ने लड़कों और लड़कियों का जन्मजात सामर्थ्यो में किसी प्रकार का अंतर नहीं देखा था। अतः उन्होंने तर्कपूर्वक यह निष्कर्ष निकाला कि दोनों को एक ही तरह की शिक्षा जानी चाहिए तथा स्त्रियों को भी पुरुषों की ही भांति सार्वजनिक ओहदे (POST) दिये जाने चाहिए।

3. कृषक और कारीगर वर्ग के लिए शिक्षा : प्लेटो की शिक्षा की एक विशेषता यह है कि उसकी योजना में कृषकों और कारीगरों को भी मिला लिया गया हैं। यद्यपि प्लेटो ने इसका कोई स्वयं उल्लेख नहीं किया लेकिन उनकी प्रणाली में कुछ संकेत जरूर मिलते हैं। जैसा कि **सेबाइन** ने कहा हैं कि यह, "उनकी निर्विवाद इच्छा का ही परिचायक हैं कि कारीगर माँ–बापों के होनहार बच्चों को प्रोत्साहन दिया जाना चाहिए।"

4. कला व साहित्य पर कठोर नियंत्रण- प्लेटो ने सभी साहित्यिक एवं कला–कृतियों में कठोर नियंत्रण का प्रस्ताव किया हैं ताकि बुरे तथा अनैतिक प्रभाव की कोई चीज युवकों के हाथों में न आ जाए क्योंकि प्लेटो जानते थे कि लोगों के मन पर साहित्य, काव्य और नाटकों का प्रभाव प्रत्यक्ष पड़ता हैं। अतः उन्होंने कहा कि "नगर के युवकों को बुरे साहित्य से पथभ्रष्ट नहीं किया जाना चाहिए। केवल सही प्रकार के साहित्य का ही प्रचार होना चाहिए। साहित्य के सही होने तथा गलत होने का अंतिम निर्णय करने वाले शासक ही होंगें।"

5. समन्वयात्मक शिक्षा पद्धति- प्लेटो की शिक्षा योजना में एथेन्स और स्पार्टा की शिक्षा प्रणालियों का सुन्दर समन्वय किया गया हैं और उनके दोषों को मिटाने का प्रयास भी प्लेटो ने किया हैं। उन्होने एथेन्स की बौद्धिक शिक्षा के साथ स्पार्टा की शारीरिक शिक्षा का समन्वय कर शिक्षा को व्यैक्तित्व और राष्ट्र दोनों के विकास का माध्यम बना दिया था।

प्लेटो ने एथेन्स से शिक्षा का वैयक्तिक रूप लिया जिसके अनुसार व्यक्ति के सम्पूर्ण व्यैक्तित्व का विकास बांछनीय माना गया और स्पार्टा से उसका सामाजिक स्वरूप लिया जिसके अनुसार शिक्षा राज्य के नियंत्रण एवं निर्देशन में होनी चाहिए, जिससे वह अच्छे नागरिक उत्पन्न कर सके।

6. सम्पूर्णता- प्लेटो की शिक्षा पद्धति में सम्पूर्णता का आभास होता हैं क्योंकि इसमें शरीर और आत्मा दोनों के विकास पर समान बल दिया गया हैं, यह एकांगी और

अधूरी शिक्षा नहीं हैं। संरक्षकों के प्रशिक्षण में बौद्धिक और व्यवहारिक दोनों प्रकार की शिक्षा को 15–15 वर्ष दिए गए हैं।

7. उत्तम नागरिक बनाना- प्लेटो के सम्पूर्ण दार्शनिक चिंतन का एकमात्र लक्ष्य उत्तम नागरिकों का निर्माण करना था और यह पूर्ति उसकी शिक्षा व्यवस्था ही करती हैं। क्योंकि प्लेटो की शिक्षा पद्धति 'गुण ही ज्ञान हैं' पर आधारित हैं अतः व्यक्ति को गुणों का ज्ञान करवाया जाता हैं ताकि वह अच्छा नागरिक बन सके।

अंत में प्लेटो के आदर्श राज्य में शिक्षा को बड़ा ही गौरवपूर्ण स्थान दिया गया हैं। यहां तक कि आदर्श राज्य शिक्षा का ही परिणाम हैं। प्लेटो के राज्य का मौलिक आधार हैं दार्शनिकों का शासन लेकिन दार्शनिकों को शासन की कला में उनकी शिक्षा योजना के अंर्तगत ही सख्त प्रशिक्षण प्राप्त होता हैं। अतः यह कहना सही हैं की प्लेटो का राज्य उनकी शिक्षा की ही उपज है।

शिक्षा का पाठ्यक्रम

प्लेटो ने अपनी शिक्षा योजना को दो भागों में विभाजित किया है– 1. प्रारम्भिक शिक्षा 2. उच्च शिक्षा। यह विभाजन दो आधारों पर किया गया हैं–पहला, अवस्था के आधार पर और दूसरा, वर्ग के आधार पर प्रारम्भिक शिक्षा एक ओर तो बाल्यकाल से युवावस्था तक के लिए हैं और दूसरी ओर सैनिक वर्ग के लिए हैं। इसी प्रकार उच्च शिक्षा एक ओर तो युवावस्था से प्रौढ़वस्था तक हैं दूसरी ओर शासक वर्ग के लिए हैं। प्रारम्भिक शिक्षा का ध्येय भावनाओं का परिमार्जन कर चरित्र निर्माण करना है। उच्च शिक्षा का उद्देश्य विज्ञान और ज्ञान द्वारा बुद्धि का परिष्कार करके विवेक की सृष्टि एवं दिव्य दृष्टि को जन्म देना हैं।

3. प्लेटो द्वारा प्रतिपादित साम्यवादी अवधारणा

आदर्श राज्य में न्याय की प्राप्ति के लिए प्लेटो दो बातें बतलाता हैं प्रथम, राज्य द्वारा नियंत्रित सुनियोजित शिक्षा प्रणाली; और द्वितीय, साम्यवादी सामाजिक व्यवस्था। प्लेटो का विचार हैं कि एक समुचित तथा स्वस्थ शिक्षा प्रणाली अभिभावक वर्ग (सैनिक तथा शासक वर्ग) को अपना कार्य करने तथा समाज के प्रति कर्तव्य पालन के लिए तैयार कर सकेगी। शिक्षा इस वर्ग में वह भावना भरेगी कि राज्य की एकता और सुदृढ़ता को बनाये रखना उसका सर्वोच्च और एकमात्र धर्म हैं। किन्तु प्लेटो को आशंका हैं कि शासक परिवार और सम्पत्ति के आकर्षण में फंसकर निजी स्वार्थ को सर्वोच्च प्राथमिकता देते हुए सामाजिक जीवन के प्रति कर्त्तव्यों की अवहेलना कर सकते हैं। अतः प्लेटो अभिभावक वर्ग के मार्ग में आने वाली इन बाधाओं को पहले से ही दूर करना चाहता हैं और इसलिए उसने अभिभावक वर्ग के लिए एक नवीन सामाजिक व्यवस्था का सुझाव दिया हैं, जिसके दो प्रमुख तत्त्व हैं–प्रथम सम्पत्ति को साम्यवाद; और द्वितीय परिवार का साम्यवाद या स्त्रियों का साम्यवाद।

सम्पत्ति का साम्यवाद : प्लेटो सम्पत्ति के साम्यवाद का प्रतिपादन अभिभावक वर्ग के लिए करते हुए कहता है कि "पहली बात तो यह है कि उनके पास तो केवल उतनी ही सम्पत्ति होगी, जितनी जीवन के लिए नितान्त अनिवार्य हैं। न तो उनके पास अपना कोई घर होगा और न कोई ऐसा गोदाम, जो सबके लिए खुला न हो। .....उन्हें सामान्य भोजनालयों में भोजन करना चाहिए। सिपाहियों की तरह डेरों में रहना चाहिए और केवल ये ही ऐसे नागरिक हैं जिन्हें सोना–चाँदी तक न छूना चाहिए। इसी में उनकी मुक्ति हैं और ऐसा ही करने से वे राज्य के रक्षक बन सकेंगे। किन्तु जब कभी वे अपनी भूमि, घर और धन उपार्जित कर लेंगे, तब वे अपने अन्य नगरवासियों के सहायक बने रहने की अपेक्षा उनसे द्वेष करने लग जायेंगे। उनके जीवन के सारे दिन नागरिकों से घृणा करने में और उनके द्वारा घृणा किये जाने में ही व्यतीत होंगे और इस प्रकार वे अपने तथा राष्ट्र के सर्वनाश का ही मार्ग प्रशस्त करेंगे।"

प्लेटो के सम्पत्ति के साम्यवाद के प्रमुख आधार : प्लेटो ने सम्पत्ति विषयक साम्यवाद का समर्थन निम्नलिखित आधारों पर किया हैं–

1. मनोवैज्ञानिक आधार : प्लेटो आत्मा के तीन तत्त्व मानता है–विवेक, शौर्य और वासना। इन तीन गुणों के आधार पर प्लेटो ने समाज को तीन वर्गों में बांटा हैं–शासक, सैनिक और उत्पादक वर्ग। उनके न्याय के विचार के अनुसार प्रत्येक व्यक्ति को अपने कर्त्तव्य का पालन करना चाहिए और शासक तथा सैनिक वर्ग ऐसा कर सके, इसके लिए यह जरूरी हैं कि इन दोनों वर्गों के द्वारा आर्थिक

वृत्तियों का परित्याग किया जाए क्योंकि यदि वे ऐसा नहीं करेंगे, तो उनमें विवेक और शौर्य के स्थान पर वासना का तत्व प्रबल हो जाएगा और वे अपना कर्त्तव्य पालन नहीं कर सकेंगे। इस प्रकार शासन वर्ग में विशुद्ध विवेक तथा सैनिक वर्ग में शौर्य बनाये रखने के लिए इन वर्गों के संबंध में सम्पत्ति विषयक साम्यवाद को अपनाना आवश्यक हो जाता हैं।

2. दार्शनिक आधार : प्लेटो अपने सम्पत्ति विषयक साम्यवाद का समर्थन 'विशेष कार्य के सिद्धांत' के आधार पर भी करता है। इस सिद्धांत का आशय यह हैं कि जिन्हें शासन करने का कार्य, जो कि सर्वाधिक महत्वपूर्ण कार्य हैं, सौपा गया हैं, उन्हें ऐसे सभी सांसारिक तत्त्वों से बचकर रहना चाहिए, जो शासन के कार्य में बाधा और विध्न ड़ालते हैं। धन निश्चित रूप से एक ऐसा ही तत्व हैं, अतः अभिभावक वर्ग को इससे अलग रखा जाना चाहिए।

3. राजनीतिक और व्यवहारिक आधार : प्लेटो का विचार हैं कि शासन की शक्ति उन्हीं व्यक्तियों के हाथों में होने चाहिए, जो सर्वाधिक गुण सम्पन्न हो। लेकिन यदि अभिभावक वर्ग को सम्पत्ति संग्रह की छूट दे दी जावे, तो हो सकता हैं कि राजनीतिक पदों के लिए चुनाव का आधार गुण न रहकर सम्पत्ति हो जाये।

राज्य में जिन लोगों के हाथ में राजनीतिक शक्ति हैं; यदि उनके कुछ निजी आर्थिक हित भी हो, तो हो सकता हैं कि वे निःस्वार्थ कर्त्तव्य पालन का मार्ग छोड़कर अपनी जेबें भरना तथा दूसरों का शोषण करना शुरू कर दें। इसलिए प्लेटो राजनीतिक और आर्थिक शक्तियों को अलग–अलग रखना चाहता हैं। वह चाहता हैं कि जो लोग आर्थिक क्रियाओं में लगे हों उनका राजनीतिक शक्ति में कोई भाग नहीं होना चाहिए और जिन लोगो के हाथों में राजनीतिक सत्ता हो उनके कोई आर्थिक हित नहीं होने चाहिए। **सेबाइन** ने प्लेटो के इस तर्क के संबंध में कहा है–"सरकार के ऊपर धन के दूषित प्रभाव का प्लेटो को इतना दृढ़ विश्वास था कि उसे दूर करने के लिए उसे स्वयं सम्पत्ति का ही विनाश करना पड़ा, जहाँ तक कि सैनिकों और शासकों का संबंध हैं।"

अरस्तू द्वारा प्लेटो के सम्पत्ति के साम्यवाद की आलेचना

प्लेटो के प्रमुख शिष्य अरस्तू ने प्लेटो के सम्पत्ति के साम्यवाद की निम्न प्रकार से आलोचना की है–

1. मानव प्रकृति की मूलभूत प्रवृत्तियों की अवहेलना : यह धारणा मानवीय प्रकृति की मूलभूत प्रवृतियों की अवहेलना करती है। प्रत्येक मानव में निजी सम्पत्ति रखने तथा उसमें वृद्धि करने की स्वाभाविक प्रवृत्ति होती हैं और इससे समाज की प्रगति होती हैं किन्तु साम्यवाद में निजी सम्पत्ति की व्यवस्था न होने के कारण व्यक्ति में पुरूषार्थ की भावना नहीं रहती और समाज का विकास नहीं हो पाता है।

2. यह साम्यवाद उत्पादक वर्ग के लिए : प्लेटो का साम्यवाद उत्पादक वर्ग पर लागू नहीं किया गया हैं, जिसकी संख्या समस्त जनसंख्या की आधे से भी अधिक होती हैं। इस प्रकार यह राज्य की समस्त जनसंख्या के भौतिक कल्याण का ध्यान रखता और राज्य को दो विषम समुदायों में बाँट देता है, जिससे देश की एकता बनाये रखना असम्भव हो जाता है।

3. परोपकार संबंधी धारणा समाप्त हो जाएगी : इससे परोपकार और उदारता की श्रेष्ठ मानवीय सम्भावनाएँ नष्ट हो जोयेगी क्योंकि व्यक्ति परोपकार संबंधी कार्य वैयक्तिक सम्पत्ति के आधार पर ही कर सकता है।

4. साम्यवाद द्वारा एकता स्थापित नहीं हो सकती : प्लेटो राज्य की एकता बनाये रखने तथा उसे प्रगति की ओर बढ़ाने के लिए वैयक्तिक सम्पति का अंत करना चाहता हैं, किंतु अरस्तू के अनुसार यह एकता उपयुक्त शिक्षा द्वारा ही स्थापित हो सकती हैं न कि साम्यवाद द्वारा।

5. राज्य की एकता पर आवश्यकता से अधिक बल दिया गया : इसमें राज्य की एकता पर आवश्यकता और औचित्य से अधिक बल दिया जाता है। अरस्तू को प्लेटो के साम्यवाद में 'अति' दिखाई पड़ती हैं। जो 'पोलिस' को स्वर्ग बनाने के बजाय उसे नष्ट कर देती हैं।

6. साम्यवाद जीवन के सामान्य अनुभव के विरूद्ध : सामान्यतः व्यक्ति प्राचीन काल से सम्पति की प्राप्ति के प्रयास में लगा रहता है। लेकिन प्लेटो उसे सम्पत्ति से दूर रखने के लिए कहता है। अतः यह मानव स्वभाव के बिल्कुल प्रतिकूल है कि वो सम्पत्ति से दूर रह सके।

7. उदासीन और अकुशल सिद्धांत : प्लेटो के साम्यवाद में सामान्य जन की अवहेलना के परिणामस्वरूप उदासीनता, अकुशलता और कम उत्पादन के परिणाम प्रकट होंगे। अरस्तू के अनुसार प्लेटो का साम्यवाद 'आध्यात्मिक बुराइयों का भौतिक निदान' (Material Cure of Spiritual Diseases) हैं, जिसके परिणाम आशानुकूल नहीं हो सकते।

8. प्लेटो का साम्यवाद समाज की वेदी पर व्यक्ति का बलिदान कर देता है : प्लेटो के साम्यवाद में शासक वर्ग सिर्फ जनता के कल्याण की बात सोचेगा और उसी के कल्याण के लिए सभी कार्य करेगा और सम्पत्ति का त्याग भी इसी भावना से होगा लेकिन इस स्थिति में व्यक्ति की अपनी इच्छाओं का कोई महत्व नहीं रह जाता है, अर्थात् शासक अपनी सभी इच्छाओं को त्याग देगा।

परिवार विषयक साम्यवाद या स्त्रियों का साम्यवाद

प्लेटो का विचार हैं कि अभिभावक वर्ग कुशलतापूर्वक अपने कर्त्तव्यों का पालन कर सकें, इसके लिए उन्हें संम्पत्ति में मोह के साथ–साथ परिवार और स्त्रियों के मोह से भी मुक्त किया जाना चाहिए ।

प्लेटो ने इस सिद्धांत का स्वरूप बतलाते हुए कहा है–"अभिभावक वर्ग के स्त्री या पुरूषों में कोई भी अपना निजी परिवार नहीं बनायेगा (कोई भी किसी के साथ स्थायी रूप से व्यक्तिगत रूप में सहवास नहीं कर सकेगा), स्त्रियाँ सबकी समान रूप से पत्नियाँ होगी, इनकी सन्तानें भी समान रूप से सबकी होगी। न माता–पिता अपनी संतान को जान सकेंगें और न संतान माता–पिता को।"

प्लेटोवादी साम्यवाद और आधुनिक साम्यवाद में तुलना : वर्तमान समय में अनेक विद्वान् प्लेटो की साम्यवाद व्यवस्था की और मार्क्स एवं लेनिन की साम्यवाद व्यवस्था को एक समान मानते हैं। प्रो॰ **मैक्सी** के अनुसार, "प्लेटो की रचनाएँ ही साम्यवादी एवं समाजवादी विचारों का स्रोत हैं। यदि वह जीवित होता, तो रूस की यात्रा उसी उत्साह व आशा के साथ करता, जिसका परिचय उसने सिराक्यूज की यात्रा के समय दिया था।"

दोनों साम्यवाद में समानता : प्लेटो के साम्यवाद और आधुनिक साम्यवाद के मध्य निम्नलिखित समानताएँ हैं–

1. सम्पत्ति के स्वामित्व का विरोध : दोनों साम्यवाद सम्पत्ति को भ्रष्ट करने वाला तत्व मानते हैं। दोनों सम्पत्ति का निजी स्वामित्व समाप्त करना चाहते हैं। गीजर और जात्सी के शब्दों में– "दोनों निजी सम्पत्ति को सभी बुराइयों का मूल मानते हैं और दोनों ही सम्पत्ति और दौलत को समाप्त करना चाहते हैं।"

2. शासन अधीन शिक्षा में विश्वास : प्लेटो की शिक्षा योजना पूरी तरह शासन के अधीन है। उसमें शासन शिक्षा का संचालन करता हैं, यही नहीं, वरन् साहित्य भी प्रतिबंधित हैं। प्लेटो की शिक्षा योजना में सभी बच्चों का लालन–पालन सार्वजनिक रूप से होता हैं। उन्हें सामूहिक रूप से शिक्षा दी जाती हैं। आधुनिक साम्यवाद को भी सार्वजनिक शिक्षा में और शासन द्वारा नियंत्रण शिक्षा में विश्वास हैं। वह साहित्य, कला और संस्कृति पर शासकीय नियंत्रण रखती हैं।

3. समानता की भावना : प्लेटो के साम्यवाद का एक मुख्य उद्देश्य ऊँच–नीच तथा वर्ग–भेदों को मिटाकर एकता की स्थापना करना हैं। आधुनिक साम्यवाद भी पूंजीवाद समाप्त कर सबको समान आर्थिक स्तर प्रदान करना चाहता हैं ताकि राज्य में एकता और एकरूपता स्थापित हो सके।

4. स्त्रियों और पुरूषों की स्वतंत्रता : दोनों ही साम्यवाद स्त्रियों की पुरूषों की स्वतंत्रता तथा उनके समान अधिकारों के समर्थक हैं।

5. व्यक्ति साधन और राज्य साध्य : प्लेटो की मान्यता है कि राज्य एक विशाल व्यक्ति है। व्यक्ति को सामूहिक हित के लिए अपने स्वार्थों को त्याग देना चाहिए। आधुनिक साम्यवाद यद्यपि सिद्धांत में एक राज्यविहीन समाज की स्थापना में विश्वास करता हैं, परंतु व्यवहार में राज्य प्रधान व्यवस्था का समर्थक है। आधुनिक साम्यवादी राज्यों में भी व्यक्ति एक साधन मात्र हैं तथा राज्य ही सर्वोपरि हैं।

6. अधिनायकतंत्र के समर्थक : प्लेटो का साम्यवाद और आधुनिक साम्यवाद दोनों ही अधिनायकतंत्र के समर्थक हैं। प्लेटो के साम्यवाद राज्य को विवेकशील व्यक्तियों के अधिनायकतंत्र में विश्वास हैं। आधुनिक साम्यवाद को श्रमिकों के अधिनायकवाद में विश्वास है। इसी आधार पर **कैटलिन** ने "प्लेटो की पुस्तक को उसकी 'केपिटल' कहा है।"

7. सामुदायिक जीवन के समर्थक : प्लेटो की साम्यवादी व्यवस्था में सामुदायिक जीवन का प्रतिपादन किया गया हैं। अभिभावक सार्वजनिक मकानों में रहेंगे। एक साथ काम करेंगे तथा एक साथ भोजन करेंगे आधुनिक साम्यवादी व्यवस्था में भी सामूहिक जीवन को प्रोत्साहित किया गया हैं। सोवियत रूस के 'कम्यून्स' और प्लेटो की साम्यवादी व्यवस्था एक समान ही हैं।

8. केवल कर्त्तव्यों की महत्वत्ता : प्लेटो ने अपने साम्यवाद में व्यक्ति के अधिकारों पर ध्यान न देकर उसके कर्त्तव्यों पर अधिक बल दिया हैं। इसी प्रकार आधुनिक

साम्यवाद व्यक्ति पर इतने कर्त्तव्यों को आरोपित करता है कि वह अपने अधिकारों से वंचित हो जाता है।

9. अव्यावहारिक योजना : प्लेटो के साम्यवाद की योजना काल्पनिक और अव्यावहारिक हैं। यदि मार्क्सवादी योजना का भी गहराई और विस्तार से विश्लेषण किया जाये तब वह अव्यावहारिक ठहरती हैं। पूर्वी यूरोप तथा सोवियत संघ से इस व्यवस्था का हटना इसकी अव्यवहारिकता का प्रमाण है।

10. स्वार्थी भावना की उपेक्षा : प्लेटो ने मानव की स्वार्थ भावना की उपेक्षा कर उसकी मूल प्रवृत्तियों का बहिष्कार किया हैं तथा उनके मनोवैज्ञानिक विश्लेषण की उपेक्षा की हैं। मार्क्स ने भी व्यक्ति का मनोवैज्ञानिक चित्रण करते हुए उसकी स्वार्थी वृत्ति पर ध्यान नहीं दिया है।

11. एकांगी- प्लेटो का साम्यवाद एकांगी हैं। वह मानव–स्वभाव के केवल एक पक्ष को महत्व देता हैं। वह नैतिकता और आध्यमिकता के पक्ष को ही स्पष्ट करता है। आधुनिक साम्यवाद भी अपूर्ण हैं क्योंकि उसमें भौतिकवाद तथा आर्थिकवाद को ही प्रधानता दी गई है।

अन्तर- प्लेटो के साम्यवाद और आधुनिक साम्यवाद में पर्याप्त अंतर हैं। मुख्य अंतर इस प्रकार हैं–

1. प्लेटो का साम्यवाद अभिभावक वर्ग के लिए जबकि आधुनिक साम्यवाद सबके लिए-प्लेटो का सम्पूर्ण साम्यवादी केवल अभिभावकों के लिए हैं। उसमें श्रमिकों के लिए किसी भी प्रकार का स्थान नहीं हैं। उत्पादक वर्ग सम्पत्ति भी रख सकता हैं और परिवार भी व्यवसायिक उत्पादक वर्ग में आते हैं। अतः उसकी साम्यवादी योजना इन पर भी लागू नहीं होती। इसके विपरीत आधुनिक साम्यवाद सम्पूर्ण समाज पर लागू होता हैं। यह सभी लोगों को सम्पत्ति के स्वामित्व से वंचित करता है।

2. प्लेटो का साम्यवाद सम्पत्ति एवं परिवार का सामूहिकरण करता है, आधुनिक साम्यवाद केवल सम्पत्ति का : प्लेटो के अनुसार सम्पत्ति और परिवार दोनों ही भ्रष्ट करने वाली संस्थाएं हैं। इसके विपरीत आधुनिक साम्यवाद पत्नियों के सामूहिकरण में विश्वास नहीं करता, वह तो केवल सम्पत्ति के सामूहिकरण से ही संबंधित हैं।

3. प्लेटो का साम्यवाद वर्ग सामंजस्य का समर्थक, आधुनिक साम्यवाद, वर्ग-संघर्ष पर आधारित : प्लेटो ने अपने समाज को आत्मा के गुणों और कार्य की विशिष्टता के आधार पर तीन वर्गों में विभक्त किया है। इसके अतिरिक्त उसने न्याय के माध्यम से उनमें सामंजस्य स्थापित किया है। प्लेटो के साम्यवाद में वर्ग–संघर्ष की कोई सम्भावना नहीं है। इसके विपरीत आधुनिक साम्यवाद वर्ग–संघर्ष पर ही आधारित हैं। आधुनिक साम्यवाद गत् विश्व इतिहास को वर्ग–संघर्ष का इतिहास मानता है तथा साम्यवाद की स्थापना तक इस वर्ग संघर्ष को आवश्यक मानता हैं। प्लेटो के साम्यवाद की स्थापना के पश्चात् समाज में तीन वर्ग रहेंगे। आधुनिक साम्यवाद की स्थापना के बाद समाज में केवल एक ही वर्ग अर्थात् सर्वहारा वर्ग रहेगा।

4. प्लेटो का साम्यवाद नगर-राज्य दर्शन, आधुनिक साम्यवाद एक अंतर्राष्ट्रीय आंदोलन : प्लेटो का आदर्श राज्य–नगर–राज्य तक ही सीमित हैं। आधुनिक साम्यवाद विश्वव्यापी आंदोलन हैं। उसकी परिधि सम्पूर्ण विश्व और सम्पूर्ण मानवता हैं। **कैटलिन** के शब्दों में–''प्लेटो किसी भी हालत में मार्क्सवादी साम्यवादी नहीं हैं। उसका साम्यवाद न तो विश्वव्यापी हैं न ही अंतर्राष्ट्रीय है।''

5. प्लेटो का साम्यवाद अध्यात्मकवादी हैं जबकि आधुनिक साम्यवाद भौतिकवादी : प्लेटो के साम्यवाद का दृष्टिकोण आध्यात्मिक, निराशावादी और विरक्तिमूलक हैं जिसमें मानव–मस्तिष्क तथा नैतिक पक्षों पर ही आग्रह हैं। यह अभिभावक वर्ग से त्याग और विराग की कामना करता हैं तथा अपेक्षा करता है कि अभिभावक वर्ग से निःस्वार्थ रूप से राज्य की रक्षा और एकता के लिए कार्य करे। यह शासकों और सैनिकों को सम्पत्ति और परिवार से वंचित इस कारण करना चाहता हैं जिससे उनका जीवन उत्कृष्ट और श्रेष्ठ हो सके। आधुनिक साम्यवाद का दृष्टिकोण क्रांतिकारी तथा प्रगतिशील हैं। यह मानवता को आशावाद का संदेश देता हैं और द्वंद्वात्मक और भौतिकवाद में विश्वास रखता हैं, किसी आध्यात्मिक सत्ता में नहीं। यह साम्यवाद विशुद्ध भौतिकवाद पर आधारित हैं। उसका आधार ही द्वंद्वात्मक भौतिकवाद हैं। वह किसी नैतिकवाद या आध्यात्मकवाद में विश्वास नहीं करता। **डा०वी०पी० वर्मा के शब्दों में**–"आधुनिक साम्यवाद भौतिकवाद में आस्था रखकर.....वर्गविहीन समाज की रचना सर्वहारा क्रांति से सम्भव मानता है।.....प्लेटो शिक्षा के द्वारा चारित्रिक रूपांतर और भावनात्मक संशोधन में विश्वास करता है।"

6. उत्पादक वर्ग का स्थान-प्लेटो का साम्यवाद शासन और सैनिक वर्ग पर ही लागू होता हैं, उत्पादक वर्ग पर

नहीं, उत्पादन के साधनों पर उत्पादक वर्ग का एकाधिकार स्थापित किया गया हैं, आधुनिक साम्यवाद में किसान और मजदूर वर्ग के लिए ही साम्यवादी योजना प्रस्तावित हैं। उत्पादन के साधनों और वितरण तथा उपभोग की व्यवस्था पर भी राजकीय नियंत्रण रखा गया हैं, किसी वर्ग विशेष का नहीं।

7. प्लेटो का साम्यवाद राजनीतिक है जबकि आधुनिक साम्यवाद आर्थिक : प्लेटो का साम्यवाद राजनीतिक हैं, उसने तत्कालीन राजनीतिक भ्रष्टाचार और कुशासन को दूर करने के लिए इसकी व्यवस्था की थी। वर्तमान साम्यवाद आर्थिक है। इसका प्रादुर्भाव पूंजीवाद के कारण समाज में उत्पन्न हुए आर्थिक वैमनस्य को दूर करना है।

8. प्लेटो द्वारा प्रतिपादित साम्यवाद अधूरा हैं जबकि आधुनिक साम्यवाद पूर्ण : प्लेटो का साम्यवाद अधूरा अथवा आधा साम्यवाद हैं। यह पूरे समाज के लिए न होकर उसके अलपसंख्यक भाग–शासक और सैनिक वर्गों के लिए हैं। इसका प्रभाव समाज के आधे से भी कम व्यक्तियों और बहुत कम सम्पत्ति पर पड़ता हैं। आधुनिक साम्यवाद आर्थिक विषमता को उत्पन्न करने वाले उत्पादन के सभी साधनों–भूमि, खानों, कारखानों पर समाज का स्वामित्व स्थापित करने का इच्छुक हैं। इस प्रकार, प्लेटो का साम्यवाद उच्च श्रेणियों तक सीमित होने से अभिजाततंत्रीय हैं पर आधुनिक साम्यवाद समाज के सब वर्गों के लिए होने के लिए लोकतंत्रीय हैं।

9. प्लेटो का साम्यवाद निषेधात्मक है जबकि आधुनिक साम्यवाद भावात्मक : प्लेटो का साम्यवाद निषेधात्मक हैं; वह भौतिक धन–सम्पत्ति को शासकों के राज्यकार्य के संचालन में बाधक समझते हुए उन्हें ऐसी सम्पत्ति रखने के अधिकार से वंचित करता हैं। इसके विपरीत वर्तमान साम्यवाद भौतिक पदार्थों को महत्व देता हैं। इस विषय में उसका दृष्टिकोण विशुद्ध भावात्मक है।

10. न्याय की अवधारणा के आधार पर अंतर- यद्यपि दोनों सिद्धांतों का उद्देश्य समाज में न्याय की व्यवस्था स्थापित करना हैं, तथापि दोनों के 'न्याय' के स्वरूप में मौलिक भेद हैं। प्लेटो का न्याय सब व्यक्तियों द्वारा अपने कर्त्तव्यों का पालन हैं, चूंकि धन, सैनिक और शासकों द्वारा कर्तव्यों के पालन के बाधक हो सकता हैं, अतः वह उन्हें धन से वंचित करता हैं। इसके विपरीत आधुनिक साम्यवादी न्याय का अर्थ व्यक्ति को उसके परिश्रम के अनुरूप भृति या वेतन देना मानते हैं।

11. मौलिक सिद्धांतों में अंतर : आधुनिक साम्यवाद के प्रमुख मौलिक सिद्धांत हैं–आर्थिक विषमता को दूर करना, उत्पादन के सभी साधनों का राष्ट्रीकरण, सम्पत्ति का समान वितरण तथा उत्पादन के साधनों पर राज्य का स्वामित्व और नियंत्रण। प्लेटो के साम्यवाद में इनमें से एक भी तत्व नहीं हैं, रिपब्लिक में कहीं भी उत्पादन के साधनों पर समाज का स्वामित्व करने की चर्चा नहीं हैं। वह केवल उत्पादन के उतने भाग को समाज की सम्पत्ति बनाना चाहता हैं, जिससे संरक्षकों और सैनिकों को वार्षिक वेतन मिलता रहे। इसके अतिरिक्त वह उत्पादक वर्ग, कृषकों, कारीगरों आदि की वैयक्तिक सम्पत्ति को अक्षुण रखता हैं।

12. मार्ग का अंतर : प्लेटो के साम्यवाद की प्राप्ति का मार्ग नकारात्मक हैं। आधुनिक साम्यवाद की प्राप्ति का मार्ग क्रांति और प्रचार है। प्लेटो की भांति आत्मसंयम और आत्मनियंत्रण के साधनों पर उद्घोषक नहीं है।

4. आदर्श राज्य का सिद्धांत

यूनान के महान् दार्शनिक एवं राजनीतिक विचारक प्लेटो एक बहुमुखी प्रतिभा वाले व्यक्ति थे। प्लेटो एक नाटककार, एक कवि, एक वक्ता, एक दार्शनिक, एक शिक्षा शास्त्री तथा एक राजनीति विचारक थे। उनके दार्शनिक रूप को उनके राजनीतिक रूप से पृथक् नहीं किया जा सकता। उनके राजनीतिक विचार यद्यपि उस वातावरण से अत्यधिक संबंध थे जिसमें वे पैदा हुए और रहे थे। तथापि उन्होंने विचार सार्वभौमिक आधार पर किया और इस प्रकार उनके विचार स्थाई बन गये। प्लेटो हर एक समस्या का निदान या उपचार दार्शनिक भाषा या दार्शनिक आधार पर ही चाहता था। इसलिए उन्होंने एक आदर्श राज्य और शासक की व्यवस्था की है।

प्लेटो की राजनीति विचारधारा की एक प्रमुख विशेषता दर्शन, नीतिशास्त्र, व राजनीति शास्त्र का मिश्रण हैं। स्वप्नलोकी और परिणामस्वरूप अव्यवहारिक राजनीतिक विचारक होने पर भी राजनीतिक विचारक के रूप में प्लेटो का महत्व बहुत अधिक रहा हैं क्योंकि एक तो उनकी कृतियों से हमें उनके पूर्ववर्ती विचारकों के राजनीतिक

विचारों की झलक मिलती हैं और दूसरे उनकी राजनीतिक विचारधारा में ऐसे मौलिक विचारों का भण्डार पाया जाता हैं जो बाद में राजनीतिक विचारकों की परम्परा को सदा अनुप्राणित करते हैं।

प्लेटो के विचारों का दार्शनिक आधार : प्लेटो एक महान् दार्शनिक थे और उनके दार्शनिक विचार उनकी सम्पूर्ण विचारधारा पर छाये हुए हैं। उनका प्रयत्न वस्तुतः अन्य विषयों को भी दर्शन के सुधारक प्रभाव के अधीन लाने का रहा हैं। दर्शन ही उनके लिए सृजनात्मक व नियमात्मक शक्ति हैं। उनकी सम्पूर्ण विचारधारा उनके दार्शनिक आधार पर खड़ी है।

प्लेटो का मत हैं कि विश्व विचारमूलक है। विश्व में परिवर्तन की एक प्रक्रिया चल रही हैं, जिसमें प्रत्येक वस्तु अस्थायी हैं। इस अस्थायित्व के मूल में एक विचार हैं, जिसके दर्शन से व्यक्ति को यह जानने में सहायता मिलती हैं कि विश्व क्या हैं? इसी संदर्भ में उदाहरण देते हुए प्लेटो कहता हैं कि विश्व में गुण को जिस रूप में हम देखते हैं, वह गुण के विचार का एक अपूर्ण रूप अथवा उसकी छाया मात्र हैं। अतः वास्तविक ज्ञान–प्रसार गुण के व्यवहारिक रूप को बनाने में नहीं वरन् गुण के विचार को जानने में हैं पर इसके साथ ही साथ प्लेटो ने यह भी कहा हैं कि विचार को वास्तविकता से अलग नहीं किया जा सकता, क्योंकि वे दोनों ही अति घनिष्ट रूप से परस्पर संबंध हैं।

प्लेटो के आदर्श राज्य की विशेषताएँ : प्लेटो के आदर्श राज्य विशेषताओं को हम निम्न प्रकार रख सकते हैं–

1. दार्शनिकों का शासन : प्लेटो का आदर्श राज्य दार्शनिक के द्वारा शासित होने वाला राज्य हैं। उसके मतानुसार मानव आत्मा के तीन गुणों–विवेक, साहस व वासना के अनुसार मानव जीवन में तीन तत्वों–विवेक, साहस व वासना से युक्त लोग होते हैं। प्लेटो के आदर्श राज्य का शासक विवेक का प्रतिनिधि दार्शनिक हैं। दार्शनिक शासक विवेक की प्रतिमूर्ति होता हैं। विवेकशील होने से सासांरिक होने की सिद्धि करना अपना परम कर्त्तव्य समझता है। वह सदा सत्य की खोज में लगा रहता हैं और उसी के अनुसार राज्य की जनता के जीवन को चलाता हैं। वही सर्वज्ञाता हैं।

2. नागरिकों के तीन वर्ग : मानव आत्मा के तीन गुणों–विवेक, साहस और वासना के आधार पर प्लेटो के आदर्श राज्य में तीन प्रमुख वर्ग हैं–1. शासक या अभिभावक वर्ग 2. सैनिक वर्ग व 3. उत्पादक वर्ग होते हैं। इन वर्गों का अपना–अपना विशेष कार्य हैं। पहला दार्शनिक वर्ग हैं जिसका कार्य राजनीति हैं अर्थात् शासन है। सैनिक वर्ग का कार्य रक्षा करना तथा उत्पादक वर्ग का कार्य समाज के लिए उत्पादन करना है।

3. कार्य संबंधी विशेषीकरण का सिद्धांत : प्लेटो के आदर्श राज्य में कार्य संबंधी विशेषीकरण का सिद्धांत लागू हैं जिसके लिए वह उपयुक्त हैं। दूसरे के कार्यों में हस्तक्षेप नहीं कर सकेगा क्योंकि हस्तक्षेप की स्थिति में अराजकता फैलती हैं।

4. आदर्श न्याय की व्यवस्था-प्लेटो के आदर्श राज्य की न्याय–व्यवस्था भी आदर्श हैं जिसका रूप सामाजिक सामंजस्य की उस व्यवस्था का हैं जिसके अनुसार समाज में विविध वर्गों के लोग निर्धारित कार्य करते हैं और इस प्रकार पारस्परिक पर–निर्भरता से उत्पन्न सामाजिक एकता में बंधे रहते हैं।

5. राज्य द्वारा निर्धारित शिक्षा की व्यवस्था : प्लेटो के आदर्श राज्य में शिक्षा शासन की नियंत्रण की वस्तु हैं। क्योंकि प्लेटो के अनुसार शिक्षा को राज्य व उसके नागरिकों की प्रवृत्ति के अनुकूल होने के लिए यह आवश्यक हैं कि उस पर राज्य का पूर्ण नियंत्रण हो।

6. कला व साहित्य का नियंत्रण : नागरिक अनैतिक प्रभाव से बचे रहे, इसके लिए आदर्श राज्य में कुरूचि पूर्ण कला व साहित्य पर नियंत्रण की व्यवस्था हैं।

7. सम्पत्ति व परिवार का साम्यवाद अभिभावक वर्ग के लिए : आदर्श राज्य के अभिभावक (दार्शनिक शासक व सैनिक) वर्ग के लोग सम्पत्ति के कुप्रभाव व परिवार के लगाव से मुक्त होकर अपना–अपना कर्त्तव्य कर सके, इसके लिए प्लेटो ने उनके लिए सम्पत्ति व परिवार के साम्यवाद का प्रतिपादन किया है।

8. नर-नारी को समान अधिकार : प्लेटो के आदर्श राज्य में स्त्रियों को पुरुषों के समान स्थान मिलेगा। पुरूषों को जो प्रशिक्षण दिया जाएगा वही स्त्रियों को भी दिया जाएगा। पुरूषों के ही समान उन्हें सरकारी ओहदे (Post) सम्भालने का अधिकार होगा।

9. राज्य का सर्वाधिकारवादी रूप : प्लेटो का आदर्श राज्य एक सर्वाधिकारवादी राज्य हैं जिसमें व्यक्ति के जीवन के सभी क्षेत्र राज्य के अंतर्गत आते हैं, राज्य से उपर कुछ नहीं हैं और राज्य से अलग कुछ नहीं हैं।

10. राज्य सत्ता निरंकुश, किंतु असीमित नहीं : प्लेटो के आदर्श राज्य के दार्शनिक शासक पर लिखित विधि, जनमत अथवा अन्य ऐसा ही वैध नियंत्रण नहीं हैं। इस दृष्टि से उसकी सत्ता निरंकुश हैं। पर इस कारण उसकी निरंकुशता नहीं हैं क्योंकि वह मनमानी नहीं करता और वह संविधान की मूल व्यवस्था का पालन करने के लिए बाध्य हैं।

11. एक अस्थायी विवाह-प्रणाली : शासकों तथा सैनिकों की स्त्रियाँ साँझे में इन दोनों वर्गों के लोगों के साथ रहेगी। एक अस्थायी विवाह–प्रणाली के अनुसार एक योग्य पुरूष का एक योग्य स्त्री के साथ विवाह होगा। पहला बच्चा पैदा होने पर दोनों को अलग किया जाएगा और दोनों के स्वस्थ्य होने और आयु की योग्यता भी रहने की स्थिति में पुरूष को एक अन्य स्त्री को एक अन्य पुरूष के साथ फिर एक साल के लिए अस्थायी विवाह–बंधन में बांध दिया जाएगा। आदर्श राज्य की स्त्रियाँ 20 से 40 वर्ष तक तथा पुरूष 25 से 55 वर्ष की आयु तक शिशु–लाभ के अधिकारी होंगे।

12. अस्थायी विवाह से उत्पन्न बच्चों की राज्यों की ओर से शिक्षा : सबसे अच्छे पुरूषों और अच्छी स्त्रियों के अस्थायी विवाह से पैदा होने वाले बच्चों को उनकी रुचि के अनुसार राज्य की ओर से शिक्षित किया जाएगा। उन्हें शिक्षा समाप्त होने पर राज्य की सेवाओं में लगाया जाएगा।

यही प्लेटो का आदर्श राज्य हैं। सबसे अच्छे राज्य का एक स्वर्ग के नगर का चित्र जिसका कभी साक्षात्कार नहीं किया गया।

आदर्श राज्य के विकृत रूप-राज्यों का वर्गीकरण : 'रिपब्लिक' में जिस आदर्श राज्य की कल्पना हैं यदि वह स्थापित हो जाए तो भी स्थायी नहीं रहेगा, क्योंकि यहाँ सभी कुछ परिवर्तनशील हैं। प्लेटो भी आदर्श राज्य को धरती पर व्यवहारिक और स्थायी नहीं मानता। इसलिए 'रिपब्लिक' आठवीं तथा नवीं पुस्तक में वह आदर्श राज्य के पतन और अन्य शासन प्रणालियों के बारे में विचार करता है।

यद्यपि यहाँ विकृत राज्य के जिन विविध रूपों का वर्णन प्लेटो ने किया हैं वह ऐतिहासिक न होकर केवल दार्शनिक हैं तथापि इतिहास में राज्य के उन रूपों के उदाहरण अवश्य मिलते हैं लेकिन वह ऐतिहासिक क्रमानुसार नहीं हैं। प्लेटो इस पतन के निश्चित क्रम को पाँच भागों में विभाजित करता हैं–

1. राजतंत्र : प्लेटो ने यह कल्पना की कि जब सरकारों का पतन होने लगता हैं वे विकृत अवस्थाओं में होकर गुजरती और अंत में अपने सर्वोत्तम रूप को त्याग कर निकृष्टतम रूप धारण कर लेती हैं। प्लेटो के अनुसार राजतंत्र में जनता को सर्वाधिक सुख प्राप्त होता हैं क्योंकि इसमें न्याय भावना से अनुप्राणित विवेक सम्पन्न दार्शनिक राजा शासन करता हैं।

2. सैनिकतंत्र : प्लेटो कहता हैं कि कुछ समय के बाद में साम्यवाद के परित्याग और व्यक्तिगत सम्पत्ति के उदय से इस शासन प्रणाली का पतन होने लगता हैं। संरक्षक वर्ग सारी भूमि को हथिया कर परस्पर बांट लेता हैं। समाज आर्थिक वर्गों में बंट जाता हैं और एक राज्य के स्थान पर अनेक पैदा हो जाते हैं। इसमें सारी शक्ति जमींदार, योद्धाओं के हाथों में आ जाती हैं। विवेक की प्रधानता के स्थान पर उत्साह का भाव बढ़ जाता हैं। शासक शिक्षा पर ध्यान नहीं दे पाते। फलतः शासन का भार योग्तम व्यक्ति नहीं संभालते और समाज में अव्यवस्था उत्पन्न हो जाती हैं। प्लेटो के अनुसार यह शासन प्रणाली सैनिकतंत्र हैं क्योंकि इसमें योद्धा अपना कीर्ति और महत्वाकांक्षा बढ़ाने की दृष्टि से राज्य का संचालन करते हैं। यह राजतंत्र का पहला विकार रूप है।

3. अल्पतंत्र : सैनिकतंत्र शनैः शनैः अल्पतंत्र में परिणत हो जाता हैं। कीर्तितंत्र का प्रधान तत्व 'उत्साह' होता हैं किंतु अल्पतंत्र का 'वासना' है। इसमें सम्पूर्ण सम्पत्ति कुछ व्यक्तियों और कुलों के हाथ में आ जाती हैं। आर्थिक बल पर वे शासन की बागड़ोर हथिया लेते हैं तथा व्यक्तिगत लाभ की दृष्टि से राज्य का संचालन करते हैं। इस शासन में धनिकों एवं निर्धनों के बीच खाई बढ़ती जाती हैं और संघर्ष बढ़ता हैं।

4. लोकतंत्र : अल्पतंत्र में दरिद्र जनता में तीव्र असंतोष और विद्रोह की भावना उत्पन्न होती हैं। फलतः वे सत्ता को अपने कब्जे में कर लोकतंत्र की स्थापना करते

हैं। लोकतंत्र में सभी को स्वतंत्रता व समानता प्राप्त हो जाती हैं। अतः अनुशासन और आज्ञापालन का भाव लुप्त हो जाता हैं। जनता स्वतंत्रता का दुरूपयोग कर अराजकता ला देती हैं।

5. निरंकुशतंत्र : इस अराजकता का अंत करने के लिए जनता में एक नेता उठ खड़ा होता हैं। वह जनता को बड़े मन मोहक आश्वासन देता हैं और उसके कष्टों का अंत करने का वायदा करता हैं। जनता उस पर विश्वास कर उसे राज्य सत्ता और सैनिक शक्ति प्रदान करती हैं, किंतु वह जनता की आकांक्षाओं को पूरा नहीं करता। अपनी स्थिति मजबूत करने के लिए राज्य में दमन करता हैं और बाहर युद्ध लड़ता हैं। वह स्वेच्छाचारी शासन स्थापित कर लेता हैं। यहीं निरकुशतंत्र हैं। यह तानाशाही उन्हीं लोगों का खून पीती हैं जो अपनी मेहनत से उसे भोजन देते हैं। 'काम' तत्व का सर्वाधिक पाशविक रूप निरंकुशतंत्र या तानाशाही में देखने को मिलता हैं यह सबसे निकृष्ट शासन प्रणाली हैं।

शासनों की विकृति व आदर्श वर्गीकरण के आधार पर राज्य के पतन पर विचार करते समय प्लेटो ने कुछ प्रमुख आधारों की चर्चा की हैं। पहला आधार यह हैं कि राज्य का पतन भीतर से होता हैं, यह पतन बाह्य कारणों से नहीं होता। उदाहरणार्थ, जब विवेक, साहस के अधीन हो जाता हैं। मनुष्य के भीतर तथा उसी प्रकार राज्य के भीतर असंतुलन हो जाता हैं और उसका परिणाम सैनिक तंत्र होता हैं। दूसरा आधार आत्म–नियंत्रण की अधिकता या उसका अनस्तित्व होता हैं। उदाहरणार्थ, धन की अनियन्त्रित आकांक्षा गुटतंत्र पैदा कर देती हैं तथा अंत में इसी से उसका भी अंत हो जाता हैं। अंतिम आधार, मस्तिष्क के प्रकार हैं, जिसके अनुसार प्रत्येक प्रकार का राज्य एक निश्चित प्रकार के मस्तिष्क की उपज होता हैं। यदि किसी राज्य में मस्तिष्क श्रेष्ठ हैं, तो वह राज्य भी श्रेष्ठ होता हैं। जैसा हम 'आदर्श राज्य' में देखते हैं। यदि मस्तिष्क निम्नस्तरीय हैं तो राज्य भी निम्नस्तरीय होता हैं जैसा हम गुटतंत्र व निरंकुशतंत्र में देखते हैं।

5. दार्शनिक शासक का सिद्धांत

यूनान के महान् दार्शनिक एवं राजनीतिक विचारक प्लेटो एक बहुमुखी प्रतिभा वाले व्यक्ति थे। उनके दार्शनिक रूप को उनके राजनीतिक रूप से पृथक नहीं किया जा सकता। उनके राजनीतिक विचार यद्यपि उस वातावरण से अत्यधिक संबंध थे जिसमें वे पैदा हुए और रहे थे। तथापि उन्होंने विचार सार्वभौमिक आधार पर किया और इस प्रकार उनके विचार स्थाई बन गये। प्लेटो हर एक समस्या का निदान (उपचार) दार्शनिक भाषा या दार्शनिक आधार पर ही चाहता था इसलिए उन्होंने एक दार्शनिक शासक की व्यवस्था की हैं।

प्लेटो की राजनीतिक विचारधारा की एक प्रमुख विशेषता दर्शन, नीतिशास्त्रीय व राजनीति शास्त्र, का मिश्रण हैं। स्वप्नलोकी और परिणामस्वरूप अव्यवहारिक राजनीतिक विचारक होने पर भी राजनीति विचार के रूप में प्लेटो का महत्व बहुत अधिक रहा हैं क्योंकि एक तो उनकी कृतियों से हमें उनके पूर्णवर्ती विचारकों के राजनीति विचारों की झलक मिलती हैं और दूसरे उनकी राजनीतिक विचारधारा में ऐसे मौलिक विचारों का भण्डार पाया जाता हैं जो बाद के राजनीतिक विचार की परम्परा को अनुप्रमाणित करते हैं।

दार्शनिक शासक के विषय में प्लेटो के विचार : मानव मस्तिष्क के प्रतिबिंब के रूप में निर्मित आदर्श राज्य को प्लेटो ने 'न्याय, विवेक, वीरत्व व औचित्य' पर आधारित माना हैं, और इन्हें तीन वर्गों में विभाजित कर कहा कि ये तीनों वर्ग अपनी परिधि व कार्यक्षेत्र में रहेंगे और एक–दूसरे के क्षेत्र में हस्तक्षेप नहीं करेंगे। इस व्यवस्थित राज्य का निर्माण उसने अपनी अमर कृति 'रिपब्लिक' में किया हैं। प्लेटो जब विचाराधीन ही था कि ग्लूकान व्यवधान उपस्थित कर यह पूछ लेता हैं कि क्या कभी यह सपनों का समाज अस्तित्व में आ सकता हैं, और यदि आता हैं तो किस प्रकार से आ सकता हैं? प्लेटो इन सवालों का सीधा–सादा उत्तर देते हैं कि जब तक दार्शनिक शासक नहीं होंगे तब तक एक आदर्श राज्य की नींव नहीं रखी जा सकती। दार्शनिक क्यों? शासक के संबंध में ग्लूकान उससे फिर तीन प्रश्न करता हैं कि 1. दार्शनिकों को शासक क्यों बनाया जाए, 2. सच्चा दार्शनिक कौन हैं? 3. क्या कोई सच्चा दार्शनिक होना चाहिए।

इन प्रश्नों के उत्तर देते हुए प्लेटो अपने दार्शनिक शासक की **विशेषताओं** पर प्रकाश डालते हैं जो इस प्रकार हैं :

1. सच्चे दार्शनिक का अपना कोई स्वार्थ नहीं होता : दार्शनिकों को क्यों शासक बनाया जाए? इस प्रश्न का

उत्तर यह हैं कि सच्चे दार्शनिकों का अपना कोई स्वार्थ नहीं होता और वह शक्ति के लिए शक्ति से प्रेम नहीं करता। ऐसी दशा में राज्य की शक्ति दार्शनिक को भ्रष्ट नहीं कर सकेगी तथा वह उसका प्रयोग अपने स्वार्थ की सिद्धि के लिए न करके समाज के हित के लिए करेगा और आदर्श राज्य के शासक से यही आशा की जा सकती है। अतः यह प्लेटो ने दार्शनिक शासक की असीमित सरकार की कल्पना की है।

2. वैज्ञानिक ज्ञान सम्पन्न : प्लेटो आगे कहता हैं कि वैज्ञानिक ज्ञान बहुत कम प्रतिभा सम्पन्न लोगों के अधिकार की वस्तु हैं। सद्गुण या ज्ञान की वृद्धि करने की शक्ति सभी लोगों में समान नहीं हैं। अतः सब लोग सरकार चलाने के काम में भाग नहीं ले पायेगें, जो सबसे कठिन तकनीकी कलाओं में एक गिना जाता हैं। वे कुछ लोग जिनके पास शासन करने की क्षमता होती हैं, वे उन अधिकांश लोगों पर शासन करेंगे जिनके पास शासन करने की क्षमता नहीं हैं। इस प्रकार प्लेटो के आदर्श राज्य की सरकार कुलीनों की सरकार होगी चाहे शायद वह एकाधिपत्य नहीं होगी।

3. दार्शनिक विवेक प्रेमी होता हैं : प्लेटो इरा प्रश्न के उत्तर देते हुए कि सच्चा दार्शनिक कौन हैं? लिखते हैं कि सच्चा दार्शनिक विवेक का प्रेमी होगा वह सत्य का सच्चा अन्वेषक भी होगा। उसे 'अच्छाई' के विचार का ज्ञान होगा और अपने ज्ञान के कारण वह समय का और सम्पूर्ण अस्तित्व का निरीक्षक होगा। वह जानता हैं कि सभी कार्य–कलापों का और मनुष्य जीवन का क्या ध्येय हैं? ऐसी बौद्धिक प्रमुखता के सहारे वह दूसरों से बढ़कर यह परख सकता हैं कि अपने देश के लिए क्या अधिकतम लाभप्रद हैं। अतः किसी भी समाज के लिए दार्शनिक की भूमिका सबसे अच्छी हैं।

4. राज्य तथा दार्शनिक के हित समान : प्लेटो के दार्शनिकों के शासन की एक अन्य प्रमुख विशेषता यह हैं कि पूर्ण अभिभावक अथवा दार्शनिक यह पूर्णतः अनुभव करते हैं कि उनके अपने और राज्य के हित दोनो अभिन्न हैं अथवा यही कहना उचित होगा कि अपने देश की भलाई से बढ़कर उनके कोई अपने हित हैं ही नहीं। उनकी मुख्य चिंता समाज की भलाई हैं। वे समाज की भलाई के लिए अपने आपको अर्पित करने से जितना सुख प्राप्त कर सकते हैं; उसमें सब प्राप्त कर लेते हैं। वे जिस युक्ति तत्व का प्रतिनिधित्व करते हैं वह उन्हें सिखाता हैं कि अंग का सुख पूर्ण के सुख पर ही निर्भर करता हैं। अतः राज्य की निःस्वार्थ सेवा की मनोवृति पूर्ण अभिभावकों के युक्ति संगत चरित्र से निकली हुई है।

5. उच्च प्रशिक्षण की उपज : प्लेटो के दार्शनिक–शासक ऊँचे दर्जे के प्राविधिक प्रशिक्षण की उपज हैं जिसे वे 20 वर्ष की आयु तक सैनिकों के साथ तथा 20 से 35 साल की आयु तक अकेले प्राप्त करते हैं। अतः प्लेटो के आदर्श राज्य की सरकार उन्हीं की शिक्षा प्रणाली का ही परिणाम हैं। **बार्कर** कहते हैं कि, "सरकार को किसी शिक्षा प्रणाली को परिणाम बताना विरोधाभास सा लगता हैं परंतु यह विरोधाभास तो प्लेटो में अर्न्तनिहित ही हैं।" प्लेटो शिक्षा को सरकार की उपज तथा सरकार के एक कार्य के रूप में देखने की बजाए वे सरकार को शिक्षा की ही उपज मानते हैं।

6. दार्शनिक की सरकार विधि सरकार से बेहतर : प्लेटो दार्शनिक शासक की विशेषता बताते हुए कहता है कि निसन्देह प्रत्येक समाज की अपनी सरकार होनी चाहिए लेकिन दार्शनिक की सरकार विधि की सरकार से बेहतर होगी। विधि का शासन दार्शनिक के विवेक से कम लचकदार होगा। एक दार्शनिक राजा के आदेश उनके परिपक्व विवेक के ही परिणाम हो सकते हैं और उनकी विवेचन शक्ति अपरिवर्तनशील विधियों से कहीं अधिक अच्छी होगी। जिसकी मृतप्राय एकरूपता सच्चे न्याय की भावना के विरूद्ध हैं। विधि प्रत्येक को उसका हक नहीं देती और देने में असमर्थ भी हैं। लेकिन दार्शनिक का विवेक प्रत्येक व्यक्ति को वही सब कुछ देता हैं कि जिसका वह हकदार हैं, अतः यही हमेशा लाभदायक हैं कि दार्शनिक राजा ही शासन करे। अतः प्लेटो उपरोक्त से यह स्पष्ट करते हैं कि आदर्श राज्य के दार्शनिक राजा को पूर्ण अधिकार प्राप्त होने चाहिए। विधि और जनमत का उस पर अंकुश नहीं होना चाहिए।

7. कोरे निरंकुशवादी नहीं : प्लेटो दार्शनिक शासन की सातवीं और अंतिम विशेषता बताते हुए कहते हैं कि वे किसी कोरे निरंकुशवाद का उन्नयन नहीं करते, लेकिन वे अत्यन्त स्पष्ट रूप से यह बताते हैं कि दार्शनिकों को

विधियाँ, जनमत और रिवाजों के बंधनों से मुक्त रखना चाहिए, फिर भी वे बताते हैं कि वे सभी बन्धनों से मुक्त नहीं हैं। उन्हें राज्य के संविधान की मौलिक धाराओं का सम्मान करना होगा। उन्हें उन मौलिक सिद्धांतो को जिन पर राज्य आधारित है, अचानक बदल डालना नहीं चाहिए। प्लेटो के अनुसार ये भौतिक सिद्धांत चार हैं–

(1) दार्शनिकों को इस बात की ओर सतर्क रहना चाहिए कि राज्य में अपरिमित मात्रा में धन सम्पत्ति का आयात न हो,
(2) उन्हें राज्य के आकार को उसकी एकता तथा आत्मनिर्भता के अनुकूल रखना चाहिए।
(3) उन्हें न्याय के नियम का पालन करना होगा अर्थात् प्रत्येक नागरिक से उसको सौपा हुआ कर्त्तव्य उचित ढंग से पालन करवाना होगा।
(4) अन्त में उन्हें इस बात का ध्यान रखना चाहिए कि शिक्षा प्रणाली में कोई परिवर्तन न लाया जाए। इस प्रकार अपने दार्शनिक शास्त्रों या दार्शनिक राजा को भी मौलिक तथा अपरिवर्तनीय समाज व्यवस्था का दास बनाना चाहते हैं।

'लॉज'

'लॉज' (The Laws) को प्लेटो ने सत्तर वर्ष की आयु में लिखा था। अतः उनकी आयु का प्रभाव उनकी कृति पर स्पष्ट दिखायी देती हैं। उनकी इस रचना से यह स्पष्ट प्रतीत होता हैं कि उसका वह भ्रम दूर हो गया हैं, जो उसके मस्तिष्क में उस समय था, जब उसने आदर्श राज्य पर 'रिपब्लिक' की रचना की थी। 'रिपब्लिक' में प्लेटो यदि एक आदर्शवादी, स्वप्नदृष्टा अथवा कल्पनालोक के व्यक्ति थे, तो 'लॉज' में वह एक विचारशील, यथार्थवादी बन गया है। 'लॉज' के लिखने के लिए जब तक उन्होंने अपनी लेखनी उठायी तब तक उन्हें इस बात का पक्का विश्वास हो गया था कि दार्शनिक शासक का शासन पृथ्वी पर स्थापित नहीं किया जा सकता और व्यवहारिक राजनीति दृष्टि से 'रिपब्लिक' का कोई विशेष महत्व नहीं हैं। 'लॉज' के लिखते समय प्लेटो को ऐसा विश्वास हो गया प्रतीत होता हैं कि मनुष्य पर शासन केवल विधि के द्वारा किया जा सकता है।

लॉज की प्रमुख विशेषताएँ

प्लेटो ने राजनीति के संबंध में अपनी कृति 'लॉज' में जो विविध विचार व्यक्त किये हैं, उनकी प्रमुख विशेषताओं का विवेचन निम्न उपशीर्षकों के अंतर्गत किया जा सकता हैं–

1. 'रिपब्लिक' का उद्देश्य दार्शनिक विवेक के शासन की स्थापना का था 'रिपब्लिक' विवेक को दार्शनिक शासकों के माध्यम से कार्य करना था तथा दार्शनिक शासक पर विधि का कोई नियंत्रण नहीं होना था, पर 'लॉज' में विवेक अथवा दार्शनिक विवेक को विधि के माध्यम से कार्य करना हैं। दार्शनिक शासक का स्थान वस्तुतः अब विधि ने ले लिया हैं, पर इसका कारण यह नहीं हैं, वरन् इसका कारण यह हैं कि 'रिपब्लिक' का दार्शनिक शासक एक असम्भावना हैं। यद्यपि दार्शनिक शासक के शासन को प्लेटो अब भी सर्वोत्तम मानते है, फिर भी विधि के शासन पर प्लेटो इसलिए उतर आये है कि दार्शनिक शासक उनकी आशा के अनुसार सिद्ध नहीं हुआ है। 'लॉज' का उद्देश्य दार्शनिक को राज्य का विधायक बनाकर विधियों में विवेक के तत्व का प्रवेश करना तथा उसके द्वारा पृथ्वी पर दार्शनिक विवेक के उस शासन को स्थापित करना हैं, जिसे प्लेटो दार्शनिक शासक के माध्यम से स्थापित नहीं कर सके हैं।

2. 'रिपब्लिक' में प्लेटो ने दार्शनिक शासक को विधि से ऊपर माना है तथा उसके द्वारा बनाये अधिनियम, नियम, उपनियम आदि उसके लिए मान्य न होकर ओरों के लिए मान्य बताये हैं। पर 'लॉज' में प्लेटो ने यह प्रश्न उठाया है कि क्या संरक्षक विधि से बाध्य होंगे अथवा वे विधि के अधीन होंगे। इस प्रसंग में प्लेटो ने विधि की सर्वोच्चता के सिद्धांत का प्रतिपादन किया हैं तथा कहा हैं कि संरक्षक विधि के अधीन होंगे।

3. 'रिपब्लिक' का केन्द्रिय बिन्दु न्याय है, जिसका अर्थ वह संतुलन हैं, जो कार्यों का विशिष्टीकरण करके और वासना को विवेक के अधीन रखकर प्राप्त माना गया हैं, लेकिन 'लॉज' में राज्य के विविध तत्वों के आत्मसंयम को न्याय से अधिक महत्वपूर्ण स्थान प्रदान किया गया है। 'रिपब्लिक' में आत्मसंयम को एक महत्वपूर्ण गुण माना गया था, क्योंकि उसके द्वारा कार्यों का विशिष्टकरण सम्भव हो जाता है; पर न्याय को आत्मसंयम से अधिक महत्व का स्थान प्रदान किया गया था। जहाँ तक संतुलन का प्रश्न हैं, उसे प्लेटो ने **'रिपब्लिक'** व 'लॉज' दोनों में ही आवश्यक

बदल गया हैं। 'रिपब्लिक' में संतुलन लाने का ढंग कार्यों का विशिष्टकरण करने तथा प्रस्तावना का महत्व का प्रतिपादन किया हैं।

अरस्तू (384-322 B.C)

ग्रीक यूनानी राजनीतिक विचार में प्लेटो के बाद उनके शिष्य अरस्तू का नाम आता हैं। अरस्तू सिर्फ 18 वर्ष की आयु में ही एथेन्स में आकर प्लेटो की 'अकादमी' में भर्ती हो गया। अरस्तू राजनीति के इतिहास में राजनीतिक विज्ञान के पिता के रूप में जाने जाते हैं, क्योंकि इन्होंने ही सबसे पहले राजनीति का वैज्ञानिक अध्ययन किया था जिसके लिए अरस्तू लगभग 158 संविधान का अध्ययन किया था तथा इसी आधार पर उसने संविधानों के वर्गीकरण का सिद्धांत और क्रांति के सिद्धांत का प्रतिपादन किया।

अरस्तू सिकंदर के गुरू थे जिसने उसको यूनानियों का नेता और बर्बर जातियों का स्वामी बनने की शिक्षा दी। एथेन्स में 'लीसीयम' नाम से विख्यात उसका विद्यालय चार बड़े दार्शनिक विद्यालयों में से एक था। अरस्तू ने दासता के सिद्धांत का भी प्रतिपादन किया साथ ही अपने गुरू की कुछ शिक्षाओं को अपनाते हुए काफी विचारों (पत्नियों का साम्यवाद और सम्पत्ति का साम्यवाद) की आलोचना भी की। अतः अरस्तू आज भी एक महान राजनीतिक वैज्ञानिक के रूप में जाने जाते हैं। जिन्होंने तुलनात्मक राजनीति की शुरूआत भी अपने ग्रन्थ 'Politics' में की थी।

रचनाएं–(1) The Politics (2) The Constitution (3) Eudemus or on the Soul (4) Proteomics (5) Poetics (6) Physics (7) De-Anima (8) The Topics (9) Meteorology (10) History of Animals.

1. राज्य का सिद्धांत

राज्य की उत्पत्ति और विकास : अरस्तू के अनुसार व्यक्ति अपनी प्रकृति से ही एक राजनीतिक प्राणे है और राज्य व्यक्ति की इस प्रकृति का ही परिणाम है।

अरस्तू के अनुसार राज्य मनुष्य की सामाजिकता का परिणाम है। सामाजिक प्राणी अन्य जीवधारियों से अलग भी पाया जाता है। व्यक्ति विचारशील और विवेकशील प्राणी हैं, इसलिए उसकी सामाजिकता अन्य श्रेणी के जीवधारियों से भिन्न हैं। यह सामाजिकता मनुष्य की मूल प्रवृत्तियों तथा कुछ विशेष उद्देश्यों पर आधारित है और इसने अनेक स्थितियों से गुजरकर अपना पूर्ण विकास प्राप्त किया हैं। सर्वप्रथम, विवाह पद्धति के आधार पर उसने सबसे पहली सामाजिक संस्था कुटुम्ब की स्थापना की, जिसमें पति–पत्नी, संतान और दास एक साथ रहते हैं। कौटुम्बिक व्यवसाय में हमें राज्य का बीज दिखायी देता है, क्योंकि कुटुम्ब का स्वामी शासक के रूप में कार्य करता है। कुटुम्ब स्वाभाविक समुदाय हैं, क्योंकि यह संतानोत्पत्ति और सुरक्षा की आवश्यकताओं को पूरा करता हैं।

परंतु व्यक्ति केवल सुरक्षा ही नहीं चाहता, उसकी अन्य भी अनेक भौतिक तथा आध्यात्मिक आवश्यकताएं हैं। इसलिए कुछ कुटुम्ब मिलकर गाँव का निर्माण करते हैं। ग्राम के द्वारा व्यक्तियों के पारस्परिक झगड़े निबटाने और उनके सामूहिक जीवन व्यतीत करने का प्रबंध किया जाता हैं। लेकिन ग्राम भी व्यक्तियों की सभी भौतिक, बौद्धिक और नैतिक आवश्यकताएं पूरी नहीं कर पाते। अतः ग्रामों में सम्मिलन से नगर–राज्य का जन्म होता है। राज्य सुरक्षा और न्याय प्रदान करने की आवश्यकता ग्राम की तुलना में अधिक अच्छे प्रकार से विकसित कर सकता हैं। अतः नगर–राज्य व्यक्तियों का अंतिम और पूर्ण एवं श्रेष्ठतम समुदाय है। इस प्रकार अरस्तू के अनुसार कुटुम्ब से ग्राम और ग्राम से राज्य अस्तित्व में आये। उसके द्वारा दी गयी राज्य की परिभाषा भी यही बताती है। अरस्तू के अनुसार, "राज्य कुलों और ग्रामों का एक ऐसा समुदाय हैं जिसका उद्देश्य पूर्ण और आत्मनिर्भर जीवन की प्राप्ति हैं।"

विशेषताएं :

राज्य का स्वरूप और उसकी विषेषताओं का अध्ययन निम्नलिखित बिंदुओं के अन्तर्गत सुगमता से किया जा सकता हैं–

1. राज्य स्वाभाविक समुदाय है : अरस्तू का विश्वास हैं कि मनुष्य एक राजनीतिक प्राणी है और राज्य एक स्वाभाविक समुदाय है। राज्य मानव के भावानात्मक जीवन की अभिव्यंजना है और इससे अलग रहकर व्यक्ति अपने जीवन के लक्ष्य की प्राप्ति नहीं कर सकता। राज्य परिवार का ही वृहत रूप होने के कारण यह भी वैसे ही स्वाभाविक हैं जैसे कि परिवार। व्यक्ति के विकास का जो कार्य परिवार में प्रारम्भ होता हैं, उसकी पूर्ण सिद्धि राज्य में ही की जा सकती हैं। इस प्रकार राज्य सामाजिक जीवन के

विकास की अंतिम अवस्था हैं। **सेबाइन** के अनुसार, ''जिस प्रकार बंजुफल (Acorn) के लिए बंजू (Cak) वृक्ष में विकसित होना स्वाभाविक हैं उसी प्रकार मानव प्रकृति की उच्चतम शक्तियों का विकास राज्य में होना स्वाभाविक हैं।''

व्यक्ति के लिए राज्य का अस्तित्व उतना ही आवश्यक हैं जितना की परिवार का। परिवार में व्यक्ति की कुछ भावानात्मक और कुछ आर्थिक आवश्यकताएँ पूरी होती हैं, ग्राम इनके अतिरिक्त कुछ और आवश्यकताओं की पूर्ति करता हैं, परंतु मनुष्य का पूर्ण बौद्धिक और नैतिक विकास राज्य में ही सम्भव हैं। इस प्रकार अरस्तू अपने इस निष्कर्ष पर पहुचंता हैं कि ''राज्य का उदय जीवन के लिए हुआ और सद्जीवन के लिए उसका अस्तित्व बना हुआ हैं।''

2. राज्य व्यक्ति से पूर्व का संगठन हैं : अरस्तू ने राज्य के प्रश्न पर विचार करते हुए यह भी कहा हैं कि ''राज्य व्यक्ति से पूर्व संगठन हैं।'' ऐसा कहने में अरस्तू का तात्पर्य यह नहीं था कि ऐतिहासिक दृष्टि से राज्य का जन्म पहले हुआ, वरन् उसके कहने का अभिप्राय यह था कि मानसिक या मनोवैज्ञानिक दृष्टि से राज्य का जन्म पहले ही हो चुका था। यह कैसे हुआ, इस संबंध में यह कहा जा सकता हैं कि राज्य एक पूर्ण समुदाय हैं, व्यक्ति केवल एक तत्व। पूर्णता पहले आती हैं, उसके बाद में अंग, इसलिए राज्य व्यक्ति से पूर्ववर्ती हैं। मनुष्य के बौद्धिक विकास की पूर्ण कल्पना के रूप में राज्य का जन्म व्यक्ति, परिवार और ग्राम के अस्तित्व में आने से पूर्व ही हो चुका था। अरस्तू का कथन है कि, ''समय की दृष्टि से परिवार पहले हैं, परंतु प्रकृति की दृष्टि से राज्य पहले हैं।''

3. राज्य सर्वोच्च समुदाय हैं : परिवार, ग्राम और राज्य ये सभी विभिन्न प्रकार के समुदाय हैं। परिवार व ग्राम आदि, प्रत्येक अन्य समुदाय उद्देश्य किसी विशिष्ट तथा हीनतर अच्छाई की प्राप्ति करना हैं, परंतु राज्य का उद्देश्य 'सर्वोच्च अच्छाई' की प्राप्ति करना है। स्वाभाविक रूप से राज्य समुदाय मात्र ही नहीं हैं; वरन् वह सर्वोच्च समुदाय हैं। राज्य मनुष्य की सामाजिक प्रवृत्ति के विकास की चरम सीमा हैं और व्यक्ति के भौतिक, बौद्धिक एवं नैतिक व्यक्तित्व का पूर्ण विकास राज्य के अंतर्गत ही सम्भव हैं। इस प्रकार राज्य सर्वोच्च समुदाय हैं और अन्य सभी समुदाय इसके अंग में लिपटे हुए हैं।

4. राज्य का स्वरूप जैविक हैं : अरस्तू के अनुसार राज्य विभिन्न प्रकार के अंगों से मिलकर बना हुआ हैं यह 'सम्पूर्ण चेतन' हैं, व्यक्ति और समुदाय इसके अंग हैं। जिस प्रकार शरीर के अंगों का समस्त महत्व मानव जीवन पर निर्भर करता है, उसी प्रकार व्यक्तियों और समुदायों का जों कुछ भी महत्व हैं, वह सब राज्य की जीवन देने वाली शक्ति के कारण हैं। राज्य के अभाव में वे सब जड़ हो जायेंगे और इनका विनाश हो जायेगा। व्यक्ति राज्य के सदस्य के रूप में अर्थात् राज्य में रहकर ही अपना विकास कर सकता हैं।

5. राज्य एक आत्मनिर्भर संगठन हैं : अरस्तू का विचार हैं कि राज्य सभी वस्तुओं के विषय में आत्मनिर्भरता की पराकाष्ठा तक पहुँचा हुआ संगठन हैं। परिवार तथा ग्राम के द्वारा व्यक्ति की भौतिक आवश्यकताओं की पूर्ति आंशिक रूप में ही की जाती हैं, राज्य ही एकमात्र ऐसा संगठन हैं, जो इन आवश्यकताओं की पूर्ण रूप से पूर्ति कर सकता हैं। इसके साथ ही राज्य व्यक्ति की प्रकृति की उच्चतम आवश्यकताएं, उसकी बौद्धिक तथा नैतिक आवश्यकताएं भी पूरी करता है। अतः राज्य में व्यक्ति को किसी प्रकार का अभाव नहीं रहता और इसी कारण इसे एक आत्मनिर्भर संगठन कहा गया है।

6. नगर-राज्य सर्वाधिक श्रेष्ठ राजनीतिक संगठन हैं : अरस्तू के लिए प्लेटो की ही भाँति नगर–राज्य सर्वाधिक श्रेष्ठ राजनीतिक संगठन था। यद्यपि उसके जीवनकाल में ही फिलिप ने यूनान के नगर–राज्यों का अंत कर अपने साम्राज्य की स्थापना की थी, लेकिन अरस्तू ने इन साम्राज्यों के संबंध में बिलकुल भी विचार नहीं किया हैं। उसने भविष्य में निर्मित राष्ट्रीय–राज्यों की भी कल्पना नहीं की हैं।

राज्य के उद्देश्य व कार्य :

सर्वप्रथम उन्होंने यह समझाया हैं कि राज्य का क्या कर्त्तव्य नहीं हैं और फिर यह समझाया हैं कि उसका क्या कर्त्तव्य होना चाहिए। इस प्रकार वे एक नकारात्मक मार्ग से चले हैं और सकारात्मक उत्तर से अंत तक पहुंचे हैं। राज्य के उद्देश्य व कार्यों से संबंधित अरस्तू के विचारों का विवेचन हम निम्न शीर्षको में कर सकते हैं–

1. राज्य के उद्देश्य नहीं : अरस्तू के अनुसार सर्वप्रथम राज्य का अस्तित्व व्यक्ति के लिए इसलिए नहीं हैं कि वह

जीवन भर बना रहे। दूसरे शब्दों में, राज्य का अस्तित्व केवल इसलिए नहीं हैं कि वह व्यक्ति की आत्मा व उसके शरीर को इकट्ठा बनाये रखें, क्योंकि यदि ऐसा होता, तो गुलाम व जानवर भी राज्य के अंग होते या उनका कोई महत्त्वपूर्ण स्थान होता, क्योंकि अन्न व खाद्य उत्पन्न करने के साधन होने के कारण व्यक्ति को केवल जीवित रखने के लिए गुलाम व जानवर सबसे अधिक सहायक होते हैं। अरस्तू की राज्य–व्यवस्था में गुलामों को अलग छोड़ दिया गया हैं अथवा उन्हें निम्नतम सामाजिक स्तर प्रदान किया गया हैं। इस प्रकार अरस्तू कम–से–कम अपने मस्तिष्क में यह सिद्ध कर लेते हैं कि राज्य का अस्तित्व व्यक्ति को केवल जीवित बनाये रखने के लिए अथवा उसे अपना जीवन बनाये रखने में सहायता प्रदान करने मात्र के लिए नहीं हैं। दूसरे, वे यह कहते हैं कि राज्य केवल संधिवार्ता करने के लिए अथवा अन्य राज्यों से गठबंधन करने के लिए ही नहीं हैं। यदि ऐसा होता, तो अनेक राज्यों का एक सम्मिलित राज्य बन जाता हैं, क्योंकि विविध नगर राज्यों के नागरिक एक ही राज्य के अंर्तगत रहना अधिक पसंद करते हैं। अरस्तू का कहना हैं कि परस्पर विरोधी लोग विविध राज्यों में रहते हैं, फिर भी उनके बीच व्यापारिक सम्बंध होते हैं। इससे यह सिद्ध होता है कि वे अलग–अलग राज्यों में रहना अधिक पसंद करते हैं क्योंकि इस प्रकार के राज्यों को पृथकता उनके लिए उस एकता से अधिक लाभप्रद होती हैं, जो संधियों व समझौतों पर अधारित होती हैं और इसलिए सन्धिवार्ता या समझौता करना ही राज्य का उद्देश्य नहीं हो सकता। तीसरे, राज्य का अस्तित्व लोगों से उनका कर्त्तव्य कराने अथवा संविदाओं को पूरा कराने के लिए न्यायकार्य के लिए भी नहीं हैं। इस संबंध में अरस्तू प्लेटो के आलोचक हैं, जिन्होंने अपने 'रिपब्लिक' में राज्य का कार्य केवल न्याय बनाये रखने तक ही सीमित कर दिया है।

2. राज्य के उद्देश्य हैं : उक्त नकारात्मक तर्कों को प्रस्तुत करने के बाद अरस्तू राज्य के वास्तविक उद्देश्य की बात कहते हैं, जो उनके अनुसार व्यक्ति का कल्याणमय जीवन और राज्य का कार्य व्यक्ति के सम्पूर्ण व्यक्तित्व के विकास की व्यवस्था करना हो जाता हैं तथा उसका कार्यक्षेत्र इतना व्यापक व वैविधपूर्ण हो जाता हैं कि सम्पूर्ण मानव जीवन उसके अंतर्गत हो जाता हैं और राज्य एक ही साथ मनुष्य के सामाजिक, राजनीतिक व नैतिक कल्याण का अभिकरण हो जाता हैं। अरस्तू के स्वयं के शब्दों में, "राज्य का अस्तित्व केवल जीवन के लिए नहीं, वरन् अच्छे जीवन के लिए हैं, राज्य का अस्तित्व एक पूर्ण व आत्म–पर्याप्त जीवन के लिए हैं, तथा राजनीतिक समाज का अस्तित्व मनुष्यों को परस्पर साथी बनाने के लिए ही नहीं वरन् वह इसलिए हैं कि मनुष्य अच्छे कार्य कर सके।"

3. राज्य अधिक उपयुक्त संगठन हैं : अरस्तू यह सुझाव देते हैं कि राज्य अपने उद्देश्य की पूर्ति कर सके, इसके लिए कुछ निश्चित बातों का होना आवश्यक हैं। उनका मत हैं कि जब तक लोगों में घनिष्ठ संबंध व सहयोग नहीं होगा, राज्य ठीक से कार्य नहीं कर सकता। इसके लिए यह आवश्यक है कि राज्य का क्षेत्र व उसकी जनसंख्या का आकर छोटा हो, जिससे उसमें रहने वाले लोगों में पारस्परिक सहायता व परनिर्भरता के बंधनों से बंधे होने की अनुभूति रहे। इस प्रकार की भावना उन्हीं लोगो में हो सकती हैं, जो एक स्थान पर रहते हों और परस्पर विवाह–संबंध करते हों। एक अन्य स्थान पर **अरस्तू** ने इसी बात की ओर संकेत यह कहकर किया हैं कि "राज्य इस प्रकार का होना चाहिए, जिसमें पारिवारिक संबंध, मातृत्व की भावना, सार्वजनिक त्याग व आनन्दानुभूति लोगों को एकत्रित कर सकें।" यह कहने की आवश्यकता नहीं हैं कि इस प्रसंग में अरस्तू भी उसी प्रकार छोटे–छोटे नगर राज्यों के आदर्श से प्रभावित हैं, जिस प्रकार प्लेटो थे।

2. अरस्तू का संविधान का सिद्धांत

अरस्तू के अनुसार नागरिक का अर्थ राजसता में भाग लेना है यह अधिकार किसको मिलना चाहिए इसका उत्तर संविधान में निहित होता है। संविधान में राज्य के विभिन्न पदों का वर्णन होता हैं। विभिन्न पदों की शक्तियों का संप्रभुत्ता के निवास का तथा राज्य के उद्देश्य का वर्णन होता है। राज्य सत्ता की सामान्य पद्धति जिससे राज्य के समस्त कार्य सम्पादित किये जाते हैं संविधान पर ही आधारित होती हैं। अतः कहा जा सकता है कि राज्य का सार उसका विधान होता हैं इसका अर्थ यह हुआ कि संविधान के द्वारा राज्य का निर्माण किया जाता हैं और शासक वर्ग का स्वरूप संविधान के स्वरुप को निर्धारित

करता है। इस दृष्टि से राज्य और संविधान एक ही वस्तु हैं और संविधान में परिवर्तन का तात्पर्य राज्य में परिवर्तन है। यूनानियों के लिए संविधान में परिवर्तन हो जाने का अर्थ केवल पद व्यवस्था में हेर–फेर हो जाना नहीं था बल्कि वह जनता के नैतिक सामाजिक और आर्थिक मूल्यों का पलट जाना था। वह एक तरह की क्रांति थी।

अरस्तु की संविधान संबंधी उपरोक्त धारणा यूनान के तत्कालीन इतिहास के प्रकाश में बनी थी। उस समय प्रायः प्रत्येक नगर–राज्य में वर्गतंत्रियों तथा जनतंत्रियों में एक कटु संघर्ष रहता था किसी भी एक दल की जीत का अर्थ केवल यही नहीं था कि उसके नेता सरकार बना ले बल्कि उस जीत से यह निर्णय भी होता था कि राज्य की सर्वोच्च शक्ति कुछ थोड़े से व्यक्तियों के हाथों में रहे अथवा शासन की बागडोर सर्वसाधारण के हाथ में चली जाए। जनतंत्रियों की विजय का अर्थ था, अधिक व्यक्तियों के हाथ में सत्ता का होना और वर्गतंत्रियों की विजय का मतलब था कि एक दूसरा वर्ग राज्य में प्रधान होगा। एक आधुनिक राज्य में संविधान दलगत संघर्ष से ऊपर होता है यूनानियों के लिए यह संघर्ष का कारण था।

अरस्तु के इन विचारों से उसके द्वारा इंगित राज्य और सरकार का भेद सुन्दरता से स्पष्ट हो जाता है। जहाँ राज्य नागरिकों का समुदाय हैं वहाँ सरकार उन नागरिक का समूह हैं जिनके हाथों में राजनीतिक शक्ति और शासन–संचालन का कार्य हैं। उच्च राजनीतिक पदों वाले व्यक्तियों में परिवर्तन आने पर सरकार में भी परिवर्तन आ जाता हैं परंतु राज्य में परिवर्तन तब आते हैं जब इसके संविधान में परिवर्तन हो।

संविधान का वर्गीकरण : अरस्तू द्वारा संविधान का वर्गीकरण राजनीतिक शास्त्र को कोई मौलिक देन नहीं हैं। उसने प्लेटो द्वारा (Statesman) "स्टेटसमैन" में किए गए राज्यों के वर्गीकरण को ही अपना आधार बनाया हैं।

अरस्तू ने संविधानों का अपना वर्गीकरण दो सिद्धांतों के आधार पर किया है।

1. **संख्या :** पहला आधार यह हैं कि कितने लोगों के पास शासन कार्य तथा राजसत्ता हैं तथा
2. **लक्ष्य या उद्देश्य :** दूसरा आधार यह है कि शासन कार्य का उद्देश्य क्या है उद्देश्य के आधार पर संविधान को स्वाभाविक रूप तथा विकृत रूप, दो रूपों में विभक्त किया गया हैं।

3. क्रांति संबंधी विचार

अरस्तू ने क्रांति, उसके कारणों और प्रतिकार के उपायों का विवेचन ऐतिहासिक अध्ययन और पर्यवेक्षण के आधार पर किया है। उसने 158 देशों में संविधान का अध्ययन करने के बाद परिपक्व राजनीतिक बुद्धिमत्ता के आधार पर यह विवेचन प्रस्तुत किया हैं। पॉलिटिक्स की **सातवीं पुस्तक** में उसने राज्य क्रांति और संविधान में परिवर्तन लाने वाले कारणों पर प्रकाश डाला हैं और **दूसरी पुस्तक** में उसने उन उपायों का सुझाव दिया हैं जिनके आधार पर क्रांति का प्रतिकार किया जा सकता हैं। **सेबाइन** ने ठीक ही लिखा हैं कि, "इस विषय से संबंधित 'पॉलिटिकस' के पृष्ठ उसकी राजनीतिक सूझबूझ एवं यूनानी नगर–राज्यों के शासन का अधिकारपूर्ण ज्ञान प्रकट करते हैं।"

क्रांति का अभिप्राय : अरस्तू के द्वारा 'क्रांति' शब्द का प्रयोग फ्रेंच क्रांति या साम्यवादी क्रांति के अर्थ में नहीं किया गया, वरन् उसके अनुसार राज्य, संविधान या शासन सत्ता से होने वाला प्रत्येक परिवर्तन क्रांति हैं। अरस्तु के अनुसार क्रांति के प्रमुख रूप से निम्न प्रकार हो सकते हैं–

1. शासन व्यवस्थाओं में परिवर्तन हो जाए : पहले से स्थापित किसी शासन व्यवस्था के स्थान पर दूसरी शासन व्यवस्था स्थापित करना; जैसे–जनतंत्र के स्थान पर धनिकतंत्र या धनिकतंत्र के स्थान पर जनतंत्र स्थापित करना।

2. आधारभूत तत्त्वों की मात्राओं में परिवर्तन : अनेक बार क्रांति किसी शासन व्यवस्था के मूल रूप को बदलने के लिए नहीं; किंतु उसके आधारभूत तत्व की मात्रा को परिवर्तित करने के लिए होती हैं, जैसे–जनतंत्र की अधिक या कम जनतंत्रात्मक बनाना।

3. शासनधिकारियों में परिवर्तन : यदि शासन व्यवस्था के स्वरूप को अपरिवर्तित रखते हुए शासन करने वाले व्यक्तियों में कोई परिवर्तन होता हैं, तो वह भी क्रांति का एक रूप ही हैं। विशेष बात यह हैं कि एक देश के शासक वर्ग में जो परिवर्तन होते हैं, चाहे उन परिवर्तनों से शासन व्यवस्था का मूल रूप अप्रभावित रहे, अरस्तू उन्हें क्रांति की संज्ञा देता है।

क्रांति के कारण : अरस्तू ने क्रांति के कारणों की विवेचना तीन रूपों में की हैं– 1. सामान्य कारण, 2. विशेष कारण, तथा 3. विशेष प्रकार की शासन व्यवस्थाओं से संबंधित कारण।

1. सामान्य कारण : क्रांति के सामान्य कारण निम्नलिखित हैं :

(*i*) **असमानता :** क्रांति का सर्वमान्य कारण व्यक्ति की असमानता का अंत कर समानता की प्राप्ति के लिए लालसा हैं। समानता के दो रूप होते हैं–पूर्ण समानता और आनुपातिक समानता। सर्वसाधारण जनता पूर्ण समानता में विश्वास करती हैं और यह महसूस करती हैं कि शासकों के समान होने के बावजूद भी हमारा उचित अधिकार हमें नहीं मिल रहा हैं। आनुपातिक समानता का अर्थ योग्यता संबंधी समानता हैं और विशेष वर्ग आनुपातिक समानता की मांग करते हुए यह महसूस करता हैं कि धन तथा योग्यता और अन्य बातों की श्रेष्ठता के अनुपात में उन्हें राजनीतिक शक्ति में अधिक भाग नहीं मिल रहा हैं। पूर्ण और आनुपातिक समानता के इस पारस्परिक विरोध का परिणाम क्रांति के रूप में प्रकट होता है।

2. विशेष कारण : अरस्तू ने क्रांति के विशेष कारण निम्न बताये हैं :

(*i*) शासकों की धृष्टता तथा लाभ की लालसा
(*ii*) सम्मान की लालसा
(*iii*) किसी प्रकार की उत्कृष्टता
(*iv*) घृणा
(*v*) भय
(*vi*) प्रमाद
(*vii*) विदेशी या विजातीय तत्व
(*viii*) क्षुद्र घटनाएं
(*ix*) परस्पर विरोधी वर्गो का संतुलित होना

3. विभिन्न राज्यों या शासन प्रणालियों में क्रांति के विशेष कारण

(*i*) **प्रजातंत्र में क्रांति के कारण :** प्रजातंत्र में क्रांति का विशेष कारण **वाग्वीर** (Demagogues) होते हैं। ये वाग्वीर सस्ती लोकप्रियता प्राप्त करने के लिए अपने जोशीले भाषणों से जनता को धनिकों के विरूद्ध भड़काते हैं, उनके साथ अन्यायपूर्ण व्यवहार करते हैं और अंत में उन्हें क्रांति के लिए विवश करते हैं। अनेक बार ये वाग्वीर नेता अपने जोशीले भाषणों के आधार पर स्वयं शासन सत्ता हथिया लेते हैं।

(*ii*) **धनिकतंत्र में क्रांति के कारण :** धनिकतंत्रों में क्रांति दो विशेष कारणों से होती हैं : प्रथम, शासकों का सर्वसाधारण के प्रति अन्याययुक्त व्यवहार; और दूसरे, शासक वर्ग में फूट तथा दल बन्दियाँ।

(*iii*) **कुलीनतंत्र में क्रांति के कारण :** कुलीनतंत्र में क्रांति को जन्म देने वाले तीन मुख्य कारण होते हैं–प्रथम, पद अथवा प्रतिष्ठा बहुत कम व्यक्तियों में सीमित कर देना। द्वितीय, किसी शक्तिशाली व्यक्ति की महत्वाकांक्षा अथवा असंतोष। तृतीय, विभिन्न वर्गों में उचित सामंजस्य का अभाव। संवैधानिकतंत्र (Polity) में क्रांति का मुख्य कारण लोगों द्वारा अपने को शासक वर्ग के समान योग्य और गुणशाली समझना हैं।

(*iv*) **राजतंत्र में क्रांति के कारण :** राजतंत्र या आततायीतंत्र में क्रांति प्रमुख रूप से इन कारणों से होती हैं– (i) शासक या सामान्य जनता के प्रति अपमानजनक व्यवहार जिससे जनता में शासक के प्रति घृणा उत्पन्न हो जाए। (ii) किसी प्रमुख व्यक्ति का व्यक्तिगत अपमान जिससे वह षड्यंत्र और विद्रोह के लिए प्रेरित हो। (iii) विरोधी लक्षण वाले पड़ौसी राज्य का प्रभाव।

क्रांतियों के प्रतिकार के उपाय

अरस्तू क्रांति के लिए दो प्रकार के उपायों का उल्लेख करता हैं– (i) सामान्य उपाय (ii) विशेष उपाय।

(i) **सामान्य उपाय**- क्रांति के प्रतिकार करने के सामान्य उपाय निम्नलिखित हैं:

1. शासक और शासित में सदभावनापूर्ण संबंध
2. नागरिकों को संविधान की भावना के अनुरूप शिक्षित करना
3. कानूनों का पालन
4. राजनीतिक सत्ता पर एकाधिकार नहीं
5. भ्रष्टाचार रहित शासन
6. विभिन्न वर्गों में संतुलन
7. विदेशियों की उच्च पदों पर नियुक्ति नहीं
8. बाहरी आक्रमण का भय खड़ा करना

4. दासता संबंधी विचार

प्लेटो की भांति अरस्तू ने भी दासता के विषय में अपने विचारों का प्रतिपादन किया। प्लेटो शायद उत्पादक वर्ग (दास) को सबसे हेय समझते थे इसलिए उन्होंने इनका विस्तार से विवेचन नहीं किया लेकिन अरस्तू इस वर्ग को एक आवश्यक वर्ग के रूप में देखते थे। इसीलिए अरस्तू ने इस दासता वर्ग के ऊपर अपने विचारों में काफी

विस्तारपूर्वक स्थान दिया हैं। अरस्तू ने दासता को एक आवश्यक तत्व माना हैं जो सम्पत्ति के समान हैं और गृहस्थी और परिवार के सहायक तत्व भी है।

प्लेटो तथा अरस्तू की तुलना

ग्रीक यूनानी राजनीति चिंतन के इतिहास में दो उच्च कोटी के विचारक हुए हैं। जिसमें से एक प्लेटो हैं और दूसरा अरस्तू। एक (प्लेटो) को आदर्शवाद का पिता कहा जाता हैं, तो दूसरे (अरस्तू) को हम यथार्थवाद का जनक भी कहते हैं।

दोनों विचारकों ने राजनीति को जो भेंट अपने सिद्धांतों के रूप में प्रदान की हैं उसको हम भुला नहीं सकते हैं।

वैसे तो एक–दूसरे के साथ इनकी तुलना करना हमारे लिए सूर्य को दीपक दिखाने के समान होगा, लेकिन अध्ययन के सरलतम व्यवहार के कारण इनके सिद्धांतों की तुलना की जाती रही हैं। यहाँ हम अरस्तू और प्लेटो के सिद्धांतों के समान और असमान तंत्वों पर विस्तार से विवेचना करेगें जो इस प्रकार हैं–

अरस्तू के न्याय सिद्धांत का संक्षेप में वर्णन

प्लेटो के समान ही अरस्तू भी राज्य के लिए न्याय को बहुत महत्वपूर्ण मानता है, लेकिन अरस्तू ने न्याय की धारणा का प्रतिपादन प्लेटो से भिन्न रूप में किया है। अरस्तू न्याय को सद्‌गुणों का समूह मानता हैं। व्यक्ति के न्यायप्रिय होने के लिए यह आवश्यक हैं कि वह समुदाय के अन्य सदस्यों के प्रति नैतिक कर्त्तव्यों का पालन करे। अरस्तू सर्वप्रथम न्याय के दो भेद करता हैं– पूर्ण न्याय और विशेष न्याय।

1. पूर्ण न्याय : पूर्ण न्याय नैतिक गुणों और चरित्र की श्रेष्ठता का नाम हैं और इसका तात्पर्य यह है कि एक व्यक्ति दूसरे व्यक्तियों के साथ अपने संबंधों में नैतिक गुणों का पालन करें। अरस्तू के अनुसार पूर्ण न्याय कानूनों के अनुरूप आचरण करने में निहित हैं। विभिन्न स्थितियों में पूर्ण न्याय की व्याख्या करते हुए कहा जा सकता है, "परिवार में न्याय का अर्थ हैं स्वामी का दास पर या पति का पत्नी पर या घर के मालिक का सदस्यों पर स्वाभाविक शासन। गाँव में न्याय का अर्थ हैं–सबसे सयाने पुरुष द्वारा गाँव के दूसरे लोगों का नेतृत्व। एक सक्षम राज्य में न्याय का अर्थ हैं शिक्षित, सभ्य और गुणवान व्यक्ति द्वारा अपने व अन्य लोगों पर उचित शासन की व्यवस्था।"

2. विशेष न्याय : विशेष न्याय का संबंध सद्‌गुण और भलाई के विशेष रूपों से हैं जिनके आधार पर हम दूसरों के साथ न्यायोचित व्यवहार करते हैं। इसे अरस्तू पुनः दो उपभेदों में बाँटता हैं–वितरणात्मक न्याय और सुधारक न्याय।

1. वितरणात्मक न्याय : यह प्रत्येक व्यक्ति को समाज के सदस्य के रूप में उसका उचित भाग प्रदान करता हैं। इसका अर्थ यह हैं कि राज्य अपने नागरिकों के महत्व और योग्यता को दृष्टि में रखते हुए उनमें राजनीति पदों, सम्मानों, अन्य लाभों या पुरस्कारों का बंटवारा न्यायपूर्ण रीति से करे, क्योंकि इनके विषय वितरण से राज्य में असंतोष उत्पन्न हो जाता हैं, जो क्रांति को जन्म देता हैं। स्वयं **अरस्तू** के शब्दों में इसका अर्थ हैं, "राज्य के उद्देश्य की पूर्ति के लिए किये गये योगदान के अनुपात में प्रत्येक के द्वारा अधिकार की प्राप्ति।"

समाज का सदस्य होने के नाते प्रत्येक व्यक्ति को राज्य के कार्यों में भाग लेने का समान अधिकार प्राप्त होता हैं, अतः जहाँ तक सम्भव हो, पदों के वितरण में किसी प्रकार का पक्षपात नहीं किया जाना चाहिए। किसी भी व्यक्ति को अचानक या विषम अनुपात में सत्ता प्राप्त नहीं करने दिया जाना चाहिए क्योंकि व्यक्ति सरलता से भ्रष्ट हो जाते हैं और प्रत्येक व्यक्ति सम्पन्नता को सहन नहीं कर सकता। अरस्तू की वितरणात्मक न्याय की धारणा का तात्पर्य यही हैं और वितरणात्मक न्याय का विचार ही उसकी न्याय संबंधी सम्पूर्ण धारणा में सर्वाधिक महत्वपूर्ण हैं।

2. सुधारक न्याय : सुधारक न्याय का विचार नागरिकों के पारस्परिक व्यवहार से संबंधित हैं। यह एक नागरिक के दूसरे नागरिकों के साथ संबंध को नियंत्रित करता हैं और राज्य के नागरिकों के पारस्परिक व्यवहार में जो बुराइयाँ उत्पन्न हो जाती हैं, उन्हें दूर करता हैं। उदाहरण के लिए, यदि कोई व्यक्ति किसी दूसरे व्यक्ति के साथ किये गये समझौते की शर्त को तोड़ता हैं तो राज्य न्यायालय के आधार पर दूसरे पक्ष के साथ होने वाले इस प्रकार के अन्याय को दूर करता हैं और यदि एक व्यक्ति दूसरे व्यक्ति को हानि पहुँचाता हैं तो राज्य हानि पहुँचाने वाले पक्ष को दण्ड़ित करके इस त्रुटि को दूर करने का प्रयत्न करता है।

प्लेटो और अरस्तू की न्याय संबंधी धारणा में भेद : दोनों यूनानी विचारकों ने न्याय पर विचार किया हैं लेकिन कुछ भेद इस प्रकार हैं–

1. प्लेटो का न्याय कर्त्तव्यमूलक हैं जबकि अरस्तू का न्याय अधिकारमूलक : प्रथम भेद यह हैं कि प्लेटो भिन्न श्रेणियों के व्यक्तियों के विविध कर्त्तव्य निश्चित करता हैं किंतु अरस्तू व्यक्तियों की योग्यता तथा राज्य के प्रति उनके कार्यों को दृष्टि में रखते हुए उन्हें समान अनुपात में पद और सम्मान प्रदान करता है।

2. समाज संबंधी धारण में अंतर : प्लेटो के अनुसार समाज (राज्य) तीन मुख्य वर्गों में विभाजित है और प्रत्येक वर्ग के सदस्यों के कर्त्तव्य राज्य द्वारा निश्चित किये जाते हैं, परंतु अरस्तू राज्य को समान व्यक्तियों का समुदाय मानता हैं। अतः दोनों विचारकों की न्याय संबंधी धारणाओं में महत्वपूर्ण अन्तर हैं। अरस्तू के अनुसार आनुपातिक समता के आधार पर प्रत्येक नागरिक राज्य के किसी भी पद और पुरस्कार का अधिकार हो सकता है, परंतु प्लेटो सभी नागरिकों को इस प्रकार का अधिकार नहीं देता है।

3. अवधारणा संबंधी अंतर : अरस्तू के न्याय की धारणा प्लेटो की धारणा की अपेक्षा अधिक सुस्पष्ट और विशद् हैं। प्लेटो केवल न्याय के सामान्य रूप का वर्णन करता हैं, किंतु अरस्तू न्याय के विभिन्न भेदों (पूर्ण न्याय तथा विशिष्ट न्याय) तथा उनके स्वरूप पर विस्तार से प्रकाश डालता है।

अरस्तू की न्याय की धारणा, विशेषता वितरणात्मक न्याय की धारणा, न्याय के वर्तमान विचार से भी भिन्न है, क्योंकि वर्तमान समय में हम न्याय की धारणा के अंतर्गत नागरिकों के पद प्राप्त करने के अधिकार को सम्मिलित नहीं करते हैं।

प्लेटो व अरस्तू के चिंतन में समानता के तत्व : दोनों के चिंतन की प्रमुख समानताएँ निम्न प्रकार हैं–

1. चिंतन के उद्देश्य की समानता : दोनों विचारको के चिंतन मे उद्देश्य उस अनैतिकता, अराजकता और अस्थिरता का उपचार सुझाना है, जो यूनान के जन–जीवन में उस समय व्याप्त थी।

2. राज्य के उद्देश्य की समानता : दोनों विचारक राज्य के रूप के विषय में एकमत हैं और इस धारणा के समर्थक हैं कि राज्य की उत्पत्ति व्यक्ति के जीवन की सुरक्षा के लिए हुई और उसके लिए अच्छे जीवन की प्राप्ति के लिए ही वह अस्तित्व में है।

3. राजनीति व नैतिकता के संबंध सबंधी समानता : दोनों ही विचारक राजनीति को नीति अर्थात् नैतिकता पर आधारित करने के पक्षपाती हैं। दोनों का ही यह विचार है कि अनीति व अनैतिकतापूर्ण राजनीति से राज्य की उन्नति व व्यक्ति का कल्याण नहीं हो सकता।

4. नैतिक दृष्टिकोण संबंधी समानता : दोनों विचारकों के विचार भी इसलिए नैतिकता प्रधान हैं कि दोनों ने राज्य की समस्याओं पर नैतिक दृष्टिकोण से विचार किया हैं।

5. शासकों की शिक्षा विचारों की समानता : दोनों ही विचारक सद्जीवन की प्राप्ति के साधन के रूप में शिक्षा की उचित व्यवस्था के हामी हैं। यही कारण हैं कि दोनों ही यह विश्वास करते हैं कि व्यक्ति की उन्नति व राज्य के सुविकास के संरक्षकों के रूप में शासकों का सुशिक्षित होना आवश्यक है।

6. राज्यों के आकार विषयक विचारों की समानता : दोनों ही विचारक नगर–राज्यों जैसे सीमित आकार के राज्यों के अस्तित्व के प्रशंसक हैं तथा उन्हें ही वे अपनी कल्पना के सद्जीवन की प्राप्ति का उचित स्थान मानते हैं।

7. नागरिकता व दासता संबंधी विचारों की समानता : दोनों ही विचारक राज्य की नागरिकता अर्थात् राजनीतिक अधिकार को सार्वजनिक बनाये जाने के स्थान पर उसे सीमित बनाये जाने के पक्ष में हैं। दोनों ही दासों को नागरिक अधिकार दिये जाने के पक्ष में नहीं हैं तथा दोनों के ही अनुसार दासों का कार्य नागरिकों के लिए श्रम करना है।

8. लोकतंत्र के प्रति दृष्टिकोण की समानता : दोनों ही विचारक लोकतंत्र के आलोचक हैं तथा उसे वे शासन का अच्छा प्रकार नहीं मानते।

प्लेटो व अरस्तू के चिंतन में असमानता के तत्व : इन सब समानताओं के होते हुए भी प्लेटो व अरस्तू के चिंतन में अनेक महत्वपूर्ण असमानता पायी जाती हैं तथा वे निम्न प्रकार हैं–

1. लेखन-शैली संबंधी असमानता : प्लेटो ने अपने विचारों को व्यक्त करने के लिए संवाद शैली का प्रयोग किया हैं, जबकि अरस्तू की शैली वर्णनात्मक है।

2. विचार-विधि की असमानता : दोनों विचारकों में विचार–विधि की भी असमानता पायी जाती हैं। प्लेटो की

पद्धति यदि मुख्य रूप से निगमनात्मक हैं, तो अरस्तू की पद्धति मुख्य रूप से आगमनात्मक हैं। प्लेटो कुछ विचारों से प्रारम्भ करते हैं और अपनी राजनीतिक मान्यताओं की पुष्टि राजनीतिक जगत में पायी जाने वाली स्थितियों से करता है। इसके विपरीत अरस्तू राजनीतिक जगत में पायी जाने वाली स्थितियों का अध्ययन करते हैं और उनसे निकाले हुए निष्कर्षों को अपनी मान्यताओं के रूप में प्रस्थापित करते हैं।

3. राजनीतिशास्त्र व नीतिशास्त्र के संबंध विषयक असमानता : दोनों ही विचारक राजनीति को नैतिक बनाने के पक्षधर हैं। किंतु अपनी निगमनात्मक (Deductive) विधि पर चलते हुए प्लेटो ने जहाँ नीतिशास्त्र व राजनीति–शास्त्र को मिश्रित कर दिया हैं, अरस्तू ने अपनी आगमनात्मक (Inductive) विधि के द्वारा दोनों के बीच की सीमाओं को सुस्पष्ट करके राजनीतिशास्त्र की स्थापना एक पृथक शास्त्र के रूप में की हैं। ड़ार्निंग ने इस संबंध में इसलिए कहा है कि ''नीतिशास्त्र व राजनीतिशास्त्र में गुण व कल्याण से संबंधित अपनी दार्शनिक धारणाओं पर निगमनात्मक ढंग से चलते हुए प्लेटो ने जहाँ दोनों शास्त्रों के कलेवर को अभिन्न रूप से मिला दिया हैं, अरस्तू ने वास्तविक तथ्यों के व्यापक पर्यवेक्षण तथा सूक्ष्म विश्लेषण पर चलकर प्रत्येक विज्ञान के लिए एक स्वाधीन क्षेत्र का निर्धारण कर दिया है।''

4. आधारभूत दार्शनिक दृष्टिकोण विषयक असमानता : प्लेटो का दार्शनिक विश्लेषण 'सत्यम, शिवम् तथा सुन्दरम् की धारणा पर आधारित है, पर अरस्तू यथार्थवादी हैं और उसके अनुसार प्लेटो के विचारों का सिद्धांत (Theory of Ideas) आलोच्य है। प्लेटो के अनुसार जहाँ विचार वास्तविकता से अधिक महत्वपूर्ण हैं, अरस्तू के अनुसार वास्तविकता विचार से अधिक महत्वपूर्ण हैं। जैसा **डनिंग** ने कहा हैं, ''प्लेटो कल्पनाकारी व संश्लेषणवादी हैं, अरस्तू तथ्यवादी और विश्लेषणवादी है।''

5. राज्य की उत्पत्ति व उसके विकास क्रम संबंधी विचारों का असमानता : स्थूल रूप से प्लेटो व अरस्तू दोनों ने राज्य को मनुष्य की अन्तर्वृत्तियों व आवश्यकताओं के परिणामस्वरूप अस्तित्व में आया माना हैं। दोनों के वे विचार भिन्न–भिन्न हैं, जो उन्होंने राज्य के विकास की प्रक्रिया के संबंध में व्यक्त किये हैं। प्लेटो ने राज्य के विकास की प्रक्रिया के तीन चरणों–1. मनुष्य की भौतिक आवश्यकताओं की पूर्ति व उत्पादन वर्ग का प्रादर्भाव 2. सुरक्षा की आवश्यकता व सैनिक वर्ग का प्रादुर्भाव, तथा 3. पारस्परिक प्रतियोगिता व आंतरिक विग्रह व संरक्षक अथवा शासक वर्ग का प्रादुर्भाव–का प्रतिपादन किया हैं। किंतु अरस्तू ने प्लेटो से भिन्न तीन स्तरों–1.स्त्री–पुरुष की स्वाभाविक कामवृत्ति व परिवार का प्रादुर्भाव, 2. मनुष्य की सामाजिक व आर्थिक आवश्यकताओं की पूर्ति व ग्राम का प्रादुर्भाव तथा 3. सुरक्षा, शांति व उन्नति की आवश्यकता व राज्य का प्रादुर्भाव–का प्रतिपादन किया है।

6. राज्य के प्राकृतिक व अवयवी रूप से संबंधित विचारों की असमानता : दोनों ही विचारकों ने राज्य को कोई कृत्रिम संस्था न मानकर एक प्राकृतिक संस्था तथा व्यक्तियों का समूह मात्र न मानकर एक अवयवी एकता माना हैं। दोनों ही विचारकों को उक्त मान्यताओं के आधार भिन्न–भिन्न हैं। प्लेटो के अनुसार राज्य इसलिये प्राकृतिक हैं कि उसके अनुसार राज्य में व्यक्ति की आत्मा की प्रकृति के तीनों गुणों–वासना (Appetite) , साहस (Spirit) व विवेक (Reason)—की अभिव्यक्ति उसमें निवास करने वाले संरक्षक या शासक (Guardian) , सैनिक (Auxillary) तथा उत्पादक (Producer) वर्गों के माध्यम से होती हैं। अरस्तू के अनुसार वह प्राकृतिक इसलिए हैं, क्योंकि वह मनुष्य के स्वभाव की सामाजिकता के परिणामस्वरूप अस्तित्व में आयी हुई संस्था हैं।

7. आदर्श राज्य की धारणा संबंधी विचारों की असमानता : प्लेटो के 'रिपब्लिक' के प्रतिपादन के अनुसार आदर्श राज्य वह हैं, जिसका शासक दार्शनिक हो तथा अपनी दार्शनिक सर्वोच्चता व सर्वज्ञता के कारण जो निरंकुश भी हो तथा उस पर विधि आदि जैसी व्यवस्थाओं का कोई बंधन न हो। अरस्तू का आदर्श राज्य संविधान सम्मत राज्य हैं, जिसमें शासन शासक की निरंकुशता पर आधारित न होकर विधि की व्यवस्था पर आधारित होना चाहिए। अरस्तू इस प्रकार प्लेटो द्वारा 'लॉज' में प्रतिपादित इस दृष्टिकोण के अधिक निकट हैं कि एक श्रेष्ठ राज्य में अंतिम प्रभु कोई व्यक्ति न होकर विधि होनी चाहिए।

मैक्सी के शब्दों में दोनों विचारकों के इस अंतर को उनके इस कलात्मक वाक्य में व्यक्त किया जा सकता हैं कि ''प्लेटो किसी ऐसे श्रेष्ठतम मानव की खोज में हैं, जो राज्य का निर्माण पूर्णतः आदर्श रूप में कर सके; अरस्तू

किसी ऐसे श्रेष्ठतम विज्ञान की खोज में हैं, जो अधिक से अधिक सम्भाव्य रूप से श्रेष्ठ राज्य का निर्माण कर सके।''

8. व्यक्ति व राज्य के संबंध विषयक विचारों का अंतर : दोनों विचारकों ने राज्य को मुख्य व व्यक्ति को गौण माना हैं तथा दोनों ही यह मानते हैं कि व्यक्ति का सफल सामाजिक जीवन राज्य के अंतर्गत ही सम्भव हैं। प्लेटो ने व्यक्ति को जहाँ अपने आर्दश राज्य की योजना का ऐसा मुहरा बना दिया हैं, जिसको उसकी त्रिवर्गीय सामाजिक योजना व उसकी सम्पत्ति और स्त्रियों के साम्यवाद की योजना की सिद्धि के साधन के रूप में ही कार्य करना हैं, अरस्तू ने अपने सम्पूर्ण चितंन में व्यक्ति के व्यक्तित्व, उसकी इच्छाओं, आकांक्षाओं व महत्वाकांक्षाओं को महत्व देते हुए ऐसी विधि समस्त राजनीतिक व्यवस्था का समर्थन किया हैं, जिसमें इनको उचित संरक्षण प्राप्त रहे।

9. राज्य की एकता की उपलब्धि विषयक विचारों की असमानता : व्यक्ति के व्यक्तित्व के उचित महत्व के प्रति उपेक्षापूर्ण दृष्टिकोण के कारण ही प्लेटो ने राज्य की एकता उपलब्ध करने के लिए जहाँ व्यक्ति पर अपने आदर्श राज्य की योजना द्वारा प्रतिपादित एकता को थोप दिया हैं, वहाँ अरस्तू ने व्यक्तियों के विचारों की भिन्नता पर आधारित तथा उससे उत्पन्न एकता का समर्थन किया है। अरस्तू का मत हैं कि एक जैसे तत्वों से राज्य का सही निर्माण नहीं होता और अत्याधिक एकता से उसका रूप परिवार का और उसके बाद एक व्यक्ति का हो जाता हैं। अरस्तू के अनुसार राज्य में विभिन्नताओं की बहुलता होनी चाहिए।

10. स्त्री-पुरूष की समानता विषयक विचारों की असमानता : प्लेटो ने जहाँ स्त्री–पुरूष की समानता का समर्थन किया हैं, अरस्तू ने पुरूष को स्त्री से ऊँचा स्थान प्रदान किया हैं और कहा हैं कि, ''पुरूष का साहस यदि आज्ञा देने में प्रदर्शित होता हैं, तो स्त्री का आज्ञा पालन में...मौन ही नारी का गौरव है।''

11. वर्ग-भेद संबंधी विचारों की असमानता : अरस्तू प्लेटो द्वारा समाज के लोगों को तीन वर्गों में बांटकर निम्न वर्ग को समाज में हेय स्थान दिये जाने के भी विरूद्ध हैं तथा उन्होंने प्लेटो की इस आधार पर आलोचना की हैं कि उन्होंने अपने आदर्श व उपादर्श प्रकार का राज्यों में निम्न वर्गों के हितों की उपेक्षा की है।

12. सम्पत्ति के साम्यवाद विषयक विचारों की असमानता : अरस्तू–प्लेटो के सम्पत्ति के साम्यवाद के विरोधी हैं। अरस्तू के अनुसार सम्पत्ति व्यक्ति के व्यक्तित्व के विकास का एक साधन होने के कारण समाज के किसी भी वर्ग के लिए अवांछनीय नहीं मानी जा सकती। अरस्तू ने एक सीमा तक सम्पत्ति की असमानता का भी समर्थन किया है।

13. स्त्रियों के साम्यवाद विषयक विचारों की असमानता : अरस्तू ने स्त्रियों के साम्यवाद के विषय में प्लेटो के विचारों की भी आलोचना की है। स्त्रियों के साम्यवाद का अर्थ यही हो सकता हैं कि प्रत्येक पुरूष की स्त्री दूसरे पुरूष की स्त्री होगी तथा इससे फूट व अशांति फैलेगी और परस्पर ईर्ष्या बढ़ेगी। बच्चों की पहचान नहीं होगी और इससे झगड़े की सम्भावना ओर बढ़ेगी। अरस्तू की मुख्य आपत्ति यह है कि सब नागरिक एक ही साथ वस्तुओं के विषय में 'मेरा व तेरा' कहें, इससे राज्य में एकता व शांति नहीं रहेगी। उनके अनुसार प्लेटो की योजना के अंतर्गत सार्वजनिक पुत्रों की उत्पत्ति की व्यवस्था से राज्य की एकता व सामाजिक सामंजस्य की समस्या हल नहीं हो सकती तथा इस कारण ही प्लेटो के स्त्री व बच्चों के साम्यवाद पर व्यंग कसते हुए अरस्तू ने कहा है कि ''प्लेटो की योजना का पुत्र होने से वास्तविक चचेरा भाई होना अच्छा है।'' दोनों विचारकों के तुलनात्मक अध्ययन का यह तात्पर्य नहीं है कि दोनों में से किसी एक का महत्व कम हो जाता है और दूसरे का अधिक। दोनों ही विचारक उच्चकोटी के हैं और दोनों (अरस्तू और प्लेटो) ही ने अपने सामाजिक परिवेश को देखते हुए अपने–अपने विचार रखे हैं। अतः राजनीति सिद्धांत में दोनों का स्थान अग्रणी है और उनकी देन महान हैं।

मैक्यावली (1469-1527 ई.)

व्यावहारिक राजनीति में आदर्शगुरू के रूप में जो प्रतिष्ठा भारतीय ब्राह्मण कौटिल्य को प्राप्त है वही स्थान यूरोपिय राजनीति में मैक्यावली को भी प्राप्त है।

सन् 1469 में निकोलो मैक्यावली फ्लोरेंस (इटली के एक नगर) में जन्मा जो पुनर्जागरण का केन्द्र था। सन् 1527 में वह 58 वर्ष कि आयु में काल के गर्भ में समा गया। मैक्यावली ने पूरी तरह वैज्ञानिक तटस्थता की नीति

अपनाते हुए अपने युग की समस्याओं को समझा फिर अपने निष्कर्ष दिये। मैक्यावली ने इतिहास का प्रयोग अपने पूर्वकल्पित निष्कर्षो की पुष्टि में किया है। लेकिन इस बारे में प्रो॰ डनिंग का मत है कि "मैक्यावली की पद्धति देखने में जितनी ऐतिहासिक लगती है उतनी है नहीं।"

सेबाइन के अनुसार "उसकी पद्धति पर्यवेक्षणात्मक थी।"

जो भी हो इसमें कोई संदेह नहीं कि राजनीतिक समस्याओं के प्रति मैक्यावली का दृष्टिकोण अनुभव प्रधान था एवं उसकी भावना ऐतिहासिक थी।

मैक्यावली की अध्ययन पद्धति पर उसकी काल–सीमाओं का प्रभाव पड़ा है। मैक्यावली धर्मसत्ता का कट्टर विरोधी था।

मैक्यावली ने दो महत्वपूर्ण ग्रंथों की रचना की थी, जिसमें उसका नाम राजदर्शन में अमर हो गया।

1. Discourses on Livy
2. The Prince

उसकी अध्ययन पद्धति ऐतिहासिक पर्यवेक्षणात्मक, यथार्थवादी, वैज्ञानिक विशेषताओं से युक्त थी। उसने राजनीति को कला के रूप में स्वीकार किया है, मैक्यावली की पद्धति सर्वथा दोषरहित नहीं थी, वह पक्षपात, दृढ़वादिता और एकांकी दृष्टिकोण से ग्रसित थी।

मैक्यावली का राष्ट्र फ्लोरेंस था, 'प्रिंस' में उसने अपने राष्ट्र की परिस्थितियों, का ही विवरण किया है। मैक्यावली कोई असाधारण रूप से सफल कूटनीतिज्ञ रहा हो, ऐसी बात नहीं है, लेकिन वह एक ज्ञानी व्यक्ति अवश्य था। जिन राज्यों में वह जाता था, उसकी राजनीतिक अवस्था के मूल आधार को खोज निकालने की उसमें असाधारण क्षमता थी। मैक्यावली लोकतंत्र का नहीं देश का भक्त था। निःसंदेह वह भावातिरेक से ग्रस्त प्राणी था। वह कठोर परिश्रमी प्राणी भी था। आज भी उसकी कृति लोंगों की भावनाओं को झड़काती है, और विवाद का विषय बनी हुई है।

1. मानव संबंधी विचार

अरस्तू, मैक्यावली, हॉब्स, बेन्थम, रूसो और अनेक राजनीतिक विचारकों ने राजनीति विचारों और राजनीतिक संस्थाओं का आधार- **मानव स्वभाव** को बनाया है। उनका कहना है कि राजनीति का स्वरूप और उनके संगठनों का प्रश्न इस बात पर निर्भर करता है कि मानव स्वभाव कैसा है और वह क्या चाहता है? यदि मानव प्रकृति का अध्ययन किए बिना आदर्शों की रचना की जाती है तो वे निरे सिद्धांत बन जाते हैं और उनकी कोई उपयोगिता नहीं रह जाती है। मानव स्वभाव का अध्ययन इसलिए परम आवश्यक है।

मैक्यावली द्वारा मानव स्वभाव का अध्ययन : मैक्यावली ने जिस मानव का अध्ययन अपने मापदण्डो से नापकर किया है उसकी प्रकृति का वर्णन करते हुए वे कहते हैं कि मानव स्वभाव न तो बिल्कुल ही दुष्ट होता है और न हीं पूर्णतया भला होता है लेकिन बाद में उन्होंने अपने सुप्रसिद्ध ग्रन्थ 'प्रिंस' में यह सिद्ध किया कि मानव स्वभाव दुष्ट और धोखेबाज ही होता है इसलिए उसके साथ निभाने के लिए सरकार उतनी ही निरंकुश और शक्तिशाली होनी चाहिए। मैक्यावली ने मानव स्वभाव के बारे में कोई सिद्धांत प्रतिपादित नहीं किया है बल्कि केवल यह बताया है कि वह कैसा है।

लेकिन मैक्यावली के अनुसार यह जानना आसान नहीं कि मनुष्य का हित किसमें है क्योंकि अधिकतर व्यक्ति बुद्धु और अविवेकी होते हैं। उसके अनुसार व्यक्ति स्वभाव से ईर्ष्यालु और महत्वाकांक्षी होता है। उसके हित–अहित संबंधी विचारों को आवेग प्रभावित करते हैं। व्यक्ति अपने व्यवहार में दो तत्वों से परिचलित होता हैं। **"प्रेम और भय"** इन दो के अतिरिक्त धनोपार्जन की प्रवृत्ति तीसरी प्रमुख शक्ति भी है। बहुत सारे लोग प्रेम प्राप्त करते हैं और प्रेम के द्वारा अपने को दूसरों से निभाना चाहते हैं पर बहुतेरे भय दिखाकर और आतंकित कर उनसे निपटते हैं। प्रेम और भय की तुलना से भय अधिक सर्वग्राही है। ईर्ष्या और महत्वाकांक्षा अन्य तत्व हैं जिनसे मानव स्वभाव निर्मित होता हैं।

'प्रिंस' में निर्मित मानव स्वभाव पर मैक्यावली की मानव स्वभाव संबंधी धारणाएं निम्नलिखित हैं:

1. मैक्यावली के अनुसार मनुष्य महत्वाकांक्षी होता है। उसकी एक आकांक्षा का प्रभाव उसकी दूसरी आकांक्षा पर भी पड़ता है वह अपने को सुरक्षित करने का प्रयत्न करता है। उसके बाद दूसरो पर आक्रमण करता है यही उसका स्वभाव है।

2. मनुष्य में स्वतंत्रता की उत्कृष्ट अभिलाषा होती है वह दूसरों से अपनी मुक्ति चाहता है प्रत्येक व्यक्ति अपने तरीके से रहना चाहता है। अपना जीवन अपने तरीके से बिना दूसरों के हस्तक्षेप गढ़ना चाहता है और अपनी भलाई

जिसमें है उसकी खोज स्वयं ही करना चाहता है। परंतु अपनी मुक्ति का उपाय है दूसरों को परतंत्र बनाना इसलिए प्रत्येक व्यक्ति दूसरों पर हावी होना चाहता है। दूसरो पर शासन करना चाहता है।

3. मैक्यावली के मतानुसार मनुष्य में आवेग दो प्रकार से होता है। पाने की इच्छा से भी और खोने के डर से भी। व्यक्ति और अधिक पाने की इच्छा ही इसलिए करता है कि उसे इस बात का डर होता है कि कहीं जो कुछ उसके पास है वह खो न जाए। यदि व्यक्ति के लिए इस बात की प्रत्याभूति हो कि उनके पास जो कुछ है वह खोयेगा नहीं या नष्ट नहीं होगा तो शायद वह और पाने की तृष्णा के पीछे इतना अधिक न दौड़े। इस अधिकाधिक संग्रह करने की दौड़ में एक दूसरे के साथ संघर्ष होता है, व्यक्ति–व्यक्ति के बीच में व्यक्ति और राज्य के बीच में भी।

4. मानव पशु से भिन्न इसलिए है कि उसमें विवेक होता है मैक्यावली का मानना है कि सही तो यह है कि वह पशु ही है। उसका उद्देश्य किसी भी पशु की तरह केवल मना करना है। मैक्यावली का विचार है कि मानव स्वभाव से ही झगड़ालू और आक्रामक होता है और जब तक उसे राज्य की निरंकुश शक्ति से नियंत्रित न किया जाए या उसके द्वारा कुचल डालने की व्यवस्था न कर ली जाए तब तक वह अपने इस स्वभाव में सुधार नहीं कर सकता। पाशविक शक्ति का नियंत्रण महान् पाशविकता से ही हो सकता है। जैसा कि आगे चलकर हॉब्स ने इसी बात को अपनी शब्दावली में दोहराया है।

5. मैक्यावली का विचार था कि अगर व्यक्ति के संघर्षमय स्वभाव को राज्य दण्ड या कानून द्वारा नियंत्रण न करें तो राज्य में अराजकता फैल जाए और उसका मानना है कि मानव स्वभाव में अराजकता शक्ति जितनी ही अधिक हो सरकार की निरंकुशता भी उतनी ही अधिक होनी चाहिए।

6. एक प्रशासक के लिए मैक्यावली ने सलाह दी है कि उसे हमेशा यह मानकर राज्य की व्यवस्था करनी चाहिए कि सामान्यता सभी व्यक्ति बुरे होते है और एक दुसरे की सम्पत्ति और जीवन को नुकसान पहुंचाने के अवसर ढूँढ़ते रहते है। सम्पत्ति अर्जन में मानव की प्रकृति सबसे अधिक होती है। मैक्यावली का कहना था कि "व्यक्ति अपने बाप की हत्या के अपराध को भी एक बार क्षमा कर सकता है पर अपनी सम्पत्ति के अपहरणकर्ता को वह कभी भी क्षमा नहीं कर सकता है।" लोग न केवल डरपोक एवं अज्ञानी होते है, बल्कि मनुष्य स्वभाव से ही दुराचारी होते है वे केवल आवश्यकता पड़ने पर ही सन्नहित दिखाई पड़ते है। लोग अपनी वासनाओं के दास एवं अव्वल दर्जे के स्वार्थी होते है।

7. मैक्यावली ने मानव स्वभाव से संबंधी अपनी विचारधारा में मानवों को स्वार्थ एवं अहंवाद से भरा पाया हैं उसके अनुसार मनुष्य विभिन्न कमजोरियों से ग्रसित है।

प्रिंस के सत्रहवें अध्याय में मैक्यावली ने लिखा है कि सामान्यता मनुष्य के बारे में यह कहा जा सकता है कि वे अकृतघ्न, चलायमान, मिथ्यावादी, डरपोक और स्वार्थ लिप्त होते है, वे तभी तक आपके बने रहते है जब तक सफलता उसके पास है। वे तभी तक आपके लिए अपना रक्त, सम्पत्ति, जीवन आदि का बलिदान करने के लिए आगे बढ़ेगें जब तक कि वास्तव में ऐसे बलिदानों की आवश्यकता दूर रहती है लेकिन जैसे ही यह आवश्यकता निकट आती है वे आपके विरूद्ध विद्रोह भी कर देते है। मनुष्य उसी समय तक प्रेम करते है जब तक उनका स्वार्थ सिद्ध होता है लेकिन जब वे अपनी कोई स्वार्थ सिद्धि नहीं देखते है तो वे विद्रोह कर देते है।

8. मैक्यावली का विचार था कि जब कभी मनुष्य को स्वविवेक से कार्य करने की स्वतंत्रता दे दी जाती है तभी अव्यवस्था फैल जाती है। आशा लगाए हुए प्रत्येक व्यक्ति उस दिन का इंतजार करता है जब बाप मरता है और बैल बाँटते हैं। वह स्वार्थपरता को जन्मजात अवगुण मानता है उसके विचार में मानव का स्वभाव मूर्खता, दुर्बलता एवं दुष्टता का मिश्रण होता है। हॉब्स तथा मैक्यावली दोनों ही मनुष्य को कपटी, सनकी, कृतध्न, लोभी एवं कायर मानते थे। मानव के अन्दर जो लोभ, धोखा, भय, अभिमान तथा पशुता भरी है उन सबके पीछे एकमात्र स्वार्थ की ही भावना निहित है।

मैक्यावली को मानव में केवल दोष ही दोष दिखता है। उसका कहना था कि मानव अपनी इच्छा से या अपनी खुशी से कोई कार्य नहीं करता है वरन् वह धमकी या शक्ति से वशीभूत होकर ही प्रत्येक कार्य करता है

अतः सुदृढ़ शासन के लिए मैक्यावली राज्य को उपदेश देता है कि मानव की कमजोरी का लाभ उठाए और मानव

को आतंकित करके राज्य के प्रति कर्त्तव्य निभाने के लिए उसे विवश कर दे।

इस प्रकार मैक्यावली प्लेटो व अरस्तू आदि के इस सिद्धांत को कि मानव स्वभावतः सदगुणी है का वह जोरदार ढंग से खण्डन करता है। उसका मानना है कि राज्य या सरकार की उत्पत्ति उसके सामाजिक स्वभाव से न होकर सुरक्षा की आवश्यकता से जुड़ी हुई है।

मैक्यावली के अनुसार एक कुशल शासक को सदैव यह ध्यान में रखना चाहिए कि मनुष्य की प्रेरक शक्तियां स्वार्थ पूर्ण है। अतः प्रमुख कर्त्तव्य जनता को सुरक्षा प्रदान करना है।

क्योंकि मनुष्य स्वभावतः स्वार्थी है। अतः राजनीति में नैतिकता की कोई आवश्यकता नहीं है। शासक को चाहिए कि वह प्रजा को शक्ति से नियंत्रित करें। मनुष्य की ये बुराईयां जन्मजात है। अतः ये सुधारी नहीं जा सकती है।

2. मैक्यावली के राज्य संबंधी विचार

मैक्यावली की राज्य संबंधी कल्पना अरस्तू से भिन्न है। अरस्तू राज्य को प्राकृतिक संस्था मानता है जबकि मैक्यावली मानव–कृत। उसका विचार है कि राज्य एक कृत्रिम संस्था है जिसे मनुष्य ने अपनी असुविधा को दूर करने के लिए बनाया है वह राज्य के अभिर्भाव का कारण मनुष्य का स्वार्थ मानता है और इसी कारण राज्य की मुख्य विशेषता उसका निरंतर विस्तार है। मैक्यावली नगर–राज्य की अपेक्षा रोमन साम्राज्य का उपासक था। राज्य की उत्पत्ति संबंधी मैक्यावली का विचार हॉब्स से मिलता जुलता है। जब सामान्य हित और कल्याण की भावना से व्यक्ति के हितों का संयुक्तीकरण हो गया तो राज्य की उत्पत्ति हुई। स्वार्थ को राज्य की उत्पत्ति का आधार मानते हुए मैक्यावली यह भी स्वीकार करता है कि राज्य की स्थापना असभ्य जातियों का संगठन करने के लिए हुई थी। इस तरह वह स्वार्थ के अतिरिक्त स्पष्टतः यह भी बतलाता है कि राज्य की उत्पत्ति ईश्वरीय न होकर समाज के बल का परिणाम है। मनुष्य की दुष्टता और स्वार्थपरता को सीमित एवं नियंत्रित करने के लिए बलशाली व्यक्ति की जरूरतें होती है जो राज्य द्वारा पूरी की जाती हैं।

अरस्तू की भांति मैक्यावली राज्य को अन्य सभी संस्थाओं से अलग स्थान प्रदान करता है। राज्य की महत्ता का आधार मैक्यावली ने भौतिक शक्ति एवं छल–कपट माना है इनके बिना राज्य की वृद्धि व विस्तार नहीं हो सकता। मैक्यावली का यह मानना है कि राज्य परिर्तनशील है और उसके उत्थान एवं पतन का लम्बा इतिहास है। वह राज्य को दो भागों में विभाजित करता है।

(*i*) स्वस्थ राज्य तथा

(*ii*) अस्वस्थ राज्य।

राज्य की श्रेष्ठता : मैक्यावली ने राज्य को समस्त मानव सेवा में सबसे अधिक श्रेष्ठ बतलाया है। अरस्तू की भांति ही वह कहता है कि मानव-कल्याण का राज्य से बढ़कर कोई दूसरा साधन नहीं हो सकता। मनुष्य जब अपने व्यक्तित्व को राज्य में विलीन कर देता है तभी वह राज्य के अस्तित्व को बनाए रखने में सफल होता है। राज्य का सर्वथा स्वतंत्र अस्तित्व है। राज्य अन्य सेवाओं से बिल्कुल अलग व श्रेष्ठ संस्था है। राज्य किसी के प्रति उत्तरदायी नहीं है। मनुष्यों की भांति राज्य की कोई नैतिक अथवा आचारिक संहिता नहीं है।

राज्यों का वर्गीकरण : मैक्यावली ने राज्यों का नहीं वरन् शासन सत्ता तंत्रों का वर्गीकरण किया है। उसके शासन तंत्र का आदर्श किसी कल्पना पर नहीं वरन् सफलता पर टिका था। अरस्तू की भांति उसने समस्त शासनतंत्रो तथा उनके भ्रष्ट स्वरूपों को 6 वर्गों में विभक्त किया है।

1. राजतंत्र तथा निरंकुशतंत्र
2. अभिजात्य तंत्र तथा अयोग्यतंत्र उच्च जनतंत्र एवं
3. लोकतंत्र तथा समूह तंत्र।

रोमनों की भांति उसने भी मिश्रित शासनतंत्र को उचित माना है। जिसमें तीनों वर्गों के तत्वों का सम्मिश्रण है। तीनों तत्वों के मिश्रण से मिश्रित शासन तंत्र पर भली भांति नियंत्रण भी बना रहता है व शक्ति संतुलन भी बना रहता है। सम्पत्ति व राजसत्ता का घनिष्ठ संबंध है। धन, राजसत्ता के शक्ति संकलन में योग देता है यदि राज्य का कोई बहुसंख्यक वर्ग ऐसा है जिसके आर्थिक हितों की उपेक्षा की जाती है तो उस राज्य में असंतोष होना स्वाभाविक है। जो वर्ग राज्य की समस्त सम्पत्ति पर अधिकार किये बैठा हो वह असंतोषी वर्ग को दबाने की चेष्टा करेगा और अपनी सत्ता से चिपका रहेगा। मैक्यावली ने **'प्रिंस'** में एक ऐसे राजा की कल्पना की हैं जो सर्वशक्तिमान हो और सभी देश निवासियों को एकता के सूत्र में पिरो सके।

राजतंत्र की अपेक्षा गणतंत्रीय व्यवस्था आसानी से बदली जा सकती है। उसमें व्यक्ति की स्वतंत्रता भी सुरक्षित रहती है। निर्वाचित राजतंत्र ही समकालीन इटली की जरूरत है। शासनतंत्रों का स्वरूप समय अनुकूल बदलते रहना चाहिए।

राज्यों के प्रकार व उनकी प्राप्ति : मैक्यावली का मानना है कि गणतंत्र या राजतंत्र कोई भी शाश्वत नहीं है। वह गणतंत्र को आदर्श शासनतंत्र नहीं मानता है किंतु चूंकि मानव स्वभाव के कारण ऐसा राज्य संभव नहीं है इसलिए वह राजतंत्र की ओर झुक जाता है अतः वह राज्यों के वर्गीकरण (1) गणतंत्र व (2) राजतंत्र में करता है।

राजतंत्र : मैक्यावली ने राजतंत्र को पैतृक और कृत्रिम राजतंत्र में विभक्त किया हैं। पैतृक राजतंत्र में राजा वंशानुगत आधार पर सिंहासनासीन होता है जबकि कृत्रिम राजतंत्र में वह शासन है जो शत्रु को पराजित करने के बाद कोई दूसरा राज्य उसे परास्त राज्य पर लादता है राजतंत्रों की स्थापना एक राजा द्वारा अथवा दूसरे को परास्त करने से होती हैं। मैक्यावली ने इन नव–संस्थापित राज्यों के 5 प्रकार बताये है।

1. वे राज्य जो किसी प्राचीन राज्य के अंग हो
2. वे राज्य जो धर्म पर आधारित हो
3. जो अपहरण या चालाकी द्वारा स्थापित हो
4. वे राज्य जो दान में प्राप्त हो
5. वे राज्य जो पराक्रम द्वारा हस्तगत किए गये हो।

गणतंत्र : प्रिंस में यदि मैक्यावली ने राजतंत्र का गुणगान किया है तो **डिस्कोर्सेज** में उसने गणतंत्र की प्रशंसा की है। **डनिंग** का मत है कि "अरस्तू की भांति उसका झुकाव गणराज्य व्यवस्था की ओर है और इस संबंध में उसके विचार यूनानियों से मिलते हैं।" मैक्यावली गणराज्य को अनेक कारणों से राजतंत्र से उत्कृष्ट मानता है।

1. जहा राजतंत्र में एक व्यक्ति या उसका परिवार शासन का लाभ उठाता है। वहां गणतंत्र में सभी व्यक्तियों के शासन को भाग लेने का पूर्ण अधिकार प्राप्त होता है।

2. एक राजा की अपेक्षा समग्ररूप में जनता अधिक समझदार होती है। जनता में राजा की अपेक्षा अधिक बुद्धिमत्ता और दृढ़ता पाई जाती है। जनता के निर्णय राजा से अधिक परिपक्व होते है।

3. सरकार स्थायी होती है। जनता के हाथ में बागडोर होने से देश तेजी से उन्नति करता है।

4. गणतंत्रात्मक राज्यों में विदेशों के साथ की गई संधियाँ अधिक स्थाई होती है।

5. राजा राजनीतिक और कानूनी संस्थाओं की स्थापना करने में भले ही अधिक सफल हो लेकिन उन्हें बनाए रखने की क्षमता सामान्यतः गणतंत्रात्मक शासन में ही अधिक होती है।

वह जनता को राजा से अधिक बुद्धिमान मानता है **ह्यूम** ने लिखा है कि मैक्यावली के इन विचारों से हम यह परिणाम निकाल सकते है कि गणतंत्र अन्य प्रकार के शासनतंत्रों से अपेक्षाकृत अधिक स्थायी होता है। मैक्यावली ने गणतंत्र के दोष भी गिनाए हैं और अनेक निवारण करने के उपायों का भी निर्देश किया है। गणतंत्रात्मक शासन का **पहला**, दोष यह है कि संकटकाल में वह अधिक सफल नहीं है। **दूसरा**, दोष यह है कि इसमें प्रायः बड़े अफसर अन्यायी व भ्रष्टाचारी हो जाते है क्योंकि उन पर कोई नियंत्रण नहीं होता, मैक्यावली कहता है कि ऐसे अधिकारियों के लिए दण्ड की व्यवस्था होनी चाहिए। **तीसरे,** दलबन्दी संबंधी दोषों को दूर करने के लिए प्रत्येक दल को विचार अभिव्यक्ति की पूर्ण स्वतंत्रता दी जानी चाहिए क्योंकि इस पर रोक लगाने से ही असंतोष मिटता है। गणतंत्र की सफलता के लिए देश में कई जातियां नहीं होनी चाहिए इससे जातिवाद फैलता है। भाषा व धर्म के विवाद उठते है इसके साथ ही शासन में राजनीतिक और सामाजिक परम्पराओं के प्रतिकूल कानून नहीं बनाने चाहिए अन्यथा राज्य के विभिन्न तत्व संघर्षरत होकर राज्य की सत्ता के लिए संकट बन जाएँगे।

कुलीनतंत्र : राजतंत्र और गणतंत्र के समर्थक मैक्यावली ने कुलीनतंत्र का विरोध किया है उसका कहना है कि सामंत लोग स्वयं कोई कार्य नहीं करते। वे श्रम की चोरी द्वारा ही अपना जीवन बिताते है।

राज्य का विस्तार : राज्य के निरंतर विस्तृत होते रहने की जरूरत बतलाते हुए मैक्यावली ने कहा है कि मनुष्य का स्वभाव पारे की भांति है वह बराबर बढ़ता रहता है ऐसे ही राज्य को भी विस्तृत होना चाहिए। अतः **प्रिंस** तथा **डिस्कोर्सेज** में मैक्यावली ने राज्य विस्तार के लिए राजा को **साम, दाम, दण्ड, भेद** की नीतियां को काम में लाने के लिए कहा है। जरूरत पड़े तो सेना का प्रयोग भी वर्जित नहीं है।

राज्य की सुरक्षा : राज्य को सुरक्षित रखना शासक का पहला कर्त्तव्य है। मैक्यावली ने राज्य सुरक्षा के लिए निम्नलिखित सुझाव दिये है–

1. प्रजा की सम्पत्ति की सुरक्षा
2. प्रजा को उचित भाषण व अन्य स्वतंत्रताएं देना
3. परम्पराओं, लोकमर्यादाओं व प्रथाओ का सम्मान
4. कम से कम राजस्व वसूल करना चाहिए
5. लुभावनी योजनाएं बनाते रहना चाहिए
6. कला, संस्कृति व साहित्य के विकास पर ध्यान
7. अत्यंत बलवान सेना रखनी चाहिए
8. राजा को धर्मनिरपेक्ष रहना चाहिए

3. राजा के कर्त्तव्य या शासन कला के सिद्धांत

मैक्यावली ने बताया है कि किस प्रकार से एक शासक को अपने शासन को संभालना चाहिए और इसके लिए उसको क्या–क्या करना चाहिए।

1. निष्ठुरतापूर्वक बल का प्रयोग
2. अनुनय–विनय का चतुराई से प्रयोग
3. निश्चयात्मक रूप से कार्य करना
4. एक शक्तिशाली राष्ट्रीय सेना रखना
5. युद्ध की कला में निपुण होना चाहिए
6. जनता में लोकप्रिय होना
7. प्रेम की अपेक्षा भय का पात्र होना चाहिए
8. प्रजा की सम्पत्ति तथा औरतों से दूर रहना
9. चरम गोपनीयता का पालन
10. सार्वजनिक उत्साह उत्पन्न करना
11. आवश्यकता पड़ने पर लोमड़ी और शेर का खेल खेलना
12. अच्छा परोपकारी दिखाई देना
13. अवसरवादी होना
14. चाटुकारों से बचना
15. सबकी सुनना परंतु मनमर्जी करना
16. किसी मित्र या शत्रु के प्रति आत्यन्तिक दृष्टिकोण धारण करना
17. विस्तारवादी होना

थॉमस हॉब्स (1588-1679 ई.)

राज्य की उत्पत्ति से संबंधित समझौतावादियों में हॉब्स का प्रथम स्थान आता है जो एक अंग्रेज राजनीतिक विचारक था। हॉब्स के समय में इग्लैण्ड संक्रमणकालीन अवस्था से गुजर रहा था वह गृहयुद्ध की स्थिति में था जिसका काफी प्रभाव उसके राजनीतिक तथा सामाजिक जीवन पर भी पड़ा। अगर ये कहा जाए कि उसके सारे विचार उसी परिस्थिति की देन हैं जिसमें वह पला बड़ा हुआ है तो कोई आश्चर्यजनक बात नहीं है। गृहयुद्ध में जब चार्ल्स प्रथम को फाँसी की सजा दी गई तो इस घटना का बहुत गहरा प्रभाव हॉब्स के जीवन पर पड़ा। इसी आधार पर उसने राज्य के संबंध में अपने विचार दिए तथा उससे पहले कि प्राकृतिक अवस्था का वर्णन किया जिसमें मानव प्रवृत्ति का नकारात्मक वर्णन किया तथा एक ऐसे शासनधारी की स्थापना की जो अपने जीवन की सुरक्षा के साथ–साथ मूर्ख–अज्ञानी तथा स्वार्थी जनता को भी प्रतिबंधित कर सके और शासन को स्थायित्व दे सके।

रचनाएँ : 1. De Cive 2. De Corpore 3. Leviathan 4. Elements of Law.

1. राज्य की उत्पत्ति संबंधी सिद्धांत : हॉब्स अपने राज्य की उत्पत्ति को मानव प्रवृत्ति और उसकी आवश्यकताओं की देन मानता है और कहता है कि यदि मनुष्य स्वभाव से ही शांतिपूर्ण होता और बिना किसी सर्वोच्च शक्ति या संविदा के ही रह लेता तो शासन की आवश्यकता ही नहीं होती। लेकिन मनुष्य ऐसा नहीं है वह अपनी भावनाओं और अपने संवेगों को नियंत्रण में नहीं रख सकता उसकी स्वार्थी वृत्तियाँ संघर्ष के बीज बोती रहती है। अतः स्वभावतः एक ऐसे व्यक्ति या व्यक्ति समुदाय की आवश्यकता पड़ती हैं जो मनुष्यों को नियंत्रण में रखकर उनको अनुशासनबद्ध करे। विवेकी आदेशों का समस्त मनुष्यों से पालन कराने और उनके उल्लघंन का दण्ड देने के लिए किसी सबल शक्ति का होना जरूरी है जिसमें इतनी सामर्थ्य हो कि वह "मानव भावनाओं से उस भाषा में बात कर सके जिसे वे समझते है और वह है, भय तथा स्वहित की भाषा" ऐसी सामान्य सत्ता की स्थापना के लिए यह आवश्यक है कि अनेक इच्छओं के स्थान पर एक इच्छा का प्रभाव स्थापित करने के लिए प्राकृतिक नियम के अनुसार सब व्यक्ति अपने अधिकारों और शक्तियों को एक व्यक्ति या व्यक्ति-सभा को प्रदान करें, वे अपनी सम्पूर्ण इच्छाएँ एक व्यक्ति की इच्छा को समर्पित कर दें। हॉब्स ऐसी सत्ता अथवा शक्ति सिर्फ राज्य में पाता है जो समस्त व्यक्तियों

की इच्छाओं की प्रतिनिधि होती है और जिसमें यह सामर्थ्य होता है कि वह सबसे विवेक के अनुसार आचरण करावे और ऐसा न करने वालो को दण्ड दे। हॉब्स के मतानुसार राज्य एक सामाजिक मतझौते के फलस्वरूप अस्तित्व में आता है। राज्य की स्थापना का वर्णन ''लेवियाथन' के **18**वें अध्याय में इस प्रकार है।

"एक राज्य की स्थापना तब होती है जब अनेक व्यक्ति एक दूसरे से यह समझौता करते है कि समस्त व्यक्ति उस व्यक्ति अथवा व्यक्ति समूह के कार्यों को अपना कार्य समझेंगे जिसे उनके अधिकांश भाग ने अपना प्रतिनिधि चुना है।" यह समझौता इस प्रकार हुआ है मानो प्रत्येक व्यक्ति ने प्रत्येक व्यक्ति से यह कहा हो कि **''मैं इस व्यक्ति को या व्यक्तियों के इस समूह को अपना शासन स्वयं कर सकने का अधिकार और शक्ति इस शर्त पर समर्पित करता हूँ कि तुम भी अपने इस अधिकार को इसी तरह समर्पित कर दो।''**

इस तरह सारा जन समुदाय एक व्यक्ति में संयुक्त हो जाता है। इसे **'राज्य'** या **'सिविटस'** कहते है। हॉब्स के अनुसार यही उस महान् **'लेवियाथन** या **देवता'** का जन्म हैं जिसकी कृपा पर, अविनाशी ईश्वर की छत्रछाया में हमारी शांति तथा सुरक्षा निर्भर है।

2. प्रभुसत्ता का सिद्धान्त

प्रभुसत्ता, राज्य की असंयमित शक्ति है जिसको **विग्रह बल** (Cocrciveforce) का समर्थन प्राप्त है और जिसका कार्य–क्षेत्र एक नियत प्राकृतिक क्षेत्र के अंदर स्थित **सभी संस्थाओं और वहां के सभी** व्यक्तियों पर है। प्रभुसत्ता की आधुनिक परिभाषा इस प्रकार दी जा सकती है कि वह विधि का निर्माण करने और उसका प्रशासन करने के लिए राज्य का अनियंत्रित एवं सर्वोच्च अधिकार है और जिससे राज्य को पूरा विग्रह बल प्राप्त है यहाँ राज्य के अधिकार और प्रभुसत्ता में कोई अंतर नहीं है। प्रभुसत्ता के बारे में हम चाहे जैसे भी विचार दे लेकिन यह सत्य है कि प्रभुसत्ता संबंधी यह विचार हॉब्स से पहले अज्ञात था। अतः हॉब्स को सही अर्थ में ''आधुनिक प्रभुसत्ता–सम्पन्न राज्य का पिता'' कहा जाता है परंतु इस अवधारणा का श्रेय बोंदिन को ही प्राप्त है।

हॉब्स का प्रभुसत्ता संबंधी सिद्धांत : हॉब्स प्रभुसत्ता का प्रबल समर्थक है। उसकी प्रभुसत्ता का आधार है सामाजिक संविदा (समझौता)। स्पष्ट या अस्पष्ट किसी भी रूप में हो, सविंदा या अनुबंध से ही प्रभुसत्ता प्राप्त होती है। हॉब्स के अपने ही शब्दों में प्रभुसत्ता सम्पन्न अधिकारी वह व्यक्ति है ''जिसके कार्यों से जनसाधारण पारस्परिक प्रसविंदा द्वारा अपने आपको बाध्य मानता है। इस उद्देश्य की प्राप्ति के लिए वह उन सबकी शक्ति और साधनों का उस प्रकार प्रयोग करे कि जिस प्रकार वह उनकी शांति तथा सामान्य रक्षा के लिए समयोचित समझता हैं।'' इससे स्पष्ट हो जाता है कि प्रभुसत्ता ऐसे कानून बनाने की शक्ति में ही निहित है जो सारी प्रजा पर बाध्यकारी है।

हॉब्स के प्रभुसत्ता की विशेषताएँ :

1. संप्रभुसत्ता अप्रतिबंधित तथा सर्वव्यापक है
2. संप्रभुसत्ता निरंकुश होती है
3. सम्प्रभु का कोई कार्य अन्यायपूर्ण नहीं हो सकता
4. संप्रभुसत्ता मतों व नीतियों की निर्णायक एवं नियंत्रक होती है
5. संप्रभुसत्ता मनुष्य के सम्पत्ति संबंधी अधिकारों व कार्यों का नियमन करती है
6. संप्रभुसत्ता को युद्ध व संधि करने का अधिकार प्राप्त होता है
7. संप्रभुसत्ता को राज्य के अधिकारियों के चयन का अधिकार होता है
8. संप्रभुसत्ता अविभाज्य व अपृथक्करणीय होती है

प्रभुसत्ता की शक्ति किसमें है अथवा इसका प्रयोग कौन करेगा : बोदाँ की भांति ही हॉब्स ने भी शासन–प्रणालियों का अंतर इस बात पर आधारित किया हैं कि प्रभुसत्ता का निवास कहाँ है? यदि प्रभुसत्ता एक व्यक्ति में निहित है तो शासन का स्वरूप राजतंत्र है, कुछ व्यक्तियों में निहित है तो कुलीनतंत्र है और सब लोगों में नीहित हैं तो लोकतंत्र है। मिश्रित अथवा सीमित शासन–प्रणाली की बात करना व्यर्थ है क्योंकि प्रभुसत्ता अविभाज्य हैं। हॉब्स ने राजतंत्र को सर्वश्रेष्ठ इसलिए माना है कि प्रथम तो इसमें राजा का और राज्य का वैयक्तिक तथा सार्वजनिक हित एक होता है, एवं द्वितीय इसमें शासन का स्थायित्व अपेक्षाकृत अधिक पाया जाता है। यद्यपि राजतंत्र में कृपा पात्रों को धन और अधिकार देने की प्रवृत्ति होती है, तथापि कुलीनतंत्र और लोकतंत्र में यह प्रवृत्ति बहुत अधिक बढ़ जाती है। इन शासन–व्यवस्थाओं में शासकों की संख्या अधिक होती है। अतः उसी अनुपात में कृपापात्रों की संख्या भी बढ़ जाती है।

3. व्यक्तिवाद बनाम निरंकुशवाद

हॉब्स का व्यक्तिवाद : हॉब्स के सम्पूर्ण दर्शन (राजनीतिक दर्शन) में व्यक्तिवाद ही झलकता है हॉब्स ही ऐसा पहला दार्शनिक था जिसने व्यक्ति के हित और जीवित रहने के अधिकार को सर्वोपरि माना। हॉब्स व्यक्ति को अलग–अलग इकाई के रूप में प्रकट किया है। उसने व्यक्ति के सामूहिक और सामाजिक कल्याण का विरोध किया है। हॉब्स का मानना है कि राज्य एक ऐसी बाहरी शक्ति है जो व्यक्तियों में सामंजस्य पैदा करती है, एकता को बढ़ावा देती है।

"हॉब्स की विचारधारा में व्यक्ति बिल्कुल अलग–अलग इकाईयां हैं तथा राज्य एकता के सूत्र में बंधते हुए व्यक्तियों के स्वार्थों में सामंजस्य स्थापित करती है।"

व्यक्तियों के जीवन रक्षा व सुख शांति का संरक्षक राज्य पारस्परिक समझौते का परिणाम है और तब तक चलता है जब तक वह अपने उद्देश्य की पूर्ति से संलग्न है। जब तक राजा प्रजा की जीवन रक्षा के उद्देश्य को पूरा करता है तब तक प्रजा में राजभक्ति, आदेश पालन, आत्मसमर्पण है नहीं तो विद्रोह के लिए व्यक्ति स्वतंत्र है। हॉब्स द्वारा राज्यादेश की अवहेलना की अनुमति तब दी गई हैं जब राज्य ऐसा कोई आदेश दे जिससे व्यक्ति का जीवन खतरे में पड़ जाए।

हॉब्स का निरंकुशवाद का सिद्धांत इसके व्यक्तिवाद का ही परिणाम है। हॉब्स का सिद्धांत व्यक्ति से आरंभ होकर व्यक्ति पर ही समाप्त होता है। व्यक्ति की सुरक्षा वह धुरी है, जिसके चारो ओर उसके अन्य विचार घूमते रहते हैं। हॉब्स के व्यक्तिवाद का निरंकुशवाद की अपेक्षा राजनीतिक चिंतन पर अधिक प्रभाव पड़ा है। उसके व्यक्तिवाद ने अहस्तक्षेप के सिद्धांत को जन्म दिया जो 19 वीं सदी में व्यक्तिवादी सिद्धांतों का विकास करने में बेंथम जैसे उपयोगितावादी विचारकों के हाथों में एक अत्यंत शक्तिशाली उपकरण बन गया। दूसरी ओर निरंकुशतावाद 1688 की शानदार क्रांति के पश्चात् भुला दिया इसलिए यह कहना गलत है कि हॉब्स निरंकुशतावादी था।

अतः ऊपर से देखने में ऐसा लगता है कि हॉब्स पूर्ण निरंकुश सत्ता का समर्थक है लेकिन वास्तव में व्यक्ति के हित का समर्थक होने के कारण प्रबल व्यक्तिवादी भी है। हॉब्स एक ही साथ पूरे उपयोगितावादी तथा पूर्ण व्यक्तिवादी भी थे, यह सुस्पष्ट व्यक्तिवाद ही हॉब्स के दर्शन को इस युग का सबसे क्रांतिकारी सिद्धांत बना देता है।

वेपर के अनुसार, "हॉब्स, जिसे बार–बार एक महान निरंकुशवादी के रूप में चित्रित किया गया है, शायद वह राजनीतिक चिंतन के इतिहास में सबसे श्रेष्ठ व्यक्तिवादी भी है। इसका उग्र व्यक्तिवाद का सिद्धांत है जो प्रत्येक वस्तु को समाविष्ट किए हुए है।"

जान लॉक (1632-1704 ई.)

रक्तहीन क्रांति का दार्शनिक, उदार और सीमित शासन का पोषक तथा हॉब्स से भिन्न सामाजिक समझौते की परिकल्पना करने वाला ऑक्सफोर्ड विश्वविद्यालय का प्राध्यापक जान लॉक सामाजिक समझौते के सिद्धांत का दूसरा महत्वपूर्ण स्तंभ माना जाता है।

लॉक का जन्म 1632 ई॰ में ब्रिटेन के एक मध्यवर्गीय तथा प्यूरिटन संप्रदाय के एक परिवार में हुआ। उसका जन्म एक ऐसे परिवार में हुआ जो पूर्णतः उदारवाद से प्रभावित था। उसकी प्रारंभिक शिक्षा वेस्ट मिनिस्टर स्कूल में हुई। बी॰ए॰ और एम॰एम॰ की उपाधियाँ उसने ऑक्सफोर्ड विश्वविद्यालय से प्राप्त की। तत्पश्चात उसने इसी विद्यालय में अध्यापक का पद ग्रहण किया। परंतु इसमें रूचि न होने के कारण उसने त्याग–पत्र दे दिया। इसके बाद उसने डॉ॰ डेविड नामक चिकित्सक के निर्देशन में ड़ाक्टरी सीखनी शुरू कर दी तथा शीघ्र ही उसने एक अच्छे डॉक्टर के रूप में ख्याति प्राप्त की।

1. राज्य की उत्पत्ति का सिद्धांत

जान लॉक के राज्य की उत्पत्ति संबंधी विचारों को निम्न बिन्दुओं में समाहित किया जा सकता है।

मानव स्वभाव : लॉक ने हॉब्स के विपरीत मानव स्वभाव का वर्णन किया है। उसकी दृष्टि में मानव मूलतः अच्छा, शांतिपूर्ण और सामाजिक होता है। लॉक में यह विश्वास उत्पन्न होने के अनेक कारण उसमें सहदयता और सहानुभूति के स्वाभाविक गुण थे। वस्तुतः पिता का स्नेह, मित्रों की सहानुभूति और लॉर्ड एशले की कृपा प्राप्त करने के कारण उसमें यह विश्वास उत्पन्न होना स्वाभाविक था कि मनुष्यों में दया, प्रेम, सहानुभूति आदि स्वाभाविक

गुण होते है। राजपदों पर काम करते समय और एशले के पतन के बाद निर्वासित जीवन व्यतीत करते समय उसे मानव स्वभाव की विकृतियों के कटु अनुभव हुए लेकिन उसकी मूल धारणा में कोई परिवर्तन नहीं हुआ कि मनुष्य स्वभाव से अच्छा होता है।

1688 ई॰ की रक्तहीन क्रांति ने लॉक की मानव स्वभाव संबधी धारणा को बल प्रदान किया। उसने देखा कि ब्रिटेन के निवासियों ने बिना रक्तपात किए एक राजा को उसकी अयोग्यता के कारण राजसिंहासन से हटाकर दूसरे राजा विलियम को उस पर इस आशा से आसीन किया कि वह राज्य के कार्यों को कुशलतापूर्वक करेगा तथा उनकी अधिकार संबंधी भागों को पूरा करेगा। इस घटना ने लॉक की इस धारणा को सत्य सिद्ध कर दिया कि मानव स्वभाव में अनेक गुण होते है। उसे इस बात का पूर्ण विश्वास हो गया कि मनुष्य स्वार्थी और अविवेकी नहीं होता, उसमें सामाजिकता का गुण होता है तथा उसको नियंत्रण में रखने के लिए बल प्रयोग की आवश्यकता नहीं होती।

रक्तहीन क्रांति से लॉक ने जो निष्कर्ष निकाला उसको **'जोन्स'** ने निम्नलिखित शब्दों में कहा, यह घटना इस बात की साक्षी है कि मनुष्य काफी विवेकी होते हैं और वे समझते हैं कि उनका सर्वोत्तम हित इसी बात में है कि वे पारस्परिक सहयोग द्वारा शांतिपूर्ण जीवन व्यतीत करें।

इसी निष्कर्ष के आधार पर लॉक ने मानव स्वभाव के विषय में अपनी धारणा को स्थायी रूप में प्रकट किया है उसने हॉब्स के समान मनुष्य को गुणों की खान न समझकर उसे अनेक मानवोचित गुणों का संजीव प्रतीक स्वीकार किया है।

प्राकृतिक अवस्था का स्वरूप : लॉक की प्राकृतिक अवस्था उसके मानव स्वभाव से संबंधित है उसने हॉब्स की तरह यह माना है कि राज्य की उत्पत्ति के पूर्व मनुष्य प्राकृतिक अवस्था में रहता था जिसमें समाज था लेकिन राज्य नहीं, अर्थात समाज का स्वरूप था लेकिन राजनीतिक संगठन नहीं। **'डनिंग'** के शब्दों में "जिस प्राकृतिक अवस्था की लॉक द्वारा कल्पना की गई है वह प्राकृतिक–सामाजिक के स्थान पर प्राकृतिक–राजनीतिक अवस्था है।"

लॉक का मनुष्य स्वभावतः अच्छा, शांतिप्रिय, परोपकारी, सामाजिक और विवेकी है इसीलिए प्रकृतिक अवस्था में उसका जीवन सुखमय और शांतिमय था। वह आनंद अनुभव करता है। उसका जीवन, उसकी स्वतंत्रता, और सम्पत्ति सुरक्षित थी। प्राकृतिक अवस्था वातावरण समृद्ध सम्पन्न और शांतिपूर्ण थी। स्वयं लॉक– प्राकृतिक अवस्था, शांति सद्भावना, पास्परिक सहयोग और आत्मरक्षा की अवस्था है।

प्रमुख लक्षण :

1. स्वतंत्रता : प्राकृतिक अवस्था पूर्ण स्वतंत्रता की अवस्था है जिसमें मनुष्य प्राकृतिक नियमों की सीमाओं के अंदर जो कार्य चाहे कर सकता है।

2. समानता : प्राकृतिक अवस्था में सब मनुष्यों में समानता है किसी भी मनुष्य को किसी दूसरे मनुष्य की तुलना में न तो अधिक अधिकार प्राप्त है और न शक्ति। सभी मनुष्य जन्म से समान होते है वे अपनी समक्षताओं में समान नहीं है लेकिन अधिकारों का उपयोग करने में समान है।

प्राकृतिक अधिकार : लॉक का कथन है कि प्राकृतिक अवस्था का संचालन प्राकृतिक नियमों के अनुसार होता था और व्यक्तियों को इन नियमों के अनुसार ही प्राकृतिक अधिकार प्राप्त थे। तीन प्रकार–

1. जीवन का अधिकार
2. स्वतंत्रता का अधिकार
3. सम्पत्ति का अधिकार

राज्य निर्माण के कारण : प्राकृतिक अवस्था के वर्णन से यह बिल्कुल स्पष्ट है कि मनुष्यों का जीवन सामाजिक था, उसमें व्यवस्था थी। उसमें सब मनुष्य समान थे और सभी को जीवन, स्वतंत्रता और सम्पत्ति के अधिकार प्राप्त थे। लोगों में शांति, सदभावना और सहयोग की भावना थी। उन पर प्राकृतिक नियमों का शासन था। सभी व्यक्तियों को इन नियमों को स्वयं लागू करने और भंग करने वाले को दंड देने का अधिकार था। दंड शुद्ध विवेक और अंतःकरण की आवाज पर होता था तथा उसी मात्रा में दिया जाता था जिस मात्रा में अपराधी को मर्यादित करने के लिए आवश्यक था।

वस्तुतः प्रत्येक व्यक्ति को प्राकृतिक नियमों को लागू करने और उनको भंग करने वालो को दंड देने के व्यक्तिगत अधिकार ने ही प्राकृतिक अवस्था में शांत वातावरण और सुखी जीवन को युद्ध की स्थिति तथा कष्टमय जीवन में

परिवर्तित कर दिया। इसका कारण, प्रत्येक व्यक्ति आत्महित के आधार पर प्राकृतिक नियमों की व्याख्या करने लगा और प्रतिशोध की भावना से एक दूसरे को दंड देने लगा। इसके साथ ही व्यवस्थापिका, कार्यपालिका, न्यायपालिका के नहीं रहने से लोग असुविधाओं का अनुभव करने लगे। जीवन, स्वतंत्रता और सम्पत्ति खतरे में पड़ने लगी। दूसरों के आक्रमण और अतिक्रमण का भय बना रहा।

इस प्रकार इन असुविधाओं से सुरक्षा पाने के लिए प्रत्येक व्यक्ति सामाजिक समझौते द्वारा राज्य निर्माण की बात सोचने लगा। इस संदर्भ में लॉक– प्रत्येक मनुष्य को दूसरों को दंड देने की जो शक्ति प्राप्त है, उसके अनियमित और अनिश्चित प्रयोग से जो असुविधाएँ उत्पन्न होती है, उनसे सुरक्षा प्राप्त करने के लिए मनुष्य सरकार के निश्चित कानूनों की शरण लेने लगा।

यह स्पष्ट है कि प्राकृतिक नियमों से उत्पन्न होने वाली असुविधाओं का अंत करने के लिए राज्य का निर्माण होता है। लॉक ने राज्य निर्माण का प्रधान कारण व्यक्तिगत संपत्ति की असुरक्षा माना है। उसका मत है कि प्राकृतिक अवस्था में सभी मनुष्य समान है और सभी को संपत्ति का अधिकार है। लेकिन अधिकांश व्यक्ति सुनीति और न्याय में विश्वास नहीं करते, अतः मनुष्य को सदैव यह भय लगा रहता है कि वह अपनी संपत्ति से वंचित हो जाएगा और उसका उपभोग नहीं कर सकेगा।

अतः वह उन मनुष्यों के साथ सम्मिलित हो जाता है, जो अपने जीवन, स्वतंत्रता, और संपत्ति की पारस्परिक सुरक्षा के लिए राज्य का निर्माण करने के लिए तत्पर है। लॉक के शब्दों में, मनुष्यों द्वारा राज्य के निर्माण और सरकार की अधीनता स्वीकार किए जाने का महान और मुख्य उद्देश्य अपनी संपत्ति की सुरक्षा है।

सामाजिक समझौते द्वारा राज्य का निर्माण : प्राकृतिक अवस्था की असुविधाओं से बचने और अपनी व्यक्तिगत संपत्ति को सुरक्षित करने के लिए सभी मनुष्य सामाजिक समझौते द्वारा राज्य का निर्माण करते है। प्राकृतिक अवस्था में सभी व्यक्ति समान और स्वतंत्र है। इसीलिए ये समझौता प्रत्येक व्यक्ति का सभी व्यक्तियों के साथ होता है इस विचार से इस समझौते का स्वरूप सामाजिक है।

इस स्पष्ट समझौते के द्वारा प्रत्येक व्यक्ति अपने उन प्राकृतिक अधिकारों का परित्याग करता है जिनके कारण प्राकृतिक अवस्था में अराजकता और अव्यवस्था फैलती है। हॉब्स के सामाजिक समझौते में प्रत्येक व्यक्ति अपने सभी अधिकारों को एक व्यक्ति या व्यक्ति समूह को समर्पित करता है। दूसरी ओर, लॉक के सामाजिक समझौते में प्रत्येक व्यक्ति अपने कुछ अधिकारों को संपूर्ण समाज को सौंपता है।

लॉक के सामाजिक समझौते का मुख्य उद्देश्य जीवन, स्वतंत्रता और संपत्ति को समाज के आतंरिक और बाह्य खतरों से सुरक्षा प्रदान करता है। इस उद्देश्य की प्राप्ति के हेतु व्यक्ति अपने जिन प्राकृतिक अधिकारों को समाज को समर्पित करते है वे है अपने–आप प्राकृतिक नियमों की व्याख्या करने का अधिकार, उनको कार्यान्वित करने का अधिकार और उनको भंग करने वालो को दंड देने का अधिकार। इस प्रकार प्राकृतिक नियमों की व्याख्या करना उनको लागू करना तथा उनके अनुसार दंड़ देना राज्य का कार्य हो जाता है।

व्यक्ति अपने जिन अधिकारों को राज्य को सौपता है, उनके बदले उसको समाज से जीवन, स्वतंत्रता और संपत्ति के प्राकृतिक अधिकारों की सुरक्षा की गारंटी मिलती है। व्यक्ति इन अधिकारों को राज्य को हस्तांरित न करके मौलिक अधिकारो के रूप में अपने पास रखता है ताकि वह राजनीतिक शक्ति को मर्यादित कर सके। **गेटेल का मत है कि** लॉक का समझौता विशिष्ट उद्देश्य के लिए और सीमित है, हॉब्स के समझौते के समान सामान्य और व्यापक नहीं है।

2. प्राकृतिक अधिकार का सिद्धांत

लॉक के राजनीतिक विचारों में प्राकृतिक अधिकारों का सिद्धांत महानतम योगदान है। यदि उसके दर्शन से इन अधिकारों को निकल दिया जाए तो उसका प्रमुख ग्रन्थ 'शासन पर दो निबंध' अर्थहीन और व्यर्थ सिद्ध होगा। लॉक का इग्लैंड़ की गौरवपूर्ण क्रांति (1688) का समर्थक होने के कारण जनता के प्राकृतिक अधिकारों का पोषण होना ज़रूरी था। अतः उसने प्राकृतिक नियमों के अनुसार, समानता को सभी मनुष्यों का जन्मसिद्ध अधिकार घोषित किया। साथ ही, समानता के सिद्धांत के आधार पर प्राकृतिक अधिकारों का सिद्धांत प्रतिपादित किया।

मानव समानता के विषय में लॉक का विचार है कि सब मनुष्यों को एक सर्वशक्तिमान और अनंत बुद्धिमान

सृष्टिकर्ता ने बनाया है, और सब एक ही प्रभु स्वामी के सेवक हैं और उन्हें इस संसार में उसी सृष्टि के आदेश से और उसी के कार्य के लिए भेजा जाता है। वे उसी परमात्मा की संपत्ति है जिसकी कृति है और अपने या दूसरे की इच्छानुसार नहीं, बल्कि, उसी के इच्छानुसार प्राणवायु चलती है।

प्राकृतिक अधिकार के प्रकार : लॉक ने मुख्यतः तीन प्राकृतिक अधिकारों का उल्लेख किया है– 1. जीवन का अधिकार 2. स्वतंत्रता का अधिकार 3. संपत्ति का अधिकार। लॉक का कहना है कि किसी व्यक्ति को इन अधिकारों से वंचित नहीं रखा जा सकता है।

3. लॉक का उदारवाद

आदिकाल से स्वंतत्रता को मानवीय जीवन का महानतम लक्ष्य समझा जाता है। लेकिन, इसे राजनीतिक विचार के केन्द्रबिंदु का स्थान प्रदान करने का श्रेय उदारवादी दर्शन को प्राप्त है। स्वतंत्रता की समस्या और मानवमात्र के लिए इसकी प्राप्ति के उपयोग पर जितना ध्यान उदारवाद ने केन्द्रित किया हैं, संभवतः उतना किसी और दूसरी विचारधारा ने नहीं किया है। उदारवाद के समर्थकों में लॉक का स्थान अग्रण्य है। लॉक को उदारवाद की आत्मा कहा जाता है, क्योंकि उसने स्वंत्रता को अपने दर्शन में सर्वोच्च लक्ष्य का रूप स्थान प्रदान किया है।

उदारवाद के दो रूप प्रचलित है।

1. प्राचीन उदारवाद : इसके मुख्य प्रतिपादक बेंथम, जेम्स मिल, जॉन स्टुअर्ट मिल, जेफरसन और टॉमस पेन हैं। यह राज्य को एक श्रेष्ठतम अवस्था में भी एक बुराई मानता है। उनकी दृष्टि में राज्य एक प्रहरी का काम करता है तथा उसकी शक्तियाँ सीमित होती हैं।

2. नवीन उदारवाद : लॉक उदारवाद की नवीन विचारधारा का प्रतिनिधित्व करता है तथा शासन को स्वतंत्रता की प्राप्ति का एक अत्यंत महत्वपूर्ण और आवश्यक साधन मानता है। टी॰एच॰ ग्रीन नवीन उदारवाद का दूसरा विचारक है जिसने जनतंत्रात्मक उदारवाद की व्याख्या की है।

उदारवाद की परिभाषा और उद्देश्य : उदारवादी विचारधारा दूसरी विचारधाराओं की भांति निश्चित और क्रमबद्ध विचारधारा नहीं है। उदारवाद न तो किसी एक व्यक्ति के विचारों का परिणाम है और न ही विचारधारा किसी एक युग के साथ जुड़ी है, वास्तव में, यह कोई एक दर्शन नहीं, बल्कि अनेक विचारों का सम्मिश्रण है। यह एक जीवन दृष्टि, जीवन क्रम और मस्तिष्क की एक प्रवृत्ति है जिसके अंतर्गत अनेक मान्यताएं, आदर्श और संस्थाएं हैं। ऐसी स्थिति में उदारवाद की परिभाषा देना या व्याख्या करना कठिन कार्य हो जाता है। **मैक्गवर्न**-''एक राजनीतिक सिद्धांत के रूप में उदारवाद दो पृथक तत्वों का मिश्रण है। इसमें एक लोकतंत्र और दूसरा व्यक्तिवाद।''

कुछ व्यक्ति उदारवाद को व्यक्तिवाद का पर्यायवाची मानते हैं, जो ठीक नहीं है। यद्यपि व्यक्तिवाद उदारवाद का अभिन्न अंग है, फिर भी दोनों एक ही अवधारणा नहीं है। उसी प्रकार लोकतंत्र को उदारवाद की संज्ञा दी जाती है, लेकिन यह भी सही नहीं है। वस्तुतः उदारवाद, व्यक्तिवाद, लोकतंत्र और प्रगतिवाद का एक मिश्रण है, जो व्यक्ति को साध्य और राज्य को साधन मानता है। वह इस बात पर जोर देता है कि समस्त मानवीय व्यवस्था का केन्द्र व्यक्ति ही है। राज्य, समाज और अन्य संस्थाएं व्यक्ति के कल्याण के साधन मात्र हैं तथा समस्त सामाजिक, आर्थिक और राजनीतिक व्यवस्था का निर्धारण व्यक्ति को केन्द्र मानकर ही किया जाता है।

उद्देश्य : व्यक्ति की स्वतंत्रता और राज्यसत्ता के बीच उचित व्यवस्था का प्रश्न ही उदारवाद का प्रश्न माना जा सकता है। व्यक्ति की स्वतन्त्रता पर राज्य के नियंत्रण की उचित सीमा को निर्धारित करना ही उदारवाद का उद्देश्य होता है। व्यक्ति की स्वतन्त्रता पर आघात न होने को उदारवाद की संज्ञा दी जा सकती है।

हॉब्स और ग्रीन राज्य द्वारा तथा हीगल नागरिक समाज द्वारा विभिन्न स्वार्थहितों में समन्वय स्थापित करने को ही उदारवाद का उद्देश्य मानते हैं। लॉक और बेंथम आर्थिक व्यक्तिवाद पर आधृत मध्यवर्ग के उदारवाद अर्थात् वर्ग विशेष के उदारवाद का समर्थन करते हैं।

जीन जैक्स रूसो (1712-1778 ई.)

रूसो का नाम लोकतांत्रिक चिंतन से जुड़ा है। इनके विचार फ्रांस की क्रांति के प्रमुख प्रेरणा स्रोत थे। रूसो के राजनीतिक चिंतन में व्यक्तिवाद, समाजवाद, निरंकुशवाद

और लोकतंत्र संबंधी विचारों आदि का सम्मिलित रूप देखने को मिलता है। रूसो की रचनाओं में "सोशल कान्ट्रैक्ट" उल्लेखनीय रचना है इसी ग्रंथ में वह "सामान्य इच्छा" के सिद्धांत का प्रतिपादन करता है। रूसो को प्लेटो के बाद ऐसा महानतम दार्शनिक माना गया जिसने राज्य की प्राकृतिक अवस्था में बड़ी गहराई से झांका।

वाहन के अनुसार "अरस्तू की पॉलिटिक्स के बाद सोशल कान्ट्रैक्ट राजदर्शन पर लिखी हुई सबसे अधिक मौलिक और विचारों की दौड़ में सबसे अधिक समृद्ध रचना है।" रूसो को स्वंतत्रता व लोकतंत्र का अग्रदूत कहा जाता है।

रूसो की प्रमुख रचनाएँ :

1. डिसकोर्सेज आन दि मॉरल इफेक्टस ऑफ दि आर्ट्स एण्ड साइंसेज–इसमें रूसो ने बताया कि विज्ञान और कला ने मनुष्य की अवनति में क्या योग दिया।
2. डिसकोर्सेज ऑन दि आरिजिन ऑफ इनइक्वैलिटी–इसमें रूसो ने बताया कि समाज में विषमता कैसे उत्पन्न हुई।
3. इकोनॉमिक पालिटिक (1755)
4. सोशल कान्ट्रैक्ट (1762)
5. लेटर्स दि ला मोण्टेन (1764)
6. दि ईमाइल (1762)
7. कन्फेशन्स
8. कान्सटीटयूशन ऑफ कोर्सिका
9. राइटिंग्स ऑफ सेण्ट पियरे (1761)

रूसो के प्रमुख राजनीतिक विचार :

रूसो समाज के नैतिक प्रयत्न के प्रति अत्यधिक चिंतित था और चाहता था कि इस अभिशाप से मुक्त होकर मनुष्य का जीवन पुनः नैतिक दृष्टि से उच्च हो जाए। अतः वह समाज व राज्य की आदर्शवादी दृष्टिकोण से व्याख्या करता है। वह मानव स्वभाव व प्रकृति अवस्था का वर्णन करते हुए, सोशल कान्ट्रेक्ट का प्रतिपादन करता है।

1. मानव स्वभाव : रूसो प्राकृतिक अवस्था में मनुष्य को स्वाभाविक रूप से अच्छा, सुखी, सीधा, चिंतारहित, स्वस्थ्य, शांतिप्रेमी और एकांतप्रिय समझता था। वे मनुष्य के चरित्र निर्माण में दो वृतियों को महत्वपूर्ण मानते थे–परमार्थ और स्वार्थ। वे आदिम मनुष्य को पशुतुल्य, निष्पाप, निर्दोष तथा स्वाभाविक रूप से अच्छा मानते हैं।

2. प्राकृतिक अवस्था : प्राकृतिक अवस्था एक मुक्त व्यवहार पूर्ण अवस्था थी किसी को भी किसी प्रकार का कोई कार्य करने की पूर्ण स्वंतत्रता थी। इस अवस्था में रूसो व्यक्ति के लिए "आदर्श बर्बर" शब्द का प्रयोग करता है। इस अवस्था में मनुष्य एक भोले और अज्ञानी बालक की भांति सादगी और परम सुख का जीवन व्यतीत करता था। रूसो के अनुसार प्राकृतिक मनुष्य एकाकी, स्वंतत्र, नैतिक–अनैतिक भावनाओं से मुक्त निस्वार्थ व संपत्ति और परिवार से रहित आदमी स्वर्ण युग की स्वर्गीय दशा में रहता था। बौद्धिकता के अभाव में इस अवस्था को न अनैतिक और नहीं सद्गुणी माना जा सकता है।

3. सामाजिक समझौता : रूसो की यह आदर्श व्यवस्था अधिक दिन तक कायम न रह सकी व ज्ञान में निरंतर वृद्धि ने समाज में तेरे–मेरे का भाव उत्पन्न कर दिया। व्यक्तिगत संपत्ति के उदय तथा इसकी मान्यता के कारण समाज में हिंसा, द्वेष, कलह व युद्ध आदि का उदय हुआ। **रूसो का कथन** है कि "वह प्रथम पुरूष जिसने पृथ्वी के एक भाग को घेर कर अपने ह्दय में कहा कि यह मेरा है और मनुष्यों के सीधेपन के कारण उन्होंने उस पर विश्वास कर लिया, राजकीय समाज का वह वास्तविक संस्थापक था।"

संपत्ति ने व्यक्ति की स्वंतत्रता को परतंत्रता में बदल दिया। जिसको लक्ष्य करके वह कहता है कि "मनुष्य स्वतंत्र उत्पन्न होता है, किंतु वह सर्वत्र बेड़ियों में जकड़ा हुआ है।" क्योंकि वे व्यक्ति की स्वाधीनता का उसके लिए सर्वोतम दशा करार देते हैं। स्वंतत्रता के प्रयोग के लिए इन बंधनों से मुक्ति का उपाय उनके चितंन की मूल समस्या थी। प्रकृति की ओर लौटें "Back to the Nature" का हाथ पकड़ते हैं और कहते है कि हमें हमारा अज्ञान, भोलापन ब हमारी गरीबी लौटा दो हम स्वंतत्र हो जाएंगे।

राज्य : युद्ध और संघर्ष के वातावरण का अंत करने के लिए एक सामाजिक समझौते की कल्पना करता है। सभी व्यक्तियों ने अधिकारों का पूर्ण समर्पण समाज के लिए किया व एक दूसरे की रक्षा का वादा किया गया। मनुष्यों ने आपस में एक समझौता किया।

समझौता करने वाले प्रत्येक व्यक्ति के व्यक्तिगत व्यक्तित्व के स्थान पर समूह बनाने की इस प्रक्रिया में एकदम एक नैतिक तथा सामूहिक निकाय (Colleclive

Body) का जन्म होता है, जो कि उतने ही सदस्यों से मिलकर बना है जितने कि उसमें मत होते हैं।

सामाजिक समझौते द्वारा निर्मित "राज्य" को 'सामान्य इच्छा' कहा जाता है। संप्रभुता की अभिव्यक्ति सामान्य इच्छा में होती है। सभी व्यक्ति इसके अधीन रहते हुए कार्य करते है। प्रत्येक नागरिक का संप्रभुता में एक भाग होता है।

विशेषताएं

1. समान समपर्ण पर समानता की माँग करता है
2. निजी व्यक्तित्व के स्थान पर एक सामूहिक व्यक्तित्व की स्थापना, जिसकी पृथक, एकता, पहचान, जीवन व इच्छा होती है
3. वास्तविक रूप से स्वंतत्रता दृष्टिपात होती है
4. व्यष्टि (व्यक्तिगत इच्छा) का स्थान समष्टि (सामान्य इच्छा) ले लेती है
5. इस प्रकार किसी सरकार की स्थापना न होकर एक संपूर्ण प्रभुत्व सम्पन्न समाज की स्थापना होती है जिसका आधार सामान्य इच्छा होती है
6. सामाजिक समझौता एक निरंतर चलने वाला क्रम है
7. इस प्रकार राज्य का सावयव राज्य के रूप में उदय

4. रूसो के शासन संबंधी विचार : रूसो के अनुसार सामाजिक समझौते द्वारा निर्मित समाज जिसमें कि सामान्य इच्छा का वास होता है, राज्य है जबकि शासन अथवा, सरकार केवल वह व्यक्ति अथवा व्यक्ति समूह है जिसको समाज द्वारा यह अधिकार दिया जाता है कि वह संप्रभु की इच्छा पूर्ण करे। शासन व सरकार तो संप्रभु व जनता के मध्य संस्था है।

शासन का वर्गीकरण : रूसो ने चार प्रकार की शासन प्रणालियाँ मानी है– राजतंत्र, कुलीनतंत्र, प्रजातंत्र और मिश्रित शासन। वे प्रत्यक्ष लोकतंत्र के समर्थक व अप्रत्यक्ष लोकतंत्र के विरोधी थे। वह कुलीनतंत्र को श्रेष्ठ शासन प्रणाली मानता है। उसने कुलीनतंत्र के तीन प्रकार माने है– प्राकृतिक, वंशानुगत तथा निर्वाचनात्मक। **निर्वाचित कुलीनतंत्र** को वह सर्वोतम शासन व्यवस्था मानता है।

5. रूसो के कानून संबंधी विचार : सामान्य इच्छा (संप्रभु) ही कानून का स्रोत है। रूसो सामान्य इच्छा की अभिव्यक्ति को कानून मानता है। प्रथम कानून सर्वमान्य हित (सार्वजनिक) से संबंधित होना चाहिए और द्वितीय उसका स्रोत संपूर्ण जनता होनी चाहिए। रूसो ने कानूनों के चार प्रकार गिनाए है :

1. सवैधानिक कानून 2. फौजदारी कानून
3. दीवानी कानून 4. परम्परागत कानून

रूसो ने कानून निर्माण के लिए एक विधि निर्माता की आवश्यकता प्रतिपादित की है। अतः वह स्वतंत्रता और कानून की आज्ञाकारिता में कोई अंतर नहीं मानता। वह स्वयं कहता है कि "सच्ची स्वतंत्रता उन कानूनों का पालन करने में है जिन्हें हम स्वयं अपने लिए निर्धारित करते है।"

6. रूसो के स्वंतत्रता संबंधी विचार : रूसो को स्वंतत्रता का मसीहा कहा जाता है। उसके अनुसार स्वंतत्रता का अर्थ मनमाना कार्य करना नहीं है। सामान्य इच्छा द्वारा निर्मित कानूनों का पालन ही स्वंतत्रता है। रूसो ने स्वंतत्रता का सकारात्मक दृष्टिकोण प्रस्तुत किया है। रूसो इस बात में विश्वास करता है कि कानून के अनुसार जीवन व्यतीत करना ही सच्ची स्वतंत्रता है क्योंकि ऐसा करके व्यक्ति अपनी इच्छा का ही पालन करता है। स्वंतत्रता की रक्षा के लिए वह सत्ता पर बल देता है।

7. हॉब्स से तुलना

1. हॉब्स ने यात्रिक राज्य की स्थापना की जबकि रूसो ने एक आंगिक राज्य की।
2. हॉब्स का राज्य केवल शक्ति पर आधारित है जबकि रूसो का न्याय व नैतिकता पर।
3. हॉब्स का संप्रभु एक व्यक्ति या कुछ व्यक्तियों का समूह होता है जबकि रूसो का समस्त जन समुदाय।
4. हॉब्स का संप्रभु विधि निर्माता, कार्यपालक और न्यायाधीश सभी स्वयं होता हैं, परंतु रूसो का संप्रभु सिर्फ विधि निर्माता होता है।
5. हॉब्स सब अधिकारों के समर्पण पर मात्र आत्मसुरक्षा प्राप्त करता है जबकि रूसो कोई अधिकार नहीं त्यागता अधिकारों का पूर्ण समर्पण, अधिकारों की पूर्ण प्राप्ति में बदल जाता है।
6. हॉब्स के संप्रभु पर किसी का अंकुश नहीं होता, जबकि रूसो सामान्य इच्छा के लिए उसका न्यायपूर्ण और नैतिक होना आवश्यक है। सार्वजनिक कल्याण को परम उद्देश्य माना है।

रूसो का राज्य भी निरंकुशता की दृष्टि से हॉब्स जैसा है, किंतु जहाँ हॉब्स की निरंकुश प्रभुसत्ता सम्पन्न राजा की स्वेच्छाचारिता का पोषण करती है, वहाँ रूसो की सामान्य इच्छा की प्रभुसत्ता का सिद्धांत जनता की प्रभुसत्ता का प्रतीक है।

रूसो का राजनीतिक जगत पर प्रभाव : रूसो के मूल्याकन के संबंध में आलोचकों की भिन्न–भिन्न राय हैं एक ओर वेपर, लैंसन, लास्की, ग्रीन ने उसकी प्रशंसा की है, उसकी तुलना अरस्तू व प्लेटो से की गई है। वहीं दूसरी ओर वाल्टेयर, मार्ले, बर्क ने उसकी आलोचना कर उसे सभ्यताहीन, मिथ्यावादी व उलूक भाषी तक कहा है। फिर भी राजनीतिक विचारों के इतिहास में रूसो का नाम अमर है।

जी॰डी॰एच॰ कोल ने रूसो को राजदर्शन का पिता कहा है तथा सोशल कान्ट्रेक्ट को राजदर्शन की दृष्टि से महानतम माना है।

जे॰ एस॰ मिल (1806-1876 ई.)

जॉन स्टुअर्ट मिल, जेम्स मिल का पुत्र था। मिल पर बेन्थम के उपयोगितावादी विचारों का काफी प्रभाव था, लेकिन वह इनमें परिवर्तन करना चाहता था और आगे चलकर उन्होंने बेन्थम के उपयोगितावादी सिद्धांतों में मौलिक परिवर्तन भी किया। मिल 16 वर्ष की अवस्था में 'उपयोगितावादी सोसाइटी' का सदस्य भी बन गया था। मिल ने ना सिर्फ उपयोगितावाद की आलोचना की साथ ही अपने स्वंतत्रता संबंधी विचारों को भी आगे बढ़ाया। उन्होंने खोखली स्वंतत्रता की अवधारणा का प्रतिपादन किया। मिल भूमि सुधार तथा महिला मताधिकार का भी भारी समर्थक माना जाता है।

रचनाएँ : मिल की कुछ महत्वपूर्ण रचनाएँ इस प्रकार हैं–

1. The System of Logic 2. The Principles of Political Economy 3. Subjection of Women. 4. On Liberty 5. Parliamentary Reforms. 6. Considerations on Representative Government. 7. Utilitarianism 8. Three Essays on Religion

मिल के उपयोगितावादी विचार : बेन्थम के बाद इंग्लैंड की परिस्थितियों में काफी परिवर्तन आया और उन परिस्थितियों में बेन्थम के उपयोगितावादी विचारों को चुनौती दी जाने लगीं, इसीलिए मिल ने पहले संस्थापित बेन्थम के उपयोगितावादी विचारों में कुछ परिवर्तन करने का विचार किया लेकिन धीरे–धीरे मिल ने बेन्थम के विचारों में इतना संशोधन कर दिया कि वे अपना मूल स्वरूप ही खो बैठा। मिल ने इस संबंध में अपने जो भी विचार दिए हैं वे उनके निबंध "Utilitarianism" में मिलते हैं।

1. उपयोगितावाद की पुनर्समीक्षा : मिल ने बेन्थम के उपयोगितावाद की समीक्षा करते हुए जो विचार दिए वे इस प्रकार हैं–

1. सुखों में मात्रात्मक के साथ गुणात्मक अंतर भी : बेन्थम सुखों और दुखों में सिर्फ मात्रात्मक अंतर मानता है, गुणात्मक नहीं। लेकिन मिल ने इन दोनों अंतरों को स्वीकार किया है। उसने कहा कि सुख और दुख के गुणात्मक अंतर को भी स्वीकार करना होगा क्योंकि उसका मानना है कि कई सुख मात्रा में कम होने पर भी इसलिए प्राप्त करने योग्य समझे जाते हैं कि वे श्रेष्ठ हैं। निश्चित ही तुलसी और कीट्स के कार्यों का आनंद गुल्ली–डंडा खेलने के आनंद से अधिक उत्तम है। मिल आगे लिखता है कि "एक संतुष्ट शुकर की अपेक्षा एक असंतुष्ट मनुष्य होना कहीं अच्छा है, एक संतुष्ट मूर्ख की अपेक्षा एक असंतुष्ट सुकरात होना कहीं अच्छा है और यदि मूर्ख और शुकर का मत इसके विपरीत है तो इसका कारण है कि वे केवल अपना पक्ष ही जानते हैं, जबकि दूसरा पक्ष (सुकरात, मानव) दोनों ही पक्षों को समझता है।"

2. सुखों की गणना-पद्धति में परिवर्तन : मिल द्वारा सुखों में गुणात्मक भेद को स्वीकार कर लेने के बाद बेन्थम की सुखवादी मापदण्ड पूर्ण खण्ड़ित हो जाता है। बेन्थम सुख की मात्रा को सुखवादी गणना–पद्धति से मापना चाहता था, जबकि मिल का मानना था कि विद्वानों के प्रमाण ही सुखों की जांच अथवा निर्णय के सही आधार हैं।

3. बेन्थम के सिद्धांत का उद्देश्य सुख या आनंद प्राप्ति था और मिल का शालीनता और सम्मान पर बल देना : मिल के मत में जीवन का अंतिम उद्देश्य उपयोगितावादी नहीं बल्कि शालीनता है। मिल का कथन हैं कि "केवल यही महत्वपूर्ण नहीं है कि मनुष्य क्या करता हैं, यह भी महत्वपूर्ण है कि उसके वह खास काम करने के तरीके क्या हैं।" बेन्थम में सिद्धांत का उद्देश्य सिर्फ आनंद की प्राप्ति

तक सीमित था जबकि मिल मानता है कि वह आनंद, जो शालीनता अथवा सम्मान की वृद्धि करे, दूसरे से श्रेष्ठ हैं।

4. मिल की नैतिकताएं बैन्थम से अधिक संतोषजनक : सम्मान अथवा शालीनता का उपयुक्ततावादी विचार मिल को नैतिक बाधा अनुपयोगितावादी विवेचन की भी प्रेरणा देता है बेन्थम ने नैतिक बाधा का कारण केवल मनुष्य की स्वार्थ प्रवृत्ति को माना, परंतु मिल का विचार इसके विरोध में हैं उसके अनुसार भय, स्मृति, स्वार्थ, नैतिकता में उसी प्रकार बाधा पहुँचाते हैं। जिस प्रकार प्रेम, सहानुभूति तथा धार्मिक भावनाएं। यहां पर हम देखते हैं कि मिल, बेन्थम से अधिक मात्रा में यथार्थवादी है।

5. स्वतंत्रता, उपयोगिता से अधिक उच्च और मौलिकः मिल का उपयोगितावादी सिद्धांत में यह एक और मौलिक परिवर्तन है। इस संबंध में वेपर ने लिखा है कि "मनुष्य की आत्मा को श्रेष्ठ बनाने का विचार उसे स्वतंत्रता के अनुपयोगितावादी विश्लेषण की ओर अग्रसर करता है। सच्चे उपयोगितावादियों के लिए स्वतत्रता उपयोगिता से भिन्न हैं, परंतु मिल के लिए स्वतत्रता उपयोगिता से अधिक उच्च और अधिक मौलिक हैं।"

6. सुखों की प्राप्ति का ढंग अप्रत्यक्ष होता है : मिल ने "अधिकतम लोगों के अधिकतम सुख" की धारणा को स्वीकार करते हुए बेन्थम के सिद्धांत को सुधारने की चेष्टा की है। बेन्थम का मानना था कि राज्य के कार्यों की नाप–तौल करते समय अन्य बातों के साथ ही विस्तार पर भी बल दिया जाना चाहिए अर्थात् यह देखना चाहिए कि एक व्यक्ति के सुख की खोज में लगे रहने पर वह अन्य व्यक्तियों को सुख किस प्रकार पहुँचा सकेगा। मिल ने इसका समाधान इस प्रकार कर दिया कि यद्यपि अपना ही अधिकतम सुख प्राप्त करने की लालसा व्यक्ति का एकमात्र उद्देश्य रहता है तथापि तुरंत ही वह सामाजिक हित के रूप में प्रत्येक व्यक्ति के अधिकतम सुख का रूप धारण कर लेता है। अतः वही सुख बाद में एक साध्य का रूप धारण कर लेता है। उदाहणार्थ किसी व्यक्ति को कष्ट में देखकर उसकी सहायता करता है और इस कार्य से उसको स्वयं सुख प्राप्त होता है।

7. मिल का सिद्धांत नैतिक, बेन्थम का राजनीतिकः एक और परिवर्तन यह हुआ कि बेन्थम सुख के सिद्धांत को एक राजनीतिक सिद्धांत समझता था नैतिक नहीं, उसकी रूचि इस बात में अधिक थी कि विधि निर्माण और शासन सामाजिक नीतियों के निर्धारण तथा विधि निर्माण में इसका प्रयोग करें। अतः एक विधि निर्माता के सामने इसके अलावा कोई और विकल्प नहीं कि वह सुखों की मात्रा को ध्यान में रखकर ही अपने कानूनों का निर्माण करें। इसके विपरीत मिल का विचार था कि उपयोगिता का सिद्धांत विधि निर्माण के लिए व्यक्तिगत नैतिकता का पथ–प्रदर्शक सिद्धांत बन गया। इसके द्वारा प्रत्येक व्यक्ति को स्वयं यह निर्णय करना है कि उसके लिए क्या करना उचित है। इस प्रकार इस सिद्धांत का राजनीतिक पहलू धूमिल होकर पृष्ठभूमि में पड़ गया।

8. मिल द्वारा अंतःकरण के तत्व पर जोर देना : बेन्थम ने उपयोगितावाद के भौतिक पक्ष पर बल देते हुए बाह्य बातों पर अधिक ध्यान दिया है जबकि मिल ने आंतरिक पक्ष को अधिक महत्व दिया है। बेन्थम ने व्यक्ति को सुख प्राप्ति के लिए प्रेरित करने वाले चार बाह्य तत्वों–शारीरिक, सार्वजनिक, धार्मिक और नैतिक की चर्चा की थी जबकि मिल कहता है सुख केवल इन्हीं तत्वों से प्राप्त नहीं होता बल्कि आत्मिक मानसिक और आध्यात्मिक भी होता है।

2. मिल के स्वंतत्रता संबंधी विचार :

उपयोगितावादी चितंन के अंतिम और व्यक्तिवादी दार्शनिको की श्रृंखला में मिल एक महत्वपूर्ण चिंतक थे। मिल ने जिस स्वंतत्रता का सदा पोषण किया है, वह एक व्यापक स्वंतत्रता है मिल के स्वंतत्रता संबंधी अपने विचारों का समावेश अपनी पुस्तक 'On Liberty' में है। मिल का सम्पूर्ण राजनीतिक चितंन व्यक्ति के मूल्य पर आधारित है। इसके लिए वह शासक को व्यक्ति की सुरक्षा के लिए उत्तरदायी मानता है। बेन्थम के उपयोगितावाद के सिद्धांत में परिवर्तन लाने वाले जॉन स्टिुअर्ट मिल का जन्म 20 मई 1806 में लंदन में हुआ। अपने कुशाग्र बुद्धि के कारण अल्पावस्था में ही जनोफोन, हेरीडोटस, आइसोक्रेटस के प्लेटो के 6 संवादो का, एण्डम स्मिथ और रिकार्डो के अर्थशास्त्र, तर्क शास्त्र तथा मनोविज्ञान जैसे जटिल ग्रंथों का अध्ययन किया। 16 वर्ष की अवस्था में उपयोगितावादी सोसाइटी का सदस्य बना। 1856 में नौकरी में व्यस्त होने के पश्चात् भी अपनी सहित्यिक गतिविधियों में स्थिरता नहीं आने दी।

कॉलरिन तथा गेटे की रचनाओं से मिल के स्वभाव में एक नई क्रांति अर्थात् नवीन मानव का आविमार्च हुआ। कॉलरिन के राष्ट्रीय एकता और शिक्षा संबंधी विचारों की उस पर गहरी छाप पड़ी।

पद्धति : मिल की वैचारिक शैली ऐतिहासिक और भौतिकवाद का मिश्रण है।

स्वंतत्रता पर विचार अभिव्यक्ति के लिए परिस्थितिः मिल के समय राज्य का कार्यक्षेत्र बहुत अधिक बढ़ गया था और सरकार जनहित के नाम पर जीवन के प्रत्येक क्षेत्र को प्रभावित करने वाले कानून बनाने लगी। सामाजिक व्यवस्थापन द्वारा सामान्य जनता की सुख वृद्धि के प्रयास में ब्रिटिश सरकार जिस प्रकार वैयक्तिक स्वंतत्रता में हस्तक्षेप करने लगी उससे **मिल** को यह भय हो गया कि जनता का बहुमत अथवा लोकप्रिय शासन भी कहीं भूतकालीन निरंकुश शासन के समान तथा स्वेच्छाचारी न बन जाए। उसका विश्वास था कि राज्य द्वारा अधिक अधिनियमों के निर्माण का अर्थ है–व्यक्ति और उसकी स्वंतत्रता पर अधिक प्रतिबंधों का होना। जिसका परिणाम था राज्य के समक्ष नागरिक के व्यक्तित्व का हनन।

मिल की दृढ़ धारणा थी कि अपने व्यक्तित्व का विकास करना ही मनुष्य का ध्येय है, परंतु इस ध्येय की प्राप्ति में राज्य और समाज द्वारा कुछ बाधाएं उपस्थित की जाती हैं। जिसका निराकरण आवश्यक है। इन बाधाओं के निराकरण की अवस्था ही स्वंतत्रता है। मिल का मत है कि "शासक गण नियमित रूप से समाज के प्रति उत्तरदायी हैं। राजनीतिक क्षेत्र में बहुमत के अत्याचार जैसी बुराई से अपनी रक्षा करना आवश्यक है। राज्य को व्यक्ति के जीवन में कम हस्तक्षेप करना चाहिए। वह व्यक्ति के जीवन में केवल आत्मरक्षा के लिए हस्तक्षेप कर सकता है यदि अपने कार्यों द्वारा व्यक्ति दूसरे की समानता में बाधक हो, तो राज्य का हस्तक्षेप न्यायोचित है।

मिल की स्वंतत्रता का आधार : स्वंतत्रता के सिद्धांत का समर्थन मिल दो प्रकार के दार्शनिक आधारों पर करता हैं **प्रथम**, व्यक्ति की दृष्टि से और **द्वितीय** समाज की दृष्टि से। मिल ने यह स्वीकारा है कि मनुष्य का उद्देश्य अपनी शक्ति के पूर्ण तत्वों का विकास करना है, वह इन तत्वों के अधिकत्तम् और सामजंस्य पूर्ण विकास का पक्षपाती है द्वितीय आधार यह समाज के विकास को समक्ष रख कर बनाता है। मिल व्यक्ति के विकास से समाज के विकास पर आता है। उसकी दृष्टि में समाज का विकास कुछ विशेष प्रकार के व्यक्तियों से होता है ये व्यक्ति कला, विज्ञान, साहित्य और अन्य क्षेत्रों में नवीन परिवर्तन लाने का प्रयास करते हैं। परंतु रूढ़िवादी समाज उनके स्वंतत्र कृत्यों के मार्ग में अवरोधक बन जाता है। अतः समाज अपने विकास में स्वयं रोड़ा बन जाता है। अतः समाज के विकास हेतु आवश्यक है कि उसके समस्त घटकों को पूर्ण स्वंतत्रता दी जाये। मिल यद्यपि उपयुक्त विचारों में व्यक्ति का ही पक्ष लेता है।

स्वंतत्रता का स्वरूप : यद्यपि मिल व्यक्तिगत स्वतंत्रता का कट्टर समर्थक है तथापि वह इसे स्वच्छता के अर्थ में नहीं लेता। समाज की सत्ता तथा व्यक्ति की स्वंतत्रता के मध्य समन्वय बनाये रखना उसका प्रमुख उद्देश्य रहा हैं। इस दृष्टि से वह व्यक्ति की स्वंतत्रता का उसी सीमा तक समर्थन करता है जहां तक कि वह समाज के अन्य व्यक्तियों तथा समग्र रूप से समाज के अतीत में प्रयुक्त न की जाये। परंतु यदि समाज की सत्ता व्यक्ति की स्वंतत्रताओं का दमन करे तो मिल समाज की ऐसी सत्ता का विरोध करता है आन लिबर्टी में स्वंतत्रता के स्वरूप को स्पष्ट करते हुए मिल ने लिखा है कि "मानव जाति किसी भी घटक की स्वतंत्रता में केवल एक आधार पर ही हस्तक्षेप कर सकती हैं और वह है आत्मरक्षा सभ्य समाज के किसी भी सदस्य के विरूद्ध शक्ति का प्रयोग केवल इसी उद्देश्य के लिए हो सकता हैं कि उसे दूसरों को हानि पहुंचाने से रोका जाए। किसी भी व्यक्ति को कोई काम करने या न करने के लिए विवश करना इस आधार पर उचित नहीं माना जा सकता कि ऐसा करना उस व्यक्ति के हित में हैं या ऐसा करने से उसके हित में वृद्धि होगी या ऐसा करना बुद्धिमतापूर्ण है। समाज मानव आचरण के केवल उसी अंश का नियंत्रण कर सकता है जो दूसरे व्यक्तियों से संबंधित हो। स्वयं अपने कार्यों में उसकी स्वंतत्रता अधिकारतः निरपेक्ष हैं"।

मिल का मत है कि व्यक्ति पर स्वतंत्र होने के लिए दबाव भी डाला जा सकता है। यहां यद्यपि वह अतिवादी हो जाता हैं मिल की स्वंतत्रता का स्वरूप तब और भी शक्तिशाली बन पाता है जब हम देखते हैं कि वह अलग–अलग पुरूषों की उन्नति चाहता है। क्योंकि उसका

विचार है कि सभी आदर्श और तर्क संगत वस्तुएं व्यक्तियों से ही आती है और व्यक्तियों से ही आनी चाहिए। मिल स्वंतत्रता का अर्थ प्रतिपादियों का न होना मानता है और इसकी तुलना बहुसुखी और खूब सुखी से करता है।

स्वतंत्रता के लक्षण : मिल ने स्वंतत्रता को दो लक्षण (I) स्वसंबंधी और (II) परसंबंधी बताये हैं। पहले लक्षण में व्यक्ति अपने आप पर सर्वोच्च सत्ता रखता है अर्थात् प्रत्येक व्यक्ति अपने आपके (स्वयं) नियंत्रण में है किसी अन्य के नियंत्रण में नहीं। इस प्रकार मनमाना कार्य कर सकता है परंतु मिल इसको स्पष्ट करते हुए कहता है कि व्यक्ति उसी समय तक ही स्वंतत्र है जब तक कि उसकी स्वंतत्रता दूसरों की स्वंतत्रता में बाधा न डाले। **उदाहरणार्थ**–एक व्यक्ति को मुक्का घुमाने की स्वंतत्रता है परंतु केवल उस स्थान तक कि जहां किसी अन्य को न लगे।

दूसरे लक्षण के अनुसार प्रत्येक व्यक्ति को इच्छानुसार कार्य करने की स्वंतत्रता है। परंतु दूसरों को हानि तथा दुख पहुँचाने पर वे नियंत्रित होना चाहिए।

मिल के अनुसार स्वंतत्रता के दो प्रकार हैं :

1. विचारों की अभिव्यक्ति की स्वंतत्रता : विचारों की अभिव्यक्ति व विचार विनिमय पर मिल कोई भी प्रतिबंध स्वीकार करने को तैयार नहीं है। इस स्वतंत्रता के संबंध में मिल बड़े प्रभावशाली तर्क दिये हैं मिल के अनुसार समाज और राज्य को व्यक्ति की वैचारिक स्वंतत्रता पर प्रतिबंध लगाने का कोई अधिकार नहीं है। बौद्धिक अथवा विचार की स्वंतत्रता उस व्यक्ति के लिए भी हितकर है जो उसका उपभोग करता है। यदि सम्पूर्ण समाज एक ओर हो और व्यक्ति अकेला दूसरी तरफ तो भी उस व्यक्ति को विचार व्यक्त करने की स्वंतत्रता होनी चाहिए। मिल के शब्दों में, "यदि एक व्यक्ति के अतिरिक्त सम्पूर्ण मानव जाति एकमत हो जाए तो भी मानव जाति को उस एक व्यक्ति को जबर्दस्ती चुप कराने का अधिकार नहीं है।"

मिल ने दृढ़तापूर्वक कहा कि सत्य अथवा किसी विचारधारा के दमन से सामाजिक प्रवृत्ति अवरूद्ध होती है **मिल** के अनुसार "विचारों को दबाने का एक विलक्षण दोष यह है कि ऐसा करना मानव जाति की आने वाली तथा वर्तमान पीढ़ियों को लूटना है और इससे उसके विरोधियों को उसके रखने वालों की अपेक्षा अधिक हानि होती है।"

मिल ने कहा है कि विचार एवं भाषण की स्वंतत्रता मानसिक स्वास्थ्य के लिए अत्यंत आवश्यक है। इससे अधिक मनुष्यों को केवल अधिकत्तम सुख की अनुभूति ही प्राप्त नहीं होती बल्कि इसके द्वारा सत्य की खोज की जा सकती है। इस प्रकार की व्यक्तिगत स्वंतत्रता के लिए मिल राजनीतिक स्वंतत्रता पर भी बल दिया है। उसके मत में राजनीतिक स्वंतत्रता उच्च स्तर की नैतिक स्वंतत्रता का आधार बनती है।

2. कार्यों की स्वंतत्रता : वैचारिक स्वंतत्रता का महत्वपूर्ण पक्ष कार्य की स्वतंत्रता है। **मिल** का मत है कि "विचारों की स्वंतत्रता अपूर्ण है यदि उन विचारों को क्रियान्वित करने की स्वंतत्रता न हो।" यदि कोई व्यक्ति स्वतंत्रता पूर्वक केवल सोचता ही है, आचरण में सदा दूसरों की अवज्ञा का अनुवर्ती रहता हैं तो वह जीवित दास हैं। क्योंकि उसके मन और शरीर पृथक हैं वह अपूर्ण मानव है "सोचने समझने, बोलने और कार्य करने की स्वंतत्रता एक ही प्रधान तत्व के सोपान् हैं। इनमें से किसी की अपेक्षा नहीं की जा सकती। स्वंतत्रता कार्य के अभाव में स्वतंत्रता चिंतन वैसा ही है जैसा कि पक्षी उड़ना चाहता है पर उसके पर उड़ते नहीं।"

मिल का मत है कि कार्य उतने ही स्वतंत्र होने चाहिए जितने की विचार। मनुष्यों को अपने विचारों के अनुसार कार्य करने की स्वंतत्रता होनी चाहिए। परंतु किसी व्यक्ति को दूसरे व्यक्ति के कार्यों में बाधा या कष्ट का कारण नहीं बनना चाहिए। **मिल** कहता है कि "मानव जाति व्यक्तिगत अथवा सामूहिक रूप से अपने किसी भी सदस्य की स्वतंत्रता में केवल एक बात के लिए हस्तक्षेप कर सकती है और वह है आत्मरक्षा। सभ्य समाज में किसी भी बाधक के विरूद्ध शक्ति का प्रयोग केवल एक उद्देश्य के लिए उचित हो सकता है और वह है उसे दूसरों से हानि पहुँचाने में रोकना।" अर्थात् मिल के कहने का तात्पर्य यही है कि व्यक्ति के कार्यों पर चाहे वे सही हो, या गलत समाज अथवा राज्य को प्रतिबंध लगाने का कोई अधिकार नहीं परंतु व्यक्ति के ऐसे कार्यों पर प्रतिबंध लगाया जा सकता है जो समाज के अन्य व्यक्तियों के लिए हानिकारक हो। यदि कोई व्यक्ति अपने घर में आग लगा ले और किसी को आग बुझाने न दे तो

यह उसके पड़ोसियों कि लिए हानिकारक होगा। अतः इसमें समाज व राज्य हस्तक्षेप कर सकता है अतः वास्तव में मिल यह स्पष्ट करना चाहता था कि व्यक्तिगत स्वंतत्रता सामाजिक और बौद्धिक अधिकारों तथा दायित्वों पर निर्भर है।

कार्य स्वतंत्रता के दो मार्ग हैं : मिल के इन विचारों से यह निष्कर्ष निकलता है कि मानव जीवन के दो पहलू हैं व्यक्तिगत और सामाजिक। मिल का विचार है कि विकास स्वंतत्रता के अभाव में नहीं हो सकता। जिस स्वतंत्रता की बात मिल करता है वह कार्य स्वंतत्रता है। मिल कार्य स्वतंत्रता को दो भागों में बाँटता हैं जो निम्न हैं:

1. स्वयं संबंधी कार्य अर्थात् व्यक्तिगत कार्य : व्यक्तिगत कार्य में मिल उन कार्यों को लेता है जो मात्र व्यक्ति के अपने आप से संबंधित हैं। उन कार्यों का प्रभाव किसी अन्य पर नहीं पड़ता है। वे कार्य हैं जैसे कपड़े पहनना, शिक्षा प्राप्त करना, खान–पान आदि इन कार्यों में राज्य का कोई हस्तक्षेप नहीं होना चाहिए। क्योंकि व्यक्तिगत कार्यों की स्वंतत्रता का अभाव समाज की प्रगति के लिए खतरा बन जाता है। मिल के अनुसार, "जिस प्रकार विज्ञान की प्रगति का आधार नवीन अविष्कार है, उसी प्रकार समाज में भी जीवन और गति का आधार नवीनता में निहित है। नवीनता के अभाव में जीवन शून्य हो जाएगा। अतः इस नवीनता की रक्षा के लिए भी यह आवश्यक है कि व्यक्तिगत कार्यों में व्यक्ति को पूर्ण स्वंतत्रता प्राप्त हो।"

2. पर (समाज) संबंधी कार्य : दूसरों से संबंध रखने वाले कार्यों को मिल स्वंतत्र छोड़ने के पक्ष में नहीं था। मिल का कहना था कि किसी व्यक्ति को अपने आपको दूसरों के लिए दुःखदायी नहीं बनाना चाहिए यदि वह अपने कार्यों से दूसरों को परेशान न करता हो। मिल इस बात को उदाहरण से स्पष्ट करता है व्यक्ति जब हाथ घुमाता है तो उसका हाथ किसी को न लगे यह उसका निजि मामला है परंतु वह हाथ किसी को लग जाये तो वह समाज के लिए हानिकारक है।

मिल कार्यों की स्वंतत्रता को चरित्र निभाना और सामाजिक विकास की दृष्टि में न्यायपूर्ण मानता है।

मिल की स्वंतत्रता के मूल तत्व : 1. यह नकारात्मक स्वंतत्रता है विधेयात्मक नहीं, कानून का अभाव स्वंतत्रता माना गया है। 2. अध्यात्मिक व्याख्या प्रस्तुत की गई है। 3. समाज से पृथक रहकर व्यक्ति स्वंतत्रता का उपभोग कर सकता हैं। अतः मिल की स्वतंत्रता की धारणा समाज की व्यक्तिवादी धारणा पर आधारित है। 4. स्वतंत्रता के पक्ष में दिये गए पक्ष में उपयोगितावादी सिद्धांत का पुट हैं। 5. मिल पिछड़े हुए राष्ट्र के लोगों को स्वतंत्रता प्रदान करने के पक्ष में नहीं हैं। 6. राष्ट्रीय प्रगति और सामाजिक उद्देश्य के लिए स्वतंत्रता का अपहरण किया जा सकता है।

3. मिल का प्रतिनिधि शासन

मिल के समय में प्रजातंत्र संक्रमणकालीन अवस्था से गुजर रहा था। त्रुटिपूर्ण शासन के साथ संसद का उच्चवर्गीय अधिनायकत्व चिंता के विषय था। अतः इन त्रुटियों को दूर करने के लिए मिल ने अपना ध्यान ऐसे शासन की ओर केंद्रित किया जिसमें व्यक्ति का सच्चा प्रतिनिधित्व सम्भव हो और प्रजातांत्रिक नियमों के अनुसार प्रत्येक योग्यता प्राप्त व्यक्ति अवसर प्राप्त कर सके। मिल का मत था कि सच्चा प्रजातंत्र वहां हैं जहां पर नागरिक प्रत्यक्ष रूप से शासन कार्य में भाग लें। लेकिन मिल की यह भी मान्यता थी कि आज प्रत्यक्ष लोकतंत्र अधिक जनसंख्या के कारण निभ नहीं सकता अतः मिल की दृष्टि में सर्वोत्तम शासन अप्रत्यक्ष प्रजातंत्र अथवा प्रतिनिधि शासन ही होना चाहिए।

प्रतिनिधि शासन का सिद्धांत : इसकी तीन प्रमुख शर्तें होती हैं–

1. वे लोग जिनके लिए ऐसी सरकार का निर्माण किया जाए, ऐसी सरकार को स्वीकार करने के इच्छुक हो या इतने अनिच्छुक नहीं कि इसकी स्थापना में बाधा पैदा करें।
2. ऐसी सरकार के स्थायित्व के लिए जो कुछ भी करना आवश्यक हो वह सब करने के लिए वे इच्छुक और योग्य हो।
3. ऐसी सरकार के उद्देश्यों को पूरा करने के लिए ऐसे लोगों से जो कुछ सरकार चाहे वह करने के लिए वे तत्पर और योग्य हो। शासन की जो आवश्यक शर्तें हो वे उन्हें पूरा करने के लिए तैयार हैं।

प्रतिनिधि सरकार के प्रमुख तत्व : इनका वर्णन इस प्रकार है–

1. संपूर्ण या उनकी संख्या के बहुत बड़े भाग के लोगों का सरकार के कार्यों में सहयोग।
2. संपूर्ण या उनकी संख्या के बहुत बड़े भाग के लोगों के हाथ में नियंत्रण शक्ति।

3. समय–समय पर चुने गए प्रतिनिधियों द्वारा लोगों का प्रतिनिधित्व।
4. अंतिम नियंत्रण शक्ति का संविधान के स्थान और यदि संविधान लिखित न हो तो व्यवहारिक रूप से जनता द्वारा उसका उपयोग।
5. राज्य की सक्रिय राजनीति में नैतिकता या स्वस्थ परम्पराएं।
6. वे सभी तत्व जो एक अच्छी सरकार के लिए आवश्यक होते हैं जिनका वर्णन ऊपर किया जा चुका है।
7. सरकार के अगों में कार्यों का निश्चित बँटवारा।
8. एक संगठित विरोधी दल।
9. आनुपातिक प्रतिनिधित्व।
10. सार्वजनीन मताधिकार।
11. निष्पक्ष न्यायपालिका।
12. अल्पसंख्यकों की रक्षा।

ये उपरोक्त सभी तत्व करीब–करीब एक उदारवादी सरकार की ओर संकेत करते हैं जिसका मिल समर्थन करता था।

प्रतिनिधि सरकार के कार्य : प्रतिनिधि सरकार के कार्यों का वर्णन मिल ने इस प्रकार किया है–

1. प्रतिनिधि शासन व्यक्तियों के विकास के लिए उपयुक्त वातावरण तैयार करे जिसमें व्यक्ति सत्य की खोज करके उसके अनुसार अपने विचारों का निर्माण कर सके।
2. शासन ऐसे कानूनों का निर्माण करे जिससे व्यक्तियों के चारित्रिक विकास के योग्य वातावरण बन सके।
3. राज्य को कम से कम कानूनों का निर्माण करना चाहिए क्योंकि कानून व्यक्ति की स्वतंत्रता पर प्रतिबंध लगाते हैं। मिल के मतानुसार जीवन के अधिकांश पहलू सरकार के विनियमों से मुक्त ही रहने चाहिए। कानून–निर्माण का कार्य विधायिका–सभा को दिया जाना चाहिए।
4. मिल की मान्यता थी कि प्रशासकीय कार्यों में प्रतिनिधि सभा का यह कर्त्तव्य नहीं है कि वह स्वयं निर्णय करे, बल्कि यह सावधानी रखना है कि जो व्यक्ति किसी भी बात का निर्णय करे, वह योग्य हो। मिल का मानना था कि इस प्रकार नौकरशाही द्वारा शक्ति के दुरूपयोग को रोका जा सकता है।
5. मिल, बेन्थम की इस धारणा का खंडन किया कि निर्वाचित संसद का प्रशासन पर प्रत्यक्ष रूप से नियंत्रण होना चाहिए। वह एक ओर कुशलता और क्षमता चाहता है और दूसरी ओर जन–आलोचना का आकांक्षी है। इसलिए प्रधानमंत्री एवं मंत्रियों की नियुक्ति का अधिकार संसद को देकर और स्थायी कर्मचारियों को मंत्रियों के अधीन रखकर वह लोकतंत्र एवं शासन कुशलता का समिश्रण करना चाहता है।

महात्मा गाँधी (1869-1948 ई.)

भारतीय राष्ट्रीय आंदोलन के अग्रदूत और सत्य, अंहिसा, सत्याग्रह और मानव धर्म के पुजारी महात्मा गाँधी का मूल नाम मोहन दास करमचन्द गाँधी था जो विलायत से वकालत की उपाधि प्राप्त करके भारत में एक सामान्य व्यक्ति की तरह ही आये थे। लेकिन 1893 में जब वे दादा अब्दुला खां एंड कंपनी नामक संस्था का मुकदमा लड़ने के लिए डरबन (दक्षिण अफ्रीका) पहुँचे तो वहीं वे बीस वर्ष तक रहे। यहां उन्होंने देखा कि किस तरह से गोरी सरकार प्रवासी भारतीयों पर रंग और जाति के आधार पर अत्याचार कर रही थी। यही से गाँधी जी ने अपना अहिंसात्मक युद्ध तथा सत्याग्रह के सटीक हथियार का प्रयोग किया। 1894 में गाँधीजी ने 'नटाल इंडियन कांग्रेस' की स्थापना की। इसी क्रम में उन्होंने 1902 में 'ट्रान्सवाल ब्रिटिश इंडियन एसोसिएशन' की स्थापना की। उन्होंने 'इंडियन ओपीनियन' नामक पत्र का प्रकाशन भी प्रारंभ किया। 1906 में गाँधी ने जुलु विद्रोह के समय 'इंडियन स्ट्रेचर–बोअर कोर' की स्थापना की। 1909 में इंग्लैंड से दक्षिण–अफ्रीका लौटते समय जहाज में उन्होंने 'हिन्द स्वराज' की रचना की, 1914 में गाँधी भारत लौट आये।

भारत आने के बाद उन्होंने 1915 में अहमदाबाद में साबरमती नदी के किनारे 'सत्याग्रह आश्रम' की स्थापना की। 1917 में चम्पारन में नील के बागानों में काम करने वाले मजदूरों पर होने वाले शोषण के खिलाफ अपने

संत्याग्रह का प्रयोग किया। 1919 में गाँधी जी ने रोलेट एक्ट के विरोध में सत्याग्रह की प्रतिज्ञा ली।

गाँधी जी ने 'नवजीवन' गुजराती मासिक और 'यंग इंडिया' अंग्रेजी साप्ताहिक का सम्पादन अपने हाथ में लिया। इसके साथ ही गाँधी जी ने भारतीय राष्ट्रीय आंदोलन को तीन महान आंदोलन दिए। 1920–21 असहयोग आन्दोलन, 1930–31 सविनय अवज्ञा आंदोलन और 1942 का भारत छोड़ो आन्दोलन। इन आंदोलनों की यह विशेषता थी कि इनमें गाँधी जी ने आम जनता को शामिल किया था, इन्हीं के प्रयासों से अंततः 15 अगस्त, 1947 को भारत विभाजन के साथ आजाद हो गया।

1. सत्य की अवधारणा–महात्मा गाँधी का संपूर्ण जीवन सत्य पर टिका था। सत्य के सामने और किसी बात से वह समझौता नहीं करते थे, सत्य और ईश्वर में वह कोई भेद नहीं मानते थे। गाँधी दर्शन से सत्य को हटाने का प्रयत्न किया जाए तो वह सर्वथा असंभव कार्य होगा।

गाँधी जी का आग्रह था कि हमारा प्रत्येक व्यवहार और कार्य सत्य के लिए होना चाहिए। सत्य के अभाव में हम किसी भी नियम का शुद्ध पालन नहीं कर सकते। जीवन या विश्व में प्रत्येक स्थान पर सत्य की सिद्धि तभी संभव है जब हम अपनी दृष्टि को सदैव निर्दोष और निर्मल रखें।

गाँधी जी सापेक्ष सत्य में अर्थात् साधन स्वरूप में और शुद्ध सत्य में स्पष्ट भेद मानते थे। उनकी मान्यता थी कि सापेक्ष सत्य वह सत्य है जिसे हम किन्हीं विशेष परिस्थिति के संबंध में देखते हैं। वह संपूर्ण सत्य नहीं होता जो एक प्रकार की परिस्थितियों में सत्य हो सकता है, संभव है वह भिन्न प्रकार की परिस्थितियों में सत्य न हो। शुद्ध सत्य अंतिम सत्य है। वहीं है, वहीं था और वहीं रहेगा। सत्य के शुद्ध अर्थ में गाँधी जी सत्य और ईश्वर को एक ही मानते थे। वे ईश्वर की पूजा सत्य के रूप में करते थे। इस अर्थ में सत्य मानव जीवन का लक्ष्य बन जाता है। उनका कहना था कि सत्य द्वारा हमें वह सहिष्णुता प्राप्त होती है जिससे हम खुले दिमाग से दूसरों की बात सुन सकते हैं। सत्य जीवन का साध्य है और साध्य के साथ ही साधन की समस्या भी जुड़ी हुई है। दोनों की शुद्धि आवश्यक है।

गाँधीजी के सत्य के परिवेश में केवल व्यक्ति ही नहीं आते वरन समूह, समाज और संपूर्ण मानव जाति सम्मिलित है। सत्य का पालन धर्म, राजनीति, अर्थनीति, परिवार, नीति सब में होना चाहिए। व्यक्ति और समाज का कोई पक्ष सत्य से विरक्त नहीं होना चाहिए। गाँधी जी की वास्तव में यह सबसे बड़ी देन थी कि उन्होंने व्यक्तित्व आधार पर सत्य की खोज के लिए किए जाने वाले प्रयासों का संबंध सामाजिक हित से जोड़ दिया। आध्यात्मिक पूर्णता इच्छुक लोगों के लिए गाँधीजी ने यह नया मार्ग खोज निकाला।

2. धर्म संबंधी अवधारणा–सत्य व अंहिसा की मूर्ति गाँधी जी ने धर्म की सृजनात्मक शक्ति को स्वीकार किया। धर्म उनके लिए संसार की नैतिक अनुशासन व्यवस्था थी। गाँधी जी ने धर्म को जीवन व समाज का आधारभूत तत्व स्वीकार किया और कहा कि इसको निकाल देने से व्यक्ति और समाज दोनों निष्प्राण और शून्य हो जाते हैं। गाँधी जी ने धर्म के क्षेत्र में संसार के प्रत्येक कार्य, व्यक्ति के प्रत्येक पक्ष, गैर समाज के प्रत्येक अंग को समेटा।

धर्म से गाँधी का अभिप्राय किसी औपचारिक रूढ़िगत धर्म से नहीं है बरन् विश्व के व्यवस्थित नैतिक अनुशासन से है। गाँधी का धर्म सम्प्रदायवाद को नहीं मानता था, यह तो मानव–समाज का शाश्वत तत्व है। जो हिंदुत्व, इस्लाम और ईसाइयत से परे है। गाँधीजी ने हिंदू धर्म में गहरी आस्था प्रकट की, क्योंकि यह धर्म सब धर्मों के साथ शांतिपूर्ण रहने में विश्वास करता है और इस प्रकार का कोई दावा नहीं करता कि सत्य एकमात्र उसी में है। गाँधी जी ने हिन्दूवाद के आध्यात्मिक नैतिक सार को ग्रहण किया। हिंदू धर्म में आस्था रखते हुए भी उन्होंने इसकी आचरण संबंधी रूढ़ियों, पाखंडों या भ्रांतियों का पक्ष नहीं लिया गाँधी जी की दृष्टि में कोई धार्मिक क्रिया, आचार संस्कार यदि व्यक्तिगत स्वार्थ–सिद्धि या लोभ से किया जाए तो वह अनुचित है, पर यदि कोई क्रिया निष्काम भाव से की जाए तो वह बुद्धिसंगत न होने पर भी उचित है। गाँधीजी मूर्ति–पूजा, वृक्ष–पूजा आदि के समर्थक भी थे और विरोधी भी। वे मूर्तियों को देवता मानना अनुचित मानते थे, किंतु ईश्वर के प्रतीक या माध्यम के रूप में मूर्ति–पूजा से उनका कोई विरोध नहीं था। गौ–पूजा में उन्हें अहिंसा का भाव निहित प्रतीत होता था।

मानवतावादी धर्म–गाँधी ने मानवतावादी धर्म का पोषण किया जिसका चरम लक्ष्य सेवा है। गाँधी धर्म के प्रमुख

तत्व है–सत्य, प्रेम और अहिंसा। जो व्यक्ति वस्तुतः मनुष्य कहलाना चाहता है उसके दैहिक, मानसिक और सांस्कृतिक गुणों का विकास इन्हीं तत्वों पर आधारित होना चाहिए। उनके धर्म में ऊँच–नीच, जाति–भेद, रंग–भेद के लिए कोई स्थान न था। उन्होंने ऐसी प्रत्येक बात को ठुकरा दिया था जो विवेक के विरुद्ध और मानवता के विरूद्ध थी। उन्होंने अस्पृश्यता की व्यवस्था का किंचित मात्र भी समर्थन नहीं दिया। उन्होंने कहा कि भगवान ने इन्सान को किसी ऊँच–नीच के साथ पैदा नहीं किया है। अस्पृश्यता में विश्वास भगवान का निषेध है।

गाँधी का धर्म सर्वोदय का धर्म था, दरिद्रनारायण की सेवा का धर्म था। इसी में उनका स्वराज्य था। महात्मा गाँधी के लिए धर्म और नैतिकता पर्यावाची शब्द थे। उनकी दृष्टि में नैतिकता के आधारभूत सिद्धांत सत्य, और अहिंसा थे। उन्होंने इन दो सिद्धांतों को 11 सिद्धांतों में विकसित किया जो निम्न है–अहिंसा, सत्य, अस्तेय, बह्मचर्य, असंग्रह, शरीर–श्रम, अस्वाद, सर्वत्र–भय–वर्धन, सर्वधर्म समानवत, स्वदेशी, स्पर्श–भावना।

गाँधी जी यद्यपि सभी धर्मों को सत्य मानते थे, किंतु उनका यह विश्वास नहीं था कि वे सर्वथा त्रुटिहीन है। दुनिया के सभी महान धर्मों की आधारभूत शिक्षाओं में गाँधी जी का विश्वास था। धर्म–परिवर्तन में उन्हें कोई आस्था न थी।

गाँधी जी ने धर्म का मानवीकरण और समाजीकरण किया; पीड़ितों, असहायों और अभावग्रस्त लोगों की सेवा को सबसे बड़ा धर्म बताया। प्रार्थना की शक्ति में उन्होंने अपना आदर्श विश्वास व्यक्त किया। गाँधीजी अकसर कहा करते थे कि जहाँ तक भारत का सुधार होगा, वही तक वह आजाद भी होगा। एक सुधारा हुआ भारत ही एक आजाद भारत बनेगा।

गाँधी जी ने आत्मा की अमरता के सिद्धांत को स्वीकार किया और यह माना कि जन्म–मरण ईश्वर की इच्छा से होते हैं। गाँधी के धर्म में 'निष्काम कर्म' का उपदेश है। श्रेष्ठ कर्म वही है जो बंधन–मुक्त होकर किया जाए। धर्म का अभिप्राय है कि व्यक्ति अपनी पाशविक प्रवृत्ति पर विजय पा ले और स्वयं को ईश्वर से तथा अपने ही साथ अन्य मनुष्यों से संबद्ध कर ले। गाँधी का धर्म व्यक्तिसिद्धि का साधन ही नहीं है वरन शक्तिशाली सामाजिक बधन का साधन भी है।

3. साध्य और साधन की अवधारणा

महात्मा गाँधी नैतिक पवित्रता पर कितना बल देते थे यह उनके धर्म, ईश्वर और सत्य की अवधारणा से स्पष्ट है। गाँधी जी नैतिक नियमों के आधार पर संपूर्ण समस्याओं का समाधान और संपूर्ण मानव जाति की एकता चाहते थे। नैतिक पवित्रता पर बल देने का यह स्वाभाविक परिणाम था कि गाँधी जी साधन और साध्य दोनों की पवित्रता में विश्वास करते थे। वे कहा करते थे कि साधन और साध्य एक–दूसरे से चोली दामन की तरह संबद्ध है। यदि साध्य उत्तम है तो उसे प्राप्त करने के साधन भी उतने ही उत्तम होने चाहिए। साधनों की पवित्रता के विचार द्वारा गाँधी जी ने राजनीति में एक क्रांतिकारी परिवर्तन कर दिया गाँधी जी के अनुसार साधन बीज के समान है और साध्य वृक्ष के समान।

गाँधी जी साध्य और साधन दोनों की पवित्रता पर बल देते थे। वे साधन की पवित्रता या अहिंसा के आधार पर सत्य को औचित्य मानते थे। साध्य की अधिकतम, कुशल, स्थायी और शीघ्र प्राप्ति ही साधन के अच्छे और बुरे होने का निर्णय करती है। यदि केवल सत्य साधन का निर्णायक नहीं हो सकता तो केवल साधन भी साध्य का निर्णायक नहीं हो सकता। सत्याग्रह के माध्यम से हिंसापूर्ण क्रांति के बिना ही राज्यविहीन, वर्गविहीन समाज की स्थापना की बात कही जाती है। उसे क्रांति की तुलना में अधिक श्रेष्ठ और प्रभावशाली बताया जाता है। भारत के संदर्भ में ही लें, हमारे अधिकांश महापुरूष और देवी–देवता आदि अस्त्र सज्जित ही बताए और चित्रित किए गए हैं। इसका अर्थ यह कदापि नहीं है कि वे क्रूर, पतित या निर्दयी रहें होगें।

4. स्वराज की अवधारणा

गाँधी जी के अनुसार 'स्वराज' एक पवित्र शब्द है। यह एक वैदिक शब्द है, जिसका अर्थ है आत्मशासन और आत्मसंयम। गाँधी ने कहा था, "स्वराज से मेरा अभिप्राय है लोक सम्मति के अनुसार होने वाला भारत–वर्ष का शासन। लोक सम्मति का निश्चय देश के बालिग लोगों की बड़ी से बड़ी तादाद के मत के जरिए से हो।" गाँधीजी की स्वराज की अवधारणा को विद्वानों तथा लेखकों ने दो संदर्भों के अंतर्गत रखा है–

1. ज्यादातर लेखकों ने स्वराज को गाँधी जी का लक्ष्य माना है, ब्रिटिश शासन से पूर्ण स्वतंत्रता प्राप्त करना।
2. गाँधी जी के लिए स्वराज का लक्ष्य केवल स्वतंत्रता ही प्राप्त करना नहीं बल्कि यह एक साध्य तथा साधन भी था।

गाँधी जी ने स्वराज के विषय में लिखा है कि, ''मेरे ग्रामस्वराज का आदर्श यह है कि प्रत्येक ग्राम एक पूर्ण गणराज्य हो। अपनी आवश्यक वस्तुओं के लिए यह अपने पड़ोसियों पर निर्भर न रहे। इस प्रकार प्रत्येक गाँव का पहला काम होगा खाने के लिए अन्न और कपड़ों के लिए रूई की फसल उत्पन्न करना गाँव की अपनी नाट्यशाला, सार्वजनिक भवन और पाठशाला भी होगी। प्रारंभिक शिक्षा, अंतिम कक्षा तक अनिवार्य होगी। यथासंभव प्रत्येक कार्य सहकारिता के आधार पर किया जाएगा। गाँव का शासन पाँच व्यक्तियों की पंचायत द्वारा संचालित होगा। पंचायत ही गाँव की व्यवस्थापिका सभा, कार्यकारिणी व न्यायपालिका सभी कुछ होगी।''

1. स्वराज क्यों? : गाँधी जी के मानव प्रवृत्ति की तीन बातें हैं–

***(i)* मनुष्य अन्य प्राणियों से श्रेष्ठ :** सामाजिक रूप में गाँधीजी मनुष्य को अन्य प्राणियों से श्रेष्ठ एवं अलग मानते हैं मनुष्य में परमात्मा का अंश है जिसको समझ कर राष्ट्र का उत्थान कर सकता है।

***(ii)* तर्क और विवेक है :** मनुष्यों में तर्क और विवेक है, तर्क के आधार पर वह न्याय व अन्याय में भेद कर सकता है। उस विकल्प को चुनने की क्षमता रखता है जो श्रेष्ठ है। किस तरह का जनतंत्र चाहिए, कौन से मेरे समाज के लिए उपयुक्त होगा वह क्षमता मनुष्य में है। आत्मा और परमात्मा ये दोनों क्षमताएँ हमें स्वशासन के लिए प्रेरित करती है।

केवल मनुष्य में यह क्षमता है कि अपने ऊपर शासन कर सकें। हर राष्ट्र में इस बात का खुला अवसर होना चाहिए कि वह स्वयं राजनीतिक व्यवस्था, शासन व्यवस्था बनाने की क्षमता रखता है। इसलिए स्वराज की स्वतंत्रता सबको मिलनी चाहिए। स्वराज के मार्ग में पड़ने वाली सभी बाधाओं को उखाड़ फेंकना हमारा ही कर्त्तव्य है।

***(iii)* विदेशी शासन अपना नहीं होता**–गाँधी जी ने कहा कि विदेशी शासन कभी भी अपना शासन नहीं हो सकता सदा विदेशी ही रहेगा, विदेशी शासन कभी भी कल्याणकारी नहीं हो सकता है, वह पराया है, क्रूर है, निर्दयी है इसलिए हमें विदेशी शासन से मुक्ति चाहिए। विदेशी शासन प्रकृति के विरूद्ध है, ऐसा नहीं है कि अंग्रेजों में ही शासन करने की क्षमता है। गाँधी जी ने कहा कि प्रत्येक भारतीयों में यह क्षमता है कि शासन चला सकें। केवल दो तरह के लोग ही विदेशी शासन को मान सकते हैं, पहले, वे जो नाबालिग हैं या बच्चे हैं जिनकी सूझबूझ नहीं होती, दूसरे वे लोग जो पागल हैं। गाँधीजी ने कहा कि क्या भारतीय नबालिगों या पागलों का देश है, यदि नहीं तो फिर हमें स्वराज चाहिए।

2. स्वराज क्या है?–'स्वराज' का प्रयोग सर्वप्रथम 1896 में दादाभाई नौरोजी ने किया था। इनके अनुसार स्वराज का अर्थ था ब्रिटिश सरकार के अंर्तगत भारतीयों द्वारा स्वशासन प्राप्त करना। तिलक ने ऐसा नहीं माना, तिलक ने ब्रिटिश डोमिनियन के अंर्तगत स्वराज की बात की।

गाँधीजी जब **1914** में दक्षिण अफ्रीका से भारत आए तो वे उदारवादियों तथा तिलक के विचारों से प्रभावित हुए। अकेले गाँधीजी ने पूरे कांग्रेस को इस बात के लिए तैयार कर लिया कि भारत प्रथम विश्वयुद्ध में अपनी क्षमता के अनुसार इंग्लैंड की सहायता करे। यद्यपि भारत को प्रथम विश्व युद्ध से कुछ लेना देना नहीं था, अहिंसा के पुजारी बापू ने ब्रिटिश शासन को सहायता देने की बात इसलिए कही थी कि शायद युद्ध के बाद ब्रिटिश सरकारें हमारी माँगों को मान लेगी।

गाँधीजी ने नैतिकता की बात की और कहा कि मानव–प्रकृति के अनुसार बिना किसी के सहायता माँगे उसे सहायता करें और उसके हृदय को जीतें, इससे शत्रु भी दोस्त हो जाएगा, और बदले में वह भी हमारी सहायता करेगा। हम अंग्रेजों से स्वराज मांगेगे तो मिल जाएगा। किंतु गाँधी जी की यह इच्छा धूमिल हो गयी। भारतीयों को मिला–'रॉलेट एक्ट', जलियाँवाला बाग हत्याकांड आदि।

जलियाँवाला हत्याकांड के पहले गाँधी जी उदारवादी थे किंतु उसके बाद गाँधी जी ने अपने विचार बदले, प्रथम विश्व युद्ध में भारतीयों ने अंग्रेजों की भरपूर सहायता की जिसका फल मिला क्रूर शासन।

गाँधी जी ने तब उदारवादियों एवं उग्रवादियों से हटकर पूर्ण स्वराज की माँग की। गाँधी जी का कहना था

कि अंग्रेज आसानी से भारत नहीं छोड़ेगें, हमें पूर्ण स्वराज चाहिए। गाँधीजी ने अरविन्द की बात दुहराई (पूर्ण स्वतंत्रता की)।

3. गाँधीजी के स्वराज का सिद्धांत : क्या गाँधी जी के स्वराज का अर्थ इतना था कि विदेशी शासन से मुक्ति मिले, नहीं। गाँधी जी के स्वराज का नकारात्मक तथा सकारात्मक दोनों रूप था।

1. नकारात्मक स्वरूप :

***(i)* किससे स्वाधीनता–विदेशी शासन से पूर्ण मुक्ति**–1939 में द्वितीय विश्वयुद्ध शुरू होने से पहले कुछ नेता यह मानकर चल पड़े थे कि अंग्रेज के पास पुलिस है, शक्ति है जबकि भारतीय निहत्थे हैं। इस स्थिति में बिना किसी विदेशी सरकार की सहायता के स्वतंत्रता प्राप्त करना मुश्किल है, कुछ नेता जापान गए तो कुछ जर्मनी गए सहायता के लिए।

किंतु गाँधी जी का कहना था कि जब विदेशी सरकार सहायता करेगी तो उसका भी अपना स्वार्थ होगा। ब्रिटिश शासन के बाद हो सकता है कि कोई दूसरी विदेशी सरकार भारत पर अधिकार कर लेगी, इसी कारण बाद में गाँधी जी ने कहा कि हमें किसी भी विदेशी शासन से मुक्ति चाहिए, न केवल ब्रिटिश से।

***(ii)* सामंतवाद से स्वतंत्रता**-गाँधी जी ने कहा कि ब्रिटिश शासन तो आधे भारत में है, शेष आधे भारत में तो राजे महाराजे का सांमतवादी शासन है, यह भी अपना शासन नहीं है। यह तो विदेशी शासन से भी क्रूर है।

***(iii)* सैनिक शासन से मुक्ति**-अंग्रेजों के जाने के बाद, राजा महाराजाओं के जाने के बाद शासन का स्वरूप क्या होगा, अराजकता का शासन हो सकता है, हो सकता है अंग्रेज पुनः आ जायेंगे, दूसरी बात सेना भी अंग्रेज थे, तो सैनिक शासन भी हमारा, शासन नहीं हो सकता, इसे भी हम स्वराज नहीं मान सकते।

***(iv)* एक का अनेक पर शासन नहीं** –गाँधीजी ने कहा जब तक जनता किसी को चुने नहीं, एक का अनेक पर शासन नहीं हो सकता। I shall not expect the rule of one man. गाँधीजी ने कहा कि मुझे न तो महात्मा सुकरात का शासन चाहिए और न किसी अन्य का, जब तक कि जनता ने स्वयं किसी शासक (सरकार) को न चुना हो।

2. सकारात्मक रूप : गाँधी जी ने स्वराज के निम्न सकारात्मक पहलू बताये–

1. स्वशासन स्वतंत्र हो
2. जनता का शासन हो।

यहाँ गाँधी जी भारतीय संस्कृति को लाते हैं। वर्ण–व्यवस्था में गाँधी जी गृहस्थाश्रम को सबसे महत्वपूर्ण मानते थे। गाँधी जी ने कहा कि राजनीतिक क्षेत्र में केवल वे लोग भाग लेने का अधिकार रखेंगे जो 26 से 50 वर्ष के हैं। किंतु गाँधीजी ने कहा कि मुझे युवा वर्ग में आस्था है, इसलिए 18 वर्ष एवं इससे ज्यादा उम्र वाले व्यक्तियों को वोट देने का अधिकार हो।

गाँधी जी ने कहा कि बूढ़े लोगों द्वारा चलाई गई शासन–व्यवस्था भी बूढ़ी होगी। 50 से ज्यादा उम्र वाले लोगों को न तो राजनीति में भाग लेने का अधिकार होगा और न ही मताधिकार का अधिकार होगा।

3. प्रतिनिधि कैसे चुना जाए : गाँधी जी ने कहा कि प्रतिनिधियों का चुनाव जनता करेगी। 18 से 50 वर्ष तक की आयु वाले की मताधिकार का अधिकार होगा। किंतु राजनीति में भाग लेने वाले 26 से 50 साल के व्यक्ति होंगे।

4. किसका शासन : जनता का, जनता के द्वारा व जनता के लिए शासन।

स्वराज की परिभाषा आज तक इतनी विस्तृत रूप में किसी ने नहीं दी थी।

गाँधी को तो ऐसा स्वराज चाहिए था जिसमें व्यक्ति अधिक से अधिक प्रतिनिधित्व प्राप्त कर सकेंगे। शासन के किसी भी क्षेत्र में 26 से 50 वर्ष की उम्र वाले व्यक्ति ही होंगे चाहे वो सरपंच हो या प्रधानमंत्री।

गाँधी जी पूरे भारत का **पुनर्गठन करना** चाहते थे। गाँधी जी के अनुसार, सेन्शस, के द्वारा 1000 आत्माओं वाला एक ग्राम होगा, 300 पशु पक्षी, गृहस्थाश्रम वाले 400 के करीब होंगे।

ग्राम सभा के स्तर पर गृहस्थाश्रम वाला व्यक्ति (26 से 50 उम्र) प्रत्यक्ष रूप से स्वयं अपने लिए कानून बनायेगा।

पंचायत में दो पुरूष, दो स्त्री तथा एक हरिजन होगा। हरिजन भी महिला होगी। इस पुरूष प्रधान शासन का अंत हो।

गाँधी जी ने कहा कि जो शासन–व्यवस्था मजबूरी में स्वीकर की जाय वह तो पराया हो जाता है, मताधिकार

पूरा तब होगा जब पुनः बुलाने (Recall) का भी अधिकार हो, हमें न केवल शासक को चुनना है बल्कि उस पर नियंत्रण रखना भी आवश्यक है।

4. स्वराज में 'राज्य का स्वरूप' क्या हो : गाँधी जी ने निम्न तर्क दिए हैं– .

1. गाँधी का स्वराज्यवादी राज्य : गाँधी जी रामराज्य की स्थापना करना चाहते थे। गाँधी जी के समय दो प्रकार के राज्य थे–1. एकात्मक तथा संघात्मक शासन

1. एकात्मक राज्य : अधिकतर राज्यों में एकात्मक सरकार थी, ब्रिटिश संसद सर्वशक्तिमान है, जो चाहे कर सकती है, पूरे देश के लिए कानून बना सकती हैं। गाँधीजी का कहना था कि जितनी ज्यादा सत्ता किसी व्यक्ति या संस्था को दे दी जाय तो वह भ्रष्ट हो जाएगी।

गाँधी जी ने कहा कि ब्रिटिश की संसद को संसदों की जननी (Mother of the Parliament) कहा जाता है। माता की प्रकृति तो पालने की होती है। परंतु वह तो ऐसी स्वेच्छाचारी माँ है कि जब तक बच्चा चिल्लायेगा नहीं दूध नहीं पिलाती है। ठीक यही बात अपनी माता (संसद) के प्रति लागू होती है, यदि अपनी माता के प्रति चिल्लाना पड़े तो क्या फायदा, ऐसा एकात्मक शासन मुझे नहीं चाहिए, जहाँ सारी शक्ति केंद्रित रहती है।

2. संघात्मक राज्य : संघात्मक शासन का उदाहरण गाँधी जी ने अमरीका को दिया। जहाँ सत्ता केंद्र और राज्यों में बंटी है, गाँधी जी ने कहा कि क्या वहाँ के लोगों में रंगभेद नहीं है, वहाँ भी रंगभेद की नीति मौजूद है तो ऐसी शासन व्यवस्था से क्या लाभ हो सकता है।

इस प्रकार गाँधी न तो ब्रिटेन की तरह एकात्मक शासन–व्यवस्था चाहिए और न अमरीका की तरह संघात्मक शासन। अमरीका में जहाँ शासन केंद्र और राज्यों पर निर्भर है वहीं ब्रिटेन में केवल केंद्र में निर्भर है। गाँधी को वह शासन–व्यवस्था नहीं चाहिए जिसमें निर्भरता हों।

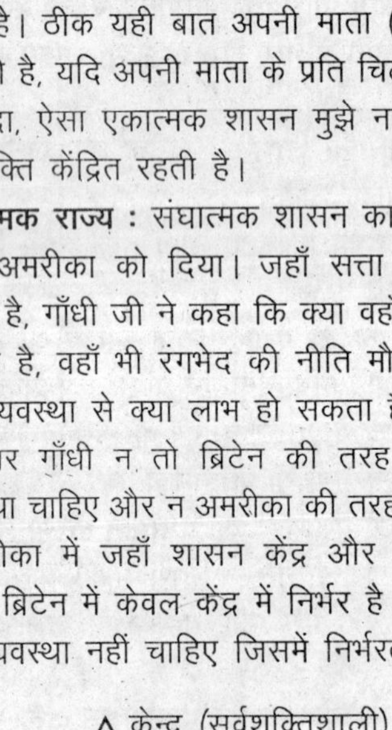

एकात्मक शासन व्यवस्था का मॉड़ल

इस ढाँचे में गाँधी जी को कहीं भी व्यक्ति नजर नहीं आता है। व्यक्ति से सबसे दूर इकाई केंद्र है। एक गाँव का आदमी केंद्र से बात करना चाहे तो दिल्ली होगा। गाँधीजी को ऐसा मॉडल पसंद नहीं था।

गाँधीजी सत्ता के समुद्रीय वितरण में आस्था रखते हैं।

गाँधी जी का मॉडल पिरामिडनुमा न होकर केंद्रनुमा है, व्यक्ति को गाँधी जी केंद्र में रखते हैं, पिरामिड मॉडल में एक–दूसरे पर नियंत्रण होता है। सर्किल मॉडल में कोई एक–दूसरे पर नियंत्रण नहीं रखता। भंवर व्यक्ति से शुरू होता है और व्यक्ति के पास आकर ही खुलता है। चूंकि व्यक्ति वृत्ताकार मॉडल में केंद्र में होता है इसलिए व्यक्ति का दर्शन प्रत्येक स्तर पर होता है, व्यक्ति किसी पर भी निर्भर नहीं है।

गाँधी **अब्राहम लिंकन** की परिभाषा में विश्वास करते हैं, Democracy of the People, for People and by the People गाँधी जी की शासन–व्यवस्था में **प्लेटो** की नगर–राज्य व्यवस्था झलकती है।

गाँधी जी कहते हैं कि केंद्र से सबसे नजदीक गाँव है, अतः ग्राम सभा सबसे शक्तिशाली होगा। यदि 100 काम करने हैं और कार्य करने के लिए 100 शक्तियाँ भी दी गई है। गाँधी जी कहेंगे कि उन 100 में से 90 प्रतिशत शक्तियाँ ग्राम के पास होनी चाहिए।

गाँधी शक्तियों का बँटवारा इस प्रकार करते हैं ग्राम पंचायत को 5 प्रतिशत, ब्लॉक पंचायत को 2 प्रतिशत, जिला पंचायत को 2 प्रतिशत, केंद्र के पास 1 प्रतिशत। ऐसी शासन–व्यवस्था में भ्रष्टाचार नहीं होगा। शासन की कमजोर इकाई केंद्र होगा तथा सबसे शक्तिशाली शासन ग्राम पंचायत होगा। केंद्र शासन केवल रक्षा का काम करेगी। इसके अलावा यातायात, मुद्रा (करेन्सी) आदि का काम केन्द्र करेगा।

5. राज्य के प्रकार : धर्म के आधार पर गाँधी जी के समय तीन प्रकार के राज्य थे और अभी भी हैं–

***(i)* धर्म-प्रधान राज्य :** वह राज्य जो किसी एक धर्म को राज्य का धर्म स्वीकार कर लिया है और धर्म के अनुसार राज्य का काम होता है। गाँधी जी कहते हैं कि धर्म प्रधान राज्य भेदभाव करता है। अतः धर्म प्रधान राज्य नहीं होने चाहिए। धर्म प्रधान राज्य बंग्लादेश, ईरान, इंग्लैंड (प्रोटेस्टेन्ट राज्य)।

(*ii*) **धर्मविहीन राज्य :** कम्युनिस्ट राज्य धर्मविहीन राज्य होते हैं। कम्युनिस्टों का कहना है कि व्यक्ति मंदिर, मस्जिद, गुरूद्वारे, गिरजाघर में जाकर समय बर्बाद करते हैं, इसके जगह यदि काम करें तो देश का कुछ तो विकास होगा, वे धर्म को प्रगति के रास्ते में रोड़ा (बाधक) समझते हैं।

(*iii*) **गाँधी जी का राज्य धर्मनिरपेक्ष राज्य होगा :** गाँधी जी का धर्म से मतलब है नैतिकता के नियम। जैसे सच बोलना, सभी के साथ न्याय करना आदि। ये बातें सभी धर्मों में समान रूप से मान्य है। राज्य को नैतिकता के नियमों से अलग नहीं किया जा सकता, जिस दिन नैतिकता के नियम हटा दिये जायेंगे तो वह राज्य भ्रष्ट हो जायेगा। धर्म आत्मा के परमात्मा से प्रत्यक्ष रूप में जोड़ता है। राज्य के लिए सब धर्म बराबर है।

6. स्वराज की इकाइयाँ : गाँधी जी जनतंत्रीय सरकार (Democratic Govt.) के समर्थक थे गाँधी जी के राज्य में भी शासन की तीन इकाइयाँ होगी, विधानमंडल, कार्यपालिका, न्यायपालिका।

(i) विधानमंडल : इसके लिए गाँधीजी ने कुछ **योग्यताएँ** निर्धारित की–

1. भारत का नागरिक होगा।
2. 18 से 50 के वर्ष का मतदाता होगा, तथा वे चुनाव में लड़ सकते हैं।
3. साक्षर हों। किसी भी भाषा को जानता हो। (पहली लोकसभा में 57 सदस्य निरक्षर थे।)
4. शारीरिक श्रम तथा जीविका श्रम में विश्वास करता हो। कोई काम धंधा करता हो। सारे राजनैतिक पद अवैतनिक होंगे।

गाँधीजी कहते हैं कि ऐसा व्यक्ति चुनाव लड़े जो प्रतिभाशाली, चरित्रवान गुणवान हों कि चुनने वालों को नाज हो कि हमने योग्य व्यक्ति चुना है। गाँधी एकसदनीय विधानमंडल में विश्वास करते थे जिनमें 18–50 वर्ष के आयु के लोग भाग ले रहे हों व पुनर्निर्वाचन का अधिकार नहीं दिया जाना चाहिए।

(ii) कार्यपालिका : गाँधी संसदीय कार्यपालिका चाहते थे जिसमें राज्य का अध्यक्ष राष्ट्रपति हो। संसदीय कार्यपालिका में जनता द्वारा चुने दल के सदस्य मंत्रिपरिषद् बनाये व उन्हीं में से प्रधानमंत्री का चुनाव किया जाए व मंत्री सामूहिक रूप से संसद के प्रति उत्तरदायी हों। राष्ट्रपति राष्ट्र का औपचारिक अध्यक्ष हों व सारे राष्ट्र का प्रतिबम्ब हों।

गाँधी जी को सामंतवादी शासन भी नहीं चाहिए, गाँधी जी को गणतंत्रीय शासन व्यवस्था चाहिए। शासन के सभी अधिकारी निर्वाचन द्वारा चुने जायेंगे।

3. न्यायपालिका : यह कार्यपालिका व विधानमंडल से स्वतंत्र होकर कार्य करें न्याय **मुफ्त** मिले। यह **राज्य का** कर्त्तव्य है कि किसी के साथ अन्याय हुआ है तो उसे अधिकार के रूप में न्याय मिले वे न्याय–व्यवस्था नजदीक होनी चाहिए तथा न्याय तुरंत मिले।

4. राष्ट्रपति : गाँधी जी ने कहा कि राष्ट्रपति एक ऐसा दर्पण हो जिसमें सारा भारत अपना प्रतिबिम्ब देख सकें। कैसा राष्ट्रपति हो, इसके लिए गाँधी जी ने बताया–

1. 70 प्रतिशत जनता गाँव में रहती है, अतः राष्ट्रपति ग्रामीण होना चाहिए।

2. 70 प्रतिशत जनता निरक्षर है तो वह राष्ट्रपति भी निरक्षर होगा। जब वह संसद में अगूँठा छाप लगायेगा तो सरकार को शर्म आयेगी तब वह शिक्षा–व्यवस्था की ओर ध्यान देगी।

3. 70 प्रतिशत जनता का व्यवसाय खेती है इसलिए राष्ट्रपति किसान होना चाहिए।

4. वह 18 से 50 वर्ष के उम्र का व्यक्ति होगा। गाँधी जी ने कहा था हम 18 वर्ष के उम्र वाले व्यक्ति को राष्ट्रपति बनाकर दिखा देंगे।

5. भारत स्त्री प्रधान देश है, स्त्री स्वभाव से अत्याचारी नहीं होती है, पुरूष अत्याचारी होते हैं अतः राष्ट्रपति महिला हो।

6. भारत में मुसलमान अल्पसंख्यक रूप में है अतः राष्ट्रपति मुस्लिम हो।

7. हिंदू समाज में हरिजन बहुमत में हैं, अतः उनके कल्याण हेतु राष्ट्रपति हरिजन होना चाहिए।

गाँधी जी के आश्रम में 79 लोग रहते थे, सफाई का काम मुख्य रूप से तीन आदमी करते थे–गाँधी, मुहम्मद अली तथा शौकत अली। शौकत अली की सबसे छोटी बेटी गुलनार गाँधी जी की पहली राष्ट्रपति होगी।

5. अहिंसा की अवधारणा

महात्मा गाँधी का संपूर्ण जीवन, चाहे उसका स्वरूप राजनीतिक हो या आर्थिक या सामाजिक, आध्यात्मिकता

से ओत–प्रोत था। आर्थिक, सामाजिक, राजनीतिक तथा शैक्षणिक सभी प्रकार के अभियानों द्वारा वे एक आध्यात्मिकता के उद्देश्य की पूर्ति के लिए कृत संकल्प थे। उसका संदेश विशेषतः भारत के आध्यात्मिक उत्थान के लिए था। महात्मा गाँधी के आध्यात्मिक आदर्शवाद में ईश्वर, सत्य, नैतिकता, साधन की श्रेष्ठता, धर्म और अहिंसा का विशिष्ट स्थान है। गाँधी जी के आध्यात्मिक दर्शन में ये विभिन्न पहलू कोई बिखरी हुई कड़ियाँ नहीं थे बल्कि एक–दूसरे से गुंथे हुए थे।

महात्मा गाँधी के तीन अमोघ शस्त्र थे–सत्य, अहिंसा और सत्याग्रह। इनका प्रयोग उन्होंने देश की शांतिमय तरीके से स्वराज तक पहुँचने में किया। सामाजिक, राजनीतिक और आर्थिक कोई भी क्षेत्र इन साधनों के स्पर्श से बच नहीं सकता।

गाँधी जी की अहिंसा का अर्थ एवं भूमिका : अहिंसा का शाब्दिक अर्थ–है किसी को न मारना, परंतु गाँधी जी के लिए अहिंसा का अर्थ हत्या न करने मात्र से कहीं अधिक व्यापक है। अहिंसा मन, वचन और कर्म से किसी को हानि न पहुँचाना है। स्वार्थ, द्वेष अथवा क्रोधवश किसी को कष्ट पहुँचाना, किसी पर अत्याचार करना, किसी का शोषण या अपमान करना, हिंसा है। इसके विपरीत स्वार्थ और द्वेष को त्यागकर क्रोध पर विजय प्राप्त करना तथा किसी को किसी भी प्रकार का दुख या कष्ट न पहुँचाना, अहिंसा है। गाँधी जी ने लिखा है कि, "वास्तव में अहिंसा का अर्थ यह है कि आप किसी की भावना को चोट नहीं पहुँचाएँगे। किसी के प्रति यहाँ तक कि उसके प्रति भी जो कि अपने को आपका दुश्मन समझता है, किसी प्रकार का कटु या अनुदार विचार पोषण नहीं करेंगे। जो व्यक्ति इस अहिंसा के सिद्धांत का पालन करता है उसके लिए कोई भी शत्रु नहीं है।" गाँधी जी के अनुसार अहिंसा का प्रारंभ और अंत आत्मनिरीक्षण में होता है–"जिन खोजा तिन पाइयाँ गहरे पानी पैठ।"

गाँधी जी ने लिखा है कि अहिंसा व्यापक वस्तु है। हम हिंसा की होली के बीच घिरे हुए पामर प्राणी है। यह वाक्य गलत नहीं है कि जीव, जीव पर जीता है। मनुष्य एक क्षण के लिए भी बाह्य हिंसा के बिना जी नहीं सकता। खाते–पीते, उठते–बैठते सभी क्रियाओं में इच्छा–अनिच्छा से वह कुछ–न–कुछ हिंसा तो करता ही रहता है। यदि इस सिद्धांत से छूटने के लिए वह महाप्रयत्न करता है, उसकी भावना में अनुकम्पा होती है, वह सूक्ष्म से सूक्ष्म वस्तु का भी नाश नहीं चाहता और यथाशक्ति उसे बचाने का प्रयत्न करता है, तो वह अहिंसा का पुजारी है। उसके कार्यों में निरंतर संयम की वृद्धि होगी, उसमें निरंतर करूणा बढ़ती रहेगी। किंतु कोई देहधारी बाह्य हिंसा से सर्वथा मुक्त नहीं हो सकता।"

6. सत्याग्रह की अवधारणा

गाँधीजी में सौजन्यता व नम्रता और साथ ही सत्य और अहिंसा के प्रति अटल विश्वास था। इसी आधार पर उन्होंने विश्व को मुक्ति का एक नया मार्ग दिखाया। वह नया मार्ग सत्याग्रह का मार्ग था।

श्री मन्नारायण ने लिखा है कि, "इसका प्रयोग दक्षिण अफ्रीका में सफलतापूर्वक हुआ था। किंतु सन् 1915 के बाद भारत में उसका तेजी से विकास हुआ। पहले चम्पारन में फिर खेड़ा, अहमदाबाद और फिर बारडोली में।"

1930 में गाँधीजी ने नमक सत्याग्रह और डांडी–कूच का रूप धारण कर लिया। दूसरे महायुद्ध के समय सन् 1940 में "**व्यक्तिगत सत्याग्रह**" और फिर 8 अगस्त, 1942 में "भारत छोड़ो" नारे के साथ वह "खुला बलवा" कहलाया। 'करो या मरो' का नारा गाँधीजी ने दिया। 15 अगस्त, 1947 को भारत आजाद हुआ। संसार के इतिहास में पहली बार ही भारत ने एक शक्तिशाली साम्राज्य के विरूद्ध, अहिंसात्मक युद्ध द्वारा स्वतंत्रता प्राप्त करने में सफलता पायी।" यह सब सत्याग्रह का ही परिणाम था।

गाँधीजी का सत्याग्रह-दर्शन : गाँधीजी के संपूर्ण विचार दर्शन का मुख्य लक्ष्य सत्य की खोज करना था। अपने इस लक्ष्य की प्राप्ति के लिए वे अहिंसा को अनिवार्य साधन के रूप में मानते थे। उनकी अहिंसा की धारणा की विशेषता यह थी कि इसे आवश्यकताओं एवं परिस्थितियों के अनुकूल नीति मानकर धर्म मानते हैं। गाँधीजी उन सभी भौतिकवादी विचारकों से भिन्न है जो धर्म को राजनीति से पृथक् करने के पक्ष में है। इस प्रकार से राजनीति में नैतिक मान्यताओं को स्थान देने के पक्ष में है।

गाँधीजी का विचार था कि स्वतंत्रता से पूर्व ही देशवासियों को नैतिक दृष्टि से ऊँचा उठाया जाये तभी वे स्वतंत्र भारत में अपनी सही भूमिका प्रस्तुत कर पाएंगे। इसलिए उन्होंने 'सत्याग्रह' के अस्त्र का विकास दिया।

गाँधीजी की सत्याग्रह की धारणा उनके नैतिक व्यक्तित्व की अभिव्यक्ति है। उनके सत्याग्रह–दर्शन के निम्न बिंदुओं द्वारा स्पष्ट किया गया है–

सत्याग्रह का अर्थ : गाँधीजी को सत्याग्रह की प्रेरणा धर्म–ग्रंथों से मिली थी। छांदोग्य उपनिषद् में सत्य के पालन पर जोर दिया गया है। प्रहलाद, मीरा, हरिश्चन्द्र, भगवान बुद्ध एवं महावीर सत्याग्रहियों के उदाहरण हैं। यूरोपीय इतिहास में सुकरात तथा ईसा मसीह सत्याग्रहियों के उदाहरण हैं। ये महापुरूष जीवन भर सत्य पर आरूढ़ रहे तथा उन्होंने असत्य का खुलकर विरोध किया। सत्य की रक्षा के लिए इस महापुरूषों ने अपनी जान की बाजी लगा दी। इस प्रकार सत्याग्रह की धारणा नवीन नहीं है वरन् गाँधीजी ने इसे प्राचीन ग्रंथों से ग्रहण किया। गाँधी जी ने सत्याग्रह को सामूहिक विरोध का अस्त्र बनाया। 'सत्याग्रह' का प्रयोग सबसे पहले गाँधीजी ने दक्षिण अफ्रीका में किया। उसकी सफलता से प्रभावित होकर उन्होंने इसे भारतीय (राष्ट्रीय) स्वतंत्रता संग्राम का अस्त्र बना दिया।

सत्याग्रह में आग्रह होता है लेकिन बुराग्रह नहीं होता। आग्रह होता है किसी श्रेष्ठ और पवित्र वस्तु को अपनाने की इच्छा। यदि सत्याग्रह में इस विचार को छोड़ दिया जाय तो समस्त व्यवस्था छिन्न–भिन्न हो जाएगी। व्यक्ति उस लक्ष्य को प्राप्त नहीं कर सकता जिसे वह प्राप्त करने के लिए उत्सुक और तैयार रहता है। सत्याग्रह में प्रेम का जितना तत्व विद्यमान है उसमें त्याग की भावना परिलक्षित होती है।

सत्याग्रह जीवन-दर्शन के रूप में : गाँधीजी ने सत्याग्रह को जीवन–दर्शन के रूप में स्वीकार किया है। गाँधीजी सत्याग्रह को जीवन का नियम मानते हैं। उनके अनुसार इसका प्रयोग केवल संघर्षों तक ही सीमित नहीं, वरन् जीवन के प्रत्येक क्षेत्र में इसका प्रयोग किया जा सकता है। इसका प्रयोग लोगों द्वारा व्यक्तिगत रूप से अपने माता–पिता, बच्चों, मित्रों तथा अपराधियों के विरूद्ध किया जा सकता है।

गाँधीजी के शब्दों में, यह एक शक्ति है, इसका प्रयोग व्यक्तियों द्वारा तथा समुदायों के ही द्वारा किया जा सकता है। इसे राजनैतिक तथा घरेलू मामलों दोनों में प्रयुक्त किया जा सकता है। इसकी सार्वभौमिक प्रयोजनीयता इसके स्थायित्व तथा इसकी अजेयता का प्रमाण है। गाँधीजी कहते हैं कि मेरे लिए सत्याग्रह का नियम अर्थात् प्रेम का नियम शाश्वत सिद्धांत है, मैं अच्छाई के साथ सहयोग करता हूँ तथा बुराई के साथ असहयोग करता हूँ, चाहे वह मेरी पत्नी, लड़के अथवा मेरे संबंधी ही क्यों न हो। गाँधीजी का यह विश्वास था कि यदि हम अहिंसा का प्रयोग व्यापक रूप में करना चाहें तो हमें इसका प्रयोग अपने दैनिक जीवन के क्षेत्रों में करना चाहिए।

सत्याग्रह के नियम :

गाँधी जी सत्याग्रह का प्रयोग करने वाले अर्थात् सत्याग्रही के लिए कुछ नियम निर्धारित करते हैं जिसका उसे अपने दैनिक जीवन में अनिवार्य रूप से पालन करना चाहिए। ये नियम निम्नलिखित हैं–

1. ईश्वर की सत्ता में विश्वास
2. अहिंसा में विश्वास
3. ब्रह्मचर्य
4. अस्तेय का व्यावहारिक प्रयोग
5. आदर्श समाज की स्थापना
6. मादक द्रव्यों से दूरी
7. खादी पहनना अनिवार्य
8. आध्यात्मिक एकता में विश्वास
9. आत्मसम्मान व अनुशासन

गाँधीजी आदर्श समाज की रचना करना चाहते थे। यह तभी संभव था जबकि समाज नैतिक भावनाओं एवं मान्यताओं से अनुप्राणित हो। गाँधीजी मानव–स्वभाव की कमजोरियों के प्रति जागरूक थे। वे जानते थे कि ऐसे समाज की रचना संभव नहीं है जिसमें सभी व्यक्ति नैतिकता से अनुप्राणित हो। समाज में हमेशा असमाजिक तत्व रहे हैं तथा रहेंगे। अतः उनके विरोध की आवश्यकता भी होगी। परंतु गाँधी जी इन असामाजिक तत्वों के विरोध के लिए अहिंसात्मक साधनों के प्रयोग के पक्ष में हैं। गाँधीजी का विचार था कि अहिंसा का प्रयोग वही व्यक्ति कर सकता है जिसका नैतिक बल श्रेष्ठ हो तथा जो आत्मशुद्धि कर चुका हो। इसलिए उन्होंने सत्याग्रहियों के लिए "शारीरिक अनुशासन" तथा "मानसिक अनुशासन" की व्यवस्था की। सत्याग्रहियों के प्रशिक्षण के लिए उन्होंने सेवाग्राम की स्थापना की। यहाँ सत्याग्रहियों को नैतिक तथा मानसिक अनुशासन सिखाया जाता था।

गाँधीजी द्वारा अपनाई गईं सत्याग्रह की तकनीकें :

1 समझा–बुझाकर एवं समझौते द्वारा मतभेदों को दूर करना
2. आत्म–पीड़न के द्वारा विरोधी को जीतना
3. अहिंसात्मक असहयोग
4. उपवास
5. हड़ताल
6. सामाजिक बहिष्कार
7. धरना
8. सविनय अवज्ञा
9. स्वेच्छा से पलायन

सर्वोदय

सर्वोदय गाँधी के राज्य के उद्देश्य का सिद्धांत है। यह संस्कृत के दो शब्दों–'सर्व' तथा 'उदय' से मिलकर बना है जिसका अर्थ है ''सबका कल्याण।'' पाश्चात्य विचारकों में राज्य के उद्देश्य की सबसे अच्छी व्याख्या बेंथम और मिल ने की है। बेंथम के अनुसार, "राज्य का उद्देश्य होना चाहिए ''अधिकतम लोगों का अधिकतम कल्याण" अर्थात् बहुमत का आर्थिक कल्याण। गाँधी ने बेंथम की व्याख्या को राजनैतिक रूप से विस्तृत तो पाया परंतु नैतिक रूप से गाँधी को यह स्वीकार नहीं था। गाँधी का कहना था कि राज्य बहुमत की भलाई अल्पमत की कीमत पर क्यों करें। नैतिक रूप से यदि किसी एक की भलाई किसी दूसरे की कीमत पर की जाय तो वह भलाइ नहीं बल्कि बुराई हो जाता है। इसी प्रकार राज्य लोगों की आर्थिक भलाई के लिए ही काम क्यों करें क्योंकि किसी एक क्षेत्र में भलाई यदि बाकी क्षेत्रों में बुराई की कीमत पर की जाए तो वह भी बुराई हो जाएगी। इस तरह गाँधी बहुमत की आर्थिक क्षेत्र में भलाई अनैतिक मानते थे। इसलिए उन्होंने बेंथम के राज्य के उद्देश्य को अस्वीकार किया।

बेंथम के राज्य के उद्देश्य को व्यापक बनाने का प्रयत्न मिल ने किया। उन्होंने कहा कि राज्य का उद्देश्य होना चाहिए ''बहुमत की सभी क्षेत्रों में भलाई।'' बेंथम के सिद्धांत से यह बेहतर था क्योंकि इसमें बहुमत के केवल आर्थिक कल्याण की बात नहीं थी, बल्कि सभी क्षेत्रों में भलाई की बात की गई थी। लेकिन मिल ने भी बेंथम की ही वह बहुमत की बात की थी। बेंथम और मिल भी बहुमतवादी विचारकों के नाम से जाने गए और गाँधी ने उनके राज्य के सिद्धांत को अधूरा पाया और स्वीकार नहीं किया।

गाँधी ने दक्षिण अफ्रीका में जॉन रस्किन (John Ruskin) की पुस्तक, 'Unto This Last' का अध्ययन किया और वे उससे इतने प्रभावित हुए कि उन्होंने उसका गुजराती और हिन्दी में अनुवाद किया तथा इसे **अन्त्योदय** की संज्ञा दी। क्योंकि इसमें रस्किन ने उस अल्पमत के कल्याण की बात की थी जिसकी किसी को न तो सत्ता में आने के लिए आवश्यकता होती है और न सत्ता में बने रहने के लिए होती है। जनतंत्र का आधार ही बहुमत है, अल्पमत की किसी को आवश्यकता नहीं होती उसे हर शासक भुला देता है।

गाँधी का कहना था कि जो सरकार केवल बहुमत की बात करती है वह सरकार स्वार्थी है क्योंकि वह उस बहुमत की बात कर रही है जिसकी सत्ता में आने के लिए तथा अपने आपको सत्ता में बनाये रखने के लिए जरूरत होती है। दूसरी ओर यदि कोई सरकार केवल उस अल्पमत के कल्याण की बात करेगी जिसकी उसे आवश्यकता नहीं है तो वह परमार्थ का कार्य तो होगा लेकिन यह परमार्थ करने वाली सरकार ऐसा करके सत्ता खो बैठेगी। अल्पमत के आधार पर कोई शासन नहीं कर सकता और जब सत्ता ही नहीं रहेगी तो किसी की भलाई व बुराई क्या करेंगे।

इसके अलावा जिस प्रकार बहुमत की भलाई अल्पमत की कीमत पर नहीं होनी चाहिए उसी प्रकार अल्पमत की भलाई बहुमत की कीमत पर नहीं होनी चाहिए। सच्चा कल्याण वही होगा जो किसी एक का किसी दूसरे की कीमत पर न हो अर्थात् न बहुमत का अल्पमत की कीमत पर और न ही अल्पमत का बहुमत की कीमत पर।

इस प्रकार गाँधी का राजनीतिक दर्शन में बहुत बड़ा योगदान है कि उन्होंने बेंथम और मिल के बहुमत में रस्किन का अल्पमत जोड़कर उसे सर्वमत बना दिया। यदि राज्य सभी लोगों के सभी क्षेत्रों में विकास और कल्याण के कार्यक्रम को लेकर चलेगा तो तभी वह सबका सभी क्षेत्रों में कल्याण की सोच सकेगा।

लेकिन गाँधी इसे एक आदर्श भी मानते हैं जो एक ऐसा कल्पनात्मक आदर्श है जिसे पूर्ण रूप से प्राप्त करना असंभव है।

अतः गाँधी बहुमतवादियों की तरह ही शुरूआत करेंगे लेकिन 51 प्रतिशत की भलाई करके चुप नहीं बैठेंगे क्योंकि

51 प्रतिशत की भलाई ही राज्य का उद्देश्य नहीं है। दूसरी ओर यदि कोई राज्य अपने सामने ऐसा राजनीतिक लक्ष्य रखता है जो शत प्रतिशत अर्थात् 100 प्रतिशत का कल्याण करने का, तो जिस दिन वह उद्देश्य पूरा हो जाएगा उस दिन राज्य लक्ष्य विहीन हो जायेगा। यह उन्नति नहीं अवनति हो जाएगी। इसलिए राज्य का लक्ष्य ऐसा होना चाहिए जिसे शत प्रतिशत कभी भी पूरा न किया जाए परंतु जिसकी पूर्ति के लिए राज्य निरंतर प्रयत्नशील अवश्य रहे अर्थात् यदि आज 51 प्रतिशत का कल्याण हो गया तो इसके बाद राजा को 60 प्रतिशत 70 प्रतिशत 80 प्रतिशत, 90 प्रतिशत और फिर 99 प्रतिशत का कल्याण करना है लेकिन रस्किन का 1 प्रतिशत फिर भी रह जायेगा और राज्य जब वह 1 प्रतिशत कल्याण करेगा तो तब तक एक और पैदा हो जायेगा।

इस तरह गाँधी ने राज्य के लक्ष्य का एक ऐसा सिद्धांत बनाया जिसकी पूर्ति के लिए राज्य हमेशा प्रयत्नशील रहेगा। जिसे अधिक से अधिक प्राप्त किया जा सकेगा जो कभी भी पूर्ण न होकर राज्य को लक्ष्यविहीन नहीं करेगा। **यहीं गाँधी का सर्वोदय का सिद्धांत है।**

राज्य के कार्य : सर्वोदय के राजनीतिक लक्ष्य की पूर्ति हेतु राज्य को विभिन्न कार्य करने होंगे। अपने 60 वर्षों के लंबे राजनीतिक जीवन में गाँधी ने ऐसे अनेकों काम बताए कि राज्य क्या करें और क्या न करें। लेकिन उनमें से बहुत से केवल उनके समय और परिस्थितियों के अनुरूप थे जोकि रंग–भेद की नीति, विदेशी शासन, व्यापक निरक्षता, गरीबी और भूखमरी तथा बेरोजगारी जैसी असाधारण परिस्थितियों के संदर्भ में थे। परंतु जहाँ ऐसा संदर्भ नहीं होगा तो वहाँ कार्य भी नहीं होंगे। हर राज्य अपने समय और परिस्थितियों के अनुसार अपने कार्यों का निर्धारण कर लेगा। गाँधी ने जिस प्रकार के कार्य बताये उनमें पहला था **रक्षात्मक कार्य।**

1. गाँधी के राज्य का रक्षात्मक कार्य : गाँधी का स्वराज्यवादी जनतंत्र एक छतरी की तरह अपने नागरिकों की रक्षा करेगा चाहे महामारी की अवस्था हो या भूख, सूखा या बाढ़ की हो या अपराधियों के अत्याचार की हो। इन सबसे रक्षा करने के लिए गाँधी सत्तामुक्त समाज की भावना होते हुए भी राज्य को पुलिस और सेना (Military) रखने की इजाजत दे देंगे। जिससे इन सब चीजों से और विशेषकर युद्ध, बाहरी आक्रमण से जनता की रक्षा की जा सके। वह शासक जो जनता की रक्षा नहीं कर सका उसे शासन करने का अधिकार नहीं होना चाहिए। परंतु पुलिस और सेना की जरूरत कभी–कभी होगी जबकि पुलिस और सेना पर खर्चा पूरे साल करना पड़ेगा जो उन लोगों के कर से भी आयेगा जिन्हें इसकी जरूरत नहीं होगी। यह कहाँ तक उचित है कि शांतिप्रिय बहुमत के कर में से खर्चा उस पुलिस और सेना पर किया जाये जिसकी उन्हें आवश्यकता नहीं। अर्थात् यह अनुचित होगा। इस बात को स्थान देते हुए गाँधी ने पुलिस और सेना के लिए सकारात्मक कार्यों का सुझाव दिया जो वे उस समय करेंगे जब वे बचाव कार्यों में नहीं रहेंगे। ऐसे समय में उनकी भूमिका एक सेवक व समाज सुधारक की होगी। जो पुलिस वाले पढ़े–लिखे होंगे वे अनपढ़ को पढ़ायेंगे। जिन्हें खेती आती हो वे खेतीबाड़ी करेंगे। देश में जितना सफाई रखने का कार्य है वह पुलिस और सेना करेगी। जिसका वेतन जनता अपने कर से देती है। प्रत्येक पुलिस वालों के हाथ पर एक लाल पट्टी बांधी जायेगी जिस पर लिखा होगा "क्या मैं आपकी सेवा कर सकता हूँ।"

2. प्रतिबंधात्मक कार्य अथवा निषेधात्मक कार्य : समाज सुधार का काम हर व्यक्ति अपने आप करेगा, लेकिन राज्य उन बुराइयों को कानून बनाकर समाप्त कर देगा जिनसे हर व्यक्ति को बचाना राज्य का कर्त्तव्य है। गाँधी चाहेंगे कि शराब, सिगरेट, बीड़ी, तम्बाकू आदि यहाँ न बने, न बिके। शराबबंधी के लिए अगर कुछ समय के लिए शिक्षा भी बंद करनी पड़े तो गाँधी को यह स्वीकार होगा। संसद ऐसा कानून बनाये कि इसके बनने और बिकने पर सारे भारत में रोक लगा दी जाए। विशेषकर स्त्री और बच्चों के प्रयोग पर कड़ा प्रतिबंध लगा दिया जाए क्योंकि इससे अच्छे से अच्छा आदमी पथभ्रष्ट हो जाता है। गाँधी कानून बनाकर ऐसे साहित्य पर पाबंदी लगा देगें जो लोगों को हिंसा के लिए उकसाता हों। जिससे हरिजनों, संप्रदायवाद, जातिवाद या क्षेत्रवाद को बढ़ावा मिलता हो। गाँधी कानून बनाकर छूआछूत, देवदासी और वेश्यावृत्ति जैसे असामाजिक कार्यों पर भी पाबंदी लगा देगें। क्योंकि किसी भी बढ़ते हुए राज्य के माथे पर यह एक कलंक ही तो है।

3. आर्थिक कार्य : गरीबी व बेरोजगारी को दूर करना राज्य का प्रथम कर्त्तव्य होना चाहिए। राज्य काम के,

रोजगार के सभी तरह के अवसर उपलब्ध करें। जहाँ गाँधी हर व्यक्ति को अपनी पसंद का काम करने का अधिकार देगें वहीं काम करना हरेक का मौलिक कर्त्तव्य भी होगा। मार्क्स की तरह गाँधी के जनतंत्र में भी जो काम नहीं करेगा उसे भोजन का अधिकार भी नहीं होगा। जो काम करने के अयोग्य होगा उसका पालन तो राज्य करेगा, लेकिन जो काम करने लायक है उसे काम करना जरूरी होगा। आर्थिक क्षेत्र में गाँधी ने 'ब्रेड लेबर' (Bread Labour) सिद्धांत बनाया जिसके अनुसार हर मनुष्य का धर्म होगा वह अपनी शारीरिक व आर्थिक आवश्यकताओं को अपने श्रम से पूरा करें। गाँधी के जनतंत्र में राजनीतिक नेता, न्यायधीश, शिक्षक, पुजारी, बुद्धिजीवी आदि को 7 घंटे प्रतिदिन कार्य अनिवार्य रूप से करना पड़ेगा। बदले में हरेक को उतना वेतन मिलेगा जिससे उसकी रोटी, कपड़ा व मकान की आवश्यकताओं की पूर्ति हो जाए और शारीरिक श्रम से हरेक का स्वास्थ्य भी ठीक रहेगा। वह जनतंत्र ही क्या है जहाँ के लोग हृष्ट पुष्ट न हों।

गाँधी के अनुसार अगर राज्य को पूरी जनता को काम के अवसर दिलाने हो तो उत्पादन वितरण के सभी साधन राज्य के पास होंगे। यदि ये निजी क्षेत्र में रहेंगे तो राज्य से कैसे उपेक्षा की जा सकती है कि वह सबको काम दिला सकेगा। इस प्रकार गाँधी में एक बहुत बड़ी खूबी थी कि वे शब्दों के अर्थ इस तरह बदल देते थे कि सभी लोग उनकी ओर आकर्षित हो जाते थे। गाँधी ने हिन्दू धर्म शास्त्रों में पढ़ा था, "सर्व भूमि गोपाल की" अर्थात् सभी कुछ उस सत्य रूपी ईश्वर का है। गाँधी का ईश्वर इस समाज के लोगों में है उसका नाम दरिद्रनारायण है। गाँधी का गोपाल राज्य की जनता में है और यदि राज्य जनता के कल्याण का काम कर रहा है तो खेतीबाड़ी का अवसर उन सबको देना है जो करना चाहें तो सारी भूमि पर स्वामित्व भी राज्य का होना चाहिए, किसी जमींदार का नहीं। इस प्रकार बड़ी आसानी से गाँधी ने भूमि और सभी उद्योग–धन्धों के संपूर्ण सामाजीकरण की बात कह दी। यहाँ पर गोपाल से अर्थ गाँधी ने राज्य से लगाया। इस तरह गाँधी उतना ही बड़ा समाजवादी था जितना बड़ा मार्क्स। क्योंकि संपूर्ण साधनों का समाजीकरण की बात मार्क्स ने भी कही थी लेकिन मार्क्स का समाजवाद क्रांति के बाद ही आ सकता है परंतु गाँधी का समाजवाद के द्वारा आ सकता था।

गाँधी राज्य का एक मुख्य आर्थिक कार्य कर लगाना और करों की वसूली मानते थे। क्योंकि कोई भी शासक अपने जेब से धन से शासन नहीं चला सकता। शासन का सारा खर्चा जनता करों (Tax) के रूप में अपने जेब से वहन करती है। गाँधी लोगों से कहते थे कि इसका मतलब हुआ "मियाँ की जूती मियाँ के सर" जनता कर देगी चाहे शासन कल्याणकारी हो या अन्याय पर आधारित हो, सहना तो जनता को ही है। परंतु गाँधी चाहेंगे कि राज्य हर वर्ग पर उतना ही कर लगाये, जितना कर देने की वह सामर्थ्य रखता हो। यदि ऐसा होगा के ज्यादातर लोग कर समय पर दे देंगे। करों की चोरी तब होती है जब करों के दर सामर्थ्य से बाहर हो जायें। इसलिए कर ऐसे और इतने हो कि लोग आसानी से दें सकें। लेकिन फिर भी गाँधी राज्य से चाहेंगे कि वह ऐसी चीजों पर कर नहीं लगाये जिसका प्रयोग समान रूप से सभी लोग करते हैं जैसे नमक। इसी प्रकार धर्म के आधार पर राज्य को कर लगाने का अधिकार न हों। लेकिन धर्मस्थलों की पवित्रता बनाये रखना, विस्तार करना उस धर्म के मानने वालों का निजी मामला है। गाँधी के धर्मनिरपेक्ष राज्य का अपना कोई धर्म नहीं होगा। सभी धर्म समान होंगे। इसके अतिरिक्त लघु उद्योगों को प्रोत्साहन देना भी राज्य का एक महत्वपूर्ण कार्य है।

4. शैक्षणिक कार्य : गाँधी के अनुसार शिक्षा केवल किताबी न होकर व्यावसायिक भी होनी चाहिए। गाँधी ने **'वारधा शिक्षा योजना'** बनाई जिसमें 7–14 वर्ष के बच्चे के लिए मुफ्त, अनिवार्य व व्यावसायिक शिक्षा होगी। गाँधी की शिक्षा का एक स्वरूप है कि शिक्षा का क्षेत्र जबरदस्ती न लादा जाए व शिक्षा इस प्रकार की होनी चाहिए कि वह आसानी से ग्रहण करें (माँ–बाप के संरक्षण में व नागरिकता का पाठ पढ़ाना) अध्यापक की जिम्मेदारी दूसरी है। 7–14 आयु की शिक्षा राज्य की जिम्मेदारी होगी व 14 वर्ष के ऊपर की शिक्षा मुफ्त होगी पर राज्य उसका भार अपने ऊपर नहीं लेगा। उच्च शिक्षा का भार वही उठाये जिसे उच्च शिक्षित लोगों की आवश्यकता है

वास्तव में शिक्षा के क्षेत्र में गाँधी धर्म ग्रंथों में आस्था रखते थे और कहते थे कि शिक्षा केवल सुपात्र को ही दी जानी चाहिए। सुपात्र वह होगा जो परीक्षा में अपनी प्रतिभा स्थापित कर सकें। फिर भी भारत जैसे देश में जहाँ 70

प्रतिशत से ज्यादा अनपढ़ है वहाँ गाँधी ने शिक्षा की 'वारधा योजना' बनाई। गाँधी के अनुसार विशेषकर Adult Education का कार्यक्रम चलाया जाय जिससे कि वे लोग भी पढ़ सकें जिन्हें अब तक यह मौका नहीं मिला। इसी प्रकार हरिजनों, आदिवासियों की शिक्षा की ओर राज्य विशेष ध्यान दें। गाँधी के अनुसार किसी भी राज्य की उन्नति का सूचक उसके नागरिकों के शिक्षा स्तर से होता है। जितने ज्यादा लोग पढ़ लिख जायेंगे उतना ही वे अपने मताधिकार का सही प्रयोग कर पायेंगे और शासक को मर्यादा में रख सकेंगे।

5. राजनैतिक कार्य : राज्य नागरिकों से मित्रता का संबंध रखें क्योंकि ऐसा करने से राज्य लोगों की आकांक्षाओं से अवगत रहेगा कि लोग क्या चाहते हैं, क्या नहीं चाहते। वे ऐसे कानून बनायेगी जो लोग सहज ही स्वीकार कर लेंगे। सरकारी तंत्र पर खर्चा भी बच जायेगा व लोगों की शिकायत को भी बिना संघर्ष के दूर किया जा सकेगा। सरकार जो कानून बनायेगी वह भेदभाव रहित होंगे व न्याय व्यवस्था निःशुल्क होगी, व न्याय तुरंत प्राप्त हों, ग्राम पंचायतों को न्याय पंचायतों का रूप दना होगा। न्याय करते समय न केवल संसद व विधानमंडल का सहारा लिया जाये बल्कि वादी–प्रतिवादी के तर्क–वितर्क के आधार पर न्याय देना होगा।

गाँधी का यह भी कहना है कि कानून बनाने से पहले जनमत तैयार कर लें और ऐसे कानून बनायें जो लोगों के कल्याण के लिए हों और जिसमें ज्यादा से ज्यादा लोगों की राय हों। जब विधानमंडल ऐसे कानून बनायेगी जो जनता चाहती हो तो ऐसे कानून को मानने के लिए राज्य को जोर जबरदस्ती नहीं करती पड़ेगी और इस प्रकार पुलिस और अदालतों की जरूरत बहुत कम पड़ेगी। राज्य का यह भी कर्त्तव्य है कि वह अपने नागरिकों का सहयोग प्राप्त करें और विशेष कर पिछड़े वर्गों को प्रोत्साहित करें, उन्हें समाज के कार्यों में प्राथमिकता दें, जिससे उन्हें वह अवसर मिलें जो अब तक नहीं मिल सकें।

6. अंतर्राष्ट्रीय कार्य : भारत की विदेश–नीति जो संविधान की धारा 51 में है, गाँधी के सिद्धांतों पर आधारित है। गाँधी चाहते थे कि हर राज्य अपने अंतर्राष्ट्रीय झगड़ों का निबटारा बातचीत के रास्ते से करें और समस्या के हल में चाहे कितना समय लगे, युद्ध न करें। हिंसा और युद्ध, विशेषकर आक्रमक युद्ध पर गाँधी पूर्ण प्रतिबंध लगाना चाहते थे। वह मार्गेन्थाऊ की अंतर्राष्ट्रीय राजनीति में शक्ति के सिद्धांत के विरूद्ध थे। गाँधीजी चाहते थे कि हथियारों की होड़ को राज्य ईमानदारी से पूर्ण निरस्त्रीकरण का कार्य करें। हर राष्ट्र अपने पड़ोसी राज्यों विशेषकर अपने से कमजोर राज्यों की जरूरतों में हाथ बटाये। हिन्दू धर्म शास्त्र के मंडल सिद्धांत में यही बताया गया है कि राज्य अपनी रक्षा के लिए अपने पड़ोसी राज्यों का एक ऐसा चक्रव्यूह बना ले कि कोई उस पर हमला कर ही नहीं सकें। गाँधी बड़े दुखी थे कि भारत सरकार दक्षिण अफ्रीका जैसे विदेशी राज्यों में बसने वाले भारतीय नागरिकों के हित के लिए कोई कदम नहीं उठा रही है। राज्य का कर्त्तव्य है अपने हर नागरिक के हितों की रक्षा करें चाहे वह अपना देश हो या विदेश।

गाँधी की U.N. जैसे अंतर्राष्ट्रीय संगठनों में बड़ी आस्था थी। वे U.N. को विश्व सरकार की भूमिका मानते थे। उनके अनुसार जितना शक्तिशाली हम U.N. को बनाएंगे उतना ही जल्दी विश्व सरकार की स्थापना हो जाएगी। जब विश्व सरकार की स्थापना हो जाएगी तभी सर्वोदय का लक्ष्य पूरा हो जाएगा। इस तरह गाँधी का सर्वोदय केवल राष्ट्रीय लक्ष्य नहीं है वह अंतर्राष्ट्रीय तथा विश्वव्यापी लक्ष्य है जिसमें पूरे मानव समाज का संपूर्ण कल्याण का आदर्श है। जिसकी पूर्ति हेतु सभी राष्ट्र अपनी सामर्थ्य के अनुसार विश्व सरकार का हाथ बढ़ाकर इस लक्ष्य की पूर्ति में जल्दी से जल्दी लग जायेंगे तभी सर्वोदय होगा।

गाँधीजी के सामाजिक-आर्थिक विचार

महात्मा गाँधी के चिंतन और व्यवहार का हर पहलू अहिंसा, नैतिकता और सत्य से ओत–प्रोत था। उन्होंने सामाजिक और आर्थिक विचारों की कोई निश्चित योजना प्रस्तुत नहीं की, वरन् समय–समय पर उन्होंने जो भाषण दिए और लेख लिखें, उनसे ही हमें उनके सामाजिक–आर्थिक दर्शन का बोध होता है।

आधुनिक आर्थिक विचारधारा पश्चिम की देन है तथा इसका आधार पूंजीवाद व औद्योगिक क्रांति है। भौतिक उन्नति ही इसका उद्देश्य है तथा इसके अनुसार सुख का आधार आर्थिक उन्नति मात्र है।

गाँधीजी के आर्थिक विचारों के आधार

गाँधीजी के आर्थिक विचारों को निम्न बिंदुओं के अंर्तगत स्पष्ट कर सकते हैं–

1. विकेन्द्रीकृत अर्थव्यवस्था : ऐसी परिस्थितियों में गाँधीजी या कोई भी अन्य समझदार व्यक्ति जो हर समस्या को मानवीय दृष्टिकोण से देखने वाला हो, जो रास्ता गाँधीजी ने आर्थिक विकास का चुना उसके अतिरिक्त कोई मार्ग चुन भी नहीं सकता था, वह मार्ग था, विकेन्द्रीकृत अर्थव्यवस्था का। पश्चिम की औद्योगिक अर्थव्यवस्था के शोषण, बेकारी, किसानों की दुर्दशा आवश्यक अंग थे जिनसे बचा नहीं जा सकता था। इसी कारण भारत इंग्लैंड पर आधारित रहना नहीं चाहता था। पश्चिमी देशों के प्रचार का औद्योगिकरण गाँधी जी के नैतिक सिद्धांतों के प्रतिकूल पड़ता था। अतः गाँधीजी ने उससे भिन्न आर्थिक विचारधारा प्रस्तुत की। गाँधीजी के आर्थिक विचारों में मुख्य बातें थी–

***(i)* विकेन्द्रीकरण आर्थिक व्यवस्था :** गाँधीजी ने जिस प्रकार राजनीतिक क्षेत्र में सत्ता के विकेन्द्रीकरण का समर्थन किया, उसी प्रकार आर्थिक क्षेत्र में भी विकेन्द्रीकरण की बात कही। गाँधीजी केन्द्रित अर्थव्यवस्था के विरूद्ध थे, क्योंकि उनका विश्वास था कि इसकी नींव हिंसा पर आधारित है, अतः उन्होंने विकेन्द्रित अर्थव्यवस्था का समर्थन किया और कहा कि उत्पादन को अनेक स्थानों पर छोटे पैमान पर चालू किया जाय, घरों में छोटी–छोटी इकाइयाँ स्थापित की जाये। दूसरे शब्दों में, गाँधी जी कुटीर तथा ग्रामीण उद्योगों के विकास के पक्ष में थे, गाँधीजी विकेन्द्रित व्यवस्था को लोकतंत्र का जीवन रक्त, समझते थे। उनका कहना था कि अहिंसात्मक राज्य, की स्थापना के लिए कारखाने वाली सभ्यता की कोई आवश्यकता न थी।

गाँधीजी रूस की भांति राज्य द्वारा नियंत्रित अर्थव्यवस्था के समर्थक नहीं थे। क्योंकि उनका विचार था कि इससे लोकतंत्र की समस्याओं का समाधान नहीं हो सकता। इसके अतिरिक्त स्वतंत्रता, स्वशासन और लघु–स्तरीय उद्योगों के लिए भी यह **घातक** सिद्ध होगा।

योजना आयोग के आँकड़ों के अनुसार ग्रामीण और शहरी क्षेत्रों में जितनी आबादी है, उसमें से क्रमशः **47.65 प्रतिशत और 40.71 प्रतिशत** जनता ऐसी है जो गरीबी की रेखा से भी नीचे जीवन बिता रही है। इस समय कुल बेरोजगार लोगों की संख्या करीब 6 करोड़ है। इस प्रकार भारत में बेकारी की समस्या इतनी विकट और गंभीर हो गई है कि संगठित उद्योग क्षेत्र में लोगों के लिए अतिरिक्त रोजगार उपलब्ध नहीं हो पाता है। बेकारी की दृष्टि से अब लगभग सभी अर्थशास्त्री सांख्यशास्त्री आर्थिक संयोजक, समाजशास्त्री और राजनीतिक स्वीकार करते हैं कि लघु उद्योगों के रूप में विकेन्द्रित अर्थव्यवस्था के अतिरिक्त भारत जैसे ग्राम–प्रधान राष्ट्र के लिए कोई विकल्प नहीं है। छोटे उद्योगों में रोजगार अधिक उपलब्ध होते हैं अतः करोड़ों मूक लोगों की सहायता करने का कुटीर उद्योग ही एकमात्र मार्ग है। इसी से लोगों की सृजनशक्ति और कलाकारीगरी के विकास का द्वार खुल सकता है। देश में जो सैकड़ों युवक बेकार पड़े हैं, उन्हें इससे अधिक उपयोगी व्यवसाय मिल सकते हैं। इससे बेरोजगारी की भी समस्या हल होगी।

***(ii)* बड़े और आधारभूत उद्योगों का राष्ट्रीयकरण :** गाँधीजी बड़े और आधारभूत उद्योगों के राष्ट्रीयकरण के पक्ष में थे। क्योंकि बड़े और आधारभूत उद्योगों से संपत्ति केन्द्रीकरण को बढ़ावा मिलता है। गाँधीजी का कहना था कि औद्योगिक क्षेत्र में हमें पश्चिम की नकल करने से लाभ नहीं होगा। भारत युगों–युगों से अपनी–समृद्धि के लिए प्रसिद्ध रहा है और इस समृद्धि का कारण था लघु, कुटीर उद्योग। अतः बड़े उद्योगों का राष्ट्रीयकरण करके छोटे–छोटे लघु उद्योगों के स्थापित करने पर जोर दिया जाय।

***(iii)* कुटीर उद्योगों का विकास :** गाँधीजी ने आर्थिक उन्नति के लिए कुटीर उद्योग को सबसे बड़ा साधन माना। उनका कहना था कि कुटीर उद्योग के स्थापित करने से ही भारत में लोगों को रोजगार के साधन उपलब्ध हो सकेंगे और भारत आर्थिक क्षेत्र में निर्भर हो सकेगा।

गाँधीजी के कुटीर उद्योग का अभिप्राय था ग्राम उद्योग। उनके मतानुसार दैनिक आवश्यकताओं की वस्तुएँ ही तैयार करनी चाहिए। जहाँ तक हो सकें ग्राम आत्मनिर्भर बने और नगरों पर कम–से–कम आश्रित हो। भारतीय ग्रामों की दरिद्रता का उन्मूलन करने, नगर और ग्राम की आय में विषमता को दूर करने, और स्वदेशी उद्योगों के संरक्षण तथा विकास के लिए उन्होंने ग्रामोद्योगों के पुनरूद्धार का प्रयत्न किया। वर्तमान व्यापारिक और नागरिक सभ्यता के स्थान पर वह एक नवीन विकेन्द्रित ग्रामीण सभ्यता का

निर्माण करना चाहते थे, ताकि थोड़े से नगर असंख्य गाँवों का शोषण न कर सकें और प्रत्येक गाँव एक स्वावलंबी इकाई बन जाए।

2. स्वदेशी : स्वदेशी की अवधारणा उदारवादियों, उग्रवादियों तथा गाँधीजी की रही है। गाँधीजी ने स्वदेशी का अर्थ बताया—उन सभी वस्तुओं के प्रति लगाव, मोह जो स्वदेशी अर्थात् भारतीय हो। जैसे भारतीय वस्तुओं, कपड़ा, भारतीय भाषा, समाज, संस्कृति, रीति–रिवाज आदि। गाँधीजी का कहना था कि जब तक स्वदेशी वस्तुओं के प्रति मोह नहीं होगा तब तक देश–प्रेम की भावना नहीं आएगी और, इससे आजादी भी नहीं मिलेगी।

स्वदेशी के आधार को विस्तृत करने के लिए गाँधीजी ने कहा कि जिस प्रकार देशी उद्योग विदेशी निर्माताओं की तुलना में तरजीह या संरक्षण पाने के अधिकारी है, उसी प्रकार कुटीर और ग्रामीण उद्योग भी तरजीह या संरक्षण पाने के अधिकारी है। शहरों द्वारा देहातों का शोषण बंद किया जाना चाहिए, शहरों को केवल गाँव के फालतू माल को ही दुकान में बेचना चाहिए (न कि विलासिता की वस्तु को जोकि विदेशी कंपनियों द्वारा बनाई जाती है) केवल इसी प्रकार आम आदमी के हितों की रक्षा हो सकती है।

स्वदेशी वास्तव में उदात्त–देशभक्ति का सिद्धांत है। इस शब्द का शासक अर्थ है—अपने देश के स्वेछिक राजनैतिक धरातल पर राष्ट्रवाद। स्वदेशी के संबंध में गाँधी की धारणा व्यक्ति के जीवन को धार्मिक, राजनीतिक, सामाजिक और आर्थिक धरातल पर बाँधती है। गाँधीजी ने इसे एक धार्मिक अनुशासन मानते हुए कहा—"स्वदेशी एक धार्मिक अनुशासन है जिसे प्राप्त करने के लिए आवश्यकता पड़ने पर व्यक्ति को शारीरिक कष्टों की भी अवहेलना करनी चाहिए।.....हमें अपने ध्येय के प्रति जागरूक रहें, भले ही हम केवल कुछ वस्तुओं के लिए स्वदेशी सिद्धांत लागू करें और उन वस्तुओं का उपयोग अस्थायी रूप में कम से कम करें जो हमारे देश में उपलब्ध नहीं होती है।"

3. ट्रस्टीशिप का सिद्धांत : गाँधीजी समाज में व्याप्त आर्थिक विषमता को मिटाना चाहते थे, व्यक्तिगत संपत्ति का अंत चाहते थे, लेकिन व्यक्ति को अपनी संपत्ति से वंचित करने के लिए वे मार्क्सवादी क्रांति के पक्षपाती नहीं थे। सत्य और अहिंसा द्वारा हृदय परिवर्तन करना उनका प्रमुख अस्त्र था। आर्थिक विषमता को दूर करने के लिए गाँधीजी ने संरक्षता का सिद्धांत (Principle of Trusteeship) प्रस्तुत किया। उन्होंने कहा कि यदि किसी व्यक्ति को उत्तराधिकार में भारी संपत्ति मिली है अथवा किसी ने व्यापार–उद्योग के लाभ से भारी मात्रा में धन एकत्र किया है तो यह संपूर्ण संपत्ति वास्तव में व्यक्तिगत न होकर सारे समाज की है। अतः यह उचित होगा कि जिस व्यक्ति ने संपत्ति का संचय किया है, वह स्वयं को संपत्ति का स्वामी न समझकर ट्रस्टी समझे। संपत्ति उनके पास रहे, वह व्यक्तिगत आवश्यकताओं के लिए उसमें से वाजिब खर्च करें और शेष अवशिष्ट सम्पत्ति को समाज की धरोहर समझे जिसका उपयोग समाज के लिए होना है। सम्मानपूर्वक जीवन व्यतीत करने के लिए आवश्यक संपत्ति पर जो व्यक्ति अपना अधिकार समझे और धन का शेषभाग सम्पूर्ण राष्ट्र का मानते हुए सभी के कल्याण पर खर्च करने को हृदय से तत्पर रहे।

गाँधीजी का संरक्षण सिद्धांत (ट्रस्टीशिप) तभी सफलतापूर्वक कार्यन्वित हो सकता है जब व्यक्ति का नैतिक विकास अति उच्चस्तर पर हो। यदि पूंजीपति इस सिद्धांत के अनुसार आचरण करें तो निश्चय ही व्यक्ति का व्यक्ति द्वारा शोषण बंद हो जाएगा। यदि राष्ट्र इस सिद्धांत की भावना को अपनाए तो अंतर्राष्ट्रीय युद्धों के कारण भी कम हो जाएँगें।

संरक्षण का सिद्धांत पूर्णतः अहिंसात्मक है जिसमें अमीरों को यह विश्वास दिलाया जाता है कि जो धन उनके पास है, वह जनता के श्रम का फल है, केवल उन्हीं के प्रयासों का फल नहीं है। यह एक सामाजिक उत्पत्ति है, अतः समाज के लिए इसका उपयोग करना हर दृष्टि से उचित है।

गाँधीजी इस सिद्धांत के माध्यम से पूंजीपतियों को सुधारना चाहते थे। वे चाहते थे कि पूंजीपति धन संचय के दोषों को समझे और स्वयं उतना ही प्राप्त करें जो उनकी सेवाओं के लिए उपयुक्त है और शेष धन समाज को लौटा दें।

संरक्षण से गाँधीजी का आशय यह था कि सभी सामाजिक संपत्ति ट्रस्टीशिप के अंर्तगत रहनी चाहिए। पूंजीपति सामाजिक संपत्ति के संरक्षतादार (थातेदार) हैं। उनका कर्त्तव्य केवल यही नहीं है कि वे अपनी ही देखभाल करें वरन् उनको दूसरों की भी देखभाल करनी चाहिए।

तब श्रमिक पूंजीपतियों को अपना हितैषी समझेंगे और उन पर भरोसा करेंगे। गाँधीजी का विश्वास था कि ऐसी प्रणाली स्थापित होने से पूंजीपतियों और श्रमिकों में कोई भेद नहीं रहेगा। गाँधीजी के सिद्धांत का निचोड़ इस वाक्य में निहित है कि, "एक संरक्षक अथवा थातेदार का जनता के अतिरिक्त कोई उत्तराधिकारी नहीं होता।" गाँधीजी यह जानते थे कि इस सिद्धांत पर तब तक चलना संभव नहीं होगा जब तक लोग अपने दृष्टिकोण को बदल न लेंगे। अतः अपने आदर्श को व्यावहारिक धरातल पर उतारते हुए उन्होंने यह भी कह दिया,–"मेरा आदर्श संपत्ति का समाज में वितरण है किंतु जब तक मैं यह देखता हूँ कि यह संभव नहीं है, मैं यथासंभव समाज विभाजन के लिए प्रयत्नशील हूँ।"

गाँधीजी की आलोचना की जाती है कि उनके ट्रस्टीशिप सिद्धांत में पूंजीपतियों के पास ही संपत्ति रहने देने की बात की गई है, आलोचकों का कहना कि चूंकि गाँधीजी को पूंजीपतियों से ही पैसा (धन) मिलता था जिससे गाँधीजी आंदोलन चलाते थे। गाँधी जी के आश्रम में रहने वाले व्यक्तियों का खर्चा बिरला और साराभाई देते थे। इसी कारण गाँधीजी ने ट्रस्टीशिप के सिद्धांत में संपत्ति पूंजीपतियों के पास बने रहने की बात की।

4. ब्रेड लेबर : गाँधीजी श्रम को बहुत ज्यादा महत्व देते थे। गाँधीजी कहते थे कि प्रत्येक व्यक्ति अपनी शारीरिक आवश्यकताओं की पूर्ति (जैसे भोजन, कपड़ा, दवा इत्यादि) श्रम के द्वारा कर लेगा, तो इससे आत्मनिर्भरता आएगी। हमें अपनी नौकरी स्वयं करनी चाहिए। हम खुद अपने मालिक बने, इसके लिए शारीरिक श्रम करना जरूरी होगा।

गाँधीजी के अनुसार जितने भी राजनीतिक पद होंगे सब अवैतनिक होंगे। राष्ट्रपति से लेकर राज्यों के मंत्री तक। राष्ट्रपति भी शारीरिक श्रम के द्वारा अपनी आवश्यकताओं की पूर्ति करेंगा इसके साथ ही शिक्षकों, शासकों, पुजारियों इन सब का पद भी अवैतनिक होगा।

'ब्रेड लेबर' में गाँधीजी मार्क्स के करीब आ जाते हैं–"जो काम नहीं करेगा उसे जिन्दा रहने का कोई हक नहीं है।" जो श्रम नहीं करेगा उसे दूसरे के श्रम पर पलने का कोई अधिकार नहीं होगा। गाँधीजी ने कहा कि श्रम करने से व्यक्ति सदैव स्वस्थ रहेगा, किसी प्रकार की बीमारी नहीं होगी।

गाँधीजी ने रोटी के लिए श्रम सिद्धांत टॉलस्टाय और रस्किन से ग्रहण किया और यह भी पाया की इस सिद्धांत को गीता और बाइबिल ने स्वीकार किया है। गाँधीजी ने कहा कि यह नियम कि मनुष्य को अपने श्रम के द्वारा ही जीवित रहना है, मैने पहली बार रोटी के लिए श्रम पर टॉलस्टाय के लेख से ग्रहण किया था, किंतु इसके लिए पहले मैंने रस्किन की पुस्तक 'Unto This Last' पढ़ने के बाद इस भावना को समझना आरंभ कर दिया था। यह दैवीय नियम को मनुष्य की अपने हाथों द्वारा श्रम करने के बाद ही भोजन प्राप्त करना चाहिए, पहली बार एक रूसी लेखक टी॰एम॰ बोडॉसिफ द्वारा प्रतिपादित हुआ था। टॉल्स्टाय ने इसे विज्ञापित किया और व्यापक प्रचार किया।

गाँधीजी ने इस सिद्धांत को प्रतिष्ठित करने के लिए 'गीता' तथा 'बाइबिल' के उदाहरण प्रस्तुत किए और इस मान्यता को प्रतिष्ठा दी कि, यदि इस सिद्धांत को माना जाता है और इसके अनुसार लोग कार्य करने लगते हैं तो दुनिया की सारी समस्याएँ दूर हो जाएंगी।

गाँधीजी के सामने यह सवाल उठाया गया कि क्या मनुष्य अपने बौद्धिक श्रम के द्वारा अपनी जीविका अर्जन नहीं कर सकता। इस प्रश्न के उत्तर में गाँधीजी ने इस मान्यता को पुनः प्रतिष्ठित किया कि बौद्धिक कार्य मनुष्य की आत्मा की संतुष्टि के लिए होता है उससे पैसा पैदा नहीं करना चाहिए। बिना हाथों के श्रम के रोटी किसी को भी नहीं मिलनी चाहिए। समाज में शिक्षक, डॉक्टर, वकील अपने कार्यों द्वारा केवल समाज की सेवा करेंगे, पैसा नहीं बनायेंगे। अपने भरण–पोषण के लिए उन्हें जिस पैसे की जरूरत होगी उसे वे अपने शारीरिक श्रम से कमायेंगे।

'ब्रेड लेबर' का सिद्धांत पारित करते हुए गाँधीजी ने इस बात का भी ख्याल रखा कि इस कार्य को करने के लिए व्यक्ति पर किसी प्रकार का दबाव न डाला जाए। दबाव डालकर कार्य किए जाने से कार्य की महत्ता समाप्त हो जाती है क्योंकि यदि दबाव से यह कार्य व्यक्ति से कराया जायेगा तो उससे गरीबी, रोग, असंतोष आदि का जन्म होगा और यदि स्वेच्छा से व्यक्ति इस सिद्धांत का पालन करता है तो उसका स्वास्थ्य अच्छा होता है और स्वास्थ्य ही मनुष्य की एकमात्र पूंजी है, धन–दौलत नहीं

है। गाँधीजी मानते हैं कि यह एक कठिन आदर्श है लेकिन उसकी कठिनता मनुष्य को उसे प्राप्त करने की दिशा में कार्य करने से नहीं रोक सकती।

गाँधी के विचार बिखरे हुए हैं लेकिन ऐसा भी नहीं है कि गाँधी ने कभी अपने राजनीतिक विचारों के श्रृंखलाबद्ध रूप से प्रस्तुत ही नहीं किया हो। गाँधी ने अनेक ऐसी पुस्तकें लिखीं जिनके अध्ययन से उनके राजनीतिक विचारों की संपूर्णता का ज्ञान मिलता है। उदाहरणार्थ उनका 'हिन्द स्वराज', 'दक्षिण–अफ्रीका में सत्याग्रह', 'स्वदेशी', 'अहिंसा', 'सर्वोदय', 'कौमी एकता' तथा 'रचनात्मक कार्यक्रम' ऐसी पुस्तकें हैं जिनमें गाँधी के विभिन्न विषयों पर संपूर्ण विचारों का पता चलता है। ये हमें बताते हैं कि गाँधी ने मनुष्य के संपूर्ण सामाजिक जीवन के विभिन्न पहलुओं का अध्ययन किया। उनकी बुराइयों को ढूँढ़ा था और उनको दूर करने के ऐसे सक्रिय सुझाव सुझाये थे कि जिन पर चलकर मनुष्य के भावी सामाजिक तथा राजनीतिक जीवन को श्रेष्ठतर बनाया जा सकता है।

1. गाँधी एक उदारवादी विचारक के रूप में : एक विचारक के रूप में गाँधी को उदारवादी भी माना गया है, आशावादी विचारक भी, कर्मयोगी भी और क्रांतिकारी भी। पाश्चात्य विचारधारा में उदारवादी विचारक उसे कहते हैं जो उदारवादी विचारधारा का समर्थक और पोषक हों। उदारवादी विचारधारा के जो दो स्तंभ हैं–1. मानव की स्वतंत्रता मे विश्वास 2. प्रतिनिधित्व प्रदान करने वाली राजनीतिक संस्थाएँ। गाँधी इन दोनों शर्तों को पूरा करते हैं। वे मानव की संपूर्ण स्वतंत्रता में विश्वास रखते थे। एक ऐसे शासन मुक्त समाज की गाँधी ने कल्पना थी कि जिसमें मनुष्य पर बाह्य दबाव न हो और प्रत्येक मनुष्य अपने जीवन का संचालन केवल अपनी आत्मा की आवाज के अनुसार कर सकें। लेकिन (ग्रीन) की भांति गाँधी मानव की केवल उस स्वतंत्रता के समर्थक थे जो मनुष्य को स्वयं को अपने समाज के, तथा अपने राज्य को बेहतर जानने के लिए हो। वे ऐसी स्वतंत्रता के पोषक नहीं थे जोकि मनुष्य को उसके सांस्कृतिक स्वभाव से गिरा दें। गाँधी जी के विचारों को पढ़कर लगता है कि जिन मानवीय अधिकारों की बात करते थे उन अधिकारों की बात उनके पूर्वजों ने और उनके समकालीन (Contemporary) विचारकों ने की थी तथा अनेक ऐसे अधिकार भी थे जिनको उनसे पहले कभी किसी ने सोचा भी नहीं था। गाँधी जनतंत्र के समर्थक थे और प्रतिनिधित्व प्रदान करने वाली जनतंत्रीय संस्थाओं में उनका विश्वास था। ब्रिटेन की जनतांत्रिक संस्थाओं में वे विश्वास रखते थे लेकिन उन्होंने यह भी देखा कि पिछले 700 वर्षों में वहाँ की संसद ने स्वयं ब्रिटेन निवासियों को बिना उनके लंबे संघर्ष अपने–आप कोई अधिकार उन्हें नहीं दिया बिना माँगे उनकी भलाई के लिए भी कोई कार्य नहीं किया। गाँधी ने ऐसी संसद को बाँझ की संज्ञा दी जो स्वयं कोई लाभकारी कार्य नहीं कर सकती। गाँधी ने यह भी देखा कि ब्रिटेन में कहा तो यह जाता है कि संसद प्रभुत्वशाली है और प्रधानमंत्री सहित पूरा मंत्रिमंड़ल उनके प्रति उत्तरदायी है। लेकिन वास्तव में वहाँ संसद मंत्रिमंडल का मार्गदर्शन नहीं करती बल्कि मंत्रिमंड़ल द्वारा उसका (संसद का) मार्गदर्शन होता है। संसद हर प्रधानमंत्री के समक्ष ऐसा सर्मपण करती है। जैसे वेश्या अतः ऐसी संसद भी गाँधी को स्वीकार नहीं थी।

वे ऐसा लोकतंत्र चाहते थे जिसमें संसद लोगों के संघर्ष की प्रतीक्षा किये बिना स्वयं उनके कल्याण हेतु कार्य करें। उन्हें नए–नए अधिकार दें और मंत्रिपरिषद् का मार्गदर्शन करें जिससे सच्चे लोकतंत्र की स्थापना हो और यह तभी संभव है जबकि जनतंत्र से अभिप्राय कितने प्रतिनिधियों से न होकर कैसे प्रतिनिधियों से हो। महत्वपूर्ण बात यह है कि संसद सदस्यों का चरित्र कैसा है न कि उनकी संख्या कितनी है। गाँधी ने इस प्रकार राजनीतिक उदारवादिता का एक श्रेष्ठ उदाहरण प्रस्तुत किया।

2. गाँधी एक आदर्शवादी विचारक के रूप में : गाँधी ने राजनीतिक विचारकों में उदारवादी के साथ–साथ आदर्शवादी भी थे। उन्होंने बैंथम और मिल के राज्य के उद्देश्य के सिद्धांत का अध्ययन किया था। बैंथम के अनुसार–राज्य का उद्देश्य केवल "Greatest Happiness of greatest Numbers" अर्थात् "बहुत का आर्थिक कल्याण" करना था। लेकिन गाँधी का विचार था कि यदि राज्य ने केवल बहुमत के कल्याण का आदर्श अपने समक्ष रखा तो अल्पमत के साथ अन्याय होगा और यदि आर्थिक क्षेत्र में ही कल्याण के लिए कार्य किया तो अन्य क्षेत्रों के कल्याण की कीमत पर होगा। अतः गाँधी को यह स्वीकार नहीं था। दूसरे विचारक मिल (J.S. Mill) ने बताया कि राज्य का उद्देश्य बहुमत का सभी क्षेत्रों में कल्याण करना है। परंतु

इसमें भी केवल बहुमत की ही बात कही गयी थी।

गाँधी उपरोक्त दोनों विचारकों के मत से भी संतुष्ट नहीं हुए। दक्षिण–अफ्रीका में गाँधी के हाथ एक ऐसी पुस्तक लगी जिसने उनकी विचारधारा में क्रांतिकारी परिवर्तन कर दिया। जो John Ruskin की पुस्तक, "Unto this Last" थी। गाँधी इस पुस्तक से इतने प्रभावित हुए कि उन्होंने इस पुस्तक का अनुवाद गुजराती और हिंदी में करके इसका नाम **अन्त्योदय** रखा। "Unto this Last" में रस्किन का कहना था कि यदि राज्य केवल बहुमत के कल्याण का उद्देश्य अपने सामने रखता है तो ऐसा राज्य एक स्वार्थी राज्य होगा। क्योंकि बहुमत की आश्यकता चुने जाने के लिए होती है और आपको सत्ता में या पद में बनाए रखने के लिए होती है। परंतु एक आदर्शवादी राज्य तो वह राज्य होगा जो अपना स्वार्थ उस अल्पमत की भलाई की बात सोचे जिसकी उसे अपने पद पर बने रहने की आवश्यकता नहीं है।

गाँधी ने बैंथम और मिल के बहुमत में रस्किन का अल्पमत का सिद्धांत जोड़कर इस सिद्धांत को सर्वमत कर दिया। गाँधीजी का कहना था कि नैतिक रूप से किसी एक का कल्याण किसी दूसरे की कीमत पर किया जाए तो वह भलाई बुराई में बदल जाती हैं सरकार के लिए वे सभी समान होने चाहिए। वो क्यों बहुमत की भलाई अल्पमत की कीमत पर करें और क्यों अल्पमत की बहुमत पर। गाँधी के अनुसार राज्य का उद्देश्य यह होना चाहिए की "सब लोगों का सभी क्षेत्रों में कल्याण" इसी के आधार पर गाँधी ने राज्य के उद्देश्य का सर्वश्रेष्ठ सिद्धांत का निर्माण किया जो उनके पूर्वजों से श्रेष्ठतम था और जिसे उन्होंने सर्वोदय की संज्ञा दी। इस प्रकार "सब लोगों का सभी क्षेत्रों में कल्याण" के सिद्धांत के कारण गाँधी को आदर्शवादी की संज्ञा दी जाती है।

3. गाँधी एक कर्मयोगी के रूप में : जहाँ गाँधी उदारवादी और आदर्शवादी थे वहीं कर्मयोगी भी थे। वे ऐसे विचारक नहीं थे जो केवल सुझाव दें और छोड़ दे। बिना यह चिंतन किये कि वह संभव भी है या नहीं। उदाहरण के लिए पश्चात्य विचारक प्लेटो ने अपने समय की राजनैतिक बुराइयाँ दूर करने हेतु शासकों की संपत्ति और पत्नियों के साम्यवाद की कल्पना का सुझाव दिया। जो न तो उन्होंने परखा और न आज तक किसी का उस पर अमल करने का साहस हुआ। परंतु गाँधी ने ऐसे साधन सुझाए जो स्वयं परख के देख लिए थे कि उन्हें प्रयोग में लाना संभव है अथवा नहीं। दक्षिण–अफ्रीका की रंग–भेद की नीति को दूर करने और भारत की विदेशी शासन की मुक्ति हेतु उन्होंने सत्याग्रह के जिन साधनों का सुझाव दिया उन सभी को अपने जीवन काल में उन्होंने संभव और सार्थक करके दिखाया था।

इस प्रकार भारत के स्वतंत्र संग्राम में गाँधी ने अनेकों संघर्ष–सत्य, अहिंसा, नैतिकता के आधार पर स्वयं करके दिखाया। इसलिए गाँधीजी एक कर्मयोगी भी माने जाते हैं।

4. गाँधी एक क्रांतिकारी के रूप में : गाँधी एक क्रांतिकारी भी थे, लेकिन मार्क्स और लेनिन की भांति हिंसक क्रांति के समर्थक नहीं थे बल्कि वे पूर्ण अहिंसक थे, वे नैतिकता के भी पुजारी थे। विश्व के इतिहास के अध्ययन से उन्होंने पाया कि दुनिया में कभी भी हिंसा या युद्ध से किसी भी समस्या का समाधान नहीं निकाला जा सकता है। युद्ध के बाद भी समाधान बातचीत से ही निकलता है।

गाँधी को क्रांतिकारी इसलिए कहा जाता है कि वे संघर्ष के समर्थक थे, संघर्ष की राजनीति के रचयिता थे। लेकिन उतने ही कट्टर हिंसा के विरोधी थे। सत्याग्रह के रूप में उन्होंने दबाव की राजनीति को जन्म दिया जिससे हिंसा का सहारा लिए बिना शांतिपूर्ण तरीके से परिवर्तन लाया जा सकता है। गाँधी मन से, वचन से, कर्म से हिंसा विरोधी थे। तीन बंदर की मूर्ति उनकी अहिंसा की प्रतीक थी जिसमें बुरा देखना, बुरा सुनना और बुरा कहना संभव नहीं था। वे कहते थे कि न तो बुरा सोचो, और न सुनो और न ही बोलो। यह गाँधी का आदर्श था। किंतु गाँधी भी एक मानव थे अपने सोचने और करने की उनकी सीमा थी। अहिंसा के इस पुजारी ने भी विवश होकर कई बार हिंसा का सहारा लिया। लेकिन गाँधी की हिंसा का रूप वह नहीं था जो कि आम प्रचलित था। उन्होंने कभी अपने विरोधी के प्रति हिंसा नहीं की। दक्षिण अफ्रीका में उनके विरोधी वहाँ की गोरी सरकार थी। जो लोग सरकारी पदों पर थे वे उनके प्रति गाँधी ने कभी हिंसा नहीं की। लेकिन जो उनके द्वारा अपनाए गए अन्याय के साधन थे उनको नष्ट किया जैसे उन्होंने काले लोगों के साथ अन्याय का प्रतीक कार्ड जो उन्हें कुत्ते की भांति लटकाकर चलना होता था उसकी सार्वजनिक होली जलाई। प्याज की खेती को जिनकी कुरकी करने के लिए सरकारी लोग आने वाले

थे उसे लुटवा दिया। वे खजूर के पेड़ जो सरकारी आमदनी के साधन थे कटवा दिए। सरकारी नमक भंडार लुटवाए, करो या मरो जैसे हिंसक नारों का प्रयोग किया। ब्रिटिश संसद को एक बाँझ महिला और वेश्या की संज्ञा दी। इतना कहते हुए भी गाँधी ने कभी भी अपने विरोधी की हत्या करने हेतु नहीं कहा। इससे यह स्पष्ट है कि गाँधी की हिंसा अन्याय करने वाले के प्रति न होकर उसके वे साधन थे जिनसे वह अन्याय करता था। जहाँ तक भी संभव हुआ गाँधी ने हिंसा की त्याग की बात कही। 1922 में चौरी–चौरा नामक स्थान पर हिंसा होने पर उन्होंने कुछ समय के लिए आंदोलन ही समाप्त कर दिया जिससे विनाश कम से कम हो।

इस प्रकार संक्षेप में यह कहा जा सकता है कि गाँधी पूर्ण रूप से अहिंसक क्रांतिकारी नेता थे।

5. गाँधी एक राजनीतिक बनिये के रूप में : गाँधी को राजनीति में बनिया कहा गया है। गाँधी की विशेषता थी कि वे अपने विरोधी के साथ बातचीत करके हर प्रकार से अपनी बात समझाकर, उसकी बात समझकर, बीच का एक रास्ता निकाल लेते थे। जो उन्हें भी मान्य हो और उनके विरोधी को भी। गाँधी का प्रयत्न रहता था कि वे विरोधी की हर बात मान ले जो उचित हो और अपनी माँग इतनी कम से कम रखे जिसके मानने में विरोधी को कम से कम त्याग करना पड़े। गाँधी भली प्रकार जानते थे कि अंग्रेज एक व्यापारी हैं तथा एक व्यापारी केवल उस समय तक व्यापार करता है जब तक उसे लाभ प्राप्त हो। जिस दिन विदेशी शासक के आर्थिक लाभ को हानि में परिवर्तित कर देंगे उस दिन उसकी शासन करने की इच्छा समाप्त हो जायेगी और वह देश छोड़कर भाग जाएगा। इसलिए उसकी हत्या करने की जरूरती ही नहीं पड़ेगी। अतः हिंसा का व्यापारी से कोई संबंध ही नहीं है। इसलिए गाँधी ने आर्थिक और राजनीतिक दबाव की राजनीति का सहारा लिया, जिससे विवश होकर विदेशी को जाना पड़ा। इस प्रकार गाँधी ने विदेशी शासक को नहीं मारा, उसकी शासन करने की इच्छा को मारा। अर्थात् उसके लाभ को हानि में परिवर्तित कर दिया। गाँधी ने दबाव की राजनीति के साथ–साथ त्याग का रास्ता अपनाया। जब भी गाँधी की वार्ता असफल हुई, बातचीत और तर्क से काम नहीं चला तो गाँधी ने उपवास के अस्त्र का सहारा लिया। वे जानते थे कि उनके जैसे राजनीतिक आंदोलनकर्त्ता की जेल में मृत्यु की जिम्मेदारी विदेशी सरकार अपने ऊपर लेने का साहस नहीं रखती। जब भी उन्होंने सोचा की उनके राजनीतिक प्रयत्न विफल होंगे तो उन्होंने अंतिम अस्त्र के रूप में उपवास का सहारा लिया। गाँधी एक ऐसे राजनीतिक बंदी थे जिनके पास जेल में जाने और जेल में आने की दोनों चाबियाँ मौजूद थीं। वह चाबियाँ थी–कानून तोड़ो–जेल जाओ–उपवास करो–बाहर आओ। यह चाबी उन्होंने प्रत्येक भारतीय को दी।

वास्तव में गाँधी विरोध की राजनीति के विचारक थे। विरोध के बिना गाँधी की संभावना की ही नहीं जा सकती। गाँधी का औचित्य है ही विरोध में। उनके समय की राजनीतिक अवस्था एक ऐसी अन्यायपूर्ण व्यवस्था थी जिसके प्रति विरोध होना स्वाभाविक था। उन्होंने अपने समय की महानतम असाधारण समस्याओं का मुकाबला किया चाहे वह रंग–भेद की हों या भारत में क्रूर विदेशी शासन की। गाँधी ने ऐसे साधन जुटाए जिनके प्रयोग से समस्याओं का समाधान शांतिपूर्ण तरीकों से और स्थायी रूप से संभव था।

इस प्रकार गाँधीजी राजनीति में एक बनिये के रूप में खेल सिद्धांत के व्यापारी के समान थे।

गाँधी की राजनीति मेकियावेली की राजनीति के बिल्कुल विपरीत थी क्योंकि मेकियावली ने कहा था–"End Justifies the Means"। उनके लिए कोई भी साधन अपनाये जा सकते हैं, जिनसे अपने उद्देश्य की पूर्ति हों। दूसरी ओर गाँधी का सारा महत्व साधनों का है। गाँधी के अनुसार अच्छे साधनों के बिना अच्छे उद्देश्य की प्राप्ति नहीं हो सकती है। गाँधी की मान्यता थी कि हमारा लक्ष्य उतना ही अच्छा होगा जितने अच्छे साधन होंगे। अतः गाँधी की राजनीति का आधार शांतिपूर्ण स्थायी हल वाले साधन हैं और इन्हीं की खोज में गाँधी ने अपना सारा जीवन लगा दिया। उन्होंने अपनी आत्मकथा का शीर्षक भी 'मेरे सत्य के साथ प्रयोग' रखा। गाँधी सत्य और अहिंसा के साधनों की खोज करते रहे।

गाँधी ने कुछ ऐसे राजनीतिक सिद्धांतों को जन्म दिया जो राजनीतिक विचारधारा के क्षेत्र में अनमोल रत्न हैं जिनमें प्रमुख हैं–स्वराज, सर्वोदय और सत्याग्रह। गाँधी के स्वराज में राज्य की प्रभुत्ता की सर्वोच्च परिभाषा है। उनके सर्वोदय के सिद्धांत में राज्य के उद्देश्य की सर्वोच्च परिभाषा है। उनका सत्याग्रह का सिद्धांत समस्याओं के समाधान हेतु सबसे अधिक उपयोगी और शांतिपूर्ण सिद्धात है।

मूल्याँकन–इन सब बातों के आग्रह पर यह कहना उचित होगा कि यद्यपि गाँधी शिक्षा शास्त्री न थे। वे स्वयं अपनी विचारधारा को एक श्रृंखलाबद्ध ग्रंथ के रूप में भी प्रस्तुत नहीं कर सके। लेकिन ऐसे कारगर तथा शांतिपूर्ण साधन सुझाए जिन पर यदि चला जाये तो एक ऐसे समाज तथा एक ऐसे राज्य की स्थापना हो सकती है जो अब तक के समाज और राज्य से श्रेष्ठतर होगा।

एम. एन. राय (1887-1954 ई.)

भारतीय राजनीतिक चिंतकों में मानवेन्द्रनाथ राय एक उच्च कोटी के विद्वान, प्रभावशाली लेखक तथा मौलिक एवं स्वतंत्र विचारक के रूप में थे। उनका राजनीतिक चिंतन एक मनोरंजन अध्ययन प्रस्तुत करता है। एक मनोरंजक क्रांतिकारी (Romantic Revolutionary) के रूप में प्रारंभ होने वाला उनका राजनीतिक चिंतन दूसरी अवस्था में मार्क्सवाद और अंत में मार्क्सवाद तथा राष्ट्रवाद का खंडन करते हुए नव मानवतावाद (New Humanism) की तरफ बढ़ता है।

राय ने हमारे सामने मौलिक मानववाद का सिद्धांत प्रस्तुत किया जो राजनीतिक विचारधारा के क्षेत्र में एक नवीन योगदान माना जाता है उन्होंने अपने मानववाद को New Humanism or Scientific Humanism का नाम भी दिया। उन्होंने समाज में नैतिक मूल्यों के पुनः प्रतिस्थापन का आग्रह किया तथा साम्यवाद को तानाशाही प्रवृत्ति से निजात दिलाने का प्रयास किया।

राय के अनुसार आधुनिक सभ्यता जिस नैतिक एवं सांस्कृतिक संकट से गुजर रही है उसको देखते हुए मानववादी मूल्यों का पुनः प्रतिपादन करना अति आवश्यक है। आनुभाविक पद्धति के उद्देश्य से सहज शुद्ध नैतिक बुद्धि की धारणा ध्वस्त हो गयी और परिणामस्वरूप मानव जाति एक नैतिक उलझन में फंस गई है नैतिक मूल्यों की वस्तुपरकता का ह्रास हो चुका है।

राय पर हचिसन, सेफ्ट्सबरी तथा बेंथम आदि दार्शनिक उग्रवादियों का प्रभाव था और इसी आधार पर उन्होंने तत्कालीन राजनीतिक, सामाजिक तथा आर्थिक समस्याओं के प्रति आलोचनात्मक दृष्टिकोण धारण किया।

Roy's Books

(1) Reason, Romnticism and Revolution.
(2) New Humanism: A manifesto.
(3) Power, Politics and Parties.
(4) New Orientation.
(5) Science and Philosophy.
(6) Seicntific Politics.
(7) Beyond Communism.
(8) One year of non co-operation.
(9) The Future of Indian Politics.
(10) India in transition.
(11) Indian Problem.
(12) Radical Humanist.

1. राय द्वारा मार्क्सवाद की आलोचना :

एम॰ एन॰ राय बचपन से ही क्रांतिकारी प्रवृत्ति के थे क्योंकि उन पर प्रमुख क्रांतिकारी जतिन मुखर्जी का प्रभाव था। 1905 में बंग–भंग आंदोलन में सक्रिय भाग लिया फिर वे भारत से अमेरिका गये जहाँ उनकी मुलाकात लाला लाजपत राय से हुई जहाँ वो क्रांतिकारी न रहकर एक विचारक, लेखक और साम्यवादी नेता के रूप में उभरे।

राय ने अपने जीवन के पहले कई वर्ष एक कट्टर मार्क्सवादी की तरह बिताए और मार्क्स के व्यक्तित्व की भूरि–भूरि प्रशंसा की। बर्डियायीव, गैहरलिख, सेम्बार्ट, हासमन की भांति राय भी मार्क्स को "सामाजिक अन्याय" का क्रूर आलोचक मानते थे, वे मार्क्स को तत्वतः एक मानववादी स्वतंत्रता प्रेमी मानते थे। अमेरिका में सर्वप्रथम राय ने ही साम्यवादी दल (Communist party) की स्थापना की थी और सोवियत संघ से बाहर यह पहला साम्यवादी दल था और अमरीकी महाद्वीप पर पहला साम्यवादी दौर था।

बोल्शेविक क्रांति के बाद लेनिन ने उन्हें सोवियत संघ बुला लिया था और 1920 में वह औपनिवेशिक समस्याओं पर बोल्शेविक पार्टी के सलाहकार बने किंतु साम्यवादी अंतर्राष्ट्रीय संघ की द्वितीय कांग्रेस में लेनिन से मतभेद हो गया। इस काल में वे ट्राट्स्की, स्टालिन, जेनोविव और कामेनिव के संपर्क में आए। उन्होंने 1928 में तृतीय अंतर्राष्ट्रीय कांग्रेस में साम्यवादी एकाधिकार का विरोध किया और मार्क्सवाद की अपनी दृष्टि से व्याख्या प्रस्तुत की जिससे रूसी साम्यवादी के साथ उनके मतभेद बढ़ते चले गये और 1928 में कॉमिन्टर्न से निष्काषित कर दिए गये। यहां राय ने New Humanist: A menifesto को मार्क्स के Communist menifesto के बराबर घोषित करना चाहा जो राजनीतिक चिंतन के इतिहास में ऐतिहासिक कदम (Land Mark) था।

2. राय का मौलिक मानववाद :

"व्यक्ति के जीवन और उसके व्यक्तित्व में विवेक सार्वभौमिक समन्वय की प्रतिध्वनि है।"

–एम॰ एन॰ राय

राय के राजनीतिक विचारों में नव मानववाद का विशेष महत्व है। 'कामिन्टर्न' से निष्काषित होने और भारतीय राजनीति में सक्रिय रूप से प्रवेश करने के बाद राय धीरे–धीरे मार्क्सवाद से हटते गये। भारतीय राष्ट्रीय कांग्रेस में शामिल होकर गाँधीवादी नेतृत्व की कटु आलोचना की। जब उन्होंने देखा कि कांग्रेस में उनके प्रति कोई आकर्षण नही है तो उन्होंने कांग्रेस का परित्याग करके 1940 में अपनी "Radical Democratic Party" का गठन किया। 1945–46 के निर्वाचनों में इस पार्टी को कोई सफलता नहीं मिल सकी। राय को विश्वास हो चला कि जब तक भारत में सांस्कृतिक और दार्शनिक क्रांति नहीं आएगी तब तक लोग मौलिक लोकतंत्र (Radical Democracy) के सिद्धांतों को नहीं समझ सकेंगे। अतः उन्होंने Radical Democratic Party को भंग करके अपनी संपूर्ण शक्ति भारतीय पुनर्जागरण के प्रसार में लगा दी। जिसका उद्देश्य "मौलिक मानववाद" के विकास के लिए मार्ग प्रशस्त करना था।

अपने जीवन के अंतिम 7 वर्षों में अर्थात् 1947 से 1954 की अवधि में वे भारत में ही नहीं वरन् विदेशों में भी "मौलिक मानववाद" के जनक के रूप में विख्यात हुए। उन्होंने 'New Humanism: A Manifesto' नामक ग्रंथ की रचना की। अप्रैल 1931 में उन्होंने स्वतंत्र भारत (Independent India) नामक साप्ताहिक पत्र की स्थापना की और बाद में 1949 में उसका संशोधित नाम 'रेडिकल ह्यूमैनिस्ट' (Radical Humanist) रखा।

राय ने अपने मानववाद को मौलिक अथवा नवीन इसलिए कहा क्योंकि वे यह सिद्ध करना चाहते थे कि उनका मानववाद पूर्ववर्ती और समकालीन सभी विचारकों द्वारा प्रतिपादित मानववाद से भिन्न है।

मानववाद क्या है?

एम॰ एन॰ राय के मौलिक मानववादी विचारधारा को समझने के लिए यह जानना आवश्यक है कि मानववाद क्या है? मानववादी तत्व पाश्चात्य दर्शन के अनेक सम्प्रदायों तथा युगों में देखने को मिलते हैं। प्रोटागोरस, मूर, बाकुनिन और हर्डर में मानववादी प्रवृत्तियाँ विद्यमान थी। यूनान के स्टोइक्स तथा एपीक्यूरियन्स विचारकों से लेकर आधुनिक काल तक इसके व्याख्याकार प्रस्तुत होते रहे। इस विचारधारा के अनुसार मनुष्य की सब कार्यों का केन्द्र बिंदु है। भारत में भी चार्वाक और बौद्ध दर्शन में मानववाद के स्पष्ट लक्षण मिलते हैं। यूरोप में पुनर्जागरण के बाद मानववादी चिंतन ने वैज्ञानिकता ग्रहण की। ईश्वर की सत्ता के स्थान पर मानव की सत्ता स्थापित हुई। मानव रूपी ईश्वर की आराधना होने लगी। आधुनिक युग में यह यथार्थवाद, अस्तित्ववाद एवं मार्क्सवाद के रूप में प्रकट हुई।

फिर भी पूर्ववर्ती मानववादी व्यक्ति को किसी अतिमानवीय और अतिप्राकृतिक सत्ता के अधीन करने की इच्छा धारणा से नहीं बचा पाये थे और आधुनिक मानववादी अपने दर्शन में मनुष्य को वांछित केन्द्रीय स्थान नहीं दे सके। राजा राममोहन राय, रविन्द्रनाथ टैगोर, अरविन्द घोष, गोपालकृष्ण गोखले, महात्मा गाँधी आदि महानुभाव मानवता के उपासक थे लेकिन राय का मानवतावाद या मानववाद इन सभी से विशिष्ट अथवा भिन्न था।

नवीन या मौलिक मानववाद भौतिक विज्ञानों, समाजशास्त्र कार्यविज्ञान तथा ज्ञान की अन्य शाखाओं में हुए अनुसंधानों पर आधारित है। उसका दार्शनिक आधार भौतिकवाद है और पद्धति यांत्रिक है।

अरविन्द घोष–(1872-1950 ई॰)

अरविन्द घोष वर्तमान भारत के बड़े निर्माताओं में गिने जा सकते हैं क्योंकि राष्ट्रीय स्वातन्त्रय के उस प्रसाद की नींव डालने में उन्होंने महान योग दिया जिसे महात्मा गाँधी व अन्य नेताओं ने बाद में निर्मित किया। भारत की आत्मा का जो गहन ज्ञान उन्हें था, वह संभवतः रामकृष्ण परमहंस, विवेकान्द और गाँधी जैसे महापुरूषों को भी नहीं था। **रोमां रोलां** ने अरविन्द को भारतीय विचारकों का सम्राट एवं 'एशिया तथा यूरोप की प्रतिभा का समन्वय' कहकर पुकारा है। **डा॰ फ्रेडरिक स्वजलबर्ग** ने उन्हें "हमारी इस वसुंधरा का मार्ग दर्शक नक्षत्र और हमारे युग का पैगम्बर" कहा है।

राष्ट्रीय आंदोलन की गूढ़ और आध्यात्मिक महत्व देने, उसके सामने पूर्ण स्वराज का प्रेरणाप्रद आदर्श रखने, भारत के विशिष्ट सांस्कृतिक परम्परा के तेज में नव-जीवन अनुप्राणित करने, स्वतंत्रता के आदर्श की प्राप्ति के लिए

एक राजनीतिक योजना तैयार करने तथा सारे आंदोलन को अंतर्राष्ट्रीय और मानव एकता के आदर्श के मुख्य प्रसंग में रखने का सर्वाधिक श्रेय उन्हीं को है।

अरविन्द के राजनीतिक विचारों का अध्यात्मिक आधार : अरविन्द घोष के लिए राजनीति और आध्यात्मिकता के बीच एक घनिष्ठ संबंध था और इसी कारण उनकी राजनीति किसी भी अन्य राष्ट्रवादी नेता की राजनीति से भिन्न रही। अरविन्द की राजनीति योगी की राजनीति थी, एक राजनीतिज्ञ की नहीं इंग्लैंड आवास काल के दौरान ही उन्होंने स्वाधीनता संग्राम और अध्यात्मिक अनुभव को समझना आरंभ कर दिया था बड़ौदा आवास काल में अध्यात्मिक पहलु अरविन्द के लिए बहुत महत्वपूर्ण बन गया। उनकी अध्यात्मिक अनुभूति को पूर्णता पाण्डिचेरी में प्राप्त हुई। इन दौरान भी वे भारत की स्वाधीनता के लिए कार्य करते रहें।

अरविन्द का विश्वास था कि कठिन अध्यात्मिक यात्रा से ही मानव जाति का कल्याण संभव है। पहले अधिक विकसित कुछ आत्माएँ उपर उठेंगी और वे ही शेष मानव समाज का मार्ग दर्शन करेंगी। उनकी कामना का वास्तविक हेतु तो यह था कि भारत स्वतंत्र होकर ही संसार के अध्यात्मिक पुनरुद्वार में सच्चा योग दे सकता है और मानवता के अध्यात्मिक विकास का पथ प्रशस्त कर सकता है।

अगस्त 1905 में ही उन्होंने अपनी धर्म पत्नी को एक पत्र में संकेत दे दिया था कि "मैं इस पतित जाति का उद्धार करने की शक्ति रखता हूँ। शक्ति भौतिक नहीं है। मैं तलवार अथवा बंदूक से नहीं लड़ुँगा बल्कि यह ज्ञान की शक्ति है।" अरविन्द के लिए भारत कोई भौगोलिक इकाई या विशाल जनसमूह मात्र नहीं था वे भारत को एक वास्तविक, सजीव और अध्यात्मिक सत्ता मानते थे। अतः अरविन्द ने भौतिकता के साथ ही अध्यात्मिकता को प्रकट किया।

अरविन्द के राजनीतिक विचार

अरविन्द के राजनीति विचारों का अध्ययन तीन अवस्थाओं में किया जा सकता है।

1. बड़ौदा के आवास काल में
2. राष्ट्रवादी आंदोलन में खुले रूप से भाग लेने में
3. पांण्डिचेरी में बिताया जीवन

1. बड़ौदा-आवास काल में अरविन्द के राजनीतिक सिद्धांत और कार्यकलाप : अरविन्द के राजनीतिक विचारों का अध्ययन हम तीन मुख्य अवस्थाओं में कर सकते हैं।

1. बड़ौदा–आवास काल में अरविन्द के राजनीतिक सिद्धांत और कार्य-कलाप
2. बंगाल के राष्ट्रवादी आंदोलन में भूमिका
3. पांडिचेरी में आवासकाल के दौरान भूमिका

बड़ौदा आवास काल में अरविन्द के राजनीतिक सिद्धांत और कार्यकलाप (1893–1905)

अरविन्द ने बड़ौदा में नौकरी के दौरान 13 वर्ष (1893–1907) का जीवन बिताया। 1907 में त्याग पत्र देकर सक्रिय राजनीति में कूद पड़े। सक्रिय राजनीति में उनका प्रवेश बंग–भंग के समय में हुआ। इसी काल में अपनी प्रसिद्ध पहली रचनाओं जो कि 1893 से ही अज्ञात नाम से छपती थी वह थी 'New Lamps for old' जो इन्दु प्रकाश नामक–आंग्ल मराठी समाचार पत्र में छपती थी।

इसी काल में उनके विचारों की तीन भागों में विभाजित कर सकते हैं :

1. कांग्रेस के आलोचक के रूप में : अपने लेखों में 1893 से लेकर 1910 तक कांग्रेस के कटु आलोचक के रूप में उभरे चार आधारों पर आलोचना की।

1. अरविन्द को लगा की काँग्रेस ने राष्ट्रीय स्वाधीनता के लक्ष्य की प्राप्ति की कोई रूपरेखा नहीं बनाई और वह तुच्छ व सारहीन बातों में अपना समय नष्ट कर रही है वह केवल कुछ नगण सुधार ही करवा सकी है।

2. काँग्रेस के इस विचार की कि राजनीतिक विकास शाश्वत और सार्वभौम नियम है अर्थात् प्रगति शनैः शनैः होती है की कटु आलोचना की और बताया कि फ्रांस, आयरलैंड तथा अनेक दूसरे देशों में ऐसा नहीं हुआ। सदियों से पीड़ित सर्वहारा वर्ग ने केवल 5 वर्ष की अवधि में 13 सौ वर्ष के अत्याचारी फ्रांस के तंत्र को उखाड़ फैंका।

3. राष्ट्र की अंतर्निहित शक्ति पर विश्वास करने की बजाय उसने चापलूसी करके विदेशी शासकों का प्रेम पाना चाहा है।

4. सबसे बड़ा आरोप यह था कि कांग्रेस ने भारत के करोड़ों सर्वहारा वर्ग को अपने साथ नहीं लिया है वरन् वह एक अत्यंत सीमित मध्यवर्गीय संगठन बनी हुई है। काँग्रेस के व्यापक और निःस्वार्थ देश प्रेम के दावे खोखले हैं।

2. अंग्रेजों के आलोचक के रूप में-विदेशी शासकों की जो पहले आलोचना की वह परोक्ष, मूक और गूढ़ भाषा

में होती थी लेकिन अपने लेखों में अंग्रेजी सत्ताधारियों पर सीधा और प्रबल प्रहार किया–इसके दो उद्देश्य थे–प्रथम, देश में ब्रिटिश विरोधी भावना को उत्तेजित करना दूसरा, अंग्रेजों की श्रेष्ठता के विषय में फैली हुई इस भ्रांत धारणाओं निर्मूल करना कि अंग्रेज देव तुल्य हैं। उन्होंने कहा कि भारत को पाश्चात्य संस्कृति को अपनाने की आवश्यकता नहीं है लेकिन पश्चिम की विचार पद्धतियों और व्यवस्था के सर्वोत्तम अंशों को ग्रहण करने में कोई आपत्ति नहीं होनी चाहिए।

ब्रिटिश अफसरों के संबंध में अरविन्द ने निर्मम व्यंग करते हुए लिखा "वे अशिष्ट और घृष्ट है, उनका शासन दोषों से भरपूर है, उनमें किसी भी प्रकार की उदात्त भावना नहीं है और उनका व्यवहार गुलामों पर हुक्म चलाने वाले जमींदारों जैसा है। पर इस सब में मुझे आपत्ति नहीं मुझे तो केवल यह कहना है कि वे बहुत ही साधारण इन्सान हैं जिन्हें अद्वितीय परिस्थितियाँ हाथ लग गई है। वे सचमुच साधारण कोटि के मानव है साधारण कोटि के मानव भी नहीं साधारण कोटि के अंग्रेज हैं, जो अंग्रेजी शब्दावली में 'फिलिस्तीन है।" वे ऐसे मध्यवर्गीय इंसान है जो फिलिस्तीन वर्ग की विशेषताओं– संकुचित हृदय और वणिक वृत्ति से परिपूर्ण है।

रचनात्मक राजनीतिक कार्य : ध्वंसात्मक पक्ष के साथ ही उनका रचनात्मक पक्ष भी था जो इस प्रकार था–भारत का लक्ष्य ब्रिटिश आधिपत्य से पूर्ण मुक्ति पाने का होना चाहिए। इस मुक्ति के लिए उसे अपने विदेशी शासकों की कृपा और दया पर निर्भर नहीं रहना चाहिए बल्कि अपनी आंतरिक शक्ति और बल के असीम भंडार का ही सहारा लेना चाहिए।

अरविन्द 1898–99 से ही क्रांति की तैयारी करने लगे थे यतीन बनर्जी नामक बंगाली युवक को बुला उसे क्रांतिकारी आन्दोलन में भाग लेने को कहा और उसकी भर्ती फौज में करवा दी और बाद में उसे क्रांति के लिए धन, व्यक्ति तथा अन्य साधनों का संग्रह करने के लिए कलकता भेजा। 1902 में अरविन्द और उनके साथियों ने बंगाल के क्रांति दल के पहले 6 केंद्र स्थापित करने का निश्चय किया। गुप्त क्रांतिकारी प्रचार और संगठन के अनेक पहलु थे–यथा विद्रोह की तैयारी करना, जनता में प्रचार, वर्तमान असहयोग और सत्याग्रह के द्वारा विदेशी शासन का सार्वजनिक एवं संगठित विरोध करके उसे उखाड़ फैंकने के लिए जनता को संगठित करना।

वे चाहते थे कि भारतीय आर्थिक उधार के लिए भारतीय व्यवसाय तथा उद्योगों की उन्नति की जाए जिससे राजनीतिक स्वतंत्रता का मार्ग प्रशस्त किया जा सके। अरविन्द ने मातृभूमि को विदेशी अधिपत्य से मुक्त करने के लिए जब और जैसी जरूरत पड़े तब शक्ति के प्रयोग को कभी गलत नहीं माना।

3. सक्रिय राजनीति में अरविन्द का प्रवेश : (1905–10) अरविन्द को 1905 में भारतीय स्वतंत्रता संग्राम में अपनी सक्रिय भूमिका निभाने का अवसर मिला। कर्जन के इस कदम ने न केवल बंगाल में अपितु महाराष्ट्र, पंजाब आदि में भी राष्ट्रीयता की प्रबल लहर दौड़ा दी। अरविन्द तेजी से राजनीतिक गतिविधियों में कूद पड़े। उन्होंने पाँच वर्ष की अल्पावधि में ही भारत की राजनीतिक रूपरेखा को पूरी तरह बदल दिया और ऐसी घटनाओं की अटूट श्रंखला चालू कर दी जिसके परिणामस्वरूप चार दशकों के भीतर–भीतर भारत एक स्वतंत्र राष्ट्र के रूप में उभर आया। 1906 में वे अपनी राजनीतिक गतिविधियों की सक्रिय करने के लिए कलकता पहुँचे। इस दौरान के विचारों को निम्न बिंदुओं में विभाजित किया जा सकता है–

भारत के पौरूष जगाने का प्रयास : अरविन्द ने कांग्रेस को ऐसा मार्ग और पद्धति अपनाने की सलाह दी जिससे भारत की जनगण की निद्रा भंग हो जाए और वह सचेत तथा सक्रिय बन उठें। अरविन्द ने कहा कि हमारा वास्तविक शत्रु कोई बाह्य शक्ति नहीं है बल्कि हमारी अपनी आंतरिक दुर्बलता, कायरता, स्वार्थपरता और भावुकता है। जब तक हम अपने आंतरिक शत्रु से अर्थात् अपनी आंतरिक दुर्बलताओं से मुक्ति नहीं पाएंगे तब तक हम अपने लक्ष्य को प्राप्त नहीं कर सकेंगे।

श्रमजीवी वर्ग को महत्व : अरविन्द ने बताया कि राष्ट्र की शक्ति का सच्चा आधार श्रमजीवी वर्ग ही है। श्रमजीवी वर्ग आज चेतनाहीन और गतिहीन है, लेकिन उसमें महान् शक्ति की बहुत सम्भावनाएँ छिपी पड़ी है और जो कोई भी इस वर्ग को समझने तथा उसकी शक्ति की जाग्रंत करने में सफल रहेगा वही भविष्य का स्वामी होगा। उन्होंने श्रमजीवी के उदबोधन और उत्थान की मार्क्सवादी व्याख्या नहीं दी बल्कि वे उसका अध्यात्मिक विकास करके उसे अन्य लोगों के समान स्तर पर लाने का प्रयत्न करते रहे।

निष्क्रिय प्रतिरोध : अरविन्द ने देशवासियों को कांग्रेस के नरम नेतृत्व को अस्वीकार करके निष्क्रिय प्रतिरोध की

पद्धति का अनुसरण करने का आमंत्रण दिया। स्वाधीनता के लक्ष्य तक पहुंचने के लिए उन्होंने संगठित निष्क्रिय प्रतिरोध के साधन को सर्वोत्तम बताग्रा। उन्होंने निम्न बातें इसमें सम्मलित की–

1. स्वदेशी का प्रसार और विदेशी माल का बहिष्कार,
2. राष्ट्रीय शिक्षा का प्रसार, राष्ट्रीय शिक्षण संस्थानों की स्थापना,
3. सरकारी अदालतों और न्यायालयों का बहिष्कार,
4. जनता द्वारा सरकार से कोई सहयोग न करना एवं
5. सामाजिक बहिष्कार जिसका कि उन लोगों के प्रति दंड के रूप में प्रयोग किया गया, जो निष्क्रिय प्रतिरोध विपरीत आचरण करते हुए सरकार को सहयोग दें।

व्यक्ति और राज्य के संबंध तथा राज्य के कार्यों पर विचार : अरविन्द ने कहा कि व्यक्ति केवल एक सामाजिक ईकाई ही नहीं है वरन् अपने आप में एक आत्मा और प्राणी है जिसका अपना अस्तित्व है। उन्होंने व्यक्ति को राज्य का दास मानने से इंकार कर दिया। उन्होंने व्यक्ति को राज्य से पृथक् एक स्वतंत्र अस्तित्व दिया और कहा कि ये सर्वथा अनुचित है कि राज्य व्यक्ति पर अपना पूर्ण अधिकार अथवा स्वामित्व जताए। उन्होंने कहा कि "राज्य एक सुविधा है और अपेक्षाकृत हमारे सामूहिक विकास की एक भद्दी सुविधा है जिसे कभी भी स्वयं में साध्य नहीं बनाया जाना चाहिए। उन्होंने राज्य की सर्वोच्चता को भी चुनौती दी और कहा कि राज्य को मानव–प्रगति का सर्वोत्तम साधन बनाना हास्यास्पद है। मनुष्य समुदाय के द्वारा जीवित रहता है। अतः वह अपना विकास स्वयं व्यक्तिगत रूप से या सामूहिक रूप से कर सकता है। अरविन्द ने आधुनिक पूंजीवाद की आलोचना की और साम्राज्यवादी शोषण की निन्दा की। उन्होंने 19 वीं सदी के व्यक्तिवाद से असहमति भी प्रकट की।

राष्ट्रवाद संबंधी विचार

भारतीय राष्ट्रवाद के इतिहास में अरविन्द का स्थान बहुत ही ऊँचा और महत्वपूर्ण है। प्रारंभ में उग्र राष्ट्रवाद और बाद में उनका राष्ट्रवाद पूरी तरह अध्यात्मिक धरातल पर प्रतिष्ठित हो गया। उन्होंने देशवासियों में स्वाभिमान भरा, उनके पुरूष को जगाया और उनमें सामने भारत की आत्मा की चित्र स्पष्ट किया।

उन्होंने स्वदेश को माँ के समान माना, माँ के रूप में उसकी भक्ति की, पूजा की उन्होंने देशवासियों को भारत माता की रक्षा और सेवा के लिए सभी प्रकार के कष्टों को सहने की मार्मिक अपील की। अरविन्द ने लिखा "राष्ट्र क्या है? हमारे मातृभूमि क्या है? वह भूखण्ड नहीं, वाक् विलास नहीं है और न मन की कोरी कल्पना है। वह महाशक्ति है जो राष्ट्र का निर्माण करने वाली कोटि–कोटि जनता की सामूहिक शक्तियों का समाविष्ट रूप है। अरविन्द ने राष्ट्रवाद को एक धर्म बताया जो ईश्वर के पास से आया है और जिसे लेकर हमें जीवित रहना है। उन्होंने घोषणा की कि राष्ट्रीयता को दबाया नहीं जा सकता, यह तो ईश्वरीय शक्ति की सहायता से निरंतर बढ़ती रहती है। राष्ट्रीयता अथवा राष्ट्रवाद अजर–अमर है।

उनका राष्ट्रवाद संकुचित नहीं था। उन्होंने कहा कि भारत 'राष्ट्रों के गुरू' के रूप में अपनी पूर्व निश्चित आध्यात्मिक भूमिका तब तक नहीं निभा सकता जब तक उसके हाथ पैर बंधे हैं। उनका राष्ट्रवाद प्राचीन संस्कृति के स्रोतो पर तो आधारित था। उनका कहना था "हिन्दु धर्म शाश्वत है, यह सार्वभौमिक धर्म है जो सबको समेटता है।"

मानव एकता के आदर्श

अरविन्द ने अपनी धारणा को 'मानव एकता के आदर्श' नामक अपनी महान् कृति में स्पष्ट किया। उनका मानना था कि मानव एकता का आदर्श एक दिन अवश्य ही साकार होगा। अरविन्द का महत्व इस बात में निहित है कि उनके पहले अरस्तू ने या उससे भी लगभग दो हजार वर्ष बाद हीगल ने इस प्रकार का चिंतन नहीं किया। उन्होंने कहा कि यदि एक राष्ट्र में मनोवैज्ञानिक एकता विद्यमान है तो उसका भी विनाश नहीं हो सकता। उन्होंने इस धारणा को 'सामूहिक अंहवाद' की संज्ञा दी।

उन्होंने कहा कि संसार आज एक बारूद के ढेर पर खड़ा है और यदि मानव जाति नष्ट न होकर जीवित रहना चाहती है तो उसे परस्पर मिलकर इस बारूद के ढेर को समुद्र में डुबो देना होगा, सह–अस्तित्व का मार्ग अपनाना होगा।

5. तुलनात्मक राजनीति और राजनीतिक विश्लेषण

तुलनात्मक राजनीति के अध्ययन के उपागम

तुलनात्मक राजनीतिक विश्लेषण में विभिन्न उपागमों (परम्परागत तथा आधुनिक) का अपना विशेष महत्व रहा है। इन उपागमों के अध्ययन से हमें ना केवल अतीत की राजनीतिक विधाओं की जानकारी मिलती है साथ ही साथ उनकी कमियों को दूर करके नये उपागम बनाने में भी सहायता मिलती है। तुलनात्मक राजनीति का आरंभ हम अरस्तु से मानते हैं जिसने विभिन्न राजनीतिक संस्थाओं, संविधानों व शासनों का तुलनात्मक अध्ययन किया था।

राजनीति के तुलनात्मक अध्ययन के लिए जो विधियाँ अपनाई गई हैं, उन्हें तीन वर्गों में रखा जा सकता है–

1. संस्थागत उपागम
2. राजनीतिक व्यवस्था पर आधारित (आधुनिक) उपागम,
3. राजनीतिक आर्थिक उपागम।

संस्थागत उपागम :

एक लंबे अर्से तक तुलनात्मक अध्ययन के लिए ऐतिहासिक विवरणात्मक प्रणाली का ही उपयोग होता रहा। "इस प्रणाली का सार यह है कि अतीत की घटनाओं को एक किया जाए तथा विभिन्न घटनाओं और तथ्यों का परीक्षण करके कुछ सामान्य निष्कर्ष निकाले जाएं ऐतिहासिक विधि काफी सीमा तक तथ्यों व आँकड़ों पर आधारित थी। **सर हेनरी मेन, हीगल, मार्क्स, और मैकाइवर** आदि ने विकास–क्रम पर विशेष ध्यान दिया। वे ऐसे सिद्धांतों को लागू करना चाहते थे, जो हर काल व स्थान पर समान रूप से लागू हो। उन्होंने अपनी निजी मान्यताओं की पुष्टि के लिए ऐतिहासिक आधारों का सहारा लिया। 19वीं शताब्दी में ऐतिहासिक पद्धति के विरूद्ध प्रतिक्रिया शुरू हुई जो "संस्थागत उपागम" के रूप में जानी जाती है। इस उपागम की विधियों को परम्परागत अध्ययन विधियों का नाम दिया जाता है। परंपरागत विधियाँ निम्नलिखित हैं–

1. औपचारिक या कानूनी विधि–सन् 1900 से पहले राजनीति के विद्वान कानून और संविधानों के अध्ययन में ही अपना अधिकांश समय लगाते थे। उन दिनों कानूनी अध्ययन को बढ़ावा इसलिए मिला क्योंकि वह युग नये–नये सांविधानिक प्रयोगों का युग था। फ्रांस, जर्मनी, कनाडा, ऑस्ट्रेलिया और स्विजरलैंड में नए संविधान बनाये गये थे इसलिए यह स्वाभाविक था कि राजनीति के विद्वान विभिन्न संविधानों का तुलनात्मक अध्ययन करें। इंग्लैंड, जर्मनी और अमेरिका के विश्वविद्यालयों में राजनीति के विद्वान विधानमंडल, कार्यपालिका और न्यायपालिका जैसी राजनीतिक संस्थाओं की कानूनी व औपचारिक शक्तियों के परीक्षण पर अधिक बल देते थे।

2. संस्थागत कार्यात्मक विधि-द्वितीय महायुद्ध से पहले के कुछ विद्वानों ने जो अध्ययन विधि अपनाई उसे संस्थागत कार्यात्मक विधि का नाम दिया गया है। **लार्ड ब्राइस और कार्ल फ्रेडरिक** जैसे विद्वान राजनीति संस्थाओं की सिर्फ कानूनी शक्तियाँ ही नहीं गिनाते बल्कि उनके वास्तविक आचरण और कार्यों की भी चर्चा करते हैं। इन विद्वानों की कृतियाँ न तो एकदम परंपरागत कृतियाँ मानी जाएंगी और न पूरी तरह से आधुनिक उनमें कुछ तत्व पुरानी विधि के हैं और कुछ नई विधियों के। इन विद्वानों ने राजनीतिक समस्याओं का समाधान प्रस्तुत करने की भी कोशिश की तथा राजनीतिक भ्रष्टाचार को मिटाने के उपाय बताए हैं।

आधुनिक उपागम

परंपरागत उपागम की कमियों को देखते हुए आधुनिक उपागमों का विकास किया गया क्योंकि बदलती परिस्थितियों का अध्ययन करने में परम्परागत उपागम सही रूप से सहायक साबित नहीं हो रहे थे। अतः नई राजनीतिक व्यवस्थाओं, प्रक्रियाओं तथा संस्थाओं की वास्तविकाओं को समझने के लिए नई–नई खोज शुरू की गई। इस संदर्भ के विशेष रूप से कार्य द्वितीय विश्व युद्ध की समाप्ति के

बाद हुआ जब विश्व पटल पर एशिया, अफ्रीका और लेटिन अमेरीका के देश अपनी हाजिरी दाखिल करवाने लगे। इन देशों की विशेषता यह थी कि इन देशों की सामाजिक, आर्थिक, राजनीतिक आदि सांस्कृतिक परिस्थितियाँ पश्चिम समाज के देशों से अलग थी अतः ये विधियाँ (परंपरागत) इन बदली हुई परिस्थितियों में सही साबित नहीं हो सकी और इस संबंध में फिर विचारकों का ध्यान नए उपागमों की ओर गया जिनसे इन विकासशील देशों के वातावरण और उनकी राजनीतिक व्यवस्थाओं, प्रक्रियाओं को सही प्रकार से समझा जा सके। इस संबंध में एक राजनीतिक व्यवस्था नामक नवीन अवधारणा का विकास हुआ। जो निवेश–निर्गत विश्लेषण की पद्धति पर आधारित है, इसके साथ ही राजनीतिक व्यवस्थाओं की संरचनाओं तथा उनके कार्यों को समझने के लिए एक और उपागम जिसे संरचनात्मक–कार्यात्मक विश्लेषण के नाम से जाना जाता है का विकास किया गया इनका विस्तृत विश्लेषण आगे है।

राजनीतिक व्यवस्था उपागम :

प्रारंभ में राजनीति के विद्वानों द्वारा राजनीति व्यवस्था के स्थान पर राज्य, सरकार, व राष्ट्र जैसे शब्दों का प्रयोग किया जाता रहा परंतु ये सभी शब्द एक वास्तविक राजनीतिक व्यवस्था की तुलना में संकुचित शब्द थे।

वास्तव में राजनीतिक व्यवस्था आधुनिक राजनीतिक के क्षेत्र में काफी नया शब्द है जो 1950–60 के दशक में उभर कर आया। क्योंकि प्राचीन और मध्य युग के विचारकों ने सिर्फ औपचारिक संस्थाओं जैसे राज्य, सरकार, न्यायालय, आदि का ही अध्ययन किया जबकि अनौपचारिक संस्थाओं जैसे–परिवार, वर्ग, जाति, धर्म व दबाव व हित समूहों आदि का अध्ययन नहीं किया जाता था अतः अब राजनीतिक व्यवस्था में औपचारिक संस्थाओं के साथ–साथ अनौपचारिक संस्थाओं का अध्ययन भी किया जाता है। राजनीतिक व्यवस्था के समर्थकों का मानना है कि औपचारिक संस्थाओं के स्वरूप, कार्यप्रणाली व संबंधों को ये अनौपचारिक संस्थाएँ ही निर्धारित करती है।

राजनीतिक व्यवस्था क्या है? : राजनीतिक व्यवस्था समाज व्यवस्था की एक उप–व्यवस्था है। समाज व्यवस्था कि विभिन्न व्यवस्थाएँ होती हैं जैसे–आर्थिक, धार्मिक, सांस्कृतिक आदि। राजनीतिक व्यवस्था भी इन्हीं में से एक है, हालांकि ये समाज व्यवस्था का अंग है। फिर भी अन्य सब उपव्यवस्थाओं से काफी स्वायतता रखती है। क्योंकि यही एक ऐसी व्यवस्था है जिसमें सभी उप–व्यवस्थाओं को आदेश देने तथा उन्हें नियंत्रित कर सकने की क्षमता होती है।

लक्षण : राजनीतिक व्यवस्था के प्रमुख लक्षण इस प्रकार हैं–

1. व्यापकता : इसका तात्पर्य है कि इसमें औपचारिक संस्थाओं के साथ अनौपचारिक संस्थाओं का अध्ययन किया जाता है। अतः जिस भी किसी संस्था से राजनीति प्रभावित होती है उन सभी का अध्ययन इसके तहत किया जाता है।

2. सीमाएँ : ये सर्वमान्य तथ्य हैं कि प्रत्येक व्यवस्था की अपनी कुछ सीमाएँ होती हैं राजनीतिक व्यवस्था की भी अपनी कुछ सीमाएँ हैं। जहाँ अन्य उप–व्यवस्थाओं की सीमाएँ समाप्त होती है वही से राजनीतिक व्यवस्था की सीमाएँ प्रारंभ होती है। उदाहरण के लिए जब किसी धार्मिक, आर्थिक और सांस्कृतिक विचारों पर विचार किया जाता है तो यह धार्मिक व्यवस्था, आर्थिक व्यवस्था तथा सांस्कृतिक व्यवस्था का विषय होता है लेकिन जैसे ही ये विचार राजनीतिक को प्रभावित करते हैं तो राजनीतिक व्यवस्था (शासन) को इन पर प्रत्यक्ष और परोक्ष से निर्णय लेने होते हैं।

3. अंतर्निर्भरता : इसका तात्पर्य है कि एक व्यवस्था को दूसरी व्यवस्था पर किसी न किसी प्रकार से निर्भर रहना होता है क्योंकि समाज की सभी उप व्यवस्थाएँ एक दूसरे को किसी ना किसी तरह से प्रभावित अवश्य करती है। जैसे किसी राजनीति व्यवस्था में राजनीतिक दलों व जन–संचार के साधनों का विस्तार होता है तो इनका किसी ना किसी रूप में प्रभाव अवश्य पड़ता है। अतः अब इसके अंतर्गत उन दो उपागमों का अध्ययन किया जाना चाहिए जिसमें से एक का प्रतिनिधित्व डेविड ईस्टन ने किया है तथा दूसरे का आमंड ने वह इस प्रकार से है।

1. डेविड ईस्टन का निवेश-निर्गत विश्लेषण : डेविड ईस्टन ने आधुनिक काल में इस पद्धति का प्रतिपादन किया जो उनका महत्वपूर्ण योगदान माना जाता है। उन्होंने अपने निवेश–निर्गत विश्लेषण में राजनीतिक व्यवस्था को उसके पर्यावरण के संदर्भ में देखने की कोशिश की है। उनका मानना है कि पर्यावरण से निवेश के रूप में मांगें उठती है और उन्हें व्यवस्था का समर्थन प्राप्त होता है। इन

मांगों को राजनीतिक दल, दबाव–समूह, समाचार पत्र व अन्य समुदाय आदि समर्थन देकर व्यवस्था में रूपांतरण के लिए प्रस्तुत करते हैं। इन माँगों के परिणामस्वरूप कुछ नए निर्णय लिए जाते हैं, पुराने निर्णयों में संशोधन किया जाता है अथवा कुछ निर्णयों को स्थापित किया जाता है इस प्रकार निर्णयों को लिया जाना तथा नीतियाँ निर्धारित करना ही निर्गत कहलाता है। यह कार्य रूपांतरण एक प्रक्रिया के माध्यम से होता है। ईस्टन का मत है कि सत्ताधारियों के निर्णय व नीतियाँ निर्गत रूप से पुनः पर्यावरण में प्रवेश कर जाते हैं और उसमें परिवर्तन करके पुनः समाज में नई माँगें निवेश के रूप में उठ खड़ी होती है। इस कार्य को ईस्टन ने फीडबैक या पुनः भरने की संज्ञा दी है। इस प्रकार, निवेश, रूपातंरण तथा निर्गत की यह प्रक्रिया निरंतर चलती रहती है। ईस्टन का मत है कि राजनीतिक व्यवस्था को बनाए रखने के लिए निवेश रूपान्तर और निर्गत की इस प्रक्रिया का सदा चलते रहना आवश्यक है। ईस्टन ने इसे एक चार्ट के माध्यम से समझाने की कोशिश की है जो इस प्रकार है–

डेविड ईस्टन का निवेश–निर्गत मॉडल

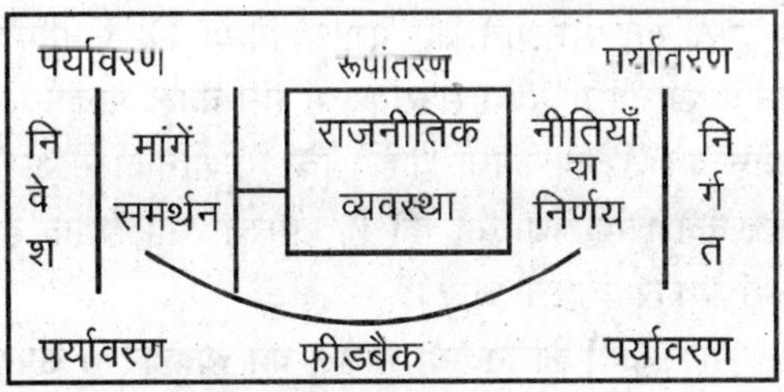

2. आमंड का संरचनात्मक कार्यात्मक विश्लेषण

डेविड ईस्टन के विश्लेषण को स्वीकार करते हुए आमंड ने इसका विस्तार किया। आमंड ने मुख्यतः दो समस्याओं का वर्णन किया। पहली समस्या यह है कि कि राजनीतिक विकास कैसे हो अर्थात् उनकी खोज का उद्देश्य का यह है कि किस प्रकार एक प्रकार की राजनीतिक व्यवस्था विकास करके दूसरे प्रकार की राजनीतिक व्यवस्था में कैसे परिवर्तित करती है। अतः विकास के माध्यम से परंपरागत राजनीतिक व्यवस्थाएँ किस प्रकार आधुनिक राजनीतिक व्यवस्थाओं में बदल जाती है। दूसरी समस्या, राजनीतिक व्यवस्थाओं के वर्गीकरण की हैं। आमंड कार्यक्षमता (efficieney) के आधार पर राजनीतिक व्यवस्थाओं का वर्गीकरण करने के पक्ष में हैं अर्थात् कुछ राजनीतिक व्यवस्थाएँ अन्यों की तुलना में सामाजिक व आर्थिक समस्याओं को सुलझाने में अधिक सक्षम होती हैं।

इन समस्याओं के विश्लेषण के लिए जिस मॉडल को अपनाया उसको संरचनात्मक–कार्यात्मक उपागम कहा जाता है। आमंड के विश्लेषण की विशेषताएँ निम्न है–

***(i)* राजनीतिक व्यवस्थाएँ तथा राजनीतिक संरचनाएँ :** आमंड का कहना है कि प्रत्येक राजनीतिक व्यवस्था में संरचनाओं का होना आवश्यक है। इनमें से कुछ संरचनाएँ अन्यों की तुलना में अधिक कार्य करती हैं। विभिन्न राजनीतिक व्यवस्थाओं एवं उनकी संरचनाओं में यद्यपि अंतर होता है किंतु सभी राजनीतिक व्यवस्थाएँ तथा उनकी संरचनाएँ समान कार्य करती हैं। किसी व्यवस्था में संरचनाओं की संख्या उसके स्वरूप व सामाजिक व आर्थिक विकास पर निर्भर करती है। अमरीका जैसे विकसित देश में राजनीतिक संरचनाओं की संख्या बहुत अधिक है जबकि पिछड़े समाजों में संरचनाओं की संख्या बहुत कम होती है। आज भी ऐसे कबीले मिल सकते हैं जहाँ विधायी, कार्यकारी तथा न्यायिक कार्य एक व्यक्ति या व्यक्ति समूह में निहित होते हैं स्वाभाविक ही ऐसे पिछड़े समाज में अधिक राजनीतिक संरचनाएँ नहीं हो सकतीं।

***(ii)* संरचनाएँ बहु-कार्यात्मक होती हैं :** आमंड का विचार है कि राजनीतिक व्यवस्था में विद्यमान अधिकांश संरचनाएँ बहु–कार्यात्मक होती हैं अर्थात् वे एक साथ कई काम करती हैं जैसे राजनीतिक दल शासकों की भर्ती का कार्य करते हैं, जनता में राजनीतिक चेतना जागृत करते हैं तथा जन–भावनाओं को शासन तक पहुंचाते हैं, इसी प्रकार दबाव समूह भी इसी प्रकार के कार्य करते हैं।

***(iii)* राजनीतिक व्यवस्थाओं की संस्कृति :** आमंड का कहना है कि प्रत्येक राजनीतिक व्यवस्था की अपनी अलग संस्कृति होती है। यह संस्कृति अधिकांशतः परंपरागत व आधुनिक संस्कृतियों का मिश्रण होती है। राजनीतिक विकास के माध्यम से व्यवस्थाएँ राजनीतिक समस्याओं को सुलझाने के लिए अधिक सक्षम बनती जाती हैं किंतु अपनी प्राचीन विशेषताओं से वे सदा जुड़ी रहती हैं।

***(iv)* संरचनात्मक-कार्यात्मक माडल :** आमंड द्वारा प्रतिपादित संरचनात्मक–कार्यात्मक माडल ईस्टन के निवेश–निर्गत मॉडल पर आधारित है। उनकी दृष्टि में भी प्रत्येक राजनीतिक व्यवस्था में तीन कार्य होते हैं। *(i)* उन्हें

पर्यावरण से निवेश प्राप्त होते हैं, (ii) इस निवेश को रूपान्तरित किया जाता है तथा (iii) फिर निर्गत के रूप में बदल दिया जाता है। निर्गत राजनीतिक व्यवस्था के सदस्यों को प्राप्त होते हैं और उनकी आवश्यकताओं की पूर्ति करते हैं और नई मांगों को पुनः निवेश के रूप में जन्म देते हैं। इस यंत्रवत् कार्य के द्वारा शासकों को जन प्रतिक्रिया का ज्ञान होता है। आमंड के मॉडल के उपरोक्त चरणों का संक्षेप में वर्णन किया गया है–

मार्क्सवादी-लेनिनवादी उपागम : मार्क्सवादी–लेनिनवादी उपागम को लोकप्रिय बनाने में एल्फ्रेड मेयर, सीटन कोटेस्की और ब्रेजजेंस्की की भूमिका उल्लेखनीय है। ये विद्वान मार्क्स और लेनिन के सिद्धांतों से प्रेरणा ग्रहण करते हैं। जिनमें आर्थिक नियतिवाद और वर्ग–संघर्ष का सिद्धांत ज्यादा महत्वपूर्ण है। मार्क्सवादी लेखक राज्य की अनौपचारिक संस्थाओं के बजाए 'वर्ग–चेतना' पर ज्यादा जोर देते हैं इन लेखकों का कहना है कि विकासशील राज्यों की राजनीतिक व्यवस्था को समझने का सबसे अच्छा तरीका मार्क्सवादी–लेनिनवादी उपागम है। इस उपागम में मुख्य है–वर्ग–संघर्ष का सिद्धांत, इतिहास की आर्थिक व्याख्या और किसी भी समाज का ढांचा जो उत्पादन प्रणाली द्वारा निर्धारित होता है।

मार्क्सवादी-लेनिनवादी उपागम की विशेषताएँ : मार्क्सवादी लेखक राज्य की औपचारिक संस्थाओं के बजाए वर्ग–चेतना पर बल देते हैं इसकी विशेषताएं निम्न हैं–(i) सर्वहारा वर्ग के सदस्य जब अपनी वर्ग–स्थिति के प्रति जागरूक हो उठते हैं तो वे क्रांति को सफल बनाने के लिए प्रयत्नशील हो उठते हैं। फलस्वरूप पूंजीपतियों का उन्मूलन हो जाता है। आमतौर पर यह कहा जाता है कि साम्यवादी क्रांति वहीं सफल हो सकती है जहां उद्योगवाद का खूब विस्तार हो चुका है। इसलिए लेनिन ने इस बात पर बल दिया कि साम्यवाद को उसके समग्र रूप से समझने की जरूरत है। देश में यदि गरीबी, शोषण और सामाजिक असमानताएं हो, एक शक्तिशाली पार्टी का गठन हो चुका हो तथा ग्रहयुद्ध की वजह से राजसत्ता खोखली हो चुकी हो तो इन परिस्थितियों में किसी भी देश का क्रांति में होना कोई चौंकाने वाली बात नहीं होगी। मार्क्सवादियों के अनुसार विकासशील देशों की समस्याओं के निराकरण के लिए मार्क्सवादी–लेनिनवादी दृष्टिकोण अपनाना आवश्यक है।

(ii) मार्क्सवादी लेनिनवादी हर नयी समस्या के अध्ययन और समाधान के लिए नये–नये मॉडलों की रचना नहीं करते, क्योंकि उससे उलझन व भ्रांति उत्पन्न हो सकती है।

(iii) पश्चिम के अन्य विद्वानों की भांति मार्क्सवादियों ने भी अंतर्शास्त्रीय अध्यन पद्धति को ही अपनाया है। मार्क्सवादी लेनिनवादी उपागम में इतिहास, समाजशास्त्र, राजनीति और अर्थव्यवस्था को एक सर्वांगिक विश्लेषण में समाहित कर दिया जाता है।

(iv) वैचारिक स्थायित्व की वजह से मार्क्सवादियों द्वारा प्रयुक्त शब्दावली आज भी वही है जो आज से 60–70 वर्ष पहले थी। उदाहरण के लिए, 'राज्य,' 'वर्ग–संघर्ष', 'सरकार' और 'क्रांति' जैसे शब्दों का प्रयोग जिन अर्थों में लेनिन (1870–1924) ने किया था, उन्हीं अर्थों में आधुनिक मार्क्सवादी लेखक इन शब्दों का उपयोग करते रहे हैं। इसलिए मार्क्सवादी शब्दावली और सामाजिक साहित्य को समझने में कोई कठिनाई नहीं होगी।

(v) मार्क्सवादी का यह दावा है कि उन्होंने विकास के नियमों का पता लगा लिया है उन्होंने 'द्वंद्वात्मक भौतिकवाद' के द्वारा यह समझाने का प्रयास किया कि पूंजीवाद का विनाश अनिवार्य है। इस संबंध में हम कार्ल मार्क्स के इस कथन को उद्धत करना चाहेंगे कि "दार्शनिकों ने अब तक विश्व की सिर्फ व्याख्या की है, समस्या यह है कि इसको किस प्रकार बदला जाए।"

मार्क्सवादी-लेनिनवादी मॉडल का व्यवहार में उपयोग : मार्क्सवादी लेखक विभिन्न राजनीतिक व्यवस्थाओं की तुलना करते समय निम्नलिखित बातों की समीक्षा करते हैं–

(i) राष्ट्र की अर्थव्यवस्था का स्वरूप क्या है : मार्क्सवादियों के अनुसार राजनीतिक के स्वरूप का निर्धारण इस बात से होता है कि (क) पूंजी और उद्योग धंधों का स्वामित्व निजी हाथों में है अथवा (ख) वस्तुओं का उत्पादन स्वयं सरकार द्वारा किया जाता है, अथवा (ग) उद्यम कार्य का बंटवारा निजी उद्यमियों और सरकारी उद्यम दोनों के बीच होता है। इनमें से प्रथम प्रणाली पूंजीवादी कही गई है जबकि दूसरी प्रणाली को समाजवादी अर्थव्यवस्था कहते हैं। तीसरी प्रणाली को मिश्रित अर्थव्यवस्था की संज्ञा दी गई है। मार्क्सवादियों के अनुसार पूंजीवादी देशों का लोकतंत्र महज मायामय अर्थात् दिखावा है। इसलिए अर्थव्यवस्था

का विलेषण करके ही विकासशील राज्यों की असली प्रकृति और इन राज्यों में विद्यमान समस्याओं को समझा जा 'सकता है।

(ii) शासकगण समाज के किस वर्ग से संबंध रखते हैं-राजनीतिक व्यवस्था को समझने के लिए शासकगण की 'वर्ग–संरचना' को जान लेना आवश्क है।

विकासशील देशों की अधिकांश समस्याओं का मूल कारण यह है कि शासकवर्ग की भर्ती आम नागरिकों में से नहीं होती है। यदि समाज का दबा–कुचला वर्ग सरकारी नीतियों का विरोध करें तो पुलिस और सेना द्वारा उसका दमन कराया जाता है।

(iii) देश में औद्योगीकरण की मात्रा कितनी है-एक महत्वपूर्ण प्रश्न यह है कि जिन देशों का तुलनात्मक अध्ययन किया जा रहा है, उनमें औद्योगिकरण विकास की 'स्थिति क्या है' मार्क्सवादियों की मान्यता है कि खेतिहर राज्यों में उथल–पुथल कम होती है, जबकि औद्योगिक देशों में आम व्यक्ति भी राजनीतिक अधिकारों की मांग करने लगते हैं। औद्योगिक राष्ट्रों में एक विशाल श्रमिक वर्ग पाया जाता है। श्रमिकों का असंतोष उग्र रूप धारण कर सकता है, जिरारो क्रांति की संभावनाएँ बढ़ जाती है। मार्क्सवादी लेखकों के अनुसार, 'ग्रामीण समाज' और 'शहरी समाज' के अंतर को भी ध्यान में रखने की जरूरत है।

संविधानवाद

संविधानवाद से हमारा अर्थ बोधन होता है सीमित सरकार या सत्ता की सीमितता संविधानवाद में नागरिकों के मौलिक अधिकारों और कत्तव्यों के वर्णन के साथ–साथ सरकार शक्तियों के प्रचालन पर भी अंकुश रखा जाता है।

प्रत्येक राज्य में संविधान का होना आवश्यक होता है क्योंकि संविधान के बिना किसी भी राज्य को चलाना संभव नहीं है। राज्य चाहे अधिनायकवादी हो या लोकतांत्रिक कुछ ऐसे नियम सदा ही उनमें विद्यमान रहते हैं जो राज्य की राजनीति संस्थाओं व शासकों की भूमिका का निर्धारण करते हैं। **विलियम जे॰ एंड्रूज** के अनुसार "सरकार रूपी यंत्र को मोटर तथा ब्रेक से युक्त बनाना चाहिए।"

संविधानवाद का इतिहास अत्यंत प्राचीन होने के साथ–साथ अत्यंत नवीन भी है। "यह उतना ही पुरातन है जितना की यूनान और उतनी ही नवीन है जितनी की 21वीं शताब्दी।"

प्राचीन काल से ही नियंत्रणों की ऐसी व्यवस्था विकसित करने के प्रयत्न होते रहे हैं जो सरकारी की शक्तियों को व्यवहार में प्रतिबंधित कर सके ताकि शासक सत्ता का दुरूपयोग न कर सके। वर्तमान काल में भी ऐसी संस्थाएँ अनिवार्य है जिनके माध्यम से शासकों और शासितों के अधिकार और कर्त्तव्यों को देखा जा सके।

आज एक सर्वमान्य धारणा बन चुकि है कि राजनीतिक तंत्र को एक ऐसे विधिक प्रलेख के अधीन रखा जाता जिसकी सत्ता उस सरकारी की शक्ति व पहुंच से परे और ऊपर हो और इस प्रलेख की इतनी वैध्यता हो कि यह उन सब प्रयत्नों को जो इसके अतिक्रमण के लिए किए जाए अभिभूत कर सके।

इस उच्चतर विधि में निहित मान्यताओं मूल्यों व राजनीतिक आदर्शों की उपलब्धि हेतु शासकों को संविधान के द्वारा नियमित अधिकार क्षेत्र में रहने के लिए बाध्य करने की संवैधानिक नियंत्रण व्यवस्था को ही 'संविधानवाद' कहते हैं।

संविधान की उदारवादी अवधारणाओं में संविधान को विधि का शासन, जनता के मौलिक अधिकार, समानता, न्याय, और स्वतंत्रता देने के साथ–साथ एक साध्य के रूप में देखा जाता है।

मार्क्सवादी अवधारक इसे साधन के रूप में इस्तेमाल करते है संविधान के माध्यम से वह राजनीतिक शक्ति को प्राप्त करते हैं उनके अनुसार संविधान को अपनी सुविधानुसार कभी भी बदला जा सकता है। उनके अनुसार संविधान समाज में आर्थिक शक्ति से सम्पन्न वर्ग का समर्थक है। अतः संविधान एक वर्गविहिन सत्ता को पाने का साधन मात्र है।

एशिया, अफ्रीका, लैटिन अमेरिका के विकासशील देशों में संवैधानिक शासन के प्रयोग आज भी चल रहे हैं। इन देशों में राजनीतिक अखंडता के भीतर और बाहर पैदा होने वाले खतरों, व्यापक गरीबी, बढ़ते हुए विरोध और बड़ी शक्तियों की ओर से बार–बार पड़ने वाले दबाव के कारण वहां संस्था निर्माण और संविधानिक शासन का कार्य कठिन हो गया है यही कारण कि कभी सेना सत्ता, संभाल लेती है जो कभी आपातकाल की घोषणा कर दी

जाती है या ऐसी ही अन्य घटनाएँ बहुधा देखने को मिलती रहती है।

संविधानवाद को ओर अधिक स्पष्ट रूप से समझने के लिए संविधान और संवैधानिक सरकार की विवेचना करना आवश्यक है जो इस प्रकार है–

संविधान का अर्थ : प्रत्येक राज्य के लिए संविधान का होना आवश्यक है। संविधान के बिना किसी भी राज्य का शासन चलना अत्यंत कठिन है। प्रत्येक राज्य में, चाहे वह लोकतांत्रिक हो या अधिनायकवादी या फिर राजतंत्र, कुछ ऐसे नियमों को स्वीकार किया जाना आवश्यक है। जो राज्य की राजनीतिक संस्थाओं व शासकों की भूमिका को निर्धारित व सुनिश्चित करे, अराजकता से समाज को मुक्त रख सकें। **विलियम जे० एंड्रूज** के अनुसार "सरकार रूपी यंत्र की मोटर तथा ब्रेक से मुक्त बनाना चाहिए।"

चूंकि प्रत्येक संविधान में सरकार के विभिन्न अंगों तथा उनके पारस्परिक संबंधों का वर्णन होता है। अतः इन संबंधों का वर्णन करने वाले नियमों की विद्यमानता से सरकार के विभिन्न अंग एक–दूसरे के सहयोग से कुशलतापूर्वक कार्य कर सकते हैं और उनसे संघर्ष या विरोध की संभावनाएँ भी कम हो जाती है। **कार्ल फ्रैडिक,** "संविधान ऐसी प्रक्रिया का द्योतक है जिसके द्वारा शासन की गतिविधि पर अंकुश रखा जाता है।"

संविधान में नागरिकों के मौलिक अधिकारों का भी वर्णन होता है। यह वर्णन ही इनकी सुरक्षा व्यवस्था है, क्योंकि यह सरकार की पहुंच से इस प्रकार परे बन जाते हैं। अतः संविधान के द्वारा ही किसी भी राज्य का आधार भूत ढांचा संस्थागत रूप में खड़ा किया जाता है, जिससे हर व्यक्ति व समूह की भूमिका सुनिश्चित हो जाती है।

यह आवश्यक नहीं है कि संविधान पूर्णतः लिखित रूप में ही है संविधान तो उन समस्त लिखित और अलिखित (परम्पराएँ) नियमों और कानूनों का समूह है जिनके आधार पर किसी भी देश की शासन व्यवस्था संगठित की जाती है और शासन के विभिन्न अंगों के बीच शक्तियों का विभाजन किया जाता है तथा उन सिद्धांतों का निर्धारण होता है जिनके अनुसार वे शक्तियाँ प्रयोग में लाई जाती है।

फाइनर ने संविधान को 'शक्ति संबंधों की आत्मकथा' बतलाया है।

सी० एफ० स्ट्रांग के अनुसार, "संविधान को उन सिद्धांतों का समुच्च कहा जा सकता है जिनके अनुसार सरकार की शक्तियों व शासितों के अधिकारों को परिभाषित किया जाता है और इन दोनों के बीच समायोजन किया जाता है।"

लोएन्स्टाइन "संविधान शक्ति प्रक्रिया के नियंत्रण का आधार भूत साधन है।"

संविधान का सही रूप उसी को कहा जाता है जहां सरकार की करनी और कथनी में कोई अन्तर ना हो अगर उसकी करनी कथनी में अन्तर है तो ऐसे संविधानों को औपचारिक संविधान नहीं कहा जाता है।

अतः संविधान राजनीति व्यवहार का आधार भी प्रस्तुत करता है और उनके सामंजस्य की अभिव्यक्ति भी करता है।

संवैधानिक सरकार का अर्थ : अक्सर ऐसा समझा जाता है कि जिस राज्य में संविधान हो वहाँ संवैधानिक सरकार भी होती है परंतु वास्तव में यह सही नहीं है। हर राज्य में किसी न किसी प्रकार का संविधान तो अनिवार्यतः होता है, पर हर ऐसे राज्य में संवैधानिक सरकार भी है, यह जरूरी नहीं है। संवैधानिक सरकार से सीमित अर्थ–बोधन होता है, क्योंकि संवैधानिक सरकार वह सरकार ही होती है जो संविधान की व्यवस्थाओं के अनुसार संगठित, सीमित और नियंत्रित है, तथा व्यक्तिविशेष की इच्छाओं के स्थान पर, केवल विधि के अनुरूप ही संचालित होती है। हिटलर तथा स्टालिन के समय जर्मनी व रूस में संविधान तो थे पर संवैधानिक सरकारें भी थी ऐसा नहीं कहा जा सकता। संक्षेप में, संवैधानिक सरकार विधि द्वारा नियंत्रित प्रतिबंधित सरकार ही होती है।

स्ट्रांग "एक संवैधानिक राज्य वह राज्य है जिसमें सरकार की शक्तियों और शासितों के अधिकारों और दोनों के संबंधों का समायोजन किया जाता है।"

ह्वियर "संवैधानिक सरकार का अभिप्राय संविधान की शर्तों के अनुसार सरकार से कुछ और अधिक है। इसका अभिप्राय मनमानी सरकार के विरूद्ध और नियमानुसार सरकार ही है इसका अभिप्राय संविधान की शर्तों द्वारा सीमित सरकार से है ऐसी सरकार से नहीं है जो सत्ता का उपयोग कर रहे लोगों की इच्छाओं और क्षमताओं द्वारा सीमित हो।"

संविधानवाद का अर्थ : तुलनात्मक राजनीति के अध्ययन में संविधानवाद एक आधुनिक राजनीतिक विचारधारा के रूप में उभरकर आयी है। संविधानवाद उन विचारों व सिद्धांतों की ओर संकेत करता है जो उस संविधान का

विवरण व समर्थन करते हैं, जिनके माध्यम से राजनीतिक शक्ति पर प्रभावशाली नियंत्रण स्थापित किया जा सके।

सामान्यतः संविधानवाद एक ऐसी राजनीतिक व्यवस्था है जिसका संचालन कानूनों और नियमों द्वारा होता है व्यक्तियों द्वारा नहीं यह प्रजातांत्रिक भावना तथा व्यवस्था पर आधारित है जिसमें शक्तियों के केंद्रीयकरण और निरंकुश सम्प्रभुत्ता का कोई स्थान नहीं दिया जाता। जैसा कि **फ्रेडरिक** ने कहा है कि ''शक्तियों का विभाजन करके संविधानवाद सरकारी कार्यों पर प्रभावी प्रतिबंधों की पद्धति की व्यवस्था करता है।''

परंतु इसका यह अर्थ नहीं है कि संविधान के नियमों के अनुसार शासन संचालन मात्र ही संविधानवाद है। ऐसे तो किसी निरंकुश शासन में भी हो सकता है। वस्तुतः संविधानवाद की आत्मा विधि सम्मत शासन में सन्निहित है। जिसमें मानव की आधारभूत मान्यताओं, और मूल्यों की व्यावहारिक उपलब्धि हो सकें। संक्षेप में ''संविधानवाद उस निष्ठा का नाम है जो मनुष्य संविधान में निहित शक्ति में रखते हैं जिससे सरकार व्यवस्थित रहती है।''

इस प्रकार **स्ट्रांग** के शब्दों में ''संविधानवाद राज्य में संविधान के अस्तित्व का समर्थन करता है क्योंकि यह देश की सरकार का उदयकरण अर्थात् बुनियादी नियम है जिसका उद्देश्य सरकार के मनमाने कार्यों को सीमित करना, शासितों के अधिकार को अभिभूत करना और सर्वोच्च शक्ति के परिचालनों को परिभाषित करना है।''

कोरी तथा अब्राहम ''स्थापित संविधान के निर्देशों के अनुरूप शासन को संविधानवाद कहा जाता है।''

कार्ल जे॰ फ्रेडरिक ''व्यवस्थित परिवर्तन की जटिल प्रक्रियात्मक नियंत्रण व्यवस्था ही संविधानवाद है।''

विलियम जे॰ एन्ड्रूज ''संविधानवाद सरकार व नागरिक तथा एक सरकारी सत्ता के दूसरी सरकारी सत्ता से संबंधों की ठोस व्यवस्था है।"

अतः संविधानवाद और संविधान के अर्थ से स्पष्ट है कि इन दोनों में काफी अंतर है। इनका अंतर समझना जरूरी है अन्यथा संवैधानिक व्यवस्था मात्र को संविधानवाद समझने का भ्रम उत्पन्न होना स्वाभाविक है। संविधानवाद को और सही तरह से समझने के लिए इनके आधार-तत्वों, विशेषताओं पर इनकी उदारवादी, मार्क्सवादी अवधारणाओं का परीक्षण करते हुए यह देखना होगा कि विकासशील देशों में संविधानवाद की क्या स्थिति है, जिनका विवेचन इस प्रकार है :–

संविधानवाद की उदारवादी अवधारणा : पिनोक एवं स्मिथ ने उदारवादी अवधारणा को स्पष्ट किया है। उनके अनुसार उदार लोकतंत्रों में संविधानवाद का प्रमुख आधार संस्थागत-प्रक्रियात्मक प्रतिबंधों से नियन्त्रित सरकार है। पाश्चात्य संविधानवाद में साध्य तत्व व्यक्ति की स्वतंत्रता और साधन तत्व 'सीमित सरकार' है। इनका मानना है कि पाश्चात्य संविधानवाद के अपने कुछ दार्शनिक तथा संस्थागत आधार हैं जिनसे पाश्चात्य संविधानवाद को स्पष्ट किया जा सकता है।

उदारवादी संविधानवाद के दार्शनिक आधार : संक्षेप में इनकी व्याख्या निम्न प्रकार से है–

1. व्यक्ति की स्वतंत्रता : पाश्चात्य संविधानवाद का आधार-स्तंभ व्यक्ति की स्वतंत्रता है। इसलिए यह कहा जाता है कि व्यक्ति की स्वतंत्रता के इर्द–गिर्द उदार लोकतंत्रों की संविधानवादी अवधारणा घूमती है। इस साध्य के पीछे प्रमुख मान्यता यह है कि व्यक्ति के व्यक्तित्व के विकास के लिए स्वतंत्रता आवश्यक है। इसलिए पाश्चात्य संविधानवाद का प्रमुख जोर व्यक्ति की स्वतंत्रता पर ही है।

2. राजनीतिक समानता : अगर व्यक्ति की स्वतंत्रता को सार्थक रूप देना है तो उसके लिए उसे राजनीतिक शक्ति में समानता प्रदान की जानी चाहिए। यह सहभागिता सबको समान रूप से मिलनी चाहिए।

3. सामाजिक-आर्थिक न्याय : कोई समाज इन साध्यों के अभाव की अवस्था में एकता के सूत्र में अधिक दिन तक बंधा नहीं रह सकता। अगर राजनीतिक व्यवस्था और समाज में एकता नहीं हो तो, कुछ व्यक्ति या वर्ग ऐसे हों, जिनका अन्यों के द्वारा शोषण होता हो तो यह वर्ग अंततः विरोध और विद्रोह के कगार पर पहुंच जाएगा। यह विद्रोह की अवस्था सामाजिक व आर्थिक न्याय के अभाव में ही आती है और इससे व्यक्ति की स्वतंत्रता का ही अंत होने लगता है।

4. लोककल्याण की भावना : लोक कल्याण और लोकतंत्र का विकास एक साथ माना जाता है। प्रत्येक समाज में ऐसे समूह जरूर पाये जाते हैं जो अपने लिए कुछ करने में असहाय होते हैं, अतः इनके लिए राज्य लोक–कल्याणकारी कार्यों को प्राथमिकता देता है। इसमें अधिकतम लोगों के अधिकतम सुख की बात की जाती है।

उदारवादी संविधान का संस्थागत आधार : अपने दार्शनिक आधारों को सही रूप देने के लिए उदारवादी लोकतंत्रों ने एक संस्थागत ढांचा तैयार किया है जो इस प्रकार है–

1. विधि का शासन
2. मौलिक अधिकार और स्वतंत्रता
3. राजनीतिक शक्तियों का विभाजन
4. स्वतंत्र एवं निष्पक्ष न्यायपालिका

साम्यवादी लोकतंत्रों की अवधारणा-साम्यवादी संविधानवादी अवधारणा को हम इन बिंदुओं में देख सकते हैं। इसके साथ ही इसके भी अपने दार्शनिक और संस्थागत आधार है जिनके आधार पर यह अपनी अवधारणा को सिद्ध करता है।

(i) साम्यवादी लोकतंत्र का दार्शनिक आधार-

इसके दार्शनिक आधार को इस प्रकार स्पष्ट कर सकते हैं–

1. सामाजिक जीवन में शक्ति के आर्थिक पहलू की सर्वोच्चता-साम्यवादियों की मान्यता है कि सामाजिक जीवन में शक्ति के आर्थिक पहलू की सर्वोपरिता ही महत्वपूर्ण होती है। इससे मनुष्य का संपूर्ण सामाजिक जीवन संचालित होता है तथा जिस वर्ग के हाथ में आर्थिक शक्ति होती है, यह अन्य वर्गों पर आधिपत्य जमाकर, उन्हें अपने लिए कार्य करने को बाध्य करता है। यह अवस्था वर्गसंघर्ष व शोषण का आधार बनती है। साम्यवादियों को पाश्चात्य समाज की भांति आर्थिक शक्ति पर कुछ व्यक्तियों का नियंत्रण स्वीकार नहीं है। उनके अनुसार यह शक्ति सब व्यक्तियों के हाथ में रहनी चाहिए जिससे वर्ग संघर्ष, शोषण इत्यादि की परिस्थितियाँ उत्पन्न नहीं हों।

2. समाज में आर्थिक शक्ति संपन्न वर्ग का प्रभुत्व : मार्क्सवादियों की मान्यता है कि आर्थिक शक्ति जिसके हाथ में होती है वही सब अवस्थाओं में सर्वोच्च होते हैं। अतः व्यवहार में राजनीतिक शक्ति प्रभुता युक्त नहीं रहती है। व्यवहार में संपूर्ण समाज आर्थिक शक्ति के निर्देशन में चलने के लिए बाध्य हो जाता है और आर्थिक शक्ति संपूर्ण समाज पर छाई रहती है।

3. राजनीतिक शक्ति का आर्थिक शक्ति के अधीन होना : आर्थिक शक्ति की सर्वोपरिता समाज में इससे संपन्न वर्ग का प्रभुत्व, राजनीतिक शक्ति को भी इसके अधीन बना देता है। समाज में विद्यमान सभी संस्थाएँ आर्थिक शक्ति के समक्ष नतमस्तक रहती है। अतः नियंत्रण राजनीतिक शक्ति पर नहीं, बल्कि आर्थिक शक्ति पर लगाए जाने चाहिए। यही कारण है कि साम्यवादी सरकार को सामाजिक व्यवस्था में विशेष महत्ता प्रदान नहीं करते और इसे आर्थिक शक्तियुक्त वर्ग के हाथ की कठपुतली मानते हैं।

साम्यवादी लोकतंत्र का संस्थागत आधार : साम्यवादी आर्थिक शक्ति को सार्वजनिक सत्ता के अधीन बनाने के लिए साम्यवादी समाजों में प्रायः इन संस्थागत व्यवस्थाओं को प्रमुखता दी जाती है।

1. उत्पादन तथा वितरण के साधनों पर सार्वजनिक स्वामित्व
2. सम्पति का समान वितरण और
3. साम्यवादी दल का एकाधिकार।

साम्यवादियों की मान्यता है कि संविधानवाद को वास्तविकता के पुट से युक्त करने के लिए ऊपर ही ऊपर की गई नियंत्रण व्यवस्थाएँ प्रभावशाली नहीं हो सकतीं। इनके लिए ऊपरी रूकावटों को दूर करने के स्थान पर आधारभूत व्यवस्था में ही परिवर्तन अनिवार्य है। उनके अनुसार उत्पादन व वितरण के साधनों पर सार्वजनिक स्वामित्व व संपत्ति का समान वितरण ऐसी आधारभूत व्यवस्थाएँ हैं जो राजनीतिक शक्ति के दुरूपयोग को प्रभावशाली ढंग से रोकती है और संविधानवाद के आदर्शों को व्यवहार में कुछ लोगों की नहीं, सब नागरिकों को उपलब्ध कराती है।

परंतु वास्तव में, सोवियत रूस में संविधानवाद का अनुसरण नहीं होता है। रूस में राजनीतिक शक्ति के धारकों पर संवैधानिक नियंत्रणों की सभी संस्थात्मक व्यवस्थाएँ केवल औपचारिकता मात्र है। रूस में नेताओं पर प्रभावशाली नियंत्रण संवैधानिक नहीं है। वहाँ नियंत्रणों की वास्तविक प्रक्रियाएँ संविधान द्वारा स्थापित व्यवस्थाओं से सर्वथा भिन्न हैं। **विलियम जी॰ एन्ड्रूज** ने ठीक ही लिखा है कि "स्वयं संविधान में ही अनेक ऐसी धाराएँ व अनुच्छेद हैं, जिनसे राज्य का औपचारिक शासन तंत्र साम्यवादी दल के अधीन रहता है। दल को, संवैधानिक आधार व संविधान द्वारा एकाधिकार प्राप्त है। इससे शासन नीति का सार्वजनिक नियंत्रण, संवैधानिक प्रकियाओं के माध्यम से भी दल में निहित हो जाता है। साम्यवादी दल ही सामाजिक स्वतंत्रताओं के उद्देश्यों की व्याख्या करता है और उनकी उपलब्धि के

साधन जुटाता है।" अतः संविधान सरकार पर प्रभावी नियंत्रणों की स्थापना नहीं करता है। संविधान में उल्लिखित नियंत्रणों की संस्थागत व्यवस्थाएँ साम्यवादी दल की सर्वोपरिता तथा अंकुश के कारण केवल 'औपचारिकता' रह जाती है। यह सब संविधानवाद के विचार से बेमेल पड़ती है। इसलिए **विलियम जी० एड्रूज** का यह कहना सत्य लगता है कि "रूस का संविधान ही, संविधानवाद की अवधारणा के अनुरूप नहीं है।"

विकासशील देशों में संविधानवाद की अवधारणा : विकासशील देशों की अपनी कुछ विशेष समस्याएँ हैं जिसके कारण संविधानवाद की कोई भी स्थिति स्पष्ट नहीं हो पा रही है ये समस्याएँ हैं–1. राजनीतिक स्थायित्व की समस्या, 2. आर्थिक विकास की समस्या, 3. सुरक्षा की खोज, 4. राजनैतिक सत्ता की वैधता, 5. आधुनिकीकरण की समस्या, 6. अंतर्राष्ट्रीय स्तर पर प्रतिष्ठता की स्थापना की समस्या।

भारत, अमेरिका, ब्रिटेन और स्विट्जरलैंड की कार्यपालिका, विधानपालिका और न्यायपालिका का तुलनात्मक अध्ययन

अमेरिका, इंग्लैंड, भारत और स्विट्जरलैंड में पाई जाने वाली व्यवस्थापिका संबंधी व्यवस्थाओं और धारणाओं का तुलनात्मक अध्ययन निम्न रूप में किया जा सकता है–

1. अमेरिकी व्यवस्थापिका : संयुक्त राज्य अमेरिका के केंद्रीय विधानमंडल का नाम कांग्रेस है। उसके दो सदन है प्रतिनिधि सभा और सीनेट। प्रतिनिधि सदन समूचे अमेरिकी राष्ट्र का प्रतिनिधित्व करता है जबकि सीनेट में प्रत्येक बड़े और छोटे राज्य को बराबर का प्रतिनिधित्व दिया गया है। प्रतिनिधि सदन को निम्न सदन भी कहा जाता है ज़ोकि जनसंख्या के आधार पर चुना जाता है इसीलिए इसमें बड़े राज्यों को अधिक प्रतिनिधित्व और छोटे राज्यों को कम प्रतिनिधित्व दिया गया है। जबकि सीनेट में सभी छोटे–बड़े राज्यों को समान प्रतिनिधित्व दिया गया है।

प्रतिनिधि सभा : अमेरिकी कांग्रेस के दोनों सदन जनता द्वारा प्रत्यक्ष रूप से निर्वाचित होते हैं, लेकिन कांग्रेस का लोकप्रिय सदन प्रतिनिधि सभा है, इसका कारण यह है कि जनसंख्या के आधार पर प्रतिनिधि सभा का ही गठन होता है जबकि सीनेट का गठन तो संघीय आधार पर किया जाता है। अतः सीनेट यदि राज्यों का प्रतिनिधित्व करती है तो प्रतिनिधि सभा जनता का प्रतिबिम्ब है। **पैटरसन** के शब्दों में: "प्रतिनिध सभा समूचे राष्ट्र का एक संक्षिप्त संस्करण है। वह अमेरिका के समूचे जीवन को अभिव्यक्त करती है। सामाजिक, मानसिक, राजनीतिक और धार्मिक क्षेत्रों में पाई जाने वाली समस्त विविधताओं, अच्छाइयों और बुराइयों को वह अच्छी तरह दर्शाती है।"

प्रतिनिधि सभा की रचना : प्रतिनिधि सभा के सदस्य भारतीय लोकसभा की भांति व्यस्क मताधिकार के आधार पर एक–सदस्यीय चुनाव–क्षेत्र प्रणाली द्वारा चुने जाते हैं। 18 वर्ष के प्रत्येक स्त्री पुरूष को मताधिकार प्राप्त है। हालांकि पूर्व में अमेरिका में महिलाओं को मताधिकार प्राप्त नहीं था। 1920 ई० में किये गये संविधान के 19वें संविधान संशोधन द्वारा उन्हें मताधिकार प्रदान क्रिया गया। सन् 1964–65 में नागरिक मताधिकार अधिनियम पारित करते हुए अशिक्षित हब्शियों को भी मताधिकार प्रदान किया गया।

संविधान के 15वां और 19वां संशोधन राज्यों को यह आदेश देता है कि जाति, रंग, पहले की दासता अथवा लिंग के आधार पर कोई भी व्यक्ति मताधिकार से वंचित न किया जाए फलस्वरूप, अमेरिका में अब **बालिग** मताधिकार का सिद्धांत देखने को मिलता है। 26 वें संशोधन (1971) द्वारा मताधिकार की न्यूनतम आयु 21 से घटाकर 18 वर्ष कर दी गई। साधारणतयाः हर वोटर के लिए यह जरूरी है कि वह उस राज्य का नागरिक हो जिसमें कि वह मतदान कर रहा है। इसके अतिरिक्त पागल, मूर्ख, और देशद्रोह के अपराध में सजा पाए हुए व्यक्तियों को मताधिकार से वंचित किया गया है।

जहाँ तक प्रतिनिधि सभा के कार्यकाल का सवाल है, यह कार्यकाल दो वर्ष का है। यह कार्यकाल किसी भी परिस्थिति में न घटाया जा सकता है और न बढ़ाया। दो वर्ष की अवधि से पूर्व सदन का विघटन संभव ही नहीं है। इसी प्रकार चाहे युद्धकाल की स्थिति या फिर आपातकाल की, सदन के चुनाव स्थगित नहीं किये जा सकते। हर दो वर्ष के पश्चात सदन के सदस्यों का चुनाव होना जरूरी है।

प्रतिनिधि सभा के सदस्य चुने जाने के लिए उम्मीदवारों में निम्नलिखित योग्यताएं होनी चाहिए–

1. वह कम से कम सात वर्षों से संयुक्त राज्य अमेरिका का नागरिक हो

2. उसकी आयु कम से कम 25 वर्ष हो

3. वह संयुक्त राज्य अमेरिका में कोई नागरिक या सैनिक पदाधिकारी न हो

4. वह उस राज्य का निवासी हो जहां से वह चुनाव लड़ रहा है। कुछ राज्यों में यह भी रूढ़ि प्रचलित है कि उम्मीदवार उस चुनाव क्षेत्र का निवासी हो जहां से वह चुनाव लड़ें। इसको स्थानीय नियम कहते हैं।

प्रतिनिधि सभा का अध्यक्ष : प्रतिनिधि सभा को अपना अध्यक्ष या स्पीकर चुनने का अधिकार है। स्पीकर का पद बहुत ही महत्वपूर्ण होता है क्योंकि राष्ट्रपति के बाद उसका दूसरा सम्मानित स्थान है। यदि राष्ट्रपति का पद किसी कारण से रिक्त हो जाता है तो उपराष्ट्रपति के पश्चात उसका नंबर आता है।

अमेरिका के संविधान के **प्रथम अनुच्छेद** में लिखा है कि प्रतिनिधि सदन अपना स्पीकर चुनेगा। प्रत्येक कांग्रेस के आरंभ में स्पीकर का चुनाव होता है यद्यपि स्वीकार का चुनाव औपचारिक रूप से सारा सदन करता है परंतु वास्तव में वह बहुमत दल का मनोनीत नेता होता है। अतः स्पीकर का चुनाव दलीय आधार पर होता है जिसमें बहुमत दल के उम्मीदवार की ही जीत होती है।

प्रतिनिधि सभा के कार्य एवं शक्तियाँ : प्रतिनिधि सभा को प्राप्त शक्तियों और उसके द्वारा संपन्न किए जाने वाले कार्यों का वर्णन निम्न प्रकार से किया जा सकता है–

1. विधायी शक्तियाँ : इस संबंध में कांग्रेस के दोनों सदनों को प्रायः समान शक्तियाँ प्राप्त होती है कोई भी विधेयक जब तक दोनों सदनों में पारित नहीं हो जाता तब तक वह कानून का रूप धारण नहीं करता। वित्तीय विधेयक प्रतिनिधि सभा में ही प्रस्तावित किये जा सकते हैं, सीनेट में नहीं किंतु सीनेट को इन विधेयकों में संशोधन करने का पर्याप्त अधिकार है। इस प्रकार प्रतिनिधि सभा में उन सभी विधेयकों को रखा जा सकता है जिनका संबंध केंद्रीय विषयों से हो, केंद्रीय विषयों में मुख्यतः मुद्रा की ढलाई, ड़ाकखाने, अंतर्राज्यीय तथा विदेशी व्यापार का नियमन, पेटेंट तथा कॉपीराइट संबंधी मामले तथा बैंक व अन्य निगमों की कार्रवाई आदि आते हैं।

2. संविधान-संशोधन संबंधी शक्तियाँ : विधायी शक्तियों की भांति संविधान संशोधन में भी कांग्रेस के दोनो सदनों को लगभग समान शक्तियाँ प्राप्त हैं संशोधन का प्रस्ताव प्रतिनिधि सभा और सीनेट, दोनों में से किसी भी सदन में प्रस्तावित किया जाता है। ऐसा कोई प्रस्ताव तभी पारित हो सकेगा जबकि दोनों सदनों दो–तिहाई बहुमत से उसे स्वीकार कर लेते हैं।

3. कार्यपालिका शक्तियाँ : जहां तक प्रतिनिधि सभा की कार्यपालिका शक्तियों का प्रश्न है तो इस क्षेत्र में उसे दो शक्तियाँ प्राप्त हैं :

(i) प्रतिनिधि सभा द्वारा युद्ध की घोषणा की जाती है लेकिन प्रतिनिधि सभा इस शक्ति का प्रयोग सीनेट के साथ मिलकर कर सकती है।

(ii) दूसरे वह अपनी स्थायी तथा विशेष समितियों के द्वारा संघीय सरकार के प्रशासन तथा संघीय न्यायपालिका के कार्यों की जांच कर सकती है।

4. न्यायिक शक्तियाँ : न्यायिक शक्तियों के अंतर्गत प्रतिनिधि सभा द्वारा राष्ट्रपति, उपराष्ट्रपति एवं अन्य संघीय अधिकारियों के विरूद्ध महाभियोग का प्रस्ताव पेश किया जाता है जिसे सीनेट निश्चित प्रक्रिया के आधार पर स्वीकार कर लिये जाने पर संबंधित अधिकारी को उसके पद से हटा दिया जाता है।

5. निर्वाचन संबंधी शक्तियाँ : यदि राष्ट्रपति के चुनाव में किसी भी उम्मीदवार को स्पष्ट बहुमत प्राप्त नहीं होता है तो प्रतिनिधि सभा प्रथम तीन उम्मीदवारों में से किसी एक को राष्ट्रपति निर्वाचित कर सकती है।

6. इसके अतिरिक्त प्रतिनिधि सभा को कुछ अन्य शक्तियाँ भी प्राप्त होती हैं जैसे कि वह अपने सदस्यों के विरुद्ध अनुशासनात्मक कार्यवाही कर सकती है तथा ऐसे किसी भी व्यक्ति को दंडित कर सकती है, जिसके व्यवहार से सदन के कार्य में बाधा उत्पन्न हुई हो। इसके साथ–साथ वह अपनी कार्यप्रणाली संबंधी नीतियों का निर्माण करती है और सदस्यों के लिए योग्यताओं का निर्धारण करती है।

सीनेट

सीनेट अमेरिकी कांग्रेस का द्वितीय सदन है, पर शक्तियों की दृष्टियों से वह पहला सदन प्रतीत होता है। सीनेट

अमेरिकी राजनीति का प्रमुख केंद्र है और उसका राष्ट्रपति पर पर्याप्त नियंत्रण है इसलिए **ब्रोगन** ने इसका महत्व दिखालते हुए कहा है, "अमेरिका का इतिहास दो युगों में बांटा जा सकता है और सीनेट का उसमें पहला स्थान है तथा राष्ट्रपति का दूसरा स्थान है।"

सीनेट की रचना : इस समय संयुक्त राज्य अमेरिका में 50 राज्य है। प्रत्येक राज्य को चाहे वह बड़ा हो अथवा छोटा, प्रत्येक राज्य से सीनेट में दो सदस्य चुनकर आते हैं फलस्वरूप सीनेट की कुल सदस्य संख्या 100 है। दूसरे शब्दों में सीनेट नागरिकों का नहीं बल्कि राज्यों का प्रतिनिधित्व करती है। आबादी और आकार की दृष्टि से राज्यों के बीच भारी विभिन्नताएं देखने को मिलती है एक ओर केलिफोर्निया और न्यूयार्क जैसे बड़े राज्य हैं वहीं दूसरी तरफ अलास्का और डेलवियर जैसे छोटे–छोटे राज्य भी है। इस अंतर के बावजूद प्रत्येक राज्य को सीनेट के लिए केवल दो सदस्य चुनने का अधिकार दिया गया है।

सीनेट के लिए चुनाव लड़ने वाले प्रत्याशियों में निम्न योग्यताओं का होना अनिवार्य है–"

1. वह तीस वर्ष की आयु पूरी कर चुका है।
2. वह संयुक्त राज्य अमेरिका का 9 वर्ष से नागरिक होना चाहिए।
3. वह उस राज्य का निवासी होना चाहिए जहां से वह चुनाव लड़ रहा हो।
4. वह किसी सरकारी लाभ के पद पर आसीन नहीं होना चाहिए।

सदस्यों का चुनाव : पहले सीनेट के सदस्यों का चुनाव अप्रत्यक्ष रीति से होता था और वहां के राज्य–विधानमंडलों के सदस्य द्वारा सीनेटरों का चुनाव होता था। लेकिन यह पद्धति दोषपूर्ण साबित हुई और सीनेट में धनवानों का बोलबाला होने लगा क्योंकि धनाढ्य लोग विधायकों को रिश्वत देकर चुनाव जीत लेते थे। फलस्वरूप 17वें संशोधन (1913) के द्वारा सीनेरों के चुनाव की पद्धति अप्रत्यक्ष के स्थान पर प्रत्यक्ष कर दी गई। अब वही मतदाता सीनेटरो का चुनाव करते हैं जो प्रतिनिधि सदन के सदस्यों का करते थे। प्रत्येक सीनेटर की सदन में एक वोट होती है, यदि सीनेट में कोई स्थान खाली हो जाए तो जहां से, स्थान खाली हो, वहां का राज्यपाल चुनाव के लिए आदेश पत्र जारी करेगा। जब तक चुनाव न हो तब तक उस स्थान को भरने के लिए उस राज्य का विधानमंडल कार्यपालिका को अधिकार दे सकेगा।

कार्यकाल व अवधि : सीनेटरों की अवधि 6 वर्ष है परंतु इसका 1/3 भाग प्रति दो वर्ष के पश्चात सेवा–निवृत हो जाता है और उनके स्थान पर नये सदस्य चुने जाते हैं। अतः सीनेट एक स्थायी सदन है और इसका विघटन नहीं होता। रिटायर होने वाले सदस्य दुबारा चुने जाते हैं, इसलिए बहुत से सदस्य लंबे समय तक इसके सदस्य रहते हैं।

सीनेट के सदस्यों को प्राप्त होने वाले वेतन एवं भत्ते प्रतिनिधि सभा के सदस्यों के ही बराबर होते हैं। इसके साथ–साथ सीनेटरों के विशेषाधिकार एवं उन्मुक्तियाँ भी प्रतिनिधि सभा के सदस्यों के ही बराबर होते हैं।

सीनेट का सभापति : अमेरिका का उपराष्ट्रपति ही सीनेट का पदेन सभापति होता है। वह सीनेट का सदस्य नहीं होता और न ही बहुमत दल से अपना कोई संबंध रखता है। वह सदन में सारी कार्यवाही को निष्पक्ष ढंग से चलाता है, वह सदन की अध्यक्षता करता है लेकिन सदन की बहस में भाग नहीं लेता। केवल उसी समय अपने मत का प्रयोग करता है जबकि किसी विषय पर सदन में मत बराबर हो जाए। यह उसका निर्णायक मत कहलाता है जिसका प्रयोग वह अपने विवेकानुसार ही करता है। वह सदन में किसी भी सदस्य को बोलने की मान्यता दे सकता है। उसे उसी क्रम के साथ सदस्यों को बोलने की आज्ञा प्रदान करनी पड़ती है जिस क्रम में वे बोलने के लिए उठे हों। सदन को अपनी कार्यवाही चलाने के लिए नियम बनाने का अधिकार है।

सीनेट को अपना एक सामयिक अध्यक्ष भी चुनने का अधिकार होता है वह वास्तव में बहुमत दल का मनोनीत सदस्य या नेता होता है, उप–राष्ट्रपति की अनुपस्थिति में वह सदन की बैठकों की अध्यक्षता करता है। संविधान में यह भी व्यवस्था की गई है कि जब उपराष्ट्रपति राष्ट्रपति बन जाए तो सामायिक अध्यक्ष सदन की अध्यक्षता करेगा क्योंकि वह सदन का सदस्य है, इसीलिए उसे सदन की सब कार्यवाहियों में भाग लेने और मत देने का अधिकार है।

सीनेट की समितियाँ : सीनेट का कार्य मुख्यतः समितियों द्वारा सम्पादित होता है, इसकी समितियाँ मुख्यतः तीन

प्रकार की होती हैं–1. विशेष समितियाँ 2. सम्मेलन समितियाँ 3. पन्द्रह स्थायी समितियाँ।

2. ब्रिटेन की विधायिका :

ब्रिटिश संसद को विश्व की सभी संसदों की जननी कहा गया है। अमेरिकी कांग्रेस की भांति ब्रिटिश संसद के भी दो सदन है–लार्ड सभा और कामन सभा। कामन सभा निम्न सदन है जबकि लार्ड सभा उच्च सदन है जोकि एक वंशानुगत एवं विशाल सदन है। ब्रिटिश संसद सबसे प्राचीन कानून बनाने वाली सभा है, उसी से आगे चलकर धीरे–धीरे ब्रिटिश संसद का विकास हुआ। 1295 ईसवी में सम्राट एडवर्ड प्रथम ने संसद की एक बैठक बुलाई जिसे मॉडल पार्लियामेंट कहा जाता है उसमें उसने बिशपो, बेरनो और नाइटो के अतिरिक्त नगरों के प्रतिनिधियों को भी बुलाया एडवड प्रथम को युद्ध के लिए धन की आवश्यकता थी, इसलिए उसने सबका समर्थन प्राप्त करने के लिए सब वर्गों के प्रतिनिधियों को बुलाया। पादरी, सामंत और नगरों के प्रतिनिधियों के बुलाने से इंग्लैंड में तीन सदनों की प्रथा की उन्नति नहीं हुई बल्कि 100 वर्ष में धीरे–धीरे दो सदनों की प्रथा की उन्नति हुई। लार्ड सभा में पादरी, बैरन तथा अर्ल बैठते थे क्योंकि बहुत बड़े–बड़े भू स्वामी होने के कारण उनके हित समान थे। कामन सभा में नाइट तथा नगरों के प्रतिनिधि बैठते थे क्योंकि दोनों ही किसी न किसी क्षेत्र के प्रतिनिधि होते थे। उनके निर्वाचन में जनता का कोई हाथ नहीं होता था बल्कि जमींदारों का ही हाथ होता था इस प्रकार 14 वीं शताब्दी में संसद दो सदनों में विभक्त हो गई–कॉमन सभा और लार्ड सभा। 1689 के अधिकारपत्र ने इंग्लैंड में संवैधानिक शासन की नींव डाली। हालांकि पहले पहल लार्ड सभा की शक्तियाँ अधिक थी परंतु बाद में कामन सभा का प्रभाव अधिक हो गया। लार्ड सभा के अधिकार बहुत ज्यादा सीमित कर दिए गए और आधुनिक काल में कामन सभा के पास ही वास्तविक शक्तियाँ हैं और लार्ड सभा के पास बहुत कम शक्तियाँ है।

ब्रिटिश संसद के दोनों उच्चसदन और निम्न सदनों की रचना, संगठन एवं उनकी शक्तियों का वर्णन निम्न प्रकार से किया जा सकता है–

लार्ड सभा : लार्ड सभा विश्व का सबसे विशाल उच्च सदन है। इस सदन की सदस्य संख्या निश्चित नहीं है। जिन सदस्यों को आवश्यक समझा जाता है उन्हें प्रधानमंत्री की सिफारिश पर सम्राट द्वारा नियुक्त किया जाता है। अवकाश प्राप्त प्रधानमंत्रियों, सेवा निवृत कॉमन सभा के अध्यक्ष, कला, विज्ञान और साहित्य में प्रसिद्धि प्राप्त करने वाले व्यक्ति, उच्चकोटि के न्यायवेताओं और अवकाश प्राप्त सेनापतियों तथा वाइसरायों को प्रायः इसमें प्रधानमंत्री की सिफारिश पर सम्राट द्वारा सदस्यता प्रदान कर दी जाती है। वर्तमान में लॉर्ड सभा के सदस्यों की संख्या 799 है।

लार्ड सभा में विभिन्न वर्ग एवं समुदाय के सदस्य होते हैं लार्ड सभा में जिन सदस्यों को शामिल किया जाता है उनका निम्न प्रकार से वर्णन किया जा सकता है–

1. लार्ड सभा में राजवंश से संबंधित चार राजकुमार होते हैं जोकि प्रायः सदन की बैठकों में भाग नहीं लेते।

2. लार्ड सभा में 90 प्रतिशत वंशागत सदस्य होते हैं जिनका की सदन में बहुमत होता है। इनकी भी सदस्य संख्या निश्चित नहीं है क्योंकि समय–समय पर नये सदस्य बनते रहते हैं।

3. 1707 ईसवी की यूनियन संधि के अनुसार यह व्यवस्था की गई कि स्कॉटलैंड के 16 पियर लार्ड सभा में बैठेंगे और वे स्काटलैंड के पीयरों के द्वारा चुने जाएँगे। इस समय स्काटलैंड में पीयरों की संख्या 31 है और वे प्रत्येक नई संसद के लिए 16 पीयर पांच वर्ष के लिए चुनते हैं।

4. लार्ड सभा में आध्यात्मिक लॉर्ड भी होते हैं जिनकी संख्या 26 है। इसमें एक केन्टसबरी का आर्क बिशप, एक मार्क का आर्क बिशप तथा 24 इंग्लैंड की चर्च के वरिष्ट विशप शामिल है।

5. सम्राट के द्वारा जीवन भर के लिए लार्ड सभा में कानूनी लार्डों को नियुक्त किया जाता है जिनकी सदस्य संख्या 9 है।

6. 1958 के आजीवन पीरेज ऐक्ट के अनुसार सार्वजनिक जीवन में अत्यंत प्रसिद्ध और अनुभवी व्यक्तियों को जीवन भर के लिए लार्ड सभा की सदस्यता दी जाती है क्योंकि बहुत से व्यक्ति पैतृक आधार पर सदस्यता नहीं लेना चाहते हैं।

लार्ड सभा के सदस्यों को प्राप्त अधिकारों और शक्तिंयों का वर्णन निम्न प्रकार से किया जा सकता है–

1. लार्ड सभा के सदस्यों को भाषण की स्वतंत्रता प्राप्त है। सदन में सरकार की कठोर आलोचना करने पर भी उनकी विरूद्ध कोई मुकद्दमा नहीं चलाया जा सकता है।

2. संसद के अधिवेशन काल में किसी भी सदस्य को बंदी नहीं बनाया जा सकता है।

3. लार्ड सभा के सदस्यों को यह अधिकार है कि वे सम्राट के पास व्यक्तिगत रूप में जाकर सार्वजनिक मामलों पर बात–चीत कर सकते हैं।

4. पीयर बनाने वाले बिल लार्ड सभा में ही पेश होते हैं।

5. लार्ड सभा सर्वोच्च न्यायालय के रूप में भी कार्य करती है।

लार्ड सभा का अध्यक्ष : लार्ड सभा के अध्यक्ष को लार्ड चासंलर कहा जाता है वह मंत्रिमंड़ल का सदस्य होता है पर उसे शासन के किसी विभाग की जिम्मेदारी नहीं सौंपी जाती। लार्ड सभा में पूर्व अनुशासन बनाये रखना और इसकी कार्यवाहियों का संचालन लार्ड चासंलर का ही कार्य होता है। वह लार्ड सभा की तो अध्यक्षता करता ही है पर साथ ही उस समिति का भी अध्यक्ष होता है जो सर्वोच्च न्यायालय के रूप में कार्य कर रही है। वह प्रिवी–कांउसिल की न्याय समिति के अध्यक्ष के रूप में भी कार्य करता है। वह काउंटी कोर्ट के न्यायाधीश तथा जस्टिसिज ऑफ पीस को नियुक्त करता है तथा हटा सकता है।

लार्ड चांसलर यद्यपि सदन का अध्यक्ष कहलाता है, पर उसे वाद विवाद को नियंत्रित करने या सदन में शांति और व्यवस्था बनाए रखने की शक्तियाँ प्राप्त नहीं है। यदि कोई सदस्य अनुशासनहीनता दिखाए तो चासंलर को यह अधिकार नहीं है कि वह उसे बोलने से रोके या चेतावनी दे सके। ऐसी स्थिति में लार्ड सभा को ही अधिकार प्राप्त है।

लार्ड सभा की शक्तियाँ : लार्ड सभा को विभिन्न प्रकार की शक्तियाँ एवं अधिकार प्राप्त है जिनका वह समय–समय पर प्रयोग करती रहती है, ऐसी ही कुछ शक्तियों का वर्णन यहां पर किया जा रहा है।

1. विधायी शक्तियाँ : 1911 ईसवी से पूर्व लार्ड सभा को अवित्तिय मामलों में काफी अधिकार थे किसी भी साधारण विधेयक या दोनों सदनों से पास होना अनिवार्य था तभी सम्राट अपनी स्वीकृति प्रदान करता था, लेकिन 1911 और 1949 ई॰ के अधिनियमों ने इस परिस्थिति में परिवर्तन ला दिया। अब लार्ड सभा के पास विधायी अधिकार नाममात्र के हैं अब उसे साधारण विधेयक प्रस्तावित करने का अधिकार तो है लेकिन कामन सभा की भांति व्यापक अधिकार प्राप्त नहीं है। पहले वह कामन सभा द्वारा पारित किसी विधेयक पर दो वर्ष तक रोक लगा सकती थी। लेकिन 1949 अधिनियम के पश्चात वह केवल एक वर्ष तक ही साधारण विधेयक को रोक सकती है। दूसरे धन विधेयक के संबंध में लार्ड सभा को न के बराबर अधिकार है कोई भी धन विधेयक लार्ड सभा में र्स्वप्रथम प्रस्तुत नहीं किया जाता कामन सभा से पारित होने के पश्चात वह धन विधेयक को केवल 30 दिन (एक महीना) तक अपने पास रख सकता है। यदि इस बीच वह इस पर अपनी सहमति प्रकट नहीं करता तो उसकी सहमति के बिना ही वह पारित हो जाता है।

2. कार्यपालिका पर नियंत्रण : लार्ड सभा की कार्यपालिका शक्ति भी महत्वहीन है। उसका कार्यपालिका पर कोई विशेष नियंत्रण नहीं होता, वास्तविक नियंत्रण तो कामन सभा का होता है। लार्ड सभा कार्यपालिका को अविश्वास प्रस्ताव के द्वारा नहीं हटा सकती है। लार्ड सभा तो केवल प्रश्न पूछ कर तथा नीतियों की आलोचना करके कार्यपालिका को प्रभावित कर सकती है।

3. परामर्श संबंधी अधिकार : विभिन्न मुद्दों पर सम्राट द्वारा समय–समय पर लार्ड सभा के विद्वान पियरों से विचार विमर्श किया जाता है। क्योंकि लार्ड सभा कामन सभा की अपेक्षा कहीं अधिक विशेषज्ञ विद्वान होते हैं।

4. न्यायिक अधिकार : लार्ड सभा ब्रिटेन के सर्वोच्च न्यायालय के रूप में भी काम करता है अतः इस दृष्टि से उसके पास कुछ विशेष अधिकार प्राप्त होते हैं जैसेः–

1. लार्ड सभा को कॉमन सभा द्वारा उच्च पदाधिकारियों और मंत्रियों पर लगाए गए आरोंपों को न्यायिक जांच करने का अधिकार था लेकिन अब इस अधिकार का कोई मूल्य नहीं है क्योंकि मंत्री सभा के प्रति उत्तरदायी होते हैं और कामन सभा द्वारा अविश्वास का प्रस्ताव पास कर मंत्रियों को उनके पद से हटा दिया जाता है।

2. लार्ड सभा अभी हाल तक लार्डों पर लगाए गए गंभीर आरोपों की न्यायिक जांच किया करती थी लेकिन 1948 के एक अधिनियम द्वारा उसे भी समाप्त कर दिया।

3. लार्ड सभा दीवानी और फौजदारी मुकद्दमों में देश का उच्चतम अपीलीय न्यायालय है। एक प्रथा के अनुसार लार्ड सभा जब सर्वोच्च न्यायालय के रूप में कार्य करती है तो उसके सभी सदस्य इस कार्यवाही में हिस्सा नहीं लेते। केवल लार्ड चासंलर और विधि लार्ड ही सर्वोच्च न्यायालय के रूप में कार्य करते हैं।

कामन सभा : ब्रिटेन की कामन सभा एक प्राचीन विधान सभा है उसका विकास धीरे–धीरे हुआ। संसद के उच्च सदन लार्ड सभा की शक्तियों में कमी आने के कारण ब्रिटिश कामन सभा आज काफी शक्तिशाली हो गई है इसलिए ब्रिटिश संसद का अभिप्राय 'कामन सभा' से है।

1832 से लेकर 1870 तक का काल कॉमन सभा के इतिहास का एक अत्यंत सुनहारा रहा है यह वह युग था जब सरकारों का बनना और बिगड़ना पूर्णतयाः कामन सभा की इच्छा पर निर्भर करता था। हालांकि 20 वीं शताब्दी के प्रारंभ में कुछ नई प्रवृतियाँ विकसित हो जाने के कारण कॉमन सभा का वह महत्व नहीं रहा जो 19 वीं शताब्दी के अंतिम चरण में देखने को मिलता है फिर भी निम्न सदन, उच्च सदन से कहीं अधिक शक्तिशाली है।

कॉमन सभा की रचना : कामन सभा ब्रिटिश संसद का लोकतंत्रीय सदन है जिसके सभी सदस्य जनता द्वारा प्रत्यक्ष रीति से चुने जाते हैं। कामन सभा व्यवस्क मताधिकार के द्वारा निर्वाचित 650 प्रतिनिधियों सें बनती है, इनमें से 543 इंग्लैंड के, 57 स्कॉटलैंड के, 32 वेल्स के और 18 उतरी आयरलैंड के प्रतिनिधि होते हैं। 18 वर्ष या उससे ऊपर का व्यक्ति वोट देने का अधिकार रखता है। लेकिन चुनावी भ्रष्टाचार अथवा गंभीर अपराधों के लिए दंडित लोगों को मत देने का अधिकार नहीं है। लार्ड सभा के सदस्यों को भी इसमें मताधिकार से वंचित रखा गया है।

कामन सभा का सदस्य बनने के लिए उम्मीदवार में निम्न योग्यताओं का होना जरूरी है–

1. वह ब्रिटेन का नागरिक होना चाहिए,
2. उसकी आयु कम से कम 21 वर्ष अवश्य होनी चाहिए
3. उसका नाम मतदाता सूची में शामिल हो
4. वह किसी न्यायालय द्वारा पागल या दिवालिया नहीं घोषित हो
5. उतरी आयरलैंड, इंग्लैंड तथा स्कॉटलैंड के पीयर, सरकार से ठेका लेने वाले व्यक्ति तथा ताज के अधीन पद धारण करने वाले व्यक्ति कामन सभा के सदस्य नहीं बन सकते।

ब्रिटेन में कोई भी उम्मीदवार किसी भी चुनाव क्षेत्र से लड़ सकता है। उसके लिए यह आवश्यक नहीं है कि वह उसी चुनाव क्षेत्र का निवासी हो जिससे वह चुनाव लड़ रहा हो।

कामन सभा का कार्यकाल पांच वर्ष का है। आवश्यकता पड़ने पर कॉमन सभा अपना कार्यकाल बढ़ा भी सकती है। तथा प्रधानमंत्री की सिफारिश पर महारानी कामन सभा को निश्चित समय से पूर्व भी भंग कर सकती है और नए चुनाव करवा सकती है।

कामन सभा के सदस्यों को प्राप्त विशेषाधिकार–

1. सदस्यों को सदन में भाषण देने की स्वतंत्रता है तथा उससे संबंधित किसी भी व्यक्तव्य पर कोई कानूनी कार्यवाही नहीं हो सकती।

2. उन्हें किसी भी दीवानी मुकद्दमे में सदन के अधिवेशन से 40 दिन पूर्व और 40 दिन बाद गिरफ्तार नहीं किया जा सकता है।

3. कामन सभा के सदस्य स्पीकर के माध्यम से अपनी बात सम्राट या महारानी तक पहुंच सकते हैं।

4. सदन को अपनी कार्यवाही के नियंत्रण का अधिकार है।

5. यदि कोई व्यक्ति सदन के विशेषाधिकार का उल्लंघन करता है, तो सदन उसे दंड दे सकता है।

6. सदन किसी सदस्य की अर्नहताओं के विषय में निर्णय दे सकता है और इस आधार पर चुनाव रद्द कर सकता है।

कामन सभा का अध्यक्ष : कामन सभा की अध्यक्षता के लिए उसके सदस्यों के बीच में से ही किसी सदस्य को अध्यक्ष पद के लिए चुना जाता है जिसे स्पीकर कहा जाता है। उसे स्पीकर इसलिए कहा जाता है क्योंकि आरंभ में केवल उसे ही सदन की तरफ से सम्राट के पास जाने और बोलने का अधिकार था। स्पीकर का पद बहुत गौरव और शक्ति का पद है। वह सदन की बैठकों की अध्यक्षता करता है, सदस्यों से प्रश्न पूछने व वाद विवाद में भाग लेने की अनुमति देता है, सदन में शांति व व्यवस्था कायम रखता है तथा सदन की समितियों को आवश्यक निर्देश

देता है। यदि किसी विधेयक के संबंध में यह विवाद हो कि वह धन विधेयक है अथवा नहीं तो स्पीकर का निर्णय अंतिम समझा जाता है।

इसके अतिरिक्त स्पीकर द्वारा निम्न कार्य भी किए जाते हैं।

1. सदन से संबंधित नियमों की व्याख्या करना।
2. किसी भी विषय पर निर्णायक मत देने का अधिकार है
3. स्थायी समितियों के अध्यक्षों की नियुक्ति करता है
4. विधेयकों से संबंधित परिणामों की घोषणा करता है
5. सदन के विशेषाधिकारों की रक्षा करता है
6. उत्सवों तथा समारोहों पर सदन का प्रतिनिधित्व करता है
7. सदन के मुख्य प्रवक्ता के रूप में कार्य करता है।

कामन सभा के अधिकार एवं शक्तियाँ :

कामन सभा को ब्रिटिश लोकतंत्र की सर्वाधिक महत्वपूर्ण संस्था कहा गया है। वस्तुतः उसका कार्य राजसत्ता और जनस्वतंत्रता के बीच तालमेल बैठाना है अतः जब हम ब्रिटिश संसद की सर्वोच्चता की बात करते हैं तो उसका तात्पर्य कामन सभा की शक्तियों से होता है। कॉमन सभा को प्राप्त शक्तियों एवं अधिकारों का वर्णन निम्न रूप से किया जा सकता है।

1. विधायी शक्तियाँ : कानूनों का निर्माण एवं उनमें संशोधन करना कॉमन सभा का मुख्य कार्य होता है तथा वह किसी भी कानून को रद्द भी कर सकती है चाहे फिर वो साधारण विधेयक हो या संवैधानिक। जहां तक सामान्य विधेयकों का प्रश्न है तो वह संसद के किसी भी सदन में प्रस्तुत हो सकता है लेकिन इसमें भी कामन सभा ही शक्तिशाली है। कामन सभा द्वारा पास विधेयक को लार्ड सभा केवल एक वर्ष तक रोक सकती है। इस अवधि के पश्चात वह विधेयक दोनों सदनों द्वारा पारित समझा जाता है।

2. कार्यपालिका पर नियंत्रण : जहां तक कार्यपालिका पर नियंत्रण की बात है तो उस पर कामन सभा का पूर्ण नियंत्रण होता है। कार्यपालिका या मंत्रिमंडल अपने कार्यों के लिए कामन सभा के प्रति उतरदायी होता है कॉमन सभा के सदस्यों द्वारा ही मंत्रियों से उनके विभाग से संबंधित प्रश्न पूछे जाते हैं वे उनके विरूद्ध काम रोको प्रस्ताव, अविश्वास प्रस्ताव तथा निन्दा प्रस्ताव पास कर सकते हैं जबकि लार्ड सभा के सदस्य केवल प्रश्न पूछने तक का ही अधिकार रखते हैं। इसके साथ–साथ कामन सभा मंत्रिमंडल को इस बात के लिए मजबूर कर सकती है कि सदन जो भी जानकारी प्राप्त करना चाहे, सरकार उसे वह जानकारी अवश्य जुटाए। इस प्रकार विभिन्न विधियों से कामन सभा कार्यपालिका पर नियंत्रण बनाए रखती है।

3. वित्तीय शक्तियाँ : धन–विधेयक के बारे में सारी शक्तियाँ कॉमन सभा के पास है। यदि किसी विषय पर विवाद उत्पन्न हो जाए कि अमुक विधेयक धन विधेयक है या नहीं, तो उसके बारे में अंतिम निर्णय स्पीकर का होता है। धन विधेयक सबसे पहले कॉमन सभा में ही प्रस्तुत किया जाता है। कॉमन सभा जिस रूप में इसे पास कर देगा, उस रूप में ही यह अंतिम समझा जाएगा। लार्ड सभा इसको केवल एक महीने तक अपने पास रोक सकती है इस अवधि के पश्चात वह लार्ड सभा से पारित समझा जाता है। यदि लार्ड सभा इसमें कोई संशोधन या परिवर्तन की बात करे तो उसको मानना या न मानना कॉमन सभा की इच्छा पर निर्भर करता है। इस प्रकार वित्तीय मामलों में कॉमन सभा, लार्ड सभा से अधिक शक्तिशाली है। ब्रिटिश सम्राट या महारानी भी इस पर केवल हस्ताक्षर की औपचारिकता ही पूरी करते हैं।

4. अन्य शक्तियाँ : उपरोक्त शक्तियों एवं कार्यों के अतिरिक्त कुछ कार्य भी कामन सभा द्वारा संपन्न किये जाते हैं जिनका वर्णन निम्न प्रकार से किया जा सकता है–

1. कॉमन सभा में जनता के ही प्रतिनिधि होते हैं अतः यह जनमत को अभिव्यक्त करने का कार्य करती है। जनता की शिकायतों और उनकी भावनाओं की अभिव्यक्ति निम्न सभा के द्वारा की जाती है।
2. लोगों को राजनीतिक शिक्षा प्रदान करती है।
3. वह विभिन्न मंत्रालयों को इस बात के लिए विवश करती है कि आवश्यक जानकारी प्राप्त कर सके।

स्विट्जरलैंड की विधायिका :

स्विट्जरलैंड विविधताओं का देश है। यहां पर विधायिका को 'संघीय सभा' कहते हैं इसके दो सदन हैं। निम्न सदन

को राष्ट्रीय परिषद् तथा ऊपरी सदन को राज्य परिषद् कहा जाता है। स्विस संविधान के अनुच्छेद 71 के अंर्तगत संघीय सभा को बहुत ही शक्तिशाली बनाया गया है जिसमें कहा गया है कि "जहां तक जनता के तथा कैन्टनों के अधिकारों का अतिक्रमण नहीं होता है, राज्य–मंडल की सर्वोच्च सत्ता का प्रयोग संघीय विधानसभा करेगी जिसके दो सदन राष्ट्रीय परिषद् तथा राज्य परिषद् है।" इस प्रकार स्विस संघीय सभा एक अत्यंत शक्तिशाली विधानमंडल है और कार्यपालिका तथा संघीय न्यायाधिकरण को इसके अधीन किया गया है। परंतु यह ब्रिटिश संसद की भांति प्रभुत्व संपन्न संस्था नहीं है इसका कारण यह है कि जनमत संग्रह के द्वारा इसके निर्णयों में परिवर्तन किया जा सकता है।

राष्ट्रीय परिषद् : राष्ट्रीय परिषद् संघीय सभा का निम्न सदन है इसकी सदस्य संख्या 200 है। स्विस संविधान के अनुच्छेद 72 के अनुसार राष्ट्रीय परिषद् स्विस जनता की प्रतिनिधि सभा है और इसमें 24,000 जनसंख्या पर एक प्रतिनिधि चुना जाता है। 12 हजार या उससे अधिक जनसंख्या को भी एक प्रतिनिधि भेजने का अधिकार है चुनाव गुप्त मतदान तथा अनुपाती प्रतिनिधित्व पद्धति के अनुसार होता है प्रत्येक कैंटन एक निर्णायक क्षेत्र होता है जिसमें प्रतिनिधियों के निर्वाचन के लिए विभिन्न दल अपने–अपने प्रत्याशियों की सूची प्रस्तुत करते हैं प्रत्येक मतदाता को उतने मत देने का अधिकार है जितनें उम्मीदवार उस कैंटन से चुने जाने होते हैं। इसमें प्रत्येक कैंटन या अर्ध–कैंटन को कम से कम 1 सदस्य भेजने का अधिकार अवश्य होता है। प्रत्येक दल को कुल प्राप्त मतों के अनुपात से स्थान प्राप्त होते हैं। स्विंस में कोई भी उपचुनाव नहीं होता है यदि कोई स्थान खाली होता है, तो वह दल उस स्थान को भर देता है, जिसे वह स्थान प्राप्त है।

स्विट्जरलैंड में 20 वर्ष या अधिक आयु वाले प्रत्येक स्त्री–पुरूष को चुनाव में उम्मीदवार बनने तथा मत देने का अधिकार प्राप्त है। लेकिन पादरी, फेडरल सरकार के कर्मचारी, फेडरल कॉउसिल या राज्य परिषद् के सदस्य इस सदन का चुनाव नहीं लड़ सकते हैं। प्रत्येक दल हर कैंटन में अपने उम्मीदवारों की एक सूची प्रकाशित कर देता है। स्विट्जरलैंड में सूची प्रणाली प्रचलित है। प्रत्येक दल मतदाताओं को अपने उम्मीदवारों की एक सूची भेज देता है। सरकार की ओर से भी एक खाली सूची मतदाताओं को मिल जाती है। मतदाता की इच्छा है कि किसी दल की सूची को ज्यों का त्यों मत पेटी में डाल दे या किसी सूची में काटकर कुछ नए नाम भर दे या सारी ही खाली सूची को नए सिरे से भर दे। प्रत्येक दल को कुल प्राप्त मतों के अनुपात से स्थान प्राप्त हो जाते हैं। इस हेतु प्रत्येक दल के द्वारा प्राप्त कुछ मतों को कोटा से वाट लिया जाता है, उससे प्रत्येक दल के स्थान निकल आते हैं। एक कैंटन को राष्ट्रीय परिषद् में जितने सदस्य भेजने का अधिकार होता है, उतनी संख्या से कैंटन में डाले हुए कुल वैध मतों को बांटने से कोटा निकल आता है।

राष्ट्रीय परिषद् का कार्यकाल तथा अधिवेशन : राष्ट्रीय परिषद् का कार्यकाल 4 वर्ष का है। लेकिन जिस तरह अवधि से पूर्व भारत में प्रधानमंत्री की सिफारिश पर लोकसभा भंग हो सकती है उस प्रकार की प्रथा स्विट्जरलैंड में नहीं है । वहां पर संघीय सभा को उसी स्थिति में भंग किया जा सकता है जबकि एक सदन संविधान में पूर्ण संशोधन चाहे और दूसरा सदन उसका विरोध करे या सहमत न हो तथा स्विस लोग जनमत संग्रह के आधार पर अनुच्छेद 120 के अनुसार संशोधन से सहमति प्रकट कर दें।

प्रत्येक 4 वर्ष के पश्चात अक्टूबर मास के अंतिम रविवार को राष्ट्रीय परिषद् का चुनाव होता है। प्रतिवर्ष इस सदन की मार्च, जून, सितंबर और दिसंबर में बैठक होनी चाहिए इसका अधिवेशन कार्यपालिका के द्वारा नहीं बुलाया जाता है बल्कि यह स्वयं बुलाती है। राष्ट्रीय परिषद् का असाधरण अधिवेशन 5 कैंटनों या संघीय सभा के 1/4 सदस्यों की मांग पर बुलाई जा सकती है। राष्ट्रीय परिषद् की बैठकों के लिए गणपूर्ति 101 रखी गई है।

राज्य परिषद् : राज्य परिषद् स्विट्जरलैंड के संघीय सभा का उच्च सदन है। राज्य परिषद् में कैंटनों को समान प्रतिनिधित्व दिया गया है चाहे उनका क्षेत्रफल और जनसंख्या कम हो अथवा अधिक हो। प्रत्येक पूरे कैंटन को राज्य परिषद् में दो प्रतिनिधि और प्रत्येक आधे कैंटन को एक प्रतिनिधि भेजने का अधिकार दिया गया है। वर्तमान में राज्य परिषद् में सदस्यों की कुल संख्या 44 है क्योंकि स्विट्जरलैंड में 19 पूरे कैंटन तथा 6 अर्द्ध–कैंटन है।

स्विट्जरलैंड के संघीय संविधान में राज्य परिषद् के सदस्यों के निर्वाचन की विधि का उल्लेख नहीं किया गया है अपितु इसे कैंटनों की इच्छा पर ही छोड़ दिया गया है

कि वो किस विधि से सदस्यों का चुनाव करेंगे। इसलिए कैंटनों द्वारा विविध पद्धतियों का प्रयोग किया जाता है। 17 कैंटन राज्य परिषद् में अपने प्रतिनिधि जनता के प्रत्यक्ष मतदान द्वारा चुनकर भेजते हैं। 4 कैंटन जनसभाओं द्वारा तथा 4 कैंटन अपने विधानमंडलों द्वारा चुनकर भेजते हैं।

राज्य परिषद के सदस्यों का कार्यकाल निश्चित नहीं है उनका कार्यकाल कैंटनों की इच्छा पर निर्भर करता है। 14 कैंटनों में सदस्यों का कार्यकाल 4 वर्ष का, 8 कैंटनों में तीन वर्ष और शेष तीन कैंटनों में यह 1 वर्ष का कार्यकाल रखा गया है। दो कैंटनों में राज्य परिषद् के सदस्यों को कार्यकाल समाप्त होने से पूर्व वापिस बुलाने की व्यवस्था है।

राज्य परिषद् के सदस्यों की योग्यताएं भी वही निर्धारित की गई है जोकि राष्ट्रीय परिषद् के सदस्यों की है राज्य परिषद् के सदस्यों के लिए यह आवश्यक है कि जिस कैंटन से वे निर्वाचित होने चाहिए वहां के वे नागरिक हो।

राज्य परिषद् में गणपूर्ति के लिए 44 में से 23 सदस्यों की उपस्थिति आवश्यक है। जब तक 23 सदस्य उपस्थित न होगें तब तक इस सदन की बैठके नहीं हो सकती है। इसके अधिवेशन मार्च, जून, सितंबर तथा दिसंबर में होते हैं।

संघीय सभा की शक्तियाँ एवं कार्य : संघीय सभा स्विटजरलैंड की विधानपालिका है जिसमें संघ की सर्वोच्च शक्ति निहित है। स्विट्जरलैंड की संघीय सभा एक मात्र ऐसी व्यवस्थापिका है जिसके दोनों सदनों की शक्तियाँ समान है। संघीय सभा को प्राप्त शक्तियों का वर्णन निम्न प्रकार से किया जा सकता है–

1. विधायी शक्तियाँ : स्विस संविधान के अनुच्छेद 84 में संघीय विधायिनी शक्तियों का वर्णन किया गया है। इसके अनुसार संघीय विधान सभा की विधायिनी संबंधी शक्तियाँ इस प्रकार है–

1. संविधान के अंतर्गत संघीय क्षेत्र में आने वाले सभी विषयों पर कानून बनाती है।
2. यह संघीय अधिकारियों के क्षेत्राधिकार में आने वाले सभी विषयों के बारे में अध्यादेश जारी करती है।
3. देश की बाहरी सुरक्षा, स्वतंत्रता तथा तटस्थता की रक्षा के लिए कानून बनाती है।
4. यह कैंटनों की सीमाओं की रक्षा करती है।
5. कैंटनों की क्षेत्रीय एकता तथा उनके संविधानों की रक्षा और देश की आंतरिक सुरक्षा को बनाये रखने के लिए कानून पास करती है।
6. यह संघीय सरकार के अधिकारियों के चुनाव तथा संगठन संबंधी कानून बना सकती है।
7. यह संघीय सरकार के विभागों के निर्माण कर्मचारियों के वेतन, भत्ते तथा सेवा की सब शर्तों के बारे में कानून बनाती है।

2. कार्यपालिका संबंधी शक्तियाँ :

1. संघीय सभा संघीय परिषद् के सदस्य, अध्यक्ष तथा उपाध्यक्ष, चान्सलर तथा प्रधान सेनापति का चुनाव करती है।
2. यह संघीय सेना पर नियंत्रण रखती है।
3. यह संघीय विभागों के सदस्यों, संघीय दूतावास के सदस्यों के वेतन तथा भत्ते और स्थायी पदों के भत्ते, वेतन इत्यादि निर्धारित करती है।
4. यह संघीय प्रशासन पर सामान्य निगरानी रखती है।
5. यह युद्ध की घोषणा तथा शांति की स्थापना कर सकती है।
6. कैंटन विदेशों से जो संधियाँ करते हैं, उनके बारे में संघीय सभा का अनुमोदन आवश्यक है।
7. दूसरे देशों के साथ की गई संधियों पर संघीय सभा का अनुमोदन होना आवश्यक है।
8. संघीय परिषद् अपने सब प्रशासनिक कार्यों तथा नीतियों के लिए संघीय सभा की तरफ जिम्मेदार है और अपनी रिपोर्ट इस विषय में इसे पेश करती है।
9. यदि कोई कैंटन संघीय कानून का उल्लंघन करे या अपने कर्त्तव्यों का पालन न करे तो उसके विरुद्ध संघीय सभा कार्यवाही कर सकती है।

3. वित्तीय शक्तियाँ

1. यह संघीय सरकार के बजट की स्वीकृति देती है। बजट को संघीय परिषद् तैयार करती है।
2. संघीय सरकार के हिसाब–किताब की जांच पड़ताल करती है और उसकी स्वीकृति देती है।
3. संघीय सरकार को ऋण लेने का अधिकार प्रदान करने के लिए आज्ञाप्ति जारी करती है।

4. न्याय संबंधी शक्तियाँ : 1874 ई॰ के पूर्ण संशोधन के बाद संघीय सभा के न्यायिक अधिकारों में महत्वपूर्ण परिवर्तन किया गया है।

1. यह प्रशासन पर नियंत्रण रखती है
2. यह विद्रोहियों को आम क्षमा या अपराधियों को क्षमादान करती है
3. यह संघीय अधिकारियों में क्षेत्राधिकार संबंधी झगड़ों को निपटाती है
4. यह प्रशासनीय विवादों के बारे में संघीय परिषद् के निर्णय के विरूद्ध अपील सुनती है
5. यह जनता की याचिकाओं पर निर्णय देती है
6. यह संघीय न्यायाधिकारण के न्यायाधीशों का चुनाव करती है
7. यह उन मामलों को सुनती है जिनमें कैंटनों की और संघीय सरकार के तीनों अंगों के सदस्यों के विरूद्ध मुकद्दमें चलाए जाते हैं

5. संविधान में संशोधन की शक्ति : स्विट्ज़रलैंड के संविधान में संशोधन के विषय में संघीय सभा के दोनों सदनों को महत्वपूर्ण अधिकार प्राप्त है। संघीय संविधान में तब ही कोई संशोधन हो सकता है जब संघीय सभा के दोनों सदन एक प्रस्ताव पारित करें और उसका अनुसमर्थन मतदाताओं और कैंटनों के बहुमत से हो।

इस प्रकार संघीय सभा को विविध प्रकार की शक्तियाँ प्राप्त है। इसके दोनों साधनों की शक्तियाँ समान है। साधारण विधेयक, द्वितीय विधेयक एवं संविधान संशोधन विधेयक तब तक पारित नहीं समझे जाते हैं जब तक कि वे दोनों सदनों से पारित न हो यदि किसी विधेयक पर दोनों सदनों में गतिरोध उत्पन्न हो जाए तो दोनों सदनों की एक संयुक्त कान्फ्रेस समिति गठित की जाती है जो मतभेद दूर करने हेतु अपना सुझाव देती है अगर फिर भी गतिरोध दूर न हो तो विधेयक समाप्त हो जाता है। इसको प्राप्त शक्तियों के बारे में जुरचर ने ठीक ही कहा है कि "संघ सभा बनाते हुए स्विस संविधान के निर्माताओं ने शक्ति–विभाजन के मार्यादापूर्ण सिद्धांत पर कोई विशेष ध्यान नहीं दिया है क्योंकि उन्होंने हर प्रकार की शक्तियाँ इसको दी है।" इतना सब कुछ होते हुए भी प्रत्येक देश में कल्याणकारी राज्य के उदय और संकट कालीन स्थिति के कारण केंद्रीय सरकार की शक्तियाँ निरंतर बढ़ती जा रही है। स्विट्ज़रलैंड में भी ऐसा ही हो रहा है।

कार्यपालिका :

कार्यपालिका कानून को कार्यान्वित करने के लिए संगठित की जाती है। कार्यपालिका में वे व्यक्ति आते हैं, जो सरकार के कार्यों को कार्यान्वित करते हैं। इस प्रकार सर्वोच्च व्यक्ति राष्ट्रपति अथवा प्रधानमंत्री से लेकर एक साधारण लिपिक अथवा पुलिस का एक साधारण सिपाही भी इसमें सम्मिलित किया जा सकता है। राजनीति विज्ञान में कार्यपालिका शब्द राज्य के मुख्य कार्यपालिका नेता और उनके परामर्शदाताओं तथा मंत्रियों का ही संकेत करता है, उदाहरण के लिए भारत में राष्ट्रपति और उसका मंत्रिमंडल, ब्रिटेन में राजा और उसका मंत्रिमंडल तथा अमेरिका में राष्ट्रपति एवं सचिवों को कार्यपालिका कहा जाता है। आधुनिक अर्थ में कार्यपालिका में वही व्यक्ति होते हैं जो नीति निर्धारित करते हैं, कानूनों की कार्यान्विति को देखते हैं तथा सैनिक और अंतर्राष्ट्रीय संबंधों का प्रतिनिधित्व करते हैं।

कार्यपालिका में नाममात्र और वास्तविक कार्यपालिका संबंधी भेद पाया जाता है। नाममात्र की कार्यपालिका वह है जिसके नाम पर संपूर्ण कार्य होता है, किंतु शासन की वास्तविक शक्ति उसके पास नहीं होती। इंग्लैंड का राजा और भारत का राष्ट्रपति इसी प्रकार की कार्यपालिका है। वहां वास्तविक कार्यपालिका प्रधानमंत्री के नेतृत्व में मंत्रिमंडल है जिसके चारों ओर शासन की धुरी घूमती है। जिन देशों में संसदात्मक शासन–पद्धति है वहां नामधारी कार्यपालिका को कुछ नहीं करना पड़ता। शासन का संपूर्ण कार्य मंत्रिमंडल ही करता है जबकि अमेरिका जैसे देश में जहां पर अध्यक्षात्मक प्रणाली है वहां पर नाममात्र और वास्तविक कार्यपालिका संबंधी भेद नहीं पाया जाता। राष्ट्रपति ही वास्तविक कार्यपालिका होता है और वही सभी शक्तियों का प्रयोग करता है।

अमेरिका की कार्यपालिका : अमेरिका में अध्यक्षात्मक सरकार स्थापित की गई है। राष्ट्रपति के पास सरकार की वास्तविक शक्तियाँ है। वही सरकार तथा राज्य दोनों का अध्यक्ष होता है जो कार्य भारत में राष्ट्रपति और प्रधानमंत्री द्वारा संपन्न किए जाते हैं वही सब कार्य अमेरिका में अकेले राष्ट्रपति के द्वारा किए जाते हैं इसलिए अमेरिका में राष्ट्रपति का पद बहुत महत्व का है। संविधान का दूसरा

अनुच्छेद कहता है "कार्यकारी शक्तियाँ संयुक्त राज्य अमेरिका के राष्ट्रपति में निहित होगी।" **सिडनी हेमेन** ने लिखा है कि "अमेरिका राष्ट्रपति की सत्ता और महत्व में धीरे–धीरे वृद्धि हुई है और आज वह संघीय सत्ता का केन्द्र तथा राष्ट्रीय एकता का प्रतीक है। अतः अमेरिका का राष्ट्रपति बहुत शक्तिशाली है। अमेरिका में इकहरी कार्यपालिका अपनाई गई है, इसलिए प्रशासन की सारी शक्तियाँ अंतिम रूप से राष्ट्रपति के पास है, मंत्रिमंडल तो केवल परामर्शदाता है।"

राष्ट्रपति पद के लिए उम्मीदवारों में निम्नलिखित योग्यताएँ होनी चाहिए–

1. वह संयुक्त राज्य अमेरिका का जन्मजात नागरिक हो
2. उसकी आयु 35 वर्ष से कम न हो,
3. वह संयुक्त राज्य अमेरिका में कम से कम चौदह वर्ष तक निवासी रहा हो। लेकिन यह अनिवार्य नहीं है कि वह लगातार रहा हो।

जबकि व्यवहार में यह देखा गया है कि वह व्यक्ति राष्ट्रपति पद के लिए योग्य समझा जाता है जो पहले ही किसी ऊँचे पद पर रह चुका हो, वुडरो विल्सन और फ्रैंकलिन डी॰ रूजवेल्ट गवर्नर पद को सुशोभित कर चुके थे, आइजन हावर ने सेनापति के नाते एक विशेष ख्याति अर्जित की थी, जान केनेडी एक प्रख्यात सीनेटर थे, राष्ट्रपति रेनाल्ड रेगन एक अर्से तक केलिफोर्निया के गवर्नर रह चुके थे और जार्ज ब्रुश ने उप–राष्ट्रपति का चुनाव लड़ा तथा विजय हासिल की। लार्ड ब्राइस का भी यही कहना था कि "कांग्रेस के विख्यात सदस्य, राज्यों के सफल गर्वनर, कामयाब मंत्री, ख्याति–प्राप्त राजदूत, विद्वान जज अथवा सुप्रसिद्ध पत्रकार, थे सब व्यक्ति राष्ट्रपति–पद के लिए अच्छे उम्मीदवार साबित हो सकते हैं।

राष्ट्रपति का चुनाव : राष्ट्रपति के निर्वाचन के संबंध में संविधान सभा में काफी वाद–विवाद हुआ। कुछ सदस्यों का मत था कि राष्ट्रपति सीधे जनता द्वारा चुना जाए। कुछ ने यह सुझाया कि राष्ट्रपति का चुनाव कांग्रेस यानी विधानमंडल ही करे और कुछ सदस्यों का ऐसा मत था कि राष्ट्रपति का चुनाव परोक्ष विधि से हो। संविधान–निर्माताओं का यह विचार था कि साधारण मतदाता जो कि एक–दूसरे से बहुत दूर बिखरे हुए हैं। किसी व्यक्ति की इस पद के लिए योग्यता और उपयुक्तता की ठीक तरह जांच नहीं कर सकेंगे। इसलिए उन्होंने निश्चय किया कि राष्ट्रपति का चुनाव अप्रत्यक्ष रूप से हो। चूंकि अमेरिका संविधान शक्तियों के पृथक्करण के आधार पर बनाया गया था, इसलिए यह भी निर्णय किया गया कि राष्ट्रपति का चुनाव कांग्रेस के द्वारा न हो वरना राष्ट्रपति की कांग्रेस पर निर्भरता बहुत बढ़ जाती और यह स्वतंत्र नहीं हो पाता इसलिए अमेरिका के संविधान में राष्ट्रपति के चुनाव की व्यवस्था एक निर्वाचक मंडल के द्वारा की गई। इस निर्वाचक मंडल का कार्य राष्ट्रपति को चुनने के अतिरिक्त और कुछ भी नहीं रखा गया। निर्वाचक मंडल के उतने ही सदस्य रखे गये जितने की कांग्रेस के। 23 वें संशोधन (1961) के अनुसार निर्वाचक मंडल के लिए अमेरिका की राजधानी डिस्ट्रिक्ट ऑफ कोलम्बिया को भी तीन प्रतिनिधि चुनने का अधिकार दिया गया। परंतु कांग्रेस में अब भी उसको प्रतिनिधित्व प्राप्त नहीं है क्योंकि कोलम्बिया जिला है न कि राज्य। इस प्रकार निर्वाचक–मंडल के कुल 538 सदस्य है। राष्ट्रपति के चुनाव के लिए सारे देश को 538 निर्वाचन–क्षेत्रों में बाँट दिया जाता इन 538 प्रतिनिधियों में हर राज्य का कोटा उतना ही होता है जितने कि उस राज्य के कांग्रेस में प्रतिनिधि है।

राष्ट्रपति के चुनाव में अपनायी जाने वाली पद्धति निम्नलिखित है–

1. उम्मीदवारों का नामांकन : अमेरिका में दो प्रमुख राजनीतिक दल है एक रिपब्लिकन और दूसरा डैमोक्रेटिक है। ये दोनों दल विभिन्न स्थानों पर अपने सम्मेलन बुलाते हैं जिसमें राष्ट्रपति के उम्मीदवारों का चयन किया जाता है। इस विषय में संविधान मौन है। प्रत्येक दल की राष्ट्रीय समिति अपने–अपने दल के लिए सम्मेलन के समय तथा स्थान का निर्णय करती है और उस संबंध में प्रारंभिक व्यवस्था करती है। इन्हीं सम्मेलनों में विभिन्न राजनीतिक दलों द्वारा राष्ट्रपति पद के लिए अपने–अपने उम्मीदवारों की घोषणा की जाती है।

2. चुनाव अभियान : सभा के समाप्त होने से पहले राष्ट्रपति पद के लिए चुने हुए उम्मीदवार द्वारा अपने दल की एक राष्ट्रीय समिति चुनी जाती है। यह समिति अपना एक प्रधान तथा कोषाध्यक्ष चुन लेती है। यह समिति राष्ट्रपति पद के लिए के लिए चुने हुए उम्मीदवारों के परामर्श से राज्यों तथा अनेक जिलों और अन्य स्थानों में

दल के कार्यालय खोलती है। प्रत्येक दल की राष्ट्रीय समिति अपने उम्मीदवार के पक्ष में बहुत जोरों से अभियान चलाती है और इस हेतु लाखों डालर खर्च किये जाते हैं। चुनाव–प्रचार के प्रमुख साधनों टेलीविजन, रेडियो, समाचार–पत्र और विविध प्रकार के साहित्यों का सहारा लिया जाता है। अमेरिकी राष्ट्रपति का चुनाव–प्रचार विश्व का सर्वाधिक खर्चीला चुनाव–प्रचार माना जाता है।

3. निर्वाचन मंडल का गठन : निर्वाचन मंड़ल के लिए दोनों दलों द्वारा उम्मीदवार खड़े किये जाते हैं। निर्वाचन मंडल के 538 सदस्यों को चुनने के लिए अमेरिका का हर वह व्यक्ति वोट देने का अधिकारी है जो कम से कम 18 वर्ष की आयु का हो। निर्वाचन मंडल का चुनाव लीप वर्ष अथवा हर चौथे वर्ष नवंबर माह के प्रथम सोमवार के बाद जो मंगलवार आये को होता है। संविधान में यह भी कहा गया है कि कांग्रेस का कोई भी सदस्य या कोई ऐसा व्यक्ति जो अमेरिका में किसी लाभ के पद पर है, इस निर्वाचन मंडल का सदस्य नहीं बन सकता है। इस निर्वाचन मंडल का कार्य राष्ट्रपति तथा उपराष्ट्रपति को चुनने के अतिरिक्त और कुछ भी नहीं है।

जहाँ निर्वाचन मंडल के सदस्यों के चुनाव का प्रश्न है वह सूची प्रणाली पर आधारित होता है। मतदाता द्वारा मत किसी उम्मीदवार के लिए नहीं बल्कि दल की सूची के पक्ष में डाले जाते हैं। निर्वाचन मंडल के सदस्यों का चुनाव व्यक्तिगत न होकर सामूहिक होता है अर्थात् जिस दल को किसी राज्य के मतदाताओं का बहुमत प्राप्त हो जाता है उसी दल के सभी उम्मीदवार राष्ट्रपति के निर्वाचन मंडल के सदस्य चुने जाते हैं। उदाहरणतः यदि न्यूयार्क राज्य में रिपब्लिकन निर्वाचक सूची को 7 लाख मत मिलते हैं और डेमोक्रेटिक निर्वाचक सूची को 10 लाख तो न्यूयार्क राज्य से निर्वाचक मंडल के सभी 42 सदस्य डेमोक्रेटिक दल से चुन लिए जाते हैं।

4. निर्वाचक मंडल द्वारा राष्ट्रपति का चुनाव : चुनाव वर्ष के दिसंबर मास के दूसरे बुधवार को निर्वाचक–मंडल के सदस्य अपने–अपने राज्यों की राजधानियों में इकट्ठे होते हैं और राष्ट्रपति तथा उपराष्ट्रपति पद के लिए विभिन्न उम्मीदवारों के पक्ष में मतदान करते हैं। यह केवल औपचारिकता ही है क्योंकि निर्वाचक अपने–अपने दलीय उम्मीदवारों के लिए ही मतदान करते हैं। इस हेतु वे दलीय प्रतिज्ञा से बंधे हुए होते हैं। मतों की गणना की जाती है और उसको प्रमाणीकृत करने के पश्चात वह सीनेट के अध्यक्ष के पास भेज दी जाती है। सीनेट का अध्यक्ष कांग्रेस के दोनों सदनों के सदस्यों की उपस्थिति में वोटो की गिनती करवाता है। जिस उम्मीदवार को 538 मतों में से कम से कम 270 मत प्राप्त हो जाते हैं, उसे विजयी घोषित कर दिया जाता है। यदि किसी उम्मीदवार को पूर्ण अथवा स्पष्ट बहुमत प्राप्त न हो तो उन तीन उम्मीदवारों में से जिन्हें सबसे अधिक मत मिले हैं किसी एक को प्रतिनिधि सभा राष्ट्रपति चुनेगी। उस स्थिति में हर राज्य का केवल एक मत माना जाता है अर्थात् प्रत्येक राज्य के सदस्य अपने–अपने गुट बना लेते हैं और हर गुट को एक वोट देने का अधिकार होता है। प्रत्येक गुट बहुमत के द्वारा यह निर्णय करता है कि उसका वोट तीनों उम्मीदवारों में से किसके पक्ष में जाएगा। इस प्रकार जब किसी उम्मीदवार को निर्वाचक मंडल का बहुमत प्राप्त हो जाता है, तो वह राष्ट्रपति चुना जाता है।

5. पद ग्रहण करना : निर्वाचक–मंडल के सभी सदस्यों का चुनाव हो चुकने के बाद यह स्पष्ट हो जाता है कि चुनाव में कौन व्यक्ति विजयी रहा है। अतः 20 जनवरी को निर्वाचित राष्ट्रपति अपना पद ग्रहण करता है। राष्ट्रपति का कार्यकाल चार वर्ष का होता है। एक व्यक्ति लगातार दो से अधिक बार अमेरिका का राष्ट्रपति नहीं बन सकता है।

राष्ट्रपति को हटाने की पद्धति : अमेरिकी संविधान के अनुच्छेद 2, भाग 4 के अनुसार राष्ट्रपति को केवल महाभियोग के द्वारा हटाया जा सकता है। राष्ट्रपति के विरूद्ध महाभियोग तब ही चलाया जा सकता है जबकि वह देशद्रोह, रिश्वतखोरी, अपराध अथवा दुष्कर्म में अंतर्ग्रस्त हो।

राष्ट्रपति की शक्तियाँ तथा उसके कार्य : अमेरिका के संविधान में अनुच्छेद 2 के अनुसार कार्यपालिका शक्तियाँ संयुक्त राज्य अमेरिका के राष्ट्रपति में निहित हैं.....राष्ट्रपति संयुक्त राज्य की सेना तथा समुद्री बेड़े इत्यादि का मुख्य सेनापति है.....वह सीनेट के परामर्श तथा 2/3 बहुमत की स्वीकृति द्वारा अन्य देशों से समझौते कर सकता है परंतु अमेरिका के राष्ट्रपति की शक्तियों का इससे ठीक अनुमान नहीं लगता है क्योंकि धीरे–धीरे अनेक कारणों से व्यवहार में उसकी शक्तियाँ बहुत बढ़ गई हैं। लॉस्की का कहना है कि "जहां तक शक्तियों की व्यापकता और प्रभाव–क्षेत्र का प्रश्न है, अमेरिका के राष्ट्रपति की स्थिति अद्वितीय है। वह केवल राज्य का अध्यक्ष ही नहीं है बल्कि देश का प्रधानमंत्री भी है।"

ब्रिटेन की कार्यपालिका

ग्रेट ब्रिटेन में संसदीय कार्यपालिका है और संसदीय कार्यपालिका की यह विशेषता होती है कि इसमें सरकार का अध्यक्ष अलग होता है और राज्य का अध्यक्ष अलग होता है। प्रधानमंत्री सरकार का और राष्ट्रपति या सम्राट राज्य का अध्यक्ष होता हैं प्रधानमंत्री के पास सरकार की वास्तविक शक्तियाँ रहती है जबकि राष्ट्रपति या सम्राट के पास नाममात्र की शक्तियाँ रहती हैं। लेकिन ब्रिटेन की शानदार क्रांति (1688 ई॰) से पूर्व सम्राट काफी शक्तिशाली थे और वे राज्य तथा सरकार दोनों के अध्यक्ष होते थे परंतु 1689 के अधिकार पत्र द्वारा सम्राट की शक्तियाँ बहुत अधिक घट गई और संसद की शक्तियाँ बहुत अधिक बढ़ा दी गई। हैनोवर काल में मंत्रिमंडलीय पद्धति का वास्तविक उदय हुआ और वालपोल प्रथम प्रधानमंत्री बन गया। धीरे–धीरे सम्राट की सारी वास्तविक शक्तियाँ मंत्रिमंडल के पास आ गई और सम्राट राज्य का एक औपचारिक अध्यक्ष रह गया।

अतः मंत्रिमंडल ही ब्रिटेन की वास्तविक कार्यपालिका है और प्रधानमंत्रि मंत्रिमंडल का प्रधान। इस प्रकार शासन का केंद्र बिंदु प्रधानमंत्री ही है और उसकी स्थिति सर्वाधिक महत्व पूर्ण है। शासन में प्रधानमंत्री की स्थिति इतनी अधिक महत्वपूर्ण और केंद्रीय है कि वर्तमान समय में कुछ पक्षों द्वारा ब्रिटिश सरकार को मंत्रिमंडलीय सरकार के स्थान पर प्रधानमंत्री सरकार कहा जाने लगा। **रिचर्ड क्रासमैन** ने भी ऐसा ही कहा है कि ''द्वितीय महायुद्ध के बाद की घटनाओं को देखते हुए हम यह कह सकते हैं कि केबिनेट शासन वास्तव में 'प्रधानमंत्री शासन' में परिवर्तित हो गया है।''

प्रधानमंत्री

ब्रिटिश शासन का केंद्र बिंदु प्रधानमंत्री है। संसदीय शासन–प्रणाली के अंर्तगत राज्य का अध्यक्ष मंत्रिमंडल के परामर्श के अनुसार कार्य करता है। वास्तव में मंत्रिमंडल के परामर्श से अभिप्राय है प्रधानमंत्री का परामर्श है। प्रधानमंत्री के पद का विकास जार्ज प्रथम के शासन काल से शुरू हुआ और वालपोल ब्रिटेन का प्रथम प्रधानमंत्री बना था। वह 1721 से 1742 तक अपने पद पर आसीन रहा। जहां तक कानूनी मान्यता का प्रश्न है प्रधानमंत्री के पद को औपचारिक स्वीकृति 1937 के अधिनियम द्वारा मिली। इससे पूर्व वह 'ट्रेजरी के प्रथम लार्ड' की हैसियत से अपना वेतन पाता था। ट्रेजरी से अभिप्राय राजकोष न होकर केबिनेट ही था।

प्रधानमंत्री की नियुक्ति : प्रधानमंत्री की नियुक्ति सम्राट द्वारा की जाती है संसदीय पद्धति का यह तकाजा है कि सम्राट उस दल के व्यक्ति को प्रधानमंत्री नियुक्त करेंगे जिसका कामन सभा में बहुमत हो। यदि संसद में किसी भी दल का बहुमत न हो तो सम्राट अपनी इच्छांनुसार संसद के किसीं भी सदस्य को प्रधानमंत्री नियुक्त कर सकता है। ऐसे समय मे सम्राट की भूमिका बड़ी महत्वपूर्ण हो जाती है। उदाहरणतः 1931 में लेबर पार्टी का नेता रैम्जे मैक्डेनल्ड ब्रिटेन का प्रधानमंत्री था। लेबर पार्टी सदन की सबसे बड़ी पार्टी जरूर थी पर उसे पूर्ण बहुमत हासिल नहीं था। लेबर पार्टी वास्तव में उदार दल के सहयोग से शासन–कार्य चला रही थी। बाद में जब स्थिति ज्यादा बिगड़ गई तो प्रधानमंत्री ने अपने पद से इस्तीफा दे दिया। सम्राट ने इस्तीफा नामंजूर कर दिया था उसे समय की आर्थिक परिस्थितियों को देखते हुए सम्राट नए चुनावों के पक्ष में नहीं था इसीलिए उसने यह परामर्श दिया की राष्ट्रीय सरकार का गठन किया जाए। फलस्वरूप रैम्जे मैकडेनल्ड के नेतृत्व में ऐसे मंत्रिमंडल का गठन किया गया जिसमें तीनों प्रमुख दलों के सदस्य शामिल थे।

प्रधानमंत्री के कार्य और शक्तियाँ :

1. मंत्रिमंडल का निर्माण
2. मंत्रिमंडल का कार्य संचालन
3. मंत्रिमंडल का अंत
4. शासन पर नियंत्रण
5. विदेश नीति का निर्माता
6. लोक-सदन का नेतृत्व
7. मंत्रिमंडल और सम्राट के बीच की कड़ी
8. प्रधानमंत्री राष्ट्र का नायक

स्विट्जरलैंड की कार्यपालिका

स्विट्जरलैंड में संघीय सरकार का सबसे अनुपम तथा विचित्र लक्षण उसकी बहुल कार्यपलिका है क्योंकि यहां पर कार्यपलिका शक्ति भारत, ब्रिटेन, अमेरिका आदि देशों की भांति किसी एक व्यक्ति में निहित न होकर सात सदस्यों की एक परिषद् में निहित है। वस्तुतः इसमें अध्यक्षात्मक

और संसदीय दोनों ही प्रकार की शासन प्रणालियों के गुण पाये जाते हैं।

संघीय परिषद् : स्विट्जरलैंड की संघीय कार्यपालिका को संघीय परिषद् के नाम से जाना जाता है। संघीय परिषद् के सदस्यों की संख्या 'सात' है इनका चुनाव संघीय सभा के दोनों सदनों एक संयुक्त बैठक में करते हैं। संघीय परिषद् का चुनाव चार वर्ष के लिए होता है इससे पूर्व इसे नहीं हटाया नहीं जा सकता। वास्तविकता यह है कि संघीय परिषद् के सदस्य बार–बार चुन लिए जाते है ताकि वे अपने अनुभव और योग्यता से देश को लाभ पहुंचा सके।

योग्यताएँ : कोई भी व्यक्ति जो राष्ट्रीय परिषद् का सदस्य चुने जाने की योग्यता रखता है, संघीय परिषद् का सदस्य चुना जा सकता है परंतु व्यवहार में वे ही व्यक्ति संघीय परिषद् के सदस्य चुने जाते है जो संघीय सभा के सदस्य है। संघीय परिषद् के सदस्य चुने जाने बाद उन्हें संघीय सभा की सदस्यता छोड़नी पड़ती है परंतु वे इसकी बैठको में भाग ले सकते है और वे सब विषयों पर अपने विचार दे सकते हैं परंतु मत नहीं दे सकते हैं। स्विंस संविधान में यह भी प्रावधान है कि संघीय परिषद् में कैंटन में एक से अधिक सदस्य नहीं हो सकते है तथा वह किसी अन्य व्यापार तथा उद्योग धंधे को भी अपने नाम से नहीं चला सकता है।

इसके अतिरिक्त संघीय परिषद् के सदस्य चुने जाने के लिए यह भी योग्यता उम्मीदवार में होनी चाहिए कि वह नम्र हो उसमें सेवाभाव हो तथा वह योग्य हो और उसमें पद लिप्सा न हो।

संघीय परिषद् के पदाधिकारी : संघीय सभा के दोनों सदन अपनी एक संयुक्त बैठक में संघीय पार्षदों में से एक अध्यक्ष तथा एक उपाध्यक्ष एक के वर्ष के लिए चुनते है। संघीय परिषद् का अध्यक्ष ही स्विट्जरलैड का राष्ट्रपति कहलाता है। वह निरंतर 2 वर्ष के लिए अध्यक्ष नहीं चुना जा सकता है। इसी प्रकार उपाध्यक्ष उपराष्ट्रपति होता है स्विट्जरलैंड में यह रूढ़ि अथवा परम्परा स्थापित हो गई है कि उपाध्यक्ष को अगले वर्ष अध्यक्ष चुन लिया जाता है। संघीय सभा संघीय परिषद् के सदस्यों में से प्रधान तथा उपप्रधान चुनते समय ज्येष्टता के नियम का ध्यान रखती है। 7 सदस्यों में से बारी–बारी कोई न कोई अध्यक्ष तथा उपाध्यक्ष बनते रहते है। उपराष्ट्रपति के पास सरकार के कोई विशेष कार्य नहीं रहते हैं, वह अन्य संघीय पार्षदों की भांति एक विभाग का प्रमुख होता है परंतु राष्ट्रपति की अनुपस्थिति में वह राष्ट्रपति पद पर कार्य करता है।

राष्ट्रपति कार्य : स्विट्जरलैंड राष्ट्रपति के कार्य दो भागों में बाटा जा सका है–

1. राष्ट्रपति के रूप में किये जाने वाले कार्य : राष्ट्रपति के रूप में स्विंस फैडरल काउंसिल के अध्यक्ष के कार्य केवल औपचारिक ही है। वह अंतर्राष्ट्रीय क्षेत्र में अपने देश का प्रतिनिधित्व करता है वह विदेशी दूतों का स्वागत करता है और वे उसको मानपत्र भेंट करते हैं। राष्ट्रीय अवसरों पर राष्ट्रपति को सबसे अधिक सम्मान दिया जाता है। संघीय सभा द्वारा पारित विधेयकों पर वह अपने हस्ताक्षर करता है परंतु उसे कोई निषेधाधिकार नहीं है।

2. संघीय परिषद् के सभापति के रूप किये जाने वाले कार्य : वह संघीय परिषद का अध्यक्ष है इसलिए संघीय सरकार के सारे विभागों का निरीक्षण करता है और उनमें समन्वय करता है। उसे अन्य संघीय पार्षदों की अपेक्षा अधिक अधिकार नहीं होते है। किसी विषय पर संघीय परिषद में ग्रांथि पड़ने या मतों के बराबर होने पर उसे निर्णायक मत देने का अधिकार होता है। इस प्रकार सभापति के रूप में उसे एक संघीय पार्षद होने के नाते अधिकार प्राप्त होते हैं। हालांकि कभी–कभी संकटकालीन अवस्था में संघीय परिषद उसे विशेष अधिकार प्रदान कर देती है परंतु उस समय भी उसे अपने सब कार्यों के लिए संघीय सभा का समर्थन प्राप्त करना पड़ता हैं।

संघीय सरकार के विभागों का प्रबंध–स्विट्जरलैंड में फैडरल प्रबंध सात विभागों में बढ़ा हुआ है। जोकि निम्न प्रकार से है–

1. विदेशी विषयों का विभाग 2. गृह विभाग 3. न्याय और पुलिस विभाग 4. सैनिक विभाग 5. वित्त तथा सीमा शुल्क विभाग, 6. खेती–बाड़ी व्यापार और उद्योग 7. सहायता–संचार तथा शक्ति।

इस प्रकार स्विट्जरलैंड में संघीय परिषद के सदस्य आपस में बैठकर विभागों का बटवारा कर लेते हैं। प्रत्येक पार्षद अपने विभाग का भी अध्यक्ष होता है और वह दूसरे के विभाग के लिए भी स्थानापन्न अध्यक्ष के रूप में कार्य करता है ताकि यदि किसी विभाग का अध्यक्ष किसी कारण से अपने विभाग की देखभाल न कर सके तो उसकी बजाए

दूसरा पार्षद उनके कार्यों की देखभाल कर सके। संविधान और सिद्धांत की दृष्टि से सारे महत्वपूर्ण निर्णय सामूहिक रूप से संघीय परिषद द्वारा ही लिए जाते हैं परंतु फिर भी बहुत से ऐसे विभागीय मामले रहते हैं जिनके बारे में प्रत्येक पार्षद निर्णय लेता है और सारी संघीय परिषद बाद में उसका समर्थन कर देती है।

संघीय परिषद के कार्य एवं शक्तियाँ : स्विस संविधान के अनुच्छेद 102 में संघीय परिषद के अधिकारों तथा कार्यों की एक लंबी सूची दी गई है जिनका वर्णन निम्न प्रकार से किया जा सकता है–

1. कार्यपालिका शक्तियाँ : संविधान के अनुच्छेद 95 के अनुसार संघीय परिषद स्विस राज्य मंड़ल में सर्वोच्च निर्देशक तथा कार्यपालिका सत्ता है। इस विषय में उसे निम्न शक्तियाँ प्राप्त हैं–

1. यह स्विस राज्य मंडल के कानूनों और अध्यादेशों के अनुसार संघीय कामकाज का संचालन करती है।
2. देश में संविधान का पालन हो और कानूनों का उल्लंघन न हो यदि कानूनों का उल्लंघन हो रहा हो तो वह उन मामलों को संघीय न्यायधिकरण को सौंप सकती है।
3. देश की आंतरिक सुरक्षा तथा शांति और व्यवस्था के लिए प्रबंध करती है।
4. यह संघीय न्यायाधिकरण के निर्णयों को लागू करती है।
5. यह देश की विदेशी आक्रमणों से रक्षा करती है। यह स्विट्ज़रलैंड की स्वतंत्रता तथा तटस्थता की भी रक्षा करती है।
6. कैंटनों के संविधान की सुरक्षा का कार्य भी करती है।
7. कैंटनों जिन समझौतों को विदेशों से करते हैं, यह उनकी भी जाँच करती है।
8. यह ऐसी नियुक्तियाँ करती है जिनका अधिकार संघीय सभा, संघीय न्यायाधिकरण या किसी अन्य सत्ता को नहीं है।
9. यह संघीय सेना तथा प्रशासन की सब शाखाओं की देखभाल करती है।
10. कैंटनों के जो कानून तथा अध्यादेश इसके अनुमोदन के लिए रखे जाते हैं, उनकी यह जाँच करती है।

2. वैधानिक शक्तियाँ : वैधानिक क्षेत्र में संघीय परिषद निम्नलिखित कार्य संपन्न करती है–

1. स्विट्ज़रलैंड में कोई सभा विधायन प्रायः संघीय परिषद से ही प्रारंभ होता है, सभी महत्वपूर्ण विधेयक इसके द्वारा तैयार करवाए और रखे जाते हैं।
2. अनुच्छेद 101 के अनुसार संघीय परिषद के सदस्य संघीय सभा में बोल सकते हैं परंतु मताधिकार प्राप्त नहीं है।
3. जिन विषयों पर संघीय सभा में वाद–विवाद हो रहा हो, उन पर प्रस्ताव पेश करने का भी संघीय परिषद को अधिकार है।
4. फैरडल कौंसिल के सदस्यों को उन प्रश्नों का उत्तर देना पड़ता है, जो संघीय सभा में उनसे पूछे जाएँ।
5. संघीय परिषद कानूनों को लागू करने के लिए अनेक नियम बनाती है तथा अध्यादेश जारी करती है। संकटकाल के समय यह शक्ति और अधिक बढ़ जाती है।

3. वित्तीय शक्ति : संघीय परिषद की वित्तीय शक्तियाँ निम्न प्रकार से है–

1. संघीय परिषद ही संघीय बजट तैयार करती है और संघीय सभा के समक्ष उसकी स्वीकृति के लिए प्रस्तुत करती है।
2. राज्यमंडल का वित्तीय प्रशासन इसी के द्वारा चलाया जाता है।
3. संघीय सरकार के खर्च और आमदनी का हिसाब संघीय सभा को देती है,
4. राजस्व तथा अन्य करों को इकट्ठा करती है।
5. सघीय सरकार के सारे खर्च की देखभाल करती है जिसकी स्वीकृति संघीय सभा में दी हुई होती है।

4. न्यायिक शक्तियाँ : संघीय परिषद को निम्नलिखित न्यायिक शक्तियाँ प्राप्त हैं–

1. संघीय सरकार के विभिन्न विभागों के निर्णयों के विरूद्ध प्राईवेट व्यक्तियों की अपीले सुनती है।
2. संघीय रेलवे प्रशासन के निर्णयों के विरूद्ध भी अपील सुनती है।
3. यदि कैंटनों में धार्मिक आधार पर कोई भेदभाव हो, तो यह कैंटनों के निर्णयों के विरूद्ध अपील सुन सकती है।

न्यायपालिका

न्यायपालिका सरकार का एक अत्यंत महत्वपूर्ण अंग है। नागरिकों का कल्याण त्वरित और पक्षपात रहित न्याय पर ही निर्भर करता है। राजकीय कानूनों के उल्लंघनकर्ता को दंड देने के लिए निर्भीक व निष्पक्ष न्यायिक संस्था का होना अनिवार्य है आधुनिक न्यायपालिका न केवल पारस्परिक अभियोगों का निपटारा करती है अपितु उन विवादों का निर्णय भी करती है जो व्यक्तियों तथा राज्यों, अथवा एकाधिक राज्य के मध्य उठ खड़े होते हैं।

संघीय देशों में दो प्रकार के न्यायालय होते हैं एक संघीय सरकार द्वारा स्थापित न्यायालय जो राष्ट्रीय कानून को समान रूप से संपूर्ण देश में लागू करते हैं और, दूसरे, राज्यों के न्यायालय जो अपने–अपने क्षेत्रों में राजकीय कानूनों के अधीन न्याय की व्यवस्था करते हैं। अमेरिका में तीन प्रकार के न्यायालयों जिला न्यायालय, अपीलीय सर्किट न्यायालय तथा सर्वोच्च न्यायालय के अतिरिक्त सभी राज्यों में पृथक–पृथक न्याय व्यवस्था है जिनकी अपनी–अपनी विधि प्रक्रियाएँ हैं। भारत में न्यायपालिका को संगठन का समन्वित रूप प्राप्त है। यहाँ अमेरिका की भांति संघ एवं राज्यों के लिए पृथक न्याय व्यवस्था नहीं है अपितु संपूर्ण देश के लिए न्याय की एक सी व्यवस्था है। देश के सबसे बड़े न्यायालय को सर्वोच्च न्यायालय कहा जाता है जिसके अधीन राज्यों के उच्च न्यायालय होते हैं।

विभिन्न देशों के मध्य न्यायपालिका की क्या स्थिति है उसका संगठन, कार्य एवं शक्तियों का अध्ययन निम्न प्रकार से किया जा सकता है–

1. अमेरिका की संघीय न्यायपालिका :

अमेरिका में संघीय शासन–व्यवस्था के अनुरूप दोहरी न्यायपालिका की व्यवस्था की गई है संघीय न्यायालय और प्रांतीय न्यायालय। संघीय न्यायालयों का स्रोत संघीय संविधान और प्रान्तीय न्यायालयों का स्रोत प्रांतो के अपने–अपने संविधान होते हैं। संघीय न्यायालय संघीय विषयों से संबंधित विवादों का निर्णय करते हैं। जबकि प्रांतीय न्यायालय प्रांतीय विषयों से संबंधित विवादों का निर्धारण करते हैं। अमेरिका संविधान के अनुच्छेद 3 के अनुसार, "संयुक्त राज्य अमेरिका की न्याय शक्ति एक सर्वोच्च न्यायालय और ऐसे अधीनस्य न्यायालयों को सौंपी गई है जिनकी समय–समय पर कांग्रेस द्वारा स्थापना की जाए।"

संघीय न्यायपालिका का संगठन : सर्वोच्च न्यायालय संघीय तथा अन्य निम्नलिखित न्यायालयों की स्थापना 1781 ई॰ के न्यायपालिका अधिनियम द्वारा होती है, वर्तमान में संघीय न्यायपालिका में निम्नलिखित तीन श्रेणियों के न्यायालय पाये जाते हैं।

1. जिला न्यायालय : ये संघीय न्यायपालिका के सबसे छोटे न्यायालय हैं। अमरीका राज्यों में 87 न्यायालय स्थित हैं। एक न्यायालय कोलम्बिया जिले के लिये है। इस प्रकार सारा संयुक्त राज्य अमेरिका 88 जिला न्यायालयों में बंटा हुआ है। उनको प्रारंभिक क्षेत्राधिकार प्राप्त हैं उनको किसी प्रकार का अपीलीय क्षेत्राधिकार प्राप्त नहीं है। राज्यों के उच्च न्यायालयों से अपीलें जिला न्यायालयों में नहीं जातीं, अपितु सीधी उच्चतम न्यायालय में जाती हैं। प्रत्येक जिला न्यायालय में 1 से 24 तक न्यायधीश होते हैं। जिनकी नियुक्ति राष्ट्रपति के द्वारा सीनेट की सहमति से की जाती है और वे अपने पद पर सदाचार पर्यन्त रहते हैं। अमेरिका में केवल यही संघीय न्यायालय है जिनमें ज्यूरी का प्रयोग किया जाता है।

अमेरिका में कानूनों के तोड़ने के कारण जो भी मुकद्दमे होते हैं वे सभी जिला न्यायालयों में चलाए जाते हैं। फौजदारी मुकद्दमों को सिविल मुकद्दमों से प्राथमिकता दी जाती है। सभी असैनिक मुकद्दमे जो कि अमेरिका के संविधान, कानूनों और संधियों के अधीन उत्पन्न होते हैं तथा जो मुकद्दमे नागरिकता की अनेकता तथा विभिन्नता पर आधारित होते हैं वे भी यहाँ आते हैं। जिला न्यायालयों का प्रारंभिक क्षेत्राधिकार नौसेना, दिवालियापन, पेटेन्ट, कापीराइट, के कानून तथा संघीय सरकार द्वारा रक्षित नागरिक अधिकारों तक विस्तृत है।

2. अपीलीय न्यायालय : जिला न्यायालयों से अपील अपीलीय न्यायालयों में आती है। 1911 में सर्किट कार्ट ऑफ अपील को समाप्त कर दिया गया और अपीलीय न्यायालयों का पुनर्गठन किया गया। आजकल सारे अमेरिका को 11 न्यायिक भागों में बांटा गया है। इनमें से एक कोर्ट ऑफ अमेरिका के लिए है। प्रत्येक न्यायालय में 3 से 9 तक न्यायधीश होते हैं और किसी भी केस पर विचार करने के लिए कम से कम 2 न्यायधीश आवश्यक हैं। इनकी नियुक्ति भी राष्ट्रपति सीनेट की सहमति से करता है।

इन न्यायालयों को कोई प्रारंभिक क्षेत्राधिकार नहीं है इनको केवल जिला न्यायालयों की अपील सुनने का अधिकार

है ये अपने न्याय क्षेत्र में स्थित सभी जिला न्यायालयों के निर्णय के विरूद्ध अपील सुनते हैं। अधिकतर मुकद्दमों में इन अपीलीय न्यायालयों का निर्णय अंतिम होता है जिन मुकद्दमों में अपीलीय न्यायालय राज्य के किसी कानून को संयुक्त राज्य अमेरिका के संविधान, कानूनों एवं संधियों के विरूद्ध घोषित कर देते हैं, उनमें अभियुक्त को उच्चतम न्यायालय में अपील करने का अधिकार है।

3. सर्वोच्च न्यायालय : अमेरिका सर्वोच्च न्यायालय की स्थापना 1789 ई॰ में कांग्रेस के न्यायपालिका अधिनियम के द्वारा की गई जिसका मुख्यालय वाशिगंटन में है। इस विषय में संविधान के अनुच्छेद 3 की धारा 1 में वर्णित है कि "संयुक्त राज्य अमेरिका की न्यायिक शक्ति एक उच्चतम न्यायालय तथा ऐसे अन्य अधीन न्यायालयों के पास रहेगी जिनको कांग्रेस समय–समय पर कानून के द्वारा स्थापित करे।"

रचना : वर्तमान में अमेरिकी सर्वोच्च न्यायलय में एक मुख्य न्यायाधीश तथा आठ अन्य न्यायाधीश है। न्यायधीशों की नियुक्ति राष्ट्रपति करता है परंतु उसके लिए सीनेट की सहमति अनिवार्य है। न्यायाधीशों की योग्यता के विषय में संविधान कुछ नहीं कहता पर राष्ट्रपति इन पदों के लिए उन्हीं लोगों के नाम प्रस्तावित करता है जो उच्च कोटि के वकील हो अथवा देश के जाने–माने विधिशास्त्री हो। न्यायाधीशों की नियुक्ति के विषय में सीनेट राष्ट्रपति के ऊपर एक महत्वपूर्ण अंकुश का कार्य करती है।

कार्यकाल : सर्वोच्च न्यायालय के न्यायधीशों का कार्यकाल सदाचार पर्यन्त है। इस प्रकार अमेरिका का सर्वोच्च न्यायालय का न्यायाधीश आजीवन न्यायधीश बना रह सकता है। उसे सिर्फ महाभियोग द्वारा ही हटाया जा सकता है। इसके लिए विधि है कि प्रतिनिधि सदन 2/3 बहुमत से आरोप लगाता है। उसके पश्चात सीनेट न्यायालय के रूप में बैठ जाता है और उन आरोपों की जाँच करता है यदि न्यायधीशों के विरूद्ध आरोप ठीक सिद्ध हो जाए और सीनेट इस हेतु 2/3 बहुमत से एक प्रस्ताव पास कर दे, तो न्यायाधीशों को पद से हटाया जा सकेगा।

सर्वोच्च न्यायलय का कार्यकारी अधिकारी मुख्य न्यायधिपति है। वह सब अधिवेशनों की अध्यक्षता करता है और उसके निर्णयों की घोषणा करता है मुख्य न्यायधिपति को अन्य न्यायधीशों की अपेक्षा अधिक अधिकार नहीं है। उसके निर्णयों का अन्य न्यायधीशों की अपेक्षा अधिक महत्व नहीं है यदि मुख्य न्यायाधिपति अनुपस्थित हो तो सबसे वरिष्ट न्यायाधीश अधिवेशनों की अध्यक्षता करता है।

सर्वोच्च न्यायालय का क्षेत्राधिकार : अमेरिका के सर्वोच्च न्यायालय के कार्यक्षेत्र एवं शक्तियों का अध्ययन निम्नलिखित शीषर्कों के तहत किया जा सकता है–

1. प्रारंभिक क्षेत्राधिकार : इसके अंर्तगत वे मुकद्में आते हैं जिनकी सुनवाई अन्यत्र न होकर सीधे उच्चतम न्यायालय में होती है। इसके अंर्तगत दो प्रकार के अधिकार आते हैं।

1. संघीय व्यवस्था के रूप में और
2. मौलिक अधिकार के संरक्षक के रूप में।

1. संघीय व्यवस्था के रूप में-

(क) एक पक्ष संघीय सरकार व दूसरा पक्ष एक या अधिक राज्य सरकारें हो

(ख) विभिन्न राज्यों के परस्पर विवाद हो

(ग) एक पक्ष राज्य सरकार और दूसरे राज्य के नागरिकों के मध्य विवाद

(घ) वे विवाद जिनका संबंध राजदूतों, मंत्रियों, व वाणिज्य दूतों से हो

(ङ) वे विवाद जिनमें संयुक्त राज्य अमेरिका तथा बोर्ड विदेशी सरकार दो पक्ष हो।

न्यायालय उसी स्थिति में इन सब विवादों की सुनवाई करेगा जबकि उसमें कानून तथा तथ्य का कोई ऐसा प्रश्न निहित होता है, जिस पर किसी भी पक्ष का कोई अधिकार अक्षित हो।

2. मौलिक अधिकार के संरक्षक के रूप में : संघीय मौलिक अधिकारों और स्वतंत्रताओं से संबंधित विवाद यद्यपि इन विषयों के संबंध में सर्वोच्च न्यायालय का अधिकार अनन्य नहीं है अपितु निम्न संघीय न्यायालय के साथ समवर्ती है। व्यवहारिक रूप में राज्य की दृष्टि से मौलिक अधिकारों से संबंधित ऐसे समस्त विवाद जिसमें संविधान की किसी उपबंध का अर्थ था उसकी व्याख्या का प्रश्न अंतर्निहित है। ऐसे समस्त विवाद निम्न संघीय न्यायालय में जाने की बजाय सर्वोच्च न्यायालय में ही प्रारंभ किए जाते हैं।

2. अपीलीय अधिकार क्षेत्र : जैसाकि इसके नाम से ही स्पष्ट है कि इसके अंतर्गत सर्वोच्च न्यायालय के सम्मुख निम्न संघीय न्यायालय के निर्णय के विरूद्ध अपील के रूप

में विवाद प्रस्तुत किए जा सकते हैं। परंतु सर्वोच्च न्यायालय की महत्वपूर्ण स्थिति को देखते हुए एवं समयाभाव के कारण सर्वोच्च न्यायालय के सम्मुख अपील के रूप में दीवानी व फौजदारी मामलों की प्रकृति को नियंत्रित कर दिया गया है। दीवानी मामलों में कम से कम 20,000 डालर की धनराशि से संबंधित विवाद और फौजदारी मामलों के संबंध में अपील के रूप में केवल वही विवाद सर्वोच्च न्यायालय के सम्मुख प्रस्तुत किए जा सकते हैं :

1. जिनमें किसी निम्न संघीय न्यायालय ने निम्नतर संघीय न्यायालय के निर्णय को बदल दिया हो।

2. जहाँ निम्न संघीय न्यायालय में मृत्यु दंड की व्यवस्था की गई हो।

3. संविधान का संरक्षक-संघीय संविधान के संरक्षक के रूप में सर्वोच्च न्यायालय को विशेष शक्तियाँ प्राप्त है। अमेरिका में संघीय शासक व्यवस्था होने के कारण देश की सर्वोच्च शक्ति का विभाजन स्पष्ट रूप से संघीय सरकार एवं राज्य सरकार के मध्य किया गया है। स्पष्ट रूप में संघीय सरकार को 18 विषयों के संबंध में विधि–निर्माण और प्रशासन की शक्ति दी गई है। जबकि राज्यों के क्षेत्राधिकार में अतिरिक्त या विशेष विषय छोड़ दिए गए हैं। परंतु कभी–कभी इन क्षेत्रधिकारों का अतिक्रमण संविधान का उल्लंघन का प्रश्न संघ एवं राज्य सरकारों के मध्य भीषण विवाद का रूप धारण कर सकता है।

संविधान के संशोधन के विषय से संबंधित कोई भी प्रश्न संविधानिक विवाद का रूप धारण कर सकता है।

इसके अतिरिक्त संघीय सरकार को विदेशों से संधि करने की शक्ति प्राप्त है। संघीय विधियाँ देश की सर्वोच्च विधियाँ मानी जाएँगी। अतः संघीय विषयों की प्रकृति से संबंधित या उनकी क्रियान्वित का प्रश्न भी भीषण रूप ग्रहण कर सकता है।

उपर्युक्त तीनों ही परिस्थितियों से संबंधित किसी भी विवाद में संविधान के किसी भी उपबंध या अर्थ का प्रश्न अंर्तनिहित हो सकता है। जिसके अनिश्चित अर्थ के कारण या दोहरे अर्थ के उल्लंघन का भय रहता है। देश का सर्वोच्च और निष्पक्ष यन्त्र होने के कारण सर्वोच्च न्यायालय को संविधान के संरक्षक के रूप में नियुक्त करते हुए संविधान के अंतिम व्याख्याता या निर्वाचक की भूमिका प्राप्त है।

उपरोक्त समस्त प्रारंभिक और अपीलीय क्षेत्राधिकारों से संबंधित विवादों का वर्णन करने से यह स्पष्ट हो जाता है कि सर्वोच्च न्यायालय को संघीय न्याय व्यवस्था सर्वोच्च न्यायिक संगठन के रूप में निर्णय करने की अंतिम शक्ति प्राप्त है। इसके निर्णयों के विरूद्ध कहीं भी अपील नहीं की जा सकती इसका अपवाद केवल एक ही परिस्थिति में है और वह है राष्ट्रपति की क्षमादान के अधिकार की शक्ति।

यदि व्यवहारिक दृष्टि से देखा जाए तो राष्ट्रपति भी सर्वोच्च न्यायालय द्वारा दिए गए निर्णय को बदल नहीं सकता है वह तो केवल संघीय संविधान या संघीय विधि के विरूद्ध किए गए अपराधों के संबंध में सर्वोच्च न्यायालय द्वारा दिए गए दंड की अवधि को कम या दंड को स्थगित या दंड की मात्रा को मानवता के आधार पर कम कर सकता है।

न्यायिक पुनरीक्षण क्या है? अमेरिकन सर्वोच्च न्यायालय को अमेरिकी रीति रिवाजों के आधार पर दो प्रकार की शक्तियाँ प्राप्त है जिनको "न्यायिक पुनर्रीक्षण" व "न्यायिक पुर्नविलोकन" कहा जाता है। सभी लोकतंत्र देशों में जहाँ संघात्मक संविधान है, संविधान को देश की सर्वोच्च विधि माना जाता है। संविधान की व्याख्या करने की शक्ति को "न्यायिक समीक्षा" या न्यायिक पुननिर्रीक्षण की शक्ति कहा जाता है। पुननिर्रीक्षण से अभिप्राय है फिर से देखना अर्थात् विद्यानमंडल द्वारा पारित कानूनों और कार्यपालिका द्वारा जारी किए गए आदेशों की जाँच करना और देखना कि वे संविधान के अनुकूल है या नहीं। इस प्रकार केंद्रीय या राज्य–सरकारों के अवैधानिक कृत्यों को 'अकृत और शून्य' घोषित करने की शक्ति को ही न्यायिक पुननिर्रीक्षण की शक्ति के नाम से पुकारा गया है। इस संबंध में उच्चतम न्यायालय एक सर्वोच्च न्यायिक अधिकरण है इसलिए किसी भी मामले में उसका निर्णय अंतिम माना जाएगा।

ब्रिटेन की न्यायपालिका

रोम के नागरिक कानून तथा इंग्लैंड के साधारण कानून का संसार पर जितना व्यापक प्रभाव रहा है, उतना किसी अन्य न्याय–व्यवस्था का नहीं रहा है। यूरोप के अधिकांश देश, लैटिन अमेरिका के देश, दक्षिण अफ्रीका, जापान और स्काटलैंड ने रोम के नागरिक कानून का अनुसरण किया है जबकि इंग्लैंड, आयरलैंड, संयुक्त राज्य अमेरिका और ब्रिटिश अधिराज्यों ने अपनी कानूनी व्यवस्था साधारण कानून पर आधारित की है। इस तरह से संसार के अधिकांश देशों में या तो रोम की या ग्रेट ब्रिटेन की न्याय व्यवस्था पर आधारित कानूनी व्यवस्था देखी जा सकती है।

जहाँ तक ब्रिटेन में न्यायालयों के संगठन का प्रश्न है वहाँ पर दो प्रकार के न्यायालय हैं। दीवानी तथा फौज़दारी। इंग्लैंड और वेल्ज के न्यायालयों की व्यवस्था स्काटलैंड व उतरी आयरलैंड की व्यवस्था से भिन्न है। इंग्लैंड में न्याय व्यवस्था का संगठन 1873 के न्यायालय अधिनियम के अनुसार किया गया। जिसे बाद में 1925 में संशोधित भी किया गया।

ग्रेट ब्रिटेन के दीवानी न्यायालय : इंग्लैंड तथा वेल्ज में दीवानी न्यायालय की व्यवस्था इस प्रकार है–

1. काउन्टी न्यायालय : दीवानी अभियोगों के लिए सबसे छोटे न्यायालय दीवानी न्यायालय हैं उनमें 400 पौंड तक की संपत्ति के अभियोग सुने जा सकते हैं। इस समय इंग्लैंड तथा वेल्ज में 500 काउंटी कोर्ट है जिनको 60 सर्किट न्यायालयों में संगठित किया गया है। प्रत्येक सर्किट में एक न्यायालय होता है। सर्किट काम की मात्रा के अनुसार कुछ न्यायालयों का समूह होता है। काउंटी न्यायालयों में वैतनिक न्यायाधीश होते हैं। न्यायाधीश दौरे पर रहते हैं ताकि एक न्यायाधीश कई न्यायालयों का काम देख सके। न्यायाधीशों की नियुक्ति लार्ड चांसलर द्वारा उन बैरिस्टरों में से की जाती है जिनको कम से कम 7 वर्ष का अनुभव अवश्य प्राप्त हो। 400 पौंड की संपत्ति के अतिरिक्त इन न्यायालयों में किरायेदारों और मकान मालिकों के झगड़े अथवा कोई ऐसा मामला भी सुना जाता है जहाँ किसी श्रमिक को किसी कारखाने में सर पर चोट लग गई है और कारखाने के स्वामी ने उसके उचित मुआवजा न दिया हो।

2. सुप्रीम कोर्ट ऑफ जुडीकेचर : काउंटी न्यायालयों के ऊपर एक सुप्रीम कोर्ट ऑफ जुडीकेचर है जिसके दो भाग हैं। हाई कोर्ट ऑफ जस्टिस तथा कोर्ट ऑफ अपील।

3. लार्ड सदन : कोर्ट ऑफ अपील से आगे अपील लार्ड सदन में या तो लार्ड सदन अथवा कोर्ट ऑफ अपील की आज्ञा से संभव है। इस प्रकार की अपील सारे लार्ड सदन द्वारा नहीं सुनी जाती है अपितु 9 कानून–सदस्य द्वारा सुनी जाती है। लार्ड चान्सलर उस समय लार्ड सदन की अध्यक्षता करता है। यह ब्रिटिश मंत्रिमंडल का भी सदस्य होता है। लार्ड चांसलर तथा सभी कानून–सदस्य अत्यंत योग्य विधिवेता होते हैं। लार्ड सदन सारे ब्रिटिश का उच्चतम दीवानी न्यायालय होता है। यह फौजदारी अभियोगों में भी अपील सुनता है। दीवानी न्यायालयों का ऊपर दिया हुआ संगठन नीचे दी गई तालिका से स्पष्ट होता है।

दीवानी न्यायालय

- लार्ड सदन
  - सुप्रीम कोर्ट ऑफ जुडीकेचर
    - कोर्ट ऑफ अपील
      - हाई कोर्ट ऑफ जस्टिस
        - महारानी या सम्राट का बैंच डिविजन
        - चान्सरी डिविजन
          - काउंटी न्यायालय
        - प्रोबेट डाइवोर्स तथा एडमिरल्टी डिविजन

ग्रेट ब्रिटेन में फौजदारी न्यायालय का संगठन निम्नलिखित से भी स्पष्ट होता है।

फौजदारी न्यायालय

- लार्ड सभा
  - फौजदारी अपील का न्यायालय
    - क्वार्टर सेशन्स
      - पेटी सेबन्स
      - कोरानर्स कोर्ट
    - ऐसाइजेज हाई कोर्ट

फौजदारी न्यायालय : फौजदारी न्यायालयों में चोरी, डकैती, मार–पीट, हमला तथा हत्या इत्यादि के अभियोग आते हैं–

1. मैजिस्ट्रेटो तथा जस्टिसिज ऑफ पीस का न्यायालय : वह फौजदारी अभियोगों का सबसे छोटा न्यायालय है ये न्यायालय ग्रामों तथा नगरों में स्थित है इनमें 2 से लेकर 17 तक न्यायाधीश होते हैं ग्रामों में इन न्यायधीशों को शांति न्यायाधीश कहते हैं। नगरों में न्याय–कार्य मैजिस्ट्रेट करते हैं। मैजिस्ट्रेट गृह सचिव द्वारा नियुक्त किए जाते हैं। ग्रामों में न्यायाधीश वेतन भोगी नहीं होते हैं वे कानून के विशेषज्ञ भी नहीं होते हैं और अनुभवी क्लर्कों की सहायता से न्याय कार्य करते हैं। केंद्रीय लंदन तथा बड़े–बड़े नगरों में दंडाधिकारियों को वेतन मिलता है। शांति न्यायाधीश लार्ड चान्सलर द्वारा नियुक्त किए जाते हैं। इन्हें 14 दिन

की कैद तथा 20 शिलिंग तक जुर्माना करने का अधिकार है। ये साधारण मुकदमें सुनते हैं।

2. पैटी सेशंस न्यायालय : ये न्यायालय चोरी, चोट पहुँचने, आक्रमण करने और यातायात के नियमों का उल्लंघन करने के बारे में कुछ गंभीर मुकद्दमें सुनते हैं। ये न्यायालय ऐसे मुकद्दमों को सुनते हैं जिनमें जूरी बैठना आवश्यक नहीं है। इनमें प्राय 2 शांति न्यायाधीश होते हैं। इन न्यायाधीशों को 50 पौंड से लेकर 160 पौंड तक जुर्माना करने का कुछ विशेष श्रेणियों में 500 पौंड तक जुर्माना करने का अधिकार होता है।वे छः महीने की कैंद की सजा दे सकते हैं और कुछ विशेष श्रेणी के मुकद्दमें में उन्हें एक वर्ष तक दंड करने का भी अधिकार है। यदि किसी अपराध में तीन महीने से अधिक का दंड दिया जाना हो, तो अपराधी का मुकद्दमा जूरी की सहायता से सुना जा सकता है।

3. कोर्ट ऑफ क्वार्टर सेशंस-मैजिस्ट्रेटों तथा जस्टिसिज ऑफ पीस के न्यायालय और पैटी सेशंस न्यायालय के ऊपर कोर्ट ऑफ क्वार्टर सेशंस का न्यायालय है। इन न्यायालयों को काउंटी न्यायालय भी कहा जाता है। इन न्यायालयों में काउंटी के सभी जस्टिस ऑफ पीस (Justice of Peace) शामिल होते हैं परंतु व्यवहार में केवल दो जस्टिसिज ऑफ पीस (Justices of Peace) ही बैठकर अभियोगों (मुकद्दमों) को सुनते हैं। ये न्यायालय वर्ष में चार बार मुकद्दमों को सुनते हैं, इसलिए इन्हें कार्ट ऑफ क्वार्टर सेशंस भी कहा जाता है। ये न्यायालय निम्न न्यायालयों के निर्णय के विरूद्ध अपील सुनते हैं और कुछ बड़े फौजदारी मुकद्दमें सीधे भी इनमें पेश किए जा सकते हैं परंतु अपराध इतने गंभीर नहीं होने चाहिए कि उन्हें ऐसाइजज के पास ले जाना पड़े। ये हत्या और देशद्रोही के मुकद्दमे नहीं सुन सकते हैं। हत्या, देशद्रोही तथा अत्यंत गंभीर मामलों को छोड़कर शेष मुकद्दमे प्रायः इसी न्यायालय द्वारा सुने जाते हैं। यह अपने निर्णय जूरी (Jury) की सहायता से देता है। नगरों में इन न्यायालयों के वेतनभोगी मैजिस्ट्रेट होते हैं और उन्हें रिकार्डर (Recorder) कहा जाता है।

4. ऐसाइजेज : ऐसाइजेज एक प्रकार से हाई कोर्ट ऑफ जस्टिस की ही शाखाएँ हैं और भ्रमण न्यायालय हैं। सम्राट या महारानी के बैंच डिविजन के कुछ उच्च जज देश का दौरा करते हैं और वर्ष में तीन बार अपना न्यायालय लगाते हैं। वे एक काउंटी से दूसरी काउंटी में जाते हैं और हत्या, देशद्रोह, डकैती तथा अन्य गंभीर अपराधों के बारे में मुकद्दमों को सुनते हैं। उनमें महारानी के बैंच डिविजन का कोई जज या ऐसाइजेज का कोई कमिश्नर (जो कि बैरिस्टर हो और जिसको जज के रूप में कार्य करने के लिए कमीशन मिल गया हो) अध्यक्षता करता है। लंदन में स्थित इस न्यायालय को सैन्ट्रल क्रिमिनल कोर्ट (Central Criminal Court) और साधारण भाषा में ओल्ड बेली (Old Balley) कहते हैं। इन न्यायालयों में भी मुकद्दमे जूरी की सहायता से सुने जाते हैं।

5. फौजदारी अपील का न्यायालय : यह न्यायालय हाई कोर्ट ऑफ जस्टिस की ही एक शाखा है इसमें लार्ड चीफ जस्टिस तथा महारानी बैंच के कुछ न्यायाधीश होते हैं परंतु आमतौर पर तीन न्यायाधीश होते हैं। इसमें क्वार्टर सेशंज तथा ऐसाइजेज न्यायालयों के निर्णयों के विरूद्ध अपराधियों की अपीले आती है। इसके अतिरिक्त मैजिस्ट्रेटों के न्यायालयों से हाई कोर्ट में किसी कानूनी प्रश्न पर सीधी भी अपील लाई जा सकती है। इसके निर्णय लगभग अंतिम होते हैं और इसके निर्णयों के विरूद्ध अपील लार्ड–सदन में केवल कानूनी प्रश्न पर उसी स्थिति में की जा सकती है यदि महान्यायवादी यह प्रमाण पत्र दें दे कि यह अपील विशेष रूप से सार्वजनिक महत्व की है और यह वांछनीय है कि इस प्रकार की एक अपील आगे लाने की आज्ञा दी जाए। इस प्रकार की अपीले बहुत ही कम होती है।

लार्ड सदन : दीवानी मुकद्दमों की भाँति फौजदारी मुकद्दमों में भी लार्ड सदन अंतिम न्यायालय है और इसमें बहुत ही कम अपीले आती है। केवल कानून–सदस्य ही अपीलों को सुनते हैं। उस समय सारा सदन उपस्थित नहीं होता है।

प्रिवी कौसिंल की न्याय समिति :

प्रिवी कौसिंल की न्याय–समिति को ग्रेट ब्रिटेन के धार्मिक न्यायालयों (Ecelesiastical Courts), उपनिवेशों तथा अधिराज्यों के उच्चतम न्यायालयों के निर्णयों के विरुद्ध अपील सुनने का अधिकार है परंतु अधिराज्यों की इच्छा पर निर्भर है कि अपने उच्चतम न्यायालयों के निर्णयों के विरूद्ध इसमें अपील भेजने की आज्ञा दें या न दें। जो अपीलें ब्रिटिश सम्राट या महारानी को की जाती है, उनको वे स्वयं नहीं सुनते हैं परंतु उनकी ओर से प्रिवी कौंसल की न्यायालय समिति ही उनको सुनती है। इसलिए इसको सम्राट या महारानी की न्यायिक मामलों में सलाह देने वाली समिति भी कहा जाता है। पहले भारत के फेडरल

कोर्ट के निर्णयों के विरूद्ध अपील प्रिवी कौन्सिल की न्याय–समिति को ही जा सकती थी परंतु जब 26 जनवरी, 1950 को भारत का नया संविधान लागू हुआ, तो उस समय हमारे देश में उच्चतम न्यायालय की स्थापना हुई और प्रिवी कौन्सिल की सब अपीलें बंद कर दी गई। प्रिवी कौन्सिल की न्याय–समिति में लार्ड चाल्सलर, भूतपूर्व लार्ड चान्सलर तथा लार्ड–सदन के सभी कानून–सदस्य (Law Lords) और कई अन्य प्रसिद्ध विधिवेत्ता होते हैं। लगभग सब मिलाकर उसमें बीस सदस्य होते हैं परंतु अधिकतर कार्य लार्ड सदन के कानून–सदस्यों द्वारा ही किया जाता है परंतु यहाँ पर वे कार्य प्रिवी कौन्सिल के रूप में करते हैं। उनको वेतन मिलता है। प्रिवी कौन्सिल की न्याय समिति के निर्णय परिषद–आदेशों (Order in Council) द्वारा लागू किए जाते हैं।

स्विट्‌जरलैंड की न्यायपालिका

अमेरिका और भारत की भाँति स्विट्‌जरलैंड में न्यायपालिका का कोई ऐसा क्रम नहीं है जिसमें सर्वोच्च न्यायालय के साथ–साथ अन्य छोटे–छोटे न्यायालयों का अस्तित्व हो वहाँ पर समस्त संघीय क्षेत्र के लिए सिर्फ एक ही न्यायालय है जिसे संघीय न्यायालय के नाम से जाना जाता है, जो देश का सर्वोच्च न्यायालय है। स्विट्‌जरलैंड के संघीय न्यायालय की स्थापना 1848 में हुई थी। 1874 के संविधान के अनुसार इसकी शक्तियों में वृद्धि की गई। 1929 में इसे प्रशासनिक कानूनों के अंर्तगत काफी शक्तियाँ दी गई। 1907 में सिविल कोड तथा 1937 में स्विस फौजदारी कोड के अंर्तगत इसे काफी अधिकार प्राप्त है।

रचना : संघीय न्यायालय में एक मुख्य न्यायाधीश तथा अन्य न्यायाधीश होते हैं। अन्य न्यायाधीशों की संख्या समय–समय पर संघीय सभा के द्वारा निर्धारित होती है, मुख्य न्यायाधीश एवं अन्य न्याायाधीशों का निर्वाचन संघीय सभा के दोनों सदनों के संयुक्त अधिवेशन में किया जाता है इन सबको संघीय सभा 9 वर्ष के लिए चुनती है इनमें से एक प्रधान तथा एक उपप्रधान होता है। स्विट्‌जरलैंड में जजों को बार–बार चुनने की प्रथा है ताकि न्यायाधीशों के निरंतर अनुभव से लाभ उठाया जा सके।

योग्यताएँ : संविधान में न्यायाधीशों की कोई योग्यता निश्चित नहीं की गई है। संविधान में केवल यह कहा गया कि राष्ट्रीय परिषद का सदस्य संघीय न्यायालय का सदस्य नियुक्त किए जाने का पात्र होगा। संघीय सभा के सदस्य संघीय परिषद के सदस्य तथा संघीय सभा और परिषद के द्वारा नियुक्त किए हुए अधिकारी संघीय न्यायाधिकरण के सदस्य नहीं हो सकते हैं। संघीय न्यायाधिकरण के सदस्य स्विस राजमंडल या कैंटनों में कोई अन्य नौकरी नहीं कर सकते हैं और न ही अपना कोई उद्योग या व्यवसाय चला सकते हैं।

व्यवहार में न्यायाधीशों की नियुक्ति के समय यह ध्यान में रखा जाता है कि स्विट्‌जरलैंड के तीन प्रमुख भाषायी क्षेत्रों, प्रमुख राजनीतिक दलों और दो बड़े धर्मो को उचित प्रतिनिधित्व मिले। वस्तुतः वही व्यक्ति न्यायाधीश चुने जाते हैं जोकि वकील अथवा कैंटन न्यायालयों के जज होते हैं या कानून के अध्यापक होते हैं या संघीय न्यायाधिकरण के वरिष्ठ कर्मचारी होते हैं।

संघीय न्यायाधिकरण के विभाग : अपना कार्य सुचारू रूप से चलाने के लिए संघीय न्यायाधिकरण ने अपने आपको तीन भागों में विभक्त किया हुआ है–

1. संवैधानिक व प्रशासकीय कानून न्यायालय
2. दीवानी कानून न्यायालय
3. फौजदारी अपील न्यायालय

प्रत्येक विभाग में 3 से 9 तक जज होते हैं। इन मुख्य विभागों के अतिरिक्त संघीय न्यायाधिकरण के कुछ छोटे विभाग या चैम्बर होते हैं, जैसे ऋण तथा दिवालियापन का चैम्बर और दोषारोपण चैम्बर। इनमें प्रत्येक में तीन न्यायाधीश होते हैं।

इसके अतिरिक्त संघीय न्यायालय में एक उप विभाग फौजदारी न्यायालय तथा असाधारण का सेशन न्यायालय होता है।

संघीय न्यायालय के अधिकार एवं कार्य

संघीय न्यायालय/न्यायाधिकरण को प्रारंभिक तथा अपीलीय दोनों प्रकार के अधिकार प्राप्त है। इसके अतिरिक्त वह दीवानी, फौजदारी, प्रशासनिक और संवैधानिक अभियोंगों को सुनता है। इसको प्राप्त अधिकार एवं कार्यों का वर्णन निम्न प्रकार से किया जा सकता है–

1. प्रारंभिक क्षेत्राधिकार : प्रारंभिक क्षेत्राधिकार में दीवानी और फौजदारी दोनों प्रकार के मुकद्दमे शामिल होते हैं।

1. दीवानी :

1. जो स्विस राज्यमंडल तथा कैंटनों के बीच हो
2. राज्य मंडल और निगमों के बीच या निजी व्यक्तियों

के बीच हो जिसमें विवादस्पद राशि 8 हजार फ्रैंक से ज्यादा की हो

3. कैंटनों के मध्य विवाद

4. कैंटनों का कम्यूनों के मध्य नागरिकता से संबंधित विवाद

5. ऐसे दीवानी विवाद जो संघीय कानूनों से संबंधित हो तथा दोनों पक्ष उसे संघीय न्यायालय को सौंपने को इच्छुक हो।

2. फौजदारी के मामले :

1. अंतर्राष्ट्रीय कानूनों के विरूद्ध अपराध

2. राज्यमंडल के विरूद्ध देशद्रोह, संघीय अधिकारियों के विरूद्ध विद्रोह एवं हिंसा

3. राजनीतिक अपराध जोकि अशांति के फलस्वरूप हुए हैं या जिनके कारण अशांति उत्पन्न हुई है।

4. वे मुकद्दमे जो उच्च संघीय अधिकारियों द्वारा अपने कर्मचारियों पर लगाए गए अपराधों के संबंध में हो

5. कैंटनों के वे विवाद जो संघीय सभा की अनुमति से भेजा जाए।

2. अपीलीय अधिकार : संघीय सभा ने संघीय न्यायालय को उन मुकद्दमों में अपील सुनने का अधिकार प्रदान किया है जिनको कैंटन के न्यायालय सुन चुके हैं और जिनका मूल्य 4000 फ्रैक से अधिक हो।

3. प्रशासकीय अभियोगों में क्षेत्राधिकार : संघीय न्यायालय के पास निम्न प्रशासकीय अधिकार है–

1. सरकारी कर्मचारियों की कानूनी क्षमता, योग्यता या क्षेत्राधिकार संबंधी विवाद,

2. रेलवे प्रशासन से संबंधित मुकद्दमे

3. कराधान संबंधी प्रशासनिक मामले

4. यह राज्य के कर्मचारियों तथा नागरिकों के बीच झगड़ों का निर्णय करता है।

4. संवैधानिक मुकद्दमे : संघीय न्यायापालिका को निम्न संवैधानिक मुकद्दमे प्राप्त होते हैं–

1. नागरिकों द्वारा की गई शिकायतें जिनका संबंध अंतर्राष्ट्रीय कानून, संधियों और समझौते के उल्लंघन से हो
2. संघीय अधिकारियों और कैंटनों के अधिकारियों के बीच क्षेत्राधिकार संबंधी विवादों का निर्णय करता है
3. सार्वजनिक कानून के क्षेत्र में कैंटनों में जो विवाद उत्पन्न हो गए, उसको संघीय न्यायालय सुनता है
4. यह नागरिकों के मौलिक अधिकारों का रक्षक है इन अधिकारों में वे सब अधिकार शामिल है जोकि नागरिकों को संघीय संविधान तथा कैंटनों के संविधानों में दिए गए हैं।

इस प्रकार सर्वोच्च न्यायालय को प्राप्त अधिकारों और कार्यों का वर्णन ऊपर किया गया है लेकिन संघीय न्यायालय संघीय कानूनों की संवैधानिकता जाँचने का कोई अधिकार नहीं रखता है अर्थात् उसको न्यायिक पुनर्निरीक्षण की शक्ति प्राप्त नहीं है। यह किसी संघीय कानून को इस आधार पर अवैध घोषित नहीं कर सकता है कि यह कानून संघीय कानून के विरूद्ध है यह अधिकार तो संघीय सभा के पास है जो इस विषय पर जनमत संग्रह भी करवा सकती है। लेकिन संघीय न्यायालय कैंटनों के कानूनों तथा संविधानों की किसी धारा को अवैध घोषित कर सकता है यदि वे संघीय संविधान के विरूद्ध हो। इस संघीय न्यायालय की स्थिति इतनी महत्वपूर्ण नहीं है जितनी कि अमेरिका के सर्वोच्च न्यायालय की है।

6. भारतीय संविधान

भारतीय संविधान का निर्माण

संविधान किसी देश द्वारा प्राप्त किए जाने वाले आदर्शों और लक्ष्यों से परिपूर्ण होता है। इसके साथ–साथ उसमें शासन व्यवस्था, सरकार का स्वरूप, शक्तियों का नियंत्रण, अधिकार व मौलिक कर्तव्य आदि विषयों का भी विस्तृत वर्णन होता है। वास्तव में किसी भी देश में संविधान एक दर्पण की भांति कार्य करता है। जो उस देश की शासन व्यवस्था एवं राज्य के स्वरूप को परिलक्षित करता है। संविधान लिखित भी होता है और अलिखित भी। सर्वप्रथम संसार में लिखित संविधान के रूप में अमरीकी संविधान का निर्माण (1789) हुआ। जिसका निर्माण संविधान सभा द्वारा किया गया। जबकि ब्रिटेन का संविधान सबसे प्राचीन अलिखित संविधान है जोकि मुख्यतः प्रथाओं व रीति रिवाजों से संचालित होता है। लेकिन अलिखित संविधान का तात्पर्य यह नहीं है कि ब्रिटेन का संविधान कमजोर या निष्क्रिय है। सर्वश्रेष्ठ संविधान वही होता है जिसके आदर्शों व लक्ष्यों को जनता हृदयगमन कर, उनकी प्राप्ति के प्रति सतत प्रयत्नशील हो। इस दृष्टि से संविधान का लिखित या अलिखित रूप महत्व नहीं रखता बल्कि किसी कानून को लिपिबद्ध करने से अच्छा उनकी छाप लोगों के मन मस्तिष्क में अंकित हो।

भारत में संविधान सभा की मांग

भारत के लोग स्वयं अपने राजनीतिक भविष्य का निधारण कर सकें इस लिए भारतीय नेताओं द्वारा संविधान सभा के गठन की मांग ब्रिटिश शासन से समय–समय पर की गई। अमेरिका की स्वतंत्रता, उनके द्वारा संविधान निर्माण (1789) ओर फ्रांस की राज्य क्रांति तथा अन्य विश्व की लोकतांत्रिक घटनाओं ने भारतीय लोगों को स्वशासन प्राप्ति के लिए ओर अधिक प्रेरित किया। 19 वीं शताब्दी में सर्वप्रथम तिलक ने संविधान सभा के गठन की मांग को 1895 में अपने स्वराज्य विधेयक में उठाया । 1922 में गाँधी जी ने भी संविधान सभा की मांग की और कहा कि भारतीय संविधान भारतीयों की इच्छानुसार ही होगा। इसके पश्चात् तो संविधान सभा के विचार ने एक व्यापक रूप धारण कर लिया। विभिन्न प्रस्तावों और सभाओं में संविधान के निर्माण की मांग को दोहराया जाने लगा। सर्वप्रथम औपचारिक रूप से भारत के संविधान निर्माण के लिए संविधान सभा के गठन का विचार एम॰ एन॰ राय द्वारा प्रस्तुत किया गया जिसे मूर्त्तरूप देने का कार्य जवाहरलाल नेहरू द्वारा किया गया। 1935 ई॰ में भारतीय राष्ट्रीय कांग्रेस ने बड़े जोर से संविधान सभा की स्थापना के लिए प्रस्ताव पास किया और घोषणा की गई कि "यदि भारत को आत्म निर्णय का अवसर मिलता है तो भारत के सभी विचारों के लोगों की प्रतिनिधि सभा बुलाई जानी चाहिए, जो सर्वसम्मत संविधान का निर्माण कर सके, यही संविधान सभा होगी। दिसम्बर 1936 के लखनऊ कांग्रेस अधिवेशन में संविधान सभा के अर्थ और महत्व की व्याख्या की गई। 1938 में कांग्रेस के अध्यक्ष पंडित जवाहरलाल नेहरू ने इस मांग को दोहराया तथा व्यस्क मताधिकार के आधार पर चुनी हुई एक संविधान सभा का विचार प्रस्तुत किया, जो बिना किसी बाह्य हस्तक्षेप के स्वतंत्र भारत का संविधान बनाए। गाँधीजी सहित अन्य लोगों का भी मानना था कि संविधान सभा से इस देश की साम्प्रदायिक अशांति दूर होगी और वह देश को उचित राजनीतिक दिशा प्रदान करेगा।

लेकिन जहां एक तरफ भारतीय राष्ट्रीय कांग्रेस संविधान सभा के गठन की मांग को बार–बार दोहरा रही थी, वहीं, दूसरी तरफ मुस्लिम लीग ने ब्रिटिश शासन की भांति इस मांग का विरोध किया। संविधान सभा की स्थापना के विषय में मुस्लिम लीग का दृष्टिकोण आरंभ से ही अलग था। मुस्लिम लीग ने कांग्रेस द्वारा मांगी हुई संविधान सभा के प्रति न ही कोई सहानुभूति तथा न ही कोई सहयोग दिया क्योंकि उनके विचार में संविधान सभा एक ऐसा साधन बन सकती थी जो हिन्दू शासन को सारे देश में फैला देगा। 1940 में लाहौर में हुए सम्मेलन में मुस्लिम लीग ने पाकिस्तान की स्थापना को अपना राजनीतिक लक्ष्य घोषित किया जिसे *जिन्ना के द्विराष्ट्र के सिद्धांत* के नाम से जाना जाता है जिसमें उन्होंने एक पृथक मुस्लिम राज्य की मांग की। अपने इसी उद्देश्य या मांग को ध्यान

में रखकर मुस्लिम लीग संविधान सभा के बारे में सहमत हो गई लेकिन उसने मुसलमानों के बहुसंख्यक क्षेत्रों के लिए पृथक संविधान सभा की मांग भी उठाई।

क्रिप्स मिशन : हालांकि 1940 के पूर्व तक ब्रिटिश सरकार का दृष्टिकोण 'संविधान सभा' के गठन के प्रति नकारात्मक व विरोधात्मक रहा। लेकिन 1940 के बाद उनके इस दृष्टिकोण में परिवर्तन देखने को मिला जिसके मुख्यतः दो कारण रहे। प्रथम, अब कांग्रेस के साथ–साथ मुस्लिम लीग ने भी संविधान सभा की मांग की तो उसका व्यापक प्रभाव पड़ा, दूसरे द्वितीय विश्व युद्ध की आवश्यकताओं और राष्ट्रीय तथा अंतर्राष्ट्रीय शक्तियों ने उसे ऐसा करने के लिए विवश कर दिया। 8 अगस्त, 1940 को वाइसराय लार्ड लिनलिथगो ने घोषणा की कि द्वितीय विश्व युद्ध के पश्चात् भारत में एक पूर्ण उत्तरदायी सरकार की स्थापना की जाएगी तथा साथ ही एक संविधान सभा की स्थापना का प्रबंध किया जाएगा।

अतः हम देखते हैं कि द्वितीय विश्व युद्ध के पश्चात् क्रिप्स योजना के अनुसार संविधान सभा का निर्माण इस दिशा में अगला कदम था। सर स्टैफोर्ड क्रिप्स ने ब्रिटिश कॉमन सभा में कहा था कि मेरा मत है कि भारत की राजनीतिक समस्याओं का समाधान एक संविधान सभा की रचना के माध्यम से ही संभव है। क्रिप्स योजना के अनुसार भारतीय संघ की स्थापना उस संविधान पर आधारित थी, जो भारतीय संविधान सभा द्वारा तैयार किया जाएगा। इस योजना में संविधान सभा की रचना की विधि की भी चर्चा की गई थी। इस सभा में दो प्रकार के प्रतिनिधि होने थे। प्रथम, प्रांतीय व्यवस्थापिकाओं द्वारा निर्वाचित प्रतिनिधि द्वितीय, भारतीय रियासतों के शासकों द्वारा मनोनीत प्रतिनिधि।

लेकिन दुर्भाग्यपूर्ण क्रिप्स मिशन योजना दोषों से अछूती नहीं थी। जिसके कारण इसे भारतीय जनता की आलोचना का सामना करना पड़ा। सर्वप्रथम इसकी आलोचना इस आधार पर की गई की संविधान सभा में रियासतों के सदस्यों की संख्या तो रियासतों की जनसंख्या पर आधारित थी, पर उनमें रहने वाले 9 करोड़ व्यक्तियों को अपने प्रतिनिधि चुनने का कोई अधिकार नहीं था। इससे भी अधिक निराशाजनक बात यह थी कि भारतीय राजाओं द्वारा मनोनीत सदस्यों का रूढ़िवादी तथा लोकतंत्र का विरोधी होना स्वाभाविक ही था। ऐसे व्यक्ति भारत की संवैधानिक उन्नति में रूकावट डाले बिना नहीं रह सकते थे। पं॰ नेहरू ने इसकी कटु आलोचना करते हुए कहा–एक ओर प्रगतिशील तत्व ब्रिटिश प्रांत तथा दूसरी ओर रूढ़िवादी तत्व (रियासतों द्वारा मनोनीत सदस्य), जो एक दूसरे से अनेक बातों में भिन्न है, इकट्ठे होकर शक्तिशाली प्रगतिशील, स्वतंत्र राज्य के विकास के प्रयत्नों को निष्फल कर देंगे।

कैबिनेट मिशन योजना और संविधान सभा का निर्माण :

क्रिप्स योजना के असफल होने के बाद 1945 ई॰ में दूसरा महायुद्ध समाप्त होने तक स्थिति पहले के समान ही रही। युद्ध के पश्चात् ब्रिटेन में होने वाले आम चुनावों में श्रमिक दल को बहुमत प्राप्त हुआ। श्रमिक दल भारत की राजनीतिक समस्या को सुलझाने के लिए वचनबद्ध था। 9 फरवरी, 1946 ई॰ में ब्रिटिश प्रधानमंत्री एटली ने भारत में एक कैबिनेट मिशन भेजने की घोषणा की जो 24 मार्च, 1946 को भारत पहुंचा। जिसमें निम्नलिखित तीन सदस्य थे–

1. सर स्टैफोर्ड क्रिप्स
2. ए॰ वी॰ अलैक्जैंडर
3. सर पैथिक लारेंस

कैबिनेट मिशन ने एक योजना पेश की जिसकी मुख्य विशेषता यह थी कि इसने भारत के विभाजन को अस्वीकार कर दिया। साथ–ही–साथ इसने देशी रियासतों तथा ब्रिटिश भारत को मिलाकार एक भारतीय संघ बनाने का सुझाव दिया। इस योजना में संविधान सभा के निर्माण के बारे में मूल चार व्यवस्थाएँ थी–

1. इसमें कुल 389 सदस्य होंगे, जिनमें से 292 प्रांतों से, 4 सदस्य चीफ कमिश्नर प्रांतों के तथा 93 सदस्य भारतीय रियासतों के होंगे।
2. प्रत्येक प्रांत द्वारा भेजे गए सदस्यों की संख्या उनकी जनसंख्या के आधार पर निश्चित की जाएगी। प्रत्येक दस लाख जनसंख्या पर एक सदस्य निर्वाचित होगा।
3. प्रांतों को दिए स्थान तथा उनमें रहने वाली मुख्य जातियों में उन्हीं की संख्या के आधार पर विभक्त किये जाएं। इनमें प्रत्येक जाति के लोग अपने प्रतिनिधि चुनेंगे।
4. भारतीय रियासतों से भी जनसंख्या के आधार पर प्रतिनिधि आने थे किंतु उनके चुनने की विधि का निर्णय शासकों के परामर्श से करना था।

इस प्रकार कैबिनेट मिशन योजना एक व्यापक तथा महत्वपूर्ण योजना थी, जिसमें अखंड भारत के लिए संविधान सभा के गठन के सुझाव दिए गए थे। वास्तव में इसने भारतीयों की दीर्घकालीन इच्छा की ही पूर्ति की थी लेकिन दूसरी तरफ यह योजना क्रिप्स मिशन योजना की भांति दोषरहित नहीं थी, फिर भी संवैधानिक प्रगति में यह एक बड़ा महत्वपूर्ण कदम था। कांग्रेस और मुस्लिम लीग के साथ–साथ सभी राजनीतिक दलों ने इस योजना को स्वीकार कर लिया। कांग्रेस ने संविधान सभा द्वारा स्वतंत्र, अखंड तथा लोकतंत्रीय भारत के संविधान के बनने की आशा से प्रेरित होकर इसको स्वीकार कर लिया वहीं मुस्लिम लीग ने इस योजना में पाकिस्तान के बनने के बीज निहित देखकर इसको स्वीकार करने में अपनी भलाई समझी।

संविधान सभा की रचना और उसका स्वरूप

जुलाई, 1946 में, कैबिनेट मिशन योजना के तहत अप्रत्यक्ष चुनाव प्रणाली द्वारा चुनाव हुए। इस चुनाव में ब्रिटिश भारत के 296 स्थानों में से कांग्रेस ने 208, मुस्लिम लीग ने 73, 7 निर्दलीय सदस्यों तथा 4 स्थान सिखों ने प्राप्त किए। इन चुनावों में कांग्रेस की भारी सफलता को देख मुस्लिम लीग ने संविधान सभा का बहिष्कार कर दिया और पाकिस्तान के लिए एक पृथक संविधान सभा की मांग प्रारंभ कर दी। मुस्लिम लीग के इस रवैये के कारण स्थिति और अधिक बिगड़ गई हालांकि इस समस्या को दूर करने के लिए ब्रिटिश सरकार ने लंदन में एक सम्मेलन बुलाया। जिसमें पं॰ नेहरू तथा मि॰ जिन्ना तथा सिखों की ओर से सरदार बलदेव सिंह सम्मिलित हुए। लेकिन इस सम्मेलन का कोई परिणाम नहीं निकला। इसका परिणाम वही हुआ जो होना था। लीग ने संविधान सभा में संयुक्त होना आवश्यक नहीं समझा और "मुस्लिम भारत" के लिए संविधान सभा की मांग करती रही। दूसरी तरफ ब्रिटिश सरकार ने जून 1948 तक भारत छोड़ने की घोषणा कर दी।

मुस्लिम लीग के बहिष्कार के बावजूद संविधान सभा ने अपना कार्य आरंभ किया जिसमें देश के बड़े–बड़े नेता, वकील व राजनीतिज्ञ शामिल हुए। इसमें भाग लेने वालों में पं॰ जवाहरलाल नेहरू, सरदार बल्लभ भाई पटेल, डा॰ भीमराव अंबेडकर, के॰ एम॰ मुंशी, गोपालास्वामी, आयंगर, अल्लादि कृष्णास्वामी अय्यर, डा॰ राजेन्द्र प्रसाद, अबुल कलाम, आचार्य कृपालानी, डा॰ श्यामा प्रसाद मुखर्जी, प्रो॰ के॰टी॰ शाह आदि का महत्वपूर्ण योगदान रहा। भारतीय स्त्रियों की ओर से श्रीमति सरोजनी नायडू, श्रीमति हंस मेहता, श्रीमति दुर्गाबाई देशमुख आदि संविधान सभा की सदस्या थी।

संविधान सभा यथाशीघ्र संविधान निर्माण कर सके इसके लिए पं॰ नेहरू ने एक समिति नियुक्त की जिसके द्वारा संविधान सभा के कार्य संचालन की आवश्यक प्रक्रिया तय की गई।

9 दिसंबर, 1946 को संविधान सभा का प्रथम अधिवेशन शुरू हुआ जिसकी अध्यक्षता श्री सच्चिदानन्द सिन्हा द्वारा की गई जोकि संविधान सभा के अस्थायी अध्यक्ष चुने गये। लेकिन शीघ्र ही डा॰ राजेन्द्र प्रसाद को स्थायी अध्यक्ष के रूप में चुना गया। 13 दिसम्बर 1946 को पं॰ नेहरू द्वारा एक प्रस्ताव लाया गया जो संविधान निर्माण की दिशा में प्रथम कदम के रूप में जाना जाता है। इस प्रस्ताव को संविधान सभा में प्रस्तुत करते हुए नेहरू ने कहा "मैं आपके सामने जो प्रस्ताव प्रस्तुत कर रहा हूँ उसमें हमारे उद्देश्यों की व्याख्या की गई है, योजना की रूपरेखा दी गई है और बताया गया है कि हम किस रास्ते पर चलने वाले हैं।" यह प्रस्ताव बड़ा ही महत्वपूर्ण था जिसमें निम्नलिखित बातों का उल्लेख था–

1. भारत में एक स्वतंत्र तथा सार्वभौम गणराज्य स्थापित किया जाए।

2. इस गणराज्य में भारत के समस्त व्यक्तियों को राजनीतिक, आर्थिक तथा सामाजिक समानता प्राप्त होगी।

3. लोगों को बोलने तथा लिखने, संस्था बनाने, कोई भी व्यवसाय करने, किसी भी धर्म तथा मत को अपनाने तथा छोड़ने की पूर्ण स्वतंत्रता होगी।

4. अल्पसंख्यकों, अनुसूचित जातियों तथा पिछड़े वर्गों के हितों की आवश्यक सुरक्षा का प्रबंध किया जाएगा।

इस प्रकार पं॰ नेहरू द्वारा प्रस्तुत प्रस्ताव में उपर्युक्त बातों का उल्लेख किया गया था। जिस पर गहन विचार–विमर्श के पश्चात संविधान सभा के सदस्यों द्वारा

स्वीकार कर लिया गया। श्री॰ के॰एम॰ मुंशी ने इस प्रस्ताव के बारे में कहा *"यह प्रस्ताव हमारे गणतंत्र की जन्मपत्री थी"*

प्रस्ताव के समर्थन के पश्चात विभिन्न विषयों पर विचार विमर्श हेतु विभिन्न समितियों का गठन किया गया। जिनमें प्रमुख समितियाँ थी–1. संघ संविधान समिति 2. प्रांतीय संविधान समिति 3. संघ शक्ति समिति 4. मूल अधिकारों, व अल्पसंख्यकों से संबंधित परामर्श समिति 5. प्रारूप समिति आदि। देशी रियासतों से बातचीत करने के लिए संविधान सभा ने एक वार्ता समिति पहले ही गठित कर दी थी। इन समितियों ने विचार विमर्श के पश्चात अपनी रिपोर्ट संविधान सभा के सम्मुख प्रस्तुत की। उन पर वाद–विवाद के पश्चात सदस्यों द्वारा आवश्यक संशोधन रखे गए।

इन समितियों के केंद्र में प्रारूप समिति थी। डा॰ भीम राव अम्बेडकर इस समिति के अध्यक्ष चुने गये जिनमें अन्य सदस्य मोहम्मद सादुल्ला, कन्हैयालाल माणिक्यलाल मुंशी, बी॰एल॰ मित्तर, एन गोपालास्वामी आयंगर, अल्लादी कृष्णास्वामी, तथा डी॰पी॰ खेतान थे। बाद में मित्तर और खेतान के स्थानों पर क्रमशः एन॰ माधवराव तथा टी॰टी॰ कृष्णामाचारी को नियुक्त किया गया। इस प्रारूप समिति का मुख्य कार्य यही था कि वह संविधान सभा की परामर्श शाखा द्वारा तैयार किए गए संविधान का परीक्षण करें और फिर संविधान को विचार के लिए संविधान सभा के सम्मुख प्रस्तुत करे। 21 फरवरी 1948 को यद्यपि संविधान का प्रारूप तैयार हो चुका था किंतु संविधान सभा ने 4 नवम्बर 1948 से इस पर विचार करना प्रारंभ किया। इस समय सामान्य जनता, पत्रकारों तथा विधानसभाओं ने प्रारूप पर विभिन्न दृष्टिकोणों से विचार किया और जनमत तैयार किया। संविधान सभा ने इस प्रारूप का तीन बार वाचन किया तथा लगभग एक वर्ष तक गंभीर विचार विमर्श के पश्चात 26 नवम्बर 1949 को इस पर संविधान सभा के अध्यक्ष डा॰ राजेन्द्र प्रसाद ने हस्ताक्षर किए इस प्रकार स्वतंत्र भारत का संविधान पूर्णरूप से तैयार हो गया। अपने अंतिम रूप में संविधान में कुल 22 भाग, 395 अनुच्छेद और 8 अनुसूचियाँ थी।

संविधान निर्माण कार्य संविधान सभा ने ग्यारह अधिवेशनों में किया जिनमें कुल 114 दिन सभा की बैठक हुई। संविधान के प्रारूप में हजारों संशोधन प्रस्तावित किए गए जिनमें से केवल 2474 संशोधनों पर विचार किया गया। संपूर्ण संविधान के निर्माण में 2 वर्ष 11 महीने और 18 दिन का समय लगा। इस कार्य पर लगभग 64 लाख रूपये व्यय हुए।

24 जनवरी, 1950 को संविधान सभा का अंतिम अधिवेशन हुआ जिसमें संविधान सभा ने सर्व–सहमति से डा॰ राजेन्द्र प्रसाद को भारत का प्रथम राष्ट्रपति चुना। संविधान सभा के सभी सदस्यों ने संविधान पर हस्ताक्षर किए। पं॰ जवाहरलाल नेहरू हस्ताक्षर करने वाले प्रथम व्यक्ति थे। हालांकि 26 नवम्बर, 1949 को जब संविधान पूर्ण हुआ तो नागरिकता, निर्वाचन और अंतरिम संसद से संबंधित उपबंधों को तुरंत लागू कर दिया गया। लेकिन संविधान को 26 जनवरी, 1950 को पूर्ण रूप से लागू किया गया। संविधान को लागू करने लिए 26 जनवरी का दिन इसलिए चुना गया। क्योंकि संविधान निर्माता भारत के प्रथम स्वतंत्रता दिवस 26 जनवरी, 1930 की पुण्य स्मृति को सम्मानित करना चाहते थे।

भारतीय संविधान निर्माण के लिए जिन विभिन्न संविधानों का अध्ययन व उनसे जो उपबंध लिये गए उनका संक्षिप्त परिचय इस प्रकार है,

उपबंध	स्रोत
1. संसदीय प्रणाली, एकल नागरिकता	यूनाइटेड किंगडम (ब्रिटेन)
2. मौलिक अधिकार, न्यायिक पुनरावलोकन	यू॰एस॰ए॰ (अमेरिका)
3. सर्वोच्च न्यायालय का संगठन व शक्तियाँ	यू॰एस॰ए॰
4. गणतंत्र	फ्रांस
5. संसद तथा विधानमंडल की प्रक्रिया	यूनाइटेड किंगडम
6. उपराष्ट्रपति का पद	यू॰एस॰ए॰
7. आपातकालीन उपबंध	जर्मनी तथा 1935 का भारत अधिनियम
8. राज्य के नीति निदेशक तत्व	आयरलैंड
9. मौलिक कर्तव्य	पूर्व सोवियत संघ
10. समवर्ती सूची	आस्ट्रेलिया
11. संसदीय विशेषाधिकार	ऑस्ट्रेलिया
12. संघ का स्वरूप	कनाडा

मौलिक अधिकार और कर्तव्य

वर्तमान युग प्रजातंत्र का युग है। संसार के सभी सभ्य और विकासशील देश जनता को अधिकाधिक अधिकार दिए जाने के पक्ष में हैं। इन अधिकारों को प्राप्त करके ही व्यक्ति का संपूर्ण विकास संभव हो पाता है। राज्य की उत्पति जनता की भलाई के लिए हुई है। इसलिए वह अपने नागरिकों को कुछ ऐसे मौलिक अधिकार प्रदान करती है। जिनसे उनका सर्वागीण विकास सम्भव हो सके। इन मौलिक अधिकारों की प्राप्ति के लिए विभिन्न देशों के लोगों ने अनेक संघर्ष किए हैं तब जाकर लोगों को इन अधिकारों की प्राप्ति हुई है। इंग्लैंड की जनता ने अपने **राजा जॉन** प्रथम को मैग्ना कार्टा (1215) नामक (स्वतंत्रता का) महान मांग पत्र स्वीकार करने पर बाध्य किया। इसके द्वारा जनता ने राजा के एकतंत्रवाद को भेदकर उस पर संविधानवाद और जनता के अधिकारों की विजय का श्रीगणेश किया। इसी प्रकार 4 जुलाई 1776 को फिलैडेलिफिया (USA) 'कान्टिनेन्टल कांग्रेस' ने स्वाधीनता की घोषणा का जो प्रस्ताव पारित किया उनमें व्यक्ति की स्वतंत्रता और अधिकारों का समर्थन किया गया जिसमें कहा गया।

"हम इन तथ्यों को स्वयं सिद्ध मानते हैं कि सभी मनुष्य जन्म से समान हैं तथा उनके सृष्टा ने उन्हें अनन्य अधिकार प्रदान किये हैं। जीवन, स्वाधीनता एवं प्रसन्नता की चाह उन्हीं अधिकारों में गिने जाते हैं.....।"

फ्रांस की जनता ने भी 1789 में क्रांति द्वारा मानव अधिकारों की घोषणा में समानता, स्वतंत्रता और भ्रातृत्व भावना पर जोर दिया। फ्रांसीसी क्रांति से प्रेरणा प्राप्त कर अन्य देशों ने भी अधिकारों की प्राप्ति के लिए राजाओं के एकतंत्रवाद के विरुद्ध संघर्ष को और तेज किया। प्रथम विश्व युद्ध के पश्चात राष्ट्रसंघ (League of Nations) और द्वितीय विश्व युद्ध के पश्चात संयुक्त राष्ट्र संघ U.N.O. जैसी विश्व संस्था की स्थापना ने मानव अधिकारों के प्रति विशेष ध्यान दिया। 10 दिसंबर 1948 में राष्ट्र संघ द्वारा स्थापित मानव अधिकार आयोग का भी यही उद्देश्य था जिसमें नागरिक एवं राजनीतिक तथा आर्थिक, सामाजिक एवं सांस्कृतिक जैसे मानव अधिकार शामिल थे।

मौलिक अधिकारों से तात्पर्य : वे अधिकार जो व्यक्ति के जीवन के लिए मौलिक तथा अनिवार्य होने के कारण संविधान द्वारा नागरिकों को प्रदान किए जाते हैं और जिन अधिकारों में राज्य द्वारा भी हस्तक्षेप नहीं किया जा सकता मौलिक अधिकार कहलाते हैं। *जान लॉक* जैसे पाश्चात्य राजनीतिक विचारक ने मौलिक अधिकारों की श्रेणी में मुख्य तीन प्रकार के अधिकारों का समर्थन किया है। *जीवन, स्वतंत्रता* और *समानता*। किसी भी राज्य के अच्छा तथा बुरा होना के पैमानों का यही आधार होता है कि उस राज्य द्वारा व्यक्तियों को अपने व्यक्तित्व के विकास हेतु कितनी सुविधाएँ प्रदान की गई है। *लास्की* का कथन है कि "अधिकार सामाजिक जीवन की वे परिस्थितियाँ है जिनके बिना साधारणतः कोई व्यक्ति अपना विकास नहीं कर पाता।"

भारतीय संविधान में वर्णित मौलिक अधिकार

भारत में मौलिक अधिकारों की मांग भारतीय स्वतंत्रता आन्दोलन से ही प्रबल हुई। जिसकी मांग तत्कालीन विद्वानों और राष्ट्रीय नेताओं द्वारा समय–समय पर ब्रिटिश सरकार से की गई। जहां गाँधी द्वारा स्वराज्य के अधिकार की बात की गई। वहीं बाल गंगाधर तिलक ने भी नारा लगाया कि 'स्वराज्य मेरा जन्म सिद्ध अधिकार है और में' इसे लेकर ही रहूँगा"। 1928 की नेहरू समिति और 1931 के करांची अधिवेशन में अधिकारों की मांग को दोहराया। 1946 में ब्रिटिश केबिनेट मिशन ने भी मौलिक अधिकारों के प्रति अपनी प्रतिबद्धता को दर्शाया।

इसी क्रम को जारी रखते हुए संविधान सभा में भी मौलिक अधिकारों के बारे में खुलकर वाद–विवाद हुआ। जिसके फलस्वरूप नागरिकों के लिए भारतीय संविधान के भाग–3 में सात मौलिक अधिकारों को स्थान दिया गया। किंतु संविधान के 44 वें संशोधन जोकि 1978 में किया गया के द्वारा संपत्ति के अधिकार अनुच्छेद-31 एवं 19(f) को मौलिक अधिकारों की श्रेणी से निकालकर अनुच्छेद 300 क में रख दिया गया तथा इसे एक कानूनी अधिकार बना दिया गया। वर्तमान में भारतीय संविधान द्वारा नागरिकों को छः मौलिक अधिकार प्रदान किये गए हैं जो भारतीय संविधान के भाग–3 में धारा 12 से 35 में वर्णित है।

भारतीय संविधान द्वारा प्रदान किये जाने वाले छः मूल अधिकारों का वर्णन :

1. समानता का अधिकार : संविधान में प्रदत मौलिक अधिकारों में प्रथम समानता का अधिकार है जिसका वर्णन अनुच्छेद 14 से 18 में किया गया है।

1. कानून के समक्ष समानता (अनुच्छेद 14) : इस अनुच्छेद में कहा गया है कि भारतीय राज्य क्षेत्र में राज्य किसी व्यक्ति को कानून के सम्मुख समानता अर्थात् कानूनों के समान संरक्षण से वंचित नहीं करेगा। इसका तात्पर्य यह है की कानून की दृष्टि में सभी व्यक्ति समान है उनमें जाति, रंगभेद, अमीर–गरीब, लिंग आदि का भेदभाव न कर कानून सब पर एक समान लागू होगा। इस प्रकार इस अधिकार में दो बातें कहीं गई है।

1. कानून की दृष्टि में सभी व्यक्ति समान है। तथा दूसरे, सभी को कानून का समान संरक्षण प्राप्त होगा।

परंतु इस अधिकार के कुछ अपवाद भी है–

1. अपनी शक्तियों और कर्तव्यों के निर्वहन में राष्ट्रपति या किसी राज्य के राज्यपाल द्वारा किए गए किसी कृत्य के लिए उसे किसी न्यायालय में जवाब देह नहीं बनाया जा सकता।
2. विदेशी राज्यों के अध्यक्षों या राजदूतों के विरूद्ध भारतीय विधि के तहत कोई कार्यवाही नहीं की जा सकती।
3. अनुच्छेद 361 राष्ट्रपति या राज्यपाल के कार्यकाल के दौरान उसके विरूद्ध कोई अपराधिक प्रक्रिया नहीं शुरू की जा सकती।

2. भेदभाव की मनाही (अनुच्छेद 15) : अनुच्छेद 15 में कहा गया है कि सज्य के द्वारा धर्म, नस्ल, जाति, लिंग या जन्म स्थान के आधार पर किसी भी व्यक्ति के साथ किसी भी प्रकार का भेदभाव निषेध है। इस अनुच्छेद में निम्नलिखित व्यवस्थाएँ हैं–

1. धर्म, मूलवंश, जाति, लिंग, जन्म स्थान के आधार पर भेदभाव निषेध।
2. दुकानों, सार्वजनिक भोजनालयों, होटलों तथा मनोरंजन के सार्वजनिक स्थानों से उपरोक्त आधार पर किसी नागरिक को अयोग्य व प्रतिबंधित नहीं किया जाएगा।
3. उन, कुओं, तालाबों, नहाने के घाटों, सड़कों व सैर के स्थानों, जिनकी राज्य के द्वारा अशंतः या पूर्णतया देखभाल की जाती है, के प्रयोग करने से किसी भी नागरिकों को प्रतिबंधित नहीं किया जाएगा।

अपवाद : अनुच्छेद 15 में दिए गए अधिकारों के दो उपवाद हैं। प्रथम, राज्य को अधिकार है कि वह स्त्रियों व बच्चों के लिए विशेष उपबंधों की व्यवस्था कर सकता है। द्वितीय, राज्य पिछड़ी जातियों, अनुसूचित जातियों तथा अनुसूचित कबीलों के लोगों की भलाई के लिए विशेष व्यवस्थाओं का प्रबंध कर सकता है।

3. सरकारी नौकरियों के लिए अवसर की समानता (अनुच्छेद 16) : इस अनुच्छेद के खंड (1) में कहा गया है कि राज्य में सरकारी नौकरियों या पदों पर नियुक्ति के संबंध में सब नागरिकों को समान अवसर मिलेगें। जबकि खंड (2) में निहित है कि सरकारी नौकरियों या पदों पर नियुक्ति के संबंध में धर्म, मूलवंश, जाति, लिंग, उद्भव और जन्मस्थान के आधार पर किसी भी नागरिक के साथ भेदभाव नहीं किया जाएगा। सबको सरकारी नौकरी तथा पदों की प्राप्ति के लिए बराबर अवसर दिए जाएंगे।

अपवाद-1. इस अनुच्छेद का किसी ऐसी विधि पर कोई प्रभाव नहीं होगा जो यह व्यवस्था करती हो कि किसी धार्मिक संस्था के कार्य से संबद्ध कोई पदाधिकारी उसी धर्म या सम्प्रदाय का हो। 2. द्वितीय सरकार पिछड़े हुए नागरिकों के लिए, जिन्हें सरकारी सेवाओं में उचित प्रतिनिधित्व प्राप्त नहीं है, स्थान सुरक्षित कर सकती है। तृतीय, संसद किसी राज्य या संघ राज्य क्षेत्र से संबंधित पद की नियुक्ति के लिए विकास संबंधी योग्यताएँ निर्धारित कर सकती है।

4. छुआछुत या अस्पृश्यता की समाप्ति (अनुच्छेद17) : इस अनुच्छेद के द्वारा छुआछुत का अंत कर दिया गया अर्थात् दूसरे के साथ अछूतों जैसे व्यवहार निषेध हैं। इस अनुच्छेद में कहा है कि अस्पृश्यत से उत्पन्न किसी अयोग्यता का लागू करना एक दंडनीय अपराध होगा। संसद ने 1955 में 'अस्पृश्यता अपराध अधिनियम' के द्वारा इसे एक दंडनीय अपराध घोषित किया गया है। 1976 में सरकार ने एक कानून पास किया जिसे नागरिक अधिकार सुरक्षा अधिनियम कहा जाता है इस कानून के अनुसार छुआछुत मानने वाले और उसका प्रचार करने वाले को 2 वर्ष तक की कैद और एक हजार रूपये तक जुर्माना किया जा सकता है। यही ही नहीं दोषित व्यक्ति को लोकसभा तथा

छुआछुत मानने वाले और उसका प्रचार करने वाले को 2 वर्ष तक की कैद और एक हजार रूपये तक जुर्माना किया जा सकता है। यही ही नहीं दोषित व्यक्ति को लोकसभा तथा विधानसभाओं के लिए चुनाव के लिए भी अयोग्य घोषित किया जा सकता है।

5. उपाधियों का अंत (अनुच्छेद 18) : अनुच्छेद 18 में उपाधियों की समाप्ति संबंधी निम्नलिखित बातों का उल्लेख किया गया है–

1. कोई भारतीय नागरिक किसी विदेशी राज्य से उपाधि स्वीकार नहीं करेगा।
2. सेना और शिक्षा संबंधी उपाधि के अतिरिक्त सिवाय राज्य और कोई उपाधि प्रदान नहीं करेगा।
3. कई व्यक्ति जो भारतीय नागरिक नहीं किंतु भारत में किसी लाभप्रद अथवा भरोसे के पद पर नियुक्त है, भारतीय राष्ट्रपति की आज्ञा के बिना किसी विदेश राज्य से कोई उपाधि प्राप्त नहीं कर सकता।

2. स्वतंत्रता का अधिकार (अनुच्छेद 19-22) : भारतीय संविधान के अनुच्छेद 19, 20, 21 और 22 के अनुसार प्रत्येक भारतीय नागरिक को स्वतंत्रता का मौलिक अधिकार प्राप्त है। अनुच्छेद 19 में वर्णित स्वतंत्रताएँ केवल भारतीय नागरिकों को ही प्राप्त है जबकि अनुच्छेद 20, 21, व 22 में वर्णित सुरक्षा व्यवस्थाएँ भारतीय नागरिकों और विदेशियों दोनों को समान रूप से प्राप्त है।

1. अनुच्छेद 19 : मूल संविधान के द्वारा भारतीय नागरिकों को सात प्रकार की स्वतंत्रता प्रदान की गई थी लेकिन 44 वें संविधान संशोधन द्वारा संपत्ति के मौलिक अधिकार के साथ–साथ संपत्ति की स्वतंत्रता की समाप्त कर दी गई। अतः अनुच्छेद 19 भारतीय नागरिकों को छः प्रकार की स्वतंत्रताएँ प्रदान करता है–

(क) **भाषण और अभिव्यक्ति की स्वतंत्रता :** भारत के प्रत्येक नागरिक को अपने विचार, लेखन, भाषण देने व अपने विचारों को अभिव्यक्त करने का अधिकार है। प्रेस भी विचारों के प्रकट करने का साधन है, इसीलिए अनुच्छेद 19 (क) के अंतर्गत प्रेस की स्वतंत्रता भी निहित है। लेकिन इस स्वतंत्रता पर युक्ति–युक्त प्रतिबंध लगाये जा सकते हैं जैसे 1. भारत की प्रभुता व अखंडता की रक्षा। 2. देश की सुरक्षा। 3. विदेशी राज्यों के साथ मैत्रीपूर्ण संबंधों के हित में। 4. सार्वजनिक हित में। 5. न्यायालय अपमान आदि।

(ख) **शांतिपूर्वक बिना हथियार के सम्मेलन करने की स्वतंत्रता :** अनुच्छेद 19 (ख) के अनुसार प्रत्येक भारतीय नागरिक को बिना अस्त्र–शस्त्र के शांतिपूर्वक सम्मेलन करने की स्वतंत्रता है। यह सभा करने तथा जुलूस आदि निकालने का शांतिपूर्ण एवं वैधानिक उपाय है। लेकिन सार्वजनिक हित और सुरक्षा के आधार पर इस स्वतंत्रता को सीमित किया जा सकता है।

(ग) **संगम और संघ बनाने की स्वतंत्रता (अनुच्छेद 19 (1) ग):** इस अनुच्छेद के द्वारा भारतीय नागरिकों को यह स्वतंत्रता प्रदान की गई है कि वे अपनी विभिन्न प्रकार की आवश्यकताओं व प्रवृतियों के आधार पर समुदायों या संघों का निर्माण कर सकते हैं किंतु इन समुदायों का उद्देश्य तथा कार्यक्रम शांतिपूर्ण तथा वैधानिक होना चाहिए। देश की प्रभुत्ता व अखंडता या सार्वजनिक व्यवस्था के हित में इस स्वतंत्रता को सीमित करने को राज्य का अधिकार है।

(घ) **भारत के राज्य क्षेत्र में सर्वत्र अबाध संचरण की स्वतंत्रता (अनुच्छेद 19 (1) (घ)):** भारतीय संविधान नागरिकों को बिना रोक–टोक के भ्रमण करने की स्वतंत्रता प्रदान करता है। भारतीय नागरिक एक राज्य से दूसरे राज्य में तथा भारत संघ के एक कोने से दूसरे कोने तक भ्रमण कर सकता है। लेकिन सार्वजनिक हितों में या फिर किसी अनुसूचित जाति या जनजाति के हित के संरक्षण के लिए राज्य इस पर युक्ति युक्त प्रतिबंध लगा सकता है।

(ङ) **निवास करने या बस जाने की स्वतंत्रता :** अनुच्छेद (1) (ङ) भारतीय नागरिकों को देश के किसी भी हिस्से में अस्थायी या स्थायी रूप से बसने की स्वतंत्रता प्रदान करता है। लेकिन इस स्वतंत्रता को भी उपरोक्त आधार पर प्रतिबंधित या सीमित किया जा सकता है।

(च) **कोई वृति, उपजीविका, व्यापार या कारोबार करने का अधिकार :** अनुच्छेद 19 (1) (छ:)

में नागरिकों को इच्छानुसार व्यवसाय करने की स्वतंत्रता दी गई है। नागरिक जीवन निर्वाह के लिए किसी भी धंधे या व्यंवसाय को अपना सकते हैं। लेकिन सार्वजनिक हित के आधार पर प्रतिबंध किया जा सकता है।

2. **अपराधों के लिए दोष सिद्धि के संबंध में संरक्षण**-अनुच्छेद 20 में निम्नलिखित बातों का उल्लेख है–
   1. कोई व्यक्ति किसी अपराध के लिए जब तक दोषी नहीं ठहराया जाएगा जब तक कि यह सिद्ध न हो जाए कि उसने उस समय किसी अधिरोपित विधि का उल्लंघन किया है तथा उस विधि के उल्लंघन के लिए निर्धारित दंड से अधिक दंड नहीं दिया जा सकता।
   2. किसी भी व्यक्ति को एक ही अपराध के लिए एक बार से अधिक अभियोजित और दंडित नहीं किया जाएगा।
   3. किसी भी अपराध के लिए अभियुक्त किसी व्यक्ति को स्वयं अपने विरूद्ध साक्षी होने के लिए बाध्य नहीं किया जाएगा।
3. **प्राण और दैहिक स्वतंत्रता का संरक्षण (अनुच्छेद 21)** : इस अनुच्छेद में जीवन के अधिकार को मान्यता प्रदान की गई है। इसमें कहा है कि किसी भी व्यक्ति को उसके प्राण या दैहिक स्वतंत्रता से विधि द्वारा स्थापित प्रक्रिया के अनुसार ही वंचित किया जाएगा अन्यथा नहीं। 44वें संविधान संशोधन द्वारा यह व्यवस्था की गई कि अनुच्छेद 21 के अधीन प्राप्त जीवन तथा निजी स्वतंत्रता के अधिकार को संकटकाल के समय भी निलंबित नहीं किया जा सकता।
4. **बंदीकरण तथा नजरबंदी से संरक्षण-अनुच्छेद 22** : अनुच्छेद 22 कुछ दशाओं में गिरफ्तारी और निरोध से संरक्षण प्रदान करता है। जिसमें निम्न प्रावधान है–
   1. गिरफ्तार किए गए व्यक्ति को गिरफ्तारी के कारण से तुरंत अवगत कराना पड़ेगा तथा उसे अपनी रूचि के विधि व्यवसायी से परामर्श करने एवं अपने बचाव करने का अधिकार दिया जाएगा।
   2. गिरफ्तार किये गए व्यक्ति को चौबिस घंटे के अंदर (इसमें यात्रा में लगने वाला समय सम्मिलित नहीं होगा) निकट के मजिस्ट्रेट के सामने उपस्थित करना होगा।
   3. लेकिन खंड (1) तथा (2) की कोई बात किसी ऐसे व्यक्ति पर लागू नहीं जो (क) शत्रु देश का नागरिक हो या (ख) निवारक निरोध को उपबंध करने वाली किसी विधि के अंर्तगत गिरफ्तार किया गया है ।

3. **शोषण के विरूद्ध अधिकार (अनुच्छेद 23 और 24)** : संविधान की 23 तथा 24वीं धारा में नागरिकों के शोषण के विरूद्ध अधिकारों का वर्णन किया गया है। इस अधिकार का उद्देश्य है कि समाज का कोई शक्तिशाली वर्ग किसी निर्बल वर्ग पर अन्याय न कर सके।
   1. **मानव के दुर्व्यापार और बलात्श्रम पर रोक (अनुच्छेद 23)** : मानव के दुर्व्यापार पर रोक से तात्पर्य है कि स्त्रियों–बच्चों तथा पुरूषों के क्रय–विक्रय पर प्रतिबंध लगा दिया गया है। जिसका उल्लंघन अपराध होगा जो विधि के अनुसार दंडनीय है। इसी प्रकार किसी व्यक्ति से बिना मजदूरी काम लेने या फिर जबरदस्ती काम नहीं लिया जा सकता। किसी भी व्यक्ति से उसकी इच्छा के विरूद्ध कार्य नहीं कराया जा सकता। इस संबंध में राज्य कोई भी विधि बना सकेगा तथा राज्य सार्वजनिक प्रयोजनों के लिए कोई भी अनिवार्य सेवा बिना किसी भेदभाव के अधिरोपित कर सकता है।
   2. **बाल श्रम का निषेध-(अनुच्छेद 24)** : इस अनुच्छेद में यह प्रावधान है कि 14 वर्ष से कम आयु के किसी बालक को किसी कारखाने या खान में काम करने के लिए नहीं लगाया जाएगा। जिससे उनके स्वास्थ्य पर विपरीत प्रभाव न पड़े।
4. **धर्म की स्वतंत्रता का अधिकार (25 से 28)** : भारत एक पंथ निरपेक्ष राज्य है। प्रत्येक व्यक्ति को किसी भी धर्म को अपनाने तथा धार्मिक कार्य करने में स्वतंत्रता प्राप्त है। राज्य भी सभी धर्मों को समान दर्जा देता है तथा उन्हें फलने–फूलने के समान अवसर प्रदान करता है अनुच्छेद 25 से 28 तक निम्नलिखित धार्मिक स्वतंत्रताओं का उल्लेख किया गया है।
   1. **अंतःकरण की और धर्म के अबाध रूप मानने, आचरण और प्रचार करने की स्वतंत्रता (अनुच्छेद 25)**
      1. अनुच्छेद 25 (1) में कहा गया है कि सार्वजनिक व्यवस्था, सदाचार तथा स्वास्थ्य के अधीन रहते हुए सभी व्यक्तियों को धर्म को अबाध रूप से मानने एवं प्रचार करने का समान अधिकार होगा।

2. अनुच्छेद 25 (2): राज्य इस संबंध में ऐसी विधि बना सकेगा जो (क) धार्मिक आचरण से संबंधित किसी राजनीतिक वित्तीय या अन्य लौकिक क्रियाकलाप का विनियमन या निर्बंधन करती है। (ख) सुधार एवं सार्वजनिक कल्याण के लिए सार्वजनिक प्रकार की हिन्दुओं की धार्मिक संस्थाओं को हिन्दुओं के सभी वर्गों के लिए खोलने का उपबंध करती है। (ग) कृपाण धारण करना और लेकर चलना सिक्ख धर्म के मानने का अंग माना जाएगा। (घ) हिन्दुओं के प्रति निर्देश का अर्थ सिख, जैन या बौद्ध धर्म के मानने वालों के प्रति भी निर्देश तथा संस्थाओं से तात्पर्य भी इन सभी की संस्थाओं से है।

2. धार्मिक कार्यों के प्रबंध की स्वतंत्रता(अनुच्छेद 26): इस अनुच्छेद में कहा गया है कि सार्वजनिक व्यवस्था, सदाचार और स्वास्थ्य के अधीन रहते हुए प्रत्येक धार्मिक सम्प्रदाय अथवा उसके किसी विभाग को–

1. धार्मिक और परोपकार के उद्देश्यों से संस्थाएँ स्थापित करें एवं उन्हें चलाए।
2. धार्मिक मामलों में अपने कार्य स्वयं करने का
3. चल और अचल संपत्ति के अर्जन और स्वामित्व का तथा
4. ऐसी संपत्ति का विधि के अनुसार प्रशासन करने का अधिकार होना।

3. धर्म की अभिवृद्धि के लिए करों के संदाय के बारे में स्वतंत्रता (अनुच्छेद 27) : किसी भी व्यक्ति को कोई ऐसा कर अदा करने के लिए विवश नहीं किया जाएगा जिसको इकट्ठा करके किसी धर्म विशेष के विकास एवं संचालन हेतु आने वाले व्यय को अथवा किसी धार्मिक वर्ग के लिए खर्च किए जाना चाहिए।

4. सरकारी शिक्षण संस्थाओं में धार्मिक शिक्षा पर रोक (अनुच्छेद 28) : इस अनुच्छेद में कहा गया है कि राज्य के खर्च से चलाई जा रही किसी भी शिक्षण संस्था में धार्मिक शिक्षा की व्यवस्था नहीं की जाएगी। उपर्युक्त प्रावधान उस शिक्षा संस्था में लागू नहीं होता जिसका प्रशासन राज्य करता है, लेकिन वह किसी ऐसे न्याय के अधीन स्थापित हुई है जिसके अनुसार उस संस्था में धार्मिक शिक्षा देना अनिवार्य है। इसके अतिरिक्त राज्य से मान्यता प्राप्त या राज्य निधि से सहायता प्राप्त शिक्षा संस्था में होने वाली उपासना में किसी भी व्यक्ति को भाग लेने के लिए बाध्य नहीं किया जा सकता।

5. संस्कृति और शिक्षा संबंधी अधिकार(अनुच्छेद 29-30) : भारत एक विशाल देश है इसके निवासियों का रहन–सहन, खान–पान, भाषा, रीति रिवाज, सभ्यता तथा संस्कृति भिन्न–2 प्रकार की है। भारतीय संविधान के अनुच्छेद 29 और 30 के अधीन नागरिकों को विशेषताये अल्पसंख्यकों को कुछ सांस्कृतिक तथा शैक्षिक अधिकार प्रदान किए हैं–

1. अल्पसंख्यकों के हितों का संरक्षण (अनुच्छेद 29) :

(क) भारत के राज्य क्षेत्र के निवासी नागरिकों के किसी अनुभाग को, जिसकी अपनी लिपि, संस्कृति या भाषा है, उसे बनाये रखने का अधिकार है।

(ख) राज्य निधि से सहायता प्राप्त या राज्य द्वारा पोषित किसी शिक्षा संस्था में किसी भी नागरिक को केवल जाति, भाषा मूलवंश या धर्म के आधार पर प्रवेश से वांछित नहीं किया जाएगा।

2. शिक्षा संस्थाओं की स्थापना और प्रशासन करने का अल्पसंख्यक वर्गों का अधिकार (अनुच्छेद 30):

(क) धर्म या भाषा के आधार पर सभी अल्पसंख्यक वर्गों को अपनी रूचि की शिक्षा संस्थाएँ स्थापित करने एवं उनका प्रशासन करने का अधिकार है।

(ख) राज्य ऐसी संस्थाओं की संपत्ति को अनिवार्य रूप से अर्जित करते समय यह ध्यान रखेगा कि संस्था को इतनी रकम मिल जानी चाहिए कि उसके हित बने रहे।

(ग) राज्य शिक्षा संस्थाओं को सरकारी सहायता देने में इस प्रकार की शिक्षा संस्थाओं में तथा अन्य शिक्षा संस्थाओं में कोई भेदभाव नहीं करेगा।

6. संवैधानिक उपचारों का अधिकार (अनुच्छेद 32): संविधान में वर्णित मूल अधिकारों की घोषणा निरर्थक साबित हो सकती थी यदि संविधान में उनकी रक्षा की व्यवस्था न की जाती। इस व्यवस्था के अभाव में कोई व्यक्ति राज्य या अन्य संस्था इन अधिकारों के उपभोग में बाधा पैदा कर सकता था इसलिए भारतीय संविधान निर्माताओं में इन मूल अधिकारों की रक्षा के लिए संवैधानिक उपचारों के अधिकारों को भी संविधान में स्थान दिया है। जिसका अभिप्राय यह है कि नागरिक इन मूल अधिकारों को लागू करने के लिए उच्चतम न्यायालय और उच्च न्यायालय की शरण ले सकता है।

अतः इस अनुच्छेद के माध्यम से संविधान ने मूल अधिकारों की रक्षा का भार उच्चतम न्यायालय और उच्च न्यायालयों को सौंपा है।

संविधान के अनुच्छेद 32 में वर्णित लेख संवैधानिक उपचार कहलाते हैं, जो कि निम्नलिखित हैं–

1. **बन्दी प्रत्यक्षीकरण**-बन्दी प्रत्यक्षीकरण की अंग्रेजी अभिव्यक्ति **'हैबियस कार्पस' (Habeas Corpus)** है जिसका शाब्दिक अर्थ है "शरीर प्राप्त करना।" इसके द्वारा उच्चतम न्यायालय और उच्च न्यायालय को यह अधिकार प्राप्त है कि वह बन्दी बनाए गए किसी व्यक्ति को अपने समक्ष उपस्थित करने के आदेश दे सकता है। यदि बन्दी बनाया व्यक्ति यह अनुभव करता है कि उसे गैर कानूनी तरीकों से बन्दी बनाया गया है तो वह इस संबंध में उच्चतम न्यायालय में आवेदन पत्र दे सकता है। यदि न्यायालय उचित समझता है तो उस व्यक्ति को सशरीर अपने सामने उपस्थित होने के लिए आदेश जारी कर सकता है। न्यायालय अगर इस बात से संतुष्ट हो जाए कि अमुक व्यक्ति को अवैध रूप से बंदी बनाया गया है तो वह उसकी मुक्ति के आदेश दे सकता है। वास्तव में इस व्यवस्था से कार्यकारिणी निरंकुश नहीं हो पाती।
2. **परमादेश लेख (Mandamus):** इसका शब्दिक अर्थ है 'आज्ञा'। जब कोई व्यक्ति या संस्था अपने कर्तव्य की पूर्ति न करे तो न्यायालय उसे अपने कर्तव्य पालन के लिए परमादेश लेख द्वारा आदेश दे सकता है। भारत में परमादेश उन अधिकारियों और अन्य व्यक्तियों के विरूद्ध दिया जा सकता है जो किसी लोक–कर्तव्य के लिए उत्तरदायी होते हैं। साथ ही साथ यह आदेश या रिट न्यायालयों और न्यायिक निकायों के विरूद्ध भी प्रयोग की जा सकती है।
3. **प्रतिषेध लेख (Prohibition) :** जब कोई अधीनस्थ न्यायालय अपने अधिकार क्षेत्र से बाहर जा रहा हो तो उच्चतम न्यायालय अथवा उच्च न्यायालय प्रतिषेध लेख के माध्यम से उस अधीनस्थ न्यायालय को ऐसे कार्य रोक देने का आदेश दे सकते हैं जो कि उसके अधिकार क्षेत्र से बाहर हो।
4. **उत्प्रेषण लेख (Certiorari) :** उत्प्रेषण का लेख भी उच्चतम या उच्च न्यायालय द्वारा किसी अधीनस्थ न्यायालय के विरूद्ध जारी किया जाता है जो अपने क्षेत्राधिकार का उल्लंघन कर रहा हो। प्रतिषेध एवं उत्प्रेषण के लेख के बीच मुख्य अंतर यह है कि जहां प्रतिषेध का लेख उस समय जारी किया जाता है। जब न्यायिक प्रक्रिया चल रही हो जबकि उत्प्रेषण का लेख उस समय जारी किया जाता है जब किसी मामले में निर्णय दिया जा चुका है।
5. **अधिकार पृच्छा लेख (Quo-warranto) :** यह लेख न्यायालय द्वारा उस सार्वजनिक अधिकारी के विरूद्ध जारी किया जाता है। जिसके बारे में यह संशय हो कि उसने कोई सार्वजनिक पद असंवैधानिक रूप से ग्रहण कर लिया है। और यदि न्यायालय इस निष्कर्ष पर पहुंचे कि उसका दावा पूर्णतया अवैधानिक है तो उसे अपदस्थ कर देता है। लेकिन संबंधित पद सार्वजनिक होना चाहिए और संविधान या विधि द्वारा सृजित हो।

इस प्रकार अनुच्छेद 32 के अधीन उपुर्यक्त कार्रवाई केवल तभी की जा सकती है जब संविधान के भाग–3 में वर्णित मौलिक अधिकारों का उल्लंघन होता है। संवैधानिक उपचार क्योंकि स्वयं एक मौलिक अधिकार है। इसलिए न्यायालय इन अधिकारों के उल्लंघन के विरूद्ध संरक्षण प्राप्त करने के लिए दिए गए आवेदनों को ग्रहण करने से इंकार नहीं कर सकता। वास्तव में संवैधानिक उपचार का विशेष महत्व है। इसीलिए डा॰ अम्बेडकर ने इसे **संविधान का हृदय और आत्मा** कहा है।

संपत्ति के अधिकार की स्थिति : वर्तमान समय में भारतीय नागरिकों को जो छः मूल अधिकार प्राप्त हैं उनमें संपत्ति का अधिकार शामिल नहीं है। लेकिन 44 वें संविधान संशोधन से पूर्व भारतीय नागरिकों को संपत्ति का अधिकार मूल अधिकार के रूप में प्राप्त था। अनुच्छेद 19 (1–F) तथा 31 में इसे स्थान दिया गया था जिसके तहत सभी नागरिकों को संपत्ति अर्जित करने, रखने तथा बेचने का अधिकार था तथा इस संपत्ति को लोकहित में केवल सरकार द्वारा अधिग्रहण किया जा सकता था। लेकिन इसके लिए समुचित मुआवजा देना अनिवार्य था। प्रथम (1951) तथा चतुर्थ (1955) संविधान संशोधन सहित अनुच्छेद 31 के अनुसार मुआवजे की धनराशि केवल व्यवस्थापिका निर्धारित करती थी तथा यह विषय न्यायालय में वाद योग्य नहीं था। लेकिन संविधान के 44 वें संशोधन (1978) द्वारा संपत्ति के अधिकार को मौलिक अधिकार के रूप में समाप्त कर दिया गया। संशोधन के फलस्वरूप अनुच्छेद

19 (1) च और अनुच्छेद 31 को अपने सभी उपखंडों सहित रद्द कर दिया गया तथा साथ ही संविधान के भाग 12 में एक नया अध्याय 4 जोड़ा गया जिसके अनुच्छेद 300 (A) में संपत्ति के अधिकार को रख एक विधिक अधिकार बना दिया गया। जिसके अनुसार किसी व्यक्ति को उसकी संपत्ति से विधि के प्राधिकार से ही वंछित किया जाएगा अन्यथा नहीं। इस संशोधन का यह प्रभाव हुआ कि अब संपत्ति से संबंधित अधिकार में संशोधन करने के लिए अनुच्छेद 368 में वर्णित संविधान संशोधन की विधि को अपनाने की आवश्यकता नहीं होगी। संसद द्वारा साधारण नियम की तरह संपत्ति के लिए भी साधारण प्रक्रिया से नियम बनाए जा सकते हैं तथा इस अधिकार के संरक्षण के लिए केवल उच्चतम न्यायालय या उच्च न्यायालय में जाने की आवश्यकता नहीं है। क्योंकि संपत्ति का अधिकार अब एक कानूनी अधिकार है, संवैधानिक नहीं।

अतः वर्तमान में संपत्ति के अधिकार को कानूनी दर्जा प्रदान किया गया है। जिसका तात्पर्य यह है कि राज्य को व्यक्ति की संपत्ति लेने का अधिकार है। लेकिन ऐसा करने के लिए उसे किसी विधि का सहारा लेना होना। कार्यपालिका के आदेश मात्र से किसी को भी उसकी संपत्ति से वंचित नहीं किया जाएगा। अपितु राज्य ऐसा केवल अपनी विधायिनी शक्ति के प्रयोग द्वारा ही कर सकता है।

संपत्ति अधिकार से संबंधित 24 वां संविधान संशोधन

गोलकनाथ अभियोग : गोलक नाथ बनाम पंजाब सरकार के 1977 के मुकद्दमें से पूर्व संसद को मौलिक अधिकारों में संशोधन करने की शक्ति प्राप्त थी और न्यायालय किसी संशोधित कानून को अवैध घोषित नहीं कर सकते थे। 1951 के शंकरी प्रसाद बनाम भारत संघ राज्य तथा सज्जन सिंह के अभियोग (1965) में भी सर्वोच्च न्यायालय ने यह निर्णय दिया कि संसद मौलिक अधिकारों में संशोधन कर सकती है। लेकिन 17 फरवरी 1967 को सर्वोच्च न्यायालय के द्वारा गोलक नाथ विवाद में जो निर्णय दिया गया उससे पूर्ववती स्थिति बदल गई। इस विवाद में न्यायालय ने अपनी पुराने निर्णयों को अस्वीकार करते हुए कहा कि संसद मौलिक अधिकारों में कोई परिवर्तन नहीं कर सकती।

यह विवाद मुख्यतः **गोलकनाथ बनाम पंजाब सरकार** के नाम से जाना जाता है। 1966 में हैनरी गोलकनाथ के पुत्र, पुत्री व पोतियों ने उनकी मृत्यु के पश्चात सर्वोच्च न्यायालय में पंजाब सरकार और पंजाब के वित आयुक्त के विरूद्ध प्रार्थना पत्र दिया क्योंकि पंजाब के वित आयुक्त ने अपने आदेश में यह कहा था कि प्रार्थियों के पास 418 एकड़ व 9–1/4 यूनिट भूमि फालतू है। वित आयुक्त ने यह आदेश Panjab Security of Land Tenure Act of 1953 की धाराओं के अनुसार जारी किया था। जबकि अपील कर्त्ताओं ने अपने प्रार्थना पत्र में यह कहा कि एक्ट की जिन धाराओं के अंर्तगत उनकी भूमि को फालतू ठहराया गया है वे मौलिक अधिकारों के विरूद्ध है। सर्वोच्च न्यायालय ने 27 फरवरी 1967 को गोलकनाथ मुकद्दमे में 6–5 के बहुमत से अपने पुराने निर्णयों को अस्वीकार करते हुए यह घोषित किया कि संसद को संविधान के मौलिक अधिकारों को संशोधित करने का अधिकार नहीं है। न्यायाधीशों ने अपने निर्णय में कहा की संविधान सर्वोच्च है और संविधान द्वारा निर्मित अन्य पदाधिकारों को संविधान के अनुसार ही चलना होगा। बहुमत न्यायधीशों द्वारा की गई संविधान की व्याख्या ने मौलिक अधिकारों को संसद की पहुंच से बाहर बना दिया।

गोलकनाथ निर्णय के फलस्वरूप भारतीय संविधान के अंर्तगत संसद की सर्वोच्चता और सर्वोच्च न्यायालय के न्यायिक पुनर्निरीक्षण की शक्ति के बीच गंभीर विवाद उत्पन्न हो गया। यह विवाद और अधिक गंभीर हो गया जब 10 फरवरी 1970 को सर्वोच्च न्यायालय ने बैंकों के राष्ट्रीयकरण से संबंधित अध्यादेश के विरूद्ध निर्णय देते हुए निर्णय दिया कि संसद ऐसा कोई भी कानून नहीं बना सकती जिसके अनुसार गैर सरकारी उपक्रमों को बिना मुआवजा दिए प्राप्त किया जा सके। सर्वोच्च न्यायालय के इस निर्णय से जनता में हलचल हो गई और यह विचार जोर पकड़ने लगा कि सर्वोच्च न्यायालय प्रगतिशील, सामाजिक तथा आर्थिक नीतियों के काम में अवरोधक का काम कर रहा है। साथ ही न्यायपालिका के न्यायिक पुनर्निरक्षण और सक्रियता की भी कटु आलोचना होने लगी।

गोलकनाथ मुकद्दमे से उत्पन्न समस्या के समाधान के लिए संविधान में 24वें संशोधन द्वारा संसद को मौलिक अधिकारों में संशोधन करने का अधिकार दे दिया गया। इसके पश्चात संविधान में 25वां संशोधन द्वारा उन सब कठिनाइयों को दूर करने की कोशिश की गई, जो बैंकों के राष्ट्रीयकरण संबंधी आदेश और कानून को असंवैधानिक घोषित करने से उत्पन्न हो गई थी। सर्वोच्च न्यायालय ने भी 1973 में केशवानंद भारती केस में ऐतिहासिक निर्णय देते हुए, गोलकनाथ मुकद्दमे में दिए गए निर्णय को रद्द कर

दिया और संसद के मौलिक अधिकारों में संशोधन करने के अधिकार को स्वीकार कर लिया। परंतु साथ में यह भी कहा गया कि संविधान का अनुच्छेद 368 संसद की संविधान के बुनियादी ढांचे को परिवर्तित करने का अधिकार नहीं देता।

मौलिक कर्तव्य

भारत के मूल संविधान में केवल मूल अधिकारों को ही शामिल किया गया था मौलिक कर्तव्य प्रारंभ में संविधान में उल्लेखित नहीं थे तथा ऐसी आशा की जाती थी कि भारत के नागरिक स्वतंत्र भारत में अपने कर्तव्यों की पूर्ति स्वेच्छा से करेंगे। किंतु 42 वें संशोधन अधिनियम 1976 द्वारा अनुच्छेद 51 (क), भाग चार (क) में मूल संविधान जोकि 26 जनवरी 1950 को लागू था, जोड़ा गया। जिसमें दस मौलिक कर्तव्यों का उल्लेख किया गया।

मौलिक कर्तव्यों का संविधान में समावेश करने के लिए फरवरी 1976 में कांग्रेस पार्टी के अध्यक्ष श्री डी॰ के॰ बरूआ ने संविधान में संशोधन के लिए 9 सदस्यों की एक समिति नियुक्त की जिसके अध्यक्ष भूतपूर्व रक्षा मंत्री सरदार स्वर्ण सिंह थे। इस समिति ने संविधान में आठ मूल कर्तव्यों को समावेश करने की संस्तुति की जिसके आधार पर 42 वें संविधान संशोधन अधिनियम 1976 द्वारा संविधान में दस मूल कर्तव्य जोड़े गए। ये मूल कर्तव्य मुख्यतः पूर्व सोवियत संघ के संविधान से प्रेरित थे।

भारतीय संविधान में निहित 11 मौलिक कर्तव्यों का उल्लेख निम्नलिखित रूप से किया जा सकता है :

1. संविधान, राष्ट्रीय झंडे तथा राष्ट्रीय गीत का सम्मान
2. राष्ट्रीय स्वतंत्रता आंदोलन के उद्देश्यों को हृदय में संजोए रखना एवं पालन करना
3. भारतीय प्रभुसत्ता, एकता तथा अखंडता का समर्थन और रक्षा करना
4. देश की रक्षा करना
5. वैज्ञानिक दृष्टिकोण और ज्ञानार्जन की भावना का विकास करें
6. भारत के सभी नागरिकों में समरसत्ता और भ्रातृत्व की भावना का निर्माण करना
7. सामाजिक संस्कृति की गौरवशाली परम्परा का महत्व समझे और उसका परिरक्षण करें
8. प्राकृतिक पर्यावरण की रक्षा और उसका संवर्धन करें
9. व्यक्तिगत तथा सामूहिक यत्नों के द्वारा उच्च राष्ट्रीय लक्ष्यों की प्राप्ति के लिए सतत प्रयास करना
10. राष्ट्रीय संपत्ति की रक्षा करना
11. माता–पिता या संरक्षक द्वारा 6 से 14 वर्ष के बच्चों हेतु प्राथमिक शिक्षा प्रदान करना (86वाँ संशोधन-2002)

नीति-निदेशक सिद्धांत

भारतीय संविधान की मूल कृति के भाग चार में अनुच्छेद 36 से 51 तक राज्य के नीति–निदेशक तत्वों का उल्लेख किया गया है। राज्य के नीति–निदेशक तत्व वह सिद्धांत हैं जो कार्यपालिका तथा व्यवस्थापिका को ऊँचे आदर्श प्राप्त करने के लिए दिए गए हैं। संविधान में कहा गया है कि ये देश का प्रशासन चलाने के लिए आधार है। वास्तव में संविधान निर्माताओं का यह विश्वास था कि मौलिक अधिकारों के द्वारा राजनीतिक लोकतंत्र की आधारशिला रखना तब ही लाभदायक होगा जब इसके साथ–साथ सामाजिक न्याय तथा आर्थिक लोकतंत्र की स्थापना की जाए। इसीलिए उन्होंने नीति निदेशक सिद्धांतों के रूप में कुछ ऐसे नियमों की रचना की है जिनको क्रियात्मक रूप देने से देश में एक शुद्ध कल्याणकारी राज्य भी स्थापित किया जा सकता है।

अतः कहा जा सकता है कि संविधान की प्रस्तावना में जिन आदर्शों एवं उद्देश्यों को स्थान दिया गया है उन्हें व्यवहारिक रूप प्रदान करने के लिए इन तत्वों का समावेश संविधान में किया है। **डा॰ राजेन्द्र प्रसाद** के अनुसार, "राज्य के नीति–निदेशक तत्वों का उद्देश्य जनता के कल्याण को प्रोत्साहित करने वाली सामाजिक व्यवस्था का निर्माण करना है।"

नीति निदेशक सिद्धांतों का वर्गीकरण

भारतीय संविधान में निहित नीति–निदेशक सिद्धांत मुख्यतः आयरलैंड के संविधान से प्रेरित है। संविधान की धारा 36 से 51 तक की 16 अनुच्छेदों में इन सिद्धांतों का वर्णन किया गया है। संविधान में वर्णित इन सिद्धांतों को मुख्यतः चार भागों में विभाजित किया जा सकता है–

1. आर्थिक सिद्धांत

1. राज्य आय की असमानताओं को कम करने का प्रयास करेगा और न केवल व्यक्तियों के बीच बल्कि विभिन्न क्षेत्रों में रहने वाले और विभिन्न

व्यवसायों में लगे हुए लोगों के समूह के बीच भी प्रतिष्ठा, सुविधाओं और अवसरों की असमानता समाप्त करने का प्रयास करेगा।

2. राज्य ऐसी नीति अपनाए, जिसमें प्रत्येक नागरिक को जीविका के साधन प्राप्त हो सके।
3. राज्य समुदाय के भौतिक साधनों का स्वामित्व तथा नियंत्रण इस प्रकार करेगा जिनसे इसका सर्वसाधारण के लिए अहितकारी संकेंद्रण न हो।
4. समान कार्य के लिए सब स्त्री–पुरूषों को समान पारिश्रमिक मिले इसकी भी व्यवस्था की जाऐगी।
5. राज्य को देखना चाहिए कि मजदूर स्त्रियों तथा बालकों की दुर्बल दशा का दुरूपयोग न हो तथा आर्थिक आवश्यकताओं से मजबूर होकर उनको ऐसी वृत्ति न अपनानी पड़े जो उनकी आयु तथा शक्ति के अनुकूल न हो।
6. राज्य यह भी देखेगा कि देश कि आर्थिक व्यवस्था इस प्रकार चले जिससे धन व उत्पादन साधनों का सर्वसाधारण के लिए अहितकर सकेंद्रण न हो।
7. राज्य ऐसी सामाजिक व्यवस्था की स्थापना करेगा जिसमें सामाजिक, आर्थिक एवं राजनीतिक न्याय हो।
8. सरकार को देखना चाहिए की समाज का एक वर्ग दूसरे वर्ग की लूट–खसोट न करे।
9. मजदूरों के लिए उचित तथा कार्य की ऐसी हालातों का निर्माण करना चाहिए, जिससे उनको आराम मिल सके तथा वे अपने जीवन को सांस्कृतिक रूप से ऊँचा बना सके।

2. सामाजिक सिद्धांत

1. 14 वर्ष तक की आयु के बालकों के लिए निःशुल्क अनिवार्य शिक्षा का प्रबंध करना।
2. समाज के दुर्बल वर्ग विशेषतया अनुसूचित जाति और जनजाति की शिक्षा व आर्थिक उन्नति का प्रबंध राज्य करेगा। साथ ही साथ यह भी देखेगा कि इनके साथ सामाजिक अन्याय तो नहीं हो रहा है।
3. राज्य द्वारा निःशुल्क कानूनी सहायता की व्यवस्था की जाएगी तथा अन्य इसी प्रकार की व्यवस्था करेगा जिससे आर्थिक व अन्य किसी आधार पर कोई नागरिक न्याय प्राप्ति से वंचित न रह जाए।
4. वन्य जीवन और जंगलों की रक्षा का प्रबंध करना।
5. ऐतिहासिक महत्व व कलात्मक स्थानों, वस्तुओं तथा स्मारकों को राज्य नष्ट होने, स्थानांतरित किए जाने एवं बाहर भेजने आदि से रक्षा करेगा।
6. राज्य देश के सभी नागरिकों के लिए समान आचार संहिता बनाने का प्रयत्न करेगा (अनुच्छेद 44)

3. गाँधीवादी विचारधारा से संबंधित : शासन में सुधार तथा उसके स्तर को ऊँचा उठाने के लिए गाँधी द्वारा स्वतंत्र भारत के निर्माण के लिए जो विचार रखे गए थे उनका समावेश इन नीति निदेशक सिद्धांतों में किया गया है। जो इस प्रकार हैं–

1. राज्य के द्वारा कुटीर उद्योगों का विकास व प्रोत्साहन
2. सरकार ग्राम पंचायतों का संगठन करेगी तथा उनको इतनी शक्तियाँ प्रदान करेगी की वे प्रबंधकीय ईकाईयों के रूप में सफलतापर्वूक कार्य कर सके।
3. सरकार द्वारा मद्य या अन्य नशीले पद्धार्थों के दुरूपयोग पर रोक लगाना।
4. सरकार खेती–बाड़ी तथा पशु–पालन का संगठन वैज्ञानिक आधार पर करेगी। दूध वाले पशुओं को मारने पर प्रतिबंध लगाएगी तथा पशुओं की नस्ल को सुधारने का प्रयत्न करेगी।
5. राज्य निर्बल एवं पिछड़ी जातियों की प्रगति के लिए प्रयत्न करेगी।
6. कार्यपालिका का न्यायपालिका से पृथक्करण।
7. उद्योगों के प्रबंध में कर्मचारियों की भागीदारी।

4. अंतर्राष्ट्रीय शांति और सुरक्षा के सबंध में

1. राज्य अंतर्राष्ट्रीय शांति और सुरक्षा को बढ़ावा देगा।
2. विभिन्न राष्ट्रों के बीच न्याय और सम्मान पूर्ण संबंधों की स्थापना हो सके, राज्य इसके लिए प्रयत्नशील रहेगा।
3. राज्य अंतर्राष्ट्रीय संधियों तथा कानूनों का सम्मान करेगा।
4. अंतर्राष्ट्रीय विवादों को राज्य शांतिपूर्ण ढंग से निपटाने की प्रवृति को बढ़ावा देगा।

42 वें संविधान संशोधन द्वारा जोड़े गए नीति निदेशक तत्व : 42 वें संविधान संशोधन (1976) द्वारा राज्य के

नीति निदेशक तत्वों में कुछ नये सिद्धांतों को जोड़ा गया है जिनका वर्णन निम्नलिखित रूप में किया जा सकता है–

1. इस संशोधन द्वारा यह व्यवस्था की गई कि राज्य द्वारा विशेष रूप से कुछ ऐसी नीतियों का निर्माण किया जाएगा जिनका उद्देश्य बच्चों तथा नवयुवकों को शोषण से बचाना तथा उनके स्वास्थ्य के लिए अच्छी व्यवस्थाएँ प्रदान करना है।
2. अनुच्छेद 39 A के द्वारा यह व्यास्था की गई कि राज्य द्वारा समान न्याय दिलाने तथा कानूनी सहायता उपलब्ध कराने की व्यवस्था की जाएगी।
3. एक अन्य अनुच्छेद 43–A का समावेश किया गया जिसके द्वारा यह व्यवस्था की गई है कि राज्य उद्योगों के प्रबंध में कर्मचारियों के भाग लेने की व्यवस्था है।
4. 42 वें संविधान संशोधन द्वारा एक अन्य नया अनुच्छेद 48–A जोड़ा गया जिसके अनुसार वनों तथा अन्य जीवों की सुरक्षा की व्यवस्था है

नीति-निदेशक सिद्धांतों का महत्व

उपरोक्त आधार पर नीति निदेशक सिद्धांतों की बड़ी तीव्र आलोचना की गई है फिर भी ये देश के शासन में एक आधारभूत महत्व रखते हैं कोई भी सरकार इनकी उपेक्षा नहीं कर सकती। न्यायमूर्ति हेगड़े के अनुसार यदि हमारे संविधान में कोई भाग ऐसे हैं जिन पर सावधानी और गहराई से विचार करने की आवश्यकता है तो वे हैं भाग तीन और चार। उनमें हमारे संविधान का दर्शन निहित है।

नीति–निदेशक तत्वों के महत्व को दर्शाने के लिए निम्नलिखित तर्क दिए जाते हैं–

1. शासन के मूल्यांकन का आधार : इन सिद्धांतों का एक बहुत बड़ा लाभ यह भी है कि ये भारतीय जनता के पास सरकार की सफलताओं को, आंकने की कसौटी हैं। मतदाता इन आदर्शों को सम्मुख रखकर अनुमान लगाते हैं कि शासन को चलाने वाली पार्टी ने अपनी शासन संबंधी नीति को बनाते समय किस सीमा तक इन सिद्धांतों को सम्मुख रखा है। लोग शासन को चलाने वाली पार्टी को, जो इन नियमों का पालन नहीं करती, वोट नहीं देते। इस प्रकार की शासक पार्टी मतदाताओं को उन से संबंधित अपनी कार्यवाही से सूचित रखती है ताकि मतदाओं का उस पर विश्वास बना रहे। अतः हमें यह मानना पड़ेगा कि ये सिद्धांत कानूनी रूप में लागू नहीं किए जा सकते तो भी इनसे उदासीन नहीं रहा जा सकता। **डॉ. अम्बेडकर** के अनुसार, "निदेशक सिद्धांत हमारे आर्थिक लोकतंत्र के आदर्श को प्रकट करते हैं"। सरकार का कोई भी उत्तरदायी मंत्रिमंडल सरलता से संविधान में दिए गए इन सिद्धांतों के विरूद्ध जाने का विचार नहीं कर सकता। इससे यह स्पष्ट है कि राज्य नीति के निदेशक सिद्धांत कानूनी महत्व से रहित होते हुए भी बहुत लाभदायक सिद्ध हो रहे हैं।

2. आर्थिक स्वतंत्रता के प्रवर्तक वास्तव में ये सिद्धांत भारतीय संविधान की प्रस्तावना की व्याख्या करते हैं। जिसके अनुसार देश में सामाजिक, आर्थिक तथा राजनीतिक न्याय स्थापित करने का वचन दिया गया है। इस प्रकार से चाहे इन सिद्धांतों के पीछे कोई कानूनी शक्ति नहीं परंतु फिर भी ये बहुत महत्वपूर्ण हैं वर्तमान तथा आगामी कोई भी सरकार इनकी ओर से उदासीन नहीं हो सकती।

3. राज्य सरकारों के लिए प्रकाश स्तंभ के रूप में : निदेशक सिद्धांत केन्द्रीय तथा राज्य सरकारों का पथ–प्रदर्शन करते हैं। संविधान के अनुच्छेद 37 के अनुसार, "इन सिद्धांतों को शासन के मौलिक आदेश घोषित किया गया है। जिन्हें कानून बनाने तथा लागू करते समय ध्यान में रखना प्रत्येक सरकार का कर्तव्य माना गया है। चाहे कोई भी राजनीतिक दल मंत्रिमंडल बनाए, उसे अपनी आंतरिक तथा बाह्य नीति निश्चित करते समय इन सिद्धांतों को अवश्य ध्यान में रखना पड़ेगा। इस तरह से सिद्धांत मानो सभी राजनीतिक दलों का संयुक्त चुनावी घोषणापत्र है। अपने कानूनी तथा कार्यकारी कामों में ये सिद्धांत प्रत्येक दल के लिए मार्गदर्शक, दार्शनिक तथा मित्र का रोल निभाते हैं।" यदि सत्तारूढ़ दल निदेशक सिद्धांतों को लागू नहीं करता तो उसे चुनाव में जनता से वोटों की आशा नहीं करनी चाहिए।

4. संवैधानिक पवित्रता : निदेशक सिद्धांत उसी प्रकार पवित्र हैं जिस प्रकार संविधान के अन्य अनुच्छेद। यह कहना ठीक नहीं कि न्यायालय की शक्ति के अभाव में वे संवैधानिक पवित्रता खो बैठते हैं। **सूर्यपाल सिंह बनाम उत्तर प्रदेश सरकार केस में** न्यायालय ने कहा है कि यदि कानून 'शासन के आधारभूत सिद्धांत' निदेशक तत्वों का विरोध करता है तो उसे अवैध घोषित कर दिया जाएगा। पंडित नेहरू ने चौथे संशोधन के समय स्पष्ट रूप से कहा था कि अगर संविधान को कोई अनुच्छेद निदेशक सिद्धांतों

को व्यवहारिक रूप देने में बाधा पहुंचाता है तो संविधान में आवश्यक संशोधन किया जा सकता है।

5. नीति-निदेशक सिद्धांतों के पीछे जनमत की शक्ति होती है : राज्य की नीति के निदेशक सिद्धांत चाहे न्यायालयों द्वारा लागू नहीं कराए जा सकते तो भी इनका विशेष महत्व है। एक संसदीय प्रकार की सरकार सदा ही लोगों की आलोचना का निशाना बनी रहती है। यदि सरकार जान–बूझकर इनका अतिक्रमण अथवा अवहेलना करने का यत्न करेगी तो लोग आवश्यक रूप में इस बात का बुरा मानेंगे। जनता द्वारा चुने हुए प्रतिनिधि इन निदेशों पर चलने के लिए कोई उत्साह नहीं दिखाएंगे तो वे यह आशा भी नहीं रख सकते कि जनता उनको पुनः अपने प्रतिनिधि चुन ले। प्रत्येक प्रजातंत्रीय सरकार को जनमत के अनुसार चलना पड़ता है। इसलिए कोई भी सरकार आज के युग में जनमत का विरोध नहीं कर सकती। जब कोई शासक पार्टी इन सिद्धांतों से उदासीन होकर जनमत को अपना विरोधी बना लेती है तब वह अपने लिए खतरा मोल लेती है तथा उसके लिए अपना शासन बनाए रखना कठिन हो जाता है। **एम.वी. पायली** का कथन है कि इन हानिकारक परिणामों से डरते हुए कोई भी शासक पार्टी निदेशक सिद्धांतों की ओर से उदासीन नहीं हो सकती। इस प्रकार भारत वर्ष में चाहे किसी भी पार्टी की सरकार हो, प्रत्येक को प्रशासक बनने पर इन सिद्धांतों को अपने शासन का विधान मानना पड़ेगा तथा शासन प्रबंध में उचित स्थान देना पड़ेगा।

6. मौलिक अधिकारों का सहायक : मौलिक अधिकारों की घोषणा इसलिए की गई है कि प्रत्येक नागरिक अपने जीवन का विकास कर सके, परंतु मौलिक अधिकारों को अपने उद्देश्य में तब तक सफलता नहीं मिल सकती, जब तक निर्देशक सिद्धांतों को लागू न किया जाए। मौलिक अधिकारों ने नागरिकों को राजनीतिक स्वतंत्रता तथा समानता प्रदान की है जिसका उस समय तक कोई लाभ नहीं है जब तक कि सामाजिक और आर्थिक समानता की स्थापना न कि जाए और यह बिना निदेशक सिद्धांतों को लागू किए स्थापित नहीं हो सकती। **पायली** के अनुसार, "राजनीतिक लोकतंत्र को बनाए रखने में सबसे अधिक प्रभावशाली शक्ति आर्थिक लोकतंत्र की स्थापना है। जहां आर्थिक लोकतंत्र नहीं, राजनीतिक लोकतंत्र शीघ्र ही तानाशाही में बदल जाएगा।"

7. संविधान की व्याख्या करने में सहायक है : इन सिद्धांतों का महत्व इस बात में भी है कि ये भारतीय न्यायालयों के लिए पथ–प्रदर्शक का कार्य करते हैं। न्यायालयों ने बहुत सारे अभियोगों के निर्णय करते हुए इनको उचित महत्व दिया है जिससे यह अनुमान लगाया जा सकता है कि वे वास्तव में भी भारतीय शासन के मूल आधार हैं। उदाहरणस्वरूप, **बंबई सरकार बनाम एफ. एम. वालासार** के अभियोग में सर्वोच्च न्यायालय ने इन सिद्धांतों की धारा 17 पर विचार किया तथा इसी प्रकार **बिहार सरकार बनाम कामेश्वर सिंह** के अभियोग का निर्णय करते समय उच्चतम न्यायालय ने धारा 39 की व्याख्या की थी। इससे यह स्पष्ट हो जाता है कि निदेशक सिद्धांत बड़े लाभदायक सिद्ध हो जाते हैं।

केरल मठ के स्वामी केशवानन्द बनाम यूनियन सरकार के मुकद्दमे में भी सर्वोच्च न्यायालय ने बहुत विस्तार से निदेशक सिद्धांतों पर विचार किया। भूतपूर्व मुख्य न्यायाधीश **कानिया (Kania)** के अनुसार, "ये सिद्धांत संविधान का भाग होने के नाते बहुमत की अस्थायी इच्छा का प्रतिनिधित्व नहीं करते; बल्कि समस्त राष्ट्र की बुद्धिमत्ता के प्रतीक हैं जिसे संविधान सभा में प्रकट किया गया।"

8. कल्याणकारी राज्य के आदर्श : नीति निदेशक सिद्धांतों द्वारा कल्याणकारी राज्य के आदर्श की घोषणा की गई है। कल्याणाकारी राज्य की स्थापना के लिए जिन बातों की आवश्यकता होती है उन सभी को निदेशक सिद्धांतों में निहित किया गया है अनुच्छेद 38 में स्पष्ट कहा गया है, "राज्य लोगों के कल्याण के लिए ऐसी सामाजिक व्यवस्था का निर्माण करने और उसे सुरक्षित रखने का प्रयत्न करेगा, जिसके अंतर्गत राष्ट्रीय जीवन की सभी संस्थाओं में लोगों को सामाजिक, आर्थिक और राजनीतिक न्याय प्राप्त हो।" **डॉ. अम्बेडकर ने कहा है,** "संविधान का उद्देश्य केवल राजनीतिक क्षेत्र में ही लोकतंत्र की स्थापना नहीं है जिसमें कानूनी शक्ति का आधार वयस्क मताधिकार होता है और कार्यकारिणी विधानमंडल होती हैं, बल्कि कल्याणकारी राज्य को भी बढ़ावा देना है जिसमें सामाजिक तथा आर्थिक लोकतंत्र भी होता है।"

9. नैतिक आदर्श के रूप में : कुछ आलोचकों द्वारा नीति निदेशक सिद्धांतों की इस आधार पर आलोचना की जाती है कि ये मात्र नैतिक आदर्श हैं लेकिन इससे इन सिद्धांतों की महत्ता कम नहीं होती। संविधान के नैतिक

आदर्श सदा सरकार और जनता के पास रहते हैं। **एलेन ग्लैडहिल** ने कहा है, "नैतिक आदर्श से तो करोड़ों व्यक्तियों के जीवन सुधरे हैं और उनके दिमागों पर अच्छे नैतिक प्रभाव पड़े हैं और ऐसे उदाहरण मिलना भी कठिन नहीं, जबकि ऐसे ही नैतिक आदर्शों ने राष्ट्रों के इतिहास को बदल दिया" नीति निदेशक सिद्धांतों की भांति इंग्लैंड के **मैग्ना कार्टा (1215)** को कोई कानूनी बल प्राप्त न था परंतु फिर भी अंग्रेज इसे अपनी व्यक्तिगत स्वतंत्रता का आधार मानते हैं।

नीति-निदेशक सिद्धांतों तथा मौलिक अधिकारों में अंतर : भारतीय संविधान के तीसरे भाग के अनुच्छेद 12 से 35 मौलिक अधिकारों की घोषणा की गई है। जिन का प्रयोग कर नागरिक अपने जीवन का विकास कर सकते हैं। संविधान के चौथे भाग के अनुच्छेद 30 से 51 तक में राज्य नीति के निदेशक सिद्धांतों की घोषणा की गई है। जिनका उद्देश्य भारतीय लोगों का आर्थिक, सामाजिक, मानसिक तथा नैतिक विकास करना तथा देश में कल्याणकारी राज्य की स्थापना करना है हालांकि ऊपरी तौर पर दोनों के उद्देश्य समान दिखलाई पड़ते हैं जबकि इन दोनों में गहरा अंतर है। इनके बीच पाए जाने वाले अंतर को निम्नलिखि से अध्ययन किया जा सकता है–

1. उद्देश्यों में अंतर : संविधान के तीसरे भाग में जो मौलिक अधिकार दिए गए हैं, उनका उद्देश्य भारत में राजनीतिक लोकतंत्र की स्थापना करना है। अनुच्छेद 19 में छः प्रकार की स्वतंत्रताओं का वर्णन किया गया है जो कि राजनीतिक लोकतंत्र की आधारशिला है। इसके विपरीत राज्यनीति के निदेशक सिद्धांतों का लक्ष्य आर्थिक लोकतंत्र की स्थापना करना है ताकि राजनीतिक लोकतंत्र को सफल बनाया जा सके।

2. मौलिक अधिकार निषेधात्मक है जबकि निदेशक सिद्धांत सकारात्मक है : इन दोनों में प्रमुख अंतर यह है कि मौलिक अधिकार स्वरूप में निषेधात्मक हैं। वे सरकार की शक्तियों पर प्रतिबंध लगाता है। वे उसको कोई विशेष कार्य करने से वर्जित करते हैं। उदाहरण के लिए मौलिक अधिकार राज्य को आदेश देते हैं कि वह नागरिकों में जाति, धर्म, रंग, लिंग आदि के आधार पर भेदभाव नहीं करेगा, बिना कानून के किसी भी संपत्ति को अपने कब्जे में नहीं लेगा, धर्म के आधार पर नियुक्तियाँ नहीं करेगा, आदि **दूसरी ओर निदेशक सिद्धांत** सकारात्मक निदेश (Positive Instructions) हैं। वे सरकार को कुछ निश्चित कार्य करने का आदेश देते हैं। उदाहरणस्वरूप वे सरकार को ऐसी नीति अपनाने का आदेश देते हैं जिससे देश के नागरिकों का जीवन स्तर ऊँचा उठ सके तथा बरोजगारी की समाप्ति हो सके। अतः कहा जा सकता है कि मौलिक अधिकार सरकार को कुछ कार्य न करने का आदेश देते हैं। निदेशक सिद्धांत उन्हें कुछ कार्य करने का सकारात्मक आदेश देते हैं।

3. नीति निदेशक सिद्धांतों का महत्व मौलिक अधिकारों से अधिक : मौलिक अधिकार सामाजिक जीवन की कुछ अवस्थाएँ हैं, जो मनुष्य की प्रसन्नता के लिए आवश्यक है, परंतु इनका संबंध केवल मनुष्य से ही है। इनकी तुलना में निदेशक सिद्धांतों में उन उद्देश्यों का वर्णन है जिनको सम्मुख रखते हुए देश में आर्थिक, सामाजिक तथा राजनीतिक न्याय के आधार पर एक शुद्ध कल्याणकारी राज्य स्थापित करने का लक्ष्य रखा गया है। चाहे ये सिद्धांत न्यायालयों द्वारा लागू नहीं किए जा सकते तो भी इनकी महत्ता हमारे विचार में मौलिक अधिकारों से अधिक है। ये सिद्धांत संसदीय लोकतंत्र के साथ–साथ आर्थिक लोकतंत्र का आदर्श दर्शाते हैं। **डॉ॰ अम्बेडकर** ने संविधान सभा में बोलते हुए कहा था कि "संसदीय लोकतंत्र स्थापित कर लेना पर्याप्त नहीं, इसके साथ आर्थिक लोकतंत्र की स्थापना भी आवश्यक है।" दूसरे शब्दों में, राजनीतिक स्वतंत्रता आर्थिक तथा सामाजिक स्वतंत्रता के बिना व्यर्थ तथा खोखली होती है। सामूहिक रूप में निदेशक सिद्धांत भारत के आर्थिक तथा सामाजिक लोकतंत्र की रचना करते हैं और एक ओर ये जनता को विश्वास दिलाते हैं कि सरकार से क्या आशाएँ रखी जा सकती है और दूसरी ओर ये केन्द्रीय तथा राज्य सरकारों से अपनी नीति निर्धारित करने के लिए निदेशक का भी कार्य करते हैं। इन सिद्धांतों को निरर्थक वचन अथवा अपूर्ण इच्छाएँ आदि बताना जनता के प्रति एक घोर अन्याय वाली बात होगी तथा वह संविधान की भावना के विरूद्ध होगा। यही कारण है कि प्रत्येक मौलिक अधिकार पर सार्वजनिक हितों की दृष्टि से उपयुक्त प्रतिबंध लगाए जाते हैं। इस दृष्टिकोण से मौलिक अधिकार, राज्य की नीति के निदेशक सिद्धांतों में सहायक है।

4. मौलिक अधिकार प्राप्त किए जा चुके हैं जबकि निदेशक सिद्धांतों को प्राप्त करना अभी बाकी है : मौलिक

अधिकार लोगों को प्राप्त हो चुके हैं तथा इनके बारे में और कुछ करना बाकी नहीं है परंतु निदेशक सिद्धांत अभी तक लोगों को प्राप्त नहीं हुए। सरकार इन सिद्धांतों को व्यवहारिक रूप देने का प्रयत्न कर रही है। निदेशक सिद्धांत एक आदर्श है जिनको प्राप्त करने के लिए सरकार प्रयत्नशील है।

5. मौलिक अधिकारों को कानूनी संरक्षण प्राप्त है : मौलिक अधिकार न्यायालयों द्वारा लागू किए जा सकते हैं, परंतु निदेशक सिद्धांतों के पीछे कोई कानूनी शक्ति नहीं। मौलिक अधिकार का उल्लंघन करने वाले को दंड दिया जाता है। परंतु यदि सरकार निर्देशक सिद्धांतों में दिए गए नियमों पर चलने में असफल रहे उसके विरूद्ध कोई कार्यवाही नहीं की जा सकती। मौलिक अधिकार आदेशात्मक है जबकि निदेशक सिद्धांत घोषणात्मक है। अतः इस दृष्टि से नीति– निदेशक सिंद्धांत दया पर निर्भर है, न्यायालय इन्हें प्राप्त करने के लिए कार्यवाही नहीं कर सकता।

6. विवाद के समय किसकी सर्वोच्चता होगी : मौलिक अधिकारों और नीति निदेशक के मध्य यह विवाद भी उत्पन्न हो जाता है कि सर्वोच्च कौन है? 25 वें और 42 वें संशोधनों से पूर्व मौलिक अधिकारों को निदेशक सिद्धांतों से अधिक महत्व दिया जाता है। यदि दोनों के मध्य विवाद उत्पन्न होता तो मौलिक अधिकार ही मान्य होते। हालांकि नीति निदेशक सिद्धांतों को लागू करना राज्य का कर्तव्य है लेकिन वह मौलिक अधिकारों का उल्लंघन नहीं कर सकता। परंतु 25 वें संविधान संशोधन के द्वारा एक ऐसी स्थिति उत्पन्न हो गई जिसके द्वारा नीति निदेशक सिद्धांतों की मौलिक अधिकारों पर सर्वोच्चता स्थापित हो गई। इस संशोधन द्वारा संविधान में एक नया अनुच्छेद 31 C जोड़ा गया। जिसके द्वारा यह व्यवस्था की गई की किसी भी सरकार द्वारा निर्मित किया गया कोई भी ऐसा कानून जो 39 B या 39 C अनुच्छेद में दिए गए निदेशकों को लागू करने में लिए बनाया गया हो, उसे इस आधार पर रद्द नहीं किया जा सकता कि वह अनुच्छेद 14, 19 या 31 के दिये मौलिक अधिकारों का उल्लंघन करता है। इस प्रकार 25 वें संविधान संशोधन के माध्यम से 39 B या 39 C में दर्शाए गए निदेशक सिद्धांतों के अनुच्छेदों 14, 19 तथा 31 में दिए गए मौलिक अधिकारों से श्रेष्ठ समझा गया। **केशवानन्द भारतीय बनाम केरल सरकार विवाद** में अनुच्छेद 31 (C) को संवैधानिक घोषित किया। तथा 42 वें संशोधन (1976) द्वारा यह व्यवस्था की गई की संविधान के चौथे भाग में दिए सभी या किसी भी निदेशक सिद्धांत को लागू करने के लिए बनाया गया कानून इस आधार पर रद्द नहीं किया जा सकता कि वह अनुच्छेद 14, 19 या 31 में दिए गए मौलिक अधिकारों को सीमित करता है। इस उपबंध के माध्यम से सभी नीति निदेशक सिद्धांतों को उपरोक्त मौलिक अधिकारों के अनुच्छेद से श्रेष्ठ घोषित किया गया।

लेकिन 9 मई, 1980 को **मिनर्वा मिल्स बनाम भारत संघ वाद** में सर्वोच्च न्यायालय ने एक महत्वपूर्ण निर्णय दिया। जिसके तहत सर्वोच्च न्यायालय ने 42 वें संशोधन की धारा 4 को रद्द कर नीति निर्देशकों की मौलिक अधिकारों पर श्रेष्ठता को खत्म कर दिया। अतः अब सभी नीति निदेशक सिद्धांत श्रेष्ठ नहीं है बल्कि अनुच्छेदों 39 (B) 39 (C) में अंकित किए गए सिद्धांत ही अनुच्छेदों 14 तथा 19 के मौलिक अधिकारों से श्रेष्ठ है। (39 (B) और (C)) में मुख्यतः आर्थिक और सामाजिक न्याय से संबंद्ध नीति निर्देशक तत्व है।

7. केन्द्रीय कार्यपालिका

भारत में संसदीय शासन प्रणाली का अनुसरण किया गया है। जिसमें संघ कार्यपालिका के शीर्ष पर भारत का राष्ट्रपति है। संघ की समस्त कार्यपालिका शक्ति राष्ट्रपति में निहित होती है। संविधान की धारा 53 (1) में यह व्यवस्था की गई है कि संघ की कार्यपालिका शक्तियाँ राष्ट्रपति के हाथ में रहेगी तथा वह इन शक्तियों का प्रयोग संविधान के अनुसार स्वयं अथवा अपने अधीन पदाधिकारियों द्वारा करेगा। इस प्रकार स्पष्ट है कि राष्ट्रपति कार्यपालिका के औपचारिक प्रधान के रूप में है। उनके पद को प्राप्त शक्तियों का प्रयोग मंत्रिपरिषद द्वारा किया जाता है जिसका अध्यक्ष प्रधानमंत्री होता है। संविधान की धारा 74 (A) में कहा गया है कि राष्ट्रपति को परामर्श देने के लिए एक मंत्रिमंडल के बनाए जाने की व्यवस्था की गई है जिसका मुखिया प्रधानमंत्री होगा। इसका कार्य देश का शासन चलाने के लिए राष्ट्रपति को सहायता तथा परामर्श देना होगा।

इस प्रकार संघीय कार्यपालिका की शक्तियाँ राष्ट्रपति पद में निहित होती है जिनका प्रयोग मंत्रिमंडल द्वारा किया जाता है। भारत के राष्ट्रपति की स्थिति इंग्लैंड की सम्राज्ञी के समान है जो संघ का मुखिया तो है पर मंत्रिमंडल के परामर्श के बिना कुछ कार्य नहीं कर सकता। फिर भी राष्ट्रपति राष्ट्र का प्रथम व्यक्ति है उनका पद गौरव, गरिमा और प्रतिष्ठा का है। उनका पद शासन की धुरी के रूप में कार्य करता है जो शासन व्यवस्था में संतुलन बनाये रखता है।

भारत का राष्ट्रपति

अनुच्छेद 52 के अनुसार **भारत का एक राष्ट्रपति होगा**। भारत के राष्ट्राध्यक्ष एवं सर्वोच्च पद राष्ट्रपति की नियुक्ति चुनाव के द्वारा होती है। संसद के दोनों सदन और राज्य विधान सभाओं के निर्वाचत सदस्यों द्वारा राष्ट्रपति का चुनाव किया जाता है यह चुनाव अप्रत्यक्ष रूप से आनुपातिक प्रतिनिधि प्रणाली की एकल सक्रमण मत पद्धति द्वारा गुप्त मतदान द्वारा होता है। इसका कार्यकाल पद ग्रहण करने से पांच वर्ष का होता है। प्राय कार्यकाल पूरा हो जाने के पूर्व ही अथवा छः माह के अंदर नए राष्ट्रपति का चुनाव संपन्न होना चाहिए। नए राष्ट्रपति के शपथ ग्रहण करने तक पुराना राष्ट्रपति ही कार्य करता है।

राष्ट्रपति पद की योग्यताएँ :

संविधान के अनुच्छेद 58 में राष्ट्रपति पद के लिए निर्वाचित होने वाले व्यक्ति के लिए निम्नलिखित योग्यताएँ निश्चित की गई है–

1. वह भारत का नागरिक होना चाहिए
2. वह 35 वर्ष की आयु पूरी कर चुका हो। तथा
3. लोकसभा का सदस्य चुने जाने की योग्यता रखता हो।

इसके अतिरिक्त यदि कोई उम्मीदवार भारत सरकार, राज्य सरकार या किसी स्थानीय सरकार के अंतर्गत पदाधिकारी हो तो वह राष्ट्रपति के पद का उम्मीदवार नहीं हो सकता। लेकिन एम॰एल॰ए॰, एम॰पी॰ और राज्यपाल आदि उम्मीदवार हो सकते हैं। किंतु यदि वह राष्ट्रपति पद के लिए चुना जाता है तो उसे अपने पुराने पदों से त्यागपत्र देना पड़ता है। एक व्यक्ति कितनी बार राष्ट्रपति पद के लिए उम्मीदवार अथवा राष्ट्रपति हो सकता है इस विषय में संविधान मौन है।

निर्वाचन प्रणाली : राष्ट्रपति पद के उम्मीदवार होने के लिए निर्वाचकों में से कम से कम 50 उसके नामों का प्रस्ताव रखे तथा कम से कम 50 निर्वाचकों को उनके नाम का समर्थन करना आवश्यक है। राष्ट्रपति पद के लिए 15,000 रू जमानत राशि के रूप में निश्चित किये गए हैं। भारत के राष्ट्रपति का निर्वाचन अप्रत्यक्ष रूप से आनुपातिक प्रतिनिधित्व प्रणाली की एकल संक्रमण मत पद्धति द्वारा गुप्त मतदान द्वारा होता है। राष्ट्रपति का चुनाव सीधे जनता द्वारा न होकर एक **निर्वाचक मंडल** द्वारा किया जाता है। इस निर्वाचक मंडल में अनुच्छेद 54 के अनुसार संसद के दोनों सदनों (लोकसभा और राज्य सभा) के निर्वाचित सदस्य तथा राज्यों के विधान सभाओं के निर्वाचित सदस्य सम्मिलित होते हैं। इसमें राज्य की विधान परिषदें और केन्द्रशासित प्रदेशों की विधानसभाएँ शामिल नहीं होती। लेकिन 70 वें संविधान संशोधन (1992) विधेयक द्वारा पांडिचेरी विधान सभा तथा दिल्ली की विधान सभा के निर्वाचित सदस्यों को आगामी राष्ट्रपति चुनावों में भाग

लेने की अनुमति दे दी गई। अतः अब राष्ट्रपति के चुनावों में दिल्ली और पांडिचेरी की विधानसभा के सदस्य भी भाग लेते हैं।

एक अन्य संविधान संशोधन जोकि 1961 में (11 वां संविधान संशोधन) किया में स्पष्ट कर दिया गया कि राष्ट्रपति के चुनाव को इस आधार पर चुनौती नहीं दी जा सकती कि निर्वाचक मंडल में कोई स्थान रिक्त था। 1974 के राष्ट्रपति के चुनाव के समय गुजरात में राष्ट्रपति शासन लागू था। इस विषय में उच्चतम न्यायालय ने यह निर्णय दिया कि बिना एक विधानसभा के भी राष्ट्रपति का चुनाव कराया जा सकता है।

राष्ट्रपति का वेतन एवं भत्ता आदि : राष्ट्रपति को अन्य भत्तों एवं सुविधाओं के अतिरिक्त 5,00,000 रुपये मासिक वेतन मिलता है। राष्ट्रपति को रहने के लिए बिना किराए का निवास–स्थान मिलता है। अवकाश ग्रहण के पश्चात पूर्व राष्ट्रपति को पेंशन दी जाती है। तथा उन्हें निःशुल्क चिकित्सा उपलब्ध करायी जाती है।

इसके साथ राष्ट्रपति को कुछ उन्मुक्तियाँ भी प्राप्त होती हैं। राष्ट्रपति अपने पद के अधिकारों तथा शक्तियों का प्रयोग करते हुए जो कार्य करता है उसके संबंध में उसके विरूद्ध किसी भी न्यायालय में मुकद्दमा नहीं चलाया जा सकता। और न ही उसकी गिरफ्तारी का वारंट जारी किया जा सकता है। यदि किसी व्यक्ति का उस पर कोई दावा हो तो दो महीने का नोटिस देने के बाद ही किसी प्रकार की कार्यवाही की जा सकती है।

राष्ट्रपति पर महाभियोग : राष्ट्रपति की कार्याविधि पांच वर्ष की निश्चित की गई है। लेकिन उसे संसद महाभियोग द्वारा अपदस्थ कर सकती है। संविधान के अनुच्छेद 61 के अनुसार राष्ट्रपति द्वारा संविधान का उल्लंघन किये जाने पर संविधान में दी गयी पद्धति के अनुसार उस पर महाभियोग लगाकर उसे अपदस्थ किया जा सकता है। उस पर अभियोग लगाने का अधिकार भारतीय संसद के प्रत्येक सदन को प्राप्त है। जिस सदन में महाभियोग का प्रस्ताव आना है, उस सदन में कम से कम एक चौथाई (1/4) सदस्यों के उस महाभियोग विधेयक पर हस्ताक्षर होने आवश्यक है। तथा उस सदन में इस विषय में विचार होने के कम से कम 14 दिन पूर्व राष्ट्रपति को इसकी लिखित सूचना देनी होगी। राष्ट्रपति को यह अधिकार प्राप्त है कि वह स्वयं या अपने प्रतिनिधि के रूप में किसी को सदन में भेजकर स्वयं को दोषहीन सिद्ध करने का प्रयत्न कर सकता है। यदि यह संकल्प उस सदन की कुल संख्या के कम से कम दो तिहाई (2/3) बहुमत से पारित हो जाता है। तो वह प्रस्ताव संसद के दूसरे सदन में भेज दिया जाता है। यदि वहां भी वह प्रस्ताव कुल सदस्य संख्या के दो तिहाई बहुमत से पारित हो जाता हैं तो महाभियोग का प्रस्ताव पारित समझा जाता है और राष्ट्रपति को उसी दिन त्याग पत्र देना पड़ता है। महाभियोग के विरूद्ध किसी न्यायालय में अपील नहीं की जा सकती। ऐसी स्थिति में जब राष्ट्रपति पद खाली हो तो उपराष्ट्रपति, राष्ट्रपति का कार्यभार देखता है। लेकिन 6 माह के अंदर–अंदर नए राष्ट्रपति का चुनाव होना भी अनिवार्य है।

राष्ट्रपति की शक्तियाँ : राष्ट्रपति भारतीय संघ की कार्यपालिका का प्रधान होता है। अतः शासन की समस्त शक्तियों का समावेश राष्ट्रपति पद में निहित होता है लेकिन राष्ट्रपति इन शक्तियों और अधिकारों का प्रयोग स्वयं न करके, मंत्रिमंडल द्वारा किया जाता है जिसका नेतृत्व प्रधानमंत्री करता है। संविधान की धारा 74 (1) के द्वारा यह स्पष्ट है कि राष्ट्रपति को परामर्श देने के लिए एक मंत्रिमंडल बनाये जाने की व्यवस्था की गई है। जिसका मुखिया प्रधानमंत्री होगा, इसका कार्य देश का शासन चलाने के लिए राष्ट्रपति को सहायता तथा परामर्श देना होगा। अतः राष्ट्रपति को प्राप्त शासन संचालन की शक्ति व अधिकारों का प्रयोग मंत्रिमंडल द्वारा किया जाता है।

राष्ट्रपति को प्राप्त शक्तियाँ और अधिकारों का अध्ययन निम्नलिखित रूप से किया जा सकता है।

1. शांतिकालीन शक्तियाँ एवं अधिकार : राष्ट्रपति द्वारा शांतिकाल में जिन शक्तियों व अधिकारों का प्रयोग किया जाता है उनका वर्णन इस प्रकार है–

1. कार्यपालिका शक्तियाँ : संविधान की धारा 53 (1) के अनुसार संघीय सरकार की समस्त कार्यपालिका शक्तियाँ राष्ट्रपति को दी गई हैं तथा वह इन शक्तियों का प्रयोग स्वयं अधीनस्थ पदाधिकारियों द्वारा करता है। समस्त देश का शासन उसके नाम पर ही चलाया जाता है तथा सरकार के संपूर्ण महत्वपूर्ण निर्णय राष्ट्रपति के निर्णय ही समझे जाते हैं। उसकी कार्यपालिका शक्तियों के अधीन सब विषय आ जाते हैं, जिन पर भारतीय संसद को कानून

बनाने का अधिकार प्राप्त है। राष्ट्रपति की कार्यपालिका शक्तियों का विस्तार इस प्रकार है–

(i) शासन का संचालन राष्ट्रपति के नाम पर : राष्ट्रपति भारतीय संघ की कार्यपालिका का मुखिया है तथा राज्य के सभी अधिकार उसके पास है। भारत का समस्त शासन उसी के नाम पर चलाया जाता है। देश का सर्वोच्च शासक होने के नाते वह नियम तथा अधिनियम भी बनाता है। प्रशासन संबंधी कार्यों में सलाह और सहायता देने के लिए एक मंत्रिपरिषद् होती है जिसका नेता प्रधानमंत्री होता है। वह संघ के समस्त शासन के बारे में सूचना प्राप्त करने का अधिकार रखता है और प्रधानमंत्री से प्रशासन के संबंध में कोई भी सूचना मांग सकता है। राष्ट्रपति को देश के प्रशासन के संबंध में सूचना देता है। राष्ट्रपति किसी एक मंत्री द्वारा किये गए निर्णयों पर समूचे मंत्रिमंडल को विचार के लिए कह सकता है।

(ii) उच्च अधिकारियों को नियुक्ति करने की शक्ति : देश की सभी महत्वपूर्ण नियुक्तियाँ राष्ट्रपति द्वारा की जाती है। महान्यायवादी, नियंत्रक एवं महालेखा परीक्षक, राज्यों के गवर्नर, सर्वोच्च न्यायालय तथा उच्च न्यायालयों के मुख्य न्यायधीश तथा अन्य न्यायाधीश, संघीय लोक सेवा आयोग, चुनाव आयोग, वित्त कमीशन के अध्यक्षों तथा अन्य सदस्यों, केन्द्र शासित प्रदेशों के मुख्य आयुक्त तथा उपराज्यपाल आदि की नियुक्ति राष्ट्रपति द्वारा की जाती है।

(iii) सैनिक शक्तियाँ : राष्ट्रपति देश की जल, स्थल और वायु सेना का प्रधान सेनापति होता है। सेना के उच्च अधिकारियों की नियुक्ति भी राष्ट्रपति द्वारा ही की जाती है। वह राष्ट्रीय रक्षा समिति का अध्यक्ष है, राष्ट्रपति सेनाओं के संगठन और प्रयोग के बारे में आदेश दे सकता है। परंतु ये आदेश सैनिक सेवा के उच्च अधिकारियों की सलाह से ही दिए जाते हैं। युद्ध के समय उसके पास असीमित शक्तियाँ होती है वह युद्ध की घोषणा कर सकता है तथा संधि कर सकता है।

अमेरिकी राष्ट्रपति की सैनिक शक्तियाँ भारत के राष्ट्रपति की सैनिक शक्तियों से कहीं अधिक है। संविधान के अनुच्छेद 53 (1) के अनुसार भारत का राष्ट्रपति इन शक्तियों का प्रयोग कानून के अनुसार ही कर सकता है। परंतु अमरीकी राष्ट्रपति की सैनिक शक्तियों पर ऐसा प्रतिबंध नहीं है। वह संसद की स्वीकृति द्वारा दूसरे देशों से युद्ध तथा शांति की व्यवस्था की घोषणा करता है।

(iv) सूचना प्राप्त करने का अधिकार : राष्ट्रपति संघ के समस्त विषयों पर सूचना प्राप्त करने का अधिकार रखता है तथा प्रधानमंत्री के प्रशासन के संबंध में कोई भी सूचना मांग सकता है। प्रधानमंत्री राष्ट्रपति को मंत्रिपरिषद तथा संसद के समस्त महत्वपूर्ण विषयों के बारे में सूचना देता रहता है। राष्ट्रपति किसी एक मंत्री द्वारा दिए निर्णयों को समूचे मंत्रिमंडल के विचारार्थ भेज सकता है।

(v) मंत्रिपरिषद के निर्माण का अधिकार : राष्ट्रपति प्रधानमंत्री की नियुक्ति करता है उसकी सलाह से अन्य मंत्रियों को नियुक्त करता है। वह मंत्रियों में विभागों का बंटवारा भी करता है। परंतु व्यवहारिक रूप में राष्ट्रपति प्रधानमंत्री को नियुक्त करते समय अपनी इच्छा का प्रयोग नहीं करता है। लोकसभा में जिस दल को बहुमत प्राप्त होता है, उस दल के नेता को राष्ट्रपति प्रधानमंत्री नियुक्त करता है। परंतु यदि किसी दल को लोकसभा में स्पष्ट बहुमत प्राप्त न हो तब राष्ट्रपति को अपनी इच्छा का प्रयोग करने का अवसर मिल जाता है। वह अपने स्वविवेक के द्वारा प्रधानमंत्री को नियुक्त करता है। उदाहरण के तौर पर मार्च, 1998 के 12 वीं लोकसभा के चुनाव में किसी भी दल को स्पष्ट बहुमत प्राप्त नहीं हुआ। राष्ट्रपति के॰आर॰ नारायणन ने अपने विवेक का इस्तेमाल करते हुए लोकसभा में सबसे बड़ी पार्टी भारतीय जनता पार्टी व सहयोगी दलों के नेता अटल बिहारी वाजपेयी को प्रधानमंत्री नियुक्त किया। प्रधानमंत्री अटल बिहारी वाजपेयी ने राष्ट्रपति के निर्देशानुसार 28 मार्च, 1998 को लोकसभा में विश्वास मत प्राप्त किया। अन्य मंत्रियों की नियुक्ति राष्ट्रपति प्रधानमंत्री की सलाह से करता है और विभागों का बंटवारा भी प्रधानमंत्री ही वास्तव में करता है। राष्ट्रपति मंत्रियों को हटा सकता है, परंतु मंत्रियों को हटाने का कार्य भी राष्ट्रपति प्रधानमंत्री की सलाह पर करता है।

(vi) विदेशी संबंधों की शक्तियाँ : विदेशी मामलों के संबंध में राष्ट्रपति को बहुत अधिक एवं महत्वपूर्ण अधिकार प्राप्त होते हैं। राष्ट्र का अध्यक्ष होने के नाते राष्ट्रपति अंतर्राष्ट्रीय क्षेत्र में देश का प्रतिनिधित्व करता है। दूसरे देशों में भेजे जाने वाले राजदूतों की नियुक्ति करता है और दूसरे देशों के राजदूतों का देश में स्वागत करता है। वह दूसरे देशों के साथ संधि समझौता करने के लिए पत्र–व्यवहार करता है और संधि समझौते करने में महत्वपूर्ण

योगदान देता है। युद्ध और शांति की घोषणा भी राष्ट्रपति के द्वारा ही की जाती है।

(vii) केन्द्रीय प्रदेशों व राज्य सरकारों से संबंधित शक्तियाँ : केन्द्र प्रशासित क्षेत्रों के प्रशासन पर राष्ट्रपति का नियंत्रण है। केन्द्रीय प्रदेशों का शासन राष्ट्रपति के नाम पर ही चलाया जाता है। वह केन्द्रीय क्षेत्रों का प्रशासन चलाने के लिए कुछ केन्द्रीय क्षेत्रों में उप–राज्यपालों को नियुक्त करता है और कुछ में मुख्य आयुक्त (Chief Commissioner) नियुक्त करता है। वह किसी पड़ोसी राज्य के राज्यपाल को संघीय क्षेत्र का प्रशासक नियुक्त कर सकता है। राष्ट्रपति अंडमान व निकोबार, लक्षद्वीप, मिनिकाय व अमीन दीव द्वीप समूह, दादरा व नगर हवेली, दमन व दीव के केन्द्रीय क्षेत्रों में शांति और अच्छे शासन के लिए कानून बना सकता है। इसी प्रकार राष्ट्रपति राज्यों में राज्यपालों की नियुक्ति करता है तथा उन्हें निर्देश दे सकता है।

(viii) राज्य सरकारों को निर्देश देने की शक्ति : राष्ट्रपति को राज्यों के आपसी संबंधों के बारे में कुछ निर्देश जारी करने और उन पर नियंत्रण रखने तथा उनमें सहयोग उत्पन्न करने के भी कुछ अधिकार है। वह राज्य सरकार को संघीय कानून के उचित पालन के लिए आदेश दे सकता है। विभिन्न राज्यों के आपसी झगड़ों को निपटाने तथा उनकी नीतियों में तालमेल पैदा करने के लिए अंतर्राज्यीय परिषद स्थापित करने का भी अधिकार राष्ट्रपति के पास है। यदि कोई राज्य सरकार राष्ट्रपति द्वारा जारी किए गए आदेशों और निर्देशों का पालन नहीं करती तो वह अनुच्छेद 356 का प्रयोग करके उस राज्य के प्रशासन को अपने हाथ में ले सकता है।

2. विधायी शक्तियाँ : यद्यपि राष्ट्रपति संसद का सदस्य नहीं होता। फिर भी उसे संसद का अधिवेशन बुलाने, संसद को स्थगित करने आदि वैधानिक शक्तियाँ प्राप्त है। राष्ट्रपति के बिना संसद किसी भी कानून का निर्माण नहीं कर सकती। **कौल और शकधर** का कहना है "किसी भी संघ की कार्यकारी शक्तियाँ संसद की विधायिनी शक्तियों के साथ सह विस्तृत है। संसद में राष्ट्रपति और संसद के दोनों सदन शामिल है। इस प्रकार एक ओर राष्ट्रपति कार्यपालिका का अध्यक्ष है तो दूसरी ओर वह संसद का संघटक अंग है।"

राष्ट्रपति की विधायी शक्तियों के अंतर्गत विभिन्न प्रकार की शक्तियों का वर्णन किया जा सकता है।

(i) संसद का अभिन्न अंग है-यद्यपि राष्ट्रपति संसद का सदस्य नहीं होता किंतु वह उसका अभिन्न अंग होता है। भारतीय संविधान के अनुच्छेद 79 के अनुसार संसद का निर्माण राष्ट्रपति तथा दोनों सदनों से मिलकर होता है। इस दृष्टि से राष्ट्रपति संसद का एक अनिवार्य अंग के रूप में भी कार्य करता है।

(ii) संसद में सदस्यों को मनोनीत करता है : राष्ट्रपति अनुच्छेद 80(3) के तहत राज्यसभा में ऐसे 12 व्यक्तियों को मनोनीत करता है जिन्होंने कला, साहित्य, विज्ञान अथवा सामाजिक सेवा में विशेष प्रतिष्ठा प्राप्त की हो। व्यावहारिक रूप में राष्ट्रपति इन व्यक्तियों की नियुक्ति मंत्रिमंडल की सलाह के अनुसार करता है। इसके साथ–साथ राष्ट्रपति अनुच्छेद-331 के तहत लोकसभा में एंग्लो–इंडियनों समूह के दो प्रतिनिधियों को भी नियुक्त करता है लेकिन 104वां संविधान संशोधन अधिनियम, 2019 के द्वारा लोकसभा में एंग्लो–इंडियन समुदाय को प्रदत्त आरक्षण को समाप्त कर दिया गया।

(iii) संसद के अधिवेशनों का उद्घाटन-राष्ट्रपति प्रत्येक साधारण निर्वाचन के पश्चात संसद के दोनों सदनों के सम्मिलित अधिवेशन में तथा पुनः प्रत्येक वर्ष के प्रथम अधिवेशन में अपना भाषण देता है जिसमें वह सरकार की नीतियों पर प्रकाश डालता है तथा सरकार के वैधानिक कार्यक्रमों को प्रस्तुत करता है।

(iv) संसद का अधिवेशन बुलाना तथा सत्रावसान करना : राष्ट्रपति संसद के दोनों सदनों के अधिवेशन बुलाने तथा उनको समाप्त करने की शक्ति रखता है। राष्ट्रपति को संसद के कम से कम एक वर्ष में दो अधिवेशन बुलाने पड़ते हैं क्योंकि संविधान के अनुसार संसद के प्रथम अधिवेशन की अंतिम तिथि तथा दूसरे अधिवेशन की पहली तिथि में 6 महीने से अधिक का अंतर नहीं होना चाहिए।

(v) अध्यादेश जारी करने की शक्ति : यदि संसद का अधिवेशन न हो रहा और कानून बनाना अति आवश्यक तो राष्ट्रपति संविधान के अनुच्छेद 123 के अनुसार अध्यादेश जारी कर सकता है। यह अध्यादेश भी कानून के समान लागू होता है। परंतु संसद् का अधिवेशन आरंभ होते ही अध्यादेश को संसद के सम्मुख स्वीकृति के लिए रखना

पड़ता है नहीं तो इस अधिवेशन के आरंभ होने से 6 सप्ताह पश्चात् वह अध्यादेश स्वयं ही रद्द हो जाता है। यदि संसद उक्त अध्यादेश को स्वीकार नहीं करती तो वह तुरंत समाप्त हो जाता है। चूंकि संसद के दो अधिवेशनों के बीच विश्राम काल का समय 6 से अधिक होने की संभावना नहीं है, अतः साधारणतया अध्यादेश साढ़े सात महीने से अधिक समय तक लागू नहीं रह सकता। राष्ट्रपति किसी भी अध्यादेश को कभी भी वापस ले सकता है। 38 वें संशोधन में स्पष्ट कहा गया है कि अध्यादेश जारी करने संबंधी राष्ट्रपति की संतुष्टता को किसी न्यायालय में चुनौती नहीं दी जा सकती। परंतु 44 वें संशोधन के अंर्तगत यह व्यवस्था की गई है कि राष्ट्रपति द्वारा लागू किये गए अध्यादेशों को न्यायालयों में चुनौती दी जा सकती है।

(vi) संसद द्वारा पास किये गए बिलों पर राष्ट्रपति की शक्ति : संसद द्वारा बिलों के पास होने के पश्चात उस पर राष्ट्रपति की स्वीकृति आवश्यक है। संसद से पास होने के पश्चात सब कानून उसकी स्वीकृति के लिए रखे जाते हैं। यदि वह किसी बिल को स्वीकृति न दे, तो उस बिल को संसद के पास पुनः विचार के लिए भेज सकता है। यदि वह विधेयक संसद के दोनों सदनों द्वारा पास होकर पुनः राष्ट्रपति के पास चला जाए तो राष्ट्रपति को स्वीकृति देनी ही पड़ती है। इसी प्रकार कई प्रकार के विधेयक राष्ट्रपति की अनुमति के बिना संसद में पेश नहीं किये जा सकते। प्रान्तों की सीमाओं और क्षेत्रों का नाम बदलने वाले विधेयक और धन विधेयक तथा इसी प्रकार विधानमंडल में पेश होने वाले कई अन्य प्रकार के विधेयकों के लिए उसकी स्वीकृति आवश्यक है। व्यापार पर प्रतिबंध लगाने वाला विधेयक इसी प्रकार का विधेयक है।

(vii) लोकसभा को भंग करने की शक्ति : राष्ट्रपति जब चाहे संसद के निम्न सदन लोकसभा को भंग कर सकता है। परंतु व्यवहारिक रूप में इस शक्ति का प्रयोग राष्ट्रपति प्रधानमंत्री की सलाह पर ही करता है। परंतु यदि राष्ट्रपति को विश्वास हो जाए कि लोकसभा को भंग करना राष्ट्र हित में नहीं हैं और कोई दूसरा नेता सरकार बनाने की स्थिति में हो तो राष्ट्रपति प्रधानमंत्री की सलाह को मानने से इंकार कर सकता है। 6 मार्च 1991 को प्रधानमंत्री चन्द्रशेखर ने त्याग पत्र दे दिया और राष्ट्रपति को लोकसभा भंग करने का सुझाव दिया। राष्ट्रपति ने लोकसभा को तुरंत भंग न करके यह जानने का प्रयास किया कि कोई दूसरा नेता सरकार बनाने की स्थिति में है या नहीं और अंत में 13 मार्च, 1991 को नौवी लोकसभा को भंग कर दिया।

3. वित्तीय शक्तियाँ : राष्ट्रपति को यह अधिकार है कि वह वित्तमंत्री द्वारा वार्षिक आय–व्यय का ब्यौरा अथवा बजट संसद के सम्मुख रखवाए। राष्ट्रपति की स्वीकृति के बिना कोई भी धन बिल संसद के समक्ष प्रस्तुत नहीं किया जा सकता तथा न ही कोई कर लगाने वाला बिल उसकी सिफारिश के बिना प्रस्तुत किया जा सकता है। राष्ट्रपति एक वित्त आयोग भी नियुक्त करता है जो आयकर से प्राप्त आय को राज्य सरकारों तथा केन्द्र में विभाजन की सिफारिश करता है। इसके साथ–साथ राष्ट्रपति को भारत की संचित निधि पर पूर्ण अधिकार होता है। उसको अनुच्छेद-117(3) के तहत इस निधि से अचानक पड़ने वाले व्यय के लिए संसद की स्वीकृति से पहले धन देने का अधिकार है।

4. न्यायिक शक्तियाँ : राष्ट्रपति द्वारा कुछ न्यायिक कार्यों को भी सम्पन्न किया जाता है जिनका वर्णन निम्नलिखित रूप में किया जा सकता है।

(i) क्षमा करने की शक्ति : अनुच्छेद 72 के अनुसार राष्ट्रपति न्यायालयों द्वारा की गई सजा में तथा जिन व्यक्तियों को मृत्यु दंड दिया गया हो या किसी ऐसे कानून के विरूद्ध अपराध करने के लिए दंड दिया गया हो, जिसका संबंध ऐसे विषयों के साथ हो जोकि संघीय कार्यपालिका के अधिकार क्षेत्र में आता हो, क्षमादान दे सकता है, उसके दंड को स्थगित कर सकता है तथा दंड में कमी कर सकता है।

(ii) न्यायधीशों की नियुक्ति : राष्ट्रपति सर्वोच्च न्यायालय तथा उच्च न्यायालयों के मुख्य न्यायधीशों एवं अन्य न्यायधीशों की नियुक्तियाँ करता है।

(iii) सलाह प्राप्त करना : राष्ट्रपति किसी भी विषय में सर्वोच्च न्यायालय की सलाह ले सकता है। सर्वोच्च न्यायालय को ऐसे विषयों पर सलाह देनी पड़ती है परंतु राष्ट्रपति के लिए परामर्श मानना आवश्यक नहीं है। राष्ट्रपति ने अपनी इस शक्ति का प्रयोग अब तक दस बार किया है। अक्टूबर 2002 में राष्ट्रपति ए॰ पी॰ जे॰ अब्दुल कलाम ने गुजरात के विभिन्न मुद्दों पर सर्वोच्च न्यायालय से सलाह मांगी थी।

(iv) सदस्यों की अयोग्यता संबंधी शक्ति : 42 वें संशोधन द्वारा यह व्यवस्था भी की गई है कि संसद द्वारा बनाए गए किसी कानून के अधीन किसी भी व्यक्ति को चुनावों में भ्रष्टाचारी साधन अपनाने के कारण दोषी पाया गया हो तथा उस व्यक्ति को संसद या राज्य विधानमंडल के किसी सदन का चुनाव लड़ने के लिए अथवा सदस्य रहने के लिए अयोग्य घोषित किये जाने का प्रश्न हो या जितने समय के लिए उसको अयोग्य घोषित किया जाना हो या अयोग्यता के समय को समाप्त करने या कम करने का प्रश्न हो तो ऐसा प्रश्न निर्णय के लिए राष्ट्रपति को सौंपा जाएगा तथा इस संबंध में राष्ट्रपति का निर्णय अंतिम होगा।

राष्ट्रपति की संकटकालीन शक्तियाँ : शांतिकालीन शक्तियों के अतिरिक्त राष्ट्रपति को आकस्मिक संकट के लिए कुछ आपातकालीन शक्तियाँ भी प्रदान की गई है, ये शक्तियाँ न केवल विस्तृत है बल्कि एक लोकतंत्रीय राज्य प्रणाली में बहुत असाधारण भी है। राष्ट्रपति को प्राप्त संकटकालीन शक्तियों का वर्णन निम्नलिखित रूप से किया जा राकता है।।

1. युद्ध, विदेशी आक्रमण तथा सशस्त्र विद्रोह से उत्पन्न संकट की स्थिति में आपातकाल की घोषणा (अनुच्छेद 352) : संविधान की धारा 352 के अनुसार यदि राष्ट्रपति को विश्वास हो जाए कि युद्ध, बाह्य आक्रमण या शस्त्र विद्रोह के कारण या उनकी संभावना के कारण भारत अथवा उसके राज्य क्षेत्र के किसी भी भाग की सुरक्षा खतरे में है तो वह राष्ट्रीय संकट की घोषणा कर सकता है। 44 वें संशोधन अधिनियम द्वारा अनुच्छेद 352 में संशोधन करके आंतरिक अशांति के स्थान पर शस्त्र विद्रोह की अवस्था में आपातकाल की घोषणा की जा सकने की व्यवस्था की गई है। संकट की परिस्थितियाँ है या नहीं इसका निर्णय राष्ट्रपति ही करता है। राष्ट्रपति के इसी अधिकार को किसी न्यायालय में चुनौती नहीं दी जा सकती। 44वें संशोधन के अंतर्गत यह व्यवस्था की गई है कि राष्ट्रपति अनुच्छेद 352 के अंतर्गत संकटकालीन घोषणा तभी कर सकता है, यदि मंत्रिमंडल संकटकालीन घोषणा करने की लिखित सलाह दे। राष्ट्रपति की राष्ट्रीय संकट की घोषणा एक महीने तक लागू रह सकती है। एक महीने बाद संकटकालीन घोषणा समाप्त हो जाती है यदि इससे पहले संसद के दोनों सदनों ने इसको पास न कर दिया हो। 44वें संशोधन के अनुसार यह घोषणा 6 महीने तक लागू रह सकती है और संकटकाल की घोषणा को लागू रखने के लिए यह आवश्यक है कि 6 महीने के बाद संसद के दोनों सदन संकटकाल की घोषणा के प्रस्ताव को पास करें। 44वें संशोधन के अनुसार संकटकाल की घोषणा के संसद के दोनों सदन साधारण बहुमत द्वारा नहीं बल्कि अपने–अपने कुल सदस्यों के बहुमत द्वारा और उपस्थित और मत देने वाले सदस्यों के दो–तिहाई बहुमत द्वारा स्वीकार करेंगे। यदि लोकसभा संकटकाल की घोषणा के लागू रहने के विरूद्ध प्रस्ताव पास कर दे तो संकटकाल की घोषणा लागू नहीं रह सकती। लोकसभा के 10 प्रतिशत सदस्य अथवा अधिक सदस्य घोषणा के अस्वीकृत प्रस्ताव पर विचार के लिए लोकसभा की बैठक बुला सकते हैं।

इस प्रकार की संकट कालीन परिस्थितियों की घोषणा के साथ ही शासन का संघीय रूप एकात्मक हो जाता है। समस्त देश का शासन संघीय सरकार के हाथों में आ जाता है–संघीय सरकार का स्वरूप निम्न प्रकार से हो जाता है :

1. संसद को राज्य सूची में दिए गए विषयों पर कानून बनाने का अधिकार मिल जाता है।
2. राज्यों के राज्यपाल, राष्ट्रपति के आदेशानुसार कार्यकारी शक्ति का प्रयोग करते।
3. संसद को संकटकाल के समय अपने कानून द्वारा अपनी अवधि को एक बार में एक वर्ष तक बढ़ाने का अधिकार मिल जाता है परंतु यह अवधि संकटकालीन घोषणा के समाप्त होने के बाद 6 महीने से अधिक नहीं बढ़ाई जा सकती।
4. 44वें संशोधन के अनुसार अनुच्छेद 19 में दी गई स्वतंत्रताओं को तभी स्थगित किया जा सकता है यदि संकटकाल की घोषणा युद्ध या बाह्य आक्रमण के कारण लागू की गई हो।
5. राष्ट्रपति राज्य सूची के विषयों पर भी अध्यादेश जारी कर सकता है।
6. राष्ट्रपति संकटकाल में किसी भी मौलिक अधिकार को लागू कराने के लिए न्यायालय का सहारा लेने के अधिकारों को समस्त भारत या उसके किसी भी भाग में स्थगित कर सकता है।

7. 44वें संविधान संशोधन के द्वारा यह व्यवस्था की गई है कि आपात काल में भी प्राण और दैहिक स्वतंत्रता के अधिकार को समाप्त या सीमित नहीं किया जा सकता।

2. राज्य में संवैधानिकतंत्र विफल होने से उत्पन्न हुआ संकट (अनुच्छेद 356) : यदि राष्ट्रपति को गर्वनर की रिपोर्ट पर अथवा अन्य किसी स्रोत के आधार पर विश्वास हो जाए कि राज्य का शासन संविधान की धाराओं के अनुसार नहीं चलाया जा सकता तो वह इस आशय की आपातकालीन घोषणा कर सकता है। संसद की स्वीकृति के बिना यह घोषणा दो महीने तक लागू रह सकती है। संसद की स्वीकृति मिलने पर यह घोषणा 6 महीने तक लागू रह सकती है और इस प्रकार की घोषणा 44वें संशोधन के अनुसार साधारणतया एक वर्ष तक लागू रह सकती है यदि राष्ट्रीय आपातकालीन घोषणा समस्त देश में लागू हो और चुनाव आयोग यह प्रमाण–पत्र दे कि विधानसभा का चुनाव करवाना कठिन है। 59 वें संशोधन के अनुसार पंजाब में राष्ट्रपति शासन अधिकतम 3 वर्ष तक लागू रह सकता है परंतु 64 वें, तथा 68 वें संशोधन द्वारा यह अवधि 6–6 महीने और बढ़ाई गई।

इस प्रकार की घोषणा के निम्नलिखित प्रभाव पड़ते हैं–

1. राष्ट्रपति घोषणा कर सकता है कि राज्य के विधानमंडल की शक्तियाँ संसद के प्राधिकार द्वारा या अधीन प्रयुक्तव्य होंगी। 2. संसद उन वैधानिक शक्तियों को, जो उसे राज्य विधानमंडल के बदले में प्राप्त होती है, राष्ट्रपति को हस्तांतरित कर सकती है, जो उसे अन्य किसी अधिकारी को सौंप सकता है। 3. जब लोकसभा का अधिवेशन न हो रहा हो, तब राष्ट्रपति राज्य की संचित निधि में से संसद की आज्ञा मिलने तक आवश्यक व्यय को प्राधिकृत कर सकता है। सन् 1951 में पंजाब में प्रथम बार इस घोषणा को लागू किया गया।

3. वितीय संकट (अनुच्छेद 360) : यदि राष्ट्रपति को विश्वास हो जाए कि भारत या उसके किसी राज्य क्षेत्र के किसी भाग का वित्तीय स्थायित्व संकट में है तो वह वित्तीय आपातकाल की घोषणा कर सकता है। इस प्रकार की घोषणा संसद की स्वीकृति के बिना केवल दो महीने तक लागू रहती है और संसद की स्वीकृति के पश्चात तब तक जारी रहेगी जब तक की राष्ट्रपति दूसरी घोषणा से इसे समाप्त न कर दें।

राष्ट्रपति की वीटो शक्ति

संसद द्वारा पारित कोई विधेयक तभी अधिनियम बनता है जब राष्ट्रपति उसे अपनी सहमति देता है। जब ऐसा विधेयक राष्ट्रपति की सहमति के लिए प्रस्तुत होता है तो उसके पास तीन विकल्प होते हैं (संविधान के अनुच्छेद 111 के अंतर्गत):

1. वह विधेयक पर अपनी स्वीकृति दे सकता है; अथवा
2. विधेयक पर अपनी स्वीकृति को सुरक्षित रख सकता है; अथवा
3. वह विधेयक (यदि विधेयक धन विधेयक नहीं है) को संसद के पुनर्विचार हेतु लौटा सकता है। हालांकि यदि संसद इस विधेयक को पुनः बिना किसी संशोधन के अथवा संशोधन करके, राष्ट्रपति के सामने प्रस्तुत करे तो राष्ट्रपति को अपनी स्वीकृति देनी ही होगी।

इस प्रकर, राष्ट्रपति के पास संसद द्वारा पारित विधेयकों के संबंध में वीटो शक्ति होती है, अर्थात् वह विधेयक को अपनी स्वीकृति के लिए सुरक्षित रख सकता है। राष्ट्रपति को ये शक्ति देने के दो कारण हैं–(अ) संसद को जल्दबाजी और सही ढंग से विचारित न किए गए विधान बनाने से रोकना, और; (ब) किसी असंवैधानिक विधान को रोकने के लिए।

वर्तमान राज्यों के कार्यकारी प्रमुखों की वीटो शक्तियों को चार प्रकार से वर्गीकृत किया जा सकता है :

1. आत्यंतिक वीटो, अर्थात् विधायिका द्वारा पारित विधेयक पर अपनी राय सुरक्षित रखना।
2. विशेषित वीटो, जो विधायिका द्वारा उच्च बहुमत द्वारा निरस्त की जा सके।
3. निलंबनकारी वीटो, जो विधायिका द्वारा साधारण बहुमत द्वारा निरस्त की जा सके।
4. पॉकेट वीटो, विधाधिका द्वारा पारित विधेयक पर कोई निर्णय नहीं करना।

उपरोक्त चार में से, भारत के राष्ट्रपति में तीन शक्तियां आत्यंतिक वीटो, निलंबनकारी वीटो और पॉकेट वीटो निहित हैं।

मंत्रिपरिषद और प्रधानमंत्री

भारत में संसदीय व्यवस्था को अपनाया गया है जिसमें राष्ट्रपति नाममात्र का कार्यपालिका है तथा प्रधानमंत्री तथा उसकी मंत्रिपरिषद वास्तविक कार्यपालिका है। संविधान के अनुसार राष्ट्रपति को सलाह देने के लिए एक मंत्रिपरिषद

होनी चाहिए। संवैधानिक रूप से मंत्रिमंडल का कार्य परामर्श देना होता है अपितु वास्तव में शासन की समस्त शक्ति मंत्रियों के हाथों में होती है। राष्ट्रपति की शासन संबंधी सब शक्तियों व अधिकारों का प्रयोग मंत्रिपरिषद द्वारा ही किया जाता है। इस मंत्रिपरिषद का अध्यक्ष प्रधानमंत्री होता है जोकि सरकार का मुखिया होता है जबकि राष्ट्रपति केवल राज्य प्रमुख है।

मंत्रिपरिषद का गठन : संविधान की धारा 75 (1) के अनुसार प्रधामंत्री की नियुक्ति राष्ट्रपति करेगा और फिर प्रधानमंत्री की सिफारिश पर वह अन्य मंत्रियों को नियुक्त करेगा। राष्ट्रपति लोकसभा में बहुमत प्राप्त दल के नेता को बुलाकर उसे प्रधानमंत्री नियुक्त करता है। इस संबंध में राष्ट्रपति की शक्तियाँ सीमित हैं तथा वह अपनी इच्छा से किसी भी व्यक्ति को प्रधानमंत्री नियुक्त नहीं कर सकता। लेकिन कुछ परिस्थितियों में वह अपने विवेक से कार्य कर सकता है। जैसे कि यदि किसी भी दल को स्पष्ट बहुमत प्राप्त नहीं हो पाता तो राष्ट्रपति अपने विवेक उपयोग कर सकता है। प्रधानमंत्री की नियुक्ति के पश्चात प्रधानमंत्री अपनी मंत्रिपरिषद में नियुक्त किये जाने वाले सदस्यों की सूची राष्ट्रपति को सौंपता है। जिसमें प्रत्येक मंत्री को अपने पद धारण करने से पूर्व राष्ट्रपति के सामने अपने पद और गोपनीयता की शपथ लेनी पड़ती है। प्रधानंत्री न केवल अपने मंत्रियों की नियुक्ति करता है वरन् उनमें कार्य–विभानज भी करता है। नियुक्त किए गए मंत्रियों को संसद के किसी सदन का सदस्य होना अनिवार्य है। यदि कोई ऐसा व्यक्ति मंत्री नियुक्त हो गया हो जो सदन का सदस्य नहीं है तो उसे 6 महीने के अंदर–अंदर संसद का सदस्य बनना होगा। अन्यथा वह मंत्री नहीं रहेगा। प्रायः प्रधानमंत्री द्वारा प्रतिभा संपन्न योग्य व्यक्तियों को मंत्री बनाया जाता है तथा उन्हें वो विभाग सौंपे जाते हैं जिसमें उन्हें दक्षता प्राप्त होती है।

91वाँ संविधान संशोधन अधिनियम-2003 द्वारा केन्द्र तथा राज्य में मंत्रिपरिषद् के सदस्यों की कुल संख्या क्रमशः लोकसभा तथा विधानसभा की सदस्य संख्या का 15% निर्धारित कर दी गयी है।

प्रधानमंत्री

ब्रिटिश शासन प्रणाली के मॉडल से प्रभावित होकर भारत में भी संसदीय प्रणाली की व्यवस्था की गई है। प्रधानमंत्री और मंत्रिपरिषद को वास्तविक कार्यपालिका बनाया गया है। संविधान की धारा 74 में स्पष्ट किया गया है कि एक मंत्रिपरिषद होगी, जिसका मुखिया प्रधानमंत्री होगा। इसका कार्य राष्ट्रपति को देश का शासन चलाने में सहायता तथा परामर्श देना होगा। मंत्रिपरिषद में शामिल मंत्रियों को चुनने का अधिकार प्रधानमंत्री को ही दिया गया है। उपयुक्त में मंत्रिपरिषद महत्वपूर्ण है, लेकिन उनमें भी महत्वपूर्ण है प्रधानमंत्री। लार्ड मार्ले ने प्रधानमंत्री को ''समान व्यक्तियों में प्रथम'' कहा है। जबकि लास्की ने अपनी पुस्तक **पार्लियामेंटरी गवर्नमेंट इन इंग्लैंड** में लिखा है कि ''मंत्रिपरिषद के निर्माण का वह केन्द्र बिंदु है मंत्रिपरिषद के जीवन का वह केन्द्र बिंदु है और मंत्रिपरिषद की मृत्यु का केन्द्र बिंदु है''।

प्रधानमंत्री की नियुक्ति :

भारतीय संविधान के अनुच्छेद 75 में कहा गया है कि प्रधानमंत्री की नियुक्ति राष्ट्रपति द्वारा होगी और वह प्रधानमंत्री की सलाह से अन्य मंत्रियों की नियुक्ति करेगा। परंतु इसका अर्थ यह नहीं है कि राष्ट्रपति अपनी इच्छानुसार किसी भी व्यक्ति को प्रधानमंत्री नियुक्त कर सकता। वह केवल उसी व्यक्ति को प्रधानमंत्री नियुक्त कर सकता है, जो लोकसभा में बहुमत पार्टी का नेता चुना गया हो। लेकिन कुछ परिस्थितियों में राष्ट्रपति अपने विवेक, बुद्धि तथा ऊँची सूझबुझ से काम लेते हुए अपनी इच्छानुसार किसी भी दल के नेता को, जिसे वह स्थायी सरकार बनाने योग्य समझता हो, मंत्रिमंडल बनाने के लिए निमंत्रण दे सकता है। ऐसी ही कुछ स्थितियाँ इस प्रकार हैं–

1. जब लोकसभा में दो दलों को समान प्रतिनिधित्व प्राप्त हो,
2. जब लोकसभा में किसी भी राजनीतिक पार्टी को स्पष्ट बहुमत प्राप्त न हो,
3. कुछ दल मिलकर संयुक्त सरकार का निर्माण कर सके। आदि

प्रधानमंत्री की शक्तियाँ व अधिकार :

भारतीय प्रधानमंत्री को निम्नलिखित शक्तियाँ एवं अधिकार प्राप्त हैं–

1. मंत्रिपरिषद का निर्माण
2. विभागों का वितरण
3. मंत्रियों की पदच्युति
4. मंत्रिमंडल का सभापति

5. संसद का नेता
6. मंत्रिमंडल का नेता
7. लोकसभा को भंग करना
8. दल का अध्यक्ष या नेता

संसद

भारत में संसदीय प्रणाली का अनुसरण किया है जोकि बहुत कुछ ब्रिटेन की शासन प्रणाली के नमूने पर आधारित है। ब्रिटेन की भांति भारत में भी संघीय कार्यपालिका को पार्लियामेंट अथवा संसद के नाम से जाना जाता है जोकि समस्त देश के शासन संचालन हेतु कानूनों का निर्माण करती है। भारतीय संसद का निर्माण मुख्यतः राष्ट्रपति और दो सदनों लोकसभा और राज्यसभा से मिलकर होता है। हालांकि राष्ट्रपति किसी सदन का सदस्य नहीं होता, फिर भी वह भारतीय संसद का एक आवश्यक अंग है। लोकसभा को निम्न सदन भी कहा जाता है जोकि जनता का प्रतिनिधित्व करता है जबकि राज्यसभा उपरी सदन होता है जोकि देश के राज्यों की प्रतिनिधि संस्था है।

यहां पर संसद के दोनों सदनों के गठन, उनके कार्यों व शक्तियों का वर्णन किया जा सकता है। हालांकि राष्ट्रपति भी संसद का एक अनिवार्य अंग है, जिसका विस्तृत वर्णन पूर्व अध्यायों में किया गया है।

लोकसभा

लोकसभा भारतीय संसद का प्रथम या निम्न सदन कहलाता है, जिसमें जनता का प्रतिनिधित्व होता है। इसके सदस्य जनता द्वारा प्रत्यक्ष रूप से गुप्त मतदान द्वारा चुने जाते हैं। ब्रिटेन में इसे लार्डसभा और अमेरिका में सीनेट को निम्न सदन के रूप में जाना जाता है। भारतीय मूल संविधान में इसके सदस्यों की संख्या 500 निश्चित की गई थी लेकिन समय–समय पर संशोधन के द्वारा इस संख्या परिवर्तन होता रहा है। हालांकि 31वें संविधान संशोधन के द्वारा लोकसभा के सदस्यों की संख्या 545 की गई, परंतु 1987 के गोवा, दमन और दीव पुनर्गठन अधिनियम द्वारा यह निश्चित किया गया कि लोकसभा की अधिकतम संख्या 552 हो सकती है जिसमें राज्यों के 530 सदस्य तथा संघ राज्य क्षेत्रों से 20 सदस्य तथा दो सदस्य राष्ट्रपति द्वारा एंग्लो–इंडियन समुदाय से मनोनीत किए जा सकते हैं। 104वाँ संविधान संशोधन अधिनियम, 2019 के द्वारा लोकसभा में एंग्लो–इंडियन समुदाय के प्रदत्त आरक्षण को समाप्त कर दिया गया। इसके साथ–साथ इसमें अनुसूचित जातियों एवं जनजातियों के लिए कुछ सीटों का आरक्षण भी किया गया है।

चुनाव : लोकसभा के सदस्यों का चुनाव जनता द्वारा प्रत्यक्ष तौर पर किया जाता है। भारत का प्रत्येक नागरिक जिसकी आयु 18 वर्ष की है, वोट देने का अधिकारी है। चुनाव के लिए समस्त देश को उतने ही चुनाव क्षेत्रों में बांट दिया जाता है, जितने सदस्य चुनने होते हैं। लोकसभा के स्थान विभिन्न राज्यों में जनसंख्या के आधार पर बांटे जाते हैं फिर भी राज्यों के प्रतिनिधि तथा राज्य की जनसंख्या में एकरूपता के लिए यह व्यवस्था की गई है कि राज्यसभा में प्रतिनिधियों तथा राज्य की जनसंख्या में, जहां तक हो सके, सब राज्यों में एक ही अनुपात रहे।

कार्यकाल : मूलरूप से लोकसभा का कार्यकाल 5 वर्ष था, लेकिन 42वें संविधान संशोधन द्वारा लोकसभा का कार्यकाल 6 वर्ष कर दिया गया था, लेकिन 44वें संशोधन के द्वारा लोकसभा का कार्यकाल पुन पांच वर्ष कर दिया गया, अतः अब लोकसभा का कार्यकाल पांच वर्ष का है। जिसे आपातकाल में संसद स्वयं विधि द्वारा इसके कार्यकाल में एक बार में एक वर्ष तक की वृद्धि कर सकती है। 1976 में लोकसभा का कार्यकाल दो बार एक–एक वर्ष के लिए बढ़ाया गया था। प्रधानमंत्री की सलाह पर राष्ट्रपति लोकसभा को पांच वर्ष से पूर्व भी भंग कर सकता है।

लोकसभा का अधिवेशन राष्ट्रपति द्वारा ही बुलाए तथा स्थगित किये जाते है। इस संबंध में यह नियम है कि लोकसभा की दो बैठकों में 6 माह से अधिक का अंतर नहीं होना चाहिए। इसके अतिरिक्त राष्ट्रपति अनुच्छेद 108 के तहत संयुक्त अधिवेशन भी बुला सकता है। लोकसभा तथा राज्यसभा दोनों की गणपूर्ति कुल संख्या का दसवां भाग है।

सदस्यों की योग्यताएँ : लोकसभा के सदस्य बनने के लिए निम्नलिखित योग्यताएँ होनी जरूरी हैं–

1. वह भारत का नागरिक हो।
2. वह 25 वर्ष की आयु पूरी कर चुका हो।

सदस्यों के लिए अयोग्यताएँ :

1. यदि वह सरकार के अधीन किसी लाभ के पद पर आसीन हो।
2. यदि वह पागल है।

3. यदि वह दिवालिया हो।
4. भारत का नागरिक नहीं हो।
5. संसद की किसी विधि के द्वारा अयोग्य हो।

लोकसभा अध्यक्ष तथा उपाध्यक्ष

भारतीय संविधान के अनुच्छेद 93 में लोकसभा के अध्यक्ष तथा उपाध्यक्ष पदों की व्यवस्था की गई है। मुख्यतः लोकसभा के सभापति को अध्यक्ष एवं उप–सभापित को उपाध्यक्ष कहा जाता है। अध्यक्ष और उसकी उपाध्यक्ष का चुनाव लोकसभा की प्रथम बैठक में लोकसभा के सदस्यों द्वारा लोकसभा के सदस्यों में से ही किया जाता है। अध्यक्ष लोक सभा की अध्यक्षता करता है और उसकी अनुपस्थिति में उपाध्यक्ष अध्यक्षता करता है। इन पदों पर प्रत्याशी प्रायः राजनीतिक दल द्वारा ही खड़े किये जाते हैं। चुनाव सर्वसम्मति से भी संपन्न हो सकते हैं। प्रायः देखा जाता है कि अध्यक्ष सत्तारूढ़ दल से तथा उपाध्यक्ष प्रमुख विपक्षी दल से संबंधित होता है। लेकिन किसी भी लोकसभा अध्यक्ष से यह आशा की जाती है कि वह दलगत राजनीति से ऊपर उठकर निष्पक्ष रूप से पूरे सदन के 'विवेक प्रहरी' की तरह कार्य करता है।

लोकसभा के अध्यक्ष का कार्यकाल भी उसके निर्वाचन से लेकर लोकसभा के विघटन के पश्चात् नव–निर्वाचित लोकसभा की प्रथम बैठक के ठीक पूर्व तक होता है। नवीन लोकसभा की बैठक की अध्यक्षता वह नहीं कर सकता। इसके अलावा 14 दिन की पूर्व सूचना एक संकल्प द्वारा अध्यक्ष को लोकसभा के तत्कालीन सदस्यों के बहुमत द्वारा प्रस्ताव पारित करके पद से हटाया जा सकता है।

सदस्यता का अंत : कुछ विशेष अवस्थाओं में लोकसभा के सदस्यों की सदस्यता का अंत हो जाता है, जिनमें से निम्नलिखित अवस्थाएं हैं–

1. यदि कोई सदस्य 60 दिन से अधिक लोकसभा के अधिवेशन से अनुपस्थित रहे और उसने इसकी पूर्वानुमति न ली हो। तो उसकी सदस्यता समाप्त की जा सकती है।
2. निर्वाचन के पश्चात् यदि सदस्य सरकारी नौकरी प्राप्त कर ले या फिर सरकार से आर्थिक लाभ प्राप्त करने लगे।
3. अगर कोई व्यक्ति कई निर्वाचन क्षेत्रों से लोकसभा का सदस्य चुना जाता है तो वह केवल एक निर्वाचन–क्षेत्र का ही सदस्य रह सकेगा। अन्य क्षेत्रों की सदस्यता समाप्त की जाती है।
4. यदि कोई व्यक्ति लोकसभा तथा राज्य की किसी विधानसभा आदि का सदस्य बन जाए तो उसे किसी एक स्थान से त्याग–पत्र देना होगा।
5. स्वयं अध्यक्ष को लिखकर सदन की सदस्यता से त्याग–पत्र देना

अध्यक्ष के कार्य व शक्तियाँ

लोकसभा का अध्यक्ष, जिसके स्पीकार के नाम से भी संबोधित किया जाता है, का कार्य अधिक महत्वपूर्ण है, क्योंकि संसद की संपूर्ण कार्यवाही का सफल संचालन उसी के द्वारा किया जाता है। उसके द्वारा निर्वाह किये जाने वाले कार्य अधिकांशतः संसदीय कार्यवाही एवं संचालन नियम तथा संविधान में लिखे है तथा कुछ कार्य उसे अपने विवेक के द्वारा संपन्न करने होते हैं। अध्यक्ष के महत्वपूर्ण कार्यों का वर्णन निम्न प्रकार से किया जा सकता है :

1. बैठकों की अध्यक्षता करता है
2. संयुक्त अधिवेशन की अध्यक्षता
3. सदन की बैठक स्थगित करना
4. वित्त विधेयक का निर्णय
5. सदन में व्यवस्था बनाये रखना

विविध कार्य : इसके अतिरिक्त विविध प्रकार के कार्यों का सम्पादन स्पीकर द्वारा किया जाता है।

1. सदन में किसी विषय पर पक्ष तथा विपक्ष के मत समान होते हैं तो अध्यक्ष पक्ष अथवा विपक्ष में अपना मत देता है, जिसे निर्णायक मत कहते हैं।
2. अध्यक्ष किसी भी सदस्य को अपने विवेक के आधार पर उसे अपनी मातृ–भाषा में बोलने का अधिकार प्रदान कर सकता है।
3. अध्यक्ष सदन में राजनीतिक दलों को मान्यता प्रदान करता है।
4. लोकसभा में याचिकाएँ पेश करने के लिए भी अध्यक्ष की स्वीकृति आवश्यक है।
5. लोकसभा की समितियाँ जैसे 'कार्यमंत्रणा समिति' सामान्य प्रयोजन समिति और नियम समिति अध्यक्ष के नेतृत्व में ही काम करती है और अध्यक्ष ही इनका सभापति होता है।

6. अध्यक्ष विधेयकों तथा संकल्पों में प्रस्तावित संशोधनों को पटल पर रखता है।
7. वह सदन के सदस्यों के अधिकारों की रक्षा करता है।
8. लोकसभा प्रक्रिया एवं नियमों से संबंधित मामलों में अध्यक्ष को पूर्ण अधिकार मिले हुए हैं।
9. राष्ट्रपति तथा संसद के मध्य संपूर्ण पत्र–व्यवहार अध्यक्ष द्वारा ही होता है।
10. अध्यक्ष अपने आसन पर बैठकर किए गए कार्यों एवं कर्तव्यों के लिए सार्वजनिक रूप से वाद–विवाद में नहीं पड़ता।

भारतीय संसद में विपक्ष की भूमिका

भारत की संसद लोकतंत्र पर आधारित होकर निर्मित की गयी है। इसका तात्पर्य यह है कि जनता अपने प्रतिनिधियों को चुनकर पांच वर्ष के लिए निम्न सदन में व 6 वर्ष के लिए ऊपरी सदन में भेजती है। दूसरी ओर प्रजातंत्र की यह भी मान्यता है कि शासन करते समय जनता के चुने हुए शासकों की आलोचना का अधिकार भी जनता को प्राप्त होना चाहिए। वर्तमान काल में शासकों की आलोचना राजनीतिक दल संगठित रूप में करते हैं, जिन्हें पिछले निर्वाचन में जनता ने शासक न बनाकर विरोधी दल का कार्य सौंपा होता है।

इस प्रकार संसद में जो भी राजनीतिक दल अपनी सरकार बना लेता है, वह शासकीय दल कहलाता है तथा शेष विपक्षी दल कहे जाते हैं। इन विपक्षी दलों में जिसे राजनीतिक दल की संसद लोकसभा में या राज्यसभा में कुल सदस्य संख्या के 1/10 सदस्य होते हैं तथा अन्य सभी राजनीतिक दलों से अधिक सदस्य होते हैं, उसे मुख्य विरोधी दल के रूप में मान्यता प्रदान की जाती है।

भारत की संसद में विपक्षी दल के नेता को भी मान्यता प्रदान की जाती है, इस विपक्षी दल के नेता को एक कैबिनेट स्तर के मंत्री के समक्ष सुविधाएँ प्रदान की जाती हैं। 1977 में संसद द्वारा प्रथम बार एक अधिनियम पास किया गया, जिसके द्वारा मान्यता प्राप्त विपक्ष के नेता को अब राजकोष से वेतन प्राप्त होता है। रेडियो व टी॰वी॰ आदि स्थानों पर प्रधानमंत्री द्वारा देश को संबोधित करने के पश्चात् विरोधी दल के नेता को संबोधित करने का अवसर दिया जाता है।

लोकसभा की शक्तियाँ एवं कार्य

लोकसभा लोकप्रिय सदन है क्योंकि इसके सदस्यों का चुनाव जनता द्वारा प्रत्यक्ष निर्वाचन के आधार पर किया जाता है। लोकसभा के चुनाव में बहुमत प्राप्त दल द्वारा ही सरकार बनाई जाती है, जिसका नेतृत्व प्रधानमंत्री करता है। इस दृष्टि से लोकसभा संसद की सबसे महत्वपूर्ण इकाई है। प्रायः लोकसभा द्वारा जिन शक्तियों व कार्यों का प्रयोग किया जाता है, वही संसद की शक्तियाँ एवं कार्यों के रूप में जानी जाती हैं। लोकसभा को प्राप्त शक्तियों और कार्यों का वर्णन निम्न रूपों में किया जाता है–

1. विधायी शक्तियाँ : लोकसभा संसद का महत्वपूर्ण अंग है। संसद को प्राप्त विधायी शक्तियों का प्रयोग व्यवहार में इसके लोकसभा के द्वारा ही किया जाता है। लोकसभा की इच्छा के विरुद्ध कोई कानून पास नहीं किया जा सकता। लोकसभा संघीय सूची और समवर्ती सूची में दिए गए विषयों पर राज्यसभा के साथ मिलकर कानून बनाती है। यदि किसी राज्य में संवैधानिक व्यवस्था फेल हो जाए तो उस राज्य के लिए कानून लोकसभा में प्रस्तुत किए जा सकते हैं। हालांकि साधारण विधेयक संसद के किसी भी सदन में पेश किया जा सकता है, परंतु महत्वपूर्ण विधेयक लोकसभा में ही प्रस्तुत किये जा सकते हैं। लोकसभा की स्वीकृति के पश्चात् विधेयकों को राज्यसभा में भेजा जाता है। राज्यसभा की स्वीकृति के पश्चात् उन्हें राष्ट्रपति की स्वीकृति के लिए भेजा जाता है। यदि राज्यसभा विधेयक को पास न करे या फिर छः मास तक उस पर कोई कार्यवाही न करे तो राष्ट्रपति संसद के दोनों सदनों का सम्मिलित अधिवेशन बुलाता है, जिसमें लोकसभा का अध्यक्ष सभापतित्व करता है। ऐसे अधिवेशन में लोकसभा की ही विजय होती है, क्योंकि उसके सदस्यों की संख्या राज्यसभा के सदस्यों की संख्या से दुगनी होती है। अतः इस प्रकार की बैठक में विधेयक के भाग्य का निर्णय लोकसभा की इच्छानुसार ही होता है।

2. संविधान संशोधन शक्ति : संविधान के अनुच्छेद 368 के अनुसार लोकसभा संविधान में संशोधन करने के लिए प्रस्ताव पास कर सकती है, लेकिन संविधान में तब तक संशोधन नहीं हो सकता, जब तक राज्यसभा निश्चित बहुमत से उस प्रस्ताव को पास न कर दे। लोकसभा राज्यसभा से मिलकर ही संविधान में संशोधन कर सकती

है। संविधान संशोधन के संबंध में लोकसभा और राज्यसभा की शक्तियाँ समान हैं, परंतु संविधान में यह स्पष्ट नहीं है कि यदि दोनों सदनों में किसी विधेयक पर गतिरोध उत्पन्न हो जाए तो उसे कैसे दूर किया जाए। सर्वोच्च न्यायालय ने शंकरी प्रसाद बनाम संघीय सरकार के मुकद्दमे में यह निर्णय दिया कि "संवैधानिक संशोधन विधि भी एक वैधानिक विधि है। सर्वोच्च न्यायालय के इस निर्णय के अनुसार संवैधानिक संशोधन पर गतिरोध उत्पन्न होने पर दोनों सदनों का संयुक्त अधिवेशन बुलाया जा सकता है।

जहां तक संविधान संशोधनों के विरुद्ध सर्वोच्च न्यायालय में अपील करने का प्रश्न है तो 42वें संशोधन के अनुसार अनुच्छेद 368 के अंतर्गत संविधान के तीसरे भाग सहित संविधान में किए गए किसी संशोधन को न्यायालय में किसी भी आधार पर चुनौती नहीं दी जा सकती थी। परंतु सर्वोच्च न्यायालय ने 9 मई, 1980 को एक महत्वपूर्ण निर्णय में 42वें संशोधन की इस धारा को रद्द कर दिया।

3. न्यायिक शक्तियाँ : लोकसभा को कुछ न्यायिक शक्तियाँ भी प्राप्त होती हैं। राष्ट्रपति के विरूद्ध महाभियोग में संसद के दानों सदनो में से एक आरोप लगाता है तथा दूसरा सदन जांच करके दो तिहाई बहुमत से निर्णय देता है। यदि दोनों सदन महाभियोग का प्रस्ताव पास कर दें तो राष्ट्रपति को त्याग–पत्र देना पड़ता है। उप–राष्ट्रपति के विरुद्ध आरोप लगाने का अधिकार केवल राज्यसभा को है, परंतु उसमें निर्णय देने का अधिकार लोकसभा को है। लोकसभा राज्यसभा के साथ मिलकर सर्वोच्च न्यायालय तथा उच्च न्यायालयों के न्यायाधीशों को महाभियोग द्वारा हटा सकती है। लोकसभा राज्यसभा के साथ मिलकर मुख्य चुनाव आयुक्त, महान्यायवादी तथा नियंत्रक एवं महालेखा परीक्षक के विरुद्ध दोषारोपण के प्रस्ताव पास कर सकती है। ऐसा प्रस्ताव पास होने पर राष्ट्रपति संबंधित अधिकारी को हटा सकता है। इसके साथ–साथ लोकसभा उस व्यक्ति अथवा संस्था को भी दंड दे सकती है जो इसके विशेषाधिकार का उल्लंघन करते हैं।

4. निर्वाचक मंडल के रूप में कार्य : लोकसभा द्वारा निर्वाचक मंडल के रूप में कुछ कार्यों का भी निर्वाह किया जाता है। लोकसभा के अध्यक्ष तथा उपाध्यक्ष का चुनाव लोकसभा के द्वारा किया जाता है। इसके अतिरिक्त संविधान के अनुच्छेद 54 के अनुसार वह राज्यसभा के सदस्यों तथा राज्य विधानसभाओं के सदस्यों के साथ मिलकर राष्ट्रपति का निर्वाचन करते हैं। उपराष्ट्रपति के निर्वाचन में भी लोकसभा की महत्वपूर्ण भूमिका होती है।

5. वित्तीय शक्ति : संविधान के अनुसार लोकसभा का वित्त पर पूरा नियंत्रण प्राप्त होता है। अनुच्छेद 109 के अनुसार वित्त विधेयक लोकसभा में ही प्रस्तुत किये जा सकते हैं, वहीं उस ही के द्वारा वार्षिक बजट पास किया जाता है तथा सब प्रकार के खर्चों की स्वीकृति भी वही प्रदान करती है। बजट तथा वित्तीय विधेयकों को केवल लोकसभा में ही प्रस्तुत किया जा सकता है। लोकसभा में पास होने के पश्चात् ऐसे विधयेक राज्यसभा में भेजे जाते हैं। इस संबंध में राज्यसभा को बहुत अधिक शक्तियां प्राप्त नहीं हैं। राज्यसभा को 14 दिन के अंदर ऐसे विधेयकों को अपनी सिफारिशों सहित वापस करना पड़ता है। यदि राज्यसभा इनको 14 दिन के अंदर वापस न करे या किन्ही ऐसी सिफारिशों के साथ वापस करे जो लोकसभा को स्वीकार न हो तो लोकसभा उन विधेयकों को उसी रूप में, जिसमें उसने पहले पास किया था, राष्ट्रपति को स्वीकृति के लिए भेज देती है। राष्ट्रपति की स्वीकृति मिलने पर यह विधेयक दोनों सदनों में पास किया हुआ समझा जाता है।

6. कार्यकारिणी पर नियंत्रण की शक्ति : संसदीय शासन प्रणाली के अधीन मंत्रिपरिषद लोकसभा के सामने उत्तरदायी होती है। लोकसभा के सदस्य मंत्रियों तथा उनके कार्यों के संबंध में प्रश्न पूछ सकते हैं तथा संबंधित मंत्री को उनका उत्तर देना पड़ता है। लोकसभा के सदस्य सरकार के किसी भी कार्य की कड़ी आलोचना कर सकते हैं तथा उसके संबंध में प्रस्ताव भी पास कर सकते हैं, लोकसभा मंत्रिपरिषद के विरुद्ध अविश्वास प्रस्ताव भी पास कर सकती है, जिससे मन्त्रिपरिषद को त्याग–पत्र देना पड़ता है। मन्त्रिमंडल में अधिकांश सदस्य लोकसभा से लिए जाते है।

राज्यसभा

यह उच्च अथवा द्वितीय सदन है। इसमें राज्यों का प्रतिनिधित्व होता है। राज्यों का प्रतिनिधित्व समानता के आधार पर नहीं है, अपितु जनसंख्या के आधार पर होता है। बड़े राज्यों के प्रतिनिधि अधिक तथा छोटे राज्यों के कम प्रतिनिधि होते हैं। संविधान के अनुच्छेद 80 के अनुसार राज्य–सभा के सदस्यों की अधिकतम संख्या 250 हो सकती है। इसमें से 12 सदस्य राष्ट्रपति द्वारा ऐसे लोगों

में से मनोनीत किए जाते हैं, जिन्हें कला, साहित्य, विज्ञान और सामाजिक सेवा के संबंध में विशेष ज्ञान व अनुभव हो। शेष 238 सदस्य प्रत्येक राज्य की विधानसभा के निर्वाचित सदस्यों द्वारा आनुपातिक प्रतिनिधित्व पद्धति की एकल संक्रमणीय मत प्रणाली द्वारा किया जाता है। संघ राज्य–क्षेत्रों के प्रतिनिधि उस विधि से निर्वाचित होते हैं, जिसे संसद विधि द्वारा निर्धारित करे।

इस प्रकार राज्यसभा में 12 सदस्य राष्ट्रपति द्वारा मनोनीत किए जाते हैं जबकि अन्य 238 सदस्य राज्यों और केन्द्र शासित प्रदेशों का प्रतिनिधित्व करते हैं। राज्यसभा एक स्थायी सदन है, जिसका विघटन नहीं होता बल्कि इसके एक तिहाई सदस्य प्रत्येक दूसरे वर्ष निवृत्त हो जाते हैं, लेकिन एक सदस्य का कार्यकाल 6 वर्ष है।

राज्यसभा के सदस्यों के लिए योग्यताएँ

1. उसकी आयु 30 से कम न हो।
2. भारत का नागरिक हो।
3. वह पागल या दिवालिया न हो।
4. वह भारत या राज्य सरकार के अधीन लाभदायक पद पर न हो।
5. जिस राज्य से वह चुनाव पड़ रहा हो, उस राज्य की मतदाता सूची में उसका नाम हो।
6. संसद द्वारा निर्धारित योग्यताएँ रखता हो।
7. संसद विधि द्वारा आयोग्य घोषित नहीं किया गया हो।

राज्यसभा का सभापति

संविधान के अनुच्छेद 89(1) के अनुसार भारत का उपराष्ट्रपति राज्यसभा का पदेन सभापति होता है तथा राज्यसभा में से ही किसी व्यक्ति को उपसभापति भी नियुक्त कर सकता है जोकि उपराष्ट्रपति की अनुपस्थिति में राज्यसभा की अध्यक्षता व देखरेख करता है। लेकिन जब सभापति और उपसभापति दोनों ही अनुपस्थित हों तब ऐसा व्यक्ति सदन की अध्यक्षता करता है जिसे सदन नियुक्त करे। लोकसभा की भांति राज्यसभा अपने सभापति को स्वयं नहीं हटा सकती, इसके लिए उसे सभापति के प्रति महाभियोग लाना होता है जबकि उप–सभापति को राज्यसभा के सदस्य स्वयं ही हटा सकते है।

राज्यसभा की शक्तियाँ

हालांकि भारतीय संविधान के द्वारा लोकसभा को अधिक शक्तिशाली बनाया गया है लेकिन इसका अर्थ यह नहीं है कि राज्यसभा महत्वहीन है। राज्यसभा का अपना विशेष महत्व है। लोकसभा को प्राप्त अधिकारों के प्रयोग में राज्यसभा की भी महत्वपूर्ण भूमिका होती है। लोकसभा अपनी शक्तियों का प्रयोग राज्यसभा के साथ मिलकर ही करती है। भारतीय संविधान के द्वारा राज्यसभा को निम्नलिखित शक्तियाँ प्रदान की गई है—

1. विधायी शक्तियाँ : संविधान के अनुसार साधारण कानून बनाने के विषय में राज्यसभा तथा लोकसभा को समान शक्तियाँ प्राप्त है। धन संबंधी विधेयको को छोड़कर कोई भी विधेयक राज्यसभा में प्रस्तुत किया जा सकता है। इस सदन में स्वीकार हो जाने के पश्चात् विधेयक लोकसभा में भेजा जाता है। यदि लोकसभा भी उसको पास कर दे तो फिर विधेयक को राष्ट्रपति के पास उसकी स्वीकृति के लिए भेज दिया जाता है। स्वीकृति के उपरांत विधेयक अधिनियम बन जाता है।

यदि लोकसभा राज्यसभा द्वारा पारित किए गए विधेयकों को स्वीकार न करे या 6 मास तक इन पर विचार न करे तो राष्ट्रपति दोनों सदनों का संयुक्त अधिवशेन बुलाता है। इस संयुक्त अधिवेशन की अध्यक्षता लोकसभा अध्यक्ष करता है। संयुक्त अधिवेशन में विधेयक उपस्थित सदस्यों के बहुमत से पास हो सकता है, क्योंकि लोकसभा के सदस्यों की संख्या राज्यसभा के सदस्यों की अपेक्षा दुगुनी है, इसलिए प्रायः कोई भी विधेयक लोकसभा की इच्छा के विरुद्ध पास नहीं हो सकता।

26 मार्च, 2002 को राष्ट्रपति के.आर. नारायणन ने संसद का संयुक्त अधिवेशन बुलाया, क्योंकि 18 मार्च, 2002 को लोकसभा द्वारा पास किए गए आंतकवाद निवारण विधेयक, 2002 (पोटो) को 21 मार्च को राज्यसभा ने अस्वीकार कर दिया था। संसद के संयुक्त अधिवेशन में विधेयक के समर्थन में 425 जबकि विरोध में 296 मत पड़े। इस प्रकार संयुक्त अधिवेशन में लोकसभा की इच्छानुसार निर्णय हुआ।

2. वित्तीय शक्ति : वित्तीय क्षेत्र में राज्यसभा को लोकसभा की तुलना में बहुत कम शक्तियाँ प्राप्त हैं। वित्तीय विधेयक राज्यसभा में प्रस्तुत नहीं किए जा सकते, ये केवल लोकसभा में ही प्रस्तुत हो सकते हैं। वहां पास होने के उपरांत ये राज्यसभा में भेजे जाते हैं। राज्यसभा वित्तीय विधेयकों को 14 दिन तक रोक सकता है। यदि

राज्यसभा वित्तीय विधेयक में किसी परिवर्तन की सिफारिश करे तो वास्तव में लोकसभा को यह पूर्ण अधिकार है कि वह राज्यसभा द्वारा की गई सिफारिशों को स्वीकार करे या न करे। अतः लोकसभा का वित्तीय विधेयकों पर पूरा नियंत्रण होता है, राज्यसभा वित्त विधेयकों के संबंध में केवल अपने सुझाव दे सकती है।

3. आपातकालीन शक्तियाँ : राज्यसभा–लोकसभा के साथ मिलकर राष्ट्रपति द्वारा की गई संकटकालीन उद्घोषणा को एक महीने से अधिक लागू रहने अथवा रद्द करने का प्रस्ताव पास करती है। संकटकालीन घोषणा पर एक महीने के अंदर दोनों सदनों की स्वीकृति लेना आवश्यक है, नहीं तो एक महीने के समाप्त होने पर संकटकालीन घोषणा अपने आप समाप्त हो जाती है। यदि लोकसभा भंग हो तो केवल राज्यसभा की स्वीकृति ही आवश्यक है। राज्यसभा की स्वीकृति मिलने पर संकटकालीन घोषणा लोकसभा का अधिवेशन आरंभ होने के 30 दिन बाद तक जारी रह सकती है।

4. राज्य सभा को प्राप्त विशेष अधिकार : राज्यसभा को कुछ विशिष्ट शक्तियाँ भी प्राप्त हैं, जिनका संबंध लोकसभा से नहीं है–

1. 44वें संशोधन द्वारा व्यवस्था की गई है कि राज्य सभा अनुच्छेद 249 के अंतर्गत प्रस्ताव पास करके अखिल भारतीय न्यायिक सेवाएं स्थापित करने के संबंध में संसद को अधिकार दे सकती है।

2. संविधान के अनुच्छेद 249 के अनुसार राज्यसभा में उपस्थित और मतदान करने वाले 2/3 सदस्यों के बहुमत से प्रस्ताव पास करके यदि वह घोषित करे कि राज्य–सूची का विषय राष्ट्रीय महत्व का है और उस पर संसद द्वारा कानून बनाना बड़ा आवश्यक तथा राष्ट्र के लिए हितकारी है तो संसद को उस विषय पर कानून बनाने का अधिकार मिल जाता है। ऐसा प्रस्ताव आरंभ में एक वर्ष के लिए लागू होता है और उसे एक समय में एक वर्ष के लिए बढ़ाया जा सकता है। लोकसभा को इस प्रकार की कोई शक्ति प्राप्त नहीं है।

3. संविधान के अनुच्छेद 312 के अनुसार राज्यसभा ही 2/3 बहुमत से प्रस्ताव पास करके नई अखिल भारतीय सेवाओं को स्थापित करने का अधिकार केन्द्र सरकार को दे सकती है। अखिल भारतीय सेवाएं, वे सेवााएं हैं, जिसके सदस्यों की नियुक्ति का आधार केन्द्रीय सरकार के हाथ में ही हो और वे सदस्य वास्तव में राज्य सरकार के अधीन काम करते हैं।

5. कार्यपालिका संबंधी शक्ति : मंत्रिमंडल अपने समस्त कार्यों के लिए संसद के दोनों सदनों के प्रति उत्तरदायी है। मंत्रिमंडल के सदस्यों से राज्यसभा के सदस्य प्रश्न तथा पूरक प्रश्न पूछ सकते हैं। मंत्रिमंडल की नीतियों की आलोचना की जा सकती है; परंतु राज्यसभा अविश्वास प्रस्ताव पास करके मंत्रिमंडल को त्याग–पत्र देने के लिए मजबूर नहीं कर सकती। मंत्रिमंडल पर लोकसभा का वास्तविक नियंत्रण है, न कि राज्यसभा का। मंत्रिमंडल में कुछ मंत्री राज्यसभा में से अवश्य लिए जाते हैं, पर अधिकांश मंत्री लोकसभा से ही लिए जाते हैं। परंतु प्रश्न यह उत्पन्न होता है कि जब लोकसभा भंग हो, उस समय मन्त्रिमंडल किसके प्रति उत्तरदायी होता है? 27 दिसम्बर, 1970 को जब लोक सभा को भंग किया गया था तो श्रीमती इंदिरा गाँधी के पद पर स्थिर रहने को सर्वोच्च न्यायालय में चुनौती दी गई थी। परंतु सर्वोच्च न्यायालय ने याचिका को रद्द कर दिया था। अतः मंत्रिमंडल पर वास्तविक लोकसभा का है, न कि राज्यसभा का।

6. संवैधानिक शक्तियाँ : राज्यसभा को लोकसभा के समान ही संविधान संशोधन शक्तियाँ प्राप्त है। किसी भी संविधान संशोधन संबंधी विधेयक को दोनों सदनों से पास होना जरूरी है। लेकिन संविधान में यह स्पष्ट नहीं है कि यदि दोनों सदनों में किसी संशोधन प्रस्ताव पर मतभेद उत्पन्न हो जाए तो उसे कैसे सुलझाया जाएगा।

1951 में भारत के सर्वोच्च न्यायालय ने एक मुकद्दमे *शंकरी प्रसाद बनाम यूनियन ऑफ इंडिया* में निर्णय देते हुए यह विचार प्रकट किया कि संशोधन प्रस्ताव पास करने में विधायिनी प्रक्रिया को लागू किया जाएगा। इसलिए ऐसे मतभेदों को भी दोनों सदनों की संयुक्त बैठक द्वारा ही निपटाया जा सकता है। 1970 में राजा–महाराजाओं के जेब–खर्चों (Privy Pures) को समाप्त करने वाला 24वां संशोधन प्रस्ताव लोकसभा ने पास कर दिया, परंतु राज्यसभा ने उसे पास नहीं किया। इस पर दोनों का संयुक्त अधिवेशन नहीं बुलाया गया था। इसी तरह 23 अगस्त, 1978 को लोकसभा ने 44वां संशोधन प्रस्ताव पास कर दिया, परंतु 31 अगस्त, 1978 को राज्यसभा ने इस संशोधन की 6

महत्वपूर्ण धाराओं को रद्द कर दिया। 1989 में लोकसभा द्वारा पारित 64वें और 65वें संशोधन विधेयकों को राज्यसभा में दो–तिहाई समर्थन न मिलने पर संसद से ये अस्वीकृत हो गए। इन संशोधन के संबंध में भी दोनों सदनों के मतभेदों को दूर करने के लिए संयुक्त अधिवेशन नहीं बुलाया गया था। इन दोनों उदाहरणों से स्पष्ट है कि संशोधन प्रस्ताव पर दोनों सदनों में उत्पन्न मतभेद संयुक्त बैठक द्वारा नहीं सुलझाया जा सकता।

7. न्यायिक शक्तियाँ : राज्यसभा को कुछ न्यायिक शक्तियाँ भी प्राप्त हैं। राज्यसभा को राष्ट्रपति पर आरोप लगाने, उसकी जांच करने पर उसका निर्णय करने का अधिकार उसी प्रकार प्राप्त है, जिस प्रकार लोकसभा को। यदि आरोप राज्यसभा द्वारा लगाया जाए तो निर्णय लोकसभा करती है और यदि आरोप लोकसभा लगाए तो निर्णय राज्यसभा द्वारा किया जाता है। उप–राष्ट्रपति पर महाभियोग चलाने का अधिकार केवल राज्यसभा को है। राज्यसभा सर्वोच्च न्यायालय व उच्च न्यायालयों के न्यायाधीशों को महाभियोग द्वारा हटाने के लिए प्रस्ताव पास कर सकती है। राज्यसभा लोकसभा के साथ मिल कर मुख्य चुनाव–आयुक्त, महान्यायवादी (Attorney General) तथा नियंत्रण एवं महालेखा परीक्षक के विरुद्ध दोषारोपण के प्रस्ताव पास कर सकती है। ऐसा प्रस्ताव पास होने पर राष्ट्रपति संबंधित अधिकारियों को हटा सकता है।

राज्यसभा अपने सदस्यों के व्यवहार तथा गतिविधियों की जांच–पड़ताल करने के लिए समिति नियुक्त कर सकती है और उनके विरुद्ध उचित कार्यवाही कर सकती है। उदाहरणस्वरूप 2 दिसंबर, 1976 को राज्यसभा ने उप–सभापति की अध्यक्षता में दस सदस्यों की समिति नियुक्त की, जिसका कार्य राज्यसभा के सदस्य श्री सुब्रह्मण्यम स्वामी के व्यवहार की जांच–पड़ताल करना था। 12 नवंबर, 1976 को इस समिति ने अपनी रिपोर्ट सदन में प्रस्तुत की। इस रिपोर्ट ने स्वामी की गतिविधियों को संसदीय संस्थाओं की प्रतिष्ठाओं के प्रतिकूल बताते हुए उसको राज्यसभा के सदस्य पद से हटाने की सिफारिश की। राज्यसभा ने समिति की रिपोर्ट के आधार पर 15 नवंबर, 1976 को प्रस्ताव पास करके स्वामी को राज्यसभा की सदस्यता से हटा दिया। संसद के किसी सदस्य का यह पहला उदाहरण है।

8. अन्य शक्तियाँ : 1. राज्यसभा लोकसभा के साथ मिलकर राष्ट्रपति द्वारा की गई संकटकालीन उद्घोषणा को एक महीने से अधिक लागू रहने अथवा रद्द करने का प्रस्ताव पास करती है।

2. राज्यसभा के साथ मिलकर नए राज्यों को संघ में सम्मिलित करती है, राज्यों के क्षेत्र, सीमाओं तथा नाम में परिवर्तन कर सकती है।

3. राज्यसभा के सदस्य राष्ट्रपति के चुनाव में भाग लेते हैं।

4. सर्वोच्च न्यायालय या उच्च न्यायालय के अधिकार–क्षेत्र में राज्यसभा लोकसभा के साथ मिलकर परिवर्तन करती है।

5. राज्यसभा लोकसभा के साथ मिलकर उपराष्ट्रपति का चुनाव करती है।

6. राष्ट्रपति विभिन्न आयोगों की रिपोर्ट संसद के सामने रखता है। राज्यसभा को भी लोकसभा की तरह उन पर विचार करने का अधिकार है।

7. राज्यसभा लोकसभा के साथ मिलकर दो या दो से अधिक राज्यों के लिए संयुक्त सेवा आयोग या उच्च न्यायालय की स्थापना करती है।

8. संविधान में संशोधन करने की शक्ति राज्यसभा को भी उतनी ही प्राप्त है, जितनी की लोकसभा को।

संसदीय समितियाँ

संसद की सामान्य बैठकों के अतिरिक्त संसद का अधिकांश कार्य संसदीय समितियों द्वारा किया जाता है। संसदीय समितियों का गठन सभा का सभापति या अध्यक्ष करता है तथा सदस्यों की नियुक्ति यथास्थिति प्रस्तावित किए जाने पर सभा द्वारा नियुक्त अथवा निर्वाचित अध्यक्ष द्वारा नाम–निर्देशित किए जाते हैं। समिति का कोई भी सदस्य सभा के अध्यक्ष को लिखित में त्याग–पत्र दे सकता है।

समिति का सभापति

1. समिति का सभापति अध्यक्ष द्वारा समिति के सदस्यों में से नियुक्त किया जाएगा।
2. यदि सभा का उपाध्यक्ष समिति का सदस्य है तो वह समिति का सभापति नियुक्त किया जाएगा।
3. यदि सभापति किसी कारण से कार्य करने में असमर्थ हो तो अध्यक्ष उसके स्थान पर अन्य किसी सदस्य को सभापति नियुक्त करेगा।

4. यदि सभापति किसी बैठक में अनुपस्थित हो तो समिति किसी अन्य सदस्य को उस बैठक का सभापति चुन लेगी।

समिति में गणपूर्ति : समिति की बैठक करने के लिए गणपूर्ति समिति के सदस्यों की समस्त संख्या की सथासंभव एक तिहाई होनी चाहिए।

यदि कोई सदस्य समिति की लगातार दो या अधिक बैठकों से सभापति की अनुज्ञा के बिना अनुपस्थित रहता है तो ऐसे सदस्य को समिति से हटाने के लिए सभा में प्रस्ताव प्रस्तुत किया जा सकता है। परंतु, यदि समिति के सदस्य अध्यक्ष द्वारा नाम निर्देशित किए जाते हैं तो सदस्य अध्यक्ष द्वारा हटाया जा सकता है।

समिति में निर्णय : समिति की किसी बैठक में सब प्रश्न उपस्थित तथा मतदान करने वाले सदस्यों के बहुमत से निर्धारित किए जाते हैं।

सभापति का निर्णायक मत : किसी विषय पर समान मत होने पर सभापतित्व कर रहे व्यक्ति का मत निर्णायक होगा।

संसदीय समितियाँ प्रमुख रूप से दो प्रकार की होती हैं–

1. स्थायी समिति और 2. तदर्थ समिति।

तदर्थ समितियाँ किसी विशेष कार्य के लिए बनाई जाती हैं और अब ये अपना कार्य समाप्त कर लेती हैं, तब इनका अस्तित्व समाप्त हो जाता है। इनके अतिरिक्त संसद की प्रत्येक सभा की स्थायी समितियाँ होती हैं जोकि लगातार कार्य करती रहती हैं। जैसे कार्यमंत्रणा समिति, याचिका समिति, विशेषाधिकार समिति और अनुसूचित जातियों तथा जनजातियों के कल्याण संबंधी समिति, नियम समिति आदि।

इसके अतिरिक्त कुछ विशेष महत्व की समितियाँ भी होती हैं जोकि कार्यपालिका के ऊपर संसद के प्रहरी का कार्य करती है। प्राक्कलन समिति, लोक सेवा समिति, सरकारी आश्वासनों संबंधी समिति और सार्वजनिक संस्थानों की समिति इस श्रेणी में आती हैं। इनमें प्राक्कलन समिति, लोक–लेखा समिति और सार्वजनिक संस्थानों की समिति सरकारी व्यय पर नियंत्रण रखती है।

समितियों का गठन तथा उनके कार्य

1. प्राक्कलन समिति : यह संसद की एक महत्वपूर्ण समिति है। इसके अंर्तगत 30 सदस्य होते हैं। यह सभी सदस्य लोकसभा द्वारा प्रतिवर्ष आनुपातिक प्रतिनिधित्व की एकल संक्रमण पद्धति द्वारा इसके सदस्यों में से ही निर्वाचित होते हैं। समिति का अध्यक्ष इन चुने हुए सदस्यों में से लोकसभा अध्यक्ष द्वारा नियुक्त किया जाता है लेकिन यदि लोकसभा का उपाध्यक्ष प्राक्कलन समिति का सदस्य है तो वह स्वतः ही समिति का अध्यक्ष नियुक्त हो जाता है। इस समिति के कार्य निम्नलिखित हैं–

1. यह इस विषय पर अपना प्रतिवेदन प्रस्तुत करती है कि संगठनात्मक सुधारों, प्रशासनिक दक्षता अथवा सुधारों से नीतिगत आंकलन पर क्या प्रभाव पड़ सकता है।
2. यह समिति यह परीक्षण भी करती है कि नीतिगत प्राक्कलन की सीमाओं के अंर्तगत ही धन निकाला गया है।
3. यह सुझाव देती है कि संसद में किस रूप में प्राक्कलन प्रस्तुत किए जाएं।
4. प्रशासनिक दक्षता एवं मितव्ययिता बढ़ाने के संबंध में वैकल्पिक नीतियों का सुझाव देती है।

2. लोक-लेखा समिति : यह संसद की महत्वपूर्ण समिति है। इस समिति में कुल 22 सदस्य होते हैं जिसमें से 15 सदस्य लोकसभा से तथा 7 सदस्य राज्यसभा से निर्वाचित होते हैं। राज्यसभा से निर्वाचित सदस्य सहसदस्य के रूप होते हैं तथा इन्हें मताधिकार प्राप्त नहीं होता। कोई भी मंत्री इस समिति की सदस्यता के लिए निर्वाचित नहीं हो सकता। इसका कार्यकाल केवल एक वर्ष होता है। 1967 से चली आ रही परम्परा के अनुसार विपक्ष के किसी सदस्य को इसका सभापति नियुक्त किया जाता है। लोक–लेखा समिति के निम्नलिखित कार्य होते हैं–

1. यह भारत सरकार के लोक–लेखे तथा नियंत्रक एवं महालेखाकार के प्रतिवेदन का निरीक्षण करती है।
2. यह सुनिश्चित करती है कि लोकधन संसद के निर्णयों के अनुसार ही विभिन्न मदों में खर्च किया जाए तथा व्यर्थ अथवा अपव्यय को रोका जाए।
3. समिति का कार्य नीति–निर्धारण नहीं है अपितु संसद द्वारा बनाई गई नीतियों के अनुसार कार्यान्वयन को सुनिश्चित करना है।

3. सरकारी उपक्रम समिति : इस समिति में कुल 22 सदस्य होते हैं जिसमें से 15 सदस्य लोकसभा से तथा 7

सदस्य राज्यसभा से आनुपातिक प्रतिनिधित्व की एकल संक्रमण पद्धति द्वारा निर्वाचित होते हैं। प्रत्येक वर्ष समिति के 1/5 (One-fifth) सदस्य अवकाश ग्रहण कर लेते हैं तथा उनके स्थान पर नए सदस्य निर्वाचित हो जाते हैं। इस समिति का अध्यक्ष लोकसभा द्वारा निर्वाचित सदस्यों में से मनोनित किया जाता है। इसके कार्य निम्नलिखित हैं–

(*i*) यह समिति सरकारी उपक्रमों के लेखों का परीक्षण करती है।

(*ii*) यह समिति सरकारी उपक्रमों की कार्य प्रणाली तथा अन्य वित्तीय मामलों और नियंत्रक तथा महालेखा परीक्षक के प्रतिवेदन का परीक्षण करती है।

4. सरकारी आश्वासनों संबंधी समिति : प्रत्येक सदन के सरकारी आश्वासनों के लिए पृथक समिति होती है। लोकसभा की समिति में 15 सदस्य होते हैं जिन्हें अध्यक्ष मनोनीत करता है। इस समिति के लिए किसी मंत्री को मनोनीत नहीं किया जाता। सदन में प्रश्नों के उत्तर देते समय अथवा विधेयकों व प्रस्तावों आदि पर चर्चा के समय मंत्रीगण कई बार आश्वासन अथवा वचन देते हैं। यह समिति मंत्रियों द्वारा समय–समय पर दिए गए आश्वासनों, प्रतिज्ञाओं, वचनों आदि की जांच करती है और निश्चित करती है कि उन आश्वासनों आदि को कहां तक पूरा किया गया है।

5. कार्यमंत्रणा समिति : कार्यमंत्रणा समिति का गठन जन–निर्वाचन के बाद ही लोकसभा के गठन के पश्चात किया जाता है अन्य समितियों की भांति यह समिति उस समय तक कार्य करती है जब तक कि नई समिति नाम निर्विष्ट नहीं की जाती। अध्यक्ष कार्यमंत्रणा समिति का गठन करता है। इसमें अध्यक्ष को मिलाकर जो समिति का सभापति होता है 15 से अधिक सदस्य नहीं हो सकते, इसके सदस्य अध्यक्ष द्वारा नाम निर्देशित होते हैं।

कार्य-

1. समिति ऐसे सरकारी विधेयकों के प्रक्रमों अथवा अन्य कार्यों पर सभा में चर्चा के लिए समय के विभाजन की सिफारिश करती है, जिन्हें सदन के नेता के परामर्श से अध्यक्ष सदन के नेता को सौंपने का निर्देश देता है।
2. समिति को समय–सूची में यह दर्शाने की शक्ति होती है कि विधेयक के विभिन्न प्रक्रम तथा अन्य कार्य किस–किस समय पूरे होंगे।
3. समिति ऐसे अन्य कार्य भी करती है जो समय–समय पर अध्यक्ष द्वारा उसे सौंपे जाते हैं।

समिति की सिफारिशें सभा को प्रतिवेदन के रूप में प्रस्तुत की जाती हैं। सभा प्रतिवेदन को प्रस्तुत द्वारा स्वीकार या संशोधनों सहित स्वीकार अथवा अस्वीकार कर सकती है।

6. गैर-सरकारी सदस्यों के विधेयकों तथा संकल्पों संबंधी नीति–

गठन : इसके अंतर्गत अधिक–से–अधिक 15 सदस्य होते हैं। ये सभी सदस्य लोकसभा अध्यक्ष द्वारा नाम निर्देशित किए जाते हैं, इस समिति का कार्यकाल एक वर्ष होता है।

कार्य

(i) संविधान संशोधन करने वाले ऐसे विधेयकों की सभा में प्रस्तावित होने से पूर्व जांच करना, जिसकी सूचना गैर–सरकारी सदस्य द्वारा दी गई है।

(ii) गैर–सरकारी सदस्यों के सभी विधेयकों को प्रस्तुत करने के पश्चात तथा चर्चा होने से पूर्व जांच करना तथा उन्हें उनके स्वरूप, महत्व और अविलंबनीयता के अनुसार वर्गों में विभाजित करना।

(iii) गैर–सरकारी सदस्यों के विधेयकों पर चर्चा आदि के लिए समय निर्धारित करना।

(iv) गैर–सरकारी सदस्यों के ऐसे विधेयकों की जांच करना जिनका इस आरोप के साथ विरोध किया जाए कि यह सभा की विधायिनी सक्षमता से परे है तथा अध्यक्ष इसे ऊपरी तौर पर स्वीकार करे।

(v) गैर–सरकारी सदस्यों के संकल्पों और सहायक विषयों की चर्चा के लिए अधिकतम समय सीमा की सिफारिश करना।

(vi) अन्य कार्य जो गैर–सरकारी सदस्यों के संकल्पों से संबंधित हों तथा अध्यक्ष द्वारा समय–समय पर सौंपे जाएं।

7. विधेयकों पर प्रवर समितियाँ : किसी विधेयक की प्रवर समिति के सदस्य सभा द्वारा तब नियुक्त किए जाएंगे जब यह प्रस्ताव किया जाए कि विधायक एक प्रवर समिति को सौंपा जाए।

यह प्रवर समिति तदर्थ समिति होती है जिसका गठन उसे सौंपे गए विशेष विधेयक पर विचार करने के उद्देश्य भी समाप्त हो जाता हैं।

प्रवर समिति सभा द्वारा निश्चित किए गए समय में शीघ्रातिशीघ्र सभा को अपना प्रतिवेदन प्रस्तुत करेगीं यदि सभा ने समय निश्चित नहीं किया है तो प्रतिवेदन उस तिथि से तीन मास की समाप्ति होने से पूर्व प्रस्तुत कर दिया जाएगा जिस तिथि को सभा ने प्रवर समिति को विधेयक सौंपे जाने का प्रस्ताव स्वीकार किया था।

8. याचिका समिति : प्रत्येक सदन की एक याचिका समिति होती है। लोकसभा का अध्यक्ष याचिका समिति का नाम निर्देशन करता है। इस समिति का कार्यकाल एक वर्ष का होता है। इसमें 15 से अधिक सदस्य नहीं होते हैं। इस समिति में किसी भी मंत्री को सदस्य नियुक्त नहीं किया जाता यदि कोई सदस्य मंत्री बन जाता है तो वह उस तिथि से समिति का सदस्य नहीं रह जाता।

यह समिति प्रस्तुत की गई याचिकाओं का अध्ययन करती है। उससे संबंधित साक्ष्य तथा सूचनाएँ एकत्रित करती है।

9. सभा पटल पर रखे गए पत्रों संबंधी समिति : सभा पटल पर रखे गए पत्रों संबंधी एक समिति होगी जिसमें 15 से अधिक सदस्य नहीं होंगे। समिति का कार्यकाल एक वर्ष होगा तथा इसके सदस्यों का नाम निर्देश अध्यक्ष द्वारा किया जाएगा।

यह समिति मंत्रियों द्वारा सभा पटल पर रखे गए सभी पत्रों की जांच करती है तथा लोकसभा को निम्नलिखित बातों के विषय में प्रतिवेदन देती है–

(i) क्या नियम, संविधान तथा अधिनियम के उन उपबंधों का पालन किया गया है जिसके अंर्तगत पत्र सभा पटल पर रखा गया है।

(ii) पत्रों को सभा पटल पर रखने में यदि विलंब हुआ है तो क्या विलंब होने के समुचित कारण दिए गए हैं।

(iii) क्या पत्र हिन्दी और अंग्रेजी दोनों में रखे गए हैं या हिन्दी में न रखने पर दिए गए कारण संतोषजनक हैं।

(iv) अध्यक्ष द्वारा इससे संबंधित सौंपे गए अन्य कार्य भी करेगी।

10. विशेषाधिकार समिति : संसद सदस्यों को कुछ विशेषाधिकार तथा उन्मुक्तियाँ प्राप्त होती है। इन विशेषाधिकार तथा उन्मुक्तियों से संबंधित सभी मामले विशेषाधिकार समिति को सौंप दिए जाते हैं।

विशेषाधिकार समिति का गठन लोकसभा के प्रारंभ पर अथवा समय–समय पर लोकसभा अध्यक्ष द्वारा किया जाता है जिसमें 15 सदस्य होते हैं।

विशेषाधिकार समिति उसे सौंपे गए प्रत्येक कार्य अथवा प्रश्न की जांच करेगी तथा तथ्यों के आधार पर यह निश्चित करेगी कि किसी विशेषाधिकार का भंग या उल्लंघन हुआ है या नहीं और यदि हुआ है तो उसका स्वरूप क्या है और किन परिस्थितियों में हुआ है।

11. सरकारी आश्वासनों संबंधी समिति-समिति में 15 सदस्य होते हैं जिन्हें लोकसभा अध्यक्ष मनोनीत करता है। सदस्यों की पदावधि एक वर्ष होती है। कोई भी मंत्री इस समिति का सदस्य नहीं हो सकता है।

यह समिति मंत्रियों द्वारा समय–समय पर लोकसभा में प्रश्नोत्तर काल के समय या विधेयकों, संकल्पों, प्रस्तावों आदि पर चर्चा के समय आश्वासन, प्रतिज्ञा, वचन आदि देते हैं उनकी छानबीन करती है।

12. सभा की बैठकों से सदस्यों की अनुपस्थिति संबंधी समिति : इस समिति में अधिक–से–अधिक 15 सदस्य होते हैं। इस समिति का कार्यकाल एक वर्ष का होता है। इस समिति के सदस्य लोकसभा अध्यक्ष द्वारा नाम निर्देशित किए जाते हैं।

कार्य

(i) सभा की बैठकों से अनुपस्थित रहने की अनुमति के लिए सदस्यों द्वारा किए गए आवेदन–पत्रों पर विचार करना।

(ii) ऐसे सभी मामलों में जांच करना, जिसमें कोई लोक सभा सदस्य सभा की बैठकों से साठ दिन या साठ दिन से अधिक समय तक अध्यक्ष की अनुज्ञा के बिना अनुपस्थित रहा हो।

(iii) जांच करने के पश्चात् यह निश्चित करना कि अनुपस्थिति रहने के मामले में सदस्य को क्षमा किया जाए या नहीं अथवा मामले की परिस्थितियों को देखते हुए सदस्य की सदस्यता समाप्त करना तथा स्थान रिक्त घोषित करना।

(iv) इसके अतिरिक्त यह समिति सदस्यों की सभा में उपस्थिति के विषय में वह सभी कार्य करेगी जो लोकसभा अध्यक्ष द्वारा समय–समय पर इसे सौंपा जाता है।

13. अधीनरथ विधान संबंधी समिति : संसद किसी कानून आदि में मुख्य सिद्धांत निर्धारित कर देती है तथा कार्यपालिका इन सिद्धांतों के आधार पर औपचारिक एवं प्रक्रिया संबंधी, विस्तृत नियम एवं विनियम तैयार करती है।

इसे अधीनस्थ विधान कहा जाता है। लोकसभा अपनी अधीनस्थ विधान समिति के माध्यम से इस पर नियंत्रण रखता है जोकि आवश्यक भी है। यह समिति इस बात की छानबीन करती है तथा लोकसभा को प्रतिवेदित करती है कि क्या संविधान द्वारा प्रदत्त अथवा संसद द्वारा सौंपे गए विनियम, निमय, उपनियम आदि बनाने की शक्तियों का प्रयोग ऐसे प्रत्यायोजन के अंर्तगत उचित रूप से किया जा रहा है।

समिति के सदस्यों की संख्या 15 है तथा यह लोकसभा अध्यक्ष द्वारा एक वर्ष के किए नाम निर्देशित किए जाते हैं। कोई भी मंत्री इस समिति का सदस्य नहीं होता है।

14. नियम समिति : नियम समिति का नाम निर्देशन अध्यक्ष करता है और उसके 15 सदस्य होते हैं। अध्यक्ष इस समिति का पदेन सभापति होता है। उपाध्यक्ष, सदन नेता और सभा में सभापति तालिका के सदस्य, सामान्यतः इस समिति के सदस्य के रूप में नाम–निर्देशित किए जाते हैं। इस समिति का कार्य सभा की प्रक्रिया तथा उसके कार्य–संचालन के विषयों पर विचार करना और नियमों में आवश्यक संशोधन व वृद्धि करने की सिफारिश करना है।

15. अनुसूचित जातियों तथा अनुसूचित जनजातियों के कल्याण संबंधी समिति : इस समिति में दोनों सदनों के सदस्य होते हैं। इसमें 30 सदस्य होते हैं, जिसमें 20 लोकसभा से और 10 राज्य सभा से लिये जाते हैं। ये सदस्य संसद के अलग–अलग सदनों द्वारा अपने सदस्यों में से निर्वाचित किए जाते हैं

कार्य :

1. संविधान के अनुच्छेद 338 (2) के अधीन अनुसूचित जातियों तथा जनजातियों के आयुक्त द्वारा पेश किए गए प्रतिवेदनों पर विचार करना।
2. संघ सरकार, जिसमें संघ राज्य क्षेत्रों के प्रशासन भी सम्मिलित हैं, के क्षेत्राधिकार के अंदर आने वाले मामलों में प्रतिवेदन देना।
3. संघ शासित क्षेत्रों में अनूसूचित जनजातियों तथा जातियों के कल्याण से संबंधित कार्यक्रमों के संबंध में प्रतिवेदन देना।
4. इसके अतिरिक्त उन सभी मामलों पर विचार करना जो लोकसभा अध्यक्ष या सदन द्वारा समय–समय पर सौंपे जाएं।

इसके अतिरिक्त अन्य समितियों का भी गठन किया जाता है।

1. कृषि संबंधी सभी विषयों की जांच करने के लिए एक कृषि संबंधि समिति,
2. पर्यावरण और वन से संबंधित समिति,
3. विज्ञान और प्रौद्योगिकी संबंधी समिति,
4. आवास समिति,
5. पुस्तकालय समिति और
6. सांसदों के वेतन–भत्ते संबंधी संयुक्त समिति।

कानून बनाने की प्रक्रिया :

संसद देश की सर्वोच्च व्यवस्थापिका है। इसका प्रमुख कार्य विधि–निर्माण करना है। कानून बनाने के लिए जो प्रारूप संसद में उपस्थित किया जाता है, उसे विधेयक कहा जाता है। संविधान की 107 से 122 धाराएँ संसद में भिन्न–भिन्न प्रकार के विधेयक पास करने से संबंध रखती हैं। संसद के दोनों सदनों में पारित हो जाने व राष्ट्रपति की स्वीकृति के पश्चात यह विधेयक अधिनियम का रूप धारण कर लेता है। यहां पर अवस्थाओं का वर्णन किया जा रहा है, जिनमें से होकर किसी विधेयक को कानून का रूप धारण करने के लिए गुजरना पड़ता है।

विधयेक दो प्रकार के होते हैं–

1. **सरकारी विधेयक :** सरकारी विधयेक जोकि मंत्रियों द्वारा अर्थात् सरकार द्वारा प्रस्तुत किए जाते हैं।

2. **गैर-सरकारी विधेयक :** गैर–सरकारी विधेयक जोकि मंत्रियों के अतिरिक्त अन्य सांसदों में से किसी के द्वारा प्रस्तुत किए जाते है।

उपर्युक्त वर्गीकरण के अतिरिक्त विधेयकों को निम्नलिखित रूप से भी वर्गीकृत किया जा सकता है–

1. धन विधेयक 2. साधारण विधेयक।

1. धन विधेयक : धन विधेयक या बिल उन विधेयकों को कहा जाता है जो किसी कर के हटाने घटाने अथवा बढ़ाने के विषय में हैं। भारत की संचित निधि या आकस्मिक निधि से धन की निकासी, वार्षिक बजट आदि से संबंधित होता है। साधारण विधेयक धन विधेयक नहीं होते। कोई भी विधेयक धन विधेयक है या नहीं, इसका अंतिम निर्णय लोकसभा अध्यक्ष करता है तथा उसका निर्णय चुनौती योग्य नहीं होता। संविधान की धारा 110 में धन विधेयक को परिभाषित किया गया है।

धन विधेयक को पारित करने संबंधी निम्न अवस्थाएँ हैं–

1. धन विधेयक को प्रस्तुत करने से पहले उस विधेयक को प्रस्तुत करने के लिए राष्ट्रपति की अनुमति आवश्यक है।
2. धन विधेयक को केवल लोकसभा में प्रस्तुत किया जाता है, राज्यसभा में नहीं।
3. कोई भी धन विधेयक दोनों सदनों (लोकसभा तथा राज्यसभा) की किसी संयुक्त संसदीय समिति को नहीं सौंपे जाते।
4. लोकसभा के द्वारा पास होने के पश्चात् धन विधेयक को राज्यसभा में भेजा जाता है।
5. राज्यसभा का इस विधेयक पर केवल इतना अधिकार है कि वह 14 दिनों के अंदर विधेयक को अपनी सिफारिशों के साथ लोकसभा को वापस भेज दे।
6. यदि राज्यसभा द्वारा निश्चित अवधि के अंदर धन विधेयक को वापस नहीं भेजा जाता तो वह धन विधेयक दोनों सदनों द्वारा पारित समझा जाता है।
7. राज्यसभा धन विधेयक के बारे में सिफारिशें दे सकती है। उसमें किसी भी प्रकार का संशोधन या कटौती नहीं कर सकती।
8. लोकसभा राज्सभा की सिफारिशें मान भी सकती है और नहीं भी। यदि लोकसभा राज्यसभा की सिफारिशें मान लेती है तो वह धन विधेयक सिफारिशों सहित पारित समझा जाता है।
9. धन विधेयक को राष्ट्रपति सामान्य विधेयक की भांति पुनर्विचार के लिए नहीं भेज सकता। संसद द्वारा पारित होने के पश्चात् राष्ट्रपति उस पर हस्ताक्षर करके उसे प्रमाणित घोषित करता है।

2. साधारण विधेयक–जो विधेयक धन विधेयक नहीं होते, वे प्रायः सभी साधारण विधेयकों की श्रेणी में आते हैं। ये विधेयक किसी भी सदन में प्रस्तुत किए जा सकते हैं। ये विधेयक मंत्रियों द्वारा या किसी भी सांसद द्वारा प्रस्तुत किए जा सकते हैं।

संसद सदस्यों को प्राप्त विशेषाधिकार :

संसद सदस्यों को कुछ विशेषाधिकार भी प्राप्त हैं। संविधान के अनुच्छेद 105 में संसद के सदनों तथा उनके सदस्यों के विशेषाधिकारों एवं उन्मुक्तता का उल्लेख किया गया है। इस अनुच्छेद के खंड (3) में उपबंध किया गया है कि "ससंद के प्रत्येक सदन और उन सदस्यों तथा समितियों की शक्तियां, विशेषाधिकार तथा उन्मुक्तियां वही होगीं जोकि संसद समय–समय पर कानून बनाकर परिभाषित करे..... ।

संसद सदस्यों को प्राप्त विशेषाधिकारों का वर्णन :

1. प्रत्येक सदस्य सदन के विचार–विमर्श में स्वतंत्रतापूर्वक भाग लेता है। सदन में उसके द्वारा कही गई बात पर उसे न्यायालय में दोषी नहीं ठहराया जा सकता है। (वाक स्वतंत्रता)

2. न्यायालयों को संसद की कार्यवाही की जांच करने का निषेध।

3. जब संसद का सत्र चल रहा हो, तब सदन की अनुमति के बिना सदस्य को साक्ष्य देने के लिए सम्मन नहीं दिया जा सकता।

4. किसी भी सदस्य को संसद में किसी सदन के प्राधिकार द्वारा या उसके अधीन किसी रिपोर्ट, पत्र, मतों या कार्यवाही के प्रकाशन के विषय में किसी न्यायालथ की कार्यवाही से उन्मुक्ति।

5. सभा के सत्र के दौरान तथा उसके 40 दिन पहले और 40 दिन बाद तक दिवानी मामलों में सदस्यों की गिरफ्तारी से उन्मुक्ति।

6. संसद सदस्यों को जूरी के सदस्यों के रूप में नियुक्त नहीं किया जा सका है।

7. सदस्यों को और बाहरी व्यक्तियों को सदन के विशेषाधिकारों को भंग करने के लिए दंडित करने का अधिकार।

इस प्रकार संसद विधि के द्वारा संसद सदस्यों के विशेषाधिकारों को निश्चित किया जाता है और आवश्यकता पड़ने पर विधि द्वारा संशोधित भी किया जाता है। सदस्यों को प्राप्त विशेषाधिकारों के हनन पर प्राय दंड का भी प्रावधान किया गया है। यदि कोई व्यक्ति या सदन का सदस्य विशेषाधिकारों का उल्लंघन करता है तो उसे दडस्वरूप कारावास, चेतावनी या फिर सदन से निष्कासित किया जा सकता है।

8. भारत का सर्वोच्च न्यायालय

एकल एकीकृत न्याय प्रणाली

हमारी न्यायपालिका की यह विशिष्टता है कि पूरे देश के लिए एक ही एकीकृत न्याय प्रणाली है। एकल न्यायपालिका श्रेणीबद्ध न्यायालयों का प्रतिनिधित्व करती है। इसमें एकल एकीकृत न्याय प्रणाली के शीर्ष पर सर्वोच्च न्यायालय है तथा राज्यों के स्तर पर उच्च न्यायालय है। उच्च न्यायालयों के नीचे अनेक अधीनस्थ न्यायालय हैं जैसे जिला न्यायालय तथा सेशन जज का न्यायालय जो क्रमशः दीवानी तथा फौजदारी मुकदमें सुनते हैं।

भारतीय न्याय प्रणाली

भारत का सर्वोच्च न्यायालय

↓

उच्च न्यायालय

↓

अधीनस्थ न्यायालय

सर्वोच्च न्यायालय

सर्वोच्च न्यायालय भारत का उच्चतम न्यायिक प्राधिकरण है। इसमें मुख्य न्यायाधीश के अतिरिक्त 30 अन्य न्यायाधीश होते हैं। यदि संसद आवश्यक समझे तो न्यायाधीशों की संख्या बढ़ा सकती है। समय-समय पर संसद ने न्यायाधीशों की संख्या बढ़ाई है। प्रारम्भ में उच्चतम न्यायालय में एक मुख्य न्यायाधीश तथा सात अन्य न्यायाधीश थे। मुख्य न्यायाधीश को भारत का मुख्य न्यायाधीश भी कहा जाता है। जब कभी भी सर्वोच्च न्यायालय में कोई स्थान खाली होता है अथवा उसके खाली होने की संभावना होती है तो मुख्य न्यायाधीश सहित चार अन्य वरिष्ठ न्यायाधीश, कई नामों पर चर्चा करने के पश्चात उन नामों की सिफारिश करते हैं जिन्हें सर्वोच्च न्यायालय का न्यायाधीश नियुक्ति किया जा सकता है। यह व्यवस्था सर्वोच्च न्यायालय के संविधान पीठ द्वारा 1993 और फिर 1999 में दिए गए निर्णय पर आधारित है। संविधान के अनुसार सर्वोच्च न्यायालय के न्यायाधीशों की नियुक्ति का अधिकार अभी भी राष्ट्रपति के पास है, परंतु सर्वोच्च न्यायालय के 1999 के निर्णय ने राष्ट्रपति को मुख्य न्यायाधीश की सलाह मानने को बाध्य कर दिया है। अब यह शक्ति न्यायाधीशों के समूह के पास चली गई है जिसे कालीजियम कहा जाता है। राष्ट्रपति की भूमिका औपचारिक रह गई है कि वह विधि मंत्रालय द्वारा भेजे गए एवं सर्वोच्च न्यायालय द्वारा नामित व्यक्ति की नियुक्ति करे।

योग्यताएं, कार्यकाल तथा पदच्युति

कोई भी व्यक्ति सर्वोच्च न्यायालय का न्यायाधीश बनने के योग्य है यदि वह भारत का नागरिक है तथा निम्नलिखित शर्तों को पूरा करता है:

योग्यताएं :

वह कम से कम पांच वर्ष के लिए किसी एक या एक से अधिक उच्च न्यायालयों का न्यायाधीश रह चुका हो।

अथवा

वह कम से कम दस वर्ष तक किसी एक या एक से अधिक उच्च न्यायालय का उच्चतम न्यायालय में वकालत कर चुका हो।

अथवा

राष्ट्रपति की दृष्टि में कोई प्रख्यात न्यायाविद् हो।

कार्यकाल :

सर्वोच्च न्यायालय के मुख्य न्यायाधीश तथा अन्य न्यायाधीश 65 वर्ष की आयु तक अपने पद पर बने रहते हैं। कोई न्यायाधीश कार्यकाल पूरा होने से पहले भी त्यागपत्र दे सकता है।

पदच्युति

असाधारण स्थिति में, किसी न्यायाधीश को सेवानिवृति की आयु पूरी होने से पहले भी अपदस्थ किया जा सकता है परन्तु इसके लिए निर्धारित प्रक्रिया को अपनाना होगा। अतः सर्वोच्च न्यायालय के किसी न्यायाधीश को उसकी असक्षमता व कदाचार के आधार पर राष्ट्रपति द्वारा हटाया जा सकता है यदि संसद के दोनों सदन अलग-अलग प्रस्ताव पारित कर दें जिसके लिए

एक ही सत्र में उपस्थित तथा मतदान करने वाले सदस्यों की कुल संख्या का 2/3 बहुमत होना आवश्यक है। अभी तक सर्वोच्च न्यायालय के किसी न्यायाधीश को हटाने के लिए ऐसी प्रक्रिया का प्रयोग केवल एक बार किया गया है। परंतु फिर भी उसे हटाया नहीं जा सका क्योंकि संसद उस प्रस्ताव को पारित नहीं कर सकी। इससे यह स्पष्ट हो जाता है कि सर्वोच्च न्यायालय के न्यायाधीशों का कार्यकाल सुरक्षित है और कार्यपालिका उन्हें अपनी इच्छा अनुसार नहीं हटा सकती। कोई व्यक्ति जो सर्वोच्च न्यायालय में न्यायाधीश के रूप में कार्यरत रहा है देश भर में कहीं भी वकालत नहीं कर सकता। सर्वोच्च न्यायालय के न्यायाधीशों को संसद द्वारा समय-समय पर निर्धारित वेतन भत्ते दिए जाते हैं।

अभिलेख न्यायालय

सर्वोच्च न्यायालय एक प्रकार का अभिलेख न्यायालय है। यह दो प्रकार से है। इसके सभी निर्णय और फैसले यहां पर संजोकर रखे जाते हैं जिन्हें देश के सभी न्यायालयों द्वारा संदर्भ के रूप में प्रयोग किया जाता है एवं इन्हें कानून के समान मान्यता प्राप्त है। अभिलेख न्यायालय के रूप में इसे किसी भी व्यक्ति को न्यायालय का निरादर या मानहानि करने पर दंड देने का अधिकार है।

सर्वोच्च न्यायालय का अधिकार क्षेत्र

सर्वोच्च न्यायलय द्वारा मुकदमों को सुनने और फैसला करने के अधिकार या शक्ति को न्यायिक अधिकार क्षेत्र कहते हैं। सर्वोच्च न्यायालय के **तीन** प्रकार के अधिकार क्षेत्र हैं, जैसे– प्रारम्भिक अथवा मूल, अपील संबंधी तथा मंत्रणा संबंधी अधिकार क्षेत्र।

प्रारम्भिक अथवा मूल क्षेत्राधिकार

कुछ मुकदमें ऐसे हैं जो केवल सर्वोच्च न्यायालय के न्यायक्षेत्र में ही आते हैं। इससे यह अभिप्राय है कि ऐसे मुकदमें केवल सर्वोच्च न्यायालय में ही प्रारम्भ होते हैं अर्थात जिन्हें पहली बार केवल सर्वोच्च न्यायालय में ही दायर किया जाता है, तथा वे किसी अन्य न्यायालय में दायर नहीं किए जा सकते। मूल न्यायाधिकार में आने वाले मुदकमें इस प्रकार हैं:

(*i*) (क) ऐसे मुकदमें जिनमें एक ओर केन्द्रीय सरकार तथा दूसरी ओर एक या एक से अधिक राज्य सरकारें हों।

(ख) ऐसे मुकदमें जिनमें एक ओर केन्द्रीय सरकार के अतिरिक्त एक या एक से अधिक राज्य सरकारें हों और दूसरी ओर एक या एक से अधिक राज्य सरकारें हों।

(ग) ऐसे मुकदमें जिनमें दो या दो से अधिक राज्यों के बीच विवाद हो।

(*ii*) मौलिक अधिकारों के संरक्षण तथा लागू करने के लिए सर्वोच्च न्यायालय को विशेष अधिकार दिए गए हैं जिसके लिए उसे निर्देश अथवा आदेश देने का अधिकार है।

(*iii*) जनहित याचिकाएं (PIL) भी सीधे सर्वोच्च न्यायालय में सुनी जा सकती हैं। (यह एक ऐसा अधिकार है जो संविधान में वर्णित नहीं है)।

अपील संबंधी क्षेत्राधिकार

किसी भी निचली अदालत द्वारा दिए गए निर्णय के विरुद्ध की गई अपील को किसी उच्च अदालत दुवारा सुनने की शक्ति को अपील संबंधी न्यायाधिकार कहा जाता है। सर्वोच्च न्यायालय का अपील संबंधी अधिकार क्षेत्र बहुत विशाल है। यह उच्च न्यायालयों के निर्णयों के विरुद्ध अपील सुन सकता है। अतः सर्वोच्च न्यायालय में की गई अपील अंतिम अपील होती है। यदि किसी मुकदमे में उच्च न्यायालय द्वारा दिए गए निर्णय से कोई एक पक्ष संतुष्ट नहीं है, तो वह सर्वोच्च न्यायालय में उस निर्णय के विरुद्ध अपील कर सकता है। यह अपीलें दीवानी, फौजदारी तथा संवैधानिक मामलों से संबंधित हो सकती हैं।

(i) दीवानी मामले

सम्पत्ति, विवाह, धन, समझौते या किसी सेवा संबंधी झगड़ों के मामले दीवानी मुकदमें कहलाते हैं। यदि किसी दीवानी मामलों में लोक महत्व का कोई ऐसा प्रमुख कानूनी बिन्दु है जिसकी व्याख्या सर्वोच्च न्यायालय दुवारा वांछित है, तो उच्च न्यायालय के निर्णय के विरुद्ध सर्वोच्च न्यायालय में अपील की जा सकती है। पहले ऐसे दीवानी मामलों की वित्तीय सीमा केवल 20,0000 रु. तक थी परंतु 1972 में किए गए संविधान के तीसवें संशोधन के अनुसार अब सर्वोच्च न्यायलाय में की जाने वाली दीवानी अपील के लिए कोई निम्नतम राशि निर्धारित नहीं है।

(ii) फौजदारी मामले

- कई परिस्थितियों में फौजदारी मामलों में उच्च न्यायालय के निर्णय के विरुद्ध सर्वोच्च न्यायालय में अपील की जा सकती है।
- यदि कोई उच्च न्यायालय निचली अदालत द्वारा दोषमुक्त घोषित किए गए व्यक्ति को मृत्यु दंड सुना दे, तो ऐसे व्यक्ति को इस निर्णय के विरुद्ध सर्वोच्च न्यायालय में अपील करने का अधिकार है।
- यदि उच्च न्यायालय किसी निचली अदालत से किसी मुकदमे को अपने यहां मंगा ले और उस व्यक्ति को दोषी करार देते हुए मृत्यु दंड सुना दे, तो ऐसे मामले में भी सर्वोच्च न्यायालय में अपील की जा सकती है। ऐसी स्थिति में भी अधिकार स्वरूप और उच्च न्यायालय से बिना किसी प्रमाणपत्र के अपील दायर की जा सकती है।
- उपरोक्त दो स्थितियों के अतिरिक्त भी सर्वोच्च न्यायालय में अपील की जा सकती है यदि कोई उच्च न्यायालय यह प्रमाणपत्र दे कि मुकदमा सर्वोच्च न्यायालय में अपील करने योग्य है।
- यदि कोई उच्च न्यायालय किसी मामले में यह प्रमाणित करने से इंकार कर दे कि मामला सर्वोच्च न्यायालय में अपील के योग्य है, तो संबंधित व्यक्ति सर्वोच्च न्यायालय में अपील दायर करने के लिए सर्वोच्च न्यायालय से ही विशेष अनुमति प्राप्त कर सकता है। परंतु सर्वोच्च न्यायालय इस प्रकार की विशेष अनुमति बहुत ही कम मामलों में देता है।

(iii) संवैधानिक मामले

- संवैधानिक मामले न तो दीवानी झगड़े होते हैं और न ही फौजदारी अपराध। यह ऐसा मुकदमा है जिसके कारण संविधान की भिन्न-भिन्न प्रकार से व्याख्या करना होता है, विशेषतौर पर मौलिक अधिकारों से संबंधित व्याख्या अथवा अर्थ निकालना। ऐसे मामलों की सुनवाई सर्वोच्च न्यायलाय में केवल तभी हो सकती है यदि उच्च न्यायालय यह प्रमाणित करे कि मामला संवैधानिक सवालों से संबंधित है।
- यदि उच्च न्यायलय यह प्रमाणित करने से मना कर दे कि मामला सर्वोच्च न्यायालय में जाने योग्य है, तो सर्वोच्च न्यायालय अपनी स्वैच्छिक शक्ति का प्रयोग करते हुए ऐसे किसी मामले में जिसे वह उचित समझता है, अपील के लिए विशेष अनुमति दे सकता है।

मंत्रणा संबंधी न्यायाधिकार

इस अधिकार का अर्थ यह है कि सर्वोच्च न्यायालय को परामर्श देने का अधिकार है, यदि उससे परामर्श मांगा जाए। मंत्रणा संबंधी अधिकार क्षेत्र के अंतर्गत राष्ट्रपति किसी भी कानून संबंधी अथवा लोक महत्व के प्रश्न पर सर्वोच्च न्यायालय से परामर्श मांग सकता है। परंतु सर्वोच्च न्यायालय परामर्श देने के लिए बाध्य नहीं है। दूसरी ओर, यदि परामर्श या मत भेज दिया जाए, तो उसे मानना या न मानना राष्ट्रपति के लिए भी बाध्यकारी नहीं है। आज तक जब भी सर्वोच्च न्यायालय ने कोई परामर्श दिया है, राष्ट्रपति ने उसे सदैव स्वीकार किया है। अयोध्या में जिस स्थान पर बाबरी मस्जिद बनाई गई थी, उस स्थान पर पहले मंदिर था या नहीं, जब इस पर सर्वोच्च न्यायालय की राय मांगी गई तो उसने अपनी राय देने से इंकार कर दिया था।

संविधान का संरक्षक

भारत का संविधान देश का सर्वोच्च कानून है और सर्वोच्च न्यायालय इसका व्याख्याता तथा संरक्षक है। यह कार्यपालिका या विधायिका को इसके किसी भी प्रावधान का उल्लघंन नहीं करने देता। यह सरकार के किसी भी कार्य का, जिससे मौलिक अधिकारों का उल्लघंन होता है, न्यायिक पुनरावलोकन कर सकता है। सर्वोच्च न्यायालय की इस शक्ति को न्यायिक पुनरावलोकन कहते हैं। यदि सर्वोच्च न्यायालय को लगे कि संविधान के किसी प्रावधान का उल्लघंन हो रहा है तो वह संबंधित कानून को असंवैधानिक अथवा अवैध घोषित कर सकता है। सर्वोच्च न्यायालय के न्यायिक पुनरावलोकन के इसी अधिकार के आधार पर इसे संविधान का संरक्षक कहा जाता है। इसे स्वतंत्रताओं का समर्थक और लोकतंत्र का रखवाला कहा जाता है। इस संदर्भ में सर्वोच्च न्यायालय की भूमिका तथा कार्य विशाल एवं विस्तृत है।

मौलिक अधिकारों का संरक्षक

सर्वोच्च न्यायालय तथा उच्च न्यायालयों दोनों को निर्देश देने, आदेश देने तथा संवैधानिक उपचारों के अधिकार का प्रयोग करने का अधिकार है। यह बंदी प्रत्यक्षीकरण, परमादेश, प्रतिषेध, अधिकार पृच्छा, उत्प्रेषण लेख के रूप में है। यही आदेश सर्वोच्च न्यायालय को मौलिक अधिकारों का संरक्षक तथा प्रहरी बना देते हैं। यदि किसी कानून का उल्लंघन होता है अथवा अधिकार का हनन होता है, तो न्यायालय संवैधानिक नियमों के पालन का आदेश दे सकता है। इस प्रकार भारत के नागरिकों के मौलिक अधिकार सुरक्षित हैं। यदि विधायिका द्वारा पारित कोई भी कानून मौलिक अधिकारों का हनन करता है, तो सर्वोच्च न्यायालय को यह अधिकार है कि वह इसे अवैध घोषित कर दे। इसने ऐसे कई कानून रद्द किए हैं जिनसे मौलिक अधिकारों का हनन होता था। इससे यह स्पष्ट है कि किस प्रकार सर्वोच्च न्यायालय ने सदैव मौलिक अधिकारों के संरक्षक के रूप में कार्य किया है।

अपने निर्णय पर पुनर्विचार

यदि सर्वोच्च न्यायालय को कुछ नए तथ्य अथवा नए प्रमाण मिलें या यह विश्वास हो जाए कि उसके पूर्व निर्णयों में कोई भूल हुई है तो उसे यह अधिकार प्राप्त है कि वह अपने पूर्व निर्णय पर पुनर्विचार करे और अपने निर्णय को बदल सके। यह प्रायः तब किया जाता है जब कोई पुनर्विचार के लिए याचिका दायर करता है। सामान्यतया पुनर्विचार करने वाली पीठ पूर्व निर्णय देने वाली पीठ से बड़ी होती है।

न्यायिक पुनरावलोकन

यह एक ऐसी प्रक्रिया है जिसके द्वारा न्यायपालिका यह परखती है कि व्यवस्थापिका द्वारा बनाया गया कोई कानून अथवा कार्यपालिका का कोई कार्य संविधान के अनुसार है या नहीं। न्यायिक पुनरावलोकन की यह शक्ति सबसे पहले संयुक्त राज्य अमरीका के सर्वोच्च न्यायालय को प्राप्त हुई थी। अब इसका प्रयोग खुले तौर पर भारत के सर्वोच्च न्यायालय या कई अन्य देशों में भी होता है। हमारे उच्च न्यायालय भी इसका प्रयोग करते हैं। न्यायिक पुनरावलोकन का यह अर्थ नहीं है कि विधायिका द्वारा बनाया गया प्रत्येक कानून सर्वोच्च न्यायालय द्वारा जांचा और परखा जाता है। इसका अर्थ केवल यह है कि न्यायालय को जब कभी भी अवसर मिलेगा वह कानून का पुनरावलोकन करेगा। यह दो प्रकार से सम्भव है। प्रथम यह कि जब भी किसी कानून की वैधता को चुनौती दी जाएगी, न्यायालय उसका पुनरावलोकन करेगा। एक दूसरी स्थिति भी है जिसमें सर्वोच्च न्यायालय अथवा उच्च न्यायालय को किसी कानून का पुनरावलोकन करने का अवसर प्राप्त होता है। यदि कोई व्यक्ति अथवा संस्था यह अनुभव करे कि उसके अधिकारों का हनन हो रहा है या किसी कानून के अंतर्गत उसे मिलने वाला लाभ उसे नहीं दिया जा रहा, तो ऐसी याचिका की जांच करते समय न्यायालय इस नतीजे पर पहुंच सकता है कि जिस कानून के अंतर्गत राहत मांगी जा रही है, वह अपने आप में असंवैधानिक है।

भारत जैसे किसी भी लोकतांत्रिक देश में, न्यायिक पुनरावलोकन की शक्ति जनता के अधिकारों को सुरक्षा प्रदान करती है। इसके अतिरिक्त सर्वोच्च न्यायालय संविधान के विभिन्न प्रावधानों की व्याख्या करता है। इसका निर्णय देश का कानून समझा जाता है।

जनहित याचिका-(PIL)

प्रारम्भिक दौर में सर्वोच्च न्यायालय सहित न्यायपालिका केवल उन्हीं के मुकदमें सुनने के लिए स्वीकार करती थी जो प्रत्यक्ष या परोक्ष रूप से प्रभावित होते थे। यह केवल मूल तथा अपील संबंधी अधिकार क्षेत्र के ही मुकदमें सुनती थी और उन पर फैसला सुनाती थी। परंतु बाद में न्यायपालिका जनहित याचिकाओं पर आधारित मुकदमें भी सुनने लगी। इसका अभिप्राय यह है कि वे लोग भी जिनका किसी मामले से कोई सीधा संबंध नहीं है, न्यायालय में कोई जनहित का मामला ला सकते हैं। यह न्यायालय का विशेषाधिकार है कि वह उस जनहित याचिका को स्वीकार करे या न करे। जनहित याचिका की अवधारणा को न्यायमूर्ति पीएन भगवती ने शुरू किया था। जनहित याचिका अब इसलिए महत्वपूर्ण बन गई है क्योंकि इससे समाज के निर्धन तथा कमजोर वर्गों को सुगमता से न्याय मिलने लगा है। पत्रकारों, वकीलों तथा समाज सेवकों, यहां तक की समाचार पत्रों की रिपोर्टों के आधार पर भी, सर्वोच्च न्यायालय ने अनेक जनहित याचिकाएं स्वीकार की हैं।

9. राज्यों में कार्यपालिका

भारत 28 राज्यों तथा 8 केंद्र शासित क्षेत्रों का संघ है और भारतीय संविधान के निर्माताओं ने भारत के लिए संघात्मक व्यवस्था को अपनाया था। ऐसी व्यवस्था में कार्यपालिका द्विस्तरीय होती हैः संघ तथा राज्य।

राज्य के स्तर पर सामान्यतः केंद्रीय प्रारुप का अनुसरण करते हुए, राष्ट्रपति के स्थान पर राज्यपाल नाममात्र के अध्यक्ष के रूप में कार्य करता है जबकि वास्तविक शक्तियां मुख्यमंत्री के नेतृत्व में मंत्रिपरिषद के पास होती हैं। राज्य स्तर पर मंत्रिपरिषद के सभी सदस्य अपने कार्यों तथा त्रुटियों के लिए, व्यक्तिगत तथा सामूहिक रूप में राज्य के निचले सदन के प्रति उत्तरदायी होते हैं।

राज्यपाल

भारतीय संविधान के अनुसार प्रत्येक राज्य के लिए एक राज्यपाल होगा। यदि आवश्यकता पड़े तो एक ही व्यक्ति दो या दो से अधिक राज्यों के लिए भी राज्यपाल बनाया जा सकता है। प्रत्येक राज्य की कार्यपालिका संबंधी शक्तियां वहां के राज्यपाल में निहित होती हैं। वह इन शक्तियों का प्रयोग प्रत्यक्ष अथवा अधीनस्थ अधिकारियों के माध्यम से करता है।

राज्यपालः नियुक्ति, योग्यताएं तथा कार्यकाल

किसी राज्य के राज्यपाल की नियुक्ति भारत के राष्ट्रपति द्वारा की जाती है। किसी राज्यपाल को उसी राज्य में या किसी दूसरे राज्य में पुनः नियुक्ति करने पर कोई पाबंदी नहीं है। इससे यह पता चलता है कि राज्यपाल निर्वाचित नहीं होता परंतु नियुक्त किया जाता है। राज्यपाल बनने के लिए निम्नलिखित योग्यताएं होनी चाहिए :

1. उसे भारत का नागरिक होना चाहिए।
2. उसे कम से कम 35 वर्ष का होना चाहिए, और
3. वह अपने कार्यकाल में किसी अन्य लाभ वाले पद पर नहीं रह सकता।

किंतु यदि कोई व्यक्ति संसद के किसी सदन अथवा राज्य विधायिका का अथवा राष्ट्रीय या राज्य स्तर पर मंत्रिपरिषद का सदस्य है और उसे राज्यपाल नियुक्त कर दिया जाता है तो वह मंत्रीपरिषद का सदस्य नहीं रहता अर्थात पदमुक्त माना जाता है। राज्यपाल की नियुक्ति पांच वर्ष के लिए की जाती है परंतु प्रायः राष्ट्रपति की इच्छा तक अपने पद पर बना रहता है। वह अपना कार्यकाल समाप्त होने से पूर्व त्यागपत्र दे सकता है अथवा राष्ट्रपति द्वारा समय से पहले हटाया भी जा सकता है। वास्तव में राज्यपाल की नियुक्ति सरकार की संरचना करते समय या उसे पदच्युत करते समय राष्ट्रपति प्रधानमंत्री के परामर्श को मानता है। उसे निशुल्क आवास दिया जाता है, जिसे राजभवन कहते हैं। उसके वेतन, भत्ते, तथा अन्य सुविधाओं का निर्धारण समय-समय पर कानून बना कर किया जाता है किंतु उन्हें किसी भी राज्यपाल के कार्यकाल के दौरान कम नहीं किया जा सकता।

राज्यपालः शक्तियां, स्थिति तथा भूमिका

राज्यपाल की शक्तियां एवं कार्य मुख्यतः दो श्रेणियों में बांटे जा सकते हैं–(i) राज्य का प्रमुख होने के नाते (ii) केन्द्रीय सरकार के प्रतिनिधि के रूप में। राज्य का मुखिया होने के नाते इसकी शक्तियों के अंतर्गत, हम इसकी कार्यपालिका संबंधी, विधायी, वित्तीय तथा क्षमादान करने की शक्तियों के बारे में पढ़ेगें।

(क) कार्यकारी शक्तियाँ

राज्य में सभी कार्यपालिका संबंधी कार्य राज्यपाल के नाम से ही होते हैं। वह न केवल मुख्यमंत्री की नियुक्ति करता है बल्कि मुख्यमंत्री की सलाह से अन्य मंत्रियों को भी नियुक्ति करता है। स्थापित परम्परा के अनुसार विधान सभा में बहुमत प्राप्त दल के नेता को अथवा किसी भी दल को स्पष्ट बहुमत न मिलने की स्थिति में कुछ दलों के गठबंधन के नेता को वह सरकार बनाने के लिए आमंत्रित करता है। वह मुख्यमंत्री की सलाह से अन्य मंत्रियों में विभागों का विभाजन करता है। राज्यपाल राज्य के महान्यायवादी और राज्य के लोक सेवा आयोग के अध्यक्ष एवं सदस्यों की नियुक्ति भी करता है।

वह उच्च न्यायालय को छोड़कर राज्य के सभी न्यायालयों के न्यायाधीशों की नियुक्ति करता है किन्तु उच्च न्यायालय के

न्यायाधीशों की राष्ट्रपति द्वारा नियुक्ति करते समय राज्यपाल से परामर्श लिया जाता है। राज्य की कार्यपालिका का प्रमुख होने के नाते अपने कर्तव्यों का निर्वहन करने के लिए राज्यपाल मुख्यमंत्री के नेतृत्व में मंत्रिपरिषद से परामर्श एवं सहायता लेता है।

(ख) विधायी शक्तियाँ

राज्यपाल राज्य विधान सभा का एक अभिन्न अंग है तथा उसकी अनेक विधायी शक्तियां भी हैं। उसे राज्य विधान मंडल की बैठक बुलाने या स्थगित करने का अधिकार है। वह चाहे तो मुख्यमंत्री एवं मंत्रिपरिषद के परामर्श पर विधान सभा को भंग भी कर सकता है।

वह राज्य की विधान सभा को अथवा दोनों सदनों की संयुक्त बैठक को सम्बोधित कर सकता है। वह किसी एक सदन अथवा दोनों सदनों को संदेश भेज सकता है। संविधान के अनुच्छेद-333 के तहत राज्यपाल विधानसभा में आंग्ल-भारतीय समुदाय के एक सदस्य को मनोनीत करता था परंतु 104वें संशोधन अधिनियम, 2019 के द्वारा इस प्रावधान को समाप्त कर दिया गया है।

जिन राज्यों में विधान परिषद है, वहां का राज्यपाल विधान परिषद की कुल सदस्य संख्या के 1/6 सदस्यों को मनोनीत करता है। ये मनोनीत सदस्य साहित्य, कला, विज्ञान, सहकारिता अथवा समाज सेवा में ख्याति प्राप्त व्यक्ति होते हैं। किसी भी विधेयक को कानून बनने के लिए राज्यपाल की स्वीकृति आवश्यक है। इस संबंध में राज्यपाल के पास निम्नलिखित विकल्प हैं:

(*i*) राज्यपाल विधेयक को स्वीकृति प्रदान करे, ऐसा होने पर विधेयक कानून बन जाता है।

(*ii*) वह विधेयक को स्वीकृति देने की बजाए अपने पास रख ले तो इस स्थिति में विधेयक कानून नहीं बन पाता।

(*iii*) राज्यपाल कुछ संशोधनों सहित विधेयक को पुनर्विचार के लिए वापस भेज सकता है। यदि सदन इस विधेयक को संशोधित करके या मूल रूप से पारित कर राज्यपाल के पास भेज दे, तो वह स्वीकृति देने से मना नहीं कर सकता।

(*iv*) वह विधेयक को राष्ट्रपति के विचारार्थ सुरक्षित रख सकता है। यदि राज्य विधायिका का अधिवेशन न चल रहा हो, तो राज्यपाल को अध्यादेश जारी करने का अधिकार है किंतु इस प्रकार के अध्यादेश को विधान मण्डल की अगली सभा प्रारम्भ होने के छह सप्ताह के अंदर स्वीकृति मिलना आवश्यक है, अन्यथा अध्यादेश प्रभावी नहीं रहता। राज्य विधान सभा अध्यादेश के स्थान पर निर्धारित अवधि में एक नया कानून बना सकती है। कार्यपालिका संबंधी शक्तियों की तरह विधायी शक्तियों का प्रयोग भी वास्तव में मुख्यमंत्री के नेतृत्व में मंत्रिपरिषद द्वारा किया जाता है।

(ग) वित्तीय शक्तियां

(*i*) राज्यपाल की पूर्व अनुमति के बिना कोई धन विधेयक राज्य विधान सभा में प्रस्तुत नहीं किया जा सकता।

(*ii*) राज्य का वार्षिक बजट तथा अनुपूरक बजट, राज्यपाल के नाम से ही, विधान सभा में प्रस्तुत किया जाता है।

(*iii*) राज्य की आकस्मिक निधि पर राज्यपाल का नियंत्रण होता है।

(घ) क्षमादान की शक्ति

राज्यपाल के पास न्यायालय द्वारा दण्डित किसी अपराधी को उस राज्य के किसी कानून के विरुद्ध अपराध करने पर मिले दण्ड को माफ, स्थगित अथवा कम करने की शक्ति है।

(ङ) स्वविवेक की शक्तियां

राज्यपाल अपनी कार्यकारी संबंधी, विधायी, वित्तीय तथा न्यायिक शक्तियों का प्रयोग करते समय मुख्यमंत्री के नेतृत्व में मंत्रिपरिषद से परामर्श तथा सहयोग लेता है। उसे यह शक्तियां अपने राज्य के अध्यक्ष के नाते मिली हुई है। उसकी कुछ अन्य शक्तियां भी हैं जो उसे केंद्रीय सरकार के प्रतिनिधि के रूप में मिली हुई है। इन शक्तियों को स्वविवेक की शक्तियां भी कहते हैं। ऐसा कुछ विशिष्ट परिस्थितियों में होता है जब राज्यपाल मंत्रिपरिषद के परामर्श के बिना कोई कार्य करता है। दूसरे शब्दों में यह कहा जा सकता है कि राज्यपाल की ऐसी शक्तियों का प्रयोग उसकी इच्छा पर निर्भर करता है। ये शक्तियां हैं:

(*i*) यदि राज्यपाल के विचार में राज्य में संवैधानिक तंत्र विफल हो चुका हो तो वह उसकी सूचना तुरंत राष्ट्रपति को देकर, राष्ट्रपति शासन लागू करने की सिफारिश कर सकता है। ऐसी स्थिति में मंत्रिपरिषद की सलाह न लेकर, राज्यपाल स्वयं निर्णय करता है। इसलिए इसे स्वविवेक संबंधी शक्ति कहा जाता है। यदि राज्यपाल की सिफारिश राष्ट्रपति द्वारा स्वीकार कर ली जाती है तो अनुच्छेद 356 के अंतर्गत राष्ट्रपति संकट

काल की घोषणा करता है और मंत्रिपरिषद को भंग कर दिया जाता है। विधान सभा भी या तो भंग कर दी जाती है अथवा स्थगित कर दी जाती है। इस काल में राज्यपाल राष्ट्रपति के अभिकर्ता के रूप में शासन करता है।

(*ii*) एक परिस्थिति यह भी हो सकती है कि राज्यपाल किसी विधेयक को राष्ट्रपति के विचारार्थ सुरक्षित सरकार की संरचना रखना चाहे। क्योंकि राज्यपाल यह निर्णय स्वयं अपने आप लेता है, इसलिए यह भी उसकी स्वविवेक की शक्ति है। राज्यपाल की स्वविवेक की शक्तियां असामान्य और संकट काल के लिए रखी गई हैं। किंतु देखा यह गया है कि इन शक्तियों का प्रयोग न केवल ऐसी परिस्थितियों में हुआ है बल्कि सामान्य परिस्थितियों में भी विवादास्पद तरीके से किया गया है, जिससे केंद्र और राज्यों के संबंध में तनाव पैदा हुआ है।

राज्यपाल की भूमिका तथा स्थिति

राज्यपाल की शक्तियों की सूची पर दृष्टि डालने से यह स्पष्ट होता है कि राज्यपाल राज्य में एक शक्तिशाली व्यक्ति है। संसदीय शासन प्रणाली में मंत्रिपरिषद राज्य विधायिका के प्रति उत्तरदायी होती है। इसलिए वास्तविक शक्तियों का प्रयोग मंत्रिपरिषद द्वारा किया जाता है न कि राज्यपाल द्वारा। राष्ट्रपति की तरह वह भी मुख्यमंत्री के नेतृत्व में मंत्रिपरिषद के परामर्श से कार्य करता है इसलिए सामान्यतया राज्यपाल एक संवैधानिक औपचारिक मुखिया के रूप में कार्य करता है। किंतु असाधारण परिस्थितियों में राज्यपाल को अपनी शक्ति का प्रयोग अपने विवेक के आधार पर करने का अवसर मिल जाता है। संविधान विशेषज्ञों के अनुसार तीन क्षेत्रों में राज्यपाल की भूमिका बहुत विवादास्पद हो गई हैं। वे हैंः राष्ट्रपति को संकटकाल की घोषणा करने के लिए सिफारिश करना, किसी भी राजनीतिक दल को स्पष्ट बहुमत प्राप्त न होने पर मुख्यमंत्री की नियुक्ति और दल बदल की स्थिति में मुख्यमंत्री के भविष्य का फैसला करना। इन विवादों के पीछे कई राज्यों में बहुदलीय मंत्रिपरिषदों का निर्माण, दलगत राजनीति, दल बदल की समस्या तथा दलों का विघटन मुख्य कारण रहे हैं। प्रशासनिक सुधार आयोग तथा सरकारिया आयोग द्वारा भेजी गई सिफारिशें तथा सुझाव कागजों तक सिमट कर रह गए हैं जबकि वास्तविकता यह है कि इन सिफारिशों पर काम करने से राज्यपाल के काम में पक्षपात करने की सम्भावना कम हो सकती थी।

मुख्यमंत्री

प्रत्येक राज्य में, राज्यपाल के दायित्व निर्वहन में सहयोग और सहायता के लिए, एक मंत्रिपरिषद होती है। मुख्यमंत्री के नेतृत्व में मंत्रिपरिषद राज्य स्तर पर वास्तविक शक्तियों का प्रयोग करती है। मुख्यमंत्री राज्य में सरकार का मुखिया होता है।

मंत्रिपरिषद का गठन

मुख्यमंत्री की नियुक्ति राज्यपाल द्वारा की जाती है। विधान सभा में बहुमत प्राप्त दल के नेता को राज्यपाल द्वारा मुख्यमंत्री नियुक्त किया जाता है। मुख्यमंत्री की सिफारिश पर बाकी मंत्रियों की नियुक्ति की जाती है। मंत्रिपरिषद में शामिल किए जाने वाले मंत्रियों के लिए राज्य विधायिका के किसी एक सदन का सदस्य होना आवश्यक है। कोई व्यक्ति जो राज्य विधायिका का सदस्य नहीं है उसे मंत्री नियुक्ति किया जा सकता है परंतु उसे छह महीने के अंदर राज्य विधायिका का सदस्य निर्वाचित होना अनिवार्य है अन्यथा उसका मंत्री पद समाप्त हो जाता है। मंत्रियों में विभागों का विभाजन, मुख्यमंत्री की सलाह से राज्यपाल द्वारा किया जाता है।

मुख्यमंत्री के कार्य

मुख्यमंत्री राज्य की मंत्रिपरिषद का मुखिया होता है। मुख्यमंत्री की संवैधानिक स्थिति लगभग प्रधानमंत्री जैसी होती है। राज्य के प्रशासन में मुख्यमंत्री की भूमिका बड़ी महत्वपूर्ण है। उसके कार्यों की चर्चा हम इस प्रकार कर सकते हैंः

1. मुख्यमंत्री राज्य सरकार का वास्तविक मुखिया होता है। उसी की सिफारिश पर मंत्रियों की नियुक्ति राज्यपाल द्वारा की जाती है। राज्यपाल मंत्रियों के विभागों का विभाजन भी मुख्यमंत्री की सलाह पर ही करता है।
2. मुख्यमंत्री मंत्रिमण्डल की बैठकों की अध्यक्षता करता है। वह विभिन्न मंत्रालयों में समन्वय बनाता है तथा मंत्रिपरिषद का मार्ग दर्शन करता है।
3. राज्य सरकार के कानून तथा नीतियां बनाने में मुख्यमंत्री की भूमिका प्रमुख होती है। उसकी स्वीकृति से ही कोई मंत्री सदन में विधेयक प्रस्तावित करता है। वह विधान सभा के अंदर तथा बाहर, दोनों जगह सरकार की नीतियों का मुख्य प्रवक्ता होता है।

4. संविधान के अनुसार प्रशासन, राजकीय मामले तथा प्रस्तावित विधेयकों के बारे में राज्यपाल को जानकारी देने का दायित्व मुख्यमंत्री का है।
5. जब भी राज्यपाल चाहता है, मुख्यमंत्री को उपरोक्त विषयों के बारे में राज्यपाल को जानकारी देनी होती है।
6. ऐसा कोई विषय या मामला जिस पर किसी मंत्री ने निर्णय लिया हो परंतु उस पर मंत्रिपरिषद ने विचार नहीं किया हो, राज्यपाल की इच्छा पर मुख्यमंत्री द्वारा मंत्रिपरिषद में विचारार्थ रखा जाता है।
7. राज्यपाल और मंत्रिमण्डल के बीच संचार का एक मात्र सेतु मुख्यमंत्री होता है। मंत्रिपरिषद द्वारा लिए गए सभी निर्णयों के बारे में जानकारी प्राप्त करने का अधिकार राज्यपाल को है।

उपरोक्त कार्यो से यह पता चलता है कि वास्तविक शक्तियां, मुख्यमंत्री के नेतृत्व में मंत्रिपरिषद के पास होती हैं। मंत्रिपरिषद राज्य की वास्तविक कार्यपालिका है। राज्य मंत्रिपरिषद की स्थिति मुख्यतया इस बात पर निर्भर करती है कि सत्ताधारी दल की विधान सभा में क्या शक्ति है और मुख्यमंत्री का व्यक्तित्व कैसा है। मुख्यमंत्री की स्थिति और भी शक्तिशाली हो जाती है यदि उसी का राजनीतिक दल केन्द्र में भी सत्ता में हो। जब तक मुख्यमंत्री और मंत्रिपरिषद को विधान सभा में बहुमत का विश्वास प्राप्त है, वे राज्य में वास्तविक शक्तियों का प्रयोग करते हैं।

राज्यपाल तथा मुख्यमंत्री के बीच संबंध

राज्यपाल राज्य का संवैधानिक प्रमुख है। राज्य के सभी कार्यपालिका संबंधी कार्य उसी के नाम से होते हैं। राज्यपाल मुख्यमंत्री की नियुक्ति करता है और फिर उसकी सिफारिश पर मंत्रियों की नियुक्ति करता है। राज्य प्रशासन को सुचारु रूप से चलाने की जिम्मेदारी राज्यपाल की है। यह देखना भी उसी का दायित्व है कि राज्य प्रशासन संविधान के अनुसार चल रहा है कि नहीं। यदि वह यह अनुभव करे कि राज्य में संवैधानिक तंत्र असफल हो चुका है अथवा प्रशासन संविधान के अनुसार बनाए नियमों का पालन नहीं कर रहा है तो वह केन्द्र सरकार को राज्य में संकट काल की घोषणा करने की सिफारिश कर सकता है। वह अपनी रिपोर्ट में राष्ट्रपति को राज्य में राष्ट्रपति शासन लागू करने का परामर्श दे सकता है। यदि राष्ट्रपति संतुष्ट हो जाता है तो वह अनुच्छेद 356 के अंतर्गत आपातकाल की घोषणा कर देता है जिसे सामान्यतया राष्ट्रपति शासन कहते हैं। घोषणा के पश्चात, राज्य प्रशासन पर केन्द्र का नियंत्रण हो जाता है और राज्यपाल केन्द्र के प्रतिनिधि के रूप में कार्य करता है। मंत्रिपरिषद को भंग कर दिया जाता है और विधान सभा या तो भंग अथवा स्थगित कर दी जाती है।

संविधान के अनुसार राज्य का प्रशासन सुचारु रूप से चलाने के लिए राज्यपाल के सहयोग तथा सहायता के लिए मुख्यमंत्री के नेतृत्व में एक मंत्रिपरिषद की व्यवस्था होगी ताकि वह अपने दायित्व का वहन कर सके, सिवाय उस स्थिति के जब संविधान के अनुसार उसे स्वविवेक के आधार पर काम करना होता है। जब मुख्यमंत्री विधान सभा में विश्वास मत प्राप्त कर लेता है तब राज्यपाल का विवेकाधिकार कम हो जाता है। ऐसी परिस्थिति में मुख्यमंत्री राज्य का वास्तविक प्रमुख होता है जबकि राज्यपाल केवल संवैधानिक प्रमुख रह जाता है।

इस प्रकार हम देखते हैं कि राज्यपाल की दोहरी भूमिका है। राज्य का संवैधानिक प्रमुख होने के नाते वह मंत्रिपरिषद के परामर्श से कार्य करता है और केन्द्र सरकार के प्रतिनिधि के रूप में भी वह कार्य करता है। राज्यपाल तथा मुख्यमंत्री के आपसी संबंध राज्य के राजनीतिक तथा संवैधानिक वातावरण पर निर्भर करते हैं। सामान्यतया राज्यपाल राज्य का नाममात्र का प्रमुख है परंतु राष्ट्रपति शासन के समय वह केन्द्र सरकार का प्रतिनिधि बन जाता है और राज्य प्रशासन का भार संभाल लेता है। संवैधानिक भावना को ध्यान में रखते हुए राज्यपाल को एक प्रकार से केन्द्रीय सरकार की आंखें तथा कान भी कहा जा सकता है। चूंकि उसकी नियुक्ति, पदच्युति और स्थानांतरण केन्द्र सरकार द्वारा होता है, अतः वह केन्द्र सरकार तथा सत्ताधारी दल का आज्ञाकारी बना रहता है। एक बात तो स्पष्ट है कि राज्यपाल का कार्य केवल एक अम्पायर जैसा ही नहीं है, जो केवल यह देखे कि खेल संवैधानिक प्रावधानों तथा उसमें निहित भावनाओं के अनुसार खेला जा रहा है अथवा नहीं।

10. राज्य विधान मंडल

भारत एक संघ राज्य है। इसका अर्थ यह होता है कि इसमें एक केन्द्रीय सरकार तथा कई राज्य सरकारें हैं। इसका अर्थ यह भी है कि केन्द्रीय सरकार राज्य सरकारों से अधिक शक्तिशाली है। वर्तमान में भारतीय संघ में 28 राज्य हैं और प्रत्येक में एकसदनीय अथवा द्विसदनीय विधायिका है। राज्य विधान मण्डल राज्य स्तर पर कानून बनाने वाली संस्था है।

राज्य विधान मण्डल की संरचना

अधिकतर राज्यों के विधान मण्डल में राज्यपाल तथा विधान सभा होती है। इसका अर्थ यह है कि इन राज्यों में एकसदनीय विधायिका है। कई राज्यों में विधान मण्डल के दो सदन होते हैं-विधान सभा और विधान परिषद। जहां दो सदन होते हैं उसे द्विसदनीय विधायिका कहते हैं।

छह राज्यों में द्विसदनीय विधानमंडल हैं। ये राज्य हैं–बिहार, तेलंगाना, उ.प्र., कर्नाटक, महाराष्ट्र और आन्ध्र प्रदेश। विधान सभा को निचला सदन या लोकप्रिय सदन कहा जाता है। विधान परिषद को उपरी सदन कहते हैं। जिस प्रकार केन्द्रीय स्तर पर लोकसभा को अत्यंत शक्तिशाली बनाया गया है उसी प्रकार राज्यों में विधान सभा को शक्तिशाली बनाया गया है।

विधान सभा

प्रत्येक राज्य में एक विधान सभा होती है। यह राज्य की जनता का प्रतिनिधित्व करती है। विधान सभा के सदस्य सार्वभौमिक वयस्क मताधिकार के आधार पर प्रत्यक्ष रूप से जनता द्वारा निर्वाचित किए जाते हैं। उनका निर्वाचन राज्य में पंजीकृत सभी वयस्क नागरिक मतदाताओं द्वारा प्रत्यक्ष रूप से होता है। 18 वर्ष या उससे ऊपर की आयु के सभी स्त्री और पुरुष मतदाता सूची में शामिल होने के योग्य होते हैं। वे राज्य विधान सभा के सदस्यों को चुनने के लिए मतदान करते हैं। सदस्य निर्वाचन क्षेत्रों के आधार पर निर्वाचित किए जाते हैं। प्रत्येक राज्य को उतने ही एक सदस्यीय निर्वाचन क्षेत्रों में बांटा जाता है जितने सदस्य चुने जाने हैं। लोकसभा की तरह यहां भी कुछ स्थान अनुसूचित जातियों तथा कुछ स्थान अनुसूचित जनजातियों के लिए आरक्षित किए जाते हैं। यह उस राज्य में इन वर्गों की जनसंख्या पर निर्भर करता है।

राज्य विधान सभा का सदस्य बनने के लिए एक व्यक्ति में निम्नलिखित योग्यताएं होनी चाहिए:

- वह भारत का नागरिक हो;
- वह 25 वर्ष का हो;
- उस का नाम मतदाता सूची में होना चाहिए;
- किसी लाभ के पद पर अथवा सरकारी पद पर कार्यरत न हो।

प्रत्येक राज्य की विधानसभा में कम-से-कम 60 और अधिक से अधिक 500 सदस्य होते हैं। अपवाद–गोवा (40), मिजोरम (40), सिक्किम (32) तथ पुदुचेरी (30)। यदि किसी राज्य की विधान सभा में आंग्ल भारतीय समुदाय का उचित प्रतिनिधित्व न हो, तो राज्यपाल को यह अधिकार प्राप्त है कि वह इस समुदाय का एक सदस्य मनोनीत कर सके। लोकसभा की तरह यहां भी कुछ स्थान अनुसूचित जातियों व जनजातियों के लिए आरक्षित होते हैं।

विधान सभा का कार्यकाल पांच वर्ष का होता है। परंतु मुख्यमंत्री की सलाह पर राज्यपाल अवधि पूरा होने से पहले भी इसको भंग कर सकता है। अनुच्छेद 356 के अंतर्गत यदि राष्ट्रपति किसी राज्य में संवैधानिक संकट की स्थिति में आपातकाल की घोषणा करे तो भी राष्ट्रपति विधान सभा को भंग कर सकता है। अनुच्छेद 352 के अंतर्गत राष्ट्रीय आपातकाल की घोषणा होने पर संसद विधान सभा के कार्यकाल को एक बार में एक वर्ष तक बढ़ा सकती है।

अध्यक्ष

विधान सभा के सदस्य अपना सभापति निर्वाचित करते हैं जिसे अध्यक्ष कहा जाता है। अध्यक्ष सदन के बैठकों का सभापतित्व करता है एवं इसकी कार्यवाही को चलाता है। वह सदन में अनुशासन बनाए रखता है तथा सदस्यों को प्रश्न पूछने तथा बोलने की स्वीकृति प्रदान करता है। वह विधेयकों तथा अन्य प्रस्तावों पर मतदान कराता है तथा परिणाम घोषित करता है।

किंतु मत समान होने की स्थिति में वह अपना निर्णायक मत दे सकता है। अध्यक्ष की अनुपस्थिति में उपाध्यक्ष बैठकों का सभापतित्व करता है। उपाध्यक्ष भी सदस्यों द्वारा अपने में से ही चुना जाता है।

विधान परिषद

विधान परिषद राज्य विधायिका का उच्च सदन है। अधिकतर राज्यों में विधान परिषद नहीं हैं। बहुत कम राज्यों में द्विसदनीय विधायिका है। वर्तमान में छह राज्यों, जैसे उत्तर प्रदेश, बिहार, कर्नाटक, महाराष्ट्र, आन्ध्रप्रदेश, तथा तेलंगाना में विधान परिषद हैं जबकि 22 राज्यों में केवल एक सदन है अर्थात केवल विधान सभा। विधान परिषद ब्रिटिश काल की विरासत है। यदि किसी राज्य की विधान सभा जहां विधान परिषद नहीं है, अपनी कुल सदस्य संख्या के बहुमत तथा उपस्थित एवं मतदान में भाग लेने वाले सदस्यों के दो तिहाई बहुमत से पारित करके द्वितीय सदन अर्थात विधान परिषद बनाने का प्रस्ताव संसद के पास भेजे, तो संसद उस स्थिति में विधान परिषद का निर्माण कर सकती है। इसी प्रकार यदि किसी राज्य में विधान परिषद है परंतु वे चाहते हैं कि इसे समाप्त कर दिया जाए तो संबंधित राज्य को विशेष बहुमत से एक प्रस्ताव पारित कर संसद को भेजना होता है। अब संसद एक प्रस्ताव पारित करेगी कि दूसरा सदन समाप्त कर दिया जाए। इसी तरीके से पंजाब तथा पश्चिम बंगाल से विधान परिषद समाप्त कर दी गई है। संविधान के अनुसार विधान परिषद के सदस्यों की कुल संख्या विधान सभा की कुल सदस्य संख्या के एक तिहाई से अधिक नहीं होनी चाहिए परंतु यह संख्या कम से कम 40 होनी चाहिए।

विधान परिषद का सदस्य बनने के लिए निम्नलिखित योग्यताएं होनी चाहिएः

- वह भारत का नागरिक हो;
- 30 वर्ष की आयु प्राप्त कर चुका हो;
- राज्य का पंजीकृत मतदाता हो;
- उसके पास कोई लाभ का पद न हो।

विधान परिषद आंशिक रूप से निर्वाचित तथा आंशिक रूप से मनोनीत होती है।

अधिकतर सदस्य आनुपातिक प्रतिनिधित्व के आधार पर एकल संक्रमणीय मत प्रणाली द्वारा अप्रत्यक्ष रूप से चुने जाते हैं। विधान परिषद की रचना इस प्रकार हैः

- परिषद के एक तिहाई (1/3) सदस्य विधान सभा के सदस्यों द्वारा चुने जाते हैं।
- इसके एक तिहाई (1/3) सदस्य एक निर्वाचक मण्डल द्वारा निर्वाचित होते हैं जिसमें नगर निगम, नगर परिषद, जिला बोर्ड तथा राज्य की अन्य स्थानीय शासन की संस्थाओं के प्रतिनिधि होते हैं।
- कुल सदस्यों का 12वां भाग राज्य के स्नातकों द्वारा निर्वाचित होता है जिन को स्नातक बने कम से कम तीन वर्ष हो चुके हों।
- कुल सदस्यों का बारहवां भाग राज्य के उन अध्यापकों द्वारा निर्वाचित होता है जिनका अध्यापन का अनुभव कम से कम तीन वर्ष का हो तथा वे उच्च माध्यमिक या उससे उफपर के स्तर के शैक्षणिक संस्थाओं में पढ़ाते हों।
- शेष, लगभग छठा भाग राज्यपाल द्वारा मनोनीत किए जाते हैं। ये वह लोग होते हैं जो साहित्य, विज्ञान, कला, सहकारी तथा सामाजिक क्षेत्र में ख्याति प्राप्त व्यक्ति हों। केन्द्र में राज्यसभा की तरह, विधान परिषद भी एक स्थाई सदन है। यह कभी भंग नहीं होता है। इसके सदस्यों का कार्यकाल 6 वर्ष है। प्रत्येक दो वर्ष के पश्चात इसके एक तिहाई सदस्य सेवानिवृत हो जाते हैं। सेवानिवृत होने वाले सदस्य पुनः चुनाव लड़ सकते हैं। यदि किसी सदस्य के मरने से अथवा त्याग पत्र देने से कोई स्थान रिक्त होता है तो उसका चुनाव केवल बचे हुए कार्यकाल के लिए होता है।

विधान परिषद के सभापति

विधान परिषद का अध्यक्ष सभापति कहलाता है जिसे सदस्यों द्वारा ही चुना जाता है। विधान परिषद की कार्यवाही सभापति चलाता है। वह बैठकों की अध्यक्षता करता है और सदन में अनुशासन बनाए रखता है। सदस्य होने के नाते मताधिकार के अतिरिक्त गतिरोध की स्थिति में वह अपना निर्णायक मत भी दे सकता है। उसकी अनुपस्थिति में, उपसभापति सदन की अध्यक्षता करता है। उसका निर्वाचन भी सदस्यों में से उन्हीं के द्वारा किया जाता है।

विधान मण्डल के सत्र

राज्य विधान मण्डल का सत्र वर्ष में कम से कम दो बार अवश्य होता है और दोनों सत्रों के बीच छः महीने से अधिक का अंतर

नहीं होना चाहिए। राज्य विधान मण्डल का सत्र राज्यपाल बुलाता है तथा स्थगित भी कर सकता है। वह विधान सभा अथवा दोनों सदनों को (यदि राज्य में विधान परिषद है) आम चुनाव के पश्चात् पहले सत्र की प्रारम्भिक बैठक में और प्रत्येक वर्ष के पहले सत्र के पहले दिन सम्बोधित करता है। इस सम्बोधन में सरकार की उन नीतियों की चर्चा होती है जिन पर विधान मण्डल में बहस होनी है। राज्य विधान मण्डल के सदस्यों के विशेषाधिकार संसद सदस्यों जैसे ही होते हैं।

राज्य विधान मण्डल के कार्य एवं शक्तियां सरकार की संरचना

कानून बनाने संबंधी कार्य

संसद की तरह, राज्य विधान मण्डल का कार्य भी कानून बनाना है। इसको राज्य सूची तथा समवर्ती सूची में वर्णित किसी भी विषय पर कानून बनाने का अधिकार है। संसद तथा राज्य विधायिका दोनों को समवर्ती सूची के किसी भी विषय पर कानून बनाने का अधिकार प्राप्त है। परंतु यदि एक ही विषय पर संसद द्वारा बनाए गए कानून और विधान मण्डल द्वारा बनाए गए कानून में विरोध हो, तो संसद द्वारा बनाया गया कानून प्रभावी माना जाएगा। विधेयक दो प्रकार के होते हैं, साधारण विधेयक तथा धन विधेयक। साधारण विधेयक दोनों में से किसी भी सदन में प्रस्तावित किया जा सकता है। परंतु धन विधेयक पहले विधान सभा में ही प्रस्तावित किया जा सकता है। दोनों सदनों से विधेयक पारित होने के पश्चात राज्यपाल के पास उसे स्वीकृति के लिए भेज दिया जाता है। राज्यपाल चाहे तो विधेयक को पुनर्विचार के लिए वापस भेज सकता है परंतु यदि विधान मण्डल इसे पुनः पारित कर दे तो राज्यपाल को स्वीकृति प्रदान करनी पड़ती है। जैसा कि पहले उल्लेख किया जा चुका है कि यदि संसद का अधिवेशन न चल रहा हो और किसी कानून की नितांत आवश्यकता हो तो राष्ट्रपति अध्यादेश जारी कर सकता है। इसी प्रकार विधान मण्डल के सत्र के न होने की स्थिति में, राज्यपाल भी किसी राज्य विषय के लिए अध्यादेश जारी कर सकता है। अध्यादेश में कानून का बल होता है। जारी किए गए अध्यादेश को विधान मण्डल की बुलाई गयी बैठक में रखा जाता है। यह बैठक बुलाए जाने के छः सप्ताह बाद निष्प्रभावी हो जाती है यदि विधान मण्डल इसको इससे पूर्व अस्वीकार न कर दे।

वित्तीय शक्तियां

विधान मण्डल राज्य के वित्त पर नियंत्रण बनाए रखता है। कोई भी धन विधेयक पहले विधान सभा में प्रस्तावित किया जाता है। धन विधेयकों में सरकार द्वारा व्यय किए जाने वाले धन की स्वीकृति, करों को लगाने अथवा हटाए जाने संबंधी प्रस्ताव, तथा ऋण संबंधी प्रस्ताव आते हैं। ऐसे विधेयक मंत्री द्वारा राज्यपाल की पूर्व अनुमति से प्रस्तावित किए जाते हैं। धन विधेयक किसी सदस्य द्वारा निजी रूप में प्रस्तावित नहीं किया जा सकता है। कोई विधेयक धन विधेयक है अथवा नहीं, यह निर्णय विधान सभा का अध्यक्ष देता है।

विधान सभा द्वारा धन विधेयक पारित होने के पश्चात विधान परिषद में भेज दिया जाता है जिसे 14 दिन के अंदर पारित करके या बिना पारित किए विधेयक वापस भेजना होता है। इस स्थिति में धन विधेयक दोनों सदनों द्वारा पारित माना जाता है। अब विधेयक को राज्यपाल के पास उसकी स्वीकृति के लिए भेज दिया जाता है। राज्यपाल स्वीकृति देने से मना नहीं कर सकता क्योंकि विधयेक प्रस्तावित करने से पूर्व उसकी अनुमति ले ली जाती है।

कार्यपालिका पर नियंत्रण

संघ सरकार की तरह, राज्य विधायिका भी कार्यपालिका पर नियंत्रण रखती है। राज्य की मंत्रिपरिषद सामूहिक रूप से विधान सभा के प्रति उत्तरदायी होती है और जब तक उसे विधान सभा में बहुमत का समर्थन प्राप्त होता है मंत्रिपरिषद अपने पद पर बनी रहती है। इसे केवल तभी अपदस्थ किया जा सकता है जब विधान सभा इसके विरुद्ध अविश्वास का प्रस्ताव पारित करे अथवा किसी सरकारी विधेयक को रद्द करे। अविश्वास प्रस्ताव के अतिरिक्त प्रश्न तथा पूरक प्रश्न पूछकर, काम रोको प्रस्ताव द्वारा अथवा ध्यानाकर्षण प्रस्ताव द्वारा विधायिका कार्यपालिका पर नियंत्रण बनाए रखती है।

चुनाव संबंधी कार्य

विधान सभा के सभी निर्वाचित सदस्य राष्ट्रपति का निर्वाचन करने के लिए निर्वाचक मंडल के सदस्य होते हैं। इस प्रकार वे भारतीय गणतंत्र के राष्ट्रपति के चुनाव में अपनी हिस्सेदारी निभाते हैं। विधान सभा के सदस्य अपने-अपने राज्यों से राज्यसभा के लिए सांसदों का भी निर्वाचन करते हैं। जिन राज्यों में

विधान परिषद है, वहां इसके एक तिहाई सदस्यों का निर्वाचन भी विधान सभा के सदस्य ही करते हैं। इन सभी निर्वाचनों में विधानसभा के सदस्य एकल संक्रमणीय मत प्रणाली के आधार पर मतदान करते हैं।

संवैधानिक कार्य

संघीय विषयों में संशोधन के लिए संसद के दोनों सदनों में विशेष बहुमत तथा आधे से अधिक राज्यों का समर्थन होना चाहिए। समर्थन का प्रस्ताव राज्य विधान मण्डल द्वारा साधारण बहुमत से पारित किया जाता है। विधान मण्डल के समर्थन के बिना संविधान में किसी प्रकार संशोधन संभव नहीं है।

विधान मण्डल की शक्तियों की सीमाएं

राज्य विधान मण्डल द्वारा कानून बनाने की शक्ति कई प्रकार से सीमित कर दी गई है। राज्य विधान मंडल, राज्य सूची तथा समवर्ती सूची के किसी भी विषय पर कानून बना सकता है। परंतु समवर्ती सूची के किसी विषय पर राज्य द्वारा बनाए गए कानून एवं केन्द्र द्वारा बनाए गए कानून के बीच टकराव की स्थिति में केंद्र में संसद द्वारा बनाया गया कानून लागू होता है। राज्य विधान मण्डल द्वारा पारित किसी विधेयक को अपनी स्वीकृति देने से पूर्व राज्यपाल उसे राष्ट्रपति के विचारार्थ भेज सकता है। उदाहरण के तौर पर, यदि किसी उच्च न्यायालय की शक्तियों को कम करने संबंधी प्रस्ताव हो तो ऐसा विधेयक राष्ट्रपति के विचारार्थ भेजना नितांत आवश्यक है। कुछ अन्य मामलों में भी राज्य विधायिका में सरकार की संरचना विधेयक प्रस्तावित करने से पूर्व राष्ट्रपति की अनुमति आवश्यक है, जैसे—राज्य के अंदर अथवा अन्य राज्यों के साथ वाणिज्य तथा व्यापार की स्वतंत्रता पर प्रतिबंध लगाने से संबंधित प्रस्ताव। अनुच्छेद 352 के अंतर्गत राष्ट्रीय आपातकाल की घोषणा के पश्चात राज्य सूची के सभी विषयों पर कानून बनाने का अधिकार संसद को मिल जाता है, चाहे विधान मण्डल अस्तित्व में हो या नहीं। सवैधानिक संकट की स्थिति में अनुच्छेद 356 के अंतर्गत जब राज्य की लोकप्रिय सरकार गिर जाती है तो राष्ट्रपति शासन लागू कर दिया जाता है। इस स्थिति में उस राज्य के लिए कानून बनाने का अधिकार आपातकाल के जारी रहने तक संसद के पास चला जाता है। अपना राष्ट्रीय दायित्व निभाने के लिए संसद राज्य सूची के किसी भी विषय पर कानून बना सकती है। यदि राज्य सभा दो तिहाई बहुमत से प्रस्ताव पास कर दे कि राज्य सूची का कोई विषय राष्ट्रीय महत्व का है तो संसद उस पर साल भर के लिए कानून बना सकता है। साथ ही दो या दो से अधिक राज्यों के अनुरोध पर राज्य सूची के किसी विषय पर संसद कानून बना सकती है। मौलिक अधिकार भी राज्य विधान मण्डल की कानून निर्माण संबंधी शक्तियों को सीमित करते हैं। विधान मंडल ऐसा कोई कानून नहीं बना सकती जिससे जन-साधारण के अधिकारों को ठेस पहुंचती हो। यदि राज्य विधान मण्डल द्वारा बनाया गया कोई भी कानून संविधान के अनुरूप नहीं होता अथवा मौलिक अधिकारों का हनन करता है, तो उच्च न्यायालय अथवा सर्वोच्च न्यायालय इसे रद्द कर सकता है।

विधान मण्डल के दोनों सदनों की तुलना

लोकसभा की तरह, विधान सभा भी अधिक प्रभावशाली सदन है। विधान सभा की तुलना में विधान परिषद की शक्तियां काफी कम हैं चाहे साधारण विधेयक का ही प्रश्न क्यों न हो। धन विधेयक के अतिरिक्त बाकी सभी विधेयकों के पारित करने में भी विधान परिषद की शक्तियां काफी कम हैं। विधान सभा तथा विधान परिषद की तुलनात्मक स्थिति इस प्रकार है:

साधारण विधेयक के संबंध में

संसद में यदि दोनों सदनों के बीच किसी साधारण विधेयक को लेकर सहमति न हो तो राष्ट्रपति दोनों सदनों की संयुक्त बैठक बुलाता है और यदि वहां बहुमत से विधेयक पारित हो जाए, तो उसे दोनों सदनों से पारित समझा जाता है। परंतु संयुक्त बैठक की यह व्यवस्था राज्यों में नहीं है।

यद्यपि साधारण विधेयक विधान मण्डल के किसी भी सदन में प्रस्तावित किया जा सकता है तथापि दोनों सदनों की शक्तियां समान नहीं हैं। यदि कोई विधेयक विधान सभा से पारित होता है, तो उसे विचारार्थ विधान परिषद में भेज दिया जाता है। जब विधान परिषद बिना किसी संशोधन के इसे पारित कर देती है तो विधेयक राज्यपाल के पास उसकी स्वीकृति के लिए भेज देता है। यदि विधेयक परिषद द्वारा रद्द कर दिया जाता है अथवा विधेयक पर परिषद तीन महीने तक विचार न करे अथवा कुछ संशोधन करके विधेयक पारित कर दे जिससे विधान सभा सहमत न हो, तो विधान सभा उसी सत्र में या

अगले सत्र में विधेयक को पुनः पारित कर सकती है। इसके पश्चात विधेयक फिर विधान परिषद को भेज दिया जाता है। यदि विधान परिषद एक महीने के अंदर विधेयक पारित कर के नहीं भेजती तो इसे दोनों सदनों से पारित माना जाता है और राज्यपाल की स्वीकृति के लिए भेज दिया जाता है। इसका अर्थ यह हुआ कि विधान परिषद किसी विधेयक को अधिकतम चार महीने तक रोक सकती है।

वित्त विधेयक के संबंध में

लोकसभा की तरह कोई भी वित्त विधेयक पहले विधान सभा में रखा जाता है। यह विधान परिषद में प्रस्तावित नहीं किया जा सकता। विधान सभा अध्यक्ष यह प्रमाणित करता है कि कोई विधेयक धन विधेयक है अथवा नहीं। विधान सभा से विधेयक पारित होने के पश्चात विधान परिषद को भेज दिया जाता है। विधान परिषद को इस पर चर्चा के लिए 14 दिन मिलते हैं। यदि परिषद विधेयक पारित कर दे तो इसे राज्यपाल के पास स्वीकृति के लिए भेज दिया जाता है। यदि परिषद द्वारा 14 दिन के अंदर विधेयक वापस नहीं भेजा जाता तो इसे परिषद द्वारा भी पारित माना जाता है। यदि परिषद विधेयक में कुछ परिवर्तन/संशोधन सुझाती है और विधान सभा को भेज देती है तो विधान सभा उन सुझावों को स्वीकार कर भी सकती है और नहीं भी। इसके पश्चात विधेयक राज्यपाल को उसकी स्वीकृति के लिए भेज दिया जाता है जिसे मानने के लिए वह बाध्य होता है।

कार्यपालिका पर नियंत्रण

राज्य मंत्रिपरिषद केवल विधान सभा के प्रति उत्तरदायी होती है और तब तक अपने पद पर बनी रहती है जब तक उसे विधान सभा के बहुमत का विश्वास प्राप्त रहता है। यद्यपि विधान परिषद के सदस्य प्रश्न पूछ सकते हैं, काम रोको या स्थगन प्रस्ताव रख सकते हैं अथवा ध्यानाकर्षण प्रस्ताव भी ला सकते हैं तथापि विधान परिषद मंत्रिपरिषद को अपदस्थ नहीं कर सकती।

चुनाव संबंधी कार्य

केवल विधान सभा के निर्वाचित सदस्य ही राष्ट्रपति के निर्वाचन में भाग ले सकते हैं। वे निर्वाचक मण्डल का सदस्य होने के नाते मतदान कर सकते हैं। परंतु विधान परिषद के सदस्य राष्ट्रपति के निर्वाचन में मतदान नहीं कर सकते। सभी राज्यों में राज्य सभा के सदस्यों का निर्वाचन भी विधान सभा के सदस्य ही करते हैं, विधान परिषद के नहीं।

उपरोक्त चर्चा से एक बात तो स्पष्ट हो जाती है कि विधान परिषद शक्तिहीन, प्रभावहीन एवं एक गौण सदन है। इसीलिए अधिकतर राज्य एक सदनीय विधायिका के पक्ष में हैं। परंतु परिषद बिल्कुल दिखावा मात्र भी नहीं है। यह विधान सभा द्वारा जल्दबाजी में लाए गए विधेयकों पर अंकुश का कार्य करती है और विधेयकों की कमियों तथा कमजोरियों को उजागर करती है। यह विधान सभा के बोझ को भी कम करती है क्योंकि कई विधेयक विधान परिषद में प्रस्तावित किए जाते हैं।

11. उच्च न्यायालय और अधीनस्थ न्यायालय

राज्य उच्च न्यायालय

वर्तमान में 28 राज्यों तथा 8 केन्द्र शासित प्रदेशों के लिए 25 उच्च न्यायालय हैं। उच्च न्यायालय राज्य-स्तर पर सबसे बड़े होते हैं, परन्तु भारतीय न्यायिक प्रणाली का एक अंग होने के कारण ये सर्वोच्च न्यायालय के दिशा-निर्देशों का पालन करते हैं।

संगठन

प्रत्येक राज्य का एक उच्च न्यायालय होता है। दो या दो से अधिक राज्यों के लिए एक संयुक्त उच्च न्यायालय भी हो सकता है। उदाहरणार्थ, पंजाब, हरियाणा और केन्द्र शासित प्रदेश चंडीगढ़ के लिए केवल एक उच्च न्यायालय, चंडीगढ़ में है। इसी प्रकार गुवाहाटी में स्थित उच्च न्यायालय चार उत्तर-पूर्वी राज्यों—असम, नागालैंड, मिजोरम और अरुणाचल प्रदेश के लिए है। यद्यपि दिल्ली और जम्मू और कश्मीर राज्य नहीं है परन्तु इसका एक अलग उच्च न्यायालय है। प्रत्येक उच्च न्यायालय में एक मुख्य न्यायाधीश और अन्य न्यायाधीश होते हैं। न्यायाधीशों की संख्या अलग-अलग राज्य में भिन्न-भिन्न हो सकती है। उच्च न्यायालय के न्यायाधीश भारत के राष्ट्रपति द्वारा नियुक्त किये जाते हैं तथा न्यायाधीशों की संख्या भी राष्ट्रपति ही निर्धारित करते हैं।

किसी राज्य के उच्च न्यायालय के मुख्य न्यायाधीश की नियुक्ति, राष्ट्रपति सर्वोच्च न्यायालय के मुख्य न्यायाधीश और उस राज्य के राज्यपाल की सलाह से करता है। अन्य न्यायाधीशों की नियुक्ति के लिए राष्ट्रपति सर्वोच्च न्यायालय के मुख्य न्यायाधीश, उस राज्य के उच्च न्यायालय के मुख्य न्यायाधीश तथा उस राज्य के राज्यपाल से सलाह लेता है। न्यायाधीशों को एक उच्च न्यायालय से दूसरे उच्च न्यायालय में भी स्थानांतरित किया जा सकता है। स्थानांतरण में भी राष्ट्रपति को सर्वोच्च न्यायालय के मुख्य न्यायाधीश से सलाह लेनी होती है। संवैधानिक रूप से राष्ट्रपति ही ये नियुक्तियां करता है। परन्तु 1993 में सर्वोच्च न्यायालय द्वारा दिए गए फैसले के अनुसार वास्तविक चयन तो सर्वोच्च न्यायालय के वरिष्ठ न्यायाधीशों द्वारा मुख्य न्यायाधीश की अध्यक्षता में सर्वोच्च न्यायालय ही करता है। इसकी सिफारिशों को राष्ट्रपति नकार नहीं सकता।

योग्यता, कार्यकाल तथा न्यायाधीशों को पद से हटाना

योग्यता

उच्च न्यायालय में किसी व्यक्ति को न्यायाधीश होने के लिए उसमें निम्न योग्यताएं होनी चाहिए:

(*i*) वह भारत का नागरिक हो।

(*ii*) जिला या उससे निम्न स्तर के न्यायालय में कम से कम दस वर्षों तक वह न्यायाधीश के पद पर रहा हो।

या

किसी एक या अधिक उच्च न्यायालयों या उच्चतम न्यायालय में उसने लगातार दस वर्षों तक वकालत की हो।

कार्यकाल

एक बार उच्च न्यायालय का न्यायाधीश नियुक्त होने के बाद वे 62 वर्ष की आयु तक पद पर बने रहते हैं। सेवानिवृनि के बाद उन्हें या तो सर्वोच्च न्यायालय में न्यायाधीश नियुक्त किया जा सकता है या वे उच्चतम न्यायालय या किसी ऐसे उच्च न्यायालय में वकालत कर सकते हैं जिसमें वे न्यायाधीश न रह चुके हों।

पद से हटाया जाना

किसी भी उच्च न्यायालय के न्यायाधीश को 62 वर्ष की आयु से पहले भी हटाया जा सकता है यदि वह असक्षम है अथवा उसका दुर्व्यवहार सिद्ध हो जाये। यदि संसद के दोनों सदन अलग-अलग एक ही सत्र में कुल सदस्य संख्या के पूर्ण बहुमत तथा उपस्थित सदस्यों के दो-तिहाई बहुमत से प्रस्ताव पारित कर दें तो न्यायाधीश को पद से हटाया जा सकता है। ऐसा प्रस्ताव राष्ट्रपति को पेश किया जाता है और फिर राष्ट्रपति उस न्यायाधीश को हटा देता है। यह प्रक्रिया ठीक वैसी ही जिसके द्वारा सर्वोच्च न्यायालय के न्यायाधीशों को हटाया जाता है।

उच्च न्यायालय की शक्तियां और न्याय-क्षेत्र

उच्च न्यायालय के पास कुछ मामलों में सीधी सुनवाई और फैसले का अधिकार है। इसे प्रारम्भिक क्षेत्राधिकार कहते हैं। जब किसी निचले स्तर के न्यायालय के फैसले के विरुद्ध सुनवाई उच्च न्यायालय में होती है तो इसे अपीलीय क्षेत्राधिकार कहते हैं। उच्च न्यायालय अपील करने का न्यायालय है। निचले स्तर के न्यायालयों के फैसले के विरुद्ध सिविल और फौजदारी मामले उच्च न्यायालय में लाए जा सकते हैं।

प्रारम्भिक क्षेत्राधिकार

उच्च न्यायालय का प्रारम्भिक क्षेत्राधिकार काफी सीमित है। मूल अधिकारों के हनन संबंधी मामले उच्च न्यायालयों या सर्वोच्च न्यायालय में प्रारम्भ किये जा सकते हैं। उच्च न्यायालय इन अधिकारों को पुनः लागू करने का आदेश दे सकता है।

उच्च न्यायालय अपने प्रारम्भिक क्षेत्राधिकार के अंतर्गत किसी भी सांसद या विधायक के चुनाव के विरुद्ध की गई याचिका पर सुनवाई कर सकता है। उच्च न्यायालय यदि पाता है कि उस सांसद या विधायक ने भ्रष्ट प्रकार से चुनाव जीता है तो वह उस चुनाव को रद्द कर सकता है। राज्य के सभी निम्न-स्तरीय न्यायालय उस राज्य के उच्च न्यायालय के निर्देशों पर कार्य करते हैं।

निम्न स्तरीय न्यायालयों के फैसलों के विरुद्ध मामलों की सुनवाई उच्च न्यायालय करता है। सिविल मामलों में जिनकी अनुमानित राशि 5 लाख से ऊपर हो उनकी सुनवाई उच्च न्यायालय में होती है। कोई भी पार्टी जो जिला-स्तर न्यायालय के फैसले से असहमत हो, वह उच्च न्यायालय में अपील कर सकता है। पेटेन्ट और डिजाईन, उत्तराधिकार, भूमि-अधिग्रहण तथा अभिभावक बनने संबंधी मामले भी उच्च न्यायालय में सुनी जाती हैं।

उच्च न्यायालय सेशन कोर्ट के आपराधिक मामलों की सुनवाई करता है। यदि सेशन कोर्ट में कोई व्यक्ति अपराधी साबित होता है तो वह इसके विरुद्ध अपील कर सकता है। कभी-कभी राज्य भी सजा बढ़ाने के लिए सेशन कोर्ट से अपील कर सकता है। उच्च न्यायालय सेशन कोर्ट के फैसले स्वीकार भी कर सकता है या सजा के प्रकार को बदल सकता है या दोषी को मुक्त भी कर सकता है। परन्तु यदि सेशन कोर्ट किसी दोषी को सजा-ए-मौत देता है तो अभियुक्त को फांसी देने से पहले उच्च न्यायालय से पुष्टि करायी जाती है। दोषी द्वारा अपील न किये जाने के बाद भी राज्य उस मामले को उच्च न्यायालय में पुष्टि के लिए भेज देता है।

उच्च न्यायालय में मामलों का स्थानांतरण

यदि उच्च न्यायालय को यह संतुष्टि हो जाये कि अधीनस्थ न्यायालय के समक्ष प्रस्तुत मुकदमे में संविधान की व्याख्या की आवश्यकता है तो ऐसे मामलों को उच्च न्यायालय स्वयं ही उस अधीनस्थ न्यायालय से अपने हाथ में ले लेता है। मामले की जांच के बाद या तो उच्च न्यायालय उसका निपटारा स्वयं करता है या निर्देशों के साथ उसी अधीनस्थ न्यायालय को उस मामले को सौंप देता है।

अधीनस्थ न्यायालयों का अधीक्षण

न्यायिक अथवा प्रशासनिक सभी मामलों में उच्च न्यायालय अपने अधीनस्थ सभी न्यायालयों पर निरीक्षण एवं नियंत्रण का अधिकार रखता है। अपनी इन शक्तियों के अन्तर्गत यह अपने अधीनस्थ किसी भी न्यायालय से कुछ भी जानकारी मांग सकता है; अधीनस्थ न्यायालय की कार्य-प्रणाली के लिए सामान्य दिशा-निर्देश जारी कर सकता है। यह सब उच्च न्यायालय समय-समय पर कर सकता है। यदि आवश्यक हो तो यह अधीनस्थ न्यायालय के पदाधिकारियों की नियुक्ति, पदावनति, पदोन्नति एवं अवकाश से संबंधित नियम कानून बनाता है।

अभिलेख न्यायालय

सर्वोच्च न्यायालय की तरह उच्च न्यायालय एक अभिलेख न्यायालय भी है। उच्च न्यायालय के फैसलों को निचले स्तर के न्यायालय मानने के लिए बाध्य हैं। अपनी उपेक्षा और अवमानना के लिए उच्च न्यायालय दंड देने की भी शक्ति रखता है।

जिला स्तर पर अधीनस्थ न्यायालय

भारत के प्रत्येक जिले में विभिन्न प्रकार के अधीनस्थ या निम्न-स्तरीय न्यायालय हैं। ये सिविल कोर्ट, फौजदारी कोर्ट्स तथा राजस्व कोर्ट्स हैं। इनमें क्रमशः सिविल, आपराधिक तथा राजस्व संबंधित मामलों की सुनवाई होती है।

भारत के उच्च न्यायालय-एक दृष्टि में

क्र.सं.	उच्च न्यायालय का नाम	स्थापना वर्ष	स्थान एवं अधिकार क्षेत्र
1.	इलाहाबाद (लखनऊ में खण्डपीठ)	1866	इलाहाबाद–उत्तर प्रदेश
2.	आन्ध्र प्रदेश	2019	अमरावती–आन्ध्र प्रदेश
3.	मुम्बई (नागपुर, पणजी, औरंगाबाद में खंडपीठ)	1862	मुम्बई–महाराष्ट्र, दादर व नागर हवेली, गोवा, दमन और दीव
4.	कोलकाता (पोर्ट ब्लेयर में चलपीठ)	1862	कोलकाता–पश्चिम बंगाल तथा अंडमान निकोबार द्वीप समूह
5.	दिल्ली	1966	दिल्ली–दिल्ली
6.	गुवाहाटी (कोहिमा में खण्डपीठ तथा आइजॉल एवं ईटानगर में सर्किट न्यायपीठ)	1948	गुवाहाटी–असम, नगालैंड, मिजोरम और अरुणाचल प्रदेश
7.	गुजरात	1960	अहमदाबाद–गुजरात
8.	हिमाचल प्रदेश	1971	शिमला–हिमाचल प्रदेश
9.	जम्मू-कश्मीर	1928	श्रीनगर एवं जम्मू–जम्मू कश्मीर
10.	कर्नाटक	1884	बंगलुरु–कर्नाटक
11.	केरल	1958	एर्नाकुलम–केरल और लक्षद्वीप
12.	मध्य प्रदेश (ग्वालियर और इंदौर में न्यायपीठ)	1956	जबलपुर–मध्य प्रदेश
13.	मद्रास	1862	चेन्नई–तमिलनाडु और पुदुचेरी
14.	ओडिशा	1948	कटक–ओडिशा
15.	पटना	1916	पटना–बिहार
16.	पंजाब और हरियाणा	1975	चंडीगढ़–पंजाब, हरियाणा और चंडीगढ़
17.	राजस्थान (जयपुर में खण्डपीठ)	1949	जोधपुर–राजस्थान
18.	सिक्किम	1975	गंगटोक–सिक्किम
19.	छत्तीसगढ़	2000	बिलासपुर–छत्तीसगढ़
20.	उत्तराखंड	2000	नैनीताल–उत्तराखंड
21.	झारखंड	2000	रांची–झारखंड
22.	मणिपुर	2013	इम्फाल–मणिपुर
23.	मेघालय	2013	शिलांग–मेघालय
24.	त्रिपुरा	2013	अगरतला–त्रिपुरा
25.	तेलंगाना	1954	हैदराबाद–तेलंगाना

सिविल मामले वे मामले हैं जिनमें दो या दो से अधिक व्यक्तियों में जायदाद को लेकर झगड़ा है। किसी समझौते का उल्लंघन, तलाक या मकान मालिक-किरायेदार के झगड़ों का भी सिविल कोर्ट में निपटारा किया जाता है। इनमें किसी प्रकार की सजा नहीं दी जाती क्योंकि कानून का कोई उल्लंघन इन मामलों में नहीं किया जाता।

आपराधिक मामले कानून के उल्लंघन से संबंधित होते हैं। इनमें चोरी, डकैती, बलात्कार, जेबकतरी, शारीरिक आघात तथा हत्या, आदि आते हैं। ये मामले राज्य की तरफ से पुलिस द्वारा अभियुक्त के खिलाफ निचली अदालतों में दायर किये जाते हैं। इस प्रकार के मामलों में यदि अभियुक्त को दोषी पाया जाता है तो उसे दंड के रूप में हर्जाना, जेल या मौत की सजा भी हो सकती है।

राजस्व मामले जिले में कृषि भूमि पर राजस्व से संबंधित मामले हैं।

न्यायाधीशों की नियुक्ति और योग्यता

अधीनस्थ न्यायालयों के न्यायाधीशों की नियुक्ति उस राज्य का राज्यपाल उस राज्य के उच्च न्यायालय के मुख्य न्यायाधीश की सलाह पर करता है। आजकल, अधिकांश राज्यों में न्यायिक अधिकारियों का चयन राज्य लोक सेवा आयोग द्वारा आयोजित प्रतियोगिता परीक्षाओं के माध्यम से होता है। उन्हें राज्यपाल द्वारा अंतिम रूप से नियुक्त किया जाता है।

कोई भी व्यक्ति जो कम से कम 7 वर्षों से वकालत कर रहा हो या राज्य अथवा केन्द्रीय सरकार में कार्यरत हो, वह जिला न्यायालय का न्यायाधीश बनने का पात्र है बशर्ते कि वह वांछनीय न्यायिक योग्यता रखता हो।

सिविल कोर्ट्स

दीवानी मामलों की सुनवाई के लिए जिला जज न्यायालय किसी जिले का सर्वोच्च सिविल न्यायालय होता है। इसे हम बहुधा सेशन जज या जिला न्यायालय के नाम से भी जानते हैं, जब यह जिला स्तर पर दीवानी और आपराधिक मामलों की सुनवाई करता है। इस न्यायालय के न्यायाधीश राज्य के राज्यपाल द्वारा नियुक्त किये जाते हैं।

जिला जज न्यायालय के नीचे अन्य उप-न्यायाधीश के एक या अधिक न्यायालय भी हो सकते हैं। पारिवारिक न्यायालय भी स्थापित किए गए हैं जो पारिवारिक मामलों जैसे—तलाक, बच्चों की अभिभावकता, आदि मामलों की सुनवाई करते हैं। उनके नीचे मुंसिफ न्यायालय तथा सूक्ष्म मामले के कोर्ट स्थापित होते हैं जिनमें कम राशि से संबंधित मामलों की सुनवाई होती है। सूक्ष्म मामले न्यायालयों के फैसलों के विरुद्ध और कहीं अपील नहीं की जा सकती। ये सभी न्यायालय दीवानी झगड़ों की सुनवाई करके फैसला सुनाते हैं।

जिला न्यायालय केवल उप-न्यायाधीश के फैसलों के विरुद्ध की गई अपीलें ही नहीं सुनता बल्कि बिल्कुल नये मामले भी सीधे यहाँ प्रारम्भ होते हैं। इस न्यायालय के फैसलों के विरुद्ध राज्य के उच्च न्यायालय में अपील की जा सकती है।

फौजदारी न्यायालय

सेशन जज का न्यायालय (जिसे सेशन कोर्ट भी कहते हैं) जिले में फौजदारी मामलों की सुनवाई का सबसे बड़ा न्यायालय है। इस न्यायालय के नीचे प्रथम, द्वितीय व तृतीय श्रेणी मजिस्ट्रेटों की अदालतें होती हैं। महानगरीय शहरों जैसे—दिल्ली, मुंबई, कोलकाता, चेन्नई, आदि में इन्हें मैट्रोपोलिटन मजिस्ट्रेट कहते हैं। इन सभी फौजदारी न्यायालयों में अभियुक्त पर मुकदमा चलाया जा सकता है और दोषी पाये जाने पर कानून के तहत सजा भी दी जा सकती है।

आपराधिक न्यायालयों में कानून के उल्लंघन से संबंधित मामलों की सुनवाई होती है। इनमें चोरी, डकैती, बलात्कार, जेबकतरी, शारीरिक आघात और हत्या, आदि शामिल हैं। इन मामलों में दोषी को सजा दी जाती है जो कि जुर्माना, जेल या मृत्युदंड हो सकती है।

सामान्यतः प्रत्येक अभियुक्त को पुलिस द्वारा मजिस्ट्रेट के समक्ष पेश किया जाता है। मजिस्ट्रेट छोटे-मोटे मामलों का तुरंत निपटारा कर सकता है। परन्तु यदि मजिस्ट्रेट मामले को गंभीर समझता है तो वह अभियुक्त पर सेशन कोर्ट में मुकदमा चलाता है।

यदि किसी अपराधी को सेशन कोर्ट द्वारा मृत्युदंड दिया गया है तो केवल उच्च न्यायालय द्वारा सजा की पुष्टि के बाद ही उसे मृत्यु दंड दिया जा सकता है।

राजस्व न्यायालय

राजस्व न्यायालय राज्य में भूमि राजस्व से संबंधित मामलों को देखते हैं। राज्य में सबसे ऊँचा राजस्व न्यायालय राजस्व बोर्ड होता है। इसके अन्तर्गत आयुक्त न्यायालय, कलैक्टर्स, तहसीलदार और सहायक तहसीदलदार होते हैं। राजस्व बोर्ड उन सभी मामलों की सुनवाई करता है जिनमें निचली अदालत के फैसले के विरुद्ध अपील की जाती है।

12. निर्वाचन आयोग

भारत का निर्वाचन आयोग

भारतीय संविधान निर्माताओं ने चुनाव करवाने के लिए एक स्वतंत्र चुनावी मशीनरी को विशेष महत्व दिया। भारत के संविधान में एक निर्वाचन आयोग का प्रावधान है जो सभी चुनावों के निरीक्षण, निर्देशन और नियंत्रण के लिए उत्तरदायी है। यह संसद के दोनों सदनों, विधान सभाओं तथा राष्ट्रपति एवं उप-राष्ट्रपति पद के चुनावों के लिए उत्तरदायी है। इसके अतिरिक्त यह मतदाता सूचियां बनाने, उन्हें संशोधित करने तथा मतदाता सूचियों के रख-रखाव के लिए भी उत्तरदायी है। यह संसद और राज्य विधान सभाओं के चुनावों के लिए चुनावी-क्षेत्र परिसीमित करता है, चुनावी कार्यक्रम निश्चित करता है और चुनावी विवाद सुलझाता है। यह चुनाव से संबंधित अनेक अन्य कार्य करता है।

संगठन

निर्वाचन आयोग में एक मुख्य चुनाव आयुक्त तथा समय-समय पर राष्ट्रपति द्वारा मनोनीत चुनाव आयुक्त होते हैं। इसकी स्थापना 1950 में हुई और अक्टूबर 1989 तक आयोग ने मुख्य चुनाव आयुक्त (CEC) के रूप में एक सदस्यीय निकाय के तौर पर काम किया। निर्वाचन आयोग 16 अक्टूबर 1989 को बहुसदस्यीय बन गया, जब राष्ट्रपति ने दो और चुनाव आयुक्त नियुक्त किए। लेकिन 1990 में चुनाव आयोग को पुनः एकसदस्यीय बना दिया गया और फिर 1993 में बहुसदस्यीय (3 सदस्यीय)। चुनाव आयुक्तों में वरिष्ठ को मुख्य चुनाव आयुक्त नियुक्त किया जाता है। मुख्य चुनाव आयुक्त की सहायता के लिए काफी संख्या में अधिकारी होते हैं।

कार्यकाल और हटाया जाना

मुख्य चुनाव आयुक्त और अन्य चुनाव आयुक्तों को छह वर्ष की कार्यावधि अथवा 65 वर्ष की आयु तक, जो भी पहले हो, के लिए नियुक्त किया जाता है। यह आवश्यक है कि मुख्य चुनाव आयुक्त तथा अन्य चुनाव आयुक्त सभी प्रकार के राजनीतिक हस्तक्षेप से मुक्त होने चाहिए। इसलिए भले ही वे राष्ट्रपति द्वारा नियुक्त किए जाते हैं परंतु फिर भी वह उन्हें हटा नहीं सकता और उनकी नियुक्ति के बाद उनकी सेवा शर्तों और उनकी कार्यावधि में परिवर्तन नहीं किया जा सकता। मुख्य चुनाव आयुक्त को अपने पद से हटाने के लिए उच्चतम न्यायालय के न्यायाधीशों को हटाने के लिए अपनाई जाने वाली प्रक्रिया को अपनाए बिना नहीं हटाया जा सकता। परंतु अन्य चुनाव आयुक्त और क्षेत्रीय चुनाव आयुक्त मुख्य चुनाव आयुक्त के नीचे काम करते हैं, उन्हें राष्ट्रपति द्वारा मुख्य चुनाव आयुक्त की सिफारिश पर ही हटाया जा सकता है।

निर्वाचन आयोग की शक्तियां और कार्य

निर्वाचन आयोग का प्राथमिक कार्य भारत में स्वतंत्र और निष्पक्ष चुनाव करवाना है। इस हेतु निर्वाचन आयोग के निम्नलिखित कार्य हैं—

चुनाव क्षेत्रों का परिसीमन करना :

चुनाव प्रक्रिया को सुविधाजनक बनाने के लिए देश को अनेक चुनावी क्षेत्रों में बांटना होता है।

चुनाव क्षेत्रों के परिसीमन का काम आमतौर पर परिसीमन आयोग करता है जिसमें उच्चतम न्यायालय के पांच सेवानिवृत अथवा सेवारत न्यायाधीश होते हैं तथा मुख्य चुनाव आयुक्त इसका पदेन सदस्य होता है। परिसीमन आयोग को सभी प्रकार की सचिवालयी सहायता निर्वाचन आयोग द्वारा प्रदान की जाती है। परिसीमन आयोग का समय-समय पर सरकार द्वारा गठन किया जाता है।

मतदाता सूचियां तैयार करना :

प्रत्येक क्षेत्र की एक विस्तृत मतदाता सूची होती है। इसे मतदाता सूची कहा जाता है। निर्वाचन आयोग संसद तथा विधान सभा चुनावों के लिए मतदाता सूची तैयार करता है। प्रत्येक चुनाव क्षेत्र की मतदाता सूची में उन सभी व्यक्तियों के नाम दर्ज होते हैं जो उस चुनाव में मतदान करने का अधिकार रखते हैं। मतदाता सूची को समय-समय पर प्रायः साधारण चुनाव, उपचुनाव और समयावधि चुनावों से पूर्व संशोधित किया जाता है।

चुनाव आयोग द्वारा नियुक्त संगणकों द्वारा घर-घर जाकर संशोधन किया जाता है और सभी योग्य मतदाताओं का पंजीकरण किया जाता है। किसी भी व्यक्ति को मतदाता के रूप में

पंजीकृत किया जा सकता है यदि वह अधोलिखित योग्यताएं पूरी करता होः

1. वह भारत का नागरिक हो।
2. उसकी आयु 18 वर्ष की हो।
3. वह उस चुनाव क्षेत्र का निवासी हो।

राजनीतिक दलों को मान्यता :

निर्वाचन आयोग का एक महत्वपूर्ण कार्य राजनीतिक दलों को अखिल भारतीय (राष्ट्रीय) अथवा राज्य (क्षेत्रीय) राजनीतिक दल के रूप में मान्यता देना है। यदि किसी साधारण चुनाव में किसी दल विशेष को किन्हीं चार राज्यों के कुल वैध मतों का 6 प्रतिशत प्राप्त होता है तो उसे अखिल भारतीय (राष्ट्रीय) दल के रूप में मान्यता मिलती है। यदि एक दल को एक राज्य में पड़े वैध मतों का 4 प्रतिशत मिलता है तो उसे प्रांतीय अथवा क्षेत्रीय दल के रूप में मान्यता दी जाती है। भारतीय राष्ट्रीय कांग्रेस, भारतीय जनता पार्टी, भारतीय कम्युनिष्ट पार्टी, भारतीय कम्युनिस्ट पार्टी (मार्क्सवादी), बहुजन समाज पार्टी और राष्ट्रवादी कांग्रेस पार्टी वर्तमान में प्रमुख राष्ट्रीय दल हैं।

चुनाव चिह्न आबंटित करना :

राजनीतिक दलों के पास निर्वाचन आयोग द्वारा आबंटित चुनाव चिह्न होते हैं। उदाहरण के लिए, भारतीय राष्ट्रीय कांग्रेस का चुनाव चिह्न हाथ है, भारतीय जनता पार्टी का कमल तथा बहुजन समाज पार्टी का चुनाव चिह्न हाथी है। ये चुनाव चिह्न निम्नलिखित कारणों से महत्वपूर्ण हैं:

1. यह निरक्षर मतदाताओं के लिए महत्वपूर्ण एवं सहायक होते हैं जो उम्मीदवारों के नाम नहीं पढ़ सकते।
2. यह एक ही नाम वाले दो उम्मीदवारों के बीच अंतर (भेद) करने में भी सहायक होते हैं।

चुनाव प्रक्रिया

सरकारी तौर पर चुनाव की प्रक्रिया तब प्रारम्भ होती है जब चुनाव आयोग की सिफारिश पर लोक सभा के मामले में राष्ट्रपति और विधान सभा के मामले में राज्यपाल चुनाव की अधिसूचना जारी करता है। उम्मीदवारों को नामांकन पत्र जमा कराने के लिए सात दिन दिए जाते हैं। अधिसूचना जारी होने के बाद रविवार को छोड़ कर सातवां दिन अन्तिम दिन होता है। नामांकन पत्रों की जांच साधारणतया नामांकन भरने की अंतिम तिथि के बाद होती है। उम्मीदवार पत्रों की जांच के बाद दूसरे दिन अपना नाम वापस ले सकता है। चुनाव नामांकन वापस लेने के बाद के बीस दिन से पहले नहीं होता।

भारतीय चुनाव प्रक्रिया के दोष

भारतीय चुनाव प्रक्रिया की दुनियां भर में प्रशंसा हुई है। जिस तरह से भारत में चुनाव करवाए जाते हैं उसकी लोगों ने सराहना की है। लेकिन इस प्रक्रिया की अपनी कुछ कमियां भी हैं। यह देखा गया है कि स्वतंत्र और निष्पक्ष चुनाव सुनिश्चित करने के लिए चुनाव आयोग के प्रयासों के बावजूद हमारी चुनाव प्रक्रिया में कुछ त्रुटियां है। कुछ उल्लेखनीय त्रुटियों पर नीचे चर्चा की गई है।

धन-बल

चुनावों में बेहिसाब पैसे की भूमिका एक गंभीर समस्या बन गई है। राजनीतिक दल कम्पनियों और व्यापारियों से पैसा एकत्रित करते हैं और फिर इस पैसे को मतदाताओं को अपने पक्ष में करने के लिए प्रयोग करते हैं। व्यापारियों का योगदान अधिकतर नकद और हिसाब-किताब से बाहर होता है। चुनाव के दौरान अन्य कई भ्रष्ट तरीके जैसे रिश्वत देना, बेईमानी अथवा वोटरों को डराना-धमकाना, जाली वोट डलवाना तथा मतदाताओं को मतदान केन्द्र तक लाने तथा वापस ले जाने के लिए परिवहन और अन्य साधन मुहैया कराना आदि भी अपनाए जाते हैं। चुनाव के दौरान गरीब इलाकों में शराब बांटने की सूचनाएं आम बात हैं।

बाहु-बल

पहले अपराधी बंदूक की नोक पर मतदाताओं को डरा-धमका कर उनसे अपनी इच्छानुसार वोट डलवाकर उम्मीदवारों को सहयोग दिया करते थे। अब वे स्वयं चुनाव लड़ने के द्वारा खुलकर सामने आ गए हैं जिससे राजनीति का अपराधीकरण हुआ है। परिणामस्वरूप चुनावों के दौरान हिंसा की घटनाओं में वृद्धि हुई है।

जाति और धर्म

प्रायः राजनीतिक दल उम्मीदवारों को इस विचार के बाद टिकट देते हैं कि क्या वह संख्या की दृष्टि से बड़ी जातियों और

समुदायों के वोट और सहयोग प्राप्त कर सकता है तथा क्या उसके पास पर्याप्त संसाधन हैं। मतदाता भी जातीय और साम्प्रदायिक आधार पर मतदान करते हैं। प्रचार अभियान में लोगों की साम्प्रदायिक निष्ठा का प्रयोग किया जाता है।

सरकारी मशीनरी का दुरुपयोग

सभी राजनीतिक दलों के पास संसाधनों तक पहुंचने के समान अवसर नहीं होते। सत्तारूढ़ दल सदैव विपक्षी दल से बेहतर स्थिति में होता है। आमतौर पर यह आरोप लगता है कि सत्तासीन दल सरकारी मशीनरी का दुरुपोग करने से नहीं हिचकिचाते। इन सब कारणों से हिंसा, मतकेन्द्रों पर कब्जा करना, बेईमानी, जाली मतदान, मतपत्रों, मतपेटियों को बलात छीन ले जाना, वाहनों को आग लगा देने जैसी घटनाएं होती हैं जिसके फलस्वरूप लोगों का चुनावों पर से विश्वास कम होता जा रहा है।

चुनाव सुधार

लोकतांत्रिक चुनावी प्रक्रिया में जनता के विश्वास को पुनर्स्थापित करने के लिए क्रमशः 1974 और 1990 में विशेष रूप से चुनाव सुधारों की योजना का अध्ययन और सिफारिश करने के लिए नियुक्त की गई तारकुण्डे समिति द्वारा अनेक सुधारों की सिफारिश की गई है। इन सिफारिशों में से कुछ को लागू भी किया जा चुका है। वास्तव में यह उस समय के मुख्य चुनाव आयुक्त टी. एन. शेषन की अध्यक्षता में चुनाव आयोग ने स्वतंत्र और निष्पक्ष चुनाव करवाने के लिए कई नए उपायों को अपनाया। अब तक लागू किए गए कुछ चुनाव सुधार निम्नलिखित हैं—

(क) मतदान की आयु 21 वर्ष से घटाकर 18 वर्ष कर दी गई है। इससे वोटरों की संख्या में वृद्धि तथा देश के युवाओं में विश्वास प्रकट किया गया है।

(ख) चुनावों को गंभीरता से न लेने वाले कई उम्मीदवारों को चुनाव लड़ने से रोकने के लिए सुरक्षा राशि को बढ़ा देना एक अन्य बड़ा परिवर्तन है।

(ग) जाली मतदान और बोगस मतदान के उन्मूलन के लिए फोटो पहचान पत्र शुरू किए गए हैं।

(घ) इलेक्ट्रानिक वोटिंग मशीन (EVM) का प्रयोग शुरू होने से मतदान केन्द्रों पर कब्जा, हेराफेरी और जाली मतदान सम्भव नहीं हो सकेगा। EVM के प्रयोग से कुछ समय बाद चुनाव करवाने के खर्च को कम करने तथा गिनती के समय बेईमानी की घटनाएं भी कम होंगी।

(ङ) कुल डाले गए मतों की संख्या तथा गिने गए मतों की संख्या में अंतर मिलने पर रिटर्निंग अधिकारी सीधे चुनाव आयोग को सूचना दे सकता हैं। ऐसी रिपोर्ट मिलने पर चुनाव आयोग किसी विशेष मतदान केन्द्र पर हुए चुनाव को अवैध घोषित कर सकता है और नए चुनाव की तिथि निश्चित कर सकता है अथवा उस पूरे चुनाव क्षेत्र का चुनाव रद्द कर सकता है।

13. दबाव समूह

राजनीतिक दलों के अतिरिक्त समाज में कुछ ऐसे स्वयंसेवी समूह भी होते हैं जो जनता के विशेष हितों की समाज में रक्षा करते हैं। दबाव व हित समूह पूरी तरह से संगठित समूह होते हैं जिनके सार्वजनिक व सामाजिक हित होते हैं तथा ये समूह सरकार की नीति निर्धारक प्रक्रिया को बाहरी दबाव डालकर प्रभावित करते हैं। दबाव समूहों की सदस्यता स्वैच्छिक होती है और ये प्रत्येक देश में पाए जाते हैं।

इन दबाव समूहों के कार्य बहुत ही सीमित व संकीर्ण होते हैं। इनका चरित्र बहुत ही अनौपचारिक, संकीर्ण और गैर मान्यता प्राप्त होता है। ये दबाव समूह राजनीतिक दलों के विपरीत चुनावों में भाग नहीं लेते। ये अनेक तकनीकों के माध्यम से सरकार पर दबाव डालते हैं, इसी कारण से इन्हें दबाव समूह कहा जाता है। इन सबके बावजूद भी ये देश की राजनीति में महत्वपूर्ण भूमिका अदा करते हैं और जनमत को लामबंद करने में सहायक होते हैं।

विभिन्न प्रकार की दलीय प्रणालियाँ, विभिन्न प्रकार की दबाव गतिविधियों को जन्म देती हैं। विभिन्न राजनीतिक प्रणालियों में दबाव समूहों के कार्य करने की प्रक्रिया अलग-अलग होती है। इन्हें निम्नलिखित पाँच घटकों द्वारा नियंत्रित किया जाता है:

1. राजनीतिक संस्थानों का ढाँचा
2. दलीय प्रणाली की प्रकृति
3. राजनीतिक संस्कृति तथा लोगों व नेताओं का व्यवहार
4. सामने आने वाली समस्याओं और मामलों की प्रकृति
5. संबद्ध हित समूहों का चरित्र एवं प्रकार

भारत में दबाव समूहों का वर्गीकरण

संसार के सभी देशों में दबाव समूह होते हैं, भारत इसका अपवाद नहीं है। ये समूह अपने हितों की पूर्ति के लिए सरकार द्वारा लिए जाने वाले निर्णयों को प्रभावित करते हैं। इनके उद्देश्यों और लक्ष्यों के आधार पर इन्हें मुख्य रूप से **चार वर्गों** में विभाजित किया गया है, जो निम्न हैं:

व्यावसायिक दबाव समूह	सामाजिक-सांस्कृतिक दबाव समूह
संस्थागत दबाव समूह	तदर्थ दबाव समूह

(*i*) **व्यावसायिक दबाव समूह**: इस वर्ग में उन दबाव समूहों को शामिल किया जाता है, जिनका निर्माण किसी निश्चित पेशे या व्यवसाय के कर्मचारियों द्वारा अपने हितों की रक्षा के लिए किया जाता है। ऐसे बड़े व्यावसायिक घराने, जिनके पास संसाधनों की प्रचुरता होती है तथा जिनके पास तकनीकी व प्रबंधन के क्षेत्र के कर्मचारियों की उपलब्धता होती है तथा जिनके सरकार के संभ्रांत वर्गों, मीडिया, प्रशासन और विपक्षी दलों से अच्छी जान पहचान व संबंध होते हैं, उनके नियंत्रण में सबसे संगठित व शक्तिशाली दबाव समूह होते हैं।

अनेक व्यावसायिक घरानों का प्रभाव भारतीय संसद तथा विधानमंडल में है। उनके पास ऐसे प्रतिनिधि व जनसंपर्क अधिकारी हैं, जो प्रशासन व उच्च नौकरशाही से संपर्क बनाए रखते हैं। फिक्की (FICCI) निजी पूंजी के व्यवहार में लोकतंत्र क्षेत्र में सबसे बड़ा तथा प्रभावशाली संगठन है। यह लगभग 40,000 प्रतिष्ठानों का प्रतिनिधित्व करता है। इसके साथ एक बड़ा व्यापारिक कॉरपोरेट जगत है। राजनीतिक दल फंड (Fund) इत्यादि प्राप्त करने के लिए इस पर आश्रित हैं। इसके बदले में ये राजनीतिक दल इन्हें कारोबार शुल्क (टैरिफ), पूंजी निवेश, कर आदि में छूट देते हैं। आज के भूमंडलीकरण व उदारवाद के दौर में फिक्की की भूमिका बहुत बढ़ गई है। विशेषकर आर्थिक व वाणिज्यिक नीतियों से संबंधित मुद्दों पर सरकार इस समूह के विचार को सुनती है व इसकी सलाह लेती है।

कुछ अन्य व्यावसायिक समूह हैं: एसोसिएटेड चैंबर ऑफ कॉमर्स, कनपेफडरेशन ऑफ इंडियन इंडस्ट्रीज, टाटा ग्रुप ऑफ इंडस्ट्रीज, टाटा, बिरला, डीसीएम, डाल्मिया और हिंदुस्तान यूनी लीवर आदि। ये सभी सरकार की औद्योगिक नीतियों व कानूनों को प्रभावित करते हैं।

पेशेवर दबाव समूहों में ट्रेड यूनियनों, किसान संगठनों, अध्यापक व छात्र संगठनों तथा कुछ अन्य संगठनों जैसे अखिल भारतीय चिकित्सा परिषद्, अखिल भारतीय डाक एवं मजदूर संघ आदि को शामिल किया जाता है। इस प्रकार पिछले कुछ वर्षों में व्यावसायिक घरानों का प्रभाव देश की वित्तीय औद्योगिक और वाणिज्यिक राजनीति पर काफी बढ़ा है।

ट्रेड यूनियनों और किसान संगठनों का इतिहास हमें स्वतंत्रता के दौर से पहले ले जाता है। श्रमिक वर्ग के सामाजिक राजनीतिक हितों का समर्थन करने के उद्‌देश्य से सन् 1920 में ऑल इंडिया ट्रेड यूनियन कांग्रेस (AITUC) की स्थापना की गई। हिंद मजदूर संघ, सेंटर ऑफ इंडिया ट्रेड यूनियन (CITU), इस प्रकार की ट्रेड यूनियनों के कुछ उदाहरण हैं। देश के अलग-अलग भागों में बिजली, पानी, बैंक, इंश्योरेंस आदि से संबंधित ट्रेड यूनियनें किसी न किसी प्रकार से अखिल भारतीय संगठन से संबद्ध हैं।

ऐसा देखा गया है कि राजनीतिक दल अपने हितों की पूर्ति के लिए किसानों व काश्तकारों का इस्तेमाल करते हैं। ऐसे समय में उन्हें एकजुट होकर अपने अधिकारों की माँग करनी चाहिए। वे सभी कृषि के क्षेत्र में अपने हितों की सुरक्षा चाहते हैं, जिनके लिए हर संभव प्रयास किए जाने चाहिए। उनके मुख्य उद्‌देश्यों में पैदावार के लिए उच्च मूल्य, उर्वरकों के लिए सब्सिडी, ऋण एवं खाद की उपलब्धता आदि है। हरियाणा, उत्तर प्रदेश, पंजाब, कर्नाटक, राजस्थान आदि में प्रभावशाली किसान संगठन, जैसे भारतीय किसान यूनियन, सरकार द्वारा कृषि के संबंध में लिए जाने वाले निर्णयों को प्रभावित करती है। इस प्रकार के संगठन राष्ट्रीय जागरूकता तथा वर्ग चेतना को भी एक सुनिश्चित आकार प्रदान करते हैं। इनके पास समाज के उपेक्षित व निर्धन वर्ग की बेहतरी के लिए दृढ़ इच्छाशक्ति तथा एकात्मकता होती है, किन्तु पूंजी की ताकत नहीं होती।

शिक्षा के क्षेत्र में भी छात्रों, अध्यापकों, गैर व्यावसायिक कर्मचारी वर्ग (स्कूल, कॉलेज व विश्वविद्‌यालय आदि) की अपनी यूनियनें हैं, जिनके द्‌वारा वे जनमत को लामबंद करते हैं तथा अपने अधिकारों, जैसे पी.एफ, ग्रेज्युटी, बोनस, एलटीसी, छुट्टियों और व्यावसायिक संस्थानों को खोलने, परिवहन की समुचित सुविधाओं, फीस संरचना आदि की सुरक्षा के लिए सरकार पर प्रभाव डालते हैं। इस प्रकार के कुछ संगठन हैंः नेशनल स्टूडेंट यूनियन ऑफ इंडिया, भारतीय जनता युवा मोर्चा, ऑल इंडिया टीचर्स एसोसिएशन, ऑल इंडिया स्टूडेंट यूनियन, दिल्ली यूनिवर्सिटी स्टूडेंट यूनियन आदि।

(*ii*) **सामाजिक सांस्कृतिक दबाव समूहः** ऐसे बहुत-से सामाजिक सांस्कृतिक दबाव समूह हैं, जो सामुदायिक सेवाओं से सरोकार रखते हैं तथा संपूर्ण समुदाय के हितों को बढ़ावा देने के लिए कार्य करते हैं। इनके अलावा कुछ और दबाव समूह भी हैं, जो अपनी भाषा और अपने धर्म के प्रचार के लिए कार्य करते हैं। ऐसे कुछ दबाव समूह निम्न हैंः आर्य प्रतिनिधि सभा, जनसेवा संघ, रामकृष्ण मिशन, आर्य समाज, जमात-ए-इस्लामी, राष्ट्रीय स्वयं सेवक संघ, विश्व हिन्दू परिषद्, शिरोमणि गुरुद्‌वारा प्रबंधक कमेटी, पारसी अन्जुमन, यंग मैन ईसाई संगठन, बजरंग दल, संस्कृत साहित्य अकादमी, पंजाबी अकादमी, मराठी संघ, भारतीय आदिम जाति संघ, शरणार्थी लोक समिति आदि।

(*iii*) **संस्थागत दबाव समूहः** ऐसे भी कई दबाव समूह हैं, जो सरकारी ढाँचे के भीतर ही काम कर रहे व्यवहार में लोकतंत्र हैं। बिना राजनीतिक पद्धति में शामिल हुए ये दबाव समूह सरकार की नीतियों को अपने हितों के लिए प्रभावित करते हैं। सिविल सर्विस एसोसिएशन, पुलिस वेलफेयर संगठन, गजेटिड ऑफिसर यूनियन, डिफेंस पर्सोनल एसोसिएशन, आर्मी ऑफिसर्स संगठन, रेड क्रॉस सोसाइटी आदि कुछ इसी प्रकार के दबाव समूहों के उदाहरण हैं। इन दबाव समूहों के द्‌वारा स्थानांतरण, अवकाश नियमों मुद्रास्फीति के कारण पर्याप्त महंगाई भत्ता का निर्धारण आदि जैसे मामलों में इनके द्वारा दबाव बनाया जाता है। हालांकि इनके कार्य सार्वजनिक होते हैं, लेकिन फिर भी ये सरकारी तंत्र के भीतर रहकर ही सक्रिय बने रहते हैं।

(*iv*) **तदर्थ दबाव समूहः** कुछ दबाव समूह किसी विशेष मुद्‌दे को लेकर सरकार पर दबाव बनाने के उद्‌देश्य से बहुत थोड़े समय के लिए अस्तिव में आते हैं। अपने उद्‌देश्य की पूर्ति करने के बाद ये समाप्त हो जाते हैं। प्राकृतिक आपदाओं की विषम स्थिति में ये दबाव समूह अपने हित में सरकार की नीतियों को प्रभावित करने के लिए दबाव डालते हैं। इस प्रकार के दबाव समूह हैं—उड़ीसा रिलीफ आर्गनाइजेशन, भूदान अनुयोजना, कावेरी वाटर डिस्ट्रीब्यूशन एसोसिएशन, गुजरात रिलीफ आर्गनाइजेशन आदि।

दबाव समूहों की भूमिका

दबाव समूहों की गतिविधियां 'लॉबी' नाम से प्रचलित हैं। 'लॉबी' एक अमरीकी शब्द है, लेकिन आज इसका प्रयोग न केवल यूरोपीय लोकतंत्रों में किया जाता है, बल्कि जापान सहित विश्व के अन्य बहुत से देशों में किया जाता है। यह सदन के

भीतर लॉबी की ओर इंगित करता है, जहाँ संसद सदस्य और विधायक सदन से संबंधित कार्रवाइयों पर चर्चा करते हैं।

भारतीय राजनीतिक प्रणाली में दबाव समूह एक महत्वपूर्ण भूमिका निभाते हैं। ये जनता और राजनीतिक दलों के बीच एक कड़ी के रूप में तथा संचार के एक साधन के रूप में कार्य करते हैं। ये लोगों को बहुत से सामाजिक आर्थिक मुद्दों के प्रति संवेदनशील बनाते हैं तथा उन्हें राजनीतिक रूप से शिक्षित भी करते हैं। ये बहुत ही प्रभावशाली नेतृत्व का निर्माण करते हैं तथा भविष्य के नेताओं को एक प्रशिक्षण मंच मुहैया कराते हैं। ये समाज के बहुत-से परंपरागत मूल्यों के बीच के अंतर को कम करने का प्रयास भी करते हैं। एकता और अखंडता की स्थापना ही दबाव समूहों के कार्यों का मुख्य परिणाम है। इस प्रकार से यह बात एकदम स्पष्ट है कि दबाव समूह सरकार व प्रशासन दोनों की नीतियों को प्रभावित करते हैं।

किसी देश के राजनीतिक संस्थान दबाव समूहों के कार्य और उनके मुख्य उद्देश्यों को सुनिश्चित करते हैं। इंगलैण्ड, अमेरिका, फ्रांस और अन्य लोकतांत्रिक देशों में दबाव समूहों के पास सरकार के निर्णयों को प्रभावित करने के और अधिक अवसर होते हैं। ब्रिटेन में जब से संसद सदस्यों की अपेक्षा कैबिनेट और सिविल सर्विसेस (लोक सेवा) अधिक प्रभावशाली हुई है, तब से पहले के मुकाबले दूसरे तक पहुँच बनाना उपयोगी हो गया है। हाउस ऑफ कामन्स की लॉबी की अपेक्षा लोकसेवा के सदस्यों की लॉबी करना अधिक लाभकारी है। संयुक्त राज्य अमरीका में कांग्रेस संबंधी समिति प्रणाली और उसके प्रभावशाली चैयरमैन पर ध्यान केंद्रित करना लाभदायक होता है। संयुक्त राज्य अमरीका में चैंबर ऑफ कामर्स तथा निर्माता संगठनों को बहुत शक्तिशाली माना जाता है। फ्रांस में हित समूह राष्ट्रीय असेम्बली के बजाए प्रशासन को अपना लक्ष्य बनाते हैं। यद्यपि अमरीका के बहुत-से दबाव समूह और लॉबियाँ राजनीतिक दलों से दूरस्थ संबंध रखती हैं परंतु शक्तिशाली ट्रेड यूनियन राजनीतिक दलों से निकट संबंध रखते हैं। जैसे—अमेरिकन फ़ेडरेशन ऑफ लेबर, कांग्रेस ऑफ इंडस्ट्रियल आर्गनाइजेशन का डेमोक्रेटिक पार्टी के साथ, ब्रिटिश यूनियन का लेबर पार्टी के साथ, रोमन कैथोलिक चर्च का क्रिश्चियन डेमोक्रेटिक पार्टी ऑफ जर्मनी एण्ड इटली के साथ।

14. लोक प्रशासन

लोक प्रशासन : अर्थ एवं परिभाषा

लोक प्रशासन की व्याख्या संकुचित और व्यापक दोनों ही रूपों में की गई। इसके अर्थ के स्पष्टीकरण और विवेचन के लिए यह स्वाभाविक है कि 'लोक' एवं 'प्रशासन' दोनों शब्दों में निहितार्थ ढूँढे जाएँ। लोक प्रशासन प्रशासन के विस्तृत क्षेत्र का ही एक भाग है।

"प्रशासन एक लम्बा तथा अलंकारपूर्ण शब्द है, किन्तु इसका अर्थ सीधा–सादा है–लोगों की देखभाल करना तथा पारम्परिक सम्बंधों की व्यवस्था करना।" 'प्रशासन' शब्द अंग्रेजी शब्द 'Administer' का हिन्दी रूपान्तर है और यह अंग्रेजी शब्द लैटिन भाषा के Ad + Ministrate शब्दों की सन्धि से बनता है जिसका शब्दार्थ है, 'काम करवाना'। प्रत्येक प्रशासक स्वयं तो कार्य करता ही है किन्तु उसे प्रशासक इसलिए कहा जाता है कि वह औरों से भी काम करवाता है। दूसरे शब्दों में, प्रशासन चलाने के लिए जब काम करवाया जाता है तो स्वाभाविक है कि उन कार्यों के लिए योजनाएं बनाई जाएं, योजनाओं की क्रियान्विति के लिए संगठन स्थापित किए जाएं, उन संगठनों में कर्मचारियों की नियुक्ति की जाए, फिर उन्हें दिशा–निर्देश दिए जाएं, उनके कार्यों का समायोजन किया जाए और अन्त में प्रतिवेदन व्यवस्था और बजट प्रणाली द्वारा उन्हें नियंत्रित किया जाए। इस सारे उपक्रम को प्रशासन की तकनीकी भाषा में पोस्टकॉर्ब (POSDCORB) कहा जाता है। इस तरह व्यापक अर्थ में उसे उद्देश्य–प्राप्ति और उद्देश्य–निर्धारण की एक कला और विज्ञान कहा जा सकता है।

इस प्रकार प्रशासन एक व्यापक प्रक्रिया है जो कि सार्वजनिक, नागरिक अथवा सैनिक, छोटे या बड़े, सभी सामूहिक कार्यों के बारे में सभी के सम्बंध में लागू होती है।

प्रशासन की कुछ उल्लेखनीय परिभाषाएं निम्नलिखित हैं–

"वांछित उद्देश्यों की प्राप्ति के लिए मानवीय एवं भौतिक साधनों का संगठन और संचालन ही प्रशासन है।"

–पिफनर एवं प्रेस्थस

"प्रशासन एक निश्चित कार्य है जो किसी निर्धारित प्रयोजन की प्राप्ति हेतु किया जाता है। यह कार्यों की एक क्रमबद्ध व्यवस्था और साधनों का सुविधारित प्रयोग है जिसका लक्ष्य वांछित कार्य को सम्पन्न करने के साथ–साथ ऐसे कार्यों को राकना भी है जो हमारे अभिप्रायों से मेल नह खाते। यह उपलब्ध श्रम एवं साधनों की भी क्रमिक व्यवस्था है ताकि कम से कम शक्ति, समय और व्यय से वांछित लक्ष्य की प्राप्ति हो सके।"

–जॉन ए॰ वीग

"किसी उद्देश्य अथवा लक्ष्य की पूर्ति के लिए बहुमत से व्यक्तियों के निर्देशन (Direction) समन्वय (Co-ordination) तथा नियंत्रण (Control) को ही प्रशासन की कला कहा जाता है।"

–ह्वाइट

"सबसे अधिक व्यापक अर्थ में, समान लक्ष्यों को प्राप्त करने के लिए वर्गों द्वारा तथा साथ मिलकर की जाने वाली क्रियाओं को प्रशासन कहा जा सकता है।"

–हरबर्ट ए॰ साइमन

उपरोक्त परिभाषाओं के आधार पर यह निष्कर्ष स्पष्ट है कि प्रशासन मनुष्य एवं सामग्री का ऐसा प्रयोग तथा संगठन है जिससे लक्ष्य की प्राप्ति हो सके और इसमें कार्य करना तथा दूसरों से कार्य करवाना सम्मिलित है।

लोक प्रशासन का अर्थ

प्रशासन के अर्थ से ही लोक प्रशासन का स्वरूप स्पष्ट होता है। 'लोक प्रशासन' प्रशासन के ही विस्तृत क्षेत्र का एक विशेष भाग है। इस प्रकार 'पब्लिक' शब्द व्याख्या की दृष्टि से कठिन होते हुए भी मोटे तौर पर समाज के उन कार्यों को अपने में समाविष्ट करता है जो मूलतः सामाजिक हैं।

"लोक प्रशासन वह प्रशासन है जिसका सम्बंध केन्द्रीय अथवा स्थानीय शासन की क्रियाओं से होता है।"

–पर्सी मेकक्वीन

"प्रशासन का सम्बंध कार्य करने से है।.....लोक प्रशासन प्रशासन–विज्ञान का वह अंश है जिसका सम्बंध शासन से

हैं, अतः इसका सम्बंध मूलतः कार्यकारिणी से हो जाता है क्योंकि कार्यकारिणी ही शासकीय कार्यों को करने के लिए उत्तरदायी होती है हालांकि व्यवस्थापिका और न्यायपालिका से भी सम्बंधित कुछ समस्याएं लोक प्रशासन के क्षेत्र में आती हैं।"

—लूथर गुलिक

"प्रशासन का सम्बंध सरकार के 'क्या' तथा 'कैसे' से है। 'क्या' का अर्थ विषय–वस्तु से है अर्थात् एक क्षेत्र का तकनीकी ज्ञान जो प्रशासकों को कार्य करने की सामर्थ्य प्रदान करता है। 'कैसे' प्रबंध की तकनीक है अर्थात् वे सिद्धांत जिनके अनुसार सहकारी योजनाएं सफल बनाई जाती हैं। दोनों ही अपरिहार्य है और दोनों के मिलने से ही प्रशासन की स्थापना होती है।"

—डिमॉक

"लोक प्रशासन बहुपक्षीय है और इसकी परिभाषा करना अत्यन्त कठिन है। सरकार के बदलते हुए कार्यों के संदर्भ में इसे समझा जा सकता है।"

—ग्लेडन

लोक प्रशासन की ये परिभाषाएं कुछ व्यापक तथा कुछ संकीर्ण दृष्टिकोण लिए हुए हैं। कुछ परिभाषाएँ लोक प्रशासन की प्रकृति के बारे में संकीर्ण किन्तु क्षेत्र के बारे में व्यापक दृष्टिकोण वाली हैं और कुछ ऐसी हैं जो प्रशासन की 'प्रकृति और क्षेत्र दोनों के सम्बंध में व्यापक राय कायम करती हैं। लोक प्रशासन के व्यापक दृष्टिकोण वाली परिभाषाएं आज ज्यादा मान्य हैं।

वास्तव में लोक प्रशासन की सभी परिभाषाओं में आज नीति और उसकी क्रियान्विति पर बल दिया जाने लगा है। नीति सदैव किसी उद्देश्य के परिप्रेक्ष्य में बनाई जाती है तथा नीति के क्रियान्वयन में गतिविधियों और कार्यक्रम होने स्वाभाविक हैं। अतः लोक प्रशासन का सम्बंध उद्देश्य, नीति और गतिविधि तीनों से है। तीनों में तालमेल बिठाना लोक प्रशासन है। जो लोग लोक प्रशासन को नीति–विज्ञान (Policy Science) मानते हैं वे उसे राजनीति (पॉलिटिक्स) के समीप ले जाते हैं और उनके मत में मन्त्री और विधायक भी लोक प्रशासक हैं। इस तरह के दृष्टिकोण को प्रशासन का एकीकृत दृष्टिकोण कहा जाता है। इसके विपरीत जो लोक प्रशासन में केवल उच्च प्रकार के निर्णयों को ही महत्व देते हैं, वे प्रशासन को एक प्रबंध कला की दृष्टि से देखते हैं और उन्हीं लोगों को वे प्रशासक कहना चाहेंगे, जो तकनीकी दृष्टि से कार्य करवाने में वैज्ञानिक दक्षता रखते हों। इस प्रकार की विचारधारा को "प्रशासन का प्रबंधक दृष्टकोण (Managerial View of Administration) की संज्ञा दी गई है।"

लोक प्रशासन एवं निजी प्रशासन

असमानताएं : लोक प्रशासन और निजी प्रशासन में बहुत–सी समानताओं के साथ ही अंतर भी स्पष्ट दिखाई देते हैं जो इस प्रकार हैं:

1. लोक प्रशासन का मुख्य उद्देश्य जनता की सेवा है। अस्तु, सामान्य कल्याण और विशेष विषयों एवं वस्तु स्थितियों में मुवक्किलों का संतोष लक्ष्य हैं जिनको लोक प्रशासन को प्राप्त करना चाहिए। इसके विपरीत व्यापारिक प्रशासन का मूलभूत उद्देश्य व्यापार स्वामियों के लिए लाभ अर्जित करना होता है। लाभार्जन में असमर्थता एक निजी उद्यम को व्यापार से बाहर हटा देगी।

2. लोक प्रशासन को कठोरता के साथ कानून, नियमों एवं अधिनियमों के अनुसार कार्य करना होता है। कानून के प्रति अपूर्व निष्ठा सार्वजनिक क्षेत्र के कार्यान्वयन में कठोरता लाती है। लेखा–परीक्षण अथवा अधिनियमों से विपस्गमन की सदैव आशंका रहती है और यही निष्पादन पर प्रतिबंधों का कार्य करती है, इसके प्रतिकूल व्यापारिक प्रशासन सापेक्षिक रूप में कानून और अधिनियमों के प्रतिबंधों से मुक्त होता है। निश्चित रूप से व्यापार को नियंत्रित करने के लिए सामान्य कानून है लेकिन व्यक्तिगत व्यापारिक संस्थानों में परिवर्तनशील स्थितियों के अनुरूप कार्यान्वयन का प्रर्याप्त लचीलापन होता हैं। यह उसके विशेष कानूनों और नियमों से सापेक्षिक स्वतंत्रता के कारण संभव होता है जो कि लोक प्रशासन में प्रचुर मात्रा में होता है।

3. लोक प्रशासन के कार्य जनता के समक्ष अत्याधिक अनावृत होते है उपलब्धि का शायद ही कभी प्रचार किया जाता है। लेकिन छोटा सा दोष समाचार पत्रों के शीर्षक के रूप में प्रकाशित होता है। पुलिस जैसे संगठनों को हमेशा इस बात के लिए सतर्क रहना पड़ता है कि उनके किसी क्रियाकलाप से जन–समूह क्रुद्ध न हो जाए। व्यापारिक प्रशासन में ऐसा व्यापार प्रचार नहीं होता है और न ही जनता और प्रचार माध्यम इस ओर अधिक ध्यान देते है।

4. लोक प्रशासन में भेदभाव अथवा पक्षपात का कोई भी कार्य जनता अथवा विधायी आलोचना को आमंत्रित करता है। अस्तु, प्रशासकों को जनता के साथ व्यवहार में सुसंगत एवं निष्पक्ष रहना पड़ता है। व्यापारिक प्रशासन में भेदभाव का उन्मुक्त रूप से प्रयोग किया जाता है। उत्पादनों के चयन अथवा मूल्य निर्धारण में व्यापारिक प्रशासन मुख्य रूप से भेदभाव करता है जो कि व्यापारिक संस्कृति का एक अंग है।

5. लोक प्रशासन, विशेष रूप से सरकार के उच्च स्तर पर अत्याधिक जटिल है जहां अनेक उच्चस्तरीय सिफारिशें एवं दबाव होते है उच्चस्तरीय बैठकें एवं विचार विमर्श होते है। विचार विमर्श अनेक बैठकों तक चलते रहते है। एक विभाग की गतिविधियों की अनेक शाखाएं–प्रशाखाएं होती है जो अन्य विभागों तक फैल जाती है। इसके विपरीत व्यापारिक प्रशासन अपेक्षाकृत सुगठित होता है और कार्यान्वयन में एकाग्रता होती है। संगठन और कार्यान्वयन में जटिलता बहुत कम होती है, दबाव तो निश्चित रूप से नहीं होते है।

6. राजनीतिक निर्देशन ही लोक प्रशासन को विशेष चरित्र प्रदान करता है। राजनीति लोक प्रशासन के मूल में है और उच्चस्तर पर सिविल सेवा अधिकारियों में राजनीतिज्ञों के साथ काम करने तथा रहने के लिए चतुरता तथा परिपक्व बुद्धि अवश्य होनी चाहिए, लोक प्रशासन की यह विशेषता इसको व्यापारिक प्रशासन से स्पष्ट रूप से पृथक् करती है।

समानताएं :

1. कर्मचारी वर्ग की समानता : दोनों ही प्रशासनों में समान कार्य करने वाले लोग होते है। दोनों ही प्रशासनों में कार्य करने के कारण कर्मचारियों का लोक प्रशासन से निजी प्रशासन में और निजी प्रशासन से लोक प्रशासन में आदान–प्रदान हो जाता है। 1949–50 में भारत सरकार को उच्च पदाधिकारियों का अभाव हो जाने पर। IAS की विशेष भर्ती के लिए औद्योगिक संस्थानों में काम करने वाले व्यक्तियों को भी आवेदन–पत्र भेजने का निमंत्रण देना पड़ा। दूसरी ओर अवकाश प्राप्त सरकारी कर्मचारी व्यापारिक और औद्योगिक संस्थानों में स्थान प्राप्त कर लेते है। ब्रिटेन में भी कोयला, गैस, विद्युत और यातायात के साधनों का राष्ट्रीयकरण होने पर उनमें लगे अधिकांश पदाधिकारियों को हटाया नहीं गया।

2. संगठन का समान आधार : संगठन और प्रबंध दोनों ही प्रशासनों में एक जैसा है। दोनों ही प्रशासनों में मानवीय और भौतिक साधनों के संगठन का समान महत्व है, दोनों के उचित संगठन से ही निजी अथवा लोक प्रशासन अपने–अपने उद्देश्य प्राप्त कर सकते हैं। संगठन के बारे में दोनों प्रशासनों (निजी और लोक) के सिद्धांत लगभग एक जैसे ही है, इसके अतिरिक्त जैसे निजी उद्योग में नीति का निर्धारण एक निदेशक मंडल द्वारा किया जाता है उसी प्रकार लोक प्रशासन में संसद निर्देशक मंडल के रूप में नीति–निर्धारण संबंधी कार्य करती है। जिसे **विलोबी** ने संसद या विधान मंडल को निर्देशक मंडल और मुख्य कार्यपालिका को जनरल मैनेजर (निजी उद्योग में) का नाम दिया है।

3. प्रशासन की समान तकनीक : दोनों ही प्रशासकों में एक ही प्रकार की प्रशासनिक तकनीकों का प्रयोग किया जाता है। जैसेः लेखा–जोखा रखना, आंकड़े इक्ट्ठा करना, फाइलें रखना, टिप्पणी लिखना आदि दोनों ही प्रशासनों में वैज्ञानिक प्रबंध आवश्यक है। यह उल्लेखनीय है कि प्रशासकीय अधिकारी विद्यालय हैदराबाद में सरकारी उद्योगों, निजी उद्योगों और प्रशासकीय विभागों में कार्यरत कर्मचारियों को एक ही तरह की ट्रेनिंग दी जाती है।

4. विकास और प्रगति : लोक प्रशासन और निजी प्रशासन दोनों में विकास और प्रगति को एक दूसरे से ग्रहण किया जाता है। निजी प्रशासन के अनुभव और ज्ञान से लोक प्रशासन ने बहुत कुछ ज्ञान प्राप्त किया है। निःसंदेह सरकारी निगमों और दूसरे आय वाले विभागों (जैसे–रेल, डाक–तार आदि) का संचालन व्यापारिक पद्धतियों पर होता है। संयुक्त राज्य अमेरिका में निजी प्रशासन के क्षेत्र में जो शोध और कार्य हो रहा है उसे बिना किसी संकोच के लोक प्रशासन के क्षेत्र में अपनाया जा रहा है। दूसरी ओर बड़े निजी उद्योग (जैसे–डी॰सी॰एम॰, गोदरेज, टाटा उद्योग समूह आदि) में भी सरकारी प्रशासन की बहुत सी चीजों को अपनाया जा रहा है। जैसे–सेवा का संरक्षण, कर्मचारियों को अधिक से अधिक सुविधाओं का प्रबंध, बोनस व बीमा की सुविधा, चिकित्सा व आवास आदि की सुविधा सरकारी प्रशासन की ही नकल है।

5. जनसंपर्क : दोनों ही प्रकार के प्रशासन विभिन्न उपायों द्वारा जनता से निकटतम संपर्क स्थापित करने का प्रयत्न करते है। लोक प्रशासन में तो जनसंपर्क का महत्व

है ही निजी उद्योगों में भी जन–संपर्क अधिकारी की व्यवस्था की जाती है।

6. प्रशासन के समान सिद्धांत : दोनों ही प्रशासनों में समान सिद्धांत पाए जाते है। लूथर गुलिक के POSDCORB सिद्धांत की उपयोगिता लोक प्रशासन में ही नहीं निजी प्रशासन में भी है। इसी प्रकार आदेश की एकता (Unity of Command) का सिद्धांत दोनों ही प्रशासनों के लिए उपयोगी है।

दोनों प्रशासनों में उपर्युक्त समानताओं के कारण ही **साइमन** ने लिखा है कि–''वास्तव में प्रशासन के क्षेत्र में अधिकतर लोक और निजी प्रशासन की अपेक्षा छोटे और बड़े व्यापार संगठनों का अंतर है। दोनों प्रकार के प्रशासनों में प्रायः किस्म की अपेक्षा मात्रा का अंतर अधिक है।''

नवीन लोक प्रशासन

एक शताब्दी के अल्पकाल में ही लोक प्रशासन जैसे अपेक्षाकृत नए विषय ने जितने परिवर्तन देखे हैं, संभवतः वह अपने आप में उदाहरण है, एक प्रक्रिया के रूप में तो लोक प्रशासन मानव जीवन के उद्भव के साथ ही आरंभ हो गया था, किंतु विषय के रूप में यह एक शताब्दी पूर्व ही प्रकाश में आया, 1887 में वुडरो विल्सन के लेख 'The Study of Administration' के साथ ही लोक प्रशासन का एक विषय परिवर्तन के रूप में जन्म हुआ तब से लेकर आज तक परिस्थिति के अनुसार लोक प्रशासन में लगातार परिवर्तन होते रहे है।

यदि यह कहा जाए कि परिस्थितियों के अनुरूप स्वयं को ढालना ही लोक–प्रशासन की सबसे महत्वपूर्ण विशेषता रही है तो अतिश्योक्ति न होगी। एक शताब्दी पूर्व लोक प्रशासन में 'राजनीति प्रशासन द्विविभाजन' (Politics-Administration Dichotomy) का सूत्रपात किया गया था वहीं वर्तमान में यह **'कल्याणकारी राज्य'** की ओर केंद्रित हो गया है। कल्याणकारी राज्य की धारणा को मूर्तरूप देने के प्रयास में लोक प्रशासन में अनेकानेक नवीन प्रवृत्तियों का उभार हुआ है, इन नवीन प्रवृत्तियों ने परंपरागत लोक प्रशासन में बुनियादी परिवर्तन कर दिए है। परिणामतः यह एक नए रूप में उभरा है, इस परिवर्तित लोक प्रशासन को नवीन लोक प्रशासन का नाम दिया गया है। यद्यपि नवीन लोक प्रशासन की यह प्रवृत्ति 1940 से प्रकाश में आई है तथापि इसका उभार बीते तीन दशकों में तेजी से हुआ है। इतने कम समय में ही लोक प्रशासन की यह विधा लोकप्रियता के शिखर पर पहुंच गई है।

नवीन लोक-प्रशासन की विकास यात्रा :

नवीन लोक प्रशासन को समझने के संदर्भ में परंपरागत लोक प्रशासन का मौटे तोर पर अवलोकन करना उचित ही होगा, 1887 में जब लोक प्रशासन का उदय हुआ तो तत्कालीन लेखकों तथा विचारकों के सम्मुख यह चुनौती थी कि किस तरह लोक प्रशासन को अन्य विषयों की छाया से मुक्त रखा जाए, चूंकि लोक प्रशासन व राजनीतिशास्त्र में अच्छा सामंजस्य रहा है। इसलिए यह प्रयास किया कि राजनीति व लोक प्रशासन का तालमेल न होने पाये। इस हेतु तत्कालीन विचारों तथा–वुडरो विल्सन, फ्रेंक जे॰ गुडनो, एल॰ डी॰ ह्वाइट आदि ने राजनीति प्रशासन द्विविभाजन पर बल दिया। ऐसे प्रयास 1927 तक होते रहे, इस समय डब्ल्यू ॰एफ॰ विलोबी की पुस्तक 'Principles of Public Administration' प्रकाशित हुई। एक विषय के रूप में लोक प्रशासन को स्थपित करने की सफलता के पश्चात् लोक प्रशासन को विज्ञान विषय का दर्जा दिलाने का प्रयास किया गया और यह कोशिश की गई कि लोक प्रशासन में कुछ निश्चित सिद्धांतों का अन्वेषण किया जाए परिणामतः पोस्डकॉर्ब, आदेश की एकता, पद सोपान, संचार, केंद्रीयकरण, कार्यविभाजन, मितव्ययता, कार्यकुशलता जैसे सिद्धांतों की खोज हुई, सिद्धांतों के प्रतिपादन में फेयाल, उर्विक, एम॰ पी॰ फॉलेट, पिफनर, प्रेस्थस, मूनी, रैले, लूथर गूलिक, एच॰ साइमन आदि ने अपना योगदान किया।

किंतु मात्र एक दशक के अल्पकाल में ही लोक प्रशासन के उक्त सिद्धांत हास्यास्पद स्थिति के शिकार हो गए 1938 में **चेस्टर बर्नार्ड की पुस्तक** 'The Function of Executives' में बताया गया कि लोक प्रशासन के सिद्धांत मुहावरों में कम नहीं है। इस पुस्तक में कहा गया कि प्रशासन में किसी सिद्धांत का कोई अर्थ नहीं है, क्योंकि निश्चित सिद्धांतों की उपस्थिति किसी विषय को 'विज्ञान' की श्रेणी में ला देती है, जबकि लोक प्रशासन विज्ञान तो हो ही नहीं सकता सिद्धांतों की निश्चितता को मान्यता नहीं मिल सकी, क्यों कि सभी में कोई भी स्पष्ट रूप से लागू नहीं हो सकता था। 1948 में इन तथाकथित सिद्धांतवादियों की जमकर धज्जियां उड़ाई गईं, किंतु 1948

के पश्चात् लोक प्रशासन विषय को गंभीर चुनौती का सामना करना पड़ा, क्योंकि विचारकों ने लोक प्रशासन में सिद्धांतों का अभाव तो घोषित कर दिया था, किंतु नया स्वरूप क्या हो, यह घोषित नहीं किया। असमंजस्य का यह काल जिसे लोक प्रशासन विषय के संदर्भ में पहचान की 'संकट का काल' कहा जाता है जो 1968 तक चलता रहा। 1968 के पश्चात् लोक प्रशासन के क्षेत्र में नवीन विचारों का सूत्रपात हुआ। सातवें दशक के अंतराल में उभरे विचारों को ही नवीन लोक प्रशासन की संज्ञा दी गई। वस्तुतः नव लोक प्रशासन का आरंभ 1967 के हन्नी प्रतिवेदन से समझा जा सकता है **प्रो॰ जॉन सी॰ हन्नी का प्रतिवेदन** अमरीका में 'लोक–प्रशासन का स्वतंत्र विषय के रूप में अध्ययन की संभावनाएं' पर आधारित था। इस प्रतिवेदन में लोक प्रशासन को विस्तृत एवं व्यापक बनाने पर जोर दिया गया। इस प्रतिवेदन का बड़े पैमाने पर स्वागत किया गया, किंतु फिर भी यह कहा जा सकता है कि लोक प्रशासन को तत्कालीन सामाजिक समस्याओं के साथ सीधा संबंध स्थापित करने के लिए इस प्रतिवेदन में कोई पर्याप्त दृष्टिकोण नहीं सुझाया गया था।

इस प्रतिवेदन के पश्चात् अमरीका के **'फिलाडोल्फिया'** में इसी विषय पर सम्मेलन आयोजित हुआ, सम्मेलन में लोक प्रशासन के दर्शन पर जबर्दस्त वाद–विवाद हुआ, कुछ चिन्तकों ने लोक प्रशासन को महज बौद्धिक चिंतन का केंद्र माना तो दूसरों ने उसे मात्र प्रक्रिया माना। कुछ चिंतकों ने इसे प्रशासन को तो कुछ ने इसे समाज का अंग माना, वस्तुस्थिति यह रही कि इस सम्मेलन में भी लोक प्रशासन का नवीन स्वरूप निर्धारित नहीं किया जा सका। 1968 में आयोजित मिन्नोब्रुक कॉन्फ्रेंस ने लोक प्रशासन की प्रकृति में क्रांतिकारी परिवर्तन ला दिया। यह सम्मेलन नवीन लोक प्रशासन को स्थापित करने में मील का पत्थर सिद्ध हुआ यह सम्मेलन विभिन्न दृष्टिकोणों से महत्वपूर्ण रहा। **प्रथम** तो यह कि इस सम्मेलन में वे समस्त बिंदु वाद–विवाद की परिधि में आए जो पिछले दो सम्मेलनों में शामिल नहीं किए गए थे। **द्वितीय** यह कि इस सम्मेलन में युवा विचारकों का प्रतिनिधित्व रहा। मिन्नोब्रुक सम्मेलन का निहितार्थ यह हुआ कि परंपरागत लोक प्रशासन के स्थान पर नवीन लोक प्रशासन का नाम प्रकाश में आया। सम्मेलन के सार तत्वों को समेटे हुए 1971 में फ्रेंक मेरीनी कृत पुस्तक 'Toward a New Public Administration–Minnouebrook Perspective' के प्रकाशन के साथ ही नवीन लोक–प्रशासन को मान्यता प्राप्त हुई। इसी समय ड्वाइट वाल्डो की कृति 'Public Administration in a time of Turbulance' ने नवीन लोक प्रशासन को और सशक्त बना दिया। उक्त दोनों पुस्तकों में नवीन लोक प्रशासन को सामाजिक समस्याओं के प्रति संवेदनशील माना गया है।

सन् 1980 व 1990 के दौरान विकसित राष्ट्रों में सार्वजनिक क्षेत्र प्रबधन में दृढ़ता तथा अधिकारीतंत्रीय प्रवृत्ति से नमनीयता की ओर मुड़ते देखा गया। इसके अलावा विभिन्न राष्ट्रों में आर्थिक सामाजिक राजनीति विकेंद्रीकरण की चाह में लोक प्रशासन को सरकार व जनता के मध्य नवीन संबंध स्थापित करने पर बल दिया गया है इन तथ्यों का उल्लेख 1980 में प्रकाशित एच॰ जार्ज फ्रेड़रिक्सन की पुस्तक 'Public Administration Development and Disicipline' में देखा जा सकता हैं यह पुस्तक नवीन लोक प्रशासन के क्षेत्र में महत्वपूर्ण संदर्भ ग्रंथ है। 1990 के दशक में नवीन लोक प्रशासन में भी और ज्यादा अभिनव प्रयोग हुए। इस दशक में एक नए मॉडल का आविर्भाव हुआ है, प्रसिद्ध भारतीय चिंतक **मोहित भट्टाचार्य** का विचार है कि इस मॉडल को प्रबंधीकरण, नवीन लोक प्रबंधन, बाजार आधारित लोक प्रशासन, उद्यमकर्ता शासन आदि का नाम दिया जा सकता है, उन्हीं के शब्दों में यदि कहा जाए कि तीन 'E' को क्रियान्वित करने का प्रयास किया जा रहा है तो गलत न होगा। ये तीन 'E' है–दक्षता (Efficiency), अर्थव्यवस्था (Economy) तथा प्रभावित (Effectiveness)।

स्पष्टतः यह देखा जा सकता है कि इन तीन दशकों में लोक प्रशासन अपने नवीन रूप में लोकप्रिय हो चला है।

नवीन लोक प्रशासन की प्रकृति

विगत तीन दशकों में नवीन लोक प्रशासन ने प्रबंध विचारकों को सामाजिक, आर्थिक, राजनीतिक परिवर्तनों का प्रमुख एजेन्ट बना दिया है। यह माना जाने लगा है कि हमारा पारंपरिक लोक प्रशासन इस समय वैध नहीं है। इसके नेपथ्य में सर्वप्रथम कारण यह माना जाता है कि पुरातन लोक प्रशासन के सिद्धांत उन तत्वों को पहचानने में

विफल रहे है जो सार्वजनिक क्षेत्र में प्रभावित व दक्षता के प्रेरक है, पुरातन लोक प्रशासन के सिद्धांत थे–मूल्यशून्यता, दक्षता, निष्पक्षता, कार्यकुशलता, जबकि नवीन लोक प्रशासन, नैतिकता उतरदायित्व प्रणाली पर बल देता है। यह माना जाने लगा है कि नवीन लोक प्रशासन सामाजिक परिवर्तन का सर्वश्रेष्ठ संवाहक है तथा यह लक्ष्योन्मुखी है। जैसा कि **फ्रेडरिक्सन** का विचार है। "नवीन लोक प्रशासन कम व्यापक अथवा लोकप्रिय और अपने पूर्वजों की अपेक्षा अधिक सार्वजनिक, कम वर्णात्मक और अधिक परंपरागत एवं आदेशात्मक, कम संस्थानोमुख और अधिक मुवक्किल पर प्रभावोन्मुख, कम तटस्थ एवं अधिक मानकीय आदर्श है।"

नवीन लोक प्रशासन की विशेषताएं

नवीन लोक प्रशासन की विशेषताओं को निम्नलिखित बिंदुओं के अंतर्गत समझा जा सकता है–

1. राजनीति तथा प्रशासन का द्विविभाजन अप्रांसगिक प्राचीन लोक प्रशासन की सर्वाधिक महत्वपूर्ण विशेषता राजनीति बनाम प्रशासन थी। तत्कालीन लेखकों ने राजनीति तथा प्रशासन को दो ऐसे बिंदुओं के रूप में व्यक्त किया जो एक–दूसरे से पूर्णतः अलग है। नवीन लोक प्रशासन के विचारकों ने इस अवधारणा को अब निरस्त कर दिया है। नए विचारकों का मानना है कि राजनीति तथा प्रशासन को अलग–अलग रूप में देखने पर दोनों विधाएं अपूर्ण रहती है तथा समाज के प्रति अपने उतरदायित्व का सही रूप में निर्वहन नहीं कर पाती है अब यह माना जाता है कि उक्त दोनों विधाएं अभिन्न रूप से जुड़ी हैं यह भी माना जाता है कि दोनों विधाओं की एक–दूसरे पर प्रतिक्रिया होती रहती है। **नवीन लोक प्रशासन के एक अन्य प्रमुख विचारक पॉल एपलबी का** विचार है कि राजनीति तथा प्रशासन को अलग–अलग बिंदु मानने पर लोक प्रशासन की स्वीकार्यता तो कम होगी ही साथ ही कल्याणकारी राज्य की अवधारणा ध्वस्त हो जाएगी। उनका विचार है कि नीति का निर्माण ही लोक प्रशासन है इसलिए यह द्विविभाजन अवास्तविक, अप्रासंगिक व अव्यवहार्य है। एक अन्य विचार **रॉबर्ट टी॰ गोलमब्यूस्की** तो प्रशासन को राजनीति पर हावी मानते हुए कहते है कि प्रशासन महत्वपूर्ण कार्यों में राजनीति को बदल सकता हैं न कि राजनीति, प्रशासन को राजनीति और प्रशासन को पृथक् करना संभव नहीं है।

2. प्रभावोत्पादकता : पुरातन लोक प्रशासन की सर्वाधिक महत्वपूर्ण विशेषताओं मे से एक 'मितव्ययता तथा कार्यकुशलता' थी, किंतु कल्याणकारी राज्य की अवधारणा को सार्थक करने के प्रयास में अब लोकप्रिय सरकारों ने मितव्ययता जैसे शब्द को भुला दिया है। अब सरकारें इस दिशा में प्रयासरत है कि कैसे जनता को अधिकाधिक राहत दी जाए। समाजशास्त्री उसी सरकार को बेहतर ठहराते है जो सामाजिक संवेदनाओं को समझ सके, कहा जाने लगा हैं कि मितव्ययता का स्थान सामाजिक कार्यकुशलता ने ग्रहण कर लिया है तथा लोक प्रशासन अब कतिपय प्रक्रियाओं व व्यवसायों से निकलकर सामुदायिक प्रक्रियाओं में शामिल हो चुका हैं। लोक प्रशासन को अधिकाधिक प्रभावोन्मुख बनाए जाने के लिए सरकारें अब घाटे का बजट बनाकर भी जनता को लाभ पहुंचाना अपना ध्येय समझने लगी है। इसे ही श्रेयस्कर माना जाता है समाज भी इसे ही मान्यता देता है।

3. मानवीय दृष्टिकोण : पुरातन लोक प्रशासन में सिद्धांतों का इस तरह बोलबाला था, कि सम्पूर्ण तन्त्र में मनुष्य मात्र एक कलपूर्जा समझा जाता था। क्लासिकल सिद्धांत तथा वैज्ञानिक प्रबंधन में मनुष्य को आर्थिक जीव कहा गया और मानवीयता को कोई स्थान नहीं दिया गया। नवीन लोक प्रशासन में मनुष्य को मात्र आर्थिक तराजू में नहीं तौला गया है और यह प्रदर्शित करने की चेष्टा की गई है कि अब प्रशासन कार्योंमुख होने की अपेक्षा मानवोन्मुखी हो। नवीन लोक प्रशासन के उभार के पश्चात् प्रत्येक राजनीतिक प्रशासनिक क्रिया का केंद्रीय बिंदु मनुष्य बन गया है स्पष्ट है कि लोक प्रशासन की नवीन विचारधारा को निर्मूल घोषित करती है जिसमें मनुष्य को उत्पाद का यंत्र माना जाता है।

4. ग्राहक केंद्रित प्रशासन : नव लोक प्रशासन ग्राहक केंद्रित प्रशासन पर बल देता है। **नीग्रो एवं नीग्रो** के शब्दों में "लोक सेवाओं का अधिकाधिक प्रभावशाली तथा मानवीय वितरण उसी स्थिति में सार्थक सिद्ध हो सकता है, जबकि ग्राहक केंद्रित प्रशासन के साथ प्रशासन में नौकरशाही को दूर किया जाए।"

5. एक प्रगतिशील विज्ञान : पुरातन लोक प्रशासन के लेखकों ने इस विषय को विज्ञान के रूप में स्थापित करने के प्रयास में विभिन्न सिद्धांतों व तकनीकों की खोज की,

किंतु नवीन लोक प्रशासन के समर्थक यह मानते है कि सिद्धांत व तकनीकों के कारण लोक प्रशासन की मूल आत्मा नष्ट हो जाती हैं जिसके कारण लोक प्रशासन एक अनपेक्षित दृढ़ता की ओर अग्रसर हो जाता हैं। नवीन लोक प्रशासन अधिकतम स्तर पर लोक प्रशासन का स्वरूप एक प्रगतिशील विज्ञान के रूप में देखते है। रॉबर्ट डाहल जैसे लेखक ने तो लोक प्रशासन को विज्ञान विषय मानने पर गंभीर चिंता व्यक्त की है। नवीन लोक प्रशासन के समर्थन मानते है कि लोक प्रशासन के अपने शाश्वत अथवा सर्वव्यहार्य सिद्धांत है, किंतु कोई सामान्य सिद्धांत नहीं है, जैसा कि **बर्नार्ड** का मानना है कि पारंपरिक लोक प्रशासन के सिद्धांत नवीन संदर्भों में मुहावरों से कम नहीं है। नवीन परिप्रेक्ष्य में यह कहा जाता है कि पारंपरिक लोक प्रशासन का कोई सिद्धांत एकल रूप में निरूपित नहीं किया जा सकता उदाहरण के रूप में 'आदेश की एकता' (Unity of Command) को लिया जा सकता है। इस सिद्धांत का मूल यह है कि कोई भी कर्मचारी अपने से वरिष्ठ मात्र एक अधिकारी की आज्ञा का पालन करेगा। वर्तमान संदर्भों में यह हास्यापद ही प्रतीत होता है, क्योंकि प्रत्येक कर्मचारी बहुआयामी कार्य करता है और इस परिरिथति में मात्र एक अधिकारी की आज्ञा मानना प्रशासन में दृढ़ता की स्थिति उत्पन्न करेगा। इसी प्रकार पद सोपनिक (Hierarchy) सिद्धांत का भी पूर्णतया पालन नहीं किया जा सकता है। वस्तुस्थिति स्पष्ट हो जाती है कि लोक प्रशासन के अपने कुछ सिद्धांत अवश्य हो सकते है, किंतु उसमें पर्याप्त नमनीयता उपस्थित है। लोक प्रशासन के सिद्धांत गणितीय सिद्धांतों की तरह कठोर नहीं है अतएवं पुरातन विचारकों की यह परिकल्पना कि लोक प्रशासन विज्ञान है, वर्तमान समय में अनुपयुक्त ठहराई जा चुकी है।

नवीन लोक प्रशासन में उक्त महत्वपूर्ण बिंदुओं के दर्शन होते है। इन बिंदुओं के आधार पर नवीन लोक प्रशासन की प्रकृति एवं प्रवृत्ति को सहज रूप से समझा जा सकता है। नवीन लोक प्रशासन को समाज के प्रति अपनी प्रतिबद्धता के लिए प्रेरित करती है, नवीन लोक प्रशासन सम्प्रति **पी॰पी॰बी॰ सिद्धांत** पर कार्य कर रहा है, इसे विस्तृत रूप में **कार्यक्रम नियोजन, क्रियान्वयन, बजट** (Programme, Planning, Budgeting) कहा जाता है, इसी प्रकार नवीन लोक प्रशासन नियोजन पर प्राथमिक दृष्टि केंद्रित करना है। नवीन लोक प्रशासन की एक अन्य विशेषता प्रशासनिक प्रयासों की प्रक्रियाओं और संरचनाओं तथा उनके लक्ष्यों के आपसी संबंधों पर अधिक स्पष्ट चिन्तन करना है, नवीन लोक प्रशासन अब अधिकाधिक सामाजिक और मनोवैज्ञानिक रूख अपनाए हुए हैं। इस प्रयास में नवीन लोक प्रशासन के एजेन्ट सत्ता का अधिकतम विकेंद्रीकरण करने पर बल देते हैं। भारत में पंचायती राज इसी विकेंद्रीकरण का प्रतिफल है। स्थानीय व्यक्तियों को देश की नीति निर्माण संस्था बनाए जाने का प्रयास नवीन लोक प्रशासन लगातार कर रहा है। नवीन लोक प्रशासन के समर्थक सामाजिक न्याय को मानवीय विकास का पथ प्रदर्शन करने हेतु सर्वोतम वाहक समझते है। नवीन लोक प्रशासन में अधिकारियों की निष्पक्षता को भी अनुपयुक्त ठहराया गया है।

नवीन लोक–प्रशासन का विचार है कि लोक सेवकों को दलगत तटस्थता तो बनाए रखनी चाहिए, किंतु सामाजिक और अन्य कार्यक्रमों को लागू करते हुए उन्हें निष्पक्षता का आवरण हटा देना चाहिए कि वे अपनी स्वेच्छा का प्रयोग समाज में अल्प सुविधाओं वाले समूहों के हितों की रक्षा करने के लिए करे नवीन लोक–प्रशासन इस बात पर भी जोर देता हैं कि प्रशासनिक अध्ययन करते समय पारदेशिय (International) अध्ययन पर गौर किया जाए प्रशासन के कार्यों में तभी संपूर्णता आ सकती है जब विभिन्न देशों की प्रशासनिक प्रणालियों का तुलनात्मक अध्ययन किया जाए। हाल के वर्षों में नवीन लोक–प्रशासन को और अधिक अभिनव बनाए जाने का प्रयास किया गया है। ड़ेविड़ ऑस्बर्न तथा टेड गिब्लर की कृति 'Reinventing Government: How the Entrepreneurial Spirit is Tranforming the Public Sector' में एक ओर सकारात्मक प्रयास देखने को मिलता हैं। इस पुस्तक में उन्होंने दस सूत्रीय कार्यक्रम का सुझाव दिया है जिसे वे **'उद्यमकर्ता शासन'** (Enterpreneurial Government) कहते हैं। इसकी विशेषताओं का उल्लेख करते हुए लेखक ने कहा कि उद्यमकर्ता शासन हितों तथा सेवाओं में भिन्न उपलब्धकर्ताओं के मध्य प्रतिस्पर्धा प्रोत्साहित करते है। इस शासन में अधिकाधिक विकेंद्रीकरण, कल्याणकारी बजट, बाजारीय संरचना पर जोर दिया जाता है। उद्यमकर्ता शासन में कठिनाइयों को पूर्ण आकार लेने की बजाय उसके इलाज के स्थान पर उनके निवारण को महत्व दिया जाता है।

इस प्रकार नवीन लोक–प्रशासन का दर्शन परंपरागत सिद्धांतों को बहुत हद तक खारिज करता है। नवीन लोक–प्रशासन के अनेक विचारक इसे नए रूप में एक मौलिक विषय के रूप में प्रस्तुत करते है, किंतु कुछ विचारक नवीन लोक–प्रशासन को परंपरागत प्रशासन के संशोधित रूप से और ज्यादा नहीं मानते हैं। उदाहरण के लिए कैम्पबेल का तर्क है कि नवीन लोक–प्रशासन की भिन्नता केवल परिभाषा के कारण ही है सहज रूप में यह देखा जा सकता है कि नवीन लोक प्रशासन का विषय मौलिक अध्ययन की पुर्नव्यवस्था पर अधिक बल देता है। उनका यह भी तर्क है कि नवीन लोक–प्रशासन परंपरागत प्रशासन से भिन्न केवल इसलिए है कि यह अन्य युग्मों की अपेक्षा अधिक से अधिक समाज के प्रति संवेदनशील है। इस प्रकार एक अन्य विचारक **राबर्ट गोलमब्यूस्की** का कहना है कि नवीन लोक–प्रशासन शब्दों में क्रांतिवाद का उद्‌भव करता है, किंतु वास्तव में यह पुरातत्व सिद्धांतों व तकनीकों की स्थिति है, लेकिन उक्त विचार पूर्वाग्रह से प्रतीत होते नजर आते हैं। नवीन लोक–प्रशासन, की स्थिति को नीग्रो में एवं नीग्रो ने अधिक स्पष्टता से व्यक्त किया है कि "जब से नवीन लोक–प्रशासन का उद्‌भव हुआ है मूल्यों और नैतिकता के प्रश्न लोक–प्रशासन के मुख्य विषय रहे है। महज एक शताब्दी के अल्पकाल में जिस तेजी से लोक–प्रशासन में परिवर्तित होते रहे है उससे प्रशासन व प्रबंधन में नवीनतम प्रवृत्तियों का समावेश होता रहा है। राजनीति, प्रशासन द्विविभाजन से लोक–प्रशासन का चलने वाला सिलसिला परिवर्तनों की बाढ़ में सिद्धांतों की खोज, सिद्धांतों का निरस्तीकरण, तुलनात्मक अध्ययन लोक–प्रशासन से लेकर अभिनव उद्यमकर्ता शासन तक आ पहुंचा है। कहा जा सकता है कि आज समाज की सरकार को लोक प्रशासन जिस तरह प्रभावित कर रहा है वह आगामी समय का संकेत देता है कि एक विषय के रूप में लोक–प्रशासन अन्य समस्त विषयों को काफी पीछे छोड़ देगा।

संगठन के सिद्धांत

टेलर का सिद्धान्त : वैज्ञानिक प्रबंध

फ्रेडरिक विन्सलों टेलर (1856–1915) ने 20 वीं सदी के आरंभिक वर्षों में सबसे पहले संगठन का व्यवस्थित सिद्धांत प्रस्तुत किया। पेशे से इंजीनियर टेलर प्रबंध जगत में वैज्ञानिक दृष्टिकोण प्रतिपादित करने वाले प्रथम प्रबंध विशेषज्ञ माने जाते है। इसीलिए उन्हे वैज्ञानिक प्रबंध का जन्मदाता माना जाता है।

1878 में एक श्रमिक के रूप में उन्होंने मिडवेल स्टील कम्पनी में **(Midvale Steel Company)** में कार्य शुरू किया और 28 वर्ष की आयु में ही वे इसी कंपनी के मुख्य अभियंता (Engineer) बनाये गये। 1893 से 1901 के मध्य उन्होंने अनेक औद्योगिक कारखानों में परामर्श अभियंता (Consultent Engineer) के रूप में काम किया और अपने वैज्ञानिक प्रबंध के सिद्धांतों का विकास किया। 1915 तक वैज्ञानिक प्रबंध के प्रणेता के रूप में उनका नाम लिया जाने लगा।

सबसे पहले टेलर ने ही औद्योगिक क्षमता और मितव्यता बढ़ाने के लिए औद्योगिक कार्य के क्षेत्र में वैज्ञानिक पद्धति अपनाने का समर्थन किया। क्योंकि टेलर के सामने कई उद्देश्य थे। वह औद्योगिक क्रांति की चुनौतियों के उत्तर की खोज कर रहा था जिसमें मानव तथा भौतिक संसाधनों की अधिकतम उपयोग करने की जरूरत थी, क्योंकि इस क्रांति (औद्योगिक क्रांति) के फलस्वरूप व्यवसाय और उद्योग के त्वरित विस्तार के कारण औद्योगिक योजना और प्रबंध की नयी समस्याएं उभरने लगी थी। कार्यपद्धति, उपकरण तथा प्रक्रियाएं न तो मानक स्तर की थी और न क्षमता की दृष्टि से योजना के अनुसार थी। कार्य पद्धति चुनने का भार कामगारों पर छोड़ा जाता था जिससे तदर्भ योजना तो बनती ही थी साथ ही क्षमता भी नष्ट होती थी। जिससे प्रबंधं समस्याओं का सामना करना पड़ा, और इन समस्याओं के समाधान के लिए टेलर ने अपना 'वैज्ञानिक प्रबंध' सिद्धात प्रस्तुत किया। हालांकि इस शब्द का सबसे पहले प्रयोग **लुईस ड़ी॰ ब्राण्ड़ीस** ने किया था।

टेलर का मुख्य निष्कर्ष यह है कि प्रबंध स्पष्ट रूप में निर्मित ऐसे नियमों और सिद्धांतों पर आश्रित होता है जिसका सभी संगठनों में सार्वजनिक रूप से प्रयोग हो सके और यही बात इसे शुद्ध विज्ञान की कोटी में रख देती है। टेलर के प्रबंध सिद्धांत को इस कारण भी वैज्ञानिक माना जाता है कि ये औद्योगिक उद्यमों की प्रक्रियाओं में परिस्थितियों का पहला परीक्षण तथा पर्यावेक्षण था। टेलर का मत था कि **"सर्वोत्तम प्रबंध सच्चा विज्ञान है।"**

वैज्ञानिक प्रबंध का ऐतिहासिक विकास : 20वीं शताब्दी में स्वचालन एवं कम्प्यूटर तकनीकि के विकास तथा विज्ञान जगत में अनेक अविष्कारों के परिणामस्वरूप उत्पादन के पैमाने तथा विधियों में महत्वपूर्ण परिवर्तन हुए है। 19वीं सदी में प्रबंध के क्षेत्र में परंपरागत विचारधारा पाई जाती थी इसके अंर्तगत प्रबंध का दायित्व साधनों की सहायता से उत्पादन करके स्वामी के लाभ को अधिकतम करना था। परंतु उत्पादन की विधियां, तकनीक सभी पुरानी थी **18 वीं** सदी में प्रबंध की परंपरागत पद्धति **'Rule of Thumb Method'** (अंगूठे का नियम) 20वीं सदी की औद्योगिक प्रणाली की समस्याओं को हल करने में असमर्थ थी। वर्तमान औद्योगिक प्रणाली की दिन–प्रतिदिन बढ़ती हुई जटिलता व विविधता ने 20वीं सदी के प्रथम अर्द्ध भाग में ''वैज्ञानिक प्रबंध आंदोलन'' को जन्म दिया। फैक्ट्री प्रणाली के अंर्तगत उत्पादन बड़े पैमाने पर किया जाने लगा, जिससे उत्पादन के विभिन्न घटकों में समन्वय स्थापित करने तथा प्रबंध संबंधी अनेक समस्याओं का समुचित हल निकालने के लिए प्रबंध में विज्ञान का विकास हुआ। 20वीं सदी में यह माना जाने लगा कि उद्यम का कुशल एवं उचित प्रबंध करने के लिए परंपरागत प्रबंध विधियो के स्थान पर वैज्ञानिक सिद्धांतों पर आधारित प्रबंध को अपनाना आवश्यक है।

अर्थ एवं परिभाषा : वैज्ञानिक प्रबंध दो शब्दों के संयोग से बना है ''**वैज्ञानिक**'' तथा **"प्रबंध"**। वैज्ञानिक से तात्पर्य है विज्ञान संबंधी और विज्ञान का अर्थ है विशिष्ट जानकारी अथवा ज्ञान की अभिवृद्धि। प्रबंध से अभिप्रायः कार्य को सुव्यवस्थित ढ़ंग से चलाने से है। इस प्रकार वैज्ञानिक प्रबंध का अर्थ है कि विशिष्ट ज्ञान से किसी कार्य को सुव्यवस्थित ढंग से करना।

वैज्ञानिक प्रबंध एक विचारधारा एवं दर्शन है जोकि परंपरागत कार्य कराने एवं करने के **'Rule of Thumb Method'** का विरोधी है। इसके अंर्तगत किसी भी औद्योगिक संस्थान में कार्य करने तथा श्रमिकों से कार्य लेने के वैज्ञानिक ढंग को शामिल किया जाता है। जिससे संबंधित संस्थान में प्रबंध की समस्त समस्याएं दूर हो जाए।

विभिन्न विशेषज्ञों एवं विद्वानों ने वैज्ञानिक प्रबंध की अलग–अलग परिभाषाएं दी है जो निम्न है:

1. टेलर स्वयं लिखा है कि, ''प्रबंध सही रूप में जानने की कला है कि क्या कार्य किया जाना है और उसके करने का सर्वोत्तम तरीका कौन–सा है।'' उन्होंने लिखा है कि "प्रबंधं का मुख्य उद्देश्य मालिकों हेतु **अधिकतम संपन्नता** के साथ श्रमिकों हेतु सम्पन्नता प्राप्त करना है'' टेलर आगे "प्रबंधं के विषय में लिखता है कि ''वैज्ञानिक प्रबंध यह पक्के रूप में मानकर चलता है कि दोनों (श्रमिकों व मालिकों) के वास्तविक हित एक एवं समान है क्योंकि मालिकों की संपन्नता लंबे समय तक बिना श्रमिको की संपन्नता के नहीं चल सकती। इसीलिए यह संभव है कि श्रमिकों को जो वह चाहता है ऊँची मजदूरी दी जानी चाहिए एवं मालिकों को जो वह चाहता है निम्नश्रम लागत दी जानी चाहिए।''

2. पी॰ एफ॰ ड्रकर के अनुसार ''वैज्ञानिक प्रबंध का कर्म कार्य का संगठित अध्ययन, कार्य का सरलतम भागों में विश्लेषण, और प्रत्येक भाग का श्रमिकों द्वारा निष्पादन कराने हेतु व्यवस्थित सुधार करना है।''

3. जोन्स ''वैज्ञानिक प्रबंध उत्पादन के नियंत्रण एवं विधियों में एक नवीन अनुशासन प्राप्त करने के लिए नियमों का एक समूह है।''

4. लायंड डाड एवं लिच ''विस्तृत अर्थ में वैज्ञानिक प्रबंध की कार्य प्रणाली श्रमिको, कच्चे मालों, मशीनों, तथा पूंजी के प्रयोग से अधिकतम लाभ प्राप्त करना है।''

उपरोक्त परिभाषाओं के आधार पर कह सकते है कि वैज्ञानिक प्रबंध समस्याओं के निवारण का मानवीय दृष्टिकोण है जो कि वैज्ञानिक अनुसंधान, विश्लेषण, नियम, सिद्धांतों एवं परिणामों पर आधारित है। इसका प्रमुख उद्देश्य न्यूनतम व्यय पर आधिकतम लाभों को प्राप्त करना होता है।

वैज्ञानिक प्रबंध संबंधी टेलर के विचारों के विकास के स्रोत : औद्योगिक प्रबंध के क्षेत्र में टेलर ने मानव श्रम को कार्यकुशलता एवं शक्ति की चरम सीमा तक पहुंचाकर युगांतर उपस्थित कर दिया। यह उनके द्वारा किए गए जीवन भर के प्रयोगों का फल था। उनके प्रबंध संबंधी विचार उसके अपने क्रियात्मक, प्रयोगो **(Experiments)** एवं अनुभव के परिणाम थे।

19वीं सदी में व्यवसाय क्षेत्र में नया मोड़ आया और उसने प्रबंध की आवश्यकता पर बल दिया। इसी समय हेनरी आर॰ टाऊन और हेनरी मैटकाफ ने प्रबंध की एकीकृत

व्यवस्था विकसित करने का प्रबंध किया। टाउन ने 1886 में **"The Engineers As An Ecomonist"** शीर्षक वाला एक शोध प्रबंध (Anciant Society of Mechonical Engineers (ASME) में प्रस्तुत किया टेलर उससे बहुत प्रभावित हुए और उन्होंने अपना सारा ध्यान कंपनी के सभी पहलुओं को समझने और वैज्ञानिक प्रबंध विकसित करने में लगाया।

सर्वप्रथम कारखाने के प्रबंध अर्थात् उसी व्यवस्था के संबंध में टेलर का योगदान उनका "कारखाना प्रबंध" पर किया गया शोध था। उसका दूसरा प्रयोगिक योगदान **The Art of Cutting Metals (1906)** पर लिखा गया निबंध था। इस निबंध में टेलर ने **''औद्योगिक प्रबंध के नवीन विज्ञान"** की नींव डाली।

मिडवेल स्टील कम्पनी में काम करते समय टेलर ने अपने पयर्वेक्षयों में निम्न कमियां पाई :

1. प्रबंधकों को अपनी और मजदूरों की जिम्मेदारी की स्पष्ट जानकारी नहीं
2. काम के प्रभावी मानको का अभाव
3. प्रबंधं के अधिकांश निर्णय अवैज्ञानिक थे क्योंकि वे **'Rule of Thumb Methed'** के आधार पर काम किया जाता था
4. विभागों में कार्य के विभाजन के सही अध्ययन का अभाव
5. श्रमिकों की नियुक्ति करते समय दक्षता, क्षमता और हितों को नजरंदाज किया जाना।

अतः इन प्रमुख कमियों के चलते टेलर ने अपने प्रयोंगो में इनके सुधारों को प्रस्तुत किया।

टेलर ने **Differential Pay Rate System** (भेदमूलक मजदूरी प्रणाली) को शुरू करने को कहा जिसमें कार्य की योग्यता के हिसाब से वेतन दिया जाएगा।

उसके बाद सबसे अच्छे श्रमिकों के समय का ध्यान करके उसने "समय अध्ययन" प्रयोग किया और बताया की कौन सा काम कितने समय में होना चाहिए इसी प्रकार उनके विचारों के विकास के योगदान में "थकान अध्ययन" प्रयोग का भी काफी महत्व है।

उसके (टेलर) इन प्रयोंगो ने एक क्रांतिकारी परिवर्तन प्रस्तुत किया उत्पादन और कुशलता में काफी वृद्धि हुई और प्रबंधकों और श्रमिकों का आत्मसम्मान बढ़ा।

इस प्रकार टेलर ने **'प्रबंध विज्ञान'** को 30 वर्षों की लंबी अवधि में विकसित किया और 1915 तक उसने वैज्ञानिक प्रबंधं आन्दोलन को पूर्णता तक पहुँचा दिया।

टेलर द्वारा 1911 में प्रकाशित पुस्तक **'Principle and Method of Scientific Management'** का वैज्ञानिक प्रबंधं में महत्वपूर्ण योगदान है। आगे चलकर यही पुस्तक 1949 में (वैज्ञानिक प्रबंध) **'Seientific Management'** के नाम से प्रकाशित हुई। इसको वैज्ञानिक प्रबंधं का ह्रदय कहा जाता है। 'कारखाना प्रबंध (1903) दूसरी रचना थी।

निबंध :

(1) A Piece Rate System, 1885.
(2) Shop Management, 1903.
(3) On the Art of Cutting Metals, 1906.
(4) Notes on Belting, 1894.

उल्लेखनीय हैं।

प्रबंध क्षेत्र में टेलर का योगदान : टेलर को वैज्ञानिक प्रबंध का जनक कहा जाता है तथा उन्हें कार्यकुशलता का सृजनकर्ता भी कहा जाता है। टेलर ने वैज्ञानिक प्रबंध में निम्नांकित महत्वपूर्ण योगदान दिया है–

1. प्रबंध को विज्ञान बनाना : टेलर ने इस बात पर जोर दिया कि प्रबंध एक विज्ञान है और इस रूप को बनाए रखने हेतु हमें घटनाओं, तथ्यों आदि का अवलोकन करना चाहिए। अवलोकनों पर प्रयोग किए जाने चाहिए। प्रयोगो की सहायता से ही टेलर ने कार्य, समय एवं थकान अध्ययन किए और कर्मचारियों के वैज्ञानिक चयन के आधार को प्रस्तुत किया है। इससे प्रबंध एक विज्ञान के रूप में कार्य करता है।

2. प्रबंध-संगठन का निर्माण : टेलर ने इस बात पर जोर दिया कि किसी भी संस्थान में एक उचित प्रबंध संगठन का विकास किया जाना चाहिए। यह एक प्रकार से एक यंत्र का कार्य करता है जिसके माध्यम से प्रबंध कार्यों का संपादन आसानी से किया जाता हैं। यह प्रबंध यंत्र कई तत्वों के समावेश से तैयार किया जाता है, जैसे समय अध्ययन, क्रियात्मक फोरमैन–शिप, प्रमापीकरण, नियोजन विभाग, कार्यनुमान विभेदात्मक मजदूरी, योजना आदि।

3. प्रबंध के सिद्धांत : टेलर ने दोनों पक्षों (मालिक व मजदूर) को न्याय दिलाने के उद्देश्य से प्रबंध के सिद्धांतों का प्रतिपादन किया है। ये सिद्धांत सभी हितों व सामूहिक विकास हेतु प्रतिपादित किए गए है–

1. कार्य-पद्धति का मानकीकरण अथवा प्रमापीकरण : इसका तात्पर्य है कि किसी कार्य को करने का श्रेष्ठत्म तरीका कौन–सा है।

टेलर का पहला सिद्धांत प्रत्येक कार्य के लिए ऐसी वैज्ञानिक पद्धति के विकास से संबंधित है जिसको कार्य प्रक्रिया के तदर्भ चयन के बदले में प्रयुक्त किया जा सके।

उत्तम प्रबंध का लक्ष्य या तो अधिकाधिक उत्पादन अथवा प्रति एकक कम खर्च होना चाहिए इसकी प्राप्ति के लिए प्रबंध को अच्छी मजदूरी देने के लिए बाध्य होना पड़ेगा। यदि श्रमिको को अधिक मजदूरी प्राप्त होने की आशा होती है, तो वे अधिक लगन, उत्साह, रूचि एवं प्रेरणा से कार्य करते है। अतः कार्य कुशलता के अनुसार श्रमिको को मजदूरी दी जानी चाहिए। इसके लिए टेलर ने विभेदात्मक मजदूरी दरों के महत्व पर जोर देते हुए लिखा है कि इसके परिणामस्वरूप कार्य की मात्रा में वृद्धि होती है और इसके साथ ही उच्च किस्म प्राप्त की जाती हैं। केवल पद्धतियों के मानकीकरण, श्रेष्ठ उपकरण तथा कार्य सुविधाओं एवं सहयोग का समावेश करके ही तेजी से कार्य करना संभव हो सकता हैं। मानकों तथा सहयोग का समावेश करना प्रबंध का काम है।

2. वैज्ञानिक चयन तथा कामगारों का प्रशिक्षण : टेलर का दूसरा सिद्धांत कामगारों का चयन, उनको काम पर लगाना तथा प्रशिक्षण के वैज्ञानिक तरीकों से संबंधित है। काम करने की परिस्थितियों के मानकीकरण का तभी स्टीक उपयोग हो सकेगा जब कामगारों का चयन करके उन्हें उसी काम पर लगाया जाए जिसके लिए वे शारीरिक और औद्योगिक दोनों दृष्टियों से पूर्णतया सक्षम है। इसके अलावा, कामगारों को उनके काम में प्रशिक्षित करना तथा उनके व्यक्तित्व के विकास के लिए सारी सुविधाएं प्रदान करना यह भी प्रबंध का कर्त्तव्य है।

3. प्रबंध और कामगारों के बीच कार्य का समान विभाजन : टेलर का तीसरा सिद्धांत स्पष्टतः इस बात का समर्थन करता है कि प्रबंध तथा कामगारों के बीच कार्य और उत्तरदायित्व का समान विभाजन होना चाहिए। टेलर ने अपने निरीक्षण में देखा कि प्रबंध में ऐसी गलत प्रवृत्ति होती है कि कामगारों पर तो ज्यादा से ज्यादा बोझ लाद दिया जाए और खुद अपने लिए कम–से–कम जिम्मेदारी रखी जाए। इसी संदर्भ में टेलर ने सुझाव दिया कि कामगारों का बुनियादी कार्य पद्धति के निर्धारण का काम जिसके लिए वे अधिक उपयुक्त है अपने ही जिम्में रखना चाहिए।

4. कामगारों और प्रबंध का आपसी सहयोग : टेलर का अंतिम सिद्धांत यह है कि प्रबंध और कामगारों के बीच सक्रिय सहयोग तथा सद्भावपूर्ण संबंध होना चाहिए। दोनों को एक–दूसरे पर आस्था और विश्वास होना चाहिए। संगठन में स्वस्थ और सौहार्द पूर्ण वातावरण पैदा करके दक्षता और उत्पादन बहुत अच्छी तरह बढ़ाया जा सकता है और ऐसा वातावरण बनाने में कामगारों और प्रबंधक दोनों की सम्मिलित जिम्मेदारी है।

इन चारों सिद्धांतों का समन्वय वैज्ञानिक प्रबंध की आधारभूमि **(Land Mark)** बना। यदि इसे उसी युग की दृष्टि से देखें तो वैज्ञानिक प्रबंध क्रांतिकारी धारणा लगता है। इसके कारण औद्योगिक प्रबंध के प्रति दृष्टिकोण में भारी परिवर्तन आया। इसकी बदौलत मानव संसाधन और भौतिक संसाधनों की बरबादी कम से कम होने लगी और श्रमिकों तथा वस्तुओं का श्रेष्ठ और दक्षतापूर्ण उपयोग होने लगा। इससे कारखानों में कार्य–पद्धति का मानकीकरण करने और कार्य–सुविधा (काम के हालात) को बढ़ाने में सहायता मिली। श्रमिकों को पहले से अधिक मजदूरी मिलने लगी। उन्हें बढ़िया काम मिला तथा प्रशिक्षण प्राप्त हुआ। उनके काम के घंटे कम हो गए, तथा सामान्य कार्य सुविधाएं बढ़ गई। प्रबंधकों को भी इस वैज्ञानिक प्रबंध से प्रभावी संगठन का विकास करने के लिए प्रभावी मार्ग–दर्शन प्राप्त हुआ टेलर ही ऐसे पहले प्रबंध चितंक हुए जिन्होंने अनुसंधान, मापदंड योजना, नियंत्रण श्रमिक और प्रबंध के बीच के आपसी सहयोग, प्रबंध के पांच आधार स्तंभ प्रदान किए और उन्हें उपयोग में लाने पर बल दिया।

4. प्रबंधकों के दायित्व : टेलर ने प्रबंधकों के दायित्व के अंतर्गत निम्न चार नए दायित्वों का प्रतिपादन किया है–

1. कर्मचारियों के कार्य के प्रत्येक तत्व के लिए विज्ञान का विकास करें जिससे कि परंपरागत अगुठां नियम को बदला जा सके।
2. कर्मचारियों के अधिकतम विकास हेतु उनका वैज्ञानिक चयन एवं प्रशिक्षण दिया जाए।
3. कर्मचारियों के साथ वे पूर्ण हार्दिक सहयोग करें जिससे कि विज्ञान के सिद्धांतों के अनुसार कार्य किया जा सकें।

4. प्रबंधकों एवं कर्मचारियों के मध्य कार्य एवं उत्तरदायित्व का समान विभाजन होना चाहिए।

उपर्युक्त प्रबंधकीय दायित्वों से श्रमिकों और प्रबंधकों में पारस्परिक सहयोग एवं विश्वास उत्पन्न होगा तथा संस्थान में शांति से कार्य होता रहेगा।

5. वैज्ञानिक प्रबंध का वर्णन (गतिशील एवं निरंतर प्रक्रिया) : टेलर के अनुसार वैज्ञानिक प्रबंध प्रत्येक कार्य के चिन्तन में, निष्पादन के तरीके में, उसकी योजना का निर्माण व उसके क्रियावयन में नियंत्रण आदि का अध्ययन करता हैं और इनमें हमेशा सुधार करते रहना चाहिए। इसी दर्शन से ही वैज्ञानिक प्रबंध को एक गतिशील एवं निरंतर प्रक्रिया संबंधी विज्ञान माना गया है। इस प्रकार वैज्ञानिक प्रबंध के दर्शन में टेलर के अनुसार अग्रिम तत्वों को शामिल किया गया है–

(*i*) परंपरागत पद्धतियों के स्थान पर वैज्ञानिक पद्धतियों का प्रयोग।

(*ii*) भिन्नता के स्थान पर एकता।

(*iii*) व्यक्तिवाद के स्थान पर सहकारिता।

(*iv*) सीमित उत्पादन के स्थान पर अधिकतम उत्पादन।

(*v*) प्रत्येक व्यक्ति का उसकी अधिकतम कार्य कुशलता, एवं समृद्धि तक विकास।

इस प्रकार वैज्ञानिक प्रबंध का दर्शन आपसी सहयोग एवं विश्वास पर आधारित है।

6. प्रबंध के उद्देश्य : टेलर के अनुसार वैज्ञानिक प्रबंध का उद्देश्य न केवल समृद्धि में वृद्धि करना ही है बल्कि श्रमिकों एवं समूचें समाज में निर्धनता को समाप्त करना है इससे श्रमिकों को ऊँची मजदूरी, कार्य की अच्छी दिशाएं तथा निम्न लागत पर वस्तुएं प्राप्त हो सकेंगी। इस उद्देश्य की पूर्ति हेतु प्रबंध जगत में निम्न परिस्थितियां उत्पन्न करनी चाहिए।

1. श्रमिक को योग्यतानुसार कार्य दिया जाए
2. संतोषप्रद कार्य की दशाएं प्रदान की जाए
3. प्रेरणात्मक (विभेदात्मक) मजदूरी पद्धति अपनाकर अधिक कार्यकुशल कर्मचारी को कम कार्य कुशल श्रमिकों से अधिक मजदूरी दी जाए
4. समय, गति एवं, थकान अध्ययन द्वारा उच्च मजदूरी एवं निम्न श्रम लागत के उद्देश्यों को प्राप्त करना।

7. क्रियात्मक संगठन पद्धति : टेलर ने वैज्ञानिक प्रबंध में इस पद्धति का प्रतिपादान करके एक क्रांतिकारी कदम उठाया है। फोरमैन के कार्य करने के भार को समाप्त करके इसके स्थान पर विशेषज्ञों की नियुक्तियां की है। इससे फोरमैन का कार्य भार कम हो जाएगा तथा वह अन्य कार्यों में अपना समय अधिक लगा सकेगा। इसके अंतर्गत कारखाना–स्तर पर टोलीनायक गतिनायक, मरम्मत नायक एव निरीक्षक नियुक्त किए गए है तथा कार्यालय स्तर पर कार्यक्रम लिपिक, निर्देशन पत्रलिपिक, समय और लागत लिपिक तथा अनुशासक की नियुक्ति की गई हैं। श्रमिकों को इन विशेषज्ञों के अधीन कार्य करना चाहिए।

8. मानसिक क्रांति : टेलर ने वैज्ञानिक प्रबंध की सफलता हेतु कर्मचारियों एवं प्रबंधकों में मानसिक क्रांति उत्पन्न करने पर जोर दिया हैं। श्रमिकों व मालिकों को अपने हितों की एक दूसरे का विरोधी नहीं समझना चाहिए तथा एक–दूसरे को सहयोग देने एवं विश्वास करके कार्य करना चाहिए श्रमिकों को कार्य की अच्छी दिशाएं, प्रेरणात्मक मजदूरी तथा योग्यतानुसार कार्य का आवंटन किया जाना चाहिए श्रमिकों को भी अपनी मांगों को मनवाने हेतु हड़ताल, धीरे कार्य करने की प्रवृत्ति, घेराव आदि आदतों को छोड़ना होगा। टेलर के अनुसार प्रबंधकों के निम्न उत्तरदायित्व है–श्रमिक द्वारा किए जाने वाले कार्य का निर्धारण, कार्य हेतु उचित श्रमिकों का चयन–एवं कार्य के उच्च स्तरीय निष्पादन हेतु श्रमिकों को अभिप्रेरित करना।

हेनरी फेयोल कार्यात्मक प्रबंध

एफ़.ड़ब्ल्यू. टेलर के समकालीन **हेनरी फेयोल** को यह श्रेय दिया जाता है कि उन्होंने सर्वप्रथम प्रशासन के सामान्य सिद्धांत का प्रतिपादन किया जिसने समस्त यूरोपीय उद्योग को महत्वपूर्ण रूप से प्रभावित किया। उन्होंने 1916 में **General and Industrial Administration (सामान्य और औद्योगिक प्रशासन)** नामक पुस्तक लिखी। यह अपने क्षेत्र में प्राचीन और शास्त्रीय रचना मानी जाती है।

इसके संबंध में **उर्विक** ने लिखा है कि "यूरोप और विशेषकर लेटिन अमेरिकी देशों में वाणिज्य प्रबंध के विचारों पर किसी अन्य ग्रंथ की अपेक्षा संभवतः इसका अधिक प्रभाव है।"

प्रो॰ कुंटज एवं प्रो॰ ओ॰ डोनेल : के अनुसार, "शायद आधुनिक प्रबंध सिद्धांत का वास्तविक जनक फ्रांसीसी उद्योगपति फेयोल हैं।"

अमरीका तथा इंग्लैंड में 1920 तथा इसके पश्चात् भी इनके विचारों को कोई नहीं जान सका था क्योंकि इनकी पुस्तक 'General Theory of Administration' 1916 में फ्रांसीसी भाषा में छपी थी लेकिन 1929 में इसका अनुवाद अंग्रेजी में हुआ।

हेनरी फेयोल एक व्यवहारिक और अनुभवी व्यवसायी था। उसने प्रबंध के क्षेत्र में जो भी योगदान दिया, वह सब उसके प्रबधकीय जीवन पर आधारित था। हेनरी फेयोल द्वारा किए गए प्रबंधकीय योगदान को निम्न आधारों पर जाना जा सकता है–

1. औद्योगिक क्रियाएं फेयोल के अनुसार सभी औद्योगिक संस्थाओं में निम्न 6 क्रियाएं देखने को मिलती है–

(*i*) **तकनीकी क्रियाएं :** इसमें उत्पादन, निर्माणकारी तथा अनुकूलता संबंधी क्रियाओं को शामिल किया जाता है।

(*ii*) **व्यापारिक क्रियाएं :** इसमें क्रय–विक्रय एवं विनियम का समावेश किया जाता है।

(*iii*) **वित्तीय क्रियाएं :** इसमें पूंजी–प्राप्ति तथा उसके श्रेष्ठतम उपयोग को शामिल किया जाता है।

(*iv*) **सुरक्षा क्रियाएं :** इनमें जान–माल की सुरक्षा संबंधी क्रियाएं आती है।

(*v*) **लेखाक्रम क्रियाएं :** इसमें कार्यों का लेखा–जोखा एकत्रित करने संबंधी क्रियाएं आती है।

(*vi*) **प्रबंधकीय क्रियाएं :** इसमें नियोजन, संगठन, समन्वय एवं नियंत्रण आदि का समावेश किया जाता है।

हेनरी फेयोल के अनुसार यें क्रियाएं प्रत्येक आकार के व्यवसाय में पायी जाती है।

2. प्रबंध के तत्व : प्रबंधकीय क्रिया को पांच तत्वों अथवा कार्यों के रूप में विभाजित किया जाता है, उदाहरणार्थ–नियोजन, संगठन, समन्वय, आदेश और नियंत्रण। फेयोल ने प्रशासन को प्रबंध से अधिक महत्वपूर्ण माना है। यही कारण है कि इन तत्वों या कार्यों को प्रशासन के कार्य भी कहा गया है।

3. प्रबंध के सिद्धांत : हेनरी फेयाल ने अपनी पुस्तक (General and Industrial Administration) में प्रबंध के सामान्य सिद्धांतों की विस्तृत रूप में व्याख्या की है। उनके अनुसार किसी भी औद्योगिक संस्थान का प्रबंध करने हेतु प्रबंधकों को कुछ सामान्य आधारभूत सिद्धांतों का ज्ञान होना आवश्यक है। ये सिद्धांत लोचपूर्ण है जिन को किसी भी स्थिति में लागू किया जा सकता है। ये **14** सिद्धांत हेनरी फ्रेयोल की प्रबंध जगत को एक महान देन है। ये सिद्धांत है–

1. कार्य का विभाजन : हेनरी फेयोल के अनुसार विशिष्टीकरण एवं प्रमापीकरण से अधिकतम लाभ प्राप्त करने हेतु प्रत्येक उपक्रम या संस्थान में कार्य का निष्पादन श्रम–विभाजन के सिद्धांत पर आधारित होना चाहिए। इससे उत्पादन के मानवीय एवं भौतिक साधनों की कार्य कुशलता में वृद्धि की जा सकती है और न्यूनतम लागत पर अधिकतम उत्पादन प्राप्त किया जा सकता है। फेयोल ने इस सिद्धांत को प्रबंधकीय एवं तकनीकी सभी कार्यों में लागू करने का प्रस्ताव किया हैं।

2. अधिकार एवं उत्तरदायित्व : फेयोल के अनुसार प्रबंध में इन दोनों का घनिष्ठ संबंध है। ये एक–दूसरे के साथ काम में आती है। बिना अधिकार के उत्तरदायित्व एवं बिना दायित्व के अधिकार व्यर्थ है। इसलिए फेयोल ने इन दोनों में समानता लाने पर जोर दिया है क्योंकि ये एक ही कार्य के दो पहलू है। जिनका उपयोग प्रत्येक व्यवसायिक क्रिया में किया जाता है। किसी भी व्यक्ति को कार्य करने के उत्तरदायित्व सौंपने के साथ–साथ उसे अधिकार भी दिए जाने चाहिए। ये दोनों साथ–साथ चलने चाहिए।

3. अनुशासन : इसके अंर्तगत उन सभी समझौतों के हेतु आदर को सम्मिलित किया जाता है जिसे आज्ञाकारिता, व्यवहारिकता, शक्ति एवं आदर आदि की प्राप्ति हेतु निर्देश दिए जाते हैं। हेनरी फेयोल के अनुसार किसी भी संस्थान में अनुशासन उसके प्रबंधक के व्यक्तित्व पर निर्भर करता है। एक अच्छे अनुशासन हेतु एक सफल नेतृत्व की आवश्यकता है। इसमें तीन बातों का होना आवश्यक है–

1. सभी स्तरों पर अच्छे एवं सुनियोजित पर्यवेक्षण का होना।
2. समझौते स्पष्ट एवं उचित होने चाहिए।
3. दंड विधान को दृठतार्पूवक एवं विवेक के साथ लागू करने का प्रावधान होना चाहिए।

4. आदेश की एकता : इसके अंतर्गत एक संस्थान में कार्यरत कर्मचारियों को आदेश एक ही अधिकारी से प्राप्त होने चाहिए। एक कर्मचारी को एक से अधिक अधिकारियों के आदेश देने पर वह भ्रम में पड़ जाएगा। जिससे वह अपने दायित्व सही रूप से नहीं निभा सकेगा।

5. निर्देश की एकरूपता : इसके अनुसार प्रत्येक एक समान उद्देश्य वाली क्रियाओं के समूह की एक ही योजना हो तथा उसका अधिकारी भी एक ही हो और इस अधिकारी द्वारा दिये जाने वाले निर्देशों में एकरूपता का होना आवश्यक है जिससे कि क्रियाओं एवं प्रयासों में समन्वय आसानी से किया जा सके और किसी प्रकार की भ्रांति उत्पन्न न हो।

6. व्यक्तिगत हित की तुलना में सामान्य हित को महत्व : किसी भी संस्थान में व्यक्तिगत हितों एवं सामान्य हित में संघर्ष नहीं होना चाहिए। यह सर्वोच्च प्रशासकों एवं प्रबंधकों का दायित्व है कि व्यक्तिगत हितों को त्यागकर संस्थान के सामान्य हितों की ओर सभी कर्मचारियों का ध्यान आकर्षित करें। व्यक्तिगत हितों एवं सामान्य हितों में समन्वय करके संघर्ष की स्थिति को उत्पन्न नहीं होने देना चाहिए।

7. पारिश्रमिक : उत्पादन के विभिन्न साधनों सेवाओं के बदले दिया जाने वाला भुगतान पारिश्रमिक अथवा प्रतिफल होता है। किसी भी संस्थान में कार्यरत कर्मचारियों को दिया गया पारिश्रमिक एवं उसके भुगतान का तरीका उचित एवं न्यायसंगत होना चाहिए जिससे कि कर्मचारी एवं नियोक्ता दोनों पक्षों को ही संतोष प्राप्त हो। इससे उत्पादन में वृद्धि होती है।

8. केन्द्रीयकरण : हेनरी फयोल ने केंद्रीकरण के सिद्धांत पर जोर देते हुए कहा है कि किसी संस्थान में अधिकारों का किस सीमा तक केंद्रीयकरण तथा किस सीमा तक विकेंद्रीयकरण किया जाए, यह अलग–अलग संस्थाओं की प्रकृति एवं आकार पर निर्भर करते है।

9. अनुक्रम रूपी श्रृंखला-आरोही श्रृंखला : यह पदक्रम के सिद्धांत पर आधारित है। यह एक प्रकार से उच्चतम अधिकारियों अथवा अधिकार–सत्ता की रेखा है जोकि उच्चतम स्तर से निम्न स्तर तक संदेशवाहक के रूप में काम में आती हैं इस श्रृंखला के माध्यम से ही उच्च अधिकारी अपने अधीनस्थों को आदेश, सुझाव देते है तथा निम्नस्तर से उसकी प्रतिक्रियाएं आदि जानी जाती है।

10. व्यवस्था : यह वस्तुओं और व्यक्तियों के संगठन के सिद्धांत पर आधारित है यह सिद्धांत इस बात पर जोर देता है कि प्रत्येक वस्तु एवं व्यक्ति के लिए एक उचित स्थान होता है और प्रत्येक स्थान के लिए एक उचित वस्तु और एक उपयुक्त व्यक्ति होता है। अतः व्यक्तियों एवं वस्तुओं को उचित स्थान प्रदान किया जाना चाहिए।

11. समता-न्याय साम्य-समदृष्टि : इसके लिए दया एवं न्याय का होना आवश्यक है। किसी भी संस्थान के प्रबंधकों को अपने अधीनस्थ कर्मचारियों के साथ दया एवं न्याय के साथ व्यवहार करना चाहिए। इससे कर्मचारी आदर दे सकेंगे तथा आज्ञाकारिता एवं स्वामिभक्ति की भावना उत्पन्न हो सकेगी। प्रबंध के सभी स्तरों पर समता के सिद्धांत को लागू करना चाहिए।

12. कर्मचारियों के कार्यकाल का स्थायित्व : किसी भी संस्थान में कार्यरत कर्मचारियों को अपने कार्य व पद की सुरक्षा होनी चाहिए। यदि उन्हे यह पता है कि जो कार्य व पद उन्हें दिया गया है वह भविष्य में भी बना रहेगा, इनमें कोई परिवर्तन नहीं किया जाएगा तो कर्मचारी पूरी रूचि एवं लगन से कार्य करेंगे। इसके विपरित कार्य व पदों में बार–बार परिवर्तन करने से उद्योग के कार्यों में बाधा उत्पन्न होगी और ऐसा एक अकुशल प्रबंध की निशानी है। इससे संस्थान को नुकसान होता है।

13. प्रेरणा : इसके अंतर्गत किसी योजना पर विचार करने एवं उसका क्रियान्वयन का कार्य आता है। यह सिद्धांत इस मान्यता पर आधारित है कि प्रत्येक व्यक्ति में सोचने–विचारने की शक्ति होती है। किसी भी योजना को तैयार करने एवं उसको लागू करने में कर्मचारियों को छूट होनी चाहिए। इससे कर्मचारियों में उत्साह एवं शक्ति में वृद्धि होती है। अतः फेयोल के अनुसार प्रबंधकों को चाहिए कि वे कर्मचारियों में प्रेरणा की भावना उत्पन्न करने का कार्य करें।

14. सहयोग की भावना : यह 'संगठन ही शक्ति है।' के सिद्धांत पर आधारित है। यह एकता उत्पन्न करता है। प्रबंधकों को अपने अधिनस्थ कर्मचारियों का सहयोग प्राप्त करना चाहिए और सभी को एक साथ लेकर एक टीम के रूप में कार्य करना चाहिए।

4. प्रबंधकीय और प्रशिक्षण गुण : हेनरी फेयोल ने प्रबंधकों में विभिन्न आवश्यक गुणों पर जोर दिया हैं। प्रबंधकों में निम्न गुण होने चाहिए–

(*i*) **शारीरिक गुण**–स्वास्थ्य, मेहनत आदि।

(*ii*) **मानसिक गुण**–समझने और सीखने की योग्यता, निर्णय लेना एवं अनुकूलता।

(*iii*) **नैतिक गुण**–शक्ति, दृढ़ता, दायित्व स्वीकार करने की इच्छा, प्रेरणा, इज्जत, वफादारी आदि।

(*iv*) **शैक्षणिक गुण :** कार्य संबधी ज्ञान के अतिरिक्त सामान्य ज्ञान की जानकारी।

(*v*) **तकनीकी गुण**–कार्य की जानकारी।

(*vi*) **अनुभव :** उचित कार्य करने से प्राप्त।

इसके अतिरिक्त फेयोल व्यवसायिक क्रियाओं जैसे प्रबंधकीय, वित्तिय, व्यापारिक तकनीकी, सुरक्षा एवं लेखांकन संबंधी योग्यताओं को भी प्रबंधकों के लिए आवश्यक समझते है।

प्रबंधकों की सार्वभौमिकता : हेनरी फेयोल ने अपनी पुस्तक तथा भाषणों में प्रबंध के सिद्धांत को सार्वभौमिक माना है। हरेक क्षेत्र में इन सिद्धांतों को लागू किया जा सकता है। **हेनरी फेयोल** के अनुसार, "यह (प्रबंध) संहिता आवश्यक हैं। चाहे यह वाणिज्य हो, उद्योग, राजनीति, धर्म, युद्ध अथवा उदारता हो, प्रत्येक क्षेत्र में प्रबंध का कार्य किया जाता है और इसके निष्पादन हेतु सिद्धांत होने चाहिए।"

इस प्रकार हेनरी फेयोल के प्रबंध के क्षेत्र में अपने महत्वपूर्ण योगदान के कारण आज भी प्रबंध जगत में उसका अध्ययन न किया जाता हैं। उनके प्रबंध के सिद्धांत इतने व्यापक है कि इनमें आवश्यकतानुसार संशोधन करके किसी भी क्षेत्र में लागू किया जा सकता है।

गुलिक और उर्विक : परंपरागत सिद्धांत

वाछिंत उद्देश्यों की पूर्ति के लिए मनुष्यों व सामग्री के बीच उचित संगठन व निर्देशन करने को प्रशासन कहा जाता है। प्रशासन में किसी निश्चित उद्देश्य की पूर्ति के लिए अनेक व्यक्ति मिलकर कार्य करते है। यदि उनका प्रयास एक निश्चित योजना के अनुसार होता है तो वे लक्ष्य की प्राप्ति कर सकेंगे, नहीं तो उनका प्रयास विफल हो जाएगा। इसलिए यह आवश्यक है कि किसी भी कार्य को करने से पहले उसे नियोजित कर लिया जाए, इसी को संगठन कहते है। अतः संगठन समस्त प्रशासन की पूर्व क्रिया है।

संक्षिप्त ओक्सफोर्ड शब्द कोश के अनुसार, "किसी चीज का आकार निश्चित करना व उसको कार्य करने की स्थिति में लाना ही संगठन है।" अगर यह कहे कि हम सब संगठन–मानव के युग में रह रहे है तो कोई अतिश्योक्ति नहीं होगी।

संगठन की शास्त्रीय विचारधारा को यांत्रिक सिद्धांत के नाम से भी जाना जाता है, यह संगठन का परंपरागत दृष्टिकोण है। लूथर गुलिक, उर्विक, मूनी और रेले इसके प्रमुख समर्थक है। इस दृष्टिकोण के अनुसार संगठन का अर्थ "एक औपचारिक ढांचा जिसकी रचना विशेषज्ञों द्वारा स्पष्ट सिद्धांतों, नियमों व उपनियमों के आधार पर की जाती है।" अर्थात् ढांचे की रूपरेखा तैयार करना।

यह दृष्टिकोण मनुष्यों की अपेक्षा कार्यों पर अधिक बल देता है। अतः यह अवैयक्तिक है जिसमें दक्षता पर अत्यधिक बल दिया जाता है।

19वीं शताब्दी की औद्योगिक क्रांति के बाद आधुनिक औद्योगिक जगत में पैदा हुई जरूरतों की पूर्ति के लिए लोगों ने औद्योगिक संगठन के सिद्धांतों की रचना हेतु प्रयास किए। इनमें प्रमुख थे टेलर, मेक्स वेबर और फेयोल और जिन्होंने परंपरागत संगठनात्मकता या प्रबंधन का सिद्धांत दिया। इन्होंने संगठनात्मक दक्षता और उत्पादकता में वृद्धि को लक्ष्य मानकर अपने सिद्धांत विकसित किए।

इसके बाद संगठनात्मक प्रबंधन के सिद्धांतों को विकसित करने का प्रयास अनेक ब्रिटिश और अमरीकी प्रशासन कर्ताओं ने किए जिनमें **गुलिक व उर्विक** का नाम प्रमुख है। इनके द्वारा 1937 में सम्पादित किताब (पेपर आन द साईंस आफ एडमिनिस्ट्रेशन) "Paper on the Science of Administration" 'प्रशासन विज्ञान के लेख' एक मील का पत्थर समझी जाती है।

गुलिक व उर्विक की प्रमुख रचनाएं व शोधपत्र : गुलिकः

1. एडमिनिस्ट्रेटिव रिफलैक्शन फ्राम वल्टवार टू
2. मैट्रोपालिटिन प्रॉब्लम्स एंड अमेरिकन आईडियाज
3. मार्डन मैनेजमेंट फार द सिटी आफ न्यूयार्क

उर्विक :

1. मैनेजमेंट आफ टूमारो
2. द मेकिंग आफ साईंटिफिक मैनेजमेंट
3. द ऐलिमेंट आफ एडमिनिस्ट्रेशन (प्रशासन के तत्व)

गुलिक और उर्विक के विचारों पर प्रभाव :

गुलिक और उर्विक दोनों को नागरिक सेवा, रक्षा संगठन तथा औद्योगिक इकाइयों में काम करने का खासा अनुभव था जिसका प्रभाव उनके लेखों पर भी दिखाई देता, है। जिसमें अनुशासन, क्षमता, स्टाफ, लाईन आदि अवधारणाएं है। इन पर टेलर के मानव मशीनमाइल और फेयोल के औद्योगिक प्रबंधन का प्रभाव भी था और इसी प्रभाव के परिणाम से गुलिक और उर्विक ने संस्था के परंपरागत सिद्धांत या प्रशासनिक प्रबंध की रचना की।

गुलिक और उर्विक ने संस्था में लोगों की अपेक्षा प्रशासन की संरचना को अधिक महत्वता दी। उनका मानना है कि संस्था बनाते समय खासकर निर्माण प्रक्रिया में किसी खाके की कमी को उर्विक ने न केवल गैर तथ्यात्मक, क्रूर, नुकसानदायक मानते है अपितु अकुशल भी मानते है।

लूथर गुलिक के अनुसार, ''संगठन सत्ता का औपचारिक ढांचा है जिसके द्वारा निर्धारित लक्ष्य की प्राप्ति के लिए कार्यों को विभाजित और निर्धारित किया जाता है तथा उनमें समन्वय स्थापित किया जाता है। इस संबंध में हबर्ट साइमन का मत है कि ''संगठन से हमारा अभिप्राय सहकारी कार्यों की उस नियोजित व्यवस्था से है, जिसमें प्रत्येक भागीदार का कार्य, कर्त्तव्य व उत्तरदायित्व निर्धारित हो।''

लूथर गुलिक का 'पोस्डकोर्ब' (POSDCORB) संबंधी विश्लेषण :

गुलिक ने कार्यकारी कारणों को पहचाना और इन सभी कारणों को समाहित करने वाला एक शब्द गढ़ा जिसे 'पोस्डकोर्ब' कहा जाता है। इस शब्द का प्रत्येक अक्षर प्रबंध के एक महत्वपूर्ण कार्य को इंगित करता है इसका विवरण इस प्रकार है।

P. (Planning) प्लानिंग अर्थात् योजना के लिए : योजना का काम संगठन में उपलब्ध मानवीय और भौतिक संसाधनों का अनुमान लगाना कम खर्च पर एक प्रभावशील ढंग का लक्ष्य रखते हुए उपयुक्त तरीके से संगठन के उद्देश्यों तक तक पहुंचने के साधन और रास्तों की खोज करना है।

O. (Organization) 'ओ' आर्गेनाइजेशन संगठन के लिए : प्राधिकार या सत्ता के औपचारिक स्वरूप की स्थापना करना और उससे निश्चित लक्ष्यों की प्राप्ति के लिए कार्य को विभिन्न भागों में व्यवस्थित, परिभाषित और समन्वित करना। इसमें संगठन के स्तर, अधिकार सौंपने, क्रमिकता, नियंत्रण का विस्तार और कार्य विभाजन आदि तत्त्व शामिल होते है।

S. (Staffing) 'एस' स्टाफिंग कार्मिक संगठन :

सभी प्रशासनिक अधिकारियों को कर्मिकों की भर्ति, नियुक्ति, अनुशासन, सेवानिवृत्तियां, प्रशिक्षण की व्यवस्था और कार्य के अनुकूल परिस्थितियों का निर्माण करने पर ध्यान देना चाहिए।

D. (Dirceting) निर्देशन करना :

इसका संबंध प्रशासन गतिविधियों के सचालन के लिए शासन संबंधी निर्णय लेना और उन्हीं के अनुरूप अपने मातहत (नीचे) काम करने वालों को आदेश जारी करना।

CO (Co-Ordination) 'को' कॉडिनेशन 'समन्वय करना':

इसका संबध कार्य के विभिन्न अंगों में परस्पर संबंध करना और उनमें समन्वय स्थापित करना है। जिससे संगठन में दुहराव और संकट की मौजूदगी को रोकने के साथ– कर्मचारियों में सहयोग स्थापित किया जा सके।

R. (Reporting) 'आर' रिपोंटिंग प्रतिवेदन देना :

इसका संबंध अधिकारियों को संगठन में हो रही गतिविधियों की प्रगति के बारे में जानकारी देने से है जिससे अधिकारी संगठन की समस्याओं की जानकारी पाते हैं और उन्हें सुधारने की कार्यवाही प्रारंभ करते है और आवश्यक निर्देश देते है।

B. (Budgeting) 'बी' बजटिंग-बजट तैयार करना :

इसमें वितीय प्रशासन का संपूर्ण क्षेत्र आता है। प्रशासन के लिए वित अनिवार्य होने के कारण अधिकारियों को बजट बनाने, वित्तीय प्रक्रिया लेखा आदि मामलों पर पर्याप्त ध्यान देना पड़ता है।

पोस्ड्कोर्ब विचार वर्ग की मान्यता है कि उपर्युक्त मौलिक तत्वों का ज्ञान किसी भी प्रशासन के लिए अनिवार्य है और यदि पोस्ड्कोर्ब की इन प्रक्रियाओं का मौलिक ज्ञान किसी व्यक्ति को है तो वह सभी प्रकार के संगठनों में किसी भी प्रकार के क्षेत्र का प्रशासन चला सकता है।

लूथर गुलिक की मान्यता है कि लोक प्रशासन एक प्रकार का विज्ञान है और इसे एक विज्ञान की तरह पढ़ा जाना चाहिए। आज इसी विशिष्टीकृत ज्ञान के विचार को लेकर प्रबंध विज्ञान आगे बढ़ रहा है।

पोस्डकोर्ब सिद्धांत का विचार अमरीकी प्रशासन संबंधी अध्ययन में एक पीढ़ी से भी अधिक समय तक प्रभावशाली रहा है।

1937 में 'Presidential Committee of Administrative Management' ने अपनी रिपोर्ट में और उसके बाद 1949 और 1955 में 'Report of Committee on Organization of Executive Branch' ने अपनी रिर्पोंट में पोस्टकोर्ब के सिद्धांत को अपनाया।

यह दृष्टिकोण (पोस्डकोर्ब) दो विचारों का परिणाम है–

1. प्रथम : कुछ सिद्धांत ऐसे होते है जिनके अनुरूप संगठन की योजना बनाई जा सकती है जिससे कि संगठन उपेक्षित प्रयोजन अथवा क्रिया के अनुरूप बन सकें।

2. द्वितीय : इस पूर्व निर्धारित योजना को वांछनीय कर्मचारियों द्वारा पूरा किया जाता है। अतः यह स्पष्ट है कि यांत्रिकी दृष्टिकोण संगठन को एक यंत्र और उसके संचालन करने वाले व्यक्ति को मशीन के पुर्जे की भांति मानता है।

मैकग्रेगर का सिद्धांत

मानव संबंध को नवीन रूप देने तथा आगे बढ़ाने का श्रेय मैकग्रेगर को जाता है। यह मनौवैज्ञानिक प्रोफेसर था उसने एक पुस्तक प्रकाशित की **'The Human Side of Enterprise'** इनकी रचना के द्वारा मानव संबंधों को नई दिशा मिली। इनकी विचारधारा को अनेक संगठनों द्वारा स्वीकार किया गया।

अभिप्रेरणा क्या है? मानव शक्ति के व्यवहार को निर्देशित करने तथा उसका सहयोग प्राप्त करने की कला को **'अभिप्रेरणा'** कहते है। किसी भी औद्योगिक एवं प्रशासनिक या अन्य प्रतिष्ठानों की सफलता में अभिप्रेरणा व्यवस्था का अत्याधिक महत्व होता है। उत्पादन के विभिन्न साधनों में केवल मनुष्य ही वह सजीव और सक्रिय साधन है जो अन्य निष्क्रिय साधनों को गति प्रदान करता है। मनुष्य कोई मशीन नहीं है जिससे बटन दबाते ही कार्य लिया जाए, प्रतिष्ठानों में काम करने वाले कर्मचारियों और श्रमिकों की अपनी मान्यताएं, विचारधाराएं, इच्छाएं और आकांक्षाएं होती हैं। उसमें कार्य के प्रति रूचि उत्पन करके विकास के लिए इच्छाएं जागृत करके ही उससे काम लिया जा सकता है। दबावकारी उपाय या बाध्यताएं अधिक सफल नहीं होती। **जूसियस एवं श्लेडर**-''अभिप्रेरणा किसी व्यक्ति को इच्छित कार्य करने के लिए प्रोत्साहित करने की क्रिया है।'' कार्मिक प्रबंध आरंभ से अंत तक उपक्रम के कर्मचारियों से व्यवहार करता है और दूसरे लोगों के प्रयासों से अपने कार्यों को निष्पादित करता है तथा अपने लक्ष्यों को प्राप्त करता है। इस दृष्टि से, कर्मचारी अभिप्रेरणा और प्रेरणाओं की उपेक्षा नहीं की जा सकती है, व्यक्तियों को सही रूप में कार्य कराना इस बात पर निर्भर है कि वे मानसिक दृष्टि से कार्य करने के लिए तैयार है या नहीं।

राबर्ट डयूबिन : "अभिप्रेरण उन शक्तियों का समूह है जो किसी संगठन में एक व्यक्ति को काम प्रारंभ करने तथा उस पर बने रहने के लिए प्रेरित करता है।" अमेरिकी जनरल फूड कारपोरेशन के भूतपूर्व अध्यक्ष कलेरेन्स फ्रांसिस के शब्दों में ''आप किसी व्यक्ति का समय खरीद सकते है, किसी विशेष स्थान पर उसकी शारीरिक स्थिति को खरीद सकते है, किंतु किसी व्यक्ति के उत्साह को, उसकी पहली शक्ति को अथवा उसकी वफादारी को नहीं खरीद सकते।'' कर्मचारियों से अधिकाधिक कार्य लेने के लिए उन्हें नियमित रूप से प्रेरित करना आवश्यक है और ऐसी प्रेरक शक्ति ही अभिप्रेरणा **(Motivation)** है। दूसरे शब्दों में किसी भी उपक्रम में चाहे वह निजी क्षेत्र में हो या लोक क्षेत्र का, कर्मचारियों में कार्य की इच्छा और शक्ति को बनाए रखने के लिए कर्मचारी अभिप्रेरणा एवं प्रेरणाओं का विशेष महत्व है।

अभिप्रेरणा या अभिप्रेरण से आशय उस मनोवैज्ञानिक उत्तेजना से है जो व्यक्ति को कार्यशील बनाती है, उसे कार्य–निष्पादन के लिए प्रेरित करती है। अभिप्रेरणा को हम व्यवहार का गतिज या कमानी कह सकते है। व्यक्ति में कितनी ही योग्यता क्यों न हो, यदि अभिप्रेरणा नहीं है तो उसकी योग्यता एक ऐसे सुंदर इंजन की तरह होगी जिसमें भाप न हो। मानव की बड़ी–बड़ी सफलताएं अभिप्रेरणा के कारण ही है।

मेकग्रेगर के अभिप्रेरणा संबंधी **'X' and 'Y'** सिद्धांतों (Theory) की विवेचना करने से पहले इसके प्रकार, विधियों और इससे संबंधित परंपरागत विचारधाराओं का उल्लेख आवश्यक है।

अभिप्रेरणा के उद्देश्य-अभिप्रेरणा प्रदान करने के प्रमुख उद्देश्य निम्नलिखित है–

1. कर्मचारियों को प्रोत्साहित करके उनके मनोबल को बढ़ाना;
2. कर्मचारियों की आर्थिक, वैयक्तिक, सामाजिक व मनोवैज्ञानिक आवश्यकताओं की संतुष्टि करना;
3. कर्मचारियों की कार्यक्षमता तथा उनके मनोबल में संतुलन स्थापित करना;
4. मधुर श्रम संबंधों की स्थापना करना;
5. बाहर से थोपे गये नियंत्रण के स्थान पर कर्मचारियों में आत्मनियंत्रण की प्रवृत्ति को जाग्रत करना;
6. प्रबंधक को इस सत्य की जानकारी कराना कि कर्मचारी केवल आर्थिक मनुष्य ही नहीं है वरन् जीवन के अन्य मूल्य भी उसे कार्य हेतु प्रेरित करते है।

अभिप्रेरणा का महत्व-

1. प्रशासकीय संगठन के कर्मियों को आवश्यक प्रोत्साहन प्रदान करने से निर्धारित लक्ष्यों को प्राप्त करना अत्यंत सरल व सुलभ हो जाता है।
2. अभिप्रेरणा द्वारा कार्मिकों के मनोबल को ऊँचा रखने से सहायता मिलती है तथा उनमें निराशा व असंतोष की भावना उत्पन्न नहीं हो पाती।
3. वित्तीय अवित्तीय प्रोत्साहन से सौहार्द्रपूर्ण मानवीय संबंधों की स्थापना को बल मिलता है।
4. कार्मिक संगठन में स्थायी सेवा प्रदान करने के लिए उत्सुक रहते है तथा दूसरी संस्थाओं में नहीं जाते।
5. इससे मधुरतम श्रम संबंधों की स्थापना में सहायता मिलती है जिससे अंततः उत्पादकता में वृद्धि होती है।
6. कार्मिकों से स्वैच्छिक सहयोग प्राप्त करने का यह श्रेष्ठ व स्वस्थ साधन है।

अभिप्रेरणा के प्रकार : अभिप्रेरणा या प्रोत्साहन का क्षेत्र अत्यंत व्यापक है और यह अनेक प्रकारों में विभक्त भी किया जाता है–

1. धनात्मक अथवा सकारात्मक अभिप्रेरणा : इस अभिप्रेरणा के द्वारा स्वैच्छा से काम करने के लिए प्रेरित किया जाता है। इसके कई रूप हो सकते हैं–नकद–परिश्रमिक देना, कुशल व योग्य कार्य के लिए पुस्कृत करना आदि। ऐसा अभिप्रेरण कर्मचारियों के मनोबल को ऊँचा उठाता है।

2. ऋणात्मक अथवा नकारात्मक अभिप्रेरणा : इस अभिप्रेरणा का आधार भयपूर्ण दवाब पूर्ण होता है जिससे वह अपने कार्य को पूरा कर सके। इस अभिप्रेरणा के कई रूप हो सकते है–डांटना, फटकारना, मौद्रिक दंड देना, जबरीछुट्टी देना, नौकरी से अलग करना, सेवानिवृत करना, वेतन वृद्धि व पदोन्नति रोकना आदि।

3. मौद्रिक अभिप्रेरणा : जब किसी कर्मचारी को कार्य के प्रति फलस्वरूप दिया जाने वाला पारिश्रमिक मुद्रा के रूप में हो तो उसे वित्तीय या मौद्रिक अभिप्रेरणा कहेंगें। यह अभिप्रेरणा अधिकतर वेतन, मजदूरी, बोनस, प्रीमियम या लाभांशभागिता के रूप में होता है।

4. अमौद्रिक अभिप्रेरणा : अवित्तीय अभिप्रेरणा मानसिक व अदृश्य प्रकृति का होता है जिसका वित्त या मुद्रा से कोई संबंध नहीं होता। इसके प्रमुख उदाहरण है–कार्य की प्रशंसा करना, कार्य की सुरक्षा प्रदान करना, श्रेष्ठतर कार्य दशाएं प्रदान करना उदार अवकाश नीति अपनाना आदि।

अभिप्रेरणा की परंपरागत विचारधाराएं : किसी भी नये सिद्धांत को समझने से के लिए यह आवश्यक हैं कि हम उससे संबंधित परंपरागत सिद्धांतों की ओर भी ध्यान दें क्योंकि ऐतिहासिक परिपेक्ष के बिना किसी भी नई खोज (सिद्धांत) को समझ पाना मुश्किल ही नहीं नामुमकीन सा लगता हैं अतः मेकग्रेगार के अभिप्रेरणा सिद्धांत को समझने के लिए हमें उससे संबंधी परंपरागत सिद्धांतों को भी अध्ययन करना होगा जो इस प्रकार है–

1. **भय एवं दंड की विचारधारा :** यह विचारधारा इस मान्यता पर आधारित है कि प्रत्येक व्यक्ति पेट की खातिर ही काम करता है। अतः यदि उसको धमकी दी जाए कि काम न करने की दशा में नौकरी से निकाल दिया जाएगा तो घबराकर वह काम करेगा। इसी प्रकार दंड का भय भी मनुष्य से बरबस कार्य करा सकता है। औद्योगिक क्रांति के चरण में विचारधारा ने सफलतापूर्वक काम किया, शनै–शनै इसका महत्व कम होता गया एवं आजकल तो भय दिखाकर एवं दंडित करके कार्य करना अमानवीय समझा जाता है।

2. पुरस्कार का सिद्धांत : इस विचारधारा के प्रतिपादक **फ्रेड़रिक ड़ब्ल्यू टेलर है।** उनकी यह मान्यता है कि काम

का संबंध पारिश्रमिक से जोड़ देने से कर्मचारी अधिक काम करने के लिए अभिप्रेरित होगा अर्थात् अधिक पैसा कमाने के लिए वे अधिक कार्य करेगें। इसी मान्यता के आधार पर उन्होंने विभेदात्मक भर्ती पद्धति की अनुशंसा की है **एडम स्मिथ** की विचारधारा भी इससे मिलती जुलती है।

3. केरट व स्टिक विचारधारा : इस विचारधारा की मान्यता है कि जिन व्यक्तियों का कार्यनिष्पादन निश्चित न्यूनतम स्तर से नीचा हो उनको दंडित किया जाना चाहिए। यह विचारधारा अभिप्रेरणा हेतु पुरस्कारों को शर्त युक्त बना देती है। यह दृष्टिकोण कतिपय विशिष्ट परिस्थितियों में ही प्रभावशील कहा जा सकता है।

अभिप्रेरणा की आधुनिक विचारधारा : अभिप्रेरणा के आधुनिक सिद्धांतों में **मैस्लो, हर्जबर्ग** तथा **लिर्कट, ड्रकर, मैकग्रेगर के सिद्धांत** अग्रणी है। जिसमें विशेषकर मैकग्रेगर के प्रबंध संबंधी विचारों को निम्न दो भागों में बांटा है–

1. एक्स–सिद्धांत, **(X Theory.)**

2. वाई सिद्धांत, **(Y Theory.)**

मैकग्रेगर ने मानव में दो भिन्न विचार प्रस्तुत किये एक तो मूल रूप से नकारात्मक और निराशावादी है तथा दूसरा सकारात्मक एवं आशावादी है इसकी एक्स सिद्धांत वस्तुतः प्रबंध का परम्परागत सिद्धांत ही है, और एक्स–सिद्धांत के दोषों के निवारण के लिए भी मैकग्रेगर ने वाई सिद्धांत का प्रतिपादन किया। इनकी विस्तार से विवेचना इस प्रकार की जा सकती है।

1. एक्स-सिद्धांत : X-Theory एक्स–सिद्धांत एक परंपरागत सिद्धांत है जो यह मानकर चलता है कि व्यक्ति प्रायः कार्य करना नहीं चाहता, अतः उनसे कार्य लेने हेतु उन्हें डराना, धमकाना, लताड़ना तथा अन्य किसी भी प्रकार से भय दिखाना आवश्यक है। प्रारंभिक काल में उद्योगपतियों का प्रमुखतः विचार था कि श्रमिकों से पूरा काम लेने के लिए उन्हें भय या दंड से आतंकित किया जाना चाहिए। उसका मानना था कि–'भय बिना हो न प्रीति' कठोर नियंत्रण बनाना, नियमों का कठोरता से अनुपालन करवाना, और नियम के उल्लंघन कर्ता को नौकरी से निकाल देना या अन्य प्रकार से शारीरिक या मानसिक रूप में दंडित करना आवश्यक समझा जाता था। भय, प्रताड़ना, दंड देना, कर्मचारियों से अधिक लंबे समय तक काम लेना, कठोरता का व्यवहार करना आदि विचारों में धीरे–धीरे परिवर्तन होने लगा, क्योंकि श्रमिक अधिकाधिक संगठित होने लगे और उनके शोषण को रोकने के लिए आवाज उठने लगी। अब भय और दंड को प्रेरणा विरोधी माना जाने लगा और पुरस्कार की विचारधारा सामने आई। टेलर ने यह मत व्यक्त किया कि अधिक कर्म के लिए अधिक पुरस्कार देना आवश्यक है उचित पारिश्रमिक श्रमिकों के लिए अभिप्रेरणा का काम करेगा और वे अधिक कुशलतापूर्वक कार्य करेगें। यह प्रस्ताव प्रस्तुत किया गया कि श्रमिकों से काम लेने के दो ढंग हो सकते हैं प्रोत्साहन अथवा दण्ड और इनमें से जो ढंग उपयुक्त हो वही अपनाया जाना चाहिए। श्रमिकों को विश्वास में लेकर ही उनसे अधिक काम लिया जा सकता है। कर्त्तव्यनिष्ठा और कुशल कर्मचारियों को सामान्य मजदूरी या वेतन के अतिरिक्त पुरस्कार देकर भी अधिक कार्य के लिए प्रेरित किया जा सकता है, जबकि कामचोर और कर्त्तव्य के प्रति उदासीन व्यक्तियों को वेतन कटौती, दंड आदि के प्रावधान द्वारा ठीक और अधिक काम के लिए प्रेरित किया जा सकता है।

मैकग्रेगार ने उपरोक्त सभी विचारों–भय एवं दंड विचारधारा, पुरस्कार विचारधारा, प्रोत्साहन अथवा दंड विचारधारा के सम्मिश्रण को एक्स–सिद्धांत (X-Theory) की संज्ञा दी। मैकग्रेगार ने बताया कि एक्स–सिद्धांत भ्रामक धारणाओं पर आधारित है, यथा–श्रमिक सामान्यतः सुस्त जीव होते है, श्रमिक काम चोर होते है, अधिकांश कर्मचारी उत्तरदायित्व टाल देना पसंद करते है, अतः उन्हें ठीक ढ़ंग से काम पर लगाने के लिए भय और नियंत्रण की विधियां आवश्यक है। इस प्रकार की मिथ्या–धारणाओं के कारण ही मैकग्रेगर तथा अन्य आधुनिक विद्वानों में एक्स–सिद्धांत जिन मान्यताओं को लेकर चलता है, उनमें मुख्य ये है–

1. एक सामान्य व्यक्ति स्वेच्छा से कार्य करने को उत्सुक नहीं होता है।
2. एक सामान्य व्यक्ति में कार्य के प्रति प्रायः रूचि की भावना नहीं होती है।
3. अधिकांश व्यक्ति महत्वाकांक्षी नहीं होते, अतः उनमें कुछ कर दिखाने की भावना नहीं होती।
4. अधिकांश व्यक्तियों में उत्तरदायित्व वहन–क्षमता बहुत कम होती है और वे यह चाहते है कि उन्हें समय–समय पर अधिकारियों का निर्देशन प्राप्त

होता रहे ताकि वे निर्देशानुसार काम करते रहे या लकीर के फकीर बने रहै।

5. अधिकांश व्यक्तियों में प्रबंधकीय समस्याओं को सुलझाने की रचनात्मक क्षमता नहीं होती।
6. सामान्य व्यक्तियों से कार्य लेने के लिए उन पर दबाव डालना या उन्हें भय दिखाना आवश्यक है। डराना, धमकाना, लताड़ना आदि उपायों को काम में लेना चाहिए क्योंकि तभी व्यक्ति कार्य करने को तत्पर होगें।
7. अधिकांश व्यक्ति वित्तीय प्रलोभन के आधार पर कार्य करते हैं। अतः यदि उन्हेंअधिक पारिश्रमिक दिया जाएगा तो वे अधिक समय तक और अच्छा कार्य करने को तत्पर रहेगें।
8. प्रबंध की दृष्टि से सामान्यतः श्रमिक की कोई आवाज नहीं होती, वह तो एक मशीनी पुर्जा होता है जिसे अपनी बुद्धि का परिचय देने का सुअवसर प्राप्त ही नहीं होता।
9. अधिकांश व्यक्ति परंपरागत ढंग से कार्य संपन्न करना उचित समझते है।

अधिकांश परंपरावादी सिद्धांत उपरोक्त मान्यताओं पर आधारित है और नेतृत्व का निरंकुशतावादी सिद्धांत भी इन्हीं मान्यताओं में विश्वास करता है। लगभग पन्द्रहवी सदी के मध्य से 18 वीं सदी के मध्य तक प्रबंधकों का विश्वास दवाबकारी और दमनकारी नीतियों में ही रहा, पर कालान्तर में एक्स–सिद्धांत प्रतिपादित करने के उपरांत मैक्ग्रेगर को अपने सिद्धांत के प्रतिं आशंका पैदा हो गई। लेकिन सर्वप्रथम इस सिद्धांत के प्रति **मास्लो (Maslow)** को आशंका पैदा हुई, उसने श्रमिकों की **'आवश्यकताओं की क्रमबद्धता'** पर ध्यान दिया। उसके अनुसार मनुष्य की कुछ आवश्यकताएं होती है जैसे–1. जल, भोजन, कपड़ा आदि जो कि व्यक्ति को कार्य करने के लिए सबसे अधिक प्रेरित करती है। शारीरिक आवश्यकताओं की संतुष्टि हो जाने के उपरांत 2. व्यक्ति–सुरक्षा, स्थायित्व और निश्चितता पाने का प्रयत्न करता है। 3. सामाजिक आवश्यकताओं की पूर्ति करना भी आवश्यक है क्योंकि मनुष्य एक सामाजिक प्राणी है। 4. उसके पश्चात् व्यक्ति सम्मान तथा स्वाभिमान की आवश्यकता की पूर्ति चाहता है। एक व्यक्ति जितने अधिक ऊँचे पद पर होगा उसकी सम्मान व स्वाभिमान की आवश्यकताएं उतनी ही ऊँची और अधिक होगी। मास्लो के अनुसार आवश्यकताओं की क्रमबद्धता में अर्थात् 5. अंतिम स्थान आत्मविश्वास का है। इसकी और व्यक्ति का अंत में ध्यान जाता है।

मास्लो (Maslow) के अनुसार विभिन्न स्तर के व्यक्ति विभिन्न प्रकार की आवश्यकताओं से प्रेरणा प्राप्त करते है। **मैकग्रेगर** ने भी बदलती हुई परिस्थितियों के परिवेश में यह अनुभव किया की मानवीय व्यवहार की दृष्टि से यह सिद्धांत सही नहीं है, तथा मास्लो के सिद्धांत के आधार पर ही उसने वाई सिद्धांत **(Y Theory)** का गठन किया उसके अनुसार मनुष्य सामाजिक प्राणी है, स्वतंत्र समाज में रहता है, उसकी आवश्यकताओं, शिक्षा के रहन–सहन के स्तर में परिस्थितियों के अनुसार सुधार होता रहता है, वह प्रबंधक से अच्छे व्यवहार की आशा करता है क्योंकि यह मानव स्वभाव है कि वह दंड और भय के वातावरण के विरूद्ध विद्रोह कर बैठता है।

आलोचकों के अनुसार भी एक्स–सिद्धांत मानव व्यवहार की गलत धारणाओं पर आधारित है क्योंकि इसके अंर्तगत कर्मचारियों को आर्थिक पशु समझा जाता है जो केवल धन के लालच में काम करते हैं। आगे चलकर मैक्ग्रेगर ने यह अनुभव किया कि प्रबंधकीय क्रियाओं के सफल संचालन के लिए व्यक्ति की प्रकृति तथा उसके प्रेरक विचारों को समझना जरूरी है। अपनी इस परिवर्तित विचारधारा के आधार पर मैक्ग्रेगर ने वाई–सिद्धांत को जन्म दिया।

2. वाई-सिद्धांत (Y Theory) एक्स–सिद्धांत के दोषों को दूर करने के लिए मैक्ग्रेगर ने जिस वाई–सिद्धांत का प्रतिपादन किया, वह मानवीय मूल्यों तथा प्रजातांत्रिक व्यवस्थाओं पर आधारित है। इस सिद्धांत की मान्यता है कि व्यक्ति स्वेच्छा से कार्य करना चाहता है और उसमें आशावादी तथा रचनात्मक प्रकृति होती है।

1. व्यक्ति स्वतंत्र वातावरण चाहता है, और प्रबंधक से सद्व्यवहार की अपेक्षा करता है।

2. व्यक्ति स्वेच्छा से कार्य करना चाहता है। अतः उसे कार्य करने का अवसर दिया जाना चाहिए।

3. कार्य करना उतना ही स्वाभाविक है जितना कि खेलना और विश्राम करना।

4. एक औसत कर्मचारी दायित्व को निभाना सीख लेता है।

5. बाह्य नियंत्रण, भय, प्रताड़ना कठोर अनुशासन ऐसी विधियां ही व्यक्ति को कार्य करने के लिए प्रेरित नहीं करती वरन् व्यक्ति स्वयं निर्देशित और नियंत्रित होता है तथा जिस कार्य के लिए उसे नियुक्त किया जाता है, उसको पूरा करना वह अपना उत्तरदायित्व समझने लगता है। यह आवश्यक है कि प्रबंध कर्मचारियों को कार्य करने का उचित वातावरण प्रदान करें तथा कार्य करने के उचित साधन सुलभ कराएं।

6. व्यक्ति में उत्तरदायित्व से बचने की प्रवृत्ति स्वाभाविक नहीं वरन् इसका मूल कारण महत्वाकांक्षा का अभाव होना और सुरक्षा को अत्यधिक बल दिया जाना है।

7. व्यक्ति कार्य–निष्पादन केवल वित्तीय प्रलोभनों के कारण ही नहीं करता है बल्कि गैर–वित्तिय प्रलोभन भी उसे कार्य करने के लिए अभिप्रेरित करते हैं। कार्य संबंधी अभिप्रेरणा सामाजिक स्वाभिमान तथा आत्म सम्मान स्तरों पर भी ठीक उसी प्रकार प्राप्त होती है जिस तरह कि शारीरिक तथा सुरक्षात्मक आवश्यकता स्तरों पर। इसी प्रकार कार्य–निष्पादन के लिए अभिप्रेरणा केवल पुरस्कार से ही नहीं मिलती बल्कि यह भी आवश्यक है कि उसकी उपलब्धियों की प्रशंसा की जाए। कार्य को मान्यता देना भी अपने आप में एक पुरस्कार है।

8. संगठन संबंधी समस्याओं का समाधान करने की विवेक शक्ति सामान्यतः सभी लोगों में पाई जाती है कुछ में कम और कुछ में अधिक। चातुर्य तथा सृजनात्मकता का गुण न्यूनाधिक सभी में पाया जाता है। प्रबंध को चाहिए कि वह कर्मचारियों से काम लेते समय इन गुणों का लाभ उठाए।

9. वर्तमान औद्योगिक युग में मानव–योग्यता और क्षमता का पूरा उपयोग नहीं किया जा रहा है।

10. वाई–सिद्धांत लोकतांत्रिक मूल्यों पर आधारित है और कर्मचारियों की संतुष्टि पर बल देता है। इस सिद्धांत का मूल उद्देश्य व्यक्तिगत तथा सामूहिक रूप में उन दशाओं का सृजन करना हैं। जिनके माध्यम से संगठन अपने उद्देश्यों की प्राप्ति कर सकें। **मैकग्रेगर** ने लिखा है कि "एक प्रभावशाली संगठन वह है जहां नियंत्रण तथा निर्देशन के स्थान पर निष्ठा और सहयोग संस्थापित हो गया है और प्रत्येक निर्णय से प्रभावित होने वाले व्यक्ति सम्मिलित किए जाते है।" वाई–सिद्धांत सहभागिता विचारधारा के महत्व पर बल देती है जिसमें कर्मचारियों से अधिक कार्य लेने के लिए अभिप्रेरित करने हेतु संस्था के प्रत्येक स्तर पर भागीदारी दी जानी चाहिए।

मैकग्रेगर द्वारा प्रतिपादित उपरोक्त दोनों सिद्धांतों को अन्य विद्वानों ने विभिन्न नामों से पुकारा है। लिकार्ट ने एक्स–सिद्धांतों को **'कार्य-संगठन'** तथा वाई सिद्धांतों को **सामूहिक अभिप्रेरणा की** संज्ञा दी है, तो **ड्रकर** ने वाई–सिद्धांत को **'उद्देश्य तथा प्रबंध'** कहा है और क्रिस आर्गारिस ने समन्वित एवं स्वनियंत्रित प्रबंध **(Management by Integration & Self control)** पुकारा है।

पद–सोपान

किसी कार्य अथवा योजना को सुचारू रूप से चलाने के लिए व्यवस्थित ढ़ंग के संगठन की आवश्यकता होती है। संगठन अनिवार्यतः कुछ निश्चित व्यक्तियों में कार्यों का विभाजन है। एक कर्मचारी दूसरे कर्मचारी से संबंधित रहता है। ऊपर से नीचे तक की एक श्रृंखला चलती रहती है। इसी श्रृंखला के संबंध में सामान्य प्रशासन शास्त्र के अंर्तगत एक सिद्धांत का प्रतिपादन किया गया है जिसको पद–सोपान या क्रमिक प्रक्रिया का सिद्धांत कहा जाता है।

पद-सोपान का अर्थ-पद–सोपान अंग्रेजी शब्द 'हायरार्की' (Hierarchy) का हिंदी रूपान्तर है जिसका अभिप्राय है निम्नतर पर उच्चतर का शासन अथवा नियंत्रण, परंतु वास्तविक रूप से इस शब्द का अभिप्राय एक ऐसे संगठन से होता है जो पदों के उत्तरोत्तर क्रम के अनुसार सोपान अथवा सीढ़ी की भांति संगठित होता हैं। जिस प्रकार सोपान में एक के बाद दूसरा डंडा होता हैं। उसी प्रकार पद सोपान में एक के बाद दूसरा पद होता हैं। इस उत्तरोत्तर क्रम में निचला पद अपने के उपर पद के तथा उस पद के माध्यम से उससे ऊपर तथा इसी प्रकार सबसे ऊपर के पद अथवा पदों के अधीन होता है। विपरीत क्रम में संगठन के भीतर सत्ता का अवतरण, निर्देशन तथा नियंत्रण सर्वोच्च पद से निम्नतर पद तक इसी प्रकार होता है, अर्थात् उच्च पद से निम्नपद और निम्न से निम्नतर–तथा

निम्नतम पद तक। एल० डी० ह्वाइट के अनुसार, "पद–सोपान का अभिप्राय है संगठन के ढांचे में शिखर से तल तक उत्तरदायित्वों के स्तरों द्वारा अधिकारी–मातहत संबंध का विस्तृत प्रयोग किया जाना।" अर्थ–लैथम का मानना हैं कि, "पद सोपान निम्न तथा उच्च व्यक्तियों का श्रेणीबद्ध रूप में एक व्यवस्थित ढांचा हैं।" जबकि **मूनी** तथा **रैले** ने इसे **स्केलर प्रक्रिया** (Scalar Process) कहा है।

पदसोपान का सबसे मौलिक सिद्धांत यह है कि ऊपर के पदाधिकारी कभी भी नीचे के अधिकारी के साथ संपर्क स्थापित करते समय मध्यस्थ पदाधिकारी की उपेक्षा नहीं कर सकते। इसी प्रकार निम्न पदाधिकारी उच्चतर पदाधिकारियों के साथ संपर्क स्थापित करते समय मध्यस्थ पदाधिकारी की अवहेलना नहीं कर सकता। प्रत्येक अधिकारी अथवा कर्मचारी को समस्त आदेश उसके प्रथम उच्चाधिकारी के द्वारा तथा नीचे से आने वाले समस्त प्रतिवेदन, प्रार्थना–पत्र, सूचना व आंकड़े इत्यादि प्रथम निम्न अधिकारी के ही द्वारा भेजे जाने चाहिए। इसका अर्थ यही हुआ कि इस सिद्धांत के अनुसार समस्त कार्य **उपयुक्त माध्यम द्वारा** (Through Proper Channal) संचालित होने चाहिए।

पदसोपान पर आधारित संगठन की संरचना तथा कार्य प्रणाली–इसका एक रेखाचित्र द्वारा स्पष्ट किया जा सकता हैं–

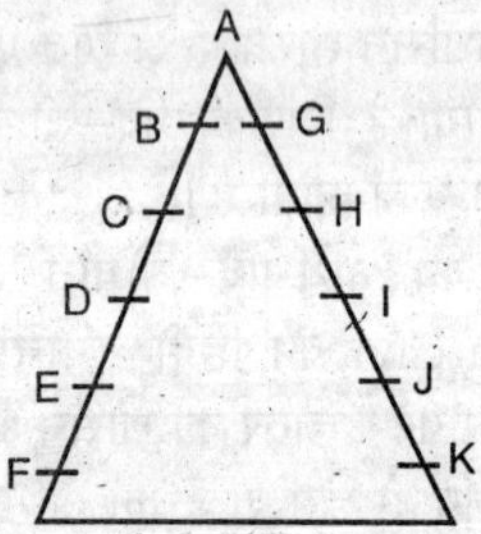

यहाँ A संगठन का अध्यक्ष है। B, A का एकदम (तुरंत) अधीनस्थ हैं। C, B का तुरंत अधीनस्थ है, परंतु B के माध्यम से वह A का परोक्ष (अप्रत्यक्ष) अधीनस्थ है। D, C का तुरंत अधीनस्थ है, परंतु C के माध्यम से B तथा A का परोक्ष अधीनस्थ है। जहां F, E का तुरंत अधीनस्थ हैं और उसके माध्यम से D, C, B और A का परोक्ष अधीनस्थ है। इस त्रिभुजी चित्र के सामने वाली भुजा पर देखें तो पदाधिकारियों (A, G, H, I, J, K,) के संबंध में भी इसी प्रकार का निर्धारण है। अब यदि A को F के लिए आदेश भेजना हैं तो वह क्रमशः B, C, D और E के माध्यम से भेजा जाना चाहिए। ठीक इसी प्रकार उलटे क्रम से देखें तो यदि F कोई पत्र A के पास भेजता है तो वह पत्र क्रमशः E, D, C और B के द्वारा उपर A तक भेजना होगा। यदि F कोई पत्र या संदेश K को भेजता है तो वह पत्र पहले E, D, C और B के माध्यम से होकर A के पास जाएगा, और फिर वहाँ से वह G, H, I, J के द्वारा नीचे उत्तरकर K तक पहुँचेगा। इस प्रकार सारे संगठन में सत्ता का सुत्र F, A, K क्रम में व्याप्त रहता है।

पद–सोपान पद्धति में पदों व अधिकारियों का उनकी सेवाओं के अनुरूप वर्गीकरण किया जाता है। यह वर्गीकरण पदों के कार्यों के आधार पर होता है। उन पदों व अधिकारियों की उसी वर्ग के अंर्तगत रखा जाता है जिनके कार्य एक प्रकार के होते है। इस प्रकार के वर्गीकरण करने से सामान्य पद्धति वाले कर्मचारियों के अंर्तगत सेवाओं का विभिन्न भागों में वर्गीकरण करना आवश्यक हो गया है।

पद–सोपान शासन के प्रत्येक विभाग में पाया जाता है। उदाहरणार्थ, हमारे देश के किसी भी राज्य में पुलिस–प्रशासन के अंर्तगत पद–सोपान विभिन्न प्रकार के काम करता है–

पुलिस प्रशासन के लिए प्रत्येक राज्य एक जिला है जिसका इंचार्ज इंस्पेक्टर जनरल ऑफ पुलिस (I.G.P.) या पुलिस महानिरीक्षक या महाधिपति होता है।

प्रदेश	पुलिस महाधिपति (I.G.P)
क्षेत्र	पुलिस उपमहाधिपति (D.I.G.P.)
जिले	जिला पुलिस अधीक्षक (D.S.P.) (S.S.P.)
उप	मंडल सहायक पुलिस अधीक्षक/उप–पुलिस अधीक्षक/मंडल अधिकारी (A.S.P./Dy.S.P./C.O.)
पुलिस स्टेशन	इंस्पेक्टर/सहायक इंस्पेक्टर (In spector/Sub Inspector)
बाहरी चौकियां	हैड कॉस्टेबल/कॉस्टेबल (Head Constable/Constable)

पुलिस प्रशासन में पद–सोपान ऊपर से नीचे तक इस प्रकार होता है–इंस्पेक्टर जनरल ऑफ पुलिस, डिप्टी इंस्पेक्टर जनरल ऑफ पुलिस, पुलिस अधीक्षक, सहायक पुलिस अधीक्षक, इंस्पेक्टर, सहायक इंस्पेक्टर, हैड कॉस्टेबल, कॉस्टेबल।

आदेश की एकता

किसी भी प्रशासकीय संगठन में पद–सोपान अर्थात् उच्च–अधीनस्थ का संबंध रहता है। थोड़े से उच्च अधिकारी होते है जो आदेश देते है इन उच्च अधिकारियों के नीचे काफी बड़ी संख्या में अधीनस्थ कर्मचारी रहते है। ये कर्मचारी अपने अधिकारियों के आदेश को ग्रहण कर उसका पालन करते है। स्पष्ट है कि कुशल प्रशासन के लिए अनिवार्य है कि प्रत्येक कर्मचारी को यह ज्ञात हो कि उसका तात्कालिक उच्च अधिकारी कौन है? उसे किस अधिकारी से आदेश और निर्देश प्राप्त करना है? उसे किसके समक्ष अपना प्रतिवेदन प्रस्तुत करना है? वह किस अधिकारी के प्रति उत्तरदायी है? आदि आदेश की एकता के सिद्धांत का संगठन की सफलता में काफी महत्व है।

अर्थ एवं परिभाषा : निर्देशन की एकता का सामान्यतः अर्थ यह हैं कि, कोई भी कर्मचारी अपने से ऊपर के एक से अधिक अधिकारी से आदेश ग्रहण न करें। यदि किसी कर्मचारी को एक से अधिक अधिकारियों के आदेश के पालन की व्यवस्था कायम कर दी जाए तो उससे संगठन को विभिन्न प्रकार की कठिनाईयों का सामना करना पड़ सकता है। जैसे–1. यह संभावना हो सकती है कि कर्मचारी को परस्पर विरोधी आदेश मिलें जिसके कारण भ्रम और अकुशलता की स्थिति उत्पन हो, 2. कर्मचारी किसी भी आदेश को पूरी तरह न समझ सके और अलग कार्य करने में लग जाए या असंमस्य में आ जाए, 3. यह भी संभावना हो सकती है कि अधीनस्थ कर्मचारी अपने उच्च अधिकारियों को आपस में भिड़ाने का प्रयत्न करें। इन दुष्परिणामों को ध्यान में रखते हुए यह आवश्यक माना जाता है कि प्रत्येक कर्मचारी अपने से ऊँचे एक अधिकारी से ही आदेश प्राप्त करेगा और उसी के प्रति उत्तरदायी भी होगा।

आदेश की एकता के सिद्धांत की परिभाषा देते हुए हेनरी फेयोल लिखता है कि, "किसी कर्मचारी को केवल एक वरिष्ठ अधिकारी द्वारा ही आदेश दिए जाने चाहिए।" फिफनर और प्रेस्थस के शब्दों में, "आदेश की एकता की अवधारणा का तात्पर्य यह है कि किसी संगठन के प्रत्येक सदस्य को एक और केवल एक नेता के प्रति ही उत्तरदायी होना चाहिए।" फेयोल की यह भी मान्यता है कि, "इस नियम के उल्लंघन से सत्ता निर्बल हो जाती है, अनुशासन संकट में पड़ जाता है, व्यवस्था भंग हो जाती है और स्थायित्व को खतरा पैदा हो जाता है.....एक ही व्यक्ति या विभाग के ऊपर जब दो अधिकारी सत्ता का उपयोग करते है तो गड़बड़ी पैदा होने लगती है। ऐसी स्थिति में चलते रहने पर अव्यवस्था में वृद्धि हो जाती है।" आदेश की एकता का सिद्धांत न केवल असैनिक प्रशासकीय संगठनों में वरन् सैनिक संगठनों में भी पाया जाता है। उदाहरणार्थ, उसमें सेकंड़ लेफ्टिनेन्ट को लेफ्टिनेन्ट आदेश देता है, लेफ्टिनेन्ट को कैप्टन, कैप्टन को मेजर और यह क्रम इसी प्रकार चलता है। स्पष्ट शब्दों में, यदि किसी कर्मचारी को केवल एक ही अधिकारी का आदेश मिले, तो उसे आदेश की एकता कहा जाता है।

आदेश की एकता के गुण या लाभ-आदेश की एकता के निम्नलिखित लाभ हो सकते है–

1. सत्ता के सूत्रों का स्पष्टीकरण रहता है, कर्मचारी के सामने आदेश की स्पष्टता रहती है, अतः वह क्षमता पूर्ण ढंग से काम कर सकता हैं।

2. 'एक व्यक्ति, एक स्वामी' के सिद्धांत से संगठन के सुसंचालन में बड़ी सहायता मिलती है। अनावश्यक भ्रम उत्पन्न होने की संभावना नहीं रहती। कार्य का उत्तरदायित्व भली प्रकार से निश्चत् किया जा सकता है।

3. इस सिद्धांत की एक अन्य विशेषता यह है कि इसकी कमजोरी का फायदा उठाकर निम्न कर्मचारी उच्च अधिकारियों में मन मुटाव पैदा नहीं कर सकता।

4. इस सिद्धांत से कार्यकुशलता का विकास होता है।

5. कर्मचारियों में आज्ञा के संबंध में भ्रान्ति उत्पन्न नहीं होती, इसी कारण से प्रशासन के कार्यों में देरी भी नहीं होती।

आदेश की एकता के महत्व को बताते हुए **लूथर गुलिक** ने ठीक लिखा है कि, "हम इसकी महत्ता को भुला नहीं सकते।"

6. इससे कर्मचारी और अधिकारी के बीच व्यक्तिगत संबंध भी स्थापित होते है।

समन्वय

समन्वय संगठन का प्रथम सिद्धांत है, क्योंकि समन्वय के अभाव में कोई भी संगठन अपना कार्य सुचारू रूप से संपन्न नहीं कर सकता। अतः उसे कार्य में देरी और दोहरेपन की समस्या का सामना भी करना पड़ सकता है। **मूनी** का मत है कि समन्वय संगठन का सर्वप्रथम सिद्धांत है जिसके द्वारा संगठन के अन्य सिद्धांतों को क्रियान्वित किया जाता है। समन्वय द्वारा संगठन के आंतरिक उद्देश्यों को स्पष्ट किया जाता है। बड़े स्तर पर संगठनों के विकास से समन्वय की प्रक्रिया अत्यंत महत्वपूर्ण बन गई है। समन्वय के बिना कोई भी संगठन लगातार अपने ध्येय की और नहीं बढ़ सकता। क्योंकि उसके भिन्न–भिन्न सदस्यों की क्रियायें एक–दूसरे को काट देगी और बेकार कर देगी। समन्वय संगठन को साध्य की और ले जाने वाला साधन है। **न्यूमैन** के शब्दों में, **''यह कोई पृथक क्रिया नहीं है बल्कि एक ऐसी अवस्था है जो प्रशासन के सभी चरणों में रम गयी है।''**

अर्थ और परिभाषा : समन्वय अपने नकारात्मक रूप में संगठन में कार्यों के दोहरेपन को रोकता है, तथा सकारात्मक रूप में संगठन के कर्मचारियों में मिल–जुलकर सहयोग पूर्वक कार्य करने की प्रवृत्ति का विकास करती है। समन्वय की विभिन्न विद्वानों ने परिभाषा दी है–

हेनरी फेयोल ने समन्वय को प्रबंधक का एक कार्य माना है। उनके मतानुसार, ''समन्वय करने का अर्थ है एक संगठन की क्रियाओं में एकरूपता लाना ताकि उसका कार्य सरल हो जाए और वह सफलता प्राप्त कर सकें।'' न्यूमैन के मतानुसार, ''समन्वय एक समन्वित कार्य है जिसमें कर्मचारियों की क्रियाएं एक समान लक्ष्य की ओर सामंजस्य पूर्ण तथा एकीकृत होती है।'' चेस्टर बर्नार्ड ने तो यहां तक कहा है कि, ''अधिकांश परिस्थितियों में समन्वय का गुण संगठन के अस्तित्व का एक महत्वपूर्ण तत्व होता है।'' टेरी ने लिखा है कि, ''समन्वय विभिन्न भागों को एक–दूसरे के साथ सामंजस्य है तथा उसकी गतिविधि एवं व्यवहार का समय के साथ ऐसा सामंजस्य है जिसमें प्रत्येक हिस्सा समग्र के उत्पादन के लिए अपना अधिक से अधिक योगदान कर सकें।'' संक्षेप में, समन्वय का अर्थ ऐसी व्यवस्थाओं से है कि किसी संगठन के सभी हिस्से निर्धारित लक्ष्यों की और बिना काम दुहरायें, बिना खाली स्थान छोड़े या बिना टकराये हुए कदम से कदम मिलते साथ–साथ आगे बढ़े।

समन्वय और सहयोग-समन्वय को कभी–कभी गलती से सहयोग समझ लिया जाता है, परंतु दोनों का एक अर्थ नहीं है। **टेरी** के शब्दों में, सहयोग ''किसी सामान्य लक्ष्य की प्राप्ति के लिए एक व्यक्ति का दूसरे या दूसरों के साथ सामूहिक कार्य है।'' समन्वय सामूहिक कार्य से कहीं अधिक है, और इसका अर्थ है, **''प्रयत्नों की समकालिता''** अर्थात् प्रयत्न एक ही साथ एक समय पर होने चाहिए। **टेरी समन्वय** और **सहयोग** को एक विचित्र उदाहरण देकर स्पष्ट करता है, उन्होंने एक ऐसे लड़के का उदाहरण दिया है जो एक दिन सवेरे ही रेलगाड़ी पकड़ना चाहता था। इसके लिए सोने से पूर्व उसने अपनी घड़ी को आधा घंटे आगे कर दिया ताकि वह जल्दी उठ सका। लड़के का पिता यह जानता था कि उसका लड़का सवेरे रेलगाड़ी पकड़ेगा इसलिए उसने भी घड़ी को आधा धंटे और आगे कर दिया। इसके बाद लड़के की माँ उसके शयन कक्ष में गई ओर यह सोचकर कि सुबह लड़कों को अधिक जल्दबाजी ना हो, उसने भी घड़ी को आधा घंटे और आगे कर दिया। इस सबके परिणामस्वरूप लड़के को डेढ़ घंटे पहले उठना पड़ा। टेरी के अनुसार यहाँ माता–पिता तथा बेटे के कार्यों में सहयोग तो था, किंतु समन्वय नहीं था। इसका तात्पर्य यह नहीं है कि सहयोग और समन्वय दोनों विरोधी है, इनका संबंध स्पष्ट करते हुए **हैमेन** लिखता है कि, ''यद्यपि सहयोग सहायता पूर्ण रहता है और इसका अभाव समन्वय की प्रत्येक संभावना रोक सकता है, पर इसका अस्तित्व मात्र ही समन्वय का होना साबित नहीं करता। महत्व की दृष्टि से समन्वय सहयोग की अपेक्षा अधिक उच्च है।''

नियंत्रण की सीमा

बिना नियंत्रण के कोई भी प्रशासन समुचित रूप से संचालित नहीं किया जा सकता। नियंत्रण की व्यवस्था का उद्देश्य यह देखना होता है कि संगठन अथवा प्रशासन की इकाई से कर्मचारी दिए गए आदेशों, निदेशों और नियमों के अनुरूप काम कर रहे हैं अथवा नहीं। यदि इस प्रकार की देखभाल न की जाए तो स्वाभाविक है कि संगठन अथवा कार्यालय का काम अव्यवस्थित तथा शिथिल हो जाएगा।

अर्थ एवं परिभाषा : इस सिद्धांत का प्रमुख प्रश्न यह है कि एक उच्च अधिकारी कितने अधीनस्थ कर्मचारियों के कार्यों का क्षमता पूर्वक अधीक्षण कर सकता है, यह नियंत्रण–क्षेत्र की समस्या है। **डिमांक** का मानना है कि, "नियंत्रण का विस्तार किसी उद्यम के मुख्य निष्पादक तथा उसके मुख्य साथी कार्यालयों के बीच सीधे एवं स्वाभाविक संचार की संख्या एवं क्षेत्र है।"

नियंत्रण की सीमा के सिद्धांत के अनुसार किसी भी अधिकारी के नियंत्रण का क्षेत्र केवल उतना ही रखना चाहिए जितना वह कुशलतापूर्वक संभाल सकें। अधिकारी की सामर्थ्य से अधिक या कम क्षेत्र का होना उचित नहीं है। चूँकि मानवीय ध्यान क्षेत्र (Span of Attention) सीमित होता है, अतः कोई भी एक पदाधिकारी कर्मचारियों की असीमित संख्या का भली–भांति निरीक्षण नहीं कर सकता है। **जान डी॰ मिलेट** की मान्यता है कि, "अनुभव और मनोवैज्ञानिक अनुसंधान दोनों इस बात की पुष्टि करते है कि किसी भी प्रशासकीय अधिकारी की पर्यवेक्षण क्षमता की सीमा रहती है।" यदि किसी अधिकारी की सामर्थ्य से कम नियंत्रण क्षेत्र रखा जाए तो इसका मतलब होगा कि उसकी क्षमताओं और सामर्थ्य का पूरा लाभ नहीं उठाया जा रहा है। यदि उसकी क्षमता से अधिक नियंत्रण उसे सौंपा गया तो उसकी प्रशासकीय कठिनाईयां बहुत बढ़ जाएगी। इससे संगठन को लाभ होने के स्थान पर हानि ही होगी।

नियंत्रण क्षेत्र की सीमा क्या है? नियंत्रण क्षेत्र की सीमा क्या होनी चाहिए यह एक विवाद का विषय रहा है। इस प्रश्न पर विद्वानों में मतभेद है। जहां नियंत्रण क्षेत्र का असंतुलित विस्तार हानिकारक है, वहां क्षेत्र का बहुत सीमित होना भी बुरा है। **हेनरी फेयोल** का मत हैं कि, "एक बड़े उद्यम के शिखर स्थित प्रबंधक के नीचे पाँच या छः से अधिक अधीनस्थ कर्मचारी नहीं होने चाहिए।" **एल॰ उर्विक** के विचार में, "उच्च पदाधिकारियों के लिए आर्दश संख्या चार होगी और निम्न स्तर के कर्मचारियों के लिए आठ या बारह।" **ग्रेक्यूनस** लिखता हैं कि, "कोई उच्च अधिकारी पाँच अथवा छः अधीनस्थ कर्मचारियों से अधिक कार्य का उचित निरीक्षण नहीं कर सकता।" सैनिक संगठन के संबंध में सर हैमिल्टन ने लिखा है कि, "एक औसत मानव मस्तिक तीन से छः अन्य मस्तिष्कों का ही प्रभावशाली निरीक्षण कर सकता है।" अतः इससे स्पष्ट है कि कोई उपयुक्त संख्या देने में सभी विद्वानों का एकमत नहीं है। फिर भी, विद्वान यह निश्चित करने के लिए अवश्य प्रयत्नशील है कि नियंत्रण के विस्तार क्षेत्र की लम्बाई क्या होनी चाहिए? सामान्य सहमति यह पाई जाती है कि–

1. प्रत्येक स्तर पर एक निश्चित नियंत्रण क्षेत्र होता है और यदि इस सीमा का उल्लंघन किया जाए तो कार्य के अवरूद्ध होने की संभावना उत्पन्न हो सकती है।
2. नियंत्रण क्षेत्र में **चार** तत्वों के कारण विविधता उत्पन्न होती है–**कार्य, व्यक्तित्व, काल या समय और स्थान।**

नियंत्रण-क्षेत्र निर्धारित करने वाले तत्व : नियंत्रण क्षेत्र को कुछ तत्वों पर निर्भर बताया जाता है जो इस प्रकार है–

1. कार्य : अगर अधिकारी और कर्मचारियों के कार्यों की प्रकृति एक समान हो तो एक अधिकारी अधिक कर्मचारियों को नियंत्रित कर सकता है।

2. व्यक्तित्व : किसी भी संगठन में व्यक्तित्व एक बहुत ही महत्वपूर्ण तत्व होता है यदि अधीक्षक का व्यक्तित्व बहुत ऊँचा है, उसमें नेतृत्व की असाधारण क्षमता हैं, उसके कार्य करने की गति तीव्र है तो वह कर्मचारियों की काफी बड़ी संख्या पर नियंत्रण रख सकता है।

3. काल या समय : यदि संगठन पुराना और जमा हुआ हो तो नियंत्रण का क्षेत्र सरलता से विस्तृत किया जा सकता है। जबकि नये संगठनों के सामने नई–नई समस्याएं उत्पन्न होती रहती है। अतः नियंत्रण क्षेत्र सीमित होता है।

4. स्थान : अगर कार्यालय भौगोलिक दृष्टि से एक ही स्थान पर है तो नियंत्रण क्षेत्र विस्तृत होगा बजाय इसके कि कार्यालय दूर–दूर स्थित हो।

केंद्रीयकरण बनाम विकेंद्रीकरण

समकालीन लोक–प्रशासन के सिद्धांतों का स्वरूप बदलता जा रहा है और इसके साथ ही इसमें समस्याओं की भी बहुलता बढ़ती जा रही है। इसी तरह की एक समस्या संगठन के केंद्रीयकरण बनाम विकेंद्रीयकरण की है। दूसरे शब्दों में, संगठन के संबंध में एक मुख्य समस्या यह उठती है कि सरकारी प्रशासन को केंद्रीकृत रखा जाए अथवा

विकेंद्रीकरण किया जाए। जहाँ नियोजित अर्थव्यवस्था, सशक्त एवं प्रभावशाली प्रतिरक्षा तथा राष्ट्रीय एकता की आवश्यकता 'केंद्रीयकरण' पर बल देती हैं, वहाँ सामान्य जन सहयोग से लोकतंत्र की स्थापना का आश्वासन और क्षेत्रिय स्वायतता की बढ़ती हुई मांग 'विकेंद्रीयकरण' का समर्थन करती है।। भारत में योजना आयोग केंद्रीयकरण का प्रतीक है तो पंचायत विकेंद्रीयकरण की प्रवृत्ति का। **चार्ल्स बर्थ** के शब्दों में, "संगठन की अनेक महत्वपूर्ण समस्याओं में से एक यह है कि एक ओर तो प्रशासक की पूर्ण नियंत्रण, एकरूपता एवं निश्चिता स्थापित करने की स्वाभाविक इच्छा और दूसरी ओर जनता की यह मांग कि सरकारी प्रशासन स्थानीय जन भावना के अनुकूल हो–इनके मध्य सामंजस्य कैसे स्थापित किया जाए।"

केंद्रीयकरण तथा विकेंद्रीकरण अर्थ और परिभाषा : केंद्रीयकरण से अभिप्राय है कि सत्ता शीर्ष या उसके आस–पास एकत्र होनी चाहिए। इसके ठीक विपरीत अनेक व्यक्तियों या इकाइयों के मध्य सत्ता के विभाजन की व्यवस्था को विकेंद्रीकरण कहा जाता है। **ह्वाइट** के मतानुसार "प्रशासन के निम्नतल से उच्चतल की और प्रशासकीय सत्ता के हस्तान्तरण की प्रक्रिया को केंद्रीयकरण कहते है जबकि इसके ठीक विपरीत व्यवस्था को विकेंद्रीकरण कहा जाता है। **विलोबी** के अनुसार, "अत्यधिक केंद्रीकृत व्यवस्था में स्थानीय इकाइयाँ केवल कार्यवाहक अभिकरणों के रूप में कार्य करती है। उन्हें अपनी पहल से कार्य करने की कोई शक्ति नहीं होती.....प्रत्येक कार्य केंद्रीय कार्यालय की ओर से किया जाता है।

केंद्रीयकरण तथा विकेंद्रीकरण को और अधिक हम इसके निम्नलिखित पाँच पक्षों से अधिक अच्छी तरह स्पष्ट कर सकते है जो विकेंद्रीयकरण के है और इसके विपरीत जो व्यवस्था होगी वह केंद्रीयकरण की व्यवस्था होगी–

1. प्रशासकीय पक्ष I : सत्ता का हस्तातंरण इस प्रकार किया जाए कि स्वेच्छा से कार्य करने का विशाल क्षेत्र अधीनस्थ कर्मचारियों को सौंपा जाए तथा शीर्षस्थ मुख्य अधिकारी को कम से कम प्रश्न संबोधित किए जाए।

2. प्रशासकीय पक्ष II : संगठन की व्यक्ति इाकइयों को अधिक शक्ति सौंपी जाए तथा मुख्य कार्यालय में नियंत्रण की कुछ मूल शक्तियों को ही रखा जाए।

3. राजनीतिक पक्ष : निर्वाचित निकायों के हाथों में अधिक शक्ति सौंपी जाए और प्रशासन के कार्यों में जनता का पूरा–पूरा सहयोग करे।

4. भौगोलिक पक्ष : जनता के निकट तथा मुख्य कार्यालय के दूर की क्षेत्रिय इकाईयों को स्वतंत्रता दी जाए।

5. कार्यात्मक पक्ष : विभिन्न कार्यों को सम्पन्न करने के लिए विभिन्न विभागों को कार्यों की स्वतंत्रता दी जाए।

अतः जिस प्रशासकीय पद्धति में केंद्रीय सरकार के अधिकारियों के हाथों में अत्याधिक शक्ति निहित हो, जिसके परिणामस्वरूप निम्नतर शासकीय स्तरों के कर्मचारियों की शक्ति और विवेक में कमी होती है तो, उसे केंद्रीकृत व्यवस्था (Centeralized System) कहते है। इसके विपरीत, जिस प्रशासकीय प्रणाली में कानून या संविधान के द्वारा स्थानीय प्रबंधकारी विकायों में काफी अधिक शक्ति रखी गई हो, उसे 'विकेंद्रीकृत व्यवस्था (Decenteralization System) कहते है।

विकेंद्रीकरण और प्रत्यायोजन में अंतर : विकेंद्रीकरण प्रत्यायोजन से भिन्न है। विकेंद्रीकरण के अंतर्गत केंद्रीय सत्ता अपनी कुछ शक्तियाँ स्थानीय अधिकारियों को प्रदान कर देती है। फलस्वरूप स्थानीय अधिकारी अपने क्षेत्र में पूर्णतः स्वायत्त होते है। इसके विपरीत, प्रत्यायोजन में केंद्रीय सत्ता स्थानीय अभिकरणों को जो कार्य सौंपती है उन्हें करने के लिए न तो वे स्वायत्त होते है और न हीं उनको उत्तरदायी ठहराया जा सकता है। वास्तव में वे केंद्रीय सत्ता के नाम से ही शक्तियों का उपयोग करते है। ऐसी स्थिति में स्थानीय सत्ता केंद्रीय, सत्ता के ऐजेंट के रूप में कार्य करती हैं, और केंद्रीय सत्ता को आदेश देने या निर्णय बदलने का अधिकार रहता है।

केंद्रीयकरण तथा विकेंद्रीकरण के निधार्रक तत्व-एक अभिकरण को अपनी शक्ति का किस मात्रा में केंद्रीयकरण करना चाहिए तथा किस मात्रा में विकेंद्रीकरण, यह कई तत्वों पर निर्भर रहता है। **फेजलर** ने इस प्रकार के चार तत्वों का विवेचन किया है–

1. उत्तरदायित्व का तत्व : उत्तरदायित्व का तत्व विकेंद्रीकरण पर रोक लगाता है तथा, वह केंद्रीयकरण के पक्ष में है। विभाग अध्यक्ष विभाग में प्रत्येक कार्य के लिए अंतिम रूप से उत्तरदायी होता है, अतः यह स्वाभाविक है कि वह अपनी शक्ति को विकेंद्रित नहीं करना चाहता।

2. प्रशासनिक तत्व : केंद्रीयकरण और विकेंद्रीयकरण को प्रभावित करने वाले प्रशासनिक तत्व अनेक है। उनमें से एक महत्वपूर्ण तत्व संगठन की आयु है। पुराने संगठनों में विकेंद्रीयकरण सरल होता है। इसका कारण है कि उनके भीतर प्रक्रियाएँ और परंपराएँ भली प्रकार जड़ पकड़ लेती है, जबकि इसके विपरीत नए संगठनों में छोटी–छोटी बातों पर उच्चतर अधिकारियों का निर्णय प्राप्त करना आवश्यक होता है।

3. कार्यात्मक तत्व : कार्यात्मक तत्व केंद्रीकरण तथा विकेंद्रीकरण की समस्या को अनेक रीतियों से प्रभावित करते है। यदि किसी विभाग के कार्य बहुमुखी हो तो निश्चित ही उस विभाग का विकेंद्रीयकरण किया जाएगा, क्योंकि विभागाध्यक्ष के पास न तो इतना समय होगा और न प्रविधिक कौशल ही कि वह स्वयं उन सबका प्रबंध कर सकें। परंतु यदि किसी विभाग को प्रतिरक्षा, यातायात आदि के मामले से संबंधित कोई ऐसा कार्य सौंपा गया है जिसके अंतर्गत राष्ट्रीय स्तर पर समरूपता आवश्यक हो तो उस समरूपता की स्थापना के लिए केंद्रीयकरण अनिवार्य हो जाएगा।

4. वाह्‌य तत्व : केंद्रीयकरण तथा विकेंद्रयकरण को प्रभावित करने वाले कुछ बाध्य तत्व भी होते है। यदि विकास योजना जैसे किसी कार्यक्रम के क्रियान्वयन के लिए लोक समर्थन अथवा जनता के समर्थन की आवश्यकता हो तो उसकी प्राप्ति के लिए विकेंद्रीकरण अनिवार्य हो जाता है। यदि एक संगठन में यह आवश्यक हो जाए कि आन्तरिक कार्यों के अतिरिक्त बाध्य समस्याओं पर भी ध्यान दिया जाए, जैसे–नागरिकों को प्रशासनिक प्रक्रिया में शामिल करना; अन्य संघीय, राज्यीय एवं स्थानीय अभिकरणों के साथ सहयोग करना; क्षेत्रिय कार्यों पर राजनीतिक दबावों का ध्यान रखना; आदि तो विकेंद्रीयकरण किया जा सकता है।

विकेंद्रीकरण की सीमाएँ :

कुछ विचारकों का मानना है कि विकेंद्रीकरण को केवल एक सीमा तक ही लागू किया जा सकता हैं। अतः प्रशासकीय प्रणाली में इस हेतु कुछ आरक्षणों की व्यवस्था आवश्यक है। अपने कार्यों का वितरण करने से पहले केंद्रीय अधिकारियों को निम्नलिखित बातों का ध्यान रखना चाहिए–

1. स्थानीय अधिकारियों को एक से अधिक केंद्रीय अधिकारियों या कार्यालय के प्रति उत्तरदायी नहीं होना चाहिए।

2. अधिकार–क्षेत्र का निर्धारण बड़ी सावधानी से किया जाना चाहिए।

3. अनेक क्षेत्रिय संस्थानों की प्रक्रियाएँ एक विशेष समान स्तर की होनी चाहिए; यह आवश्यक नहीं कि वे एक सी ही हो।

4. स्थानीय निकायों का प्रर्याप्त लचीला भौतिक व मनोवैज्ञानिक ढाँचा होना चाहिए जिससे वह संस्था स्थानीय परिस्थितियों के अनुकूल स्वयं को ढाल सकें।

5. क्षेत्रिय इकाई को ऐसे निर्णय लेने चाहिए जिनका समग्र नीति पर प्रभाव पड़े; परिस्थिति उत्पन्न होने पर उसे स्वयं निर्णय लेने को प्रोत्साहित करना चाहिए।

6. तुरंत अपील की जा सके, ऐसी पद्धति विद्यमान होनी चाहिए।

7. क्षेत्र द्वारा केंद्र को मुक्त रूप से सुझाव दिए जाने चाहिए।

8. प्रतिवेदन एवं निरीक्षण की समुचित प्रणाली द्वारा केंद्रीय सत्ता को संगठन की दूरस्थ या क्षेत्रीय इकाइयों को पूरा ज्ञान प्राप्त होते रहना चाहिए।

केंद्रीयकरण एवं विकेंद्रीकरण के गुण तथा दोष : केंद्रीकरण के गुण आजकल केंद्रीकरण की बढ़ती हुई लोकप्रियता का कारण उसके कई गुण हैं–

1. केंद्रीकृत व्यवस्था में प्रशासन की सभी इकाइयों पर केंद्रीय सत्ता का पर्याप्त एवं प्रभावशाली नियंत्रण रहता है, अतएवं क्षेत्रीय या स्थानीय कर्मचारी मनमानी नहीं कर सकते।

2. केंद्रीकृत व्यवस्था में एकरूपता रहती है। समस्त प्रशासनिक संगठन केंद्र द्वारा निर्धारित नीतियों एवं सिद्धांतों के अनुसार चलता है; इसके फलस्वरूप शासन में सुविधा रहती हैं।

3. इससे प्रशासन में मितव्ययिता रहती है। इस व्यवस्था में सभी साधन एक साथ जुटाए जा सकते है, माल की खरीद बड़े पैमाने पर एक साथ की जाती है। कारखानों का संचालन भी इसी सिद्धांत के अनुसार होता है। अतः यह प्रणाली विकेंद्रीकरण की प्रणाली से कम खर्चीली है।

4. केंद्रीकृत प्रशासन में राष्ट्रीय हित सर्वोपरि रहता है। इस व्यवस्था में स्थानीय राजनीति शासन पर हावी न होने से प्रशासन में भ्रष्टाचार, पक्षपात, भाई–भतीजावाद, आदि के दोष नहीं उत्पन्न हो पाते है।

5. केंद्रीकरण प्रशासन का अर्थ यह है कि नागरिकों को केवल एक ही प्रशासन पर ध्यान देना होता है तथा उसके लिए सरल हो जाता है कि वह सार्वजनिक अधिकारियों के कार्य को समझ सके और उसके बारे में कोई निर्णय ले सके।

केन्द्रीकरण के दोष : केन्द्रीकरण के उपर्युक्त गुणों के साथ–साथ कई बड़े दोष भी है–

1. केन्द्रीकरण के विरूद्ध पहला तर्क यह है कि इसके परिणामस्वरूप प्रशासन के उच्चतर स्तरों पर कार्य इकट्ठा होता रहता है, सफल क्रियान्वयन में अवरोध उपस्थित हो जाते है तथा निर्णय करने और उनको क्रियान्वयन करने में देरी होती है।

2. केन्द्रीय अधिकारी जनता से बहुत दूर होते है तथा वे स्थानीय दशाओं तथा समस्याओं से निकट से परिचित नहीं होते। इसका कारण यह है कि स्थानीय परिस्थितियां और समस्याएं स्थान–स्थान पर भिन्न होती है।

3. इसमें शासन की समूची नीतियों का निर्माण केन्द्रीय सरकार द्वारा किया जाता है अतः प्रशासन में लचीलापन नहीं रह पाता। स्थानीय अधिकारी केन्द्रीय सत्ता के आदेशों का अक्षरशः पालन करने के लिए बाधित होते है। वे स्थानीय परिस्थितियों के अनुसार इनमें कोई परिवर्तन नहीं कर सकते है, इसमें शासन में अवांछनीय कठोरता आ जाती है।

4. केन्द्रीकरण के फलस्वरूप प्रशासन में लोक–अभिक्रम (Popular Initiative) तथा जनता द्वारा प्रत्यक्ष रूप से भाग लेने के अवसर बहुत कम हो जाते है। इससे लोकतंत्र निर्बल होता है। ऐसा शासन प्रायः जन–संपर्क और जन–सहयोग न होने के कारण अलोकप्रिय हो जाता है।

विकेन्द्रीकरण के गुण : विकेन्द्रीकरण के निम्नलिखित लाभ है–

1. केन्द्रीकृत व्यवस्था में क्षेत्रीय या स्थानीय अधिकारियों को केन्द्रीय सत्ता से पूर्व अनुमति लेने की आवश्यकता नहीं रहती, इसलिए वे शीघ्र निर्णय ले सकते है और इससे कार्य में विलंब नहीं होता।

2. विकेन्द्रित व्यवस्था द्वारा शीर्ष स्थित अधिकारी अथवा मुख्य कार्यालय का कार्यभार कम होता है तथा उसे राहत प्राप्त होती है।

3. विकेन्द्रित व्यवस्था में स्थानीय कर्मचारियों को प्रशासनिक कार्यों के संबंध में निर्णय लेने की काफी सीमा तक स्वतंत्रता रहती है।

4. जब शक्ति विकेन्द्रित हो जाती है तो प्रशासन के अनेक दोष मिट जाते है। कार्य की देरी, लालफीताशाही, आदि समाप्त हो जाती है तथा तवरित कार्यवाही को प्रोत्साहन मिलता है।

5. स्थानीय समस्याओं का उचित समाधान केन्द्रित व्यवस्था में नहीं हो पाता क्योंकि स्थानीय निकायों को केन्द्रित आदेशों की प्रतीक्षा करनी पड़ती है, कार्य में देर लगती है, परंतु विकेन्द्रित व्यवस्था में उनके संबंध में तुरंत विचार एवं कार्यवाही की जाती है क्योंकि स्थानीय निकायों को केन्द्रीय इच्छा पर अवलम्बित नहीं रहना पड़ता।

विकेन्द्रीकरण के दोष : विकेन्द्रीकरण के निम्नलिखित दोष है–

1. इस व्यवस्था में केन्द्रीय सत्ता का नियंत्रण अपर्याप्त रहता है जिससे स्थानीय कर्मचारियों में स्वेच्छाचारी प्रवृत्ति बल पकड़ती है। बजट निर्माण, करारोपण, आदि कतिपय कार्य एक केन्द्रीकृत व्यवस्था द्वारा अधिक अच्छी तरह संपन्न किए जा सकते है।

2. किसी भी संस्था में सत्ता का विकेन्द्रीकरण कर देने से समन्वय की समस्या उठ खड़ी होती है।

3. विकेन्द्रीकरण व्यवस्था में केन्द्रीय और स्थानीय दो प्रकार के कर्मचारियों की व्यवस्था करनी पड़ती है। स्पष्टतः इनकी संख्या बहुत अधिक रहती है। अतः विकेन्द्रित व्यवस्था में केन्द्रित पद्धति से अधिक धन व्यय होता है।

4. विकेन्द्रित व्यवस्था में कर्मचारी राष्ट्रीय हित को भूल सकता है क्योंकि कर्मचारी में स्थानीयता की भावना इतनी तीव्र हो जाती है कि वह राष्ट्रीय हित को भूल कर अपने स्थानीय हितों की पूर्ति में लग जाते है।

5. विकेन्द्रित प्रणाली में शासन की एकरूपता नहीं पायी जाती। यद्यपि केन्द्र सामान्य नीति निर्धारित कर देता है, तथापि विभिन्न क्षेत्रों के अधिकारी स्थानीय परिस्थितियों के अनुसार उसमें परिवर्तन या संशोधन कर देते है। वे भिन्न–भिन्न प्रकार की कार्य–प्रणालीयां अपनाते है। इसमें प्रशासन की एकरूपता नष्ट हो जाती है।

प्रत्यायोजन

एक व्यक्ति वाले संगठन के सभी निर्णय एक व्यक्ति द्वारा किये जाते है। संगठन जितना छोटा होगा, सत्ता के विभाजन की आवश्यकता उतनी ही कम होगी। प्रत्यायोजन या अधिकार सौंपने की आवश्यकता तो संगठन के विस्तृत होने के साथ बढ़ती है। क्योंकि ऐसी अवस्था में एक व्यक्ति या व्यक्तियों का समूह सभी निर्णय नहीं कर सकता। इसलिए सत्ता तथा उत्तरदायित्व कर्त्तव्यों को साथ विभाजन हो जाने चाहिए। प्रत्यायोजन, सत्ता विभाजन तथा वितरण के प्रमुख तरीकों में से एक है।

लार्ड हेवार्ड के अनुसार इस बीसवीं शताब्दी में प्रशासन का कार्य बहुत बढ़ गया है। प्रशासन पुलिस राज्य से निकलकर लोक–कल्याणकारी राज्य की परिधि में प्रविष्ट हो चुका था। इन सब व्यवस्थाओं के लिए इतने कानून बनाने की आवश्यकता हुई, कि विधानपालिका के लिए सभी प्रकार के कानून बनाना कठिन हो गया। ऐसी अवस्था में विधानपालिका ने नीति–निर्माण का कार्य प्रमुख समझा अतः वह अनेक विषयों पर अपनी नीति के अनुसार कानून बना देती परंतु उन कानूनों को लागु करने के लिए जो नियम बताए जाने होते हैं वे प्रशासन पर छोड़ देती है। इन्हीं नियमों के निर्माण कार्य को **प्रत्यायोजित विधि निर्माण** कहते है। आज सभी देशों में प्रत्यायोजित विधी प्रचलित है।

प्रत्यायोजन का अर्थ-मूने के अनुसार "प्रत्यायोजन का अर्थ है कि किसी उच्च सत्ताधारी द्वारा किसी निम्न सत्ताधारी को विशिष्ट सत्ता प्रदान की जाए"। यह सत्ता का हस्तांतरण है, लेकिन उसके पर्यवेक्षण तथा नियंत्रण संबंधी अधिकार बने ही रहते है।

प्रत्यायोजन उतरदायित्व का परित्याग नहीं है और न ही उसका अर्थ अंतिम सत्ता का स्थानान्तरण है। जो व्यक्ति सत्ता का प्रत्यायोजन करता है वह अपना संपूर्ण उत्तरदायित्व नहीं सौंपता, वह निरीक्षण, पर्यवेक्षण नियंत्रण तथा समीक्षा का अधीकार अपने पास रखता है। वह अपने प्रत्यायोजन को समाप्त करके अपनी सारी सत्ता वापस ले सकता है। दूसरी ओर जिन अधिकारियों को सत्ता प्रतयायोजित की जाती है वे उसके आधार पर उनके सौंपे गये कार्यों को सम्पन्न करते है। इन कार्यों का तत्कालीन उत्तरदायित्व भी उन्हीं के कंधों पर होता है।

प्रत्यायोजन का महत्व : प्रशासनिक संगठनों के व्यवहार में प्रत्यायोजन की प्रक्रिया का महत्वपूर्ण स्थान है। व्यवहारिक दृष्टि से मुख्य **लाभ** निम्न प्रकार के है–

1. कार्यकुशलता : प्रत्यायोजन की व्यवस्था द्वारा प्रत्येक को वह कार्य करने का अवसर प्राप्त हो जाना जिसे करने के लिए वह योग्य होता है; जिसे वह अपनी रूचि पूर्वक पूरा कर सकता है। ऐसी स्थिति में संगठन की कार्यकुशलता बढ़ जाती है।

2. प्रशिक्षण : प्रत्यायोजन की व्यवस्था द्वारा संगठन के प्रत्येक व्यक्ति को कुछ शक्तियाँ सौंपी जाती है ताकि वह अपने कार्यों को संपन्न कर सके। इन अधिकारियों पर उसके कार्यों का तत्कालीन उत्तरदायित्व डाला जाता है। इस प्रकार बिना अंतिम रूप के उत्तरदायित्व बनाये ही इन अधिकारियों को जो कार्य करने के लिए कहा जाता है उसमें एक प्रकार से ये अधिकारी प्रशिक्षण प्राप्त कर लेते है। और जब वास्तविक रूप में उत्तरदायित्व निर्वाह करने का समय आता है तो वे अयोग्य साबित नहीं होते।

3. नियंत्रण : संगठन के अनेक स्तरों के बीच जब सत्ता का प्रत्यायोजन हो जाता है तो एक प्रकार से यह निश्चित हो चुका है कि किस पदाधिकारी को क्या कार्य करना है परंतु इस व्यवस्था के अंर्तगत यदि संगठन के कार्य में किसी प्रकार की अव्यवस्था उत्पन्न हो जाए तो ऐसी स्थिति में संगठन का अध्यक्ष, सभी कार्यों पर नियंत्रण रख सकता है।

4. मितव्ययिता : प्रत्यायोजन की व्यवस्था में संगठन के कार्यों पर होने वाला अपव्यय रूक जाता है। जिस कार्य पर जितना खर्च होना चाहिए उतना ही खर्च किया जाता है। यदि संगठन में प्रत्यायोजन किया जाए तो सत्ता का प्रयोग केवल उच्चाधिकारी ही करेंगे जिससे अपव्यय की संभावना बढ़ जाती है।

5. शीघ्रता-संगठन की प्रत्येक बात को जब एक ही व्यक्ति के निर्णय पर छोड़ दिया जाता है तो कार्य पूर्ति में विलम्ब होता है तथा समय पर निर्णय लेना कठिन हो जाता है।

प्रो. व्हाइट ने लिखा है कि "महत्वपूर्ण और व्यापक परिस्थितियों के कारण यह आवश्यक हो जाता हैं कि सत्ता का प्रत्यायोजन किया जाए।

यह भी आवश्यक है कि जहाँ कार्य संपन्न होता है वहीं अधिक से अधिक निर्णय हो जाए।"

प्रत्यायोजन की प्रक्रिया : सत्ता का हस्तांतरण ही अधीनस्थ अधिकारियों के पद की रचना करता है और इस प्रकार संगठन का निर्माण होता है; पर हस्तांतरण किस प्रकार किया जाए यह एक मुख्य समस्या है। **हेमैन** ने प्रत्यायोजन की प्रक्रिया के विस्तार रूप से दर्शाया है, जो इस प्रकार है–

1. कर्त्तव्य सौंपना : जब किसी संगठन का अध्यक्ष अधिनस्थ कर्मचारियों को अपनी सत्ता का प्रयायोजन करता है तो वह सर्वप्रथम यह निर्णय लेता हैं कि कार्य को उनके बीच किस प्रकार वितरित किया जाए। क्योंकि कुछ कार्य ऐसे भी होते है जिन्हें अध्यक्ष अपने पास रखना चाहता है और किसी को नहीं सौंपता। जब अध्यक्ष यह देख लेता है कि संगठन के कार्य करने वाले कर्मचारी काफी योग्य है और हस्तांतरीत उत्तरदायित्व को पूरा कर सकते है तो वह अपनी सत्ता को प्रत्यायोजित करने में संकोच नहीं करता किंतु जब उसे उनकी योग्यता पर विश्वास नहीं होता तो अधिक से अधिक कार्य वह स्वयं ही करना चाहता है।

2. सत्ता प्रदान करना : प्रत्यायोजन की प्रक्रियां का अन्य पहलु अधिनस्थ अधिकारियों को सत्ता प्रदान करना है, ताकि वे सौंपे गये कार्यों को संपन्न कर सके। अधिनस्थों को निर्णय लेने तथा कार्य करने की शक्ति एक सीमित क्षेत्र में ही दी जा सकती है। सत्ता प्रदान करते समय उच्च अधिकारी यह देख लेता है कि उसे अधिनस्थों को कितनी सत्ता सौंपनी चाहिए।

3. उत्तरदायित्व की रचना : उत्तरदायित्व और सत्ता के बीच घनिष्ट संबंध होता है तथा एक के बिना दूसरे का अस्तित्व संभव नहीं हैं। जब एक अधीनस्थ कर्मचारी कोई कार्य करने का उत्तरदायित्व अपने ऊपर ले लेता है तो उसे अपने उच्च अधिकारी के प्रति जबाव देह बनना पड़ता है।

कर्मचारी द्वारा उत्तरदायित्व का भार ग्रहण करने के बदले पुरस्कार की मांग की जा सकती है और इन पुरस्कारों की मात्रा ही यह तय करती हैं कि अपने उत्तरदायित्व को वह कितना निभाएगा। उत्तरदायित्व दोनों ही हो सकते है।

संचार

संचार (Communication) प्रशासन का प्रथम सिद्धांत माना जाता है। अभिकरण के उद्देश्य की सफलता के लिए प्रभावशाली संचार व्यवस्था आवश्यक होती है। किसी संगठन के लिए कार्य करने वाले लोग यदि संगठन के उद्देश्यों, नीतियों तथा परिस्थितियों को समझते है, तो उनका उसके प्रति अधिक लगाव होगा, वे अपने कार्य में अधिक रूचि लेंगे तथा संगठन के साथ अधिक एकरूपता होगी। किसी व्यक्ति के उत्साहपूर्ण तथा क्रियात्मक सहयोग को प्राप्त करने का यही मार्ग है कि उस अभिकरण का प्रधान उसका विश्वास प्राप्त करे।

यह संचार का युग है। आज औसत दर्जे का आदमी भी अपनी सरकार तथा पड़ौसियों के अधिक निकट है। वह अपने चारों के जीवन से अधिक एकरूपता का अनुभव करता है। अतंर्राष्ट्रीय क्षेत्र में भी जब हम "एक विश्व" की दिशा में अग्रसर हो रहे है। समूह प्राद्यौगिकी तथा मानव मनोविज्ञान में हुए अनुसंधानों ने सिद्ध कर दिया है कि किसी भी संगठन का सफल संचालन उसमें काम करने वाले व्यक्तियों के सहयोग पर निर्भर करता है। लोकतंत्र की यही प्रथम आवश्यकता है कि जनता प्रशासन से अधिकाधिक संबद्ध होनी चाहिए। इसी कारण व्यापार तथा शासन, दोनों क्षेत्रों के संगठनों में अति उत्तम संचार–व्यवस्था की स्थापित करने की आवश्यकता को स्वीकार कर लिया गया है। मिलजुल कर कार्य करने में संचार द्वारा निभायी गयी भूमिका को प्रबंध स्वीकार करता है। इसके पर्याप्त प्रमाण भी है। आज लगभग सभी सभ्य सरकारों ने सूचना, प्रकाशन तथा लोक संपर्क विभाग स्थापित कर लिये है। प्रबंध संबंधी साहित्य संचार से संबंधित लेखों से भरा है। संचार कौशल को विकसित करने के लिए विशेषतः सभाएँ, कार्यशालाएँ तथा अन्य प्रशिक्षण कार्यक्रम आयोजित किये जा रहे है। संयुक्त राज्य अमेरिका में यह विशेष रूप से हो रहा है।

अर्थ और परिभाषा

'संचार' शब्द का प्रयोग प्रायः ज्ञान के प्रसार या सूचना भेजने के अर्थ में किया जाता है। फिर भी यहाँ इस शब्द का कहीं अधिक विस्तृत विचारों का आदान–प्रदान, विचारों

की साझेदारी तथा भाग लेने की भावना सम्मिलित है। इस प्रकार, संचार का मूल अर्थ सूचना नहीं, बल्कि समझ (understanding) है। **मिलेट** ने इसकी परिभाषा ठीक ही ''किसी साझे के प्रयोजन की साझी समझ'' के रूप में की है। **टीड** भी ऐसे ही विचार प्रकट करता है–''संचार का मूल विषयों पर मस्तिष्कों में मेल स्थापित करना है।''

किसी संगठन में संचार आंतरिक, बाह्य तथा अंतःवैयक्तिक (interpersoanl) होता है। **प्रथम,** आंतरिक संचार का संबंध संगठन तथा कर्मचारियों के मध्य के संबंधों से होता है। **द्वितीय,** बाह्य संचार का संबंध जनता और संगठन के अभिकरणों के संबंधों से होता है, और इसे, 'लोक संबंध' कहते है। **तृतीय,** अंतःवैयक्तिक संचार का संबंध अभिकरणों के कर्मचारियों के अपने आपस के ही अंतःसंबंधों से होता है। संचार को तीन वर्गों–**'ऊर्ध्व' (up), 'अधो' (down)** तथा **'अधो-पार्श्व' (across)** में भी वर्गीकृत किया गया है। 'उर्ध्व' संचार कार्य करने तथा प्रगति के विषय में लिखित, मौलिक तथा व्यवस्थित प्रतिवेदन की रीतियों से प्राप्त होता है; कार्य के संबंध में सांख्यिकी तथा गणना प्रतिवेदन, मार्गदर्शन, सुझावों तथा चर्चाओं संबंधी लिखित तथा मौद्रिक निवेदन किये जाते है। इस प्रकार कार्य की समस्याओं के विषय में साक्ष्य प्राप्त करने के लिए उच्चस्तर के अधिकारियों को साधन प्राप्त हो जाते है। 'अधो' संचार निर्देश पुस्तिका, लिखित या मौखिक विशिष्ट आदेश या अनुदेश कर्मचारी वर्ग के सम्मेलन, बजट अनुमोदन तथा स्थापना प्राधिकरण जैसे साधनों से संभव होता है। उच्चतम तल पर नई युक्तियों का प्रयोग केवल समादेश तथा नियंत्रण के लिए ही नहीं किया जाता, बल्कि नीचे के सभी स्तरों एवं कर्मचारियों को अपने रूख तथा विचारों की सूचना देने तथा मौखिक सूचना तथा प्रतिवेदन के आदान–प्रदान, औपचारिक तथा अनौपचारिक व्यक्तिगत संपर्कों, कर्मचारी–वर्ग की बैठकों तथा समन्वय करने वाली समितियों द्वारा संभव होता है। संगठन के अलग–अलग किंतु संबंधित भागों को एक जगह लाना संचार का लक्ष्य होता है।

संचार के माध्यम

संचार अनेक माध्यमों द्वारा संभव है। इन्हें तीन मुख्य वर्गों में वर्गीकृत किया जा सकता है–श्रव्य (Audio), दृश्य (Visual) तथा श्रव्य–दृश्य (Audio-Visuals) अर्थात् सुनना, देखना और सुनना–देखना दोनों। श्रव्य संचार माध्यम के उदाहरण सम्मेलन, समितियाँ, साक्षात्कार, टेलिफोन, रेड़ियो–प्रसार, जनसाधारण की सभाएँ इत्यादि है। दृश्य माध्यम के अंर्तगत लिखित संचार (परिपात्र, पुस्तिकाएँ, प्रतिवेदन विवरणिका तथा हस्त–पुस्तकें), तथा चित्रण (चित्र, फोटो, पोस्टर व्यंगचित्र, झंडे, अधिचिन्ह, स्लाइड इत्यादि) आते है। सवाक चलचित्र, टेलीविजन तथा व्यक्तिगत प्रदर्शन श्रव्य–दृश्य संचार माध्यम के उदाहरण है। इनमें से प्रत्येक माध्यम के अपने अलग–अलग गुण तथा सीमाएँ है।

व्यापारिक और शासकीय, दोनों ही प्रकार के संगठनों में सम्मेलन प्रणाली का संचार को प्रोत्साहित करने के साधन के रूप में अधिकाधिक प्रयोग किया जा रहा है, क्योंकि इससे विलब नहीं होता, पत्र–व्यवहार भी कम होता है तथा लालफीताशाही में कमी आती है। **मिलेट** के अनुसार सम्मेलन प्रणाली के महत्वपूर्ण उपयोग निम्न है–

1. समस्या संबंधों जानकारी प्राप्त होती है;
2. समस्या के समाधान में सहायता होती है;
3. निर्णय की स्वीकृति तथा निष्पादन संभव होता है;
4. संगठन में काम करने वाले अधिकारियों में एकता की भावना उत्पन्न करने में सहायता होती है;
5. कर्मचारी वर्ग के मूल्यांकन में सहायता होती है; तथा
6. प्रशासकीय कर्मचारियों को सूचना का आदान–प्रदान संबंधी प्रोत्साहन मिलता है।

सम्मेलन के उद्देश्य निम्नलिखित है–

1. व्यक्तियों को उनके वर्तमान उत्तरदायित्वों को अधिक सफलता के साथ निभाने में सहायता देना;
2. उनके कार्य–संबंधों में समन्वय करना;
3. दूसरों के अनुभव से लाभ उठाना;
4. निजी अनुभव को एकीकृत करना;
5. दूसरों के सामने आने वाली समस्याओं को समझना;
6. अपने दृष्टिकोण का विस्तार करना; और
7. संगठनात्मक संचार को औपचारिक रूप प्रदान करना।

सम्मेलन प्रणाली का एक लाभ यह है कि इससे लोगों की रूचि बहुत बढ़ जाती है। समूह के सदस्य इसमें पूरी

तरह तथा समान रूप से भाग ले सकते है और पारस्परिक सफलता द्वारा उन्हें संतोष होता है, संगठन के सभी सदस्य परिणामों को स्वीकार कर लेते है, विश्लेषण तथा एकीकरण की आदतें उत्पन्न होती है, सामूहिक हौसले का विकास होता है तथा अनौपचारिकता आती है।

लेकिन सम्मेलन की रीति की अपनी सीमाएँ है। प्रक्कलन समिति (नवाँ प्रतिवेदन) के मतानुसार, "सम्मेलनों में काफी वृद्धि हुई है। कभी–कभी तो वे इतने दुरूह हो जाते है कि उनमें भाग लेने वाले अधिकारियों के लिए संबंधित विषयवस्तु के साथ न्याय करना असंभव हो जाता है, और व्यवहार में चर्चाओं तथा टिप्पणी लिखने के कार्यों में कमी होने के स्थान पर कभी–कभी तो पत्र–व्यवहार काफी लंबे समय तक चलते रहते है, क्योंकि संबंधित विषय पर प्रकट किये गये विभिन्न दृष्टिकोणों की टिप्पणी करनी पड़ती है, उन्हें सुधारना पड़ता है तथा उनका समाधान करना पड़ता है। इसीलिए सर्वसम्मत विवरण तैयार करने में विलंब हो जाता है, तथा कभी–कभी तो चर्चाएँ अधूरी रह जाने के फलस्वरूप आगे फिर सम्मेलन बुलाना आवश्यक हो जाता है। कभी–कभी एक ही अधिकारी को एक ही दिन में एक से अधिक सम्मेलनों में भाग लेना पड़ता है, और ऐसी दशा में वह प्रत्येक सभा के लिए पूरी तैयारी नहीं कर पाता। परिणाम यह होता है कि वह चर्चाओं में पूरा योगदान नहीं दे पाता।

अतः सम्मेलनों के लाभदायक सिद्ध होने के लिए उनका प्रबंध सावधानी से किया जाना चाहिए। किसी प्रारंभिक योजना, विशेषज्ञों की सेवा, किन्हीं नियमों के तथा प्रभावपूर्ण कार्य के लिए समुचित संगठन के बिना सम्मेलन प्रारंभ ही नहीं करने चाहिए। किसी भी सम्मेलन के लिए प्रारंभिक योजना अत्यावश्यक है। सम्मेलन के लिए उत्तरदायी व्यक्तियों को चाहिए कि वे अपना पूरा समय योजना में लगायें, और सम्मेलन का संगठन भी समान रूप से महत्वपूर्ण है। ठीक आकार का कमरा, घूम सेकने वाली आरामदेह कुर्सियाँ, अच्छे प्रकाश एवं वायु–संचार की व्यवस्था, उपयुक्त साज–सज्जा, श्यामपट, अभिलेखन, प्रोजेक्टर तथा स्लाइड जैसी वस्तुओं का प्रबंध, बैठने के स्थान का प्रबंध, समय इत्यादि बातें यद्यपि छोटी दीख पड़ती है, किंतु ये सब सम्मेलन को सफल बनाने में सहायक होती है। इसी प्रकार, कार्रवाई की प्रणाली तथा सभापति का व्यक्तित्व भी सम्मेलन को सफल या असफल कर सकते है।

कठिनाइयां या अवरोध

संचार में **प्रथम** कठिनाई भाषा की जटिलता होती है। संचार का कार्य 'शब्दों' के अत्याचार' से कठिन हो जाता है जो सर्वोत्तम होने पर भी विचारों की समुचित अभिव्यक्ति में असफल सिद्ध होते है। पारस्परिक समझ के लिए शब्दों का भेद एक बड़ी बाधा है। यह बात निश्चित संदर्भ संबंधी शब्दों के विषय में विशेष रूप से सत्य है। **टेरी** के अनुसार, शब्दों के दो वर्ग हो सकते है–विस्तारमूलक और अभिप्रायमूलक। विस्तारमूलक शब्द उन बातों को प्रकट करते है जो निश्चित होती है, जैसे व्यक्ति, स्थान तथा सामग्री; और उन्हें सरलता से समझा जा सकता है। इसके विपरीत, अभिप्रायमूलक शब्द किसी ऐसी वस्तु को प्रकट नहीं करते जिसकी ओर संकेत किया जा सके और न वे सदा विभिन्न व्यक्तियों के लिए एक जैसा अर्थ ही रखते है; और न इन शब्दों का सभी समयों पर एक ही व्यक्ति के लिए एक जैसा अर्थ ही रखते है; और न इन शब्दों का सभी समयों पर एक ही व्यक्ति के लिए एक जैसा अर्थ होता है। उदाहरण के लिए, 'सरल' शब्द विभिन्न अर्थ रखता है। एक ही भाषा के शब्दों, वाक्यांशों तथा कहावतों के विभिन्न देशों में विभिन्न अर्थ होते है। उदाहरण के लिए अंग्रेजी भाषा का इंग्लैंड में, संयुक्त राज्य अमेरिका में भारत में भिन्न प्रकार से प्रयोग होता है। यही भारत के विभिन्न भागों में हिंदी भाषा के विषय में है। भारत जैसे देश में, जहाँ शासकीय मान्यता प्राप्त बाईस भाषाएँ तथा अनेक बोलियाँ है, यह समस्या और अधिक जटिल हो जाती है। इसके अतिरिक्त, विभिन्न सम्प्रदायों की अनर्गल शब्दावली इस जटिलता को और अधिक बढ़ा देती है। विशेषज्ञों द्वारा एक ऐसी भाषा का विकास किया जाता है जो साधारण नागरिक की समझ के बाहर होती है। विशिष्टीकरण, जो आधुनिक प्रशासन की विशेषता है, ने अपनी एक पृथक् परंतु निरर्थक शब्दावली विकसित कर ली है जो स्वयं संचार में एक अवरोध है।

दूसरे, **फिफ्नर** के शब्दों में, संचार में सैद्धांतिक बाधाएँ होती है–"पृष्ठभूमि, शिक्षा तथा प्रत्याशा में अंतर होने से सामाजिक तथा राजनीतिक विचारों में भी अंतर आ जाता है। संभवतः प्रभावशाली संचार में ये सबसे बड़ी बाधाएँ है, और इन्हें पार करना भी कठिन है।" सामान्य अनुभव तथा

सामान्य पृष्ठभूमि की कमी भी ऐसी ही बाधाएँ होती है। ये सभी मिलकर किसी भी समस्या को समझने में मतवैभिन्य उत्पन्न कर देती है।

तीसरे, संचार की इच्छा का अभाव भी किसी से छिपा नहीं है। कुछ प्रबंधक तो इसमें विश्वास ही नहीं करते कि प्रशासन भी कोई शासकीय प्रयत्न तथा सामूहिक प्रयास है। वे अपने अधीनस्थों के साथ विचार–विनियम करना आवश्यक नहीं समझते। अधीनस्थों के कार्यों के विषय में उनकी अवधारणा, एक कवि के शब्दों में, यह है कि उन्हें "क्यों का प्रश्न करके आश्चर्य प्रकट नहीं करना चाहिए बल्कि करना तथा मरना चाहिए। "ऐसे निष्पादकों के लिए तो संचार नीचे वालों को अनुदेश देने की एकमार्गी प्रक्रिया होता हैं। वे नीचे से संचार को न तो पसंद करते है, और न प्रोत्साहित करते है। भागदारी प्रबंध उनके अनुकूल नहीं होता। इस प्रवृत्ति का परिणाम यह होता है कि अधीनस्थों में चापलूसी करने की प्रवृत्ति हो जाती है। अधीनस्थों की सामान्य दुर्बलता यह होती है कि वे अपने वरिष्ठ अधिकारी को केवल वही सूचना देते है जो उसके लिए रूचिकर होती है। इससे अधिकारियों में आयोग्यता बढ़ती है।

संचार की **चौथी** बाधा आकार तथा दूरी मानी जाती है। संगठन जितना बड़ा होगा तथा उसके कर्मचारियों की संख्या जितनी अधिक होगी, संचार की कठिनाई भी उतनी ही अधिक होगी। इसके पश्चात् विभिन्न स्तरों पर पद–परम्परा की समस्या आती है। "इन स्तरों में से ही होकर सूचना आनी चाहिए। लेकिन इनमें प्रत्येक में साम्राज्य निर्माता हो सकते है। वे जानबूझकर उच्चाधिकारियों के निर्णयों में संशोधन कर देते है या उनका अर्थ बदल देते हैं–इसके अतिरिक्त, प्रत्येक व्यक्ति तथ्यों की भिन्न–भिन्न प्रकार से व्याख्या करता है, और उन्हें अग्रसारित करते समय अनजाने ही उनको रंग दे डालता है।"

पंचमः संचार के निश्चित तथा मान्य साधनों का अभाव बाधक हो सकता है। संचार औपचारिक या अनौपचारिक होता है। औपचारिक मार्ग से तात्पर्य उन स्थापित कार्यप्रणालियों से है जिनके द्वारा किसी अभिकरण से होकर सूचना जाती है। पद–परम्परा इस प्रक्रिया में सहायक होती है। मिसिलों पर टिप्पणी लिखना और सूत्र अभिकरणों में ऊपर मिसिलों का आना–जाना संचार का प्रमुख साधन है। "समुचित मार्गों में होकर जाने वाली प्रक्रिया" इस अवधारणा का मूलमंत्र है। इन सभी प्रक्रियाओं का उद्देश्य केवल सूचना का विस्तार ही नहीं है बल्कि अभिकरण में समझ तथा मत के पक्ष में बहुमत तैयार करना भी है। औपचारिक मार्ग कितने ही व्यापक तथा विस्तृत क्यों न हों, अनौपचारिक मार्गों के निर्माण की प्रवृति बनी रहती है। एप्लबी के अनुसार "औपचारिक प्रक्रियाओं का जाल कार्य के सम्पादन को संभव बनाने के लिए आवश्यक होता है।" पिफनर और प्रस्थस भी लगभग यही कहते है" अतः औपचारिक मार्गों को कम घुमाव का बनाने की योग्यता मूल्यवान तथा आवश्यक कला है।"

संचार के लिए आवश्यक बातें

मिलेट के अनुसार संचार को प्रभावशाली बनाने में सात तत्व सहायक होते है–संचार स्पष्ट, प्राप्तकर्ता की प्रत्याशी के अनुरूप, समुचित समयानुसार, एक समान, लोचदार तथा स्वीकार्य होनी चाहिए। **टेरी** ने लक्ष्य की प्राप्ति के लिए निम्न आठ बातों की सिफारिश की है–

1. पूरी जानकारी स्वयं हासिल की जानी चाहिए;
2. परस्पर विश्वास उत्पन्न करना चाहिए;
3. अनुभव के समान आधार की खोज की जानी चाहिए;
4. ऐसे शब्दों का प्रयोग करना जो आपस में सभी को ज्ञात हो;
5. प्रसंग ध्यान में रखने चाहिए;
6. प्राप्तकर्ता का ध्यान आकर्षित करना तथा उसे बनाये रखना चाहिए;
7. उदाहरणों तथा दृश्य साधनों को काम में लाना चाहिए; तथा
8. विलंबकारी प्रतिक्रियाओं का व्यवहार करना चाहिए।

प्रशासन पर नियंत्रण

आज के आधुनिक युग में प्रशासन हमारे जीवन से अटूट रूप से जुड़ा हुआ है, अतः आज हमारे जीवन का हर क्षेत्र राजनीति, आर्थिक, धार्मिक या फिर सांस्कृतिक कुछ भी प्रशासन से परे की बात नहीं रही है साथ ही जब से राज्य ने लोक–कल्याणकारी रूप धारण किया है तब से प्रशासन का क्षेत्र और भी विस्तृत हो गया है। ऐसी स्थिति में

प्रशासन की इन शक्तियों पर नियंत्रण रखने की आवश्यकता महसूस की जाती रही है। **प्रो॰ ह्वाइट** के मत में, प्रजातांत्रीय समाज में शक्ति पर नियंत्रण आवश्यक है। शक्ति जितनी अधिक है नियंत्रण की भी उतनी ही अधिक आवश्यकता है। स्पष्ट प्रयोजनों के लिए पर्याप्त अधिकार किस प्रकार निहित किये जाए तथा सत्ता को पंगु बनाये बिना किस प्रकार समुचित नियंत्रण स्थापित किया जाए, यह लोकप्रिय सरकार के समक्ष एक ऐतिहासिक उलझन है।

अतः प्रशासन पर प्रभावशाली नियंत्रण की आवश्यकता स्पष्ट है जिसके लिए आज प्रशासन पर तीन प्रकार के नियंत्रणों की व्यवस्था है–

1. प्रशासन पर विधायी नियंत्रण,
2. प्रशासन पर कार्यपालिका नियंत्रण,
3. प्रशासन पर न्यायिक नियंत्रण।

प्रशासन पर विधायी नियंत्रण

प्रत्येक देश में प्रशासन की नीतियों का निर्धारण व्यवस्थापिका द्वारा ही किया जाता है, प्रशासन स्वयं नीतियों का निर्माण नहीं कर सकता है। इसके अतिरिक्त लोक–प्रशासन का संचालन, पर्यवेक्षण एवं नियंत्रण भी विधानमंडल का सामान्य अधिकार है। विधानमंडल द्वारा नये अधिनियमों को निर्मित करके या विद्यमान अधिनियमों को समाप्त अथवा संशोधित करके सार्वजनिक नीति के प्रधान उद्देश्य निर्धारित किए जाते है। भारत में भी विधायी नेतृत्व शासन के हाथों में ही है। इसके साथ–साथ विधान के क्षेत्र, विभिन्नता एवं सीमा में अत्याधिक वृद्धि हुई है।

भारत में विरोधी नियंत्रण के उपकरण है–प्रश्न पूछना, प्रस्ताव पेश करना काम रोको प्रस्ताव, निन्दा–प्रस्ताव, बजट तथा संसदीय समितियाँ, सार्वजनिक लेखा तथा अनुमान समिति। प्रशासन पर नियंत्रण रखने का अवसर उसे कई रूपों में प्राप्त है, जिनकी संक्षिप्त चर्चा निम्नवत् है–

1. राष्ट्रपति का भाषण : संसद का प्रत्येक नया अधिवेशन राष्ट्रपति के भाषण से प्रारंभ होता हैं। राष्ट्रपति के भाषण में मोटे तौर पर उन मुख्य नीतियों तथा क्रियाकलापों पर प्रकाश डाला जाता है जो भविष्य में कार्यपालिका की नीतियाँ होती है। सामान्यतः इस पर सामान्य वाद–विवाद के लिए चार दिन का समय निश्चित किया जाता हैं। सदस्यों को यह अवसर दिया जाता है कि वे प्रशासन द्वारा आवश्यक कार्यों की उपेक्षा एवं भूलों के लिए उसकी भली प्रकार आलोचना करें।

2. बजट पर चर्चा : जब से 'बजट ऑन एकाउंट' (Budget on Account) प्रथा की श्रीगणेश हुआ हैं, संसद् को बजट के प्रस्तावों पर चर्चा करने के लिए अधिक अवसर प्राप्त हो गये है। लोकसभा के सदस्यों को बजट पर चर्चा के दौरान प्रशासन की समालोचना करने के निम्न अवसर प्राप्त होते है–

बजट प्रस्तुत करने के पश्चात ही सामान्य चर्चा आरंभ हो जाती है जो पूरे बजट या उसमें निहित सिद्धांत के किसी प्रश्न से संबंधित होती है।

अनुदानों पर मतदान के समय सदस्यों को कार्यपालिका की आलोचना का दूसरा अवसर प्राप्त होता है। इस अवसर पर प्रत्येक माँग पर पृथक्–पृथक् चर्चा होती है। कटौती के प्रस्ताव पेश किये जाते है तो उनमें उठायी गयी विशिष्ट बातों पर भी चर्चा की जाती है।

3. प्रश्न काल : संसद के सत्रकाल में उसके प्रत्येक दिवस का पहला घंटा प्रश्नों के लिए निश्चित रहता है। यह नियंत्रण का एक प्रभावशाली अवसर होता है। प्रत्येक दिन औसतन लगभग तीस मौखिक प्रश्न पूछे जाते है और उनका उत्तर दिया जाता है। प्रश्न पूछने का यह विशेषाधिकार शासन को चौकन्ना रखता है। प्रशासन की नीतियों तथा क्रियाकलाओं के विभिन्न पहलुओं पर आश्चर्यजनक ढंग से जनसाधारण का ध्यान आकर्षित करने के लिए प्रश्न पूछना एक प्रभावपूर्ण युक्ति है। प्रश्न–विशेष के साथ पूरक प्रश्न भी पूछे जा सकते है, जिनसे संबंधित मंत्री का प्रति–परीक्षण हो जाता है, और प्रायः उसकी गलतियाँ भी पकड़ में आ जाती है।

4. शून्य काल : प्रश्न काल एक घंटे का होता हैं। जब एक घंटा पूरा हो जाता है तो प्रश्न समाप्त कर दिये जाते है। इस समय संसद–सदस्य सामयिक विषयों पर मंत्रियों से बिना पूर्व–सूचना दिये हुए प्रश्न पूछ सकते है। शून्य काल–कार्यपालिका में भय उत्पन्न करने वाला संसदीय नियंत्रण का यंत्र है।

5. कामरोको बहस-कामरोको प्रस्ताव दैनिक नियंत्रण का एक साधन है। इसका प्रयोग सार्वजनिक महत्व के अति आवश्यक किसी विशिष्ट प्रश्न पर सदन में बहस आरंभ करने के लिए किया जाता है। अध्यक्ष द्वारा अनुमति

दिये जाने पर उठाये गये प्रश्न पर तुरंत वाद–विवाद प्रारंभ हो जाता है, और ऐसी दशा में सदन का सामान्य कार्य कुछ समय के लिए रूक जाता है। व्यवहार में प्रायः यह देखा जाता है कि अध्यक्ष 'अत्यावश्यक तथा सार्वजनिक महत्व के प्रश्नों की उदार व्याख्या नहीं करते है।

कामरोको प्रस्ताव पर बहस दो घंटे वाली बहस से भिन्न होती है। दो घंटे वाली बहस किसी अत्यावश्यक सार्वजनिक विषय पर भी हो सकती है। कामरोको बहस की विशेषता यह है कि इसमें बहस के अंत में मतदान होता है, किंतु दो घंटे बहस में केवल चर्चा ही होती है, मतदान नहीं होता है।

6. अविश्वास का प्रस्ताव : 'अविश्वास प्रस्ताव' की जिसे निन्दा–प्रस्ताव भी कहते है, संविधान में व्यवस्था की गयी है। जब सरकार की पूरी या आंशिक नीति दोषपूर्ण तथा आपत्तिजनक हो तो निन्दा–प्रस्ताव के माध्यम से उसे सुधारा जा सकता है। ऐसे अवसरों पर विरोध पक्ष को बहुमत प्राप्त होने पर सरकार को त्यागपत्र देना पड़ता है। यह प्रस्ताव भारत में 1962 तक कागज तक ही सीमित बना रहा। सबरो पहली बार 1963 में लोकसभा के मानसून अधिवेशन में सरकार के खिलाफ अविश्वास का प्रस्ताव प्रस्तुत किया गया। वह निरस्त हो गया था। इस प्रस्ताव को प्रस्तुत करने की गति नेहरू के बाद के काल में बढ़ी है।

7. विधेयक पर बहस : विधेयक के विभिन्न वाचन होते हैं। इन वाचनों के ये अवसर विधेयक में निहित संपूर्ण नीति की आलोचना करने का असीम अवसर प्रदान करते है। ऐसी आलोचना कभी–कभी तो सरकार के विचार बदल देती है। उदाहरणतः 1951 में तीव्र विरोध के कारण सरकार ने विवादास्पद हिंदू कोड बिल को वापस ले लिया था। इसी तरह 1967 में बनारस हिंदू विश्वविद्यालय के नाम से 'हिंदू' शब्द निकालने का प्रस्ताव देश में भारी विरोध के कारण शासन द्वारा वापस लिया गया। पी॰वी॰ नरसिंह राव की सरकार 1994 में एक अधिनियम पारित करके मुख्य चुनाव आयुक्त के अधिकारों में कटौती करना चाहती थी। किंतु लोकसभा इसके अत्यंत विरूद्ध थी और सरकार ने लोकसभा में पराजय के भय से चुनाव सुधार का यह विधेयक प्रस्तुत ही नहीं किया।

8. संसदीय समितियाँ : संसदीय समितियाँ–सार्वजनिक लेखा समिति, अनुमान समिति, अधीनस्थ विधान समिति, सार्वजनिक उद्योग समिति तथा आश्वासन संबंधी समिति प्रशासन पर नियंत्रण की साधन है। हाल ही में संसद–सदस्यों की सरकारी विभागों से संबंधित मलाहकार समितियों का भी निर्माण हुआ है। प्रथम दो समितियाँ प्रशासन पर विस्तृत तथा ठोस नियंत्रण रखती है, और अंतिम समिति अर्थात् आश्वासन संबंधी समिति मंत्रियों द्वारा सदन में दिये गये वचनों, आश्वासनों, निश्चयों आदि की छानबीन करती है और निम्नलिखित बातों पर प्रतिवेदन दिये जाते है–

(A) कहाँ तक शासन द्वारा दिये गये आश्वासनों, वचनों आदि का परिपालन किया गया?

(B) यदि परिपालन किया गया है, तो क्या वह उस प्रयोजन के लिए अपेक्षित समय के भीतर किया गया?

इस समिति के कारण मंत्रीगण अपने द्वारा दिये गये वचनों के विषय में सावधान रहते हैं, और प्रशासन द्वारा किये गये संकल्पों को पूरा करने के लिए शीघ्र कार्यवाही करते हैं।

9. लेखा-परीक्षण : संसद लेखा–नियंत्रक तथा महालेखापरीक्षक नामक पदाधिकारी द्वारा व्यय पर नियंत्रण रखती है। लेखा–नियंत्रक तथा महालेखापरीक्षक सरकार के सभी लेखों की जांच करता है (और 1976 ई॰ तक लेखाओं का विवरण रखता था। इसी वर्ष से लेखा एवं लेखापरीक्षण पृथक कर दिये गये) और इसका कार्य यह देखना है कि संसद द्वारा स्वीकृत धनराशि में बिना किसी अनुपूरक मत के वृद्धि तो नहीं की जाती, और जो धन व्यय किया गया है वह नियमानुकूल ही व्यय किया गया है वित्तीय प्रशासन के क्षेत्र में संसद के प्रति शासन उत्तरदायी होता है, और लेखा–नियंत्रक तथा महालेखा–परीक्षक के प्रतिवेदनों द्वारा यह उत्तरदायित्व निर्धारित किया जाता हैं। यह पदाधिकारी लोक लेखा–समिति का 'मार्गदर्शक, तत्वज्ञानी एवं मित्र' कहा जाता है।

विधायी नियंत्रण की सीमाएँ : विधायी नियंत्रण की भी अपनी कुछ सीमाएँ है जिनका वर्णन यहाँ हम संक्षेप में करेंगे–

1. प्रशासकों की अपेक्षा मंत्रियों में विशेषज्ञता का अभाव पाया जाता है।

2. आज बड़ी मात्रा में विधेयकों का शासकीय विभागों से ही प्रादुभार्व होता है।
3. एक पक्षीय आलोचना के कारण भी आज इसका प्रभाव बढ़ता जा रहा है।
4. विधानपालिका के पास समय का अभाव आदि।

नियंत्रण का प्रशासन पर प्रभाव : इसका संक्षेप वर्णन इस प्रकार है–

1. प्रशासन में हस्तक्षेप
2. अनामता असंभव
3. निष्पक्षता की कमी
4. कार्य कुशलता की कमी
5. लोक सेवाकों में चरित्र भ्रष्टता।

2. प्रशासन पर कार्यपालिका का नियंत्रण : प्रशासन कार्यपालिका का एक और अन्य नियंत्रण होता है, क्योंकि आधुनिक शासनतंत्र में शासन की नीतियों का निर्धारण मुख्य कार्यपालिका द्वारा ही किया जाता हैं। सरकारी कर्मचारी तो इन नीतियों का क्रियान्वयन करते है। वे मुख्य कार्यपालिका के विपरित एक स्थायी अवधि के लिए नियुक्त किये जाते है, और उन पर राजनीतिक दलों के उत्थान–पतन का कोई भी प्रभाव नहीं पड़ता हैं, जिसके प्रशासन पर कार्यपालिका के नियंत्रण की अत्याधिक आवश्यकता हैं। इस प्रकार कार्यपालिका के प्रशासन पर नियंत्रण के लिए निम्नलिखित उपकरण प्राप्त है जिनको हम ज्यादा विस्तार पूर्वक यहाँ नहीं बताएँगे क्योंकि इस पर पहले की इकाइयों में काफी लिखा जा चुका है:

1. नियुक्ति तथा निष्कासन का अधिकार
2. नियम निर्णय एवं अध्यादेश का अधिकार
3. लोक–सेवा संहिता
4. कर्मचारी–वर्ग के समुदाय का अभिकरण
5. बजट तथा
6. लोकमत से अपील।

3. प्रशासन पर न्यायिक नियंत्रण : न्यायापालिका का नियंत्रण प्रशासकीय कार्यों की वैधानिकता निश्चित करता है। अतः जब कोई सरकारी अधिकारी नागरिकों के संवैधानिक या मौलिक अधिकारों का अतिक्रमण करता है तो न्यायपालिका उनकी रक्षा करती है। प्रशासकीय कार्यों पर न्यायिक नियंत्रण की धारणा '**विधि के शासन**' के सिद्धांत से उद्भव हुई है, जिसकी व्याख्या **ड़ायसी** द्वारा की गई है। जो इस प्रकार है–

"कोई भी मनुष्य जब तक दंड़ित या विधिवत् शारीरिक या सांपत्तिक रूप से पीड़ित नहीं किया जाना चाहिए जब तक कि उसने उस देश के साधारण न्यायालयों की दृष्टि में साधारण विधि के रूप में मान्य किसी कानून को स्पष्टतः भंग न किया हो,.....कोई भी मनुष्य विधि से ऊपर नहीं, किंतु...प्रत्येक मनुष्य चाहे वह किसी भी श्रेणी अथवा स्थिति का हो, अपने देश की साधारण विधि के अधीन है, और साधारण न्यायाधिकरणों के अधिकार–क्षेत्र में उस पर विधि के अनुसार कार्यवाही की जा सकती है। प्रधानमंत्री से लेकर एक सिपाही या कर वसूल करने वाला प्रत्येक अधिकारी तक अपने प्रत्येक गैर कानूनी कार्य के लिए उतना ही उत्तरदायी है जितना कोई भी अन्य नागरिक।.... .हमारे संविधान में सामान्य सिद्धांत..... न्यायालयों में प्रस्तुत विशेष मामलों में जनता के अधिकारों को निश्चित करने वाले न्यायिक निर्णयों के परिणाम है।"

प्रशासन में न्यायपालिका हस्तक्षेप के क्षेत्र : यदि सरकारी कर्मचारी किसी व्यक्ति को हानि पहुंचाने के लिए बदले की भावना से अपने अधिकार का दुरूपयोग करता है तो न्यायालय से हस्तक्षेप की प्रार्थना की जा सकती है। जिसके निम्न प्रावधान है–

1. सरकार के विरूद्ध अभियोग : भारतीय संविधान की धारा 300 में किसी राज्य के विरूद्ध अभियोग की स्थिति का वर्णन इस प्रकार है–

"भारत सरकार के विरूद्ध या उसके द्वारा भारतीय संघ के नाम से अभियोग उपस्थित किये जा सकते हैं। किसी राज्य की सरकार के विरूद्ध या उसके द्वारा उस राज्य के नाम से भी अभियोग प्रस्तुत किये जा सकते हैं।" अतः भारतीय संघ या उसके किसी राज्य के विरूद्ध या उसके विरूद्ध उसी प्रकार का मुकद्दमा किया जा सकता है जिस प्रकार संविधान निर्माण के पूर्व औपनिवेशिक सरकार एवं तत्कालीन प्रांतीय सरकारों या भारतीय राज्यों द्वारा या उन पर मुकद्दमें दायर किये जा सकते थे बशर्तें संसद या किसी राज्य के विधान मंडल ने संविधान में प्रदत्त शक्ति को अधीन विधि द्वारा कोई विपरीत व्यवस्था न हो।

भारत में संविदा (समझौते) संबंधी विवादों में राज्य के विरूद्ध अभियोग जा सकता है। उसके विरूद्ध असंप्रभु कार्यों के लिए ही अभियोग प्रस्तुत किया जा सकता है संप्रभु कार्यों के लिए नहीं। संप्रभु कार्यों के अंतर्गत युद्ध

काल में सैनिक प्रयोग के लिए सामग्री ले जाना, किसी सैनिक मार्ग का निर्माण या सुधार करना, अनुचित ढंग से बंदी बनाना, विधिक कर्त्तव्यों के पालन में राज्य के कर्मचारियों द्वारा की गयी गलतियाँ, सरकारी संरक्षण में संपत्ति की हानि आदि बातें आती है।

2. सरकारी कर्मचारियों के विरूद्ध अभियोग : भारतीय संविधान द्वारा राष्ट्रपति तथा राज्यपालों द्वारा अपने पद संबंधी कर्त्तव्यों तथा शक्तियों को परिपालनार्थ किये गये हर कार्य के लिए उन्मुक्ति प्राप्त है। केवल संसद ही राष्ट्रपति पर महाभियोग लगा सकती है उसके विरूद्ध कोई फौजदारी कार्यवाही नहीं की जा सकती है। भारत में मंत्रियों को ऐसी कोई उन्मुक्ति प्राप्त नहीं है। उनके विरूद्ध साधारण नागरिकों की भांति न्यायालयों में अभियोग प्रस्तुत किये जा सकते है।

3. न्यायिक पदाधिकारी रक्षा अधिनियम, 1850 : इसके अंर्तगत यह व्यवस्था की गई थी कि "न्यायिक कार्य करने वाले किसी भी न्यायधीश, दंडाधिकारी, शांति न्यायालय, कलेक्टर या अन्य कर्मचारी के विरूद्ध किसी भी असैनिक (Civil) न्यायालय में अपने पद संबंधी कर्त्तव्यों को पूरा करने के लिए किये गये कार्य या कार्ग को करने का आदेश देने के लिए अभियोग नहीं चलाया जा सकता, भले ही वह कार्य उसके अपने अधिकार क्षेत्र की सीमा के अंदर या बाहर किया हो; यदि कार्य करते या आदेश देते समय उसे पूर्ण सचाई के साथ यह विश्वास था कि उसने जो कार्य किया है तथा जो आदेश दिया है वह उसके अधिकार क्षेत्र में है.....।" वे व्यक्तिगत रूप से किसी भी ऐसे अनुबंध या आश्वासन के लिए उत्तरदायी नहीं होते है "जो इस संविधान या भारत सरकार के किसी अधिनियम के लिए संपादित या सम्पन्न किया गया हो"

यदि सरकारी कर्मचारी पूर्ण निष्ठा से सांविधिक सत्ता का उपयोग नहीं करता है, और दुष्कृत्य तथा अविधिक कार्य के लिए उत्तरदायी होता हैं तो उसके विरूद्ध दीवानी कार्यवाही दो माह पूर्वलिखित सूचना देकर आरंभ की जा सकती है।

असाधारण उपचार : सर्वोच्च न्यायालय को और उच्च न्यायालों की न्यायिक समीक्षा के अधिकार के अंर्तगत कुछ विशेष अधिकार दिए गये है जो इस प्रकार है–

1. बंदी प्रत्यक्षीकरण
2. परमादेश
3. निषेधाज्ञा
4. उत्प्रेषण
5. अधिकार पृच्छा

अतः ये उपरोक्त लेख न्यायिक कार्यों के साथ कुछ प्रशासन पर भी नियंत्रण रखते है।

न्यायिक नियंत्रण की सीमाएँ : इस संबंध में संक्षेप वर्णन इस प्रकार है–

1. न्यायालय स्वयं हस्तक्षेप नहीं कर सकता
2. घटना के होने के पश्चात् न्यायिक नियंत्रण संभव होता है
3. कुछ निश्चित क्षेत्रों में न्यायपालिका हस्तक्षेप नहीं कर सकती
4. न्यायिक उपचार प्राप्त करना अधिकाधिक खर्चीला एवं जटिल होता है, जो सामान्य नागरिक के सामर्थ्य की बात नहीं है।

नौकरशाही

प्रत्येक प्रशासन के लिए प्रशासनिक सेवाएँ आवश्यक होती है क्योंकि यह प्रशासन में परिपवता, स्थायित्व, निर्भिकता, विकास और निश्चितता लाती है। आधुनिक प्रशासनिक सेवा विकसित और विकासशील राज्यों के संदर्भ में इन तकनीकी रूप में प्रशिक्षित स्थायी अधिकारियों द्वारा निर्मित है जो प्रशासन में अपना पूरा समय व जीवनकाल लगा देते है; जिसके कारण प्रशासनिक सेवाएँ राजनीति के प्रति उदासीन, निष्पक्ष, क्रियाशील, लोककल्याण के प्रति जागरूक और उत्तरदायित्व से पूर्ण मानी जाती है। उसका चयन योग्यता और तकनीकी ज्ञान के आधार पर होता है। एक उच्च तकनीकी विशिष्टता होने के कारण इसका प्रभाव कार्यपालिका, विधि निर्माण, सामाजिक, आर्थिक व राजनीतिक प्रबंध पर पर्याप्त रूप से पड़ता है, इन्हीं प्रशासनिक सेवाओं को नौकरशाही ***(Bureaucracy)*** का नाम दिया जाता है।

नौकरशाही—अर्थ एवं प्रकृति : 'नौकरशाही' शब्द अस्पष्ट और अनेकार्थक है तथापि प्रशासन में इसका प्रयोग सामान्यतः दो अर्थो में किया जाता है **प्रथम,** प्रशासन के कार्य पद्धतियों की संरचना के लिए एवं **द्वितीय,** प्रशासकीय अधिकारियों के समूह के लिए। सारांशतः उचित अर्थ में नौकरशाही का

अधिकारी एक ऐसा व्यक्ति माना जाता है जो अनुभव, ज्ञान और उत्तरदायित्व की भावना से युक्त होता है।

'एनसाइक्लोपीडिया ब्रिटानिका' में इसकी व्याख्या बड़े सुस्पष्ट शब्दों में की गई है–'जिस प्रकार तानाशाही का अर्थ तानाशाह का तथा प्रजातंत्र का अर्थ जनता का शासन होता है उसी प्रकार ब्यूरोंक्रेसी का अर्थ ब्यूरो का शासन है''

''नौकरशाही'' का अंग्रेजी पर्यावाची शब्द **''ब्यूरोक्रेसी''** फ्रेंच भाषा के **'ब्यूरो'** शब्द से लिया गया है, जिसका अर्थ एक विभागीय उपसंभाग अथवा विभाग से है।

जान ए॰ बीका के शब्दों में ''नौकरशाही शब्द उन व्यक्तियों के लिए सामूहिक पद के रूप में प्रयुक्त होता है जो सरकार की सेवाओं में होते है।''

सर्वप्रथम ''ब्यूरोक्रेसी'' अर्थात नौकरशाही शब्द का प्रयोग फ्रांसीसी अर्थशास्त्री **विन्सेन्ट डी गार्नो** (1712–1759) द्वारा किया गया था। **फ्रेंच अकादमी द्वारा 1798** में प्रकाशित शब्दकोष में इसका अर्थ बताते हुए कहा गया कि ''नौकरशाही शब्द सरकारी ब्योरों के कर्मचारी वर्ग तथा अध्यक्षों के प्रभाव एवं शक्तियों का परिचायक था।''

कालांतर में राज्य के बढ़ते हुए हस्तक्षेप की स्थिति में यूरोपीय़ विद्वानों द्वारा इस शब्द का व्यापक प्रयोग किया गया। इसका प्रयोग ऐसे कार्यालय के लिए होने लगा जिसमें लालफीताशाही, अनिर्णय, कार्यस्थान, अकार्यकुशलता आदि के दोष परिलक्षित होते है।

'ब्यूरोक्रैसी' शब्द की व्यवस्थित व्याख्या **1895 में गिटानो मोस्का** में अपनी रचना **'एलीमेंट डी साइजा पोलिटिका'** में की जिसका अनुवाद 'दि रूलिंग क्लास' के नाम से **1939** में प्रकाशित हुआ। इसमें लेखक ने नौकरशाही को उन सभी राजनीतिक प्रणालियों के प्रशासन के लिए आवश्यक बताया जिन्हें या तो सामंतवादी या नौकरशाही वर्ग में वर्गीकृत किया जाए। **फ्रेडरिक** के शब्दों में–''नौकरशाही एक राजनीतिक अध्यक्ष की सत्ता के अधीन कार्यालयों का पदसोपान है।''

'नौकरशाही' की अवधारणा के आधुनिक संस्करण का विकास होता गया और ''मैक्सवेबर'' ने नौकरशाही का समाजशास्त्रीय अध्ययन करते हुए इस शब्द को विभिन्न अर्थों से मुक्त किया और इस बात पर बल दिया कि किसी संगठन के उद्देश्यों अथवा लक्ष्यों की उचित प्राप्ति के लिए नौकरशाही अनिवार्य है। इस संबंध में **पिफनर** महोदय ने लिखा है कि ''नौकरशाही कार्यों और व्यक्तियों के एक ऐसे रूप में व्यवस्थित संगठन है जो अधिकतम प्रभावशाली रूप में सामूहिक प्रयासों के लक्ष्यों को प्राप्त कर सकें।''

नौकरशाही शब्द के सभी प्रयोगों में मैक्सवेबर, पीटर लयुनाई, फ्रांसिस तथा स्टोन, मार्शल डिमॉक, मांइकेल क्रेजियर, जे॰ ओ॰ वाइट, आरनोल्ड ब्रेस्ट , वी॰ एम॰ होजेलिज, हैनीमैन, फ़ेरेल तथा हैडी, कार्ल मॉनहीम जैसे विद्वानों का विशेष योगदान रहा है। नौकरशाही शब्द के विभिन्न प्रयोगों और अर्थों को देखकर यह कहा जा सकता है कि निश्चित ही यह शब्द पर्याप्त, अस्पष्ट और अनेकार्थक है।

Book's

1. Parliament and Government in the Newly Organised Germany.
2. Economy and Society.
3. A History of Compartive Social Science टैल्कॉट पार्सन्स द्वारा **1947 में** अंग्रेजी अनुवादित पुस्तक
4. The Theory of Social and Economy Orgnisation, **1947.**

मैक्स वेबर (1864-1920) की नौकरशाही का सिद्धांतः नौकरशाही का व्यवस्थित अध्ययन जर्मनी के समाजशास्त्री मैक्स वेबर के साथ आरंभ हुआ। वेबर नौकरशाही पर जो कुछ लिखा है, उसने जितना प्रभाव ड़ाला है और जितने वाद–विवाद को उत्साहित किया है, उस दृष्टि से यह अनेक विद्वानों के सामूहिक योगदान से भी अधिक महत्वपूर्ण है। **हॉलिवी** लिखते है, ''मार्क्स की भांति वेबर सिद्धांत पर भी विस्तृत और निरंतर आलोचना हुई है और इस आलोचना का मुख्य निशाना उसकी नौकरशाही की धारणा है। किंतु वास्तव में यह इस सिद्धांत के प्रभाव का संकेत है। आमतौर पर अनावश्यक सिद्धांतों, की अवेहलना कर दी जाती है और उनको शीघ्र ही भुला दिया जाता है। केवल वही सिद्धांत जो अध्ययनशास्त्र के विकास में महत्वपूर्ण घटना–चिन्हों का काम करते है, को ही बार–बार आलोचना के लिए चुना जाता है और जितना उन पर अधिक आक्रमण होता है, उतना ही वे अधिक लचीला बन जाते है, वेबर का नौकरशाही का सिद्धांत इस प्रकार स्पष्ट उदाहरण

हैं नौकरशाही पर अनेक समकालीन लेखक उसके सिद्धांत की आलोचना से आरंभ करते हैं, फिर भी यही लेखक वैबर के सिद्धांत से परे हटने का प्रयोग अपने विचारों का स्पष्टीकरण करने के लिए करते है। केवल यह दिखाने के लिए कि उनके विचार उससे कितने भिन्न है।'' वेबर ने प्रशासन पर बड़ा विस्तृत और व्यवस्थित विचार अपनी पुस्तक 'ईकोनॉमी एंड सोसाइटी' (Economy & Society) के अंर्तगत प्रभुत्व के समाजविज्ञान में किया है। इस विषय पर उनके और विचार जानने का एक और साधन उनकी एक अन्य पुस्तक है 'पार्लियामेंट एंड गवर्नमेंट इन द न्यूली आंरगेनाइंड जर्मनी'।

शक्ति, सत्ता तथा नौकरशाही : नौकरशाही पर वेबर की धारणा को शक्ति, प्रभुत्व तथा सत्ता पर व्यक्त किए गए उनके विचारों में देखा जा सकता है। वेबर ने शक्ति की परिभाषा इस प्रकार दी है ''शक्ति उस व्यक्ति के पास कही जा सकती है जो विरोध कर सकता है। यदि इस शक्ति का प्रयोग मानव समूहों की संरचना के लिए किया जाए तो यह शक्ति का एक विशेष उदाहरण होता है जिसे 'सत्ता' कहते है और सत्ता के प्रयोग में यह अनिवार्य है कि एक व्यक्ति अपने अधीनस्थ समूह को सफलतापूर्वक आदेश जारी करता है और वह इसका पालन इस विश्वास के साथ करता है कि ये आदेश विधिवत् है।'' अतः विधिवत् होना या वैधता ही शक्ति और प्रभुत्व को सत्ता में बदल देती है। वेबर के अनुसार सभी सत्ता विधिवत् होती है, क्योंकि सदा ही इसका आधार लोक विश्वास–संरचना पर होता है।

वेबर ने सत्ता का वर्गीकरण वैधता पर इसके दावे के आधार पर किया है, क्योंकि इसी पर ही आश्रित है कि उसका पालन किस प्रकार होता हैं, किस प्रकार का प्रशासनिक स्टॉफ इसके लिए उपयुक्त है और किस ढंग से सत्ता का प्रयोग होता है। यह वर्गीकरण तीन प्रकार का है–**परम्परागत सत्ता, चमत्कारिक सत्ता, तथा कानूनी विधिक सत्ता।**

1. परम्परागत सत्ता : इसकी वैधता इस बात पर है कि यह अतीत में बहुत समय से चलती आ रही है। यह प्राचीन परंपराओं की पवित्रता में स्थापित विश्वास तथा उन लोगों के स्तर की वैधता पर आधारित है जिनके अधीन वे सत्ता का प्रयोग करते है।

2. चमत्कारी सत्ता : इस सत्ता की वैधता प्रयोग करने वाले व्यक्ति की उत्कृष्ट व्यक्ति नेतृत्व की विशेषताओं पर आधारित होती है। इसका आधार एक व्यक्ति के आदर्शात्मक चरित्र अथवा शौर्य के प्रति असाधारण पवित्रता और भक्ति तथा मूल्यों की व्यवस्था होती है जिसकी स्थापना उसने कर रखी है।

3. कानूनी विधिक सत्ता : इसकी वैधता का आधार यह है कि यह उचित औपचारिक नियमों के अनुकूल होती है और सत्तारूढ़ व्यक्तियों के इस विश्वास पर कि उनको ये अधीन आदेश जारी करने का अधिकार है। यह इन नियमों की वैधता विश्वास पर आधारित है।

सत्ता का जो वर्गीकरण वेबर ने किया, उससे उसे संगठनों का वर्गीकरण करने का आधार प्राप्त हो गया। सत्ता की इस वैधता में विभिन्न प्रकार के विश्वासों के साथ विभिन्न सत्ता के ढांचे और संगठनात्मक स्वरूप से जुड़े हुए होते है।

परंपरागत सत्ता, परंपरागत संगठनों का आधार बनती है। चमत्कारी सत्ता, चमत्कारित आंदोलनों का आधार बनती है। कानूनी विवेकशील सत्ता, आधुनिक संगठनों का आधार है जिसके साथ लगातार बढ़ता हुआ नौकरशाही प्रशासनिक स्टॉफ जुड़ा होता है।

वेबर का आदर्श-रूप नौकरशाही प्रतिमान अथवा वेबर के आदर्श नौकरशाही : वेबर ने 'नौकरशाही' शब्द का प्रयोग एक निश्चित प्रकार के प्रशासनिक संगठन को बताने के लिए किया। उन्होंने इस बात पर बल दिया कि पत्र के रूप में आधुनिक नौकरशाही संगठन स्वयं स्वाभाविक है। उन्होंने कभी इस प्रकार स्पष्ट तौर पर नौकरशाही की व्याख्या नहीं की, जैसा कि वर्ग अथवा स्तर समूह कि व्याख्या की है। **'मार्टिन एलबरो'** कहते है कि वेबर की नौकरशाही की धारणा को इस परिभाषा में व्यक्त किया जा सकता है; कि ''नौकरशाही का अर्थ नियुक्त किए गए कर्मचारियों का प्रशासनिक समूह है।'' वे ऐसे कर्मचारियों को नौकरशाही में सम्मिलित नहीं करते जो निर्वाचित है अथवा जिनका चयन लाटरी के द्वारा किया गया है। नौकरशाही कर्मचारियों की अनिवार्य विशेषता यह है कि वह एक नियुक्त अधिकारी होता है। वेबर नौकरशाही को ऐसे अधिकारियों के समूह के लिए सामूहिक शब्दावली मानते थे जो एक निश्चित तथा अलग समूह होता है और

जिसका प्रभाव सभी बड़े संगठनों जैसे–राज्य, चर्च, राजनीतिक दल, मजदूर संघ, व्यापारिक उपक्रम, विश्वविद्यालय आदि में देखा जा सकता हैं। इसके अपने ही अलग प्रकार के कार्य होते है।

मैक्स वेबर ने "नौकरशाही" को प्रशासन की एक तर्कसंगत और विवेकशील व्यवस्था मानते हुए 'आदर्श प्रकार का रूप' बताया। आदर्श प्रकार वही है जिसके लिए संगठन प्रयत्नशील हैं। नौकरशाही के 'आदर्श प्रकार या रूप' की कतिपय विशेषताओं का वर्णन मैक्स वेबर ने किया और साथ ही यह भी प्रकट किया कि यदि किसी संगठन में ये विशेषताएँ उपलब्ध न हों तो यह 'आदर्श रूप' का दोष नहीं है वरन् इस बात का प्रतीक है कि संगठन का उतने ही अंगों तक नौकरशाहीकरण नहीं हो सका है। वास्तव में वेबर ने प्राचीन मिस्र, रोम, चीन तथा बैजन्टाइन साम्राज्य में नौकरशाहियों के अध्ययनों से प्रेरणा लेकर और नौकरशाहियों जो 19 वीं और 20 वीं शताब्दियों में वर्तमान यूरोप में उदय हुई, का अध्ययन करके एक 'आदर्श नमूने' के दृष्टिकोण को अपनाया ताकि वे वर्तमान संसार से उन विशेषताओं का केन्द्रीय सार भाग निकाल सकें जो एक पूर्ण तथा विकसित नौकरशाही संगठन का स्वरूप चित्रित कर सके। वेबर के अनुसार नौकरशाही के आदर्श प्रकार या रूप की, जिसको वह विवेकपूर्ण कानूनी नौकरशाही कहते है।

15. स्थानीय शासन

स्थानीय शासन : ग्रामीण एवं शहरी

भारत गांवो का देश हैं और गांवो की उन्नति और प्रगति पर ही देश का विकास निर्भर करता हैं इसलिए गांवो के विकास और प्रगति के लिए समय–समय पर योजना आयोग द्वारा लाभकारी योजनाओं का निर्माण किया जाता है। स्वयं गांधी जी भी गांवो के विकास की बात करते थे। उनकी दृष्टि में पश्चिमी तकनीकी को न अपनाकर गांवो को स्वयं आत्म–निर्भर बनाने के लिए वहां पर कृषि, बागवानी, पशुपालन आदि जैसे कुटीर उद्योग की स्थापना की बात करते थे। इसके साथ–साथ वे ग्रामीण स्वशासन के भी समर्थक थे। उनका मानना था कि गांवो के विकास के बिना देश का वास्तविक विकास असम्भव हैं। उन्होंने कहा था कि यदि गांव नष्ट होते हैं तो भारत नष्ट हो जाएगा, वह भारत नहीं होगा, विश्व में उसका संदेश समाप्त हो जाएगा।

इसी प्रकार अन्य विद्वानों व राजनीतिक चिंतको द्वारा गांवो के विकास की बात समय–समय पर की जाती रही। अतः जब भारतीय संवधान का निर्माण किया गया तो इन आदेशों को ध्यान में रखकर ग्रामीण शासन व्यवस्था की स्थापना की गई। अतः हमारे संविधान में यह स्पष्ट रेखांकित हैं कि राज्य ग्राम पंचायतों के निर्माण के लिए कदम उठाएगा और उन्हें इतनी शक्ति और अधिकार प्रदान करेगा जिससे कि वे स्वशासन की ईकाई के रूप में कार्य कर सकें।

भारत में मौजूदा ग्रामीण व नगरीय शासन की रूपरेखा

पंचायती राज : भारत में पंचायत व्यवस्था अत्यंत प्राचीन संस्था हैं। इस संस्था के अंतर्गत गांवो में कुछ प्रमुख व्यक्तियों को पंच बनाकर सामाजिक समस्याओं का निदान करने तक सीमित था, लेकिन अंग्रेजी शासन ने इस पंचायत व्यवस्था को पूर्णतः नष्ट कर दिया और इसके स्थान पर प्रांतीय सरकारें स्थापित की गई। लेकिन आजादी के उपरांत तत्कालीन बुद्धिजीवियों का ध्यान पंचायत व्यवस्था की तरफ गया और उन्होंने इस व्यवस्था का समर्थन किया। वास्तव में स्वतंत्रता प्राप्ति के पश्चात देश के समुचित आर्थिक विकास के लिए क्षेत्रीय असमानता को दूर करना जरूरी था और इसके लिए जनता की भागीदारी की आवश्यकता थी।

तत्कालीन प्रधानमंत्री जवाहर लाल नेहरू ने भारत के ग्रामीण विकास में नागरिकों की सहभागिता के लिए अमरीका के 'ब्लाक मॉड़ल' को भारत में अपनाया। उनकी पहल पर ही भारत में 1952 से 1957 तक ब्लाक विकास अधिकारी ग्रामीण विकास के लिए सामुदायिक कार्यक्रम के अंतर्गत कार्य करते रहे, लेकिन यह सामुदायिक विकास कार्यक्रम विकास अधिकारियों तक सीमित रहा और जनता की सहभागिता को सुनिश्चित नहीं कर पाया।

अतः इसकी कार्य प्रणाली तथा उपलब्धियों को ध्यान में रखते हुए ग्रामीण विकास के लिए एक सुनियोजित कार्यक्रम एवं व्यवस्था पर विचार–विमर्श करने के लिए भारत सरकार ने बलवंत राय मेहता की अध्यक्षता में 1956 में एक समिति का गठन किया–

बलवंत राय मेहता समिति : 1956 में बलवंत राय मेहता की अध्यक्षता में एक समिति का गठन किया गया। इस समिति का मुख्य कार्य यह अध्ययन करना था कि कार्य सम्पादन में अधिक तीव्रता लाने के उद्देश्य से कार्यक्रम का संगठनात्मक ढांचा तथा कार्य करने के तरीके कहां तक उपयुक्त थे। इस समिति ने विकास कार्यक्रम की इस त्रुटि को भी उजागर किया कि इसे जनता का सहयोग प्राप्त नहीं हो पाया जिसके कारण यह अपने लक्ष्य प्राप्ति में असफल रहा। 1957 में इस समिति ने अपनी संस्तुतियां सरकार को दी।

बलवंत राय मेहता समिति का प्रतिवेदन : बलवंत राय मेहता समिति के द्वारा प्रजातांत्रिक विकेन्द्रीयकरण के विषय में जो प्रतिवेदन प्रस्तुत किया गया उसमें निम्नलिखित बातों का उल्लेख था–

1. यह स्थानीय स्वशासन की गांव से लेकर जिला स्तर तक परस्पर संबंद्ध त्रिस्तरीय रचना होनी चाहिए अर्थात् गांव स्तर पर एक संगठन, जिला स्तर एक संगठन तथा एक संगठन मध्य में होना चाहिए जैसे–गांव स्तर पर ग्राम सभा तथा ग्राम पंचायत निम्न स्तर पर, जिला परिषद उच्चतर स्तर पर तथा इन दोनों स्तरों के मध्य में पंचायत समितियां या जनपद पंचायते।
2. स्थानीय प्रशासन की इन संस्थाओं को प्रशासन की वास्तविक शक्तियां तथा उतरदायित्व प्रदान करना चाहिए।
3. इन संस्थाओं को पर्याप्त संसाधन प्रदान करना।
4. आयोजना के द्वारा बनाए गए आर्थिक एवं सामाजिक विकास के कार्यक्रमों को इन संस्थाओं के माध्यम से चलाया जाना चाहिए।

इस समिति में सर्वाधिक बल ग्राम पंचायतों पर दिया गया था तथा इस निम्न स्तर ईकाई के माध्यम से सामुदायिक विकास को चलाने का उतरदायित्व सौंपा गया।

पंचायतीराज की संस्थाएं निर्वाचित होती हैं अतः जनसहयोग बना रहता हैं तथा कार्यक्रमों को कार्यान्वित करने में सुविधा रहती हैं। स्थानीय लोग स्थानीय समस्याओं को भली भांति समझते हैं, अतः उचित समाधान भी कर सकते हैं।

12 जनवरी 1958 को राष्ट्रीय विकास परिषद ने बलवंत राय मेहता समिति की प्रजातांत्रिक विकेन्द्रीयकरण की सिफारिशों को स्वीकार करते हुए राज्यों से इसे कार्यान्वित करने के लिए कहा । सर्वप्रथम आन्ध्रप्रदेश में प्रयोग के विचार से अगस्त 1958 में कुछ भागों में लोकतांत्रिक विकेन्द्रीकरण को लागू किया गया। 2 अक्टूबर 1959 को जवाहरलाल नेहरू ने राजस्थान के नागौर जिले में प्रजातांत्रिक विकेन्द्रीकरण की योजना का श्रीगणेश किया और इसी दिन संपूर्ण राजस्थान में लागू कर दिया गया। इस लोकतांत्रिक विकेन्द्रीयकरण को ही पंचायती राज कहा जाने लगा। इस प्रकार राजस्थान में सर्वप्रथम पंचायती राज की स्थापना की गई।

अशोक मेहता समिति : पंचायती राज व्यवस्था को और अधिक प्रभावी बनाने के लिए जनता सरकार 12 सितम्बर 1977 में अशोक मेहता समिति का गठन किया गया। इस द्वारा 1978 में प्रतिवेदन प्रस्तुत किया गया जिसमें निम्नलिखित बातों का उल्लेख था–

1. पंचायती राज संस्थाओं में त्रिस्तरीय संगठन के स्थान पर द्विस्तरीय संगठन होना चाहिए, जिला स्तर पर जिला परिषद तथा निम्न स्तर पर मण्डल पंचायत जो कई गांवों को मिलाकर बनेगी। इस समिति द्वारा ग्राम पंचायत को समाप्त करने की बात कही गई।
2. जिला परिषद में छः प्रकार के सदस्य होगें जिसमें पंचायत समिति के अध्यक्ष, सहकारी समितियों एवं म्यूनिसिपलिटीज के प्रतिनिधि, 2 महिला सदस्य, अनुसूचित जाति तथा जनजाति के सदस्य, क्षेत्र के निर्वाचित एम॰एल॰ए॰ तथा एम॰पी॰ जिला परिषद के पदेन सदस्य होंगे। जिला परिषद के अध्यक्ष का चुनाव उसके सदस्यों द्वारा चार वर्ष के लिए किया जाएगा।
3. पंचायती राज संस्थाओं को करारोपण की अनिवार्य शक्ति प्रदान करनी चाहिए जिससे वह राज्य सरकार के अनुदान पर निर्भर न रहे तथा स्वयं आय के स्त्रोत बना सके।
4. मंडल पंचायत में 15 सदस्य होंगे जो गांव की जनगणना के आधार पर ग्रामीणों द्वारा प्रत्यक्ष रूप से चुने जाऐगें।
5. पंचायती राज संस्थाओं के चुनावों में राजनीतिक दलों को भाग–लेना चाहिए।
6. राज्य सरकारें राजनीतिक आधार पर पंचायती राज संस्थाओं का विघटन न करे यदि ऐसा होता हैं तो उन संस्थाओं का चुनाव छः माह के अंदर हो जाने चाहिए।

इस प्रकार अशोक मेहता समिति द्वारा बलवंत राय मेहता के प्रतिमानों में कुछ परिवर्तन किया गया लेकिन सरकार ने इनमें से एक भी संस्तुति को स्वीकार नहीं किया। आज भी भारत में पंचायत राज व्यवस्था बलवंत राय मेहता द्वारा सुझाए गए प्रतिमान पर ही कार्य कर रही है।

संगठन : पंचायती राज व्यवस्था के अंतर्गत आने वाले त्रिस्तरीय स्थानीय स्वशासन की ईकाईयों की सथापना व उनकी शक्तियों का उल्लेख निम्न प्रकार से किया जा सकता है–

ग्राम सभा : जिस किसी ग्राम की जनसंख्या 200 अथवा 200 से अधिक हो, सरकार उसको ग्राम सभा क्षेत्र घोषित करती है। यदि किसी ग्राम की जनसंख्या 200 से कम हो तो साथ के ग्राम अथवा ग्रामों को मिलाकर एक ग्राम सभा क्षेत्र सरकारी सूचना द्वारा बना दिया जाता है। वे समस्त नागरिक जिनका नाम विधान सभा की चुनाव सारणी में होता है, ग्राम सभा के सदस्य होते हैं। ग्राम पंचायतें, अपनी सत्ता और शक्ति ग्राम सभा से प्राप्त करती हैं और उसी के प्रति उत्तरदायी होता है।

ग्राम पंचायत : गांवों में स्थानीय स्वशासन की मुख्य ईकाई ग्राम पंचायत है । इस समय देश में दो लाख से अधिक ग्राम–पंचायतें हैं। एक ग्राम पंचायत एक ग्राम समूह के लिए बनाई जाती है।

ग्रामसभा और ग्राम पंचायत में अंतर

1. ग्राम सभा संपूर्ण गांव के निवासियों की सभा है जिसके व्यस्क नागरिक सदस्य होते हैं, ग्राम पंचायत ग्रामसभा द्वारा मतदान से चुनी जाती है।

2. ग्राम पंचायत का कार्यकाल निश्चित होता हैं जबकि ग्रामसभा स्थाई संस्था हैं जो सदैव बनी रहती हैं।

3. ग्राम पंचायत ग्राम सभा की कार्यकारी संस्था है तथा ग्राम सभा ग्राम पंचायत के कार्य का निरीक्षण तथा मूल्यांकन करती है।

रचना : यदि किसी गांव की जनसंख्या निश्चित संख्या से कम हो तो दो या अधिक गांवों की संयुक्त पंचायत स्थापित कर दी जाती हैं। ग्राम पंचायत का आकार सदस्यता के अनुसार अलग–अलग होता है। हरियाणा की पंचायत में 6 से 20 तक, पंजाब में 5 से 13 और उत्तर–प्रदेश में 16 से 31 सदस्य होते हैं। वास्तव में इनकी संख्या गांव की जनसंख्या के आधार पर निश्चित की जाती है। स्त्रियों और अनुसूचित जातियों एवं जनजातियों के लिए पंचायतों में स्थान आरक्षित किए जाने की व्यवस्था है। 73 वें संशोधन के अनुसार अनूसूचित जाति तथा अनूसूचित जनजाति को उसकी जनसंख्या के अनुपात में आरक्षण देने की व्यवस्था की गई है। महिलाओं को कुल प्रतिनिधियों के स्थान में 1/3 स्थान देने की व्यवस्था की गई है।

चुनाव : ग्राम पंचायत के सदस्यों का चुनाव **ग्राम सभा** के सदस्यों द्वारा प्रत्यक्ष रूप से गुप्त मतदान प्रणाली द्वारा किया जाता है। प्रत्येक वयस्क नागरिक, जो गांव का रहने वाला हैं, पंचायत के चुनाव में मत डाल सकता है। पंचायत के मुखिया को सरपंच कहते हैं। पंजाब, हरियाणा और हिमाचल में प्रत्येक ग्रामीण मतदाता को दो वोटें डालने का अधिकार हैं। एक वोट पंच के लिए और एक सरपंच के लिए।

अवधि : सभी राज्यों में पंचायत का कार्य काल सामान्यतः पांच वर्ष निर्धारित किया गया हैं। परंतु पांच वर्ष से पूर्व भी पंचायत का विघटन किया जा सकता हैं। ऐसी स्थिति में छः माह के भीतर पंचायत के चुनाव करवाने अनिवार्य हैं।

कार्य : ग्राम पंचायत द्वारा मुख्यतः निम्नलिखित प्रकार के कार्य किए जाते हैं–

1. न्यायिक : ग्राम पंचायत द्वारा न्याय पंचायत के रूप में भी कार्य किया जाता है। इसमें किसी भी वकील की आवश्यकता नहीं होती। पंचायत ढाई सौ (250) रुपए तक की संपत्ति के झगड़ों संबंधी निर्णय करती हैं और उसको एक सौ रुपए तक जुर्माना करने का अधिकार दिया गया है। अपने क्षेत्र में समाज विरोधी कार्यवाहियों को रोकने के लिए इसका महत्वपूर्ण कार्य हैं। पंचायत उन अपराधियों के विरुद्ध कार्यवाही करने में असमर्थ होती हैं जो तीन वर्ष अथवा इससे अधिक दण्ड भोग चुके हो। पंचायत ऐसे व्यक्तियों को भी दण्ड नहीं दे सकती जो अच्छे व्यवहार के लिए जमानत पर छोड़ दिए गए हो। पंचायत किसी नागरिक को संपत्ति की अवैधानिक प्राप्ति अथवा उल्लघंन करने वालो को दण्ड देने का अधिकार रखती हैं। इसके अतिरिक्त और छोटे–छोटे अपराधों जैसे जुआ खेलना, कम तोलना, पशुओं से दुर्व्यवहार, वृक्षों का नाश, बच्चों को नशे वाली वस्तुओं से सेवन करवाने इत्यादि के लिए दण्ड देती हैं।

2. प्रशासनिक तथा विकासवादी : पंचायत के इस क्षेत्र में निम्नलिखित कार्य दिए गए हैं– कृषि तथा ग्राम उद्योग की उन्नति, हानिकारक कीड़ों का विनाश करना, सड़कों, राजमार्गों तथा पुलों का निर्माण उनकी देखभाल, घरेलू प्रयोग तथा पशुओं के लिए जल का प्रबंध, युवक संस्थाओं की स्थापना, पंचायत के क्षेत्र में रहने वाले प्राणियों की सांस्कृतिक, सदाचारिक तथा भौतिक उन्नति के लिए प्रयत्न करना, कब्रिस्तान तथा श्मशान भूमियों की सम्भाल, सामाजिक और पशुओं के मेलों का प्रबंध करना,

सरकारी उद्यान और खेल के मैदान, मनोरंजन के साधनों का प्रबंध, पुस्तकालय, सामूहिक भवनों का निर्माण और संभाल इत्यादि पंचायत के मुख्य कार्य हैं।

इसके अतिरिक्त ग्राम पंचायत अपने तौर से तथा प्रांतीय सरकार के आदेशों के अनुसार अन्य कार्यों को अपने हाथों में ले सकती हैं, जैसे प्रसूति और शिशु–कल्याण केन्द्र का निर्माण तथा देखभाल, पशुकल्याण केन्द्र, ड़ाक्टरी सहायता, अकाल तथा अन्य संकटकालीन सहायता आदि। इन कार्यों के अतिरिक्त प्रांतीय सरकार पंचायत को अपने क्षेत्र में अन्य कार्य भी दे सकती हैं।

3. समाज कल्याण : ग्राम पंचायत जन्म तथा मृत्यु के आँकड़े रखती हैं, परिवार नियोजन एवं कल्याण के कार्यों को प्रभावी बनाने के उपाय करती हैं। कृषि विकास तथा पशुपालन एवं कल्याण के लिए समुचित कार्य करती हैं। प्रौढ़ शिक्षा के केन्द्रों को सफल बनाने का कार्य भी पंचायत करती है।

ग्राम पंचायत की आय के साधन : ग्राम पंचायतों के आय के साधन निश्चित नहीं किए गए हैं। ग्राम पंचायतों को विभिन्न कार्य दिए गए हैं। इन कार्यों को पूर्ण करने के लिए उनको बहुत धन की आवश्यकता होती हैं, जो निम्नलिखित स्त्रोतों से मिलता है–

1. प्रांतीय सरकार अथवा स्थानीय अधिकारियों द्वारा अनुदान
2. ग्राम में से उगाहे गए राजस्व में से प्रांतीय सरकार कम से कम प्रत्येक वर्ष 10 प्रतिशत ग्राम पंचायत को देती है।
3. कूड़ा–करकट तथा मतृ पशुओं की ब्रिक्री की आय।
4. मछली तालाब से प्राप्त आय।
5. पंचायती भूमि से आय।
6. ग्राम पंचायत को अपनी आय में वृद्धि करने के लिए कुछ प्रत्यक्ष तथा अप्रत्यक्ष कर लगाने के अधिकार दिए गए हैं जिनमें से निम्नलिखित कर महत्वपूर्ण हैं–चूल्हा कर, व्यापार तथा रोजगार पर कर, संपत्ति के क्रय तथा विक्रय पर कर पशुओं की रजिस्ट्री फीस इत्यादि इसके अतिरिक्त ग्राम पंचायत प्रांतीय सरकार की ओर से अन्य कर लगा सकती हैं।

पंचायत समिति : ग्राम पंचायत तथा जिला परिषद् के मध्य में स्थानीय निकाय के संगठन को विभिन्न राज्यों में विभिन्न नामों जैसे पंचायत समिति, क्षेत्र समिति, आंचलिक परिषद आदि में जाना जाता हैं अन्य स्थानीय संस्थाओं की भांति ही इसका भी कार्यकाल पांच वर्ष का निश्चित किया गया है। पंचायत समिति गांवों और जिले के बीच संपर्क स्थापित करती है। पंचायत समिति के क्षेत्र में 60 से 100 तक ग्राम पंचायतें आती हैं।

1. पंचायत समिति के कुछ सदस्य प्रत्यक्ष तौर पर क्षेत्रीय चुनाव क्षेत्रों से चुने जाते हैं। प्रत्येक सदस्य का चुनाव 5000 लोगों द्वारा किया जाता हैं। जिस पंचायत समिति के क्षेत्र की जनसंख्या 40 हजार तक होगी उसमें कम से कम 10 सदस्य और 30 तक की संख्या में सदस्य चुने जाऐगें, राज्यसरकार चुनाव के लिए ब्लॉक क्षेत्र को वार्डों में बांट देती हैं और प्रत्येक वार्ड से एक सदस्य चुना जाता हैं। ये सदस्य लोगों द्वारा प्रत्यक्ष रूप से निर्वाचित होते हैं।

2. पंचायत समिति के क्षेत्र में से विधानसभा तथा लोकसभा में चुने गए सदस्य पंचायत समिति के सदस्य होते हैं साथ ही राज्यसभा व राज्य विधानसभा के सदस्य भी पंचायत समिति के सदस्य होते हैं।

3. पंचायत समिति के क्षेत्र में आने वाली सभी ग्राम पंचायतों के सरपंच अपने में से कुछ सदस्य चुनते हैं। पंचायत समिति के सभी प्रकार के सदस्यों को पंचायत समिति की बैठकों में भाग लेने तथा मतदान करने का अधिकार प्राप्त है, **परंतु पंचायत समिति के अध्यक्ष या उपाध्यक्ष के चुनाव तथा उन्हें हटाने की** प्रक्रिया में केवल प्रत्यक्ष तौर पर निर्वाचित सदस्यों को ही वोट डालने का अधिकार प्राप्त है।

आरक्षित स्थान : 73 वें संशोधन द्वारा अनुसूचित जातियों व जनजातियों को उनकी जनसंख्या के अनुपात में आरक्षण देने की व्यवस्था की गई हैं। अनुसूचित जाति तथा जनजाति की महिलाओं के लिए भी स्थान आरक्षित रखे गए हैं। महिलाओं को कुल निर्वाचित सदस्यों की संख्या में से एक–तिहाई स्थान देने की व्यवस्था की गई है जिनमें अनुसूचित जाति और जनजाति से संबंधित महिलाओं के लिए भी आरक्षित स्थानों की व्यवस्था है।

अध्यक्ष : पंचायत समिति के सदस्य अपने में से एक अध्यक्ष और एक उपाध्यक्ष को चुनते हैं। अध्यक्ष पंचायत समिति के बैठको का सभापतित्व करता हैं।

कार्य : 1. पंचायत समिति अपने क्षेत्र में आने वाली ग्राम पंचायतों के कार्यों में तालमेल उत्पन्न करती हैं और उनके कार्यों पर नियंत्रण रखती है। इसके अतिरिक्त पंचायतों को अपने कर्त्तव्यों के पालन के लिए वित्तीय तथा तकनीकी सहायता देती हैं। आवश्यकतानुसार समिति अपनी शक्तियों भी पंचायत को दे सकती हैं।

2. यह क्षेत्रीय विकास के लिए योजना तथा कार्यक्रम तैयार करती हैं। जिन्हें राज्य द्वारा अनुमोदित करने के पश्चात लागू करती है।

3. सामुदायिक विकास कार्यक्रम को प्रभावी रूप से कार्यान्वित करती है।

4. अपने क्षेत्र में समिति स्वास्थ्य, प्राथमिक शिक्षा, स्वच्छता तथा संचार एवं संपर्क के उतरोत्तर विकास के लिए कार्य करती हैं।

पंचायत समिति अपने कार्य निम्नलिखित स्थायी तथा परामर्शदाता समितियों द्वारा करती है–

1. वित्त तथा कर संबंधी स्थायी समिति
2. कृषि उत्पादन, पशु पालन, बिजली तथा संचार व्यवस्था इत्यादि संबंधी समिति।
3. विद्या, समाज, कल्याण, जन स्वास्थ्य सफाई, घरेलू उद्योग, सहकारी सभाओं इत्यादि संबंधी समिति
4. परामर्शदाता समितियां आवश्यकता अनुसार पंचायत समिति द्वारा नियुक्त की जा सकती हैं। इन समितियों में से सरकारी तथा गैरसरकारी व्यक्ति नियुक्त किए जाते हैं, जो समिति को अपना विशेष परामर्श देते हैं।

आय के स्रोत : राज्यों सरकार द्वारा दिया गया धन मुख्य स्रोत हैं। इसके अतिरिक्त अन्य कुछ स्त्रोत इस प्रकार हैं:

1. स्थानीय कर
2. मंडियों से प्राप्त फीसें
3. क्षेत्र में लगने वाले पशु मेलों से आय
4. क्षेत्र के विश्राम घरों से आय
5. समिति के क्षेत्र से उगाहे गए राजस्व के 10 प्रतिशत के बराबर सरकार द्वारा अनुदान
6. सरकार की ओर से भिन्न–भिन्न परियोजनाओं के लिए अनुदान।

पंचायत समिति के कर्मचारी :

1. खंड विकास अधिकारी : इसे प्राय B.D.O. (Block Development Officer) के नाम से जाना जाता हैं यह समिति का मुख्य कार्यपालिका अधिकारी होता है। यह पंचायत समिति तथा इसकी स्थायी समितियों के प्रस्तावों को लागू करने संबंधी उत्तरदायी होता हैं। इसका कर्त्तव्य हैं कि समय–समय पर सरकार द्वारा इसको दिए गए कार्य करे। यह पंचायत समिति का पदेन सदस्य होता है तथा वह समिति तथा इसकी स्थायी समितियों की बैठकों में भाग लेता हैं, परंतु इसको मताधिकार नहीं दिया गया हैं। इसको प्रस्ताव प्रस्तुत करने से भी वंचित रखा जाता है। इसके द्वारा किये जाने वाले मुख्य कार्य–

1. यह पंचायत समिति की कार्यवाहियों का रिकार्ड रखता हैं। यह पंचायत समिति का मुख्य प्रशासनिक अधिकारी होता हैं तथा इस रूप में यह समिति के समस्त कर्मचारियों के कार्य का प्रशासकीय नियंत्रण रखता हैं। इसके अधीन कर्मचारियों को साधारण दंड देने का भी अधिकार दिया गया हैं। यह पंचायत समिति का सहायक तथा परामर्शदाता है।
2. समिति के रहने वालों को आर्थिक एकाधिकार द्वारा शोषण से बचाने के लिए यह आवश्यक पदार्थों को योग्य मूल्य पर प्राप्त कर नियंत्रित मूल्य पर जनता को उपलब्ध करवाता है। इस अधिकार के अधीन यह सीमेंट, खांड, तेल, ईंट, कीट नाशक दवाइयां, फसलों तथा सब्जियों के अच्छे बीज आदि संबंधी ग्राम के सरपंच की सिफारिशों पर लोगों को आज्ञा पत्र जारी करता हैं।
3. संकटकालीन अवस्थाओं में यह सरकार के विशेष प्रतिनिधि के रूप में लोगों का संरक्षक बन जाता है। अकाल तथा बाढ़–पीड़ित लोगों को खाद्य पदार्थ, दवाइयों तथा रहने के लिए स्थान आदि से सहायता देता है।

4. अपने क्षेत्र में आने वाली सहकारी समितियों पर नियंत्रण रखता हैं। यह सरकार के प्रतिनिधि के रूप में इसकी नीतियां लागू करने में सहायक होता हैं।

2. खंड विस्तार अधिकारी : ब्लॉक में कार्य शक्ति विभाजन के अनुसार साधारणतया ऐसे अधिकारियों की नियुक्ति की जाती है जो कृषि, कुटीर उद्योग, सामाजिक शिक्षा, समाज कल्याण, पुशपालन, सहकारिता, लोकनिर्माण तथा जन–स्वास्थ्य संबंधी कार्य करते हैं। ये अधिकारी अपने क्षेत्रों के विशेषज्ञ होते हैं तथा पृथक–पृथक उपायों से ग्राम के लोगों का पथ–प्रदर्शन करते हैं। तभी ग्रामों में चहुमुखी विकास हो तथा लोगों का जीवन स्तर ऊँचा हो।

इन अधिकारियों का मुख्य कार्य ग्राम के लोगों को अपने ज्ञान को प्रदर्शित करके शिक्षा देना होता हैं तथा ये अपने कार्यों के लिए ब्लॉक विकास अधिकारी के अधीन होते हैं।

जिला परिषद् : जिला स्तर पर पंचायती राज की अंतिम इकाई है। प्रत्येक जिले में एक जिला परिषद् की व्यवस्था हैं। यह क्षेत्र समिति और ग्राम पंचायतों तथा राज्य सरकार के मध्य तालमेल बिठाने का कार्य करती हैं। 73 वें संशोधन द्वारा जिला परिषदें स्थापित की गई हैं।

रचना : प्रत्येक जिला परिषद् में निम्नलिखित प्रकार के सदस्य होते हैं–

1. जिले में प्रादेशिक निर्वाचन क्षेत्रों से प्रत्यक्ष तौर पर चुने गए सदस्य जिला परिषद् के सदस्य होते हैं। प्रत्येक ज़िला परिषद् में जिले की जनसंख्या के अनुसार 10 से 30 तक सदस्य हो सकते हैं।
2. जिले में से चुने गए विधानसभा और लोकसभा के सदस्य जिला परिषद् के सदस्य होते हैं।
3. जिले में से चुने गए राज्यविधान परिषद् व राज्य सभा के सदस्य भी जिला परिषद् के सदस्य होते हैं।
4. जिले के क्षेत्र में आने वाली सभी पंचायत समितियों के अध्यक्ष जिला परिषद् के सदस्य होते हैं।

जिला परिषद् के सभी सदस्यों को, चाहे वे निर्वाचित हो अथवा न हों, जिला परिषद् की बैठकों में भाग लेने और मतदान करने का अधिकार हैं। परंतु जिला परिषद् के अध्यक्ष तथा उपाध्यक्ष के चुनाव अथवा उन्हें हटाने की प्रक्रिया में केवल प्रत्यक्ष और निर्वाचित सदस्यों को ही मताधिकार प्राप्त हैं।

आरक्षित स्थान : 73वें संविधान संशोधन के अनुसार अनुसूचित जाति और अनुसूचित जनजाति के लोगों को जिले में उनकी जनसंख्या के अनुपात में आरक्षण देने की व्यवस्था की गई हैं। अनुसूचित जाति तथा जन जाति के लिए आरक्षित कुल स्थानों में से एक–तिहाई स्थान अनुसूचित जाति और जनजाति की महिलाओं के लिए आरक्षित हैं। महिलाओं को कुल निर्वाचित सदस्यों की संख्या में से एक तिहाई स्थान देने की व्यवस्था की गई है। जिनमें अनुसूचित जाति से संबंधित महिलाओं के लिए भी आरक्षित स्थानों की व्यवस्था की गई है।

जिला परिषद् का कार्यकाल पांच वर्ष होता है। इसके निर्वाचित प्रतिनिधि अपने में से एक व्यक्ति को प्रधान चुन लेते हैं। सरकार की ओर से जिला परिषद् के सहायतार्थ एक सचिव नियुक्त किया जाता है।

कार्य : 1. यह जिले में पंचायत समितयों तथा पंचायतो के कार्यों में तालमेल उत्पन्न करती हैं, उनको परामर्श देती हैं, उनके कार्यों की देखभाल करती है।

2. यह पंचायत शक्तियों के बजट के परीक्षण के पश्चात् इसको अनुमति देती हैं तथा उनकी विकासवादी योजनाओं में तालमेल पैदा करती है।

3. यह पंचायत समितियों को उनकी सुयोग्यता बढ़ाने के लिए आदेश देती हैं जो सम्मिलित कार्यवाही पर बाधित होती है।

4. यह दो अथवा दो से अधिक समितियों की सम्मिलित योजनाओं को सफल बनाने के लिए कार्यवाही करती है।

5. यह सरकार को जिले के विभिन्न–कार्यों संबंधी परामर्श देती है।

6. जिले से संबंधित कृषि तथा उत्पादन के कार्यों को योजनाबद्ध ढंग से पूरा करवाना।

7. समय–समय पर राज्य सरकार द्वारा सौंपे गए कार्य जैसे–प्राइमरी शिक्षा, प्रौढ़ शिक्षा आदि कार्यों की प्रगति के लिए प्रभावी कार्य करना।

आय के स्रोत : जिला परिषदों को कर लगाने का कोई अधिकार नहीं दिया गया। इसकी आय के

स्रोत निम्नलिखित हैं–

1. केन्द्र तथा प्रांतीय सरकारों द्वारा अनुदान
2. अखिल भारतीय संस्थाओं के विकास–कार्यों के लिए अनुदान (जैसे–जिले में कुटीर उद्योग को भारतीय कुटीर उद्योग तथा उद्योग–बोर्ड की ओर से अनुदान)
3. राजस्व का नियत भाग।
4. जिला परिषद् द्वारा प्रशासनिक ट्रस्टों से आय।
5. जिला परिषद् द्वारा समय–समय पर पंचायत समितियों से अपने आदेशानुसार की गई वसूलियां।
6. पंचायत समितियों तथा लोगों द्वारा दिए दान।

पंचायती राज के दोष : सन् 1952 में ग्राम पंचायतें स्थापित की गई तथा नगर पालिकाओं को अधिक अधिकार दिए गए। बाद में गांवों में पंचायती राज स्थापित किया गया, परंतु इतने वर्ष व्यतीत होने के बाद भी पंचायती राज को वह सफलता नहीं मिली, जिसकी आशा की गई थी, किंतु इनमें कई दोष पाए जाते हैं जो निम्नलिखित हैं–

1. शिक्षा का अभाव : कुछ गांव ऐसे हैं जहां पर अधिकतर लोग शिक्षा से वंचित हैं। इससे पंचायत के अधिकतर सदस्य भी निरक्षर ही होते हैं। बहुत सी पंचायतों के सरपंच भी अशिक्षित हैं और हस्ताक्षर करना भी नहीं जानते। जनता भी इनके कामों में अधिक रूचि नहीं लेती। परिणाम यह निकलता हैं कि पंचायतों के सदस्य अयोग्य व्यक्ति चुने जाते हैं। अतः जब तक चुनने वाले तथा चुने जाने वाले व्यक्ति शिक्षित नहीं हो जाते, तब तक कोई भी स्थानीय संस्था सफलतापूर्वक काम नहीं कर सकती।

2. अज्ञानता : चूंकि गांव के अधिकांश लोग अशिक्षित हैं, इसलिए उन्हें पंचायती राज के उद्देश्यों का भी पता नहीं हैं। उदाहरण के लिए पंचायती राज के प्रमुख उद्देश्यों में से ग्रामीण जनसमुदाय को अधिक आत्मनिर्भर बनाना हैं, परंतु केवल संस्थाएं चलाने वालों में से 1/5 ही इस उद्देश्य को जानते हैं तथा दुर्भाग्यवश ग्रामीण नेतृत्व में से 1/8 ही यह जानते हैं कि पंचायती राज के उद्देश्यों में से एक उद्देश्य बहुत सारे कमजोर वर्गों को सुधारना भी है।

3. साम्प्रदायिकता : साम्प्रदायिकता एक अन्य ऐसा कारक हैं जो पंचायती राज व्यवस्था को कमजोर करती है। गांव के लोगों में जाति भेद की भावना विद्यमान होती हैं जिसका प्रभाव न केवल उम्मीदवार चुनने के समय बल्कि चुने जाने के पश्चात भी विद्यमान रहता हैं। पंच भी जाति आदि के आधार पर आपस में लड़ते रहते हैं जिससे पंचायत का काम ठीक प्रकार से नहीं हो पाता। हमारे सामाजिक जीवन का यह एक बहुत बड़ा अभिशाप हैं। अतः जब तक ठीक प्रकार की शिक्षा नहीं दी जाती तब तक विचारों में परिवर्तन नहीं आएगा।

4. दलगत राजनीति : पंचायतों तथा दूसरी संस्थाओं के चुनाव में लोगों द्वारा छोटे–मोटे गुट या दल बना लिये जाते हैं। पंचायतों के चुनाव भी दलों के आधार पर लड़े जाते हैं, कम से कम इसके चुनाव में दलों को भाग लेने का कोई अधिकार नहीं होना चाहिए। जाति, धर्म और भाषा के आधार पर भी लोगों में गुटबंदी चलती रहती हैं, पंचायतें भी दलगत राजनीति का अखाड़ा बन जाता हैं इसका परिणाम यह निकलता है कि पंचायत तथा नगरपालिका के काम ठीक प्रकार से नहीं चल पाते।

5. सरकारों का आधिपत्य : पंचायतें व्यवस्था तथा नगरपालिका पर सरकार का नियंत्रण बहुत अधिक हैं और वह जब चाहे इनके कार्यों में हस्तक्षेप कर सकती हैं। इस का परिणाम यह निकलता है कि इन संस्थाओं में काम करने का उत्साह पैदा नहीं होता। सरकार इन प्रस्तावों को रद्द कर सकती हैं और इसके बजट पर भी नियंत्रण रखती है। इन संस्थाओं में सरकारी हस्तक्षेप के कारण जिम्मेदारी की भावना भी उत्पन्न नहीं हो पाती। सरकार के नियंत्रण का जो अधिक खेदजनक पक्ष हैं, वह यह हैं कि मंत्रिमंडल अपनी शक्तियों का प्रयोग राजनीतिक दृष्टिकोण से करता है जिस स्थानीय स्वशासन की संस्था में वह दल बहुमत में होगा जोकि मंत्रिमंडल के दल से भिन्न हैं वहां मंत्रिमंडल अनुचित ढंग से अपनी शक्तियों का प्रयोग करते हैं जैसे कि प्रस्तावों पर स्वीकृति न देना, सदस्यों को निलंबित या पदच्युत कर देना, संस्था को ही भंग कर देना चाहिए।

6. धन की समस्या : धन की समस्या पंचायतों के सामने शुरू से ही रही हैं। इन्हें कार्य तो राष्ट्र निर्माण वाले सौंपे जाते हैं परंतु इसके पास धन की इतनी व्यवस्था नहीं की गई कि ये अपना कार्य अच्छी तरह से कर सकें। उनकी अपनी स्वतंत्र आय भी इतनी नहीं होती कि वे अपनी आवश्यकताओं के अच्छी तरह पूरा कर सकें। अपनी आवश्यकताओं के लिए उन्हें सरकार से धन की सहायता लेनी पड़ती हैं। यदि स्थानीय संस्था कोई नयी योजना

बनाकर लागू करना चाहे तो नहीं कर सकती; क्योंकि धन देना या न देना, सरकार की इच्छा पर निर्भर रहता है।

7. निर्धनता : गांवों के अधिकतर लोग निर्धनता की स्थिति में अपना जीवन व्यतीत करते हैं। उनके पास न तो इतना समय होता है और न ही इतना धन की वे पंचायत राज व्यवस्था के संचालन में अपना कुछ योगदान दे सकें। दो जून की रोटी की व्यवस्था करने में ही उनका सारा समय व्यतीत हो जाता है। इस प्रकार गांव के अधिकतर व्यक्ति स्थानीय शासन के प्रति उदासीन रहते हैं। जबकि, उनकी भागीदारी ही स्थानीय शासन को सफल बनाने में महत्वपूर्ण भूमिका निभा सकती है।

दोषों को दूर करने का उपाय : पंचायती राज के दोषों को निम्नलिखित उपायों से दूर किया जा सकता है–

1. सदस्यों को प्रशिक्षण देना : स्थानीय स्वशासन संस्थाओं का काम पहले की तरह अब सरल नहीं रह गया है। इन संस्थाओं का काम बहुत ही अधिक पेचीदा और जटिल है। इन संस्थाओं के सदस्य प्रशिक्षण के बिना अपने कार्यों को ठीक तरह से नहीं निभा सकते हैं और न ही उचित फैंसले कर सकते हैं। अज्ञानता के कारण वे अपने ही कर्मचारियों और सरकार के अफसरों की कठपुतली बन जाते हैं ज़ोकि स्वस्थ्य स्थानीय शासन के लिए अनुकूल नहीं होता। इसलिए यह जरूरी हो जाता है कि अराजकीय और राजकीय कर्मचारियों को स्थानीय स्वशासन के संचालन का अधिक प्रशिक्षण दिया जाए। यद्यपि कुछ राज्यों में पंचायती राज प्रशिक्षण संस्थाओं की स्थापना की गई हैं। फिर भी इस दिशा में कोई विशेष सफलता नहीं मिली है।

2. शिक्षा का प्रसार : आज स्थानीय शासन की सफलता इस बात पर निर्भर करती है कि उस गांव के लोग कितने शिक्षित हैं। शिक्षा के द्वारा ही लोगों को अपने कर्त्तव्यों तथा अधिकारों का पूर्ण ज्ञान प्राप्त होता है तथा वे गांव समाज के प्रति जिम्मेदारी के लिए जागृत होते हैं। इसलिए ग्रामीण लोगों को राजनीतिक शिक्षा भी दी जानी चाहिए ताकि वे अपने अधिकारों और कर्त्तव्यों के प्रति जागरूक हो सकें।

3. कार्यालय गांवों के समीप होने चाहिए : पंचायतों का कार्यालय ऐसे स्थान पर स्थित होना चाहिए जहां पर लोगों का आवागमन आसान हो, कोई भी पंचायत क्षेत्र गांव पंचायत के मुख्य कार्यालय से पांच मील से अधिक दूर नहीं होना चाहिए। पंचायतों को पंचायती राज की एक मूल इकाई बनाना था, इसलिए यह आवश्यक समझा गया कि अधिक दूर रखकर पंचायत के मुख्य कार्यालय को जनता से दूर न किया जाए। पंचायतों द्वारा जनता को जो राहत एवं सुविधा पहुंचाई जा सकती है, वह बिना अधिक परेशानी तथा किराया खर्च किए बिना ही उसे प्राप्त होनी चाहिए।

4. अधिवेशन और चुनाव : ग्राम सभा के अधिवेशनों को समयानुसार बुलाया जाना चाहिए। स्थानीय संस्थाओं के चुनाव भी नियमित रूप से होने चाहिए। फरवरी, 1989 में राष्ट्रपति वेंकटरमण ने यह सुझाव दिया कि पंचायतों के चुनावों को राज्यों की विधान सभाओं तथा लोकसभा के चुनावों की तरह अनिवार्य बना दिया जाए और इसके लिए संविधान में संशोधन कर दिया जाए। अब 73 वें संविधान संशोधन के अंतर्गत पंचायतों के चुनाव 5 वर्ष के पश्चात् करवाना अनिवार्य है।

5. निर्धनता को दूर करना : अत्याधिक गरीबी के कारण ही ग्रामीण व्यक्ति स्थानीय शासन की संस्थाओं के कार्यकलापों में भाग नहीं ले पाता। इसलिए यह जरूरी हो जाता है कि ऐसी योजनाओं का निर्माण किया जाए जिसके द्वारा ग्रामीण व्यक्ति निर्धनता की स्थिति से उभर सके और उन्हें अपने ही गांवों में स्वरोजगार की प्राप्ति संभव हो सके। ऐसी स्थिति के पश्चात ही ग्रामीण लोगों का लगाव पंचायती व्यवस्था की तरफ स्वयं ही बढ़ेगा।

6. वित्तीय सहायता : पंचायतें अपना कार्य सुचारू से कर सके और ग्रामीण विकास के लिए बनाई गई योजनाओं को कार्य रूप दे सकें इसके लिए जरूरी हो जाता हैं कि पंचायती राज व्यवस्थाओं को और अधिक वित्तीय सहायता प्रदान की जाए तथा उनके कर निर्धारण के क्षेत्र को और अधिक विस्तृत किया जाए ताकि वे जरूरी विकास कार्यों के लिए धन एकत्रित कर सकें।

7. राजनीतिक दलों पर रोक : पंचायती राज व्यवस्था ग्रामीण लोगों की वास्तविक स्वशासन शासन की संस्था बन सके और ग्रामीण लोगों की उसमें संपूर्ण भागीदारी संभव हो सके इसके लिए यह जरूरी हो जाता हैं कि इन संस्थाओं के राजनीतिक दलों के हस्तक्षेप से मुक्त रखा जाए।

पंचायती राज व्यवस्था और 73 वां संविधान संशोधन : संसद ने 24 अप्रैल 1993 को 73 वां संविधान संशोधन

अधिनियम पारित कर राज्यों को निर्देश दिया गया कि वे एक वर्ष में इस संशोधन के अनुसार पंचायती राज कानून बनाए। 17 राज्यों व केन्द्र शासित प्रदेशों द्वारा उपर्युक्त निर्देशानुसार कानून बनाए गए। अतः 24 अप्रैल 1994 को यह अधिनियम पूरे देश में लागू हो गया। इस अधिनियम के पारित हो जाने से ही पंचायती राज संस्थाओं को अब संवैधानिक दर्जा प्राप्त हो गया है और निचले स्तर पर भी लोकत्रंत को मान्यता प्राप्त हुई है।

इस अधिनियम द्वारा संविधान में एक नया अध्याय 9 जोड़ा गया हैं। जिसके अंतर्गत 16 अनुच्छेद और एक अनुसूची ग्यारहवीं अनुसूची जोड़ी गयी हैं। इस संशोधन द्वारा पंचायत राज व्यवस्थाओं के लिए किए प्रावधानों का वर्णन निम्न प्रकार से किया जा सकता हैं–

1. ग्राम सभा : इस संविधान संशोधन के अनुच्छेद 243 (b) के अनुसार पंचायत के अधिकार क्षेत्र में आने वाले गांव या गांवों के मतदाता ही ग्राम सभा के सदस्य हो सकते हैं और यही सारे सदस्य मिलकर ग्राम सभा का निर्माण करेगें। ग्राम सभा का निर्माण राज्य विधान मंडल द्वारा निर्धारित कानून के अनुसार ही किया जाएगा।

2. संरचना संबंधी : संविधान के 73 वें संशोधन द्वारा यह भी स्पष्ट किया गया कि प्रत्येक स्तर की पंचायत की रचना राज्य विधान मंडल द्वारा ही निर्धारित की जाएगी।

3. संवैधानिक मान्यता : इस संविधान संशोधन के द्वारा स्थानीय शासन की संस्थाओं को अब संवैधानिक मान्यता प्राप्त हो गई है।

4. सदस्यों का चुनाव : 73 वें संविधान द्वारा यह व्यवस्था की गई है कि पंचायत के सदस्य के चुनाव के लिए पंचायत क्षेत्र को निर्वाचित क्षेत्रों में बांट दिया जाएगा और इन निर्वाचन क्षेत्रों में से ही पंचायत के सदस्यों का मतदाताओं द्वारा प्रत्यक्ष रूप से चुनाव किया जाएगा।

5. पंचायतों के चुनाव : 73 वें संशोधन द्वारा यह व्यवस्था की गई कि पंचायतों के चुनाव राज्य चुनाव आयोग की देख–रेख, नियंत्रण एवं निर्देशन में होगें। चुनाव आयोग पंचायती राज संस्थाओं के चुनावो से संबंधित अधिसूचना जारी होने के बाद चुनावों की तिथि निश्चित करता हैं, नामांकन पत्रों की छानबीन करता हैं, चुनाव चिह्न जारी करता हैं और स्वतंत्र व निष्पक्ष चुनावों की व्यवस्था करता है इसके लिए राज्य चुनाव आयोग की व्यवस्था की गई है। राज्य चुनाव आयुक्त की नियुक्ति राज्यपाल द्वारा की जाएगी और उसकी सेवा शर्तें एवं कार्यकाल राज्य विधानमंडल द्वारा निर्धारित किए जायेंगे। कार्यकाल के दौरान चुनाव आयुक्त की सेवा शर्तें में कोई ऐसा परिवर्तन नहीं किया जाएगा जो उसके लिए अहितकर हो। चुनाव आयुक्त को उसी प्रक्रिया द्वारा हटाया जा सकेगा जिस प्रक्रिया द्वारा उच्च न्यायालय के न्यायधीशों को हटाया जाता है।

6. 73वें संशोधन के अनुसार संसद सदस्यों तथा विधानमंडल के सदस्यों के लिए प्रतिनिधित्व :

1. पंचायत समिति और जिला परिषद् के चुनाव क्षेत्र में आने वाले लोक सभा और राज्य विधान सभा के सदस्यों को इन संस्थाओं में प्रतिनिधित्व दिया जाएगा।
2. राज्य विधानसभा और विधानपरिषद् उन सदस्यों को जिनका नाम पंचायत समिति और जिला परिषद् के चुनाव क्षेत्र की मतदाता सूची में अंकित है प्रतिनिधित्व दिया जाएगा।

   लेकिन संसद तथा राज्य विधान मंडलों के सदस्यों को ग्राम पंचायत में कोई प्रतिनिधित्व नहीं दिया गया है। इन सदस्यों को पंचायत समिति और जिला परिषद् में मत देते का अधिकार दिया गया हैं।

7. पंचायत के अध्यक्ष का चुनाव तथा पदच्युत : अब पंचायत के अध्यक्ष यानि सरपंच का चुनाव ग्राम सभा के सदस्यों द्वारा प्रत्यक्ष रूप से किया जाएगा। अध्यक्ष को उसका कार्यकाल पूरा होने से पूर्व भी हटाने के व्यवस्था की गई है इसके लिए आवश्यक है कि पंचायत अपने कुल सदस्यों के बहुमत और उपस्थित तथा मत देने वाले सदस्यों के बहुमत से अध्यक्ष को हटाने संबंधी प्रस्ताव पास करेगी। ग्राम पंचायत द्वारा पारित किया गया ऐसा प्रस्ताव ग्राम सभा के विचार के लिए भेजा जाएगा। ग्राम सभा इस प्रस्ताव पर विचार करने के लिए एक विशेष बैठक बुलाएगी जिसमें ग्राम सभा के 50% सदस्यों का उपस्थित होना अनिवार्य हैं। यदि इस बैठक में ग्राम सभा पंचायत के अध्यक्ष को पद से हटाने संबंधी प्रस्ताव को उपस्थित तथा मत देने वाले सदस्यों के बहुमत से पास कर दे तो अध्यक्ष को उसके पद से अलग कर दिया जाएगा।

8. पंचायत समिति और जिला परिषद् के अध्यक्षों का चुनाव व पदच्युत : 73 वें संवैधानिक संशोधन के अनुसार, यह व्यवस्था की गई है कि मध्य स्तरीय पंचायतों और जिला परिषदों के अध्यक्षों का चुनाव संबंधित पंचायतों के निर्वाचित सदस्यों द्वारा अपने में से ही किया जाएगा। यदि संबंधित पंचायत समिति के सदस्य उपस्थित तथा मत देने वाले सदस्यों के 2/3 बहुमत, जो कुल सदस्यों का बहुमत भी होना चाहिए, से अध्यक्ष को हटाने संबंधी प्रस्ताव पास कर दें तो अध्यक्ष को अपना पद त्यागना पड़ता है।

9. आरक्षण : 73 वें संविधान संशोधन द्वारा पंचायती राज व्यवस्था में आरक्षण की निम्नलिखित व्यवस्था की गई है–

(*i*) **अनुसूचित जातियों, अनुसूचित जन-जातियों तथा पिछड़े वर्गों के लिए :** पंचायती राज संस्थाओं में उनकी जनसंख्या के अनुपात में आरक्षण दिया जाएगा।

(*ii*) **महिलाओं के लिए भी आरक्षण :** सभी स्तर की पंचायतो के कुल स्थानो का 1/3 भाग महिलाओं के लिए आरक्षित होगा। यह आरक्षण अनुसूचित जातियों तथा अनुसूचित जनजातियों की स्त्रियों के लिए आरक्षण सहित होगा।

(*iii*) विभिन्न स्तरों की पंचायत संस्थाओं के अध्यक्षों तथा उपाध्यक्षों की कुल संख्या का 1/3 भाग महिलाओं के लिए आरक्षित होगा, जिसमें अनुसूचित जातियों और अनुसूचित जनजातियों की महिलाओं के लिए आरक्षण भी शामिल हैं।

(*iv*) सभी पंचायती राज की संस्थाओं में अध्यक्षों तथा उपाध्यक्षों के पदों में से कुछ स्थान अनुसूचित जाति तथा अनुसूचित जन–जाति के सदस्यों के लिए आरक्षित रखें जाएंगें।

10. चुनाव और निश्चित अवधि : 73 वें संविधान संशोधन के अनुसार पंचायती राज की प्रत्येक संस्था का कार्यकाल 5 वर्ष निश्चित किया गया है। यह कार्यकाल पंचायत की प्रथम बैठक से प्रारम्भ माना जाएगा। पंचायत का कार्यकाल समाप्त होने से पहले ही नई पंचायत के लिए चुनाव करवाने अनिवार्य हैं। राज्य सरकार पंचायत संस्थाओं को इनके निर्धारित कार्यकाल से पूर्व भी भंग कर सकती हैं। यदि पंचायत को भंग कर दिया जाता हैं तो 6 माह के भीतर नई पंचायत के लिए चुनाव करवाना अनिवार्य है।

11. सदस्यों की योग्यताएं : पंचायती राज की विभिन्न संस्थाओं का सदस्य बनने के लिए वही योग्यताएं होंगी जो राज्य विधानमंडल का सदस्य बनने के लिए निर्धारित की गई हैं। उल्लेखनीय हैं कि 73 वें संशोधन द्वारा पंचायती राजसंस्थाओं का सदस्य बनने के लिए आयु 21 वर्ष निर्धारित की गई है।

वित्त आयोग : पंचायती राज अधिनियम में पंचायती संस्थाओं को वित्तीय संसाधनों के हस्तांतरण की एक अनिवार्य व्यवस्था लागू करने तथा इसके लिए उचित कसौटियां सुझाने के लिए हर वर्ष एक वित्त आयोग गठित करने का भी प्रावधान है।

शक्तियां व कार्य : 73 वें संविधान संशोधन द्वारा संविधान में एक नई अनुसूची (11 वीं अनुसूची) जोड़ी गई हैं जिसमें पंचायती राज व्यवस्था की शक्तियों व कार्यों का वर्णन किया जाता है। जिसमें से कुछ इस प्रकार हैं–

1. खेती बाड़ी 2. सिचाई और जल प्रबंधन 3. भूमि सुधार 4. वन उत्पादन 5. पशुपालन, मुर्गी व डेयरी पालन 6. लघु उद्योग 7. ग्रामीण आवास 8. सड़कों तथा पुलों का निर्माण व यातायात के साधनों का प्रबंध 9. तकनीकी व रोजगार शिक्षा 10. समाज कल्याण 11. कमजोर वर्गों विशेष रूप से अनुसूचित जातियों व जनजातियों का कल्याण आदि।

नगरीय स्थानीय सरकार

नगरों में स्वशासन की स्थापना के लिए नगरीय निकायों की स्थापना की गई है। वर्तमान में भारतीय नगरीय शासन में नगर निगम, नगर पालिकायें, नगर क्षेत्र, समितियाँ, छावनी बोर्ड, अधिसूचित क्षेत्र समितियाँ आदि सम्मिलित है।

संविधान के 74 वें संविधान संशोधन द्वारा नगर निकायों को पंचायती राज व्यवस्था की भांति संवैधानिक दर्जा प्रदान किया गया हैं। संविधान के भाग 9–क में अनुच्छेद 243–त से लेकर अनुच्छेद 243–य–छ तक नगरपालिका के लिए उपबधों का समावेश किया गया हैं इसके साथ ही संविधान में एक नई अनुसूची बारहवीं (12 वी) अनुसूची का समावेश किया गया हैं जिसमें इसके कार्यक्षेत्र से संबंधित 18 विषय सम्मिलित किए गए हैं।

74 वें संविधान संशोधन के माध्यम से नगरीय स्थानीय संस्थाओं के लिए निम्न प्रावधान किए गए हैं–

1. इस संविधान संशोधन द्वारा जनसंख्या के कम–अधिक के अनुसार तीन प्रकार की नगरीय निकायों की स्थापना की गई है।

(*i*) **नगर पंचायत :** यह उन कस्बों में स्थापित की जाएगी जहां ग्रामीण क्षेत्र से नगरीय क्षेत्र में परिवर्तन की प्रक्रिया चल रही होती है।

(*ii*) **नगर पालिका परिषद् :** यह छोटे शहरों अर्थात् लघुतर नगरीय क्षेत्र में स्थापित की जाएगी।

(*iii*) **नगर निगम :** यह बड़े शहरों अर्थात् बड़े नगरीय क्षेत्र में स्थापित की जाएगी।

लेकिन जिस क्षेत्र को राज्य का राज्यपाल यदि औद्योगिक नगरी के रूप में विनिर्दिष्ट कर दे तो वहां यह संस्था स्थापित नहीं की जाएगी। इसके साथ–साथ कोई नगरीय क्षेत्र को यह निश्चित करने का अधिकार कि यह संक्रमणशील क्षेत्र, लघुतर नगरीय क्षेत्र हैं, राज्य के राज्यपाल को हैं। राज्यपाल ही उस क्षेत्र की जनसंख्या उसमें जनसंख्या का घनत्व या सघनता, स्थानीय प्रशासन के लिए उत्पन्न राजस्व, कृषि से भिन्न क्रियाकलापों में नियोजन की प्रतिशतता, आर्थिक महत्व या ऐसी अन्य बातों को आधार बनाकर लोक अभिसूचना द्वारा निश्चित करेगा।

2. निर्वाचन : नगरपालिकाओं के लिए निर्वाचन का निर्धारण राज्य निर्वाचन आयुक्त द्वारा किया जाता है। इसके अतिरिक्त स्थानों, चुनाव प्रक्रिया आरक्षण आदि से संबंधित नियम राज्य विधानमंडल द्वारा बनाये जाते हैं।

3. कार्यकाल : इन संस्थाओं का कार्यकाल प्रथम अधिवेशन की नियत तारीख से पांच वर्ष का है। कार्यकाल के पूर्व विघटन की स्थिति में विघटन के छः माह की अवधि के पूर्व निर्वाचन पूरा करा लिया जाएगा।

4. आरक्षण : इन संस्थाओं में जनसंख्या के अनुपात में अनुसूचित जातियों, जनजातियों एवं पिछड़े वर्गों के लिए आरक्षण की व्यवस्था की गई है।

महिलाओं के लिए कुल संख्या में एक–तिहाई स्थान आरक्षित किए हैं इन संस्थओं में आरक्षण में चक्रानुक्रम अपनाया जाता है।

5. नगर पालिका के सदस्य एवं अध्यक्ष निर्वाचन क्षेत्रों से प्रत्यक्ष रूप से चुने जाएंगें जो वार्ड कहलाएंगें।

6. नगरपालिका का सदस्य बनने के लिए न्यूनतम आयु 21 वर्ष है।

7. नगरपालिका के अधिकार व कार्य : 74 वें संविधान संशोधन के द्वारा संविधान में 12 वीं अनुसूची का समावेश किया जिसमें नगरपालिका के कार्य–क्षेत्र से संबंधित 18 विषय सम्मिलित किए गए हैं अनुच्छेद 243–ब निम्नलिखित कार्यों का उल्लेख किया गया है–

1. नगरीययोजना, जिसके अंतर्गत नगर योजना भी है
2. भूमि उपयोग का विनियमन और भवनों का निर्माण
3. आर्थिक और सामाजिक विकास योजना
4. सड़के और पुल
5. घरेलू, औद्योगिक और वाणिज्यिक प्रयोजनों के लिए जल प्रदाय
6. लोक स्वास्थ्य, स्वच्छता, सफाई और कूड़ा करकट प्रबंध।
7. अग्निशमन सेवाएं
8. नगरीय वानिकी, पर्यावरण का संरक्षण और परिस्थितिक आयामों की अभिवृद्धि।
9. समाज के दुर्बल वर्गों के, जिनके अंतर्गत विक्लांग और मानसिक रूप से मंद व्यवित गी हैं, हितों की रक्षा।
10. गंदी बस्ती सुधार
11. नगरीय निर्धनता उल्मूलन
12. नगरीय सुख–सुविधाओं जैसे पार्क उद्यान, खेल के मैदानों की व्यवस्था।
13. सांस्कृतिक शैक्षणिक और सौंदर्यपरक आयामों की अभिवृद्धि।
14. शव गाड़ना और कब्रिस्तान, शवदाह और श्मशान और विद्युत शवगृह ।
15. काजी हाउस, पशुओं के प्रति क्रूरता का निवारण
16. जन्म मरण सांख्यिकी, जिसके अंतर्गत जन्म और मृत्यु रजिस्ट्रीकरण भी है।
17. सार्वजनिक सुख–सुविधाएं, जिनके अंतर्गत सड़कों पर प्रकाश, पार्किंग स्थल, बस स्टाप और जनसुविधाएं भी हैं।
18. वधशालाओं और चर्मशोधनशालाओं का विनियमन।

16. विविध

प्रशासनिक भ्रष्टाचार

भ्रष्टाचार का शाब्दिक अर्थ है 'भ्रष्ट' अथवा 'बिगड़ा हुआ आचरण'। लोक प्रशासन में इसका अभिप्राय ऐसे आचरण से है, जिसकी आशा लोक सेवकों से नहीं की जाती है। यदि लोक प्रशासक अपनी शक्ति, सत्ता एवं स्थिति का प्रयोग जन सामान्य के लाभों की अपेक्षा अपने व्यक्तिगत लाभों के लिए करने लगें तो यही 'भ्रष्ट आचारण' माना जाएगा। ये भ्रष्ट आचरण अनेक प्रकार के हो सकते है–उदाहरण के लिए, किसी व्यक्ति का कोई कार्य कर देने या कार्य न करने पर घूस अथवा दूसरे प्रकार का आर्थिक लाभ लेना, अपने संबंधियों को नौकरी दिलाना, भेंट स्वीकार करना, बेईमानी, गबन, रिश्वत, अनुचित एवं अवैध रीतियों से पैसा लेना, व्यापारिक संस्थाओं पर इस दृष्टि से अहसान करना ताकि वहाँ लोक सेवकों के पुत्र–पुत्रियों को रोजगार मिल सके, अपनी सरकारी स्थिति और प्रभाव का स्वार्थ–सिद्धि के लिए दुरूपयोग करना आदि। **भ्रष्टाचार की परिभाषा भारतीय दंड संहिता की धारा 161 में इस प्रकार की गई है–''जो व्यक्ति शासकीय कर्मचारी होते हुए या होने की आशा में अपने में अपने या अन्य किसी व्यक्ति के लिए विधिक पारिश्रमिक से अधिक कोई घूस लेता है या स्वीकार करता है अथवा लेने का प्रयत्न करता हैं या किसी कार्य को करने के लिए उपहार स्वरूप या अपने शासकीय कार्य को करने में किसी व्यक्ति के प्रति पक्षपात या उपेक्षा या किसी कोई सेवा या कुसेवा का प्रयास, केंद्रीय या अन्य राज्य सरकार या संसद या विधानमंडल या किसी लोक सेवक के संदर्भ में करता है तो उसे तीन वर्ष तक के कारावास का दंड या अर्थदंड या दोनों दिए जा सकेंगे।''** भ्रष्टाचार से तात्पर्य है किसी सरकारी कर्मचारी द्वारा अपने सार्वजनिक पद अथवा स्थिति का दुरूपयोग करते हुए किसी प्रकार का आर्थिक या अन्य प्रकार का लाभ उठाना। ''यह ऐसा व्यवहार है जिसमें सरकारी कर्मचारी व्यक्तिगत आर्थिक लाभ उठाने के लिए सार्वजनिक कर्त्तव्यों से विचलित होता है अथवा नियमों का ऐसा उल्लंघन करता है जिससे कुछ विशेष प्रकार के निजी लाभ प्राप्त हो सकें।'' 'भ्रष्टाचार' का अर्थ दो रूपों–संकीर्ण एवं व्यापक–में किया जाता है। संकीर्ण रूप में इसका अर्थ केवल घूस अथवा आर्थिक लाभ प्राप्त करना माना जाता है। भ्रष्टाचार के व्यापक रूप में अपनी निजी स्वार्थपूर्ण उद्देश्यों के लिए सार्वजनिक पद अथवा सत्ता का दुरूपयोग करते हुए नगद धनराशि अथवा भेंटों और उपहारों के रूप में सब प्रकार की बेईमानी से प्राप्त लाभों का समावेश होता है। लोक प्रशासन में इस शब्द का प्रयोग इसी व्यापक अर्थ में किया जाता है।

भारत में भ्रष्टाचार की व्यापकता

किसी न किसी रूप में भ्रष्टाचार मानव में सदैव कायम रहा है। **कौटिल्य** ने अपनी पुस्तक 'अर्थशास्त्र' में भ्रष्टाचार के 40 प्रकारों का उल्लेख किया है। उनके शब्दों में, ''जिस प्रकार जीभ पर रखे हुए शहद का स्वाद न लेना असंभव है उसी प्रकार किसी शासकीय अधिकारी के लिए राज्य के राजस्व के एक अंश का भक्षण न करना असंभव है।''

प्राचीन एवं मध्यकाल में लोक प्रशासन का क्षेत्र अत्यंत सीमित था, फलस्वरूप भ्रष्टाचार की कम गुंजाइश थी। वर्तमान युग में लोक प्रशासन के क्षेत्र का विलक्षण विकास होने के कारण भ्रष्टाचार की मात्रा में भी असाधारण वृद्धि हुई है। भारत में ईस्ट इंडिया कंपनी के शासन काल से ही भ्रष्टाचार देश में सर्वत्र फैल गया। ईस्ट इंडिया कंपनी के व्यापारी जो उस समय प्रशासक भी थे, संपत्ति जोड़ने पर उतारू थे। भारत में ईस्ट इंडिया कंपनी का तंत्र भ्रष्ट एवं पतित हो गया था, फलस्वरूप ब्रिटिश सरकार ने भारत का प्रशासन अपने हाथों में ले लिया। लगभग डेढ़ सौ वर्षों के शासन में अंग्रेजों ने भारत में एक श्रेष्ठ प्रशासनिक तंत्र की स्थापना की, लेकिन ब्रिटिश भारतीय प्रशासन में राजस्व, पुलिस एवं आबकारी विभागों को व्यापक स्वविवेकी शक्तियाँ प्राप्त थीं। फलस्वरूप उनके भ्रष्ट होने की पर्याप्त गुंजाइश थीं न्यायपालिका की छोटी अदालतों का भी यही हाल था। द्वितीय विश्वयुद्ध के प्रारंभ होने तक भ्रष्टाचार अधिकांशतः

प्रशासन के निम्न स्तर तक ही सीमित था। द्वितीय विश्वयुद्ध जनित परिस्थितियों ने भ्रष्टाचार के लिए अधिक अवसर उत्पन्न कर दिए। नियम तथा कानूनों की अवहेलना की गई तथा प्रत्येक चीज को युद्ध के कार्यों से गौण माना गया। इसने अफसरों को अपनी सत्ता स्वार्थपूर्ति में प्रयोग करने का अवसर दिया। वस्तुओं का इतना अभाव हो गया कि सरकार ने बाध्य होकर व्यापार करने हेतु लाइसेंस देना प्रारंभ कर दिया। लाइसेंस आवश्यक थे अतः बेईमान एवं चालाक व्यक्तियों ने बिना हिचकिचाहट के अभावग्रस्त वस्तुओं में व्यापार करने के लाइसेंस प्राप्त करने के लिए अधिकारियों को रिश्वत देना प्रारंभ कर दिया। स्वतंत्रता के बाद देश में विप्लवकारी स्थिति का प्राधान्य रहा। देश का विभाजन हुआ, सांप्रदायिक दंगे हुए, जनसंख्या का स्थानातंरण हुआ, कश्मीर का युद्ध तथा रियासतों के एकीकरण की समस्या आयी। इन सबके फलस्वरूप 'कानून का शासन' खंडित हो गया। लोक सेवकों में भ्रष्टाचार के लिए नवीन मार्ग खुल गए स्वाधीन भारत के कल्याणकारी एवं समाजवादी राज्य का आदर्श अपनाया गया जिससे राज्य के कार्यों में असाधारण वृद्धि हुई। खास तौर से आर्थिक क्षेत्र में राज्य के कार्यों में वृद्धि होने से नियम, नियंत्रण, लाइसेंस, परमिट का युग प्रारंभ हुआ और भ्रष्टाचार के नये आयाम प्रकट हुए। विभिन्न अवसरों पर का राजनीतिक सत्ता प्राप्त करने की होड़ ने इस व्याधि को कैंसर की भांति असाध्यं बना दिया। राज्य तथा केंद्रीय स्तर के मंत्री, संसद तथा विधायिका के सदस्यों का नवीन वर्ग भी भ्रष्ट लोक सेवकों के साथ मिल गया।

संसद और विधानमंडलों के निर्वाचित प्रतिनिधि जो कि नौतिकता एवं प्रशासन की एकता के संरक्षक थे, स्वयं ही भ्रष्टाचार, कुनबापरस्ती एवं न्यस्त स्वार्थों की पूर्ति में फंस गए। भारत में लंबे समय तक एक राजनीतिक दल के हाथ में शक्ति का एकाधिकार रहा। इससे मंत्रियों, विधायकों एवं सांसदों को अपनी शक्ति का स्वयं के लाभ के लिए तथा परिवार, मित्रों एवं दल के साथियों के लाभ दुरूपयोग करने का अवसर मिल गया। व्यापार तथा उद्योगों में एकाधिकार की अपेक्षा राजनीति में एकाधिकार खतरनाक है। राजनीतिज्ञों को अहसानमंद बनाने वाले लोक सेवक बदले में निडर होकर हर प्रकार का भ्रष्ट व्यवहार करते है। स्वतंत्रता प्राप्ति के बाद भारत में सरकारी कर्मचारियों के अतिरिक्त राजनीतिक नेताओं और मंत्रियों के जो गड़बड़–घोटाले प्रकाश में आए है उनमें **कृष्णा मेनन** का जीप कांड, उड़ीसा के मुख्यमंत्री बीजू पटनायक, जम्मू–कश्मीर में मुख्यमंत्री बख्शी गुलाम मुहम्मद, बिहार के कृष्णा बल्लभ सहाय, पंजाब के मुख्यमंत्री प्रताप सिंह कैरो, तमिलनाडु की मुख्यमंत्री जयललिता तथा महाराष्ट्र के मुख्यमंत्री ए॰ आर॰ अंतुले के मामले झामुमों रिश्वत कांड, लाखू भाई प्रकरण, सेट किंटस मामला, यूरिया घोटाला, संचार घोआला, पशुपालन चारा घोटाला, तहलका प्रकरण, स्टांप घोटाला आदि उल्लेखनीय है।

पंजाब के भूतपूर्व मुख्यमंत्री प्रतापसिंह कैरो के विरूद्ध जो आरोप लगाए गए, उनके संबंध में जाँच आयोग इस निष्कर्ष पर पहुंचा कि "मुख्यमंत्री ने अपनी स्थिति का अनुचित लाभ उठाया है। उनके पुत्र तथा परिवार के सदस्यों ने अपार संपत्ति एकत्रित करने में उसकी सत्ता व प्रभाव का उपयोग किया है। उसके साम्राज्य निर्माण के इस प्रयास में अन्य मंत्रियों तथा लोक सेवकों द्वारा भी गैर–कानूनी एवं भ्रष्ट रूप से सहायता दी गई थी।"

तीसरे आम चुनाव में एक केस है, जिसमें कानपुर के एक उद्योगपति रामरतन गुप्ता ने कांग्रेस के टिकट पर गोंडा संसदीय चुनाव क्षेत्र से चुनाव लड़ा। इसके निर्वाचन के विरूद्ध चुनाव याचिका दायर की गई। चुनाव ट्रिब्यूनल ने इस चुनाव पर विचार करने के बाद कहा कि "चुनाव के इतिहास में यह एक विशेष मामला है जिसमें कि दोबारा मतगणना करने पर एक उम्मीदवार 21666 मतों से जीता है। उसे चुनाव कराने वाले कुछ सरकारी अधिकारियों का सक्रिय सहयोग मिला। ट्रिब्यूनल का विचार था कि "कांग्रेसी उम्मीदवार रामरतन गुप्ता को भ्रष्ट उपायों द्वारा सफलता के निकट लाने वाला रिटर्निंग आफिसर एम॰सी॰ निगम था। उसने यह वायदा किया कि बदले में चुनाव के बाद उसे फैजाबाद का कमिश्नर बना दिया जायेगा। यद्यपि पहले उसको इस पदोन्नति के लिए माना किया जा चुका था।" 1964 में के॰ संथानम् की अध्यक्षता में स्थापित भ्रष्टाचार निवारण समिति की रिपोर्ट के अनुसार 1958 से 1962 के चार वर्षों में 2 करोड़ 38 लाख 24 हजार 142 रूपये के लाइसेंस कपटपूर्ण उपायो से प्राप्त किए गए थे। बाजार में प्रत्येक लाइसेंस को उसकी कागजी कीमत से पाँच गुनी कीमत पर बेचा जा सकता है। इस हिसाब से

उपर्युक्त लाइसेंसों द्वारा अनुचित साधनों से कमाई जाने वाली धनराशि की मात्रा 10 करोड़ रूपये थी। इसमें से कितना रूपया सरकारी कर्मचारियों की जेब गरम करने में गया, इसका सही अनुमान करना संभव नहीं है। ब्रिटिश युग में प्रायः यह कहा जाता था कि भ्रष्टाचार चपरासियों तथा राजस्व विभाग में लघु कर्मचारियों तक ही सीमित था, किंतु स्वतंत्रता प्राप्ति के बाद देश की विकास योजनाओं के साथ–साथ भ्रष्टाचार में भी बड़ी तेजी से विकास हुआ है। यह उच्चतम लोक सेवकों, मंत्रियों और मुख्यमंत्रियों के स्तर तक पहुंच चुका है।

आचार्य कृपलानी ने ठीक ही कहा था कि "भ्रष्टाचार प्रशासन में केवल निम्न स्तरों पर है पर आज किसकी हिम्मत है जो यह कहे कि भ्रष्टाचार उच्चस्तरों में नहीं है।"

ए०आर० अंतुले के मामले से इस बात की पुष्टि हो जाती है यदि अस्पताल में भर्ती होने के लिए और डाक्टरों से आपरेशन कराने के लिए भी रोगी अथवा गरीब व्यक्तियों को रिश्वत का सहारा लेना पड़े तो यह कर्मचारी और राज–व्यवस्था दोनों के लिए शर्म की बात है।

संयुक्त राज्य अमेरिका में राष्ट्रपति निक्सन को **'वाटर गेट कांड'** के कारण त्यागपत्र देने को विवश होना पड़ा। 1975 में विमान निर्माण करने वाली लॉकहीड नामक अमरीकी कंपनी द्वारा जापान के प्रधानमंत्री को तथा हॉलैंड़ और इटली के शिखरस्थ राजनीतिज्ञों को कंपनी के विमान खरीदने के लिए दी गई लाख़ों रूपये की धनराशि के रहस्योद्‌घाटन से यह स्पष्ट हुआ कि वर्तमान समय में बहुराष्ट्रीय व्यापारिक निगम राजनीतिज्ञों को कितने बड़े पैमाने पर भ्रष्ट करते है।

जुलाई 1982 में भारत सरकार ने **'नेशनल इंस्टीटयूट ऑफ पब्लिक फाइनंस एंड पॉलिसी'** को देश के काले धन की समस्या का अध्ययन करने का काम सौंपा था। इस संबंध में संस्थान की अध्ययन रिपोर्ट प्रकाशित हुई है जिसे स्वयं केंद्रीय वित्तमंत्री ने जारी किया है। यह सर्वविदित है कि **"काला धन"** अर्थात् बिना लेखे–जोखे का धन, भ्रष्टाचार का परिणाम भी है और उसका एक बहुत बड़ा कारण या प्रेरक तत्व भी।

उपरोक्त अध्ययन रिपोर्ट में काले धन के जमा होने के कई कारणों की छानबीन की गई है पर अंततोगत्वा उन्हें यह कहना पड़ा है कि काले धन की मुख्य जिम्मेदारी भ्रष्ट नेता और अफसरों की है। काले धन के निर्माण का एक बहुत बड़ा कारण है विकास तथा निर्माण संबंधी योजनाओं के लिए स्वीकृत धनराशि के एक अच्छे–खासे भाग का 'भ्रष्ट नेता, अधिकारी तथा ठेकेदारों द्वारा' बीच में ही हड़प लिया जाना। रिपोर्ट में आंकड़ों एवं तथ्यों का हवाला देकर यह कहा गया कि "मंत्रीगण और ऊँचे अफसर अपने निजी लाभ के लिए इस तरह घूस वसूल करते है मानों वह उनका प्राइवेट टैक्स हो।"

पूर्व राष्ट्रपति ज्ञानी जैलसिंह ने एक साक्षात्कार में कहा था कि यदि वे राष्ट्रपति पद के चुनाव में दुबारा उम्मीदवार बन जाते तो कतिपय राजनीतिक दल उनके चुनाव हेतु 30–40 करोड़ रूपये खर्च करने के लिए तैयार थे।

क्या यह राजनीतिक क्षेत्र में भ्रष्टाचार और घोटालों की चरम अभिव्यक्ति नहीं है। इससे पूर्व बोफोर्स कांड ने हमारे रक्षा सौदों में व्याप्त रिश्वत और भ्रष्टाचार की पोल ही खोल दी थी। स्वीडिश रेडियो ने आरोप लगाया कि बोफोर्स कंपनी और भारत के बीच तोपों की खरीद के अरबों डॉलर के समझौतों में भारत अधिकारियों को रिश्वत दिलाई गई।

प्रशासन में भ्रष्टाचार के कारणों का विश्लेषण

भारतीय लोक प्रशासन में रिश्वत एवं भ्रष्टाचार के व्यापक प्रसार में निम्न कारणों ने योग दिया है–

1. भ्रष्टाचार-ब्रिटिश विरासत : ब्रिटिशकालीन भारत में उच्चतम सरकारी कर्मचारियों में भ्रष्टाचार कितने व्यापक रूप में प्रचलित था–यह इस बात से स्पष्ट है कि उस समय वायसराय या गवर्नर अपने पद से अवकाश ग्रहण करने से पहले देशी रियासतों का दौरा, राजाओं से विदाई लेने के नाम पर किया करते थे, यद्यपि इसका वास्तविक प्रयोजन उनसे भेंट और उपहार प्राप्त करना होता था। **लार्ड वेवेल** ने 1945 में भारत का वायसराय बनने पर अपनी बेटी फेलेसिटी एन के विवाह के निमंत्रण–पत्र प्रमुख धनी भारतीयों तथा 700 छोटी–बड़ी रियासतों के राजाओं को शादी से कई महीने पहले उन सब वस्तुओं की सूची के साथ भेज दिए थे जिन्हें वर–वधू उपहार के रूप में लेना पसंद करेगी।

2. युद्धकालीन अभाव तथा नियंत्रण : द्वितीय विश्वयुद्ध के समय जब सेना के लिए सरकार भारी मात्रा में अनाज तथा अन्य सामग्री खरीदने लगी तो व्यापारी सरकारी माल के ठेके प्राप्त करने के लिए अधिकारियों की जेब गरम करने लगे। युद्धजनित परिस्थितियों के कारण अनाज आदि का राशन और नियंत्रण शुरू किया गया। इसके लिए सरकारी दुकानों के लाइसेंस और परमिट दिए जाने लगे। इससे भी भ्रष्टाचार को प्रोत्साहन मिला। स्वाधीनता प्राप्ति के बाद त्वरित आर्थिक विकास के लिए योजनाएँ बनायी गयी और यह आवश्यक था कि देश के समस्त सुलभ साधनों पर नियंत्रण स्थापित किया जाए, उपभोक्ताओं को सब सामग्री राशन के आधार पर सीमित मात्रा में दी जाए। इसके लिए परमिट, लाइसेंस और कोटा पद्धति शुरू की गयी। इसके अनुसार कुछ विशेष व्यक्तियों को ही निश्चित मात्रा में कारखानों में वस्तुएँ प्राप्त करने के परमिट और अधिकार–पत्र दिए जाने लगे। इसके परिणामस्वरूप देश में व्यापक रूप से चोर–बाजारी शुरू हो गयी।

3. प्रशासन का विस्तार : स्वतंत्रता के पश्चात् अकस्मात् ही ब्रिटिश एवं मुस्लिम अधिकारियों की एक बड़ी संख्या में कमी हो गयी जिसके फलस्वरूप एक बड़ी संख्या में विभिन्न श्रेणियों में अनुभव एवं योग्यता को ध्यान में रखे बिना भर्ती की गयी। सेवाओं की सुस्थापित परंपराओं में इन कर्मचारियों की कोई आस्था नहीं थी।

4. नैतिक मूल्यों का ह्रास : विकसित जनसमाज में शहरीकरण एवं औद्योगिकरण पर निरंतर बल दिया गया है, जिससे सामाजिक एवं वैयक्तिक मूल्यों का भौतिक मूल्यों के आगे ह्रास होता है। भौतिक आवश्यकताएँ बढ़ती है और जो वस्तुएँ पूर्ण विलास की वस्तुएँ मानी जाती थीं, वे अब जीवन की आवश्यकताएँ बनती चली जाती हैं। इनकी प्राप्ति के लिए धन की आवश्यकता होती है। ईमानदारी के तरीकों से धन कमाना काफी कठिन होता अतः अनैतिक उपायों का सहारा लिया जाता है। पहले अनैतिक कार्य करने में व्यक्ति झिझकता था। जबकि आज अनैतिक उपायों से लाभ अर्जित करने में उसे प्रसन्नता होती है।

5. वेतनों में विषमता : भारत में कर्मचारियों के वेतन में अंतर है। उच्च वेतनों के फलस्वरूप उच्च अधिकारी आरामदेय जीवन व्यतीत करते हैं। प्रत्येक अधीनस्थ अपने वरिष्ठ अधिकारी का अनुसरण करना चाहता है। यदि उसका वेतन कम होता है तो वह अनुचित साधनों से आमदनी करता है। वेतनों में विषमता का व्यापक अनैतिक एवं विनाशकारी प्रभाव होता है।

6. लालफीताशाही : भारत में सरकारी दफ्तरों में काम करने की प्रक्रिया बड़ी जटिल तथा विलंबकारी होती है। इनमें इतने अधिक नियमों, उपनियमों का जाल फैला हुआ होता है कि कोई भी कार्यशीघ्रता से नहीं हो सकता है। लालफीते बंधी फाइलों को एक अफसर की मेज से दूसरे अफसर की मेज तक पहुंचाने में बड़ा समय लगता है। यह स्थिति रिश्वत और घूस के लिए आधार तैयार करती है। लोग अपना कार्य जल्दी कराने के लिए सरकारी कर्मचारियों को विभिन्न प्रकार से रिश्वत देने में कोई संकोच नहीं करते हैं। ऐसी राशि को संथानम् समिति ने 'शीघ्र काम कराने वाला धन' (Speed Money) कहा है। इस प्रकार की रिश्वतखोरी ऐसे विभागों में अधिक पायी जाती है जहाँ सरकार के साथ नागरिकों का अधिक संपर्क होता है। ऐसे विभागों में सार्वजनिक निर्माण, व्यापार, उद्योग, यातायात और संचार के विभाग प्रमुख है। 'सार्वजनिक निर्माण विभाग' (P.W.D.) में ठेकेदारों से भुगतान की जाने वाली राशि का 7 से 11 प्रतिशत हिस्सा घूस में लिए जाने का बहुत पुराना दस्तूर है जिसमें अधीक्षक अभियंता से लेकर कनिष्ठ लिपिक तक के निश्चित बंधे–बंधाये रेट होते है।

"यह बात अब छिपी नहीं है कि सरकारी खरीद में भी चाहे सामान की हो, कल–कारखानों की हो, देश की सुरक्षा के बहाने खरीदे जा रहे अस्त्र–शस्त्रों की हो, या विमानों आदि की हो–उसमें एक रिवाज के तौर पर ऊँचे राजनैतिक नेताओं का तथा अफसरों का 'कमीशन' या दलाली बंधी हुई रहती है।"

7. औद्योगिक एवं व्यापारी वर्ग : भ्रष्ट करने की योग्यता एवं इच्छा आज के औद्योगिक एवं व्यापारी वर्ग में पर्याप्त मात्रा में पायी जाती है। सटोरिये, नए पैसे वाले, तस्करी का धंधा करने वालों के लिए भ्रष्टाचार विभिन्न तरीकों से धन अर्जित करने का सबसे सरल तरीका है। अपना काम निकलवाने के लिए सुरा व सुदंरियाँ भ्रष्टाचार के नवीन रूप हो गए है। व्यवसायिक घरानों द्वारा 'संपर्क अधिकारियों' एवं 'संबंध कायम रखने वाले' व्यक्तियों को

बड़ी संख्या में नियुक्त किया जाता है। ये लोग शासकीय कर्मचारियों को अपने निकृष्ट उद्देश्यों की पूर्ति में सहायता प्रदान करने के लिए धन या अन्य लाभ देते है।

8. निर्वाचन में पार्टी फंड : भारत में चुनाव काफ़ी मंहगे होते जा रहे है और चुनाव जीतने के लिए राजनीतिक दलों को काले धन की जरूरत पड़ती है चुनावों में धन की बढ़ती हुई भूमिका के कारण काला धन और भ्रष्ट राजनीतिज्ञ एक–दूसरे के साथ जुड़ गए है।

प्रशासन में भ्रष्टाचार के विभिन्न रूप

भ्रष्टाचार के कई रूप हो सकते है। यह आवश्यक नहीं कि भ्रष्टाचार धन के ही रूप में हो। राजनीति दलों के लिए धन एकत्रित करना, औद्योगिक प्रतिष्ठानों द्वारा निर्मित पर्वतीय नगरों या बड़े नगरों के अतिथि गृहों में ठहरना, विवाह या जन्मदिन पर उपहार लेना, स्थानांतरण या पदोन्नति के लिए रिश्वत लेना, सार्वजनिक धन का अपव्यय करना, आदि भ्रष्टाचार ही है।

केंद्रीय सतर्कता आयोग ने भ्रष्टाचार के निम्न 27 प्रकारों का उल्लेख किया है–

1. निम्नस्तरीय वस्तुओं या कार्य को स्वीकार करना;

2. सार्वजनिक धन और भंडार का दुरूपयोग करना;

3. जिन व्यक्तियों से अधिकारियों के कार्यालय स्तर के संबंध है उनके आर्थिक दायित्वों को वहन करना;

4. ऐसे ठेकेदारों या फर्मो से कर्ज लेना जिससे उनके कार्यालय स्तरीय संबंध होते है;

5. ठेकेदारों एवं फर्मों को रियायतें देना;

6. झूठे दौरे, भत्ते एवं गृह किराया, आदि का दावा करना;

7. अपनी आमदनी से अधिक वस्तुओं को रखना;

8. बिना पूर्व सूचना या पूर्व अनुमति के अचल संपत्ति अर्जित करना;

9. प्रमाद या अन्य कारण से शासन को हानि पहुँचाना;

10. शासकीय पद या सत्ता का दुरूपयोग;

11. भर्ती, नियुक्ति, स्थानांतरण एवं पदोन्नति के संबंध में गैर–कानूनी रूप से धन लेना;

12. शासकीय कर्मचारियों को व्यक्तिगत कार्यों में प्रयोग करना;

13. जन्म–तिथि एवं समुदाय संबंधी जाली प्रमाण–पत्र तैयार करना;

14. रेल एवं वायुयान में सीट सुरक्षित करने में अनियमितता;

15. मनीऑर्डर, बीमा एवं मूल्य देय पार्सलों, आदि को न देना;

16. नए डाक टिकटों को हटाकर पुराने टिकट लगाना;

17. आयात एवं निर्यात लाइसेंस देने में असहयोग एवं अनियमितता;

18. शासकीय कर्मचारी की जानकारी एवं सहयोग से विभिन्न फर्मों द्वारा आयातित एवं निर्धारित कोटे का दुरूपयोग करना;

19. टेलिफोन कनेक्शन देने में अनियमितता;

20. अनैतिक आचारण;

21. उपहार ग्रहण करना;

22. आर्थिक लाभ के लिए आय–कर, संपत्ति–कर, आदि का कम मूल्याँकन प्रस्तुत करना;

23. स्कूटर एवं कार खरीदने के लिए स्वीकृत अग्रिम धनराशियों का दुरूपयोग;

24. विस्थापितों के दावों के निपटान में अनुचित विलंब

25. आवासी भूमि के हिस्सों में क्रय एवं विक्रय के संबंध में धोखा देना;

26. विस्थापितों के दावों का गलत मूल्यांकन; तथा

27. शासकीय क्वार्टरों का अनधिकृत कब्जा एवं उन्हें अनधिकृत रूप से किराये पर उठाना।

भ्रष्टाचार निवारण के उपाय

कतिपय विचारकों का मत है कि भ्रष्टाचार समाज का अनिवार्य अंग बन चुका है, अतः इसका उन्मूलन संभव नहीं है। इसके विपरीत कुछ लोग इसके निवारण के लिए निम्नलिखित उपाय बताते है–

(*i*) भ्रष्टाचार के विरोध में जबर्दस्त लोकमत तैयार किया जाना चाहिए ताकि भ्रष्टाचारियों के दुष्कर्मों का भंडाफोड किया जा सके;

(*ii*) चुनाव सुधार किए जाने चाहिए ताकि चुनाव लड़ने में बहुत बड़ी धनराशि व्यय न करनी पड़े। जब तक चुनाव धन से लड़े जाएंगे, तब तक भ्रष्टाचार चलता रहेगा;

(*iii*) भ्रष्टाचार के मामलों पर कार्यपालिका के प्रभाव से सर्वथा मुक्त निष्पक्ष न्यायाधीशों द्वारा विचार करने और अपराधियों को कडा दंड देने की व्यवस्था होनी चाहिए।

ओम्बुड्समेन जैसी स्वायत्त संस्था का निर्माण किया जाना चाहिए;

(*iv*) मंत्रियों एवं सरकारी प्रशासकों के लिए निश्चित आचार–संहिता का निर्माण और उसकी पूरी कड़ाई से पालन किया जाना चाहिए;

(*v*) सरकारी कर्मचारियों को उनके काम के अनुसार पूरा वेतन देने और उनकी नियुक्ति योग्यता के आधार पर करने की व्यवस्था होनी चाहिए;

(*vi*) सतर्कता आयोग (Vigilance Commission) का गठन किया जाना चाहिए।

केंद्रीय अन्वेषण ब्यूरो (सी॰बी॰आई॰)

केंद्रीय अन्वेषण ब्यूरो की स्थापना अप्रैल 1963 में हुई थी। इससे पहले इस संगठन को विशेष पुलिस प्रतिष्ठान (Special Police Establishment) के रूप में जाना जाता था, जिसे दिल्ली विशेष पुलिस स्थापना अधिनियम, 1946 के अंर्तगत बनाया गया था और जो इसी अधिनियम के अनुसार परिचालित होता था। 1963 में केंद्रीय अन्वेषण ब्यूरो की स्थापना के बाद इस संगठन के कार्याकलापों को विस्तृत कर दिया गया।

केंद्रीय अन्वेषण ब्यूरो सरकार की सबसे प्रमुख अन्वेषण एजेंसी है। प्रारंभ में इसका मुख्य उद्देश्य भ्रष्टाचार विरोधी मामलों की छानबीन करना था। कालांतर में यह जटिल एवं महत्वपूर्ण मामलों की जाँच के लिए भारत सरकार की प्रमुख अन्वेषण एजेंसी के रूप में विकसित हुई है। यह विभिन्न विनिर्दिष्ट अधिनियमों के संबंध में आरोपित व्यक्तियों के अभियोजन के लिए भी उत्तरदायी है। अपने विशेष पुलिस स्थापना विभाग के जरिए यह संगठन केंद्रीय सरकार या उन निगमों या प्रतिष्ठानों के, जिन्हें केंद्रीय सरकार ने बनाया है या जिनके निर्माण और परिचालन में केंद्र वित्तीय सहायता देता हो, के हितों को हानि पहुंचती हो, जिनमें केंद्रीय कानून जिन्हें केंद्रीय सरकार लागू करना चाहती है, भंग होते हों, धोखाधड़ी, फरेब और पैसे के दुरूपयोग के बड़े मामले और संगठित गिरोहों तथा पेशेवर अपराधियों जिनके अंतर्राज्यीय और अंतर्राष्ट्रीय स्तर पर अड्डे है, के मामले। केंद्रीय अन्वेषण ब्यूरो को राज्य की सुरक्षा संबंधी मामलों के साथ–साथ राष्ट्रीय महत्व के मामलों की जाँच का कार्य भी सौंपा गया है।

केंद्रीय अन्वेषण ब्यूरो के कार्यालय देश भर में है। इसके तीन प्रमुख विभाग है–

(क) भ्रष्टाचार विरोधी प्रभाग

(ख) विशेष अपराध प्रभाग

(ग) आर्थिक अपराध प्रभाग

ब्यूरो के शीर्षस्थ अधिकारी एक निदेशक होते है जिनकी सहायता के लिए एक विधि सलाहकार तथा अन्य सहायक कर्मचारियों के अलावा तीन अपर/विशेष निदेशक तथा 15 संयुक्त निदेशक एवं अन्य अधिकारी होते है।

केंद्रीय अन्वेषण ब्यूरो को मामलों की जाँच संबंधी शक्तियाँ दिल्ली विशेष पुलिस स्थापना अधिनियम, 1946 के माध्यम से प्राप्त होती है। यह इस अधिनियम की धारा 3 के अधीन अधिसूचित अपराधों की जाँच कर सकता है और संबंधित राज्य सरकारों की सहमति प्राप्त करने के बाद अधिनियम की धारा 5 के अधीन अधिसूचना के जरिए ब्यूरो के क्षेत्राधिकार का विस्तार राज्यों तक किया जाता है।

प्रशासनिक सुधार

आज का राज्य प्रशासनिक राज्य है। आज प्रशारान गानव जीवन के हरेक पहलू से संबंध रखता है। नागरिक प्रशासन को एक ऐसे नैतिक एजेंट के रूप में देखता है जो उसकी आवश्यकताओं की पूर्ति करने के लिए है एवं उसकी आकांक्षाओं और लक्ष्यों तक पहुँचने में उसकी सहायता करता है किंतु लोगों की आवश्यकताएँ तो निरंतर बदलती रहती है और प्रशासन अचल बना हुआ नहीं रह सकता है इसे आवश्यक रूप से परिवेश के अनुसार बदलना ही है। प्रशासन में या तो स्वतः परिवर्तन हो सकता है या फिर कृत्रिम रूप से परिवर्तन लाया जा सकता है कृत्रिम रूप से लाए गए परिवर्तनों को प्रायः प्रशासनिक सुधार कहते है।

परिभाषाएँ एवं गुण :

हैराल्ड ई॰ कैडेन : "प्रशासनिक सुधार प्रतिरोध के विरूद्ध प्रशासनिक परिवर्तन का कृत्रिम अभिप्रेरण है।"

आर्नी एफ॰ लीमन्स : "प्रशासनिक सुधार यथार्थता और वांछनीयता के बीच के अंतर को पाटने के प्रयास में सरकारी तंत्र में किया गया अभिप्रेरित परिवर्तन है।"

उपर्युक्त परिभाषाओं के आधार पर हम प्रशासनिक सुधार के निम्नलिखित अंतर–संबंद्ध गुणों की पहचान कर सकते है–

1. नैतिक प्रयोजन : प्रशासनिक सुधार का इस अर्थ में एक नैतिक प्रयोजन है कि इसका लक्ष्य अधिक पूर्णता और परिशुद्धता प्राप्त करने के लिए प्रशासनिक संस्थाओं की हैसियत में वृद्धि करता है।

2. सातव्य : हम प्रशासन में दो मूल प्रकार के परिवर्तनों की पहचान कर सकते है।–नियम परिवर्तन एवं प्रासंगिक परिवर्तन। नियत परिवर्तन का अभिप्राय संवृद्धि परिवर्तन है संगठन में प्रासंगिक परिवर्तन सतत होते हैं। उनके क्षेत्र बहुत व्यापक एवं विविध होते है और उनके लिए शासन में काफी उलट–फेर की जाती है। प्रशासनिक सुधार का यही प्रासंगिक चरित्र होता है क्योंकि यह एक सतत क्रिया है।

3. प्रशासनिक सुधार कृत्रिम होता है : प्रशासनिक सुधार स्वतः परिवर्तित नहीं होता है। यह एक ऐसा परिवर्तन है जो प्रशासन की प्रभावनीयता बढ़ाने के लिए किसी बाह्य स्रोत से जान–बूझकर अभिप्रेरित कराया गया हो। जैसा कि **कैडेन** कहते है, यह परिवर्ती दशाओं के प्रति स्व–समंजनकारी संगठनात्मक अनुक्रिया नहीं है, बल्कि कृत्रिम रूप से अभिप्रेरित परिवर्तन है जो स्वाभाविक प्रशासनिक प्रक्रिया के दोषपूर्ण कार्य–संचालन को ठीक करने के लिए आवश्यक है।

4. परिवर्तन का प्रतिरोध : परिवर्तन का प्रतिरोध एक सार्वत्रिक तथ्य है भले ही मानव शरीर हो अथवा लोक प्रशासन व्यवस्था। जब कभी कोई भी सुधार किया जाता है तब इसके विरूद्ध प्रतिरोध होता ही है प्रशासनिक सुधार तो लगभग हमेशा ही प्रतिरोध का सामना करता है।

सुधारों के प्रकार

अपने विस्तार और गहराई के विचार से प्रशासनिक सुधार भिन्न–भिन्न प्रकार के हो सकते है। सुधारों को वर्गीकृत करने का एक तरीका उसकी विषय वस्तु पर ध्यान देना है। सामान्यतः निम्नलिखित प्रकार के प्रशासनिक सुधारों की पहचान की जा सकती है–

1. संरचनात्मक सुधार
2. प्रक्रियात्मक सुधार
3. व्यवहारपरक सुधार

1. संरचनात्मक सुधार : प्रत्येक प्रशासनिक संगठन का सर्वाधिक महत्वपूर्ण अवयव संरचना है, अर्थात् एक ऐसी युक्ति जो संगठन में कार्य–विभाजन, प्रत्यायोजन एवं विकेंद्रीकरण की व्यवस्था करती है। संरचनात्मक सुधारों का आशय ऐसे सुधार प्रस्तावों से है जो संरचना की प्रभावनीयता और कुशलता बढ़ाने के उद्देश्य से इसमें परिवर्तन लाना चाहते हों।

2. प्रक्रियात्मक सुधार : किसी भी संगठन में समय बीतने के साथ प्रक्रियाएँ संस्थानीकृत हो जाती है जैसे वित्तीय नियम, कार्मिक नीतियाँ, नत्थीकरण पद्धतियाँ आदि। संगठन पुरानी प्रक्रियाओं से चिपके रहना चाहते है। प्रक्रियात्मक सुधार लालफीताशाही को दूर करने के प्रयास में प्रक्रियाओं में परिवर्तन लाना चाहते है। उदाहरण–भारत में स्टाफ निरीक्षण इकाई सुधार लाने पर ध्यान केंद्रित करती है।

3. व्यवहारपरक सुधार : सभी बड़े संगठन एक अधिकारी तांत्रिक संरचना विकसित करना चाहते है। किसी भी अधिकारी तंत्र में इसका अवैयक्तिक चरित्र और व्यक्तियों को पर्याप्त महत्व का अभाव रहता है व्यक्तियों के अमानवीकरण के कारण अधिकारीतंत्र के सदस्यों में अभिप्रेरणा का अभाव उत्पन्न होता है जो लोगों को उनके द्वारा दी जा रही सेवाओं की गुणवत्ता पर प्रत्यक्ष प्रभाव डालता है व्यवहारपरक सुधार व्यक्ति की महत्ता और गरिमा को पुनः स्थापित करना चाहते है ताकि एकता का वातावरण बने एवं समूहगत सद्भाव पनपे। इस प्रकार ये सुधार कर्मचारियों के अभिप्रेरण स्तरों पर प्रत्यक्ष प्रभाव डालते है।

ऊपर वर्णित भिन्न–भिन्न प्रकार के सुधारों पर अलग–अलग या संयुक्त रूप से विचार किया जा सकता है। यह कहना आवश्यक नही है कि यदि किसी को सुधारों से पूरा–पूरा लाभ उठाना हो तो सभी सुधारों पर एक साथ ही विचार किया जाना चाहिए।

प्रशासनिक सुधार की प्रक्रिया

प्रशासनिक सुधार कोई छोटी–छोटी गतिविधि नहीं है यह एक सतत प्रक्रिया है जो समाज में भिन्न–भिन्न प्रकार के परिवर्तनों के निरपेक्ष प्रदर्शन का न्यूनतम स्तर बनाऐ रखना और सुनिश्चित करना चाहती है। प्रशासनिक सुधार एक ऐसी प्रक्रिया है जिसे विभिन्न चरणों में विभक्त किया जा

सकता है। **गेराल्ड कैडेन** ने प्रशासनिक सुधारों हेतु निम्न प्रक्रिया मॉडल बताया है उनके अनुसार प्रशासनिक सुधारों के निम्न चार चरण होते हैं।

A प्रशासनिक परिवर्तनों की आवश्यकता का बोध
B लक्ष्यों और उद्देश्यों, योजनाओं और युक्तियों का निर्माण
C सुधारों का क्रियान्वयन
D सुधारक के उद्देश्यों के आधार पर सुधारों का मूल्यांकन

A प्रशासनिक परिवर्तन की आवश्यकता का बोध- प्रशासनिक सुधार प्रक्रिया का पहला चरण प्रशासनिक परिवर्तन की आवश्कता की उचित पहचान करना एवं उसे महत्व देना। इस आवश्यकता का बोध प्रायः तब होता है जब सेवार्थियों की माँगें बढ़ती हैं एवं उन्हें, पूरी करने में प्रशासन असमर्थ हो जाता है

कैडेन के अनुसार प्रशासनिक सुधार आवश्यक हो जाते हैं, जब प्रशासन–

(*i*) सेवार्थियों की माँगों को पूरी करने में असमर्थ हो जाए
(*ii*) अपने समक्ष आने वाली भावी माँगों का अनुमान करने में असमर्थ हो जाए
(*iii*) चालू और भावी गतिविधियों को जारी रखने के प्रभावी तरीकों से रहित हो

परिवर्तन की आवश्यकता का अनुमान करने में अनेक बाधाएँ आती हैं जिनका संक्षिप्त विवरण इस प्रकार है–

1. कुप्रशासन के प्रति सहिष्णुता : बहुधा अधिकांश समाज कुशासन को काफी अंश तक बर्दाश्त करते है। शीर्ष प्रबंध प्रायः यथास्थिति बनाए रखने के पक्ष में होता है। अतः सुधार संबंधी अधिकांश विचारों को नापसंद किया जाता है और उन्हें आरंभ में ही कुचल दिया जाता है

2. संसाधनों का अभाव : संसाधनों के अभाव के कारण संगठन सुधारों हेतु अतिरिक्त धन व्यय करने के लिए तैयार नहीं भी हो सकते हैं।

3. परिवर्तन का प्रतिरोध : सुधार को वस्तुतः वर्तमान स्थिति से विचलन के रूप में देखा जाता है औपचारिक संगठन व्यक्तियों को अनुगामी बनाना चाहते है सुधार प्रस्ताव और गैर–पारंपरिक चाहते है। सुधारवादियों को काफी आलेचना, सामाजिक बहिष्कार और संगठनात्मक अभित्रास का सामना करना होता है **कैडेन** ने ठीक ही कहा है कि सुधार अल्प–संख्यकों का कार्य होता है।

उपर्युक्त कारणों से सुधार प्रस्ताव प्रायः अनिश्चितता, विघटन एवं अव्यवस्था की स्थितियों में ही स्वीकार किए जाते है। उदाहरण के लिए, आर्थिक संकट, तीव्र शहरीकरण, दरिद्रता, बढ़ती अपराध–दर आदि ही असमान्य स्थितियों से निपटने के लिए प्रशासन में परिवर्तन ला सकते हैं।

B लक्ष्यों और उद्देश्यों का निर्माण : प्रशासनिक परिवर्तन की आवश्यकता का बोध हो जाने पर समस्या का विश्लेषण आरंभ होता है इसके कारणों की गहराई में जाना पड़ता है और निदानात्मक कार्य हेतु ठोस सुझाव दिए जाते हैं। सुधारों के लक्ष्य और उद्देश्य स्पष्ट रूप से बताए जाते है और सुधारों को क्रियान्वित करने की योजना और युक्ति बनाई जाती है।

इस चरण की सफल समाप्ति हेतु कैडेन ने निम्नलिखित सुझाव दिए–

(*i*) व्यवहार्य प्रस्तावों का निर्माण
(*ii*) प्रस्तावों की व्यवहार्यता के बारे में लोगों को बताना
(*iii*) विरोध का अनुमान करना और उसका मुकाबला करने के लिए आधार तैयार करना
(*iv*) मूल प्रस्तावों के विफल हो जाने की स्थिति में वैकल्पिक प्रस्ताव बनाए रखना

कैडने के अनुसार सुधारों की स्वीकृति की संभावना अधिक रहेगी यदि निम्नलिखित शर्तें पूरी हों–

(*i*) यदि सुधार स्थानीय परिस्थितियों के अनुसार हो, उनमें स्थानीय लोग भाग लें एवं वर्तमान संस्थाओं के जरिए उनका क्रियान्वयन हो।
(*ii*) यदि वर्तमान संस्थाओं की खुलकर भर्त्सना न की जाए यानी सुधार पूर्व स्थिति के दोषों के बजाए सुधार के गुणों का बखान करने पर ध्यान दिया जाए।

C क्रियान्वयन : कैडेन क्रियान्वयन के चार तरीकों का उल्लेख करते हैं।

(I) राजनीतिक क्रांति के जरिए आरोपित सुधार
(II) संगठन की अनन्यता को दूर करने के लिए लाए गए सुधार
(III) कानूनी व्यवस्था के जरिए सुधार
(IV) अभिवृत्ति में परिवर्तन के जरिए सुधार।

I. राजनीतिक क्रांति के जरिए आरोपित सुधार : राजनीतिक बल प्रशासन को स्वरूप प्रदान करते है एवं उस पर प्रभाव डालते है। जब प्रशासन में एक राजनीतिक दल के स्थान पर दूसरा राजनीतिक दल आता है तो लोक प्रशासन की संरचना और प्रक्रियाओं को प्रभावित करने वाले परिवर्तन होंगे ही। जब किसी क्रांति के कारण राजनीतिक परिवर्तन होते है तो उनके बाद व्यापक प्रशासनिक सुधार होने की संभावना रहती है।

II. संगठनात्मक अनम्यता को दूर करने के लिए लाए गए सुधार : सामान्य स्थिति में अधिकारी तंत्र को मामूली प्रशासनिक परिवर्तनों की आवश्यकता का बोध होता है कार्य के दौरान ही तरह–तरह की बाधाओं का पता चल जाता है संरचना और विनियमों का पता चल जाता है संरचना और विनियमों में अत्यधिक अनम्यता को हटाने का प्रयास किया जाता है ये परिवर्तन प्रायः अधिकारी तंत्र द्वारा लाए जाते है और वे प्रायः कार्मिक फेर–बदल, शोध–संवर्धन, संरचनाओं में बदलाव एवं चितंन प्रोत्साहन एवं अभिनव परिवर्तन और पहल तथा बेहतर जन संपर्क के रूप में होता है।

III. कानूनी व्यवस्था के जरिए सुधार : प्रायः कानूनी व्यवस्था में परिवर्तन के कारण प्रशासनिक सुधार आवश्यक हो जाता है। कोई भी नया कानून प्रशासन में महत्वपूर्ण परिवर्तन ला सकता है। कानून बनाते समय और विधायी बहसों एवं चर्चाओं के दौरान प्रस्ताविक सुधारों का भरपूर प्रचार होता है प्रायः कानून या विधायन में परिवर्तन के पूर्व समितियों, आयोगों प्रेस आदि में काफी विचार–विमर्श और सोच–विचार किए जाते है।

IV. अभिवृत्ति में परिवर्तन के जरिए सुधार : सभी प्रशासनिक संगठन कार्य करने की आदतें विकसित करते है। जो विभिन्न पदों पर कार्य कर रहे लोगों में सांस्थानीकृत हो जाती है। संरचना, कानून और विनियमों में औपचारिक परिवर्तन वांछित परिणाम नहीं भी दे सकते है जब तक कि संगठन के सदस्य इन परिवर्तनों को स्वीकार न कर लें एवं उनकी सराहना न करें। जब तक लोगों की अभिवृत्ति नहीं बदलती तब तक कोई भी सुधार सफल नहीं हो सकता है।

D. सुधारों का मूल्यांकन : सुधारों की केवल स्वीकृति एवं क्रियान्वयन से ही इस प्रक्रिया का अंत नहीं हो जाता है। क्रियान्वयन की प्रगति पर नजर रखी जानी चाहिए एवं समय–समय पर उसका मूल्यांकन होते रहना चाहिए। क्रियान्वयन प्रक्रियाओं के दौरान ही कई समस्याएँ एवं पेशे संबंधी बाधाएँ खड़ी हो सकती है। संगठन को इन संकेतों का आभास होना चाहिए एवं मूल प्रस्तावों में आवश्यक संशोधन करने चाहिए। इसका यह अर्थ हुआ कि क्रियान्वयन प्रक्रिया को कई चरणों में संचालित किया जाना चाहिए। प्रत्येक चरण में प्रत्याशित परिणाम का पहले ही निर्धारण हो जाना चाहिए। और क्रियान्वयन प्रक्रिया के आगे बढ़ने के साथ–साथ प्राप्त परिणाम की स्वीकृत परिणामों से तुलना की जानी चाहिए।

भारत में प्रशासनिक सुधार का मूल्यांकन : भारत में सुधारों की युक्तियों और विधियों में प्रभावनीयता लाने के लिए काफी प्रयास किए गए है। पहली जाँच (सन् 1947) केंद्रीय सचिवालय में कार्मिकों की कमी, उपलब्ध मानव शक्ति के बेहतर उपयोग एवं कार्य की विधियों के सुधार के बारे में **गिरिजा शंकर वाजपेयी** की अध्यक्षता में सचिवालय पुनर्गठन समिति द्वारा ली गई थी। इसके बाद सन् 1950 ई॰ में एन॰ गोपालस्वामी आयंगर ने केंद्र सरकार के तंत्र की व्यापक समीक्षा की। जुलाई 1951 में योजना आयोग ने ए॰डी॰ गोरवाला को यह आकलन करने के लिए कहा कि विद्यमान प्रशासनिक तंत्र एवं विधियाँ नियोजित विकास की आवश्यकताएँ पूरी करने में कितना और कहाँ तक समर्थ है, उसके बाद एप्पलबी की दो रिपोर्टें आयीं।

पहली रिपोर्ट (सन् 1953) ने भारतीय प्रशासनिक संगठन एवं व्यवहारों समेत लोकातंत्रिक कार्य संचालन के आधारभूत सिद्धांतों और संकल्पनाओं में परिवर्तन पर चर्चा की और दूसरी रिपोर्ट (सन् 1956) ने संगठन, कार्य की क्रियाविधियों, भर्ती और प्रशिक्षण को सरल और कारगर बनाने के उपाय बताए। इसी बीच संसद की प्राक्कलन समिति ने भारत सरकार के सचिवालय और विभागों के पुनर्गठन पर एक रिपोर्ट प्रकाशित की एवं प्रशासनिक वित्तीय और अन्य सुधारों पर दूसरी रिपोर्ट प्रकाशित की। द्वितीय वेतन आयोग ने भी कार्मिक प्रशासन के कुछ पहलुओं पर दूरगामी महत्व की कुछ सिफारिशें दी (सन् 1959) 'भारतीय एवं राज्य प्रशासनिक सेवाओं तथा जिला प्रशासन की समस्याओं' पर वी॰टी॰ कृष्णामचारी द्वारा तैयार की गई रिपोर्ट एक अन्य महत्वपूर्ण प्रलेख थी (सन् 1962)।

सन् 1953 की एप्पलबी रिपोर्ट ने संरचना प्रबंध एवं क्रियाविधियों के संदर्भ में व्यापक एवं गहन दोनों नेतृत्व प्रदान करने की जिम्मेदारी युक्त एक केंद्रीय कार्यालय की स्थापना की आवश्यकता पर काफी बल दिया था। इस रिपोर्ट का एक परिणाम यह निकला कि सन् 1954 ई॰ में कैबिनेट सचिवालय में संगठन एंड विभाग प्रभाग गठित की गई। इस प्रभाग ने मुख्यतः बेहतर कागजी प्रबंध के जरिए केंद्रीय सचिवालय के कार्य संचालन को बेहतर बनाने पर ध्यान केंद्रित किया। यद्यपि उसने इन क्षेत्रों में सराहनीय कार्य किया। किंतु इसका कार्य–क्षेत्र प्रशासनिक पदसोपान के निचले स्तरों तक ही सीमित रहा।

शीघ्र ही स्पष्ट हो गया कि सुधार प्रक्रिया का स्तर मात्र संगठन एंड विभाग प्रचालनों से ऊपर उठाकर किसी ऐसे बिंदु तक ले जाना होगा जो अधिक व्यापक अर्थ में सुधार लाए। वस्तुतः सन् 1963 ई॰ में तीसरी पंचवर्षीय योजना के मध्यावधि मूल्यांकन ने जाहिर किया था कि अनेक दिशाओं में अच्छी प्रगति होने के बावजूद प्रशासनिक त्रुटियों के कारण अपेक्षित परिणाम नहीं मिल पर रहे है। तदनुसार मार्च 1964 में गृह मंत्रालय में एक प्रशासनिक सुधार विभाग गठित किया गया और संगठन एंड विभाग प्रभाग को इसी के जिम्मे सौंप दिया गया। नए विभाग ने तीन वर्षों में अपने उद्देश्य प्राप्त करने का निश्चय किया।

(*i*) इसने केंद्र और राज्यों में लोक प्रशासन की व्यवस्था में व्यापक छानबीन का आधार तैयार किया।

(*ii*) इसने मंत्रालयों को ऐसे विषयों पर परामर्श देना आरंभ किया जो उनके लिए इतने बड़े और जटिल थे कि वे अपने आंतरिक तंत्र के जरिए उनका विश्लेषण नहीं कर सकते थे।

(*iii*) इसने संगठन एंड विभाग क्षेत्रों में अनेक नए कार्य प्रारंभ किए। सन् 1973 में यह विभाग कार्मिक एवं प्रशासनिक सुधार विभाग का एक उप–विभाग बन गया।

भारत में प्रशासनिक सुधारों की प्रकृति : किसी भी देश में प्रशासनिक सुधार आवश्यक है। प्रत्येक देश का अपना एक विशेष परिवेश होता है जो सुधारों की प्रकृति और चरित्र निर्धारित करता है, प्राचीन और पारंपरिक सामाजिक–सांस्कृतिक परिवेश एवं दो सदी पुराने औपनिवेशिक शासन को ध्यान में रखते हुए हम भारतीय प्रशासनिक सुधारों के कुछ आधारभूत मुद्दों की रूपरेखा प्रस्तुत कर सकते है।

भारत में प्रशासनिक सुधारों में निम्नलिखित बातों पर विशेष ध्यान दिया–

A. विरासत में मिले औपनिवेशिक प्रशासन को पुनर्गठित करना
B. अनुचित दबावों से प्रशासन को बचाना
C. प्रशासन की निष्पक्षता सुनिश्चित करना
D. नई कार्य संस्कृति का सृजन करना
E. कमजोर वर्ग के प्रति प्रशासन को संवेदी बनाना

लोक प्रशासन पर उदारीकरण व भूमंडलीकरण का प्रभाव

लोक–प्रशासन की प्रकृति एवं संरचना पर भूमंडलीकरण ने आश्चर्यजनक प्रभाव डाले हैं। इस विचार ने अपने तरीके से सामाजिक परिवर्तन में महत्वपूर्ण भूमिका का निर्वाह किया है। आज भूमंडलीकृत शक्तियों के कारण लोक–प्रशासन लोक–प्रशासन न रहकर निजी एजेंसियों द्वारा प्रभावित प्रशासन में बदल गया है जिसमें राज्य की भूमिका मात्र एक ठेकेदार जैसी हो गयी है। न सिर्फ राज्य की भूमिका बदली है बल्कि व्यक्तियों की भूमिका में भी काफी परिवर्तन आया है। पहले देखा जाता था कि प्रशासन की नीतियों को व्यक्ति बिना किसी सवाल–जवाब के स्वीकार कर लेते थे लेकिन अब वो एक उपभोक्ता के रूप में सामने आये है अब उन्हें सरकार द्वारा किये जा रहे प्रत्येक कार्यों के बारे में जानकारी चाहिए तथा साथ ही नौकरशाहों के कार्यों का निर्धारण करने का अधिकार भी। अतः भूमंडलीकरण के दौर में वो एक उपभोक्ता के रूप में सामने आये है, जिनके पास आज अनेको–अनेक विकल्प मौजूद होते है, जिसमें से अपनी सुविधानुसार सर्वोत्तम का चयन कर सकते है यहाँ पर **हरबर्ट साइमन** का निर्णय–निर्माण सिद्धांत सार्थक होता जा रहा है अतः अब भूमण्डीकरण के विषय में कुछ मौलिक जानकारी देने के बाद लोक–प्रशासन पर इसके प्रभावों का उल्लेख किया जाएगा।

बाजारोन्मुखी, प्रतिस्पर्धात्मक और उन्मुक्त अर्थ पद्धति के आधार पर संपूर्ण विश्व की अर्थव्यवस्था को एक ही

धारा में प्रवाहित करने का प्रयास दिनानुदिन तेज होता जा रहा है और इस प्रयास में अमरीका तथा उसके सहयोगी देशों और विश्व बैंक, अंतर्राष्ट्रीय मुद्रा कोष तथा विश्व व्यापार संगठन जैसी अंतर्राष्ट्रीय संस्थाओं को पर्याप्त सफलता मिल रही है। सभी देशों की अर्थव्यवस्था का संचालन सर्वानुमति से समान सिद्धांतों के आधार पर होना ही आर्थिक वैश्वीकरण है। सन् 1981 के बाद से सारे विश्व में आर्थिक सुधारों का जो दौर प्रारंभ हुआ वह **''एल.पी.जी.''** के रूप में जाना जाता है

1. 'एल' अर्थात् लिबरलाइजेशन (उदारीकरण)
2. 'पी' अर्थात् प्राइवेटाइजेशन (निजीकरण)
3. 'जी' अर्थात् ग्लोबलाइजेशन (वैश्वीकरण)

1. उदारीकरण के अंतर्गत व्यापार, उद्योग एवं निवेश पर लगे ऐसे प्रतिबंधों को समाप्त किया जा रहा है, जिनके फलस्वरूप व्यापार, उद्योग एवं निवेश के स्वतंत्र प्रवाह में बाधा उत्पन्न होती है। प्रतिबंधों को समाप्त करने के अतिरिक्त विभिन्न करों में रियायत, सीमा शुल्कों में कटौती तथा मात्रात्मक प्रतिबंधों को समाप्त करने जैसे उपाय भी किये जा रहे है साथ ही विदेशी निवेशकों को उनकी भौतिक एवं बौद्धिक संपदा तथा पटेन्ट के अधिकार की सुरक्षा की गारंटी दी जा रही है तथा पूंजी एवं लाभ की पुनर्वापसी पर लगे प्रतिबंधों को शिथिल किया जा रहा है।

2. निजीकरण का अभिप्राय यह है कि आर्थिक क्रियाओं में सरकारी हस्तक्षेप को उत्तरोत्तर कम किया जाय, प्रेरणा और प्रतिस्पर्धा पर आधारित निजी क्षेत्र को प्रोत्साहित किया जाए, सरकारी खजाने पर बोझ बन चुके अलाभकारी सरकारी प्रतिष्ठानों को विक्रय अथवा विनिवेश के माध्यम से निजी स्वामित्व एवं नियंत्रण को सौंप दिया जाय, प्रबंध की कुशलता को सुनिश्चित करने के लिए सरकारी प्रतिष्ठानों में निजी निवेशकों की सहभागिता बढ़ायी जाय और नये व्यावसायिक एवं औद्योगिक प्रतिष्ठानों की स्थापना करते समय निजी क्षेत्र को प्राथमिकता दी जाय। निजीकरण राष्ट्रीयकरण का प्रतिलोभ भी है।

3. वैश्वीकरण के अंतर्गत अर्थव्यवस्था को सक्रिय रूप से शेष विश्व से जोड़ा जाता है, इसके लिए आयातों पर से मात्रात्मक प्रतिबंध हटाए जाते है तथा सीमा शुल्कों की दरों को वैश्विक स्तर पर लाकर घरेलू अर्थव्यवस्था को अधिक प्रतिस्पर्धी बनाने पर बल दिया जाता है विदेशी तकनीकी सहयोग, विदेशी प्रपत्र निवेश एवं पोर्टफोलियो निवेश के अतंर्प्रवाह को काफी बड़ी सीमा तक मुक्त किया जाता है।

प्रभाव :

1. प्रशासन के प्रमुख सिद्धांतों (लोक तथा निजी) को पुनर्परिभाषित करने की आवश्यकता : आज के इस दौर में प्रशासन में लोक एवं निजी सिद्धांतों को पूर्नपरिभाषित करने की आवश्यकता हुई है, क्योंकि जब एक बार निजी क्षेत्र ने सार्वजनिक क्षेत्र की भूमिका निभानी आरंभ कर दी तो वह अब पूर्णतः निजी नहीं रह गई है इसके साथी ही सार्वजनिक क्षेत्र की भूमिका में कटौती होती जा रही है, और निजीक्षेत्र पर सरकारी नियंत्रण में भी कमी आती जा रही है। आज फिर दुबारा से 18 वीं शताब्दि वाले सीमित राज्य की संक्लपना तेजी से उभर कर आ रही है जिसकी कल्पना **एडम स्मिथ** और **रिकार्डो** आदि विचारकों ने की थी एवं राज्य की लोकोमुखी भूमिका में कमी आती जा रही है।

2. लोक प्रशासन के वास्तविक चरित्र में परिवर्तन : भूमंडलीकरण में लोक प्रशासन का चरित्र नागरिक उन्मुखी से पलट कर गैर–नागरिक प्रशासन में परिवर्तित होता जा रहा है पारम्परिक प्रशासन में विशेष विशिष्ट सामाजिक–आर्थिक एवं राजनीति संदर्भों के अनुरूप अपनी भूमिका निभाकर इन्हें वैधता (Legitimacy) प्रदान करती थी। आज के दौर में दमनात्मक नौकरशाही कार्यशील है, जो नये शासन की आवश्यकताओं की पूर्ति हेतु राजनीतिक व्यवस्था को बाध्य करती है।

3. नौकरशाही का घटता आकार : भूमंडलीकृत राज्य में लोक प्रशासन को कम से कम संसाधनों में अधिक कार्य करने के लिए बाध्य किया जा रहा है साथ ही नौकरशाही की संख्या में दिन प्रतिदिन कटौती की जा रही है तथा प्रशासन में ऊँचे परिणाम प्राप्त करने होते है वस्तुतः यह निजीक्षेत्र द्वारा सरकार की अकार्य कुशलता के दांवे को सिद्ध करने में सहायक बना हुआ है।

4. अभिजनवाद को बढ़ावा देना : भूमंडलीकरण अभिजनवाद को बढ़ावा देता है व्यापारिक एवं प्रबंधकीय अभिजनों जिसमें से अधिकांश परा–राष्ट्रीय कंपनियों के एजेंटों के रूप में काम करते है, उन्हीं को धनी बनाया जाता है अतः अब प्रशासन का कार्य सिर्फ अभिजन वर्ग

तक ही सीमित रह गया है क्योंकि निजीकरण के कारण सभी उद्योग–धंधों को बड़े–बड़े पूंजीपतियों के हाथों में दे दिया जाता है।

5. सहभागिता की अप्रांसगिकता : लोक प्रशासन में पहले स्थनीय स्तर पर लिए जाने वाले निर्णयों में लोगों की सहभागिता को बढ़ावा दिया जाता था, लेकिन भूमंडलीकरण ने इस समुदायवादी (नागरिक) सहभागिता को अप्रासंगिक बना दिया है अब स्थानीय स्तर की नीतियों का निर्धारण भी निजी कार्यालयों से ही निर्मित तथा संचालित किया जाएगा और लोककल्याण की भावना को अनदेखा किया जाएगा।

6. प्रशासनिक लोककल्याणकारी भावना का ह्रास : जहाँ पर पहले प्रशासन में लोककल्याण पर अधिक जो दिया जाता था जैसे–कृषि क्षेत्र में सबसीडरी देना, सार्वजनिक सेवाओं चिकित्सा, शिक्षण आदि की पूर्ति करवाना प्रशासन का कार्य समझा जाता था भूमंडलीकरण के दौर में यह धारणा परिवर्तित हो गई और अब प्रशासन ने चूँकि निजि रूप धारण कर लिया है अतः उसका स्वरूप बदलकर अब लोककल्याणकारी से बाजार–व्यवस्था का हो गया है अतः अब अगर व्यक्ति को अपनी मूलभूत आवश्यकताओं की भी पूर्ति करनी है तो व्यक्ति को उस वस्तु की उतनी ही कीमत है उस पर सरकार की तरफ से कोई रियायत नहीं दी जाएगी।

7. मिश्रित अर्थव्यवस्था की बजाय पूंजीवादी अर्थव्यवस्था की तरफ अग्रसर : पूंजीवादी अर्थव्यवस्था की मौलिक पहचान खुली प्रतियोगिता और राज्य का कम–से–कम हस्तक्षेप माना जाता है, हालांकि भूमंडलीकरण से पहले भारत तथा अनेक विकासशलील देशों में अपने चहुमुखी विकास के लिए मिश्रित अर्थव्यवस्था (समाजवादी–उदारवादी) को अपनाया था लेकिन जब से भूमंडलीकरण का प्रभाव हुआ है इन देशों की अर्थव्यवस्था का स्वरूप भी पश्चिमी चाल के अनुसार पूंजीवादी होता जा रहा है जिसमें प्रशासन का स्वरूप भी लोककल्याणकारी ना होकर लाभकारी के रूप में बदल रहा है।

8. निजीकरण को बढ़ावा : निजीकरण का अभिप्राय यह है कि आर्थिक क्रियाओं में सरकारी हस्तक्षेप को उत्तरोत्तर कम किया जाए, प्रेरणा और प्रतिस्पर्धा पर आधारित निजि क्षेत्र को प्रोत्साहित किया जाए, सरकारी खजाने पर बोझ बन चुके अलाभकारी सरकारी प्रतिष्ठानों को विक्रय अथवा निवेश के माध्यम से निजि स्वायित्व एवं नियंत्रण को सौंप दिया जाए, प्रबंध की कुशलता को सुनिश्चित करने के लिए सरकारी संगठनों में निजी निवेशकों की सहभागिता बढ़ायी जाए और नये व्यवसायिक एवं औद्योगिक प्रतिष्ठानों की स्थापना करते समय निजी क्षेत्र को प्राथमिकता दी जाए, निजीकरण राष्ट्रीयकरण का प्रतिलोम भी है आज निजीकरण प्रत्येक देश की अर्थनीति का एक अभिन्न अंग बन चुका है

9. विकास योजनाबद्ध नहीं रहा : उदारीकरण या भूमंडलीकरण से पहले विकासशील देशों का विकास करीब–करीब योजनाबद्ध तरीके से करने की आवश्यकता महसूस की जाती थी जैसे भारत में (पंचवर्षीय योजना) लेकिन भूमंडलीकरण में प्रशासन की भूमिका की कमी के साथ निजी कम्पनियों का हस्तक्षेप हुआ है और ये किसी देश के प्रशासन, देश की विकास योजनओं के अनुसार प्रयोजना करके अपनी लाभकारी नीतियों के लिए करती है जिनके लिए यह अपनी ही अलग से योजना बनाती है जो इस लाभ को बढ़ाए रखे ना कि यह योजना पूरे देश के विकास के लिए।

10. आदर्शात्मक से निर्देशात्मक स्वरूप : पहले प्रशासन का स्वरूप आदर्शात्मक था क्योंकि इस का उद्देश्य लोककल्याण था तथा सार्वजनिक क्षेत्रों की देख–रेख करना था लेकिन भूमंडलीकरण में इसका स्वरूप निर्देशात्मक हो गया है अतः अब इसका काम सिर्फ निर्देश देने का ही रह गया है क्योंकि निजीक्षेत्र की बढ़ोतरी के कारण सरकार उनको कुछ निर्देश ही दे सकती है न कि उनको सार्वजनिक हित के लिए प्रयोग करे।

11. विशेषज्ञों का बढ़ता महत्व : निजी क्षेत्र में वरिष्ठता बनाम विशेषज्ञ में से हमेशा विशेषज्ञ का ही चुनाव किया जाता है क्योंकि तकनीकि और विशेषज्ञों के अनुभव का प्रयोग करके प्रशासन के माध्यम से अधिक–से–अधिक लाभ कमाया जाता है अतः अब प्रशासन से उन लोगों का सफाया किया जा रहा है जो आज की तकनीकि के अनुसार अपने–आप को नहीं ढ़ाल सकते है

12. श्रम यूनियनों का घटता महत्व : परंपरागत प्रशासन में यह भी एक विशेषता थी कि इसमें श्रमिक यूनियनों का प्रभाव होता था लेकिन आज भूमंडलीकरण में

यूनियनों का प्रभाव घटता जा रहा है क्योंकि एक तरफ तो अब प्रशासन से कोई संबंध नहीं रहा है दूसरी तरफ ये कंपनियाँ मजदूरों को इतना श्रम अवश्य देते हैं की ये अपनी मूलभूत आवश्यकताओं की पूर्ति अवश्य कर सके अतः उपरोक्त दोनों ही कारणों के चलते श्रम यूनियनों का प्रभाव करीब–करीब समाप्त ही हो चला है

13. रियतों की समाप्ति : पारम्परिक प्रशासन की एक विशेषता यह भी थी कि यह मूलभूत आवश्यकताओं लिए जैसे–कृषि, रसोई गैस, पेट्रोल आदि के लिए सबसीडरी (रियायत) अवश्य दी जाती थी जिससे ये देश अपने विकास में सबको सहयोगी बना सके और साथ ही, मूलभूत आवश्यकताओं की पूर्ति भी हो जाए, लेकिन उदारीकरण की यह भी शर्त है कि इसके प्रभावित देश अपने यहाँ से इन रियायतों को समाप्त करेंगे जिससे विदेशी कंपनियाँ या निजि कंपनियाँ अपने लिए अधिक से अधिक लाभ कमा सके।

14. लाइसेंस प्रणाली की समाप्ति : उदारीकरण की पहली मांग है कि इसमें छोटे–छोटे कार्यों के लिए लाइसेंस प्रणाली को समाप्त किया जाए और बड़े उद्योगों में भी काफी ढ़ील दी जाए जिससे की वह अपना अधिक से अधिक उद्योग या व्यापार दूसरे देशों में लगा सके और उस देश के प्रशासन का रूप भी बदल दिया जाए।

लोक प्रशासन की भूमिका : लोक प्रशासन पर उदारीकरण ओर भूमंडलीकरण के प्रभाव के साथ ही यह भी देखा जाना चाहिए कि लोक–प्रशासन की भूमिका अब क्या हो गयी है उदारीकरण से पहले लोक–प्रशासन का कार्य लोककल्याण के लिए किया जाता था अतः राज्य का रूप कल्याणकारी था, लेकिन आज के इस भूमंडलीकरण के युग में अब लोक–प्रशासन की भूमिका एक ठेकेदार या दुकानदार के समान हो गयी है और इसकी Policy भी अब Give and Take की हो गयी है अतः अब आप प्रशासन से उतना ही प्राप्त कर सकते हैं जितना कि आप उसके लिए भुगतान कर रहे हैं उससे कम या अधिक नहीं।

भारत में निजीकरण उदारीकरण का प्रभाव : भारत में 1991 की नई आर्थिक नीति के साथ ही उदारीकरण और निजीकरण का शंखनाद हुआ, अब भारत में इस बात पर सर्वानुमति है कि सरकार को व्यवसायिक प्रतिष्ठानों से दूर रहना चाहिए इसके दो प्रमुख कारण है **एक** तो यह कि सरकार के पास संसाधनों की कमी है और **दूसरे** यह कि सार्वजनिक क्षेत्र के कई प्रतिष्ठान अकुशल है और घाटे पर चल रहे है सार्वजनिक क्षेत्र के संबंध में सरकारी नीति के निम्नलिखित प्रमुख तत्व है–

1. गैर सामरिक सार्वजनिक उपक्रमों में सरकारी भागीदारी को घटाकर 26 प्रतिशत या इससे भी कम कर दिया जाय।
2. जिन सार्वजनिक उपक्रमों में सुधार की संभावनाएँ हों उनका पुनर्गठन करके उन्हें जीवन्त बनाया जाय।
3. जिन सार्वजनिक उपक्रमों में सुधार को जीवन्त बनाने की संभावना नहीं हो, उन्हें बंद कर दिया जाय।
4. उपर्युक्त कार्यक्रमों को लागू करते समय कामगारों के हितों को पूर्ण सुरक्षा प्रदान की जाय।

भारत में विनिवेश ही निजीकरण का मुख्य आधार रहा है विनिवेश के माध्यम से सार्वजनकि उपक्रमों के अंश स्वदेशी या विदेशी निजी निवेशकों के हाथ बेचे जाते है।

भारत में निजीकरण का कार्यक्रम विनिवेश तक ही सीमित नहीं है औद्योगिक एवं व्यवसायिक लाईसेंस की नीति, विदेशी विनियम की नीति, आयात–निर्यात की नीति तथा कर–नीति को उदार बनाकर निजी क्षेत्र के निवेशकों को प्रोत्साहित किया जा रहा है अब निजी क्षेत्र के किसी प्रतिष्ठान के राष्ट्रीयकरण की बात नहीं हो रही है रेल और सुरक्षा क्षेत्र को छोड़कर अन्य सरकारी प्रतिष्ठानों के अंश निजी निवेशकों के हाथ बेचे जा रहे है या उन पर विचार किया जा रहा है कई क्षेत्र शत–प्रतिशत निवेशकों साथ विदेशी निवेशकों के लिए ख़ोल दिए गए है अन्य क्षेत्रों में विदेशी निवेशकों की भागीदारी में उत्तरोत्तर वृद्धि की जा रही है भारतीय निवेशकों के साथ मिलकर विदेशी निवेशक काफी संख्या में संयुक्त उपक्रम स्थापित कर रहे है सरकारी क्षेत्र में कोई नया औद्योगिक या व्यवसायिक उपक्रम स्थापित नहीं किया जा रहा है और जो उद्योग एवं व्यवसाय सार्वजनिक क्षेत्र के लिए आरक्षित थे, उनमें से कई अब अनारक्षित कर दिये गये है और निजी क्षेत्र के लिए खोज दिए गए है विगत कई वर्षों से ऐसा लगने लगा है कि केंद्र सरकार अपने राजकोशीय घाटे को पूरा करने के लिए निजीकरण की प्रक्रिया को तेजी प्रदान करने के प्रयास

कर रही थी। वर्ष 1997–98 तक अपने बजट भाषणों में वित्तमंत्री यह घोषणा करते आए थे कि लाभ अर्जित करने वाले किसी भी सार्वजनिक उद्योग को निजी क्षेत्र को नहीं बेचा जाएगा। लेकिन जिस पर सरकार ने लगातार लाभ अर्जित करने वाले अपने–अपने क्षेत्र के प्रतिष्ठित सार्वजनिक उपक्रमों–बाल्कों, सीएमसी, सार्वजनिक विदेश संचार निगम लि॰, आई बी पी का निजीकरण किया उससे अब सरकार की नियत पर संदेह होने लगा है इसी के चलते सरकार द्वारा लाभ अर्जित करने वाले अन्य सार्वजनिक उपक्रमों–नालको, हिन्दुस्तान पेट्रोलियम, भारत पेट्रोलियम तथा सामरिक महत्व के अन्य उपक्रमों–भारतीय जहाजरानी निगम, राज्य व्यापार निगम, एयर इंडिया तथा इंडियन एयर लाइंस के निजीकरण का देश में भारी विरोध हो रहा है सत्तासीन लोकतांत्रिक गठबंधन सरकार के घटक दल ही इन उपक्रमों को बेचने का भारी विरोध कर रहे थे। हाल ही के चुनाव14वीं लोकसभा के लिए में कांग्रेस अन्य दलों के साथ सरकार बना चुकी है, जिसमें वांमपंथी तथा अन्य दल भी उपरोक्त कम्पनियों के निजीकरण का विरोध कर रहे हैं।

अंतर्राष्ट्रीय संबंधों के सिद्धांत

अंतर्राष्ट्रीय राजनीति के अध्ययन के विभिन्न उपागम अथवा सिद्धांत प्रचलित है परंतु कुछ विद्वान उपागम अथवा सिद्धांत में अंतर स्थापित करते है। **क्विंसी राइट** के अनुसार अंतराष्ट्रीय राजनीति के सामान्य सिद्धांत का अर्थ एक व्यापक, ग्राह्य संबंध, 19. स्वसंशोधित ज्ञान संरचना से है जो राज्यों के पारस्परिक संबंधों तथा विश्व परिस्थितियों को समझने, भविष्यवाणी करने, विवेचन करने तथा विभाजित करने में योगदान दे सकें। दूसरी तरफ एक उपागम या दृष्टिकोण के अंर्तगत समस्याओं या प्रश्नों के चुनाव में प्रयुक्त कसौटियाँ और अनुसंधान के लिए ली गई आधार सामग्री आती है जिसका अर्थ है मानकों का एक समूह जिस के आधार पर सैद्धांतिक विचार–विर्मश के लिए प्रश्न और आधार सामग्री लेने या छोड़ने का निर्णय किया जाता है उपागम या दृष्टिकोण का अगला चरण सिद्धांत कहलाता है जब दृष्टिकोण का कार्य विचारधीन विषय के बारे में समस्याओं और आधार सामग्री के चुनाव से आगे जाता है तब दृष्टिकोण सिद्धांत का रूप ले लेता है

द्वितीय विश्व युद्ध के पश्चात् अंतर्राष्ट्रीय राजनीति में बड़े पैमाने पर सिद्धांत निर्माण के प्रयत्न किये जा रहे है। द्वितीय विश्व युद्ध के बाद अंतर्राष्ट्रीय राजनीतिक का अध्ययन एक स्वतंत्र विषय के रूप में होने लगा, जिसके परिणामस्वरूप इसके अध्ययन के क्षेत्र में नवीन सिद्धांतों एवं उपागमों का जन्म हुआ। जिनका मुख्य उद्देश्य अंतर्राष्ट्रीय राजनीति का वैज्ञानिक अध्ययन प्रस्तुत करना है **मार्टिन वाइट** के अनुसार, "अंतर्राष्ट्रीय राजनीति के सिद्धांत राज्यों के आपसी संबंधों के बारे में चिंतन की एक परंपरा मात्र है और राज्य संबंधी चिंतन को 'राजनीति सिद्धांत' का नाम दिया जाता है।

अंतर्राष्ट्रीय संबंधों के विभिन्न उपागम/ दृष्टिकोण एवं सिद्धांत

1. कूटनीतिक ऐतिहासिक दृष्टिकोण : अंतर्राष्ट्रीय संबंधों के अध्ययन में ऐतिहासिक दृष्टिकोण सबसे पुराना दृष्टिकोण है। यह राष्ट्रों के मध्य संबंधों का अध्ययन, राष्ट्रों के मध्य कूटनीतिक संबंधों के इतिहास के अध्ययन के रूप में शुरू हुआ। इस दृष्टिकोण के पीछे मुख्य विचार यह था कि अंतर्राष्ट्रीय संबंधों के स्वरूप को समझने के लिए इतिहास का अध्ययन बहुत आवश्यक है। इस दृष्टिकोण के बहुत से समर्थकों के लिए "इतिहास अपने आपको दोहराता है" एक स्वीकृत प्रमुख सिद्धांत रहा है। राजनीतिज्ञों की पहली नीतियों में क्या गुण तथा कमियाँ थी इनके बारे में पूरा विवरण हमें इतिहास से मिल सकता है तथा यह विवरण नीति–निर्माण में बहुत सहायक सिद्ध हो सकता है सन् 1800 से लेकर 1974 तक के समय में कूटनीतिक इतिहास का अध्ययन ही अतंर्राष्ट्रीय संबंधों का अध्ययन माना जाता रहा है इस दृष्टिकोण में ऐतिहासिक घटनाओं के तथ्यों का स्पष्ट, पूर्ण तथा शुद्ध वर्णन ही केंद्रीय तत्व माना जाता था। समय और स्थान ही मुख्य घटनाएँ थी तथा अंतर्राष्ट्रीय संबंधों के संबंध में सिद्धांत निर्माण पर बहुत कम ध्यान दिया जाता था।

इस दृष्टिकोण की आलोचना इस आधार पर की गई है कि यह स्वयं अपने आप में अधूरा है इतिहास हमारी सहायता तो कर सकता है लेकिन कुछ सीमा तक। 'इतिहास अपने को दोहराता है यह धारणा केवल ऊपरी स्तर के ही सच्ची है भूतकाल तथा वर्तमान में सीमित एवं ऊपरी

समानताएँ हो सकती हैं परंतु इनको इतिहास का दोहराना नहीं कहा जा सकता।

ऐतिहासिक दृष्टिकोण का मूल्यांकन : एक दृष्टिकोण के नाते ऐतिहासिक दृष्टिकोण के भूतकाल के अध्ययन को, वर्तमान को समझने के लिए, महत्वपूर्ण बनाने का विशेष गुण विद्यमान है आज की समस्याओं तथा विषयों के भूतकाल से संबंधों को कोई सुधार नहीं सकता फिर भी यह कहना कि जो कुछ भी आज हो रहा है उसे समझने के लिए केवल इतिहास का निरीक्षण करना होगा, बड़ा अपर्याप्त लगता है। **पैडलफोर्ड** तथा **लिंकन** ने ठीक कहा है "राजनीति शास्त्र के विद्यार्थी के लिए अतीत के इतिहास से प्राप्त जानकारी की अपेक्षा वर्तमान परिस्थितियों के संदर्भ में नीति–निर्धारण प्रक्रिया तथा राजनीति सौदेबाजी की कला का ज्ञान कहीं अधिक आवश्यक है।" फिर भी इस दृष्टिकोण की उपयोगिता से इंकार नहीं किया जा सकता। अंतर्राष्ट्रीय राजनीति के बहुत से विद्वानों, **टायनवी, ई॰एच॰ कार, क्विंसी राइट, जैम्स, शाटल** ने इस दृष्टिकोण का प्रयोग किया है।

2. संस्थावादी दृष्टिकोण : संस्थावादी दृष्टिकोण अंतर्राष्ट्रीय संबंधों में परम्परावादी दृष्टिकोण माना जाता है युद्ध के दौरान राष्ट्रों के मध्य संबंधों के अध्ययन के समय यह दृष्टिकोण बड़ा लोकप्रिय बन गया था। यह दृष्टिकोण राजनीतिक आदर्शवाद से बहुत प्रभावित था। राजनीतिक आदर्शवाद ने अंतर्राष्ट्रीय संबंधों को सुधारने पर बल दिया ताकि अंतर्राष्ट्रीय समुदाय में शांति, समृद्धि तथा विकास संभव हो सके इस उद्देश्य के लिए इसने तीन सूत्रीय कार्यक्रम का समर्थन किया।

1. अंतर्राष्ट्रीय संस्थाओं का निर्माण किया जाए ताकि अंतर्राष्ट्रीय संबंधों में मेल–मिलाप तथा तालमेल लाया जाए और इनका निर्देश किया जाय।

2. युद्ध को समाप्त करने तथा युद्ध की विनाश क्षमता कम करने के लिए अंतर्राष्ट्रीय कानून का विभाजन किया जाए।

3. निःशस्त्रीकरण तथा शस्त्र नियंत्रण द्वारा शस्त्रों को समाप्त तथा कम करके अंतर्राष्ट्रीय शांति तथा सुरक्षा को दृढ़ किया जाए।

1919 में राष्ट्र–संघ की स्थापना के बाद, शांति स्थापना के उतरदायित्व के साथ राजनीतिज्ञों के लिए अंतर्राष्ट्रीय संबंधों की दिशा को सुधारने का काम, आम बात हो गई। यह माना गया कि अंतर्राष्ट्रीय कानून एवं संगठनों का विकास करने तथा इन्हें सुधारने से राष्ट्रों के मध्य फैली हुई अराजकता की स्थिति को समाप्त किया जाना संभव हो सकेगा। परिणामस्वरूप अंतर्राष्ट्रीय संस्थाओं के कानूनी ढांचे, शक्तियों तथा कार्यों के अध्ययन को महत्व दिया गया। यह सब इसलिए किया गया ताकि इनकी कार्यप्रणाली को सुधारा जा सके तथा उन्हें अंतर्राष्ट्रीय संबंधों की दिशा को मार्ग देने तथा उन्हें संचालित करने वाली लाभदायक तथा प्रभावशाली संस्थाएँ बनाने के ठोस प्रयास किये जा सकें।

3. आदर्शवादी दृष्टिकोण : आदर्शवादी दृष्टिकोण का समूचा चिंतन समाज में विकासात्मक प्रगति होने के व्यापक विचार के आधार पर खड़ा है इस विचार का जन्म 18 वीं शताब्दी में हुआ था और आमतौर पर यह माना जाता है कि अमेरिकन और फ्रेंच क्रांतियों का मुख्य प्रेरणास्रोत आदर्शवाद ही था। सन् 1795 में **कौण्डरसेट** ने अपने ग्रंथ में ऐसी विश्व व्यवस्था की कल्पना की जिसमें न युद्ध के लिए कोई स्थान था, न विषमता के लिए और न अत्याचार के लिए। आदर्शवाद भविष्य के ऐसे अंतर्राष्ट्रीय समाज की तस्वीर पेश करता है जो शक्ति राजनीति, अनैतिकता, सता लोलुपता और हिंसा से सर्वथा मुक्त है। इसकी मान्यता है कि वर्तमान के अंतर्राष्ट्रीय संबंधों का निवारण शिक्षा और सुधार के प्रयोग से किया जा सकता है अंतर्राष्ट्रीय राजनीतिक में आदर्शवादी दृष्टिकोण का संबंध 'क्या होना चाहिए' से है आदर्शवादी चिंतक इन प्रश्नों पर विचार करते रहे हैं, कि विश्व में न्याय और शांति कैसे स्थापित की जा सकती है? युद्धों का उन्मूलन कैसे किया जा सकता है? अंतर्राष्ट्रीय सहयोग किस प्रकार विकसित हो सकता है। आदि

आदर्शवादी दृष्टिकोण संस्थावादी और विधिवादी अध्ययन की ओर प्रवृत है अंतर्राष्ट्रीय राजनीति की जटिल समस्याओं के समाधान के लिए यह तीन बातों पर बल देता है–1. राष्ट्रों को अपने अंतर्राष्ट्रीय व्यवहार में नैतिक सिद्धांतों पर चलना चाहिए और शक्ति राजनीति से दूर रहना चाहिए, 2. शक्ति राजनीतिक के प्रबल पोषक सर्वाधिकारवादी दलों को समाप्त करने का प्रयत्न करना चाहिए, 3. विश्व सरकार की स्थापना करके शक्ति राजनीति के अस्तित्व को ही

समाप्त कर देना चाहिए। आर्दशवादी राजनीति को साध्य न मानकर केवल एक साधन मानते है उनके अनुसार अंतर्राष्ट्रीय राजनीति का उद्देश्य मानवीय लक्ष्यों की प्राप्ति के लिए विदेश नीति का संचालन करना होना चाहिए। प्रथम विश्व युद्ध के उपरांत किए गए अंतर्राष्ट्रीय राजनीति के अध्ययनों तथा अनुसंधानों में झुकाव आर्दशवादी, संस्थावादी, विधिवादी अध्ययनों की ओर रहा। सर अल्फ्रेड जिर्मन का राष्ट्रसंघ पर तथा फिलिप नोएल बेकर का विश्व निःशस्त्रीकरण पर किया गया शोध इस युग के प्रमुख शोध कार्य माने जाते हैं। राष्ट्रसंघ, जेनवा प्रोटोकॉल, कैलॉग–ब्रिऑ पैक्ट आदि पर आदर्शवादी दृष्टिकोण का प्रभाव स्पष्ट रूप से दृष्टिगोचर होता है।

4. यथार्थवादी दृष्टिकोण : यथार्थवादी दृष्टिकोण मुख्तया **मैक्स वेबर, ई॰एच॰ कार, फ्रैड्रिक शूमेन, निकोलस स्पाइकमैन रेनहोल्ड नेबूर, आर्नोल्ड वुल्फर्स, केनिथ थामसन, जार्ज, एफ॰ केनन, हेन्स जे॰ मारगेन्थाउ** के नाम से जुड़ा हुआ है यह दृष्टिकोण राजनीति को शक्ति के लिए संघर्ष मानता है और शक्ति, सुरक्षा तथा राष्ट्रीय हित के तत्वों की सहायता से इसका वर्णन करता है यथार्थवाद विवेक को राजनीति का मार्गदर्शक मानता है जैसा कि **कोलंबस एवं वुल्फ** कहते हैं कि यथार्थवाद यह मानता है कि तर्कसंगत कार्य वह है जो अपने हित में किया जाता है जिसका उद्देश्य शक्ति प्राप्त करना है शाक्ति का अर्थ है दूसरों को नियंत्रित करने की योग्यता एवं इच्छा। **ड़ॉ॰ महेन्द्र कुमार** का कहना है कि, "यथार्थवादी दृष्टिकोण की मूल परिकल्पना यह है कि राष्ट्रों के मध्य परस्पर किसी न किसी रूप में, प्रतिद्वंद्विता तथा कलाह रहती ही है जो मात्र दुर्घटना नहीं, बल्कि स्वभाविक होती है राष्ट्रीय हितों की प्राप्ति के लिए कार्य करना ही राजनीति है।"

यथार्थवादी दृष्टिकोण शक्ति, शस्त्र और युद्ध को मानव स्वभाव की विशेषताएँ मानता है यथार्थवाद विचारों का वह समूह है जो सुरक्षा और शक्ति के घटकों के ध्वनितार्थों को अपनी चिंतन सामग्री मानता है इन विचारों का जन्म व्यक्ति के इस विश्वास से होता है कि **दूसरे लोग सदा उसे नष्ट करने की कोशिश करते हैं और इसलिए उसे अपनी रक्षा की खातिर हर समय दूसरों के नष्ट करने के लिए तैयार रहना चाहिए।** यथार्थवादी दृष्टिकोण के अनुसार राष्ट्रों के बीच विरोध एवं संघर्ष को वह एक शाश्वत नियम के रूप में स्वीकारते हैं यह दृष्टिकोण इस बात पर बल देता हैं कि विदेश नीति संबंधी निर्णय राष्ट्रीय हित के आधार पर लिए जाने चाहिए ताकि नैतिक सिद्धांतों के आधार पर यथार्थवादी शक्ति राजनीति को अंतर्राष्ट्रीय राजनीति का मूलभूत नियम मानते हैं। **मारगेन्थाऊ** के शब्दों में, "अंतर्राष्ट्रीय राजनीति प्रत्येक राजनीति की भांति शक्ति संघीय है अंतर्राष्ट्रीय राजनीति का अंतिम लक्ष्य चाहे कुछ भी हो, शक्ति संघर्ष तात्कलिक उद्देश्य रखती है।"

5. समन्वयवादी दृष्टिकोण : आदर्शवाद और यथार्थवाद के अतिवादी दृष्टिकोणों का परित्याग करते हुए दोनों के मध्यवर्ती मार्ग का अनुसरण करने वाला समन्वयवादी दृष्टिकोण है यह यथार्थवाद की निराशा और आदर्शवाद की आशा में समन्वय स्थापित करता है समन्वयवाद का आग्रह है कि अंतर्राष्ट्रीय राजनीति के अध्ययन के लिए समाजशास्त्रीय पद्धति अपनाई जाए। समन्वयवाद संबंद्धता तथा मानदंडवाद के महत्व को स्वीकार करता है। यह एक सामाजिक दृष्टिकोण अपनाकर किया जा सकता है। जिसमें सभी तत्वों का अध्ययन अलग–अलग दृष्टिकोणों की सहायता से, अंतर्राष्ट्रीय संबंधों के अध्ययन में शामिल किया जा सकता है। अंतर्राष्ट्रीय संबंधों को जटिल एवं उलझा हुआ क्षेत्र होने के नाते किसी एक दृष्टिकोण को सीमित नहीं किया जा सकता। अंतर्राष्ट्रीय संबंधों के सभी तत्वों, विषयों तथा समस्याओं का वास्तविक विश्लेषण ही केवल सहायक हो सकता है **स्टेनले हॉफमैन, पैडलफोर्ड** तथा **लिंकन** समन्वयवादी दृष्टिकोण के सर्मथक हैं **स्टेनले हॉफमैन** ने अंतर्राष्ट्रीय राजनीति के चार महत्वपूर्ण तत्वों पर विशेष बल दिया है–

1. किसी समय विशेष में विश्व का राजनीतिक ढाँचा, 2. उस ढाँचे की इकाइयों अर्थात् राज्यों को प्रभावित करने वाली आतंरिक एवं बाह्य परिस्थितियाँ, 3. राज्यों की ग्रह तथा विदेश नीतियों का परस्पर संबंध, एवं 4. इन सभी तत्वों के संयोग से प्रकट होने वाले राजनीतिक संबंधों का ताना–बाना।

हॉफमैन की निश्चित धारणा है कि प्रथम तीन तत्वों की पारस्परिक क्रिया–प्रक्रिया पर ही किसी समय विशेष में अंतर्राष्ट्रीय संबंधों का वास्तविक स्वरूप निर्भर रहता है अतः अपेक्षित है कि इन प्रमुख तत्वों और अन्य सहयोगी उप तत्वों तथा उनकी पारस्परिक क्रिया–प्रक्रिया का गहन

अध्ययन कर अंतर्राष्ट्रीय राजनीति के स्वरूप को समझा जाए और इस तथ्यात्मक विश्लेषण के माध्यम से किसी परिणाम पर पहुंचने का प्रयत्न किया जाय।

इस प्रकार समन्वयवादी दृष्टिकोण विश्व की राजनीतिक संरचना से विचार की शुरूआत कर इसकी इकाइयों तक आता है और तब इकाइयों के आंतरिक साधन, बाह्य परिस्थितियों, इनका घरेलू और विदेशिक नीति पर प्रभाव, अंतर्राष्ट्रीय राजनीति पर विचार करता हुआ लोटकर पुनः विश्व की राजनीतिक संरचना तक आ जाता है। इस प्रकार समन्वयवादी दृष्टिकोण राज्यों का अंतर्राष्ट्रीय राजनीतिक संरचना के संदर्भ में विचार करके एक पूर्णतः वैज्ञानिक अध्ययन प्रस्तुत करता है

6. व्यवहारवादी अथवा वैज्ञानिक दृष्टिकोण : व्यवहारवादी उपागम अंतर्राष्ट्रीय राजनीति अध्ययन को अधिकाधिक वैज्ञानिक स्वरूप प्रदान करने का प्रयास है इसका मूल लक्ष्य व्यवस्थित और अनुभववादी सिद्धांतों का निर्माण करना है ताकि अंतर्राष्ट्रीय राजनीति के मूलभूत स्वरूप को समझा जा सके। अंतर्राष्ट्रीय राजनीति में व्यवहारवादी 'प्रतिमान निर्माण' (मॉड्ल बिल्डिंग) और अन्य तकनीकों पर बल देते हैं और मानवीय मामलों में अकास्मिकता के तत्वों में कोई दिलचस्पी नहीं रखते वे इस बात पर जोर देते हैं कि पहले तो हमे किसी विशेष स्थिति के सारे प्रासंगिक तथ्य इकट्ठे करने चाहिए और अंत में अपने निष्कर्ष इस ढंग से पेश करने चाहिए कि मानों कि तथ्य स्वयं अपनी कहानी कह रहे हों। इसके लिए दो बातें आवश्यक है–प्रथम, अनुसंधान के लिए छांटी गई नई समस्या या क्षेत्र छोटा होने चाहिए; द्वितीय, अनुसंधान निष्कर्षों पर अपने व्यक्तिगत विचारों का प्रभाव नहीं पड़ना चाहिए।

किर्क पैट्रिक के अनुसार व्यवहारवाद चार तत्वों का मिश्रण है–1. विश्लेषणों की इकाई के रूप में संस्थाओं की अपेक्षा व्यक्ति तथा समूह के आचारण का अध्ययन। 2. सामाजिक विज्ञानों की एकता पर बल तथा अंतः अनुशासनात्मक अध्ययन पर बल। 3. तथ्यों के पर्यवेक्षण हेतु सांख्यिकीय तथा परिमाणात्मक तकनीकों पर बल। 4. अंतर्राष्ट्रीय राजनीति को एक व्यवस्थित अनुभाविक सिद्धांत के रूप में परिभाषित करना। व्यवहारवादी उपलब्ध समस्त वैज्ञानिक साधनों का प्रयोग करना चाहते हैं ताकि अंतर्राष्ट्रीय राजनीति को विज्ञान बना सकें। व्यवहारवादी उपागम के प्रभाव में अंतर्राष्ट्रीय राजनीति में कई सिद्धांतों एवं अवधारणाओं का विकास एवं निर्माण हुआ है जिसमें निर्णय सिद्धांत, संचार सिद्धांत, व्यवस्था सिद्धांत आदि प्रमुख है इस दृष्टिकोण के अंर्तगत निम्नलिखित उपागमों/सिद्धांतों का अध्ययन निम्नलिखित रूप में किया जा सकता है–

1. व्यवस्था सिद्धांत : अंतर्राष्ट्रीय राजनीति के अध्ययन के लिए व्यवस्था सिद्धांत का आरम्भ हमारे समय के एक महत्त्वपूर्ण विकास के रूप में वर्णन किया जा सकता है इसमें अंतर्राष्ट्रीय राजनीति का बड़े पैमाने पर राजनीतिक क्षेत्र के विश्व–विश्लेषण के एक सुविधाजनक उपकरण के रूप में अनेक राजनीतिक वैज्ञानिकों का ध्यान अपनी ओर खींचा है 1950 के दशक के उतरार्द्ध में इसका आरंभ होने के बाद राष्ट्रों के आपसी संबंधों की जाँच–पड़ताल करने के लिए यह अनेक राजनीतिक वैज्ञानिकों द्वारा प्रयोग किया जाता रहा है

सामान्य व्यवस्था सिद्धांत की संकल्पना सबसे पहले 1920 के दशक में **लुडविग बॉनबर्टनलफी** की रचनाओं में (जो कि एक जीवशास्त्री था) पाई गई। सामाजिक विज्ञानों में इसका प्रारंभ सबसे पहले मानव विज्ञान में **दुर्खाइम** की रचनाओं में और **रैडक्लिफ ब्राउन** तथा **ब्रोनसलॉ मालीनाओस्की** की रचनाओं में स्पष्ट रूप से हुआ। समाजशास्त्र के क्षेत्र में **राबर्ट मर्टन** और **टैलकॉट पारसन्स** तथा राष्ट्रीय राजनीति के क्षेत्र में डेविड इस्टन और ग्रेवियल आमंड और अंतर्राष्ट्रीय राजनीति में मार्टन कैप्लान ने इस सिद्धांत का प्रयोग किया।

अंतर्राष्ट्रीय राजनीति में व्यवस्था सिद्धांत की परिभाषा करते हुए **डी॰ कोपलिन** ने लिखा है कि, "अंतर्राष्ट्रीय राजनीतिक व्यवस्था को हम क्षेत्रीय आधार पर संगठित अर्द्धस्वायत कानूनी और तथ्यात्मक राजनीतिक इकाइयों के एक सेट के रूप में देख सकते हैं। इन राजनीतिक इकाइयों का अभिप्राय राष्ट्रों अथवा राज्यों से है जो इस विश्व को घेरे हुए है और बड़ी संख्या में विभिन्न विवाद क्षेत्रों में एक दूसरे के प्रति स्वतंत्र और सामूहिक रूप से कार्य करते हैं।"

मार्टन कैप्लान का अंतर्राष्ट्रीय राजनीतिक व्यवस्था सिद्धांत : मार्टन कैप्लान 'व्यवस्थावादी दृष्टिकोण के प्रमुख

व्याख्याता हैं वे कहते हैं कि अंतर्राष्ट्रीय राजनीति में व्यवस्था की धारणा, इसके सारे घटनाक्रम के अन्वेषण के उपकरण के रूप में सबसे अच्छे अध्ययन के अवसर प्रदान करती है अंतर्राष्ट्रीय व्यवस्था बहुत कुछ सम्मिलित करके बनती है, यह उन अन्तक्रियाओं से बनती है जो न तो पूरी तरह सहकारी होती है तथा न ही पूरी तरह विरोधात्मक। यह सभी कार्यकर्ताओं की अर्न्तक्रियाओं से मिलकर बनती है कैप्लान इस व्यवस्था के **पाँच तत्वों** को विशिष्ट मानते हैं–1. व्यवस्था के आवश्यक नियम 2. नियमों का रूपान्तरण 3. कार्यकर्ताओं का वर्गीकरण करने वाले तत्व 4. सामर्थ्य तत्व 5. सूचना तत्व। इस तरह से धारणात्मक ढाँचे के आधार पर मार्टन कैप्लान ने अंतर्राष्ट्रीय व्यवस्था के **छः मॉडल** दिये। अंतर्राष्ट्रीय व्यवस्था के यह वृहत मॉडल भी है तथा अन्वेषण करने वाले उपकरण भी है ये छः मॉडल निम्नलिखित हैं–

1. शक्ति संतुलन व्यवस्था : यह प्रतिमान 18 वीं तथा 19 वीं शताब्दी के यूरोप में प्रचालित शक्ति–संतुलन की ओर इशारा करता है इसमें राजनीतिक उपपद्धति का अभाव होता है इसमें दो प्रकार के कार्यकर्त्ता होते हैं। आवश्यक कार्यकर्त्ता और अन्य लघु कार्यकर्त्ता। कैप्लान के अनुसार शक्ति संतुलन व्यवस्था के छः नियम है– 1. प्रत्येक आवश्यक कार्यकर्त्ता को अपनी क्षमता बढ़ानी चाहिए, परंतु युद्ध करने के बजाय समझौते का सहारा लेना चाहिए, 2. यदि समझौते के कारण अपनी क्षमता बढ़ाना कठिन हो तो युद्ध का सहारा लेना चाहिए, 3. किसी आवश्यक कार्यकर्त्ता को समाप्त करने के बजाय युद्ध बंद कर देना ज्यादा अच्छा है 4. अन्तर्राष्ट्रीय व्यवस्था के भीतर किसी विशेषकर्ता या कर्ताओं के समूह के अधिपत्य का विरोध करना चाहिए, 5. यदि कोई कर्ता या कर्ताओं का समूह अधिराष्ट्रीय सिद्धांतों का पोषण करे तो उसे वैसा न करने को बाध्य करो, 6. पराजित या अवरूद्ध राष्ट्रीय कार्यकर्ताओं को व्यवस्था में फिर प्रवेश करने देना चाहिए।

मार्टन कैप्लान ने शक्ति संतुलन व्यवस्था के परिवर्तित रूप को द्विध्रुवीय व्यवस्था कहा है इसमें दो रूप है शिथिल द्विध्रुवीय व्यवस्था और दृढ़ द्विध्रुवीय व्यवस्था।

2. शिथिल द्विध्रुवीय व्यवस्था : शक्ति संतुलन व्यवस्था की असफलता द्विध्रुवीय व्यवस्था को जन्म देती है शिथिल द्विध्रुवीय व्यवस्था वह है जब दो शक्तिशाली राष्ट्र बाकी के राष्ट्रों को अपने–अपने ग्रुप में संगठित करने में सफल हो जाते हैं यद्यपि गुटों का संगठन शिथिल होता है तथा दोनों गुटों के सदस्यों के मध्य आंतरिक मतभेद विद्यमान रहते हैं। दूसरे शब्दों में शिथिल द्विध्रुवीय व्यवस्था दो बड़े गुट राष्ट्रों, असदस्यीय गुट राष्ट्रों (जैसे गुटनिरपेक्ष राष्ट्रों का समूह) तथा सार्वभौम कार्यकर्ता (जैसे UNO) से बनती है।

3. कठोर द्विध्रुवीय व्यवस्था : शिथिल द्विध्रुवीय व्यवस्था बड़ी आसानी से कठोर द्विध्रुवीय व्यवस्था के परिवर्तित हो जाती है इनमें दो महाशक्तियाँ अपने गुटों के साथ जुड़ी शक्तियों का नेतृत्व करती है हर गुट का एक महाशक्ति नेतृत्व करती है अंतर्राष्ट्रीय संगठन बहुत कमजोर होता है और तटस्थ गुट या राष्ट्र भी सक्रिय नहीं होते।

4. सार्वभौम व्यवस्था : इसमें सभी राष्ट्र एक सार्वभौम संघात्मक प्रणाली में संगठित हो जाते हैं। एक सार्वभौम कार्यकर्ता अंतर्राष्ट्रीय संगठन द्वारा सारा विश्व एक संघात्मक विश्व राज्य में बदल जाता है सार्वभौम कार्यकर्ता इतना शक्तिशाली होता है कि वह युद्ध रोक सकता है।

5. श्रेणीबद्ध व्यवस्था : ऐसा मॉडल तभी अस्तित्व में आ सकता है जब एक बड़ी महाशक्ति विजय अथवा संधि द्वारा सभी राष्ट्रों को अपने नियंत्रण में कर लेती है राज्य प्रादेशिक इकाइयों से बदलकर क्रियात्मक इकाइयों में बदल जाते है। महाशक्ति सार्वभौम हो जाती है तथा अपने में सभी दूसरे राज्यों को समा लेती है।

6. इकाई निषेधाधिकार व्यवस्था : इसका अर्थ कि हर राज्य के पास अपने विरोधी को नष्ट करने की क्षमता होती है सभी राज्य अत्यंत शक्तिशाली होते हैं। यह व्यवस्था स्थिर हो जाती है अगर प्रत्येक राज्य दूसरे राज्य की धमकियों का प्रतिकार करे तथा उनका विरोध करे।

2. निर्णय-निर्माण सिद्धांत : द्वितीय विश्व युद्ध के पश्चात **टिचर्ड स्नाइड़र, एच. डब्ल्यू. बर्क** और **बर्टन सापिन** ने विदेश नीति के अध्ययन में **निर्णयपरक** विश्लेषण अपनाने का प्रयत्न किया है संतुलन और व्यवस्था सिद्धांत के प्रतिकूल यह सिद्धांत अंतर्राष्ट्रीय स्थितियों के बजाय उन अंतर्राष्ट्रीय कर्ताओं के अधिमान्य व्यवहार के अध्ययन पर बल देता है जो अंतर्राष्ट्रीय घटना चक्र को निर्धारित एवं प्रभावित करते हैं निर्णयपरक सिद्धांत विदेश नीति निर्माण की लंबी प्रक्रिया में लिया जाने वाले निर्णयों के अध्ययन पर जोर देता है निर्णयपरक सिद्धांत अंतर्राष्ट्रीय राजनीति

को एक नया दृष्टिकोण से देखता है अंतर्राष्ट्रीय राजनीति में निर्णय विश्लेषण को लाने का श्रेय रिचर्ड स्नाइडर तथा उनके सहयोगी एच.डब्ल्यू. ब्रक तथा बर्टन सापिन को दिया जाता है इस दृष्टि से इनकी पुस्तक (Foreign Policy Decision Making -An Approach to the study of International Politics) विशेष महत्व की रचना है इस पुस्तक में इन्होंने अंतर्राष्ट्रीय क्षेत्र के कार्यकर्ताओं के व्यवहार का सैद्धांतिक अन्वेषण किया। स्वाइडर के विचार में निर्णय–निर्माण करने वाले पदाधिकारियों के व्यवहार का विश्लेषण आवश्यक है स्नाइड़र के निर्णय–निर्माण दृष्टिकोण में निम्न तत्वों का अध्ययन किया जाता है–

1. निर्णय कार्यकर्ता अथवा निर्णय निर्माता ही केंद्रीय कार्यकर्ता है क्योंकि कोई भी प्रभावशाली कार्य सार्वजनिक अधिकारियों द्वारा शुरू किया तथा उनके द्वारा ही उन पर कोई निर्णय लिया जाता है जो औपचारिक तथा वास्तव में निर्णयों के लिए उत्तरदायी होते हैं।

2. निर्णय-निर्माण करने वालों के व्यवहार का अध्ययन कार्य विश्लेषण के रूप में करना पड़ता है निर्णय–निर्माण करने वालों के ज्ञान, रूचियों तथा आशाओं का विश्लेषण करना होता है।

3. निर्णय कार्यकर्ताओं द्वारा किये जाने वाले निर्णय-निर्माण के स्वरूप का विश्लेषण करने के लिए, अन्वेषकों को निर्णय–निर्माण करने वालों की विश्व दृष्टि का पुर्ननिर्माण करना पड़ेगा। यह जानना आवश्यक है कि उन्होंने किस वातावरण या परिस्थितियों में निर्णयों का निर्माण किया है या उन्हें लागू किया है।

4. स्नाइडर के प्रतिमान में 'परिस्थिति' एक ऐसी विश्लेषणात्मक धारणा है जो घटनाओं, उद्देश्यों, स्थितियों तथा दूसरे कार्यकर्ताओं जो एक केंद्र के ईर्द–गिर्द संगठित होते हैं के मध्य संबंधों के प्रतिमान की ओर इंगित करती है।

5. स्नाइडर के प्रतिमान में निर्णय–निर्माण प्रक्रिया में तीन तत्वों का अध्ययन किया जाता है–(क) सुयोग्यता के क्षेत्र, (ख) संचार तथा सूचना, (ग) प्रेरणा।

इन पाँच मुख्य परिवर्तनशील तत्वों के अतिरिक्त स्नाइडर का प्रतिमान निर्णयों के परिणामों, निर्णय–निर्माण के निष्कर्ष तथा इन पर प्रतिबंध के भी विश्लेषण का समर्थन करता है।

3. सौदेबाजी का सिद्धांत : खेल सिद्धांत की कमियों को दूर करने के लिए **थॉमस शेलिंग** ने सौदेबाजी का सिद्धांत सुझाया है। **जोसेफ फ्रेंकला** के शब्दों में, "सौदेबाजी का सिद्धांत अंतर्राष्ट्रीय समझौतों की बातचीत तथा अध्ययन के लिए, खेल सिद्धांत का लागू होना ही है इसे खेल सिद्धांत के अनूरूप ही परिभाषित करें तो यह मिश्रित उद्देश्य–खेल रणनीतियों में धमकियों तथा निवारण तथा वायदों का विश्लेषण ही है।" सौदेबाजी दृष्टिकोण अंतर्राष्ट्रीय राजनीति का सौदेबाजी वार्ता की प्रक्रिया के रूप में अध्ययन करता है इस सिद्धांत में वार्ताओं का विशेष महत्व है और वार्ताओं के बारे में तीन अभिमत है (क) वार्ता में लगे पक्षों की मांगे स्पष्ट और स्थिर होनी चाहिए वार्ता के दौरान अपनी मांगों का स्वरूप बदलना तर्कसंगत नहीं है (ख) वार्ता के दौरान दोनों पक्षों को अपनी अधिमान्यता बदलने का अधिकार है (ग) कुछ प्रकार की वार्ताएं ऐसी होती हैं जिनमें कोई भी पक्ष समझौते पर नहीं पहुंचना चाहता परंतु कोई भी पक्ष वार्ता तोड़ने को बाध्य भी नहीं किया जाता अतः सभी प्रस्ताव इस ढंग से पेश किये जाते है कि आम जनता उन्हें पसंद करे। **ओशेन यंग** ने अपनी पुस्तक (Politics & Force : Barganing in International Crisis) में सरल सौदेबाजी और युक्ति मूलक सौदेबाजी में भेद करने का प्रयत्न किया है। सरल सौदेबाजी में सामान्य सूचनाओं के आधार पर कुछ ले देकर समझौते करने की इच्छा रहती है यूक्तिमूलक सौदेबाजी कूटनीतिक दाव पेंचों का सहारा लेते हुए सारपूर्ण तथ्य प्राप्त करने की इच्छा रहती है इनके पीछे शक्ति के तत्त्व रहते हैं सौदेबाजी का यह प्रकार शक्ति के साथ वार्ता के विचार के बहुत निकट है इस प्रकार सौदेबाजी हमेंशा एक प्रकार का बल प्रयोग है।

4. खेल सिद्धांत : खेल सिद्धांत मुख्यतः गणितज्ञों और अर्थ–शास्त्रियों ने विकसित किया है उन्होंने इस सिद्धांत को अंतर्राष्ट्रीय राजनीति में खेलों–शक्ति खेल जो अंतर्राष्ट्रीय राजनीति में राष्ट्र खेलते हैं–का विश्लेषण करने के लिए अपनाया खेल सिद्धांत **जॉन वॉन न्यूमैन** तथा **ऑस्कर मार्गेंस्टर्न** द्वारा अपनी कृतियों The Theory of Game and Economic Behaviours में पहली बार आर्थिक समस्याओं पर विचार करने के लिए प्रयोग किया गया। अतर्राष्ट्रीय राजनीति में मार्टन कैप्लान, आर्थर बनर्म तथा रिचर्ड क्वांट ने खेल सिद्धांत के प्रतिमानों को अपनाने का

प्रयत्न किया है इन विचाराकों ने अंतर्राष्ट्रीय राजनीति को समझने के लिए खेलों का माध्यम अपनाया है वस्तुतः खेल सिद्धांत विश्लेषण का एक तरीका है और इसमें कई विकल्पों में से श्रेष्ठ का चयन करना होता है।

खेल सिद्धांत युक्ति का खेल है न कि संयोग का खेल। एक खेल की भांति इस सिद्धांत में भी स्वयं के नियम, खिलाड़ी, क्रियाएं, रणनीति तथा क्षतिपूर्ति आदि होते हैं यह खेल प्रतिस्पर्धापूर्ण तथा सहकारितापूर्ण दोनों ही प्रकार का हो सकता है

खेल सिद्धांत के प्रमुख संप्रत्यय या कारक : पाँच मुख्य कारक है–(क) रणनीति तय करना (ख) विरोधी का होना आश्यक है (ग) क्षतिपूर्ति का होना अर्थात् खेल के अंत में क्या मूल्य प्राप्त होगा (घ) खेल के लिए कतिपय नियमों की व्यवस्था की जाती है (ङ) सूचना का होना। अर्थात् खेल में सभी विकल्पों की जानकारी खिलाड़ी के पास होनी चाहिए।

खेलों के प्रकार : अंतर्राष्ट्रीय राजनीति का खिलाड़ियों के बीच खेल के रूप में विश्लेषण करने के लिए भिन्न चार खेल प्रतिमानों का प्रयोग किया जाता है–

1. Zero Sum Games- इनमें कुछ खिलाड़ियों की हानियों का अर्थ दूसरे खिलाड़ियों का लाभ होता है।

2. Non Zero Sum Games- इसमें दो या दो से अधिक खिलाड़ी होते हैं खेल में भाग लेने वाले किसी भी तरीके से लाभों का बंटवारा करके हिस्सेदार बन सकते हैं इस तरह के खेल में बंटवारें के कुछ नियम लागू होते हैं।

3. Zero Sum-Person Game इसमें खिलाड़ियों की संख्या दो से अधिक होती है क्षति पूर्ति में सब भागीदार होते हैं तथा अंतर्क्रियाएँ बहुमुखी होती है।

4. Non Zero n-Person Games- इनमें तीन या अधिक खिलाड़ी होते है दो या तीन खिलाड़ियों के लिए एक दूसरे के विरूद्ध सहयोगी बनना संभव हो जाता है ऐसा वे अपने साधनों को इकट्ठा करके खेल के दौरान सामूहिक निर्णय लेकर कर सकते है।

खेल सिद्धांत से अंतर्राष्ट्रीय राजनीति का अध्ययन : खेल सिद्धांत अंतर्राष्ट्रीय राजनीति को एक क्रीड़ास्थली मानता है जहाँ राष्ट्र और राज्य अपनी व्यूह रचना कर रहे हैं इस सिद्धांत के विश्वास करने वाले विचारक खेल का एक मॉड़ल बनाते है और इस मॉड़ल को अंतर्राष्ट्रीय राजनीति के अध्ययन पर लागू करते हैं। इन मॉडल में शक्ति, निर्णय, विवाद, तथा सहयोग प्रमुखतम अवधारणाएँ हैं। इस मॉड़ल में राष्ट्रों को राष्ट्रीय हित की पूर्ति के लिए प्रतियोगिता कर रहे खेलाड़ियों के समान समझा जाता है खेल सिद्धांत वास्तव में तर्कसंगत व्यवहार का मॉडल पेश करता है यह इस प्रश्न का उतर देने का प्रयत्न करता है कि किस स्थिति में कौन सी कार्यवाही तर्कसंगत है अंतर्राष्ट्रीय क्षेत्र में तर्कसंगत व्यवहार का अर्थ है कि हर राष्ट्र विदेश नीति के क्षेत्र में निर्णय लें जिसमें विजय के अधिकतम अवसर हासिल हों।

5. संचार सिद्धांत : प्रसिद्ध अमेरिकी गणितज्ञ **नारबर्ट वीनर** को संचार सिद्धांत का प्रर्वतक माना जाता है वीनर के संदेश सिद्धांत, साइबरनेटिक्स तथा फीडेक सिस्टम के आधार पर संचार सिद्धांत का विकास किया। राजनीति तथा अंतर्राष्ट्रीय राजनीति में संचार सिद्धांत को लागू करने का श्रेय **कार्ल डायच** को है। अपनी पुस्तक 'Nerves of Government' में कार्ल डायच ने राजनीति पद्धति में संचार सिद्धांत का व्यापक प्रयोग किया है डायच के अनुसार किसी भी आम परिचालन, आत्मनियंत्रित एवं आत्मनियमित राजनीतिक पद्धति को सर्वप्रथम बाह्य संचार की सूचनाओं को प्राप्त करने की आवश्यकता होती है। संचार दृष्टिकोण इस बात को मानता है कि सभी सामाजिक और राजनीतिक प्रक्रियाओं में संरचनाओं द्वारा सम्प्रेषण प्रवाह की प्रक्रिया होती है तथा इनके अध्ययन द्वारा हम राजनीति तथा सामाजिक प्रक्रियाओं को समझ सकते हैं।

कार्ल ड़ॉयच के संचार सिद्धांत को निम्न तत्वों के आधार पर समझा जा सकता है–

1. कार्य करने वाली संरचनाएँ : सभी प्रकार की व्यवस्थाओं में कार्य करने वाली व्यवस्थाओं का एक समूह होता है ये हैं–अभिग्राहक, आंकड़ा, प्रक्रिया इकाइयाँ, स्मरण शक्ति मूल्य संरचनाएँ, निर्णय–निर्माण संरचनाएँ तथा प्रमाणिक जो निर्णयों को लागू करते हैं।

2. सूचना प्रवाह : सूचना ही किसी भी संचार जाल में घूमती है, सूचना अंतर्राष्ट्रीय राजनीति के विश्लेषण के लिए प्रयोग की जा सकती है सूचना दुबारा उत्पन्न की जा सकती है, भरी जा सकती है अपने आप नियंत्रित व्यवस्थाओं में सूचना का महत्व यह है कि उन्हें अपने वातावरण में सामंजस्य करने योग्य बनाती है भार, भार सामर्थ्य,

कर्त्तव्यपरायणत माध्यम, पुनरूत्पादन, विकृति, पृष्ठभूमि का शोर सूचना प्रवाह को प्रभावित करता है

3. निर्णय परिणाम : सूचना की प्रक्रियात्मकता का परिणाम निर्णय होते हैं तथा वातावरण में लागू होने वाले निर्णयों द्वारा उत्पन्न शुद्ध प्रवाह इनका परिणाम होता है।

4. पुनर्निवेश-इसका अर्थ पर्यावरण से अपना सामंजस्य बिठाने तथा सीखने की व्यवस्था की योग्यता है यह वातावरण में व्यवस्था के वास्तविक व्यवहार को प्रकट करता है पुनर्निवेश के दो भाग होते हैं—**पहला**-सकारात्मक पुनर्निवेशन जिनमें व्यवस्था के व्यवहार का विस्तार तथा सुदृढ़ीकरण शामिल हो **दूसरा**-नकारात्मक पुनर्निवेशन—जो प्राप्त किये जाने वाले उद्देश्यों के संदर्भ में गलती बताकर व्यवरथा के व्यवहार को नियंत्रित करता है। पुनर्निवेशन प्रक्रिया की कार्यक्षमता को नापने के लिए ड़ॉयच ने चार तत्व बताए हैं—भार, विलंब, लाभ, अग्रता।

6. निर्भरता सिद्धांत : यह सिद्धांत निम्न स्तर के विकसित देशों के आंतरिक परिवर्तन का विश्लेषण करता है तथा उनके निम्न स्तरीय विकास की उनकी विश्व आर्थिक व्यवस्था में स्थिति के संदर्भ में व्याख्या करता है निर्भरता सिद्धांतवादी तीसरी दुनिया के देशों के निम्नस्तीरय के संर्दभ में करते हैं जो कि इन देशों को विकसित देशों के साथ जोड़ती है ये निम्न स्तर के विकसित देशों की परिधियाँ तथा विकसित देशों को केंद्र कहते हैं। निर्भरता सिद्धांत एक बहुत ऐतिहासिक एवं संरचनात्मक परिप्रेक्ष्य प्रस्तुत करता है तथा यह विकास तथा निम्न स्तरीय विकास निरंतरता एवं मार्क्सवादी सिद्धांतों को अस्वीकार करता है।

निर्भरता सिद्धांत के प्रमुख समर्थन ए॰ जी॰ फ्रैंस, डॉस संतोस, फुर्तादों, स्टावनहेगन, यूजो फेलाटो, कैप्लान तथा फ्रांज कैनन है यह सभी इस बात पर सहमत हैं कि तीसरे विश्व के देशों का निम्न स्तरीय विकास इनके नव उपनिवेशीय आंतिरक अर्थात् इनकी विकसित देशों पर निर्भरता की स्थिति से प्रत्यक्ष रूप से संबंधित है। कैप्लान का कहना है कि घरेलू या राष्ट्रीय सीमा के भीतर किसी राजनीतिक पद्धति की अर्द्धविकासव्यवस्था तथा अंतर्राष्ट्रीय क्षेत्र में उनकी दूसरी विकसित राजनीति पद्धति पर परावलंबनता एक ही सिक्के दो पहलू है। इस मान्यता के आधार पर ऐतिहासिक उदाहरण देकर अंतर्राष्ट्रीय संबंध की नई व्याख्या प्रस्तुत करता है जहाँ विकसित देशों के पास आधिपत्य के कारण विकासिशील देशों की वेदेशिक नीतियाँ प्रभावित होती है वहीं इस आधिपत्य के विरूद्ध उनकी आंतरिक प्रक्रिया का भी महत्व नहीं है। इन प्रक्रिया के अतिरिक्त निम्न कारणों से विकसित देशों का आधिपत्य विकासशील देशों पर उनकी निर्भरता को बढ़ा रहा है। 1. विभिन्न विकसित देशों का आपसी वैमनस्य। 2. विकसित देशों द्वारा अपने पर अवलांबित देशों को नियंत्रित करने की समस्या। 3.इन देशों का आस—पास के विकसिंत देशों के विरोधी से प्रभावित होना। 4. विभिन्न राजनीतिक पद्धतियों में आपसी, राजनीतिक, धार्मिक तथा सास्कृतिक संबंध।

7. अंतर्राष्ट्रीय राजनीति का मार्क्सवादी सिद्धांत- मार्क्सवादी दृष्टिकोण अंतर्राष्ट्रीय राजनीति का विश्लेषण गरीब तथा अमीर देशों अथवा समाजवादी तथा गैर समाजवादी देशों या पूंजीवादी तथा समाजवादी देशों के आपसी संबंधों तथा अंतक्रियाओं के आधार पर करता है इस दृष्टिकोण के साथ मार्क्स, लेनिन, एंजिल्स तथा माओ का नाम जुड़ा हुआ है। मार्क्सवादी दृष्टिकोण अंतर्राष्ट्रीय क्षेत्र में शोषित और शोषण वर्ग में तथा अंतर्राष्ट्रीय क्षेत्र पूंजीवादी और गरीब देशों में संघर्ष होता है मार्क्सवादी दृष्टिकोण अंतर्राष्ट्रीय राजनीति का अध्ययन निम्न मान्यताओं/सिद्धांतों के आधार पर करता है—

1. सभी स्थानीय एवं अंतर्राष्ट्रीय स्तर के राजनीतिक संबंधों का निर्धारण भौतिक तत्व करते हैं। 2. अंतर्राष्ट्रीय स्तर पर साम्राज्यवादी तथा तीसरी दुनिया के देशों में वर्ग संघर्ष चल रहा है। 3. समाजवादी राज्यों के मध्य संबंध समाजवादी अंतर्राष्ट्रीय सिद्धांतों पर आधारित है। 4. समाजवादी तीसरी शक्ति के आस्तित्व को स्वीकार नहीं करते। 5. समाजवादी राज्य शक्तिशाली बनते हैं मजदूर इन देशों में शोषण को समाप्त करते है लेकिन आधुनिक समय में शोषण अब भी जारी है। 6. पूंजीवादी राज्य तीसरी दुनिया के देशों पर नव—उपनिदेशवाद द्वारा अब भी नियंत्रण स्थापित कर रहे है।

मार्क्सवादी दृष्टिकोण के चार प्रमुख तत्व : 1. सर्वहारा अंतर्राष्ट्रीय विश्व को पूंजीवादी शिकंजे से मुक्त कराने के लिए दुनिया भर के मजदूरों को एक होकर शोषण का अंत करना आवश्यक है 2. साम्राज्यवाद का विरोध—एक न्यायपूर्ण सामाजिक एवं राजनीतिक व्यवस्था की स्थापना के लिए

आवश्यक है कि साम्राज्यवाद की समाप्ति हो 3. आत्मनिर्णय का अधिकार विश्व के प्रत्येक देश को अपने राजनीतिक अस्तित्व के निर्माण का अधिकार होना चाहिए 4. शांति पूर्ण सह–अस्तित्व सभी देश को एक दूसरे की आलोचना करने के बजाय शांतिपूर्वक तरीके से रहना चाहिए।

शस्त्र और शस्त्र नियंत्रण

विश्व में होने वाले विनाशकारी युद्धों के पीछें राष्ट्रों में शस्त्रीकरण की होड़ एक प्रमुख कारण रही है। आज शस्त्रीकरण तथा युद्ध अपनी विध्वसंक शक्ति के कारण मानवता के लिए सबसे बड़ा खतरा बने हुए हैं। ये दोनों अंतर्राष्ट्रीय शांति तथा सुरक्षा के लिए सबसे बड़ा खतरा बने हुए हैं। आज मानवता की सबसे बड़ी तात्कालिक आवश्यकता शस्त्रीकरण तथा युद्ध को समाप्त करके अंतर्राष्ट्रीय शांति, सुरक्षा तथा विकास को सुदृढ़ करने की है। इस उद्देश्य के लिए निशस्त्रीकरण तथा शस्त्र नियंत्रण को सर्वश्रेष्ठ साधन समझा जाता है। क्योंकि एक ओर तो ये युद्ध के अवसरों को समाप्त या कम कर देते हैं तथा दूसरी ओर शांति की स्थापना कर सकते है तथा सभी अंतर्राष्ट्रीय संबंधों को अंतर्राष्ट्रीय समुदाय के सभी सदस्यों के बहुमुखी विकास के लिए आन्दोलन में बदल सकते हैं। शस्त्रों की प्रतिस्पर्धा के बावजूद शस्त्र नियंत्रण के लिए द्वितीय विश्व युद्ध के बाद अनेक प्रयास हुए हैं इस दृष्टि से विभिन्न संधियाँ तथा समझौते महत्वपूर्ण है जिनका विस्तृत वर्णन हम आगे करेंगे।

शस्त्र नियंत्रण का अर्थ : शस्त्र नियंत्रण से अभिप्राय शस्त्रों का परित्याग, कटौती तथा नियंत्रण है। निशस्त्रीकरण की अवधारणा शस्त्र दौड़ की खतरनाक स्थिति को समाप्त करने के लिए शस्त्रों को विध्वंस करने तथा उनके नियंत्रण की वकालत करती है निशस्त्रीकरण का शाब्दिक अर्थ है **शारीरिक हिंसा के प्रयोग के समस्त भौतिक तथा मानवीय साधनों का उन्मूलन**। यह एक कार्यक्रम है जिसका उद्देश्य हथियारों के अस्तित्व तथा उनकी प्रकृति से उत्पन्न कुछ विशिष्ट खतरों को कम करना है। मारगोन्थाऊ के शब्दों में, ''शस्त्र दौड़ को समाप्त करने के उद्देश्य से विशेष या सभी प्रकार के शस्त्रों का बहिष्कार या कटौती निःशस्त्रीकरण कहलाता है।' **वी॰वी॰ डाइक** के शब्दों में, ''सैन्य शक्ति से संबंधित किसी को भी नियंत्रित करने या प्रतिबंध लगाने के कार्य को निःशस्त्रीकरण की कार्यवाही समझा जाता है।''

निःशस्त्रीकरण तथा शस्त्र नियंत्रण को एक–दूसरे का पर्यायवाची समझा जाता है दोनों एक–दूसरे के पूरक हैं। शस्त्र नियंत्रण के बिना निःशस्त्रीकरण के किसी भी उद्देश्य की पूर्ति नहीं होती। शस्त्र नियंत्रण निःशस्त्रीकरण की शर्त है। दोनों के मूल उद्देश्य एक जैसे हैं–अंतर्राष्ट्रीय समाज में शांति के अवैध प्रयोग की समानताओं को रोकना, हमे प्रतिबंधित करना या उसमें कटौती करना।

शस्त्र नियंत्रण के दो भाग हैं–1. शस्त्रों में कटौती, तथा 2. शस्त्रों पर प्रतिबंध। शस्त्रों में कटौती का अर्थ है, इसमें शामिल राष्ट्र–राज्यों के लिए सर्व–स्वीकृत शस्त्रों को रखना। शस्त्रों में कटौती का फार्मूला या तो क्षेत्रीय या विश्व स्तर पर लागू हो सकता है शस्त्रों को सीमित करने के अंर्तगत अंतर्राष्ट्रीय कानून के परम्परागत नियम भी आ जाते हैं। जिनका उद्देश्य सैन्य आवश्यकता के सिद्धांत के अनुसार निर्धारित सीमा के अन्दर युद्ध विध्वंसकता तथा क्षेत्र सीमित करना होता है।

शस्त्र नियंत्रण के सिद्धांत : शस्त्रीकरण या निःशस्त्रीकरण दोनों ऐसे प्रभावशाली साधन हैं जिनके द्वारा अंतर्राष्ट्रीय शांति तथा सुरक्षा को पर्याप्त सीमा तक निश्चित बनाया जा सकता है। वास्तव में, अंतर्राष्ट्रीय संबंधों में आज शस्त्र नियंत्रण के पक्ष में कई सुपरिभाषित तथा लोकप्रिय तर्क विद्यमान है। इनमें से कुछ सिद्धांतों का वर्णन निम्नलिखित रूप से किया जा सकता है–

1. निःशस्त्रीकरण का शांति सिद्धांत : शांति समर्थक यह मानते हैं कि शस्त्र युद्ध की ओर ले जाता है तथा इसलिए शस्त्र नियंत्रण शांति की ओर ले जाएगा। शस्त्र, शस्त्रदौड़ की ओर ले जाते है तथा शस्त्र होड़ युद्ध की ओर ले जाती है। इसलिए शस्त्र, युद्ध का कारण बनते है तथा निःशस्त्रीकरण द्वारा इस कारण को समाप्त करके युद्ध को समाप्त किया जा सकता है। इसलिए शस्त्र नियंत्रण शांति का प्रत्यक्ष साधन है आलोचकों ने इस सिद्धांत के विरूद्ध तर्क दिया हैं कि राजनीति विरोध तथा शस्त्र मानसिक युद्ध का कारण बनते हैं न कि शस्त्र दौड़। दूसरे उनका कहना है कि शस्त्र नहीं बल्कि युद्ध की इच्छा युद्ध की ओर ले जाती है। एक तर्क यह भी दिया जाता है कि निःशस्त्रीकरण शांति का साधन नहीं हो सकता जब

तक परस्पर शत्रुता, विरोध तथा युद्ध करने की कामना अंतर्राष्ट्रीय समाज में विद्यमान है।

2. निःशस्त्रीकरण का आर्थिक सिद्धांत : शस्त्र नियंत्रण द्वारा राष्ट्रों को भयंकर शस्त्रों के उत्पादन पर व्यर्थ में खर्च की जा रही बड़ी भारी धनराशि मिल जाएगी, जिसका प्रयोग मानव कल्याण तथा विकास के लिए किया जा सकेगा। आईजनहावर के शब्दों में, "प्रत्येक बन्दूक जिसे बनाया जाता है, प्रत्येक युद्धपोत जिसका जलावतरण किया जाता है, प्रत्येक रॉकेट जिसे छोड़ा जाता है, अंतिम अर्थों में उन लोगों के प्रति जो भूखे रहते हैं और उन्हें खाना नहीं खिलाया जाता, जो ठिठुरते हैं, किंतु उन्हें वस्त्र नहीं दिया जाता–एक चोरी का सूचक होता है"। आलोचकों ने इस सिद्धांत की आलोचना के लिए निम्न तर्क दिये है–1. निःशस्त्रीकरण से इतना धन बचेगा जिससे आर्थिक मंदी आ जाएगी 2. निःशस्त्रीकरण से वैज्ञानिक तथा तकनीकी ज्ञान कुंठित हो जाएगा। 3. इसकी कोई गारंटी नहीं कि निःशस्त्रीकरण से प्राप्त धन का उपयोग विकास कार्यों के लिए ही प्रयोग किया जाएगा।

3. निःशस्त्रीकरण का नैतिक सिद्धांत : शस्त्रों से युद्ध होता है और युद्ध नैतिक रूप से अनुचित है। तथा कमबेसी रूप से यही अवस्था युद्ध की तैयारी की है। युद्ध एक बुराई तथा अनैतिकता है। इसलिए युद्ध के साधन के रूप में शस्त्र भी एक एक बुराई है। वास्तव में शस्त्रास्त्रों का उत्पादन ही युद्ध की अनैतिक प्रक्रिया की शुरूआत हैं। युद्ध के बहिष्करण के साथ–साथ शस्त्रों तथा शस्त्रास्त्रों की दौड़ का भी बहिष्करण करना होगा। इस सिद्धांत के आलोचकों का विचार है कि आत्मरक्षा के लिए युद्ध सदैव नैतिक होता है। इसलिए शस्त्रास्त्रों के उत्पादन द्वारा आत्मरक्षा के लिए तैयार रहना हमेशा नैतिक होता है।

4. व्यावहारिक तर्क : शस्त्र नियंत्रण के पक्ष में सबसे अधिक व्यवहारिक तर्क यह है कि शस्त्रास्त्रों की दौड़ वर्तमान पूर्ण पारस्परिक विनाश के केवल पागलपन की स्थिति की ओर बढ़ा रही है तथा मानव जाति को मशीनों पर विशेष रूप से कम्प्यूटरों पर निर्भर बना रही है। आधुनिक इलैक्ट्रानिक युद्ध के बढ़ते खतरे ने मानव जाति के लिए एक ऐसा बड़ा खतरा उत्पन्न कर दिया है। जिसमें युद्ध अचानक शुरू होकर संपूर्ण विध्वसंक युद्ध में बदल सकता है इसलिए आवश्यकता इस बात की है कि शस्त्र नियंत्रण के पक्ष में समय रहते कोई कार्यवाही की जाए तथा अंतर्राष्ट्रीय संबंधों में शस्त्रों की दौड़ के बढ़ते पागलपन की स्थिति से मानव जाति को बचाया जाए। इस दिशा में हालांकि सफल प्रयास विश्व स्तर पर हुए है परंतु अभी भी इसको पूर्णतया समाप्त नहीं किया जा सका है।

शस्त्रीकरण की दिशा में किये गए प्रयास : शस्त्रीकरण के प्रयत्नों का इतिहास 200 वर्ष पुराना है। 1648 में वैस्टफैलिया की संधि में अंतर्राष्ट्रीय नियंत्रण तथा सैनिक शक्ति कटौती का विचार पहली बार चर्चा का विषय बना तथा शस्त्र नियंत्रण करने के लिए कुछ वास्तविक प्रयत्न 19 वीं शताब्दी में किये गए। 1899 के हेग सम्मेलन में यह प्रस्ताव पारित हुआ था कि मानवता के भौतिक तथा नैतिक कल्याण के लिए सैनिक हथियारों का नियंत्रण अत्यंत आवश्यक है। निशस्त्रीकरण की दिशा में किये गए कुछ महत्वपूर्ण प्रयासों का विवरण इस प्रकार है–

1. 1899 तथा 1907 के हेग सम्मेलन : 1899 के पहले हेग सम्मेलन ने मानव जाति की भलाई के लिए शस्त्र कटौती करने का सुझाव दिया गया। दूसरे हेग सम्मेलन 1907 में 43 राष्ट्र प्रतिनिधियों ने भाग लिया इसमें सैनिक व्यय को सीमित करने की अपील की गई। इसमें यह अनुभव किया गया कि वर्तमान शस्त्र दौड़ ने निःशस्त्रीकरण को अव्यवहार्य बना दिया है।

2. वाशिगंटन सम्मेलन 1922 : इसमें 8 देशों के प्रतिनिधि सम्मिलित हुए। इस सम्मेलन का मुख्य उद्देश्य विभिन्न देशों में नौ सेना के विस्तार के लिए होने वाली व्यय साध्य और अंतर्राष्ट्रीय शांति में बाधक उग्र प्रतिद्विंद्वता को रोकना था। इसमें कुल 7 संधियाँ की गई। इसमें सबसे महत्वपूर्ण संधि पहली संधि Nine Power Treaty Limiting Navel Arrangment थी जिसमें प्रत्येक देश के लिए बड़े युद्धपोतों और वायुयान वाहक युद्धपोतों के कुल टनों की मात्रा मर्यादित की गई।

3. जेनेवा सम्मेलन–1932 : इसमें 61 राष्ट्रों के प्रतिनिधियों ने भाग लिया। दो वर्षों के विचार–विमर्श के बाद शस्त्र–नियंत्रण पर एक समझौता हुआ जिसमें युद्ध के विशेष प्रकार के शस्त्रों के प्रयोग जैसे जहाजों या गुब्बारों द्वारा गिराये जाने वाले बम, आग लगाने वाले बम, जीवाणुओं युक्त रासायनिक शस्त्रों पर प्रतिबंध लगा दिया गया तथा शस्त्रों की समाप्ति करने का, शस्त्रों व्यापार का अंतर्राष्ट्रीय

निरीक्षण पर बल दिया गया तथापि इस समझौते को लागू करने की शक्ति राष्ट्रीय सरकारों को दे दी गई। जिन्हें वास्तव में इसे लागू करने की अधिक चिंता नहीं थी।

4. लंदन नौसैनिक सम्मेलन–1935-36 : 1935–36 का लंदन का नौसैनिक सम्मेलन, नौसेना के शस्त्रास्त्रों को सीमित करने के लिए एक अन्य प्रयास था। परंतु जापान की बढ़ती हुई सैन्य शक्ति के कारण इस सम्मेलन में शस्त्र नियंत्रण संधि का स्वीकार किया जाना कठिन कर दिया। परंतु इस सम्मेलन में भाग लेने वाले देशों ने यह स्वीकार किया कि वे भविष्य में नौसेना निर्माण संबंधी कार्यक्रमों की सूचना का आदान–प्रदान करेंगे।

5. निःशस्त्रीकरण आयोग–1952 : संयुक्त राष्ट्र संघ की महासभा ने 12 सदस्यों की एक समीति की सिफारिश के आधार पर जनवरी 1952 में एक निस्त्रीकरण आयोग की स्थापना की। इस आयोग को परम्पसगत तथा अणु अस्त्र दोनों के संबंध में नियमन के लिए एक प्रारूप संधि तैयार करने का उत्तरदायित्व सौंपा गया। तथापि दोनों महाशक्तियों के बीच उत्पन्न मतभेदों के कारण इस पर विचार–विमर्श बीच में ही रूक गया।

6. आंशिक परीक्षण प्रतिबंध संधि या मास्को परीक्षण प्रतिबंध संधि (PTBT-1963) : 25 जुलाई 1963 को ब्रिटेन, सोवियत संघ और अमेरिका ने इस पर हस्ताक्षर किए इस संधि की मुख्य उपबंध निम्न थे–1. कोई भी सदस्य राज्य वायु मंडल, बाहरी अंतरिक्ष तथा पानी के नीचे किसी भी तरह का कोई परमाणु परीक्षण नहीं करेगा। 2. कोई भी सदस्य देश अपने भू–क्षेत्रीय समुद्र में परमाणु परीक्षण नहीं करेगा। 3. प्रत्येक सदस्य राष्ट्र गैर सदस्य राष्ट्रों को प्रत्यक्ष या अप्रत्यक्ष रूप से परमाणु परीक्षण करने के लिए उत्साहित नहीं करेगा। इस संधि को आंशिक इसलिए कहा गया क्योंकि इसमें धरती के अंदर परमाणु परीक्षणों पर कोई रोक नहीं लगाई गई थी। 1963 के बाद चीन तथा फ्रांस को छोड़कर बहुत बड़ी संख्या में राष्ट्रों ने इस पर हस्ताक्षर किये।

2. परमाणु अस्त्र अप्रसार संधि (NPT-1968) : 1968 में दोनों महाशक्तियों ने महासभा के सामने इस संधि का प्रारूप पेश किया। तीन वर्षों की बातचीत के बाद 5 मार्च, 1970 को यह संधि क्रियान्वित हुई–इसकी मुख्य घटनाएँ निम्न थी–1. परमाणु सम्पन्न राज्य, परमाणु अस्त्रविहीन राज्यों को परमाणु बम के निर्माण के रहस्य की जानकारी नहीं देंगे। 2. परमाणु राज्य परमाणु अस्त्रविहीन राज्यों को परमाणु अस्त्र तथा अनेक तकनीकीकरण में कोई सहायता नहीं देंगे। 3. परमाणु अस्त्र विहीन राष्ट्रों को परमाणु अस्त्रों से वास्तविक आक्रमण की केवल धमकी की स्थिति में सभी प्रकार की सहायता देना स्वीकार किया। 4. ऐसे देश जिनमें परमाणु अस्त्र निर्माण की क्षमता है वे परमाणु शक्ति का विकास अनैतिक कार्यों के लिए करेंगे। इस ढाँचे को यद्यिपि अत्यंत महत्वपूर्ण माना गया। परंतु यह संधि निःशस्त्रीकरण का कोई वास्तविक हल प्रस्तुत नहीं करती। भारत, चीन, ब्राजील, अर्जेन्टीना तथा पाकिस्तान ने इस पर हस्ताक्षर करने से इंकार कर दिया। इन देशों का मानना है कि यह संधि पक्षपातपूर्ण है

8. सामारिक अस्त्र परिसीमन वार्ता (SALT Talks) : दोनों महाशक्तियों के SALT Talks के अंर्तगत दो संधियों पर हस्ताक्षर किये–1. अणु प्रेक्षेपास्त्र व्यवस्था परिमीमन संधि तथा 2. सामारिक आक्रमण शस्त्रों के संबंध में उठाये गए कुछ कदमों पर आन्तरिक समझौता। पहली संधि असीमित समय के लिए थी जबकि दूसरी 5 वर्ष तक क्रियान्वित रहनी थी। 1979 में दोनों गहाशक्तियों द्वारा साल्ट II (SALT II) समझौते पर हस्ताक्षर किये गए इसकी मुख्य विशेषताएँ निम्न थी–1. संधि 5 वर्ष तक जारी रहेगी। 2. दोनों ओर से 2250 सामारिक शस्त्र 5 वर्षों के लिए सीमित किये जाएंगे। 3. 2250 की निर्धारित संख्या के अंर्तगत 1322 MIRVS रखने की एक उपसीमा निश्चित की गई। साल्ट II (SALT II) समझौता सार्वजनिक विध्वसंक परमाणु शस्त्रों पर नियंत्रण करने के लिए किया गया। परंतु वास्तविक रूप से यह समझौता क्रियान्वित नहीं किया जा सका।

9. स्टार्ट संधि (START TREATY) : SALT-I के द्वारा जो शस्त्र नियंत्रण प्रक्रिया आरंभ हुई थी वह SALT II की असफलता के बाद स्थिर हो गई थी। 31 जुलाई 1991 को पुर्नजीवित हो उठी जब अमेरिका तथा सोवियत संघ ने स्टार्ट संधि पर हस्ताक्षर किये। इसके द्वारा उन्होंने अपने–अपने परमाणु शस्त्रों के भंडार में 30 प्रतिशत के लगभग कटौती करना स्वीकार किया। 3 जनवरी 1993 को दोनों देशों ने स्टार्ट II समझौते पर हस्ताक्षर किये। इसके द्वारा अमेरिका की परमाणु शस्त्र भंडार को 1960 के

तथा रूसी शस्त्र भंडार को 1970 के दशक के स्तर पर लाने का निर्णय किया इस समझौते की मुख्य विशेषताएँ निम्न थी–1. 1 जनवरी 2003 तक अमेरिका तथा रूस के परमाणु युद्ध के शस्त्रों को 3000 से 3500 इकाइयों तक कम कर दिया जाएगा 2. सभी ICMBS, जो कि स्वतंत्र रूप से अलग निशानों को तोड़ सकती थी, को समाप्त किया जाना था। 3. भारी बमवर्षक जहाजों लाए जाने वाले परमाणु शस्त्रों की संख्या कम करके 750 से 1250 तक रखी जानी थी। 4. स्टार्ट के लागू होने के 7 वर्षों की अवधि में दोनों देशों ने अपने–अपने सामारिक युद्ध शस्त्रों को सीमित करना था।

10. व्यापक आणविक परीक्षण प्रतिबंध संधि (CTBT) : सी॰टी॰बी॰टी॰ विश्व भर में किए जाने वाले परमाणु परीक्षणों पर रोक लगाने के उद्देश्य से लाई गई संधि या समझौता है। जिसका 1993 में भारत, अन्य देशों के अलावा, अमेरिका के साथ यह प्रस्तावक था लेकिन 1995 में उसने यह कहते हुए कि यह संधि परमाणु निशस्त्रीकरण के समयबद कार्यक्रम में जुड़ी हुई नहीं है, सह प्रस्तावक बनने से ही इंकार कर दिया। भारत का दूसरा, विरोध यह था कि यह संधि बहुत ही संकीर्ण है और यह केवल नए विस्फोट रोकने की बात करती है, पर नए तकनीकी विकास एवं नए परमाणु राष्ट्रों की तकनीकी उपलब्धता को बरकरार रखकर उनके हितों की रक्षा करने के लिए अधिक है न कि संपूर्ण निशस्त्रीकरण के लिए। तीसरे, इस संधि को पूर्ण लागू करना असंभव होगा क्योंकि कुछ देश गुप्त रूप से परमाणु परीक्षण करते रहेंगे।

भारत के विरोध के कारण संधि को पारित करवाने के लिए संयुक्त राष्ट्र महासभा में ले जाना पड़ा। अब तक 142 से अधिक देश संधि पर हस्ताक्षर कर चुके है। भारत, पाकिस्तान तथा उत्तरी कोरिया में संधि पर हस्ताक्षर नहीं किये हैं। अतः C T B T एक अधूरी, एक पक्षीय, पक्षपातपूर्ण अन्यायपूर्ण संधि है।

उत्तर शीतयुद्ध काल और विश्व पर प्रभाव

शीतयुद्ध के अंत के साथ ही विश्व व्यवस्था में दूरगामी परिवर्तन हुए। तत्कालीन द्विध्रुवीय विश्व व्यवस्था आज एकल ध्रुवीय विश्व व्यवस्था के रूप में कार्य कर रही है। वैश्विक संबंधों में शीत युद्ध के तनाव का स्थान अब विस्तृत तनाव शैथिल्य, मित्रता एवं सहयोग ने ले लिया है। विचारधारागत संघर्ष की समाप्ति के कारण तृतीय विश्व युद्ध के भय से मुक्त विश्व में शस्त्र नियंत्रण एवं विकास के मुद्दों को प्रमुखता दी जाने लगी है। इस प्रकार अंतर्राष्ट्रीय व्यवस्था में आए इन नवीन परितर्वनों के आलोक में नई विचारधारा एवं नए संबंधों को प्रवेश हुआ जिसका विश्व पर बहुआयामी प्रभाव पड़ा। इन प्रभावों का निम्नलिखित बिंदुओं के आधार पर समझा जा सकता है।

1. शीत युद्ध के तनावपूर्ण माहौल की समाप्ति के पश्चात् विश्व में संयुक्त राज्य अमरीका का वर्चस्व स्थापित हो गया। संयुक्त राष्ट्र सुरक्षा परिषद् में अमरीकी शक्ति को संतुलित करने वाली कोई शक्ति न रहने के कारण वह अपनी शक्ति का दुरूपयोग करने लगा। खाड़ी युद्ध, कोसावो में बमबारी, लीबिया, क्यूबा एवं इराक पर प्रतिबंधों की अवधि का बढ़या जाना तथा वर्तमान समय में रासायनिक हथियारों के नाम पर इराक पर हमला कर वहाँ अपनी कठपुतली सरकार बनाना इत्यादि मामलों में अमेरिकी नीतियाँ वर्चस्ववादी रही है।

2. विश्व में शांति एवं व्यवस्था बनए रखने के लिए उत्तरदायी अंतर्राष्ट्रीय संस्थाएँ आज अमरीकी प्रभाव एवं नियंत्रण में कार्य कर रही हैं। इन संस्थाओं का मुख्य कार्य अमरीकी नीतियों को लागू करना तथा उसके प्रस्तावों का अनुमोदन करना मात्र रह गया है। अमरीका अपने प्रस्तावों के किसी भी विरोध को बर्दाश्त करने के लिए तैयार नहीं है। उसने हाल ही में इराक पर हमले के संदर्भ में धमकी देते हुए कहा था कि यदि उसके प्रस्ताव का संयुक्त राष्ट्र संघ द्वारा अनुमोदन नहीं किया गया, तो उसका हश्र भी **लीग ऑफ नेशंस** जैसा होगा।

3. शीतयुद्धोत्तर युग में राजनीतिक मुद्दों के स्थान पर आर्थिक मुद्दों को प्रमुखता दिए जाने के कारण विश्व व्यापार संगठन (ड़ब्ल्यू॰टी॰ओ॰) धीरे–धीरे संयुक्त राष्ट्र संघ (यू॰एन॰ओ॰) को प्रतिस्थापित करने लगा है आज अमरीका के नेतृत्व में डब्ल्यू॰टी॰ओ॰ अमरीकी आर्थिक एजेंडे को लागू करने तथा आर्थिक सुधारों के नाम पर संपूर्ण विश्व को पूंजीवादी बाजार व्यवस्था अपनाने के लिए बाध्य कर रहा है, यदि यही स्थिति जारी रही, तो इससे राष्ट्र संघ के महत्व में तो कमी आएगी ही, निर्धन एवं विकासशील राष्ट्रों की अंतर्राष्ट्रीय भूमिका भी दुष्प्रभावित होगी।

4. एक ध्रुवीय विश्व व्यवस्था में गुटनिरपेक्ष आंदोलन को अपनी प्रासंगतिकता बनाए रखने की चुनौती का सामना करना पड़ रहा है पारस्परिक एकता एवं सहयोग के अभाव के कारण निर्गुट राष्ट्र न तो ड़ब्लयू.टी.ओ. की व्यापारिक वार्ताओं में लाभकारी सौदेबाजी कर पा रहे हैं और न ही राष्ट्र संघ के मंच पर कोई सार्थक पहल ।

5. नई विश्व व्यवस्था में अमेरीका की परमाणु नीति विकासशील राष्ट्रों के लिए आत्मघाती साबित हो रही है। एन.पी.टी. तथा सी.टी.बी.टी. जैसी भेदभावपूर्ण संधियों के माध्यम से अमरीका संपूर्ण विश्व में अपना परमाणु बर्चस्व स्थापित करना चाहता है। साथ ही शेष विश्व की परमाणु प्रतिरोधक क्षमता को समाप्त अथवा सीमित कर देना चाहता है। इतना ही नहीं **एम.टी.सी.आर. (मिसाइल टेक्नोलॉजी कंट्रोल रिजीम)** जैसी घोषणाओं के माध्यम से अमरीका और उसके मित्र राष्ट्र विकासशील राष्ट्रों की प्रक्षेपास्त्र क्षमता के विकास और उसकी संभावनाओं को भी समाप्त कर देना चाहते हैं। ताकि अमरीका अपने राष्ट्रीय एवं क्षेत्रीय हितों की रक्षा का नाम पर कोसावो, इराक, अफगानिस्तान जैसी कार्यवाही जब चाहे और वहाँ चाहे कर सकें, उल्लेखनीय है कि एम.टी.सी.आर. का सहारा लेकर ही अमरीका ने 'दोहरे प्रयोग की तकनीक' के नाम पर क्रायोजेनिक इंजनों के भारत को रूस से होने वाले आयात पर रोक लगवा दी थी।

6. शीतयुद्ध के अंत के साथ ही शस्त्रीकरण, सैन्य प्रतिस्पर्धा, सैनिक गठबंधन, वारसा पैक्ट जैसे तथ्य अपनी सार्थकता खोने लगे और धीरे–धीरे इनका क्षरण आरंभ हो गया। विश्व परिदृश्य में आए इस बदलाव के सकारात्मक प्रभाव के कारण ही बर्लिन की दीवार टूट गई और जर्मनी का एकीकरण हुआ पूर्वी यूरोप से साम्यवाद की समाप्ति हो गई तथा सोवियत संघ से दूर कर अलग हुए गणराज्यों का विश्व राज्य परिवार में उदय हुआ, जिसका अमरीका ने आगे बढ़कर स्वागत किया आज यूरोप एवं मध्य एशिया में अमरीका की भूमिका अधिक बढ़ गई है और वह इस क्षेत्र में अनेक नए दायित्वों का निर्वहन कर रहा है।

7. साम्यवादी खेमें के विघटन का प्रभाव विश्व अर्थ व्यवस्था पर भी पड़ा विश्व की सबसे बड़ी समाजवादी अर्थव्यवस्था के टूटने के कारण अर्थव्यवस्था के समाजवादी मॉड़ल' के स्थान पर 'पूंजीवादी मॉडल' को सर्वव्यापी मान्यता प्राप्त हो गई और इसी कारण आर्थिक मुद्दों के स्थान पर राजनीतिक मुद्दे गौण हो गए, जनवरी 1995 में डब्ल्यू.टी.ओ. के उदय के साथ ही विश्व में आर्थिक उदारवाद की एक लहर चल पड़ी जिसे विश्व के विभिन्न भागों में पनपे आर्थिक संगठनों, मुक्त व्यापार क्षेत्रों तथा एकीकृत मुद्रा 'यूरो' के उदय ने और भी तीव्र बना दिया, इस आर्थिक लहर के फलस्वरूप ही विश्व को प्रत्येक छोटा–बड़ा देश आज उदारीकरण, सार्वभौमिकरण और खुलेपन का अनुसरण करने को बाध्य है।

इस प्रकार हम देखते है कि शीतयुद्ध के अन्त का संपूर्ण विश्व पर बहुआयामी प्रभाव पड़ा और इसने विश्व व्यवस्था को उलट दिया। आज दुनिया भर में उदार लोकतंत्रवाद तथा पूँजीवादी का सर्वत्र बोलबाला दिखाई देता है। यद्यपि इस दौरान हितों एवं शक्ति के लिए निरंतर चलने वाले संघर्ष के कारण कट्टरता, धार्मिक उन्माद तथा आंतकवाद जैसे नए कारक भी उभर कर सामने आए, परंतु राष्ट्रों के मध्य पारस्परिक मित्रता, द्विपक्षीय–बहुपक्षीय सहयोग, सतत् विकास, निःशस्त्रीकरण, मानव अधिकारवाद, पर्यावरणवाद, तथा नारी अधिकारवाद जैसे मुद्दों पर जागरूकता तथा आग राहगति पूर्वापेक्षा बढ़ी है इस कारण शीतयुद्ध के पूर्ववर्ती स्वरूप के पुनरोदय की संभावना क्षीण ही दिखाई देती है।

वैश्वीकरण और समसामयिक विश्व में अंतर्राष्ट्रीय संबंधों का राजनीतिक अर्थशास्त्र

समसामयिक विश्व में अंतर्राष्ट्रीय संबंधों का राजनीतिक अर्थशास्त्र वैश्वीकरण या भूमंडीलकरण से प्रभावित है अंतर्राष्ट्रीय राजनीति पर भूमंडलीकरण का प्रभाव किस रूप में है इसे स्पष्ट करने से पहले यह जानना आवश्यक है कि उदारीकरण व भूमंडलीकरण क्या है। इसके अर्थ को जानने के बाद ही यह स्पष्ट किया जा सकता है कि इसने अंतर्राष्ट्रीय आर्थिक व्यवस्था को किस रूप में प्रभावित किया है

उदारीकरण लाइसेंस मुक्त व्यवस्था का नाम है इसने अंतर्राष्ट्रीय संबंधों को राजनीतिक अर्थशास्त्र में बदल दिया है कल तक जो राष्ट्र अंतर्राष्ट्रीय राजनीति में मुख्य भूमिका निभाते थे उनका मुख्य उद्देश्य 'शक्ति' को प्राप्त करना या शक्ति प्रदर्शन करना था, लेकिन अब ये राष्ट्र वैश्वीकरण

के युग में अपने राष्ट्रीय हित को किसी न किसी रूप में सही ढंग से पूरा करना चाहते हैं आज राष्ट्रों के बीच संबंध इस बात से निर्धारित हो रहे है कि वह वैश्वीकरण में कितना भागीदार है और उसकी विश्व बाजार में क्या भूमिका है तथा कितना प्रतिशत व्यापार है।

वैश्वीकरण जैसी व्यापक पूंजीवादी प्रक्रिया ने अंतर्राष्ट्रीय राजनीति में विचारधारा के महत्व को लगभग समाप्त कर दिया है या समाप्त करने पर तुले हुए है। कल तक जो देश विचारधारा के आधार पर एक–दूसरे से जुड़े हुए थे आज उन्होंने अपने आर्थिक हितों के चलते विचारधारा पर ध्यान देना छोड़ दिया है। अंतर्राष्ट्रीय संबंधों में इससे संबंधित महत्वपूर्ण उदाहरण है–चीन, जो कि साम्यवादी सिद्धांतों में विश्वास रखते हुए भी क्यूबा जैसे साम्यवादी देश के समीप न होकर पूंजीवादी देश अमेरिका के समीप है जो वैश्वीकरण की लगाम थामे हुए है जाहिर है कि वैश्वीकरण विचारधारा के महत्व को कम कर दिया है इसलिए अंतर्राष्ट्रीय राजनीति में विचारधारा के अंत का भी सिद्धांत भी प्रचलित हुआ। अतः वर्तमान परिपेक्ष्य में कहा जा सकता है कि विचारधारा से अर्थ (Capital) अधिक महत्वपूर्ण हो गया है।

पहले के समय में भी राष्ट्रीय हितों के रूप में राष्ट्र के आर्थिक हित महत्वपूर्ण रहे हैं। लेकिन सामरिक सुरक्षा हित उससे अधिक महत्वपूर्ण रहे हैं। विगत दशक में साम्यवादी व्यवस्था के पतन के बाद अंतर्राष्ट्रीय राजनीति में आए व्यापक परिवर्तन ने पूंजीवादी देशों के उदारीकरण को इसके अंतर्गत सभी वस्तुओं के आयात की (विभिन्न चरणों) में खुली छूट, सीमा शुल्क में कमी, विदेशी पूंजी के मुक्त प्रवाह की अनुमति, सेवा क्षेत्र विशेषकर बैकिंग, बीमा, तथा जहाजरानी क्षेत्रों में विदेशी पूंजी के निवेश की छूट तथा रूपये को पूर्ण परिवर्तन करना इत्यादि उपायों का समावेश किया गया है। यह लाइसेंस मुक्त व्यवस्था न केवल आर्थिक क्षेत्र में है बल्कि सामाजिक क्षेत्र में उदारवाद खुले समाज की भरपूर वकालत करता है। राजनीतिक क्षेत्र में उदारवाद निजीकरण को बढ़ावा देता है तथा राष्ट्रीकरण को समाप्त करता है। उदारीकरण की प्रक्रियां छोटे स्तर पर भी हो सकती है। और बड़े स्तर पर भी हो सकती है। जब यह बड़े स्तर पर फैल जाती है यानि उसका विस्तार विश्व स्तर तक हो जाता है, विश्व एक बाजार बन जाता है। एक देश की अर्थव्यवस्था का मूल्यांकन विश्व अर्थव्यवस्था से किया जाने लगता है। और ऐसा इसलिए भी किया जाता है कि अंतर्राष्ट्रीय बाजार में आये उछाल या मंदी पूरे विश्व की आर्थिक व्यवस्था को प्रभावित करने लगती है, तो इसे भूमंडलीकरण या वैश्वीकरण का नाम दिया जाता है।, जो व्यापक स्तर तमाम उदारवादी विशेषताओं को स्वीकार करता है। और उसे लागू करता है। उदारीकरण व वैश्वीकरण पूंजीवादी व्यवस्था के हथियार हैं तो जाहिर है कि इनका मुख्य उद्देश्य पूंजीवादी व्यवस्था को कायम रखने या बढ़ाने से है।

समसमायिक विश्व में अंतर्राष्ट्रीय संबंधों का आधार आर्थिक तत्व पर टिक गया है। आज विश्व के सभी राष्ट्र अपने राष्ट्रीय हित की पूर्ति के लिए अपनी अर्थव्यवस्था पर ध्यान दे रहे हैं। सामजिक असुरक्षा की भावना राष्ट्रों के बीच अब नहीं रही है। विचारधारा के समापन के साथ अब इसका स्थान आर्थिक हित तथा आर्थिक सहयोग ने लिया है। ऐसी स्थिति में वैश्वीकरण या भूमंडलीकरण ने वैश्वीकरण में बदल दिया है। और यह वैश्वीकरण राष्ट्रों के बीच के संबंधों का आधार बन गया है। आज विश्व का कोई भी देश इस वैश्वीकरण की प्रक्रिया से अलग होकर सुरक्षित नहीं रह सकता। यह कहना बहुत हद तक उचित है कि वैश्वीकरण ने अंतर्राष्ट्रीय राजनीति के स्वरूप को ही बदल दिया है। आज राष्ट्र अंतर्राष्ट्रीय समझौते मुख्यतः आर्थिक लाभ के लिए ही करते हैं।, वे इस पर ध्यान नहीं देते कि सामरिक हित हेतु संधियाँ की जाएँ। आज वार्सा पैक्ट जैसा संधि संगठन समाप्त हो गया है और 'नाटो' जैसा संगठन भी विशेष परिस्थितियों को छोड़कर शून्य स्थिति में हैं। अतः स्पष्ट रूप से वैश्वीकरण ने सैनिक गुटबंदी को कम कर दिया है।

अंतर्राष्ट्रीय राजनीति में वैश्वीकरण के कारण अंतर्राष्ट्रीय मुद्रा कोष (IMF), अंतर्राष्ट्रीय विश्व व्यापार संगठन (WTO), विश्व बैंक जैसे अंतर्राष्ट्रीय संगठन प्रभावकारी हुए हैं और संयुक्त राष्ट्र संघ के सुरक्षा परिषद् जैसे महत्वपूर्ण अंग की भूमिका में कमी आई है। अतः महत्वपूर्ण आर्थिक संगठनों, तथा उनकी भूमिका पर एक दृष्टिकोण डालना उचित होगा।

(I) (विश्व व्यापार संगठन) WTO : बहुमुखी व्यापार वार्तालाप का उरूग्वे चक्र सात वर्ष चलने के बाद

15 दिसंबर, 1993 को अपने अंतिम पड़ाव तक जा पहुंचा जब 117 देशों के प्रतिनिधिमंडलों ने एक सहमति में एक नये गैट (GATT) समझौते का अनुमोदन कर दिया। इस समझौते का उद्देश्य विश्व मंडियों में खुलेपन के द्वारा तीव्र आर्थिक विकास की प्राप्ति था। गैट समझौते को डंकल समझौता भी कहा जाता है। 15 अप्रैल 1994 को मोरक्को में भारत सहित 125 देशों ने गैट समझौते पर हस्ताक्षर कर दिये। इस संधि पर हस्ताक्षर करने के बाद यह घोषणा भी की गई कि 1995 तक GATT का नाम बदलकर डब्ल्यू.टी.ओ. WTO कर दिया जाएगा तथा इसका स्तर विश्व बैंक तथा आई.एम.एफ. IMF के समान होगा। परिणामस्वरूप 1 जनवरी 1995 को WTO की स्थापना की गई है। WTO विभिन्न परिषदों और समितियों के माध्यम से अंतर्राष्ट्रीय व्यापार से जुड़े उन 28 समझौतों को लागू करता है जिन्हें उरुग्वे दौर की वार्ता में शामिल किया गया है। साथ ही यह संगठन अनेक बहुपक्षीय संगठनों के समझौतों को भी लागू कराता है। यह संगठन बहुपक्षीय व्यापार प्रणाली के लिए संस्थागत तथा कानूनी आधार उपलब्ध कराता है।

इसके अब तक 166 सदरय हैं। अंतर्राष्ट्रीय संबंधों के आर्थिक हितों में यह संगठन महत्वपूर्ण भूमिका निभाता है। दिसंबर 1991 की WTO की सिएटल बैठक में विकसित और विकासशील देशों में उदारीकरण की प्रक्रिया को लेकर कुछ गतिरोध उत्पन्न हो गया। भारत ने कुछ अन्य देशों के साथ मिलकर अमेरिका की उस कोशिश का विरोध किया जिसके तहत व्यापार और समभाजकों पर एक कार्य समूह बनाया गया था। वास्तव में इस पर विकसित देशों का पूरा नियंत्रण है और विकासशील देश विश्व व्यापार में अपनी हिस्सेदारी बढ़ाने के लिए विकसित देशों पर दबाव बना रहे हैं। क्योंकि WTO के द्वारा ही विश्व का संपूर्ण बाजार नियंत्रित होता है।

अंतर्राष्ट्रीय मुद्रा कोष : अंतर्राष्ट्रीय मुद्रा कोष की स्थापना विश्व के विभिन्न राष्ट्रों के बीच मौद्रिक सहयोग का ज्वलंत उदाहरण है। IMF की स्थापना 28 जुलाई 1944 को 'संयुक्त राष्ट्र मुद्रा एवं वित्त सम्मेलन में एक समझौते के तहत की गई। IMF ने 1 मार्च 1947 से अपना कार्य प्रारंभ किया। संयुक्त राष्ट्र के साथ इसका संबंध परस्पर सहयोग के एक समझौते के अनुसार 15 नवंबर 1947 को हुआ। IMF का उद्देश्य एक ऐसी प्रणाली का विकास करना है जिससे सदस्य देशों को विदेशी विनिमय की सुविधा हो, अंतर्राष्ट्रीय व्यापार को प्रोत्साहन मिले और सदस्य देशों की आर्थिक उन्नति हो सके। वर्तमान में इसकी सदस्य संख्या 190 है तथा यह अंतर्राष्ट्रीय संबंधों के आर्थिक हितों को प्रभावित करता है। सभी विकसित तथा विकासशील राष्ट्रों ने इसके माध्यम से अपने राष्ट्रीय आर्थिक हितों की पूर्ति करने की कोशिश की है। परंतु इस पर भी विश्व महाशक्तियों का ही पूर्ण नियंत्रण है।

विश्व बैंक : विश्व बैंक संस्थाओं का समूह है–ये हैं–1945 में स्थापित 'अंतर्राष्ट्रीय पुनर्निमाण और विकास बैंक (IRBD), 1916 में स्थापित 'अंतर्राष्ट्रीय वित्त निगम' (IFC), 1960 में स्थापित 'अंतर्राष्ट्रीय विकास संघ (IDA), 'मल्टीलेटरल निवेश गारंटी ऐजेंसी (MIGA), सन् 1944 के ब्रेटनवुडस से दो वित्तीय निकायों का उदभव हुआ 1. पुनर्निर्माण और विकास का अंतर्राष्ट्रीय बैंक (विश्व बैंक) और 2. अंतर्राष्ट्रीय मुद्रा कोष। इन दोनों वित्तीय निकायों की स्थापना सन् 1945 में हुई। विश्व बैंक का प्रधान उद्देश्य उत्पादक प्रायोजनों के लिए पूंजी निवेश नियोजन में सुविधा देकर सदस्यों के प्रदेशों के पुनर्निर्माण और विकास में सहायता देना है। यह निजी विदेशी पूंजी को प्रोत्साहन देता है, और सदस्य राज्यों को निजी पूंजी उपलब्ध न होने पर उन्हें ऋण देता है। यह सदस्य राज्यों की आर्थिक सुविधाओं के विकास के लिए धन उधार देता है। सदस्य राज्यों के प्रदेशों में स्थित व्यापार उद्योगों की प्रगति के लिए भी ऋण दिए जा सकते हैं। इस प्रकार यह बैंक उत्पादक प्रायोजनों के लिए अंर्राष्ट्रीय स्तर पर पूंजी के विनियम को प्रोत्साहन देता है। वही देश विश्व बैंक का सदस्य हो सकता है जो अंतर्राष्ट्रीय मुद्रा कोष का सदस्य होता है। इस प्रकार इन दोनों संस्थाओं की सदस्यता साथ–साथ चलती है। वर्तमान में 189 देश विश्व बैंक के सदस्य हैं। अंतर्राष्ट्रीय संबंधों के राजनीतिक अर्थशास्त्र को विश्व बैंक ने बहुत अधिक प्रभावित किया है प्रत्येक विकासशील देश ने इससे ऋण लिया हुआ है तथा ऋण लेने वाले राष्ट्रों के बीच भी प्रतिद्वंद्विता चलती रहती है। प्रत्येक देश दूसरे देश के मुकाबले अपने समर्थन में दावे प्रस्तुत करता है तथा ऋण प्राप्त करने में सफल रहता है। कई बार विकसित देशों के दबाव के चलते भी विश्व बैंक

से ऐसे देशों को भी ऋण प्राप्त हो जाता है जिन्हें इसकी आवश्यकता बहुत कम होती है। इस प्रकार बदलते विश्व परिदृश्य में विश्व बैंक जैसी अंतर्राष्ट्रीय संस्था भी आर्थिक हितों के चलते प्रतिद्वंद्विता का केंद्र बन गई है।

इन अंतर्राष्ट्रीय संगठनों के अतिरिक्त राष्ट्रों ने अपने–अपने आर्थिक हितों को मजबूत करने के लिए क्षेत्रीय संगठनों की सदस्यता प्राप्त कर वहाँ आर्थिक सहयोग की दिशा में कार्य करके अंतर्राष्ट्रीय संबंधों में अपनी आर्थिक क्षमता को बढ़ाने का कार्य किया है। यूरोपीय यूनियन, सार्क, आसियान, हिमतक्षेस, अमेरिकी राज्यों का संगठन, अरब लीग, ओपेक, अफ्रीकी यूनियन तथा G-8, G-15, आदि क्षेत्रीय संगठनों ने आर्थिक हितों को सबसे ऊपर रखा है और इसे अपनी राष्ट्रीय अस्मिता से जोड़ लिया है।

भारत और अंतर्राष्ट्रीय संबंधों का राजनीतिक अर्थशास्त्र : अंतर्राष्ट्रीय राजनीति में वैश्वीकरण का प्रभाव, भारत के संदर्भ में, अगर इसका अध्ययन किया जाता है तो वह काफी महत्वपूर्ण है। आज भारत सरकार की नीति पूर्णतः भूमंडलीकरण वाली नीति से जुड़ गई है। वैश्वीकरण ने भारतीय अर्थव्यवस्था को विश्व की अन्य देशों की अर्थव्यवस्थाओं से जोड़ दिया है। भारत वैश्वीकरण की प्रक्रिया के माध्यम से वैश्वीकरण की प्रक्रिया में शामिल होकर अपने राष्ट्रीय हित की पूर्ति करना चाहता है और यही कारण है कि भारत विकसित देशों के साथ अपने संबंधों को बढ़ाने की दिशा में और अधिक ठोस प्रयास कर रहा है। भारत की इस वैश्वीकरण की प्रक्रिया में शामिल होने का क्या परिणाम होगा यह तो समय ही बताएगा। लेकिन वर्तमान संदर्भ में यदि देखें तो इससे भारत को लाभ इतना नहीं हुआ है जितना कि नुकसान। भारत में भूमंडलीकरण के चलते निजीकरण की प्रक्रिया आरंभ हुई जिससे सरकारी उपक्रम धीरे–धीरे समाप्त करके सार्वजनिक उपक्रमों में परिवर्तित किये जा रहे हैं। इसका परिणाम यह निकला है कि भारत में शोषण की एक नई धारणा विकसित हुई। सार्वजनिक क्षेत्र के उपक्रमों ने बेरोजगारी को तो कम किया है परंतु इसके साथ ही भारत की गरीब, अशिक्षित जनता के शोषण का हथियार भी उनके पास आ गया है। भारत की वैश्वीकरण की प्रक्रिया के चलते बहुराष्ट्रीय निगमों ने भारत की कंपनियों तथा बाजार पर नियंत्रण स्थापित कर लिया है और भारतीय परम्परागत बाजार लगभग नष्ट होने के कगार है साथ ही पाश्चात संस्कृति की चकाचौंध में आम–आदमी धकेला जा रहा है। अत एवं वैश्वीकरण की प्रक्रिया को नए रूप अपनाने पर भारत को पुर्नविचार करने की आवश्यकता है।

भारतीय विदेश नीति का निर्धारण और बद्धताएँ, भारत की नाभिकीय नीति

भारतीय विदेश नीति के निर्धारण और बद्धताएँ : भारत विश्व में एक विस्तृत भू–भाग तथा विशाल जनसंख्या वाला देश है अतः इसकी विदेश नीति का विश्व राजनीति पर गहरा प्रभाव पड़ता है। भारत की विदेश नीति की रूपरेखा स्पष्ट करते हुए जवाहरलाल ने सितंबर 1946 में यह कहते हुए उदघोष किया था, **''वैदेशिक संबंधों के क्षेत्र में भारत एक स्वतंत्र नीति का अनुसरण करेगा और गुटों की खींचतान से दूर रहते हुए संसार के समस्त पराधीन देशों को आत्म-निर्णय का अधिकार प्रदान कराने तथा जातीय भेदभाव की नीति का दृढ़तापूर्वक उन्मूलन कराने का प्रयत्न करेगा।''** नेहरू का यह कथन आज भी भारत की विदेश नीति का आधारस्तंभ है। भारत की विदेश नीति की मूल बातों का समावेश हमारे संविधान के अनुच्छेद 51 में किया गया है। जिसके अनुसार राज्य अंतर्राष्ट्रीय शांति और सुरक्षा को बढ़ावा देगा, राज्य राष्ट्रों के मध्य न्याय और सम्मानपूर्वक संबंधों को बनाये रखने का प्रयास करेगा, राज्य अंतर्राष्ट्रीय कानूनों तथा संधियों का सम्मान करेगा तथा राज्य अंतर्राष्ट्रीय झगड़ों को पंच फैसलों द्वारा निपटाने की रीति को बढ़ावा देगा। इन उद्देश्यों की प्राप्ति के लिए भारत के विदेश संबंधों का कार्यान्वयन निम्नलिखित प्रमुख सिद्धांतों से संचालित रहा है :

(*i*) भारत की प्रभुसत्तात्मक स्वतंत्रता की रक्षा।

(*ii*) शक्ति गुटों से दूर रहकर स्वतंत्र विदेश नीति का अनुसरण।

(*iii*) परतंत्र लोगों की स्वतंत्रता के सिद्धांत की स्वीकृति एवं साम्राज्यवाद, उपनिवेशवाद तथा नस्लवाद का विरोध।

(*vi*) अंतर्राष्ट्रीय शांति तथा समृद्धि के लिए सब शांतिप्रिय देशों तथा संयुक्त राष्ट्र से सहयोग।

(*v*) विश्व तनाव में कमी करना।

(*vi*) न्याय तथा ईमानदारी के आधार पर अंतर्राष्ट्रीय आर्थिक व्यवस्था तथा सहयोग का अधिक समान ढाँचा बनाना।

(*vii*) विश्व राजनीति में समान भागीदारिता की प्राप्ति के लिए तीसरे विश्व में एकता तथा भाईचारे को प्रोत्साहित करना।

इन उद्देश्यों की प्राप्ति हेतु भारत गुटनिरपेक्षता तथा शांतिपूर्ण सह–अस्तित्व पर चलता रहा है तथा अंतर्राष्ट्रीय राजनीति में सक्रिय भाग लेता रहा है।

भारतीय विदेश नीति के निर्धारक तत्व : डा॰वी॰पी॰ दत्त के अनुसार, ''ऐतिहासिक परम्पराओं, भौगोलिक स्थिति और भूतकालीन अनुभव भारतीय विदेश नीति के निर्माण में प्रभावक कर्तव्य रहे हैं।" नीति के निर्धारक तत्वों का वर्णन निम्नलिखित है–

1. भौगोलिक तत्व : किसी भी देश के वैदेशिक नीति के निर्धारण में उस देश की भौगोलिक परिस्थितियों का महत्वपूर्ण हाथ होता है। **नेपोलियन बोनापार्ट** ने भी कहा था कि, ''किसी देश की विदेश नीति उसके भूगोल द्वारा निर्धारित होती है।'' भारतीय विदेश नीति के निर्माण में भारत के आकार, एशियाओं देशों में उसकी विशेष स्थिति, एशियाई उपमहाद्वीप में उसकी भूमिका तथा भारतीय भू–भाग से जुड़ी सामुद्रिक तथा पर्वतीय सीमाएँ जैसे भौगोलिक तत्व की महत्ता है। भारत के उत्तर में साम्यवादी चीन, इस्लामिक देश पाकिस्तान और अफगानिस्तान पश्चिमोत्तर है। इन देशों की सामाजिक राजनीतिक, वैदेशिक नीति को देखकर भारत अपने वैदेशिक संबंध निर्धारित करता आ रहा है।

2. गुटबंदियाँ : भारत जब स्वाधीन हुआ तो विश्व दो गुटों में बंटा हुआ था। इन दो गुटों की प्रतिद्वंद्विता शीत युद्ध का कारण बनी जब भारत स्वतंत्र हुआ तो उसके सामने यह प्रश्न आया कि वह किस गुट के साथ जाए। भारत ने इस स्थिति में गुटों से पृथक रहना ही ठीक समझा क्योंकि वह दोनों गुटों के बीच सेतु संबंध का कार्य करना चाहता था। भारत द्वारा तटस्थता और असंगलनता की वैदेशिक नीति अपनाने का प्रधान कारण यही था कि भारत दोनों गुटों से अलग रहते हुए भी दोनों से मैत्रीपूर्ण संबंध भी बनाए रखना चाहता था।

3. विचारधाराओं का प्रभाव : भारत की विदेश नीति के निर्धारण में शांति और अहिंसा पर आधारित गाँधीवादी विचारधारा का भी गहरा प्रभाव दिखाई देता है। इस विचारधारा से प्रभावित होकर ही संविधान के अनुच्छेद 51 में विश्व शांति की चर्चा की गई है। विश्व की दो विचारधाराएँ मार्क्सवाद और उदारवाद किसी में भी प्रत्यक्ष रूप से भारत का पूर्ण विश्वास नहीं था बल्कि उसने मिश्रित विचारधारा को अपनाकर मिश्रित अर्थव्यवस्था को भी चुना और इसका प्रभाव भारत की विदेश नीति निर्धारण में भी रहा है।

4. आर्थिक तत्व : भारत की आर्थिक उन्नति तभी संभव थी जब अंतर्राष्ट्रीय शांति बने रहे। आर्थिक दृष्टि से भारत का अधिकांश व्यापार पाश्चात्य देशों के साथ था और पाश्चात्य देश भारत का शोषण कर सकते थे भारत अपने विकास के लिए अधिकतम विदेशी सहायता का भी इच्छुक था। इस दृष्टिकोण से भारत का सभी देशों के साथ मैत्री का बर्ताव रखना आवश्यक था और वह किसी भी एक गुट से नहीं बंध सकता था। गुटबंदी से अलग रहने के कारण उसे दोनों गुटों से आर्थिक सहायता प्राप्त हो सकती थी।

5. सैनिक तत्व : स्वतंत्रता के समय भारत की सैन्य स्थिति काफी दुर्बल थी अपनी रक्षा के लिए वह पूरी तरह विदेशों पर निर्भर था। अपनी सैनिक दुर्बलता के कारण ही वर्षों शिकंजे में रखने वाले ब्रिटेन के राष्ट्रमंडल का सदस्य बना, ताकि उसे समय अनुसार सैनिक सहायता मिलती रहे। इस दृष्टिकोण से भारत का सभी देशों के साथ मैत्री का बर्ताव रखना भी आवश्यक था।

6. राष्ट्रीय हित : नेहरू ने संविधान सभा में कहा था, "किसी भी देश की विदेश नीति की आधारशिला उसके राष्ट्रीय हित की सुरक्षा होती है और भारत की विदेश नीति का भी ध्येय यही है''। भारत के दो प्रकार के राष्ट्रीय हित हैं। स्थायी राष्ट्रीय हित जैसे देश की अखंडता तथा अस्थायी राष्ट्रीय हित जैसे विदेशी पूँजी तथा तकनीकी विकास राष्ट्रीय हितों के संदर्भ में ही भारत ने पश्चिमी एशिया के संकट में इजराइल के बजाय अरब राष्ट्रों का समर्थन किया।

7. ऐतिहासिक परम्पराएँ : प्राचीन काल से ही भारत की नीति शांतिप्रिय रही है भारत ने किसी भी देश पर प्रभुत्व स्थापित करने का प्रयत्न नहीं किया। भारत की यह

परम्परा वर्तमान विदेश नीति में स्पष्ट दिखाई देती है। भारत की विदेश नीति में विश्व शांति और बंधुत्व पर बल दिया गया है जिसके पीछे ऐतिहासिक परम्परा ही है।

भारतीय वैदेशिक नीति के मूल तत्व व सिद्धांत : स्वाधीन भारत की विदेश नीति का विश्लेषण करने पर निम्नांकित विशेषताएँ भारतीय विदेश नीति की दिखाई देती हैं–

1. गुटनिरपेक्षता : भारतीय विदेश नीति का सबसे महत्वपूर्ण तथा विलक्षण सिद्धांत गुटनिरपेक्षता है। जिस समय दोनों महाशक्तियाँ शीत युद्ध की नीति पर चल रही थी तब भारतीय निर्माताओं ने विश्व शांति तथा भारतीय सुरक्षा तथा आवश्यकताओं के हित में यही ठीक समझा कि भारत को शीत युद्ध तथा शक्ति राजनीति से दूर रखा जाए। इस प्रकार भारत नें अलग रहते हुए गुटनिरपेक्षता की नीति को अपनाया। स्वतंत्रता से लेकर आज तक भारत इस नीति का पालन कर रहा है। इसके साथ ही भारत ने गुटनिरपेक्ष आंदोलन को चलाने में अंतर्राष्ट्रीय स्तर पर महत्वपूर्ण भूमिका निभाई है।

2. साम्राज्यवाद तथा उपनिवेशवाद का विरोध : ब्रिटिश साम्राज्यवाद के अधीन दासतां में पिसने के बाद भारत को साम्राज्यवाद, उपनिवेशवाद तथा नस्लवाद की शोषण प्रवृत्ति का पूर्ण आभास है। इन बुराइयों के विरोध को भारत ने अपनी विदेश नीति का मुख्य सिद्धांत माना है। भारत ने उपनिवेशीय शासन से छुटकारा पाने वाले देशों के स्वतंत्रता संघर्ष में उनका साथ दिया है। भारत और अन्य गुटनिरपेक्ष देशों की कोशिशों के कारण नामीबिया को 20 मार्च, 1990 को स्वतंत्रता प्राप्त हुई।

3. नस्लवादी भेदवाद का विरोध : भारत नस्लों की समानता में विश्वास करता है तथा किसी भी नस्ल के लोगों से भेदभाव का पूर्ण विरोध करता है। अपनी इस वैदेशिक नीति के सिद्धांत के आधार पर ही भारत ने दक्षिण अफ्रीका के नस्लवादी शासन की कड़ी आलोचना की है और दक्षिण अफ्रीका के विरूद्ध कुछ प्रतिबंध भी लगाए। तथा उससे कूटनीतिक संबंध तोड़ लिये। नेल्सन मंडेला के प्रयासों से दक्षिण अफ्रीका को श्वेत अत्याचारी शासन से मुक्ति मिली अतः भारत ने भी दक्षिण अफ्रीका पर लगे प्रतिबंधों को समाप्त कर दिया।

4. साधनों की शुद्धता : साधनों की शुद्धता की गाँधीवादी सदगुण के प्रभाव में भारत की विदेश नीति, झगड़ों के निपटारे के लिए, शांतिपूर्ण साधनों में अपना पूर्ण विश्वास प्रकट करती है। शांतिपूर्ण तथा अंहिसात्मक साधनों द्वारा स्वतंत्रता प्राप्ति के बाद से ही भारत अंतर्राष्ट्रीय झगड़ों का शांतिपूर्ण निपटारा करने का दृढ़ सर्मथक तथा अनुयायी रहा है। भारत युद्ध, आक्रमण तथा शक्ति का विरोध करता है।

5. पंचशील की नीति : साधनों की शुद्धता के विश्वास ने भारत को पंचशील का सिद्धांत अपनाने के लिए प्रेरित किया है। पंचशील सिद्धांत का अर्थ है व्यवहार या आचरण के पाँच नियम। 20 जून 1954 को प्रधानमंत्री नेहरू तथा चीनी प्रधानमंत्री चानु–एन॰ लाई के बीच पंचशील के एक समझौते पर हस्ताक्षर किये गए। जिन्हें दोनों ही राष्ट्रों ने अपनी–अपनी विदेश नीतियाँ तथा अंतर्राष्ट्रीय संबंधों में अपनाना था। पंचशील के सिद्धांतों को मान्यता देना स्थायी अंतर्राष्ट्रीय शांति लाने का सकारात्मक ढंग समझा जाता है।

6. संयुक्त राष्ट्र संघ तथा विश्व शांति के लिए समर्थन : भारत संयुक्त राष्ट्र संघ के मूल सदस्यों में से एक है। संयुक्त राष्ट्र की विचारधारा का समर्थन करने तथा इसके क्रियाकलापों में सक्रियता, सकारात्मक तथा रचनात्मक रूप से भाग लेना भारतीय विदेश नीति का महत्वपूर्ण सिद्धांत रहा है। भारत ने अंतर्राष्ट्रीय झगड़ों का निपटारा हमेशा ही संयुक्त राष्ट्र के तत्वाधान में करने की नीति अपनाई है। भारत ने पिछले कुछ वर्षों में संयुक्त राष्ट्र संघ के पुर्नगठन की माँग की है तथा इस संबंध में संयुक्त राष्ट्र सुरक्षा परिषद की स्थायी सदस्यता के लिए अपना दावा प्रस्तुत किया है।

इस प्रकार भारतीय विदेश नीति के ये सिद्धांत को ही है जो भारत के नीति–निर्माताओं ने देखे थे। इन सभी सिद्धांतों ने अंतर्राष्ट्रीय संबंधों में भारत को उसके उद्देश्यों की प्राप्ति में सहायता प्रदान की है।

वर्तमान अंतर्राष्ट्रीय परिप्रेक्ष्य में भारत की विदेश नीति-1990 के बाद बदलते अंतर्राष्ट्रीय परिदृश्य में भारत ने भी अपनी विदेश नीति में बदलाव किया है। शीत युद्ध की समाप्ति के बाद विश्व में एक ध्रुवीय व्यवस्था कायम हो गई है। वैश्वीकरण अथवा भूमंडलीकरण के चलते अंतर्राष्ट्रीय संबंधों में विचारधारा का समापन होने के कगार पर है और

प्रत्येक राष्ट्र आर्थिक हित को प्रधानता देने में लगा है। ऐसे परिवर्तित परिवेश में भारतीय विदेश नीति के प्रमुख लक्ष्य क्या होने चाहिए तथा इन लक्ष्यों की पूर्ति वर्तमान समसामयिक विश्व में कहाँ तक पूरी की जा सकती है। इसका वर्णन निम्नलिखित बिंदुओं के अंतर्गत किया जा सकता है–

1. संयुक्त राष्ट्र सुरक्षा परिषद में स्थायी सदस्यता प्राप्त करना तथा इसके पुर्नगठन का समर्थन करना : संयुक्त राष्ट्र के पुनर्गठन करने वालों में भारत प्रमुख हैं क्योंकि इसका मत है कि 1945 से अब तक संयुक्त राष्ट्र के अन्य संगठनों तथा विश्व राजनीति में काफी परिवर्तन हुआ है। अतः ऐसी स्थिति में संयुक्त राष्ट्र का पुर्नगठन किया जाना चाहिए। साथ ही भारत ने संयुक्त राष्ट्र सुरक्षा परिषद की स्थायी सदस्यता के लिए भी अपना दावा प्रस्तुत किया है। भारत का दावा है कि उसे स्थाई सदस्यता इसलिए भी दी जानी चाहिए क्योंकि वह संयुक्त राष्ट्र का संस्थापक राष्ट्र होते हुए विश्व शांति के सभी प्रयासों में संयुक्त राष्ट्र के साथ कदम से कदम मिलाकर चला है। अपने इन प्रयासों के चलते भारत के नेताओं ने विभिन्न देशों में यात्रा कर विश्व जनमत को अपनी ओर करने के सभी प्रयासों को बनाए हुए है।

2. परमाणु शक्ति के रूप में भारत की छवि को पेश करना : भारत ने अपनी परमाणु नीति की समीक्षा 1998 में भारतीय जनता पार्टी की सरकार में की थी। अतः इस नीति के चलते भारत ने मई 1998 में पोखरण II अभियान के नाम से परमाणु परीक्षण कर पूरे विश्व को अपनी परमाणु क्षमता का परिचय दे दिया है और पूरे विश्व में यह संदेश भी दिया कि उसका परमाणु कार्यक्रम केवल शांति के लिए है न कि युद्ध के लिए।

3. भारत का एक आर्थिक शक्ति के रूप में उभारना : यह भी अब भारत की विदेश नीति का प्रमुख लक्ष्य बन गया है। भारत चाहता है कि 21 वीं शताब्दी में वह एक आर्थिक शक्ति के रूप में उभर कर सामने आए। आज भारत अपनी सोफ्टवेयर तकनीक के कारण विश्व के चुनिंदा देशों में से एक हो गया है। जिसके चलते वह अपनी आर्थिक शक्ति को और मजबूत कर सकता है। भारत में अमेरिकी राष्ट्रपति बिल क्लिंटन की यात्रा के दौरान भारतीय और अमेरिकीय कंपनियों के बीच ऊर्जा, पर्यावरण तथा सूचना प्रौद्योगिकी के क्षेत्र में कुल 2 अरब डालर निवेश के 12 समझौते हुए हैं। साथ ही वियतनाम और इंडोनेशिया के राष्ट्रपतियों तथा सिंगापुर और कम्बोडिया के प्रधानमंत्रियों आदि की भारत यात्रा भी आर्थिक उद्देश्यों को लेकर हुई थी। भारत ने एशिया में क्षेत्रीय सहयोग के संगठन, विशेषकर सार्क, आसियान, हिमतंक्षेस आदि के माध्यम से आर्थिक सहयोग को बढ़ाने की दिशा में कार्य किया है और इन सबके पीछे मुख्य उद्देश्य भारत को एक प्रमुख आर्थिक शक्ति के रूप में विश्व के समक्ष प्रस्तुत करना रहा है।

4. C.T.B.T. को न्यायपूर्ण बनाना : सी॰टी॰बी॰टी॰ का विरोध भारत इसलिए करता रहा है क्योंकि यह पश्चिमी देशों के परमाणु अधिकारों को तो सुरक्षित रखती है जबकि परमाणु विहीन देशों के परमाणु परीक्षणों और उत्पादन पर रोक लगाती है। अतः भारत ने इस संधि को भेदभाव पूर्ण मानते हुए इस पर हस्ताक्षर नहीं किये हैं। भारत ने वर्तमान में भी अपनी विदेश नीति के प्रमुख लक्ष्य के रूप में यह नीति अपनाई है कि वह CTBT के वर्तमान स्वरूप पर हस्ताक्षर नहीं करेगा। भारत इसके स्वरूप को बदलकर इसे एक ऐसे कार्यक्रम से जोड़ना चाहता है जिसमें विश्व के सभी देश एक निश्चित अवधि में सभी हथियारों को नष्ट कर देंगे।

5. विदेशों में सुदृढ़ मित्रों की तलाश/विदेश यात्राओं का दौर : भारत ने अंतर्राष्ट्रीय संबंधों में अपनी भूमिका को और सुदृढ़ करने के लिए विदेशों में अपने मधुर संबंधों को बढ़ाने की नीति अपनाई है। जिसके लिए भारत के प्रधानमंत्री, राष्ट्रपति, गृहमंत्री, विदेश मंत्री तथा रक्षा मंत्रियों ने विदेशों की यात्रा करके विश्व जनमत को अपनी महत्वपूर्ण भूमिका से अवगत करा दिया है। 1999 में राष्ट्रपति की चीन यात्रा तथा फ्रांस यात्रा, गृह मंत्री की 2000 में इजराइल, फिलीस्तीन, फ्रांस तथा इंग्लैंड की यात्रा, प्रधानमंत्री की इटली और पुर्तगाल की यात्रा, तथा सितंबर 2001 की घटना के बाद अमेरिका की यात्राओं से यह साफ झलकता है कि भारत विदेशी मित्रों को अपनी मजबूत स्थिति से अवगत कराना चाहता है।

6. अंतर्राष्ट्रीय आतंकवाद के खिलाफ विश्व जनमत तैयार करना : भारत प्रारंभ से आतंकवाद के विरोध की मुहिम के अंतर्गत विश्व को इसका परिणाम बताता रहा है। लेकिन कारगिल युद्ध (1999), सितंबर 2001 की घटना,

तथा भारतीय संसद पर आतंकवादी हमले के बाद भारत ने अपनी नीति के तहत आतंकवाद को अंतर्राष्ट्रीय स्तर पर विरोध की मुहिम चलाई है और इसके विरूद्ध विश्व जनमत तैयार किया है। भारतीय नेताओं की विदेश यात्राओं के दौरान प्रमुख मुद्दा अंतर्राष्ट्रीय आतंकवाद ही था। सन् 2001 में संयुक्त राष्ट्र महासभा के अधिवेशन में भारत ने आतंकवाद पर सकारात्मक स्वरूप तैयार करने के लिए एक विश्व सम्मेलन का प्रस्ताव रखा जिसका फ्रांस और इंग्लैंड ने समर्थन किया।

7. दक्षिण एशिया का नेतृत्व और प्रतिनिधित्व : वर्तमान में भारतीय विदेश नीति का एक लक्ष्य यह भी है कि वह दक्षिण एशिया में सबसे बड़ा देश होने के नाते अपनी प्रमुख भूमिका अंतर्राष्ट्रीय राजनीति में निभाए। भारत चाहता है कि इस क्षेत्र के सभी विवाद आपसी सहयोग तथा द्विपक्षीय आधार पर सुलझाए जाने चाहिए। किसी तीसरी शक्ति के हस्तक्षेप का भारत ने विरोध किया है। भारत ने कश्मीर विवाद पर पाकिस्तान से बातचीत के द्वारा हल करने की पेशकश की है।

8. अंतर्राष्ट्रीय शांति और सुरक्षा के लिए प्रयास करने की नीति : भारत की विदेश नीति का प्रमुख आधार है अंतर्राष्ट्रीय शांति तथा सुरक्षा की स्थापना। वर्तमान में भी भारत ने इस नीति पर कार्य जारी रखा है तथा संयुक्त राष्ट्र संघ के द्वारा विश्व शांति के प्रत्येक प्रयास में सहभागी बने रहने की नीति अपनाई है। भारत ने खाड़ी युद्ध (1991) तथा अफगानिस्तान में शांति की स्थापना में संयुक्त राष्ट्र की भूमिका में अपना सहयोग प्रदान किया है लेकिन साथ ही भारत ने संयुक्त राष्ट्र पर अमेरिकी दादागिरी का भी विरोध किया है।

9. 'नाम' की प्रासंगिकता को बनाये रखना : भारत ने 1990 के बाद बदले हुए अंतर्राष्ट्रीय परिवेश में भी गुटनिरपेक्षता को अपनी विदेश नीति का प्रमुख लक्ष्य स्वीकार किया है। 1990 के बाद इस मंच को भारत विकासशील देशों के लिए आर्थिक मुद्दों की माँग के लिए पेश करना चाहता है। भारत की मान्यता है कि 'नाम' एक ऐसा विश्वस्तरीय मंच है। जिसकी अवहेलना कोई नहीं कर सकता। भारत ने NAM की प्रासंगिकता को बनाये रखने के लिए कई तर्क भी दिये हैं–जैसे, 'नई अंतर्राष्ट्रीय आर्थिक व्यवस्था' की प्राप्ति के लिए यह एक सुदृढ़ भय है, अमेरिका जैसी महाशक्ति के विकल्प के रूप में भी भारत NAM को देखता है, अमेरिकी दादागिरी तथा विश्व की आर्थिक मंडियों पर उसके कब्जे को NAM एक बेहतर विरोध मंच प्रदान करता है तथा NAM ही वह शक्ति है जो विश्व को एकध्रुवीय बनने से रोक सकता है।, संयुक्त राष्ट्र के पुर्नगठन तथा संयुक्त राष्ट्र की सुरक्षा परिषद् में अपने स्थाई सदस्यता के दावे को भी भारत NAM के माध्यम से मजबूती से पेश कर सकता है। अतः भारत् की वर्तमान में यह नीति रही है कि NAM को बनाये रखा जाए और इसके माध्यम से विकासशील देशों के बीच सहयोग को और बढ़ाया जाए।

9. भारत-पाकिस्तान संबंधों में सुधार के प्रयत्न : भारत ने हमेशा पाकिस्तान को एक अच्छे पड़ोसी का दर्जा प्रदान किया है। संसद पर हमले की दुखद घटना के बाद जो संबंध भारत–पाकिस्तान के बीच बंद हो गए थे उसे भारत ने फिर से शुरू करने की पेशकश की है। वर्तमान में भारत की विदेश नीति का एक लक्ष्य यह भी है कि पड़ोसियों से अपने संबंधों को सुधारा जाए। इसी के चलते भारत ने पाकिस्तान के साथ रेल सेवा, बस सेवा, वायु सेवा खाोलने के साथ–साथ अन्य नए रूटों की आवाजावी तथा पासपोर्ट नियम लचीले करने का भी प्रस्ताव रखा है साथ ही भारत ने पाकिस्तान से क्रिकेट संबंधों को शुरू करने का फैसला किया है। द्विपक्षीय मुद्दों को आपसी बातचीत से हल करने की मुहिम के अंर्तगत भारतीय प्रधानमंत्री अटल बिहारी वाजपेयी ने जनवरी 2004 में इस्लामाबाद में होने वाले सार्क शिखर–सम्मेलन में भाग लेना, तथा पाकिस्तानी प्रधानमंत्री से द्विपक्षीय सहयोग पर बातचीत करने का निर्णय किया है।

उपरोक्त लक्ष्य वर्तमान में भारत की विदेश नीति के प्रमुख आयाम भी हैं। जिन्हें भारत ने बदलते अंतर्राष्ट्रीय परिवेश के अंर्तगत ढालने की कोशिश की है।

भारत की नाभिकीय नीति : भारत विश्व के उन राष्ट्रों में से है जिन्हें परमाणु क्षमता वाले देश कहा जाता है। भारत ने मई 1974 को पोखरण I तथा मई 1998 को पोखरण II के तहत परमाणु विस्फोट करके अपनी परमाणु क्षमता का परिचय दिया है। परंतु साथ ही भारत ने कहा कि उसका यह विस्फोट शांति तथा सुरक्षा के उद्देश्यों के लिए है। भारत की परमाणु नीति के निर्धारण में हीरोशिमा,

नागासाकी की घटना ने अप्रत्यक्ष रूप से महत्वपूर्ण भूमिका निभाई इस घटना के समय भारत का परमाणु कार्यक्रम अपने प्रारंभिक चरण में था। चीन युद्ध के बाद भारत ने राष्ट्रीय सुरक्षा के प्रति चिंता प्रकट करते हुए अपने परमाणु कार्यक्रम पर गंभीरता से सोचना शुरू कर दिया और 1974 में भारत ने पहला परमाणु विस्फोट किया 1991 में शीत युद्ध की समाप्ति के बाद, अंतर्राष्ट्रीय स्थिति में परिवर्तन आया, अमेरिका विश्व का एकमात्र महाशक्ति देश बन गया। इधर आतंकवाद से मुकाबला करना कड़ी चुनौती बनता जा रहा था साथ ही दक्षिण एशिया में शांति स्थापना करने के लिए भी भारत प्रतिबंद्ध था। अतः शांति में लक्ष्य को उद्देश्य रखते हुए भारत ने 1998 में पोखरण में दूसरा परमाणु विस्फोट कर अपनी नाभिकीय नीति का परिचय दिया। भारत की नाभिकीय नीति का वर्णन निम्नलिखित प्रकार से किया जा सकता है :–

I. 1963 में PTBT, 1968 की NPT और भारत-भारत निःशस्त्रीकरण का हमेशा से पक्षधर रहा है और इसी आधार पर भारत ने PTBT पर तुरंत हस्ताक्षर किये। इस संधि के अंर्तगत भूगर्भ परीक्षणों को छोड़कर बाह्य आकाश, समुद्र और वायुमंडल में अणु परीक्षण करने पर रोक लगा दी गई। लेकिन भारत ने 1968 की NPT संधि पर हस्ताक्षर करने से इंकार कर दिया। क्योंकि भारत का मानना है कि–(i) यह संयुक्त राष्ट्र के निशस्त्रीकरण सिद्धांत के प्रतिकूल है, (ii) यह संधि भेदभाव पूर्ण है। जो परमाणु संपन्न और परमाणु विहीन राज्यों के वर्तमान विभाजन को निरंतर बनाये रखना चाहती है, (iii) यह संधि उन देशों के लिए अहितकर है जो न्यूक्लीय शस्त्रों का निर्माण कर सकते हैं, (iv) इस संधि में ऐसी कोई व्यवस्था नहीं जिससे चीन की परमाणु शक्ति से भारत की सुरक्षा सुनिश्चित हो सके। अतः भारत ने इस पर हस्ताक्षर नहीं किये। भारत, पश्चिमी जर्मनी, इटली, संयुक्त अरब गणराज्य, रूमानिया, ब्राजील, अर्जेन्टीना, नाइजीरिया ने भी उपरोक्त कारणों से इस संधि पर हस्ताक्षर नहीं किये हैं।

II. भारत द्वारा न्यूयार्क समीक्षा सम्मेलन का बहिष्कार : NPT की समीक्षा के लिए एक विश्व सम्मेलन मई, 1995 में न्यूयार्क में हुआ तथा इस संधि के कार्यकाल को भविष्य में अनिश्चित समय के लिए बढ़ा दिया गया। भारत को इस सम्मेलन में आने का आहवान किया गया, परंतु भारत ने अपनी परमाणु नीति पर अमल करते हुए इस सम्मेलन का बहिष्कार किया।

III. भारत द्वारा CTBT पर हस्ताक्षर न करना : इस संधि के अनुसार, जो 1997 में की गई थी, यह व्यवस्था की गई है कि कोई भी देश परमाणु परीक्षण नहीं करेगा लेकिन परमाणु शस्त्र धारक देश अपने–अपने परमाणु शस्त्र बनाए रखेंगे तथा वे प्रयोगशालाओं को परमाणु अनुसंधान हेतु निमित परीक्षण कर सकेंगे। भारत जैसे देश जो कि शांतिपूर्ण परमाणु शक्ति विकास के लिए कार्य कर रहा है इस संधि को पक्षपातपूर्ण एवं अपमान मानता है तथा इसका विरोध करता है। भारत ने इस पर निम्न कारणों से हस्ताक्षर नहीं किये हैं–(i) संधि के प्रस्ताविक मसौदे में परमाणु निशस्त्रीकरण का कोई प्रावधान नहीं रखा गया है, (ii) यह संधि बहुत संर्कीण है क्योंकि यह केवल नए विस्फोट रोकने की बात करती है, पर नए तकनीकी विकास एवं नए परमाणु शस्त्रों के विषय में चुप हैं, (iii) संधि का स्वरूप, परमाणु शस्त्रों की तकनीकी उपलब्धता को बरकरार रखकर उनके हितों की रक्षा करने के लिए अधिक है न कि संपूर्ण निशस्त्रीकरण के लिए, (iv) यह संधि भेदभावपूर्ण है क्योंकि इससे परमाणु शक्तियों के स्वामियों के शस्त्रों को वैधता प्राप्त हो जाएगी तथा वह अंतर्राष्ट्रीय संबंधों में परमाणु साम्राज्यवाद थोपने में सफल हो जायेंगे, (v) इस संधि को पूर्ण लागू करना असंभव होगा क्योंकि कुछ देश गुप्त रूप में परमाणु परीक्षण करते रहेंगे, (vi) चीन ने अभी अपने परमाणु शस्त्र कार्यक्रम को पूरा करना है अतः वह CTBT को एक अधूरी एकपक्षीय, पक्षपातपूर्ण तथा अन्यायपूर्ण संधि मानते हुए भारत न तो इस संधि का पक्षधर है और न ही इन संधि के संबंध में हो रही जेनेवा बातचीत में शामिल है।

IV. भारत द्वारा पोखरण परमाणु विस्फोट (मई 1998) : मई 1998 में पोखरण II आप्रेशन में भारत ने 5 परमाणु परीक्षण कर अपने को विश्व के परमाणु क्षमता धारक देशों में शामिल कर लिया। इसमें विरूद्ध विश्व की परमाणु शक्तियों ने भारत पर प्रतिबंध लगाने की धमकी दी परंतु भारत ने स्पष्ट कर दिया की उसका परमाणु कार्यक्रम केवल देश की शांति और सुरक्षा से जुड़ा हुआ है और इसी लिए उसने यह परीक्षण किये हैं। भारत ने अपनी नाभिकीय नीति स्पष्ट करते हुए कहा है कि वह परमाणु शक्ति संपन्न

देशों की होड़ में नहीं आना चाहता और निशस्त्रीकरण के किसी भी प्रयास में वह पहल करने की नीति को अपनाएगा।

भारत की परमाणु नीति : भारत ने अपनी परमाणु नीति को स्पष्ट करते हुए 27 मई, 1998 संसद के दोनों सदनों में एक घोषणा पत्र पेश किया गया और भारत की वर्तमान परमाणु नीति के कार्यक्रमों पर एक विवरण प्रस्तुत किया गया। कुल मिलाकर भारत की परमाणु नीति के मुख्य बिंदुओं को निम्नलिखित रूप से स्पष्ट किया जा सकता है–

1. भारत एक न्यूनतम नाभिकीय निवारक बनाये रखेगा और उसमें ऊपर जाने की कोशिश नहीं करेगा;
2. भारत में विश्व में चल रही शस्त्रों की किसी भी होड़ में शामिल होने की माँग नहीं है और वह शांति स्थापना के प्रयत्न जारी रखेगा;
3. भारत नाभिकीय हथियारों का पहले प्रयोग न करने की अपनी नीति का अनुमोदन करता है;
4. भारत CTBT सहित अन्य मसलों के लिए एक सफल निष्कर्ष पर पहुँचने को तैयार है और इस संबंध में अपनी वार्ता को महत्वपूर्ण मानता है;
5. भारत निशस्त्रीकरण सम्मेलन में विखंडनीय सामग्री के उत्पादन पर रोक लगाने के लिए एक संधि पर वार्ताओं में शामिल है तथा ऐसी किसी भी संधि का भारत स्वागत करेगा ;
6. भारत नाभिकीय हथियार निर्माण सामग्री एवं औद्योगिकी का हस्तातंरण नहीं करेगा ;
7. भारत का नाभिकीय शस्त्रागार नागरिक अधिकार और नियंत्रण में है अतः इससे विश्व निशस्त्रीकरण को कोई खतरा नहीं है ;
8. भारत में एक राष्ट्रीय सुरक्षा परिषद् की स्थापना की गई है तथा इसे समारिक प्रतिरक्षा की समीक्षा करने के लिए कहा गया है ;

वर्तमान में भारत की परमाणु नीति : वर्तमान अंतर्राष्ट्रीय परिदृश्य में भारत ने अपनी नाभिकीय नीति को निम्न आधारों पर प्रस्तुत किया है–

1. भारत की परमाणु नीति निरंतरता की सूचक है, 1998 को पोखरण में किये गए विस्फोट से न केवल भारत की सोच में स्वतंत्रता आएगी बल्कि भारत भी आत्मनिर्भर होगा ;
2. किसी भी परमाणु संपन्न राष्ट्रों द्वारा, जिन्होंने NPT हस्ताक्षर नहीं किये हैं। जिससे यह साबित होता है कि भारत किसी निशस्त्रीकरण के सिद्धांत का पालन कर रहा है ;
3. भारत के परमाणु अस्त्र केवल स्वतः सुरक्षा के काम आएगा इसका अर्थ है कि भारत न शस्त्रों की होड़ में पड़ेगा न किसी प्रकार की परमाणु धमकी, न दबाव में आएगा ;
4. भारत की परमाणु नीति दुनिया में संभव और खुलेपन की एक मिसाल है। यह शक्ति मंथन किसी तरह की दुविधा से पैदा नहीं होता ;
5. निशस्त्रीकरण भारत सरकार की विदेश नीति का एक आवश्यक तत्व है। इसलिए भारत किसी भी तरह की निशस्त्रीकरण की व्रार्ता में शामिल होने के लिए तैयार है ;
6. भारत ने फिलहाल परमाणु कार्यक्रम को स्थगित करने की घोषणा कर दी है।
7. भारत अपनी राष्ट्रीय सुरक्षा को सबसे अहम मानता है अतः सुरक्षात्मक कारणों से भारत शांतिपूर्ण कार्यों के लिये इस कार्यक्रम को जारी रख सकता है।

बहुविकल्पीय प्रश्न

1. मार्क्स के राजनीतिक कथन में विचारधारा अभिव्यंजक है–
A. न्याय के सार्वभौमिक सिद्धान्तों का
B. विचारों, विश्वासों, मूल्यों और आकांक्षाओं की किसी व्यवस्था का, जो एक सामाजिक व्यवस्था की सूचना देते हैं
C. सर्वहारा वर्ग के राजनीतिक आदर्शों का
D. मिथ्या चेतना का

2. निम्नलिखित कथनों में से कौन-सा एक आधुनिक उदारतावाद के बारे में सही नहीं है?
A. यह 'स्वत्वात्मक व्यक्तिवाद' (Possessive individualism) के सिद्धान्त पर आधारित है
B. यह सकारात्मक स्वतंत्रता के विचार को स्वीकार करता है
C. यह लोक कल्याणकारी राज्य के सिद्धान्त में विश्वास करता है
D. यह वितरक न्याय के अभिमत का समर्थन करता है

3. निम्नलिखित कथनों में से कौन-सा कथन सही है? एक लोक कल्याणकारी राज्य की परिकल्पना में निहित है–
A. एक पूर्ण समतावादी समाज
B. उत्पादन के साधनों पर राज्य का स्वामित्व
C. व्यक्तिगत सम्पत्ति की समाप्ति
D. एक ऐसी व्यवस्था जो सामाजिक सुरक्षा और जरूरत मन्द तथा विपन्न लोगों को सहायता देने के लिए राज्य के हस्तक्षेप के साथ-साथ वैयक्तिक सम्पत्ति के अधिकार को मिलाती हो

4. वितरक न्याय के लिए आधार हैं–
A. योग्यता और अर्हता
B. अर्हता और आवश्यकता
C. योग्यता और आवश्यकता
D. योग्यता, अर्हता और आवश्यकता

5. निम्नलिखित में से कौन-सा नकारात्मक स्वतंत्रता का प्रतिपादक है?
A. टी॰एच॰ ग्रीन B. इसइआ बर्लिन
C. रूसो D. मार्क्स

6. "एक सभ्य समुदाय के किसी सदस्य की इच्छा के विरुद्ध शक्ति का समुचित प्रयोग करने का केवल एक ही लक्ष्य होना चाहिए कि जिससे दूसरों को हानि न पहुँचे"
उपर्युक्त विचार सम्बन्धित है–
A. जे॰एस॰ मिल से B. टी॰एच॰ ग्रीन से
C. थॉमस पेन से D. हेरॉल्ड जे॰ लास्की से

7. बार्कर का न्याय-सम्बन्धी विचार संश्लेषण है–
A. स्वतंत्रता और समानता का
B. स्वतंत्रता, समानता और भ्रातृत्व का
C. समानता और भ्रातृत्व का
D. स्वतंत्रता और भ्रातृत्व का

8. "बुद्धि खतरनाक है, क्योंकि यह श्रद्धा की उपेक्षा करती है; विज्ञान विध्वंसक है, क्योंकि यह हर विश्वास का हरण करता है; तर्क खराब है, क्योंकि यह नैतिक विचार के विरुद्ध दूरदर्शिता की बात करता है"
निम्नलिखित में से कौन-सा एक उपर्युक्त विचार का समर्थन करता है?
A. रूसो B. हॉब्स
C. लॉक D. माण्टेस्क्यू

9. लॉक के अनुसार
"सभ्य समाज के रूप में संगठित होने और सरकार के अधीन अपने को बनाए रखने में मनुष्यों का बड़ा और प्रमुख लक्ष्य अपनी सम्पत्ति की सुरक्षा था"
उपर्युक्त कथन में सम्पत्ति शब्द इंगित करता है–
A. जीवन-निर्वाह के भौतिक साधनों को
B. जीवन, स्वतंत्रता और सम्पत्ति
C. जीवन, स्वतंत्रता और राज्य को
D. धन के असीमित संग्रह को

10. निम्नलिखित कथनों पर विचार कीजिए–
1. राजनीतिक शक्ति एक वर्ग की वह संगठित शक्ति है जो दूसरे वर्ग पर दमन के लिए है।

2. राज्य का अस्तित्व बने रहने से समाज में वर्ग-विद्वेष बना रहना अपरिहार्य है।
3. राज्य समाज पर बाहर से आरोपित शक्ति नहीं है वास्तव में यह समाज के विकास के विशेष चरण में उसका उत्पाद है।
4. राज्य नागरिक समाज से स्वतंत्र है।

उपर्युक्त कथनों में से कौन-कौन से राज्य के मार्क्सवादी सिद्धान्त के प्रतिपादक हैं?

A. 1 और 2 B. 1, 2 और 3
C. 1 और 4 D. 2, 3 और 4

11. सूची I (सम्पत्ति के बारे में विचार) को सूची II (राजनीतिक चिन्तकों के नाम जो उक्त विचार के हैं) से सुमेलित कीजिए और सूचियों के नीचे दिए हुए कूट का प्रयोग कर सही उत्तर चुनिए–

सूची I

(a) सम्पत्ति का स्वामित्व निजी होना चाहिए, किन्तु उसका प्रयोग समान्य हित के लिए होना चाहिए।
(b) सम्पत्ति चोरी है।
(c) जब एक मनुष्य प्रकृति की वस्तुओं में अपना श्रम मिश्रण कर देता है, तो वे उसकी सम्पत्ति हो जाती है।
(d) सम्पत्ति के स्वामी को चाहिए कि वह अपने को उसका अभिरक्षक (Custodian) समझे

सूची II

1. कार्ल मार्क्स 2. जॉन लॉक
3. महात्मा गांधी 4. प्रूधों
5. अरस्तू

कूट:

	(a)	*(b)*	*(c)*	*(d)*
A.	5	4	2	3
B.	4	5	3	1
C.	5	4	3	1
D.	4	1	2	3

12. सूची I को सूची II से सुमेलित कीजिए और सूचियों के नीचे दिए हुए कूटों का प्रयोग कर सही उत्तर चुनिए–

सूची I

(a) विलोबी *(b)* लॉक
(c) रूसो *(d)* जेम्स I

सूची II

1. टू ट्रीटाइजेज ऑफ सिविल गवर्नमेण्ट (Two Treatises of Civil Government)
2. लॉ ऑफ फ्री मोनार्कीज (Law of Free Monarchies)
3. द नेचर ऑफ स्टेट (The Nature of State)
4. दि सोशल कान्ट्रैक्ट (The Social Contract)

कूट:

	(a)	*(b)*	*(c)*	*(d)*
A.	1	3	2	4
B.	1	3	4	2
C.	3	1	2	4
D.	3	1	4	2

13. लोक कल्याणकारी राज्य का सर्वाधिक महत्त्वपूर्ण कार्य उन परिस्थितियों का निर्माण करना है जो सुनिश्चित करे–

A. निष्पक्ष निर्वाचन
B. स्वतंत्रता
C. सामाजिक न्याय
D. विचार-अभिव्यक्ति की स्वतंत्रता

14. "सही अर्थों में अधिकार विधि की सृष्टि कहे जा सकते हैं।" यह विचार है–

A. टी॰एच॰ ग्रीन का B. लॉस्की का
C. डुग्वी का D. बेन्थम का

15. निम्नलिखित विशेषताओं पर विचार कीजिए–

1. नाममात्रीय या नामधारी राज्याध्यक्ष की उपस्थिति
2. मंत्रिमंडल का सामूहिक उत्तरदायित्व
3. विधायिका के प्रति कार्यपालिका की जवाबदेही
4. शक्तियों का पृथक्करण

इनमें से कौन-कौन-से संसदीय सरकार के लक्षण हैं?

A. 2, 3 और 4 B. 1, 2 और 4
C. 1, 3 और 4 D. 1, 2 और 3

16. संघीय व्यवस्था में–

A. संघ का विघटन हो सकता है
B. राज्य संघ से पृथक् हो सकते हैं
C. संघ अनश्वर है
D. संघ और राज्य अनश्वर हैं

17. निम्नलिखित में से कौन-सा एक वक्तव्य अमेरिका की अध्यक्षात्मक प्रणाली में "नियन्त्रण और सन्तुलन के सिद्धान्त" को सही प्रकार से स्पष्ट करता है?
A. संघीय सरकार की बढ़ती हुई शक्तियों को नियंत्रित करना और राज्य की शक्तियों के विरुद्ध उन्हें सन्तुलित करना
B. राज्य की बढ़ती हुई सत्ता को नियंत्रित करना तथा व्यक्तियों के अधिकारों और स्वतंत्रता के प्रति उन्हें सन्तुलित करना
C. विधायिका, कार्यपालिका और न्यायपालिका के कार्य एक-दूसरे को नियंत्रित कर सकें जिससे सरकार का कार्य संचालन सरलतापूर्वक सम्पन्न करने के लिए संवैधानिक संतुलन बने
D. सर्वोच्च न्यायालय की न्यायिक पुनर्विलोकन की शक्तियों को इस तरह नियंत्रित करना कि जिससे संघीय न्यायिक शक्तियाँ राज्य की न्यायिक शक्तियों के विरुद्ध सन्तुलित की जा सकें।

18. निम्नलिखित युग्मों पर विचार कीजिए–
1. कैन्टोन्मेंट बोर्ड –
रक्षा मंत्रालय द्वारा केन्द्रीय प्रशासित
2. नोटीफाइड एरिया कमेटी –
नए विकासशील नगरों का प्रशासन
3. म्युनिसिपल कौंसिल –
एक निर्वाचित मेयर की अध्यक्षता में प्रशासन
इनमें से कौन-कौन से युग्म सही सुमेलित हैं?
A. 1 और 2 B. 1 और 3
C. 1, 2 और 3 D. 2 और 3

19. निम्नलिखित में से किसने स्थानीय स्वशासन को भारत में लागू किया?
A. लॉर्ड माउण्डबेटन B. लॉर्ड रिपन
C. लॉर्ड कैनिंग D. लॉर्ड मेकॉले

20. निम्नलिखित में से कौन-सा एक मंत्रिमंडल को उत्तरदायी बनाने का उपाय नहीं है?
A. मंत्रियों से प्रश्न पूछना
B. निंदा प्रस्ताव (Vote of Censure)
C. ध्यानाकर्षण प्रस्ताव (Call Attention Motion)
D. अविश्वास प्रस्ताव (No Confidence Motion)

21. "मंत्रिमंडल वह समासक है जो कार्यपालिका को विधायिका से जोड़ने में बकसुआ का काम करता है"–
A. चार्ल्स मेरियम के अनुसार
B. जासेप शुम्पीटर के अनुसार
C. सी॰एफ॰स्ट्रॉन्ग के अनुसार
D. वाल्टर बेजहाट के अनुसार

22. अध्यक्षात्मक शासन-प्रणाली में मंत्रिमंडल के सदस्य–
A. विधायिका द्वारा निर्वाचित होते हैं
B. जिस राजनीतिक दल का राष्ट्रपति होता है उसी दल के सभी सदस्य होते हैं
C. राष्ट्रपति द्वारा मनोनीत होते हैं
D. विधायिका के सभी निर्वाचित प्रतिनिधि होते हैं

23. निम्नलिखित स्थायी समितियों में से किस एक के सदस्यों का चयन लोक सभा के सदस्यों में से ही होता है?
A. लोक लेखा समिति
B. प्राक्कलन समिति
C. सार्वजनिक उपक्रम समिति
D. प्रत्यायोजित विधान समिति

24. भारत में मताधिकार और निर्वाचित होने का अधिकार है–
A. मौलिक अधिकार
B. संवैधानिक अधिकार
C. नैसर्गिक अधिकार
D. विधिक अधिकार

25. निम्नलिखित कथनों पर विचार कीजिए–
सार्वजनिक हित में याचिका स्वीकार की जा सकती है, जबकि उसे प्रस्तावित किया गया हो–
1. एक व्यक्ति द्वारा जब उसके हित प्रभावित हों।
2. एक समूह द्वारा जब उसके सदस्यों के हित प्रभावित हों।
3. एक व्यक्ति अथवा समूह द्वारा जब आम तौर पर जनसाधारण के हित प्रभावित हों
4. एक व्यक्ति द्वारा एक समूह की सहायता से समूह के हितों की सुरक्षा के लिए
इनमें से कौन-सा/से कथन सही है/हैं?
A. 1, 2, 3 और 4 B. 1, 2 और 3
C. मात्र 3 D. मात्र 4

26. "भारत में किसी भी राज्य की विधायिका उस राज्य में उच्च न्यायालय के क्षेत्राधिकार को X"
इस कथन में 'X' का अर्थ है–
A. बढ़ा सकती है
B. सीमित कर सकती है
C. समाप्त कर सकती है
D. बढ़ा, सीमित या समाप्त नहीं कर सकती

27. भारतीय संविधान की छठीं अनुसूची उन आदिवासी क्षेत्रों के सम्बन्ध में विशेष प्रशासकीय प्रावधान करती है, जो हैं–
A. असम, मेघालय, त्रिपुरा और मिजोरम में
B. मेघालय, असम, नागालैण्ड और मणिपुर में
C. त्रिपुरा, मणिपुर, मिजोरम और मेघालय में
D. अरुणाचल प्रदेश, नागालैंड, असम और त्रिपुरा में

28. निम्नलिखित में से किस एक राज्य में संवैधानिक दृष्टि से राज्यपाल के लिए अनिवार्य है कि वह आदिवासी मामलों के प्रभारी के रूप में एक मंत्री भी नियुक्त करे?
A. बिहार B. मध्य प्रदेश
C. उड़ीसा D. नागालैंड

29. भारत सरकार का प्रथम विधि अधिकारी कौन है?
A. भारत का मुख्य न्यायाधीश
B. संघीय विधि मंत्री
C. भारत का महान्यायवादी
D. विधि सचिव

30. एक न्यायालय द्वारा किसी निम्न अधिकारी को रिट जारी कर सम्बन्धित मुकदमा अपने पास मँगाने अथवा उसे किसी अन्य उच्च अधिकारी के पास विचार-हेतु भेजने का आदेश देने को कहते हैं–
A. उत्प्रेषण (Certiorari)
B. परमादेश (Mandamus)
C. अधिकारपृच्छा (Quo Warranto)
D. निषेध (Prohibition)

31. किसी राज्य की विधान परिषद् को समाप्त अथवा निर्मित किया जा सकता है–
A. संसद की संस्तुति से भारत के राष्ट्रपति द्वारा
B. सम्बन्धित राज्य की विधान सभा द्वारा
C. एक सामान्य विधायन से संसद द्वारा
D. सम्बन्धित राज्य की विधान सभा की संस्तुति पर संसद द्वारा

32. निम्नलिखित कथनों में से कौन-सा एक राज्य सभा के बारे में सही है?
A. इसके एक-तिहाई सदस्य हर तीन वर्ष बाद अवकाश ग्रहण करते हैं
B. इसके दो-तिहाई सदस्य हर तीन वर्ष के पश्चात् अवकाश ग्रहण करते हैं
C. इसके दो-तिहाई सदस्य हर दो वर्ष के पश्चात् अवकाश ग्रहण करते हैं
D. इसके एक-तिहाई सदस्य हर दो वर्ष के पश्चात् अवकाश ग्रहण करते हैं

33. निम्नलिखित में से किस एक प्रपत्र में सर्वप्रथम घोषित किया गया कि व्यक्तियों की रचना समान हुई है'?
A. 'मैग्ना कार्टा'
B. 'स्वतंत्रता की घोषणा', 1776
C. मानव के अधिकारों की घोषणा, 1789
D. भारत का संविधान, 1950

34. भारत के उपराष्ट्रपति को उसके पद से हटाया जा सकता है–
A. राज्य सभा में प्रस्ताव को आरम्भ करने के पश्चात् लोक सभा की स्वीकृति द्वारा
B. लोक सभा के प्रस्ताव तथा राज्य सभा की सहमति द्वारा
C. दोनों सदनों की एक संयुक्त सत्र की बैठक में स्वीकृत प्रस्ताव द्वारा
D. महाभियोग की औपचारिकताओं के बाद

35. भारत के संविधान के अनुसार निम्नलिखित में से कौन-सा एक अधिकार आपातकाल में छीना नहीं जा सकता?
A. भाषण का अधिकार
B. आवागमन का अधिकार
C. जीवन का अधिकार
D. संगठित होने का अधिकार

36. भारत के संविधान में अस्पृश्यता (Untouchability) को समाप्त कर दिया गया है–
A. अनुच्छेद 14 द्वारा B. अनुच्छेद 15 द्वारा
C. अनुच्छेद 16 द्वारा D. अनुच्छेद 17 द्वारा

37. निम्नलिखित कथनों पर विचार कीजिए–
मौलिक कर्त्तव्य:
1. भारत के संविधान के सदा अंग रहे हैं।
2. संविधन-संशोधन के द्वारा जोड़े गए हैं।
3. भारत के सभी नागरिकों के लिए अधिदेशात्मक हैं।
इनमें से कौन-सा/से वक्तव्य सही है/हैं?
A. 1 और 3 B. केवल 1
C. केवल 2 D. 2 और 3

38. निम्नलिखित में से कौन-सा एक राज्य के नीति-निर्देशक सिद्धान्तों का उद्देश्य नहीं है?
A. एक लोक कल्याणकारी राज्य की स्थापना करना
B. सामाजिक-आर्थिक न्याय को सुनिश्चित करना
C. एक धार्मिक राज्य की स्थापना करना
D. एक पंथ निरपेक्ष राज्य की स्थापना करना

39. भारत के संविधान के किस भाग में अन्तर्राष्ट्रीय शान्ति और सुरक्षा हेतु राज्य को दायित्व सौंपा गया है?
A. मौलिक अधिकारों में
B. राज्य के नीति–निर्देशक सिद्धान्तों में
C. आपातकालीन प्रावधानों में
D. संविधान की प्रस्तावना में

40. निम्नलिखित युग्मों पर विचार कीजिए–
1. अध्यक्षात्मक लोकतंत्र–मन्त्रिमंडल का वर्चस्व विधायिका के अन्दर और बाहर
2. संसदीय लोकतंत्र–कार्यपालिका और विधायिका के बीच सामंजस्यपूर्ण सम्बन्ध
3. सरकार का एकात्मक स्वरूप–स्थानीय सरकार किन्हीं प्रारम्भिक शक्तियों के बिना
निम्नलिखित में से कौन-सा युग्म सही सुमेलित है?
A. 1, 2 और 3 B. 1 और 2
C. 1 और 3 D. 2 और 3

41. यदि भारत की संघ सरकार किसी राज्य या राज्यों के समूह को निर्देश दे कि वह निःशुल्क तथा अनिवार्य शिक्षा (अनुच्छेद 45), गोहत्या निषेध (अनुच्छेद 48) तथा मदिरा नशाबन्दी (अनुच्छेद 47) को लागू करे और यदि राज्य इसे लागू करने से इनकार कर दें, तो–
A. अनुच्छेद 365 का अवलम्ब इन राज्यों के विरुद्ध लिया जा सकता है
B. एक जाँच आयोग इन राज्यों में भेजा जा सकता है
C. भारत के राष्ट्रपति विशेष अध्यादेश जारी कर सकते हैं
D. संसद इन अनिच्छुक राज्यों की ओर से कोई विधायन कर सकता है

42. लॉक ने सामाजिक संविदा सिद्धान्त का प्रयोग किया है–
A. राजनीतिक निरंकुशतावाद (Absolutism) का औचित्य ठहराने के लिए
B. न्यायिक अंग की सर्वोच्चता का औचित्य ठहराने के लिए
C. उदारवादी लोकतंत्रीय राज्य का औचित्य ठहराने के लिए
D. नागरिक की राज्य के लिए पूर्ण-रूपेण निष्ठा का औचित्य ठहराने के लिए

43. राष्ट्रीय दल की मान्यता के लिए दल के लिए यह आवश्यक है कि उसे पिछले चुनाव में कम-से-कम–
A. वैध मतों का 6 प्रतिशत चार या अधिक राज्यों में प्राप्त हो
B. वैध मतों का 4 प्रतिशत चार या अधिक राज्यों में प्राप्त हो
C. वैध मतों का 15 प्रतिशत दो राज्यों में प्राप्त हो
D. वैध मतों का 25 प्रतिशत एक राज्य में प्राप्त हो

44. भारत में राजनीतिक दलों का पंजीयन होता है–
A. संविधान के अनुच्छेद 324 के प्रावधानों के अनुसार
B. जन प्रतिनिधित्व अधिनियम, 1951 के प्रावधानों के अनुसार
C. स्वयं चुनाव आयोग के निर्णय के अनुसार
D. चुनाव आयोग द्वारा मंत्रिमंडल की राजनीतिक मामलों की समिति से विमर्श के पश्चात् लिए गए निर्णय के अनुसार

45. सीमाओं में ऐसी हेर-फेर जिसके द्वारा सत्ताधारी दल को यथासम्भव अधिक-से-अधिक स्थान (दूसरे दलों की कीमत पर) प्राप्त हों, कहलाती है–

A. फिलिबस्टरिंग (Filibustering)
B. जैरीमैण्डरिंग (Gerrymandering)
C. गिलोटिन (Guillotine)
D. लॉग रॉलिंग (Log-rolling)

46. निम्नलिखित देशों में से किस एक ने एक ही प्रयास में सर्वजनीन वयस्क मताधिकार को प्रारम्भ किया?

A. यू. कें.
B. भारत
C. यू. एस. ए.
D. ऑस्ट्रेलिया

47. निम्नलिखित में से कौन है जिसने यह तर्क दिया कि सर्वजनीन मताधिकार (Universal suffrage) सम्पत्ति स्वामियों के साथ अन्याय है?

A. हेनरी मेन
B. एच.जे. लॉस्की
C. जे.एस. मिल
D. डब्ल्यू.एफ. विलोबी

48. निम्नलिखित में से कौन-सा एक कार्यपालिका का न्यायिक कार्य है?

A. विधेयकों को पास करना
B. विधायी विशेषाधिकारों का संरक्षण
C. महाभियोग (Impeachment)
D. उन व्यक्तियों को दण्ड निलम्बन (Reprieve) दिलाना जिन्हें मृत्यु दण्ड (Capital punishment) की सजा अधिनिर्णीत की गई हो

49. जनमत का वास्तविक अर्थ है–

A. तर्क पर आधारित मत
B. बहुमत का मत
C. वह मत जो सारे समुदाय के कल्याण को लक्ष्य करे
D. सर्व सम्बन्धित पक्षों का मत

50. निम्नलिखित युग्मों पर विचार कीजिए–

1. लॉक – स्वतंत्रता तथा अनुज्ञप्ति (Liberty and licence)
2. इसाया बर्लिन – दल की तानाशाही (Dictatorship of the party)
3. बेन्थम – सहमति का सिद्धान्त (Doctrine of consent)

इनमें से कौन-कौन से युग्म सही सुमेलित हैं?

A. 1 और 2
B. 2 और 3
C. 1, 2 और 3
D. 1 और 3

51. जे.एस.मिल ने पूर्ण वाक् स्वातंत्र्य (Freedom of Speech) पर कोई अवरोधन (Censorship) नहीं होने की सिफारिश की है–

A. मिथ्या दृष्टिकोण के बारे में
B. मिथ्या दृष्टिकोण एवं आंशिक रूप से सही एवं आंशिक रूप से मिथ्या दृष्टिकोण के बारे में
C. उस दृष्टिकोण के बारे में जो आंशिक रूप से सही और मिथ्या दोनो हैं
D. सभी स्थितियों में, चाहे दृष्टिकोण आंशिक या पूर्ण रूप से सही या गलत हो

52. निम्नलिखित में से किस एक का विचार है कि कॉर्पोरेट जगत् के जन-संचार माध्यम पर नियन्त्रण ने प्रेस की भूमिका को प्रजातन्त्र की चौकीदारी से बदल कर विचारों के नियन्त्रक की बना दी है जिसमें एक सामान्य नागरिक कॉर्पोरेटवाद के अनुरूप सोचने को बाध्य है?

A. नोआम चोम्स्की
B. रेमण्ड एरोन
C. जॉन रॉल्स
D. कार्ल पॉपर

53. निम्नलिखित में से किसने प्रजातंत्र को बहुमत का अत्याचार (Tyranny of the majority) कहा है?

A. जे. रूसो
B. द ताकेविल
C. जॉन डनिंग
D. जेम्स मेडीसन

54. वह कौन-सा विचारक है जिसे 'अनिच्छुक लोकतंत्रवादी' कहा जा सकता है?

A. जे. बेन्थम
B. ई. बर्क
C. टी. एच. ग्रीन
D. जे.एस. मिल

55. इनमें से कौन-सा एक कार्य है जो केवल राजनीतिक दल से सम्बन्धित है, न कि दबाव समूह से?

A. संगठन के लिए धन एकत्र करना
B. अपने चुनाव चिन्ह् पर चुनाव लड़ना
C. जन सभा और रैलियों का आयोजन करना
D. पर्ची और पुस्तिका का प्रकाशन करना

56. निम्नलिखित में से किसने यह तर्क दिया है कि यथोचित उदारवादी समाज वास्तविक रूप से सामान्य और पूर्वाग्रह रहित नियमों पर आधारित

होगा जिनका वितरण सम्बन्धी प्रश्नों पर कोई प्रभाव न हो?

A. जॉन रॉल्स
B. एफ॰ए॰ हायक
C. रोनोल्ड डावरकिन
D. एच॰जे॰लास्की

57. अब उदारवाद के चार सिद्धान्त हैं। इनके आविर्भूत (Appeared) होने का सही अनुक्रम है–

A. वाणिज्यवाद, मुक्त व्यापार, सामाजिक डार्विनवाद, हस्तक्षेपवाद
B. वाणिज्यवाद, मुक्त व्यापार, हस्तक्षेपवाद, सामाजिक डार्विनवाद
C. मुक्त व्यापार, वाणिज्यवाद, हस्तक्षेपवाद, सामाजिक डार्विनवाद
D. मुक्त व्यापार, वाणिज्यवाद, सामाजिक डार्विनवाद, हस्तक्षेपवाद

58. निम्नलिखित वक्तव्यों में से कौन-सा एक वक्तव्य हायक द्वारा योजना के विरोध का प्रतिनिधित्व करता है?

A. बाजार केवल डैजर्ट (मीठा खाद्य) की व्यवस्था करता है अतः नैतिक रूप से योजना से अधिक स्वीकार्य है
B. बाजार किसी भी नैतिक आधार पर वितरण कार्य नहीं करता। अतः यह मुक्त समाज को बनाए रखता है
C. योजना दोषपूर्ण हो सकती है
D. बाजार के द्वारा वितरण, योजना द्वारा किए जाने वाले वितरण की तुलना में अधिक कुशल होता है

59. आरम्भिक समाजवादियों ने पूँजीवाद को उद्योगवाद से भ्रमित कर दिया और वे चाहते हैं कि केवल कृषि श्रमिकों को ही सम्मिलित किया जाए। ये विचारक हैं–

A. फूरिये और केबेट
B. फूरिये और प्रोधों
C. प्रोधों, फूरिये और केबेट
D. जेफरसन, प्रोधों और केबेट

60. निम्नलिखित युग्मों में से कौन-सा एक सही सुमेलित है?

A. नाजीवाद : इटली
B. गिल्ड समाजवाद : फ्रांस
C. फासीवाद : जर्मनी
D. फेबियनवाद : ब्रिटेन

61. मार्क्सवाद में मार्क्स के पश्चात् संशोधन की प्रक्रिया में 'एक देश में समाजवाद' बनाम 'स्थायी क्रान्ति' का मूल विवाद उत्पन्न हुआ।

A. बाकुनिन तथा एंजिल्स के बीच
B. एंजिल्स तथा लेनिन के बीच
C. लेनिन तथा स्टालिन के बीच
D. स्टालिन तथा ट्राट्स्की के बीच

62. निम्नलिखित में से विचारकों का कौन-सा युग्म वैज्ञानिक समाजवाद के संस्थापकों में माना जाता है?

A. चार्ल्स फूरिये तथा सेन्ट साइमन
B. सिडनी वेब तथा बिएट्रिस वेब
C. मार्क्स तथा एंजिल्स
D. आर॰एच॰ टाव्नी तथा विलियम एबेन्सटीन

63. निम्नलिखित राजनीतिक सिद्धान्तवेत्ताओं पर विचार कीजिए–

1. बर्नस्टीन
2. टाव्नी
3. स्ट्रेची
4. क्रॉसलैण्ड

इनमें से वे विचारक जिन्होंने प्रजातान्त्रिक समाजवाद के विचार को अपनी विचारधारा के रूप में माना और मार्क्सवाद में संशोधन किया है–

A. 1, 2 और 3
B. 2, 3 और 4
C. 1 और 4
D. 2 और 3

64. फासीवाद ने राज्य को माना है–

A. एक आवश्यक बुराई
B. वर्ग विरोध की असमाधेयता का परिणाम और अभिव्यक्ति (A product and manifestation of the irreconciliability of class antagonism)
C. व्यक्तियों पर एक निरंकुश शक्ति
D. परिवार और गाँवों का एक ऐसा संगठन जिसका उद्देश्य पूर्ण और आत्मनिर्भर होना है

65. युद्ध पुरुष के लिए वैसा ही है जैसा महिला के लिए मातृत्व–

A. मुसोलिनी के अनुसार
B. नेपोलियन के अनुसार
C. मैटरनिख के अनुसार
D. बिस्मार्क के अनुसार

66. नस्लवादी सर्वोच्चता की भ्रान्ति (The myth of racial superiority) एक मुख्य विशेषता है—

A. अधिनायकवाद (Dictatorship) की
B. फासीवाद (Fascism) की
C. नाजीवाद (Nazism) की
D. सर्वाधिकारवाद (Totalitarianism) की

67. "सभी कुछ राज्य में निहित है; राज्य से बाहर कुछ भी नहीं है, राज्य ही सर्वोपरि है" इस विशेषता का प्रतिपादन हुआ—

A. समाजवाद में B. साम्यवाद में
C. उदारवाद में D. सर्वाधिकारवाद में

68. इस वक्तव्य में कि अपने राज्य के प्रति दृष्टिकोण में 'X' श्रम संघवाद और समष्टिवाद के मध्य की स्थिति है, 'X' आया है—

A. प्रजातान्त्रिक समाजवाद के लिए
B. फेबियन समाजवाद के लिए
C. श्रेणी समाजवाद के लिए
D. उदारवाद के लिए

69. सूची I (नाम) को सूची II (राजनीतिक दर्शन) के साथ सुमेलित कीजिए तथा सूचियों के नीचे दिए हुए कूटों का प्रयोग कर सही उत्तर चुनिए—

सूची I

(a) हरबर्ट स्पेन्सर *(b)* एच॰ जे॰ लास्की
(c) जी॰डी॰एच॰ कोल *(d)* टी॰एच॰ ग्रीन

सूची II

1. श्रेणी समाजवाद (Guild Socialism)
2. व्यक्तिवाद (Individualism)
3. अराजकतावाद (Anarchism)
4. बहुलवाद (Pluralism)
5. आदर्शवाद (Idealism)

कूट:

	(a)	*(b)*	*(c)*	*(d)*
A.	2	1	5	4
B.	2	4	1	5
C.	3	2	4	1
D.	1	2	3	5

70. निम्नलिखित में से किस एक घटना को स्पष्ट करने के लिए सामान्यतः संदर्भ ढाँचे की केन्द्र-परिधि की तरह प्रयुक्त किया जाता है?

A. अल्प प्रतिनिधित्व
B. लचीला संघ
C. प्रत्यायोजित प्राधिकार (Delegation of authority)
D. अल्प विकास

71. निम्नलिखित विशेषताओं पर विचार कीजिए—

1. सत्तावादी पद सोपान (Authoritarian hierarchy)
2. अतिव्याप्ति पद सोपान (Overlapping hierarchy)
3. विषम जातीयता (Heterogeneity)
4. रीतिवाद (Formalism)

इनमें से कौन-सी विशेषताएं संक्रामक समाजों की सरकारों में पाई जाती हैं?

A. 1, 2 और 3 B. 1, 3 और 4
C. 1, 2 और 4 D. 2, 3 और 4

72. खिलाफत का प्रश्न इस कारण उठाया गया, क्योंकि भारतीय मुसलमान—

A. अपने लिए अलग गृह भूमि चाहते थे
B. रोलट अधिनियम के आलोचक थे
C. सेवरिस की सन्धि (1920) की शर्तों से रुष्ट थे
D. 1919 के भारत सरकार अधिनियम से असन्तुष्ट थे

73. सूची I (आन्दोलन) को सूची II (वर्ष) के साथ सुमेलित कीजिए और सूचियों के नीचे दिए हुए कूट का प्रयोग कर सही उत्तर चुनिए—

सूची I

(a) बारडोली सत्याग्रह *(b)* मोपला विद्रोह
(c) तेभगा आन्दोलन *(d)* चम्पारन आन्दोलन

सूची II

1. 1946 2. 1917
3. 1928 4. 1921

कूट:

	(a)	*(b)*	*(c)*	*(d)*
A.	4	3	1	2
B.	3	4	2	1
C.	4	3	2	1
D.	3	4	1	2

74. निम्नलिखित में से कौन-सा एक साम्प्रदायिक एवार्ड (मेकडोनल्ड) का, जिसकी घोषणा ब्रिटिश सरकार ने की थी, हिस्सा नहीं था?

A. दलित वर्गों को अल्पमत समुदायों के रूप में मान्यता तथा उन्हें सामान्य चुनाव क्षेत्रों में मताधिकार की स्वीकृति दी गई

B. जिन प्रान्तों में मुसलमान अल्पमत में थे उन्हें अधिप्रतिनिधित्व प्रदान किया गया
C. भारतीय ईसाइयों तथा एंग्लो-इण्डियन्स के लिए पृथक् निर्वाचन क्षेत्र बनाया गया
D. मुसलमानों के लिए कतिपय स्थानों पर आरक्षण दिया

75. निम्नलिखित घटनाओं पर विचार कीजिए—
1. पिट्स भारत अधिनियम
2. ईस्ट इण्डिया कम्पनी के दीवानी अधिकार
3. रेग्यूलेटिंग एक्ट
4. वारेन हेस्टिंग्स की बंगाल के गवर्नर के रूप में नियुक्ति

इन घटनाओं का सही कालानुक्रम है—
A. 2, 4, 1, 3　　B. 4, 2, 3, 1
C. 2, 4, 3, 1　　D. 4, 2, 1, 3

76. निम्नलिखित में से कौन-सा एक युग्म सही सुमेलित नहीं है?
A. मोतीलाल नेहरू : नेहरू प्रतिवेदन
B. गांधी : चम्पारन सत्याग्रह
C. जिन्ना : खिलाफत आन्दोलन
D. एस॰सी॰ बोस : आजाद हिन्द फौज

77. सूची I (दल) को सूची II (नेता) से सुमेलित कीजिए तथा सूचियों के नीचे दिए हुए कूट का प्रयोग कर सही उत्तर चुनिए—

सूची I
(a) जस्टिस पार्टी
(b) स्वराज्य पार्टी
(c) फारवर्ड ब्लॉक
(d) लेबर पार्टी ऑफ़ इण्डिया

सूची II
1. एस॰ए॰ डांगे　　2. सी॰आर॰ दास
3. बी॰आर॰ अम्बेडकर　　4. शरत चन्द्र बोस
5. डॉ॰ टी॰एम॰ नायर

	(a)	*(b)*	*(c)*	*(d)*
A.	5	2	4	1
B.	3	2	5	1
C.	1	2	4	3
D.	5	2	4	3

78. व्यक्तियों और घटनाओं के निम्नलिखित युग्मों पर विचार कीजिए—
1. लॉर्ड डलहौजी : राज्य व्यपगमन नीति
2. लॉर्ड कर्जन : बंगाल का विभाजन
3. लॉर्ड वेवेल : शिमला सम्मेलन

इनमें से कौन-कौन से युग्म सही सुमेलित हैं?
A. 1 और 3　　B. 2 और 3
C. 1, 2 और 3　　D. 1 और 2

79. निम्नलिखित में से किस एक का मार्क्सवाद से सम्बन्ध नहीं है?
A. अतिरिक्त मूल्य
B. इतिहास की भौतिकवादी व्याख्या (Materialist Interpretation of History)
C. अहस्तक्षेप (Laissez faire)
D. वर्ग संघर्ष

80. निम्नलिखित युग्मों पर विचार कीजिए—
1. लुईस अलथ्यूजर : फॉर मार्क्स
2. जे॰वी॰ स्टालिन : फाउण्डेशन ऑफ लेनिनिज्म
3. माओ जेडुंग : पीपुल्स डेमोक्रेटिक डिक्टेटरशिप

इन युग्मों में से कौन-कौन से सुमेलित हैं?
A. 1 और 2　　B. 1, 2 और 3
C. 2 और 3　　D. 1 और 3

81. मानव अधिकारों के सम्बन्ध में 70 से अधिक अन्तर्राष्ट्रीय सन्धियाँ (Treaties) और अभिसमय (Conventions) हैं, जिनके हस्ताक्षरकर्ताओं में 90% से अधिक देश हैं। निम्नलिखित में से किस एक देश का इन सन्धियों और अभिसमयों पर हस्ताक्षर करने में सबसे अधिक खराब रिकॉर्ड रहा है?
A. भारत　　B. संयुक्त राज्य अमेरिका
C. यूनाइटेड किंगडम　　D. दक्षिण अफ्रीका

82. मार्क्सवादी सिद्धान्त में यह स्वीकार किया गया है कि विकास के सर्वोच्च चरण में समाज जिस सिद्धान्त को स्वीकार करेगा वही है—
A. 'प्रत्येक व्यक्ति से उसकी योग्यतानुसार लिया जाए और प्रत्येक व्यक्ति को उसकी आवश्यकता के अनुसार दिया जाए'
B. 'प्रत्येक व्यक्ति से उसकी योग्यता के अनुसार लिया जाए और प्रत्येक व्यक्ति को उसके कार्य के अनुसार दिया जाए'
C. 'जो कार्य नहीं करता है, वह खाएगा भी नहीं'
D. 'वही सरकार सबसे अच्छी है जो सबसे कम शासन करती है'

83. एक राजनीतिक दल के रूप में भारतीय राष्ट्रीय कांग्रेस ने कार्य करना आरम्भ किया–

A. 1885 से
B. 1907 से
C. कलकत्ता सम्मेलन (सितम्बर, 1920) से
D. नागपुर सम्मेलन (दिसम्बर, 1920) से

84. सहायता संधियों की व्यवस्था के अन्तर्गत औपनिवेशिक (Colonial) भारत में एक राजा को–

A. ब्रिटिश सहायक सेनाओं की मदद से अपने पड़ोसियों के साथ विवादों को सुलझाने का अधिकार प्राप्त था
B. अंग्रेजों को छोड़कर अन्य यूरोपीय शक्तियों के साथ व्यापार करने की सुविधा थी
C. अपने यहाँ एक अंग्रेज रेजीडेन्ट रखना होता था
D. अपनी सुरक्षा के लिए अपनी रियासत की सीमाओं में ब्रिटिश सहायक सेनाओं को रहने की अनुमति देनी होती थी

85. निम्नलिखित में से किस एक विवाद में अमेरिकी मुख्य न्यायाधीश मार्शल ने न्यायिक पुनरावलोकन की शक्ति को मान्यता दी थी?

A. मेकस्यूलोच *बनाम* मेरीलैंड
B. मारबारी *बनाम* मेडीसन
C. गिब्बन *बनाम* ओगड्यू
D. स्कॉट *बनाम* स्टैनफोर्ड

86. ऑस्ट्रेलिया का संवैधानिक प्रधान कौन है?

A. इंग्लैंड की साम्राज्ञी
B. ऑस्ट्रेलिया का प्रधानमंत्री
C. ऑस्ट्रेलियाई संसद का अध्यक्ष
D. ऑस्ट्रेलिया का गवर्नर जनरल

87. किसने कहा, "राजनीतिशास्त्र समाजविज्ञान (Social Science) का वह भाग है जिसमें राज्य के आधारों (Foundations) तथा शासन सिद्धान्तों (Principles of Government) पर विचार किया जाता है"?

A. ब्लंटशली B. गार्नर
C. पॉल जेनिट D. सीले

88. 'एलिमेंट्स ऑफ पॉलिटिकल साइंस' की रचना किसने की है?

A. अरस्तू B. लीकॉक
C. गेटेल D. गार्नर

89. निम्नलिखित में से कौन एक 'प्रजातन्त्र के अभिजन सिद्धान्त' का प्रतिपादक नहीं है?

A. मिचेल B. परेटो
C. मोस्का D. सी॰ मैकफरसन

90. निम्नलिखित में से कौन-सा एक युग्म सही सुमेलित है?

A. सेंट साइमन : फालनैक्स
B. चार्ल्स फूरिये : न्यू क्रिश्चिएनिटी
C. रॉबर्ट ओवन : न्यू लेनार्क
D. पी.जे॰ प्रूधाँ : इन्टरनेशनल ब्रदरहुड

91. निम्नलिखित में से वह कौन है जिसने दलों/उम्मीदवारों को चुनाव जीतने की इच्छा मात्र से उत्प्रेरित माना है और जिसके विचार उस मध्यमार्गी मतदाता से मिलते हैं जो द्विदलीय 'बहुलता में' ही प्रतिस्पर्धा को आधारित मानता है?

A. एन्थोनी डाउन्स B. रॉबर्ट डहल
C. जे॰ कोलमैन D. डी.ए॰ विटमैन

92. निम्नलिखित में से कौन है जिसने समाज के विकास से पूर्व अधिकारों के अस्तित्व को अस्वीकार किया है?

A. टी॰ हॉब्स B. जे॰ लॉक
C. जे॰ रूसो D. टी.एच॰ ग्रीन

निर्देशः– *(प्रश्न 93–100) प्रश्नांशों में दो वक्तव्य हैं। एक को 'कथन A' तथा दूसरे को 'कारण R' कहा गया है। आपको दोनों वक्तव्यों का सावधानीपूर्वक परीक्षण करना है और निर्णय करना है कि क्या कथन 'A' ओर कारण 'R' पृथक्–पृथक् सही हैं और यदि ऐसा है, तो क्या कारण, कथन का सही स्पष्टीकरण है। इन प्रश्नांशों के उत्तर नीचे दिए हुए कूट की सहायता से चुनिए और अपने उत्तर–पत्रक में तद्नुसार अंकित कीजिए।*

कूटः

A. A और R दोनों ही सही हैं तथा R, A का सही स्पष्टीकरण है
B. A और R दोनों सही हैं, परन्तु R, A का सही स्पष्टीकरण नहीं है
C A सही है, परन्तु R गलत है
D. A गलत है, परन्तु R सही है

93. ***कथन (A):*** पंथ निरपेक्षता भारतीय संविधान की मूल विशेषता इस अर्थ में है कि राज्य विभिन्न धर्मों के प्रति तटस्थ है।

कारण (R): राज्य के नीति-निर्देशक सिद्धान्तों में एक सिद्धान्त यह है कि अपने कर्तव्य के एक हिस्से

की भाँति वह पशुओं की नस्ल में सुधार करे और गोहत्या को बन्द करे।

94. ***कथन (A):*** कोई भी व्यक्ति जो किसी नीति-निर्देशक सिद्धान्त के उल्लंघन से प्रभावित होता है वह न्यायालय में नहीं जा सकता।

कारण (R): नीति निर्देशक सिद्धान्तों को न्यायपालिका द्वारा लागू नहीं करवाया जा सकता।

95. ***कथन (A):*** ब्रिटिश प्रजातन्त्र ने अपने आपको संसदीय प्रजातन्त्र से मंत्रिमंडलीय प्रणाली के द्वारा प्रधानमंत्रीय व्यवस्था में रूपान्तरित कर लिया है।

कारण (R): अपने 1400 वर्षों के संवैधानिक विकास में ब्रिटिश संविधान में यह दृष्टव्य है कि सम्राट और हाउस ऑफ लॉर्ड्स् की शक्तियों में उल्लेखनीय गिरावट हुई है।

96. ***कथन (A):*** भारतीय संविधान न्यायपालिका की श्रेष्ठता को मान्यता देता है।

कारण (R): यह प्रश्न कि मौलिक अधिकारों पर कौन-सी 'सीमाएं औचित्य पूर्ण' हैं इनका निर्धारण न्यायालयों द्वारा किया जाएगा।

97. ***कथन (A):*** प्रोफेसर के॰सी॰ ह्वीयर ने भारतीय संविधान को अर्ध-संघीय संविधान कहा है।

कारण (R): भारतीय संविधान की 7वीं अनुसूची में तीन सूचियाँ हैं– संघ, राज्य और समवर्ती केन्द्र और राज्यों के बीच शक्तियाँ इनमें विभाजित की गई हैं और अवशिष्ट शक्तियाँ केन्द्र में अवस्थित हैं।

98. ***कथन (A):*** भारत का राष्ट्रपति संसद द्वारा स्वीकृत किसी भी विधेयक को सदनों के पुनर्विचार के लिए लौटा सकता है।

कारण (R): राष्ट्रपति धन विधेयक को संसद के पुनर्विचार के लिए नहीं भेज सकता।

99. ***कथन (A):*** जनमत लोकतन्त्रात्मक समाज में ही फलता-फूलता है।

कारण (R): यहाँ पर प्रेस की स्वतंत्रता होती है।

100. ***कथन (A):*** ल्यूशियन पाई ने विकास की कुंजी की तीन मुख्य विशेषताओं को पहचाना है। ये हैं— समानता, क्षमता और विभेदीकरण।

कारण (R): उच्चस्तरीय विभेदीकरण (Differentiation) समाज को विकसित स्थिति में ले जाता है।

उत्तरमाला

1	2	3	4	5	6	7	8	9	10
D	C	D	D	B	A	A	A	B	B
11	**12**	**13**	**14**	**15**	**16**	**17**	**18**	**19**	**20**
A	D	C	D	D	D	C	C	B	C
21	**22**	**23**	**24**	**25**	**26**	**27**	**28**	**29**	**30**
D	C	B	B	C	D	A	D	C	D
31	**32**	**33**	**34**	**35**	**36**	**37**	**38**	**39**	**40**
D	D	B	A	C	D	C	C	B	D
41	**42**	**43**	**44**	**45**	**46**	**47**	**48**	**49**	**50**
A	C	A	B	B	B	C	D	C	A
51	**52**	**53**	**54**	**55**	**56**	**57**	**58**	**59**	**60**
D	D	B	D	B	B	A	A	A	D
61	**62**	**63**	**64**	**65**	**66**	**67**	**68**	**69**	**70**
D	C	C	C	A	C	D	C	B	D
71	**72**	**73**	**74**	**75**	**76**	**77**	**78**	**79**	**80**
C	C	D	B	C	C	D	C	C	B
81	**82**	**83**	**84**	**85**	**86**	**87**	**88**	**89**	**90**
D	A	D	D	B	A	D	D	D	C
91	**92**	**93**	**94**	**95**	**96**	**97**	**98**	**99**	**100**
A	D	B	A	B	D	B	D	A	A

YOUR SPACE